中国漕运史

张强 著

中国出版集团有限公司

世界图书出版公司
西安 北京 上海 广州

图书在版编目(CIP)数据

中国漕运史/张强著.—西安:世界图书出版西安有限公司,2024.3

ISBN 978-7-5232-1076-5

Ⅰ.①中… Ⅱ.①张… Ⅲ.①漕运—交通运输史—中国—古代 Ⅳ.①F552.9

中国国家版本馆CIP数据核字(2024)第043040号

书　　名	中国漕运史 ZHONGGUO CAOYUN SHI
著　　者	张　强
策　　划	赵亚强　冀彩霞
责任编辑	雷　丹　孙　蓉
出版发行	世界图书出版西安有限公司
地　　址	西安市雁塔区汇新路355号
邮　　编	710061
电　　话	029-87233647(市场营销部)　029-87234767(总编室)
网　　址	http://www.wpcxa.com
邮　　箱	xast@wpcxa.com
经　　销	新华书店
印　　装	陕西龙山海天艺术印务有限公司
开　　本	787mm×1092mm　1/16
印　　张	38
字　　数	810千
版　　次	2024年3月第1版
印　　次	2024年3月第1次印刷
国际书号	ISBN 978-7-5232-1076-5
定　　价	168.00元

版权所有　翻印必究

(如有印装错误,请与出版社联系)

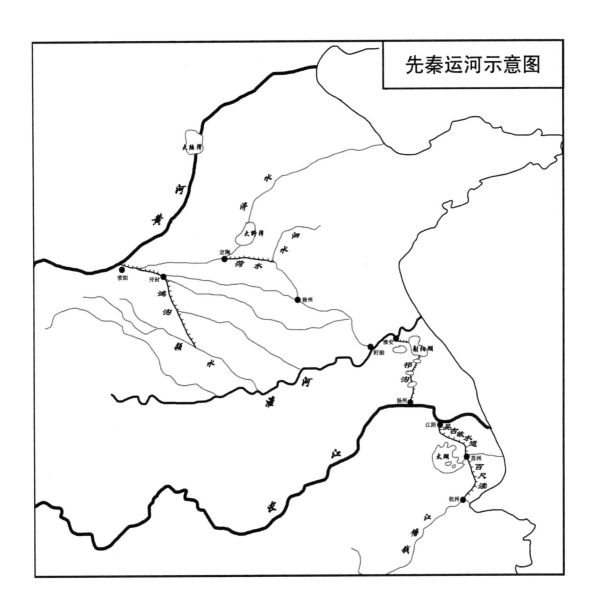

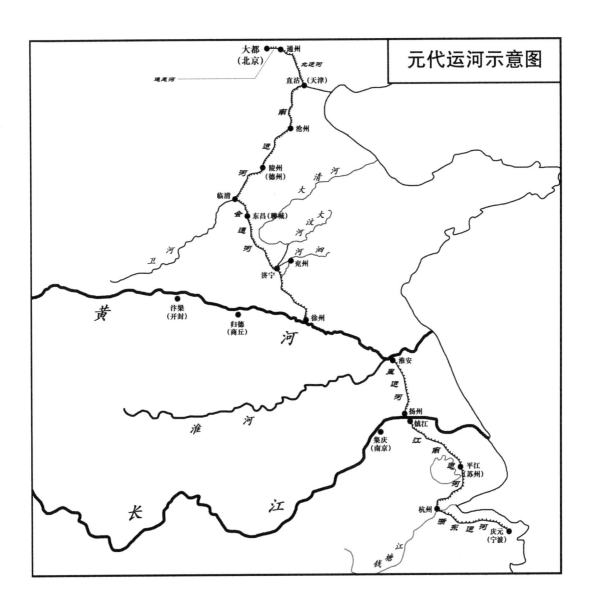

自 序

说到漕运,首先要从兴修运河说起。周代以前,交通以陆路为主。水运主要是依靠自然水道。《尚书·禹贡》叙述九州贡道时,有兖州"浮于济、漯,达于河",青州"浮于汶,达于济",徐州"浮于淮、泗,达于河",扬州"沿于江、海,达于淮、泗"之说,等等,这些都是说人类能力有限时只能利用自然水道。

时至春秋,一些诸侯国开始在境内外开挖运河。司马迁《史记·河渠书》记载道:"荥阳下引河东南为鸿沟,以通宋、郑、陈、蔡、曹、卫,与济、汝、淮、泗会。于楚,西方则通渠汉水、云梦之野,东方则通沟江淮之间。于吴,则通渠三江、五湖。于齐,则通菑济之间。"这些区域性的运河,主要是诸侯国为谋求更大的政治、军事利益成果而兴修的,如为了北上争霸,吴王夫差兴修了邗沟即与中原相连的运粮运兵的水上通道。

鸿沟、邗沟所处的区域是先后崛起农业经济中心,在农业经济中心移往江南以前,中国的农业经济中心先是在黄河中下游地区,随后向江淮转移。可惜,人们只注意到古代中国的农业中心自黄河中下游地区转移到江南的历史,却对江淮一直缺少必要的关注。江淮成为农业经济中心发生在唐代,终结于北宋末年。安史之乱(755—763)后,刘晏掌江淮漕运、盐铁等事务,江淮一度是天下最富庶的地区。宋高宗建炎二年(1128)的冬天,东京留守杜充凿开黄河堤坝,以水代兵,如有"杜充决黄河,自泗入淮以阻金兵"(《宋史·高宗纪二》)之说。此后,南宋及元明清三代,黄河夺泗夺淮均与此相关。黄河夺泗夺淮给江淮带来灭顶之灾,改变了"走千走万,不如淮河两岸"的历史。

时至隋代,运河建设进入了新的历史阶段。在隋文帝兴修运河的基础上,隋炀帝揭开了建设洛阳水陆交通枢纽的序幕,先后兴修了通济渠、永济渠和江南河三条运河。三条运河利用了历朝历代和隋文帝兴修运河的成果,编织了贯穿四方的交通网络。具体地讲,通济渠自洛阳起程至洛口入黄河,沿黄河西行入广通渠可入长安(今陕西西安)。沿通济渠东行可至扬州,经扬州渡江可入江南河,如果沿江西行可抵巴蜀。在农业经济中心逐步移往江淮及江南的背景下,通济渠(汴河)凭借自然地理优势成为隋王朝最重要的运河。

永济渠的起点也在洛阳,航线入黄河前有与通济渠合用的共线,其中,通济渠入河后向东行至汴口出黄河,永济渠自洛口渡河至北岸。《隋书·炀帝纪上》云:"四年春正月乙巳,诏发河北诸郡男女百余万开永济渠,引沁水南达于河,北通涿郡。"永济渠建设发生在大业四年(608)一月。永济渠进入黄河北岸后,先是引沁水为补给水源,随后将黄河以北的河流纳入运道,进而利用建安时期(196—220)曹操在黄河以北兴修的白沟等,建成了一条自洛阳直抵幽、燕大地的战略大通道。

永济渠与通济渠互通,形成了面向不同方向的水上交通能力。与此同时,隋炀帝又沿两渠堤岸兴修御道,进一步提升了其使用价值。

隋王朝短命,隋炀帝辛辛苦苦开凿的运河终为唐代所用。唐代诗人皮日休《汴河怀古》云:"尽道隋亡为此河,至今千里赖通波。若无水殿龙舟事,共禹论功不较多。"赵匡胤建立宋王朝以后,继续利用汴河调集江淮及江南租米及财赋。从隋到唐再到宋,虽然经过多次改朝换代,但当国都继续留在黄河流域,无论是建都长安、洛阳,或是大梁(今河南开封),漕运方向虽发生一些变化,但不会发生航线废弃或沿岸城市衰败的情况。

这一情况持续到元代,开始发生彻底的变化。元世祖忽必烈定都大都(今北京)后,原先的运河系统已不能适应新形势的需求,进而出现了"而运粮则自浙西涉江入淮,由黄河逆水至中滦旱站,陆运至淇门,入御河,以达于京"(《元史·食货志一》)的局面。水陆联运即绕道而行的耗费实在是太大,迫不得已元统治者采取了"海漕"即海运之策。海运的基本线路是,先将江南粮食集中到发运点刘家港(今江苏苏州太仓浏河),随后,从刘家港起航沿长江入海,入海后沿海岸线北上,至直沽(今天津)登岸入广通仓,等候北上入京。与此同时,长江沿线的江西、湖北、湖南等政区的漕米则至仪真(今江苏仪征)转入江淮运河,随后经淮安入淮河,再自淮河口沿海北上至直沽入仓。

元王朝的经济中心在江南。《元史·食货志一》云:"元都于燕,去江南极远,而百司庶府之繁,卫士编民之众,无不仰给于江南。"元人眼中的"江南"是指江南省,其中包括盛产淮盐的沿海区域。为开通京杭大运河,元人采用了四大措施:一是在前人的基础上兴修了从直沽到大都的通惠河;二是兴修了山东域内的会通河;三是开通了徐州至清口(在今江苏淮阴码头镇)的黄河运道;四是改造了元代以前的运河,如改造了从临清到直沽的御河、从淮阴到扬州的江淮运河、从镇江到杭州的隋及隋前运河等。通过采取这四大措施,元王朝实现了运河东移的战略构想。

明成祖朱棣夺取政权后,迁都北京。这一时期,最能代表兴修运河成就的工程是重开会通河。重开会通河的直接原因是,洪武二十四年(1391),河决原武(今河南原阳)淤塞会通河,为恢复自江南北上的航线,宋礼等奉命疏凿会通河,进而再次开通贯穿南北的大运河。

清代继续维护贯穿南北的京杭大运河的运道安全,并根据需要改造和疏浚了大运河的不同航段。其中,最重要的改造工程是,从清口(在今江苏淮阴码头镇)到徐州的航线,改造前以黄河为运道,改造后避开了黄河风险。

不同时期有不同的运河,开挖运河的目的是发展水上交通,降低运输成本。漕运有广义和狭义之分,广义上的漕运是指水运。如《战国策·魏策一》交待魏都大梁地理形势时有"南与楚境,西与韩境,北与赵境,东与齐境,卒戍四方,守亭障者参列,粟粮漕庾不下十万"语,鲍彪注:"漕,水运。"(鲍彪《战国策注》)汉宣帝一朝,赵充国写下"臣前部士入山,伐材木大小六万余枚,皆在水次。……冰解漕下"等语,颜师古注:"漕下,以水运木而下也。"(《汉书·赵充国传》)据此,凡水运皆可以"漕"相称。

狭义上的漕运,是指国家层面的运粮运兵等活动。《左传·僖公十三年》云:"秦于是乎输粟于晋,自雍及绛相继,命之曰泛舟之役。"鲁僖公十三年(前647),晋国发生饥荒,在秦臣百里傒等人的建议下,秦国从水路调粮入晋。除了运粮,还可以运兵及运军需物资等,鲁哀公九年(前486),吴王夫差北上争霸,开凿邗沟,为其运兵运粮及军事物资服务。

漕运研究,一般是指狭义上的漕运研究。汉代以后,狭义上的漕运主要有十个方面值得关注。

其一,从水路调集租米及赋税等入京,以保证京师地区的粮食安全和政治稳定。马端临论述道:"汉初,致山东之粟,不过岁数十万石耳。至孝武,而岁至六百万石,则几十倍其数矣。"(《文献通考·国用考三·漕运》)经过休养生息,时至汉武帝一朝,以长安(今陕西西安)为中心的关中人口出现了快速增长的情况,再加上官僚及杂役队伍扩大等,粮食需求明显地增加。

其二,开拓疆土及平叛,需要以漕运的方式向边地运粮及军用物资。汉初,每年从关东调运的粮食只有数十万石,到了汉武帝元狩四年(前119)增到四百万石,如史有"岁漕关东谷四百万斛以给京师"(《汉书·食货志上》)之说;到了元封元年(前110)已高达六百万石,如史有"山东漕益岁六百万石"(《史记·平准书》)之说。漕运总额增加除了与关中人口增长、官僚及杂役队伍扩大等相关外,还与汉武帝打击匈奴及开辟西北疆土有直接的联系。打击匈奴及向西北开拓疆土,因与建都长安的方向一致,故长安充当了提供粮草及提供后勤支援的角色。不过,并不是所有的战争都与建都方向一致,如隋唐两代的平定辽东之战,已不再与建都方向保持一致。这一时期,以永济渠以航道向东北方向运兵运粮,明确地透露了平叛战争与建都方向不一致的意向。史有"大业七年,征辽东,炀帝遣诸将,于蓟城南桑乾河上,筑社稷二坛,设方墠,行宜社礼"(《隋书·礼仪志三》)之说,隋炀帝到蓟城南桑乾河上建社稷坛"行宜社礼",明确地表达了平定辽东的决心和意志。

其三,漕运在改朝换代中负有特殊的使命。楚汉之争时,漕运方向是自关中向关东。史有"关中事计户口转漕给军"(《史记·萧相国世家》)之说,萧何以关中为大本营,通过水路将粮食及战略物资运往关东,为刘邦战胜项羽提供了强有力的支援。在推翻元王朝的过程中,朱元璋建立了一条保证北伐军的粮草供给漕运通道。如有"洪武元年北伐,命浙江、江西及苏州等九府,运粮三百万石于汴梁。已而大将军徐达令忻、崞、代、坚、台五州运粮大同"(《明史·食货志三》)之说,徐达建立以汴梁(今河南开封)为中心的中转站,目的是为北伐军提供后勤支援,进而与元军主力决战。

其四,因漕运建造的水次仓即漕运中转仓,既可在国家有事时就地运兵运粮至前线,也可就近赈灾放粮。史称:"及隋亦在京师,缘河皆有旧仓,所以国用常赡。"(《旧唐书·食货志下》)在吸收北魏邸阁仓经验的基础上,隋文帝建立了在航段节点或河口建造水次仓的制度。如黎阳仓建在永济渠与淇水及黄河交汇的河口,广通仓(永丰仓)建在广通渠与渭水及黄河交汇的河口,太原仓(常平仓)建在自黄河进入渭水之前的航段节点上。稍后,隋炀帝在营造东都洛阳时,将洛口仓(兴洛仓)、回洛仓、含嘉仓、河阳仓等建在通济渠与洛水及黄河的交汇的河口,进一步提升了水次仓的作用。

其五,盐运是漕运的一部分,自春秋齐国实行盐铁官营以后,盐税一直是保证国用的重要方面。至德元年(756),唐肃宗令第五琦在各道榷盐即设盐业专卖专营机构,从此,盐税成为解决非常之需的重要途径。唐代加强地方监察,将全国分为十五道,在此基础上建立了十五个榷盐机构,进而分成十五个食盐专卖专营区。继第五琦以后,刘晏临危受命,负责东南漕运及盐铁等事务。在调动商人积极参与盐务的同时,刘晏将官府从烦琐的盐运盐销的事务中解放了出来。洪迈记载道:"唐世盐铁转运使在扬州,尽斡利权,判官多至数十人,商贾如织。故谚称'扬一益二',谓天下之盛,扬为一而蜀次之也。"(《容斋随笔·唐扬州之盛》)刘晏负责东南漕运及盐铁等事务后,取得了"晏之始至也,盐利岁才四十万缗,至大历末,六百余万缗。天下之赋,盐利居半,宫闱服御、军饷、百官禄俸皆仰给焉"(《容斋随笔·唐扬州之盛》)的成就。特别需要注意的是,唐代划分榷盐区的制度得到了后世的认同,为唐以后不同的朝代提出自己的榷盐区奠定了基础。

其六,海运是漕运的特殊形式,故海运有"海漕"之说。如元王朝残余势力退往大漠以及李氏朝鲜侵扰辽东的局面形成后,为了加强北方防务,明王朝建立了以北平(今北京)和辽东为终点的海运通道。《明太宗实录》记载道:"永乐元年三月戊子,命平江伯陈瑄及前军都督佥事宣信俱充总兵官,各率舟师海运粮饷,瑄往辽东,信往北京。……永乐二年三月壬寅,命平江伯陈瑄充总兵官,前军都督佥事宣信俱充副总兵,率舟师海运粮储往北京。……永乐三年春二月甲申,命平江伯陈瑄充总兵官,前军都督佥事宣信俱充副总兵,帅舟师海道运粮赴北京。""其后海运饷北平、辽东为定制"(《明史·食货志三》)。这一情况表明,会通河淤塞后,为加强北方防务沿用了元代的海运之策。史有"永乐元年,平江伯陈瑄督海运粮四十九万余石,饷北京、辽东。二年,以海运但抵直沽,别用小船转运至京,命于天津置露囤千四百所,以广储蓄。四年定海陆兼运。瑄每岁运粮百万,建百万仓于直沽尹儿湾城"(《明史·河渠志四》)之说。明代海漕主要有三个接运点:一是从直沽尹儿湾城(今天津)上岸转入通惠河;一是从盖州卫(治所在今辽宁营口盖县)梁房口关上岸,如有"又西北有梁房口关,海运之舟由此入辽河"(《明史·地理志二》)之说;三是从金州卫(治所在今辽宁大连)旅顺口关登陆,如有"又旅顺口关在南,海运之舟由此登岸"(《明史·地理志二》)之说。如果说自直沽入通惠河是为北平提供粮食等服务的话,那么,后两条航线则是为经营辽东提供必要的战略支援。

其七,漕运与屯戍关系密切,在边地屯戍可以达到"省漕"的目的。继汉武帝建边郡进行屯戍以后,屯戍遂成为"省漕"的重要举措。汉宣帝一朝,先零羌率诸羌发动叛乱,根据形势赵充国提出了加强河西屯戍的对策,从而解决了戍边将士每月"用粮谷十九万九千六百三十斛,盐千六百九十三斛,茭藁二十五万二百八十六石"(《汉书·赵充国传》)的难题。当时漕运负担沉重,出现了"今张掖以东粟石百余,刍槀束数十。转输并起,百姓烦扰"(《汉书·赵充国传》)的情况。为避免"烦扰"百姓,赵充国又提出"罢骑兵"进行屯戍的主张。赵充国的做法有四种:一是军马消耗的粮草远远地超过士兵,如果"罢骑兵"转为屯戍,可以减少粮草消耗;二是河西有良好的屯田条件,骑兵转为屯戍后可与"留驰刑应募""及淮阳、汝南步兵与史士私从者"一道"分屯要害处";三是利用现有的条件建立新的屯戍秩序,可在降低漕运消耗的过程中加强军备;四是兴修河渠,开辟湟水航线,征调屯戍成果,建立"循河湟漕谷至临羌"的漕运通道。

其八,漕运包括以水运为主的水陆联运。如唐代李杰任水陆运使以后,重点修复了联系江淮的漕运通道。史称:"开元二年,河南尹李杰奏,汴州东有梁公堰,年久堰破,江淮漕运不通。发汴、郑丁夫以浚之。省功速就,公私深以为利。"(《旧唐书·食货志下》)然而仅仅修复联通江淮的漕运通道是不够的,因黄河漕运受阻三门峡,还需要开辟一条陆路绕过三门峡。为了解决陆运时遇到的困难,李杰采取了四大措施:一是在洛阳含嘉仓至陕州太原仓之间的崤函古道上,建造了八个递场即八个接运场,规定每个递场之间的距离为四十里;二是在分段接运的基础上,将陆运分为前后两组;三是规定起止时间,从入冬十月起运到到十一月底结束,全部陆运在两个月内完成;四是规定每个递场用车用牛的数量。按:唐代交通工具以牛车为主,一牛拉一车,用车八百乘指用八百辆牛车。在这中间,入冬起运的目的是利用农闲,不影响农业生产;而分段接运的目的是减轻长途运输中的劳累,提高效率。实行此策后改善了陆运不济的局面,实现了年运"八十万石,后至一百万石"的宏大目标。时至天宝七年(748),又通过增加车辆和延长时间等,达到了岁运"满二百五十万石"的水平。顾栋高记载道:"元、明都燕京,元行海运,而其初亦涉江入淮,由黄河逆水至中滦,陆运至淇门入御河(即卫河),以达京师。明永乐中,亦运至陈州,载入黄河至新乡,入柳树等处,令河南车夫运赴卫河。盖以河运兼陆运,而其时,则又以卫河为急。自元都燕,而汴河几废。明世,会通河成,而东南重运,悉由淮北、山东至临清,合卫河,以达于天津。"(《河南通志·漕运》)元明两代,内河漕运不通时曾采用水陆联运之策。

其九,历朝历代的漕运管理措施,主要有八个方面值得关注。一是漕运职官制度建设。汉代以后,漕运职官制度建设经历了从兼职到专职的变化,总的趋势是,职官制度建设出现越来越细密的情况,如唐代设转运使,宋代分设转运使和发运使,明清两代在漕粮征收地区域设立粮储道等;又如漕粮征收除了要缴纳漕粮外,还要缴纳漕运过程中产生的损耗即耗米、装船费等。二是突出水次仓在漕运中的地位。从历朝历代的建设情况看,水次仓建设经历了从粗放管理到建立严格的出纳管理制度的变化。三是不同朝代有不同的漕运方式。其中,隋代采取分级接运之策;唐代针对船工不可能熟悉所有航段水文的情况,提出了江不入河、河不入洛、河不入渭的接运方案;宋代采取分级接运和直运两种方式,如长江沿线的江南西路、荆湖南路、荆湖北路等地的漕船至仪真(今江苏仪征)卸粮,随后载淮盐回程,从而将漕运与盐运结合到一块;元代以海运为主;明清两代则主要采取长运、兑运、支运等形式。需要注意的是,自宋代开创漕船"载淮盐以归"的先例后,元明清三代继续执行此策,从而扩大了淮盐的行销范围和影响力。四是重视过程管理,力图最大限度地堵塞漕运过程中的各种漏洞。如明确规定日航程及上水、下水的时间,采取措施来防止运军等盗卖漕粮。五是建立一支强大的护漕军队,如明代有十二万漕军负责漕运。六是照顾漕运军士的利益,允许"附载"土宜(土特产)。明清两代的漕船"附载"土宜数目巨大,这些沿途搭载的土特产,极大地丰富了南北之间的商贸市场。七是在重要的航段节点上建征收商税的税场或榷关。如宋代在盱眙建立税场,又如明清两代沿大运河建榷关等。八是唐代以后,漕粮运输实行纲运(编成船队运漕粮),时至明代,在纲运过程中各漕粮征收地均建立了漕帮组织。进入近代,漕帮演变成会党如上海的青帮、洪帮等。

其十,漕运通道又是商贸通道,商贸在稳定国家经济秩序等方面负有特殊的使命。如永济渠在充分利用曹操白沟的基础上,又借用清河、屯氏河、沽河、桑乾河等部分水道将航线延长到涿郡一带,以此带动了沿线社会经济的发展。又如唐玄宗一朝,长安建漕运码头广运潭,在"漕山东粟四百万石"(《新唐书·食货志三》)的同时,出现了"坚预于东京、汴、宋取小斛底船三二百只置于潭侧,其船皆署牌表之。若广陵郡船,即于枋背上堆积广陵所出锦、镜、铜器、海味;丹阳郡船,即京口绫衫段;晋陵郡船,即折造官端绫绣,会稽郡船,即铜器、罗、吴绫、绛纱;南海郡船,即玳瑁、真珠、象牙、沉香;豫章郡船,即名瓷、酒器、茶釜、茶铛、茶椀;宣城郡船,即空青石、纸笔、黄连;始安郡船,即蕉葛、蚺虵胆、翡翠。船中皆有米,吴郡即三破糯米、方丈绫。凡数十郡。驾船人皆大笠子、宽袖衫、芒屦,如吴、楚之制"(《旧唐书·韦坚传》)的盛况。停靠广运潭的漕船,主要来自广陵郡、丹阳郡、晋陵郡、会稽郡、南海郡、豫章郡、宣城郡、始安郡、吴郡等,其中展示的手工业制品有锦、镜、铜器,绫缎、瓷器、酒器、茶具、笔墨纸张、玉器等,这从一个侧面说明了漕运在促进社会经济发展方面起到了积极的作用,如南海郡的象牙是在进行海外贸易的过程中获取的。关中与运河及黄河等串联在一起,扩大了漕运范围,加快了商品流通的速度,为长安再度成为国际贸易中心城市起到了重要的作用。

以上所述,只是粗粗地梳理了狭义漕运包含的主要内容,其所涉及的远远不止这些。进而言之,狭义漕运与运河建设交织在一起,构成了丰富的形态,尤其值得关注。

张强,苏州大学中国古代文学博士生导师,南京师范大学文艺学博士生导师,淮阴师范学院教授,主要从事中国古代文史研究。发表论文二百多篇,出版学术著作三十多部。

目 录

绪 论 ··· 1
 第一节 漕运与历代运河建设概述 ·· 1
 第二节 漕运漕转陆运成本 ·· 8

第一章 先秦漕运与运河建设 ·· 16
 第一节 漕运历史溯源 ··· 16
 第二节 先秦运河与漕运 ·· 21

第二章 西汉时期的漕运 ·· 37
 第一节 西汉漕运形势及变化 ··· 38
 第二节 开拓漕运的路径 ·· 44
 第三节 西汉屯田及漕运之法 ··· 57
 第四节 漕运管理及仓廪建设 ··· 75

第三章 东汉时期的漕运 ·· 83
 第一节 洛阳漕运形势与阳渠 ··· 84
 第二节 黄河汴渠及浙东漕运 ··· 89
 第三节 凉州、河西漕运与屯田 ·· 101
 第四节 曹操开渠与北方漕运及屯田 ··· 103

第四章 三国时期的漕运 ·· 133
 第一节 曹魏形势与漕运及河渠建设 ··· 135
 第二节 汴渠与两淮河渠 ·· 144
 第三节 洛阳、关中、河北漕运 ··· 155
 第四节 孙吴的河渠建设与漕运 ··· 159

1

第五章　两晋时期的漕运 169
第一节　西晋黄河流域的河渠建设 170
第二节　东晋河渠建设与漕运 189

第六章　南北朝时期的漕运 207
第一节　北魏漕运与河渠建设 208
第二节　南朝漕运与南北之争 219

第七章　隋代的漕运 224
第一节　隋文帝时期的漕运及河渠建设 226
第二节　隋炀帝时期的漕运及河渠建设 240
第三节　通济渠与东南漕运 246
第四节　永济渠与河北漕运 263
第五节　隋代河漕与水次仓分布 280

第八章　唐代的漕运 291
第一节　关中河渠建设与黄河漕运 294
第二节　通济渠、永济渠与漕运 317
第三节　李杰、裴耀卿的漕运改革及水次仓建设 330
第四节　李晏理财与榷盐及漕运 343
第五节　漕运过程管理与江淮盐运 368

第九章　两宋时期的漕运 379
第一节　宋初运河及漕运 381
第二节　北宋漕运的基本构成 387
第三节　治理江淮、江南运河 398
第四节　转般仓与东南六路漕运 413
第五节　漕运制度建设与代发、直运 421
第六节　江南运河与杭州水上交通 445
第七节　南宋漕运与杭州粮仓建设 450
第八节　杭州与市舶司及海外贸易 456

第十章	元代的漕运	462
	第一节 开凿通惠河	464
	第二节 海漕航线及岁额	472
	第三节 开挖会通河	479
	第四节 整治御河、扬州运河和江南运河	486
	第五节 漕运管理与改革	492
	第六节 漕仓建设与管理	498
第十一章	明代的漕运	503
	第一节 明初漕运与黄河阻运	505
	第二节 明代治理贾鲁河	508
	第三节 明代重开会通河及漕运	511
	第四节 陈瑄兴修运河与漕运	515
	第五节 黄河乱淮及漕运	518
	第六节 借黄行运及修筑河堤	526
第十二章	清代的漕运	538
	第一节 清代运河与治河保运	539
	第二节 清代漕运及水次仓	542
	第三节 靳辅治河与漕运	546
	第四节 明清漕运总督与河道总督	553
	第五节 明清运河经济与农产品商品化	560

代结束语　一座因漕运兴衰的城市 … 568

主要参考文献 … 578

后　记 … 586

绪 论

在自然地理的制约下,古代中国的水运条件较为有限,为了改变这一局面,古人开始兴修向不同方向延展的运河。水运又称"漕运",秦汉以后,漕运主要指国家层面组织的大规模的运粮活动,这一活动涉及国家政治、经济、军事等层面,与赈灾救荒、战略储备等有直接的关系。漕运离不开运河建设,不同时期有不同的运河建设内容。漕运是维护封建专制国家政治安全的生命线,历代之所以要发展漕运,一是水运成本远低于陆运,二是京畿地区物产有限,要想保证其粮食安全需要从千里以外的地方调粮。鉴于这两方面的原因,不同朝代建京地点虽然不同,但都需要漕运的支持。

第一节 漕运与历代运河建设概述

在开挖河渠(运河)以前,漕运主要利用自然水道。如西周时方国林立,偏远的诸侯国进贡主要是走自然水道。《尚书·禹贡》云:"淮、海惟扬州。彭蠡既猪,阳鸟攸居。三江既入,震泽底定。筱簜既敷,厥草惟夭,厥木惟乔。厥土惟涂泥。厥田唯下下,厥赋下上,上错。厥贡惟金三品;瑶、琨筱、簜、齿、革、羽、毛惟木。鸟夷卉服。厥篚织贝,厥包桔柚,锡贡。沿于江、海,达于淮、泗。"①《禹贡》时代扬州的贡道是,从长江入海,从海上进入淮河,入淮后沿淮河支流泗水进入黄河流域。由于从长江入淮需经海上绕一个大弯方能入淮,故交通极不方便,时至春秋末期,吴王夫差利用沿途的河流湖泊在江淮之间开挖了邗沟。邗沟建成后,缩短了从长江到淮河流域的航程,规避了走海上可能遇到的风险。

不同时期的河渠有不同的称谓。如唐代以前,在黄河流域开挖的河渠多有"沟""渠"等称谓,在长江流域的河渠多有"溪""浦""渎"等称谓,淮河流域的运河多有"沟""渎"等称谓。出现这一情况,主要是由南北地形、地貌差异及语言表达方式不同造成的。当然,个别

---

① 清·阮元《十三经注疏·尚书正义》,北京:中华书局1980年版,第148—149页。

情况下也有例外,但基本上遵循了这一规律。

"运河"一词出现的时间当在宋代。《新唐书·五行志三》有"开成二年夏,旱,扬州运河竭"①语;开成是唐文宗李昂的年号,二年指837年,从字面意思看,"运河"一词似乎产生于唐代。不过,《新唐书》的作者是欧阳修、宋祁等,其完成时间在宋仁宗嘉祐五年(1060)。此外,"大运河"一词出现在南宋。吴自牧描述杭州境内的运河时写道:"城中小河、清湖河两河,合于北郭税务前,由清湖堰闸至得胜桥,与城东外沙河、菜市河、泛洋湖相合,分为两派:一由东北上塘过东仓新桥,入大运河,至长安闸,入嘉兴路运河;一由西北过得胜桥,上北城堰,过江涨桥、喻家桥、北新桥以北,入安吉州界下塘河。"②

运河又有"漕渠""官河""漕河"等称谓。如汉武帝元光六年(前129)开关中运河漕渠,司马迁记载:"令齐人水工徐伯表,悉发卒数万人穿漕渠,三岁而通。③"李吉甫记载:"合渎渠,在县东二里,本吴所掘邗沟江、淮之水路也,今谓之官河,亦谓之山阳渎。"④邗沟有"官河"之称,与官方组织运粮并成为定制有密切的关系。因河渠由官府组织力量开凿,官府有优先使用的权力,商运、民运等必须服从漕运。

河渠有"漕渠""漕河""官河"等称谓,表明其建设是在发展漕运的背景下进行的。在这一过程中,从用"沟""渠""溪""浦""渎"等称呼不同区域的河渠,到正式出现"运河""漕河""官河"等称谓,称谓上的变化在一定程度上反映出河渠建设是在弱化或消解灌溉农田、改良土壤、防洪排涝等功能的过程中,在突出漕运即水上运输功能的过程中逐步实现的。具体地讲,伴随着区域性河渠长度的延长和有意识地建立互通关系,运河贯穿不同的区域扩大了漕运范围。漕运范围扩大后,与陆路交通交织在一起,改变了原有的交通布局。与此同时,交通布局的变化带动了沿线地区的发展,给城市布局及区域行政带来了调整。进而言之,在构建新的交通枢纽及网络时,河渠有力地促进了沿岸城市的社会发展和经济发展。从某种意义上讲,由"沟""渠"等旧称嬗变为"漕渠""漕河"等新称,再嬗变为"运河"这一称谓,在一定程度上反映了后世在河渠建设中重点强调的功能是漕运。在这中间,不断兴修河渠及强化其漕运功能,为大一统国家大规模地调运粮食及物资提供了保障,同时也为建立漕运制度奠定了基础。

根据文献记载,中国古代的河渠建设发生在春秋时期,主要在两个区域:一是集中在黄河中下游地区,其范围涉及中原各国及齐国等;一是集中在长江流域,主要在吴、楚两国进

---

① 宋·欧阳修《新唐书·五行志三》,北京:中华书局1975年版,第947页。
② 宋·吴自牧《梦粱录·城内外河》,杭州:浙江人民出版社1980年版,第109页。
③ 汉·司马迁《史记·河渠书》,北京:中华书局1982年版,第1410页。
④ 唐·李吉甫《元和郡县图志·淮南道》(贺次君点校),北京:中华书局1983年版,第1072页。

行。黄河中下游地区是中华民族最早开发和从事农业生产活动的区域,建设具有农田灌溉、排洪防涝、改造土壤结构、水运等综合功能的河渠是必然的。当黄河中下游地区的经济承受力不足以应付日益增长的人口需求,而各国的政治中心又必须在这一区域时,开挖有不同功能的河渠,可以增强国力,有效化解政权建设中可能存在的危机。春秋时期,楚国和吴国的实力空前扩大,伴随着北上争霸的梦想,需要建设北通中原、可以降低军事行动成本的运河。在这中间,以军事斗争为先导的楚国和吴国在境内境外开挖运河,利用不同的运道北上争霸,将漕运与开挖运河交织在一起,对政治、经济、军事、交通、商贸、文化等产生了深远的影响。

先秦时期掀起了中国古代兴修河渠的第一个高潮。这一时期,各国根据实际需要在不同的区域兴修河渠,建成了与天然河流相辅相成的交通运输网络。通过降低运输成本,有效地拓展了水上交通的范围,进一步丰富了陆路以外的交通运输形式。可以说,当运河沟通不同的水系时,势必以强大的水上交通运输能力拓展漕运的范围。与此同时,漕运范围的拓展则加快了大一统的进程,在维护政治稳定和京城利益优先等方面具有不可替代的作用。

漕运是维护汉王朝政治稳定及粮食安全的生命线。汉代漕运远通江淮,这条水上大通道经邗沟、鸿沟可进入黄河漕运通道,进而经渭水西入长安及关中。《汉书》记载:"荥阳下引河东南为鸿沟,以通宋、郑、陈、蔡、曹、卫,与济、汝、淮、泗会。于楚,西方则通渠汉川、云梦之际,东方则通沟江淮之间。于吴,则通三江、五湖。"①在汉武帝兴修关中漕渠之前,关东地区的漕运经黄河与运河相连形成远通江淮之势。

汉武帝一朝为确保漕运畅通,在前人的基础上掀起了兴修河渠的高潮。此后从东汉到魏晋兴修河渠及关注河渠的综合功能始终是统治者关心的大事。这一时期,政治角逐主要是在黄河流域进行。经过不同时期的建设,在联结黄河、淮河、长江等水系的过程中逐步建成了以长安为中心的关中河渠、以洛阳为中心的河渠、从中原到华北的河渠、从中原到两淮的河渠等。这些河渠与先秦时期开挖的河渠形成相互连接之势,为隋代建设以洛阳为中心的水上交通枢纽奠定了坚实的基础,为进一步发展漕运和农业经济创造了良好的外部条件。

隋王朝建立后,京城选址出现了多种可能。然而,隋文帝一改东汉以后以洛阳为京城的做法,将国都建在长安,从而使京城选址出现了西迁关中的局面。从表面上看,隋代建都在长安是在沿用前朝旧都,但其京城大兴城是在汉长安城以外的地方重新规划和建设的。在建设的过程中,规划者特意在城中开挖了数条河渠,这一举措开创了在缺水的北方规划和建设京城时考虑运河因素的历史。此后,隋炀帝利用河渠旧道在东都洛阳建立了联络全国水上交通的运输体系,考虑到河渠贯穿全国及转运、集散物资的能力,遂给京城选址及建设带

---

① 汉·班固《汉书·沟洫志》,北京:中华书局1962年版,第1677页。

来了新的内容。从这样的角度看,自漕运成为国家政治稳定的基本要素后,京城选址及城市建设开始更多地考虑运河的因素。

北宋定都大梁后,漕运方向上的变化给运河建设带来了新的思考空间。因赋税重点征收地区完成了从黄河中下游地区向江淮及江南地区的转移,京城选址势必优先考虑运河及漕运的因素。在这中间,从重点建设黄河两岸的运河到重点建设江淮及江南运河,方向上的变化给运河建设带来了新的变化。

同样的道理,当元、明、清三代定都北京时,漕运再次变化,引起了运河建设方面的变化。进而言之,当漕运成为国家政治倚重的对象时,京城的选址、迁移遂与运河结下剪不断、理还乱的关系。从这一意义上讲,关注运河实际上是关注国家政治中心迁移及城市兴衰的历史,是通过漕运关注古代中国政治、经济、文化变化的历史。

从两汉到北宋,大一统国家的政治中心主要建在黄河流域。在这中间,各王朝的政治中心虽在不同的地点,但使用的漕运线路大体相同。元代迁都大都(在今北京)后,因漕运目的地远离黄河流域,航线随之发生了重大的变化。

经济发达地区江浙及江南并入元朝的版图后,拉长了政治中心和经济发达地区之间的距离。在没有一条现成的为新政治中心服务的漕运通道的背景下,采取什么样的线路转输江南钱粮北上成为元王朝必须面对的大问题。为此,元代统治者进行了三个方面的探索:一是利用原有的漕运通道绕道黄河北上,实行水陆转运;二是为了降低转输成本,尝试海运,先后建立了三条海运航线;三是在山东境内开挖济州漕渠、济州河和会通河等,试图兴建一条内河航线与海上航线相接的漕运通道,或一条与江淮及大都直接相连的漕运通道。从形势上看,元代尝试海运和开山东境内的运河实际上是迫不得已的选择。假定原有的漕运通道能直接为新政治中心大都服务,不会在转输江南钱粮的过程中因绕道河南等地付出高昂代价,那么,元王朝是不会把运河建设及尝试海运提上议事日程的。客观地讲,开挖一条直通大都的新运河形成南北运河整体东移需要一定的时间,不可能在短期内有立竿见影的效果,根据这一情况,元代把尝试海运即"海漕"提上了议事日程。与水陆联合转输相比,海运虽然可以降低转输成本,但有自身无法克服的缺陷。具体表现在三个方面:一是海上风浪大,近海航行时船只容易搁浅或触礁翻覆;二是在航海技术较为有限的前提下,起运时需要根据季风、洋流、潮汐等变化来确定具体的时间;三是京城大都远离海口,从入海口经直沽(在今天津)转运没有一条现成的航线。这样一来,要想降低转输成本,建设从通州到大都的漕运通道及山东境内的运河已是当务之急。

自伯颜确立海运秩序后,元代在发展海运的同时也加大了运河建设的力度,主要采取了三个方案。一是由郭守敬重修通惠河,通过开通从通州到大都的漕运通道,保证从直沽到大都航线的畅通,进而形成内河漕运与海漕相接之势。二是加大裁弯取直工程建设的力度,重点兴建山东境内的运河如济州漕渠、济州河、会通河等,进而建成南接江淮、北入御河与大都相通的漕运大通道。与其他区域的运河相比,会通河的建设难度最大。具体地讲,会通河经过的区域地貌复杂,以台地任城(在今山东济宁)为中点,向南北两翼展开,各有三十米以上的落差。客观地讲,要想在这一区域开挖运河,不但需要从高处的台地引水补给航道,还需要建造堰闸向南北两端分水并控制流量。经过艰苦的努力,会通河终于建成了,从此实现了南北运河整体东移的战略目标。在这中间,马之贞等为兴修山东境内的运河做出了杰出的贡献。三是在建立为大都服务的水上交通运输体系时,需要根据各地航道、堤岸及水利设施损坏的情况进行针对性的修缮和管理,以提高关键航段御河、扬州运河、江南运河等的通航能力。三个兴修方案实施后,以元世祖至元三十年(1293)通惠河再度开通为标志,一条一头与江南运河相连,一头与大都相通的漕运通道(即京杭大运河)已基本建成。京杭大运河开通后,促进了南北地区的商贸往来,带动了沿岸地区及城市的社会经济发展,并形成了向腹地及周边地区"辐射"的能力。

遗憾的是,正当京杭大运河有可能展示出巨大的能量时,元末风云骤起,在朱元璋的打击下元王朝退往漠北。明初,朱元璋将政治中心设在金陵(在今江苏南京),这条航线的重要性开始减弱,乃至于某些航段出现了严重的淤塞。明成祖朱棣定都北京后,这条处于湮废状态的运河经兴修后再度开通。满清入关后,继续定都北京,在加强漕运管理及航道建设的过程中,大运河的重要性进一步彰显。追溯这一历史,开通大运河实际上是在元代积极地从事运河建设的背景下实现的。按理说,明王朝只要加强运河维修和管理便可获取漕运之利。然而,黄河溃溢频仍致使漕运中断,乃至于明初输粮北上被迫采取水陆联运和海运之策。输粮北上的目的是加强北方防务,防止退守漠北的元王朝残余势力反扑,同时防止李氏朝鲜侵扰辽东。由于陆运及水陆联运的成本十分高昂,加上海运的风险极大,这样一来,明王朝发展内河漕运的呼声渐高。具体地讲,明成祖朱棣夺取皇位并迁都北京后,加强北方防务与稳定政治秩序交织在一起,使打通南北漕运通道成为更加迫切的要求。

在明王朝二百七十六年的历史中,黄河溃溢和改道共四百五十六次,平均每七个月发生一次。可以说,每一次黄河溃溢和改道都在不同的程度上影响到业已建立的漕运秩序。这一时期,黄河溃溢及改道对运河及漕运的影响可分为两个时段:一是从明初到明中叶,黄河溃溢及改道造成的危害主要集中在会通河方面;二是明世宗嘉靖年间(1522—1566),黄河溃溢的范围向江淮一带延伸。如黄河南下时初有六道,以嘉靖六年(1527)为下限仅存由沛县(在今江苏沛县)入泗一道;又如嘉靖二十五年(1546)黄河全河入淮即倾一河之水沿泗水故道经清口(泗口,在今江苏淮阴码头)入淮,这些情况的存在把黄河溃溢及改道的范围扩大到黄淮交汇处,其破坏力也扩展到江淮运河沿线。

一般认为,京杭大运河的主航线主要由七个航段构成。撇开从北京到通州的通惠河、从通州到天津的北运河、从镇江到杭州的江南运河不论,运河与黄河水系发生联系的航段有四个:从天津到山东临清的南运河,从临清到徐州或台儿庄的鲁运河,从徐州或台儿庄到淮安的中运河,从淮安到扬州的里运河。这些区域的黄河与运河紧密地联系在一起,可以说,黄河的每一次溃溢及改道都直接或间接地伤害到运河并影响了漕运,特别是在黄河全河入淮后,在"黄高淮壅"的背景下逐步形成了以徐州为中心和以清河为中心的溃溢区。两个溃溢区北自丰、沛、徐州、邳州、睢宁等地,南到宿迁、桃源、清河等地,直接威胁到相应区段运河航道的安全。在黄河上流溃溢和泥沙不断壅堵下流的过程中,黄河与淮河的壅水逆流而上引起更大范围的溃溢,漕运面临着来自黄河和淮河的双重威胁。具体地讲,黄河溃溢、淤塞运道引起淮河泛滥,使一向有着良好航运条件的江淮运河成为黄河泥沙侵袭的对象,也使修整运河陷入治河与治淮缺一不可的困境。

会通河和江淮运河是南北漕运容易受损的航段,如果想恢复漕运,需要重点修整会通河及江淮运河。明代重开会通河是在元代的基础上进行的,从表面上看,修整会通河的工程难度应该不大,其实不然,黄河溃溢、淤塞相关区域的航道,致使这一区域的地理及水文形势发生了很大的变化。面对这一形势,修整会通河需要在济宁台地建引水入运河的工程。会通河经济宁台地时向南形成了约三十四米的落差,向北形成了三十米的落差。这样一来,需要在济宁台地建造引水工程,建造水闸及船闸,向南北两个方向的航道分水。永乐九年(1411),在宋礼、金纯等人的主持下,明王朝完成了修整会通河的工程。几乎同时,陈瑄主持修整了江淮运河和会通河从百步洪到吕梁洪的航段。在宋礼、陈瑄等人的努力下,明王朝建立起罢海运兴漕运的新秩序。

黄河溃溢及迁徙是在自然生态破坏严重的背景下发生的,其中,过度地开发和攫取黄河水资源等是黄河溃溢及改道的重要原因。追溯明代黄河溃溢及改道的历史,可上溯到宋元时期,气候周期性变化在影响黄河水文的同时,给明代运河及漕运带来灾难性的后果。具体地讲,会通河成为黄河泥沙淤塞的重点区域与元末黄河在贾鲁河沿线溃溢有着直接的关系。元末开挖贾鲁河的初衷是,开辟一条具有泄洪和漕运功能的新航线,试图通过疏导黄河迫使其回归故道,以解决溃溢改道等问题。遗憾的是,贾鲁河建成后没能达到根治黄河的目的,泥沙继续向下流堆积引起上流多处溃溢,给相关区域黄河两岸的民生带来极大的困扰,同时也中断了明代南北漕运的大通道。如贾鲁河兴修后黄河不再北流,由此引发的溃溢使疏浚或修整会通河成为没完没了的工程。也就是说,南北漕运的关键航段是会通河,黄河溃溢并淤塞会通河破坏了会通河的补给水源,干扰了正常的漕运秩序。

绪　论

明代后期,如何保漕运形成了两种意见:一种意见主张以治河为先,在治河的基础上保漕运,如潘季驯等认为治河应采取疏导、筑堤等措施,迫使黄河回归故道;另一种意见主张保漕运应将治河与修整运河分开,如翁大立等针对黄河不断侵袭会通河等情况,认为可开挖新航道实施避黄行运之策。在此基础上形成了保漕运是以治河为先还是以避黄行运为先的两种方案。在这中间,黄淮交汇引起黄淮泛滥,给治理江淮运河出了新的难题,治河治淮与修整江淮运河交织在一起,给保漕运提出了新的挑战。

明代输粮北上有不同的运输方式,漕运秩序的建立是在不断地探索中得到确认的。从大的方面讲,明代漕运继承了唐宋时期确立的漕运制度,在此过程中逐步形成了支运、兑运、长运等方式。这些漕运方式与运河沿线的漕仓(水次仓、中转仓)相互配合,完善了明代的漕运机制。具体地讲,京杭大运河最长时可达二千多里,无论是支运、兑运还是长运,都需要输粮入仓和取粮转运。因改革漕政及航线变化等因素,明代在利用旧仓的基础上调整了部分水次仓的地点,从而为建立新的漕运秩序铺平了道路。在这中间,明代采取输粮入边的商运政策及让盐利于商的政策,一方面提高了漕运效率,另一方面为京杭大运河成为商品流通的大通道铺平了道路。通过长期有目的、有计划的建设,明代先后建成了淮安、徐州、临清和德州等重要的水次仓,这些水次仓除了具有中转的职能外,还在赈灾救荒及战略储备等方面发挥着重要的作用,并促进了不同区域的社会经济发展。

清代取之现成,继承了明代的漕运制度。满清入关后,全面继承了明代水次仓建设的成果,在明代已有的基础上制定了更为严格的漕运管理和航道管理制度。由于大运河北上要跨越五大水系,与治河联系在一起,疏浚运河始终是历久弥新的话题。具体地讲,开辟避开黄河的新航线和改革漕政也是清王朝必须面对的大问题。通过长时间的建设和改革,京杭大运河在稳定国家政治和经济秩序的同时,将沿岸城市串联在一起,将经济触角深入到运河沿岸的腹地,为商品流通及推动南北经济互动铺平了道路。近代以后,伴随着新式交通如火车、汽车的兴起,宣告了两千多年漕运历史的结束。在这一过程中,因交通兴盛的运河城市开始走向衰败。

综上所述,中国古代的河渠建设有八个显著的特点。其一,中国有世界上开挖时间最早和最长的运河。所谓最早,是指古代中国开挖河渠的历史远远地超过了世界各国;所谓最长,是指经过历朝历代不断地开挖和联结,中国有了世界上最长的运河。其二,开挖河渠始终是国家行为,历代统治者不遗余力地开挖和维修这一贯穿南北的漕运大通道,是因为看到漕运在国家政治、经济、军事及战略发展等方面具有特殊的意义,在维护大一统国家的安全方面具有不可替代的作用。其三,经过历代不断地开挖,运河形成与陆路交通并驾齐驱的交通大网络,水陆相互联结的交通运输态势,在改变原有交通布局的同时,为社会经济的发展和走向繁荣注入了生生不息的活力。其四,运河某些航段成为商品集散地及水陆交通枢纽后,为运河沿岸城市的兴起提供了必要的条件。在此之前,中国古代的城市大都依天然河流而建,运河城市兴起后,开始改变这种格局。其五,运河贯穿东西南北的交通网络,水上交通向陆路交通辐射,极大地加强了地区与地区之间的联系,进而为新的区域政治、经济、文化中心的形成奠定了基础。其六,凭借水上交通的运输优势,运河沿岸城市迅速走向繁荣。大量的农业人口涌入运河城市,积极地从事手工业、工商业活动等,不但改变了城市的人口结构,为市民阶层的壮大提供了坚实的基础,同时也为城市商品经济的发展及资本主义萌芽提供了先决条件。其七,运河城市为新兴政区的形成和相对独立的经济圈、文化圈等的形成提供了先决条件。如以运河沿岸城市为向外辐射的联系点,运河通过加强不同政区之间的联系,打破了因山川地理造成的相对封闭的状态,起到了促进不同区域政治、经济及文化交流的作用。在运河成为贯穿全国的交通大通道以前,一些政区因处于相对封闭和孤立的状态,很少有接受外来文化及信息的机会,然而,当运河把这些地区串联以后,或这些地区接受运河交通网络的辐射以后,就有可能接受其他地区或外来的文化,进而在交流中把富有个性特征的区域文化向外传播。其八,运河沿岸建成一个又一个的物资或商品集散地以后,运河城市除了成为物资或商品集散地以外,还担负起对外交流的文化使命。如一些运河城市地处江海交汇口,作为对外通商的重要港口吸引了大量的外商入住这些城市。在商品贸易的过程中,除了有物资方面的交流外,同时也会发生文化上的交流。由于不同文化的碰撞交流和互相汲取,运河城市遂成为中国古代极具活力、商业色彩和异族风情的城市。

第二节 漕运漕转陆运成本

漕运有节约人力、物力和财力等方面的优势。问题是,千里运粮或物资,漕运成本要比陆运低多少?两者之间有什么样的比率关系?这些无疑是研究漕运时必须关注的问题。

从成本核算的角度看,水运是最经济的长途运输方式。然而,受自然地理等因素的制约,秦汉以前的水运条件有限,乃至于长途运输大都采取陆运或水陆联运的方式,这种情况一直持续到兴修河渠并建成四通八达的漕运通道以前。

根据有关文献记载,千里以上的水陆联运始于蒙恬北逐匈奴之时。《史记》记载:"秦已并天下,乃使蒙恬将三十万众北逐戎狄,收河南。筑长城,因地形,用制险塞,起临洮,至辽东,延袤万余里。于是渡河,据阳山,逶蛇而北。暴师于外十余年,居上郡。是时蒙恬威振匈奴。"①秦始皇三十三年(前214),蒙恬奉命率三十万大军北逐匈奴,取得胜利以后,以上郡(在今陕西绥德)为重镇,严密地监控上郡以北的区域。从另一个层面看,三十万大军与匈奴在上郡以北地区展开激战,需要大量的粮草,为了加强后勤补给,秦王朝采取了从不同区域征调粮草及战略物资的措施。《史记》记载:"秦始皇……使蒙恬将兵攻胡,……又使天下蜚刍挽粟,起于黄、腄、琅邪负海之郡,转输北河,率三十钟而致一石。"②黄,治所在今山东龙口市东。腄,地名,裴骃注引徐广语时写道:"腄在东莱,音缒。"③东莱,治所掖县,在今山东莱州。琅邪,治所在今山东胶南西南。北河,应指乌加河。黄河在内蒙古磴口县分为南北两支,其中,北河即乌加河为黄河正流。《史记》中有"中国缮道馈粮,远者三千,近者千余里"④之说,如以汉武帝打击匈奴时调运关东粮草的距离为参照,当知秦王朝建立的这一后勤补给线不会低于三千里。如果从黄县、东莱等地起运的粮食至北河,水陆联运的距离应超过三千里。所谓"三十钟而致一石",是说起运三十钟粮食,除去沿途的各种消耗,运到三千里以外的目的地,只能剩下一石。可以说,运输成本之高令人难以想象。

秦代自黄县等地起运至北河建立长达三千里的后勤补给线,其消耗比主要是讲水陆联运的成本。汉武帝通西南夷,主要是讲陆运时与走山路时的消耗比。由此提出的问题是:如果有方便车马行走的道路和交通,那么,运输成本究竟有多大呢?根据这一情况,需要做进一步的考察,在这中间,南宋乔行简的说法值得关注。如针对宋理宗打算北上抗金及收复中原的想法,乔行简提出了反对的意见:"陛下之兵,能战者几万?分道而趣京、洛者几万?留屯而守淮、襄者几万?非按籍得二三十万众,恐不足以事进取。借曰帅臣威望素著,以意气招徕,以功赏激劝,推择行伍即可为将,接纳降附即可为兵,臣实未知钱粮之所从出也。兴师十万,日费千金,千里馈粮,士有饥色。今之馈饷,累日不已,至于累月,累月不已,至于累岁,不知累几千金而后可以供其费也。今百姓多垂罄之室,州县多赤立之帑,大军一动,厥费多端,其将何以给之?今陛下不爱金币以应边臣之求,可一而不可再,可再而不可三。再三之后,兵事未已,欲中辍则废前功,欲勉强则无事力。国既不足,民亦不堪。臣恐北方未可图,而南方已先骚动矣。中原蹂践之余,所在空旷,纵使东南有米可运,然道里辽远,宁免乏绝,由淮而进,纵有河渠可通,宁无盗贼邀取之患?由襄而进,必须负载二十钟而致一石,亦恐未必能达。若顿师千里之外,粮道不继,当此之时,孙、吴为谋主,韩、彭为兵帅,亦恐无以为策。他日运粮不继,进退不能,必劳圣虑,此臣之所忧者三也。愿陛下坚持圣意,定为国论,以绝

---

① 汉·司马迁《史记·蒙恬列传》,北京:中华书局1982年版,第2565—2566页。
② 汉·司马迁《史记·平津侯主父列传》,北京:中华书局1982年版,第2954页。
③ 同②,第2955页。
④ 汉·司马迁《史记·平准书》,北京:中华书局1982年版,第1439页。

纷纷之说。"①乔行简的这一奏疏主要有三个方面值得关注：一是认为国内兵源枯竭，能战者有限，如果要发动一场恢复中原的战役的话，除了要留守淮河和江汉防线外，还需要动用二三十万的人马，这样一来，将会消耗巨大的财力、人力和物力；二是认为这场战争一旦打响，将会旷日持久，因"兴师十万，日费千金"，很可能会发生"北方未可图，而南方已先骚动"的局面；三是认为后勤补给线太长，将会出现"千里馈粮，士有饥色"即粮草不济的情况，更重要的是，还会遇到许多意想不到的困难。如"纵使东南有米可运，然道里辽远，宁免乏绝，由淮而进，纵有河渠可通，宁无盗贼邀取之患"。又如一旦漕路不通，只能走陆路，那么，付出的成本将会更高。

这里，撇开其他不论，乔行简提出的"由襄而进，必须负载二十钟而致一石，亦恐未必能达"一事特别值得关注。另外，这里所说的"钟"应指"石"。如果以襄阳为起点，走陆路运输粮草至京、洛即汴梁及洛阳一带，全程当在一千里到两千里之间，沿途的损耗将达到二十比一，即"必须负载二十钟而致一石"。当然，这里面还不包括出现意外后运输成本更高的情况。在这中间，如以一千里为消耗比的基本单位，当知每增加一千里，运输成本要增加一倍。进而言之，陆运成本增加是与里程增加联系在一起的，亦可知千里运粮走陆路付出的成本及代价实在是太高了。

从以上的论述中当知，后世千里运粮不走陆路，而致力于发展漕运的原因。进而言之，在古代交通工具有限的前提下，建立强有力的后勤补给线是战争双方必须关注的大问题。沈括计算大军出征耗粮的情况时论述道："凡师行，因粮于敌，最为急务。运粮不但多费，而势难行远。予尝计之，人负米六斗，卒自携五日干粮，人饷一卒，一去可十八日；若计复回，只可进九日。二人饷一卒，一去可二十六日；若计复回，止可进十三日。三人饷一卒，一去可三十一日。计复回止可进十六日。三人饷一卒，极矣。若兴师十万，辎重三之一，止得驻战之卒七万人，已用三十万人运粮，此外难复加矣。运粮之法，人负六斗，此以总数率之也。其间队长不负，樵汲减半，所余皆均在众夫，更有死亡疾病者，所负之米，又以均之，则人所负，常不啻六斗矣。故军中不容冗食，一夫冗食，二三人饷之，尚或不足。若以畜乘运之，则驰负三石，马、骡一石五斗，驴一石，比之人运，虽负多而费寡，然刍牧不时，畜多瘦死，一畜死，则并所负弃之，较之人负，利害相半。"②如以沈括的计算为基准，一是战争爆发后，必将耗费大量的粮食和辎重。如果兴兵十万及战争可以在十六天结束的话，那么，参加运送军粮及军事物资的人员应是出征大军的三倍。二是在出征的十万大军中，非战斗人员约为三分之一。进

---

① 元·脱脱等《宋史·乔行简传》，北京：中华书局1985年版，第12494页。
② 宋·沈括《梦溪笔谈·官政一》，胡道静《梦溪笔谈校证》，上海：上海古籍出版社1987年版，第419—420页。

而言之,十万大军中有三万为非战斗人员,这些人员主要负责后勤保障等事务。三是除了有专门负责后勤补给的人员参与外,参战的士兵须携带五天的干粮。

与陆运相比,漕运在降低成本方面有着明显的优势。明代定都北京后,建立了自东南北上入京的漕运秩序。很有意思的是,京杭大运河长一千七百九十七公里,这一距离与秦代自黄县等地运粮至北河的水陆联运距离大体差不多。这样一来,完全可以此为参照,通过纵向比较搞清楚中国古代漕运成本低于陆运成本的情况,同时也可以体察到历朝历代发展漕运的必然性。

漕运是明王朝稳定政治秩序和经济秩序的生命线,自明永乐十三年(1415)实行漕运之策后,沿南北运河漕运,出现了"率三石致一石"或"三四石致一石"的情况。所谓"率三石致一石",是指从水上运粮约三千六百里,如果起运三石的话,除去过程消耗及自然损耗,那么,粮食运到终点时可剩下一石。不过,明代漕运的实际数字要普遍地高于"率三石致一石",究竟高多少? 需要进一步分析。

明初实行支运的漕运方式。支运,由民运和军运两部分组成。民运,是指纳粮者自行或雇用船只将规定的粮食运往指定的地点或水次仓。军运是指受漕运总督节制的官军接收民运后,将粮食运往指定的地点及水次仓。《明史》记载:"时漕运,军民相半。军船给之官,民则僦舟,加以杂耗,率三石致一石,往复经年失农业。忱与平江伯陈瑄议,民运至淮安或瓜洲水次交兑,漕军运抵通州。淮安石加五斗,瓜洲又益五升。其附近并南京军未过江者,即仓交兑,加与过江米二斗。衬垫芦席与折米五合。兑军或后期阻风,则令州县支赢米。设廒于瓜洲水次,迁米贮之,量支余米给守者。由是漕费大省。"①"率三石致一石"发生在民运和官军接运的背景下。但实际情况是,民运者参与漕运受诸多客观条件的限制,时常会出现"往复经年失农业"的情况。

为了解决民运耽误农时的情况,周忱与陈瑄共同商量制定了兑运之策。所谓兑运,是指纳粮者及参与民运者可根据自身的情况,可以不按照指定的地点提前将漕粮交付给接运的官军,随后由官军负责接运。在这一过程中,纳粮者或民运者需要向官军支付相关的费用如剩余里程费、中途损耗费(俗称耗米)、过江费等。兑运实施后虽然"漕费大省",但基本上维持在"率三石致一石"的水平上。略有不同的是,兑运时有意提高征收费用,将本来由官府承担的部分费用转嫁给了百姓。加大征收"杂耗"的力度,有将负担转移给百姓之嫌,但纳粮者或民运者大都乐意接受这一方案,道理很简单,如果自行运输的话,支出的费用将大大地超过支付给官军的数目。

明初实现"率三石致一石"的漕运目标有两个必要条件:一是丰年,出现粮贱银贵的局

---

① 清·张廷玉等《明史·周忱传》,北京:中华书局1974年版,第4213页。

面;二是运河各航段畅通无阻,不受黄河溃溢等因素的影响。离开了这两个条件,将无法实现"率三石致一石"的漕运目标。其实,"率三石致一石"只是最初的成本核算数字,在通常的情况下是无法实现的。具体地讲,漕运成本除了与自身费用、沿途"杂耗"等有关外,还与漕运管理、过程管理、气候变化、水流速度、顺水和逆水、风向及速度、航道维修、不同航段的通航能力、船只的承载量、船只维修、船工熟悉水文程度等有关。在这些环节中,如果其中任何一个环节出问题的话,都有可能耽误原先制订的漕运计划,导致运输成本增加,进而无法实现"率三石致一石"的目标。正因为如此,实际运输成本远远超过这一数字,乃至于强制执行"率三石致一石"之策,百姓家破人亡的事件屡有发生。

为充实国库,增加国家的财政收入,明王朝进行了田赋改革,制定了以绢、布、金、银等折收田赋的办法。如洪武三十年(1397),明太祖朱元璋给户部下诏曰:"凡天下积年逋赋,皆许随土地所便,折收绢、布、金、银等物,以免民转运之劳。尔百司如朕命,毋怠。"①所谓"以免民转运之劳",是指用折收法来减轻百姓参与漕转(水陆联运)时的负担。新的田赋制度颁布后,在客观上减轻了老百姓的负担,保证了农业生产的时间,在一定程度上调动了百姓从事农业生产及多种经营的积极性,促进了家庭手工业和商品经济的发展,进而为纳粮者从事多种经营提供了便利。这一时期,承担纳粮义务的百姓可通过购粮代缴田赋,可用自产的丝绵布帛替代缴纳的田赋及漕粮,可以从事漕粮运输的方式代缴田赋及漕粮,遂开辟了漕运制度改革的新局面,进而扭转了"转运之劳"。在丰年及粮贱银贵的前提下,百姓可以通过手工业如丝织品等获取银两交纳田赋,或通过购粮弥补田赋中的不足,或通过参与漕运获取经济上的利益,因此,"率三石致一石"的漕运目标基本上可以实现。然而,当水旱灾害来临及粮价上扬时,银两购买粮食的能力自然会缩小,如果再按原有的米价计算漕运成本的话,那么,"率三石致一石"将是一句空话。

此外,运河各航段的通航能力也是降低漕运成本的重要因素。明代河患严重,如蔡泰彬先生指出:"仅在明代(1368—1644)的二百七十六年间,黄河决口和改道就达四百五十六次,平均每七个月一次,其中大改道七次。"②这一数字表明,明代的河患超过以往的任何一个朝代,在破坏黄河水运的同时,也破坏了以黄河和淮河为补给水源的运河航道。如谷应泰指出:"隋、唐以前,河与淮分,自入海。宋中叶以后,河合于淮以趋海。然前代河决,不过坏民田庐,至明则妨漕矣,故视古尤急。"③河患加剧毁坏了漕运通道,漕船滞留不同的航段,增加了漕运成本,如果继续执行"率三石致一石"之策的话,只会增加百姓的负担,甚至造成家破

---

① 明·胡广等《钞本明实录·明太祖实录》,北京:线装书局2005年版,第400页。
② 蔡泰彬《晚明黄河水患与潘季驯之治河》,新北:台湾花木兰文化出版社2011年版,第9页。
③ 清·谷应泰《明史纪事本末·河决之患》,北京:中华书局1977年版,第501页。

人亡的局面。针对这一情况,景泰年间(1450—1456),吏部尚书王文废止了"率三石致一石"的漕运制度,采取了较为宽松、可舒缓民力的漕运政策。

稍后,万表任漕运总兵后,通过精打细算,实现了"率四石而致一石"的漕运目标。如黄宗羲在《明儒学案》中记载:"先生功在漕运,其大议有三:一、三路转运,以备不虞。置仓卫辉府,每年以十分之二拨中都运船,兑凤阳各府粮米,由汴梁达武阳,陆路七十里,输于卫辉,由卫河以达于京。松江、通泰俱有沙船,淮安有海船,时常由海至山东转贸,宜以南京各总缺船卫分坐,兑松江、太仓粮米,岁运四五万石达于天津,以留海运旧路。于是并漕河而为三。一、本折通融。丰年米贱,全运本色,如遇灾伤,则量减折色。凡本色至京,率四石而致一石,及其支给一石,不过易银三钱;在外折色,每石七钱。若京师米贵,则散本色,米贱,则散折色,一石而当二石。是寓常平之法于漕运之中。一、原立法初意。天下运船万艘,每艘军旗十余人,共计十万余人,每年辏集京师,苟其不废操练,不缺甲仗,是京营之外,岁有勤王师十万弹压边陲。其他利弊纤悉万全,举行而效之一时者,人共奇之。其大者卒莫之能行也。倭寇之乱,先生身亲陷阵,肩中流矢。其所筹画,亦多掣肘,故忠愤至死不忘。"①

自万表推行改革措施后,"率四石而致一石"成为明代千里漕运过程中的基本损耗。客观地讲,这一水运成本消耗远远低于宋元以前的陆路运输成本。具体地讲,如果长途运输的平均里程以一千里进行计算的话,那么,汉代通西南夷时"率十余钟致一石"②的陆运成本是明代水运成本的二十多倍,金人"率十数石致一石"的陆运成本是明代水运成本的四倍以上。在以陆运为主的年代,水运在节约运输成本方面的优势是不言而喻的。可以说,水运是古代交通运输的高速公路,其快捷的运输方式和低廉的运输成本,受到历代统治者的高度重视。从这样的角度看,汉代以后提倡水运、兴修河渠乃是必然之举。

汉代以后,以漕运稳定政治秩序及保障京师供给、加强战略储备等成为既定国策。问题是,是否真的需要动员全国的力量兴修河渠,动用大量的人力、物力和财力加强漕运呢?除此之外,究竟需要运送多少粮食入京才能保证"国用"?对此,前人有不同的看法。如针对"元封元年,桑弘羊请令民入粟补吏赎罪。他郡各输急处,而诸农各致粟,山东漕益岁六百万石"一事,丘浚站在稳定政治秩序的高度提出了自己的看法:"昔人言,汉初致山东之粟,岁数十万石耳。至孝武,岁至六百万石,则几十倍其数矣。虽征敛苛烦,取之无艺,亦由河渠疏利,致之有道也。虽然,与其至之有道,而积粟于国之多,孰若用之有节,而藏粟于民之多之为愈哉?盖粟资民力以种,种成而不得食,而输于官,以为之食。官食之,而自取之可也,而又资民力以输将焉。造作舟车之费,疏通沟渠之劳,跋涉河流之苦,鞭挞赔偿之惨,百千万

---

① 清·黄宗羲《明儒学案·浙中王门学案五》,北京:中华书局1985年版,第310页。
② 汉·司马迁《史记·平准书》,北京:中华书局1982年版,第1421页。

状,乃达京师。使其所养者,皆有功于国,有益于民之人,不徒费也,不然,何苦苦吾有用之民,而养此无用之人,为此无益之事哉?呜呼,人主授一官,兴一役,费一物,必以此念,而痛为之撙节焉。非决不可不已,必已也。国用其有不给,民生其有不安者哉?"①以汉初漕运"岁数十万石"为证,丘浚认为,应采取"藏粟于民"之策,不必"苦吾有用之民、为此无益之事"。在分析漕运弊端的过程中,丘浚充分认识到从各地调粮入京带来的后患,为此,他力主改革漕政,认为应采取安民之策,不必兴师动众地进行漕运。

那么,漕运岁额是否可以减少或者停止呢?元凤二年(前79),汉昭帝下诏曰:"朕闵百姓未赡,前年减漕三百万石。颇省乘舆马及苑马,以补边郡三辅传马。其令郡国毋敛今年马口钱,三辅、太常郡得以叔粟当赋。"②元凤三年,昭帝再度下诏曰:"乃者民被水灾,颇匮于食,朕虚仓廪,使使者振困乏。其止四年毋漕。三年以前所振贷,非丞相、御史所请,边郡受牛者勿收责。"③尽管汉昭帝减少或停止漕运是汉王朝漕运史中的特例,但从中可知,在全面控制开支的过程中,降低漕运岁额是完全可以做到的。如丘浚评论道:"昭帝承武帝,岁漕六百万石之后,一岁而减其半,又一岁而并免漕。矧武帝末年,海内虚耗,而昭帝即位之初,又从贤良文学言,罢征榷之课。是时霍光辅政,知时务之要,轻徭薄赋,与民休息,至是而又免漕,何以为国用哉?吁,国用之赢缩,在用度之侈俭,而不在漕运之多少也。"④丘浚的这一论述极为精辟,其中,"国用之赢缩,在用度之侈俭,而不在漕运之多少"的观点,对于重新认识漕运有着重要的意义。尽管汉昭帝降低漕运岁额或暂时停止漕运,是以汉武帝大兴漕运引起政权危机为前提的,但应该看到的是,如果休养生息,采取措施降低国用,那么,关中完全可以出现汉武帝一朝"都鄙廪庾皆满,而府库余货财。京师之钱累巨万,贯朽而不可校。太仓之粟陈陈相因,充溢露积于外,至腐败不可食"⑤的局面。另外,自汉武帝征和四年(前89)下轮台罪已诏后,汉王朝及关中农业经济得到了一定程度的恢复,为汉昭帝减少漕运岁额及临时停止漕运提供了必要的条件。

从另一个层面看,采取节流的措施虽然可以在一定程度上减少漕运的岁额,但从本质上讲,漕运岁额的多少主要由专制王朝的政治形势决定,如建都北方需要重点防御西北和北方,需要从不同的区域运粮运兵。又如不同朝代有不同的建都地点,有着不同的政治形势和漕运需求,虽然可以需要根据具体情况适度削减漕运岁额,但漕运是稳定政治局势的基石,

---

① 明·丘浚《大学衍义补·漕挽之宜上》(林冠群、周济夫校点),北京:京华出版社1999年版,第301—302页。
② 汉·班固《汉书·昭帝纪》,北京:中华书局1962年版,第228页。
③ 同②,第229页。
④ 同①,第302页。
⑤ 汉·司马迁《史记·平准书》,北京:中华书局1982年版,第1420页。

不能轻易停止。具体地讲,宋代采取"守内虚外"的战略防守政策,需要通过漕运为京师驻扎的军队提供"兵食"。此外,在各地设置漕运机构,可以及时了解不同政区的情况,及时调运漕粮为赈灾救荒及稳定社会秩序服务。进而言之,因漕运肩负着维护国家政治安全的使命,故漕运岁额必须维持一定的额度。在这中间,通过节流等手段虽然可以控制岁额的增加,但想要完全中止漕运并不可行。

第一章　先秦漕运与运河建设

《逸周书·文传》有"是故土多发政,以漕四方,四方流之"语,以"漕"言水运即从水上运粮可以上溯到西周初年。此后,著名的水上运粮活动主要有秦国的"泛舟之役"和齐国的隰朋"漕粟于赵"。两次漕运或利用了自然水道,或利用了开挖的河渠(运河),据此可知,水运与运粮已结下不解之缘。早期的河渠建设是从中原兴修鸿沟开始的。此后,有能力争霸的诸侯国齐国、楚国、吴国及秦国等在境内外兴修了运河。如吴王夫差开邗沟,邗沟承担了北上争霸时运兵运粮的重任。

第一节　漕运历史溯源

以"漕"言水运有着久远的历史。《逸周书·文传》云:"是故土多,发政以漕四方,四方流之;土少,安帑而外其务,方输。"①晋代孔晁注"以漕四方,四方流之"云:"漕,转;流,归。言移内入也。"②注"土少安帑,而外其务方输"云:"外设业而四民方输谷。"③根据这一记载,可知"漕"作为水运的别称,主要是指向政治统治的核心区域即京城输送粮食等,故出现了"四民方输谷"的说法。《文传》有"文王受命之九年,时维暮春,在鄗"④等语,据此可知,以"漕"言水运即从水上运粮可以上溯到西周初年。另外,后世称"漕"为"漕运",是单音节词向双音节词转化的结果。不过,从"以漕四方""土少,安帑而外其务,方输"等语看,《文传》中提到的"漕"主要指水运,与后世所说的由国家出面组织的从水路运粮有一定的差异。

近年来,有人认为,由国家出面组织的沿水路运粮的行为始自萧何。《史记·萧相国世家》记载:"关中事计户口转漕给军,汉王数失军遁去,何常兴关中卒,辄补缺。"⑤司马贞注解

---

① 黄怀信、张懋镕、田旭东《逸周书汇校集注》,上海:上海古籍出版社2007年版,第242—243页。
② 同①,第242页。
③ 同①,第243页。
④ 同①,第236页。
⑤ 汉·司马迁《史记·萧相国世家》,北京:中华书局1982年版,第2015页。

"转漕给军"一语云:"漕,水运也。"①在楚汉战争的紧要关头,萧何坐镇长安采用陆路和水路联合运输的方法,将粮食及军事战略物资等源源不断地运往关东,通过及时的后勤补给,为刘邦战胜项羽提供了强有力的后勤支援。当时,从关中到关东的水上交通线是沿渭水入黄河,经黄河再入鸿沟。自鸿沟开凿后,这条航线一直是关中联系关东的快捷通道,史有"河渭漕挽天下"②之说。不过,袁枚认为,从水上运粮即"漕"有运粮的特定含义在战国后期。如袁枚论述道:"《国策》张仪说魏王'粟粮漕庾,不下十万',为'漕'字初见。《史记》秦攻匈奴,'飞刍挽粟,起于黄、腄、琅邪,转输北河,率三十钟而致一石。'是漕粟不始于萧何也。"③这一说法虽然将漕运的历史提前到战国后期,但依旧缺乏准确性。

其实,由国家组织的从水上运粮的行为有更为久远的历史,如《史记》记载了从春秋到汉代约五百年间漕运的情况。著名的由国家出面组织的漕运事件主要有两件:一是春秋时期,秦国为救晋国发生的粮荒,发动了"泛舟之役";二是齐国隰朋自齐输粮入赵,进行商贸活动。

泛舟之役发生的时间为鲁僖公十三年(前647)。《春秋左传·僖公十三年》:"秦于是乎输粟于晋,自雍及绛相继,命之曰泛舟之役。"④孔疏:"秦都雍,雍临渭。晋都绛,绛临汾。渭水从雍而东,至弘农华阴县入河。从河逆流而北上,至河东汾阴县乃东入汾,逆流东行而通绛。"⑤所谓"泛舟之役",是指鲁僖公十三年晋国发生饥荒后向秦国请求救助,在百里傒等人的建议下,秦国从水路调粮入晋。

从秦都雍城(在今陕西凤翔雍城一带)始发,到晋都绛城(在今山西曲沃、侯马一带)的航程十分遥远。胡渭描述这一航线时辨析道:"渭汭在河之西岸,华阴、朝邑、韩城之地皆是也。东与蒲州荣河分水,此言雍之贡道,故特以西岸言之。韩汝节云:今蒲州,舜所都也。渭水之北,今朝邑县南境,渭水至此东入河,折而北三十里即蒲州,故舟皆会于渭北。今按北船出龙门,至荣河县北汾水入河处,便当东转溯汾,无缘更顺流而下,至朝邑与南船会也。且禹告成当尧时,帝都平阳,距蒲阪三百余里,韩城北连龙门,东对汾口,南北贡船相会当在其间,曷为引蒲州以证乎?"⑥凡渭水汇入黄河的河口皆有"渭汭"之称,主要的渭汭即渭口有华阴(在今陕西渭南华阴)、朝邑(在今陕西大荔朝邑)、韩城(在今陕西韩城)等。胡渭认为,自关中沿渭水航线起程后,应在"东对汾口"的韩城龙门(在今陕西韩城龙门)渡河,随后经荣河(在今山西万荣)入汾水,不必沿黄河南下至朝邑入河。

汾水是秦国自关中渡黄河联系关东各国的重要航线。沿这条航线从秦国旧都雍城出

---

① 汉·司马迁《史记·萧相国世家》,北京:中华书局1982年版,第2015页。
② 汉·司马迁《史记·留侯世家》,北京:中华书局1982年版,第2044页。
③ 清·袁枚《随园随笔》,王英志主编《袁枚全集》第5册,南京:江苏古籍出版社1993年版,第356页。
④ 清·阮元《十三经注疏·春秋左传正义》,北京:中华书局1980年版,第1803页。
⑤ 同④。
⑥ 清·胡渭《禹贡锥指》(邹逸麟整理),上海:上海古籍出版社2006年版,第331页。

发,中经渭水东渡黄河后,可抵汾阴(在今山西万荣西南)。从汾阴入汾水可抵达晋国的国都绛城。鲁僖公十三年(前647),秦国运粮救济晋国时利用了这条天然航线。

秦国运粮入晋的规模巨大,"泛舟之役"属于国家行为,因此,可以将其视为漕运即由国家组织的大规模水上运粮的发端。根据胡渭记载,秦国漕运的线路为,从雍城附近的渭水进入黄河,沿黄河东行进入汾水,沿汾水继续向东进入绛城。自秦国从关中调粮入晋都绛城以后,这一航线受到后世的关注。秦国攻取韩国上党时,充分利用了"泛舟之役"时的航线。汉宣帝五凤年间(前57—前54),大司农中丞耿寿昌为减少关东向关中的漕运费用,提出了"宜籴三辅、弘农、河东、上党、太原郡谷足供京师,可以省关东漕卒过半"①的建议。这里包含两层含义:一是采取挖潜的方式收购京畿地区的粮食;二是就近收购黄河以东、以北地区的粮食,这些地区或靠近关中,或有良好的水运条件。撇开京畿地区不论,从河东、上党、太原等地运粮入长安(在今陕西西安)主要沿用了秦国实施"泛舟之役"时的航线,稍有不同的是,此时漕运的航线与秦国当年济晋的方向相反。自秦发明这一漕运通道而汉代继续使用后,唐高宗于咸亨三年(672)从绛州调粮入关中时也使用了这一漕运通道。

秦兴"泛舟之役"从水路运粮入晋都绛,主要利用了自然水道。相比之下,隰朋自齐输粮入赵则不同了,这一漕运通道利用了齐运河和黄河。《管子·轻重戊》有"齐即令隰朋漕粟于赵"②语,隰朋是齐庄公的曾孙,与管仲、鲍叔牙等一道辅佐齐桓公成就了齐国的霸业。隰朋"漕粟于赵"是以称霸为目的,是由国家出面组织的特大型商贸活动。隰朋此举堪为利用运河进行漕运的范例。

春秋时期虽有"泛舟之役"和隰朋漕运之举,但这些行为只是临时性的举措。不过,统治者已认识到漕运的重要性,开始把兴修河渠视为自觉的行动。如王钦若等编纂《册府元龟》时记载:"自雍及绛,泛舟之役是兴。率钟致石,负海之输攸出。盖漕运之举旧矣,利害之论详矣。若乃京师大众之所聚,万旅百官之仰给,邦畿之赋,岂足充用。逮于奉辞伐叛,调兵乘鄣,或约赍以深入,或赢粮而景从,曷尝不漕引而致羡储,飞挽而资宿饱。乃有穿渠凿河,乘便利之势;创法立制,极机巧之思。斯皆贤者之心术。古人之能事,至于成败之殊致,劳逸之异宜,亦一开卷而可见也。"③自"穿渠凿河,乘便利之势"的重要性彰显以后,漕运在国家政治发展进程中的特殊功能开始受到广泛的关注。

前人从分析政治形势入手,注意到兼并战争是兴漕运的重要原因。周王朝实行分封制,各地小国林立,各自为政,受地域及诸多条件的限制,特别是在"天子之都,漕运东西南北,所

---

① 汉·班固《汉书·食货志上》,北京:中华书局1962年版,第1141页。
② 石一参《管子今诠·轻重戊》,北京:中国书店1988年影印版,第588页。
③ 宋·王钦若《册府元龟·邦计部》第6册,北京:中华书局1960年版,第5959页。

贡入者,不过五百里;诸侯之都,漕运所贡入者,不过五十里"①即疆域狭小的前提下,漕运不可能受到最高统治者的重视,更不可能提上国家发展战略的议程。然而,通过诸侯争霸称雄的兼并战争,各国的疆土空前扩大,因水运成本低廉,各诸侯国的统治者开始把发展水运及加强其管理提上议事日程。进而言之,从夏商周三代以前"漕运之法不备",到"战国之初,诸侯交相侵伐,争事攻战,是时稍稍讲论漕运";从秦兼并六国"然后漕运之法,自此方详",到汉武帝"盖缘当时用粟之多,漕法不得不讲";从初唐"运粟于关中不过十万"到唐中宗一朝"府兵之法坏,聚兵既多,所以漕运不得不详"等,政治形势的变化与不断发现水运的价值交织在一起,漕运在国家政治中的作用得到空前的提升,进而成为有目的、有计划地动员国家力量兴修运河、整治航道的基本动力。

漕运渐成制度与封建专制国家不断地增加"国用"紧密相连。"国用"通常指维护国家机器正常运行、稳定社会秩序的基本费用及必要的储备。如《礼记·王制》云:"冢宰制国用,必于岁之杪,五谷皆入,然后制国用。用地小大,视年之丰耗。以三十年之通,制国用,量入以为出,祭用数之仂。丧,三年不祭,唯祭天地、社稷,为越绋而行事。丧用三年之仂,丧祭,用不足曰暴,有余曰浩。祭,丰年不奢,凶年不俭。国无九年之蓄,曰不足,无六年之蓄,曰急,无三年之蓄,曰国非其国也。三年耕,必有一年之食,九年耕,必有三年之食。以三十年之通,虽凶旱水溢,民无菜色,然后天子食,日举以乐。"②早期的国用,主要由国家统治机构的正常支出、祭祀、战争、储备等构成。一般来说,国用规划制定后,须执行三十年,即三十年内不可随意更动,需要严格地执行这一规划。秦汉以后,政治形势发生了巨大的变化。伴随着疆土、官僚机构、军备等不断地扩大,国用岁额势必不断扩大。在这样的前提下,仅以五百里的赋税及所贡来满足日益增长的需要已明显滞后,为此,需要漕运的参与,调集不同区域的粮食、赋税等以满足不断增长的国用方面的需求。如马端临指出:"唐都长安,而关中号称沃野,然其土地狭,所出不足以给京师,备水旱,故常转漕东南之粟。……凡漕达于京师而足国用者,大略如此。其他州、县、方镇,漕以自资,或兵所征行,转运以给一时之用者,皆不足纪。"③漕运之所以成为唐王朝关注的大事,是受国用岁额的需求支配的。同理可证,唐代以前的大一统封建专制国家,也需要漕运为不断增加的国用服务。

一般来说,封建专制国家处于草创阶段时,政权建设即国家机器及政治制度建设等有待时日,因此,这一时期不可能产生过多的需求。然而当大一统帝国建立后,不断地扩大国用是必然的,与此同时,不断地重复前朝增加漕运岁额的历史也是必然的。那么,该如何应对这些问题呢?很显然,要想维护京畿地区的政治安全和稳定,保证中央对地方的绝对控制,

---

① 元·马端临《文献通考·国用考三》,杭州:浙江古籍出版社1988年版,第247页。
② 清·阮元《十三经注疏·礼记正义》,北京:中华书局1980年版,第1334页。
③ 同①,第241—243页。

在没有更好的途径的前提下,加强漕运遂成为唯一的选择。具体地讲,由于漕运能给专制国家带来政治稳定、经济繁荣等最大化的利益,因此,无论是漕运的常态化如规定岁运额度,或是非常态化如临时增加岁额,加强漕运的建设和管理受到统治者的高度重视是必然的。其实,漕运是一柄双刃剑:一方面漕运是消解各类社会矛盾的润滑剂,另一方面无限制地扩大漕运岁额,由此引发的社会矛盾也是空前的。可以说,这是由封建专制国家自身难以解决的痼疾决定的。

春秋战国时期,是诸侯相互征伐不断的时期。为了降低转输成本、提高运兵效率,各国把兴修河渠(运河)提上了议事日程。在后世大一统帝国建设的过程中,无论是政治中心东移还是北上,鸿沟和邗沟在国家政治、经济等方面的作用远远超过其他区域的运河。具体地讲,黄河中下游地区一直是中国农业经济最为发达的区域,鸿沟是最重要的漕运通道的。后来,政治中心移往大梁,农业经济重心移往淮河流域继而移往江浙地区时,江淮之间的邗沟担负起漕运的重要责任。在这中间,政治中心与经济重心同步迁移,邗沟的重要性日益彰显。进而言之,政治中心和经济重心同时向东南转移,一方面昭示了黄河流域的农业经济开始走向衰败,另一方面又表达了淮河流域及江浙地区农业经济异军突起并走到全国前列的诉求。从某种意义上讲,政治中心与经济重心之间的分离,彰显了邗沟在国家漕运中的地位,从而使邗沟具有了与鸿沟同等重要的地位,成为宋代以后封建专制国家利用率最高的漕运通道。此外,因鸿沟东段是联系江淮不可或缺的漕运通道,因此,鸿沟东段依旧有不可动摇的交通地位。

从另一个层面看,邗沟在漕运中的地位开始超越鸿沟,既是在江淮地区的经济超越黄河流域及经济重心南移的过程中实现的,同时又是在政治中心东移和东移以后北上的过程中实现的。具体地讲,在国家漕运整体东移和北上的过程中,邗沟因处在长江和淮河水系之间成为重要的航段节点。此外,随着江淮农业经济的发展及淮河流域率先崛起,漕运以江淮及江南为漕粮的主要征收区域,邗沟的交通地位迅速上升。

更重要的是,在政治中心不断向东迁移的过程中,当大梁以西的河渠因种种原因不再是封建专制国家的主要漕运通道时,当江淮及江浙的农业经济进一步走到全国的前列并超越黄河中下游地区时,随着古代政治中心的东移和北上,邗沟在漕运中的地位和作用开始得到重视。《宋史》记载:"江、淮漕运尚矣。春秋时,吴穿邗沟,东北通射阳湖,西北至末口。汉吴王濞开邗沟,通运海陵。隋开邗沟,自山阳至扬子入江。雍熙中,转运使刘蟠以山阳湾迅急,始开沙河以避险阻。天禧中,发运使贾宗始开扬州古河,缭城南接运渠,毁三堰以均水势。今运河岁浅涩,当询访故道,及今河形势与陂塘潴水之地,讲究措置悠久之利,以济不通。"①在经济重心向江淮转移的过程中,邗沟成为自长江连接淮河和黄河流域的重要通道。具体地讲,自宋代起,在国家政治中心东移和北上的进程中,在江淮及江浙农业经济全面超越黄河中游地区的前提下,伴随着淮盐成为国家财政的重要来源,伴随着江淮及江浙成为封建专制国家最重要的赋税征收地,邗沟在漕运中的地位得到了全面的提升,宋代将邗沟整修及改造,视为重点工程。

第二节　先秦运河与漕运

鸿沟与黄淮漕运

鸿沟是一条横亘中原、远通淮河流域的运河,加强了黄河流域与淮河流域之间的联系,对后世水上交通建设及漕运产生了深远的影响。

鸿沟究竟何时开挖?前人主要有两种看法。一是在梁惠成王十年(前361)开挖,如郦道元引《竹书纪年》有"梁惠成王十年,入河水于甫田,又为大沟而引甫水"②等记载,梁惠成王指魏惠成王,因魏迁都大梁(在今河南开封),故以"梁"代"魏"。另,大沟又称"渠水",指后世所说的鸿沟。二是黄河南徙前已开挖并投入使用,胡渭论述道:"及周之衰,有于荥阳下引河东南为鸿沟,与济、汝、淮、泗会者,而河始与济乱。"③胡渭认为,早在周定王五年(前602)黄河南徙之前,鸿沟已经建成;黄河改道及南徙后"河始与济乱",黄河沿鸿沟东行侵入汝、淮、泗等运道;鸿沟开挖后,黄河宿胥口(在今河南滑县西南)的流量减少,水流放缓后泥沙沉积并抬高河床,最终导致宿胥口淤塞。对比这两种观点,胡渭的观点更有说服力。

郑肇经先生的观点是,鸿沟开挖的时间应发生在郑桓公受封即建立郑国以后,黄河南徙之前。应该说,这一认识是有见地的。追溯历史,周宣王二十二年(前806),周宣王的庶弟王子友因功分封伯爵并建立郑国,是为郑桓公。郑桓公遇害后,郑人拥立其子掘突,是为郑武公。稍后,郑武公与晋文侯、卫武公、秦襄公等诸侯护送周平王东迁洛邑有功,继续担任周王室的卿士。在这中间,郑武公制定了郑国向东南扩张的政策。史称:"幽王败,桓公死,其子武公与平王东迁,卒定虢、会之地,右洛左泲,食溱、洧焉。"④郑武公去世后,其子郑庄公继续执掌周政。这一时期,郑武公、郑庄公父子先后执掌周政,挟天子之威,他们有条件协调中

---

① 元·脱脱等《宋史·河渠志六》,北京:中华书局1985年版,第2388—2389页。
② 北魏·郦道元《水经注·渠沙水》,《水经注疏》中册(杨守敬、熊会贞疏,段熙仲点校,陈桥驿复校),南京:江苏古籍出版社1989年版,第1872页。
③ 清·胡渭《禹贡锥指》(邹逸麟整理),上海:上海古籍出版社2006年版,第592页。
④ 汉·班固《汉书·地理志下》,北京:中华书局1962年版,第1652页。

原各国,兴修一条行经宋、郑、陈、蔡、曹、卫等诸侯国的鸿沟。从历时的角度看,开通鸿沟,打通自黄河入淮的航线有两个方面的意义:一是为后世开发江淮、经营长江以南奠定了坚实的基础;二是为大一统时代的来临创造了必要的交通条件。然而,有其利必有其弊,鸿沟建立自黄河入淮的航线以后,虽然方便了南北之间的交通,但也造成了黄河改道不断侵淮的严重后果。

鸿沟在不同的历史时期有不同的称谓。如先秦时期有"鸿沟""反水""汳水""卞水""汴水""邲水"等称谓,两汉时期有"蒗荡渠""汴渠""浚仪渠"等称谓,魏晋时期有"官渡水"等称谓,隋代有"通济渠"等称谓,唐代有"汴河""广济渠"等称。如李吉甫记载:"汴渠,在县南二百五十步,亦名蒗荡渠。禹塞荥泽,开渠以通淮、泗。后汉初,汴河决坏,明帝永平中命王景修渠筑堤,十里立一水门,令更相注,回无复溃漏之患。自宋武北征之后,复皆堙塞。隋炀帝大业元年更令开导,名通济渠,自洛阳西苑引谷、洛水达于河,自板渚引河入汴口,又从大梁之东引汴水入于泗,达于淮,自江都宫入于海。"①又称:"汴渠,一名蒗宕渠,今名通济渠,西南自荥泽、管城二县界流入。"②史称:"汴河,自隋大业初,疏通济渠,引黄河通淮,至唐,改名广济。"③郑樵记载:"汴水,一名鸿沟,一名官度水,一名通济渠,一名蒗荡渠。"④日本学者青山定雄进一步总结道:"汴河,隋代称通济渠,唐代称广济渠。宋代沿袭广济渠旧称,广济渠又是唐宋时的通称,一般将其称之为汴河。"⑤追溯汴河的历史,当知汴河是先秦时期开挖的鸿沟。

起初,记载鸿沟事迹的文献十分丰富,如魏收在编撰《魏书》时有"鸿沟之引宋卫,史牒具存"⑥之语。"史牒",是指历史典籍及文献档案。然而,北齐以后,有关的历史典籍及文献档案散佚,给深入研究鸿沟及历史变迁等带来了诸多的不便。尽管如此,从司马迁等人的记载中,依旧可以厘清某些缺失的环节。具体地讲,今人的基本观点是,鸿沟是一条完全由人工开挖的河渠(运河)。其实不然,在"通宋、郑、陈、蔡、曹、卫,与济、汝、淮、泗会"的过程中,鸿沟或利用了相关区域的河流及水资源,或利用了河流行经这些区域的河道。为了充分地说明这一问题,现辨析如下。

其一,在开挖的过程中,鸿沟利用了索水。索水又称"旃然水",发源于荥阳成皋(在今

---

① 唐·李吉甫《元和郡县图志·河南道一》(贺次君点校),北京:中华书局1983年版,第137页。
② 唐·李吉甫《元和郡县图志·河南道四》(贺次君点校),北京:中华书局1983年版,第205页。
③ 元·脱脱等《宋史·河渠志三》,北京:中华书局1985年版,第2316页。
④ 宋·郑樵《通志·地理略》,杭州:浙江古籍出版社1988年版,第542页。
⑤ [日]青山定雄《唐宋时代的交通和地理地图研究》,东京:吉川弘文馆昭和四十四年(1969)版,第227页。
⑥ 北齐·魏收《魏书·食货志》,北京:中华书局1974年版,第2860页。

河南荥阳汜水镇)小陉山(嵩渚山)。李吉甫记载:"索水,出县南三十五里小径山。"① 所谓"县南",是指在荥阳县的南面。历史上的索水曾是济水的支流,后来,黄河在南徙的过程中,引起河、济相斗,两水相斗的结果是,处于强势的黄河截断济水,索水的水文发生变化,成为黄河的岔流(枝津)。起初,索水与淮河的支流颍水之间没有互通的关系,经此,以汴水为连接点,索水与颍水开始相通。如胡渭考证道:"鸿沟未开,汝、颍皆不与河通,舟行不知从何处入河。"② 鲁襄公十八年(前555)楚国征伐郑国,其右师沿淮河支流颍水入索水再入汴水,这一事件表明,前人在兴建鸿沟时利用了索水河道,通过改造自然水道建成了颍水—索水—汴水—黄河航线。进而言之,鸿沟以索水为中间航段,在行经东南与颍水相连的过程中,将水运扩展到河南腹地。如后唐同光二年(924),朱勍有"浚索水,通漕运"③ 之举。索水河道是鸿沟的重要航段,通过疏浚旧道,朱勍恢复了鸿沟的漕运。

其二,在开挖的过程中,鸿沟利用了泌水。泌水自荥阳析出后下行,流经不同区域后再度回归黄河主河道。由于这一水道风平浪静,利于行舟,乃至于利用泌水开挖运道,其安全性能要远远地超过黄河的主河道。正因为如此,古人兴修鸿沟时有意识地利用了泌水的河道,如《诗·陈风·衡门》有"泌之洋洋,可以乐饥"等诗句,孔颖达疏:"观泌水之流,洋洋广大,君可以乐道忘饥。"④ 上古时期,泌水虽是黄河岔流,但水势浩大,可以行舟,略微加以改造便可以进行水运。

其三,鸿沟利用索水、泌水等开挖航道时,同时又以京水、须水、郑水等为重要的补给水源。史称:"汴河源出荥阳大周山,合京、须、郑四水,东南流即《禹贡》之灉水,春秋时谓之邲水,宣公十三年,晋楚之战楚军邲,即是水也。"⑤

其四,在兴修的过程中,鸿沟利用了颍水。汴水在与颍水相接后,向南延展,扩大了鸿沟漕运的范围。如汴水向南行至浚仪(在今河南开封)一带,分为东流和南流两支。东流汴水是鸿沟东入淮、泗的主航线,这里略去不论。南流与颍水连接的河道称"沙水"。沙水行至陈留(在今河南开封)的北面,牧泽又称"蒲关泽",有调节鸿沟水位的功能。如丰水季节来临时,鸿沟可排水至牧泽;而航道水位下降时,牧泽可补给鸿沟的水位。结合司马迁"荥阳下引河东南为鸿沟"等语看,当知在历史水文变迁的过程中,鸿沟自浚仪析出的南流与颍水相接。因在官渡(在今河南中牟东北)向南入颍水,故鸿沟南流又有"官渡水""沙水"等称谓。鸿沟

---

① 唐·李吉甫《元和郡县图志·河南道四》(贺次君点校),北京:中华书局1983年版,第203页。
② 清·胡渭《禹贡锥指》(邹逸麟整理),上海:上海古籍出版社2006年版,第260页。
③ 宋·司马光《资治通鉴·后唐纪二》(邬国义校点),上海:上海古籍出版社1997年版,第2558页。
④ 清·阮元《十三经注疏·毛诗正义》,北京:中华书局1980年版,第377页。
⑤ 清·田文镜、王士俊、孙灏等《河南通志·河防一》,《四库全书》第535册,上海:上海古籍出版社1987年版,第326页。

的南流以"沙水"相称,应与淮河的支流颍水有着某种内在的联系。《尔雅·释水》有"颍为沙"①语,颍水的别称是"沙水",据此可证,鸿沟南流以"沙水"相称,是指经过后世的开挖,鸿沟与颍水相接。进而言之,经过历代的建设,鸿沟已包括与颍水相接的航段,这一航线建成后,加强了黄河流域与淮河流域的联系。

其五,鸿沟在开挖的过程中,利用了汜水河道。春秋以前,荥阳一带与黄河相通的河流只有汜水。胡渭论述道:"其通河者,唯汜水耳。汜水出浮戏山,北流径虎牢城东,而北注于河。源委颇短,郑地之舟,或当由此入河。"②在鸿沟开挖以前,汜水既是从虎牢城(在今河南荥阳汜水镇)入黄河的水上航线,同时又是郑国发展水运的重要航线。所谓开鸿沟(渠水)形成"渠水右与汜水合"③的局面,与开通索水与汜水之间的航道有密切的联系。郦道元记载:"河水又东,合汜水。水南出浮戏山,世谓之曰方山也。北流合东关水。水出嵩渚之山,泉发于层阜之上,一源两枝,分流泻注,世谓之石泉水也。东流为索水,西注为东关水。西北流,杨兰水注之。水出非山,西北流,注于东关水。又西北,蒲水入焉。水自东浦西流,与东关水合,而乱流注于汜。"④汜水北注后,与东关水相合。东关水与索水同源,索水东流后可达"宋、许、陈、蔡之郊"。这一情况表明,只要打通索水和汜水之间的联系,便可沿索水入汜水再入黄河。

其六,在兴修鸿沟的过程中,充分利用了济水残留在黄河以南的自然水道。阎若璩考证道:"济水当王莽时大旱遂枯绝,不复截河南过者,晋初司马彪之言也。虽经枯竭,其后水流径通,津渠势改,寻梁脉水,不与昔同者,后魏郦道元之言也。……此系改流新道,方继而曰:又并流数里溢为荥泽,在敖仓东南。证以塞为平地之故迹,古渠今渎杂然并陈,殆亦翻以目验为说,而不察水道之有迁变时耳。"⑤黄河截断济水后,河南的济水旧道依旧是鸿沟利用的对象。王莽地皇四年(23),天旱济水断流,因此鸿沟出现了"津渠势改"的情况,进而出现了"昔则自虢公台东入河,出在敖仓之东南,今改流虢公台西入河"的情况。然而,不管"改流新道"后出现多少"不与昔同"的情况,从总体上讲,济水旧道依旧是鸿沟利用的对象。

其七,在兴修过程中,鸿沟利用了黄河支流及黄河乱流以后形成的水道。历史上的鸿沟又有"渠"或"渠水"等称谓,渠水即鸿沟自荥阳一带开渠以后,后因黄河乱流后,因此成为黄河的枝津或分流。在这中间,黄河改道向南迁徙截断济水后,致使济水会同黄河向荥阳一带

---

① 清·阮元《十三经注疏·尔雅注疏》,北京:中华书局1980年版,第2619页。
② 清·胡渭《禹贡锥指》(邹逸麟整理),上海:上海古籍出版社2006年版,第260页。
③ 北魏·郦道元《水经注·渠水》,《水经注疏》中册(杨守敬、熊会贞疏,段熙仲点校,陈桥驿复校),南京:江苏古籍出版社1989年版,第1897页。
④ 北魏·郦道元《水经注·河水五》,《水经注疏》上册(杨守敬、熊会贞疏,段熙仲点校,陈桥驿复校),南京:江苏古籍出版社1989年版,第399—400页。
⑤ 清·阎若璩《尚书古文疏证》(黄怀信、吕翊欣校点),上海:上海古籍出版社2010年版,第405—406页。

的低洼处汇聚并形成荥泽。与此同时，水面狭长的荥泽自西向东，成为鸿沟的重要补给水源及航线。这里有三个问题需要专门提出。一是上古时期以"渠"相称的河流，可视为黄河的支流。二是秦汉以前以"渠水"相称的不仅仅是鸿沟，如江淮之间的邗沟亦称"渠水"。班固记载："渠水首受江，北至射阳入湖。"①邗沟是吴王夫差北上争霸时，利用江淮之间的河流开挖的运河，鸿沟以"渠水"相称，除了与自然形成的水道有关外，还包括人工开挖的运道。三是鸿沟以"渠"或"渠水"相称，既与黄河的支流有关，同时又与改造这一水道使之具有水运能力或增强其水运能力有关。

其八，在兴修的过程中，鸿沟充分利用了济水与黄河相斗后形成的湖泊荥泽。《尚书·禹贡》云："导沇水，东流为济。入于河，溢为荥。"孔颖达疏："济水入河，并流十数里，而南截河。又并流数里，溢为荥泽，在敖仓东南。"②荥泽在敖仓（在今河南荥阳敖山）东南，是济水故道的一部分。黄河截断济水以后，两水并流及相斗，进而形成了跨黄河两岸的湖泊荥泽。程大昌考证道："济水之在河南者，必因溢为荥泽，乃始有之。"③为了减少黄河漫溢引起荥泽泛滥带来的危害，前人采取了疏导的措施。郦道元记载："大禹塞荥泽，开之以通淮、泗，即《经》所谓蒗荡渠也。"④在"塞荥泽"的基础上，充分利用荥泽开渠，建成了鸿沟沟通泗水及淮河的航线。

在沟通淮河及泗水的过程中，鸿沟为什么要利用荥泽？主要是因为荥泽东西狭长，是理想航道。胡渭有荥泽"东至河阴县四十一里，又东至荥泽县西北之敖仓十余里，通计得五十余里"⑤之说，兴修鸿沟的目的是自黄河运道向东连通淮、泗，进而发展漕运，荥泽东西狭长，势必会成为开鸿沟时利用的天然水道。黄河截断济水后，因两水相斗"溢为荥"，荥泽实际上是一个横跨黄河两岸的湖泊，就像云梦泽跨长江两岸那样。胡渭论述道："及周之衰，有于荥阳下引河东南为鸿沟，与济、汝、淮、泗会者，而河始与济乱。"⑥"河始与济乱"发生在周定王五年，河、济相斗后下泄不畅，向四周漫溢形成了跨黄河两岸的湖泊。由于这一区域的地形是北高南低，黄河改道后，北岸的荥泽因无法得到补给水源再加上快速下泄，很快出现了干涸或消失的情况；与此同时，南岸的荥泽在向低洼处潴积时，继续得到保留。在这中间，黄河北岸的荥泽虽然消失，但称谓得到了保存。之所以做这样的推论，是因为狄人侵卫发生在鲁

---

① 汉·班固《汉书·地理志下》，北京：中华书局1962年版，第1638页。
② 清·阮元《十三经注疏·尚书正义》，北京：中华书局1980年版，第152页。
③ 宋·程大昌《禹贡论·禹贡山川地理图》，《四库全书》第56册，上海：上海古籍出版社1987年版，第161页。
④ 北魏·郦道元《水经注·河水五》，《水经注疏》上册（杨守敬、熊会贞疏，段熙仲点校，陈桥驿复校），南京：江苏古籍出版社1989年版，第403页。
⑤ 清·胡渭《禹贡锥指》（邹逸麟整理），上海：上海古籍出版社2006年版，第590页。
⑥ 同⑤，第592页。

闵公二年,这一时间发生在周定王五年以前。晋楚邲之战发生在鲁宣公十二年,这一时间发生在周定王五年以后。从这样的角度看,卫狄之战和晋楚邲之战虽发生在黄河两岸及不同地点,但都与荥泽有关。

鸿沟虽然有悠久的开挖历史,但受到了黄河水道变迁等因素的影响:一是河口需要根据水文变化进行改建和维修;二是在扩大漕运范围的过程中,鸿沟也开挖了新的运道。具体地讲,在航线变化及延长的过程中,与之相应的漕运线路及航运节点势必发生新的变化,进而形成不同的漕运通道。如魏迁都大梁后,针对新形势,在开"大沟"的基础上,于魏惠王十年(前360)改造了鸿沟运道。郦道元引《竹书纪年》有"梁惠成王十年,入河水于甫田,又为大沟而引甫水"①等语,"大沟"指鸿沟,经过改造,鸿沟完善了以大梁为枢纽的水上交通体系,形成了"诸侯四通,条达辐凑,无有名山大川之阻。……卒戍四方,守亭障者参列,粟粮漕庾不下十万"②的局面。又如秦始皇二十二年(前225)"王贲攻魏,引河沟灌大梁"③,这一破坏性的举动虽以灭魏为目的,但在客观上起到了开鸿沟新道或延长鸿沟航线的作用。《史记·河渠书》云:"自是之后,荥阳下引河东南为鸿沟,以通宋、郑、陈、蔡、曹、卫,与济、汝、淮、泗会。"④自荥阳引河开渠补给航道水位,鸿沟在连通宋、郑、陈、蔡、曹、卫等诸侯国的过程中,建立了黄河与淮河及其支流汝水和泗水的航线和自沙水(鸿沟的南流)入睢水、涡水等航线。这条复式航线建立后,以大梁为节点折向东南可进入涡水,从涡水向东可以入淮。

吴运河建设

受自然地理因素的制约,吴国一向"以船为车,以楫为马"⑤。春秋时期,为了以有限的国力扫平东南,实现北上争霸的野心,吴国重视河渠建设的程度远远超过其他的诸侯国。经过长期的努力,吴国建立了一条连接钱塘江、长江、淮河与黄河流域的漕运通道。这一通道与天然河流湖泊串联在一起,横跨四大水系,形成了从长江以南到黄河流域的水上交通网络。

司马迁《史记·河渠书》叙述吴国兴修河渠通运的历史时,有"于吴,则通渠三江、五湖"⑥等语。司马贞注:"三江,按《地理志》:北江,从会稽毗陵县北东入海。中江,从丹阳芜

---

① 北魏·郦道元《水经注·渠水》,《水经注疏》中册(杨守敬、熊会贞疏,段熙仲点校,陈桥驿复校),南京:江苏古籍出版社1989年版,第1872页。
② 汉·刘向集录《战国策·魏策一》,何建章注《战国策注释·魏策一》,北京:中华书局1990年版,第823页。
③ 汉·司马迁《史记·秦始皇本纪》,北京:中华书局1982年版,第234页。
④ 汉·司马迁《史记·河渠书》,北京:中华书局1982年版,第1407页。
⑤ 汉·赵晔《吴越春秋·勾践伐吴外传》(苗麓校点),南京:江苏古籍出版社1999年版,第167页。
⑥ 同④。

湖县东北至会稽阳羡县东入海,南江从会稽吴县南东入海。故《禹贡》有北江、中江也。五湖者,郭璞《江赋》云具区、洮滆、彭蠡、青草、洞庭是也。又云太湖周五百里,故曰五湖。"①裴骃云:"韦昭曰:'五湖,湖名耳,实一湖。今太湖是也,在吴西南。'"②综合这些说法,当知吴国建立四通八达的水上交通主要利用了由三江五湖构成的自然水道,并在此基础上兴修新道。这些河渠是什么时间建成的? 又分别由哪些运道构成? 在吴国北上争霸的过程中发挥了什么样的作用? 这些都是需要关注的问题。

据文献记载,吴运河建设主要是从吴王阖闾建设新都阖闾城(在今江苏苏州)开始的,此后,吴王夫差在境内外继续兴修运河,形成了阖闾城为中心,向河渠湖泊扩展的势态。通过在这些河渠运兵运粮,凸显了吴国先征伐越国、楚国和随后北上争霸的战略意图。吴国兴修的运河主要有吴古故水道、胥溪(堰渎)、胥浦、百尺渎、子胥渎、邗沟、菏水等,有不同的开挖时间。

吴古故水道是吴国精心建造的水上交通线,这条漕运通道以阖闾城为起点,至渔浦(在今江苏江阴利港)可入长江。入江以后可溯江而上西入楚国,又可顺江而下沿海入淮,或渡江经邗沟可北入中原。此外,吴古故水道有经太湖入越国的水道。

吴古故水道是吴王阖闾建设新都阖闾城的一部分,其建成时间的下限当在周敬王六年即阖闾元年(前514)。吴太伯(泰伯)建吴后,将国都定在梅里(在今江苏无锡梅里)。阖闾元年,伍子胥奉阖闾之命,营建吴国新都阖闾大城和小城。史称:"阖闾城,周敬王六年伍子胥筑。大城周回四十五里三十步。小城八里六百六十步。陆门八,以象天之八风,水门八,以象地之八卦。《吴都赋》云'通门二八,水道陆衢'是也。西闾、胥二门,南盘、蛇二门,东娄、匠二门,北齐、平二门。不开东门者,为越绝之故也。"③新都建成后,吴国迁都阖闾大城。从这样的角度看,吴古故水道是伍子胥营造阖闾城时开挖的水上交通线,其建成时间应与阖闾城建成的时间大体相当。

在营建阖闾城的过程中,伍子胥重点建设了新都与外界联络的水陆交通主干线。袁康记载:"邑中径从阊门到娄门,九里七十二步,陆道广二十三步;平门到蛇门,十里七十五步,陆道广三十三步,水道广二十八步。"④阖闾城气势宏大,除了建有"广二十三步"及"广三十三步"的陆路交通主干线外,又建有"广二十八步"的水上交通主干线。其中,城内"水道六衢"作为吴古故水道的有机组成部分,在与陆路相接的过程中将新吴都的各个功能区有机地串联在一起,形成了接太湖、通长江及大海的航线。袁康记载:"吴古故水道,出平门,上郭

---

① 汉·司马迁《史记·河渠书》,北京:中华书局1982年版,第1407页。
② 同①。
③ 唐·陆广微《吴地记》(曹林娣校注),南京:江苏古籍出版社1999年版,第15页。
④ 李步嘉《越绝书校释》,北京:中华书局2013年版,第32页。

池,入溇,出巢湖,上历地,过梅亭,入杨湖,出渔浦,入大江,奏广陵。"①平门是阖闾城的北门,出北门沿吴古故水道可进入长江航线。自阖闾城平门沿吴古故水道入江,或顺江而下东入大海,或渡江抵广陵(在今江苏扬州)经邗沟、淮河进入黄河流域。阖闾城有东、西、南、北等不同方向的城门,这些城门将城内和城外的水陆交通串联在一起,在维护阖闾城这一江南交通枢纽地位的同时,还在吴国对外战争中发挥着不可替代的作用。

继兴修吴古故水道以后,伍子胥又在吴国境内外依自然水道开挖了胥溪、胥浦、百尺渎等运河。胥溪又称"胥溪河""胥河""伍堰"等。顾祖禹引旧志云:"春秋时吴王阖闾伐楚,用伍员计,开河以运粮,东通太湖,西入长江,因名胥溪河。"②由于文献散佚等原因,今天所见的伍子胥开胥溪的记载,似始于北宋。除了兴修胥溪外,伍子胥在伐楚的过程中又开挖了与之相接的胥浦。胥溪兴修的时间为周敬王十四年即阖闾九年(前506),胥浦兴修的时间为周敬王二十五年即夫差元年(前495)。胥溪与吴古故水道连通,从吴都阖闾城出发,东通太湖,西经高淳(在今江苏高淳),至芜湖一带入江,又可自长泖(在今上海金山)东行经界泾、惠高、彭巷、处士等地。其中,胥溪自长泖东行的航线是后世松江运河的雏形。百尺渎在吴国征伐越国时发挥了重要的作用,很可能在吴王阖闾征伐越国之前就已建成并投入使用。袁康记载:"百尺渎,奏江,吴以达粮。"③"奏江,吴以达粮",指吴军远征越国时自百尺渎入钱塘江,随后自钱塘江东岸入曹娥江或清阳江,并沿这一航线运兵运粮。袁康所述之事当发生在阖闾称王时期,进而言之,百尺渎建成的时间应在阖闾在位的时间。

吴、越两国交恶,始于越王勾践之父允常在位(前510—前497)之时。史称:"允常之时,与吴王阖庐战而相怨伐。"④《左传·昭公三十二年》云:"夏,吴伐越,始用师于越也。"⑤鲁昭公三十二年(前510)是吴国征伐越国的起点,很可能在这一时间节点上,吴国兴建了百尺渎这一远通越国的河渠。《国语·越语上》云:"句践(勾践)之地,南至于句无,北至于御儿,东至于鄞,西至于姑蔑,广运百里。"⑥夫差二年(前494),吴国打败越国,越国根本没有能力在境内开挖运河。从这样的角度看,越国境内"广运百里"的运河应在吴国夫差二年以前开挖并建成,百尺渎也应该在此之前完成。从国力上看,越国的国力远逊于吴国,因此,开挖百尺渎很可能是吴国伐越时的产物。

子胥渎是伍子胥伐楚时在楚国郢都(纪南城,在今湖北荆州)开挖的运河,投入使用的时间应与胥溪、胥浦、百尺渎等大体相当。郦道元论述道:"江陵西北有纪南城,楚文王自丹阳

---

① 李步嘉《越绝书校释》,北京:中华书局2013年版,第32页。
② 清·顾祖禹《读史方舆纪要·南直二》,北京:中华书局2005年版,第983页。
③ 同①,第33页。
④ 汉·司马迁《史记·越王勾践世家》,北京:中华书局1982年版,第1739页。
⑤ 清·阮元《十三经注疏·春秋左传正义》,北京:中华书局1980年版,第2127页。
⑥ 徐元诰《国语集解》(王树民、沈长云点校),北京:中华书局2002年版,第570页。

徙此,平王城之。班固言:楚之郢都也。城西南有赤坂冈,冈下有渎水,东北流入城,名曰子胥渎,盖吴师入郢所开也,谓之西赤湖。"①在这里,郦道元明确地说吴师攻入楚国郢都之前开挖了子胥渎。时至汉代,司马迁著《史记》时,将吴师入郢的时间定在阖闾九年,因而可推知子胥渎开挖的时间为阖闾九年之前。

邗沟是吴王夫差在江淮之间开挖的运河。《左传·哀公九年》云:"夏,楚人伐陈,……秋,吴城邗,沟通江淮。"②鲁哀公九年(前486)秋天,邗沟建成。邗沟开通后,为吴国运兵运粮、转运军事战略物资及北上征伐齐国提供了强有力的后勤支援。郦道元记载:"昔吴将伐齐,北霸中国,自广陵城东南筑邗城,城下掘深沟,谓之韩江,亦曰邗溟沟,自江东北通射阳湖。《地理志》所谓渠水也,西北至末口入淮。"③邗沟为吴与齐大战于艾陵(在今山东莱芜东北)提供了强有力的后勤保障,确立了吴军在艾陵之战中的优势。

在开挖邗沟的过程中,吴王夫差取之现成,利用了沿线的河流和湖泊。由于这些河流和湖泊均位于淮河流域的下游,而邗沟在江北,且邗沟的高程(航道底部的海拔高度)高于长江水面,因此邗沟的补给水源主要来自淮河及淮河下游形成的河流和湖泊。《孟子·滕文公上》云:"禹疏九河,瀹济、漯而注诸海;决汝、汉,排淮、泗而注之江,然后中国可得而食也。"从"排淮、泗而注之江"的水文情况看,吴王夫差开邗沟时,主要是利用了从淮阴到邗城沿线的河流湖泊。广陵境内的大部分河道及湖泊主要是由长江潮信之水向低洼处积聚而成的。也就是说,在长江口东移之前,吴王夫差开邗沟时引江水入运是客观存在的。

吴国为实现与晋定公在黄池(在今河南封丘西南)会盟诸侯、称霸中原的大业,于吴王夫差十四年(前482)开挖了"通于商、鲁之间"的菏水。《国语·吴语》云:"吴王夫差既杀申胥,不稔于岁,乃起师北征。阙为深沟,通于商、鲁之间,北属之沂,西属之济,以会晋公午于黄池。"④"商",是宋国的别称。周灭商后,封殷商贵族微子的后代于宋,因此宋延续"商"这一旧称。"鲁",指周公旦建立的鲁国,在山东的南部,以泰山以界,泰山南为鲁,泰山北为齐。黄池,地名,在封丘(在今河南封丘)境内。吴王夫差北征的目的是问鼎中原,通过与晋定公黄池会盟,实现称霸的野心。

所谓"阙为深沟",是指兴建菏水航线,以便强化从水上运兵运粮的能力,为北上争霸做先期准备工作。《吴越春秋·夫差内传》:"今齐不贤于楚,又不恭王命,以远辟兄弟之国。夫差不忍其恶,被甲带剑,径至艾陵,天福于吴,齐师还锋而退。夫差岂敢自多其功?是文武

---

① 北魏·郦道元《水经注·沔水中》,《水经注疏》下册(杨守敬、熊会贞疏,段熙仲点校,陈桥驿复校),南京:江苏古籍出版社1989年版,第2404—2405页。
② 清·阮元《十三经注疏·春秋左传正义》,北京:中华书局1980年版,第2165页。
③ 北魏·郦道元《水经注·淮水》,《水经注疏》下册(杨守敬、熊会贞疏,段熙仲点校,陈桥驿复校),南京:江苏古籍出版社1989年版,第2555页。
④ 徐元诰《国语集解》(王树民、沈长云点校),北京:中华书局2006年版,第545页。

之德所佑助。时归吴,不熟于岁,遂缘江溯淮,开沟深水,出于商、鲁之间,而归告于天子执事。"①如果将《国语·吴语》与《吴越春秋·夫差内传》两段文字对读的话,当知"阙为深沟"是指"开沟深水",拓宽拓深泗水和济水(沛水)河道。从这样的角度看,在兴修的过程中,菏水利用了济水和泗水的河道及水资源。

菏水开通后,吴王夫差率大军"缘江溯淮",经邗沟入淮入泗可入济水及黄河。如徐文靖论述道:"笺按:《说文》作达于菏水,经菏水又东,过胡陆县南,东入于泗水。注曰:泽水所钟也。《尚书》浮于淮、泗,达于河是也。《日记》曰:淮入海,泗入淮,淮、泗不与河通,由泗而溯灉(即汴水也),由灉而达河,此一道也(由灉达河是东路)。由泗之上源以溯沛,由沛而达河,此又一道也(由沛达河是西路),是皆逆流而上者也。"②在连接淮河与黄河水系的过程中,菏水减少了长途运兵运粮的巨大消耗,为吴王夫差北上与大国争霸,在黄池会盟诸侯,迫使强大的晋国带头承认其霸主的地位,立下了汗马功劳。

在改变水上交通秩序方面,开挖菏水运道主要有三个方面的意义和作用。

其一,利用泗水河道开辟了自江淮北上齐鲁的航线。在菏水航线开通之前,邗沟虽沟通了江淮,但无法自泗水入济水故道进入齐国。菏水开通后,建立了一条从江淮直接进入齐鲁之地的航线。具体地讲,吴国的军队渡江后可沿邗沟入淮再进入泗水,随后沿泗水河道自鲁地北上进入济水,进入"通菑济之间"③的齐国菑济运河。在此基础上,深入齐国的腹地,形成威慑齐国的力量。

其二,利用济水河道建立了从泗水进入济水的航线,开辟了自齐鲁经中原入黄河的航线。这条航线开辟后,与自汴水入淮河水系的航线形成复线,加强了齐鲁与黄河、江淮之间的水上交通。具体地讲,吴王夫差利用泗水、济水等河道,开挖了从湖陵(湖陆)到定陶(在今山东定陶东北)之间的新航道菏水。从菏泽(在今山东菏泽)一带引济水补给菏水航道的水位,既解决了吴王夫差北上争霸时运兵运粮时遇到的难题,同时也与齐国开挖的菑济运河相接,构建了更大的水上交通网络。菑济运河与菏水连通后,扩大了水运范围,既可以从齐国的国都临淄出发,沿菑济运河入黄河抵达中原各国,同时又可以由齐地入鲁,自鲁地进入淮河并远通江淮。

其三,引济入泗,以济水为菏水航道的主要补给水源,在改善齐鲁境内的水上交通环境的同时,建立自江淮入菏水再入齐鲁的航线,加强了江淮与齐鲁之间的联系。菏水建成后不但解决了吴国北上争霸时战略物资转运及后勤补给等问题,而且在更大的范围建立了水上交通运输体系,改善了淮河流域与商鲁之地的水上交通。

---

① 汉·赵晔《吴越春秋》(苗麓校点),南京:江苏古籍出版社1999年版,第83页。
② 清·徐文靖《禹贡会笺》,《四库全书》第68册,上海:上海古籍出版社1987年版,第308页。
③ 汉·司马迁《史记·河渠书》,北京:中华书局1982年版,第1407页。

在兴修"深沟于商、鲁之间"的航道之前,邗沟是除自然水道之外的,自江淮通往黄河流域开挖的唯一的快速漕运通道。上古时期,从长江进入黄河的水道是这样的:首先自长江口入海,随后自海上入淮,沿淮河进入泗水后北上入鸿沟,再入黄河。如《尚书·禹贡》有"浮于淮、泗,达于河"①之说。邗沟开挖后,通过取消自江入海的航段,彰显了自江入淮再入黄河这一航线的重要性。

遗憾的是,这一航线虽建立了黄河流域与江淮之间的联系,但无法从根本上解决吴国自淮入鲁进而运兵运粮与齐国争霸的大问题。针对这一情况,吴王夫差在邗沟的基础上开菏水,将自江淮入黄河的航线延长到了商、鲁等地。开菏水之前,从中原到江淮的快捷航线是自鸿沟入泗、入淮,随后自邗沟入长江。开菏水以后,建立了一条自泗水、济水等入齐、鲁等地的新航线,这条新航线改变了自邗沟入淮、入泗的格局,形成了一条自淮入泗、入济、入鸿沟、再入黄河的航线。具体地讲,邗沟开辟了从长江进入淮河的航线,菏水建立了自淮入泗、入济的航线。由于两条航线均可自淮入泗,这样一来,自淮北上遂有了两条快捷航线:第一条是自邗沟入淮、入泗、入鸿沟再入黄河的航线;第二条是自淮河入菏水,随后入泗、入济、入鸿沟再入黄河的航线。

吴王夫差开挖菏水后,在一定程度上改变了鸿沟挟黄河之水淤塞泗水河道的历史。具体地讲,从济水入河形成河道弯曲之势后,可以有效阻止黄河泥沙直接灌入泗水河道的情况发生。也就是说,从泗入济,济水在得到黄河水源补给的过程中,补给了泗水航道延缓黄河泥沙直接灌入泗水,起到了缓解淤塞泗水航道的作用。进而言之,以济水沟通泗水与黄河之间的联系,可以有效解决黄河泥沙直接灌入泗水河道的大问题。除此之外,开辟这一航道有一石二鸟的作用,吴王夫差沿这一航道从泗入济可以直接进入齐地,沿这一条航道运兵运粮,起到了威慑实力强劲的齐国和晋国的作用,为在黄池与诸侯会盟奠定了基础。

在开菏水以前,鲁地只有《尚书·禹贡》所说的由兖州、青州、徐州、扬州进入黄河航线的贡道,即"由济入漯,以达河"的航线。由于这一航线曲折迂回,故运输成本高昂。菏水航线开通后,水上交通形势发生了变化,从远通齐地的鲁地进入黄河,可以利用齐鲁之地的粮食及物产降低长途转输中的成本。菏水航线为吴王夫差率吴国大军称霸中原提供了交通上的便利:从吴都出发走水路,经吴古故水道跨长江,经邗沟入淮,再从淮河进入泗水,然后沿泗水北上进入新开挖的菏水,从菏水可抵达黄池,从黄池可入黄河航道。

综上所述,吴国开挖运河主要有四个方面的意义:一是建立吴国的漕运体系,兴修吴古故水道、邗沟、菏水等运河,降低了运输成本,提高了运兵运粮的能力;二是为战胜近邻越国和楚国兴修百尺渎和子胥渎等运河,加强了吴越两地的政治、经济、文化等方面的联系,为后

---

① 清·阮元《十三经注疏·尚书注疏》,杭州:浙江古籍出版社1998年版,第148页。

世在荆江地区兴修运河如晋代杜预开扬口运河奠定了基础;三是初步建立自长江流域进入淮河、黄河流域的水上交通线,第一次建立了运河与钱塘江、长江、淮河和黄河的联系,对后世的水上交通建设产生了深远的影响,如隋代兴修通济渠、北宋兴修汴河等都在不同的程度上利用了吴国兴修的邗沟、菏水等,而邗沟等为元代以前开通京杭大运河实现运河整体东移提供了必要的条件;四是为封建专制国家的社会经济重心移往东南即江淮地区提供了便利的交通条件,带动了沿线城市的发展,使得经济重心的整体东移。遗憾的是,前人在评论古代运河成就时,大都忽略了吴国的贡献。

楚运河、齐运河钩沉

楚运河即"于楚,西方则通渠汉水、云梦之野,东方则通鸿沟江淮之间"①的运河,分别由楚国境内外的运河构成的。这些运河建于何时?涉及哪些区域?需要根据具体的情况做具体的分析。

所谓"通渠汉水、云梦之野",是指在兴修河渠的背景下,楚国在境内开挖的连接汉水和云梦之间的运道。裴骃注《史记·循吏列传》"故三得相而不喜,知其材自得之也;三去相而不悔,知非己之罪也"数语时引《皇览》解释道:"或曰孙叔敖激沮水作云梦大泽之池也。"②孙叔敖是楚庄王的令尹,楚庄王在位的时间为前613年至前591年,据此可知,"通渠汉水、云梦之野"的楚运河建成并投入使用的下限应在前591年。所谓"激",是指拦截。所谓"作云梦大泽之池",是指在云梦一带拦截和蓄积沮水,引沮水入运,班固记载:"沮水出东狼谷,南至沙羡南入江,过郡五,行四千里,荆州川。"③沮水和汉水同为长江的支流,以长江为纽带完全可以把沮水和汉水连接在一起。那么,楚人为什么还要建"通渠汉水、云梦之野"的运河呢?发展江、汉之间的水运完全可以自汉水进入长江航线,没有必要在云梦蓄水,进而以云梦为航段节点,开挖连接汉水和长江的运道。其实道理很简单,汉水曲折迂回,如果沿汉水顺流而下进入长江的话,势必增加水上航行的时间,根据这一情况,可以通过拦截沮水及开运道引沮入运。如谭其骧先生精辟地论述道:"西方一渠当为杨水,是沟通长江与汉水的一条人工运河。工程的关键是在郢都附近,拦截沮水与漳水作大泽,泽水南通大江,东北循杨水达汉水,所经过的地方正是当时所谓云梦,约当在长江沙市一带到汉水沙洋一带。这条运河是在公元前六世纪初楚相孙叔敖主持下,广大劳动人民开凿的。"④遗憾的是,这条杨水运河没有受到后世的重视。

---

① 汉·司马迁《史记·河渠书》,北京:中华书局1982年版,第1407页。
② 汉·司马迁《史记·循吏列传》,北京:中华书局1982年版,第3100页。
③ 汉·班固《汉书·地理志下》,北京:中华书局1962年版,第1609页。
④ 谭其骧《黄河与运河的变迁》,《地理知识》1955年第8期。

其实,没有受到后人重视的楚运河不仅有杨水运河,还有"东方则通鸿沟江淮之间"①的运河。那么,"东方则通鸿沟江淮之间"的河渠是什么时间兴修的?尽管文献记载不太明确,不过这条运河在鲁昭公二十七年(前515)以前建成并投入使用应该是有依据的。《左传·昭公二十七年》记载:"吴子欲因楚丧而伐之,使公子掩余、公子烛庸帅师围潜。使延州来季子聘于上国,遂聘于晋,以观诸侯。楚莠尹然,工尹麇帅师救潜。左司马沈尹戌帅都君子与王马之属,以济师,与吴师遇于穷。令尹子常以舟师及沙汭而还。左尹郤宛、工尹寿帅师至于潜,吴师不能退。"杜预注:"沙,水名。"②子常名囊瓦,芈姓,楚国的王族,楚平王十年(前519)担任楚国令尹一职。沙水又称"蔡水",是鸿沟的南流,与淮河支流颍水相通,是当时重要的漕运交通线。从"令尹子常以舟师及沙汭而还"看,楚军北上主要是沿沙水进军的。所谓"东方则通鸿沟江淮之间",实际上是指楚国兴修了连接鸿沟的运河沙水。由于鸿沟本身有"以通宋、郑、陈、曹、卫,与济、汝、淮、泗会"③的能力,因此,楚国兴修与鸿沟相通的运河应指利用淮河支流颍水建成的沙水运道。胡渭论述道:"鸿沟南流兼沙水之目,沙水枝津又为睢水、涡水,名称不一,要皆河阴石门河水为之,委别而原同也。"④自沙水可进入鸿沟,既可进入黄河中下游地区,也可以进入淮河流域。

历史上的菑水(甾水、淄水)是济水(泲水)的支流,水资源十分丰富。周武王伐纣克商后,分封天下,姜尚因功封齐。在这中间,营造了齐都营丘(在今山东淄博东),史有周武王"平商而王天下,封师尚父于齐营丘"⑤之说。后来,因营丘东临菑水,齐献公改称"临淄",史有"淄水又北径其城东,城临淄水,故曰临淄"⑥之说。班固叙述莱芜山川地理水文形势时有"原山,甾水所出,东至博昌入泲"⑦之说。郦道元亦记载:"莱芜县在齐城西南,原山又在县西南六十许里。《地理志》汶水与淄水俱出原山西南入济,故不得过其县南也。"⑧博昌,汉县,旧治在今山东博兴县湖滨镇。问题是,既然菑水是济水的支流,齐国为什么还要兴修菑济运河呢?道理很简单,菑、济二水虽然相通,但蜿蜒曲折,且河道水位不高,不具备航运的基本条件,这样一来,遂需要通过开挖新的河道和引入必要的补给水源,为发展漕运创造必要的条件。

---

① 汉·司马迁《史记·河渠书》,北京:中华书局1982年版,第1407页。
② 清·阮元《十三经注疏·春秋左传正义》,北京:中华书局1980年版,第2116页。
③ 汉·班固《汉书·地理志下》,北京:中华书局1962年版,第1609页。
④ 清·胡渭《禹贡锥指》(邹逸麟整理),上海:上海古籍出版社2006年版,第454页。
⑤ 汉·司马迁《史记·齐太公世家》,北京:中华书局1982年版,第1480页。
⑥ 北魏·郦道元《水经注·淄水》,《水经注疏》中册(杨守敬、熊会贞疏,段熙仲点校,陈桥驿复校),南京:江苏古籍出版社1989年版,第2227页。
⑦ 汉·班固《汉书·地理志上》,北京:中华书局1962年版,第1582页。
⑧ 北魏·郦道元《水经注·汶水》,《水经注疏》中册(杨守敬、熊会贞疏,段熙仲点校,陈桥驿复校),南京:江苏古籍出版社1989年版,第2056—2057页。

临淄水资源丰富,境内有菑水、如水(时水)、渑水、济水等,史有"如水西北至梁邹入泲"①之说,渑水自博昌入如水。胡渭考证道:"时水出齐城西南二十五里,平地出泉,即如水也,亦谓之源水。因水色黑,俗又目之为黑水。渑水出营城东,世谓之汉溱水,北径博昌南界,入时水,自下通谓之渑。又东北至广饶故城北,东北入淄水。孔子曰:淄、渑之水合,易牙尝而知之。谓斯水矣,'绳'当作'渑',《齐乘》云:时水之源,南近淄水,详其地形,盖伏淄所发,土人名曰乌河,一名耏水。亦名如水。渑水北流,势极屈曲,俗称九里十八湾。"②又考证道:"按梁邹故城,唐置济阳县,属淄州。今为邹平县治。其唐之邹平县城,则割入今齐东县界。"③郦道元叙述济水与齐都临淄的关系时记载:"济水又径薄姑城北。后汉《郡国志》曰:博昌县有薄姑城。《地理书》曰:吕尚封于齐郡薄姑。薄姑故城在临淄县西北五十里,近济水,史迁曰:胡公徙薄姑。城内有高台。"④所谓"通菑济之间",是指齐国兴修水上航线时,采取裁弯取直的措施,将菑水和济水连接起来,使之直通国都临淄,从而提高了齐国的航运能力。

菑济运河改善了齐国的水上交通条件,为齐国称霸中原提供了一条便捷的水上通道,同时也加强了齐国与中原各国的联系。齐国以菑济运河为主航线,串联起临淄周边的河道并与济水相通,或南下将水上交通拓展到中原及黄河中下游地区,或沿济水北上将水上交通线延长到临淄以北的广大地区。更重要的是,春秋后期,菑济运河与菏水相接后,为齐国从水路进入中原提供了一条快捷的新航线。这条新航线远接江淮,从水上将齐鲁之地与淮河及长江流域联系起来。进而言之,菑济运河开通后,与后来开通的菏水、邗沟、吴古故水道等连通,将水上交通从黄河流域延长到了淮河流域和长江流域。

秦运河建设

秦统一六国前后,为扩大版图,加强对不同区域的控制,有意识地开挖了蜀运河、灵渠、由拳水道和丹徒水道等运河,这些运河作为汉代以前有漕运能力的重要河渠,在国家大一统事业中发挥了非同一般的作用。

那么,蜀运河即"于蜀,蜀守冰凿离碓,辟沫水之害,穿二江成都之中"⑤的运河,究竟是什么时间建成?前人提出了三种说法:一是蜀运河建成的时间下限应该在秦昭襄王在位的年代;二是蜀运河兴修于秦孝文王在位之时;三是蜀运河建成的时间在秦并六国建立大一统政权以后。秦并六国及建立大一统帝国的时间为前221年,因此,蜀运河建成的时间应在前

---

① 汉·班固《汉书·地理志上》,北京:中华书局1962年版,第1583页。
② 清·胡渭《禹贡锥指》(邹逸麟整理),上海:上海古籍出版社2006年版,第101页。
③ 同②,第605页。
④ 北魏·郦道元《水经注·济水二》,《水经注疏》上册(杨守敬、熊会贞疏,段熙仲点校,陈桥驿复校),南京:江苏古籍出版社1989年版,第761页。
⑤ 汉·司马迁《史记·河渠书》,北京:中华书局1982年版,第1407页。

221年以后。三种说法孰是孰非,似乎难以说清。不过,学术界的普遍看法是,李冰是秦昭襄王时期的蜀郡太守,据此可知,蜀运河建成的最迟时间应在前251年之前。

蜀运河是在李冰的主持下开挖的。根据司马迁及后人的记载,李冰"凿离碓,辟沫水"以后,建成了有漕运、灌溉、排洪防涝等综合功能的河渠,在改变蜀地交通的同时,提高了蜀地的农业生产水平。

灵渠开挖于秦始皇二十八年(前219)。秦统一六国后,为打通南征百越的航线,节约运兵运粮的成本专门开挖了灵渠,史有"又使尉佗屠睢将楼船之士南攻百越,使监禄凿渠运粮,深入越,越人遁逃"①语,严安又有"臣闻长老言,秦之时尝使尉屠睢击越,又使监禄凿渠通道"②语,所谓"监禄"是秦代监御史禄的省称,是说秦代有一位名禄的监御史开凿了灵渠。灵渠第一次把长江和珠江水系联结起来,彻底解决了调集军粮南下进行后勤补给的大问题,从而为秦王朝进军岭南、征伐百越奠定了坚实的基础,同时也促进了岭南地区的经济发展。

由拳水道和丹徒水道均开凿于秦始皇三十七年(前210)。由拳水道建成后改善了从吴入越的水上交通条件。丹徒水道开通后,改变了吴古故水道至渔浦西入长江的漕运秩序,将入江口移到了丹徒(在今江苏镇江)。两条航线开通后,以复式航线的结构与原有的吴古故水道相连,一是加强了吴越两地与长江沿线的水上交通,进一步密切了吴越与楚地之间的联系;二是渡江北上沿邗沟可深入到淮河流域的腹地,自淮河流域又可进入黄河流域。

根据这些情况,先看看秦统一六国后兴修由拳水道的情况。袁康记载:"秦始皇造道陵南,可通陵道,到由拳塞,同起马塘,湛以为陂,治陵水道到钱唐,越地,通浙江。"③所谓"造通陵南",是指开凿长水县(在今浙江嘉兴)南面的山陵由拳塞。所谓"通陵道",是指开通经过由拳塞的运河。由拳塞打通后,沿这一航线可达钱唐(钱塘,在今浙江杭州),进入浙东。这条航线开通后,增加了一条自吴入越的新航线,进一步加强了吴越两地的联系。

除了兴修由拳水道以外,秦始皇南巡时还开挖了丹徒水道。史称:"初,秦以其地有王气,始皇遣赭衣徒三千人凿破长陇,故名丹徒。……丹阳县(望。西北至州六十四里),本旧云阳县地,秦时望气者云有王气,故凿之以败其势,截之直道,使之阿曲,故曰阿曲。"④秦统一六国后,需要改变旧有的以阖闾大城为中心的江浙一带的水陆交通体系,根据新的政治形势的需要,开挖了有利于关东与江浙相互联系的丹徒水道。在秦始皇统一六国以前,镇江或称"丹阳",或称"云阳"。秦代是宗教神学盛行的年代,秦始皇征用身着红衣的罪犯兴修运河,并有意地将丹阳改为"丹徒",从表面上看,是为了破坏这一区域的"王气",但根本的目

---

① 汉·司马迁《史记·平津侯主父列传》,北京:中华书局1982年版,第2958页。
② 汉·班固《汉书·严助传》,北京:中华书局1962年版,第2783页。
③ 李步嘉《越绝书校释》,北京:中华书局2013年版,第40页。
④ 唐·李吉甫《元和郡县图志·江南道一》(贺次君点校),北京:中华书局1983年版,第591—592页。

的是建立一条自关东远通江南的便捷的漕运通道,通过强调中央集权,来稳定日趋复杂的长江以南太湖流域的政治形势。

开丹徒水道后,形成了一条新的自长江以南即太湖流域连接淮河流域的通道。这条运河开辟了自丹徒进入长江的运道,与经渔浦进入长江的吴古故水道形成呼应之势,除了有改善吴地水上交通的作用外,更重要的是,它缩短了船只在长江上行驶的航程。进而言之,丹徒水道建成后将吴运河的入江口自东西移,减少了船只在长江航行时的航程,有效避开了长江上的风险,缩短了自吴郡(在今江苏苏州)过江进入邗沟及淮河流域的时间。

需要补充的是,在春秋各国开挖运河以前,上古时期可能还有徐偃王开挖的运河。郦道元记载:"偃王治国,仁义著闻,欲舟行上国,乃通沟陈、蔡之间,得朱弓矢,以得天瑞,遂因名为号,自称徐偃王。"[1]徐偃王生活在周穆王时代,周穆王是周王朝的第五个君主,其生活时代在前960年前后。从"通沟陈、蔡"中可知,徐偃王沿泗水北上进入中原及陈国和蔡国时,开挖了一条连接天然河流的运河。郦道元所述当有所本,然北魏以前的文献缺载,故不知出处。

---

[1] 北魏·郦道元《水经注·济水二》,《水经注疏》上册(杨守敬、熊会贞疏,段熙仲点校,陈桥驿复校),南京:江苏古籍出版社1989年版,第787页。

第二章　西汉时期的漕运

如果以楚汉之争为起点,西汉的漕运方向发生了两次变化。一是楚汉之争时,漕运方向是自关中向关东。《史记·萧相国世家》云:"关中事计户口转漕给军,汉王数失军遁去,何常兴关中卒,辄补缺。"①萧何以关中为大本营采用水陆联运的方法,将粮食及战略物资运往关东,为刘邦战胜项羽提供了强有力的后勤支援。二是刘邦称帝后,建立了自关东向关中的漕运机制,史有"漕转山东粟,以给中都官,岁不过数十万石"②之说。

汉武帝登基后,国用大幅度增加。这一时期,关中虽然是主要的漕运方向,但不是唯一的方向。汉武帝确立打击匈奴的战略时,同时又有伐闽越、东瓯,征朝鲜,通西南夷等战伐行为。这一时期的漕运形势:一是黄河在漕运中负有重要的使命,黄河以北、江淮之间及长江流域的漕粮及赋税等运往关中,需要以黄河为运道;二是长江在漕运中负有重要的使命,在征伐南越的过程中,汉武帝重点建设了自零陵郡(治所在今广西全州西南)、桂阳郡(治所在今湖南郴州)远通岭南诸郡如南海郡(治所在今广东广州)、苍梧郡(治所在今广西梧州)等的水上通道,以灵渠为中间航段,将长江水系和珠江水系串联起来,建成了自漓江入湘江再入长江的水上大通道。

汉武帝一朝虽有不同的漕运方向,但关中是主要的方向。当时关中漕运先是出现了"下河漕度四百万石"③的情况,后又出现了"山东漕益岁六百万石"④的情况。为解决征战匈奴时的粮草及物资问题,汉武帝重点建立了自关东沿黄河运道入渭水进入关中的漕运秩序。史称:"明年,南粤反,西羌侵边。天子为山东不澹,赦天下囚,因南方楼船士二十余万人击粤,发三河以西骑击羌,又数万人渡河筑令居。初置张掖、酒泉郡,而上郡朔方、西河、河西开田官,斥塞卒六十万人戍田之。中国缮道馈粮,远者三千,近者千余里,皆仰给大农。边兵不足,乃发武库工官兵器以澹之。"⑤漕运补给线拉长后,给汉武帝提出了缩短漕运补给线和提

---

① 汉·司马迁《史记·萧相国世家》,北京:中华书局1982年版,第2015页。
② 汉·司马迁《史记·平准书》,北京:中华书局1982年版,第1418页。
③ 同②,第1436页。
④ 同②,第1441页。
⑤ 汉·班固《汉书·食货志下》,北京:中华书局1962年版,第1173页。

高效率的要求。汉武帝关心的"漕运之法"主要指面向关中的漕运,其中包括两个方面:一是在关中兴修漕渠,改造自黄河进入关中的漕运通道;二是兴修灌溉渠,提高关中农业产出。这两个方面相互作用,解决了国用增加的难题。

从后世情况看,"漕运之法"主要指漕运过程管理及制度建设。不过,汉武帝一朝是政权建设全面倚重漕运的初始期,故漕运过程管理及制度建设不是其关心的重点。出现这样的情况,主要是由四个方面的原因造成的:一是汉武帝扩大漕运规模以前,全国的赋税征收及转运等事务属于治粟内史即大司农;二是汉武帝扩大漕运规模后,大司农郑当时提出了兴修漕渠、加强关中漕运及农田灌溉的建议,经此,兴修河渠及漕运事务顺理成章归大司农管辖;三是关中是主要的漕运方向,当时的漕运主要是军运,军队有一套严密的指挥系统,故不需要另外设立专门的管理机构;四是汉武帝登基后,推崇儒学及经学,试图在"改制度"的过程中张扬大一统及皇权至上①,宣示新王当立的合法性,这样一来,不可能立即将漕运管理及制度建设提到议事日程。

鉴于这四个方面的原因,汉武帝关心的"漕运之法"主要表现在缩短漕运里程、减少漕运岁额等方面。这一举措虽然与后世建立的漕运管理制度有着本质上的区别,但开创了政权建设倚重漕运的先例,特别是动用数万人参与漕运,势必在过程管理等方面做必要的安排和调整。进而言之,当漕运成为政权建设的生命线时,汉武帝的做法势必提醒后世统治者必须把漕运管理及制度建设提到议事日程上。

第一节 西汉漕运形势及变化

汉初国用尚简,漕运岁额有限,时至汉武帝一朝开始发生变化。具体地讲,关中人口的自然增长,与外来人口涌入京畿地区及军备扩张等交织在一起,出现了关中粮食安全方面亟须关东支持的局面。为了保证漕运方面的安全,汉武帝在关中兴修了漕渠,在关东重点改造了黄河运道,试图打通汉中与关中的漕运通道,扩大漕运范围。进而言之,在国用需求大幅度增加的过程中,由于漕运可以最大限度地降低运输成本,兴修河渠及疏通漕路便成了当务之急。

扩大漕运的原因

从刘邦建汉到汉武帝即位,汉王朝经过六十多年的建设走上了社会安定、经济发展的繁

---

① 张强《汉武帝与文治》,《江苏社会科学》1997 年第 6 期。

荣之路。然而,关中土地有限,很难应对人口大幅度增长后产生的粮食问题,与此同时,官僚机构扩大、在西北用兵打击匈奴等,进一步增加了关中的粮食需求。由此产生的后果是,汉高祖一朝从关东调往关中的粮食不过数十万石,但到了汉武帝元狩四年(前119)已猛增到四百万石,到了元封元年(前110)已增加到六百万石,在这一前提下,漕运开始成为影响政治稳定及国家安全的生命线。

汉武帝以前,国用支出相对有限。史称:"天下已平,高祖乃令贾人不得衣丝乘车,重租税以困辱之。孝惠、高后时,为天下初定,复弛商贾之律,然市井之子孙亦不得仕宦为吏。量吏禄,度官用,以赋于民。而山川园池市井租税之入,自天子以至于封君汤沐邑,皆各为私奉养焉,不领于天下之经费。漕转山东粟,以给中都官,岁不过数十万石。"①这一叙述主要强调了四个方面的内容:一是汉高祖一朝采取重课商人之策,在一定程度上解决了国用支出的需求;二是汉惠帝一朝反其道而行之,实行宽松的商贸政策,在"复弛商贾之律"的基础上加强了商品流通,进一步增加了国家的财政收入;三是采取"量吏禄,度官用"的财政核算及紧缩政策,政府减少了不必要的支出;四是推行"自天子以至于封君汤沐邑,皆各为私奉养焉,不领于天下之经费"的政策,减少了国家财政支出。进而言之,在开源节流的基础上,有效地控制了国用支出。

这一时期,因推行轻徭薄赋之策,关中的农业经济得到了全面的恢复,再加上不需要扩充军备,故其产出基本上可以满足关中各方面的需求。史称:"漕转关东粟以给中都官,岁不过数十万石。孝惠、高后之间,衣食滋殖。文帝即位,躬修俭节,思安百姓。"②又称:"汉兴之初,反秦之敝,与民休息,凡事简易,禁罔疏阔,而相国萧、曹以宽厚清静为天下帅,民作'画一'之歌。孝惠垂拱,高后女主,不出房闼,而天下晏然,民务稼穑,衣食滋殖。至于文、景,遂移风易俗。"③从汉王朝建立到汉景帝一朝,关中的粮食虽不能完全满足日趋增长的国用需求,但依赖关东的程度不高。

这种情况持续到汉武帝一朝开始发生重大的变化。从汉高祖刘邦建立大一统帝国到汉武帝即位,经过长时间的休养生息,一方面社会经济得到了明显的恢复,另一方面外来人口涌入关中,加剧了关中物产有限与人口增长之间的矛盾。进而言之,漕运岁额大幅度增加,主要是由关中人口进入快速增长期、外来人口大量涌入长安、官僚队伍膨胀、打击匈奴等因素决定的。

关中土地有限,人口大幅度增加后,扩大了有限的物产与不断增长的人口之间的矛盾。

---

① 汉·司马迁《史记·平准书》,北京:中华书局1982年版,第1418页。
② 汉·班固《汉书·食货志上》,北京:中华书局1962年版,第1127页。
③ 汉·班固《汉书·循吏传》,北京:中华书局1962年版,第3623页。

在这一过程中,有两个方面的原因需要特别说明。

其一,汉武帝一朝关中粮食需求大幅度增加,与其不断扩大中央行政机构和衙役队伍息息相关。史称:"孝、昭治咸阳,因以汉都,长安诸陵,四方辐凑并至而会,地小人众,故其民益玩巧而事末也。"① 为了稳定京畿地区的社会秩序,汉武帝扩大了中央的行政机构,在关中大兴土木地建造宫苑,增加了财政支出。在加强漕运的过程中,汉武帝采取了"及官自籴"的措施。丘浚论述道:"吕祖谦言,武帝时,官多徒役众,用粟之多,漕法不得不讲。所谓官多徒役众,此二者,国粟所以费之由也。官多而不切于用者,可以减其冗员;徒役众而无益于事者,可以省其冗卒。如是,则食粟者少,食粟者少,则可以省岁漕之数。漕数日省,则国用日舒民力日宽矣。丰国裕民之策,莫先于此。武帝作柏梁台,宫室之修,由此日丽。徒奴婢众,而下河漕度四百万石,及官自籴乃足。"② 丘浚在强调"官多徒役众"是漕运岁额增加的原因时,又指出"省岁漕之数"的办法,从一个侧面道出了"官多徒役众"是扩大关东漕运的原因。应该说,这一认识是有见地的。不过,实际情况是,四百万石的粮食依旧满足不了关中的需求。

其二,元光六年(前129),汉武帝决定实施打击匈奴的战略,进一步扩大了关中粮食及物资供给不足的缺口。在兴修河渠提高了关中及河东农业产出后,依旧解决不了关中的粮食需求时,唯一的方法,只能是加大从关东调粮的力度。这样一来,遂出现了漕运关中的岁额快速上升的态势。关于这点,这里有两组数字可以作充分的说明:一是元狩四年,"岁漕关东谷四百万斛以给京师"③,这一情况表明,每年须从关东调运四百万斛(石)粮食支援关中;二是元封元年,漕运岁额进一步增加,出现了"山东漕益岁六百万石"④ 的局面。从其数字变化中不难发现,漕运岁额的增加应与打击匈奴及开拓疆土的策略是联系在一起的,换句话说,是与军备扩张联系在一起的。马端临论述道:"汉初,致山东之粟,不过岁数十万石耳。至孝武,而岁至六百万石,则几十倍其数矣。"⑤ 关中人口大幅度增长与打击匈奴的国策交织在一起,加大了从关东调粮入关的难度。

汉王朝应对匈奴入侵可以汉武帝打击匈奴为节点分为前后两个时段:一是在汉武帝确立打击匈奴的战略方针以前,汉王朝主要采取防守之策,如汉高祖七年(前200)刘邦率军亲

---

① 汉·司马迁《史记·货殖列传》,北京:中华书局1982年版,第3261页。
② 明·丘浚《大学衍义补·漕挽之宜上》(林冠群、周济夫校点),北京:京华出版社1999年版,第301页。
③ 汉·班固《汉书·食货志上》,北京:中华书局1962年版,第1141页。
④ 汉·司马迁《史记·平准书》,北京:中华书局1982年版,第1441页。
⑤ 元·马端临《文献通考·国用考三》,杭州:浙江古籍出版社1988年版,第239页。

征误中埋伏被困白登山以后①,汉王朝与匈奴之间没有爆发大的战争,因而调粮西入关中的岁额较小;二是汉武帝确立打击匈奴的战略目标后,为了扩充军备,加强了漕运,从关东调集大量的粮草和军用物资。如卫青等远征匈奴,建立了远离关中的军事要塞,史称:"其后汉将岁以数万骑出击胡,及车骑将军卫青取匈奴河南地,筑朔方。"②朔方军事要塞建立后,军队戍守需要以关东漕运来提供可靠的后勤支援。打击匈奴的战略制定后,还需要在关中驻扎一支强大的常备军,这些都加大了关中对关东粮草的依赖程度。

从另一个层面看,汉武帝一朝,关中虽然是主要的漕运方向,但不是唯一的方向。此时的对外战争涉及西北、东南、西南、东北等不同方向,史有"而方南诛两越,东伐朝鲜,击羌、西南夷"③之说。章潢亦论述道:"武帝时通西南夷,灭朝鲜,击匈奴,筑卫朔,方转漕甚远,山东咸被其劳。武帝劳中国人,漕中国粟,以争无用之地,是以璀璨之珠而弹啁啾之雀也。务虚名而受实害,损有用之才而易无用之地,岂盛德事哉!郑当时言关中运粟,请引渭穿渠,泾,易漕,度。而渠下民田万余顷,又可得以溉,此损漕省卒。上以为然,发卒穿渠以漕运,大便利。吕祖谦曰:汉初中都所用者省,漕运之法未讲也。郑当时议开漕渠引渭入河,盖缘是时用粟之多,漕法不得不讲。"④扩大调集粮草及军需物资的范围后,漕运是减少财政支出的有效途径。另外,根据《史记·河渠书》,此处的"泾"应为"径"。

关中漕渠与漕运

汉武帝在关中兴修漕渠,与加强关东漕运,实施打击匈奴这一国策有直接的关系。具体地讲,为解决粮草供应严重不足的难题,汉武帝一朝重点改造了关中的渭水航线,建成了有漕运、灌溉等综合功能的漕渠,如马端临有"虽征敛苛烦,取之无艺,亦由河渠疏利,致之有道也"⑤之说。漕运岁额大幅度增加后,提高关中接受漕粮的能力及扫除漕运中的障碍,已成为汉武帝必须关注的大问题。

漕渠又称"直渠",是改造关中渭水航线的工程。这条航线以长安为起点,至华阴(在今

---

① 史称:"七年冬,上自往击,破信军铜鞮,斩其将王喜。信亡走匈奴。其与白土人曼丘臣、王黄等立赵苗裔赵利为王,复收信败散兵,而与信及冒顿谋攻汉。匈奴使左右贤王将万余骑与王黄等屯广武以南,至晋阳,与汉兵战,汉大破之,追至于离石,复破之。匈奴复聚兵楼烦西北,汉令车骑击破匈奴。匈奴常败走,汉乘胜追北,闻冒顿居代(上)谷,高皇帝居晋阳,使人视冒顿,还报曰'可击'。上遂至平城。上出白登,匈奴骑围上,上乃使人厚遗阏氏。阏氏乃说冒顿曰:'今得汉地,犹不能居;且两主不相厄。'居七日,胡骑稍引去。时天大雾,汉使人往来,胡不觉。护军中尉陈平言上曰:'胡者全兵,请令强弩傅两矢外向,徐行出围。'入平城,汉救兵亦到,胡骑遂解去。汉亦罢兵归。"(汉·司马迁《史记·韩信卢绾列传》,北京:中华书局1982年版,第2634页)
② 汉·司马迁《史记·平准书》,北京:中华书局1982年版,第1421页。
③ 汉·司马迁《史记·卫将军骠骑列传》,北京:中华书局1982年版,第2940页。
④ 明·章潢《图书编·漕运考》,《四库全书》第970册,上海:上海古籍出版社1987年版,第401页。
⑤ 元·马端临《文献通考·国用考三》,杭州:浙江古籍出版社1988年版,第239页。

陕西华阴)入黄河,司马迁有"郑当时为渭漕渠回远,凿直渠自长安至华阴"①之说。郑当时开漕渠时采取裁弯取直的方案,提高了关中的漕运效率。

在兴修漕渠以前,关中漕运主要依靠渭水。遗憾的是,渭水曲折迂回,从华阴渭口(渭汭,渭水进入黄河的河口)到长安附近有九百多里的航程。此外,渭水含沙量高,部分水道通航能力差,容易搁浅,再加上受自然条件的影响,全年的通航时间受到一定的限制。为了加强关中漕运,改变原有水道不畅的现状,郑当时提出了兴修漕渠的方案并付诸实施。

郑当时的基本构想是:一是渭水自关中入黄河的航线蜿蜒曲折,长达九百多里,通过"凿直渠自长安至华阴",建一条"引渭穿渠起长安,并南山下,至河三百余里,径,易漕"的新航线,通过黄河水运与关中漕渠相接,可以大大地缩短渭水进入黄河的航程;二是在开渠引水兴修关中水运工程的同时,扩展沿途的农田灌溉面积,以提升关中农业的发展水平,使漕渠成为一条具有农田灌溉、航运等综合功能的河渠,形成"渠下民田万余顷,又可得以溉田:此损漕省卒,而益肥关中之地,得谷"②的局面。客观地讲,这一兴修方案有很高的经济价值,既可以通过缩短航程提高关中的漕运效率,又可以通过提高灌溉水平发展关中农业,部分解决长安及关中缺粮的大问题。因开漕渠有一举多得的功能,故受到汉武帝的肯定和支持,但从"悉发卒数万人穿漕渠,三岁而通"③等情况看,兴修漕渠可谓困难重重,且耗资巨大。反过来说,如不及时建设一条漕运新通道,将会制约关中漕运,影响政权的稳定。一般认为,关中漕运的瓶颈是黄河航线上的三门峡及砥柱山,其实,关中曲折迂回的渭水航线同样是漕运的瓶颈,甚至可以说,在渭水通漕遇到的困难绝不亚于黄河。黄盛璋先生指出:"渭河运道自古就有些困难,三门底柱,号称天险;而渭河迂曲多沙,水量时感不够,因此怎样改革渭河水运就成为当时一个很实际的问题。"④漕渠建成后提高了关中的水运能力,在一定程度上改变了关中的交通布局。

漕渠的主要补给水源来自渭水,由此提出的问题是,大司农郑当时是如何引渭水西入长安的呢?郦道元注桑钦《水经》渭水"又东过长安县北"语时指出:"渭水东合昆明故渠,渠上承昆明池东口,东径河池陂北,亦曰女观陂。又东合沴水,亦曰漕渠。"⑤这一说法大体上道出了渭水与长安城的关系以及郑当时兴修漕渠时取渭水的情况。具体地讲,郑当时以长安为起点开挖漕渠时利用了昆明池,并在昆明池的东口取水,进而"东合沴水"。所谓"渭水东合昆明故渠",是指开渠引渭时借用了引渭入昆明池的渠道。漕渠引渭经昆明池东口,向南

---

① 汉·司马迁《史记·平准书》,北京:中华书局1982年版,第1424页。
② 汉·司马迁《史记·河渠书》,北京:中华书局1982年版,第1409—1410页。
③ 同②,第1410页。
④ 黄盛璋《历史地理论集·历史上的渭河水运》,北京:人民出版社1982年版,第149页。
⑤ 北魏·郦道元《水经注·渭水下》,《水经注疏》中册(杨守敬、熊会贞疏,段熙仲点校,陈桥驿复校),南京:江苏古籍出版社1989年版,第1590页。

经长安城后再向南经终南山,沿山脚继续向东。

渠漕在昆明池东口取渭水以后,渠道为什么要先向东、再向南,随后再沿终南山的山脚继续向东呢?从地理形势看,终南山的山脚地势低洼,有现成的河道,只要略加改造便可成为再次入渭的河道。程大昌指出:"终南山横亘关中南面,西起秦、陇,东彻蓝田,凡雍、岐、眉、户、长安、万年,相去且八百里而连绵峙据其南者,皆此之一山也。"①渭水向东经雍、岐、眉、户、长安、万年等地区,曲折迂回,沿终南山山脚下的河道直线向东,从昆明池附近开漕渠引渭向南,可裁直航道在山脚下接纳细流并再次入渭,随后由渭口注入黄河。从这样的角度看,漕渠"并南山下,至河"是指"凿直渠自长安至华阴",这条航道虽然与渭水航道有相同的终点,但与自然形成的渭水航线多有不同。

起初,关中漕运以渭水为航线,郑当时兴修漕渠后,将自关东至关中长安的九百多里航程缩短为三百余里。在这中间,与其说兴修漕渠是在改造渭水航线,倒不如说是以渭水为补给水源兴修了一条有漕运功能的新河渠。兴修漕渠时以渭水为补给水源,改善了自关东至关中的漕运条件。

辛德勇先生为考证关中航线做了大量的工作,提出了关中航线以渭水航线为主的观点②。根据古人的论述,再结合辛德勇先生的考证,漕渠在关中的航线是,先从汉长安城的西北即靠近咸阳的地方引渭水向东经上林苑昆明池东口,由此向南经长安城南再到终南山的山脚东行,沿途接纳灞水、浐水等,经万年、临潼、新丰、渭南、华县、华阴等地进入潼关,从潼关经渭口注入黄河。客观地讲,漕渠航线有自身无法克服的缺陷,因航线水位落差小,且以挟带泥沙严重的渭水为主要补给水源,渭水入漕渠后因水流放缓致使泥沙淤积航道,从而导致航运能力下降。与之相比,渭水航线虽曲折多弯,但因水位落差大,水流湍急,因此淤沙堵塞航道的现象低于漕渠。进而言之,当漕渠因淤塞无法通航时,渭水航道依旧有航运能力。

汉武帝兴修为漕运服务的河渠,改善了关中已有的漕运条件,为调集河东的粮食入关中提供了必要的条件。然而,开挖具有航运功能的新航道谈何容易,受自然条件及科技水平的限制,水上交通建设遇到了无法克服的困难。要想维护政治统治和社会的稳定,只能重点维护从关东到关中——沿黄河经砥柱山入潼关,然后沿渭河进入关中的漕运通道。从这样的角度看,要确保关中的政治安全和社会稳定,依赖关东通往关中及长安的漕运通道是必然的选择。

问题是,汉武帝兴修河渠及加强漕运后,为什么没有像后世那样在河渠沿线形成新的城市及区域性政治中心?具体地讲,主要是由六个方面的原因决定的。一是西汉虽然关注河

---

① 宋·程大昌《雍录·南山》(黄永年点校),北京:中华书局2002年版,第108页。
② 辛德勇《西汉时期陕西航运之地理研究》,《历史地理》第21辑,上海:上海人民出版社2006年版。

渠的漕运能力,但重点关心的是长安这一政治中心的安全及关中的农业生产发展,没有通盘考虑建立全国的漕运系统问题,只是把关中视为河渠建设的重要区域。二是关中河渠主要沿渭水展开,在建设这些河渠以前,渭水沿线已建有不同层级的政区,一时难以改变。具体地讲,渭水是关中重要的漕运通道,漕渠是利用渭水兴修的裁弯取直工程,在发展关中漕运时,漕渠的航段节点早已建有城市,没有必要在漕渠沿岸另建有漕运中转能力的城市。三是西汉王朝的科学技术水平较低,虽然有发展漕运的良好愿望,但因无法彻底地解决河渠通运时遇到的水位落差、泥沙淤塞航道等难题,以致在关中及周边地区开挖的河渠大都以失败告终。四是西汉王朝取粮关东的范围主要集中在黄河流域,这些地区经过长期开发,早已形成政治中心,这些城市有向周边地区辐射的功能。五是西汉漕运主要依靠东西流向的黄河及其支流,开挖的河渠大都是这些河流的延长或补充,由于这些河渠的长度较短,转运成本过高,因此不可能在河渠经过的关中地区建立集散地或中转站。六是西汉开挖河渠关心的重点是灌溉农田、改造土壤、提高粮食产量等,部分河渠没有或通航能力有限,因此河渠沿线很难形成中转地或集散地。进而言之,由于这些地区受自然地理及行政区划等条件的制约无法成为新的水陆交通枢纽,因此很难形成人口聚集的新兴城市。从这样的角度看,关中虽然是汉王朝重点经营的地区,但漕运范围有限,因此无法形成有别于陆路的交通运输体系。反过来讲,由于关中河渠沿岸不可能建立漕运中转站及集散地,因此无法成为水陆交通枢纽,这样一来,也就消解了在关中河渠沿岸建造新城的可能。

第二节　开拓漕运的路径

刘邦建汉,再次确立秦始皇建立的大一统文化传统。建都长安(今陕西西安)后,京师的粮食安全成了头等重要的大事。汉王朝采取了加强漕运、开辟新路径及挖掘关中农业产出的多种措施。如为了满足关中的粮食需求,加强黄河漕运;又如开凿褒斜道,试图建立从汉中到关中的水上运粮通道;再如建关中河渠,扩大灌溉面积,提高农业产出;在秦旧渠郑国渠的基础上,建具有漕运能力的白渠;开凿成国渠等。与此同时,在与关中相邻的河东开发农业,以便就近漕运。

自关东漕运关中必须走黄河,但从汉武帝一朝起,黄河改道及泛滥进入高频期。黄河改道和泛滥直接影响黄河中下游地区的民生及漕运安全,因而,在加强漕运和关注民生的紧要关口,治理黄河遂成为汉武帝必须关注的大问题。进而言之,汉武帝兴修河渠,是在治理黄河及漕运全面受阻的过程中进行的。

汉代治理黄河的历史,可以上溯到汉文帝一朝,史有"汉兴三十九年,孝文时河决酸枣,东溃金堤,于是东郡大兴卒塞之"①之说。史称:"其后四十有余年,今天子元光之中,而河决于瓠子,东南注巨野,通于淮、泗。于是天子使汲黯、郑当时兴人徒塞之,辄复坏。是时武安侯田蚡为丞相,其奉邑食鄃。鄃居河北,河决而南则鄃无水灾,邑收多。蚡言于上曰:'江河之决皆天事,未易以人力为强塞,塞之未必应天。'而望气用数者亦以为然。于是天子久之不事复塞也。"②这一记载强调了三个方面的内容:一是自汉文帝治河以后,历四十余年,至汉武帝元光三年黄河再度溃决,并从酸枣(在今河南延津西南)转移到瓠子口(在今河南濮阳西南)一带;二是汉武帝派汲黯、郑当时等堵塞决口,取得的成效不大,陷入了屡修屡坏的僵局;三是汲黯、郑当时治理黄河难以取得成功,与武安侯田蚡出于保食邑不被水淹的私心,以"塞之未必应天"为理由提出反对意见有关,而田蚡反对治河的意见之所以占上风,主要与西汉奉行邹衍"五德终始"及以"灾异"为核心的五行相胜的神学主张有关③。具体地讲,在汉武帝"改制度"以前,西汉一直以"水德"自称,有"大汉继周"④之说,周兴以"火",按照五行相克的原理,汉继周,自然要以"水德"相称。换言之,"水"是汉王朝的兴象,受五行相克及"五德终始"宗教神学的制约,汉王朝停止了治河的行动。

又过了二十多年,黄河溃决在影响黄河两岸民生的同时,中断了黄河漕运,致使关中漕运陷入危机,这样一来,及时地恢复黄河漕运及治理黄河便成了头等大事。此时,汉武帝"改制度"的重要一环——登泰山封禅已完成⑤,由于改称"土德",以土克水的形势已经明朗,故治河及恢复黄河运道时完全可以不受以"水德"相称时的制约。元封二年(前109),汉武帝亲临现场指挥堵塞瓠子口。工程完工后,出现了"道河北行二渠,复禹旧迹,而梁、楚之地复宁,无水灾"⑥的局面。具体地讲,瓠子口被修缮后,不但改善了当地的农业生产条件,恢复了黄河漕运,而且在加强漕运的过程中掀起了兴修河渠的高潮。司马迁记载:"自是之后,用事者争言水利。朔方、西河、河西、酒泉皆引河及川谷以溉田;而关中辅渠、灵轵引堵水;汝南、九江引淮;东海引巨定;泰山下引汶水:皆穿渠为溉田,各万余顷。佗小渠披山通道者,不可胜言。"⑦"自是之后",指堵塞瓠子口以后。在"争言水利"的过程中,各自然经济地理区

---

① 汉·司马迁《史记·河渠书》,北京:中华书局1982年版,第1409页。
② 同①。
③ 详细论述参见张强《司马迁的通变观与五德终始说》,《南京师范大学学报》2005年第4期;张强《帝王思维与经学思维模式》,《南京师范大学文学院学报》2004年第2期;张强《论西汉前期的天人思想》,《河北师范大学学报》2001年第2期。
④ 汉·班固《汉书·礼乐志》,北京:中华书局1962年版,第1075页。
⑤ 详细论述参见张强《汉武帝与文治》,《江苏社会科学》1997年第6期;张强《帝王思维与阴阳五行思维模式》,《晋阳学刊》2001年第2期;张强《阴阳五行说的历史与宇宙生成模式》,《湖北大学学报》2001年第5期。
⑥ 同①,第1413页。
⑦ 同①,第1414页。

域在兴修河渠的过程中,加强了农田灌溉、改良土壤、排洪防涝等,建成了一批具有丰产、高产和稳产能力的粮食基地。

兴修有综合功能的河渠是西汉统治者一致的看法。如汉哀帝一朝,贾让曾用"通渠有三利,不通有三害"等语,充分肯定了汉武帝一朝以后河渠建设的成果,针对黄河水文变化及泛滥、改道等情况,强调了治河的重要性。从某种意义上讲,汉武帝兴修河渠的过程,实际上是重新认识和评估河渠作用及功能的过程。从关心漕运到关注河渠的灌溉功能等,汉武帝思想认识上的变化为在关中及其他地区全面进行河渠建设、发展农业和水上交通奠定了坚实的基础。可以说,贾让肯定了汉武帝以后兴修河渠的成果,在此基础上提出一系列的改进措施,对后世的河渠建设产生了深远的影响。

从形势上看,西汉王朝的政治中心虽然建在关中,但关东及黄河中下游地区一直是重要的农业经济区,这样一来,维护黄河这一漕运通道势必成为西汉统治者关心的大事。问题是,黄河流经黄土高原,每年向下游地区输送大量泥沙,特别是枯水季节水流放缓时,将会出现泥沙淤积河道不断抬高河床的情况。河床被抬高以后势必形成"悬河",在丰水季节发生决口和漫溢的情况,进而给漕运发展和农田灌溉带来极大的困难和危害。为了防止黄河决口和漫溢,西汉统治者采用了在关键航段建造石堤,加固堤防的措施。如汉哀帝时贾让根据实地考察的情况写道:"今堤防狭者去水数百步,远者数里。近黎阳南故大金堤,从河西西北行,至西山南头,乃折东,与东山相属。民居金堤东,为庐舍,(住)[往]十余岁更起堤,从东山南头直南与故大堤会。又内黄界中有泽,方数十里,环之有堤,往十余岁太守以赋民,民今起庐舍其中,此臣亲所见者也。东郡白马故大堤亦复重,民皆居其间。从黎阳北尽魏界,故大堤去河远者数十里,内亦数重,此皆前世所排也。河从河内北至黎阳为石堤,激使东抵东郡平刚;又为石堤,使西北抵黎阳、观下;又为石堤,使东北抵东郡津北;又为石堤,使西北抵魏郡昭阳;又为石堤,激使东北。"①这里虽主要叙述在黄河沿岸建造石堤的情况,但所述地区如黎阳、内黄等地皆为战国时期的魏地,魏国曾在这些地区整治鸿沟,因此所述亦涉及在黄河航线沿岸建造石堤的问题。从这样的角度看,在千里黄河沿线建造石堤可谓是汉王朝的一大壮举。

西汉是河渠及漕运通道建设史上的重要时期。总结这一时期河渠建设的特点,河渠建设虽然在不同的区域展开,但与提高不同区域的农业生产水平及加强漕运有密切的关系,主要表现在三个方面:一是西汉重点建设关中及相邻区域的河渠,表现出河渠建设沿黄河中下游地区展开的特点;二是黄河中下游地区是农业经济的发达地区,加强这一区域的河渠建设可以在发展农业、提高产出的过程中,最大限度地稳定专制王朝的政治秩序和经济秩序;三

---

① 汉·班固《汉书·沟洫志》,北京:中华书局1962年版,第1692—1693页。

是建设有漕运和灌溉等综合能力的河渠,可以有效地缩短漕运关中的距离。西汉时期,黄河中下游地区的农业经济发展水平明显高于江淮及其他地区。由于征收赋税需要农业经济的支撑,而就近建设有灌溉能力的河渠可以降低漕运成本,减少不必要的消耗,那么加强漕运势必从河渠建设入手。

褒斜水道

为了改变单一依靠关东漕运的局面,实现漕运的多元化,汉武帝一朝除了在关中兴修漕渠、治理黄河及恢复黄河漕运外,又在汉中兴修了褒斜水道。

褒斜水道是由汉中太守张卬具体负责开凿的。司马迁记载:"其后人有上书欲通褒斜道及漕事,下御史大夫张汤。汤问其事,因言:'抵蜀从故道,故道多坂,回远。今穿褒斜道,少坂,近四百里;而褒水通沔,斜水通渭,皆可以行船漕。漕从南阳上沔入褒,褒之绝水至斜,间百余里,以车转,从斜下下渭。如此,汉中之谷可致,山东从沔无限,便于砥柱之漕。且褒斜材木竹箭之饶,拟于巴蜀。'天子以为然,拜汤子卬为汉中守,发数万人作褒斜道五百余里。道果便近,而水湍石,不可漕。"①所谓"褒水通沔,斜水通渭,皆可以行船漕",是指褒水通沔水(汉水),斜水通渭水,两条水道都有进行漕运的基础。所谓"漕从南阳上沔入褒,褒之绝水至斜",是指可将沔水流域的南阳(在今河南南阳)等地纳入漕运范围。因这些水道本身有一定的漕运能力,如果加以修整则可以提高运输能力,建立一条自沔水入褒水,自褒水上游入斜水,随后自斜水入渭水直通关中及长安的通道。具体地讲,发源于衙岭山(旧时也写作"衙领山",在今陕西武功境内)的褒水和斜水其上游只有一道平缓的山坡即五里坡,只要翻越五里坡便可从斜水入褒水,随后沿褒谷顺流而下,随后出谷口入沔抵汉中。

从理论上讲,沿秦岭中的斜谷和褒谷开辟一条自关中沿斜水经褒水至汉中的漕转路线是可行的。班固记载:"斜水出衙领山北,至郿入渭。褒水亦出衙领,至南郑入沔。有垂山、斜水、(淮)[褒]水祠三所。"②渭水的支流斜水和沔水的支流褒水,以衙岭山为分水岭,形成南北两个流向。褒水自衙岭山沿褒谷西行至太白县嘴头镇后,向南经白云、江口、柳川、南河、武关河、铁佛店、马道、青桥驿、褒姒铺、将军铺等地出谷口入汉水抵汉中;斜水自衙岭山沿斜谷向东至桃川以东的老爷岭,北经鹦鸽抵斜峪关出谷口,随后经武功、五丈原等地入渭水抵关中及长安。

褒水和斜水在秦岭中穿行,起伏不定,水位落差极大,遂给漕运带来了困难。以衙岭山为最高点,褒水至汉中的高程为一千五百多米,由于沿途水位的落差太大,故需要开凿褒斜道,为拉纤服务。胡渭论述道:"以今舆地言之,褒谷口在褒城县北十里,斜谷口在郿县四南

---

① 汉·司马迁《史记·河渠书》,北京:中华书局1982年版,第1411页。
② 汉·班固《汉书·地理志上》,北京:中华书局1962年版,第1547页。

三十里。褒水自衙岭南流,经褒城县东,又南入于汉。斜水自衙岭北流,经郿县东,又东北入于渭。褒之流长,而斜之流短,两谷高峻,中间褒水所经,皆穴山架木而行,名曰连云栈。陆贽所云'缘侧径于岭岩,缀危栈于绝壁'者也。"①从表面上看,开凿褒斜道似与漕运无关,其实不然,开凿这一栈道与漕运时方便拉纤有密切的联系。

从文献记载的情况看,开凿褒斜水道的最初构想是,以汉中为联系沔水及长江流域的航段节点,打通自汉中联系江汉平原的航线。这条通道以南阳为联系沔水和长江的起点,中经沔水可以进入褒水,在褒水与斜水的分水岭衙岭山搬转后入斜水,随后自斜水顺流而下进入渭水,再从渭水入关中及长安。如果这条富有战略意义的航线顺利开通并投入使用,不但可以将漕运扩展到汉水及长江流域,深入巴蜀腹地,建立一条自汉中经南阳、远及长江沿岸的大通道,还可以改变汉王朝已有的交通面貌,摆脱关中及长安粮食安全完全依赖关东的单一局面,实现漕运关中多元化的目标,为稳定关中及长安的政治秩序和经济秩序服务。遗憾的是,这一漕运通道虽然"道果便近",终因水位落差大、水流太急无法漕运,无法达到预期的目标。

龙首渠、六辅渠、灵轵渠

司马迁有"其后漕稍多,而渠下之民颇得以溉田矣"②等语,是说开漕渠以后,汉武帝开挖了多条有漕运及灌溉功能的河渠。这些河渠开挖后,改造了关中及相邻区域的农田,提高其农业产出,缩短了漕运补给线。

关中是汉武帝一朝农田水利建设的重点区域,在这一区域兴修的河渠有龙首渠、富民渠、昆明渠、郑国渠、白渠、六辅渠、灵轵渠、成国渠、沣渠等。河东与关中相邻,汉武帝在这一区域兴修了河东渠。兴修河东渠以后,就地屯田、就近运粮渡河入关中,在一定程度上解除了漕运必经三门峡时所遇的风险。进而言之,关中及河东河渠开挖后,在扩大农田灌溉面积及提高农业产量的同时,提高了关中粮食的自给能力,缩短了从关东调粮的路程,降低了高昂的运输成本。

汉武帝一朝关中的河渠建设是从兴修临晋龙首渠开始的。司马迁记载:"其后庄熊罴言:'临晋民愿穿洛以溉重泉以东万余顷故卤地。诚得水,可令亩十石。'于是为发卒万余人穿渠,自征引洛水至商颜山下。岸善崩,乃凿井,深者四十余丈。往往为井,井下相通行水。水颓以绝商颜,东至山岭十余里间。井渠之生自此始。穿渠得龙骨,故名曰龙首渠。作之十余岁,渠颇通,犹未得其饶。"③本来,盐碱地因无法产粮很少有人居住,但引水灌溉变成良田

---

① 清·胡渭《禹贡锥指》(邹逸麟整理),上海:上海古籍出版社2006年版,第294—295页。
② 汉·司马迁《史记·河渠书》,北京:中华书局1982年版,第1411页。
③ 同②,第1412页。

后,便成为人口居住和活动的密集区域。兴修龙首渠时,采用了凿井相通的办法,这一富有创造性的引水工程与吐鲁番地区的坎儿井似有异曲同工之妙。龙首渠兴修后虽然没能达到预期的灌溉效果,但在一定程度上提高了当地的农业生产水平。

元鼎六年(前111),汉武帝采纳儿宽的建议,在郑国渠上游的南岸开挖了六条支渠即六辅渠,故史有"六辅渠"或"辅渠"之称。史称:"宽表奏开六辅渠,定水令以广溉田。收租税,时裁阔狭,与民相假贷,以故租多不入。后有军发,左内史以负租课殿,当免。民闻当免,皆恐失之,大家牛车,小家担负,输租襁属不绝,课更以最。"①从"后有军发"等语中不难发现,兴修六辅渠与省漕及支援西北战事紧密地联系在一起。在兴修六辅渠的过程中,儿宽有整治郑国渠的举措。《汉书·沟洫志》云:"自郑国渠起,至元鼎六年,百三十六岁,而儿宽为左内史,奏请穿凿六辅渠,以益溉郑国傍高卬之田。"②颜师古注:"在郑国渠之里,今尚谓之辅渠,亦曰六渠也。"③六辅渠开挖后,将郑国渠的灌溉面积扩大到淳化(在今陕西咸阳淳化)西南及泾阳(在今陕西咸阳泾阳)西北。

灵轵渠主要灌溉盩厔(在今陕西西安周至)及周边地区的农田,韦渠主要灌溉扶风(在今陕西宝鸡扶风)和郿县(在今陕西宝鸡眉县)等地的农田,如班固指出:"盩厔,有长杨宫,有射熊馆,秦昭王起。灵轵渠,武帝穿也。"④胡渭注渭水"又东南径扶风县西南、郿县北"语时,有"扶风在府东南一百十里。水去县二十里有韦渠。郿县在府东南一百四十里,水去县三里"之说⑤。灵轵渠和韦渠均在渭水沿岸,在利用渭水的过程中,扩大了灌溉面积。

河东渠道的建设

粮食安全涉及西汉政权稳定和打击匈奴等大事,因而在兴修关中河渠、提高其农业产出的同时,汉武帝又重点兴修了河东渠道,在开垦滩涂、建设农田的过程中,试图扩大关中及长安的粮食供应通道。河东指黄河流经山西和陕西之间时,在两岸高山的制约下,经此呈南北流向,此后,流经陕西东部、山西南部和河南西部时又由南北走向转折为东西走向,由于黄河经山西南部时与黄河以西的关中相望,故时有"河东"之称。

自汉武帝扩大漕运规模后,河东太守提出了在河东兴修河渠、改造河边滩涂的建议。河东渠道引水涉及两个方面:一是引汾水灌溉皮氏(在今山西河津西)、汾阴(在今山西万荣西南)境内的农田;二是引黄河水灌溉汾阴、蒲坂(在今山西永济西南)。进而言之,河东渠道主要以黄河及黄河一级支流汾水等为补给水源。此外,在开渠的过程中,通过构筑堤坝,将

---

① 汉·班固《汉书·公孙弘卜式儿宽传》,北京:中华书局1962年版,第2630页。
② 汉·班固《汉书·沟洫志》,北京:中华书局1962年版,第1685页。
③ 同①。
④ 同②,第1547页。
⑤ 清·胡渭《禹贡锥指》(邹逸麟整理),上海:上海古籍出版社2006年版,第627页。

河堧之地即滩涂改造为良田。在河东开挖河渠的目的是建造"渠田",将产出的粮食沿汾水北渡黄河入渭水,经漕渠运入关中及长安。胡渭论述道:"厎柱之险不减于龙门,自古患之。汉武帝时,河东守番系言漕从山东西,岁百余万石,更厎柱之艰,败亡甚多。"[1]在河东兴修河渠,建立屯垦区,扩大农田灌溉面积,可缩短漕运补给线,避开三门峡天险,减少漕运中的损耗。

遗憾的是,几年后,黄河向东迁徙,大部分渠田被淹没,河东屯垦区陷入被毁灭的危险境地。史称"数岁,河移徙,渠不利,则田者不能偿种。久之,河东渠田废,予越人,令少府以为稍入。"[2]在安置移民的过程中,汉武帝将河东的渠田给予了越人。少府为汉代九卿,主要掌管山海地泽收入和皇家手工业制造等。从"令少府以为稍入"中可知,在河东安置越人后,渠田得到了部分的恢复。

在河东营造渠田虽因黄河改道出现了"渠不利"的情况,没能收到预期的效果,但在加强渠田建设的过程建成了自河东入黄河的漕运通道。这条漕运通道建成后,改善了自黄河东岸至河西即关中的漕运条件,河东渠渡河后与关中漕渠相接,可将河东生产的粮食等运入关中。河东本身有汾水航线,沿汾水航线可深入三晋腹地,如春秋时秦国兴"泛舟之役"运粮至晋国,就是以汾水航线为运粮通道的。兴修河东渠除了可以改造荒滩进行屯垦外,还可以打通汾水航线,将漕运范围扩展到河东以外的上党、太原等地,从这样的角度看,汉武帝一朝兴修河东渠有着特殊的意义。

需要强调的是,在关中及河东兴修有灌溉能力的河渠,是汉武帝讲究"漕运之法"及缩短漕运里程、提高效率等的重要举措。当关中生产的粮食等满足不了日益增长的需要时,当从关东运往关中的漕运量越来越大时,及时开辟新的粮食基地,改变单纯地依靠关东漕运的局面,缩短漕运距离,减少漕运损耗无疑是积极的。

白渠、郑国渠

白渠始修于汉武帝一朝,是一条具有漕运能力的关中河渠。因文献缺载,且受到后人的忽视,有必要做专门的澄清。

始元六年(前81),汉昭帝召开盐铁会议。时至汉宣帝一朝,桓宽根据保留下来的历史档案将其整理为《盐铁论》一书。在这部著作中留下了"泾、渭造渠以通漕运"[3]等语,如以司马迁"其后漕稍多"[4]为参照,当知关中漕运不仅仅有漕渠,可能还有其他的河渠通漕。

---

[1] 清·胡渭《禹贡锥指》(邹逸麟整理),上海:上海古籍出版社2006年版,第446页。
[2] 汉·司马迁《史记·河渠书》,北京:中华书局1982年版,第1410页。
[3] 汉·桓宽《盐铁论·刺复》,王利器《盐铁论校注》,北京:中华书局1992年版,第132页。
[4] 同②,第1411页。

这里需要提出的问题是,如果说漕渠是在渭水河道及以渭水为补给水源的基础上"造渠以通漕运"的话,那么,以泾水为补给水源"造渠以通漕运"应指哪些河渠呢?我们的结论是:应与白渠及郑国渠有关。具体地讲,汉武帝一朝在关中兴修或重修的河渠有郑当时所修漕渠和龙首渠、郑国渠、白渠、六辅渠、灵轵渠、成国渠、韦渠、富民渠、昆明渠等。

这些河渠可分为两大类:一类是只有灌溉能力的河渠,另一类是有灌溉和漕运等综合能力的河渠。胡渭论述道:"关中引水溉田,自郑国渠始。及汉武时用郑当时言,穿渠引渭以漕,且溉南山下。用番系言,引汾溉皮氏、汾阴下,引河溉汾阴、蒲坂下。又用严熊言,引洛溉重泉以东,为龙首渠。宣房既塞,用事者益争言水利,朔方、西河、河西酒泉皆引河及川谷以溉田,关中则有灵轵渠、成国渠、湋渠、六辅渠、白渠,皆溉田各万余顷。它小渠及陂山通道者,不可胜言。"①这些河渠或为发展关中漕运而建,或为改善农业生产环境及提高农田灌溉水平而建。其中,郑当时所修漕渠和成国渠主要以渭水为补给水源,龙首渠、灵轵渠、韦渠、富民渠、昆明渠等分别以渭水、洛水、灞水、浐水、沣水、潏水等为补给水源。这些河渠兴修在不同的地点,且有不同的补给水源,均未与泾水发生联系。

在关中以泾水为补给水源的河渠有两个:一是秦统一六国前兴修的郑国渠,二是汉代白公兴修的白渠。考察司马迁、班固列举的汉代关中河渠,其中以泾水为主要补给水源的只有白渠。此外,间接以泾水为补给水源的有儿宽兴修的六辅渠。问题是,在灌溉能力有限的前提下,怎样才能"益溉郑国傍高卬之田"呢?唯一的选择是在兴修六辅渠时重修郑国渠,增加引入郑国渠的水源。这样一来,"泾、渭造渠以通漕运"的河渠只能是郑当时所修漕渠和成国渠、白渠以及重修后的郑国渠。进而言之,漕渠、成国渠等因渭通漕②,故以泾水"造渠以通漕运"的只能是白渠和郑国渠。

太始二年(前95),白公兴修白渠的主张再次提出后得到汉武帝的批准并付诸实施。白渠兴修后改善了从谷口(在今陕西礼泉东北)到栎阳(在今陕西临潼东北)一带的农业生产条件,通过改旱田为水浇田提高了当地的农业产量。

郑国渠又称"泾渠",在白渠的北面,两渠相邻且相通,后人常将两渠合在一起,以"郑白渠"相称。考察白渠的漕运能力,首先要从郑国渠说起。郑国渠是秦统一六国以前,由韩国水工郑国开挖的灌溉渠。这条河渠自泾水北岸引水,行经三百余里,东注洛水,建成后有力地促进了关中农业的发展。《史记·河渠书》云:"而韩闻秦之好兴事,欲罢之,毋令东伐,乃使水工郑国间说秦,令凿泾水自中山西邸瓠口为渠,并北山东注洛三百余里,欲以溉田。中作而觉,秦欲杀郑国。郑国曰:'始臣为间,然渠成亦秦之利也。'秦以为然,卒使就渠。渠就,用注填阏之水,溉泽卤之地四万余顷,收皆亩一钟。于是关中为沃野,无凶年,秦以富强,卒

---

① 清·胡渭《禹贡锥指》(邹逸麟整理),上海:上海古籍出版社2006年版,第442页。
② 按:因以渭水为主要补给水源的成国渠不涉及泾水"造渠以通漕运",故放到后面再进行讨论。

并诸侯,因命曰郑国渠。"①郑国渠的渠首在仲山谷口即汉县池阳。起初,韩国水利专家郑国入秦修渠的目的是耗费秦国的国力,防止秦国向东侵犯韩国。但其实际效果是,郑国渠扩大了水浇面积,利用泾水挟带下来的肥沃泥土改造了灌区的土壤结构,增加了四万多顷的良田,为关中成为"天府之国"奠定了坚实的基础,为秦国发动统一六国的战争提供了粮食及物质保障。因此,秦人虽然发现了郑国的企图,然而,当郑国以"渠成亦秦之利"进行辩解时,秦人也认识到了兴修郑国渠的重要性。而后世在旧渠的基础上"立陡门以均水",已改变了郑国渠、白渠等的原本面貌。尽管如此,关中开渠引水以泾水为主却是不争的事实。

经过汉代的改造,郑国渠不但扩大了农田的灌溉面积,而且有了一定的漕运基础。中华人民共和国成立后,陕西的考古工作者在郑国渠遗址进行了考察,通过调查、取样等对郑国渠的面貌有了初步的了解和把握。黄盛璋先生注引《历代泾渠名称》碑文时指出:"按郑国渠故道,代远年湮,久不可考,今所存者,惠民桥西有大渠口一道,宽十六丈,下流无路可寻,当是郑国昔引泾渠口,所谓中山西邸瓠口,古迹宛然,故竖碑记,以资考据者证焉。"②从渠口"宽十六丈"等情况看,郑国渠应该具备潜在的水上交通运输能力。然而,黄盛璋先生叙述这一考古成果时用不太肯定的叙述方式,表达了存疑的态度。

在兴修六辅渠的过程中,儿宽对郑国渠进行了改造,通过引入新的补给水源,建造了"宽十六丈"的引水渠口。郑国渠长三百多里,主要的水源来自泾水,泾水和渭水虽然同为黄河的支流,但关中航段的河流只有渭水有航运能力③。进而言之,泾水是季节性河流,丰水期和枯水期明显,丰水期流量大增,可以为郑国渠提供丰富的水源;枯水期河道干浅,可补入郑国渠的水量有限。因此,郑国渠可能存在的航运能力受到一定程度的限制,故后世多不关注。

不过,儿宽兴修六辅渠时,扩大了郑国渠的补给水源,为郑国渠通航奠定了基础。进而言之,郑国渠初具漕运能力,是在兴修六辅渠扩大水源的过程中形成的。根据郦道元《水经注》等文献的记载,黄盛璋先生描绘了郑国渠行经的路线:"大致是从泾阳西北仲山西抵瓠口凿引泾水,向东经过宜秋城(泾阳县北)、池阳故城(泾阳县东北二十八里,三原县西北二十里)的北面,横绝冶谷跟清谷水,再往东汇合浊水,利用了浊水一段路,又经过曲梁城北面,会合沮水(石川河),即循着沮水的道路经莲勺故城(渭南县北七十里)、汉光武故城、粟邑故城(白水县东北)的北面,东注入洛水。"④古今水文多有变化,因而黄盛璋先生描述的这一线路,实际上叙述的是郑国渠从汉代到北魏时的情况。

---

① 汉·司马迁《史记·河渠书》,北京:中华书局1982年版,第1408页。
② 黄盛璋《历史地理论集·关中农田水利的历史发展及其成就》,北京:人民出版社1982年版,第114页。
③ 黄盛璋《历史地理论集·历史上的渭河水运》,北京:人民出版社1982年版,第147—173页。
④ 同②,第113—114页。

经过儿宽的改造,郑国渠初步具备了漕运能力。稍后,白公修白渠,亦将发展漕运纳入其中。为了充分地说明这一问题,现考述如下。

其一,所谓"泾、渭造渠以通漕运",是说汉武帝一朝在兴修和改建河渠的过程中,以渭水为主要补给水源的漕渠有了漕运能力,以泾水为主要补给水源的郑国渠和白渠具有了一定的漕运能力。北魏薄骨律镇将刁雍上表朝廷时有"臣闻郑、白之渠,远引淮海之粟,溯流数千"①等语,当知在泾水上"造渠以通漕运"是指利用郑国渠和白渠等发展关中漕运。

其二,郑国渠和白渠"通漕运"的先决条件,是有丰富的补给水源。从郑国渠"溉泽卤之地四万余顷"和白渠"溉田四千五百余顷"的情况看,当时的泾水流量充沛,可以为两渠提供丰富的水资源。更重要的是,儿宽改造郑国渠和白公建白渠以后,扩大了两渠的补给水源,出现了沮水、漆水、浊水、沣水等入渠的情况,增加了主渠道的流量,遂为借用郑国渠、白渠发展关中漕运奠定了坚实的基础。

其三,郑国渠和白渠引入不同的补给水源后,抬高了水位,为两渠发展关中漕运创造了必要的条件。具体地讲,两渠与渭水相通,因渭水有漕运能力,两渠与渭水相通后扩大了关中的漕运范围。史称:"今量得郑渠口至水面计高五十余尺,白渠口至水面计高一丈一尺,相悬如此,虽欲不改不可得也。"②这一记载是在描述明代的水文和地理,不同时代的水文虽有变化,但更重要的是相互之间一向有继承性,因此,完全可以由此可反观汉代郑国渠和白渠开渠的情况。取水口高悬于渠口,表明受地理条件的限制,两者之间存在着很大的落差。因水位落差大,为了防止漫溢,需要拓宽、拓深下流的渠道。拓宽、拓深渠道后,势必为发展漕运创造必要的条件。通过考证关中水文与郑国渠和白渠的关系可知汉代以前郑国渠和白渠的水文情况:一是郑国渠、白渠在引泾水入渠的同时,又引入其他的河流,丰富了两渠水源结构,提高了主渠道水位,从而为两渠发展漕运创造了必要的条件;二是关中水系以渭水为主。经过汉代的改造,郑国渠和白渠开渠后,再次与渭水相会,从而开辟了入渭的新道,为以两渠干道为航线发展漕运提供了必要的先决条件。

其四,汉代的郑国渠和白渠均是有灌溉和漕运等综合功能的河渠。史家叙述郑国渠和白渠的情况时,有不同的侧重点,有的强调了灌溉功能,有的强调了漕运功能。史家在叙述秦时郑国兴修郑国渠、汉时白公兴修白渠时,均重点强调了兴修两渠的目的是"溉田"。客观地讲,白渠一直是关中的重要漕运通道,如史有"子仪使其将仆固怀恩、王仲升、浑释之、李若

---

① 北齐·魏收《魏书·刁雍传》,北京:中华书局1974年版,第868页。
② 清·刘于义、沈青崖等《陕西通志·水利一》,《四库全书》第553册,上海:上海古籍出版社1987年版,第286页。

幽等伏兵击之于白渠留运桥,杀伤略尽,归仁游水而逸"①之说,又有"留运桥在县北大白渠上,久废(《县志》)。唐至德二载郭子仪及贼将李归仁战于留运桥败之"②之说,据此可知,唐代的白渠是有漕运能力的。通过开渠引泾,郑国渠和白渠形成串联之势;通过引水提高渠道的水位,从而使两渠具备了水运能力,并增加了关中的漕运航程。

其五,泾水是关中可季节性通航的河流,郑国渠和白渠的水源主要来自泾水。朱鹤龄记载:"夏允彝曰:泾、渭、灞、浐、沣、镐、涝、潏为关中八水,而溉田之利,得之泾水为多。"③泾水注入洛水和渭水。郑国渠和白渠相接,并与渭水相通。史称:"坚治汉、隋运渠,起关门,抵长安,通山东租赋。乃绝灞、浐,并渭而东,至永丰仓与渭合。"④所谓"坚治汉、隋运渠",是指韦坚在汉代、隋代旧渠的基础上重开漕运通道。唐代的关中漕运主要继承了隋代的成果,隋代主要继承了汉代的成果,在这些成果中,自然应包括汉代重修的郑国渠和新修的白渠,由此反推,汉代重修郑国渠及兴修白渠以后,郑国渠的主干渠及白渠是有漕运能力的。

其六,白渠与漕渠、郑国渠相通,同时又与渭水交汇,这些河渠与渭水相通后,进一步扩大了关中漕运的范围。史有白渠"首起谷口,尾入栎阳,注渭中,袤二百里"之说,按照这一说法,长达二百里的白渠行至栎阳与渭水相连。白渠行经的基本路线是,自池阳至泾阳,随后至云阳县(在今陕西淳化县西北)与郑国渠交汇,东流入渭。入渭水航线后,沿渭水可抵达华阴,随后自渭口入黄河。如隋代在华阴建永丰仓(广通仓),负责接纳关东的漕粮,隐约透露了经渭水入白渠进入关中腹地的信息。自郑国渠、白渠可进入泾水,经泾水入渭水,可抵达华阴永丰仓,并在永丰仓附近与黄河相接。泾水与郑国渠、白渠相通并与郑当时所修漕渠等串联在一起,扩大了关中的漕运范围。

其七,郑国渠和白渠的河道十分宽阔。关于这点,完全可以从郑国渠的渠首工程建设中找到线索。郑国渠在谷口一带的渠首工程,主要由渠首大坝和引水干渠两大工程构成⑤。如在实地调查郑国渠渠首大坝的基础上,赵荣、秦建明论述道:"在今泾阳县王桥乡上然村北,有一座东起泾河东岸木梳湾村南尖嘴,西至泾河西岸湾里王村南的大坝遗迹。该坝今残长1800多米、顶宽约10米、底宽150多米,距地表残高5—6米。"⑥与此同时,在勘查及发掘的过程中,在谷口下游木梳湾村西南二里的黑石湾附近发现了郑国渠引水干渠遗迹,秦中行

---

① 宋·司马光《资治通鉴·唐纪三十五》(邬国义校点),上海:上海古籍出版社1997年版,第2030页。
② 清·刘于义、沈青崖等《陕西通志·关梁一》,《四库全书》第551册,上海:上海古籍出版社1987年版,第817页。
③ 清·朱鹤龄《禹贡长笺》,《四库全书》第67册,上海:上海古籍出版社1987年版,第132页。
④ 宋·欧阳修《新唐书·食货志三》,北京:中华书局1975年版,第1367页。
⑤ 秦建明、杨政、赵荣《陕西泾阳县秦郑国渠首拦河坝工程遗址调查》,《考古》2006年第4期。
⑥ 赵荣、秦建明《秦郑国渠大坝的发现与渠首建筑特征》,《西北大学学报》(自然科学版)1987年第1期。

叙述道:"干渠故道宽24.5米、渠堤高3米、深约10米。"①这些情况表明,郑国渠引水干渠除了有灌溉功能外,因有一定的宽度和深度,同时具备漕运的基本条件。同样的道理,白渠宽约五丈,亦具有发展漕运的基本条件。

郑国渠和白渠等河渠兼有漕运、农田灌溉、改良土壤、排洪防涝等功能,促进了这一区域农业的发展和社会经济的繁荣,在此基础上,引起了行政区划的变化,如泾阳、三原等旧属池阳,有灌溉功能的郑国渠和白渠带动了当地农业经济的发展,其后析旧县、建新县,在池阳的基础上出现了泾阳、三原等新的县级建制。这些情况表明,兴修具有综合功能的河渠,对发展当地的农业和进行政区建设有着非同寻常的意义。更重要的是,经过有目的、有计划的改造,郑国渠和白渠在挖掘了关中农业潜力的同时,极大地方便了漕运即运兵运粮,从而提升了关中的防务能力。

综上所述,经过整治和改造的郑国渠和新修的白渠已初步具备漕运能力,两渠在与郑当时所修漕渠相接相通的过程中,进一步扩大了关中的漕运范围。具体地讲,重修后的郑国渠和新修的白渠实现互通主要有三个方面的意义:一是提高了这一区域的农田灌溉水平,为建设关中粮仓铺平了道路;二是因两渠同时具有灌溉、排洪防涝、改造土壤、水运等综合性的功能,在安定民生的同时,在一定程度上降低了关中运粮的成本;三是汉武帝为加强西北防御及打击匈奴,需要"岁漕关东谷四百万斛以给京师,用卒六万人"②以上,关中的农业产出增加后,降低了关中漕运依赖关东的程度。

成国渠

成国渠始建于汉武帝一朝,开渠的最初目的是发展相关区域的农业。史称:"自是之后,用事者争言水利。……而关中灵轵、成国、湋渠引诸川……皆穿渠为溉田,各万余顷。"③所谓"自是",是指郑当时、徐伯兴修漕渠以后,关中出现了兴修河渠的高潮。

成国渠是一条自关中西部联系关中东部的河渠。汉代以后,成国渠曾两度重修:一次在曹魏时期,一次在唐代。一般认为,成国渠经过唐王朝的重修始有漕运能力。那么,汉武帝一朝及西汉时期的成国渠是否有漕运能力?由于文献缺载,对此,需要进行专门的讨论。

其一,成国渠沿途有丰富的补给水源,如在以渭水为主要补给水源的过程中,成国渠又有沣水、滈水、甘水、涝水等先后补入。这些河流从不同的地点补入以后,抬高了成国渠的水位,为其发展漕运创造了必要的条件。班固记载:"酆水出东南,又有滈水,皆北过上林苑入

---

① 秦中行《秦郑国渠渠首遗址调查记》,《文物》1974年第7期。
② 汉·班固《汉书·食货志上》,北京:中华书局1962年版,第1141页。
③ 汉·班固《汉书·沟洫志》,北京:中华书局1962年版,第1685页。

渭。……郿，成国渠首受渭，东北至上林入蒙笼渠。"①在沣水、潏水等汇入渭水后，成国渠又在甘水、涝水等汇入渭水的不远处接受渭水，这一地点距离长安县不远。更重要的是，沣水的流量十分充沛，且河面宽阔，应该是可以进行漕运的。如顾祖禹论述陈瑄开吕梁洪通漕的情况时记载："宣德初以漕舟艰阻，陈瑄议于旧河西岸凿渠，深二尺，阔五丈，夏秋有水，可以行舟。"②吕梁洪是京杭大运河徐州段的重要节点，无论是宽度和深度均不如沣水。以此为参照，可证沣水是有漕运能力的。在此基础上考察渭水补入成国渠的情况，当知渭水入成国渠，渠口需要一定的宽度和深度，否则取渭水等入渠以后将会发生决堤、漫溢等恶性事件。从这样的角度看，汉代兴修的成国渠已具备潜在的漕运能力。

其二，上林苑昆明池与成国渠相接，元狩三年，汉武帝在秦离宫的基础上兴修上林苑，开昆明池。汉武帝开挖昆明池的目的是训练水师，水师自昆明池可入渭水。史称："元狩三年夏，大旱。是岁发天下故吏伐棘上林，穿昆明池。"③昆明池开挖时正值大旱，在这种情况下，昆明池尚可获得充足的补给水源，当知汉武帝一朝关中的水资源十分丰富。关中地区的河流大部分属于黄河水系的分支渭水水系，注入昆明池的河流或为渭水或为渭水支流。因成国渠多处与渭水相接，自然有通漕的能力。

其三，在开挖的过程中，成国渠与蒙笼渠（蒙茏渠）形成了特殊的关系，蒙笼渠沿途有丰富的水资源补入，为可能存在的漕运条件奠定了基础。蒙笼渠又称"灵轵渠""成林渠"。今本《水经注·渭水下》云："县北有蒙茏渠，上承渭水于郿县东，径武功县为成林渠。东径县北，亦曰灵轵渠，《河渠书》以为引堵水，徐广曰：一作诸川，是也。"④所谓"县北"，是指在盩厔县（在今陕西周至）北。盩厔，汉武帝太初元年（前104）建县。检索文献，关中河流中没有"堵水"，故"堵水"应是"诸水"之误。徐广称"一作'诸川'"，这一说法从一个侧面说明了兴修时蒙笼渠时，引入了丰富的水资源。乐史记载："成国渠，在县东北九里，至上林入蒙笼渠。"⑤蒙笼渠东行时与成国渠及渭水多次相交：一是蒙笼渠"上承渭水于郿县东"，与成国渠相通；二是蒙笼渠自盩厔县再度引渭水，形成多次与渭水相交的势态；三是蒙笼渠的武功航段改称"成林渠""灵轵渠"以后，至上林苑再度与成国渠相通。根据这一情况，以渭水为主要补给水源的成国渠因有丰富的补给水源，应有一定的漕运能力。起码说，与昆明池相接的蒙笼渠行船当不成问题。

---

① 汉·班固《汉书·地理志上》，北京：中华书局1962年版，第1547页。
② 清·顾祖禹《读史方舆纪要·南直十一》第3册（贺次君、施和金点校），北京：中华书局2005年版，第1395页。
③ 汉·班固《汉书·五行志中上》，北京：中华书局1962年版，第1392页。
④ 北魏·郦道元《水经注·渭水下》，《水经注疏》中册（杨守敬、熊会贞疏，段熙仲点校，陈桥驿复校），南京：江苏古籍出版社1989年版，第1552—1553页。
⑤ 宋·乐史《太平寰宇记·关西道六》（王文楚等点校），北京：中华书局2007年版，第638页。

其四，汉武帝一朝，环绕长安的关中八水有着不同的漕运能力，有的可全年通航，有的可季节性通航。成国渠沿途有丰富的水资源补入，可以确保渠道不会出现干浅的情况。具体地讲，成国渠数次与渭水相遇，并在郿县、槐里、咸阳、上林苑等地多次与关中八水汇集。此外，元狩三年秋汉武帝曾有"发谪吏穿昆明池"①之举，昆明池是汉武帝训练水师的地方，自然有漕运能力，与此同时，昆明池又与关中八水相通。从这样的角度看，成国渠应有潜在的或阶段性的漕运能力。进而言之，唐代在汉代成国渠的基础上兴修有漕运能力的升原渠，之所以能迅速地将其建成有漕运功能的河渠，与汉代成国渠具有一定的漕运基础密不可分。

其五，时至东汉，已有成国渠有漕运能力的记载。如汉顺帝永建四年（129），虞诩在给朝廷的奏疏中有关中"因渠以溉，水春河漕。用功省少，而军粮饶足"②等语，又如杜佑诠释"水春河漕"时，有"水春即水碓也。河漕，通船运也"③之说。按照这一说法，东汉时成国渠有漕运能力当不成问题。关于这点，王应麟进一步考证道："《黄图》：汉圆丘，在昆明故渠南。《水经注》：渭水东合昆明故渠。《后·西羌传》虞诩曰：雍州厥田惟上，因渠以溉，水春河漕，用功省，而军粮足。《后纪》：和帝永元十年三月壬戌诏曰：堤防、沟渠所以顺地理通利、壅塞，刺史二千石其随宜疏导。安帝元初二年二月辛酉诏：三辅、河内、河东、上党、赵国、太原，各修理旧渠，通利水道，以溉公私田畴。"④如果将"水春河漕"与此语对照，当知在永建四年以前成国渠已有漕运的历史。遗憾的是，检索文献，不见东汉重修成国渠的记载，这一情况表明，成国渠有漕运能力的上限可进一步上推，很可能在汉武帝时期成国渠已有一定的漕运能力，只是其漕运能力不强，属于季节线航线，因此被后世忽视。尽管如此，虞诩的奏疏完全可以将成国渠具有漕运能力的时间提前，同时也表明成国渠是一条集漕运和灌溉等功能于一体的河渠，这条河渠建成以后，极大地丰富了关中的漕运体系，从而将关中的漕运范围向关中西部拓展。

第三节　西汉屯田及漕运之法

汉武帝一朝奉行全面开拓疆土的战略。史称："其后汉将岁以数万骑出击胡，及车骑将军卫青取匈奴河南地，筑朔方。当是时，汉通西南夷道，作者数万人，千里负担馈粮，率十余钟致一石，散币于邛僰以集之。数岁道不通，蛮夷因以数攻，吏发兵诛之。悉巴蜀租赋不足

---

① 汉·班固《汉书·武帝纪》，北京：中华书局1962年版，第177页。
② 刘宋·范晔《后汉书·西羌传》，北京：中华书局1965年版，第2893页。
③ 唐·杜佑《通典·边防五》，杭州：浙江古籍出版社1988年版，第1015页。
④ 宋·王应麟《玉海·地理》，南京：江苏古籍出版社1990年版，第418页。

以更之,乃募豪民田南夷,入粟县官,而内受钱于都内。东至沧海之郡,人徒之费拟于南夷。又兴十万余人筑卫朔方,转漕甚辽远,自山东咸被其劳,费数十百巨万,府库益虚。乃募民能入奴婢得以终身复,为郎增秩,及入羊为郎,始于此。"①战争扩大了漕运需求,为了达成"兵可不费中国而粮食自足"②的目标,汉武帝采取不同的屯田措施,试图通过在边地或新开拓的疆土屯田可以减轻漕运负担,减少内地的赋税征收,通过及时地调运粮草,支持旷日持久的战争。屯田有民屯和军屯等形式,民屯是在移民实边的过程中实现的,军屯是在军队戍边时就地屯垦的过程中实现的。两种屯垦方式交织在一起,巩固了开拓疆土及建立边郡时的成果,在一定的程度上解决了征伐大军的粮草供应不足的问题,减轻了千里漕运及赋税征收的压力。不过,边郡初建时期,边疆政局不稳,民屯和军屯受到限制,征伐大军的粮草供给主要依靠漕运。

征和二年(前91),汉武帝下"轮台罪己诏",不再大规模地征伐匈奴及收缩战线以后,匈奴在西域的势力再度崛起。这一时期,在匈奴的游说和武力威胁下,西域各国出现与匈奴结盟的势头,与此同时,匈奴鼓动河西诸羌反叛,在给河西四郡带来威胁的同时,影响到关中的稳定。根据这一形势,汉昭帝登基后,在重点打击匈奴的同时,采取措施分化瓦解匈奴与诸羌之间的结盟。在这中间,一是重点经营河西,通过屯戍来稳定朔方、西河和河西等边郡的社会秩序;二是采用桑弘羊之法,在西域重新建立屯垦秩序。

西域屯田以军屯为主,汉昭帝元凤四年(前77)发生的两件事特别值得关注。一是遣送扜弥国质子归国并继承王位,以新王充当屯田校尉,将扜弥(在今新疆于田县)一带的屯田事务归属中央;二是傅介子入西域,令随从诛杀与匈奴交好的楼兰王,扶植亲汉的楼兰国即鄯善国新王尉屠耆。随后,出于自身安全上的考虑,尉屠耆邀汉军入伊循城(在今新疆若羌东米兰一带)屯戍。以这两个事件为转折点,西汉扩大了西域屯戍范围,揭开了全面经营西域的序幕,同时为汉宣帝神爵二年(前60)建立西域都护府提供了先决条件。

设西域都护府是西汉经营西域的转折点,西域纳入西汉王朝的版图后,屯戍与开拓疆土交织在一起,解除了匈奴的威胁,消除了河西以西的反叛势力,在此基础上减少了千里漕运中的耗费。

朔方、河西屯田与省漕

西汉屯田是在打击匈奴、开拓疆土的过程中进行的,同时又是在讲究漕运之法即缩短漕运里程的过程中实现的。

元朔二年(前127),设朔方郡(在今内蒙古磴口县)是汉武帝打击匈奴恢复失地、开拓疆

---

① 汉·司马迁《史记·平准书》,北京:中华书局1982年版,第1421—1422页。
② 刘宋·范晔《后汉书·班梁列传》,北京:中华书局1965年版,第1576页。

土的重大事件。针对匈奴南下入侵上谷(在今河北张家口怀来县)、渔阳(在今北京密云)等事件,卫青、李息等奉命出击匈奴。其进军路线是,先出云中(在今内蒙古托克托东北),西经高阙(在今内蒙古杭锦后旗西北),继续向西至符离(在今甘肃北部),收复了河套以南的区域。

朔方郡是西汉承秦以后失去的疆土,收复这一区域后,汉武帝又向西开拓疆土,在河西走廊建酒泉等郡。史称:"最骠骑将军去病,凡六出击匈奴,其四出以将军,斩捕首虏十一万余级。及浑邪王以众降数万,遂开河西酒泉之地,西方益少胡寇。"①建立朔方郡及以酒泉为代表的河西郡,为汉武帝实施移民实边及屯垦之策奠定了基础。移民实边及屯垦达成了两个战略目标:一是巩固了开拓疆土后的战果,为防止匈奴卷土重来做出了贡献;二是减轻了千里漕运时的负担,可在未来的战争中就地补充粮草及军需。

在朔方、酒泉等郡实施屯垦之策,与这些区域有适合屯垦的条件息息相关,如司马迁有"朔方、西河、河西、酒泉皆引河及川谷以溉田"②之说可证。在黄河及其他河流的共同作用下,朔方郡形成了大片的冲积平原,很适合屯垦:如朔方郡的西北是河套地区,黄河在此曲折迂回,水草丰茂,有天然的耕种条件;又如黄河经朔方郡临戎县石登北以后,分为南河(黄河现在的主河道)和北河(今为乌加河,当时是黄河的主河道)两支,这一区域十分适合屯垦。根据这一自然条件,汉武帝采纳主父偃的建议,采取了移民屯垦之策,试图达到以战养战的目标。在主父偃的建议下,汉武帝上承秦代蒙恬的做法,开始在朔方屯田,试图在"内省转输戍漕,广中国"的过程中,全面落实"灭胡"的目标。

以酒泉为前沿的河西地区位于祁连山以北、合黎山以南,在黄河的作用下,形成了狭长的堆积平原,其中狭窄处只有十余里,宽处不到四百里。由于这一区域位于黄河以西,南北两面分别有祁连山和合黎山,故有"河西走廊"之称。像朔方那样,河西亦有良好的屯垦条件。再加上河西是通往西域的唯一通道,战略地位十分重要,在开拓疆土及防止匈奴再度侵占的过程中,汉武帝采取了建立郡治及移民的屯垦策略。徐天麟论述道:"武帝元朔二年,募民徙朔方十万口。元狩五年,徙天下奸猾吏民于边。"③在新开拓的疆土建郡立郡治进行屯垦,有效减轻了漕运中的负担,同时成功压缩了匈奴的活动空间,起到了巩固边防的作用。

汉武帝经营河西,始于元朔五年(前124)。史称:"元朔五年春,大旱。是岁,六将军众

---

① 汉·司马迁《史记·卫将军骠骑列传》,北京:中华书局1982年版,第2945页。
② 汉·司马迁《史记·河渠书》,北京:中华书局1982年版,第1414页。
③ 宋·徐天麟《西汉会要·兵四》,上海:上海古籍出版社2006年版,第687页。

十余万征匈奴。"①又称:"元朔五年春,令青将三万骑出高阙,卫尉苏建为游击将军,左内史李沮为强弩将军,太仆公孙贺为骑将军,代相李蔡为轻车将军,皆领属车骑将军,俱出朔方。大行李息、岸头侯张次公为将军,俱出右北平。匈奴右贤王当青等兵,以为汉兵不能至此,饮醉,汉兵夜至,围右贤王。右贤王惊,夜逃,独与其爱妾一人骑数百驰,溃围北去。"②战争取得胜利后。汉武帝在河西建立了张掖、酒泉、武威、敦煌四郡。

河西四郡是汉武帝开拓疆土以后的移民及屯垦重镇。徐天麟论述道:"武帝元鼎六年,置张掖、敦煌郡,徙民以实之。"③移民的过程就是屯垦及进行农田水利建设的过程,在此基础上形成了"自是之后,用事者争言水利。朔方、西河、河西、酒泉皆引河及川谷以溉田"④的局面。可以说,河西屯垦是在开拓疆土及建张掖郡和酒泉郡的背景下发生的,其中,酒泉是重要的屯垦区。兴修河渠与屯垦、移民实边相互作用,在改善当地农业生产条件的同时,减轻了漕运负担,进而在继续进行的战争中发挥了重要的作用。

从另一个层面看,在朔方、河西等新郡实施屯垦之策,与主父偃提出的民屯之策息息相关。主父偃提出的民屯之策既有上承秦代"蒙恬城之以逐匈奴,内省转输戍漕"的一面,同时又与汉初推行输粮入边之策有关。

在汉武帝向匈奴宣战及将开拓疆土提到议事日程以前,西汉一直推行"和亲"之策,试图在相互交好的过程中稳定西北边境,然而,始终改变不了匈奴掠夺和入侵的难题⑤。为了解除边境危机、抵制匈奴的蚕食,前元十一年(前169),晁错向汉文帝进献了"募民徙塞下"⑥的屯戍之策。晁错的基本观点是,要想有效地遏制匈奴对边地的骚扰,可以优惠政策招募自愿者实边屯戍,减少边防费用,提高边防质量。那么,用什么样的优惠政策才能实现募民屯戍的目标呢?晁错提出了四个方面的建议:一是"存恤所徙之老弱,善遇其壮士""使先至者安乐而不思故乡,则贫民相募而劝往",在此基础上为入边的移民提供服务;二是募民入边时,要慎重地选定居点,以便移民从事生产活动;三是为入边屯戍者进行必要的基础设施建设,同时要保证他们的人身安全,如"营邑立城,制里割宅,通田作之道"等;四是为入边者提供医疗、祭祀、丧葬等活动的场所及设施,关心移民的衣、食、住、行。

在提出募民入边之策的同时,晁错又提出了鼓励输粟入边的之策。晁错指出:"使天下人入粟于边,以受爵免罪,不过三岁,塞下之粟必多矣。"⑦"募民徙塞下"与"受爵免罪"等交

---

① 汉·班固《汉书·五行志中上》,北京:中华书局1962年版,第1392页。
② 汉·班固《汉书·卫青霍去病传》,北京:中华书局1962年版,第2474—2475页。
③ 宋·徐天麟《西汉会要·兵四》,上海:上海古籍出版社2006年版,第687页。
④ 汉·司马迁《史记·河渠书》,北京:中华书局1982年版,第1414页。
⑤ 江天蔚《两汉与匈奴关系》,西安:陕西人民出版社1991年版,第1—48页。
⑥ 汉·班固《汉书·爰盎晁错传》,北京:中华书局1962年版,第2287页。
⑦ 汉·班固《汉书·食货志上》,北京:中华书局1962年版,第1134页。

织在一起,在充实边地的过程中增强了防守力量,同时也有效地减少了长途漕运中的政府支出。马端临论述道:"汉文帝使天下人入粟于边,以受爵免罪,而几于刑措。其后京师之钱累百巨万,太仓之粟陈陈相因。"①将西汉粮仓充盈与实行"入粟于边"之策联系在一起,揭示了鼓励输粟入边及充实国力的重要性。

客观地讲,晁错"募民徙塞下""入粟于边""受爵免罪"等主张,是有远见的。汉武帝开拓疆土推行移民实边及屯垦之策时,主要采用了晁错的屯戍之策。近人论述汉武帝征战匈奴的时间长度时,有着不同的说法,不过,应以班固"是时军旅连出,师行三十二年"②为准,徐天麟也曾引录道:"自武帝初通西域,置校尉,屯田渠犁。是时军旅连出,师行三十二年,海内虚耗。"③在国用日趋扩大的前提下,实施"受爵免罪"之策可以弥补赋税收入中的缺口,进而成为国用支出的重要来源。在国力耗尽的前提下,"受爵免罪"之策得到了贯彻执行。郑樵论述道:"孝武帝元朔元年,外事四夷,内兴功利,国用空竭,乃募人能入奴婢以终身复,为郎增秩,及入羊马为郎,始于此。"④这一认识是有见地的。

汉武帝军屯与漕运之法

在进行民屯的同时,汉武帝又采取了军屯之法,两者交织在一起,成为汉武帝开拓疆土时,减少漕运岁额的重要举措。

军屯始于汉武帝元狩四年,霍去病北出代郡(在今河北蔚县东北),直抵狼居胥山(在今蒙古乌兰巴托东),取得了打击匈奴的决定性胜利。为了固守边地,在此基础上揭开了军屯的序幕。史称:"汉骠骑将军之出代二千余里,与左贤王接战,汉兵得胡首虏凡七万余级,左贤王将皆遁走。骠骑封于狼居胥山,禅姑衍,临翰海而还。是后匈奴远遁,而幕南无王庭。汉度河自朔方以西至令居,往往通渠置田,官吏卒五六万人,稍蚕食,地接匈奴以北。"⑤所谓"汉度河自朔方以西至令居",是指将匈奴赶到黄河以西、以北之后,汉武帝建立了从朔方西到令居(在今甘肃永登西北)一带的屯垦区。这一庞大的屯垦区在充分利用黄河及北方水资源的基础上,采取"通渠置田"的方略。在屯戍的过程中,有"官吏卒五六万人"参加了军屯。

此后,军屯规模不断地扩大,时至元鼎五年(前112),出现了"又数万人度河筑令居。初置张掖、酒泉郡,而上郡、朔方、西河、河西开田官,斥塞卒六十万人戍田之"⑥的局面,元鼎五年以后,军屯的规模呈进一步扩大的势头,至汉武帝太初三年(前102),已出现"益发戍甲卒

---

① 元·马端临《文献通考·刑考十上》,杭州:浙江古籍出版社1988年版,第1483页。
② 汉·班固《汉书·西域传下》,北京:中华书局1962年版,第3912页。
③ 宋·徐天麟《西汉会要·蕃夷下》,上海:上海古籍出版社2006年版,第829页。
④ 宋·郑樵《通志·食货十一》,杭州:浙江古籍出版社1988年版,第61页。
⑤ 汉·司马迁《史记·匈奴列传》,北京:中华书局1982年版,第2911页。
⑥ 汉·司马迁《史记·平准书》,北京:中华书局1982年版,第1439页。

十八万,酒泉、张掖北,置居延、休屠以卫酒泉,而发天下七科适,及载糒给贰师。转车人徒相连属至敦煌"①的局面。这里所说的"七科适",是指征派七种人到边地戍守,张守节注"七科适"语时指出:"吏有罪一,亡命二,赘婿三,贾人四,故有市籍五,父母有市籍六,大父母有籍七,凡七科。"②此七种人跟随贰师将军,主要负责出征大军的后勤保障,故有"载糒给贰师"之说。联系移民实边人员的基本构成,"七科适"随大军出征后,"转车人徒相连属至敦煌",大部分人应留在河西四郡就地屯戍。

这一时期,军垦区主要沿黄河两岸自北向西全面展开,涉及的区域有河西的张掖郡、酒泉郡,又有上郡、朔方郡及西河地区。通过屯戍,就地解决粮草,有效地缩短了漕运补给线。

军屯是汉武帝打击匈奴及开拓疆土的重要举措,其中有两件大事需要特别地提出:一是在居延屯田,二是在西域屯田。

居延屯田发生在建张掖郡以后,如史有"自武威以西,本匈奴昆邪王、休屠王地,武帝时攘之,初置四郡,以通西域"③之说。居延(在今内蒙古额济纳旗东南)位于河西走廊中部,重点建设居延这一军事要塞,在其周边实行军屯,目的是防止匈奴卷土重来,为经营西域提供后勤支援,如汉武帝使"强弩都尉路博德筑居延"④。在经营张掖郡的过程中建造了居延要塞,与此同时,设居延都尉和肩水都尉,管辖张掖一带的侦伺刺探、屯田等事务。其中,居延都尉驻破城子(在今甘肃瓜州),辖居延、遮虏、珍北、甲渠、卅井候官和居延田官;肩水都尉驻大湾(在今甘肃酒泉金塔县东北),辖肩水、橐他、广地、仓石、庾候官及驿马田官⑤。居延都尉和肩水都尉属军职,辖区内的屯田自然属于军屯。如田官的属吏有丞、令吏等,有护田校尉保护屯田,同时又有部都尉、大司农部丞、属国都尉等兼管屯田事务⑥。这一严密的屯戍体系建立后,强化了戍边及屯守能力。

从汉简记载情况看,居延屯田与解决军需中的粮草息息相关,如有"种植的农作物品种甚多,有粟、糜、麦、小麦、穬麦、糜、秋、穄糇、黄米、胡豆、胡麻等"⑦等考古发现可证。在屯戍的过程中采取了或自额济纳河开渠引水,或掘井引水灌溉的措施。史称:"李陵既壮,选为建章监,监诸骑。善射,爱士卒。天子以为李氏世将,而使将八百骑。尝深入匈奴二千余里,过居延视地形,无所见虏而还。拜为骑都尉,将丹阳楚人五千人,教射酒泉、张掖以屯卫胡。"⑧

---

① 汉·司马迁《史记·大宛列传》,北京:中华书局1982年版,第3176页。
② 同①。
③ 汉·班固《汉书·地理志下》,北京:中华书局1962年版,第1644页。
④ 汉·班固《汉书·武帝纪》,北京:中华书局1962年版,第170页。
⑤ 陈梦家《汉简缀述·汉简考述》,北京:中华书局1980年版,第1—34页。
⑥ 杨剑虹《从居延汉简看西汉在西北的屯田》,《西北史地》1984年第2期。
⑦ 范传贤、杨世钰、赵德馨《中国经济通史》,长沙:湖南人民出版社2002年版,第385页。
⑧ 汉·司马迁《史记·李将军列传》,北京:中华书局1982年版,第2877页。

这一记载可与出土的汉简相互印证,居延屯田是汉武帝打击匈奴、开拓疆土时必不可少的举措。

在加强居延屯田、实施经营河西的策略后,汉武帝将屯戍范围扩大到西域一带,并设使者校尉即屯田校尉,负责轮台(在今新疆轮台)、渠犁(在今新疆库尔勒西)一带的防务和军屯事务。太初元年,贰师将军李广利伐大宛以后,军屯范围从敦煌扩展到盐泽(在今新疆罗布泊)一带。从表面上看,汉武帝设屯田校尉是为了接待西域使者,其实不然,他的目的是扩大屯戍范围,进而威慑西域。如徐天麟指出:"孝武征四夷,开西域,自敦煌西至盐津,往往起亭,而轮台、渠犁,皆有田卒数百人,置使者校尉领护,以给使外国者。"①徐天麟有意将这一事件放在"孝武征四夷,开西域"的大背景下,强调了西域屯戍的重要性。这一时期,屯戍范围已扩展到莎车国(于阗之西,疏勒之南,在今新疆莎车)一带。如郦道元记载:"枝河又东径莎车国南,治莎车城,西南去蒲犁七百四十里。汉武帝开西域,屯田于此。"②这一记载道出了汉武帝一朝西域屯戍的范围。

客观地讲,在居延及西域屯戍虽然可以解决部分后勤补给中的粮草消耗,但无法承担起长期征伐中的所有消耗。屯戍解决不了后勤补给中的所有问题,再加上战争来临,从事农垦的将士势必投入战争,即便是继续屯垦,也将受到战争的干扰。当常年征战需要耗费大量的人力、物力和财力时,势必出现"转漕甚远,自山东咸被其劳,费数十百巨万,府库并虚"③的局面。进而言之,在边地屯垦取得的成果实际上是有限的,依靠关东漕运依旧是主要方面。然而,一味地扩大漕运岁额势必加重赋税征收。

那么,怎样才能支撑长期战争带来的巨大耗费,减少漕运岁额呢?西汉形成了两种意见。

一种意见是桑弘羊等主张将屯戍范围扩展到轮台以东的地区,他上书道:"故轮台以东捷枝、渠犁皆故国,地广,饶水草,有溉田五千顷以上,处温和,田美,可益通沟渠,种五谷,与中国同时孰。其旁国少锥刀,贵黄金采缯,可以易谷食,宜给足不可乏。臣愚以为可遣屯田卒诣故轮台以东,置校尉三人分护,各举图地形,通利沟渠,务使以时益种五谷,张掖、酒泉遣骑假司马为斥候,属校尉,事有便宜,因骑置以闻。田一岁,有积谷,募民壮健有累重敢徙者诣田所,就畜积为本业,益垦溉田,稍筑列亭,连城而西,以威西国,辅乌孙,为便。臣谨遣征事臣昌分部行边,严敕太守、都尉明烽火,选士马,谨斥候,蓄茭草。愿陛下遣使使西国,以安其意。臣昧死请。"④在桑弘羊提出的屯戍方案中,有四个方面的内容值得关注:一是主张维

---

① 宋·徐天麟《西汉会要·兵一》,上海:上海古籍出版社2006年版,第647页。
② 北魏·郦道元《水经注·河水二》,《水经注疏》上册(杨守敬、熊会贞疏,段熙仲点校,陈桥驿复校),南京:江苏古籍出版社1989年版,第104—105页。
③ 宋·司马光《资治通鉴·汉纪十·元朔二年》(邬国义校点),上海:上海古籍出版社1997年版,第155页。
④ 汉·班固《汉书·西域传下》,北京:中华书局1962年版,第3912页。

护开拓疆土及经营西域的成果,将屯垦区扩大到轮台以东;二是充分发挥屯戍在保境安民方面的作用,采取"置校尉三人分护"的措施,保证军屯,由分护校尉节制负责监视和侦察敌情的斥候,以便及时地发现匈奴的异动;三是"募民壮健有累重敢徙者诣田所,就畜积为本业,益垦溉田",通过移民边境的做法提高巩固边防的质量;四是以军事力量为后盾,采取"稍筑列亭,连城而西,以威西国,辅乌孙"之策,与此同时,加强军事巡查,密切监视边地有可能发生的变故。

另一种意见是,放弃西域屯戍,重点加强河西防务及屯戍。经过长年的战争消耗,国家财政已陷入捉襟见肘的困境。为了支撑这场旷日持久的战争,汉武帝不得不加重赋税征收。但在加重赋税征收后,激化了日趋复杂的社会矛盾,增加了社会不安定的因素。为此,汉武帝试图通过停止西域屯垦、回撤远征军等来减少庞大的财政支出,在恢复社会经济的基础上解除日益严重的政治危机。

在"轮台罪己诏"中,汉武帝表达了放弃征伐和轮台屯戍的决心。汉武帝叙述放弃征伐一事时,特意强调了以《周易》卦象占卜一事。之所以要以《周易》占卜说事,是因为汉武帝"罢黜百家,独尊儒术"以后,以"灾异"学说为核心的经学成为一切行为的准则。不过,汉武帝虽然推崇以"灾异"学说为核心的经学,但并不是无条件地服从经学,只是取其合己者用之。为破除"灾异"学说设置下的经学思维模式,汉武帝以《周易》占卜不准为理由,表达了收缩战线及放弃到轮台以东屯戍的态度。

以"轮台罪己诏"为节点,汉武帝基本上停止了征伐匈奴及开拓疆土的战争,同时缩小了西域屯戍的规模。平心而论,汉武帝屯田的目的是在开拓疆土的过程中尽可能地减轻国家的财政支出,减少漕运岁额。事实上,在边地及新开拓的疆土屯田,根本无法实现以战养战的目标。具体地讲,边地往往是外敌时常侵犯的区域,在此从事农业生产,无论是民屯还是军屯,都会在一定程度上受到战争的干扰,其农业产出较为有限,只能继续依靠漕运。

从历时的角度看,屯田虽然可以减轻漕运压力,但长年的征战难免要耗尽国家的财力,为此,汉武帝对屯田西域及打击匈奴的战略开始有了新的认识,进而认为能缓和社会矛盾的唯一途径是停止战争,不再移民西域,继续进行屯戍。马端临论述道:"武帝征和中,桑弘羊与丞相、御史请屯田故轮台地,以威西域,而帝下诏深陈既往之悔,不从之。其事亦在昭、宣之前。然轮台西于车师千余里,去长安且万里,非张掖、金城之比,而欲驱汉兵远耕之,岂不谬哉?赖其说陈于帝既悔之后耳。武帝通西域,复轮台、渠犁,亦置营田校尉领护,然田卒止数百人。今弘羊建请以为溉田五千顷以上,则徙民多而骚动众矣。帝既悔往事,思富民,宜其不从也。"①马端临认为,移民实边进行屯戍并非良策,更何况,农耕民族一直有家园不可

---

① 元·马端临《文献通考·田赋考七》,杭州:浙江古籍出版社1988年版,第73页。

迁徙的观念,"徙民多"势必造成"骚动众"的局面。应该说,这一认识从侧面道出了汉武帝下"轮台罪己诏"的原因。进而言之,战争耗费巨大,西域屯戍无法从根本上支撑起这场旷日持久的战争,因此,汉武帝拒绝了桑弘羊的提议。

汉武帝下"轮台罪己诏"以后,出现了"由是不复出军。而封丞相车千秋为富民侯,以明休息,思富养民也"①的局面。从这一行为中当知,汉武帝下"轮台罪己诏"也与朝廷内部出现反对继续征伐的声音有关。

昭宣以后的西域屯戍

汉武帝下"轮台罪己诏",放弃继续打击匈奴的行为,缩小西域屯戍的规模,实际上是一柄双刃剑。从积极的方面看,停止战争及收缩防线,可以减少国用支出及赋税征收,有利于恢复民力,减轻千里漕运的负担。从消极的方面看,在缩小轮台屯戍规模,放弃经营西域之后,匈奴乘虚而入,势必引起西北边地的再度骚动。

后元二年(前87)三月,汉武帝去世,匈奴抓住这一有利时机,于当年的冬天入侵朔方。史称:"冬,匈奴入朔方,杀略吏民。发军屯西河,左将军桀行北边。"②为有效地阻止匈奴入侵,汉昭帝采取了加强西河军屯的措施,试图采用屯戍的方法来加固北部边境的防守。

在匈奴侵入朔方、西河的同时,匈奴又将战火引向河西。为了稳定河西,汉昭帝采取了加强张掖屯戍的措施。《汉书·昭帝纪》云:"冬,发习战射士诣朔方,调故吏将屯田张掖郡。"颜师古注:"调谓发选也。故吏,前为官职者。令其部率习战射士于张掖为屯田也。"③很显然,"调故吏将屯田",是指由熟悉河西事务的解任官员率精通习战的士卒进行屯田。这一事件发生在汉昭帝始元二年(前85),经此,汉廷在加强防守的过程中形成了在朔方、西河和河西等地军屯的局面。从这样的角度看,汉武帝收缩轮台屯戍的防线后,朔方、西河及河西等地开始成为汉廷与匈奴及诸羌争夺的重点区域。针对这一形势,汉昭帝在酒泉郡的后方张掖郡进行屯戍,这样做主要有两个目的:一是通过积粟就地调运粮草,及时支援酒泉郡和敦煌郡的防务;二是重点经营张掖屯戍事务,在关中以西建立防止匈奴入侵关中的防线,进而缩短漕运补给线。

汉昭帝在朔方、西河、河西等地加强军屯,主要是由汉武帝收缩经营西域的规模及防守力量后撤引起的。从当时的形势上看,放弃轮台屯戍等于放弃经营西域,放弃经营西域等于给匈奴提供了喘息的机会。匈奴在西域坐大以后,顺势联合归顺汉廷的诸羌,将战火引向酒

---

① 汉·班固《汉书·西域传下》,北京:中华书局1962年版,第3914页。
② 汉·班固《汉书·昭帝纪》,北京:中华书局1962年版,第218页。
③ 同②,第221页。

泉、张掖等河西四郡,史有"单于使犁汙王窥边,言酒泉、张掖兵益弱,出兵试击,冀可复得其地"①之说,这是汉昭帝元凤三年(前78)的事。此时的形势是,如果失去河西四郡,那么,长期征伐及开拓疆土的战果将毁于一旦,危及关中及长安的安全,故加强张掖屯田,支援酒泉郡、敦煌郡的防守已成为当务之急。进而言之,汉昭帝将河西屯戍后撤到张掖,以张掖屯戍支援酒泉、敦煌,旨在缩短漕运距离,就地解决征伐大军的粮草。

从另一个层面看,汉昭帝加强边郡屯戍既与匈奴及诸羌入侵有关,同时也与长期征战导致漕运物资十分匮乏有关。在这一时段,尽管反击匈奴及平定叛乱需要漕运,但财政有限,只能采取"减漕三百万石""省乘舆马及苑马,以补边郡三辅传马"及减少官府开支等措施。马端临记载:"昭帝元凤二年,诏曰:'前年减漕三百万石。'三年,诏曰:'民被水灾,颇匮于食,其止四年勿漕。'"②马端临叙述时择其大要,前者强调"减漕",后者强调"民被水灾"与"勿漕"之间的关系。应该说,这一史述方式是有深意的。具体地讲,强调水灾与"勿漕"之间的关系,似可以补充说明始元六年"减漕"的原因。进而言之,自然灾害频仍与国库空虚交织在一起,已直接影响到漕运,这样一来,要想解决匈奴入侵及诸羌反叛时所需的粮草及物资,所能采取的办法只能是屯戍,通过屯戍就地解决征伐大军的粮草。

由此提出的问题是,建立什么样的屯戍秩序,才能阻止匈奴的入侵和河西诸羌的反叛呢?在这中间,汉昭帝采取的措施有二种:一是加强河西、西河、朔方等边郡的屯戍,通过就地获取粮草来支援打击匈奴的战争,进而减少关中及关东的漕运岁额;二是在扶植西域三十六国亲汉势力的过程中,采用新的方案进行西域屯戍。与前一项措施相比,后一项屯戍措施更富有新意。之所以这样说,是因为汉昭帝为避免汉武帝所犯的在西域屯戍时的错误,采取了新的屯戍措施,开启了将西域置于西汉直接管辖之下的先河,从而彻底解决了千里漕运时劳民伤财的困难。

汉昭帝西域屯戍,以元凤四年(前77)为节点,主要由两大措施构成。

其一,遣送西域质子回国继承王位,由质子即新王任屯田校尉,目的是培养亲汉势力,稳定西域政局,将其置于中央的直接管辖之下。郦道元叙述西域屯戍范围时指出:"西去姑墨六百七十里。川水又东南流,径于轮台之东也。昔汉武帝初通西域,置校尉屯田于此。搜粟都尉桑弘羊奏言:故轮台以东,地广,饶水草,可溉田五千顷以上。其处温和田美,可益通沟渠,种五谷,收获与中国同。时匈奴弱,不敢近西域,于是徙莎车相去千余里,即是台也。其水又东南流,右会西川枝水,水有二源,俱受西川。东流径龟兹城南,合为一水。水间有故

---

① 汉·班固《汉书·匈奴传上》,北京:中华书局1962年版,第3783页。
② 元·马端临《文献通考·国用考三》,杭州:浙江古籍出版社1988年版,第239页。

城,盖屯校所守也。"①全面落实桑弘羊轮台屯戍的主张,主要有三个方面的意义:一是可以减轻汉王朝的财政负担及将士远离家乡的戍边之苦,同时可以减轻千里漕运时的压力,最大限度地节约民力和财力;二是以归国质子任新王及屯田校尉一职,改变了西域屯戍的结构,出现了屯戍以西域军民为主的局面;三是在西域建立新的屯戍秩序以后,开启了西汉以归国质子即新王负责西域屯田的先例,为将西域纳入西汉的直接管辖下铺平了道路。从这样的角度看,汉昭帝稳固西域及边郡的局势,既与桑弘羊的轮台屯戍方案重新受到重视有关,同时又是在以杅弥太子赖丹为屯田校尉等一系列举措的基础上实现的。

其二,在西域扶植亲汉政权,并派军队进行保护,在此基础上联合西域各国的军队进行屯戍。史称:"元凤四年,大将军霍光白遣平乐监傅介子往刺其王。介子轻将勇敢士,赍金币,扬言以赐外国为名。既至楼兰,诈其王欲赐之,王喜,与介子饮,醉,将其王屏语,壮士二人从后刺杀之,贵人左右皆散走。介子告谕以'王负汉罪,天子遣我诛王,当更立王弟尉屠耆在汉者。汉兵方至,毋敢动,自令灭国矣!'介子遂斩王尝归首,驰传诣阙,悬首北阙下。封介子为义阳侯。乃立尉屠耆为王,更名其国为鄯善,为刻印章,赐以宫女为夫人,备车骑辎重,丞相将军率百官送至横门外,祖而遣之。王自请天子曰:'身在汉久,今归,单弱,而前王有子在,恐为所杀。国中有伊循城,其地肥美,愿汉遣一将屯田积谷,令臣得依其威重。'于是汉遣司马一人、吏士四十人,田伊循以填抚之。其后更置都尉。伊循官置始此矣。"②汉武帝撤除轮台屯戍并收缩防线后,西域各国再度成为匈奴与汉王朝争夺和拉拢的对象。根据这一形势,傅介子用计谋诛杀与匈奴交好的楼兰王,并立与汉交好的尉屠耆为新王,从而有效地控制了楼兰国即其后的鄯善国。

其实,在派出屯戍管理人员的同时,索劢又率酒泉、敦煌的守军千人进驻伊循并屯田,进而成为一支强大的威慑西域各国的军事力量。进而言之,在鄯善国国王尉屠耆的邀请下,汉军与西域鄯善、焉耆、龟兹三国的军队共同进驻伊循城,揭开了保护西域进行屯戍的新篇章。

综上所述,以元凤四年为节点,西域屯戍出现了两种情况:一是由亲汉的西域政权直接担任屯田校尉,并负责屯田事务;二是汉军和西域军共同屯戍,两者交织一起,开创了汉王朝以新模式经营西域的历史,为汉宣帝在神爵二年建立西域都护府铺平道路。

汉宣帝刘询即位后,继承了汉昭帝经营西域时的做法。在这中间,郑吉起到了关键性的作用。史称:"秋,匈奴日逐王先贤掸将人众万余来降。使都护西域骑都尉郑吉迎日逐,破车师,皆封列侯。"③在经营西域的过程中,郑吉通过屯戍有效地缩小了匈奴活动的空间,迫使

---

① 北魏·郦道元《水经注·河水二》,《水经注疏》上册(杨守敬、熊会贞疏,段熙仲点校,陈桥驿复校),南京:江苏古籍出版社1989年版,第96—98页。
② 汉·班固《汉书·西域传上》,北京:中华书局1962年版,第3878页。
③ 汉·班固《汉书·宣帝纪》,北京:中华书局1962年版,第262页。

匈奴日逐王投降,此后,又击破车师,进而稳定了局势,为将西域完整地置于汉王朝的统治之下,立下了汗马功劳。

郑吉经营西域以屯田渠犁(在今新疆库尔勒西)为背景。汉昭帝即位后,西域的经营处于十分艰难的状态。郑吉奉命屯田渠犁,为保护鄯善以西的南道做出了重大贡献,其后又趁匈奴军力衰败及内部战和不一的矛盾,顺利地打通了车师(又称姑师,西域三十六国之一,在今新疆吐鲁番西北)以西的北道。经此,屯田校尉始隶属西域都护府。郑吉在西域屯田时,有四件大事值得称道:一是郑吉在渠犁一带屯戍时,聚集粮草,加强军备,联合归顺的西域国出兵车师,解除了匈奴对鄯善以西南道的威胁,清除了这一带的反叛势力;二是通过屯戍缩小匈奴活动的空间,迫使匈奴日逐王归顺汉王朝;三是打通南道和北道后,为建西域都护府,"镇抚诸国",将西域完整地纳入西汉的版图铺平了道路;四是将经营西域与屯戍联系在一起,在汉室设西域都护府以后,开启了将屯田校尉置于都护府之下的先河。正因为如此,班固以"汉之号令班西域矣,始自张骞而成于郑吉"等语,高度地评价了郑吉。

不过,西域形势发生变化,主要与郑吉率免刑罪人到渠犁屯戍有关。如徐天麟记载:"宣帝地节二年,汉遣侍郎郑吉、校尉司马憙将免刑罪人田渠犁,积谷,欲以攻车师,至秋收谷,吉尽发城郭诸国兵万余人,自与所将田士千五百人,共击车师。食尽,吉等且罢兵,归渠犁田。收秋毕,复发兵攻车师王于石城。王奔乌孙。吉至酒泉,有诏还田渠犁及车师,益积谷以安西国,侵匈奴。于是吉使吏卒三百人别田车师,匈奴遣骑来击,汉田卒少不能当,吉上书'愿益田卒',公卿议以为道远烦费,可且罢车师田者。"①汉宣帝地节二年(前68),郑吉率免除刑法后的囚犯到渠犁屯戍,可视为汉廷经营西域的转折点,在此基础上,郑吉"尽发城郭诸国兵万余人,自与所将田士千五百人,共击车师",初步奠定了汉廷再度经营西域的基础。

郑吉屯戍并击败车师,自然是经营西域的重要成果,在这中间,冯奉世在西域屯戍中的作用不可忽视。史称:"先是时,汉数出使西域,多辱命不称,或贪污,为外国所苦。是时,乌孙大有击匈奴之功,而西域诸国新辑,汉方善遇,欲以安之,选可使外国者。前将军增举奉世以卫候使持节送大宛诸国客。至伊修城,都尉宋将言莎车与旁国共攻杀汉所置莎车王万年,并杀汉使者奚充国。时匈奴又发兵攻车师城,不能下而去。莎车遣使扬言北道诸国已属匈奴矣,于是攻劫南道,与歃盟畔汉,从鄯善以西皆绝不通。都护郑吉、校尉司马憙皆在北道诸国间。奉世与其副严昌计,以为不亟击之则莎车日强,其势难制,必危西域。遂以节谕告诸国王,因发其兵,南北道合万五千人进击莎车,攻拔其城。莎车王自杀,传其首诣长安。诸国悉平,威振西域。"②继郑吉开辟经营西域的北道后,面对日趋强大的莎车(莎车国,西域三十六国之一,在今新疆莎车),冯奉世采取了"以节谕告诸国王,因发

---

① 宋·徐天麟《西汉会要·兵四》,上海:上海古籍出版社2006年版,第675页。
② 汉·班固《汉书·冯奉世传》,北京:中华书局1962年版,第3294—3295页。

其兵,南北道合万五千人进击莎车,攻拔其城"的军事行动。

在冯奉世平定莎车之乱以前,郑吉屯戍渠犁,初步打通了西汉经营西域的北道和南道。然而,莎车联合叛汉势力攻劫南道,打破了郑吉建立的政治秩序。在这一过程中,冯奉世敏锐地认识到,如果坐视不管,将会出现"其势难制,必危西域"的局面。为此,冯奉世率屯戍士卒果断出兵,平定了莎车之乱,保卫了经营西域的成果。从这样的角度看,冯奉世平定莎车之乱与郑吉屯戍渠犁等举措相辅相成,均为汉宣帝在神爵二年(前60)建西域都护府做出了贡献。通过屯戍,建立了西域都护府,芟除了匈奴在西域的势力,使之失去了在西域生存的空间。西域置于汉廷的直接管辖之下,以当地的赋税支撑战争,从而解决了汉武帝打击匈奴时年年增加漕运岁额及扩大赋税征收的难题。

汉昭帝重新确立西域屯戍之策,为西汉后世帝王所遵守。王溥论述道:"始孝武开西域之后,为置使者校尉领护之,宣、元、哀、平,此道不替。"①汉宣帝登基后,继承了汉武帝、汉昭帝既定的西域屯戍之策,与此同时,将屯戍地点不断地向西延伸,远及莎车国。史称:"是岁,神爵三年也。乃因使吉并护北道,故号曰都护。都护之起,自吉置矣。僮仆都尉由此罢,匈奴益弱,不得近西域。于是徙屯田,田于北胥鞬,披莎车之地,屯田校尉始属都护。"②这里所说的神爵三年(前59),当指神爵二年,是年,匈奴日逐王率众到汉西域地方长官郑吉处投降,从此天山以北归汉,在此基础上"并护北道"并正式设西域都护府。与此同时,加强屯戍,原使者校尉即屯田校尉始属西域都护府。

汉昭帝重新建立西域的屯戍秩序,基本上解决了长期存在的千里漕运的难题。马端临论述道:"屯田所以省馈饷,因农为兵,而起于汉昭、宣之时。然文帝时,晁错上言:'远方之卒,守塞一岁而更,不知胡人之能,不如选常居者,家室田作以备之,为之高城深堑,先为室屋,具田器,募罪人及免徒复作,及民之欲往者,皆赐高爵,复其家,俾实塞下,使屯戍之事省,输将之费寡。'则其规模已略出此,但文帝则与以田屋,令其人自为战守,而此屯田则以兵留耕,因取其耕之所获以饷兵,微为不同。"③西域屯戍之所以能在昭、宣之时起到固边及"省馈饷"的作用,一是与移民实边及以农为兵的方略联系在一起,二是与西域完整地纳入西汉的版图有关。马端临比较汉文帝与汉昭帝的屯戍之策时,提出了"微为不同"的说法。其实,汉昭帝的屯戍之策,不同于汉文帝时期的屯戍之策,也有别于汉武帝时期的屯戍之策,将西域置于西汉的直接统治之下,建立了新的屯戍秩序,解决了征战中漕运的难题。不过,马端临提出的"徙民多而骚动众",是不可忽视的因素,农耕民族一直有家园不可迁徙的观念,如何照顾移民的利益是需要解决的大问题。

---

① 宋·王溥《唐会要·安西都护府》,北京:中华书局1955年版,第1328页。
② 汉·班固《汉书·西域传》,北京:中华书局1962年版,第3874页。
③ 元·马端临《文献通考·田赋考七》,杭州:浙江古籍出版社1988年版,第73页。

赵充国屯戍与省漕

郑吉、冯奉世等的屯戍行动将西域置于汉廷的管辖之下,减轻了沉重的漕运负担,而赵充国在河西等地的屯戍行为则对支撑西域屯戍起到关键性的作用。自汉武帝收缩西域防线以后,匈奴在西域的势力再度崛起,其鼓动氐、羌叛乱,直接影响到边郡的安全。那么,在国家财政捉襟见肘的背景下,如何减少漕运岁额?如何在减少漕运支出的基础上稳定河西及经营西域,进而从根本性上破解匈奴及诸羌侵扰的难题呢?根据这一形势,赵充国采取的方略是,加强屯戍,通过就地获取粮草及战略物资,来稳定边郡日趋复杂的形势。

赵充国是陇西上邽(在今甘肃天水)人,后来举家迁令居(在今甘肃永登北),"为人沈勇有大略,少好将帅之节,而学兵法,通知四夷事"①。这里所说的"通知四夷事"包括两个方面:一是指赵充国长期生活在河西,通晓周边游牧民族的事务;一是指赵充国参与了打击匈奴的军事行动,如汉武帝时赵充国曾"以假司马从贰师将军击匈奴"②,在长期征战的过程中,赵充国深刻认识到了屯戍的重要性。

汉昭帝登基后,边郡形势动荡不安。在匈奴的鼓动下,居住在武都(在今西和西南)一带的氐人发动叛乱,赵充国率军平叛,随后在上谷(在今河北怀来东南)一带屯戍。还朝后,赵充国转任水衡都尉。此后,又出征匈奴,凯旋后升任后将军,并继续兼任水衡都尉。史称:"昭帝时,武都氐人反,充国以大将军、护军都尉将兵击定之,迁中郎将,将屯上谷,还为水衡都尉。击匈奴,获西祁王,擢为后将军,兼水衡如故。"③这一记载可视为对赵充国"通知四夷事"的补充说明。

赵充国任后将军一职时兼任水衡都尉,固然与其得到汉昭帝的信任有关,还应该与其有上谷屯戍的经历及重视屯戍有关。这样说主要有三个原因:一是大司农掌国家赋税及财政,汉武帝一朝扩大漕运规模,讲究漕运之法,大司农又负责漕运及河渠建设等事务;二是"水衡"一职作为大司农的属官,早在汉武帝一朝已参与军事训练;三是设水衡都尉后,"水衡"虽然不再是大司农的属官,但负责屯田及漕运等事务。在这中间,一方面"水衡、少府、大农、太仆各置农官",另一方面大司农"下河漕度四百万石"需要水衡的参与。从这样的角度看,赵充国任后将军后继续兼任水衡都尉,除了继续执掌皇家财政事务外,所承担的事务还应与进行屯戍以减少漕运岁额有一定的关系。

屯戍是西汉王朝征伐匈奴、开拓疆土的重要举措。汉宣帝即位后,诸羌在匈奴的鼓动下发动了叛乱。原来,汉使义渠安国在巡行河西及安抚诸羌时,轻易地答应了羌人"愿时

---

① 汉·班固《汉书·赵充国辛庆忌传》,北京:中华书局1962年版,第2971页。
② 同①。
③ 同①,第2972页。

渡湟水北,逐民所不田处畜牧"①的要求,因此出现了"是后,羌人旁缘前言,抵冒渡湟水,郡县不能禁"②的恶果。这一恶果是河西动荡的直接原因,西汉王朝只能眼睁睁地看着羌人各部落汇聚到一起,准备反叛。元康三年(前63),诸羌汇聚到一起后,先零羌与其他的羌人部落结盟,进而在河西形成强大的反叛力量。在河西岌岌可危的背景下,赵充国提出了加强军备早做预防的建议。神爵元年(前61),在义渠安国再度行视诸羌时,"以尤桀黠"为由,先是斩杀先零羌各部落首领三十多人,随后又纵兵斩首千余级,这一武力镇压的行为不但没能平定诸羌叛乱,反而加剧了危机,引起"归义羌侯杨玉等恐怒",并聚集羌人部落反叛,由此出现了"背畔犯塞,攻城邑,杀长吏"的局面,与此同时,义渠安国"为虏所击,失亡车重兵器甚众",大败而归并退守令居。当义渠安国战败的消息传入朝廷后,年已七十六岁的赵充国主动请缨,率兵到金城(在今甘肃兰州)了解军情,准备伺机而动。在此次出征的过程中,赵充国主要采取了五个方面的措施。

其一,赵充国率军至金城巧渡黄河后,有意避开诸羌的锋芒,先是稳定军心,加强军备,等候出战的时机。后是以武力为后盾,威慑诸羌,采取分化瓦解之策。史称:"充国至金城,须兵满万骑,欲渡河,恐为虏所遮,即夜遣三校衔枚先渡,渡辄营陈,会明,毕,遂以次尽渡。虏数十百骑来,出入军傍。充国曰:'吾士马新倦,不可驰逐。此皆骁骑难制,又恐其为诱兵也。击虏以殄灭为期,小利不足贪。'令军勿击。遣骑候四望陿中,亡虏。夜引兵上至落都,召诸校司马,谓曰:'吾知羌虏不能为兵矣。使虏发数千人守杜四望狭中,兵岂得入哉!'充国常以远斥候为务,行必为战备,止必坚营壁,尤能持重,爱士卒,先计而后战。遂西至西部都尉府,日飨军士,士皆欲为用。虏数挑战,充国坚守。捕得生口,言羌豪相数责曰:'语汝亡反,今天子遣赵将军来,年八九十矣,善为兵。今请欲一斗而死,可得邪!'"③经此,赵充国采取坚守营垒之策,站稳了脚跟,并初步稳定了河西的局势。

其二,赵充国采取柔怀之策,确立了争取胁从的策略。史称:"初,罕、开豪靡当儿使弟雕库来告都尉曰先零欲反,后数日果反。雕库种人颇在先零中,都尉即留雕库为质。充国以为亡罪,乃遣归告种豪:'大兵诛有罪者,明白自别,毋取并灭。天子告诸羌人,犯法者能相捕斩,除罪。斩大豪有罪者一人,赐钱四十万,中豪十五万,下豪二万,大男三千,女子及老小千钱,又以其所捕妻子财物尽与之。'充国计欲以威信招降罕开及劫略者,解散虏谋,徼极乃击之。"④在全面了解河西军情和民情的基础上,赵充国通过区别对待,分化了诸羌,蓃除了先零羌的羽翼。

---

① 汉·班固《汉书·赵充国辛庆忌传》,北京:中华书局1962年版,第2972页。
② 同①,第2972页。
③ 同①,第2975—2976页。
④ 同①,第2977页。

其三,赵充国力排众议,坚持重点打击先零羌的战略。针对汉宣帝发兵河西的做法及酒泉太守辛武贤的建议,赵充国提出了不同的意见。史称:"天子下其书充国,令与校尉以下吏士知羌事者博议。充国及长史董通年以为'武贤欲轻引万骑,分为两道出张掖,回远千里。以一马自佗负三十日食,为米二斛四斗,麦八斛,又有衣装兵器,难以追逐。勤劳而至,虏必商军进退,稍引去,逐水草,入山林。随而深入,虏即据前险,守后阨,以绝粮道,必有伤危之忧,为夷狄笑,千载不可复。而武贤以为可夺其畜产,虏其妻子,此殆空言,非至计也。又武威县、张掖日勒皆当北塞,有通谷水草。臣恐匈奴与羌有谋,且欲大入,幸能要杜张掖、酒泉以绝西域,其郡兵尤不可发。先零首为畔逆,它种劫略。故臣愚册,欲捐罕、开暗昧之过,隐而勿章,先行先零之诛以震动之,宜悔过反善,因赦其罪,选择良吏知其俗者抚循和辑,此全师保胜安边之册。'天子下其书。公卿议者咸以为先零兵盛,而负罕、开之助,不先破罕、开,则先零未可图也。"①通过廷议,汉宣帝否定了赵充国的意见,甚至严厉地批评了赵充国。不过,赵充国并没有放弃自己的主张,继续坚持原有的观点,史有赵充国"以为将任兵在外,便宜有守,以安国家。乃上书谢罪,因陈兵利害"②之说。

其四,在"陈兵利害"的基础上,赵充国提出大军驻屯河西,保持威慑,等待诸羌发生内变的战略。史称:"时羌降者万余人矣。充国度其必坏,欲罢骑兵屯田,以待其敝。作奏未上,会得进兵玺书,中郎将卬惧,使客谏充国曰:'诚令兵出,破军杀将以倾国家,将军守之可也。即利与病,又何足争?一旦不合上意,遣绣衣来责将军,将军之身不能自保,何国家之安?'充国叹曰:'是何言之不忠也!本用吾言,羌虏得至是邪?往者举可先行羌者,吾举辛武贤,丞相御史复白遣义渠安国,竟沮败羌。金城、湟中谷斛八钱,吾谓耿中丞,籴二百万斛谷,羌人不敢动矣。耿中丞请籴百万斛,乃得四十万斛耳。义渠再使,且费其半。失此二册,羌人故敢为逆。失之毫厘,差以千里,是既然矣。今兵久不决,四夷卒有动摇,相因而起,虽有知者不能善其后,羌独足忧邪!吾固以死守之,明主可为忠言。'"③针对复杂的形势,赵充国提出,应该罢骑兵,实行屯戍之策,以此等候羌人发生内乱。杜佑记载:"赵充国立屯田,且讨且招者三万余人,置金城属国以处之,自后宾服。"④通过屯戍及保持强大的威慑力量,在恩威并用的过程中,动摇了诸羌叛乱的根基。赵充国认为,战争瞬息万变,前方将领应有临时处置和指挥的权力。同时,还需举贤荐能,主张任用熟悉河西事务的酒泉太守辛武贤。

其五,赵充国上书朝廷,提出以屯戍遏制羌人的主张。他上书道:"臣闻兵者,所以明

---

① 汉·班固《汉书·赵充国辛庆忌传》,北京:中华书局1962年版,第2978页。
② 同①,第2981页。
③ 同①,第2984页。
④ 唐·杜佑《通典·边防五·西戎一》,杭州:浙江古籍出版社1988年版,第1013页。

德除害也,故举得于外,则福生于内,不可不慎。臣所将吏士马牛食,月用粮谷十九万九千六百三十斛,盐千六百九十三斛,茭藁二十五万二百八十六石。难久不解,徭役不息。又恐它夷卒有不虞之变,相因并起,为明主忧,诚非素定庙胜之册。且羌虏易以计破,难用兵碎也,故臣愚以为击之不便。计度临羌东至浩亹,羌虏故田及公田,民所未垦,可二千顷以上,其间邮亭多坏败者。臣前部士入山,伐材木大小六万余枚,皆在水次。愿罢骑兵,留驰刑应募,及淮阳、汝南步兵与史士私从者,合凡万二百八十一人,用谷月二万七千三百六十三斛,盐三百八斛,分屯要害处。冰解漕下,缮乡亭,浚沟渠,治湟狭以西道桥七十所,令可至鲜水左右。田事出,赋人二十亩。至四月草生,发郡骑及属国胡骑伉健各千,倅马什二,就草,为田者游兵。以充入金城郡,益积畜,省大费。今大司农所转谷至者,足支万人一岁食。谨上田处及器用簿,唯陛下裁许。"①

赵充国率兵入金城后,部属万余人,此时,一万多人的部队每月要"用粮谷十九万九千六百三十斛,盐千六百九十三斛,茭藁二十五万二百八十六石",这些粮草主要是依靠千里漕运抵达前线的。当时,漕运负担沉重,史有"今张掖以东粟石百余,刍藁束数十。转输并起,百姓烦扰"②之说,颜师古注"今张掖以东粟石百余,刍藁束数十"语云:"皆谓直钱之数,言其贵。"③为避免"烦扰"百姓,赵充国从分析士兵征战用粮情况入手,提出解散骑兵,令其屯戍及"省漕"的主张。因骑兵迅捷,可快速追击敌骑,为此,汉宣帝犹豫起来。赵充国的想法涉及三个方面:一是军马消耗的粮草远超过士兵,如果"罢骑兵"转为屯戍,可以减少粮草消耗,化解"徭役不息"带来的负担;二是河西有良好的屯田条件,骑兵转为屯戍后,可与"留驰刑应募""及淮阳、汝南步兵与史士私从者"一道"分屯要害处",安境保民;三是利用现有的条件建立新的屯戍秩序,在"益积畜,省大费"即降低漕运消耗的过程中,加强军备。

为了说服汉宣帝,赵充国进一步阐明了屯戍有利于稳定河西的观点。他上书道:"臣闻帝王之兵,以全取胜,是以贵谋而贱战。战而百胜,非善之善者也,故先为不可胜以待敌之可胜。蛮夷习俗虽殊于礼义之国,然其欲避害就利,爱亲戚,畏死亡,一也。今虏亡其美地荐草,愁于寄托远遁,骨肉离心,人有畔志,而明主般师罢兵,万人留田,顺天时,因地利,以待可胜之虏,虽未即伏辜,兵决可期月而望。羌虏瓦解,前后降者万七百余人,及受言去者凡七十辈,此坐支解羌虏之具也。臣谨条不出兵留田便宜十二事。步兵九校,吏士万人,留屯以为武备,因田致谷,威德并行,一也。又因排折羌虏,令不得归肥饶之墬,贫破其众,以成羌虏相畔之渐,二也。居民得并田作,不失农业,三也。军马一月之食,度支田士

---
① 汉·班固《汉书·赵充国辛庆忌传》,北京:中华书局1962年版,第2985—2986页。
② 同①,第2979—2980页。
③ 同①,第2980页。

一岁,罢骑兵以省大费,四也。至春省甲士卒,循河湟漕谷至临羌,以示羌虏,扬威武,传世折冲之具,五也。以闲暇时下所伐材,缮治邮亭,充入金城,六也。兵出,乘危徼幸,不出,令反畔之虏窜于风寒之地,离霜露疾疫瘃堕之患,坐得必胜之道,七也。亡经阻远追死伤之害,八也。内不损威武之重,外不令虏得乘间之势,九也。又亡惊动河南大开、小开使生它变之忧,十也。治湟狭中道桥,令可至鲜水,以制西域,信威千里,从枕席上过师,十一也。大费既省,徭役豫息,以戒不虞,十二也。留屯田得十二便,出兵失十二利。臣充国材下,犬马齿衰,不识长册,唯明诏博详公卿议臣采择。"①

在这里,赵充国详细地分析了"留屯田得十二便,出兵失十二利",择其要点:一是强调了屯戍河西的必要性,通过屯戍可以威慑诸羌,遏制其活动空间,在以逸待劳的过程中,寻求恰当的时间出击;二是屯戍河西可以安民,获取粮草,稳定河西,防止当地的资源为叛乱者所用;三是进一步地强调罢骑兵可以最大限度地节约粮草,如军马一个月的用度,可供屯田士卒一年的开销;四是在河西开辟湟水航线,建立"循河湟漕谷至临羌"的漕运通道,以武装押运的方式威慑羌人;五是加强预警及改善河西现有的交通状况,积极地加强军备,"缮治邮亭""治湟狭中道桥,令可至鲜水",旨在改变后勤补给不利的局面。

为了消除汉宣帝的疑虑,赵充国又进一步强调了"留屯田得十二便,出兵失十二利"的必要性。他详细地分析了敌我双方的形势,认为要想彻底地平定河西的诸羌之乱,应采取四个方面的策略:一是将自敦煌至辽东建立的烽燧制度推广到河西,在固守军垒的过程中相互支援,进而形成"烽火幸通,势及并力,以逸待劳"的局面;二是在河西重点建立屯戍秩序,在屯田的基础上实现"内有亡费之利,外有守御之备"的战略目标;三是以"屯田之士精兵万人"威慑诸羌,使其不敢轻易进犯;四是屯田积粮,不但可以减少漕转中的"烦费",而且还解决"不虞之用",并积极地做好战前的准备工作。进而言之,为防止征讨诸羌时匈奴等乘机入侵,减少征伐过程中的耗费,必须在河西建立屯戍秩序。

此外,赵充国在河西屯戍还有两个方面的意义需要专门提出。

其一,河西屯戍发生在西域都护府建立的前夜,河西屯戍在平定诸羌之乱的同时,为将西域完整地置于汉廷的直接统治之下奠定了坚实的基础。西域屯戍规模的不断扩大,是以河西屯戍为战略支撑点的。在这中间,如果没有河西屯戍的成果,或者说河西处于动荡之中,要想经营西域是断然不可能的。具体地讲,郑吉破姑师后,扩大了西域的屯戍范围,史有"匈奴益弱,不得近西域。于是徙屯田,田于北胥鞬,披莎车之地"②之说。郑吉的屯戍行动虽然稳定了西域局势,但西域各国亲匈奴的势力依然存在。汉宣帝甘露元年(前53),乌孙翁归靡子乌就屠袭杀狂王后,奉行亲匈奴之策,针对这一情况,辛武贤率兵至敦

---

① 汉·班固《汉书·赵充国辛庆忌传》,北京:中华书局1962年版,第2987—2988页。
② 汉·班固《汉书·西域传上》,北京:中华书局1962年版,第3874页。

煌,并"穿卑鞮侯井以西,欲通渠转谷,积居庐仓以讨之"。敦煌是河西四郡之一,如果此时河西不稳定的话,那么,辛武贤就无法屯兵敦煌形成威慑。进而言之,如果没有赵充国屯戍河西及平定诸羌之举的话,那么,此时重兵压境威慑乌就屠将是一句空话。可以说,这一事件印证了河西屯戍对于经营西域的重要性。

其二,赵充国"至春省甲士卒,循河湟漕谷至临羌"的漕运之策,是一项有战略眼光的举措。此前,漕运只有自关东至关中的航线,河西以远的区域主要依靠陆运。实施屯戍河西的战略,有两个作用:一是就地调集屯垦物资,在缩短漕运补给线的同时,减轻了关中及关东赋税征收的负担;二是利用湟水调运粮草,可为前线军队提供及时的后勤补给。李吉甫记载:"湟水,名湟河,亦谓之乐都水,出青海东北乱山中,东南流至兰州西南入黄河。浩亹水,今谓之阁门水,经县东,去县五十五里。汉宣帝神爵元年,遣后将军赵充国击先零羌,充国欲罢骑兵,屯田以待其弊。计度临羌东至浩亹,羌虏故田,人所未垦,可二千顷已上。又理湟狭以西道桥七十所,令可至鲜水左右留步士万人屯田,为必禽之具。诏从之。充国竟以屯田之利,支解先零。"①赵充国在河西屯戍及发展漕运,为平定诸羌稳定河西起到了关键性的作用。

第四节 漕运管理及仓廪建设

汉代是漕运制度建设的草创期,没有专门的漕官队伍,尽管如此,依旧为后世的漕官队伍建设积累了宝贵的经验。其中,可圈可点的做法主要集中在四个方面:一是由行使监察等职能的侍御史督运以军粮为主的漕粮;二是由大司农总揽漕运,其属官太仓令负责具体的粮仓漕运等事务;三是由县令负责境内的漕运事务;四是由负责监察地方的刺史护漕。仓廪建设是国家制度建设的一部分,国家层面的仓廪主要由中央和地方等层级构成,储存范围以粮食为主,兼及其他。仓廪主要建在交通要道或重点布防的区域,为赈灾救荒及平易物价等提供方便,同时为对外战争及时地提供粮食及物资。汉武帝一朝的国用大幅度增加后,亟需建造新的仓廪来适应储备规模扩大后的需求。在这中间,因实行漕运之策,出现了仓廪建设向漕路沿线转移的特征。此时的仓廪虽然没有"漕仓"或"水次仓"即漕运中转仓之名,但因建在漕路上,故有"漕仓"之实。换句话说,后世将此类的粮仓以"漕"名之,旨在强调漕仓建在漕运通道的特点。

---

① 唐·李吉甫《元和郡县图志·陇石道上》(贺次君点校),北京:中华书局1983年版,第992页。

漕运管理方式

与陆运相比,漕运虽然可以降低成本,然而,将数万士卒投入漕运,其耗费依旧是巨大的,这样一来,"损漕省卒,而益肥关中之地"①便成了当务之急。汉武帝一朝除了在关中、河东兴修河渠外,还关注漕运过程管理。这一变化得到后世统治者的充分肯定,进而在此基础上建立了漕运制度,设立了专门的管理机构。

从大的方面讲,汉武帝一朝虽然没有特别重视漕运过程管理及制度建设,但不是没有作为。如钱文子有十分精当的论述:"若夫主漕之官,主于侍御史。(《汉官仪》:侍御史,出督郡漕运军粮。)总于大农,而分掌于太仓令。在外则以县令而将漕(《卜式》)。或以刺史而护漕(《朱博》)无定负也。惟江淮粟米,去长安逾远,诸侯自为封植而已。故吴王之反,自谓聚粮食三十余年。而枚乘之说云:'汉家转粟西向,不如海陵之仓。'以是知汉仓多在于山东,而不在江淮矣。"②按照这一说法,汉武帝一朝的漕运过程管理,有四个方面值得注意。

其一,由侍御史负责督运以军粮为主的漕粮。侍御史是御史大夫的属官,行使监察等职能。史称:"御史大夫,秦官,位上卿,银印青绶,掌副丞相。有两丞,秩千石。一曰中丞,在殿中兰台,掌图籍秘书,外督部刺史,内领侍御史员十五人,受公卿奏事,举劾按章。……侍御史有绣衣直指,出讨奸猾,治大狱,武帝所制,不常置。"③由于御史中丞可"外督部刺史",侍御史可"出讨奸猾",因职务之便,侍御史巡行郡县时增加了督运军粮的事职,进而成为专门监督漕运事务的官员。杜佑引《汉官仪》道:"侍御史出督州郡盗贼,运漕军粮,言督军粮侍御史。"④所谓"督军粮",是指侍御史负责监督漕卒运送军粮。

其二,由大司农总揽漕运,其属官太仓令负责具体粮仓的漕运等事务。史称:"治粟内史,秦官,掌谷货,有两丞。景帝后元年更名大农令,武帝太初元年更名大司农。属官有太仓、均输、平准、都内、籍田五令丞,斡官、铁市两长丞。又郡国诸仓农监、都水六十五官长丞皆属焉。骏粟都尉,武帝军官,不常置。王莽改大司农曰羲和,后更为纳言。初,斡官属少府,中属主爵,后属大司农。"⑤大司农下设太仓令,掌中央及地方的粮仓事务,设均输令负责征收、买卖和运输等。汉武帝一朝大司农郑当时提出兴修漕渠之议,漕运事务顺理成章地成为大司农的职事。在这中间,太仓令负责接受郡国的漕粮仓储等事务,如《后汉

---

① 汉·司马迁《史记·河渠书》,北京:中华书局1982年版,第1410页。
② 宋·钱文子《汉唐制度》,明·解缙《永乐大典·九震运》第7册,北京:中华书局1986年版,第6959页。
③ 汉·班固《汉书·百官公卿表》,北京:中华书局1962年版,第725—726页。
④ 唐·杜佑《通典·职官六》,杭州:浙江古籍出版社1988年版,第143页。
⑤ 同③,第731页。

书·百官志三》注太仓令职掌时有"主受郡国传漕谷。丞一人"①之说。具体地讲,凡涉及郡国相应区域的漕粮主要由中央设在各地的太仓令主持。

其三,由县令负责境内的漕运事务。县令负责漕运事务,始于卜式。汉武帝发动打击匈奴的战争后,国库空虚,卜式提出了愿捐一半家产助边的建议。后来,卜式又拿钱二十万救济流离失所的百姓,为此,卜式受到征召,"迁为成皋令,将漕最"②。何谓"将漕最"?颜师古注《汉书·公孙弘卜式儿宽传》"迁成皋令,将漕最"语云:"为县令而又令领漕,其课最上。"③成皋(在今河南荥阳)是黄河漕运的重要节点,境内有敖仓。从卜式领漕运事务中可以推论的是,汉武帝一朝,凡与漕运有关的各县均负有征收漕粮及漕运之职。

其四,以刺史护漕。以刺史护漕是汉武帝一朝的重要举措。刺史主要负责监察地方,所谓"刺",是指检核问事。元封五年(前106),为加强地方监察,汉武帝将全国分为十三部(州),并派刺史负责相关区域的监察事务。史称:"汉兴,因秦制度,崇恩德,行简易,以抚海内。至武帝攘却胡、越,开地斥境,南置交阯,北置朔方之州,兼徐、梁、幽、并夏、周之制,改雍曰凉,改梁曰益,凡十三部,置刺史。"④至汉成帝绥和元年(前8),刺史改称州牧,职权进一步扩大,开始由监察官演变为地方最高军事长官。汉成帝即位后,朱博因功"徙为并州刺史、护漕都尉,迁琅邪太守"⑤,似表明此时护漕事务归军事长官。不过,护漕初由侍御史具体负责。杜佑引《汉官仪》道:"侍御史出督州郡盗贼,运漕军粮,言督军粮侍御史。至后汉,复有谦漕都尉官,建武七年省。"⑥汉武帝一朝监督漕运是由侍御史具体执行的,元封五年后,十三州部刺史参与到漕运事务之中,到了汉成帝一朝职官变化,开始由军事长官负责。

仓廪建设与漕运

西汉仓廪建设始于楚汉之争。为应对日趋复杂的政治局势,富有战略眼光的萧何把在核心统治区域关中建造粮仓提上了议事日程。史称:"萧丞相营作未央宫,立东阙、北阙、前殿、武库、太仓。"⑦高祖刘邦八年(前199),萧何建未央宫时建造了武库和太仓。

萧何在长安建武库和太仓,与"关中事计户口转漕给军"⑧有着密切的关系。为支持刘

---

① 刘宋·范晔《后汉书·百官志三》,北京:中华书局1965年版,第3590页。
② 汉·司马迁《史记·平准书》,北京:中华书局1982年版,第1432页。
③ 汉·班固《汉书·公孙弘卜式儿宽传》,北京:中华书局1962年版,第2626页。
④ 汉·班固《汉书·地理志上》,北京:中华书局1962年版,第1543页。
⑤ 汉·班固《汉书·薛宣朱博传》,北京:中华书局1962年版,第3399页。
⑥ 唐·杜佑《通典·职官六》,杭州:浙江古籍出版社1988年版,第143页。
⑦ 汉·司马迁《史记·高祖本纪》,北京:中华书局1982年版,第385页。
⑧ 汉·司马迁《史记·萧相国世家》,北京:中华书局1982年版,第2015页。

邦在关东与项羽决战,萧何在长安周边分别建造了武库与太仓。《三辅黄图·库》云:"武库,在未央宫,萧何造,以藏兵器。"①《三辅黄图·仓》又云:"太仓,萧何造,在长安城外东南。"②这里所说的"武库"和"太仓"均为实指,前者建在与汉未央宫相近的地方,后者建在长安的东南。萧何将武库和太仓建在渭水沿岸,目的是方便及时起运,为楚汉之争提供后勤支援。进而言之,在汉武帝开漕渠以前,关中漕运主要依靠渭水。

楚汉战争结束后,漕运方向发生变化。如史有"漕转关东粟以给中都官,岁不过数十万石"③之说,此时,漕运岁额不过数十万石,故仓廪及漕仓建设不属于政权建设的重要内容。不过,这一情况到了汉武帝一朝开始发生变化,如史有"山东漕益岁六百万石。一岁之中,太仓、甘泉仓满"④之说。漕运岁额空前扩大以后,仓廪及漕仓建设开始受到重视。史称:"躬又言:'秦开郑国渠以富国强兵,今为京师,土地肥饶,可度地势水泉,广溉灌之利。'天子使躬持节领护三辅都水。躬立表,欲穿长安城,引漕注太仓下以省转输。议不可成,乃止。"⑤汉哀帝一朝,息夫躬提出自太仓开渠至长安的建议。从"引漕注太仓下以省转输"一语中不难发现,汉武帝开漕渠改善了太仓漕运环境,进而使太仓具有了漕仓的性质。在这中间,太仓在保障长安粮食安全方面的作用是不可忽视的。

刘邦建汉后,在关中及长安建设战略储备仓,一直是西汉有识之士的共同看法。如贾谊指出:"夫积贮者,天下之大命也。苟粟多而财有余,何为而不成?以攻则取,以守则固,以战则胜。怀敌附远,何招而不至?今殴民而归之农,皆著于本,使天下各食其力,末技游食之民转而缘南晦,则畜积足而人乐其所矣。可以为富安天下,而直为此廪廪也,窃为陛下惜之!"⑥晁错亦指出:"圣王在上而民不冻饥者,非能耕而食之,织而衣之也,为开其资财之道也。故尧、禹有九年之水,汤有七年之旱,而国亡捐瘠者,以畜积多而备先具也。今海内为一,土地人民之众不避汤、禹,加以亡天灾数年之水旱,而畜积未及者,何也?地有遗利,民有余力,生谷之土未尽垦,山泽之利未尽出也,游食之民未尽归农也。民贫,则奸邪生。贫生于不足,不足生于不农,不农则不地著,不地著则离乡轻家,民如鸟兽,虽有高城深池,严法重刑,犹不能禁也。"⑦贾谊和晁错上书的时间是在汉文帝一朝,所奏虽有不同的侧重点,但均注意到积粟及建造粮仓的重要性,从侧面表达了以粮食安全保关中或长安的诉求。具体地

---

① 陈直《三辅黄图校证》,西安:陕西人民出版社1980年版,第133页。
② 同①,第135页。
③ 汉·班固《汉书·食货志上》,北京:中华书局1962年版,第1127页。
④ 汉·司马迁《史记·平准书》,北京:中华书局1982年版,第1441页。
⑤ 汉·班固《汉书·息夫躬传》,北京:中华书局1962年版,第2182页。
⑥ 同③,第1130页。
⑦ 同③,第1130—1131页。

讲,关中既是西汉王朝的政治中心,同时又与匈奴活动的主要区域接壤,加强关中粮仓建设,既可维护关中政治稳定,应对突发性的自然灾害,同时可及时地调拨粮草巩固边防。

稍后,汉文帝采纳了晁错"入粟塞下"的建议,"乃下诏赐民十二年租税之半。明年,遂除民田之租税"①。汉景帝登基后,继续实行轻徭薄赋之策。经过长期的努力,时至汉武帝一朝,出现了"太仓之粟陈陈相因,充溢露积于外,至腐败不可食"②的局面。更重要的是,汉武帝增加关东的漕运岁额后,在关中及长安建造新的粮仓来适应粮食储存的需求已时不容缓。从这样的角度看,汉武帝确立打击匈奴的战略后,为确保远征军的后勤补给,需要囤积大批的粮食及军需物资,在加大从关东调集粮草及军用物资的基础上,兴修河渠推行漕运之策,在关中及相关区域重点建设战略储备仓。

据载,西汉在关中及长安周边建造的仓廪,主要有甘泉仓、细柳仓、嘉仓、长安仓等,尽管这些仓廪没有"漕仓"之名,但其多有依渭水及漕渠而建的特点,故可视为西汉的漕仓。

甘泉仓建于何时?文献缺载。如果以西汉重建甘泉宫为参照,似建于汉武帝一朝。元鼎二年(前115),汉武帝设置水衡都尉,负责管理上林苑、甘泉宫的事务,甘泉仓建设很可能与建造甘泉宫发生在同一时间。这样说,主要基于三个方面的原因:一是甘泉宫位于渭水北岸,西隔泾水,漕渠开通后,甘泉宫有自漕渠入渭水的航线,可通过漕运调粮运兵;二是甘泉宫在长安的西北,一向是匈奴入侵关中的战略通道,汉武帝将处理政务的场所移到甘泉宫,有将打击匈奴的前沿指挥部前移的意图,因指挥部前移,需要驻扎重兵,需要建造粮仓以保证供给,进而提高关中的防御能力;三是水衡都尉的属官有都水、农仓等,都水负责治理河渠等事务,农仓负责仓储及调拨粮草,以供官吏、军兵禄食。专设农仓一职表明,甘泉宫建有粮仓,这一粮仓很可能是甘泉仓。

除了太仓、甘泉仓之外,汉王朝又在京畿地区重点建造了细柳仓和嘉仓等直属中央的粮仓。细柳仓和嘉仓建造的时间虽然没有文献可征,但综合各方面的情况,应建立在汉武帝即位以后,很可能是汉武帝筹划打击匈奴之策时建设的。这样说,主要有以下四个方面的原因。

细柳仓、嘉仓在卫戍长安的安全方面有着不可替代的作用。为了防止匈奴入侵关中及威胁长安,汉王朝在细柳、棘门、霸上等地设军营,在长安的西面、北面和东面构筑了遥相呼应,成掎角之势的防线,史有汉文帝"又置三将军,军长安西细柳、渭北棘门、霸上以备胡"③之说。在长安的三面建细柳、棘门、霸上三大军营,既有防止匈奴入侵的功能,同时又有"备

---

① 汉·班固《汉书·食货志上》,北京:中华书局1962年版,第1135页。
② 汉·司马迁《史记·平准书》,北京:中华书局1982年版,第1420页。
③ 汉·司马迁《史记·匈奴列传》,北京:中华书局1982年版,第2904页。

内"的功能。只在西、北、东三个方向设军营及重点防守,不在长安的南面建立重兵把守的军营,应该与南面背靠秦岭这一天险有着内在的联系。从地理方位上看,与太仓、甘泉仓一样,细柳仓、嘉仓也有着十分便捷的漕运通道,可以为长安三大军营细柳、棘门、霸上提供后勤支援。

此外,在长安建造的粮仓中还有长安仓。本始四年(前70),汉宣帝诏书云:"盖闻农者兴德之本也,今岁不登,已遣使者振贷困乏。其令太官损膳省宰,乐府减乐人,使归就农业。丞相以下至都官令丞上书入谷,输长安仓,助贷贫民。民以车船载谷入关者,得毋用传。"①从"输长安仓"看,长安仓应是旧仓。徐天麟叙述长安仓的地理方位时写道:"《宣帝纪》:本始四年,丞相以下上书入谷,输长安仓。《三辅黄图》云:'细柳仓、嘉仓在长安,面渭水北。古徼西有细柳仓,城东有嘉仓。'"②按照这一说法,长安仓的具体建造时间应与细柳仓、嘉仓大体相同。更重要的是,徐天麟叙述长安仓时有意强调了细柳仓、嘉仓"面渭水北",结合汉宣帝诏书中的"民以车船载谷入关者"语,似可知百姓是用车船运粮入长安仓的。从这样的角度看,长安仓亦有漕仓的性质。

西汉关中的仓廪建设与漕运交织在一起,主要有以下五个方面的特点和变化。

其一,长安及关中仓廪建设是与河渠建设是联系在一起的。在楚汉之争时期,打通从关中到关东的漕运通道,是刘邦建立大一统帝国的先决条件。在大一统帝国建立后,及时地打通从关东到关中的漕运通道,在相应的区域建造仓廪,在维护汉王朝的政治统治方面有不可替代的作用。如关中的西部和北部与匈奴活动的主要区域相接,匈奴进犯直接威胁到汉王朝的安全,加强漕运及关中仓廪建设可为汉王朝政权建设提供基本保障,为在关中驻扎卫戍京畿地区的军队提供必要的粮食及物资支援。

其二,西汉漕运通道及仓廪建设对保证国家安全及战略储备具有重要的意义。具体地讲,漕运有助于国家的粮食储备,增加粮食储备可稳定社会秩序和维护政治统治。贾谊论述道:"管子曰:'仓廪实而知礼节。'民不足而可治者,自古及今,未之尝闻。……夫积贮者,天下之大命也。苟粟多而财有余,何为而不成?"③管子是先秦时期的思想家和经济学家,贾谊是汉文帝时期的政治家,汉代的仓廪建设思想吸纳了管子的思想。从贾谊关注管子仓廪建设的行为中,不难发现汉王朝十分重视粮食的战略储备,充分认识到了粮食储备在维护政治安定、社会稳定等方面的作用。仓廪建设及农耕经济的发展,具有维护国家安全、稳定社会

---

① 汉·班固《汉书·宣帝纪》,北京:中华书局1962年版,第245页。
② 宋·徐天麟《西汉会要·食货五》,上海:上海古籍出版社2006年版,第623页。
③ 汉·贾谊《论积贮疏》,王洲明、徐超校注《贾谊集校注》,北京:人民文学出版社1996年版,第441页。

秩序等方面的作用。

其三,加强漕运通道建设及仓廪建设,有助于赈灾救荒、平易粮价及物价等。史称:"三辅大旱,自四月至于是月。帝避正殿请雨,遣使者洗囚徒,原轻系。是时谷一斛五十万,豆麦一斛二十万,人相食啖,白骨委积。帝使侍御史侯汶出太仓米豆,为饥人作糜粥,经日而死者无降。"① 当粮食极度匮乏及粮价上涨时,如果没有太仓中足够的存粮赈灾的话,社会矛盾将会激化且发生大乱。进而言之,围绕京师地区建造粮仓是确保政权安全不可缺少的因素,如敖仓是汉王朝控制关东地区的支撑点。

其四,关东各地的中央粮仓主要建在漕运通道的沿线,其中包括利用及重修旧仓。汉武帝认为:"洛阳有武库敖仓,天下冲阨,汉国之大都也。"② 又认为:"洛阳有武库、敖仓,当关口,天下咽喉。"③ 这一认识说明汉武帝时期具有漕运中转功能的敖仓是重点建设的对象。钱文子论述道:"自郑当时开渠之后,漕粟益多。考之于史,独河东有根仓、泾仓,荥阳有敖仓。"④ 根仓、泾仓、敖仓是西汉建在不同区域的国家粮仓,这些粮仓在漕运中负有特殊的使命。通过兴修河渠等举措,汉武帝打通了从关东到关中及长安的漕运通道。为节约运输费用及提高效率,汉王朝采取了在漕运通道两岸进行仓廪建设的措施。将关东漕粮运至关中及长安,并由沿岸的仓廪接运,这些仓廪本身就具有漕运的特点。

其五,关中及长安虽然是国家粮仓重点建设的区域,但关中受自然条件的限制,地域有限,远没有关东广阔,因而关东的各个政区也成为汉王朝国家粮仓重点建设的区域。如在考证的基础上,钱文子得出了"惟江淮粟米,去长安逾远,诸侯自为封植而已。故吴王之反,自谓聚粮食三十余年。而枚乘之说云:'汉家转粟西向,不如海陵之仓。'以是知汉仓多在于山东,而不在江淮矣"⑤ 的结论。汉王朝在关东建造的粮仓肩负着向关中及长安输粮及漕运的重任,吴国的海陵仓虽然是天下大仓,但因控制在诸侯国的手中,故没有归入汉王朝征粮及漕运的范围。

汉武帝以后,仓廪建设继续与加强漕运联系在一起。为了减少漕运岁额,应对各种事变,汉王朝又建了常平仓。

创建常平仓是由大司农中丞耿寿昌提出的,汉宣帝五凤四年(前54)正式实施。耿寿昌提出创立常平仓的原因是,"至昭帝时,流民稍还,田野益辟,颇有蓄积"。根据这一情况,耿寿昌提出了创建常平仓的建议,并试图实现两个目标:一是利用丰年市场上的粮食价格走低

---

① 刘宋·范晔《后汉书·孝献帝纪》,北京:中华书局1965年版,第376页。
② 汉·司马迁《史记·三王世家》,北京:中华书局1982年版,第2115页。
③ 汉·司马迁《史记·滑稽列传》,北京:中华书局1982年版,第3209页。
④ 宋·钱文子《汉唐制度》,明·解缙《永乐大典·九震运》北京:中华书局1986年版,第6959页。
⑤ 同④。

时,官府从百姓手中收购多余的粮食,以此来加强战略储备,降低漕运岁额,减轻百姓参与漕运时的负担;二是遇荒年粮价走高时,则将常平仓中囤积的粮食平价售出,进行赈灾救荒,进而以粮价平易物价,稳定社会秩序。耿寿昌认为,汉王朝自关东漕运四百万斛漕粮至京师,每年须有六万漕卒参与其中,如果在关中及相邻区域就近收购百姓手中的余粮,可节省超过三万漕卒的运力又可增加海租即海产赋税。另外,部分漕卒由来自海边的有驾船能力的百姓构成。这一主张受到御史大夫萧望之的反对,但得到了汉宣帝的支持。汉宣帝之所以支持建常平仓,主要与"漕事果便"有关。具体地讲,汉宣帝一朝边患虽有所减轻,甚至屯戍也起到了省漕的作用,但大军征伐时所用的粮草依旧需要漕运,史有"大司农中丞耿寿昌奏设常平仓,以给北边,省转漕"①之说。客观地讲,耿寿昌在各地筑常平仓,建造船只,就近收购谷物,在一定程度上实现了省漕的目标。在边郡建仓,就地囤积粮草,可减少漕运岁额,起到稳定军心和加强边地防务的作用,从而为大军出征提供了有力的支援。从这样的角度看,常平仓建设是汉宣帝一朝实行赈灾救荒、加强边郡防务、节约漕转费用的重要举措。常平仓在解决边地储粮、减少漕转费用的同时,还有平易粮价、救荒等功能。进而言之,汉宣帝在不同的地区建常平仓,改革原有的仓储制度,给后世形成深远的影响。不过,常平仓入籴只能在丰年进行,一旦连年发生自然灾害,入籴将是一句空话,与此同时,省漕也将是一句空话。

---

① 汉·班固《汉书·宣帝纪》,北京:中华书局1962年版,第268页。

第三章 东汉时期的漕运

建武元年(25),光武帝刘秀光复汉室,正式定都洛阳,建立了东汉。东汉是河渠建设及漕运的重要阶段,定都洛阳后,漕运形势发生变化,由此引发河渠建设及漕运等方面的变化。

其一,政治中心东移后,漕运集中到以洛阳为中心的黄河两岸及洛阳以东的东南方向。在这一前提下,河渠建设在从河南开始的同时,表现出洛阳优先的特点,如重点兴修阳渠,改善了洛阳一带的漕运条件,建立了以洛阳为中心的漕运体系。

其二,关东的黄河两岸成为统治的核心区域,这一时期,黄河的改道及泛滥给两岸带来了前所未有的灾难,与此同时,黄河侵吞鸿沟(汴渠),破坏了既有的漕运秩序。为治理河道,恢复漕运,王景、王吴等率数十万人修筑河堤,将黄河与汴渠分离开来,经此,恢复了河南、河北农业生产能力,重建了黄河中下游地区的漕运秩序。

其三,汴口(汴渠入河口)一带土质疏松,因黄河水文变化,经常发生堤岸坍塌及河口迁徙不定的情况。为恢复河南、河北与江淮之间的水上交通,采取了修复汴口的措施。

其四,自汉明帝一朝(58—75)王景、王吴等整治黄河及恢复汴渠以后,各地的河渠建设主要由地方长官负责。永元十年(98),汉和帝在诏书中写道:"堤防沟渠,所以顺助地理,通利壅塞。今废慢懈弛,不以为负。刺史、二千石其随宜疏导。勿因缘妄发,以为烦扰,将显行其罚。"[1]结合元初二年(115),汉安帝"诏三辅、河内、河东、上党、赵国、太原各修理旧渠,通利水道,以溉公私田畴"[2]等情况看,此时兴修河渠的范围很广,且"通利水道",河渠兼有灌溉、排洪防涝、交通等综合性的功能。如虞诩重修武都一带的河渠并发展农业,在抗击羌胡的过程中起到了不可替代的作用。又如马臻疏浚鉴湖,改善了浙江东部的农业生产和水上交通条件。

其五,边地屯田是保卫边疆的有力手段,通过屯田可以减少国家的财政支出及内地的赋税征收,节省了漕运支出。如东汉边患严重,匈奴及羌胡等势力在西北重新崛起,引起

---

[1] 刘宋·范晔《后汉书·孝和帝纪》,北京:中华书局1965年版,第184页。
[2] 同①。

相关地区的动荡,为了减少军费开支,降低漕运负担,采取了边地屯田之策。

东汉末年天下大乱,黄河中下游地区成为各种政治势力反复争夺的战略要地。为确立军事斗争中的优势,曹操兴修了向不同方向延伸的河渠。睢阳渠是曹操率先兴修的河渠,始于建安七年(203)。此后,曹操又根据军事斗争形势的需要,先后兴修了白沟、平虏渠、泉州渠、新河、长明沟、利漕渠等河渠。七条有综合功能的河渠建成后,在提高当地农业生产水平的同时,改变了黄淮、河北等区域的漕运秩序,为曹操统一北方,确立在军事斗争中的优势地位发挥了重要作用。

在兴修河渠的过程中,曹操特别注意其灌溉、改良土壤、排洪防涝、漕运等功能,从而稳定了统治区域内的政治形势和经济形势。他将兴修河渠与安置流民统一起来,致力于发展农业经济,提高了综合国力。他又利用河渠进行屯田,在寓兵于农的同时,方便及时地向不同的方向调运粮草及战略物资。河渠在屯田及漕运等方面的作用,确立了曹操政治集团在与东吴、西蜀政治集团对峙中的优势。曹操将前线指挥部前移洛阳以后,漕运为支撑西北和东南两条战线提供了强有力的后勤支援。

曹操在不同的区域兴修河渠,既是对历史的因袭,同时又有着承前启后的作用。曹操入主洛阳后重修阳渠,为改善洛阳的水陆交通环境起到关键性的作用。他在河北兴修白沟等,为隋炀帝开通永济渠奠定了基础。他兴修睢阳渠即重点建设洛阳以东的漕运通道,为隋炀帝兴修通济渠铺平了道路。从这样的角度看,曹操兴修河渠,对于确立洛阳作为水陆交通枢纽的地位有着不世之功。

第一节　洛阳漕运形势与阳渠

自汉武帝加强中央集权及全面扩大中央机构以后,漕运作为政权建设的一部分,已成为关系一代王朝兴废的头等大事。东汉定都洛阳后,重点兴修了阳渠,旨在通过兴修阳渠等恢复洛阳对外的交通和联系,通过漕运重塑洛阳"天下之中"的地位。这一时期,建立以洛阳为中心的漕运秩序,目的是通过兴修河渠改变南北交通的布局,加强对不同区域的控制,化解政权建设中的危机。

刘秀建都洛阳与漕运

光武帝刘秀定都洛阳,主要有七个方面的原因。

其一,经过西汉末年的大乱后,关中及长安遭受毁灭性的破坏,社会经济很难在短期内恢复。再加上关中地偏一隅,土地狭小,农业产出有限,如继续定都长安,将不利于对关东的控制。

其二,历史上的河洛地区是夏商周三代活动的中心,洛阳有良好的建都条件。

其三,洛阳地处三河地区,既有发达的农业经济,又有山河之险。凭借这一特殊的地理位置,三河成为周代以前重点建都的地方。所谓"三河",是指河东、河内、河南三大农业经济区。黄河自晋陕而下,呈南北流向,随后折回,向东向北再向东,由此将黄河两岸划分为河东、河西、河内、河南、河北五个自然地理区域。河西指关中,河东、河内与河北接壤,与河北一道构成广义上的河北。自唐尧以后,农业经济发达的河东、河内、河南成为先民活动的主要区域,由于"三河在天下之中",有利于控制四方,故成为建都的首选之地。

其四,洛阳是战略要地,汉高祖刘邦得天下后,一度"有意乎都河洛"①,后来虽定都关中长安,但洛阳始终是其重点经营的区域。为了防止洛阳落入异姓之手,形成反叛力量,刘邦采取了重点控制洛阳的措施。洛阳在地理区位上的优势,对刘秀产生了深远的影响。

其五,洛阳一直是刘秀重点经营的区域。早在更始二年(24),刘秀已认识到河洛及洛阳的重要性。为了防止河洛及洛阳落入赤眉军等之手,刘秀确立了先平定河北、河内、河东,后夺取长安和洛阳的战略。② 此外,刘秀的发迹地在南阳(在今河南南阳),南阳距洛阳不远,在洛阳建都有利于依托后方根据地南阳。

其六,洛阳居天下之中,交通便利,既是商贸重镇,又有山河之险,在此建都有利于社会经济的发展及政权的稳定。

其七,刘秀建都洛阳与消除漕运障碍、节省漕运费用等有关。刘邦定都长安时,因国用开支不大,漕运的重要性没有立即彰显出来。不过,汉武帝扩大国用后,政权建设已不得不依靠关东漕运。然而,漕运关中受到黄河三门峡的制约,如果建都洛阳的话,以黄河、鸿沟等为漕运为主干线,既可深入到河南、河北的腹地,又可远及江淮,有利于以漕运保证政权的稳定。经过长期的建设,洛阳早已成为水陆交通枢纽,建都洛阳有利于控制四方。进而言之,国用需求扩大以后,漕运已成为政权建设的重要组成部分,这样一来,漕运遂成为刘秀进行政权建设时必须考虑的因素。

综上所述,光武帝刘秀建都洛阳既有历史方面的原因,又有现实方面的原因,两者交织在一起,洛阳必然会成为建都的首选之地。

阳渠与洛阳漕运

刘秀建立东汉王朝以后,受人为和自然等多重因素的影响,洛阳一带的漕运陷入了瘫痪的状态。为了重建为政治中心洛阳服务的漕运秩序,光武帝建武五年(29),在王梁的

---

① 汉·班固《两都赋·西都赋》,梁·萧统《文选》,北京:商务印书馆1959年版,第3页。
② 刘宋·范晔《后汉书·光武帝纪》,北京:中华书局1965年版,第9—10页。

主持下,开始重修阳渠。因没能达到预期的目标,建武二十四年(48),大司空张纯再度重修阳渠。

阳渠是东汉兴修的第一条有漕运功能的河渠。当时的形势是,黄河南移使得洛水、谷水等随之迁移,给洛阳一带的水文带来了巨大的变化。为了确保洛阳的安全,发展周边的农业,加强水利交通建设已是刻不容缓的大事。

东汉的阳渠建设主要分两个时段进行。第一个时段发生在建武五年,是在王梁的主持下进行的。遗憾的是,此次修渠没能实现预期的目标。第二个时段发生在建武二十四年,是在张纯的主持下进行的。这次重修,不但使阳渠具有了灌溉功能,而后建成了"东通河、济,南引江、淮,方贡委输,所由而至"①的漕运通道。郦道元记载:"汉司空渔阳王梁之为河南也,将引谷水以溉京都,渠成而水不流,故以坐免。后张纯堰洛水以通漕,洛中公私穰赡。是渠今引谷水,盖纯之创也。"②郦道元的这一论述,在一定程度上揭示了王梁与张纯兴修阳渠时的不同侧重点。

在这里,有必要结合史家的记载,进一步地考察两者的异同。首先,王梁兴修阳渠没能取得预期的效果,因而才有张纯重修阳渠的举动。进而言之,前后两次兴修阳渠的行为交织在一起,改善了洛阳周边的农业生产条件,为洛阳的粮食安全等做出了贡献。其次,张纯重修阳渠后,进一步地确立了洛阳的水上交通地位。阳渠通漕后,从水上加强了洛阳与不同区域政治、经济等方面的联系,自阳渠西入黄河连接旧有的漕路,加强了洛阳与关中的联系,阳渠向东连接汴渠,加强了洛阳与江淮地区的联系。再次,阳渠在洛阳的西南,以洛水为基本水源,以谷水等作为补充。在此基础上提出的问题是,在王梁、张纯兴修阳渠以前,洛阳一带的水文情况是什么样的状态?王梁、张纯兴修阳渠时都有哪些作为,他们是如何引水溉田、济运的?针对这一情况,现分述如下。

其一,东汉阳渠的基础是周代的阳渠,周公旦营造洛邑时,为加强洛邑城防兴修了护城河阳渠。东汉建都洛阳后,王梁奉命改造阳渠,试图将其建成具有灌溉、排水等功能的河渠。王梁兴修阳渠时虽利用了周代阳渠的部分水道,但价值取向不同,两者之间不能画等号。具体地讲,王梁兴修阳渠的目的是引水灌溉农田,重点发展洛阳及周边地区的农业。张纯兴修阳渠时,价值取向发生变化。除了重点关注阳渠的灌溉功能外,又将漕运列为追求的目标。后来,汉章帝一朝(76—88)以阳渠为干线兴修新渠,进一步扩大了农田灌溉面积;曹魏在改造阳渠的过程中兴修了五龙渠、千金堨等工程,经过长时间的建设,阳

---

① 北魏·郦道元《水经注·谷水》,《水经注疏》中册(杨守敬、熊会贞疏,段熙仲点校,陈桥驿复校),南京:江苏古籍出版社1989年版,第1401页。
② 同①,第1403—1404页。

渠的漕运、灌溉等综合功能得到了进一步的提升,这一情况完全可以从侧面印证东汉重修阳渠的重要性。

其二,从周灵王一朝开始,洛阳一带的洛水、谷水大涨,出现了洛水强、谷水亦强的局面。因河道狭窄,两水交汇时发生了相斗的局面。具体地讲,一方面是谷水要下泄入洛,另一方面洛水流量增大,向谷水倒灌。两水互不相容,引发向四周漫溢的灾难,严重威胁到王城洛邑的安全。起初,谷水在王城洛邑的北面向东入瀍水,随后又在王城的东北处与洛水合流。时至周灵王二十三年即鲁襄公二十四年(前549),谷水暴涨后改道,行至王城洛邑的西南与洛水交汇,因无处下泄而四处漫溢,直接威胁王城的安全。进而言之,周灵王一朝水文发生变化后,原本在王城北的谷水改道,自西北方向流向王城的西南。在这一过程中,水文变化与城市建设发生变化交织在一起,改变了阳渠原有的护城功能,给王梁重修阳渠提出了新的要求。周时阳渠原本是环绕洛邑的护城河,自城市的中心区域从洛邑转移到成周城以后,阳渠不但丧失了旧有的功能,而且洛邑城北段的阳渠已到了洛阳新城即成周城的南面。时至王梁兴修阳渠开辟漕运航线时,经过历代的建设,洛阳城的地理位置发生了变化,洛阳一带的水文也发生了巨大的变化。

其三,在自然气候及黄河南移的影响下,洛阳一带的谷水、洛水出现了改道的情况。具体地讲,经洛邑东北的洛水改道后,又自东北方向绕到洛邑的南面。在这样的前提下,如果引洛水到洛阳北,完全可以就近开挖渠道,没有必要把漕运码头建到洛阳城的东门建春门一带。进而言之,在洛阳的城北建设漕运码头,完全可以从洛阳北沿洛水经偃师、巩县至洛口(在今河南巩义东北),随后自洛口入黄河航线。王梁为什么不用简便的方法开渠,反而要用绕城的方法开挖阳渠呢? 从当时的情况看,城北的地势最高,引洛水到城北远及黄河后,一旦黄河洪峰到来,沿洛水河道南下,波涛汹涌的大水将无法控制,很有可能淹没地势低洼的洛阳。为此,王梁没有采取自城北开渠引洛水的方案。

其四,在黄河水文的影响下,洛阳一带的水文呈现出复杂的状态。与周时相比,东汉时洛阳除了伊水、瀍水等流经洛阳汇入洛水外,谷水、涧水等亦流经洛阳汇入洛水。错综复杂的水文形势,给王梁兴修阳渠带来了难度。按照王梁的设计,阳渠的线路从城西经城南到城东,再从城东入洛水经偃师、巩县入黄河。遗憾的是,王梁虽有良好的主观愿望,但终因与实际情况不符,功亏一篑。

其五,周王城洛邑与成周城原本是两个相邻的城邑,东汉建都洛阳后,洛阳包括王城洛邑和成周城。周武王克商班师回朝后,先是周公旦负责营造了王城洛邑,后是召公奭在洛邑的北面负责营造了成周城。营造成周城的目的是控制和监督殷商遗民。成周城建成后,以贵族为主体的殷商遗民迁往成周。平王东迁后,洛邑成为东周的国都,此后,周敬王与子朝争立,在晋定公的主持下,周敬王十年即鲁昭公三十二年(前510)诸侯扩建成周城并迁周敬王居成周。阳渠原本是洛邑的护城河,洛邑与成周城隔阳渠相望。此外,成周城在洛水的北岸,故有"洛阳"之称。秦统一六国后,成周城再次得到扩建,并成为秦相吕不韦的封邑。周敬王居成周以后,经过不同朝代的扩建,洛阳逐步形成了以成周城为主城区,以周王城洛邑为次城区的结构。自成周城成为周敬王的王城后,东周的政治中心开始移往洛水北岸。在这一过程中,洛邑逐步丧失了王城的地位,与此同时,周代的阳渠也失去了原有的护城功能,并处于年久失修的状态。

其六,经过不同时期的扩建,成周城和洛邑王城相连,成为一座城市的两个部分。城区扩大后,洛阳城的地形地貌产生了变化,如东汉洛阳的基本地理形势是,城北最高,城西次之,城东再次之,城南最低。大司空王梁代欧阳歙为河南尹以后,为发展河南农业将兴修阳渠提上了议事日程。王梁的本意是,从洛阳的西北引谷水至城西,随后经城南再注入城东,以此来提高农田灌溉水平。

谷水在洛阳城的西北角,从表面上看,这一工程的难度不大,只要在洛阳城的四周开渠引谷水补入渠道便可以成功。可是,"河南城西北,谷水之右有石碛,碛南出为死谷"①,更重要的是,城南地势低洼无法将谷水引到地势更高的城东。受这些自然条件的制约,王梁从城西北引谷水的计划只能陷入失败的境地。

问题是,王梁为什么不采取引谷水至城北这一高地分水的方案呢?道理很简单,城北虽然是洛阳城的最高点,但引水到城北需要建设一系列的提水工程,这样一来,将会增加工程的难度。更重要的是,如果在城北开渠引水入运的话,一旦渠道受损引起下泄将会冲向地势低洼的洛阳,给洛阳带来灭顶之灾。具体地讲,张纯兴修阳渠时重点建造了洛阳城北的堰洛工程(千金堨),堰洛的目的是从最高点分水,以解决"渠成而水不流"等问题。然而,在最高点分水,一旦渠道毁坏引起下泄,将会冲向洛阳。从这样的角度看,自城北分水虽然可以开通阳渠,但同时提出了如何加强堰洛工程管理、防止渠道损坏及保护洛阳安全的要求。进而言之,堰洛工程在后世之所以成为兵家反复争夺的战略要地,是因为其一旦遭受破坏将会淹没整个洛阳城,如晋代张方毁千金堨放水淹没洛阳城,从一个侧面说明了在洛阳城北兴修堰洛工程面临的风险。

东汉时期,黄河水文变化引起洛水水文的变化,由此牵动了洛阳自然地理变化等,进而与洛阳的城市建设及交通建设等形成了错综复杂的关系。从周代到隋代,在自然因素和人为因素的双重作用下,洛阳一带的水文一再发生变化:一是东汉引谷水、洛水即在周代阳渠的基础上建立漕运通道时,这里所说的谷水包括瀍水等,由于东汉兴修阳渠是在黄河南徙及多次改道的背景下,此时兴修的漕运通道已不再是谷水、洛水的故道;二是曹魏

---

① 清·胡渭《禹贡锥指》(邹逸麟整理),上海:上海古籍出版社2006年版,第246页。

定都洛阳后,在东汉阳渠的基础上兴修五龙渠,兴修"大营宫殿,分引支流,灌注苑囿",进一步改变了洛阳的水文;三是西晋时,洛阳水文继续发生变化,乃至于北魏迁都洛阳后,在西晋的基础上进一步兴修阳渠及周边的漕运通道;四是隋炀帝大兴土木营造东都时,洛阳水文再度发生变化,采取"并河南、洛阳而一之,大变成周之辙"之策,在更广泛的范围兴修了洛阳一带的河渠。

这里,先撇开黄河水文变化不论,从周代经东汉、曹魏、北魏再到隋炀帝一朝,重修阳渠始终与治理洛水联系在一起,可以说,洛阳一带的水文一再发生变化极大地破坏了已有的漕运秩序,为此,需要围绕着洛阳不断地整治运道及恢复漕运。从这样的角度看,东汉一朝花大力气重修阳渠既与扩大农田灌溉面积和发展漕运有关,又与解除洛阳水患有关,正是在这多种因素的驱动下,阳渠才成为东汉重点兴修的工程。

第二节　黄河汴渠及浙东漕运

黄河溃决严重地破坏了汴渠及河北运道,而东汉黄河溃决始于西汉末年。胡渭论述道:"及哀、平之世,人始有知禹河之所经者。贾让请决黎阳遮害亭,放河使北入海,王横请徙河缘西山足,乘高地而东北入海,意皆欲复禹河故道,而国祚阽危,事不可为矣。"① 时至东汉,黄河泛滥进入高频期。

重开阳渠以后,东汉河渠建设的主战场转移到洛阳以东的黄河沿线,试图通过治理黄河以恢复漕运。史称:"建武十年,阳武令张汜上言:'河决积久,日月侵毁,济渠所漂数十许县。修理之费,其功不难。宜改修堤防,以安百姓。'书奏,光武即为发卒。方营河功,而浚仪令乐俊复上言:'昔元光之间,人庶炽盛,缘堤垦殖,而瓠子河决,尚二十余年,不即拥塞。今居家稀少,田地饶广,虽未修理,其患犹可。且新被兵革,方兴役力,劳怨既多,民不堪命。宜须平静,更议其事。'光武得此遂止。"② 正因为如此,疏浚济渠的工作暂时搁浅。

由此提出的问题是,张汜所说的"济渠"是否就是汴渠?或者说济渠、汴渠与黄河及鸿沟有什么样的关系?要回答这一问题,首先要从汉武帝堵塞黄河溃口瓠子口(今河南濮阳西南)说起。元封二年(前109),黄河水位空前下降。抓住这一有利时机,汉武帝动员力量,堵住了瓠子口。瓠子口堵塞后,兴修了"道河北行二渠"③的导水工程,从此黄河分

---

① 清·胡渭《禹贡锥指》(邹逸麟整理),上海:上海古籍出版社2006年版,第498页。
② 刘宋·范晔《后汉书·王景传》,北京:中华书局1965年版,第2464页。
③ 汉·司马迁《史记·河渠书》,北京:中华书局1982年版,第1413页。

两条水道东入大海。其中,一条水道是自宿胥口(在今河南滑县西南)东北,途经浚县和滑县之间,折向东北后经濮阳、清丰、南乐、馆陶、高唐、德州、吴桥、景县、章武等地,至柳县(在今河北黄骅)入海;另一条水道是自浚县西南与黄河主干分流,折向东北后经濮阳、范县、阳谷、莘县、聊城、茌平、临邑等地,至滨县入海①。在这中间,黄河北行时借用了济水故道,进而与鸿沟形成了特殊的关系。

黄河与鸿沟漕运关系

重点治理黄河,恢复汴渠,是东汉安定黄河两岸的民生及恢复漕运的大事。那么,汴渠与黄河之间有什么样的关系?王景、王吴治河及修复汴渠有什么样的关系?这里,需要从鸿沟说起。

历史上的鸿沟,包括汴渠和济渠两个不同的航段。黄河南徙截断济水后,济渠留在黄河北岸,汴渠留在黄河南岸,由此引起了有关区域的水文变化,史有"济水,一名沇水,源出济源县西王屋山。东流经县北,又东南经孟县北,又东南入河。……沁水,自山西泽州府阳城县流入东南,流经济源县北,又东南经河内县北,又东经武陟县,北折而南经县东入河。其枝河自武陟县北,东引入修武县,经县西南又东,入卫辉府获嘉县界"②之说。

黄河南徙截断济水后,济渠和汴渠开始分离,进而与济水、黄河等构成了错综复杂的关系:一是济渠的主要补给水源初为济水,包括沁水等,黄河截断济水后,济水河道为黄河所侵占,济渠北行时开始以黄河及支系为主要的补给水源;二是通向东南的汴渠主要以黄河为补给水源,进入淮河流域时又以淮河水系为补给水源;三是兴修鸿沟时利用了济水,黄河截断济水后,残留在黄河南岸的济水故道及支流继续存在,进而成为可利用的水资源;四是济渠和汴渠为鸿沟的两个航段,在成皋和荥阳之间互通,流经不同的区域。魏迁都大梁后,以大梁为中心重点整治了汴渠一带的水上交通,如郦道元引《竹书纪年》有"梁惠成王十年,入河水于甫田,又为大沟而引甫水"③之说,梁惠成王即魏惠王十年(前361)"为大沟",是指魏惠王重修了与大梁相连的鸿沟航段。

济渠和汴渠虽然都是鸿沟的航线,并可以"鸿沟"相称,但有着不同的漕运方向。王应麟论述道:"《河渠书》:'荥阳下引河东南为鸿沟,以通宋、郑、陈、蔡、曹、卫,与济、汝、淮、泗会于楚。'《索隐》云:'楚、汉中分之界。'文颖云:'即今官渡水也,盖为二流:一南经

---

① 宋正海、高建国、孙关龙、张秉伦《中国古代自然灾民动态分析》,合肥:安徽教育出版社2002年版,第257页。

② 清·和珅《钦定大清一统志·怀庆府》,《四库全书》第477册,上海:上海古籍出版社1987年版,第223—224页。

③ 北魏·郦道元《水经注·渠水》,杨守敬、熊会贞疏,段熙仲点校,陈桥驿复校《水经注疏》中册,南京:江苏古籍出版社1989年版,第1872页。

阳武(县,今属东京),为官渡水;一东经大梁城,即鸿沟,今之汴河是也。'《正义》:'应劭云:在荥阳东南二十里。张华云:大梁城在浚仪县,此县西北,渠水东经此城南,又北屈分为二渠。其一渠东南流,始皇凿,引河水以灌大梁,谓之鸿沟,楚、汉会此处也(程氏曰:鸿沟之名,苏秦固尝言之,不待始皇乃有也)。其一渠东经阳武县南,为官渡水。'"①在周密考证的基础上,王应麟得出了"大沟""东经大梁城,即河沟,今之汴河是也"的结论。不过,王应麟所说的鸿沟即楚汉界沟,与后世所说的汴渠有一定的区别。进而言之,先秦时期在荥阳一带兴修的河渠只有同属鸿沟的济渠和汴渠,既然可将汴渠排除在外,那只能是济渠。从这样的角度看,郦道元所说的"盖《春秋》之所谓红泽",应与荥阳"首受沛,东南至陈入颍"的济渠有内在的联系。

起初,济渠与汴渠有不同的补给水源和不同的航线。班固叙述荥阳水文时有"卞水、冯池皆在西南。有狼汤渠,首受沛,东南至陈入颍"②之说,王应麟记载:"《地理志》:河南郡荥阳,卞水、冯池皆在西南,有狼汤渠(音浪宕)首受沛,东南至陈入颍。陈留郡陈留有鲁渠,首受狼汤渠,东至阳夏入涡渠。浚仪故大梁,睢水首受狼汤水,东至取虑入泗。"③在后世的表达中,卞水和狼汤渠等同为鸿沟的别称,不过,班固记荥阳卞水和狼汤渠时有意将两者分开,并强调狼汤渠"首受沛"即以沛水(济水)为补给水源的情况。这一记载从侧面可以证明,在黄河乱济以前,济渠和汴渠虽然都是鸿沟的一部分,但两者有不同的航线和补给水源。

黄河迁徙截断济水后,出现了济渠以黄河为主要补给水源的情况。胡渭考证道:"《河渠书》言荥阳下引河,东南为鸿沟,亦即其处。《班志》河南荥阳县下云:有浪汤渠,首受沛。沛即河也。汉人谓济水。截河而南,故曰首受沛。"④所谓"浪汤渠,首受沛",是指东西走向的黄河截断南北走向的济水以前,浪汤渠以沛水(济水)为补给水源。黄河截断济水后,原先以济水为补给水源的济渠依然存在,只是济渠的主要补给水源发生变化,开始转向黄河。

济渠和汴渠都是鸿沟的航道,以济水为主要补给水源的济渠和以黄河为主要补给水源的汴渠汇合后,黄河虽然是汴渠的主要补给水源,但也以济水的支流为补给水源,在黄河改道迁徙的影响下,成皋、荥阳之间的济渠取水口和汴渠取水口出现了汇合的情况。因济渠与汴渠在成皋、荥阳、大梁之间的航线多有交叉和合流,济渠遂逐步从人们的视野中消失。尽管如此,济渠依旧有独立存在的空间。

---

① 宋·王应麟《通鉴地理通释·七国形势考中》(傅林祥点校),北京:中华书局2013年版,第239—240页。
② 汉·班固《汉书·地理志上》,北京:中华书局1962年版,第1555页。
③ 宋·王应麟《玉海·地理》,南京:江苏古籍出版社1990年版,第419页。
④ 清·胡渭《禹贡锥指》(邹逸麟整理),上海:上海古籍出版社2006年版,第454页。

鸿沟是由不同的航线及航段构成的,这些航线及航段在历史上多有分合,并有不同的名称。在黄河水文变化的影响下,鸿沟各航段出现了"名称差殊"的情况,有了"济渠""汴渠"等称谓。进而言之,在黄河截断济水之前,鸿沟有因济水而建的航线,这条航线曾经一度有"济渠"之称。在这中间,因鸿沟与四渎即江、河、淮、济相通,一向是重要的漕运通道。后来,鸿沟的济水航线虽然有一部分隐匿在黄河之中,但没有完全消失,更重要的是,面向东南的汴水航段依旧存在,故程大昌得出了"而能使四渎舟楫,交相灌注,利倍古昔,则其源委开塞,固所当讲也"①的结论。黄河迁徙改道后,给鸿沟自荥阳东至大梁以东的水道带来了巨大的变化,因文献缺载,遂给梳理这一区域的水文变化及航线变化带来了困难,但并非无迹可寻。黄河迁徙及改道后,官渡作为鸿沟重要的航段节点,形成了一头联系黄河和一头联系淮河的水道。由于这一水道可以自官渡入沙水以后合颍水入涡水再入淮河,这样一来,遂给汳水(鸿沟、汴渠)东行带来了新的变化。

除了可厘清大梁以东的航线外,阳武(在今河南原阳东南)以东以北的航线也是可以厘清的。受黄河水文变化及改道的影响,鸿沟的入河口处于变化之中,此外,泥沙不断地淤积运道造成运道干浅,后人需要在前人的基础上不断地开挖鸿沟入河的新航道。由于这些新航道在一定程度上利用了鸿沟原有的航道,且时有分合,历史上遂有了"济渠""汴渠"等不同的称谓。在这一过程中,济渠和汴渠作为鸿沟在不同时代开挖的新运道,虽然都可以"鸿沟"相称,但航线多有不同。

王景、王吴治河及恢复汴渠

汉光武帝建武十年(34)河患引发济患,出现了"河决积久,日月侵毁,济渠所漂数十许县"②的情况,随着河患不断加深,在威胁济渠安全的同时,使得汴渠整体东移,"后汴渠东侵,日月弥广,而水门故处,皆在河中,兖、豫百姓怨叹"③。时至永平十二年(69)四月,治河及恢复汴渠漕运已到了刻不容缓的地步,如史有汉明帝"遣将作谒者王吴修汴渠,自荥阳至于千乘海口"④之说。千乘(在今山东高青高苑北)是黄河北行时的入海口,初为济渠行经的区域,后为黄河水道的一部分。此次兴修工程以荥阳为起点,向千乘方向延伸,试图通过重点疏通黄河北行的下泄水道,解除黄河水患带来的危机。

王吴兴修汴渠主要是在王景的领导下进行的,两者多有合作和分工。史称:"后汴渠东侵,日月弥广,而水门故处,皆在河中,兖、豫百姓怨叹,以为县官恒兴佗役,不先民急。

---

① 宋·程大昌《禹贡后论·汴》,《四库全书》第 56 册,上海:上海古籍出版社 1987 年版,第 110 页。
② 刘宋·范晔《后汉书·王景传》,北京:中华书局 1965 年版,第 2464 页。
③ 同②,第 2464—2465 页。
④ 刘宋·范晔《后汉书·明帝纪》,北京:中华书局 1965 年版,第 114 页。

永平十二年，议修汴渠，乃引见景，问以理水形便。景陈其利害，应对敏给，帝善之。又以尝修浚仪，功业有成，乃赐景《山海经》《河渠书》《禹贡图》，及钱帛衣物。夏，遂发卒数十万，遣景与王吴修渠筑堤，自荥阳东至千乘海口千余里。景乃商度地执，凿山阜，破砥绩，直截沟涧，防遏冲要，疏决壅积，十里立一水门，令更相洄注，无复溃漏之患。景虽简省役费，然犹以百亿计。明年夏，渠成。帝亲自巡行，诏滨河郡国置河堤员吏，如西京旧制。景由是知名。"①为了消除黄河侵吞济渠和汴渠引发的灾难，王景、王吴奉命修渠及兴修河堤，历时一年取得了成功。

王景、王吴治汴治济是以治河为先导的：一是针对黄河水文变化，采取疏通河道的措施来解除河患，以此来安顿民生，恢复当地的农业生产；二是以治汴治济为治河的基本内容，表达了解除黄河水患的诉求；三是通过治河表达了建立以洛阳为中心的漕运体系的诉求，如治理汴渠旨在重建从洛阳到江淮的漕运通道，治理济渠旨在重建洛阳与黄河以北的联系。

因水患不断加剧，建武十年出现了"侵毁济渠，漂数十许县"的事件，同时又出现了汴渠东侵与黄河水道合为一体的情况。针对这些情况，王景、王吴受命治河，着力恢复汴渠和济渠漕运。王景、王吴治河主要在两大区域，并采取了不同的方法。具体地讲，一是在黄河以北兴修黄河自荥阳至千乘入海的河堤，筑堤安流时涉及济水；二是用筑堤的方法将汴渠从黄河中分离出来，用分流及恢复汴渠的方法解除黄河水患。因东汉建都洛阳，"东方之漕，全资汴渠，故惟此为急"，故叙述这一事件时不提治河，只提恢复汴渠漕运。从胡渭的论述中可得出的结论是：治河是修整汴渠和济渠的基本前提，要想恢复汴渠、济渠漕运，须从治河入手。

黄河截断济水以后，黄河以北的济水河道与黄河并存，王景、王吴筑堤时将济水故道从黄河中分离出来，在一定程度上起到了恢复济渠漕运的作用。永平十三年（70），汴渠恢复漕运后，汉明帝至荥阳巡视并在诏书中写道："自汴渠决败，六十余岁，加顷年以来，雨水不时，汴流东侵，日月益甚，水门故处，皆在河中，漭瀁广溢，莫测圻岸，荡荡极望，不知纲纪。今兖、豫之人，多被水患，乃云县官不先人急，好兴它役。又或以为河流入汴，幽、冀蒙利，故曰左堤强则右堤伤，左右俱强则下方伤，宜任水势所之，使人随高而处，公家息壅塞之费，百姓无陷溺之患。议者不同，南北异论，朕不知所从，久而不决。今既筑堤理渠，绝水立门，河、汴分流，复其旧迹，陶丘之北，渐就壤坟，故荐嘉玉絜牲，以礼河神。东过洛汭，叹禹之绩。今五土之宜，反其正色，滨渠下田，赋与贫人，无令豪右得固其利，庶继世宗《瓠子》之作。"②从所述内容看，这里所说的"汴渠"包括济渠，均为鸿沟流经不同区域的

---

① 刘宋·范晔《后汉书·王景传》，北京：中华书局1965年版，第2464—2465页。
② 刘宋·范晔《后汉书·明帝纪》，北京：中华书局1965年版，第116页。

航段,济渠漕运涉及济水故道,可通淮、泗的汴渠利用了黄河截济之前的济水河道,这样一来,将济渠纳入汴渠之中乃是历史发展的必然。

黄河截断济水后引起鸿沟航段的变化,是前人的共识。胡渭论述道:"济渎之水,自周以来凡数变。初为济,及导荥为川,则荥与济合。鸿沟既开,荥渎为河所乱,及荥泽又塞,则所行者唯河水矣。汴渠不通,则巨野以北所行唯菏、汝。戴村已筑,则东阿以下所行唯山泉沟泽之水,其号为济者,袭旧名而已。济渎入海之道,自唐以来亦数变。初经高苑县北,又东北至博昌入海。其后则不由博昌。《通典》云:旧济合在今博昌县界,今无。《元和志》蒲台县下云:海在县东一百四十里,海畔有一沙阜,俗呼为斗口淀。是济水入河之处,海潮与济相触,故名。盖其时济水改道从蒲台东北与河浑涛而入海也。宋南渡后,刘豫导泺水东行,入济水故道为小清河,仍经高苑县北至乐安县入海。及金皇统中,县令高通改由县南长沙沟至博兴合时水,又东北至乐安,由马车渎入海。"① 在考证历史水文变化的基础上,胡渭强调了鸿沟与汴渠、济渠之间的关系。进而言之,胡渭所说的"汴渠不通",包括济渠。应该说,这一论述是有价值的,对于认识东汉时期黄河北岸的济渠水文有着重要的意义。客观地讲,在黄河向南迁徙的背景下,济渠与黄河北道多有分合,但两者不能完全等同。

修复汴渠和济渠主要有五大工程。一是兴建分离黄河和汴渠的筑堤工程。针对黄河在荥阳一带侵吞汴渠的情况,王景、王吴率数十万人在黄河和汴渠合二为一的水道之间构筑长堤,将汴渠从黄河水道中剥离出来。二是兴建水门(水闸)泄水及洄注工程。在王景等兴建洄注工程以前,水门的功能较为单一,或为泄水所设,通过泄水降低航道水位,将其控制在安全航行的范围之内;或为注水所设,通过注水抬高航道水位,以防航道干浅不利于航行。王景建造洄注工程后,创造性地将泄水和注水结合到一块,提高了水门的利用效率和价值。经过改造,在调节航道水位的过程中,水门同时具有了泄水和注水两大功能。具体地讲,航道水位过高时,通过水门泄水可以降低航道水位;当下一航段水位不足时,泄水渠中的泄水又可以及时地洄注到主航道。在这中间,水门建设与洄注工程建设有机地结合在一起,通过水门控制泄水和注水,从而健全和完善了航道的泄水和补水系统。进而言之,航道水位过高不利于航行时,可通过泄水降低航道水位;航道水位过低时,可将泄水洄注到航道,通过提高航道水位的办法来解决下流航道水位过低无法通航的问题。三是王景、王吴重点建设了塌流工程。所谓"塌流",是指在大堤内修筑防止洪水冲击堤岸的堤坝,通过减缓洪水冲击堤岸的力度,防止黄河洪水直接灌入汴渠,避免毁堤事件的发生。四是重点兴修加固汴口即荥口(在今河南荥阳西)工程。汴口是汴渠取黄河之水的渠口,是保证汴渠行运的关键。黄河有丰水和枯水季节,汴口地处黄土高原,土质松软,洪峰来临时极易坍塌;枯水季节来临时,黄

---

① 清·胡渭《禹贡锥指》(邹逸麟整理),上海:上海古籍出版社2006年版,第609页。

河流速放缓,大量的泥沙极易淤积渠口。为此,王景、王吴将汴口视为恢复汴渠漕运的关键性工程,以有效阻遏汴渠决堤或淤塞情况的发生。五是兴修了自荥口至千乘的千里长堤,在这中间,包括兴修济渠大堤。

汴渠重修后,从水上加强了洛阳与中原、江淮、齐鲁等地在政治、经济、文化等方面的联系。追溯历史,如果说建武五年王梁在洛阳重修阳渠已透露东汉可能发展漕运的信息,那么,经张纯重开阳渠加强洛阳水上交通建设,至张汜上书治河治济,标志着东汉全面治河和恢复漕运已提上了议事日程。从这样的角度看,永平十二年,王景、王吴用筑堤的方式,加固黄河堤防,恢复济渠,将狭义上的汴渠从黄河中分离出来,传达了以漕运稳定政治秩序和发展农业的诉求。从表面上看,开通汴渠只是加强了东南漕运,实际上这里隐含了重点经营淮河流域及江淮的战略意图。

这一功绩泽及后世,时隔三十八年,在永初元年(107)九月,汉安帝刘祜调运扬州等五郡租米时,充分地利用东连淮泗的汴渠即狭义上的汴渠,如史有"调扬州五郡租米,赡给东郡、济阴、陈留、梁国、下邳、山阳"①之说,这里明确地传达了以漕运稳定社会秩序的信息;又如《后汉书·孝安帝纪》有永初七年(113)"京师大风,蝗虫飞过洛阳。……又调滨水县谷输敖仓"等语,唐李贤等注云:"《诗》曰:'薄狩于敖',即此地。秦于此筑太仓,亦曰敖庾,在今郑州荥阳县西北。《东观记》:'滨水县彭城、广阳、庐江、九江谷九十万斛,送敖仓。'"②汉安帝刘祜以汴渠为漕运通道,将九十万斛谷物运至洛阳以东的敖仓,解除了蝗灾等给洛阳及周边地区带来的粮食危机,从中可见狭义上的汴渠在维护东汉统治方面的作用。

马臻疏浚镜湖及漕运

会稽郡太守马臻在山阴(在今浙江绍兴)疏浚镜湖、兴修湖堤,也是东汉漕运史中的重要事件。

马臻疏浚镜湖的事迹始见于唐代。杜佑记载:"顺帝永和五年,马臻为会稽太守,始立镜湖,筑塘周回三百十里,灌田九千余顷,至今人获其利。"③李吉甫亦记载:"镜湖,后汉永和五年太守马臻创立,在会稽、山阴两县界筑塘蓄水,水高丈余,田又高海丈余,若水少则泄湖灌田,如水多则闭湖泄田中水入海,所以无凶年。堤塘周回三百一十里,溉田九千顷。"④按照杜佑和李吉甫的说法,马臻疏浚镜湖是在汉顺帝永和五年(140),而疏浚镜湖的目的是解除浙东一带的水患,发展农业,与疏通航道无关。

---

① 刘宋·范晔《后汉书·孝安帝纪》,北京:中华书局1965年版,第208页。
② 同①,第220页。
③ 唐·杜佑《通典·食货二》,杭州:浙江古籍出版社1988年版,第17页。
④ 唐·李吉甫《元和郡县图志·江南道二》(贺次君点校),北京:中华书局1983年版,第619页。

杜佑和李吉甫的观点得到后人的认可,认为马臻疏浚镜湖、筑湖堤,泽及后世,如入宋以后,依旧得其沾溉。史称:"鉴湖之广,周回三百五十八里,环山三十六源。自汉永和五年,会稽太守马臻始筑塘,溉田九千余顷,至宋初八百年间,民受其利。"①后世史家言之凿凿,马臻疏浚镜湖当有所本。

时至清代,胡渭在叙述马臻疏浚镜湖及筑湖堤时,称其建造了石闼等。胡渭记载:"山阴镜湖,会稽太守马臻作,筑塘周回三百里,疏为二门,其北堤石闼二,阴沟十九,南堤阴沟十四。盖皆古法也,川水暴至,则开高门受水,使水得游荡陂中,以分杀其怒;川平则仍闭以蓄水,遇旱即开下门以溉田。利民之事,无大于此者,故《易》曰'说万物者,莫说乎泽'。"②石闼即石砌小门,有蓄水和泄水功能。这一叙述补充了前人记载中的不足。

镜湖(鉴湖)本身是浙东漕渠的一部分,故疏浚镜湖包含了恢复浙东漕运的意图。曾巩论述道:"鉴湖,一曰南湖,南并山,北属州城漕渠,东西距江,汉顺帝永和五年,会稽太守马臻之所为也,至今九百七十有五年矣。其周三百五十有八里,凡水之出于东南者皆委之。州之东,自城至于东江。其北堤石挞二,阴沟十有九,通民田,田之南属漕渠,北东西属江者皆溉之。州之东六十里,自东城至于东江,其南堤阴沟十有四,通民田,田之北抵漕渠,南并山,西并堤,东属江者皆溉之。州之西三十里,曰柯山斗门,通民田,田之东并城,南并堤,北滨漕渠,西属江者皆溉之。总之,溉山阴、会稽两县十四乡之田九千顷。非湖能溉田九千顷而已,盖田之至江者尽于九千顷也。其东曰曹娥斗门,曰蒿口斗门,水之循南堤而东者,由之以入于东江。其西曰广陵斗门,曰新径斗门,水之循北堤而西者,由之以入于西江。其北曰朱储斗门,去湖最远。盖因三江之上、两山之间,疏为二门,而以时视田中之水,小溢则纵其一,大溢则尽纵之,使入于三江之口。所谓湖高于田丈余,田又高海丈余,水少则泄湖溉田,水多则泄田中水入海,故无荒废之田,水旱之岁者也。由汉以来几千载,其利未尝废也。"③从镜湖"北属州城漕渠""其北堤石挞二,阴沟十有九,通民田,田之南属漕渠"等语中不难发现,疏浚镜湖并及两面,一是改善了当地的农业生产条件,二是保证了浙东漕渠山阴航段的安全。

从大的方面讲,镜湖是山阴故水道的一部分,有调节其水位的功能,在漕运中负有重要的使命。东汉袁康记载:"山阴故水道,出东郭,从郡阳春亭。去县五十里。"④所谓"东郭",指山阴外城的东门。所谓"阳春亭",指山阴东门外的驿亭。自山阴出发,沿山阴故水道向东可进入曹娥江,向西越过钱塘江可与吴郡(在今江苏苏州)境内的吴古故水道相通。从这样的角度看,镜湖航线是浙东漕渠的重要航段当不成问题。

---

① 元·脱脱等《宋史·河渠志七》,北京:中华书局1985年版,第2406页。
② 清·胡渭《禹贡锥指》(邹逸麟整理),上海:上海古籍出版社2006年版,第650页。
③ 宋·曾巩《越州鉴湖图序》,《曾巩集》(陈杏珍、晁继周点校),北京:中华书局1984年版,第205页。
④ 汉·袁康《越绝书·越绝外传》,《四库全书》第463册,上海:上海古籍出版社1987年版,第108页。

关于这点,还可以从晋时贺循兴修山阴漕渠的过程中得到进一步的证明。晋怀帝年间(307—313),会稽内史贺循主持兴修了浙东漕渠及山阴航段。史称:"运河自西兴抵曹娥横亘二百余里,历三县。萧山河至钱清,长五十里;东入山阴径府城至小江桥,长五十五里。又东入会稽,长一百里。其纵南自蒿坝北抵海塘,亦几二百里。旧经云:晋司徒贺循临郡,凿此以溉田,虽旱不涸,至今民饱其利。"①所谓"历三县",是指浙东漕渠途经萧山、山阴、上虞三县。所谓"萧山河",是指从萧山到钱清之间的萧山运河。所谓"纵南",是指这一航段以府城南面的镜湖南塘(南湖)为航道。所谓"蒿坝",是指建在距山阴四十里处蒿山附近的堰坝。由于蒿坝有堰镜湖的功能,故成为"绍兴、台州二府往来必经之地"②。所谓"凿此以溉田",是指贺循在马臻的基础上疏浚镜湖,恢复了镜湖的蓄水溉田功能。从这样的角度看,疏浚镜湖并及两面,一是改善了当地的农业生产条件,二是镜湖作为浙东漕渠的一部分,在浙江漕运扮演重要的角色。具体地讲,在从西兴起航中经山阴、会稽二县抵达曹娥江之前,必须以"湖广五里,东西百三十里"③的镜湖为航线。如史有"东南通镜湖,运河北达于海"④之说,镜湖是山阴故水道的重要航段,从山阴沿水路东行必走镜湖广陵斗门。如史有"官塘跨山、会二县,在山阴者又谓之南塘,西自广陵斗门,东抵曹娥亘一百六十里,即故镜湖塘也"⑤之说,所谓"自广陵斗门,东抵曹娥亘一百六十里",是指以山阴故水道为主航道。

屯田与省漕

东汉边地屯田,发生在边地不稳时常受到匈奴及诸羌蚕食的背景下。首先需要说明的是,史家所说的"屯田"包括军屯和民屯两个方面,如汉宣帝刘询的诏书中有"今军士屯田"⑥之语。进入东汉以后,屯田虽包括民屯,但主要指军屯,如史有"建光元年,京都及郡国二十九淫雨伤稼。是时羌反久未平,百姓屯戍,不解愁苦"⑦之说,又有"然后简精锐之卒,发屯守之士,三军既整,甲兵已具,相其土地之饶,观其水泉之利,制屯田之术,习战射之教,则威风远畅,人安其业矣"⑧之说可证。

---

① 明·萧良干、张元忭等《万历绍兴府志·山川志四》,《四库全书存目丛书·史部》第200册,济南:齐鲁书社1997年版,第469—470页。
② 明·萧良干、张元忭等《万历绍兴府志·水利志二》,《四库全书存目丛书·史部》第200册,济南:齐鲁书社1997年版,第649页。
③ 北魏·郦道元《水经注·浙江水》,《水经注疏》下册(杨守敬、熊会贞疏,段熙仲点校,陈桥驿复校),南京:江苏古籍出版社1989年版,第3305页。
④ 宋·施宿等《会稽志·斗门》,《四库全书》第486册,上海:上海古籍出版社1987年版,第85页。
⑤ 同②,第645页。
⑥ 刘宋·范晔《后汉书·光武帝纪下》,北京:中华书局1965年版,第50页。
⑦ 刘宋·范晔《后汉书·五行志一》,北京:中华书局1965年版,第3269页。
⑧ 刘宋·范晔《后汉书·桓谭冯衍传上》,北京:中华书局1965年版,第968页。

追溯历史,西汉末年天下大乱,匈奴联合盘踞在河西的羌胡乘机作乱,给东汉政权带来严重的威胁。西域各国不堪匈奴的压迫主动要求"内附",光武帝刘秀"以天下初定,未遑外事,竟不许之"放弃经营西域,到汉明帝刘庄面对匈奴入侵河西,于永平十六年(73)"北征匈奴,取伊吾卢地",重建屯田秩序后"遂通西域";从汉章帝刘炟建初元年(76)"不欲疲敝中国以事夷狄,乃迎还戊己校尉,不复遣都护",到建初二年(77)"复罢屯田伊吾";从汉和帝永元元年(89)窦宪大破匈奴,到永元三年(91)班超在西域屯田及"复置戊己校尉",西域"五十余国悉纳质内属";从汉和帝去世"西域背畔",到汉安帝刘祜永初元年(107)"诏罢都护",经营西域问题一直困扰着东汉,一方面放弃西域及撤屯将引起整个西北地区的动荡不安,另一方面经营西域又力不从心。时至汉安帝一朝,终因国力不支,被迫采取了"遂弃西域"的方案。

东汉政府失去西域这一屏障后,给匈奴及诸羌提供了在西域及河西的活动空间,引起了边郡的动荡。如芦芳勾结匈奴割据五原(在今内蒙古包头市西北),加剧了东汉政权的危机,为此,光武帝刘秀采取了边地屯田之策。史称:"东方既平,七年,诏茂引兵北屯田晋阳、广武,以备胡寇。九年,与雁门太守郭凉击卢芳将尹由于繁畤,芳将贾览率胡骑万余救之,茂战,军败,引入楼烦城。时,卢芳据高柳,与匈奴连兵,数寇边民,帝患之。十二年,遣谒者段忠将众郡弛刑配茂,镇守北边,因发边卒筑亭候,修烽火,又发委输金帛缯絮供给军士,并赐边民,冠盖相望。茂亦建屯田,驴车转运。"①"七年"指光武帝建武七年(31)。此时"诏茂引兵北屯田晋阳、广武,以备胡寇",可视为光武帝刘秀下令在边郡屯田的开始。在这中间,杜茂一方面"发边卒筑亭候,修烽火,又发委输金帛缯絮供给军士,并赐边民",稳定了北边;另一方面"建屯田,驴车转运",以军屯和民屯相结合的方式加强粮草转运,遏制了可新出现的割据及反叛势力。

杜茂北边屯田很快得到推广。建武三十年(54),刘秀在诏书写道:"即位三十年,百姓怨气满腹,吾谁欺,欺天乎?曾谓泰山不如林放,何事污七十二代之编录!桓公欲封,管仲非之。若郡县远遣吏上寿,盛称虚美,必髡,兼令屯田。"②建武二十一年(45)到三十年,刘秀多次下令屯田,这一作为完全可视为建武七年诏杜茂屯田的延续。

从大的方面讲,东汉边地屯田既受到形势的影响,同时又承袭了西汉的做法。史称:"边郡置农都尉,主屯田殖谷。又置属国都尉,主蛮夷降者。中兴建武六年,省诸郡都尉,并职太守,无都试之役。省关都尉,唯边郡往往置都尉及属国都尉,稍有分县,治民比郡。"③西汉在边郡置农都尉,使其拥有了"稍有分县,治民比郡"的权力,这一做法直接影响到东汉屯田职官建设。

---

① 刘宋·范晔《后汉书·朱景王杜马刘傅坚马传》,北京:中华书局1965年版,第776—777页。
② 刘宋·范晔《后汉书·祭祀志上》,北京:中华书局1965年版,第3161页。
③ 刘宋·范晔《后汉书·百官志五》,北京:中华书局1965年版,第3621页。

汉和帝时,为对付羌胡先后在关陇各地进行屯田。汉和帝永元元年,烧当羌酋长迷唐被护羌校尉邓训击败,去大、小榆,徙居颇岩谷。史称:"训因发湟中秦、胡、羌兵四千人,出塞掩击迷唐于写谷,斩首虏六百余人,得马牛羊万余头。迷唐乃去大、小榆,居颇岩谷,众悉破散。其春,复欲归故地就田业,训乃发湟中六千人,令长史任尚将之,缝革为船,置于箄上以度河,掩击迷唐庐落大豪,多所斩获。复追逐奔北,会尚等夜为羌所攻,于是义从羌胡并力破之,斩首前后一千八百余级,获生口二千人,马牛羊三万余头,一种殆尽。迷唐遂收其余部,远徙庐落,西行千余里,诸附落小种皆背畔之。烧当豪帅东号稽颡归死,余皆款塞纳质。于是绥接归附,威信大行。遂罢屯兵,各令归郡。惟置弛刑徒二千余人,分以屯田,为贫人耕种,修理城郭坞壁而已。"①邓训大胜后,以为河西边郡稳定,遂罢除屯兵,采取了民屯的方式。然而,因民屯缺少武力的保护,很快陷入了瘫痪的状态。

为了扭转不利于统治的局面,永元十四年(102),曹凤进献河西屯田之策,试图以军屯的方式重建河西的政治秩序和社会秩序。史称:"时西海及大、小榆谷左右无复羌寇。隃糜相曹凤上言:'西戎为害,前世所患,臣不能纪古,且以近事言之。自建武以来,其犯法者,常从烧当种起。所以然者,以其居大、小榆谷,土地肥美,又近塞内,诸种易以为非,难以攻伐。南得钟存以广其众,北阻大河因以为固,又有西海鱼盐之利,缘山滨水,以广田蓄,故能强大,常雄诸种,恃其权勇,招诱羌胡。今者衰困,党援坏沮,亲属离叛,余胜兵者不过数百,亡逃栖窜,远依发羌。臣愚以为宜及此时,建复西海郡县,规固二榆,广设屯田,隔塞羌胡交关之路,遏绝狂狡窥欲之源。又殖谷富边,省委输之役,国家可以无西方之忧。'于是拜凤为金城西部都尉,将徙士屯龙耆。后金城长史上官鸿上开置归义、建威屯田二十七部,侯霸复上置东西邯屯田五部,增留、逢二部,帝皆从之。列屯夹河,合三十四部。其功垂立。"②通过"广设屯田"即开置屯田三十四部,既"隔塞羌胡交关之路,遏绝狂狡窥欲之源",同时又"殖谷富边,省委输之役"。可以说,曹凤的屯田之策推广后,在河西"列屯夹河",成为有效遏制羌胡之乱的重要原因,故史家有"其功垂立"之说。

然而,好景不长,汉安帝刘祜永初时(107—113),羌胡再度作乱,一度建立的河西屯田秩序被迫中断,如史有"至永初中,诸羌叛。乃罢"③之说。由此引起的震动是,郡县被迫内徙,如陇西徙襄武(在今甘肃陇西)、安定徙美阳(在今陕西扶风)、北地徙池阳(在今陕西泾阳)、上郡徙衙(在今陕西白水),故史有"羌既转盛,而二千石、令、长多内郡人,并无守战意,皆争上徙郡县,以避寇难。朝廷从之,遂移陇西徙襄武,安定徙美阳,北地徙池阳,上郡徙衙。百

---

① 刘宋·范晔《后汉书·邓寇列传》,北京:中华书局1965年版,第610—611页。
② 刘宋·范晔《后汉书·西羌传》,北京:中华书局1965年版,第2885页。
③ 同②。

姓恋土，不乐去旧，遂乃刈其禾稼，发彻室屋，夷营壁，破积聚"①之说。这一事实表明，一旦屯田秩序遭受破坏，不但河西不保，就是三辅地区也将成为羌胡入侵的对象，如史有"安帝以羌犯法，三辅有陵园之守，乃复置右扶风都尉，京兆虎牙都尉。皆置诸曹掾史"②之说可证。

汉安帝以后，针对撤屯带来的危机，尚书仆射虞诩再度提出边郡屯田的国策。如汉顺帝永建四年（129），虞诩上书道："臣闻子孙以奉祖为孝，君上以安民为明，此高宗、周宣所以上配汤、武也。《禹贡》雍州之域，厥田惟上。且沃野千里，谷稼殷积，又有龟兹盐池以为民利。水草丰美，土宜产牧，牛马衔尾，群羊塞道。北阻山河，乘厄据险。因渠以溉，水舂河漕。用功省少，而军粮饶足。故孝武皇帝及光武筑朔方，开西河，置上郡，皆为此也。而遭元元无妄之灾，众羌内溃，郡县兵荒二十余年。夫弃沃壤之饶，损自然之财，不可谓利；离河山之阻，守无险之处，难以为固。今三郡未复，园陵单外，而公卿选儒，容头过身，张解设难，但计所费，不图其安。宜开圣德，考行所长。"③"今三郡未复"，是指安定、北地、上郡等地被羌胡长期侵占。虞诩的奏疏受到了重视，成为汉顺帝下令屯戍的依据，很快推广到安定、北地、上郡及陇西、金城等地。史称："书奏，帝乃复三郡。使谒者郭璜督促徙者，各归旧县，缮城郭，置候驿。既而激河浚渠，为屯田，省内郡费岁一亿计。遂令安定、北地、上郡及陇西、金城常储谷粟，令周数年。"④重建河西的屯田秩序。

虞诩重建河西屯田秩序后，主要实现了三个目标：一是有效地巩固了边防，稳定当地的农业生产秩序和社会秩序；二是通过就地攫取军需，极大地节约了自内地漕转河西等地过程中的耗费；三是在兴修河渠的同时，重点发展当地的农业，实现了从水路快速地调运粮草及军需物资的目标，进而支援了平叛战争。如胡三省注司马光《资治通鉴》中"安定、北地、上郡，山川险厄，沃野千里，土宜畜牧，水可溉漕"语云："既可溉田，又可通漕也。"⑤王应麟亦记载："《西羌传》：顺帝永建元年，陇西羌反，校尉马贤击之皆降。至四年，尚书仆射虞诩上疏曰：《禹贡》：雍州，厥田惟上，沃野千里，又有龟兹盐池，以为民利（上郡龟兹县有盐官），水草丰美，土宜产牧，因渠以溉，水舂河漕，用功省，而军粮足。故孝武、光武筑朔方，开西河，置上郡，皆为此也。书奏，帝乃复三郡，使谒者郭璜督徙者归旧县，缮城郭，既而激河浚渠，为屯田，省内郡费岁一亿计，遂令安定、北地、上郡、陇西、金城常储谷粟。令周数年，其冬韩皓为校尉，明年因转湟中，屯田置两河间，以逼群羌。"⑥通过兴修河渠及屯田极大地稳定了西北边郡，改变了"飞刍挽粟以随其后"的局面，达到了"用功省少，而军粮饶足"的目的。

---

① 刘宋·范晔《后汉书·西羌传》，北京：中华书局1965年版，第2887—2888页。
② 刘宋·范晔《后汉书·百官志五》，北京：中华书局1965年版，第3621页。
③ 同①，第2893页。
④ 同①，第2893页。
⑤ 宋·司马光《资治通鉴·汉纪四十三》，北京：中华书局1956年版，第1653页。
⑥ 宋·王应麟《玉海·食货》，南京：江苏古籍出版社1990年版，第2811页。

第三节　凉州、河西漕运与屯田

凉州是九州之一雍州在汉代的新称。雍州的东界至黄河,黄河西岸是关中,东岸是河东。西界至黑水(一说张掖河,一说党河,两河均在甘肃域内。又说黑水指新疆域内的喀喇乌苏河)。汉武帝设十三部州监察区时,改雍州为凉州。史称:"汉兴,因秦制度,崇恩德,行简易,以抚海内。至武帝攘却胡、越,开地斥境,南置交阯,北置朔方之州,兼徐、梁、幽、并夏、周之制,改雍曰凉,改梁曰益,凡十三部,置刺史。"①此时的凉州主要负责黑水、西河之间的监察事务,包括河西张掖、酒泉、武威、敦煌四郡。王莽新政时,改革职官制度,州刺史成为地方军事行政长官。时至东汉,凉州负责陇西、汉阳、武都、金城、安定、北地、武威、张掖、酒泉、敦煌、张掖属国、张掖居延属国等地的监察事务。

凉州漕运始于虞诩至武都(在今甘肃成县西北)任太守之时。汉安帝永初四年(110),羌胡发动叛乱,直接威胁到并州、凉州等地的安全。当时,执掌朝政的大将军邓骘萌生了放弃凉州的念头,打算集中力量对付来自并州的叛乱,如史有"永初四年,羌胡反乱,残破并、凉,大将军邓骘以军役方费,事不相赡,欲弃凉州,并力北边"②之说。

当朝臣大都附从邓骘之说时,虞诩发表了不同的意见,大意是,先帝开辟疆土十分辛苦,轻易地把它丢了,那么三辅将成为边塞。三辅一旦成为边塞,祖宗的陵园将在域外。现在,羌胡之所以不敢从并州方向入侵三辅,是因为凉州在他的后方起到了牵制的作用。如果放弃了凉州,将会发生重大的变故。一旦凉州人心生异志,豪雄聚集到一块乘势东来,就算是有孟贲、夏育那样的勇士也抵挡不住。虞诩的观点受到李修的重视,进而了纠正了邓骘的错误决定,如史有"修善其言,更集四府,皆从诩议"③之说。

事实上,虞诩的认识是有战略眼光的。具体地讲,凉州水草丰茂,有良好的耕种和放牧条件。史称:"其民或以关东下贫,或以报怨过当,或以悖逆亡道,家属徙焉。习俗颇殊,地广民稀,水草宜畜牧,故凉州之畜为天下饶。保边塞,二千石治之,咸以兵马为务;酒礼之会,上下通焉,吏民相亲。是以其俗风雨时节,谷籴常贱,少盗贼,有和气之应,贤于内郡。"④自汉武帝开拓疆土及实行移民之策后,凉州及河西已成为汉王朝的重要粮仓,在打击匈奴和诸羌的战争中发挥了重要的作用。东汉时期,羌胡不断地侵扰凉州及河西,由于

---

① 汉·班固《汉书·地理志上》,北京:中华书局1962年版,第1543页。
② 刘宋·范晔《后汉书·虞傅盖臧列传》,北京:中华书局1965年版,第1866页。
③ 同②。
④ 汉·班固《汉书·地理志下》,北京:中华书局1962年版,第1645页。

国力有限,再加上讨伐不力等诸多原因,东汉统治者只能眼睁睁地任凭其兴风作浪。为了解除边患,朝廷任命虞诩出任武都太守,如史有"后羌寇武都,邓太后以诩有将帅之略,迁武都太守"①之说,由此虞诩开启了经营凉州及河西的历史。

虞诩任武都太守后,击溃了来势汹汹的羌兵,如史有"既到郡,兵不满三千,而羌众万余,攻围赤亭数十日。诩乃令军中,使强弩勿发,而潜发小弩。羌以为矢力弱,不能至,并兵急攻。诩于是使二十强弩共射一人,发无不中,羌大震,退。诩因出城奋击,多所伤杀"②之说。他修筑营垒,招还流民,赈救百姓,安定了武都,如史有"诩乃占相地势,筑营壁百八十所,招还流亡,假赈贫人,郡遂以安"③之说。他还兴修河渠发展漕运,减少漕运支出,如史有"先是运道艰险,舟车不通,驴马负载,僦五致一。诩乃自将吏士,案行川谷,自沮至下辩数十里中,皆烧石剪木,开漕船道,以人僦直雇借佣者,于是水运通利,岁省四千余万"④之说。通过兴修河渠开辟航线节约了运输成本,保证了平乱中的后勤补给。

其实,"开漕船道"不仅可以"岁省四千余万",更重要的是,这条新修的河渠还有防洪排涝、发展农业、保证武都安全等功能。李贤等注《后汉书·虞诩传》"自沮至下辩数十里中,皆烧石剪木,开漕船道"语云:"《续汉书》曰:'下辩东三十余里有峡,中当泉水,生大石,障塞水流,每至春夏,辄溢没秋稼,坏败营郭。诩乃使人烧石,以水灌之,石皆坼裂,因镌去石,遂无泛溺之患'也。"⑤在此之前,武都洪涝灾害严重,百姓流离失所,兴修下辩运道以后,安定了民生,发展了农业。史称:"诩始到郡,户裁盈万。及绥聚荒余,招还流散,二三年间,遂增至四万余户,盐米丰贱,十倍于前。"⑥虞诩兴修河渠后,改善了武都一带的农业生产条件,两三年以后,武都呈现出一派繁荣的景象。

需要补充的是,"自沮至下辩"中的"沮"指沮县,同时又指自沮县引沮水。历史上的沮水又称"浊水""白水"。浊水水系发达,分别有宏休水、泥阳水、仇鸠水、河池水、两当水、两当溪水等注入。虞诩兴修下辩运道时,采取裁弯取直的方法,在下辨的东面开凿了一条航线。这条航线开通后,一是使浊水有了漕运功能,以快捷的方式降低了运输成本,保证了军需;二是解除了郡城武都时常遭受水灾的威胁,为发展农业创造了必要的条件;三是漕运能力增强以后,稳固了武都一带的边防,加固关中地区的防务。武都是河西重镇,与关中、巴蜀接壤,战略地位十分重要。客观地讲,虞诩经营武都发生在西域失控的背景下,他在武都兴修河渠、改善农业生产条件,其难度是难以想象的。

---

① 刘宋·范晔《后汉书·虞傅盖臧列传》,北京:中华书局1965年版,第1868页。
② 同①。
③ 同①。
④ 同①。
⑤ 同①,第1869—1870页。
⑥ 同①。

追溯历史,虞诩在武都发展漕运及恢复农业生产秩序,与赵充国河西屯戍有着直接的关系。具体地讲,汉宣帝时,赵充国在河西建立屯戍秩序、兴修河渠取得了丰硕的成果,这一成果对虞诩在武都屯戍及发展漕运有着直接的启示作用。如汉宣帝时期,诸羌反叛,河西及武都已成为重点争夺的区域。为了达到"省漕"以及以战养战的目标,赵充国在河西及武都重建了废弛已久的屯戍秩序。赵充国上书时,有"治湟陿中道桥,令可至鲜水,以制西域,信威千里"①之说,以此与开"自沮至下辩数十里中"的水道相对照,当知虞诩在武都建立漕运及兴屯田之策与赵充国在河西屯戍有着某种内在的联系。很显然,赵充国河西屯戍的作为,对虞诩提出屯戍的主张产生了重要的影响。

第四节 曹操开渠与北方漕运及屯田

在夺取及统一北方的战争中,曹操兴修了七条为军事斗争服务的河渠。七条河渠分别是睢阳渠、白沟、平虏渠、泉州渠、长明沟、利漕渠和新河。兴修睢阳渠、白沟与打击袁绍及残余势力相关;兴修平虏渠、泉州渠与解除北方威胁,打击乌桓相关;兴修新河与经营辽东等相关;兴修长明沟和利漕渠与重点经营邺城(治所在今河北临漳西南)相关。与其他河渠相比,利漕渠建设的时间最晚。曹操受封邺城及"魏公"后,重点兴修了利漕渠,试图将此前建设的河北诸渠串联起来。如曹操利用漳水等开利漕渠,扩大了漕运范围,既建立了与白沟相连的漕运通道,同时建立以邺城为中心向四周辐射的漕运通道。具体地讲,利漕渠在建立邺城这一北方水上交通枢纽时,开辟了自今河北曲周县南至馆陶县西南的航线,沿这条航线南下可与白沟相接,沿白沟可进入黄河,从黄河入汴渠可远及江淮。与此同时,沿利漕渠北上可分别进入平虏渠、泉州渠、新河等,远及幽州及辽东。可以说,利漕渠作为邺城水上交通枢纽建设的重要工程,在提升邺城政治地位的同时,有力地促进了北方社会经济的发展。曹操屯田有民屯和军屯等两种形式,屯田的主要目的是解决军需方面的需求,通过就地供给,可以达到"省漕"的目标。

睢阳渠与汴渠漕运

建安七年(202)一月,曹操亲率大军从谯郡(在今安徽亳州)出发,进驻浚仪(在今河南开封)。抵达浚仪后,曹操在处理军政事务的同时,提出了开挖睢阳渠的构想。史称:"七年春正月,公军谯,令曰:'吾起义兵,为天下除暴乱。旧土人民,死丧略尽,国中终日

---

① 汉·班固《汉书·赵充国辛庆忌传》,北京:中华书局1962年版,第2988页。

行,不见所识,使吾凄怆伤怀。其举义兵已来,将士绝无后者,求其亲戚以后之,授土田,官给耕牛,置学师以教之。为存者立庙,使祀其先人,魂而有灵,吾百年之后何恨哉!'遂至浚仪,治睢阳渠,遣使以太牢祀桥玄。进军官渡。"[①]曹操自浚仪向睢阳方向开睢阳渠以后,又向西南进军官渡(在今河南中牟东北),这一情况表明,在开睢阳渠以前,从睢阳到浚仪缺少必要的航线。

曹操此番进军官渡,发生在官渡之战以后。建安四年(199)六月,曹操率大军在官渡与袁绍相持。时至第二年十月,通过奇袭袁绍的乌巢(在今河南封丘西)粮仓,曹操取得了官渡之战的胜利。建安七年一月,曹操进驻浚仪,为北渡黄河,消灭袁绍盘踞在河北的残余力量作战前准备。按照最初制订的作战方案,曹操打算从水路调集谯郡一带的粮草,随后以浚仪为中转站,完成进军河北的战略构想。

在曹操进驻浚仪以前,浚仪的水上交通形势是这样的:浚仪作为漕运中转站,向西入汴渠再入黄河,可沿黄河航线北上进入河北;向东可进入淮河支流泗水,从泗水进入淮河。与此同时,以浚仪为起点,经汴渠向南可进入鸿沟的南流蔡渠,自蔡渠经淮河支流颍水等可入淮河。从这样的角度看,浚仪作为联系黄河、淮河流域的节点,受到曹操的高度重视是必然的。在这中间,曹操以浚仪为前线指挥部,既可获得大后方淮北的后勤支援,又可为进军河北作积极的战事准备。遗憾的是,曹操进驻浚仪后发现,汴渠和蔡渠航道即联系淮北的复式航线已然淤塞,特别是从睢阳到浚仪的航段损坏严重,根本无法承担起转运粮草及后勤补给物资的重任,在这样的背景下,曹操把兴修睢阳渠提上了议事日程。

浚仪一带的汴渠和蔡渠航线遭受严重的破坏虽有许多不确定的因素,但有两个因素不可忽视:一是这一区域属于黄土地带,土质松软,在水流的冲击和浸泡下,堤岸容易坍塌,造成河道堵塞;二是从浚仪向东向南的汴渠和蔡渠航段,或以黄河为主要补给水源,或以黄河为间接补给水源,受水文变化以及地形地貌的影响,汴渠和蔡渠经过这一土质松软的大平原时流速明显放缓,泥沙淤堵航道与堤岸坍塌交织在一起,直接影响航行。为了重新开通这一水上大通道,曹操决定利用睢水河道,建设一条自睢阳西行经蔡渠入汴渠,经汴口再入黄河的航线。

睢水是汴渠的别流,自浚仪西南从汴渠析出后,东行至睢阳南。历史上的浚仪曾是战国时期魏国的国都大梁,魏国迁都大梁后,在改造鸿沟旧道的基础上,提升了大梁这一水上交通枢纽的地位。在开睢阳渠之前,汴渠流经陈留、睢阳两地,然而,因水文变化等因素,两地之间的航道不再通行。如鸿沟的东流汴渠和南流蔡渠的补给水源取自黄河,航道淤沙十分严重。所谓"睢水出陈留县西",是指睢水自陈留西南析出。陈留是秦县,汉武

[①] 晋·陈寿《三国志·魏书》,北京:中华书局1982年版,第22—23页。

帝元狩元年(前122)升陈留为郡级建制,以陈留县为治所,其后在陈留县的基础上建浚仪县,因此,浚仪县是陈留县的别称。胡渭考证道:"据《水经注》,阴沟本蒗荡渠,在浚仪县北,自王贲断故渠引水东南出以灌大梁,谓之梁沟。于是水出县南而不径其北,遂目梁沟为蒗荡渠,亦曰鸿沟。浚仪故县在今开封府西北,即大梁城,魏所都也。"①如果以"断故渠引水东南出以灌大梁"等语为参照,那么,"睢水出陈留县西",应在浚仪的西南。联系"睢水首受陈留浚仪蒗荡水"等语看,浚仪的西南应指官渡,官渡是汴渠和睢水分流的地点。睢水自官渡经汴渠析出后,"又东径睢阳县故城南",这样一来,曹操兴修睢阳渠时,势必把重点兴修的对象放在官渡这一航段节点上。

在兴修睢阳渠的过程中,曹操采取了两个方案:一是利用汴渠和蔡渠旧有的航道,疏通了从官渡到浚仪的航线;二是利用了睢水河道,兴修了从官渡到睢阳的新航线。如王应麟记载:"《魏武纪》:建安七年正月至浚仪,治睢阳渠。《后魏书》:崔亮议修汴、蔡二渠,以通边运。《说文》:汳水受陈留浚仪,阴沟至蒙为雎水,东入于泗。"②依据《后魏书》,曹操兴修睢阳渠时利用了汴渠和蔡渠的旧航道当不成问题。顾祖禹考证道:"后汉建安七年曹操军谯,至浚仪治睢阳渠,盖因睢水而作渠。《汉志》注:睢水于浚仪首受蒗荡水,东至取虑而入泗。"③尽管"盖因睢水而作渠"多有不确定的因素,但大体上道出了睢阳渠是在睢水的基础上兴修的事实。进而言之,以官渡为节点,入汴渠可与东北方向的浚仪相连,自汴渠向南可与蔡渠相接,自睢水向东南可进入睢阳。由于河渠建设一向有取之现成的规律,因此,曹操利用睢水河道兴修睢阳渠当不成问题。

通过兴修睢阳渠,曹操利用睢水河道重新建立起汴渠、蔡渠之间的互通关系,形成了远接淮河的水运能力。汴渠和蔡渠流过不同的地区,与黄河水系、淮河水系形成了错综复杂的关系。胡渭考证道:"蒗荡渠东南流为荥渎、济水,为官渡水,为阴沟、汳水、浚仪渠,其在大梁城南者为鸿沟,鸿沟南流兼沙水之目,沙水枝津又为睢水、涡水,名称不一,要皆河阴石门河水为之,委别而原同也。"④睢水既是汴渠的别流,又是蔡渠的别流。同时,涡水既是蔡渠的别流,又是淮河的支流。

历史上的蔡渠还有"蔡河""沙河""沙水"等称谓。蔡渠自浚仪东南接淮河支流颍水、涡水,是一条有别于鸿沟东流汴渠的航线。建安年间(196—220),因战争及水文变化等因素,蔡渠受到严重的破坏。这一时期,曹操兴修睢阳渠的目的有两个,一是恢复蔡渠与汴渠之间的航线,二是重点建立黄河水系与淮河水系的互通能力,建成远通淮河流域的复

---

① 清·胡渭《禹贡锥指》(邹逸麟整理),上海:上海古籍出版社2006年版,第491页。
② 宋·王应麟《玉海·地理》,南京:江苏古籍出版社1990年版,第423页。
③ 清·顾祖禹《读史方舆纪要·河南二》第4册(贺次君、施和金点校),北京:中华书局2005年版,第2153页。
④ 同①,第454页。

式航线。如胡渭注魏收《魏书·地形志二》"渠水在大梁城东分为蔡渠"①一语时论述道："即今祥符县东南首受汴之蔡河。"②蔡渠自浚仪东南与汴渠分流后，经睢阳"下流至归德府鹿邑县合于颍水"③。如果能有效地利用这一水道，自然可以建立从不同的途径进入淮河水系的航线。因有这一情况的存在，从而为曹操开睢阳渠建立汴渠、蔡渠与淮北的水上大通道提供了依据。

那么，为什么曹操修睢阳渠以后，便可以顺利地"进军官渡"呢？要回答这一问题，首先要从鸿沟与汴渠、蔡渠的关系说起。至道元年（995）九月，宋太宗"问侍臣汴水疏凿之由，令参知政事张洎讲求其事以闻"，张洎应答道："禹又于荥泽下分大河为阴沟，引注东南，以通淮、泗。至大梁浚仪县西北，复分为二渠：一渠元经阳武县中牟台下为官渡水；一渠始皇疏凿以灌魏郡，谓之鸿沟，莨荡渠自荥阳五出池口来注之。其鸿沟即出河之沟，亦曰莨荡渠。"④精通水文事务的张洎明确指出，鸿沟在浚仪西北的中牟官渡有两条渠道，一条是先秦时期的鸿沟旧道，一条是秦王嬴政二十二年（前225）秦将王贲引河灌魏都大梁的渠道。这里道出的一个基本事实是，鸿沟除了在浚仪分为东流汴渠和南流蔡渠之外，官渡亦是入汴渠入黄河再入河北的关键性航段。进而言之，兴修睢阳渠改善了从蔡入汴的航运条件，为曹操从淮北等战略后方转运粮草及军需物资到河北前线建立了一条快捷的水上通道。从这样的角度看，建安七年曹操从谯郡出发，经睢阳进军官渡，目的是利用蔡渠运兵运粮把军事斗争的锋芒指向黄河以北，翦除袁绍在河北的政治势力，以便建立可靠的后方根据地。

睢阳渠是鸿沟东流汴渠和南流蔡渠入泗、入颍、入涡远通淮河和北入黄河的补充航线，这条航线主要以东汉末年的水文地理为基础，重建了黄河与淮河之间的联系。具体地讲，在黄河迁徙及改道以后，从荥阳到浚仪一带的水文发生巨大的变化。其中，自黄河改道及汴渠取水口发生变化后，汴渠与东汉以前的鸿沟航线多有不一致的地方。胡渭论述道："许慎曰：汳水受陈留浚仪阴沟，至蒙为雝水，东入于泗。则淮、泗之可以达于河者，以雝至于泗也。许慎又曰：泗受泲水，东入淮。盖泗水至大野而合泲，然则泗之上源自泲亦可以通河也。渭按：前说即道汴入河之意，后说不知许氏所谓泗受泲者，泲即湖陵入泗之菏，而乃云泗水至大野而合泲，谬甚。盖泗水南流合菏，不西注大野也。上源亦可通河，仍是鸿沟为禹迹之说。"⑤通过兴修睢阳渠，曹操建立了将黄河、淮河水系相连的新航线，形成了一条沿黄河西行远控河北，沿睢阳渠东行连接江淮的航线。

---

① 北齐·魏收《魏书·地形志二》，北京：中华书局1974年版，第2532页。
② 同①，第615页。
③ 清·胡渭《禹贡锥指》（邹逸麟整理），上海：上海古籍出版社2006年版，第2146页。
④ 元·脱脱等《宋史·河渠志三》，北京：中华书局1985年版，第2318页。
⑤ 同③，第145—146页。

对曹操而言,开通睢阳渠这一战略大通道有着特殊的意义。

其一,睢阳渠为曹操统一北方做出了巨大的贡献,实现了以低廉的漕运成本调集陈、蔡、汝、颍等地粮食及军事战略物资的构想。通过重建汴渠与蔡渠之间的联系,曹操解决了自谯郡经蔡渠入汴渠再入黄河,向河北调粮及转运军需物资的大问题,为进一步清除袁绍盘踞在河北的残余势力铺平了道路。

其二,睢阳渠以睢阳为航段节点,一头经蔡渠联系泗水、颍水、涡水及淮河水系,可深入到曹操经营的大后方谯郡及淮北;一头连接汴渠,可深入黄河及河北的腹地。打通了自淮北经蔡渠至官渡,自官渡至浚仪入汴渠,再从汴渠入黄河的水上通道,为曹操统一北方提供了强有力的后勤支援。如自睢阳渠西入汴渠入黄河再入洛水,可深入中原的腹地河南等地;沿黄河入淇水、汾水、沁水等,向南北拓展可连接河南、河北、河东等地;沿黄河航线西行经三门峡砥柱山可进入关中,随后经渭水可深入关中腹地。

其三,为曹操将谯郡建设为大本营,进一步经营淮北和淮南,把军事斗争的矛盾指向孙权提供了必备的条件。睢阳渠是具有农田灌溉等综合功能的河渠,建成后提高了这一区域的农业生产水平。曹操在睢阳设典农校尉,采取寓兵于农的办法在睢阳一带屯田垦荒,这一做法为保持军事上的优势提供了强有力的后勤支持。进而言之,通过加强睢阳这一粮食基地的建设,为曹操以此为基点兼顾江淮提供了强有力的后勤支援。

其四,睢阳渠不但有为北征袁绍、统一北方提供后勤支援的重要作用,而且具有从不同的水路进军江淮、威慑孙权政治军事集团的能力。这一航线开通后,除了可以打通从淮北调集军需物资经浚仪中转入汴再入黄河的水上通道外,还可以打通入泗水、颍水、涡水再入淮河的水上通道,可以自睢阳渠选择不同的航线进入淮河流域,进而沿淮河入邗沟再入长江,沿长江既可远接长江以南,同时又可借助于长江航道联系江汉以远的地区,甚至华南。

白沟与漕运

建安七年五月袁绍去世后,他原有的军事力量一分为二,分别为小儿子袁尚和长子袁谭所掌控,史有"绍自军破后,发病欧血,夏五月死。小子尚代,谭自号车骑将军,屯黎阳"①之说。

自官渡之战后,曹操政治军事集团已牢牢地把握了北方军事斗争的主动权。为了完成统一北方的梦想,建安九年(204),曹操将剑锋指向了盘踞在河北的袁尚、袁谭。为了加强漕运,通过快速运兵运粮消灭退居河北的袁绍残余势力,曹操把开挖白沟提上了议事

---

① 晋·陈寿《三国志·魏书》,北京:中华书局1982年版,第23页。

日程。史称:"九年春正月,济河,遏淇水入白沟以通粮道。二月,尚复攻谭,留苏由、审配守邺。"①曹操挥师横渡黄河,直指袁谭。此时,不知轻重缓急的袁尚不但没有与其兄袁谭联手抗曹,反而加紧了进攻袁谭的步伐,并向袁谭的大本营黎阳(在今河南浚县东北)发起了猛烈的进攻。面对这一突变的形势,曹操一方面坐山观虎斗,一方面调集军事力量加快了进攻河北重镇邺城(在今河北临漳西南)的步伐。

邺城是魏郡的治所,下辖十八县,行政区划主要由河北邯郸以南和河南安阳以北这一区域构成。这一政区一度是黄河以北最富庶的地区,有着特殊的战略意义。攻占邺城意味着夺取消灭袁绍残余势力的主动权,同时又可以在军事扩张的过程中稳固根据地,为挥师南下将军事斗争的矛头指向长江流域作必要的准备。从这样的角度看,曹操利用旧有的白沟水道兴修有漕运能力的白沟及建立后勤保障系统,对于统一北方有着特殊的战略意义。

在曹操兴修白沟以前,白沟作为历史上曾经存在的水道,是指以卫县(在今河南淇县西南)为起点,向北进入魏郡黄河的别流。为加强河北地区的漕运,曹操利用这一现成的水道,通过加深加宽引淇水入运道开辟了白沟航线。如乐史记载:"白沟起在卫县,南出大河,北入魏郡。"②曹操利用旧水道建成白沟航线后,形成了自卫县南下进入黄河,经黄河入汴渠、入沙水(蔡河)远及江淮的航线。与此同时,由黄河入白沟,向北可进入魏郡治所邺城。兴修白沟对于改变黄河以北的水路交通有着特殊的意义。王守春先生论述道:"曹操之前,黄河以北平原的航运则是利用自然河流进行的。特别是东汉末年,出现军阀割据势力,华北平原是军阀们争战的主要战场。他们在争战中,往往利用水运通道来运输兵员和物资。"③曹操兴修白沟以后,改变了黄河以北依靠自然河流发展水上交通的情况。

白沟的航段节点有卫县(在今河南淇县)、雍榆(在今河南浚县西南)、顿丘(在今河南清丰西南)、内黄(在今河南内黄)、魏县(在今河北魏县)、馆陶(在今河北馆陶)等。在这中间,白沟与洹水汇合后经魏县,折向东北后与漳水汇合,进而从水路进入魏郡邺城。关于这点,前人有充分的认识。在考证的基础上,沈炳巽勾勒了白沟与河北诸水的关系。从后世的角度看,河北诸水分属黄河以北不用的水系,曹操在河北兴修河渠后,建立了河北诸水的互通关系。

除了淇水是白沟的主要补给水源外,清水、荡水、洹水、涑水、浍水、阳水、黄泽、漳水等也是白沟的重要补给水源。白沟与这些河流互通后,进一步扩大了河北地区的漕运范围。

---

① 晋·陈寿《三国志·魏书》,北京:中华书局1982年版,第25页。
② 宋·乐史《太平寰宇记·河北道五》第3册(王文楚等校点),北京:中华书局2007年版,第1156页。
③ 陈桥驿《中国运河开发史》,北京:中华书局2008年版,第36页。

因为尽管河北地区有诸多的河流，但大部分在"河、汾之间"。在这中间，白沟连接不同的河流拓展了漕运的空间，提高了曹操调集军事战略物资的效率。

白沟与淇水、洹水、漳水、清水、黄河连通后，沿淇水北上，可抵达魏郡、广平郡（在今河北鸡泽东南）、清河郡（在今河北清河东南）等；沿淇水南下可进入黄河，自黄河向西入洛水后可抵洛阳；自黄河向东可入汴渠，沿汴渠可入睢水，经睢阳渠入泗水，经谯郡、淮南郡义成（在今安徽怀远）等地入颍，再进入淮河。进而言之，白沟南通黄河，经黄河入汴渠可入睢阳渠，自睢阳渠可入淮、泗，从而将黄河和淮河水系连接在一起。从某种意义上讲，白沟连接了河南、河北等地，初步解决了曹操在经营河北、统一北方时遇到的漕转难题。

白沟改善了河北地区的漕运及水上交通条件，为曹操重点经营河北及邺城奠定了坚实的基础。如黄河连通白沟与睢阳渠的交通形势形成后，为曹操夺取邺城奠定了基础，故王守春先生有"把他经营多年，农业已有较好基础的河南地区的物资通过这条水运通道运到黄河以北地区，大大提高运输效率，为曹操进攻邺城提供了物资保障"①之说。

淇水是黄河的支流，位于河北地区，经淇口南下可入黄河主干道。淇水是白沟的主要补给水源，曹操在遮害亭（在今河南浚县西南）建枋头（枋堰），通过"遏淇水入白沟以通粮道"，白沟有了新的入河口。

遮害亭西距淇口有十八里，在这中间，曹操开白沟时为什么没有利用淇口这一自然形成的河口，如果开白沟时采用自白沟入淇口，再自淇口入黄河的方案，岂不省工省时？胡渭论述道："按淇水口，贾让云在黎阳南七十余里，遮害亭西十八里。是河先合淇水，而后经遮害亭也。"②贾让是汉哀帝时期的人物，按贾让所说，黄河东流时合淇水在先，然后才东行经遮害亭河口。那么，曹操为什么要在遮害亭建枋头，用遏水抬高水位的方法建自遮害亭入黄河的河口呢？

其实，以遮害亭为白沟与黄河相接的河口是由多种因素及黄河水文形势决定的。一是官渡之战后，曹操军事斗争的主要目标转移到了河北，此时曹操的大后方是淮北，浚仪是转运中心。浚仪在淇口、遮害亭的东面，沿黄河航线西行先经遮害亭，后经淇口。从这样的角度看，自遮害亭入黄河再入白沟可以缩短北上的航程。二是曹操经营河北的第一个战略目标是袁谭据守的黎阳，淇口距黎阳较远，遮害亭距黎阳较近，在遮害亭开白沟有利于沿黄河航线自东向西调运粮草和兵丁。三是白沟的主要补给水源取自淇水，如果自淇口入河的话，将无法实现以淇水补给白沟及抬高航道水位的目标，为此，需要在淇口的上流截取淇水并引入事先拓宽拓深的黄河别流白沟水道。四是淇口既是淇水进入黄河的河口，同时也是淇水和清水（济水）交汇以后，共同进入黄河的入河口。具体地讲，济水原

---

① 陈桥驿《中国运河开发史》，北京：中华书局2008年版，第39页。
② 清·胡渭《禹贡锥指》（邹逸麟整理），上海：上海古籍出版社2006年版，第455页。

先有自己的河道,被黄河改道截断后,黄河以北的济水与淇水相合,共同汇入黄河。胡渭论述道:"淇水口亦名清河口,以淇、清二水合流入河,故互受其名也。"①淇口又称"清口",淇水和清水经同一河口汇入黄河,一旦洪水季节来临,水势增大势必威胁航行安全。五是淇口一带的河道十分宽阔,因"清河又分河于此间,则下流缓弱,不能冲刷泥沙"②,再加上黄河素有"一石水而六斗泥"③之称,流速放缓后泥沙容易淤塞航道及河口,给疏浚航道带来困难,进而影响漕运。六是淇口一带土质松软,为了防止淇口及黄河堤岸塌陷,东汉以前在这一区域兴建了永久性的石堰。在这样的前提下,如果在淇口附近的石堰开复道另建白沟的入河口,将会破坏原有的石堰。因为这些原因,曹操开白沟时放弃了自淇口入河的开挖方案,将白沟的入河口移到了遮害亭。

  遮害亭既是黄河水道的重要节点,同时又与宿胥故渎相连。宿胥故渎是黄河故道,元封二年汉武帝堵瓠子口以后这一航线被废弃。利用宿胥故渎开白沟可在靠近遮害亭的宿胥口入河,并节约成本、减少工程量和缩短航线。这说明一是黄河改道后,侵占了济水河道,并使之成为黄河水道的一部分。在这一过程中,曹操"开白沟,遏水北注,方复故渎"④,从表面上看,是指利用黄河水道;从本质上讲,主要是利用济水原有的水道。二是济水故道距黄河迁徙后的故道宿胥口不远,曹操"因宿胥故渎而加其功,使东北流为白沟,是为复故渎"⑤的本质是,利用宿胥故渎开挖有漕运功能的白沟。三是宿胥口在遮害亭的东面,曹操从浚仪以东的地区包括淮河流域调集粮草,经黄河漕运北上河北地区时,须先经宿胥口,中经遮害亭,最后再入淇口,因此,在遮害亭兴建枋头,可以充分利用黄河故道进一步缩短航程,以便为经宿胥故渎北上提供快捷的漕运通道。四是两汉时期的黄河水文变化无常,受到了自然条件、气候变化以及过度引水灌溉等多种因素的影响。如西汉后期及王莽建立新朝时,黄河水文多次发生变化,多次改道,但因战乱等多种因素无暇关注黄河水文变化,到东汉王景、王吴治理黄河时,人们对此前的黄河水文地理已不太清楚。然而,这一切并不是无迹可求,如宋程大昌著《禹贡论》及《山川地理图》时,通过深入细致的考辨,进一步澄清了班固以前及西汉以前的黄河水文的历史变迁。如果以程大昌的考辨为逻辑起点,梳理东汉以来黄河水文变化的情况,则不难发现曹操兴修白沟时为什么要选择遮害亭即以宿胥口作为入河口。进而言之,曹操以宿胥口为白沟入河口既与当时黄河的水文变化息息相关,同时又与建立以浚仪为中心的漕运中转站即方便漕运有某种内在的联系。

---

① 清·胡渭《禹贡锥指》(邹逸麟整理),上海:上海古籍出版社2006年版,第454页。
② 同①,第472页。
③ 汉·班固《汉书·沟洫志》,北京:中华书局1962年版,第1697页。
④ 同①,第472—473页。
⑤ 同①,第472—473页。

曹操开平虏渠和泉州渠

袁尚等投靠乌桓(乌丸)后,不断地骚扰北境,对曹操控制的河北地区构成了严重的威胁。针对这一形势,建安十一年(206)曹操开平虏渠和泉州渠,为北征乌桓做积极的战前准备。史称:"辽西单于蹋顿尤强,为绍所厚,故尚兄弟归之,数入塞为害。公将征之,凿渠,自呼沱入泒水,名平虏渠;又从泃河口凿入潞河,名泉州渠,以通海。"①所谓"自呼沱入泒水",是指开平虏渠将呼沱水(滹沱河)与泒水连接起来;所谓"从泃河口凿入潞河",是指开泉州渠将泃河与潞河连接起来。按照这一说法,平虏渠和泉州渠开凿以后,主要是将滹沱河、泒河、潞河等河流连接起来,在实现互通的过程中,重建了河北北部中经幽州至辽东一带的水上交通。史称:"后袁尚依乌丸蹋顿,太祖将征之。患军粮难致,凿平虏、泉州二渠入海通运,昭所建也。"②为了加强漕运,董昭提出了开平虏渠和泉州渠的建议,并为曹操采纳。

平虏渠及泉州渠开凿后,除了以滹沱河、泒河、潞河等为补给水源、扩大漕运范围外,沿途还利用了哪些河流?对此,前人有不同的看法。

其一,郦道元认为,曹操开平虏渠和泉州渠渠时,又有淇水、清河、泃水、鲍丘水等为补给水源或运道。如郦道元注《水经》淇水"又东北,过穷河邑南"等时叙述道:"清河又东北,径穷河邑南,俗谓之三女城,非也。东北至泉州县,北入滹沱水。《经》曰:笥沟东南至泉州县,与清河合,自下为派河尾也。又东,泉州渠出焉。"③此外,又有"泃水又南,入鲍丘水。又东合泉州渠口故渎,下承滹沱水于泉州县,故以泉州为名。……自滹沱北入,其下历水泽一百八十里,入鲍丘河,谓之泉州口"④之说。根据这一情况,开凿平虏渠及泉州渠时,除了以《三国志·魏书》提到的滹沱河、泒河、潞河为补给水源或运道外,在开挖的过程中,又分别引入了淇水、清河、泃水、鲍丘水等。这些河流与两渠相通后,或为补给水源,或为航线,在此基础上扩大了漕运范围。

其二,宋人认为,漳河也是平虏渠及泉州渠的重要补给水源和航道。乐史记载:"平虏渠,在县南二百步。魏建安中于此穿平虏渠,以通军漕,北伐匈奴,又筑城在渠之左。大海,在县东十四里。衡漳河,在县西六十里。故蒲岭城。按:《郡国县道记》:蒲领,汉县,在冀州阜城县北三里蒲领故城是也。后汉并入蓨县。又按:《水经注》:'今县西北六十里

---

① 晋·陈寿《三国志·魏书》,北京:中华书局1959年版,第28页。
② 同①,第439页。
③ 北魏·郦道元《水经注·淇水》,《水经注疏》上册(杨守敬、熊会贞疏,段熙仲点校,陈桥驿复校),南京:江苏古籍出版社1989年版,第887—888页。
④ 北魏·郦道元《水经注·鲍丘水》,《水经注疏》中册(杨守敬、熊会贞疏,段熙仲点校,陈桥驿复校),南京:江苏古籍出版社1989年版,第1230—1231页。

漳河西岸，又有北蒲领故城，盖因汉末黄巾之乱，有蒲领人流寓于此，遂立此城。'后汉既以蒲领故城与蓧相近，足明今县西北界有此城，非汉县理所。"①所谓"县南"，是指在清池县的南面，治所在今河北沧州东关。两渠除了以滹沱河、泒河、潞河、淇水、清河、泃水、鲍丘水等为补给水源及航道外，同时又以漳河为补给水源和航道。

其三，清人认为，泉州渠通往辽西，濡水是重要的补给水源。如顾祖禹叙述泉州渠时论述道："在县南。建安十一年，曹操将击乌桓，凿平虏渠、泉州渠以通运。《操纪》云：'凿渠自呼沱入泒水名平虏渠，又从泃河口凿入潞河名泉州渠，以通海。'泒音孤，或曰即直沽也。泃音句。《水经注》：'泃水出无终县西山，西北流过平谷县而东南流，又南流入潞河，又东合泉州渠口，操所凿也。渠东至辽西郡海阳县乐安亭南与濡水合而入海。'"②所谓"在县南"，是指在泉州县南。一般认为，泉州渠的起点在泉州县（在今天津武清城上村）。如郦道元记载："又东合泉州渠口故渎，下承滹沱水于泉州县，故以泉州为名。"③

开平虏渠和泉州渠以后，在保障后勤补给的前提下，曹操与乌桓及袁绍残余势力展开决战，从而将政治统治区域扩大到了幽州及辽东以远的广大区域。由近及远，平虏渠开挖在前，泉州渠开挖在后，两条河渠互通后，为曹操打击乌桓、经营幽州及辽东铺平了道路。

平虏渠开凿后，经滹沱河可进入泒水，从泒水可入泃河，自泃河口开渠可入泉州渠。泃河口是曹操兴建泉州渠时开挖的河口，经此可远接潞河和濡水，并经海阳（在今河北唐山滦县西南）乐安亭东入大海。与此同时，又可自泃河经北塘口（直沽口，三汊河口，在今天津东北狮子林桥附近）入海。泃河口既是平虏渠和泉州渠互通的航段节点，同时也是由泉州渠入潞河、濡水、鲍丘水等河流的航段节点。具体地讲，平虏渠沿途经泃河、鲍丘水进入泉州境内，随后又自泉州渠进入潞河。所谓"自滹沱北入，其下历水泽一百八十里，入鲍丘河"，是说泉州渠向北途经雍奴东，与自西北而来的滹沱河连接到一块，随后向南以沿途的湖泊为基本航线，行经一百八十里以后进入鲍丘水。

泉州渠自泃河口开渠，与滹沱河、泒水、泃河等河流相互连接，自泉州口与潞河相连，向北经雍奴泽等湖泊东行，经濡水东入大海。如史家叙述雍奴行政沿革时有"真君七年并泉州属。有泉州城、雍奴城"④之说，是说北魏太平真君七年（446）撤销泉州县制并入雍奴县。平虏渠与泉州渠相通后，不但可以沿河渠把军事战略物资直接运往辽东，而且还因这两条运河向东与不同的河流相接，可直入渤海。这一水上大交通构成后，形成了从海上调

---

① 宋·乐史《太平寰宇记·河北道十四》第3册（王文楚等点校），北京：中华书局2007年版，第1328—1329页。
② 清·顾祖禹《读史方舆纪要·北直二》第1册（贺次君、施和金点校），北京：中华书局2005年版，第460页。
③ 唐·李吉甫《元和郡县图志·河北道三》（贺次君点校），北京：中华书局1983年版，第1230页。
④ 北齐·魏收《魏书·地形志上》，北京：中华书局1974年版，第2476页。

集山东沿海地区的物资沿泉州渠和平虏渠北上辽东的势态。进而言之,这一航线开通后,构成了海上航线与内河及运河航线相互呼应之势,从而为曹操转运调集军事战略物资北上,战胜乌桓及袁尚残余势力提供了强有力的后勤保障。

前人叙述平虏渠和泉州渠与北方水系的关系时,多有不同的表述。如陈寿有泉州渠"又从泃河口凿入潞河"①之说,郦道元又有"泃水又南,入鲍丘水。又东合泉州渠口故渎,下承滹沱水于泉州县,故以泉州为名。……自滹沱北入,其下历水泽一百八十里,入鲍丘河,谓之泉州口"②之说,从表面上看,这两种说法似乎多有矛盾,其实不然,出现这样的矛盾主要是由于不同的河流合流后出现异名或沿用原来的名称造成的。两水合流以后可继续使用原有的名称,主要有三种情况:一是在"二水大小相敌"即无法辨别谁是主流谁是支流的前提下,合流后的河道可继续使用合流前的水名;二是合流后即便是"多至五六水",依旧可以合流前的"大小相敌"的旧水相称;三是两水"通称"是指"二水大小相敌"合流后的水道,一般不包括合流前的水道,如菏水与泗水相合后的水道,以泗水命名。此外,支流汇入主流后,继续使用主流的名称,汇入主流前的河段可使用支流的名称,亦可以主流的名称相称。

滹沱河、泒水、泃河、鲍丘水、潞河、淇水、清河、漳河等属于北方不同的水系,曹操开平虏渠和泉州渠以后,将这些河流及沿线湖泊串联在一起,扩大了幽州及辽东一带的漕运范围,构建了河北至幽州等地的漕运系统和网络,也初步改变了北方水系的面貌,为隋开永济渠及形成海河水系奠定了基础。

从文献记载的情况看,平虏渠和泉州渠是在幽州及辽东地区开挖的最早的河渠,同时也是古代中国最北端的有漕运功能的河渠。两条河渠建成后,为隋代开永济渠以及唐宋兴修这一区域的河渠,建立自河北至幽州、辽东等地的漕运通道奠定了坚实的基础。具体地讲,一是隋炀帝兴修永济渠时,充分利用了曹操开渠的成果,利用了平虏渠和泉州渠原有的航道或航段;二是政治中心北迁后,平虏渠和泉州渠的部分航道,又成为元明清三代兴修京杭大运河利用的对象。

需要补充的是,曹操开平虏渠和泉州渠,在一定程度上改变了周定王五年(前602)黄河南徙后的水文,但这一改变与海河水系的形成关系不大。如王守春先生论述道:"古代的泒水、滹沱水、漳水、洹水、淇水等河流,曾经是黄河的支流,后来由于黄河河道的逐渐南迁,这些河流先后脱离了黄河,并曾经有过分别入海的阶段,彼此并未形成相互连通的水系。后来由于曹操开凿了平虏渠等人工运河,将这些河流沟通,逐渐发展汇聚于今天津,

---

① 晋·陈寿《三国志·魏书》,北京:中华书局1959年版,第28页。
② 北魏·郦道元《水经注·鲍丘水》,《水经注疏》中册(杨守敬、熊会贞疏,段熙仲点校,陈桥驿复校),南京:江苏古籍出版社1989年版,第1230—1231页。

形成今天的海河水系。"①这一说法自然有一定的道理,不过,如果以周定王五年为黄河南迁的节点,时至曹操开平虏渠、泉州渠时已过去八百多年。在这中间,泒水、滹沱水、漳水、洹水、淇水等脱离黄河水系后,逐步形成了以滹沱水为主体至沧州入海的水系。具体地讲,曹操开平虏渠、泉州渠以后,部分河流虽然被截流,但依旧有至沧州入海的河流,或者说至沧州入海的河流并没有完全消失。从这样的角度看,简单地称曹操将这些河流汇聚到天津沽口,称其为"海河水系"是欠妥的。更重要的是,海河水系在此之前已经存在,如发源于燕山山脉的永定河、潮河、白河等河流,基本上是至天津沽口一带入海的。也就是说,在曹操开平虏渠、泉州渠以前,海河水系已经存在,只不过这一水系不包括泒水、滹沱水、漳水、洹水、淇水等。这一情况到了隋炀帝开永济渠时发生了彻底的变化,泒水、滹沱水、漳水、洹水、淇水等被截入永济渠后,均到天津沽口一带入海。进而言之,海河水系的形成应在隋炀帝时期。

经营辽东与沟河

沟河是一条古老的河流,围绕着沟河这一漕运通道,历史上曾发生过多次战争。如史有"齐师及燕战于沟水,齐师遁"②之说,战国时期,齐师北上与燕军大战于沟河,沟河成为齐、燕两军会战的地方,这应与沟河是战略要地有关。

尽管郦道元、顾祖禹、于敏中等在沟河发源问题上多有分歧,但叙述沟河自平谷以下流经的区域方面却观点一致。这表明,沟河与其他河流"混成一渎"时,其水文变化主要发生在上游地区,自平谷以下的河道基本上没有发生变化。

洳河是沟河的支流,亦称"洵河"。洳河发源于平谷,入沟口又称"洳口"。顾祖禹论洳河时记载:"在县西。自密云县石城山流经县境,至县东南入沟河。"③"县西"指洳河在三河县的西面。又记载:"在县东南五里。源出密云县石峨山,流经县境,又西南流入三河县界。"④"县东南"指洳河在平谷县的东南。从这些论述中当知洳水是沟河的支流。不过,后世水文多有变化,如于敏中又论述道:"《唐书·地理志》,三河县北十二里有渠河塘,盖即沟河之讹,俗亦名洳河,又名草桥河。至宝坻县又名龙港。皆沟河异名也。"⑤在洳水入沟河之前,至三河的河段亦有"沟河"之称。厘清相关区域的水文变化,对于深入地认识平虏渠和泉州渠航线有着重要的意义。

---

① 陈桥驿《中国运河开发史》,北京:中华书局2008年版,第38页。
② 方诗铭、王修龄《古本竹书纪年辑证》,上海:上海古籍出版社2005年版,第129页。
③ 清·顾祖禹《读史方舆纪要·北直二》第1册(贺次君、施和金点校),北京:中华书局2005年版,第459页。
④ 同③,第503页。
⑤ 清·于敏中《日下旧闻考·京畿》,北京:北京古籍出版社1981年版,第2281页。

鲍丘水又称"潞河""潞水",与沟水有着错综复杂的水文关系。傅泽洪记载:"三国时,辽西乌桓以袁尚兄弟入塞。曹操将讨之,乃凿二渠以通运。一自滹沱入泒水,谓之平虏渠。一自泃口入潞河,谓之泉州渠,以通海运。《说文》:泒水出雁门葰人戍夫山,东北入海。《水经》:沟水出无终西山。西北流至平谷,又南流入于潞河,又东合泉水渠口,曹操所筑也。渠东至乐安亭南与泸水合,入海。"①所谓"自泃口入潞河,谓之泉州渠",是说开泉州渠将沟水和潞水连接起来,形成自雍奴北入鲍丘水之势。另外,这里所说的沟水"又南流入于潞河水,又东合泉水渠口",与郦道元所说"沟水又南,入鲍丘水。鲍丘水又东合泉州渠口"是一回事,沟水是鲍丘水的支流。

鲍丘水是连接平虏渠和泉州渠的重要水道,这条水道除了建立平虏渠和泉州渠之间的互通关系外,更重要的是,鲍丘水以自身的水道扩展了这一区域的漕运空间,进而为曹操北征乌桓、经营幽州和辽东等地提供了强有力的后勤保障。早在汉献帝兴平二年(195)以前鲍丘水已是重要的漕运通道及战略要地。正因为如此,曹操兴修平虏渠、泉州渠时重点利用了鲍丘水。关于这点,前人多有认识和阐释。如傅泽洪论述道:"二水当时通漕以制辽左,所谓平虏渠者,在今都城之南,疑即滹沱入运处也。唯泉州渠乃在京北而东入辽海,不知定在何处。若因其遗迹通之,以馈平卢、辽西亦一便也。泉州故城,在幽州雍奴。"②所谓"二水",是指平虏渠和泉州渠。所谓"今都城之南"是指北京的南面;所谓"泉州渠乃在京北而东入辽海"是指北京的北面以及经辽东入海的航线。

时至元明清三代,鲍丘水又有"白河"之称。在这中间,曹操利用鲍丘水兴修平虏渠、泉州渠,对于后世开京杭大运河是有不世之功的。史称:"白河,源出宣化府赤城县。自北口西流,入径密云县西,又南与潮河合。又南径顺义县东,又南至通州东,为北运河。下流径香河、武清诸县入天津之直沽归海。《汉书·地理志》:渔阳县,沽水出塞外,东南至泉州入海,行七百五十里。《水经注》:沽水径赤城南,又东南右合高峰水,又西南流出山,径渔阳县故城西,而南合七度水,又南渔水注之,又南与螺山水合,又南径安乐县故城东,俗谓之西潞水。西南流径狐奴山西,又南径狐奴县故城西,又南阳重沟水注之,又南径浚县为潞河。《魏氏土地记》:城西三十里有潞河,又东南至邕奴县西笥沟湿水入焉,俗谓之合口。又东南径泉州县故城东,又东南合清河。周梦旸《水部备考》:密云河,本白河上流,自牛栏山下与潮河会。初,蓟辽总督驻密云,从通州至牛栏山以车转饷,劳费特甚。嘉靖中,总督刘涛发卒于密云城西杨家庄,筑塞新口,开通旧道,令白河与潮河合流至牛栏山。

---

① 清·傅泽洪《行水金鉴·运河水》,《四库全书》第581册,上海:上海古籍出版社1987年版,第435页。

② 同①。

水势甚大,故通州漕粮直抵密云城下。旧志:白河,自宣府镇赤城堡东流出边,又东南入密云县西北边城,东南经黄岸口堡及高家庄堡之南,又东至石塘城东北,会白马关河、冯家峪河,稍南流,会水峪河,经石塘城东,而南至县旧城北,折而西,复南屈经城西,至县南十八里会潮河,乃西南流入怀柔县界,经县东七里,又南入顺义县界,至牛栏山东,会大水峪河,又南经县城东,凡六十里,入通州界。南流至州城北温余河,通惠河皆流入焉。又东南至张家湾,会凉水河,屈东流复折而南,过废漷县东,凡一百二十五里入香河县界。转东经香河县西十里,复转而南入武清县界,经县东三十里,又东南至三角淀,会诸水南通御河,是为直沽。按:白河下流即今之北运河,元明时运道皆由此。考《元史·河渠志》:自通州以下,皆呼为白河。"①所谓"北运河",是指自通州(在今北京通州)至天津与海河交汇的航段。元代以后,鲍丘水改称"白河"的原因虽不太清楚,但从这一记载中当知,元明清三代兴修北运河时,利用了曹操兴修平虏渠、泉州渠时的航道及鲍丘水当不成问题。

新河的漕运功能

继开挖平虏渠、泉州渠之后,曹操又开挖了新河。因自然地理发生巨大的变化,又因文献缺载,今天已很难看清其真实面貌,乃至于新河渐渐地从人们的视野中淡出。

新河的起点在泉州渠的北面,泉州渠北会鲍丘水,行经鲍丘水东面的盐关口(在今天津宝坻林亭口一带),随后向东穿庚水(州河)、巨梁水(还乡河)、封大水(陡河)、缓虚水(沙河)、清水(清河)等河流,与辽东以远的濡水(滦河)相连。从形势上看,曹操开新河的目的,是为了开通从泉州渠到濡水之间的航线,可能是因沿途串联了不同的河流,故用"新河"名之。

尽管新河的面貌已漫漶不清,所幸郦道元留下了《水经注》,使后人对新河的航线及基本情况能有所了解。据载:"濡水自孤竹城东南,径西乡北,瓠沟水注之。水出城东南,东流注濡水。濡水又径牧城南,分为二水。北水枝出,世谓之小濡水也。东径乐安亭北,东南入海。濡水东南流,径乐安亭南,东与新河故渎合。渎自雍奴县承鲍丘水,东出,谓之盐关口。魏太祖征蹋顿,与沟口俱导也,世谓之新河矣。陈寿《魏志》云,以通河海也。新河又东北,绝庚水,又东北出,径右北平,绝巨梁之水,又东北径昌县故城北,王莽之淑武也。新河又东,分为二水,枝渎东南入海。新河自枝渠东出,合封大水,谓之交流口。水出新安平县,西南流径新安平县故城西,《地理志》辽西之属县也。又东南流,龙鲜水注之。水出县西北,世谓之马头水,二源俱导,南合一川,东流注封大水。《地理志》曰:龙鲜水东入封大水者也。乱流南会新河,南注于海。《地理志》曰:封大水于海阳县南入海。新河

---

① 清·和珅等《钦定大清一统志·顺天府二》,《四库全书》第474册,上海:上海古籍出版社1987年版,第122页。

又东出海阳县,与缓虚水会。水出新平县东北,世谓之大笼川,东南流径令支城西,西南流与新河合,南流注于海。《地理志》曰:缓虚水与封大水皆南入海。新河又东与素河会,谓之白水口。水出令支县之蓝山,南合新河;又东南入海。新河又东至九濄口,枝分南注海。新河又东径海阳县故城南,汉高祖六年,封摇毋馀为侯国,《魏土地记》曰:令支城南六十里有海阳城者也。新河又东,与清水会,水出海阳县,东南流径海阳城东,又南合新河,又南流一十许里,西入九濄,注海。新河东绝清水,又东,木究水出焉,南入海。新河又东,左迤为北阳孤淀,淀水右绝新河,南注海。新河又东会于濡。濡水又东南至絫县碣石山。文颖曰:碣石在辽西絫县。王莽之选武也。絫县并属临渝,王莽更临渝为冯德。《地理志》曰:大碣石山在右北平骊成县西南,王莽改曰碣石也。汉武帝亦尝登之,以望巨海,而勒其石于此。"①

以郦道元的记载为依据,严耕望先生描述了这一航线行经的地点。他论述道:"此新河西自今武清县东一百三四十里处,东经宝坻南境,宁河北境,唐山南境(唐河沙河合流处之南),滦宁南境,乐亭城南,与滦河会于县东。盖略与海岸平行而东,去海岸通常不过五十里上下,以避海上风涛之险。"②这一论述准确揭示了新河的地理方位,有着重要的参考价值。

新河以鲍丘水为主要补给水源,随后,在盐关口向东穿过庚水(州河),行经昌城(在今河北唐山西)北,继续向东分为两支,其中一支流向东南入大海,一支自枝渠(古河流,已不存在)向东与封大水(陡河)汇合,折向东南经龙鲜水(马头水),又经海阳故城(在今河北滦县西南二十里)南,与缓虚水(沙河)汇合后,经新平东北,再经支城西向南通往大海。史称:"海阳,龙鲜水东入封大水。封大水,缓虚水皆南入海。"③龙鲜水、封大水、缓虚水都是辽西的重要河流。秦汉时期,辽西郡的治所为阳乐县(在今辽宁锦州义县西),辖境为今河北迁西、乐亭以东、长城以南,辽宁松岭山以东、大凌河下游以西地区。

值得注意的是,郦道元记载龙鲜水、封大水、缓虚水等河流时将其全部列在"濡水"条目下,因此,这三条河流应是濡水的支流,其中龙鲜水又是封大水的支流。从这样的角度看,新河的补给水源主要是鲍丘水和濡水。从地理方位上看,新河经过的区域有两个特点:一是与濡水、鲍丘水等经过的地区大体一致;二是与平虏渠、泉州渠经过的地区有重合之处。这里提供的信息是,三条河渠有共同的补给水源和共用的航线。其中,共用的航线基本上沿袭了原有的河流航道,新开渠道与原有的河道交织在一起形成了互通关系,如新

---

① 北魏·郦道元《水经注·濡水》,《水经注疏》中册(杨守敬、熊会贞疏,段熙仲点校,陈桥驿复校),南京:江苏古籍出版社1989年版,第1256—1263页。
② 严耕望《唐代交通图考·隋唐永济渠》第五卷,上海:上海古籍出版社2007年版,第1636页。
③ 汉·班固《汉书·地理志下》,北京:中华书局1962年版,第1625页。

河在雍奴县内受鲍丘水,鲍丘水因此成为新河航线的组成部分。与此同时,鲍丘水亦与平虏渠、泉州渠共用水源和共用航线。

新河开挖的时间当在曹操北征乌桓、登临碣石山之前。胡渭在考证新河所经地区及其与濡水之间的关系时指出:"濡水从塞外来,东南径令支故城东,又南径孤竹城西,又东南径牧城西,分为二水:北水枝出,世谓之小濡水,东径乐安亭北,东南入海;濡水东南流,径乐安亭南,东与新河故渎合(新河即魏武征蹋顿时所开也),又东南至絫县碣石山,而南入于海。乐安亭者,盖即今乐亭县东北之乐安故城也。……曹孟德诗曰:东临碣石,以观沧海。水何澹澹,山岛竦峙。建安十二年征乌桓过此而作(《濡水注》云:魏太祖征蹋顿,与沟口俱导者,世谓新河。新河会濡水,东南至碣石山,而南入海。则曹公征乌桓时道经碣石可知)。后魏文成帝太安四年,东巡登碣石山,望沧海,改山名乐游。盖此山虽沦于海,而去北岸不远,犹可扬帆揽胜。"①按照这一说法,似表明曹操的"东临碣石,以观沧海"作于建安十二年(207)北征乌桓路过碣石山时,在曹操大败乌桓之前。

新河与平虏渠、泉州渠之间的关系非常紧密,通过相互补充、相互为用,扩大了漕运的范围。具体地讲,平虏渠与滹沱河、鲍丘水、泒水、沟河、潞河、濡水等相通,泉州渠亦与沟河、鲍丘水、潞河、沽水、濡水等相通,并可进入滹沱河。与此同时,新河亦与鲍丘水、沟河、潞河、濡水等相通,并通过有关的河口进入滹沱河等。新河开挖后,与鲍丘水、滹沱河、潞河、濡水等形成新的互通关系,可以利用河流的自然水道经河口从一条河渠进入另一条河渠。如新河在雍奴县承鲍丘水向东的航段节点是沟河口,与此同时,沟河口也是平虏渠进入泉州渠的河口。又如泉州渠作为平虏渠向东的延长线,"至辽西郡海阳县乐安亭南,与濡水合而入海",在这中间,新河亦与濡水相会,并经海阳乐安亭南东入渤海。从这样的角度看,新河与泉州渠不但有共用的河道,而且有相同的出海口。如建安十二年七月,曹操北征乌桓时,"大水,傍海道不通……引军出卢龙塞,塞外道绝不通,乃堑山堙谷五百余里,经白檀,历平冈,涉鲜卑庭,东指柳城"②。新河、平虏渠、泉州渠实现互通后,通过各自的航线串联起不同的区域,形成不同的漕运通道,进而为曹操完成北征大业以及安定北方,建立起不同的后勤补给中心。具体地讲,新河、平虏渠、泉州渠等与不同的河流以及白沟、长明沟等连通后,不但在更大的范围内建立了北方水上交通运输体系,加强了中原地区与幽州及辽东等地的联系,而且为曹魏建立稳固的以邺城为中心的河北大后方做出了重大的贡献。在这一过程中,曹操运送粮草及战略物资时从白沟等河渠出发,形成了经内

---

① 清·胡渭《禹贡锥指》(邹逸麟整理),上海:上海古籍出版社2006年版,第354—357页。
② 晋·陈寿《三国志·魏书》,北京:中华书局1982年版,第29页。

黄(在今河南安阳内黄)"左与新河合"①的水上交通。与此同时,经新河入平虏渠以后,可入泒水,可入泉州渠,随后由泉州渠连通鲍丘水,并进入濡水及东入大海。胡渭论述道:"濡水东南流,径乐安亭南,东与新河故渎合(新河即魏武征蹋顿时所开也),又东南至絫县碣石山,而南入于海。乐安亭者,盖即今乐亭县东北之乐安故城也。"②将白沟、平虏渠、泉州渠、新河等连接起来,构建起纵横交错、四通八达的水上交通运输网络,沿着这一航线进行漕运,既可以南下进入黄河中下游地区,同时也可以沿黄河西行入关中,或沿黄河入汴渠(鸿沟)并远及江淮,在此基础上形成震慑东吴、西蜀的力量,还可以北上威慑虎视眈眈的乌桓,并经营辽东等地。

三渠实现互通的意义十分重大,在改善自河北至辽东的水上交通现状的同时,也为后世维护南北统一做出了重要的贡献,如隋唐两代征辽东时对这一漕运通道多有利用。严耕望先生论述道:"三渠既通,西自河北中部之饶阳虖渠口(今饶阳县)东抵濡河(今滦河)接卢龙。河北物资可自饶阳取平虏渠东漕至平虏城(今青县西南七八十里)北之㶟口,绝清漳而东至盐官,后置新平虏城即鲁城(今沧州东北七八十里),折北渡诸河尾(清漳滹沱巨马沽潞诸河之总汇,即今天津地区之海河)。约于今天津地区循泉州渠东北入鲍丘水,曰泉州口,约在今武清县东一百二十里处。又循由鲍丘水所开之新河渠东径今唐山南境(唐河沙河合口之南)历绝由北南流入海诸水,径今滦宁南境,乐亭城南,东入滦河。三渠东西衔接,全部漕程约逾千里,不啻为中古时代东北交通运输之一条大动脉,对于当时东北之军事、政治、经济、商业皆有甚大作用。而饶阳地居河北地区之正中间,既当长渠之口,且可西溯泒水(今沙河)、滹沱,兼取陆道,逾太行,又复当河北地区之南北干线,南驰贝(今清河)魏(大名),北趋幽燕,为河北地区东西南北交通之纽,故在中古时代,饶阳鲁口(即虖渠口)显有较突出之地位。"③这条全程超过千里的漕运大通道开通后,为开发和经营河北、辽东等区域起到了积极的作用。在这中间,饶阳(在今河北衡水饶阳)凭借区位优势率先崛起成为北方的重镇,与其成为重要的交通枢纽息息相关。

长明沟与灌溉及漕运

郦道元记载:"魏武又以郡国之旧,引漳流自城西东入,径铜雀台下,伏流入城东注,谓之长明沟也。渠水又南,径止车门下。魏武封于邺,为北宫,宫有文昌殿。沟水南北夹道,枝流引灌,所在通溉,东出石窦下,注之洹水。故魏武《登台赋》曰:引长明,灌街里,谓此

---

① 北魏·郦道元《水经注·淇水》,《水经注疏》上册(杨守敬、熊会贞疏,段熙仲点校,陈桥驿复校),南京:江苏古籍出版社1989年版,第866页。
② 清·胡渭《禹贡锥指》(邹逸麟整理),上海:上海古籍出版社2006年版,第354页。
③ 严耕望《唐代交通图考·隋唐永济渠》第五卷,上海:上海古籍出版社2007年版,第1636页。

渠也。"①这里透露的信息有三条：一是曹操经营邺城时开挖了长明沟,长明沟引漳水穿城而过,形成了自城西到城东的渠道,乐史引郦道元"伏流入城东注,谓之长明沟"语时,干脆将其改为"伏流入城,谓之长明沟"②,从强调的内容看,曹操开渠时将长明沟引到了城中;二是长明沟是邺城一带的水利工程,由主渠和支渠构成,兼有灌溉功能,有"枝流引灌,所在通溉"之说;三是长明沟通过建造石窦即石质涵洞将漳水引入洹水。所谓"东出石窦下,注之洹水",是指将漳水注入洹水,提高洹水水位。如赵一清《水经注释》将此语改为"东出石窦堰下,注之洹水"③,可以证明郦道元所说的"石窦"有调漳水入洹水的功能。

问题是,曹操是于何时兴修长明沟的?曹操引漳水开长明沟,与战国时期西门豹兴修的西门渠之间有什么样的关系?清水的枝津长明沟与曹操所开的长明沟有什么样的关系?曹操兴修的长明沟是一条什么样的河渠?

曹操开长明沟主要是在西门渠的基础上进行的。魏文侯时期,西门豹守邺,他引漳入邺,建造了西门渠这一农田灌溉工程。史称："西门豹引漳水溉邺,以富魏之河内。"④《史记·滑稽列传》记载："西门豹即发民凿十二渠,引河水灌民田,田皆溉。当其时,民治渠少烦苦,不欲也。豹曰：'民可以乐成,不可与虑始。今父老子弟虽患苦我,然百岁后期令父老子孙思我言。'至今皆得水利,民人以给足富。十二渠经绝驰道,到汉之立,而长吏以为十二渠桥绝驰道,相比近,不可。欲合渠水,且至驰道合三渠为一桥。邺民人父老不肯听长吏,以为西门君所为也,贤君之法式不可更也。长吏终听置之。故西门豹为邺令,名闻天下,泽流后世,无绝已时,几可谓非贤大夫哉!"⑤西门豹引漳水开十二渠,改善了当地的农业生产条件,提升了当地的农业生产水平。不过,此时的西门渠只有农田灌溉及改良土壤等方面功能,与漕运没有关系。曹操攻取邺城后,决定在前人的基础上拓展西门渠的农田灌溉等功能,兴修兼有漕运功能的长明沟。

追溯历史,在曹操夺取邺城之前,西门渠曾多次遭到破坏,并多次重修。如魏襄王在位时史起曾"引漳水溉邺,以富魏之河内"⑥,这一史述固然是说修复西门渠,但它是以西

---

① 北魏·郦道元《水经注·浊漳水》,《水经注疏》上册(杨守敬、熊会贞疏,段熙仲点校,陈桥驿复校),南京：江苏古籍出版社1989年版,第935—936页。

② 宋·乐史记载："长明沟,《水经注》云：魏武引漳水入铜雀台下,伏流入城,谓之长明沟。三台。铜雀,中台也；金虎、冰井,南台、北台也。石虎于上藏冰,三伏之月以赐大臣。"(《太平寰宇记·河北道四·相州》第3册(王文楚等点校),北京：中华书局2007年版,第1139页)

③ 清·赵一清《水经注释·浊漳水清漳水》,《四库全书》第575册,上海：上海古籍出版社1987年版,第187页。

④ 汉·司马迁《史记·河渠书》,北京：中华书局1982年版,第1408页。

⑤ 汉·司马迁《史记·滑稽列传》,北京：中华书局1982年版,第3213页。

⑥ 汉·班固《汉书·沟洫志》,北京：中华书局1962年版,第1677页。

门渠遭受破坏为前提的。又如汉安帝元初二年,重修西门渠,如史有"修理西门豹所分漳水为支渠,以溉民田"①之说。建安九年(204)曹操以水代兵进攻邺城,引漳水灌邺再次破坏了西门渠。

攻占邺城后,为了稳定和重建河北农业生产秩序,曹操着手重修西门渠,在扩大西门渠灌溉面积的同时,强化了该渠在改良土壤及排洪防涝等方面的功能。为了迅速地消灭袁绍盘踞在河北的残余势力,曹操一方面利用西门渠"引漳水以围之",摧毁了邺城;另一方面在夺取邺城后又重修西门渠,恢复了邺城一带的社会经济秩序。可以说,破坏与重修并存虽然诉说了历史的不幸,但也为曹操熟悉邺城一带的水文,兴修长明沟奠定了坚实的基础。

在叙述历代兴修西门渠事件的原委时,胡渭论述道:"昔战国时魏西门豹、史起先后为邺令,皆引漳水溉田,以富河内,写卤化为稻粱。后汉元初二年,复修故渠以溉田。建安中,曹公平邺,又堨漳水回流东注,号天井堰,里中作十二墱,墱相去三百步,令互相灌注,一源分为十二流,皆悬水门,水所溉之处,名曰晏泽陂。故左思《魏都赋》云'墱流十二,同源异口'也。"②所谓"墱",指建造拦截漳水的堰坝。为了迫使漳水进入预设的渠道及控制流量,曹操在渠口建造了"悬水门"即进水闸。经过重修,西门渠的灌溉能力得到了全面的提升。曹操引漳水攻邺后,虽然拉开了重修西门渠的序幕,但此时河北的政治局势动荡不安,不可能立即把开凿长明沟及建设邺城这一水上交通枢纽提上议事日程。进而言之,只有在河北为曹操政治集团全面掌控后,才有可能开凿长明沟。从这样的角度看,曹操重修西门渠与开长明沟应在两个时间。尽管如此,曹操重修西门渠却为兴修长明沟引漳入洹奠定了坚实的基础。

从曹操"引长明,灌街里"以及郦道元"引漳流自城西东入,径铜雀台下,伏流入城东注"等情况看,曹操兴修长明沟时,有七个方面的情况值得注意。

其一,曹操兴修长明沟时,充分利用了旧有的清水(济水)枝津长明沟,在拓宽拓深河道及引入新的补给水源的过程中,使其具有了漕运能力。如引漳水入洹以后,建成了自邺城经洹水,向南至安阳(今河南安阳)的漕运通道。郦道元记载:"洹水自邺,东径安阳县故城北。……《魏土地记》曰:邺城南四十里,有安阳城,城北有洹水东流者也。"③通过改造长明沟水道,引入洹水等河流后,扩大了新开长明沟流经的区域,为建设以邺城为中心的漕运秩序创造了必要的条件。

---

① 刘宋·范晔《后汉书·孝安帝纪》,北京:中华书局1965年版,第222页。
② 清·胡渭《禹贡锥指》(邹逸麟整理),上海:上海古籍出版社2006年版,第39页。
③ 北魏·郦道元《水经注·洹水》,《水经注疏》上册(杨守敬、熊会贞疏,段熙仲点校,陈桥驿复校),南京:江苏古籍出版社1989年版,第899页。

其二,黄河南徙改道及截断清水后,长明沟在向南北两个方向延展时,亦出现了被黄河截断的情况。长明沟以黄河为横向坐标,在向南北两个方向延伸的过程中,将黄河南北串联在一起。从这样的角度看,长明沟与曹操先前开凿的河渠串联在一体,建成了从河北到河南的水上交通,形成了远接江淮的能力,这一水上交通干线极大地丰富了原有的陆路交通体系,从而展示出强大的生命力。

其三,开长明沟时,曹操充分利用了清水枝津长明沟与诸水相通的河道,通过扩大补给水源结构及引水入运,在与白沟、黄河通连的过程中,延长了以邺城为中心的航线。具体地讲,安阳与朝歌(在今河南淇县)同为殷商的旧都,邺城旧属殷商京畿地区,境内有洹水、淇水等水资源丰富的河流。与此同时,清水枝津长明沟自安阳、朝歌等地入淇水,与白沟相通。如郦道元记载:"洹水出山,东径殷墟北。……洹水径内黄县北,东流注于白沟,世谓之洹口也。"①洹水行经内黄与白沟相连,白沟或以淇水为补给水源或借用淇水为航道,与曹操新开的长明沟互通后,扩大了水运范围,为建设以邺城为中心的水上交通枢纽奠定了坚实的基础。

其四,清水枝津长明沟经修武(在今河南修武)后流入朝歌,也为曹操兴修新的长明沟创造了必要的条件。如郦道元记载:"《魏土地记》曰:修武城西北二十里,有吴泽陂,南北二十许里,东西三十里,西则长明沟入焉。水有二源。北水上承河内野王县东北界沟,分枝津为长明沟,东径雍城南,寒泉水注之。水出雍城西北,泉流南注,径雍城西。……水出山阳县故修武城西南,同源分派,裂为二水,南为苟泉,北则吴渎,二渎双导,俱东入陂。山阳县东北二十五里,有陆真阜,南有皇母、马鸣二泉,东南合注于吴陂也。"②在曹操兴修长明沟以前,清水枝津长明沟流经山阳县(在今河南焦作山阳)等地,而山阳是东入朝歌的必经之地。

其五,清水枝津长明沟源出长葛(今河南长葛),曹魏兴修长明沟时,充分利用了清水枝津长明沟的河道,进而扩大了漕运范围。史称:"长明沟,源出长葛县界,经尉氏县西南,汇为大陂,东南与大沟合流。大沟,在尉氏县西南一十五里,东北合康沟入于黄河。"③沿清水枝津长明沟自长葛可入康沟等,经尉氏(在今河南尉氏)与沙水(蔡河)相通。清水枝津长明沟自长葛与太沟(大沟)、康沟相连,将漕运范围向南拓展到尉氏境内,沿途河流及陂泽(湖泊)汇入曹操新开的长明沟以后,在提高新渠水位的基础上增强了漕运能力,

---

① 北魏·郦道元《水经注·洹水》,《水经注疏》上册(杨守敬、熊会贞疏,段熙仲点校,陈桥驿复校),南京:江苏古籍出版社1989年版,第895—900页。

② 北魏·郦道元《水经注·清水》,《水经注疏》上册(杨守敬、熊会贞疏,段熙仲点校,陈桥驿复校),南京:江苏古籍出版社1989年版,第799—803页。

③ 明·李贤《明一统志·河南布政司》,《四库全书》第472册,上海:上海古籍出版社1987年版,第633页。

使其由普通的灌溉渠嬗变为重要的漕运通道。

其六,沁水是清水枝津长明沟的重要水源,沁水注入后增加了清水枝津长明沟流量,为曹操兴修以邺城为中心的长明沟创造了条件。郦道元记载:"沁水又东,光沟水注之。水首受丹水,东南流,界沟水出焉。又南入沁水,又东南流,径成乡城北,又东径中都亭南,左合界沟水,水上承光沟,东南流,长明沟水出焉。又南径中都亭西,而南流注于沁水也。又东过周县北。县故州也。《春秋左传》隐公十有一年,周以赐郑公孙段,六国时,韩宣子徙居之。有白马沟水注之,水首受白马湖,湖一名朱管陂。陂上承长明沟。湖水东南流,径金亭西,分为二水,一水东出为蔡沟,一水南流注于沁水也。"①所谓"东南流,长明沟水出焉",是指沁水汇聚界沟水和光沟等河流后,与清水枝津长明沟相合;所谓"南流注于沁水",是指清水枝津长明沟南流后,再度注入沁水;所谓"陂上承长明沟",是指沁水流经白马湖时与清水枝津长明沟相接。沁水注入长明沟以后,与有灌溉能力的陂塘相接,为发展相关区域的农业创造了良好的条件。具体地讲,长明沟等与沿途的陂塘有着相互为用的关系,一方面沿途河流为清水枝津长明沟提供了丰富的补给水源,另一方面陂塘又起到调节长明沟航道水位的作用。具体地讲,白马湖、吴泽陂等与长明沟相通,起到了调节航道水位的作用。清水枝津长明沟成为曹操长明沟的主干道后,经过改造及拓宽拓深具有了灌溉、改良土壤、防洪排涝及水运等综合功能。从历史的角度看,曹操兴修长明沟主要取得了两个标志性的成果:一是以清水枝津长明沟为干线,进一步扩大了农田灌溉面积,有力促进了河北地区的农业发展;一是新修的长明沟与白沟等连通后,进一步扩大了水运范围,突出了邺城水上交通枢纽的地位。

其七,曹操利用清水枝津长明沟河道兴修长明沟时,建立了长明沟与沙水(蔡水)之间的互通关系。历史上的沙水又有"蔡河""蔡渠"等称谓,鸿沟自浚仪(在今河南开封)分流后,向南的一支为蔡河,向东的一支为汴河(汴渠)。长明沟旧道与沙水在尉氏、扶沟等地多次相合,形成了往复循环的航线,其中,尉氏是长明沟与沙水交汇的重要节点。王存在叙述尉氏与清水枝津长明沟的关系时论述道:"京南九十里。八乡。朱家曲、宋楼、卢馆三镇。有惠民河、长明沟、三亭、制泽陂。"②自清水枝津长明沟南下可进入沙水,自沙水可进入尉氏、扶沟等地。除此之外,经尉氏、扶沟等地可入汴渠等航线。长明沟在和沙水相连互通后,与黄河以南的航线串联在一起,改变了河北水上交通的面貌,加强了黄河以北与黄河以南的联系,构建了跨越黄河南北的航线和错综复杂的交通网。

曹操开凿的长明沟与沙水相通后,使原本复杂的水文形势呈现出更加复杂的态势。

---

① 北魏·郦道元《水经注·沁水》,杨守敬、熊会贞疏,段熙仲点校,陈桥驿复校《水经注疏》上册,南京:江苏古籍出版社1989年版,第840—842页。
② 宋·王存《元丰九域志》上册(王文楚、魏嵩山点校),北京:中华书局1984年版,第2页。

如果说鸿沟打通了黄河与淮河水系之间的漕运通道的话,那么,以荥阳为节点,汝水、泗水、沙水、涡水、睢水等淮河支流则与鸿沟系统的阴沟、汳水等构成了相互交错的航线。沙水与长明沟之间的漕运通道建立后,进一步密切了河北与黄河及淮河水系之间的关系。具体地讲,长明沟向北经野王界沟等,沿清水枝津长明沟故道可入黄河故道,沿黄河故道进入曹操兴修的白沟,经邺城等地,可经安陵(在今河北沧州)至幽州及辽东以远的地区;向东自黄河入鸿沟汴渠航段可进入泗水、涡水等远接江淮;向西沿黄河航线可入洛水,自洛水经阳渠入洛阳;自黄河航线向南经鸿沟南枝沙水等可远抵南阳(在今河南南阳)。与此同时,自南阳可联连汉水。

更重要的是,长明沟与沙水相通后,建立了一条自邺城南下入河、入淮的漕运通道,沿这条漕运通道可以将邺城屯田的粮食源源不断地运往淮河流域,为经营淮北、淮南以及与后来的孙权政权对峙,提供了强有力的后勤保障。

利漕渠等七条河渠互通的意义

建安十八年九月,曹操兴修利漕渠,旨在通过强化邺城水陆交通枢纽的地位,来提升邺城的政治地位。史有"作金虎台,凿渠引漳水入白沟以通河"①之说,在兴建邺城宫苑时,采取引漳水入运的办法兴建了利漕渠,建立了与白沟互通的航线。

追溯历史,在曹操开利漕渠之前,与邺城有关的长明沟与白沟已经互通。那么,为什么还要兴建利漕渠呢?道理很简单,目的是进一步提升运道互通的能力,将黄河漕运延长到幽州以远的区域,具有经营辽东的战略意图。

以利漕渠建成为标志,曹操在统一北方的基础上进一步巩固了以邺城为中心的北方根据地。从建安七年到建安十八年,曹操在中原及黄河以北开凿了睢阳渠、白沟、平虏渠、泉州渠、新河、长明沟、利漕渠七条河渠。除了睢阳渠,其他的六条河渠主要建在河北。七条河渠建成后,一是形成了北上远及辽东的漕运通道,南下进入黄河及淮河流域的漕运通道,构建了以邺城为中心的漕运体系;二是这些河渠具有引水灌溉的能力,在改良土壤发展相关区域的农业生产做出了重大贡献,进而为曹操建立稳固的河北根据地发展域内经济奠定了基础,为与东吴、西蜀对峙提供了强有力的后勤支援。

其一,七条河渠在支持曹魏的军事斗争、屯田、漕运等方面有特殊的作用和功能。一是这些河渠开挖后,为曹操以较低的成本转运粮食等战略物资,统一北方立下了汗马功劳。北方统一后,曹操把斗争前线推进到与西蜀、东吴接壤的地带,河渠为转运军事战略物资,确保军事斗争中的优势提供了强有力的支持。二是这些河渠为屯田河北做出了巨

---

① 晋·陈寿《三国志·魏书》,北京:中华书局1982年版,第42页。

大的贡献。为了把河北地区建成可靠的大后方,曹操将军屯和民屯交织在一起,通过河渠灌溉农田,大力发展农业,有效地支持了与西蜀、东吴之间的战争。在这一过程中,曹操采用了以灌溉压制盐碱的办法改造了河北地区的盐碱地,为农业高产稳产提供了强有力的保证,在建设河北这一粮食基地的过程中,达到了增强经济实力的目的。三是以河渠为依托,就近屯田和建设航运交通网络,改善了原有的交通布局,一方面为后世将漕运中转仓建在运河边上提供了依据,确立了曹魏在三国鼎立中的优势地位,另一方面也为司马氏取代曹魏、加速统一的进程提供了必要的条件。

其二,七条河渠形成互通之势后,形成了以邺城为中心的交通枢纽。在曹操攻占邺城之前,邺城交通以陆路为主。攻占邺城后,通过兴修长明沟、新河、利漕渠等,曹操提升了邺城的政治地位和经济地位。具体地讲,长明沟等与此前开挖的白沟等河渠串联在一起,构成了从北到南的水路大通道,将黄河水系与淮河水系连接到一块,从而使曹操政治集团有了更广阔的战略局面,为其经营西北和东南提供了丰富的战略物资和后勤保障。在重点经营邺城的过程中,曹操通过兴修河渠改善了邺城的交通及漕运条件。其中,长明沟开通后,从邺城出发经山阳、修武、怀县、武德等地可进入黄河流域。入黄河以后,经荥阳可进入汴渠,从汴渠沿鸿沟故道经尉氏、平陆可抵扶沟等地。与此同时,在加强河渠建设的基础上,曹操采取相互连通的方法,将它们与先前开挖的河渠连接起来,从而形成了北通海河、南通黄河、东通淮泗之势,进而从水上建立了华北地区与中原及江淮之间的水上大交通网。在这一过程中,曹操利用河渠的灌溉功能发展当地的农业,有力地促进了曹魏统治中心区域内的社会经济发展。进而言之,曹操充分利用已有的河渠资源发展农业和水上交通,有效地提升了邺城的政治中心和经济中心的地位。邺城成为北方重镇,甚至在南北朝分立时期一度成为国都,客观地讲,与曹操重点经营及建立以邺城为中心的漕运秩序有着割不断的联系。

其三,曹操将军事斗争的大本营移往洛阳后,进一步扩大了七条河渠的存在空间及使用价值。他以河北为支援军事斗争的后勤保障基地,七条河渠形成互通之势后从水上加强了与黄河、淮河、长江等水系的联系,进而为隋王朝建立以洛阳为中心的水陆交通枢纽奠定了坚实的基础。顾祖禹考证道:"'建安七年魏武至浚仪,治睢阳渠',盖东达睢阳之渠也。"[①]睢阳渠以浚仪为起点向东延伸,至睢阳可入泗水,从泗水可进入淮河流域,入淮河后东行可进入江淮之间的邗沟,进而远及长江。可以说,这一分布黄河两岸的大通道建成后,为隋王朝利用这些河渠打通贯穿南北的通济渠、永济渠等提供了必要的条件,进而加强了江淮与黄河流域、辽东以及更远区域的联系。追溯隋代兴修永济渠的历史,完全可

---

① 清·顾祖禹《读史方舆纪要·河南二》第4册(贺次君、施和金点校),北京:中华书局2005年版,第2148页。

以上溯到曹操开挖的白沟。在历史发展的进程中,白沟为隋代修建永济渠提供了雏形,亦成为宋王朝经营华北时不可或缺的漕运通道。

其四,七条河渠互通后,建构了以邺城为中心的水陆交通枢纽,极大地改善了河北及以北地区的交通条件,对这一区域的交通建设和城市布局等产生了深远的影响。因泉州渠与漳水、滹沱河、泒水、洵水、潞水等相通,又因这些河流本身有部分的漕运能力,两者交织在一起,遂出现自泉州渠等经漳河等可抵邺城的局面。具体地讲,以邺城为水上交通枢纽,沿白沟航线可抵达黄河,渡黄河以后,经鸿沟汴渠航段可远接泗水及江淮。与此同时,沿利漕渠、白沟、漳水等北上,中经新河、平虏渠、泉州渠等可抵达幽州、辽东以及更远的区域并东入大海。如郦道元记载:"白沟又东北,径罗勒城东,又东北,漳水注之,谓之利漕口。自下清漳、白沟、淇河,咸得通称也。"①建安十八年九月,曹操"凿渠引漳水入白沟以通河"②,利漕渠建成后,引漳水入白沟既丰富了白沟的水源,又将利漕渠与白沟相连,增强了水上交通运输能力。在这中间,漳水与清水、洹水等相通,利漕渠、白沟、长明沟等亦与清水相通,利漕渠建成后与曹操先前开挖的河渠串联起来,形成了"自下清漳、白沟、淇河,咸得通称"的局面。

其五,除睢阳渠以外,曹操在黄河以北开挖的六条河渠实际上是一个有机的整体。具体地讲,隋炀帝以白沟为基础开挖永济渠以后,平虏渠、泉州渠、新河等依旧有独立存在的价值。如为了防止奚、契丹作乱并形成威慑力量,驻守易州(在今河北易县)的姜师度明确提出了疏浚平虏渠等的主张,试图通过加强漕运来全面控制蓟州以北的地区。在重建漕运秩序后,唐王朝增强了控制蓟州以北的能力,进而达到了威慑奚、契丹的效果。从后世的情况看,姜师度在曹操的基础上重开的河渠在元明清三代兴修京杭大运河时多有利用。

其六,白沟作为河北重要的漕运通道,其利用率明显高于曹操兴修的其他河渠。北齐时有"于白沟傍船不听向洛,诸州和籴粟运入邺城"③之说,这条水上大通道是自河北入黄河的重要通道,在建设的过程中,充分发挥黄河航线的作用,初步形成了以黄河为东入汴渠及南下入沙水的航线节点,进一步密切了河北与河南之间的联系。宋代十分重视白沟等在漕运中的作用,在白沟的基础上兴修了御河。白沟除了继续在屯田中发挥重要作用外,还有力地推动了沿线城市和地区的经济发展,并成为宋代与辽、金对峙时的漕运大通道。

---

① 北魏·郦道元《水经注·淇水》,《水经注疏》上册(杨守敬、熊会贞疏,段熙仲点校,陈桥驿复校),南京:江苏古籍出版社1989年版,第867页。
② 晋·陈寿《三国志·魏书》,北京:中华书局1982年版,第42页。
③ 唐·李百药《北齐书·神武纪下》,北京:中华书局1972年版,第16页。

综上所述,曹操开挖的白沟为后世建立贯穿全国的运河大交通特别是华北地区的水上交通具有特殊的意义,主要有以下五点。一是白沟直接建立了黄河与北方水系的联系。二是为隋开挖永济渠奠定了坚实的基础,白沟航线通过联系华北地区的不同河流,将不同地区串联在一起,有力地促进了华北地区社会经济的发展。三是为北宋发展华北地区的水上交通提供了依据,如北宋在与辽、金等政权的对峙中,御河是一条重要的漕运通道,这条航道是以白沟及永济渠为基础的。四是白沟在山东北部、河北、天津等境内的航段是元代会通河经过这一区域的基础,经过长时间的建设,白沟经过的相应区域作为重要的航段节点,逐步出现了一批新兴城市。当元代统治者以白沟为基础兴修会通河时,这些区域及与之有关的城市出现了再度兴盛的繁荣景象。可以说,在元代兴修运河的过程中,这一航段不但成为元代南北运河整体东移的关键性航段,而且带动了沿岸社会经济的发展。五是白沟为明清两代进一步兴修鲁运河、南运河、北运河奠定了坚实的基础。

客观地讲,白沟的漕运及交通能力的提升与后世不断地疏浚、开挖并延长其航道形成新的互通之势有着直接的联系。武则天载初元年(689),唐人在白沟及永济渠旧道的基础上兴修新航道,开辟了一条从白沟入汴河的新航线,在一定程度上加强了洛阳与徐州、兖州等重镇之间的联系。从这样的角度看,曹操开挖北方河渠,对于隋唐建设以洛阳为中心的水陆交通枢纽有着不世之功。进而言之,追溯洛阳水陆交通枢纽形成的历史,曹操经营河北及邺城时开挖北方河渠是不可或缺的环节。

曹操屯田与漕运

建安元年(196),曹操接受枣祗、韩浩等人的建议开始在统治区域内屯田。史称:"天子拜公司空,行车骑将军。是岁用枣祗、韩浩等议,始兴屯田。"①"是岁",是指汉献帝刘协建安元年。

那么,枣祗、韩浩等人的屯田之策,为什么会得到曹操的支持并立即推行呢?《晋书·食货志》交代了这一事件的前因后果。史称:"汉自董卓之乱,百姓流离,谷石至五十余万,人多相食。魏武既破黄巾,欲经略四方,而苦军食不足,羽林监颍川枣祗建置屯田议。魏武乃令曰:'夫定国之术在于强兵足食,秦人以急农兼天下,孝武以屯田定西域,此先世之良式也。'"②董卓之乱后,百姓流离失所,出现了"人多相食"的局面,给恢复农业经济提出了新的要求。

枣祗、韩浩等人的屯田之议是有战略眼光的,而屯田得以推广又与曹操深入研究天下形势,以屯田为"定国之术"紧密地联系在一起。如裴松之注"是岁用枣祗、韩浩等议,始

---

① 晋·陈寿《三国志·魏书》,北京:中华书局1982年版,第14页。
② 唐·房玄龄等《晋书·食货志》,北京:中华书局1974年版,第783—784页。

兴屯田"语云:"《魏书》曰:自遭荒乱,率乏粮谷。诸军并起,无终岁之计,饥则寇略,饱则弃余,瓦解流离,无敌自破者不可胜数。袁绍之在河北,军人仰食桑椹。袁术在江、淮,取给蒲蠃。民人相食,州里萧条。公曰:'夫定国之术,在于强兵足食,秦人以急农兼天下,孝武以屯田定西域,此先代之良式也。'是岁乃募民屯田许下,得谷百万斛。于是州郡例置田官,所在积谷。征伐四方,无运粮之劳,遂兼灭群贼,克平天下。"①当军事斗争成为政治斗争的主要形式时,曹操敏锐地认识到,要想建立一支强大的军队,需要以屯田为"定国之术"来达到"强兵足食"的目的。通过屯田,曹操顺利地解决了军队给养匮乏、民食不足等问题,有效地动员了为战争服务的各种力量,稳定了统治区域日趋恶化的社会经济秩序和政治秩序。

起初,曹操统治区内的屯田事务是由任峻负责的。史称:"于是以任峻为典农中郎将,募百姓屯田许下,得谷百万斛。郡国列置田官,数年之中,所在积粟,仓廪皆满。祗死,魏武后追思其功,封爵其子。"②这一记载主要有六个方面值得关注。

其一,曹操接受枣祗等人的建议,任命任峻为典农中郎将,揭开了屯田的序幕。史称:"太祖每征伐,峻常居守以给军。是时岁饥旱,军食不足,羽林监颍川枣祗建置屯田,太祖以峻为典农中郎将,募百姓屯田于许下,得谷百万斛,郡国列置田官,数年中所在积粟,仓廪皆满。官渡之战,太祖使峻典军器粮运。……军国之饶,起于枣祗而成于峻。"③起初,任峻"常居守以给军",在负责屯田事务后,因在官渡之战中"典军器粮运",故又承担起漕运事务。也就是说,曹操下达屯田令后,典农中郎将除了负责屯田事务外,同时又负责运兵运粮等事务。在这中间,"军国之饶,起于枣祗而成于峻",固然是高度地评价了枣祗、任峻在屯田中的地位和作用,同时也透露了屯田与漕运紧密相连的信息。进而言之,典农中郎将除了负责屯田事务外,还负责漕运事务。

其二,曹操以任峻为典农中郎将,标志着曹操屯田是从军屯开始的。中郎将是建安时期十分的重要职官。以此为参照,当知曹操以任峻为中郎将,又以"典农"为加衔,意在向世人强调屯田乃军国大事,同时也透露了屯田是"定国之术"的重要信息。

其三,从设"典农中郎将"管理许昌屯田事务,到"郡国列置田官"中当知,田官隶属典农中郎,屯田组织机构为军事编制。杜佑叙述典农中郎将及副手典农都尉、典农校尉等来源时论述道:"并曹公置。晋武帝太始二年,罢农官为郡县,后复有之。"④"曹公"指曹操。任峻时任中郎将,以"典农"加衔,意在突出此时的屯田具有军屯的特点。史称:"古

---

① 晋·陈寿《三国志·魏书》,北京:中华书局1982年版,第14页。
② 唐·房玄龄等《晋书·食货志》,北京:中华书局1974年版,第784页。
③ 同①,第489页。
④ 唐·杜佑《通典·职官八》,杭州:浙江古籍出版社1988年版,第154页。

者重武官,有主射以督课之,军屯吏、驺、宰、永巷宫人皆有,取其领事之号。"①从表面上看,曹操以"典农"加衔,有自立职官事职之嫌,其实与两汉职官制度一脉相承。

其四,曹操开展军屯是从统治核心区域河南开始的。如继任峻许昌屯田后,又有严匡任颍川典农中郎将,司马昭任洛阳典农中郎将,这一系列的情况表明,河南是曹操屯田的核心区域。曹操推行的军屯之策,始于建安元年,延续到曹魏时期,此后,又为晋王朝所继承。

其五,典农中郎将兼有耕种和戍守两个方面的职责,战时可率部参与战争。史称:"二十三年春正月,汉太医令吉本与少府耿纪、司直韦晃等反,攻许,烧丞相长史王必营,必与颍川典农中郎将严匡讨斩之。"②建安二十三年(218),吉本与耿纪等造反时,颍川典农中郎将严匡率部平叛。

其六,自屯田推广到各地后,曹操获取了大量的粮草,保证了军用。从"所在积粟,仓廪皆满"中当知,这些仓廪应建在方便运输的地方。如果再考虑到曹操兴修河渠时,强调了河渠的灌溉、交通等综合功能,再结合"官渡之战,太祖使峻典军器粮运"等语看,当知屯田区的粮仓大都建在河渠沿线,具有漕运中转仓的性质。

在推广屯田之策的过程中,曹操进行了制度建设。如在郡国设置田官的基础上,设屯田都尉即典农都尉、典农校尉等,加强屯田事务管理,稳定了政治局势,促进了统治区域的社会经济发展。

在进行制度建设及发展军屯的同时,曹操又将田官制度推广到郡国,关心民屯事务。史称:"太祖欲广置屯田,使渊典其事。渊屡陈损益,相土处民,计民置吏,明功课之法,五年中仓廪丰实,百姓竞劝乐业。"③国渊负责相关区域的屯田事务后,根据具体情况采取了一系列的改革措施,经此,提高了百姓从事农业生产的积极性。从这样的角度看,"郡国列置田官"包含了劝耕的成分,民屯和军屯相辅相成,为曹操统一北方提供了充足的粮草及物资,进而为曹魏长期保持军事斗争中的优势起到很大作用。

在这一过程中,民屯与安置流民结合在一起,成为曹操恢复农业经济的重要手段。据史料记载,东汉末年,人口流动主要有几个方向:一是长安遭受灭顶之灾后,关中三十万人口或十万西迁至凉州,或十万南迁益州,或十万沿汉水至荆州;二是中原大地陷入战火后,当地百姓或迁往冀州、幽州及辽东,或迁往徐州及江淮之间,或经徐州继续南迁至长江以南避乱。为稳定社会生产秩序,保持军事斗争中的优势,曹操采取了安置流民与屯田相结合的措施。

---

① 汉·班固《汉书·百官公卿表上》,北京:中华书局1962年版,第731页。
② 晋·陈寿《三国志·魏书》,北京:中华书局1982年版,第50页。
③ 同②,第339页。

然而,怎样才能有效地安置流民?曹操接受卫觊的建议,采取了征收盐税为流民购置耕牛等生产资料的措施。从表面上看,征收盐税的目的是为关中流民购置生产资料,稳定关中的农业生产秩序,但实际情况是,此时的盐税已成为曹操恢复农业生产和社会秩序的重要手段。

需要特别指出的是,曹操在统治区域内实行屯田,是与开挖有灌溉、排洪防涝、交通等综合功能的河渠联系在一起的。河渠建设是曹操富有战略眼光的举措,在沿黄河两岸兴修河渠的过程中,曹操建成了有灌溉、改良土壤、排洪防涝、交通运输等综合功能的河渠。如屯田区沿河渠展开,在与沿途粮仓交织在一起,为快速地运兵运粮提供了帮助。这一时期,屯田与漕运等交织在一起,最大限度地稳定了域内的社会秩序,满足了征伐方面的需求。曹操在经营河北时,有意识地建设有综合功能的河渠,为曹操长期保持军事上的优势起到了不可替代的作用。可以说,屯田与开挖河渠交织在一起,不但为广积粮粟做出了积极的贡献,而且解决了后勤转输时遇到的难题。从这样的角度看,屯田与开挖河渠是曹操保持政治、军事、经济等优势的战略支撑点。在这中间,从开凿方便转运军事物资的河渠,到利用河渠进行屯田,在长期的军事斗争过程中,曹魏通过屯田和河渠建设,提升了国家的经济实力,达到了以战养战的目的。

与其他区域相比,淮南屯田明显具有屯田和漕运相结合的特点,根据这一情况,有必要进行专门的论述。

对于曹操政治军事集团而言,在淮南屯田有双重意义:一是可以有效地建立遏制东吴的防线,阻止孙权来犯;二是可以就地获取粮草,随时可沿淮南一带的水路运兵运粮南下,为经营东南作战略准备。黄初五年(224)八月,魏文帝曹丕亲自到淮南重镇寿春(在今安徽寿县)谋划征伐东吴事宜,这一事实从一个侧面说明了在淮南屯田有现成的水路可供运兵运粮,故史有"为水军,亲御龙舟,循蔡、颍,浮淮,幸寿春"①之说。

从形势上看,淮南屯田可分为两个阶段。第一阶段以民屯为主,始自刘馥任扬州刺史之时。第二阶段以建安十四年(209)孙权进攻合肥为节点,经此,淮南一带的屯垦进入军屯时期。

先看看淮南屯田第一阶段的情况。曹操占据黄河以南的地区以后,淮南一带成为曹操与东吴政治军事集团重点争夺的区域。为了控制江、淮,刘馥奉曹操之命,出任扬州刺史,在此基础上揭开了淮南民屯的序幕。刘馥上任后,主要采取了四个方面的措施:一是建造郡城合肥(在今安徽合肥),稳定了社会秩序;二是安顿流民,在此基础上屯田,恢复了当地的农业生产;三是重修或兴修水利设施,为农业生产提供了保障;四是高筑城垒,积

---

① 晋·陈寿《三国志·魏书》,北京:中华书局1982年版,第84页。

极地应对可能发生的战争。史有"既而又以沛国刘馥为扬州刺史,镇合肥,广屯田,修芍陂、茹陂、七门、吴塘诸堨,以溉稻田,公私有蓄,历代为利"①之说,重修芍陂、茹陂、七门、吴塘等水利工程与民屯结合在一起,稳定了当地的社会秩序和政治秩序。因"广屯田"与安定生产秩序、安置流民等联系在一起,故此时的屯田属于民屯。

淮南屯田的第二阶段始于建安十四年。建安十三年(208)刘馥去世,次年,孙权进攻合肥,淮南沦为曹操与孙权争夺的主战场。在这中间,曹操率大军与孙权于合肥大战,严重地破坏了芍陂一带的屯田秩序。史称:"建安十四年,曹操引水军自涡入淮,出肥水,军合肥,开芍陂屯田。"②曹操重新恢复对合肥的统治后,重开芍陂屯田,从"军合肥,开芍陂屯田"看,此时的屯田应为军屯。

什么叫陂？陂,主要指环形的堤坝。胡渭论述道:"陂亦堤也,而实不同。川两厓筑堤,制其旁溢,陂则环泽而堤之,此其所以异也。陂必有水门,以时蓄泄。考之传记,寿春芍陂,楚相孙叔敖作,有五门。隋赵轨修之,更开三十六门。"③从"陂则环泽而堤之"不难发现,刘馥重修芍陂、茹陂等,主要是用筑堤的方式,将流向低洼处的河流蓄积起来,用于农田灌溉。然而,有其利必有其弊。胡渭论述道:"穰县钳卢陂,汉南阳太守召信臣作,有六石门,号为六门陂。山阴镜湖,会稽太守马臻作,筑塘周回三百里,疏为二门,其北堤石闼二,阴沟十九,南堤阴沟十四。盖皆古法也,川水暴至,则开高门受水,使水得游荡陂中,以分杀其怒;川平则仍闭以蓄水,遇旱即开下门以溉田。利民之事,无大于此者,故《易》曰'说万物者,莫说乎泽'。贾让言:内黄界有泽,方数十里,环之有堤,太守以赋民,民起庐舍其中。盖自战国开阡陌、尽地力,即有废泽以为田者。其后翟方进坏汝南鸿隙陂,而郡人怨之。谢灵运求会稽回踵、岈崲二湖以为田,而太守不许。陂之不可废也如此。近世逐利而忘害,古时潴水之地,无尺寸不耕,而昧其昔之为陂泽矣。就《禹贡》所载言之,荥播塞为平地,非人之罪。余若大陆、雷夏、大野、震泽、菏泽,皆失其旧,大抵由围田所致,而他泽从可知已。夫子之论政也,曰:无见小利,见小利则大事不成。今废泽以为田,而百川决溢,人无宁居,岁数不登,皆谋国者见小利之害也。"④通过列举各地建造陂塘的情况,胡渭认为,一味地围垦破坏自然,势必带来"百川决溢,人无宁居,岁数不登"的严重后果。应该说,这一认识是有见地的。

综上所述,淮南屯田具有四个基本特征,这四个特征可谓是囊括了曹操屯田时的主要方面。

---

① 唐·房玄龄等《晋书·食货志》,北京:中华书局1974年版,第784页。
② 元·马端临《文献通考·田赋考七》,杭州:浙江古籍出版社1988年版,第74页。
③ 清·胡渭《禹贡锥指》(邹逸麟整理),上海:上海古籍出版社2006年版,第650页。
④ 同③。

其一，淮南屯田从民屯开始，后进入军屯阶段。军屯和民屯作为曹操屯田的基本方式，在淮南屯田中得到了充分的反映。如在淮南屯田的过程中，采取了安置流民及劝耕等一系列的措施。具体地讲，民屯是发展农业的重要举措，通过为百姓及流民提供必要的生产资料，在安置百姓及流民的基础上，为农业经济发展和繁荣提供了强有力的支撑。军屯即建立一支寓兵于农的军队，有效地增加了粮草储备，减轻了百姓的赋税负担，稳定了社会经济秩序。

其二，淮南屯田带有边地和内地屯垦的双重特点。具体地讲，曹操屯田可分为边地和内地两个方面。边地屯田，主要集中在与其他政治军事集团交界的地方，如关中、淮南等地的屯田。内地屯田，主要集中在其统治的核心区域如河南、河北两地，其中河南屯田集中在许昌、颍川及洛阳等地，河北屯田集中在以邺城为中心的区域。不过，伴随着曹操统治区域的扩大，淮南已由边地变为内地。

其三，淮南屯田时，以兴修有灌溉功能的河渠为先导，通过改善统治区域内的农业生产条件，实现了广积粮草的目标。在这一过程中，在淮南开展屯田，除了淮南有良好的屯垦条件外，更重要的是，淮南有便利的水上交通，在此屯田方便漕运，可以最大限度地节约人力资源，提升转输粮草及军事物资速度，保持军事斗争中的优势。

其四，淮南有发达的水上交通网，在此屯田可分散屯粮，在减轻仓廪建设压力的同时，可以快捷的方式统筹军需物资及粮草的转运，及时保障战争中的需求。

总之，淮南屯田在曹操政权建设中具有特殊的意义。具体地讲，从开挖河渠为运兵运粮服务到注重建设河渠的灌溉、排洪防涝、改良土壤、交通运输等综合功能，从简单地屯田到全面地推广屯田即实行民屯和军屯，屯田在曹操进行政权建设起到了关键性的作用，同时也为曹操将农业生产区从黄河流域扩展到淮河流域，进而保持政治稳定和经济发展奠定了坚实的基础。可以说，兴修河渠和屯田在曹操政权建设方面具有不可替代的作用，开创了统治区域内的政治稳定和经济繁荣的新局面。

第四章 三国时期的漕运

黄初元年（220），曹丕代汉建魏，当时的政治版图是：曹魏占据了以黄河中下游地区为主的北方地区，孙吴占据了以长江中下游地区为主的东南地区，蜀汉占据了以巴蜀为主的西南地区。

针对三国纷争的局面，为保持政治和军事斗争中的优势，曹魏投入了大量的人力、物力和财力兴修河渠。曹魏兴修河渠的历史可以追溯到建安时期（196—220）。建安时期，曹操为转运粮草等军用物资在黄河两岸兴修了睢阳渠、白沟等七条河渠，这些河渠串联在一起，在屯田和漕运中发挥了重要作用，确立了曹操在军事斗争中的优势。继承这一既定的国策，曹丕登基后，为加强漕运和屯田，分别兴修了五龙渠、贾侯渠、讨虏渠、成国渠、白马沟、鲁口渠、广漕渠、淮阳渠、百尺渠等河渠，在稳定社会秩序和发展经济的同时，为军事斗争提供了快速运兵运粮的通道。进而言之，当军事斗争成为政治斗争的外化形式时，曹魏要占领压倒孙吴、蜀汉的制高点，需要把兴修河渠放在重要的位置上，主要做了六方面的工作：一是兴修五龙渠，改善洛阳的漕运条件，提升洛阳及周边的农田灌溉水平，为保证洛阳的粮食安全创造了条件；二是贾逵镇守豫州时建设了有农田灌溉、漕运等综合功能的贾侯渠，既为开发淮河流域提供了必要的条件，同时也为构筑淮河防线与孙吴对峙奠定了坚实的基础；三是兴修讨虏渠以后，建立了一条自淮河流域远及江淮的复式航线；四是重修成国渠以后，构建了自长安至关中西部的水上交通线，为威慑蜀汉提供了强有力的帮助；五是在河北兴修白马沟、鲁口渠等，这些河渠与曹操兴修的河北诸渠连在一起，加强了黄河以北的水上交通，从整体上提升了河北地区的农业生产水平；六是邓艾在淮南、淮北兴修广漕渠、淮阳渠、百尺渠等，为淮南、淮北屯田及发展漕运奠定了坚实的基础。

通过在不同的区域兴修河渠，曹魏实现了建立以洛阳为中心的水上大交通的构想，可以说，这一作为在中国运河建设史上有着特殊的意义，具体表现在四个方面：一是兴修五龙渠等，改善了洛阳一带的漕运环境，重新确立了以洛阳为中心的漕运机制，为隋炀帝建立以洛阳为中心的水陆交通枢纽提供了必要的条件；二是兴修汴渠、石门、贾侯渠、讨虏渠、广漕渠、淮阳渠、百尺渠等，重建了面向江淮的漕运通道，为隋炀帝兴修通济渠提供了选择的空间;三是兴修成国渠等,提升了关中漕运的能力,为隋唐进一步兴修关中河渠及发展漕运创造了必要的条件;四是兴修白马渠、鲁口渠等,在加强河北根据地建设的同时,提升了河北至辽东等地的漕运能力,为曹魏取得政治和军事等方面的优势提供了必要的支持,如白马渠、鲁口渠等与五龙渠串联在一起,与黄河航线及河北诸渠互通后,最大限度地提升了河渠在漕运及灌溉中的综合效益。凭借快捷及运输成本低廉的水上交通,可将河北地区的物产源源不断地运往洛阳,同时可将河北的物资及粮草运往与孙吴对峙的淮河防线和与蜀汉对峙的关中防线。从这样的角度看,河北是曹魏遏制蜀汉和孙吴进攻及保持政权稳定的战略支撑点和根据地。在这中间,白马渠、鲁口渠等与曹操兴修的白沟及黄河以北的河渠串联在一起,为隋炀帝兴修永济渠提供了强有力的支撑。

以河渠建设为先导进行屯田是曹魏政权建设的重要组成部分。兴修河渠和屯田结合在一起,稳定了统治区域的社会秩序和经济秩序,有效地解决了粮草匮乏等军需问题,提高了运兵运粮的效率。曹魏屯田肇始于建安元年(196),是年,曹操接受枣祗、韩浩等人的建议,下达屯田令。屯田与兴修河渠成为曹魏长期保持军事斗争优势的法宝。

曹魏屯田和兴修河渠及加强漕运的历史在一定程度上反映了三国政治斗争和军事斗争的历史。曹魏屯田及兴修河渠涉及内地和边地,其中,内地屯田及兴修河渠,在恢复和发展农业的过程中稳定了核心统治区域的社会秩序;边地屯田及兴修河渠,不但为军事斗争提供了充足的粮草及战略物资,缩短了漕运航程,而且稳固了边境错综复杂的形势。如魏明帝一朝,凉州太守徐邈通过募民垦田和兴修河渠,稳定了边境地区的政治秩序和提高了当地的经济发展水平。在与蜀汉对峙的过程中,徐邈屯田不但充实了仓廪,起到了稳定军心的作用,而且还通过边境贸易富裕了一方百姓,进而提高了当地百姓的生活水平。进而言之,屯田与兴修河渠有力地提升了曹魏政权建设的质量,稳定了曹魏政权的政治、经济秩序。

与曹魏相比,孙吴和蜀汉的河渠建设明显滞后,甚至兴修河渠的热情远逊于曹魏。之所以出现这样的情况,主要是由自然地理及水文条件等因素决定的。

孙吴统治的核心区域为吴越旧地,其交通运输一向"以船为车,以楫为马"[①]为主。在孙吴占据江东以前,吴越旧地已有面向不同区域的航线:如春秋时,吴国先后兴修吴古故水道、胥溪、胥浦、百尺渎、子胥渎等,改善了吴国的水运条件;又如越国兴修山阴故水道等,提升了浙东一带的水上交通能力;再如秦始皇统一六国后,兴修的丹徒水道、由拳水道等,增加了自吴入越的新航线,加强了吴越两地的联系。可以说,这些河渠与长江等运道连接在一起,构成四通八达的水上交通体系,这样一来,不再需要进行大规模的河渠建设。

---

① 汉·赵晔《吴越春秋·勾践伐吴外传》(元·徐天祐音注,苗麓校点,辛正审订),南京:江苏古籍出版社1999年版,第176页。

然而,孙吴虽有自然天成的航运条件,并不是说就不需要进行新的河渠建设。如孙吴定都建业(今江苏南京)后,围绕着建业,先后兴修了运渎、青溪、潮沟等漕运通道。此后,又开挖了句容中道即破冈渎等。开挖句容中道有两大意义:一是可以避开长江风险;二是句容中道沿线是孙吴的屯田区,在此兴修河渠,可以就地取粮运入建业。进而言之,这些河渠开挖后极大地提升了孙吴的漕运能力,保证了建业的政治安全。

蜀汉是四塞之地,为群山所环绕,其核心统治区域是成都平原。与曹魏、孙吴相比,蜀汉的河渠建设基本处于停滞阶段,具体表现在三个方面:一是蜀地的水上交通主要依靠长江及其支流形成的自然水道;二是统治的核心区域成都平原主要沿用都江堰这一水利工程,都江堰分水工程既有灌溉农田的功能,同时又有漕运能力;三是蜀汉的统治区域以山地为主,大部分地区不具备兴修河渠发展漕运的条件。因此,蜀汉只是在境内兴修了少量有农田灌溉及防洪排涝的水利设施并进行屯田。三国鼎立的局面形成后,蜀汉与孙吴结盟,主要的军事斗争对象是曹魏。从蜀汉前线指挥部汉中出发,远征关中,因沿途均是崇山峻岭,只能走栈道,故很难用开挖河渠的方式打通自巴蜀到关中的交通,这样一来,不可能把兴修有漕运能力的河渠放到重要的位置上。

第一节　曹魏形势与漕运及河渠建设

孙吴和蜀汉联合抗魏后,曹魏面临着前所未有的军事压力。为了应对复杂多变的政治局势,魏文帝曹丕迁都洛阳,在加强屯田和漕运的过程中以洛阳为战略支撑点构筑了东西两道防线:一是在东南构筑了以豫州(治所在今安徽亳州)、寿春(治所在今安徽寿县)等为中心的防线,抵御孙吴;二是在关中西部建立了以陈仓(在今陕西宝鸡)等为中心的防线,抵御蜀汉。定都洛阳后,根据形势变化和需要,曹魏率先兴修了为战争服务的贾侯渠和讨虏渠等,这些具有漕运、屯田等综合功能的河渠兴修后,从政治、经济、军事、文化等方面加强了洛阳与淮南和淮北之间的联系,在稳定社会秩序和繁荣经济的同时,表达了军事斗争优先的诉求。

定都洛阳与漕运

三国之中,曹魏的综合国力最强,孙吴次之,蜀汉最弱。一般来说,农业社会衡量综合国力的基本指标是人口,因孙吴和蜀汉的人口远低于曹魏,出于反兼并方面的需要,孙吴和蜀汉势必要联合起来共同抗击曹魏。孙吴和蜀汉的综合国力虽然不如曹魏,但如果协调一致则会动摇曹魏的根基,为此,曹魏需要选择适当的地点建都,以寻求战略纵深。与许县(在今河南许昌)、邺城(在今河北临漳西南)相比,洛阳远离前线,且有向不同方向漕运即运兵运粮的优势,这样一来,建都洛阳便成了唯一的选择。

由此提出的问题是,建安元年曹操奉迎汉献帝时,为什么不继续以旧都洛阳或长安为都,反而要定都许县呢?究其根本,主要有三个原因值得关注。其一,经董卓之乱,洛阳已满目疮痍。由此带来的恶果是,当建安元年七月郭汜挟持汉献帝东归时,洛阳已十室九空,甚至没有宫室可居。其二,在洛阳遭受董卓之难前后,长安已多次遭受洗劫。其中最大的洗劫有两次:第一次大洗劫发生于赤眉军攻占长安时,如史有"长安遭赤眉之乱,宫室营寺焚灭无余,是时唯有高庙、京兆府舍"①之说;第二次大洗劫发生于董卓被杀以后,其部将李傕、郭汜等人之间的纷争。这样一来,长安已失去了继续建都的条件。其三,在奉迎汉献帝以前,许县作为曹操刻意经营的根据地,社会经济已呈现出复苏的景象。出于政治上的需要,曹操到洛阳奉迎汉献帝,并驱逐了韩暹。此时,曹操迎汉献帝入许县,主要是受到客观条件的限制。当时的情况是,黄河以北即河北为袁绍占领,东面的淮南是曹操与孙策、孙权争夺的要地,南面的荆州(在今湖北襄阳)在刘表的控制之下,西面的洛阳已经残破,且存在着不同的反曹势力,这样一来,给曹操留下的空间不大,故只能将汉献帝安顿在许县。进而言之,定都许县实际上是曹操的权宜之计。董昭等提出"都许"的建议后,曹操与众人"议奉迎都许"一事,其间,荀彧的一番话进一步坚定了曹操迎汉献帝定都许县的决心。可以说,迎汉献帝定都许县是曹操政治军事集团走向昌盛的起点,经此,汉家政令均出自曹操,甚至成为曹操战胜袁绍及夺取河北的重要原因。曹操迎汉献帝入许县,在挟天子以令诸侯的同时,占据了道义上的制高点。

伴随着曹操统一北方的进程,在许县建都的弊端开始显现出来。具体地讲,建安二十五年(220),围绕着荆州的归属,孙吴和蜀汉联盟关系暂时破裂。出于自身的需要,孙权一方面上书劝曹操上位代汉,另一方面积极地配合曹操征讨镇守荆州的关羽。在充分利用刘备与孙权矛盾的过程中,曹操解除了眼前的危机,并不再迁都。

不过,如果进一步分析,则不仅仅是曹操听从了司马懿、蒋济的劝告那样简单,恐怕在曹操的深层意识中,还与河北地偏一隅相关。就是说,迁都以后的地点应有战略纵深,要能方便漕运,能应对孙吴和蜀汉同时从关中和淮南等方向发动进攻。与其他地方相比,洛阳显然是最适合建都的地点。或许正是这样的原因,曹操把经营洛阳提上了议事日程。

与许都和邺城相比,洛阳更具有兼顾西北和东南两个方向的条件。进而言之,曹操有意经营洛阳,主要是由军事形势决定的:一是许都地近淮南和荆州,缺少战略纵深,随时会

---

① 刘宋·范晔《后汉书·董卓传》(唐·李贤等注),北京:中华书局1965年版,第2327页。

面临孙吴的威胁;二是如果将军事斗争的大本营建在邺城,明显不利于经营关中。如果关中震动的话,蜀汉挥师出关,同样会动摇曹魏的根基。相比之下,洛阳有漕运之便,在此建都,可用最快的速度向不同的方向运兵运粮。从这样的角度看,曹丕代汉并定都洛阳与曹操长期经营相关。此外,洛阳虽然多次遭受破坏,但居天下之中的交通地位始终不变。

曹操经营洛阳发生在统一北方以后。自实行许昌(在今河南许昌)屯田及推广这一制度以后,曹操为充实洛阳人口,多次采取了迁徙之策。史称:"自天子西迁,洛阳人民单尽,繇徙关中民,又招纳亡叛以充之,数年间民户稍实。太祖征关中,得以为资,表繇为前军师。"①所谓"自天子西迁",是指初平元年(190)二月,董卓胁持汉献帝迁都长安一事。打那以后,"洛阳人民单尽"。"太祖征关中",指建安十六年(211)七月,曹操亲率大军征讨马超一事。曹操平定关中时,钟繇用安顿关中百姓及招纳流民的方式,充实了洛阳人口,为曹操提供了粮草及军需物资。

建安二十年(215),曹操至汉中征讨张鲁,将汉中百姓迁往洛阳和邺城。史称:"后袭领丞相长史,随太祖到汉中讨张鲁。太祖还,拜袭驸马都尉,留督汉中军事。绥怀开导,百姓自乐出徙洛、邺者,八万余口。"②可以说,以恢复洛阳人口为先导,曹操为经营洛阳进行了不懈的努力。在这中间,经营洛阳,除了与恢复统治区域内的社会经济相关外,还与洛阳有四通八达的水陆交通,有利于漕运即向不同方向运兵有着密切的关系。这一时期,曹操政治集团受到的军事威胁主要来自孙吴和蜀汉,根据这一情况,需要寻找一个有战略纵深及方便漕运的地方建都,以应对来自不同方向的威胁,与其他地方相比,很显然,洛阳是最适合建都的地点。

如果说迁徙人口至洛阳还不能完全视为曹操有心迁都洛阳的话,那么,兴修建始殿则明白地传达了曹操有意经营洛阳的信息。也就是说,此举明确地表达了曹操打算迁都洛阳的政治诉求。史称:"冬十月,军还洛阳。孙权遣使上书,以讨关羽自效。王自洛阳南征羽,未至,晃攻羽,破之,羽走,仁围解。王军摩陂。"③这里所说的"冬十月",是指建安二十四年(219)十月。"摩陂"是湖泊,魏明帝青龙元年(233)改称"龙陂"。摩陂在龙城东南(在今河南郏县长桥镇一带),曹操自荆州班师回朝,曾在摩陂做短暂的休整,随后才率军至洛阳。

汉献帝延康元年(220)十月,曹丕接受禅让,取代汉献帝正式建魏,并改年号"黄初"。曹丕代汉建都洛阳有两个关键点:一是与曹操晚年刻意经营洛阳相关;二是与洛阳有战略纵深相关。如洛阳有方便运兵运粮的漕运通道,在此基础上居中调度,完全可应对来自孙

---

① 晋·陈寿《三国志·魏书·钟繇传》(裴松之注),北京:中华书局1959年版,第393页。
② 晋·陈寿《三国志·魏书·杜袭传》(裴松之注),北京:中华书局1959年版,第666页。
③ 晋·陈寿《三国志·魏书·武帝纪》(裴松之注),北京:中华书局1959年版,第52页。

吴和蜀汉的威胁。

迁都洛阳后,为加强洛阳建设,曹丕采取了一系列的措施,主要集中在五个方面。其一,采取了人口内迁及减免田租之策。这一政策实施后,为人口迁徙至洛阳提供了优惠。其二,采取了迁徙百姓以实洛阳的措施。如迁徙冀州士家五万户至洛阳。在迁徙冀州人口充实洛阳的过程中,将戍边士卒纳入其中,应包含了加强洛阳戍守的意图。其三,用屯田即民屯和军屯的方式,恢复洛阳的农业经济秩序。经过战火的摧残,洛阳已呈现出荒芜破败的景象。史称:"文帝践阼,徙散骑侍郎,为洛阳典农。时都畿树木成林,昶斫开荒莱,勤劝百姓,垦田特多。"①从表面上看,王昶担任洛阳典农一职后,主要是"勤劝百姓",进行屯垦。其实,除了民屯外,洛阳典农还负有军屯及卫戍洛阳的职能。其四,重视商贸在繁荣经济中的作用,采取措施,重造洛阳的商业繁荣。史称:"关津所以通商旅,池苑所以御灾荒,设禁重税,非所以便民;其除池籞之禁,轻关津之税,皆复什一。"②黄初元年二月,通过"轻关津之税"等举措,给洛阳带来了商业上的繁荣。其五,曹丕在洛阳旧渠阳渠的基础上兴修了五龙渠。

总之,迁都洛阳后,曹丕积极采取了一系列措施,不仅稳定了洛阳的社会秩序,还增强了洛阳的经济实力,为洛阳的再次繁荣奠定了坚实的基础。

贾侯渠与漕运及屯戍

黄初元年六月,贾逵接受魏文帝曹丕的重托,出任豫州刺史。

豫州南部与孙吴统治区接壤,贾逵到任后,采取了一系列的治军治民措施,其中,为发展豫州农业及漕运,他采取了兴修贾侯渠的措施。史称:"州南与吴接,逵明斥候,缮甲兵,为守战之备,贼不敢犯。外修军旅,内治民事,遏鄢、汝,造新陂,又断山溜长溪水,造小弋阳陂,又通运渠二百余里,所谓贾侯渠者也。"③又称:"贾逵之为豫州,南与吴接,修守战之具,竭汝水,造新陂,又通运渠二百余里,所谓贾侯渠者也。当黄初中,四方郡守垦田又加,以故国用不匮。"④如果将这两则记载综合到一起,当知贾逵任豫州刺史以后,主要做了四件大事:一是加强豫州军备,积极应对孙吴随时有可能发动的战争;二是以鄢水、汝水等为补给水源,兴修小弋阳陂等水利工程,重点消除豫州农业的瓶颈,提高整体的农田灌溉水平;三是利用新建的水利设施进行屯田,取得了广积粮草的丰硕成果,在一定程度上解决了军需中的困难,如"四方郡守垦田又加,以故国用不匮"等叙述表明,贾逵的屯田之

---

① 晋·陈寿《三国志·魏书·王昶传》(裴松之注),北京:中华书局1959年版,第744页。
② 晋·陈寿《三国志·魏书·文帝纪》(裴松之注),北京:中华书局1959年版,第58页。
③ 晋·陈寿《三国志·魏书·贾逵传》(裴松之注),北京:中华书局1959年版,第482页。
④ 唐·房玄龄等《晋书·食货志》,北京:中华书局1974年版,第784页。

举之所以在不同的区域得到推广,是因为贾逵屯田为保证国用需求做出了重要的贡献,有向四方推广的价值;四是兴修贾侯渠,改善了豫州的漕运条件。贾逵在豫州积极地兴建水利设施,既为屯田及提高当地的农业生产水平奠定了坚实的基础,同时为兴修贾侯渠及加强漕运提供了补给航道水位的资源。从这样的角度看,贾逵受到豫州人民的爱戴,受到魏文帝曹丕、魏明帝曹叡的表彰,是必然的。

贾侯渠东至项城故城时,与颍水相通。项城是曹魏防范孙吴的屯兵之处,在贾逵"缮甲兵,为守战之备"的过程中,贾侯渠在运兵运粮中扮演了重要的角色。贾侯渠是何时建成的?兴修的过程中主要利用了哪些现成的河道?建成后在征伐孙吴中发挥了什么样的作用?

贾侯渠应于黄初二年(221)以前建成。贾侯渠能迅速地建成,应与利用豫州域内的沙水、汝水、颍水等自然河道相关。可知沙水是贾侯渠的重要补给水源和运道,沿途经长平县(汝南郡属县)、陈城即陈国(在今河南淮阳)等地。陈国即后世所说的陈县,其县域内有淮河支流颍水经过,颍水通运,并与鸿沟南流沙水相会。二者在陈州一带构成错综复杂的水网。汝水应是贾侯渠最大的补给水源,甚至可以说,汝水是贾侯渠运道的一部分。具体地讲,汝南郡内有高陵山,高陵山是汝水的发源地,如史有"高陵山,汝水出,东南至新蔡入淮,过郡四,行千三百四十里"①之说。由于贾侯渠与沙水、汝水、颍水等相通,又由于春秋开鸿沟时已形成"以通宋、郑、陈、蔡、曹、卫,与济、汝、淮、泗会"②的航线,据此可知,贾侯渠开通时引入汝水:一是建立了与汝水互通的航线;二是建立了与鸿沟及沙水相通的航线;三是建立了与淮河、颍水、涡水、泗水等相通的航线;四是建立了与黄河相接的航线,如汴渠是鸿沟的一部分,东汉王景、王吴重开汴渠时,已打通了这一航线。

贾侯渠建成后,在运兵运粮中发挥了重要作用。具体地讲,豫州南部与孙吴统治区域的荆州接壤,东南方向与曹魏与孙吴重点争夺的淮南接壤。史称:"黄初中,与诸将并征吴,破吕范于洞浦,进封阳里亭侯,加建威将军。"③洞浦(在今安徽和县南)又称"洞口",两者均为"洞口浦"的省称。洞浦濒临长江,曹魏一旦夺取了洞浦,将可饮马长江,直接威胁孙吴的安全,因此,洞浦成为两家重点争夺的战略要地。

稍后,为解除孙吴的威胁,快速地运兵运粮,贾逵提出了修直道的建议。魏明帝曹叡即位后,孙权"辄西从江夏,东从庐江"两个方向威胁曹魏。为应对这一局面,曹魏主要从水路即"由淮、沔"调遣大军。据此可知,此时曹魏与孙吴之间的战争主要在淮南和荆江两个方向展开。对于孙吴来说,庐江(在今安徽合肥)的战略支撑点是东关(故址在今安

---

① 汉·班固《汉书·地理志上》,北京:中华书局1962年版,第1562页。
② 汉·司马迁《史记·河渠书》,北京:中华书局1982年版,第1407页。
③ 晋·陈寿《三国志·魏书·贾逵传》(裴松之注),北京:中华书局1959年版,第482页。

徽巢县东南濡须山),东关北控巢湖,南扼长江,隔濡须水与七宝山上的西关相对。为了解除威胁,稳定淮南,曹魏希望夺取东关这一要塞,并在七宝山上建西关与孙吴对峙。七宝山与濡须山相距十里,如顾祖禹有"与含山县界之濡须山对峙,相距十里,魏人筑西关于此以拒吴处也"①之说。然而,直道虽是独立的陆路交通,但在征战中只有与漕运相互配合才能发挥最大的作用。在这中间,贾侯渠在运兵运粮至淮南前线的过程中发挥了重要的作用。从这样的角度看,贾逵修直道的建议之所以会受到魏明帝曹叡的重视,是因为直道与贾侯渠有相互补充的作用,可扩大漕运的范围。

自提出修直道的建议后,贾逵"移屯潦口",防范来自豫州南部即孙吴"西从江夏"的威胁。顾祖禹论述南阳府的战略地位时指出:"府南蔽荆、襄,北控汝、洛,当春秋时已为要地。"②此说可说明贾逵屯兵潦口的原因。

综上所述,贾侯渠是一条具有军事价值和战略价值的航线。这条航线建成后,进一步密切了豫州与曹魏其他统治区域之间的政治、经济等方面的联系,主要表现在四个方面:一是贾侯渠加强了豫州与黄河以南的联系,扩展了漕运的战略空间,如自贾侯渠进入沙水可入汴渠,自汴渠可入黄河航线,经黄河入阳渠可抵洛阳;二是加强了豫州与黄河以北的联系,如自贾侯渠沿黄河入白沟可深入到河北的腹地,又沿曹操兴修的河北诸渠可远及幽州、辽东等地;三是豫州是曹魏防御孙吴的重镇,以贾侯渠为漕运通道在快速运兵运粮的过程中加强了淮北与淮南之间的联系,如贾侯渠与汝水、沙水等重建互通关系后,同时又与颍水、泗水、涡水等相通,沿这些水道从不同的区域进入淮河,进而可有效地支援淮北、淮南等地,应对来自孙吴的威胁,甚至可以此为漕运通道,在必要的时候向孙吴发起进攻,经邗沟可远及长江流域;四是贾侯渠有灌溉、排涝、漕运等一系列的功能,通过屯田,可以就地建立一支强大的寓兵于农的军队,可以震慑孙吴,如沿贾侯渠等航线可抵达陈州,自陈县可抵达淮南重镇寿春(在今安徽寿县),在这一广袤的区域内屯田和发展农业,从而开创了"引水浇溉,大积军粮,又通运漕之道"③新局面。可以说,贾侯渠在淮河流域建立屯垦秩序后,为开发和提升两淮地区的农业经济整体水平做出了重要的贡献,与此同时,为曹魏征伐孙吴沿水路调兵运粮等提供了便利的条件。

讨虏渠与曹丕伐吴

为亲征孙吴,黄初六年(225)三月,魏文帝曹丕兴修了讨虏渠。兴修讨虏渠后,曹丕

---

① 清·顾祖禹《读史方舆纪要·南直八》(贺次君、施和金点校),北京:中华书局2005年版,第1288页。

② 清·顾祖禹《读史方舆纪要·河南六》(贺次君、施和金点校),北京:中华书局2005年版,第2397页。

③ 晋·陈寿《三国志·魏书·邓艾传》(裴松之注),北京:中华书局1959年版,第775页。

又回到许昌宫,随后在许昌率舟师出征,五月来到谯郡(治所在今安徽亳州),由此揭开了东征的序幕。

其实,东征孙吴是曹丕蓄谋已久的大事,黄初五年(224)已着手准备。史称:"秋七月,行东巡,幸许昌宫。八月,为水军,亲御龙舟,循蔡、颍,浮淮,幸寿春。"①顾祖禹进一步总结道:"三国魏黄初五年,曹丕为水军,亲御龙舟,循蔡、颍浮淮,如寿春,将以伐吴。"②黄初五年七月,曹丕东巡许昌。同年八月,曹丕在许昌集结水军,并亲率舟师,沿蔡河(沙水)入颍入淮,抵达淮南重镇寿春。然而,在这一节骨眼上,曹丕却突然地从寿春返回,做了两件匪夷所思的事。史称"六年春二月,遣使者循行许昌以东尽沛郡,问民所疾苦,贫者振贷之。三月,行幸召陵,通讨虏渠。乙巳,还许昌宫。……辛未,帝为舟师东征。五月戊申,幸谯。"③很显然,这一作为标志着曹丕改变了东征路线,改从谯郡出征。李吉甫指出:"秦并天下,为泗水郡。……汉改泗水郡为沛郡,又分沛郡立楚国。"④入汉以后,泗水郡改称"沛郡",曹魏时期的谯郡旧属沛郡。因为改从谯郡出征,故有"遣使者循行许昌以东尽沛郡,问民所疾苦,贫者振贷之"之举。从这样的角度看,开挖讨虏渠与改变出征路线有直接的关系。

然而,不管是自寿春东征,还是自谯郡东征,出征的路线虽有所改变,均需要以许昌为支撑点。由此提出的问题是,曹丕为什么要到许昌筹划征伐孙吴的大事,进而将军事斗争的矛头指向江淮呢?其实,道理很简单。从形势上看,孙吴占据长江中下游地区,境内水网密布,且有长江为天然屏障。此时曹魏要想深入到孙吴腹地并夺取最后的胜利,需要有一支强大的擅长水战的军队,也需要有一个便于集结水军的地点出征,并能顺利地抵达江淮一带,进而决战于长江。具体地讲,有三个方面值得关注。

其一,许昌是适合集结水军的理想之地,有四通八达的水上交通,既有自颍水、涡水等入淮的航线,又有颍水与蔡河相合——入汴渠及远通黄河的漕运通道。在许昌集结水军,有利于调动不同区域的资源。史有"十三年春正月,公还邺,作玄武池以肄舟师"⑤之说,建安十三年(208),曹操在邺城建立训练水军的基地。这一基地建成后,为曹魏征伐江淮创造了必要的条件。许昌为曹丕集结水军提供了方便,曹丕把曹操早年在邺城训练的水军集结到了许昌,并率领这支水军抵达淮南前线寿春。

其二,经过长期的经营,许昌既是曹魏抵御孙吴入侵的重要防线,同时也是征伐孙吴

---

① 晋·陈寿《三国志·魏书·文帝纪》(裴松之注),北京:中华书局1959年版,第84页。
② 清·顾祖禹《读史方舆纪要·河南一》(贺次君、施和金点校),北京:中华书局2005年版,第2113页。
③ 同①,第84—85页。
④ 唐·李吉甫《元和郡县图志·河南道五》(贺次君点校),北京:中华书局1983年版,第223页。
⑤ 晋·陈寿《三国志·魏书·武帝纪》(裴松之注),北京:中华书局1959年版,第30页。

时的前进基地。具体地讲，一是许昌是曹操迎立汉献帝的旧都，有长期经营的历史，同时又是曹魏的陪都，列"五都"之中。李吉甫记载道："黄初元年，以先人旧郡，又立为谯国，与长安、许昌、邺、洛阳，号为'五都'。"①五都之中，许昌、邺城和洛阳的地位尤其重要。许昌有长期经营的历史，是曹丕代汉以前的旧都。邺城是曹操重点经营的根据地，同时是曹操封"魏公""魏王"以后的都城。洛阳是曹丕建魏后的新都，其地位自然高于其他四都。曹丕迁都洛阳后，许昌的政治地位虽然下降，但因地处与孙吴接壤的前沿，得到了不同程度的维护。特别是许昌是水陆交通的枢纽，有着其他地区无法比拟的漕运条件，可以满足大军及水军集结的必要条件。更重要的原因：一是许昌是曹魏储藏军用物资的基地，有提供后勤保障的设施，囤积了大量的精良武器及装备，如史有"汉献帝都许。魏禅，徙都洛阳，许宫室武库存焉，改为许昌"②之说，这些军事器械可为征伐孙吴提供必要的武装支持；二是许昌是屯田的重点区域，经过长期的经营成为曹魏的重要粮仓，如为积聚粮草，曹魏曾在许昌颍阴设典农都尉，专门负责屯田事务。郦道元记载道："颍水又南径颍乡城西。颍阴县故城在东北，旧许昌典农都尉治也。"③许昌蓄积了大量的粮草，这些粮草为曹魏经营许昌及从水路调配军需物资等提供了方便。

其三，许昌位于自洛阳至淮南前线的中点，同时位于自洛阳至襄阳的中点，可谓是洛阳的门户。如果曹魏在淮南、襄阳等战线失利的话，孙吴顺势而为，势必会把军事斗争的锋芒指向许昌。如果许昌动摇的话，势必会威胁到洛阳。出于战略布局等方面的考虑，曹丕筹划征伐孙吴的事务时，势必要重视守卫许昌的人选。如史有"帝征吴，以畿为尚书仆射，统留事。其后帝幸许昌，畿复居守"④之说，黄初五年八月，曹丕率舟师奔赴寿春前线，先是任命深受信赖的尚书仆射杜畿总理朝政，随后，又令杜畿至许昌，负责许昌的防务。许昌水上交通发达，是训练水军、集结军队、补给粮草的理想场所，在这样的前提下，许昌势必会成为曹魏刻意经营的战略要地。

综合诸方面的条件，曹丕在许昌集结水军，在此谋划东征，主要是由许昌的战略地位决定的。在这中间，如果许昌不是曹魏屯田的重要区域，没有便利的漕运条件，没有充足的武器装备，要想以许昌为基地是不可能的。可以说，以许昌为前进基地，主要是由当时的政治形势、军事形势和漕运形势等决定的。

黄初六年三月，曹丕行幸召陵，修讨虏渠。王应麟记载道："《文帝纪》：黄初六年三

---

① 唐·李吉甫《元和郡县图志·河南道三》（贺次君点校），北京：中华书局1983年版，第184页。
② 唐·房玄龄等《晋书·地理志上》，北京：中华书局1974年版，第421页。
③ 北魏·郦道元《水经注·颍水》，《水经注疏》中册（杨守敬、熊会贞疏，段熙仲点校，陈桥驿复校），南京：江苏古籍出版社1989年版，第1812页。
④ 晋·陈寿《三国志·魏书·杜畿传》（裴松之注），北京：中华书局1959年版，第497页。

月,行幸召陵,通讨虏渠。"①顾祖禹记载道:"讨虏渠,在县东五十里。曹魏黄初六年行幸召陵,通讨虏渠,谋伐吴也。"②"在县东五十里"指讨虏渠在召陵故城,即郾城(今河南郾城)东面五十里的地方。召陵是汉县,因避讳,西晋时一度改称"邵陵",后又复为召陵。在东征已经拉开序幕的背景下,曹丕已率大军抵达寿春,反而撇开寿春现成的漕运通道不用,要到召陵兴修讨虏渠,究竟有什么用意呢?有六个方面的原因值得关注。

其一,征伐孙吴是举国家之力的大事,需要战略纵深的支持,需要从更大的区域调集粮草及军用物资,这样一来,仅仅依靠许昌及周边的资源是不够的,还需要从其他地区调集更多的物资。与此同时,仅有一条运兵运粮的通道是不够的,还需要建设不同的漕运复线。讨虏渠开通后,建成了汝水与颍水互通的航线,通过开辟一条复式漕运通道,初步实现了从不同水路转运军需物资到淮南前线的目标。

其二,运兵运粮须讲究效率和降低成本。在兴修讨虏渠以前,河南腹地的军需物资要想运往淮南前线,须走曲折迂回的水路。讨虏渠开通后,可与鸿沟及沙水、贾侯渠等相接,沿这一航线既可进入黄河流域,又可自汝水入颍水等,将不同区域的军需物资从不同的方向运往淮南前线。在召陵兴修的讨虏渠,实际上建立自黄河流域入淮的复式航线,为即将开始的征伐孙吴战争服务。

其三,讨虏渠有辐射汝南、颍川等郡的漕运能力,可充分调用曹魏在许昌、汝南、颍川等地屯田时聚积的粮草。曹魏建都洛阳后,许昌属颍川,汝南、颍川相邻,同属豫州,是曹魏战争资源的主要供给地。讨虏渠开通后,可自汝水入新蔡,自召陵入上蔡(在今河南上蔡)、西平(在今河南西平)、西华(在今河南西华)、汝阳(在今河南汝阳)等地,同时又可入颍水、洧水等,还可联系郾城、郏县(在今河南郏县)、舞阳(在今河南舞阳)、颍阴(旧治在今河南许昌)等地。

其四,汝南、颍川农业经济发达,是曹魏攫取战争资源的基地。东汉末年,汝南人口虽然锐减,但到了曹魏时期依旧是屈指可数的大郡,并在三国之争中为曹魏提供了充足的兵员和粮草。除了汝南外,颍川也为曹操确立其政治军事优势提供了强有力的支持。颍川曾在官渡之战做出了巨大的贡献,为此,曹魏将颍川视为固国之本的根据地,进而认为是颍川成就了曹魏大业。更重要的是,许昌属颍川,任峻屯田许昌后,曹操又设颍川典农中郎将,负责颍川的屯田事务,故可知颍川是曹魏财赋的重要征收地。李吉甫记载道:"汝水,西南自蔡州新蔡县界流入,又东南入淮。"③兴修讨虏渠的目的,旨在开辟与汝水、颍水

---

① 宋·王应麟《玉海·地理·河渠》,南京:江苏古籍出版社1990年版,第426页。
② 清·顾祖禹《读史方舆纪要·河南二》(贺次君、施和金点校),北京:中华书局2005年版,第2191页。
③ 唐·李吉甫《元和郡县图志·河南道三》(贺次君点校),北京:中华书局1983年版,第189页。

等相连的漕运新通道,在深入汝南、颍川等地的过程中,及时地从两地调运军粮及物资支援战争,形成新的战略纵深,为东征服务。

其五,讨虏渠在联系汝水、颍水等的过程中,又与谯梁水道相通,建立了从不同方向入淮的漕运通道。具体地讲,讨虏渠在与汝水、颍水等相通过程中,重新建立了向东北连接谯梁水道的航线。这条从召陵入谯梁水道的新航线投入使用后:一是缩短了自黄河流域入淮的航程;二是建立了从不同的方向入淮的复式航线,从而避免了漕路不畅的局面。

其六,讨虏渠连通谯梁水道有着特殊的战略意义。谯梁水道是一条古老的运道,这条航线既可从梁郡(治所睢阳,在今河南商丘)到谯郡,又可经沙水及颍水进入黄河流域,是自黄河流域进入淮河流域的快捷通道。其中,沿谯梁水道至谯郡入淮,可裁弯取直最大限度地减少至寿春入淮的航程,可谓是一条从黄河流域至江淮的经济航线,可加速运兵运粮。如曹操征伐孙权时,曾利用这一古运道深入淮河流域的腹地。如建安十四年(209)三月,曹操至谯县造船和训练水军,随后泛舟自涡水入淮,至合肥一线与孙权展开激战,建安十八年(213)一月,曹操以谯梁水道为通道运兵运粮,至濡须口(巢湖口,巢湖与长江交汇口,在今安徽含山境内)与孙权对峙,在保证后勤补给的基础上大胜而归。曹操以谯郡为前进基地,率领大军自谯梁水道入淮河,随后又转战至长江流域的巢县等地。讨虏渠与谯梁水道相接,为曹魏征伐孙吴提供了必要的战略纵深,扩大了运兵和转输粮草及后勤辎重的范围。进而言之,谯梁水道所建立的自淮河入邗沟入江的大通道,有着很高的军事价值和经济价值,这条连接淮河、黄河和长江流域的大通道是当时重要的交通线,乃至于后世多有利用。

第二节 汴渠与两淮河渠

在建兴六年(228)诸葛亮伐魏以前,曹魏重点进攻和防范的对象是孙吴。这一战略布局的形成主要是由三个因素决定的:一是孙吴在淮河一线及荆州一带与曹魏接壤,无险可守,随时可发动战争;二是蜀汉地偏一隅,只有崎岖不平的山路及栈道与关中相通,只要在关中的西部凭险据守,便可有效地化解来自蜀汉的攻势;三是三国之中,曹魏实力最强,孙吴次之,蜀汉最弱,要想谋求统一,需要把孙吴列为进攻的主要对象。根据这一形势,为打通从洛阳到黄河的运道,打通自黄河中下游地区远及江淮的漕运大通道,重点重修了汴渠及石门。与此同时,为筹建淮河防线,在淮河流域兴修了有漕运、灌溉等综合功能的河渠如广漕渠、淮阳渠、百尺渠等。进而言之,政治中心多元化的格局形成后,兼并与反兼并战争结合在一起,给河渠建设打上了为不同政权服务的烙印:一方面河渠建设带动了相关区域社会经济的发展；另一方面在社会动荡不安的前提下，河渠建设直接表现出为军事斗争服务的鲜明特征。

石门与汴渠

曹魏发达的农业经济区主要集中在黄河两岸，为了充分地发挥黄河漕运的作用，拓展黄河漕运的空间，曹魏重点兴修了汴渠受河口——石门。

石门是曹魏河渠建设的重要组成部分，既是汴渠的受河口，同时也是黄河漕运的咽喉。重建石门可自洛阳经阳渠入洛水再入黄河，入黄河以后：一是可横渡黄河，经白沟北上进入以邺城（在今河北临漳西南）为区域政治中心的河北地区；二是可溯流而上经三门峡入渭水进入关中；三是可沿石门入汴渠东行抵达许昌、谯国等地，也可自汴渠入沙水、颍水、泗水及淮河，经邗沟入长江。

曹魏汴口石门与东汉汴口石门在同一地点。郦道元记载道："汉灵帝建宁四年，于敖城西北，垒石为门，以遏渠口，谓之石门。故世亦谓之石门水。门广十余丈，西去河三里。"①敖城是因敖山建造的军事要塞，具有守卫汴渠的功能。因这一要塞在荥阳的西境，扼守黄河入汴渠的河口，故汴口石门又有"荥口"之称。荥口既是汴渠的受河口，同时也是沿黄河西行入白沟北上，进入河北地区的重要渡口。重点兴修汴口既可消除黄河水患，又可在重开黄河连接淮泗航线的基础上提升黄河漕运的价值。针对这一情况，为保证黄河漕运和江淮漕运，东汉多次兴修汴口，其中，较大的工程主要有四次。

自汉安帝永初七年（113）、汉顺帝阳嘉三年（134）、汉灵帝建宁四年（171）多次重建后，汴口一带的堤坝已由土质改造成石质，因此汴口有了"石门"这一新称。然而，任何一项水利工程都不可能一劳永逸，汉代兴修石门虽然解决了眼前的河口堤坝坍塌等问题，但随着时间的推移，受黄河变迁、水文变化及黄土高原土质疏松等多种因素的影响，势必会再度出现损坏的情况。可以说，曹魏重修石门就是在这一背景下进行的。

魏文帝曹丕定都洛阳后，黄河漫溢直接破坏了黄河漕运及汴渠漕运，为此，黄初（220—226）中，邓艾撰写《济河论》，提出了重修石门的构想。稍后，在关注邓艾兴修石门主张的基础上，荥阳太守傅祗专门建造了有加固石门及石门渠功能的沈莱堰。史称："自魏黄初大水之后，河济泛溢，邓艾尝著《济河论》，开石门而通之，至是复浸坏。祗乃造沈莱堰，至今兖豫无水患，百姓为立碑颂焉。"②沈莱堰是治河、疏通运道、防洪排涝等的大工程，它的建成增强了石门的防洪和漕运能力，从而结束了兖州、豫州等地因黄河泛滥或漫

---

① 北魏·郦道元《水经注·济水一》，《水经注疏》上册（杨守敬、熊会贞疏，段熙仲点校，陈桥驿复校），南京：江苏古籍出版社1989年版，第650页。
② 唐·房玄龄等《晋书·傅祗传》，北京：中华书局1974年版，第1331页。

溢经常发生水患的历史。

此后,太和(227—233)中,魏明帝在邓艾、傅祗的基础上再度兴修石门。如郦道元记载道:"魏太和中,又更修之。撤故增新,石字沦落,无复在者。水北有石门亭,戴延之所云:新筑城周城三百步,荥阳太守所镇者也。"①此次重修,除了继续加固石门兼顾治河、疏通运道外,最重要的成果是筑城——建造了石门要塞。建造石门要塞表达了两方面的意思:一方面表达了加强石门管理和防卫能力的诉求;另一方面传达了石门是汴渠畅通的关键的信息,曹魏在同时防御孙吴、蜀汉有可能发动的进攻时,需要这一战略大通道承担运兵运粮等后勤补给的重任。

曹魏重修石门,对于恢复漕运有着特殊的意义。

其一,兴修石门,维护了沿黄河东行入汴及远接淮、泗的水上通道,加强了洛阳与黄河流域、淮南、淮北之间的政治、经济等方面的联系。这一时期蜀汉政权衰败,来自关中的威胁基本解除,因此,曹魏需要重点应对来自孙吴的威胁。在这样的前提下,要想及时地调集河南、河北的粮草及物资支持淮南前线,需要重建水上交通秩序,加强洛阳与河南、河北及淮南、淮北的联系,由于石门位于洛水与黄河相接的关键航段上,又由于石门多次受到黄河改道、河济合流毁堤、航道淤沙和干浅及坍塌等威胁,为了提升洛阳与河南、河北、淮南、淮北之间的水运能力,石门势必会成为曹魏政权重点兴修的水利工程。

其二,以石门为渡口,可加强与曹魏河北根据地魏郡(治所邺城)等地的联系。在长期的经营过程中,河北及邺城已成为曹魏最稳固的根据地。政治中心迁往洛阳后,河北依旧是曹魏的可靠大后方。如沿黄河北上,经雍榆(在今河南浚县西南)、内黄(在今河南内黄)等可入漳水,自漳水可抵达邺城。又如早在建安九年(204),曹操开白沟已建成沿黄河到浚县(在今河南浚县)等地,远及邺城的漕运通道。史称:"九年春正月,济河,遏淇水入白沟以通粮道。"②乐史亦记载道:"白沟起在卫县,南出大河,北入魏郡。"③自白沟南下可入黄河,自白沟北上可进入魏郡及邺城以远。

其三,重修石门可进一步完善水上交通线,为威慑及征伐孙吴和蜀汉提供强劲的后勤支持。在重修石门之前,曹操已在黄河北建成了以邺城为中心的远通洛阳的水上通道。在这样的前提下,重点修复石门可保证汴渠漕运,以进一步加强洛阳与河南、河北、淮北、淮南等之间的水上交通,以快速运兵运粮等方式保持军事斗争中的优势。进而言之,由于曹魏需要同时应对孙吴和蜀汉两个政权的同时夹击,需要建立一条快捷的水上交通线,需

---

① 北魏·郦道元《水经注·济水一》,《水经注疏》上册(杨守敬、熊会贞疏,段熙仲点校,陈桥驿复校),南京:江苏古籍出版社1989年版,第650—651页。
② 晋·陈寿《三国志·魏书·武帝纪》(裴松之注),北京:中华书局1959年版,第25页。
③ 宋·乐史《太平寰宇记·河北道五》第3册(王文楚等校点),北京:中华书局2007年版,第1156页。

要将兴修石门放在重要的位置上。

历史上的石门有狭义和广义之分。狭义石门,指在汴口兴修的石门工程;广义石门,包括汴口和自汴口东行至浚仪(在今河南开封)的渠道即石门渠。因此,东汉石门渠又有"浚仪渠"之称。汴口是鸿沟的受河口,自然是开鸿沟的产物。起初,开鸿沟的目的是加强漕运,后来,黄河改道引发"河始与济乱"的事件,汴口出现了经常处于黄河水患的威胁之下的情况。如每年发大水时从黄河上游带来的泥沙淤积汴口,给恢复汴口功能淘浚泥沙带来了沉重的负担,从而给以鸿沟为漕运通道增加了许多意想不到的困难。从某种意义上讲,后世不断地重修汴口及淘浚泥沙,实际上是在黄河改道及乱济的大背景下进行的。进而言之,鸿沟有连接黄河水道和远接江淮的能力,可以通过水上交通线联系受山川阻隔的区域,为此,后世为恢复这一航线出现了不断重修石门的情况。

曹魏兴修汴口石门后,加强了洛阳与河北、淮泗之间的水上交通。这一时期,黄河水文虽然没有发生大的变化,但因黄河淤沙堆积汴口,汴口一带的淤沙不但要不断清理,更重要的是,需要根据这些新情况清理受河口的淤沙,由此势必要引起汴口的变化。由于这样的情况存在,故汉魏汴口石门与隋唐以后的汴口石门不在同一个地点。胡渭辨析了汉魏与隋唐汴口的区别,他的论述有三个要点。一是自汉平帝刘衍元始年间(1—5)"河、汴决坏"以后,汴渠已陷入黄河之中,并成为黄河的水道。为了解除河患和恢复汴渠运道,王景、王吴通过"筑堤修堨",将汴渠从黄河水道中剥离出来。从地理位置上看,汴渠受河口(即荥口)沿用了先秦蒗荡渠(鸿沟)的受河口,具体的位置"即今河阴县西二十里之石门渠"。二是历史上的蒗荡渠和鸿沟虽然"委别而原同",甚至可以混称或互指,但不同的航段有不同的开挖时间,有不同的受河口。进而言之,后世蒗荡渠和鸿沟虽然合二为一,但当其各自独立时有不同的受河口,故不可以将"河阴石门与荥口石门混为一处"。三是唐代河阴石门的基础是隋代的荥口石门,其受河口在黄河与济水的交汇处板渚口,与王景、王吴恢复的汴渠受河口即"古荥阳引河处"不在同一地点,汴渠受河口地理位置在"汜水县东北二十里汉成皋县地"。进而言之,汉代荥口石门即曹魏河阴石门与隋代荥口石门及唐代河阴石门是两个地方。

后世将汉魏石门与隋唐石门混为一谈,除了有胡渭所说的原因外,还有五个方面值得注意。

其一,汉魏汴渠受河口与隋唐汴渠受河口均在古荥阳县境内,两者均可以"荥口"相称。如汉魏石门"在荥阳山北一里"[①],因此有"荥口石门"之称。开皇四年(584),隋文帝析荥阳县建广武县,仁寿元年(601)又改广武县为荥泽县(治所在今河南郑州西北古荥

[①] 清·胡渭《禹贡锥指》(邹逸麟整理),上海:上海古籍出版社2006年版,第592页。

镇),如史有荥泽"开皇四年置,曰广武。仁寿元年改名"①之说。行政区划虽然发生变化,但旧称得到保留。更重要的是,唐袭隋制,因石门在古荥阳县及荥泽县内,因此可继续以"荥口"相称。

其二,黄初间,曹魏曾经把汉县平阴(治所在今河南孟津东北)改为河阴县,这样一来,荥口石门又有了"河阴石门"之称。唐王朝建立以后,为了加强关中漕运,因河阴仓地处黄河漕运要冲,析荥阳县建河阴县。李吉甫叙述河阴县沿革时指出:"本汉荥阳县地,开元二十二年以地当汴河口,分汜水、荥泽、武陟三县地于输场东置,以便运漕,即侍中裴耀卿所立。"②开元二十二年(734),因河阴仓唐玄宗析荥阳县建河阴县(治所在今河南荥阳东北)。这样一来,两座石门虽然不在一地,但因县名相同,故均有"河阴石门"之称。进而言之,两个石门即受河口虽然不在同一地点,但因均可以"河阴石门"相称,故容易混为一谈。

其三,隋代兴修的汴口即受河口在板渚口,这一河口在汉县成皋县内,成皋撤销建制及并入荥阳县以后,板渚口遂有了"荥口"之称。由于隋代在板渚口一带改造汉魏石堰时,有破堰引河入汴之举,这样一来,板渚口遂有了"荥口石门"之称。由于汉魏时期的石门亦有"荥口石门"之称,这样一来,因名称相同,很容易出现把两个不同地点的石门混为一谈的情况。

其四,汉魏时期的石门与隋唐时期的石门地理位置相近,很容易引起两者间混淆,关于这点,前人有充分的认识。如李吉甫记载道:"隋炀帝大业元年更令开导,名通济渠,自洛阳西苑引谷、洛水达于河,自板渚引河入汴口,又从大梁之东引汴水入于泗,达于淮,自江都宫入于海。"③板渚又称"板渚口""板城渚口",与汉魏荥口石门虽然相近,但却是两个不同的地点。

其五,将汉魏石门和隋唐石门混为一谈久已有之,具体地讲,唐代已出现将两者混淆的情况。如杜佑记载道:"其汴口堰在县西二十里,又名梁公堰。隋文帝开皇七年,使梁睿增筑汉古堰,遏河入汴也。"④"县西",是指在河阴县西。杜佑、李吉甫均声称汴口堰在河阴县西二十里,无意间将曹魏石门与隋唐石门等同起来,从而给后世造成不必要的误解。

石门的地理位置十分特殊,一直是漕运咽喉,因此,后世围绕着石门及石门渠爆发了多次战争。如东晋穆帝永和八年(352),后赵发生内乱,殷浩乘机发动北伐战争。史称:"中军将军殷浩帅众北伐,次泗口,遣河南太守戴施据石门,荥阳太守刘遂戍仓垣。"⑤戴施

---

① 唐·魏徵等《隋书·地理志中》,北京:中华书局1973年版,第835页。
② 唐·李吉甫《元和郡县图志·河南道一》(贺次君点校),北京:中华书局1983年版,第136页。
③ 同②,第137页。
④ 唐·杜佑《通典·州郡七·河南府》,杭州:浙江古籍出版社1988年版,第940页。
⑤ 唐·房玄龄等《晋书·穆帝纪》,北京:中华书局1974年版,第198—199页。

驻扎石门,是为了扼守这一咽喉,保证漕运通道的畅通。关于这点,还可以从桓温三次北伐中得到进一步的证明。如桓温北伐时充分认识到石门的重要性,将攻占或控制石门视为运兵运粮及保证后勤补给的必然之举。

桓温北伐时,其部将袁真与前燕守将慕容德在石门一带展开激战。后来,石门为慕容德占领,因掐断了桓温的后勤补给线,为此,桓温不得不率领大军从枋头(在今河南淇县东)一带撤退,导致北伐失利。对东晋而言,有效地控制石门及石门渠,开辟与石门相接的运道,关系到北伐的成功;对于北朝而言,攻占石门及掐断东晋的后勤补给线,则关系到一代王朝的安危。

石门及石门渠是曹魏运兵运粮的咽喉,其畅通直接关系到曹魏漕运及为征伐提供后勤保障的大事。如太和四年(230)八月,魏明帝曹叡率大军东征孙权,因黄河暴涨,被迫滞留许昌,为此,只得诏令曹真班师回朝,如史有"乙未,幸许昌宫。九月,大雨,伊、洛、河、汉水溢,诏真等班师。冬十月乙卯,行还洛阳宫"①之说。从表面上看,被迫"班师"的原因是大雨造成的,实际上是大雨引起"伊、洛、河、汉水溢"以后,威胁到石门及石门渠,致使漕运中断。因为航线不通,曹叡只得滞留许昌。进而言之,石门及石门渠是曹魏的漕运襟要,一旦不通,后勤补给将难以维持,可以说,石门在曹魏漕运中占有重要的地位,同时可以用来说明曹魏多次兴修石门及石门渠的原因。

广漕渠

自诸葛亮去世后,蜀汉基本上处于守势,与此同时,为反对曹魏兼并,孙吴将淮南视为重点争夺区域。为应对"今三隅已定,事在淮南"②的局面,邓艾奉司马懿之命,巡视陈(在今河南淮阳)、项(在今河南项城)以东至寿春(在今安徽寿县)等地。巡视以后,邓艾提出了在这一区域兴修河渠的建议。

这一建议的要点是,以兴修河渠为先导,就地屯田及广积军粮,通过其水道运兵运粮。兴修河渠的主要目的是,通过屯田可以有效地减少国用支出,进而取得"每大军征举,运兵过半,功费巨亿,以为大役。陈蔡之间,土下田良,可省许昌左右诸稻田,并水东下"③的成果。邓艾的这一建议提出后,立即得到了司马懿的支持。

邓艾在淮南、淮北兴修河渠,率先建成了广漕渠。广漕渠是一条兼有灌溉和漕运等功能的河渠,投入使用后,陈州(治所陈县,在今河南淮阳)成为黄河流域和淮河流域之间的

---

① 晋·陈寿《三国志·魏书·明帝纪》(裴松之注),北京:中华书局1959年版,第97页。
② 晋·陈寿《三国志·魏书·邓艾传》(裴松之注),北京:中华书局1959年版,第775页。
③ 唐·房玄龄等《晋书·食货志》,北京:中华书局1974年版,第785页。

水陆交通枢纽。史有广漕渠"在州南,邓艾所开"①之说,所谓"州南"是指在陈州南。陈州治所是陈县。陈州古称"陈国",其都城又称"陈城"。史称:"在淮宁县西北,三国魏初,贾逵为豫州刺史,开运渠二百里,谓之贾侯渠。又《水经注》:蔡水南合广漕渠即贾侯渠也,水上承宠官陂,云邓艾所开。"②所谓"在淮宁县西北",是指贾侯渠自淮宁县(在今河南淮阳县)的西北经过。淮宁县是清县,又是陈州的治所,清雍正十二年(1734)建。"宠官陂"当为"庞官陂",系刊刻所误。所谓"水上承宠官陂",自然是说广漕渠的补给水源上承庞官陂。从"广漕渠即贾侯渠"的说法中,当知广漕渠的基础是贾侯渠,同时亦可知,因"川渠径复,交错畛陌",已无法辨别哪条水道原属贾侯渠,哪条水道原属广漕渠。那么,广漕渠在恢复贾侯渠运力的基础上,又有哪些新的拓展?

其一,贾侯渠长二百余里,广漕渠长三百余里,两者长度不一,有不同的漕运及屯田功能。如果以"邓艾行陈、项以东,至寿春地"③为参照的话,当知广漕渠向东至项城、寿春一带。如果以"上引河流,下通淮颍,大治诸陂于颍南、颍北,穿渠三百余里,溉田二万顷,淮南、淮北皆相连接"④为参照的话,那么,广漕渠主要是以颍水为航线,重新开通了淮南与淮北之间的漕运通道。

其二,广漕渠在古代交通史上有着不可忽略的价值。如白寿彝先生论述道:"这个三百余里的长渠,连接颍淮南北,可以说是渭渠以后的第一个大渠了。此渠以后,历晋南北朝,都无可以相仿的工程出现。"⑤从交通史的角度,白寿彝先生充分肯定了广漕渠的作用。可以说,这条"历晋南北朝,都无可以相仿的工程",有力地改变了淮南、淮北的交通。

其三,广漕渠的基础是贾侯渠,在邓艾开广漕渠以前,贾侯渠已建立与汝水、沙水、颍水、涡水、泗水等相通的航线,与汴渠及黄河相通的航线;广漕渠开通后,进一步扩大了贾侯渠的漕运范围,强化了颍水的漕运能力,如自广漕渠入颍水等可抵淮南前线,自淮南入淮可抵长江;同时可南下至襄樊一带。

其四,在突出漕运功能的过程中,广漕渠把军屯放在了重要的位置上。从表面上看,在淮北和淮南建立一支屯戍大军,从不同方向入淮及运兵运粮,在与孙吴对峙中发挥了重要的作用。但更重要的是,此举为进一步地开发淮南、淮北的农业做出了贡献,同时也为后世淮河流域的开发起到了不可忽视的作用。

---

① 清·田文镜、王士俊、孙灏等《河南通志·水利下》,《四库全书》第535册,上海:上海古籍出版社1987年版,第529页。
② 清·和珅等《钦定大清一统志·陈州府》,《四库全书》第477册,上海:上海古籍出版社1987年版,第433页。
③ 唐·房玄龄等《晋书·食货志》,北京:中华书局1974年版,第785页。
④ 同③。
⑤ 白寿彝《中国交通史》,上海:商务印书馆1937年版,第88页。

从军事形势上看，邓艾兴修广漕渠后，主要实现了四个大的战略目标：一是淮北是淮南的战略支撑点，兴修淮北河渠可提高农业产出，为支援淮南服务；二是可在淮北和淮南就地实行军屯，通过寓兵于农，闲时训练，可以打造一支粮草充足、训练有素的军队，以便加强防守并在适当的时机出击孙吴；三是可以建立复式的漕运航线，打通中原与江淮之间的漕运通道，在降低转输成本的基础上缩短后勤补给线，为统一战争服务；四是建立屯田及漕运秩序，可以有效地瓦解孙吴自荆州等方向发起的攻势。具体地讲，邓艾开渠后，加强了中原地区与淮南、淮北之间的经济联系，提升了沿岸城市的政治地位：如陈县原为县级建制，邓艾渠开凿后，陈县的经济地位得到提升，由此带动其政治地位的提升，出现了晋惠帝一朝"分梁国立陈郡"①的情况；又如地处淮南的谯郡（治所谯县，今安徽亳州）凭借水上交通，快速发展为淮南最繁华的城市；再如"及太康元年，复分下邳属县在淮南者置临淮郡"②，是因为水上交通促进了沿岸地区的商品流通，造就了临淮一带的经济繁荣，在此基础上建临淮郡（郡治徐县，治所在今江苏泗洪南），从而使一些不起眼的小城市开始成为区域政治的中心。

淮阳渠和百尺渠

继兴修广漕渠以后，邓艾兴修了淮阳渠和百尺渠，如史有"兼修广淮阳、百尺二渠，上引河流，下通淮颍，大治诸陂于颍南、颍北，穿渠三百余里，溉田二万顷"③之说，广漕渠与淮阳渠和百尺渠串联后，出现了"淮南、淮北皆相连接。自寿春到京师，农官兵田，鸡犬之声，阡陌相属"④的局面。

在修淮阳渠和百尺渠以前，广漕渠以屯田和漕运等方式为曹魏与孙吴在淮南、襄樊等地对峙发挥了重要的作用。正始四年（243）九月，司马懿在淮南打败了孙吴诸葛恪后，进一步认识到屯田和漕运在经营淮南中的作用，这坚定了司马懿以兴修河渠为先导，实现"兼并之计"的信心。从这样的角度看，司马懿令邓艾兴修淮阳渠和百尺渠实际上是与平定孙吴的战略联系在一起的。

邓艾兴修淮阳渠和百尺渠的重点是：进一步改善淮北至淮南的漕运条件，利用其河渠进行屯田和戍守。在这中间，充分地利用了旧有的河渠及运道，兴修工程主要涉及三个方面：一是淮阳渠和百尺渠是广漕运的续修工程，通过兴修两渠，进一步改善了自陈县经项城至寿春入颍的漕运条件；二是淮阳渠和百尺渠的基础是贾侯渠，在整修旧道的过程中，

---

① 唐·房玄龄等《晋书·地理志上》，北京：中华书局1974年版，第422页。
② 同①，第451页。
③ 唐·房玄龄等《晋书·食货志》，北京：中华书局1974年版，第785页。
④ 同③。

进一步确立了以淮阳为中心的漕运秩序;三是兴修淮阳渠和百尺渠时,"大治诸陂",重点修复颍南、颍北之间的水利工程,扩大了屯田规模,成功地开发了淮南、淮北的农业,为征伐孙吴蓄积了大量的粮草。

邓艾兴修淮阳渠的基础是贾侯渠。如顾祖禹论述贾侯渠、淮阳渠及广漕渠的地理方位时强调道:"在城西。《水经注》:'后汉贾逵为豫州刺史所开运渠也,或谓之淮阳渠。'又州南有广漕渠,《水经注》以为邓艾所开。"①所谓"在城西",是指淮阳渠在陈州的城西经过。所谓"又州南有广漕渠",是指广漕渠在陈州的南面。按照这一说法,在邓艾兴修淮阳渠以前,从陈州城西经过的贾侯渠已有"淮阳渠"之称。两条河渠的地理方位一致,因此,贾侯渠是邓艾淮阳渠的基础当不成问题。

古人一向有"渠""沟"互替的习惯,故百尺渠又称"百尺沟"。如王应麟记载道:"《晋食货志》:魏修广淮阳、百尺二渠,上引河流,下通淮颍,大治诸陂于颍南、颍北,穿渠三百余里,溉田二万顷,淮南、淮北皆相连接。《隋志》:颍川郡北舞县,有百尺沟。"②在这一叙述中,王应麟先引《晋书·食货志》,又引《隋书·地理志中》,从其话语中不难发现,百尺渠就是百尺沟。

从历史水文的角度看,百尺渠是蒗荡渠(鸿沟)的一部分,自大梁(在今河南开封)向南与颍水相接。如郦道元记载道:"《经》云蒗荡渠者,百尺沟之别名也。"③胡渭亦考证道:"蒗荡渠自大梁城南,南流为鸿沟,项羽与汉约中分天下,指是以为东西之别。故苏秦说魏曰'大王之地南有鸿沟'是也。"④所谓"修广"百尺渠,实际上是指重修蒗荡渠即鸿沟南段,恢复了这一航段与淮河水系相通的漕运能力。

顾祖禹论述百尺渠的情况时记载道:"在城东,本沙水也。《水经注》:'沙水自鄢陵城西北经州东而为百尺沟。沟水东南流,谷水自陈城南注之。其水上承涝陂,陂在陈城西北。百尺沟东南流注颍,谓之交口。'水次有大堰,即古百尺堰。曹魏嘉平三年王凌谋举兵寿帮讨司马懿,懿发军袭凌,自水道掩至百尺堨是矣。亦名八丈沟。"⑤这一论述有三个要点:一是百尺沟在陈州东;二是百尺沟是沙水的一部分;三是从鄢陵(在今河南鄢陵)到陈州东的沙水,称"百尺沟"。

---

① 清·顾祖禹《读史方舆纪要·河南二》(贺次君、施和金点校),北京:中华书局2005年版,第2177页。
② 宋·王应麟《玉海·地理·河渠》,南京:江苏古籍出版社1990年版,第426页。
③ 北魏·郦道元《水经注·颍水》,《水经注疏》中册(杨守敬、熊会贞疏,段熙仲点校,陈桥驿复校),南京:江苏古籍出版社1989年版,第1820页。
④ 清·胡渭《禹贡锥指》(邹逸麟整理),上海:上海古籍出版社2006年版,第597页。
⑤ 同①,第2176页。

所谓"兼修广淮阳、百尺二渠",应指在兴修广漕渠的基础上重修淮阳渠和百尺渠。通过在前人的基础上重修,疏通了水道,扩大了漕运及屯田的范围:一是解决了农田灌溉等问题,扩大了屯田范围;二是屯田时以军屯为主,保持一支寓兵于农的军事力量,起到威慑孙吴的作用;三是在广积粮草的前提下利用河渠进行漕运,掌握了军事斗争的主动权。进而言之,广漕渠、淮阳渠、百尺渠三渠在曹魏漕运和屯田的过程中发挥了重要作用,具有明显的为战争服务的特点。在这中间,因兴修三渠促进了当地农业的发展,邓艾赢得了后人的尊敬。

百尺渠与广漕渠、淮阳渠互通后,重新打造了黄河和淮河水系相接的水上交通线。这一航线建立后,强化了陈县的交通枢纽地位。在此基础上,百尺渠入颍口"交口"(百尺堨)成为战略要地。从大的方面讲,邓艾在陈州兴修淮阳渠、百尺渠以建立与广漕渠的互通关系主要有五个方面的意义值得关注。

其一,建立了以陈州为中心的水上交通枢纽,提升了陈州的战略地位。具体地讲,"修广"淮阳渠、百尺渠以后,此二渠与广漕渠实现了互通。三渠互通后:一是建立了一条自西向东的水上大通道,进一步密切了曹魏政治中心洛阳与淮北、淮南的关系;二是重建了黄河航线与淮河航线之间的互通关系,形成了以陈州为航段节点的交通枢纽。这条古老的航道自汉代以后受到重视,经邓艾重修后再度开通。在这中间,以陈州为漕运枢纽,沿淮阳渠、百尺渠和广漕渠东行,可以进入淮河支流汝水、颍水、涡水、泗水等,从而提高运兵、转输粮草及军需物资的效率。进而言之,凭借水上交通,陈州成为淮北屈指可数的重镇。

其二,经过兴修河渠及屯田,陈州成为曹魏最重要的后勤补给基地。具体地讲,建立以陈州为中心的淮北和淮南屯田区,提高了两淮农业的整体水平,为就近转运粮草征伐孙吴提供了便利,进而使曹魏在与孙吴的对峙中占据优势,即通过快速地运兵运粮等及时地瓦解孙吴发动的战争。因广漕渠、淮阳渠、百尺渠是支援淮南前线的后勤基地,出于安全方面的考虑,在陈州建造了保卫屯田的军事要塞及囤积粮食的仓城。

其三,重点建立以陈州为中心的屯田秩序,为进一步开发淮北、淮南,赶超黄河中下游地区的农业水平奠定了坚实的基础。三渠兴修后,提升了两淮的农业生产水平,进而通过屯田加快了曹魏开发两淮的步伐。与此同时,又以水上交通这一形式促进了相关区域的经济发展和商贸往来。

其四,邓艾兴修广漕渠、淮阳渠、百尺渠的目的是屯田和发展漕运。具体地讲,邓艾兴修广漕渠、淮阳渠、百尺渠三渠,积极地屯田及发展漕运,以低廉的水路运输成本代替运费高昂的陆路运输,为稳定淮河防线提供强有力的后勤支援。为后世进一步地开发两淮农业提供了成功的可借鉴的经验。

其五,广漕渠、淮阳渠、百尺渠三渠建立的漕运水道,对后世兴修自黄河流域进入江淮的水道产生了深远的影响。隋炀帝兴修的通济渠主要由西段、东段和东南段三个航段构成：西段以洛阳为起点，经阳渠（五龙渠）至偃师、巩县等地循洛水入黄河；东段西起荥阳西北的板渚口入汴渠，随后自汴渠东入大梁；东南段以大梁为起点，自大梁向东后再向东南，经陈留（在今河南开封陈留镇）、梁（在今河南商丘）、谯（在今安徽亳州）等地抵达彭城（在今江苏徐州）入泗水，随后埇桥（在今安徽宿州埇桥）、泗州（故城在今江苏盱眙淮河镇境内）等进入淮河。从经过的区域和地点看，通济渠的东南段主要采用了汴渠及广漕渠、淮阳渠、百尺渠的部分航道。淮阳渠、百尺渠、广漕渠与黄河航线实现互通后，加强了洛阳与淮南、淮北的联系。具体地讲，自阳渠经洛水入黄河后再入汴渠，随后沿沙水、颍水航线可抵达寿春，自寿春入淮沿邗沟可远及长江。

一般认为，以晋室南渡为节点，中国的农业经济中心出现了由黄河中下游地区向长江流域及江浙地区转移的迹象。在这中间，因游牧民族入主中原及战争等，黄河中下游地区的农业经济走向衰败。这种说法虽然有它的道理，但实际情况是，在农业经济中心向东南转移的过程中，曾出现了淮河流域农业经济率先崛起的情况。

追溯淮河流域农业经济开发的历史，有三个时间节点值得注意。

其一，淮河流域的农业经济开发可上溯到春秋时代，具体地讲，楚国叔孙敖在淮南兴修芍陂等，率先开发了淮河流域的农业。

其二，在黄河中下游地区农业经济蓬勃发展的年代，与黄河流域相邻的颍川已得到初步的开发。颍川是秦郡，治所在阳翟（在今河南许昌禹州），因淮河重要的支流颍水而得名。西汉时期，豪强地主纷纷到颍川兴修庄园，开发了颍水流域的农业。时至东汉，颍川继续是豪强地主集中居住的区域，经过长期不间断的开发，颍川已成为天下最富庶的地区。

其三，曹魏后期即司马氏即将代魏的前夜，邓艾兴修广漕渠、淮阳渠、百尺渠等渠是开发淮河流域农业经济的重要环节。正是有了这样的环节及广泛地进行军屯和民屯，淮河流域的农业经济才能后来者居上。

综上所述，淮河流域即淮南、淮北的农业经济开发有着十分悠久的历史，起码说，在唐王朝以前，农业经济的整体水平已与中原地区大体持平。安史之乱（755—763）后，藩镇割据黄河中下游地区，再加上战争等多种因素，黄河中下游地区的农业经济处于衰败的状态，为解除政治危机，唐王朝不得不把漕运的起运点延长到江淮一线，乃至于出现了淮河流域的漕运岁额高于江浙及长江沿线的情况。由此可看出，淮河流域即淮南、淮北农业经济的崛起，是农业经济中心向吴越旧地及长江中下游地区转移的必要环节，在这中间，邓艾在淮南、淮北屯田，为全面地开发和提升淮河流域的农业经济做出了不可磨灭的贡献。与此同时，通过开渠，重新修整了淮南、淮北的运道，为后世进一步地建立从黄河到江淮一带的漕运通道打下了良好的基础。

第三节 洛阳、关中、河北漕运

洛阳是曹魏统治的核心区域，为加强黄河漕运和发展经济，魏文帝与魏明帝先后两次兴修了五龙渠。从形势上看，蜀后主建兴六年即魏明帝太和二年（228）诸葛亮倾一国之力伐魏以后，关中西部成为曹魏防御蜀汉的前线，为加强防御，卫臻利用汉代旧渠兴修了新的成国渠，并将其延长到陈仓（在今陕西宝鸡）一带。此外，以邺城为中心的河北一直是曹魏的根据地，在经营河北的过程中，曹魏兴修了白马沟、鲁口渠、雁门渠（牵招渠）、戾陵渠（车箱渠）等。这些河渠建成及投入使用后，在改善当地农业生产条件的过程中建立了新的水上交通秩序。

五龙渠与洛阳漕运

黄初元年十二月，魏文帝迁都洛阳。迁都洛阳是由多方面的因素造成的，其中一个重要因素与曹操长期坐镇洛阳有着密切的关系。洛阳成为曹魏的国都后，为改善洛阳漕运，曹魏在东汉阳渠的基础上兴修了五龙渠。

五龙渠的基础是周阳渠和汉阳渠。光武帝建武五年（29），王梁在周阳渠的基础上揭开了兴修汉阳渠的序幕。遗憾的是，"及渠成而水不流"①，王梁虽有良好的愿望，但因与客观情况不符，导致修渠失败，没有实现预期的目标。建武二十四年（48），通过总结王梁失败的经验教训，张纯建成了同时具有灌溉、水运、防洪排涝等功能的阳渠。阳渠投入使用后，提高了洛阳一带的漕运能力，进一步改善了洛阳地区的农业生产条件。

五龙渠是阳渠的续建工程。因阳渠年久失修，其灌溉、防洪排涝、漕运等能力明显地下降，为恢复其功能和提高其利用效率，陈协兴修了五龙渠。陈协兴修五龙渠时，主要做了两项工作：一是采取"积石为堨"的方案，将千金堨改造为石堨（石质堤堰），增强了五龙渠在蓄水、引水、放水、排水等方面的能力；二是"开沟渠五所"，通过建造五条有引水、分水、泄水等功能的渠道，增强了五龙渠的抗洪、泄洪等能力。具体地讲，或开渠引水入运，或分水灌溉农田，或导水下泄防止渠道水位过高时毁坏堤岸。

五龙渠投入使用后主要有两个方面的作用：一是改善了洛阳的农业生产条件，扩大了洛阳地区农田灌溉的面积，建成了一批旱涝保收的高产稳产田，促进了洛阳地区的经济发展；二是通过建造引水、蓄水、补水、泄水等工程，既防止了航道干浅，同时又解决了水位过

---

① 刘宋·范晔《后汉书·王梁传》（唐·李贤等注），北京：中华书局1965年版，第775页。

高航行不安全的难题,提升了洛阳对外的漕运能力,为建设洛阳这一水陆交通枢纽起到了奠基作用。自五龙渠入黄河可北上进入河北诸渠,以水上交通加强了洛阳与河北之间的联系;自黄河东行入石门经汴渠后可进入淮河水系。如史有晋怀帝永嘉元年(307)九月"始修千金堨于许昌以通运"①之说,这虽然是叙述后代的情况,但可以反证兴修后的五龙渠已有远接许昌的漕运能力。

成国渠与关中漕运

为加强关中防务,魏明帝一朝在汉代成国渠的基础上重修了成国渠。汉代成国渠的补给水源主要来自渭水,自郿县(在今陕西眉县)东北行,至上林苑入蒙笼渠。如班固叙述汉代成国渠时记载道:"郿,成国渠首受渭,东北至上林入蒙笼渠。"②经曹魏改造后,成国渠向西延长到陈仓东,并取汧水入渠。郦道元叙述曹魏成国渠时记载道:"其渎上承汧水于陈仓东。东径郿及武功、槐里县北。"③引汧水入渠后,扩大了曹魏成国渠行经的区域和农田灌溉的范围。

历史上多位学者的共同认识是:曹魏时期的成国渠是一条灌溉渠,没有漕运能力。进而言之,曹魏兴修成国渠的意义是,在与蜀汉军事对抗的过程中,通过扩大灌溉面积,用就地屯田的方法,缩短粮草及军需供应的补给线。曹魏成国渠兴修后:一方面通过引水灌溉,采用以水压碱的办法将盐碱地改造为良田;另一方面通过屯田及镇守陈仓,建立了一支寓兵于农、耕战结合的军队。这一局面形成后,有效地遏制了蜀汉进攻,夺取了军事斗争中的主动权,为曹魏经营关中及西北提供了强有力的保障。

但问题是,曹魏成国渠是否只有灌溉能力,没有漕运能力呢? 前人及今人为什么众口一词认为曹魏成国渠只有灌溉能力呢? 从文献的角度看,出现这样的情况应与历代史家只强调其灌溉能力有直接的关系。郦道元记载曹魏成国渠的情况时只提"引以浇田"的功能,房玄龄记载曹魏成国渠的情况时亦称"溉田数千顷",这些陈述方式,在一定程度上强化了曹魏成国渠只有灌溉功能的印象。其实不然,这一观点是片面的。曹魏成国渠除了有灌溉功能外,还有漕运功能。

曹魏成国渠的基础是汉代成国渠,汉代成国渠已有一定的漕运能力。从表面上看,曹魏将汉成国渠的起点延长到了陈仓,似有降低航道水位之嫌,然而,因及时地补入汧水,故其水位不但没有降低,反而得到了提高,并有利于通航。这一航线建成后,为后世发展关

---

① 唐·房玄龄等《晋书·孝怀帝纪》,北京:中华书局1974年版,第117页。
② 汉·班固《汉书·地理志上》,北京:中华书局1962年版,第1547页。
③ 北魏·郦道元《水经注·渭水下》,《水经注疏》中册(杨守敬、熊会贞疏,段熙仲点校,陈桥驿复校),南京:江苏古籍出版社1989年版,第1619页。

中漕运提供了先决条件。具体地讲,唐代利用汉魏成国渠兴修城国渠以后,设立了专门的管理机构,如史有唐德宗贞元十六年(800)十一月"以东渭桥纳给使徐班兼白渠、漕渠及升原、城国等渠堰使"①之说,这一记载完全可以证明曹魏成国渠是有漕运能力的。又如据宋敏求考证,曹魏成国渠行经咸阳时入白渠,汉代的白渠是有漕运能力的。再如曹魏成国渠东行入渭水,渭水是有漕运能力的。如果将这些情况综合到一起,当知曹魏时期的成国渠既有灌溉能力,同时又有漕运能力。

白马沟与河北诸渠

在卫臻兴修成国渠的前后,曹彪兴修了白马沟。起初,白马沟是黄河南泆时形成的水道。如郦道元记载道:"河水旧于白马县南泆,通濮、济、黄沟,故苏代说燕曰:决白马之口,魏无黄、济阳。《竹书纪年》:梁惠成王十二年,楚师出河水,以水长垣之外者也。金堤既建,故渠水断,尚谓之白马渎。故渎东径鹿鸣城南,又东北,径白马县之凉城北。"②黄河迁徙自白马县(秦县,故城在今河南滑县东)南泆以后,与濮水、济水等河流相通。"金堤"是指黄河堤岸。从汉代治理黄河起,出现了将整修后的黄河千里长堤称为"金堤"的说法。如胡渭明确地指出:"汉河堤率谓之金堤。"③金堤建成后,白马沟已与黄河水道实现分离,不再是黄河水道的一部分。

需要补充的是,郦道元所说的"金堤既建",是指汉顺帝阳嘉三年在黄河沿岸及汴口一带兴修的石堤。郦道元记载道:"顺帝阳嘉中,又自汴口以东,缘河积石为堰,通渠,咸曰金堤。"④以此为节点,当知从汉顺帝阳嘉三年兴修汴口石堤起,黄河南泆后形成的白马沟已不再与黄河相通。尽管如此,白马沟依旧有自己的水道,并流经一定的区域。这样一来,遂成为曹彪兴修白马沟的基础。

在曹彪兴修白马沟以前,黄河南泆形成的白马沟已是南北交通的要道,进而成为各种政治势力反复争夺的战略要地。杜佑叙述黎阳历史沿革及地理位置时指出:"汉旧县。魏置黎州及黎阳。有白马津,即郦生所云'杜白马之津'是也。后魏改为黎阳津。"⑤所谓"白马津",是指白马沟渡口,这一渡口虽位于黎阳,但实际上是在白马县内。从这样的角度看,曹彪兴修白马沟只是利用黄河南泆形成的水道恢复漕运。

---

① 宋·王溥《唐会要·疏凿利人》,北京:中华书局1955年版,第1621页。
② 北魏·郦道元《水经注·河水五》,《水经注疏》上册(杨守敬、熊会贞疏,段熙仲点校,陈桥驿复校),南京:江苏古籍出版社1989年版,第418—419页。
③ 清·胡渭《禹贡锥指》(邹逸麟整理),上海:上海古籍出版社2006年版,第471页。
④ 同②,第404页。
⑤ 唐·杜佑《通典·州郡八·汲郡》,杭州:浙江古籍出版社1988年版,第946页。

白马县是曹彪白马沟南下入黄河运道的重要节点城市,白马沟在濮阳(在今河南濮阳)一带与黄河及黄河故道形成了错综复杂的关系。在拓宽拓深旧河道的基础上,曹彪通过引入新的补给水源提高了白马沟的水位,建立了一条经濮阳、顿丘等地入黄河的航线。从这条航线出发可南下入黄河,渡河后至黄河南岸的汴口,随后自汴口入汴渠再入睢阳渠远接江淮。

与此同时,曹彪兴修的白马沟自白马县可与曹操兴修的长明沟相接,北上可将漕运延长到邺城以北和以东的区域。如白马沟与邺城一带的长明沟连通后,可"上承滹沱河,东流入下博界"①。在这中间,白马沟与漳河、滹沱河等相通,进而与曹操在河北兴修的河渠相通,并可经下博(在今河北衡水深州东南)东流直入大海。与此同时,自白马沟折向东南与蔡沟相会,沿蔡沟东行可入长明沟。

白马沟与滹沱河等连通后,通过开辟新航线加强了河北各政区之间的联系。滹沱河是北方的一条大河,曹彪兴修的白马沟与滹沱河相通后,不但扩大了漕运范围,从水上建立了黄河和黄河以北的交通,而且有力地促进了黄河以北及辽东社会经济的发展。

魏明帝景初二年(238),为征讨公孙渊,司马懿开凿了沟通漳河、滹沱河和泒水的鲁口渠。鲁口渠是在白马渠北面的饶阳(在今河北饶阳)域内开挖的。鲁口渠与曹彪白马沟及曹操兴修的平虏渠、泉州渠、长明沟等相通,形成了一条与漳水、滹沱、泒水、清水等相通的航线,这一航线开通后,将河北及幽州、辽东等地串联在一起,对巩固北部边防立下了汗马功劳。

此外,曹魏又在黄河以北(燕赵旧地)兴修了雁门渠(牵招渠)、戾陵渠(车箱渠)等河渠。其中,雁门渠兴修于魏文帝一朝,戾陵渠兴修于魏少帝一朝,如魏少帝嘉平二年(250),刘靖"修广戾陵渠大堨"②。从"修广"二字看,刘靖修戾陵渠(车箱渠)是在前人的基础上进行的。但问题是,戾陵渠始建于何时?因文献缺载,无法得知具体的情况。

魏文帝一朝,为解决民众饮水时遇到的困难,雁门太守牵招开挖了雁门渠。因雁门渠是一条解决生活用水的引水渠,兴修时自然不会把漕运作为建设的主要目标。然而,雁门渠引东关水,东关水南入滹沱河,历史上的滹沱河有良好的通航条件,并可直通雁门郡治所广武。从这样的角度看,牵招开山取水虽然是为了饮水,但雁门郡域内的滹沱河是有漕运能力的。王应麟记载道:"《牵招传》:'为雁门太守,郡所治广武,井水咸苦,民皆远汲,招准望地势,因山陵之宜,凿原开渠,注水城内,民赖其益。'胡质都督青、徐、广,农积谷有

---

① 宋·乐史《太平寰宇记·河北道十二》第3册(王文楚等校点),北京:中华书局2007年版,第1292页。

② 晋·陈寿《三国志·魏书·刘靖传》(裴松之注),北京:中华书局1959年版,第464页。

兼年之储,置东征台,且佃且守。又通渠诸郡,利舟楫。严设备以待敌,海边无事。"①胡质生活年代略晚于牵招,官至荆州刺史、征东将军,奉曹操之命假节都督青州、徐州、广武军事时,为发展农业、鼓励耕种、广积军粮等,采取了屯田、开通河渠等措施。从"又通渠诸郡,利舟楫"中当知,雁门渠以滹沱河为漕运通道可以远通河北各郡。

第四节　孙吴的河渠建设与漕运

赤壁之战(208),标志着三国鼎立的正式形成。此后,孙吴与蜀汉虽有冲突,但基本上处于结盟的状态。为应对曹魏的威胁,孙吴分别建设了以淮南为中心的淮河防线、以荆襄为中心的江汉防线和以武昌及丹徒(在今江苏镇江)京口为支撑点的长江防线。在这三道防线中,长江是孙吴安身立命的最后一道防线,如史有"吴为京口戍"②之说,"为京口戍"表明,在防止曹兵南下的过程中,孙吴已充分地认识到京口在江防及守卫建业中的特殊地位。

建安十六年,孙吴移治秣陵(在今江苏南京),次年,改秣陵为"建业"。定都建业后,漕运形势发生了变化。围绕着建业,孙权下令兴修了运渎、东渠、潮沟及秦淮河等漕运通道。稍后,为避开长江漕运中的风险,兴修了自方山埭至丹徒云阳西城(在今江苏镇江丹阳延陵)的破冈渎。兴修破冈渎是孙吴兴修河渠的大事,万一淮南、荆襄及武昌防线失守的话,破冈渎可以避免长江运道处于曹魏威胁之下时带来的危机。此后,在加强建业漕运,孙吴又兴修了直渎和云阳西城以东的运道等。

建业的河渠建设与漕运

孙吴定都建业以后,赋税主要取自三吴(吴越旧地),与此同时,三吴地区的漕粮主要是自丹徒水道进入长江。为了改善建业的漕运环境及维护其粮食安全,孙吴围绕着建业兴修了运渎、青溪和潮沟三条河渠。

赤乌三年(240)十二月,御史郗俭奉吴大帝孙权之命,兴修了与内外秦淮河相连的运渎。如周应合记载道:"古苑仓,吴大帝赤乌三年,使御史郗俭凿城西南,自秦淮北抵仓城,名运渎。"③郗俭奉命监凿运渎,改善了建业原有的漕运条件。起初,长江至建业西北

---

① 宋·王应麟《玉海·地理·河渠》,南京:江苏古籍出版社1990年版,第426页。
② 后晋·刘昫等《旧唐书·地理志三》,北京:中华书局1975年版,第1583页。
③ 宋·周应合《景定建康志·城阙志四》,《四库全书》第489册,上海:上海古籍出版社1987年版,第186页。

入外秦淮河,随后经内秦淮河进入建业。兴修运渎后,改善了内秦淮河至苑仓一带的运道,提高了漕运能力。许嵩诠释赤乌三年"十二月,使左台侍御史郄俭监凿城,西南自秦淮,北抵仓城,名运渎"等语时论述道:"建康宫城,即吴苑城,城内有仓,名曰苑仓,故开此渎,通转运于仓所,时人亦呼为仓城。晋咸和中,修苑城为宫,惟仓不毁,故名太仓,在西华门内道北。"①这条漕运通道时至晋成帝咸和(326—334)中,依旧发挥着重要的作用,不过,晋成帝筑宫城以后,苑仓成为宫城的一部分。

继郄俭兴修运渎以后,孙吴又兴修了东渠。张敦颐记载道:"《建康实录》:吴赤乌四年冬,凿东渠,名为青溪。《寰宇记》云:青溪,在县东六里,阔五丈,深八尺,以泄玄武湖水。《舆地志》云:青溪发源钟山,入于淮,连绵十余里。溪口有埭,埭侧有神祠,曰青溪姑。今县东有渠,北接覆舟山,以近后湖,里俗相传此青溪也。其水迤逦西出,至今上水闸相近,皆名青溪。"②东渠兴修的时间在赤乌四年(241)十一月,因运渎建于赤乌三年十二月,因此,可以把运渎和东渠视为两个连续性的工程。东渠在建业的东面,"阔五丈,深八尺",与潮沟的宽度和深度相同,具备漕运能力。青溪发源于钟山(今江苏南京紫金山),兴修东渠时利用了青溪,故东渠有"青溪"之称。青溪是秦淮河支流,拓宽拓深河道后,与运渎相接,进而与秦淮河一道构筑了建业的漕运体系。东渠"通城北堑潮沟",与潮沟一道构筑了建业的防卫体系。东渠既有泄玄武湖(后湖、真武湖)水的功能,同时又有引玄武湖水行运的功能。丰水季节来临时,可泄玄武湖水保证建业的安全;枯水季节来临时,率武湖水可补给东渠及运渎,以保证漕运。

然而,玄武湖储水能力有限,很难满足补给运渎和东渠航道水位的需求。顾祖禹叙述玄武湖时记载道:"在府城北太平门外。旧志:在上元县北十里。一名蒋陵湖,一名秣陵湖,亦曰后湖,以在故台城后也。湖周四十里,东西有沟流入秦淮,春夏水深七尺,秋冬四尺,灌田百余顷。"③后湖水资源有限,在灌溉农田的同时,补给航道水位的能力受到制约。如潮沟"阔五丈、深八尺,以泄玄武湖"④,后湖"春夏水深七尺,秋冬四尺",虽有周四十里的水面,但无法担负起补给运渎、东渠、潮沟和城北濠沟的重任。这样一来,在引后湖之水济运时,还需要引入其他的水源。

潮沟既有为运渎、东渠补给航道水位的功能,同时也是建业漕运通道建设的一部分。周应合引录旧志记载道:"潮沟阔五丈、深八尺,以泄玄武湖。水发源钟山,而南流经京

---

① 唐·许嵩《建康实录》(张忱石点校),北京:中华书局1986年版,第45—46页。
② 宋·张敦颐《六朝事迹编类·青溪》(张忱石点校),北京:中华书局2012年版,第77—78页。
③ 清·顾祖禹《读史方舆纪要·南直二》(贺次君、施和金点校),北京:中华书局2005年版,第952页。
④ 宋·周应合《景定建康志·山川志二》,《四库全书》第489册,上海:上海古籍出版社1987年版,第82页。

出。今青溪闸口接于秦淮,及杨溥城金陵,青溪始分为二,在城外者,自城壕合于淮,今城东竹桥西北。接后湖者,青溪遗迹固在,但在城内者,悉皆堙塞。惟上元县治南迤逦而西,循府治东南出,至府学墙下,皆青溪之旧,曲水通秦淮,而钟山水源久绝矣。"①如果以五代十国时吴睿帝杨溥在位时(921—937)为下限,当知此前的东渠漕运与孙吴孙权时的情况大体相同,此后,东渠在城内的运道虽出现了"堙塞",但大部分的运道继续存在。

在这一过程中,"阔五丈、深八尺"的潮沟除了有泄水功能外,还有漕运的功能。之所以这样说,是因为前人叙述潮沟时,有将其称之为"运渎"的情况。如许嵩记载道:"其北又开一渎,在归善寺东,经栖玄寺门,北至后湖,以引湖水,至今俗为运渎。其实古城西南行者是运渎,自归善寺门前东出至青溪者,名曰潮沟。其沟东头,今已湮塞,才有处所,西头则见通运渎。"②所谓"其北又开一渎",是指在运渎的北面开潮沟。所谓"其沟东头",是指潮沟的东头。所谓"西头则见通运渎",是指潮沟西通运渎。因潮沟西通运渎,且有漕运功能,故出现了"至今俗为运渎"的情况。此外,后湖即玄武湖与长江相通,积潴之水主要来自江潮,故新开的运道时有"潮沟"之称。根据这一说法,潮沟的起点在城北,引江潮及玄武湖水入运后,可通往吴苑城中的粮仓苑仓,同时沿潮沟运道西行可与运渎连接。在这中间,潮沟和运渎、东渠结合在一起,共同构筑了建业的漕运体系和防卫体系,如:通过引玄武湖及江潮补给青溪和运渎航道的水位,潮沟建立了仓城与玄武湖之间的联系;潮沟本身是城濠的一部分,有补给城濠水位的功能,运渎、东渠与潮沟相通后,在健全建业城西向东再向北的漕运体系时,有效地增加了建业的防卫能力。

前人叙述建业漕运时,出现了将运渎、东渠、潮沟等合称为"运渎"的情况。这在一定程度上给研究运渎、东渠、潮沟带来了困扰,然而,运渎、东渠、潮沟有各自的起点和终点,只要略加留意,便可以有所区别。

运渎与内外秦淮河互通后,通过建立自建业经句容中道(破冈渎)接丹徒水道,进入吴古故水道的航线,改善了建业与三吴及太湖流域的漕运环境。可以说,这条避开长江风险的航道是建业与太湖流域(三吴地区)联系的重要航线。如东晋、宋、齐、梁、陈等朝以建康(建业)为都时,运渎与破冈渎一道成为建康漕运的生命线。时至明代,这一漕运通道的某些航段虽然出现了"堙塞",但它却为明王朝兴修建康城内外的漕运通道奠定了基础。

兴修横塘、栅塘及直渎

除了兴修运渎、东渠、潮沟之外,孙吴重点改造了秦淮河,在秦淮河上兴修了横塘、栅

---

① 宋·周应合《景定建康志·山川志二》,《四库全书》第489册,上海:上海古籍出版社1987年版,第82页。
② 唐·许嵩《建康实录》(张忱石点校),北京:中华书局1986年版,第49页。

塘等工程。此后,又兴修了直渎。

横塘兴修的时间,当发生在赤乌八年(245)开凿破冈渎以前。之所以这样说,是因为在开破冈渎避长江风险以前,建业漕运主要是沿长江入秦淮河进行的。赤乌八年开破冈渎以后,孙吴漕运开始走东线(沿破冈渎)进入三吴。张敦颐记载道:"吴大帝时,自江口沿淮筑堤,谓之横塘。"[1]所谓"自江口沿淮筑堤",是指为防止堤岸坍塌,沿秦淮河至入江口兴修了加固河堤的工程。

兴修横塘以后,孙吴又在秦淮河上兴修了栅塘(秦淮栅)。自孙吴兴修栅塘以后,秦淮河的漕运能力得到提升,与运渎、东渠、潮沟等一道构成了建业的漕运体系。

孙吴以后,梁、杨吴等在栅塘的基础上多次改造秦淮河,可以说,秦淮河的畅通直接关系到建业漕运的畅通。周应合记载道:"六朝旧城在北,去秦淮五里,故淮上皆列浮航,缓急则彻航为备。吴沿淮立栅,前史所谓栅塘是也。"[2]据此可以得出三个结论:一是"彻航"是指"撤航",一旦发生敌情,将停止秦淮河漕运,防止船只为敌所用;二是栅塘距建业五里,是建业城外不可或缺的漕运通道;三是栅塘是加固河堤工程。

综上所述,建业漕运主要由运渎、东渠、潮沟、秦淮河运道等共同构成。经过长期的兴修,各运道相互串联,形成了自内秦淮河的斗门桥向北经红土桥、草鞋桥,会青溪于内桥,随后向西经鸽子桥、羊市桥与城濠相合,继续向西合草桥北出之水,经鼎新桥、道济桥、文津桥、望仙桥、张公桥、铁窗棂入外秦淮河的运道。这条运道自城西经城东再到城北,形成了环绕建业城之势,并经外秦淮河与长江航线相连。后来,这条运道又与破冈渎(句容中道)相连,在避开长江风险的同时,增加了一条自云阳西城至建业的新航线。

兴修直渎是改善建业漕运的重要之举。检索文献,建业直渎有二:一是方山直渎,一是幕府山直渎。两条直渎虽有不同的起点,但在幕府山(直渎山)相会。

开方山直渎当发生在"夹淮立栅"之时,与栅塘一道同为建业漕运工程,并与破冈渎相辅相成。顾祖禹记载道:"在府东三十二里。源出方山,东北流接竹篠河,又经直渎山北达于江。晋温峤讨苏峻,遣王愆期屯军直渎。孙盛《晋春秋》:'直渎在方山。'陆游曰:'孙吴时所开也。'梁有直渎戍。承圣初王僧辩等讨侯景,入建康,贼党王伟与侯子鉴等将奔朱方,于道相失,伟至直渎,为戍主所擒。王安石诗'山盘直渎输淮口'是也。今堙废。"[3]所谓"在府东三十二里",是指方山直渎在江宁府(建业)东面的三十二里处。所谓"东北流接竹篠河",是指方山直渎折向东北与竹篠河相连。所谓"又经直渎山北达于江",是指方

---

[1] 宋·张敦颐《六朝事迹编类·横塘》(张忱石点校),北京:中华书局2012年版,第77页。
[2] 宋·周应合《景定建康志·城阙志一》,《四库全书》第489册,上海:上海古籍出版社1987年版,第120页。
[3] 清·顾祖禹《读史方舆纪要·南直二》(贺次君、施和金点校),北京:中华书局2005年版,第957页。

山直渎至直渎山北入江。方山直渎建成后,丰富了建业漕运体系。

幕府山直渎开凿的时间稍晚,发生于吴末帝孙皓一朝。直渎的长度虽然有限,但长江泥沙不断地淤积运道,给兴修工程带来了难度。孙皓一朝除了开凿幕府山直渎外,还有开自丹徒至云阳的运道之举。张勃《吴录》记载道:"岑昏凿丹徒至云阳,而杜野、小辛间,皆斩绝陵袭,功力艰辛(杜野属丹徒,小辛属曲阿)。"①岑昏重点兴修了自云阳西城至丹徒的运道。杜野(今江苏镇江东十五里)和小辛(今江苏句容西南,在今江苏丹阳北十余里)是重修工程的重点,从"皆斩绝陵袭"一语中当知这一工程的修建十分艰难。

岑昏开凿丹徒至云阳的运道以后,打通了破冈渎远接丹徒水道及吴古故水道的航线。杜野和小辛是破冈渎东接丹徒水道的重要工程,疏通这一航段的目的是重新开通自云阳西城入丹徒水道的航线。开凿破冈渎以前,建业漕运是自吴古故水道经丹徒水道至京口入江,此后自江入秦淮河经运渎至建业。开凿破冈渎以后,建成了自建业东通云阳西城,自云阳西城入丹徒水道,连接吴古故水道的航线。进而言之,破冈渎开通后,将从京口入长江抵建业的长江航线改造为自建业经句容至云阳西城接丹徒水道的航线,在避开长江风险的同时,加强了吴都建业与农业经济发达地区三吴之间的联系。在这中间,自建业东行经破冈渎至云阳西城入丹徒水道,既可至京口入江,又可经吴古故水道深入三吴的腹地。

破冈渎

建安十六年,孙权自丹徒移治建业。李吉甫记载道:"后汉献帝建安十四年,孙权自吴理丹徒,号曰'京城',今州是也。十六年迁都建业,以此为京口镇。"②丹徒的政治地位虽有所下降,但军事地位却得到了加强,究其原因有三:一是孙吴赋税主要源于三吴,需要经深入到三吴腹地的丹徒水道和吴古故水道转运;二是丹徒隔江与广陵(在今江苏扬州)相望,京口是孙吴长江防线的支撑点;三是丹徒是建业的门户,丹徒动摇将影响到建业的安全。这样一来,孙权虽移治建业,但丹徒依旧是刻意经营的重镇,进而在丹徒水道的入江口京口建造了军事要塞京口镇。

丹徒地位的进一步提升与开凿破冈渎有着直接的联系,破冈渎与丹徒水道相接后,彰显了丹徒在漕运中的地位。从政治军事形势上看,在开凿破冈渎以前,孙吴先后在江汉和淮河等两个防线上失利。如吴大帝赤乌四年六月,吴将朱然攻打曹魏重镇樊城,试图解除长江防线的压力。史有"夏五月,吴将朱然等围襄阳之樊城,太傅司马宣王率众拒之。六

---

① 宋·李昉《太平御览·州郡部一六·润州》,北京:中华书局1960年版,第827页。
② 唐·李吉甫《元和郡县图志·江南道一》(贺次君点校),北京:中华书局1983年版,第589页。

月辛丑,退"①之说,樊城之战失利后,孙吴失去了江汉战场上的主动权,曹魏随时可挥师南下,进而从长江上游威胁孙吴建构的以武昌、丹徒京口为战略支撑点的长江防线。又如赤乌六年(243)九月,吴将诸葛恪在淮南防线溃败,从而为曹魏"大军出征,泛舟而下,达于江淮"②创造了条件,如史有"四年秋九月,帝督诸军击诸葛恪,车驾送出津阳门。军次于舒,恪焚烧积聚,弃城而遁"③之说。

孙吴在樊城和淮南失利后,建业岌岌可危。章潢在《金陵防守要害》一文中分析天下形势时,认为如果以金陵(建业)为都,必须建立淮河和长江两道防线。他指出:"都金陵,宜守淮,以防外庭,守武昌、九江以蔽上游。守淮之势,东固淮安、泗州,自丹阳而扬州,而淮安,而泗州,乃金淮之右臂也。西固凤阳、寿州,自采石而和州,而凤阳,而寿州,乃金淮之左臂也。东无淮安,虽得泗州而不为用。西无凤阳,虽得合肥而不为用。上游之势,沅、湘诸水合洞庭之波,而输之江,则武昌为之都会,故湖广省所以蔽九江。江西诸水与鄱阳之浸汇于湓口,则九江为之都会,故九江所以接武昌而蔽金陵。若用于天下,则徐、邳、临清、淮安之应也。洛阳均郑,凤阳之应也。荆州,武昌之应也,而襄阳又荆州之应也。固荆州可以开蜀道,固襄阳可以控川陕,固临清可以通燕冀,固洛阳可以制潼关。其西南守江西,以运百粤。其东南守浙江,以治闽吴。皆金陵之门庭帑藏云耳。"④这一论述虽然是就明代形势而言,但可以移来阐释孙吴的政治军事形势。孙吴建都建业以后,需要建立长江和淮河两条防线,长江防线的支撑点是武昌、丹徒京口等,淮河防线主要在淮南,须固守淮南重镇淮安、寿州等地。在曹魏直接威胁到孙吴安全的紧要关口,开凿破冈渎体现出了两个方面的作用:一是孙吴的赋税租米主要来自三吴,一旦曹魏大军压至长江沿线,可以使自三吴至建业的漕运通道免遭直接的威胁;二是即便是长江运道没有立即处于曹魏的威胁之下,通过避开长江风浪,也可以减少漕船在长江行驶时因翻覆造成的损失。

陈寿叙述句容中道(破冈渎)的情况时,有"自小其至云阳西城"之说,明确地说破冈渎的起点是在小其。时至后世,有"吴、会漕输,皆自云阳西城水道接至都下,故梁朝四时遣公卿行陵,乘舴艋,自方山至云阳"⑤之说,又说破冈渎的起点是方山埭。那么,破冈渎的起点究竟是小其,还是方山埭?

针对这个问题,张学峰先生提出了"狭义的破冈渎"和"广义的破冈渎"的概念。张学

---

① 晋·陈寿《三国志·魏书·三少帝纪》(裴松之注),北京:中华书局1959年版,第119页。
② 唐·房玄龄等《晋书·食货志》,北京:中华书局1974年版,第786页。
③ 唐·房玄龄等《晋书·宣帝纪》,北京:中华书局1974年版,第15页。
④ 明·章潢《图书编·金陵防守要害》,《四库全书》第969册,上海:上海古籍出版社1987年版,第732页。
⑤ 宋·周应合《景定建康志·疆域志二》,《四库全书》第489册,上海:上海古籍出版社1987年版,第41页。

峰先生论述道:"严格说来,'句容县东南的二十五里'才是破冈渎的起点,这个地点可能就在今句容县西塘村至任巷村之间,由此往东至云阳西城,这就是真正意义上的破冈渎,亦即狭义的破冈渎。"①按照张先生的说法,小其是狭义破冈渎的起点,方山埭是广义破冈渎的起点。客观地讲,这一归纳是符合破冈渎的实际情况的。如顾祖禹在旧说的基础上论述道:"三国吴赤乌八年,发屯兵三万凿句容中道至云阳西城以通吴会船舰,号破冈渎。又使郗俭凿城西南自秦淮北抵仓城以达吴、越运船。盖引破冈渎由方山埭接于秦淮,以避大江之险,又自秦淮而东北达于苑仓也。"②方山埭在建业东,是破冈渎接秦淮河经运渎等进入建业的节点,同时也是自建业东行至云阳西城的起点。

破冈渎的高点是小其,小其在句容东南二十五里处,结合许嵩"顶上分流,一源东南三十里,十六埭,入延陵界;一源西南流,二十五里,五埭注句容界"③等语看,破冈渎在引水入运的过程中,通过建埭解决了水位落差大、航道泄水等问题。从地理方位上看,方山埭、栢冈埭、赤山湖埭、南埭、长溪埭、破岗埭和县埭七埭自西向东排开,深入到句容的腹地,很有可能就是许嵩所说的下七埭。

至于"上七埭",有文献可证的似乎只有长冈埭、中邱埭。长冈埭建在什么地方?顾祖禹记载道:"在县西南,即破冈渎中七埭之一也。"④"县西南"指在丹阳县西南。丹阳县西南与云阳西城的地理方位一致,如果以东为上的话,当知长冈埭属上七埭,是破冈渎至云阳西城入丹徒水道的最后一座堰埭(破冈渎的终点)。

除了长冈埭以外,上七埭中还包括中丘埭(中邱埭)。齐代公卿沿破冈渎拜陵,主要是到陵口靠岸乘车前行,如史家引《舆地志》有"齐诸陵在故兰陵东北金牛山,四时公卿行陵乘舴艋,自方山由陵口入兰陵,升安车轺传驿置以至陵所"⑤之说。陵口地近中丘埭,在中丘埭的西面。陵口旧属丹徒,丹徒旧称谷阳,秦始皇使赭衣囚徒三千凿京岘山后,改称丹徒。吴大帝孙权嘉禾三年,丹徒改称武进。晋武帝太康三年(282),恢复丹徒这一旧称。中丘埭虽在丹徒域内,但与丹阳相邻,如史有"在丹阳县东二十四里,埭

---

① 张学峰《六朝建康都城圈的东方——以破冈渎的探讨为中心》,武汉大学中国三至九世纪研究所编《魏晋南北朝隋唐史资料》第三十二辑,上海:上海古籍出版社2015年版,第73页。
② 清·顾祖禹《读史方舆纪要·南直二》(贺次君、施和金点校),北京:中华书局2005年版,第957页。
③ 唐·许嵩《建康实录》(张忱石点校),北京:中华书局1986年版,第53页。
④ 清·顾祖禹《读史方舆纪要·南直七》(贺次君、施和金点校),北京:中华书局2005年版,第1264—1265页。
⑤ 宋·司马光《资治通鉴·齐纪七》("标点资治通鉴小组"校点),北京:中华书局1956年版,第281页。

西有齐、梁陵"①之说。此外,中丘埭靠近齐、梁帝陵和延陵季子庙等,有十分便利的水上交通,既可自建业沿破冈渎东行,又可沿丹徒水道经丹徒西行进入建业。

陈寿叙述破冈渎的起点和终点时,有"自小其至云阳西城"之说,明确地说云阳西城是破冈渎的终点。那么,云阳西城周边都有什么样的运道,又是如何与丹水道及吴古故水道相通的?

根据前人的论述,张学峰先生提出了云阳西城有两条运道(简渎河、香草河)的观点。如他指出:"经破冈渎往东的船只,到了云阳西城后可入西云阳渎,借水势往北直驱曲阿(丹阳),而东郡来船,则借东云阳渎水南流之势往云阳东城,经东西二城之间的运渎抵达西城,进入破冈渎。"②破冈渎建成后,改善了已有的漕运条件,使三吴地区的赋税租米等不需经京口入江,可直接运入建业。

萧纲改造破冈渎及建上容渎以后,建造了二十一埭,由于梁王朝的帝陵大都建在破冈渎及上容渎沿线,乃至于朝中公卿常自方山起程乘船,沿此道至云阳谒陵。至陈朝,上容渎这一运道已基本湮废,为恢复漕运,陈霸先重修了破冈渎。由于上容渎本身是在破冈渎的基础上重修的,这样一来,所谓"更修破冈渎",应该对上容渎及沿途建造的堰埭多有利用。进而言之,破冈渎的改造工程(上容渎),重建了自建业经小辛至云阳西城的漕运通道,为确立"六朝都建康,吴会漕输,自云阳西城水道径至都下"的漕运秩序奠定了坚实的基础。

与吴古故水道及江南河相比,破冈渎存在的时间相对短暂,废弃时间发生在隋王朝建立之时。具体地讲,伴随着南北分治的结束及隋王朝将政治中心建在长安(今陕西西安)的进程,因江南赋税输送的方向发生变化,再加上缺少必要的管理和维修,破冈渎出现了航道淤塞等状况,遂不再使用并退出历史舞台。

入隋以后,破冈渎虽已遭废弃,但故道还在,这样一来,当政治形势发生新的变化时,又重新受到重视。具体地讲,云阳二渠被废弃后,由丹徒水道进入吴古故水道的航线依旧存在,此后,隋炀帝在丹徒水道及吴古故水道的基础上兴修了"江南河",朱元璋建立明王朝定都应天府以后,兴修溧水胭脂河运道时充分利用了破冈渎旧道。明英宗正统五年(1440),再度兴修这一漕运通道。将江南漕运的入江口固定在京口,此举标志着以丹徒水道联系吴古故水道,即从水上联系江南、江淮及北方各地的漕运秩序开始定格。进而言之,因京口及丹徒位于丹徒水道进入长江的河口,这样一来,遂成为吴古故水道(江南河)

---

① 清·和珅等《钦定大清一统志·镇江府二》,《四库全书》第474册,上海:上海古籍出版社1987年版,第266页。
② 张学峰《六朝建康都城圈的东方——以破冈渎的探讨为中心》,武汉大学中国三至九世纪研究所编《魏晋南北朝隋唐史资料》第三十二辑,上海:上海古籍出版社2015年版,第75页。

连接邗沟进入淮河的必由之地。具体地讲,从京口进入改造后的丹徒水道(江南河)折向东南,可抵苏州、湖州、杭州、绍兴、明州(在今浙江宁波)等城市。从京口渡江可联系广陵、淮阴及淮阴以远的沿岸城市。在这一过程中,京口及丹徒在南北经济交流中扮演着重要的角色:一方面,江南的漕粮、丝绸、茶叶、瓷器等需要在京口及丹徒一带集散或中转;另一方面,两湖及北方各地输往江南的物资及商品亦需要经京口及丹徒中转或集散。在这一背景下,因运河在经济大循环中的特殊地位,使丹徒成为重点经营的城市。

秦淮河

秦淮河又称"龙藏浦"。一般认为,秦淮河有华山和东庐山两源,是破冈渎主要的补给水源。华山是秦淮河南流的发源地,东庐山是秦淮河北流的发源地,两流至方山(方山埭)相合后,经石头城(即建业)西北注入长江。后来,为避长江风险,陈勋开破冈渎,经此,改变了建业漕运必经长江的局面,形成了自破冈渎经方山埭进入建业的漕运通道。

不过,史家认为,秦淮河除了有东庐山和华山两大源头外,又有绛岩山为第三源的说法。通过查阅史料,可以看到:一是绛山湖初称"赤山湖",又称"丹阳湖",唐玄宗天宝中"以文变质",改赭山即丹山为绛岩山,又称赤山湖为"绛岩湖";二是樊珣以前志为依据,提出赤山湖由"吴人创之,梁人通之"的观点,又因赤山湖有"湖塘""赤山塘"等称,当知赤山湖经过改造后,成为句容域内重要的蓄水灌溉工程;三是唐时赤山湖在句容西南二十三里,宋以后在句容西南三十里,两说不同,这主要是迁移治所造成的;四是句容治所迁移及政区变化后,位于溧水和句容之间的赤山湖不再为句容所有,出现了句容、上元共管的情况;五是赤山湖"下通秦淮上元之田",从"县南境诸山溪之水悉流入焉"等语中当知,句容西南一带的山溪是秦淮河的重要源头;六是赤山湖既是济运工程,同时又是灌溉工程;七是结合许嵩"其渎在句容东南二十五里,上七埭入延陵界,下七埭入江宁界"[①]等语看,赤山湖有保证破冈渎及上容渎行运的功能。

由此提出的问题是,秦淮河三源是如何补给破冈渎的?方山以南的秦淮河是如何成为建业漕运通道的?因文献记载漫漶不清,现分述如下。

其一,发源于东庐山的秦淮河北流和发源于华山的秦淮河南流至方山汇合后,经石头城西,是自建业北上入江的漕运通道。在这中间,秦淮河与运渎、青溪、潮沟等相连并向北注入长江,在此基础上,形成了依托长江进入建业的漕运体系。

其二,陈勋开凿破冈渎时主要是在句容域内进行的,采取了自句容小其向东西两个方向分水的措施,有就近取水的特点。溧水在建业的正南,距建业较远。句容在建业的东

---

① 唐·许嵩《建康实录》(张忱石点校),北京:中华书局1986年版,第53页。

南,距建业较近,再加上破冈渎(句容中道)主要是在句容域内开凿的,这样一来,陈勋自小其分水主要利用了秦淮河的南流。华山是茅山山脉的一部分,在开凿破冈渎的过程中,采取了沿茅山的山脚开凿运道的措施。进而言之,陈勋开凿破冈渎自小其分水时,主要采取了引秦淮河南流入运的措施。

其三,破冈渎自"顶上分流",不完全是指自小其分流,更为准确地说,破冈渎行经不同区域时均有补给水源。开上容渎虽然改造了破冈渎的部分运道,但大部分的航线不变。因其有东南和西南两个补给水源,从地理方位上看,这两个补给水源应与秦淮河南流和北流相关。

其四,发源于东庐山的秦淮河北流也是破冈渎的重要补给水源。东庐山以丹阳绛岩山为分水岭,绛岩山一带的山溪汇聚成以后,折向东南可流至荆溪、太湖,为吴地漕河提供了补给水源及运道。

其五,赤山湖主要由绛岩山一带的山溪汇聚而成,是破冈渎重要的补给水源。张学峰先生论述道:"从都城建业东南方山脚下截秦淮河北源支流建埭,抬高水位,船行往东,利用南部绛岩等山汇水形成的赤山塘补充水量,东偏北行至秦淮河水系与太湖水系的分水岭(茅山北麓高地),开岭破冈,沿途筑埭,直出属于太湖水系的云阳西城。"[①]这一说法对于我们深入地认识破冈渎开凿的情况有重要的参考价值。

破冈因地处破冈渎与丹徒水道的交汇口,是建康联系三吴的商贸通道。当时的情况是:三吴是南朝的经济发达地区,自三吴至建康进行商贸必走破冈。自刘宋取代东晋以后,国都不变,破冈的交通地位自然不变,这样一来,它成为各方政治势力关注的战略要地是必然的。或者说,破冈位于水陆交通的要冲,势必会成为重要的设防区域。

---

① 张学峰《六朝建康都城圈的东方——以破冈渎的探讨为中心》,武汉大学中国三至九世纪研究所编《魏晋南北朝隋唐史资料》第三十二辑,上海:上海古籍出版社2015年版,第73页。

第五章　两晋时期的漕运

两晋时期的河渠建设可以上溯到正始年间(240—249),曹魏军政大权落入司马懿之手后,司马家族加快了篡夺曹魏政权的速度。咸熙二年(265),司马炎以禅让的形式威逼魏元帝曹奂交出了政权。由于政权转移是以和平的方式进行的,故晋王朝继承了曹魏包括河渠建设在内的所有遗产。在这一过程中,蜀汉、孙吴两大政权先后消亡,晋王朝又继承了蜀汉、孙吴的版图及河渠建设等遗产。

司马炎建晋以后,河渠建设主要集中在四个区域。一是在黄河中下游地区兴修了有灌溉、漕运等功能的河渠。如在曹魏五龙渠的基础上兴修了九龙渠,进一步改善了洛阳漕运及农业生产条件和环境;以曹魏在燕地兴修的车厢渠为基础,将其改造为有灌溉、漕运等综合功能的河渠。二是加强江淮之间的漕运,在淮河流域兴修了有灌溉、漕运等功能的河渠,如陈敏在江淮漕运的过程中,改造了邗沟运道。三是杜预镇守襄阳(在今湖北襄阳)时,兴修了贯穿江汉平原的杨口水道。杨口水道建成后加强了江汉与长江以南的政治、经济等联系,建立了自襄阳南下经江陵(今湖北荆州江陵)入长江,经长江远通零陵郡(在今湖南永州零陵)和桂阳郡(在今湖南郴州)等的漕运通道。四是在吴越旧地兴修了有综合功能的河渠,通过发展农业经济拓展了漕运范围。如陈敏割据吴越旧地时兴修了练湖,练湖有调节吴古故水道及秦丹徒水道航线水位的功能,为后世兴修江南运河镇江段提供了充足的补给水源。又如贺循疏浚镜湖(鉴湖),在改善当地农业生产条件的同时,提升了会稽(在今浙江绍兴)一带的漕运能力,改善了自吴越西入长江的水上交通环境。进而言之,西晋将屯田及漕运结合在一起,开创了兴修河渠的新局面。

从形势上看,"八王之乱"给西晋带来了灭顶之灾,与此同时,"五胡乱华"及北方游牧民族东进或南下,最大限度地压缩了西晋的生存空间。这一时期,南北分治虽然给河渠建设带来了困难,但并未完全停止。仅以东晋而言,河渠建设与漕运结合在一起出现了新的迹象。一是晋元帝建武元年(317),荆州刺史王敦在江陵开凿漕河,进一步提高了自江陵至襄阳的运兵运粮能力,由此揭开了东晋河渠建设的序幕。从军事斗争形势上看,开凿漕河有着特殊的意义。如果北朝自黄河流域南下,将军事斗争的锋芒直指江汉的话,一旦占领襄阳、江陵,意味着将撕开江汉防线。反过来讲,如果加强襄阳防卫,则可以稳定江汉防线,进而为东晋以江陵为大本营进行北伐提供必要的支撑。二是北伐及恢复旧土是东晋挥之不去的情结,桓温、谢玄等发动北伐之役时,为解决运兵运粮中的困难,开挖了北入中原及连接汴渠旧道的河渠,试图建立一条快速高效的后勤补给线,以便最大限度地兑现军事斗争及政治斗争的收益。

总之,南北分治时期,漕运在为不同政权服务的过程中表现出军事优先的特征。在这中间,无论是东晋北伐,还是北朝南下,沿黄河、汴渠、江汉、江淮等航线的运兵运粮行为都给漕运打上了为军事斗争服务的烙印。

第一节　西晋黄河流域的河渠建设

司马氏代魏建晋以后,沿袭了曹魏兴修河渠的传统。这一时期,在黄河中下游地区兴修的河渠主要有四个特点。

其一,针对河渠受损的不同情况,进行重修或扩建。如泰始七年(271),晋武帝以曹魏五龙渠为基础,兴修了九龙渠。九龙渠建成后,提升了洛阳农田灌溉和漕运的整体水平。

其二,改造旧渠,重点发展漕运。如晋惠帝元康五年(295)特大山洪暴发后,车箱渠遭受到严重的破坏,刘弘主持重修了车箱渠。兴修车箱渠经过了不同的阶段,在刘弘以前,刘靖、樊晨(一称樊良)等多次兴修,经过不断地改造,车箱渠具有了灌溉、漕运等综合能力。

其三,兴修新河渠,试图建立新的漕运通道。如泰始十年(274),晋武帝兴修了引黄入洛的河渠,试图建立自洛水进入关中的漕运通道。开凿陕南山及引黄入洛是一项宏大的工程,如果这一项工程建成的话,可以开辟一条自洛阳进入关中的新航线,避开漕运关中时必走黄河经砥柱山的风险,进一步地加强关中的防务。然而,受自然地理等条件的限制,这一计划失败了。

其四,为了发展农业及安定民生,在不同的区域兴修了一批有灌溉、导水、排泄、扩大耕种面积等综合功能的河渠。从表面上看,兴修这些河渠是为了提升灌溉能力及屯田,但实际情况是:这些河渠与漕运结合在一起,为保证洛阳的粮食安全及政治安全提供了必要的支撑。鲜卑、匈奴不断地入侵,直接威胁到晋王朝的政治安全,为了加强西部、北部的防御,需要兴修河渠进行屯田和加强漕运。如在黄河流域兴修有灌溉等综合功能的河渠,可以有效地缩短航程。荥阳令殷褒开渠疏通水道,改善了荥阳一带的农业生产条件,为向西部、北部调粮提供了方便,进而减轻了漕运压力。《太平御览》引《殷氏传》记载这一导水工程主要是将积水排入黄河,恢复农业生产秩序。荥阳地近洛阳,一向是富庶地区,改善这一区域的农业生产条件,可以缩短航线,减轻漕运负担。

魏晋九龙渠

东汉以降,曹魏、西晋、北魏继续以洛阳为都。为恢复洛阳地区的农业和改善水上交通环境,曹魏以东汉阳渠为基础兴修了五龙渠,又在五龙渠的基础上兴修了九龙渠,西晋以曹魏五龙渠及九龙渠为基础兴修了九龙渠。此后,在破坏与建设同步的过程中,北魏迁都洛阳,之后为改善洛阳的漕运条件及发展农业,再次兴修九龙渠。

西晋九龙渠是阳渠、五龙渠的扩建工程。具体地讲,周代阳渠是东汉阳渠的基础,东汉阳渠是曹魏五龙渠的基础,曹魏五龙渠是西晋九龙渠的基础。值得注意的是,魏晋时期的洛阳九龙渠有两条:一是青龙三年(235),魏明帝建造的引谷水入洛阳宫的九龙渠;二是泰始七年十月,晋武帝在曹魏五龙渠的基础上兴修的九龙渠。两条九龙渠虽然同名,但有不同的功能。为了防止混为一谈,现辨析如下。

青龙三年,魏明帝扩建洛阳宫,兴修了引水至宫苑的九龙渠工程。魏明帝兴修的九龙渠主要将谷水引至洛阳宫九龙殿,这一引水工程主要是为了美化宫苑,与晋武帝兴修的九龙渠没有关系。

魏明帝将引水入苑工程命名为"九龙渠",主要与重修洛阳宫崇华殿相关,当时,崇华殿屡次遭遇火灾,为了防止再度发生火灾,重建时采取了两个措施:一是重建后改称"九龙殿",取以水龙镇火之意;二是重建时兴修了引谷水入苑的水道,因这一水道在美化洛阳宫苑的同时,亦是镇火的具体措施,故因殿命名,将这一引水工程称之为"九龙渠"。魏明帝"引谷水"主要采取了自五龙渠引水的方案,具有间接引谷水的特点。具体地讲,曹魏五龙渠的基础是东汉时期的阳渠,阳渠环绕洛阳城,开通阳渠及五龙渠的关键工程是"堰洛"(蓄积洛水),"堰洛"的关键性工程是"引谷水"①,根据这一情况,所谓"通引谷水过九龙殿前",是指自五龙渠将谷水引到洛阳宫的九龙殿前。赵一清论述道:"全氏曰:按五龙渠与九龙渠不同,五龙渠即千金渠。若九龙渠作于魏明帝青龙三年,是时崇华殿灾,郡国九龙见,明帝因更营九龙殿,引谷水为九龙池。而筑渠以堰之,善长误矣。"②赵一清引前人著述,强调在晋兴修九龙渠以前魏明帝已兴修九龙渠。很显然,赵一清的观点是,洛阳

---

① 北魏·郦道元《水经注·谷水》,《水经注疏》中册(杨守敬、熊会贞疏,段熙仲点校,陈桥驿复校),南京:江苏古籍出版社1989年版,第1404页。
② 清·赵一清《水经注释·谷水》,《四库全书》第575册,上海:上海古籍出版社1987年版,第286页。

有两条九龙渠,而不是一条。进而言之,洛阳有两条九龙渠当不成问题,只不过,魏明帝兴修的九龙渠与漕运等功能无关,故未受到后世的重视。

车箱渠

西晋兴修车箱渠的历史可以上溯到曹魏时期。齐王曹芳嘉平二年(250),刘靖重修了戾陵渠(车箱渠)。王鸣盛考证道:"刘靖迁镇北将军,假节都督河北诸军事,修广戾渠陵、大堨水,溉灌蓟南北三更种稻。案:'三更'未详。'渠陵'字当乙。《水经注》作'戾陵堰、车箱渠',并载刘靖造堨开渠碑元文,详见第十四卷《鲍丘水篇》。"①所谓"修广",是指刘靖在前人的基础上兴修了戾陵渠。戾陵渠主要由两大工程构成:一是加固了戾陵堰;二是在戾陵堰的基础上开渠,扩大了灌溉面积。

继刘靖以后,魏元帝景元三年(262),樊晨再度兴修车箱渠。车箱渠的主要功能是疏导山洪、除害兴利。通过引高梁河入渠,在疏导山洪的同时,建成"自蓟西北径昌平,东尽渔阳潞县"的灌区。

遗憾的是,晋惠帝元康五年特大山洪暴发后,车箱渠遭受严重的破坏。为了恢复其防洪排涝、改良土壤、灌溉农田等一系列的功能,由刘靖之子刘弘主持,再度兴修了车箱渠。恢复旧渠过程中,刘弘开挖新渠时兴建与之相关的引水设施,从而扩大了车箱渠的灌溉面积,形成了自蓟县(在今天津蓟县)经昌平(在今北京昌平)到潞县(在今河北三河西南城子村)的农业灌溉区。这一灌溉区形成后,改善了当地的农业生产条件。

需要指出的是,刘弘重修车箱渠后,出现了"兴复载利通塞之宜"的局面。从"载利通塞"中当知,此时的车箱渠应具备了水运能力。除此之外,从郦道元"治水门,门广四丈,立水五尺"②等语中,亦可证明车箱渠有适合漕运的航线。鉴于前人多有忽略,现辨析如下。

其一,刘弘重修车箱渠后,建成了"又东南径蓟县北,又东至潞县,注于鲍丘水。又南径潞县故城西"的渠道,这一渠道与后世所说的车箱渠"在蓟州城西北,自遵化抵昌平"③的航线一致,因此完全可以反推刘弘时车箱渠已具备漕运能力。

其二,车箱渠的补给水源主要来自潞河、鲍丘水等,曹操经营幽州及辽东时,开平房渠和泉州渠亦以有水运能力的鲍丘水、潞河为补给水源和航道。从水文情况看,刘靖"修广戾陵渠大堨"时,车箱渠已具有潜在的漕运能力。

---

① 清·王鸣盛《十七史商榷·〈三国志〉二》(黄曙辉点校),上海:上海书店出版社2005年版,第293页。

② 北魏·郦道元《水经注·鲍丘水》,《水经注疏》中册(杨守敬、熊会贞疏,段熙仲点校,陈桥驿复校),南京:江苏古籍出版社1989年版,第1224—1226页。

③ 明·李贤《大明一统志·顺天府》,西安:三秦出版社1990年版,第9页。

其三,刘弘重修车箱渠后,河渠所经过的区域与平虏渠和泉州渠经过的区域多有重合和交叉。车箱渠经过的蓟县、潞县等区域,也是平虏渠和泉州渠经过的重要节点,据此可证,经过刘弘的改造,车箱渠已具备漕运能力。

其四,元康五年刘弘重修车箱渠时,专门兴修了"又东南径蓟县北,又东至潞县,注于鲍丘水"的渠道。这一渠道建成后,为北魏裴延俊继续重修车箱渠奠定了坚实的基础。史称:"车箱渠,在宛平县西北。《水经注》:高粱水首受湿水,于戾陵堰水,北有梁山,山有燕刺王旦之陵,故以戾陵名。堰水自堰枝分,东径梁山南,又东北径刘靖碑北。其词云:魏使持节、都督河北道诸军事、沛国刘靖登梁山以观源流,相原隰以度形势。以嘉平二年导高粱河,造戾陵堨,开车箱渠,依北岸立水门,门广四丈,堨长十丈,山水暴戾,则乘堨东下,平流守常,则自门北入,灌田岁二千顷。至景元三年,诏遣谒者樊良更制水门,水流乘车箱渠,自蓟西北径昌平,东尽渔阳潞县,凡所润合四五百里,所灌田万有余顷。晋元康五年,靖子弘监幽州诸军事,复修治之。又东南径蓟县北,又东至潞县,注于鲍丘水。《魏书·裴延俊传》:肃忠时迁幽州刺史,渔阳燕郡有故戾陵堰,广袤三十里,废毁多时,延俊表求营造。未几而就,为利十倍,百姓赖之。"①所谓"未几而就",是说裴延俊重修车箱渠时,充分利用了刘弘的成果。所谓"为利十倍,百姓赖之",是指车箱渠除了有灌溉农田等功能外,还具有漕运能力。具体地讲,史家叙述河渠有灌溉、漕运等综合性功能时,大都以"百姓赖之"等语加以评论。根据这些情况,与其说后世重修车箱渠使之具有了漕运能力,倒不与说车箱渠具有漕运能力始于刘弘之时。

其五,车箱渠有漕运能力的最早记载出自《北齐书·斛律羡传》,似表明时至北齐,车箱渠才有了漕运能力。不过,如果结合史家的其他记载,再进一步地分析这一叙述内容,完全可以得出早在魏晋时期车箱渠已具有漕运能力的结论。如《北齐书·斛律羡传》记载这一事件时写道:"又导高粱水北合易京,东会于潞,因以灌田,边储岁积,转漕用省,公私获利焉。"②从这一史述中当知,经过导水(引入高粱河)以后,车箱渠成为一条有灌溉、漕运等综合功能的河渠。"易京",是地名,指东汉末年公孙瓒据幽州时,在易县(在今河北雄县西北)修筑的营垒。所谓"导高粱水北合易京",是说斛律羡导高粱水至易京。所谓"东会于潞",是说高粱水经易京后东行与潞水相会。这里两个问题需要说明:一是导高粱水至易京后,不但没有扩大车箱渠的水源,相反,还减少了车箱渠原有渠道的补给水源;二是渠道东行入潞,只能是将漕运范围扩大到潞水流域,不可能以潞水补给渠道。之所以这样说,是因为潞水在高粱水的东面,地势低凹,不可能自低处向高处引水。经此改

---

① 清·和珅等《钦定大清一统志·顺天府二》,《四库全书》第474册,上海:上海古籍出版社1987年版,第130页。

② 唐·李百药《北齐书·斛律羡传》,北京:中华书局1972年版,第227页。

造后,车箱渠却有了"转漕用省,公私获利"的功能,据此可以反证,车箱渠水资源丰富应有更早的漕运历史。更重要的是,斛律羡兴修的航线与刘弘兴修的渠道大体相同,两者之间没有大的变化,因此,车箱渠漕运发生在刘弘时代当不成问题。

自车箱渠入鲍丘水、潞河以后,在与平虏渠、泉州渠相接的过程中,改善了幽州一带的水上交通。车箱渠是幽州重要的漕运通道,这一通道与平虏渠、泉州渠相通后,分别为隋代兴修永济渠和宋代在永济渠的基础上兴修御河奠定了基础,以及为元王朝兴修通惠河提供了必要先决条件。孙承泽引《魏刘靖修高梁河碑》叙述车箱渠与元代通惠河之间的关系时指出:"此河名里漕河,北达京师长店,运艘鳞集,即通惠河也。"①研究隋代永济渠、宋代御河、元代通惠河及明清相关航段的运河时,车箱渠是不可忽视的一部分。进而言之,这条河渠由灌溉渠嬗变为有综合功能的运河应始于元康五年刘弘重修车箱渠之时。

平吴与河渠建设及屯田

夏侯和兴修新渠、富寿渠、游陂渠三渠与晋武帝建立新的屯田秩序有着直接的关系。继夏侯和兴修三渠后,咸宁元年(275),晋武帝下诏,明确地表达了以兴修河渠为先导,进行屯田的急迫心情。从诏书的内容看,此次屯田采取了征发奴婢的屯田之法。在实施的过程中,上承曹魏军屯时的旧法,主要采取军事管理的方式。进而言之,继曹魏时期的贾逵在豫州屯田和邓艾在淮南、淮北屯田以后,晋武帝建立的屯田机制已向南延伸到新城郡(江汉)一带。

继咸宁元年十二月以后,咸宁三年(277)晋武帝再次下诏:"今年霖雨过差,又有虫灾。颍川、襄城自春以来,略不下种,深以为虑。主者何以为百姓计,促处当之。"②颍川(在今河南许昌)和襄城郡(在今河南襄城县)同属淮河流域,域内有淮河支流颍水。夏侯和兴修三渠后,颍川、襄城一带成为重要的屯垦区。王应麟记载道:"《晋·食货志》:武帝泰始十年,光禄勋夏侯和上修新渠、富寿、游陂三渠,凡溉田千五百顷。咸宁三年,杜预言:自顷户口日增,而陂竭岁决,良田变生蒲苇,前见尚书胡威启,宜坏陂,又宋侯相应遵求坏泗陂,徙运道。案:运道东诣寿春,有旧渠可不由泗陂。宜刺史二千石,其汉氏旧陂旧堨及山谷私家小陂,皆当缮以积水。"③综合这些记载,当知在咸宁三年以前,晋武帝已建成东至淮南重镇寿春(在今安徽寿县),南至颍川、襄城一带的屯垦区。在这中间,如果注意到王应麟有意将夏侯和兴修三渠与杜预上疏联系在一起的话,那么完全可以证明三渠主要建在淮南寿春以西的颍川、襄城一带,这一屯垦区向东延可至豫州东界(与淮南相壤的

---

① 清·孙承泽《春明梦余录·川渠》,北京:北京古籍出版社1992年版,第1340页。
② 唐·房玄龄等《晋书·食货志》,北京:中华书局1974年版,第787页。
③ 宋·王应麟《玉海·地理·河渠》,南京:江苏古籍出版社1990年版,第428页。

地带),向南可至新城郡一带。

此外,夏侯和兴修三渠虽然只是强调灌溉功能,似乎与漕运没有关系,其实不然。在此之前,颍川及相邻区域已兴修了大量的河渠,这些河渠与贾侯渠、讨虏渠、广漕渠、淮阳渠、百尺渠等结合在一起,形成了与黄河、淮河漕运相通的势态,可以将屯田聚集的粮食及军事物资向不同的方向调运。

兴修河渠及屯田是利害掺半的举措。如针对咸宁三年爆发的水灾等情况,杜预提出了不同的意见,并在上疏中写道:"臣愚谓既以水为困,当恃鱼菜螺蚌,而洪波泛滥,贫弱者终不能得。今者宜大坏兖、豫州东界诸陂,随其所归而宣导之。交令饥者尽得水产之饶,百姓不出境界之内,旦暮野食,此目下日给之益也。水去之后,填淤之田,亩收数钟。至春大种五谷,五谷必丰,此又明年益也。"①

杜预的观点是,既然已建的蓄水工程阻碍了洪水下泄,造成了灾难,不如将其毁掉,为此,他提出了"今者宜大坏兖、豫州东界诸陂,随其所归而宣导之"的建议。然而,这一建议并没有得到采纳。为了进一步地说服晋武帝,杜预又继续上疏:"诸欲修水田者,皆以火耕水耨为便。非不尔也,然此事施于新田草莱,与百姓居相绝离者耳。往者东南草创人稀,故得火田之利。自顷户口日增,而陂堨岁决,良田变生蒲苇,人居沮泽之际,水陆失宜,放牧绝种,树木立枯,皆陂之害也。陂多则土薄水浅,潦不下润。故每有水雨,辄复横流,延及陆田。言者不思其故,因云此土不可陆种。臣计汉之户口,以验今之陂处,皆陆业也。其或有旧陂旧堨,则坚完修固,非今所谓当为人害者也。臣前见尚书胡威启宜坏陂,其言恳至。臣中者又见宋侯相应遵上便宜,求坏泗陂,徙运道。时下都督度支共处当,各据所见,不从遵言。臣案遵上事,运道东诣寿春,有旧渠,可不由泗陂。泗陂在遵地界坏地凡万三千余顷,伤败成业。遵县领应佃二千六百口,可谓至少,而犹患地狭,不足肆力,此皆水之为害也。当所共恤,而都督度支方复执异,非所见之难,直以不同害理也。人心所见既不同,利害之情又有异。军家之与郡县,士大夫之与百姓,其意莫有同者,此皆偏其利以忘其害者也。此理之所以未尽,而事之所以多患也。"②

经过再次上疏,杜预的观点受到朝廷的重视。从杜预所述"臣前见尚书胡威启宜坏陂,其言恳至。臣中者又见宋侯相应遵上便宜,求坏泗陂,徙运道"等语看,围绕是否"坏陂",廷议时有不同的意见。在这中间,杜预在赞成尚书胡威的意见的同时,提出了反对应遵的意见。

马端临叙述这一事件时大发感慨:"按:水利之说,三代无有也。盖井田之行,方井之地,广四尺,谓之沟;十里之成,广八尺,谓之洫;百里之同,广二寻,谓之浍。夫自四尺之

---

① 唐·房玄龄等《晋书·食货志》,北京:中华书局1974年版,第787页。
② 同①,第788—790页。

沟,积而至于二寻之浍,则夫一同之间,而捐膏腴之地以为沟洫之制,捐赋税之入以治沟洫之利,盖不少矣,是以能时其蓄泄,以备水旱。子产相郑,犹必使田有封洫,盖谓此也。自秦人开阡陌,废井田,任民所耕,不计多少,而沟洫之制大坏。后之智者,遂因川泽之势,引水以溉田,而水利之说兴焉,魏起、郑、白之徒以此为功。然水就下者也,陂而遏之,利于旱岁,不幸霖潦,则其害有不可胜言者,此翟子威、杜元凯所以决坏堤防,以纾水患也。"①马端临在纵论古代水利建设的过程中,非常关注杜预的上疏内容。在他看来,河渠建设需要控制在一定的范围,如果一味地兴修灌溉工程,将会破坏自然水系,从而造成严重的后果。也就是说,兴建河渠需要有所为有所不为,如果一味地急功近利,过多地侵占水道发展农业,将会适得其反,造成"沟洫之制大坏"的局面。进而言之,兴修水利不能一味地侵占下泄水道,否则将会造成灾难。

平吴之役与屯田及漕运

晋武帝提出平吴之议发生在泰始元年(265),如史有"及晋受命,武帝欲平一江表"②之说。然而,平吴战争直到太康元年(280)一月才进行,由此提出的问题是,发动平吴之役为什么要准备十五年的时间,其中都发生了哪些变故?

其一,晋武帝司马炎登基后,虽有心发动平吴之役,但此时需要在稳定经济秩序的基础上稳定政治形势,这样一来,平吴之役不得不推迟,如史有"及晋受命,武帝欲平一江表。时谷贱而布帛贵,帝欲立平籴法,用布帛市谷,以为粮储。议者谓军资尚少,不宜以贵易贱"③之说。从表面上看,"时谷贱而布帛贵"有利于以布帛置换粮食,可以通过这一方法获取军粮。然而,粮价是稳定物价的基础,如果采取短视的手段,"立平籴法,用布帛市谷,以为粮储"的话,势必要扰乱经济秩序,动摇政治统治的基础,因此,这一方案遭到否决。换言之,要想获取充足的粮草(战争资源),只能另辟蹊径,用兴修河渠加强屯田的方法来广积粮草。

其二,正当屯田取得广积粮草的成果时,主要的农业产区多次发生自然灾害。当赈灾成为当务之急时,在一定程度上抵消了屯田的成果,在此前提下,晋武帝不得不推迟发动平吴之役的时间。

其三,史有"泰始中,将兴伐吴之役"④之说,泰始六年(270),当晋武帝再次准备发动平吴之役时,河西重镇凉州(在今甘肃武威)发生了鲜卑树机能叛乱事件,如史有树机能"杀秦

---

① 元·马端临《文献通考·田赋考六·水利田》,杭州:浙江古籍出版社1988年版,第68—69页。
② 唐·房玄龄等《晋书·食货志》,北京:中华书局1974年版,第786页。
③ 同②。
④ 唐·房玄龄等《晋书·马隆传》,北京:中华书局1974年版,第1554页。

州刺史胡烈于万斛堆,败凉州刺史苏愉于金山,尽有凉州之地,武帝为之旰食"①之说。树机能之乱在一定程度上动摇了晋王朝在河西统治的基础,马隆请缨平叛虽然取得了胜利,但这场叛乱一直持续到咸宁五年(279)十二月,不但动摇了晋王朝在河西统治的根基,而且耗费了国力,因此,需要休养生息。

其四,就在平定凉州之乱的紧要关头,归附内迁的匈奴在刘猛带领下发动叛乱。刘猛叛乱分两个步骤进行:一是泰始七年一月,刘猛率部叛逃出塞,如史有"匈奴帅刘猛叛出塞"②之说;二是刘猛出塞后,纠集塞北的匈奴各部于该年的十一月向晋王朝发动猛烈的进攻,在此基础上大举进犯并州(在今山西太原)、河东、平阳(在今山西临汾)等地,如史有"会匈奴帅刘猛举兵反,自并州西及河东、平阳"③之说,并州在洛阳的北面,河东与洛阳隔黄河相望,平阳亦与洛阳隔黄河相望,这一区域可谓是晋王朝统治的核心区域。这场战争持续到第二年一月,在监军何祯等人的讨伐下,刘猛兵败被杀。尽管如此,刘猛之乱却给黄河以北带来了极大的灾难。

上述四点是晋武帝推迟发动平吴之役的重要原因。从历时的角度看,鲜卑树机能、匈奴刘猛之乱是"五胡乱华"的开始,树机能、刘猛虽然被镇压,但没能彻底地解除鲜卑、匈奴、羯、氐、羌五胡的武装,因此,晋王朝需要在西部和北部边疆继续屯戍。然而,此时孙吴不断地从淮南、江汉等地侵入,同样危及晋王朝的安全。

在这样的前提下,晋武帝再次提出发动平吴之役的主张,然而廷议时,出现了反对和支持两种声音。史称:"时帝密有灭吴之计,而朝议多违,唯预、羊祜、张华与帝意合。"④又称:"初谋伐吴,统与贾充、荀勖同共苦谏不可。"⑤持反对意见的,主要有贾充、荀勖、冯统等,如贾充认为,"西有昆夷之患,北有幽并之戍,天下劳扰,年谷不登,兴军致讨,惧非其时。"⑥支持晋武帝发动平吴之役的,有羊祜、张华、杜预等,如羊祜认为,"吴人虐政已甚,可不战而克。混一六合,以兴文教,则主齐尧舜,臣同稷契,为百代之盛轨。如舍之,若孙皓不幸而没,吴人更立令主,虽百万之众,长江未可而越也,将为后患乎!"⑦上引两种意见提出的时间虽然滞后,但大体上道出了支持和反对平吴的基本理由。由于晋王朝内部意见不统一,再加上平吴是举一国之力的大事,需要从长计议,需要关注孙吴的政治动向及等待"吴人虐政已甚"的情况发生。可以说,这些因素交织在一起决定了晋武帝发动平吴之役的时间只能推迟到太康

---

① 唐·房玄龄等《晋书·秃发乌孤传》,北京:中华书局1974年版,第3141页。
② 唐·房玄龄等《晋书·武帝纪》,北京:中华书局1974年版,第60页。
③ 唐·房玄龄等《晋书·杜预传》,北京:中华书局1974年版,第1027页。
④ 同③,第1028页。
⑤ 唐·房玄龄等《晋书·冯统传》,北京:中华书局1974年版,第1162页。
⑥ 唐·房玄龄等《晋书·贾充传》,北京:中华书局1974年版,第1169页。
⑦ 唐·房玄龄等《晋书·羊祜传》,北京:中华书局1974年版,第1021页。

元年进行。

从泰始元年到太康元年一月,晋武帝为发动平吴之役,断断续续地准备了十五年的时间。撇开平定鲜卑、匈奴之乱等不算,在这一过程中,晋武帝及主战派羊祜等为发动平吴之役都做了哪些事情呢?这些事情与漕运等有什么样的关系呢?

其一,晋武帝任命主战派羊祜总揽荆州军务,与孙吴在江汉一带对峙。史称:"帝将有灭吴之志,以祜为都督荆州诸军事、假节,散骑常侍、卫将军如故。"①史家论羊祜在平吴中的作用时指出:"泰始之际,人祇呈贶,羊公起平吴之策,其见天地之心焉。"②从上述记载中当知:一是晋武帝的"灭吴之志"主要由羊祜实现的,羊祜是平吴之策的具体制定者;二是平吴之役将以江汉为突破口,从长江上游发起进攻,进而突破孙吴的长江防线,随后顺流而下直取吴都建业;三是确定荆州及江汉为平吴的主要突破口后,采取了加强徐州、青州防务的措施,防止孙吴自淮河防线发起反击。

在晋武帝代魏以前,曹魏征伐孙吴,有取道淮南和取道荆州两条进军线路,其中,取道淮南是主要的出征线路。曹魏选择自淮南发动进攻,是因为黄河流域有自汴渠从不同方向进入淮南的漕运通道,运兵运粮较为方便:曹魏自淮南征伐孙吴的进军线路是从淮南入淮河水道,自淮河水道入邗沟进军扬州,随后陈兵长江北岸,与孙吴决战。晋武帝以荆州及江汉为发动平吴之役的突破口,很可能与借鉴曹魏自淮南出征失败的教训相关:一是自淮南出征的线路太长,不利于漕运,再加上入邗沟必走"湖道","湖道"风高浪大,极不安全;二是孙吴设有淮河和长江两道遥相呼应的防线,沿途设有濡须口等要塞,这些要塞将会有效地延缓晋军的进攻速度,并赢得积极防御的时间。嘉平四年(252),司马师、司马昭兄弟掌曹魏大权时,曹魏军队又在濡须口东关大败,如史有司马昭"统征东将军胡遵、镇东将军诸葛诞伐吴,战于东关。二军败绩,坐失侯"③之说。因为这一系列的情况,晋武帝决定改变进攻路线,任命羊祜主持荆州军务,试图在争夺江汉的过程中突破孙吴的长江防线。

其二,羊祜受命都督荆州诸军事时,刻意打造了一支可以自长江上游益州(在今四川成都)发兵,顺流而下,直捣吴都建业的舟师,这一举措为日后杜预主持平吴之役,从陆路和水路同时发动平吴之役奠定了基础。

其三,羊祜都督荆州诸军事时,为稳定江汉一带的民心及社会秩序采取了一系列的政策。史称:"祜率营兵出镇南夏,开设庠序,绥怀远近,甚得江汉之心。与吴人开布大信,降者欲去皆听之。时长吏丧官,后人恶之,多毁坏旧府,祜以死生有命,非由居室,书下征镇,普加

---

① 唐·房玄龄等《晋书·羊祜传》,北京:中华书局1974年版,第1014页。
② 同①,第1033页。
③ 唐·房玄龄等《晋书·文帝纪》,北京:中华书局1974年版,第32页。

禁断。吴石城守去襄阳七百余里,每为边害,祜患之,竟以诡计令吴罢守。"①这里所说的"南夏",泛指南方。羊祜为稳定江汉,采取了"开设庠序,绥怀远近"的安民措施。与此同时,积极地防御,采用计谋致使吴石城守将不再犯边。

其四,为广积粮草,羊祜在荆州及江汉采取了屯田之策。史称:"于是戍逻减半,分以垦田八百余顷,大获其利。祜之始至也,军无百日之粮,及至季年,有十年之积。诏罢江北都督,置南中郎将,以所统诸军在汉东江夏者皆以益祜。"②所谓"戍逻减半,分以垦田八百余顷",是指江汉一带的边患解除后,羊祜减少了戍守士卒,令一半的士卒加入屯田的行列。这一举措不但解决了长期存在的军粮短缺的问题,更重要的是获得了"十年之积"。因此,晋武帝"诏罢江北都督,置南中郎将"。所谓"诏罢江北都督",是指取消江北都督这一军事长官。所谓"置南中郎将",是将江北都督所领的军队划入屯田的序列。此时的南中郎将兼有耕种和戍守等职责,战时可率部参与战争,可谓是羊祜在江汉屯田(广积粮草)的重要举措。

其六,杜预掌荆州诸军事时,继续执行了羊祜既定的屯田之策。屯田是保证粮草及军需供应及缩短漕运补给线的重要手段,如早在平定匈奴刘猛之乱时,杜预提出屯田之策,已充分认识到粮草在平叛中的作用。史称:"是时朝廷皆以预明于筹略,会匈奴帅刘猛举兵反,自并州西及河东、平阳,诏预以散侯定计省闼,俄拜度支尚书。预乃奏立藉田,建安边,论处军国之要。又作人排新器,兴常平仓,定谷价,较盐运,制课调,内以利国外以救边者五十余条,皆纳焉。石鉴自军还,论功不实,为预所纠,遂相仇恨,言论喧哗,并坐免官,以侯兼本职。数年,复拜度支尚书。"③匈奴首领刘猛起兵造反时,直接危害到"自并州西及河东、平阳"的安全。为此,杜预以散侯(无职守的侯爵)身份上书朝廷,提出平定之策。这一建议受到重视后,杜预出任度支尚书,负责粮草调度等事宜。与此同时,杜预"乃奏立藉田,建安边,论处军国之要",把屯田视为加强西北防务的根本。杜预掌荆州军务继续实行屯田之策,此举有效地缩短了漕运里程,减轻了运兵运粮时的负担。

其七,咸宁四年(278),羊祜去世前,建议晋武帝起用杜预,由杜预掌军务,稳定荆州及江汉的局势。羊祜主张抓住吴末帝孙皓昏庸无能这一有利时机平吴,并且认为如果失去这一时机,将会造成心腹大患。杜预到任后,在与孙吴守将的对峙中稳定了江汉的局势。史称:"祜病,举预自代,因以本官假节行平东将军,领征南军司。及祜卒,拜镇南大将军、都督荆州诸军事,给追锋车,第二驸马。预既至镇,缮甲兵,耀威武,乃简精锐,袭吴西陵督张政,大破之,以功增封三百六十五户。政,吴之名将也,据要害之地,耻以无备取败,不以所丧之实告

---

① 唐·房玄龄等《晋书·羊祜传》,北京:中华书局1974年版,第1014—1015页。
② 同①,第1015页。
③ 唐·房玄龄等《晋书·杜预传》,北京:中华书局1974年版,第1027页。

于孙皓。预欲间吴边将,乃表还其所获之众于皓。皓果召政,遣武昌监刘宪代之。故大军临至,使其将帅移易,以成倾荡之势。"①通过实施离间之术,杜预在江汉站稳了脚跟,并取得军事上的优势。

其八,经过周密的准备,杜预发动了平吴之役。平吴之役进度十分顺利,从太康元年一月开始到三月便全部结束。在这中间,杜预采取了四方面的措施:一是贯彻了羊祜既定的战略;二是采取避实就虚的战术,令舟师沿江西上及渡江,深入孙吴的腹地,取得了"沅湘以南,至于交广,吴之州郡皆望风归命"②的胜利;三是发水陆两路大军合围江陵,彻底清除了孙吴在长江中上游的势力;四是清除孙吴在沅湘等地的势力后,采取了恩威并重的安抚之策,如"又因兵威,徙将士屯戍之家以实江北,南郡故地各树之长吏,荆土肃然,吴人赴者如归矣",此举在解除晋师后顾之忧的同时,为舟师攻克吴都建业提供了必要的后勤补给,在此基础上出现了"孙皓既平,振旅凯入"③的局面。

其九,在荆州及江汉屯田固然可以缩短漕运补给线,但以此获得的军需满足不了平吴之役的需求。在这中间,张华漕运为平吴之役顺利地进行起到了关键性的支撑作用。张华是重臣,与羊祜、杜预等都是发动平吴之役的坚定支持者。史称:"初,帝潜与羊祜谋伐吴,而群臣多以为不可,唯华赞成其计。其后,祜疾笃,帝遣华诣祜,问以伐吴之计,语在《祜传》。及将大举,以华为度支尚书,乃量计运漕,决定庙算。众军既进,而未有克获,贾充等奏诛华以谢天下。帝曰:'此是吾意,华但与吾同耳。'时大臣皆以为未可轻进,华独坚执,以为必克。及吴灭,诏曰:'尚书、关内侯张华,前与故太傅羊祜共创大计,遂典掌军事,部分诸方,算定权略,运筹决胜,有谋谟之勋。其进封为广武县侯,增邑万户,封子一人为亭侯,千五百户,赐绢万匹。'"④平吴之役即将开始时,晋武帝任命张华为度支尚书,负责漕运(调度粮草及军用物资等事务)。其间,虽然多有波折,但在张华漕运的支持下,平吴之役最终取得了胜利。

平吴之役的漕运补给线主要以襄阳为前进基地,以南阳(在今河南南阳)及豫州等为后勤基地。史称:"伐吴之役,诏充为使持节、假黄钺、大都督,总统六师,给羽葆、鼓吹、缇幢、兵万人、骑二千,置左右长史、司马、从事中郎,增参军、骑司马各十人,帐下司马二十人,大车、官骑各三十人。充虑大功不捷,表陈'西有昆夷之患,北有幽并之戍,天下劳扰,年谷不登,兴军致讨,惧非其时。又臣老迈,非所克堪'。诏曰:'君不行,吾便自出。'充不得已,乃受节钺,将中军,为诸军节度,以冠军将军杨济为副,南屯襄阳。吴江陵诸守皆降,充乃徙屯项。"⑤从"南屯襄阳"等语中不难发现,平吴之役时,漕运主要是自汴渠入贾侯渠及淮阳渠进

---

① 唐·房玄龄等《晋书·杜预传》,北京:中华书局1974年版,第1028页。
② 同①,第1029—1030页。
③ 同①,第1030页。
④ 唐·房玄龄等《晋书·张华传》,北京:中华书局1974年版,第1070页。
⑤ 唐·房玄龄等《晋书·贾充传》,北京:中华书局1974年版,第1169页。

行的,漕粮及军需物资是自南阳转运至襄阳。

杜预开杨口水道与加强江汉漕运

太康元年三月,杜预还镇襄阳(在今湖北襄阳),面对复杂多变的政治形势,一是为发展江汉及相邻地区的农业,在南阳(在今河南南阳)一带兴修了有灌溉功能的河渠,由此揭开了江汉平原和南阳粮仓建设的序幕;二是建设了联系长江流域的漕运大通道即杨口水道,杨口水道开通后,稳定了江汉及长江以南湘沅一带的政治秩序和经济秩序。

史称:"预以天下虽安,忘战必危,勤于讲武,修立泮宫,江汉怀德,化被万里。攻破山夷,错置屯营,分据要害之地,以固维持之势。又修邵信臣遗迹,激用滍淯诸水以浸原田万余顷,分疆刊石,使有定分,公私同利。众庶赖之,号曰'杜父'。旧水道唯沔汉达江陵千数百里,北无通路。又巴丘湖,沅湘之会,表里山川,实为险固,荆蛮之所恃也。预乃开杨口,起夏水达巴陵千余里,内泻长江之险,外通零桂之漕。南土歌之曰:'后世无叛由杜翁,孰识智名与勇功。'预公家之事,知无不为。凡所兴造,必考度始终,鲜有败事。"①这一叙述有五个要点:一是"预以天下虽安,忘战必危,勤于讲武",平吴以后,杜预在辖区内加强军事训练,为应对可能发生的变故,提前做好战争准备;二是"修立泮宫",在江汉一带修建学宫兴办教育,开启民智;三是采取了"攻破山夷,错置屯营,分据要害之地"之策,在剿除"山夷"的同时,在关隘等要害之地驻扎军队;四是"修邵信臣遗迹",在西汉南阳太守邵信臣水利设施的基础上,重修和扩建南阳域内的农田水利灌溉工程;五是兴修杨口水道,建立"起夏水达巴陵千余里,内泻长江之险,外通零桂之漕"的漕运通道。所谓"零桂",是指零陵郡(在今湖南永州零陵)和桂阳郡(在今湖南郴州)。杜预修杨口水道的最大功绩是,建立了以襄阳为中心南下经江陵,远及长江以南的漕运秩序。

如果说杜预镇守襄阳时,加强军事训练、兴办教育、攻打山夷、戍守要地等,只是为了稳定区域政治局势和促进当地经济发展的话,那么,重修南阳农田水利设施和重点建设杨口水道,则是有着深邃眼光的战略举措。之所以这样说,是因为平吴以后,一是长江以南的形势十分微妙,需要保持一支军事力量对其进行威慑;二是北方即黄河流域一带的形势不容乐观,具体地讲,游牧民族从西部和北部对晋王朝构成威胁;三是朝廷内部各种潜在的矛盾浮出水面,直接动摇了晋王朝的统治基础。在这中间,杜预的忧患意识明显地增强,为了面对这一错综复杂的政治形势及应对有可能发生的不测,杜预将在南阳兴修水利设施和开杨口水道放到了重要的位置上。

史家叙述杜预在襄阳的作为时,重点强调了其在邵信臣的基础上重修了南阳水利工程。

---

① 唐·房玄龄等《晋书·杜预传》,北京:中华书局1974年版,第1031页。

南阳与襄阳相邻,同属荆州同属襄阳辖区。杜佑注"修邵信臣遗迹"时指出:"邵信臣所作钳卢陂、六门堰,并今南阳郡穰县界,时为荆州所统。"①邵信臣是西汉时期的南阳太守,"为人勤力有方略,好为民兴利,务在富之。躬劝耕农,出入阡陌,止舍离乡亭,稀有安居时。行视郡中水泉,开通沟渎,起水门提阏凡数十处,以广溉灌,岁岁增加,多至三万顷。民得其利,蓄积有余。信臣为民作均水约束,刻石立于田畔,以防分争。"②在任上,他积极地兴修南阳的水利设施,为杜预继续兴修南阳域内的水利设施奠定了坚实的基础。

这一记载赞扬了邵信臣"开通沟渎,起水门提阏凡数十处,以广溉灌,岁岁增加,多至三万顷"的功绩。郦道元记载道:"湍水又径穰县为六门陂,汉孝元之世,南阳太守邵信臣,以建昭五年,断湍水,立穰西石堨。至元始五年,更开三门为六石门,故号六门堨也。溉穰、新野、昆阳三县五千余顷。"③邵信臣兴修的南阳水利工程主要有三个方面的内容值得注意。

其一,按照郦道元的说法,邵信臣工程始建于汉元帝建昭五年(前34)。不过,李吉甫认为其兴修于"建昭中"。对此,司马光也有不同的看法。如他记载道:"河南太守九江召信臣为少府。信臣先为南阳太守,后迁河南,治行常第一。视民如子,好为民兴利,躬劝耕稼,开通沟渎,户口增倍。吏民亲爱,号曰'召父'。"④司马光将邵信臣兴修南阳水利的时间,定在汉元帝竟宁元年(前33)。

其二,《汉书》本传没有叙述邵信臣在穰县(在今河南邓州)建陂池的情况,只提到"行视郡中水泉,开通沟渎,起水门提阏凡数十处,以广溉灌"。不过,邵信臣兴修的水利工程是东汉杜诗兴修陂池的基础。如史有光武帝刘秀建武七年(31),杜诗"迁南阳太守。性节俭而政治清平,以诛暴立威,善于计略,省爱民役。造作水排,铸为农器,用力少,见功多,百姓便之。又修治陂池,广拓土田,郡内比室殷足。时人方于召信臣,故南阳为之语曰:'前有召父,后有杜母。'"⑤之说,从"又修治陂池"中当知,邵信臣"断湍水,立穰西石堨",实际上就是建造陂池,只是不同时期有不同的称谓罢了。

其三,邵信臣是寿春人,寿春有芍陂这一水利灌溉工程,芍陂是春秋楚庄王令尹孙叔敖环泽筑堤的蓄水工程。在建造钳卢陂的过程中,邵信臣参考了建芍陂的做法,在四周筑堤蓄水,并建石质水门,以便适时放水。胡渭论述道:"陂亦堤也,而实不同。川两厓筑堤,制其旁溢,陂则环泽而堤之,此其所以异也。陂必有水门,以时蓄泄。考之传记,寿春芍陂,楚相孙叔敖作,有五门。隋赵轨修之,更开三十六门。穰县钳卢陂,汉南阳太守召信臣作,有六石

---

① 唐·杜佑《通典·食货二·屯田》,杭州:浙江古籍出版社1988年版,第19页。
② 汉·班固《汉书·召信臣传》,北京:中华书局1962年版,第3641—3642页。
③ 北魏·郦道元《水经注·湍水》,《水经注疏》下册(杨守敬、熊会贞疏,段熙仲点校,陈桥驿复校),南京:江苏古籍出版社1989年版,第2466—2467页。
④ 宋·司马光《资治通鉴·汉纪二十一》(邬国义校点),上海:上海古籍出版社1997年版,第248页。
⑤ 刘宋·范晔《后汉书·杜诗传》,北京:中华书局1965年版,第1094页。

门,号为六门陂。"①从胡渭的论述中可知,邵信臣建钳卢陂参考了孙叔敖兴建芍陂的做法。

邵信臣兴修陂池是杜诗、杜预等继续在南阳兴修陂池的基础,在兴修的过程中,杜预对原有陂池的功能多有拓展。

其一,杜预"又修邵信臣遗迹",不是简单地修复邵信臣建造的水利工程,而是多有拓展。郦道元记载道:"汉末毁废,遂不修理。晋太康三年,镇南将军杜预复更开广,利加于民,今废不修矣。"②按:"太康三年"当为太康元年之误。郦道元又记载道:"昔在晋世,杜预继信臣之业,复六门陂,遏六门之水,下结二十九陂。"③杜预重修时采取了两大措施:一是"复六门陂,遏六门之水",恢复六门堰;二是"下结二十九陂",扩大了建造陂池的规模。

其二,兴修灌溉工程的过程中,杜预延续了"信臣为民作均水约束,刻石立于田畔,以防分争"的做法,采取了"分疆刊石,使有定分,公私同利"的做法。结合"激用滍淯诸水以浸原田万余顷"等语看,所谓"公私同利"中的"公"指官府组织的屯田,"私"是指百姓的田地。杜佑在《通典》中论述道:"太康元年平吴之后,当阳侯杜元凯在荆州(今襄阳郡),修邵信臣遗迹(邵信臣所作钳卢陂、六门堰,并今南阳郡穰县界,时为荆州所统),激用滍(音蚩)淯(音育)诸水以浸原田万余顷,分疆刊石,使有定分,公私同利。众庶赖之,号曰'杜父'。"④综合这些情况,当知杜预兴修南阳水利工程时,与屯田等紧密地联系在一起。事实上,穰县一带有良好的灌溉条件,一向是屯田的重要区域。杜预兴修南阳一带的水利设施,既与发展当地的农业相关,同时又与屯田及稳定平吴之役以后的社会秩序相关。

其三,杜预"激用滍淯诸水"以后,将邵信臣"断湍水"拓展到滍水、淯水流域。滍水发源于鲁阳县(在今河南鲁山尧山镇一带)内的鲁山。邵信臣兴修南阳水利时,主要是在"断湍水"的过程中建陂池的。湍水与淯水相通,杜预兴修水利后,"断湍水"扩展到淯水。如郦道元有"淯水又南入新野县,枝津分派,东南出,隰衍苞注,左积为陂,东西九里,南北一十五里。陂水所溉,咸为良沃。淯水又南与湍水会,又南径新野县故城西"⑤之说。

其四,南阳有良好的水路交通,既是面向黄河流域的门户,又是南下进入襄阳及江汉的重镇,一向是沟通南北的重要商道。这一水路早在战国时期已经存在。时至杜预时代,战国时期从江汉到南阳的水路虽然有所变化,但南阳依旧是自江汉北上进入黄河流域,南下经江

---

① 清·胡渭《禹贡锥指》(邹逸麟整理),上海:上海古籍出版社2006年版,第650页。
② 北魏·郦道元《水经注·湍水》,《水经注疏》下册(杨守敬、熊会贞疏,段熙仲点校,陈桥驿复校),南京:江苏古籍出版社1989年版,第2467页。
③ 北魏·郦道元《水经注·滍水》,《水经注疏》下册(杨守敬、熊会贞疏,段熙仲点校,陈桥驿复校),南京:江苏古籍出版社1989年版,第2614页。
④ 唐·杜佑《通典·食货二·屯田》,杭州:浙江古籍出版社1988年版,第19页。
⑤ 北魏·郦道元《水经注·淯水》,《水经注疏》下册(杨守敬、熊会贞疏,段熙仲点校,陈桥驿复校),南京:江苏古籍出版社1989年版,第2611-2612页。

汉进入长江流域的漕运通道。因南阳有区位交通方面的优势,一向有着悠久的经商传统,史称:"宣帝时,郑弘、召信臣为南阳太守,治皆见纪。信臣劝民农桑,去末归本,郡以殷富。"①这里所说的"信臣劝民农桑,去末归本",是指针对"南阳好商贾"②的情况,邵信臣采取"去末归本"的措施以后,开创了"郡以殷富"的新局面。

综上所述,杜预在南阳兴修灌溉工程,与屯田、调运粮草等息息相关。具体地讲,自襄阳北上必经南阳,自南阳经白水河即淯水继续北上经蔡河可进入黄河流域;自南阳南下经襄阳可进入江汉平原,入汉水可进入长江。从这样的角度看,重修南阳农田水利设施,目的是通过发展当地的农业,为加强漕运和建立以襄阳为中心的江汉防线服务。进而言之,这样做旨在稳定襄阳及江汉社会经济秩序,重点经营南阳这一南北要冲,进而达到以南阳及襄阳支援黄河流域,控制长江以南的目的。

杜预还镇襄阳时,所做的另一件大事是开杨口水道。据《晋书》本传,杜预兴修杨口水道,是以兴修和改造南阳旧有的农田灌溉设施为起点的,这一作为表明,南阳农田水利建设是兴修杨口水道及加强漕运的一部分。

对此,前人有充分的认识。杜佑记载道:"太康元年平吴之后,杜元凯在荆州(今襄阳郡),修邵信臣遗迹(邵信臣所作钳卢陂、六门堰,并今南阳郡穰县界,时为荆州所统),激用滍(音蚩)淯(音育)诸水以浸原田万余顷,分疆刊石,使有定分,公私同利,众庶赖之。号曰'杜父'。旧水道唯沔、汉达江陵千数百里,北无通路。又巴丘湖,沅湘之会,表里山川,寔为险固,荆蛮之所恃。预乃开杨口,起夏水达巴陵千余里(夏水、杨口在今江陵县界。巴陵即今郡),内泻长江之险,外通零、桂之漕(零陵、桂阳并郡)。南土歌之曰:'后世无叛由杜翁,孰识智名与勇功。'"③杨口水道即贯穿南北的漕运通道建成后,在与南阳和江汉平原两大粮仓相连的过程中,改变了从黄河流域到长江流域交通状况,为中央控制长江以南的边远地区提供了一条快捷的水陆联运通道。

在南阳等地兴修水利设施及屯田为构筑江汉防线,以江汉为大后方保证黄河流域的安全提供了基本保障,为黄河流域可能发生的战争提供必要的支援,如自南阳沿蔡水(沙河)可深入到黄河及淮河流域。开杨口水道后,加强了长江以北与长江以南的联系。杜预平吴后,吴地新附,需要建立一条快速运兵运粮的大通道,威慑远在湘沅一带的零陵、桂阳二郡。由于杨口水道自江汉平原北连长江,经长江远接长江以南,可深入到湘水和沅水腹地,及时地建设这一航线,可全面地经营长江以南的区域,加强中央集权。从后世的情况看,开杨口水道与开发南阳、江汉等地的农业交织在一起,为东晋在与北朝对峙的过程中,提供了强有力

---

① 汉·班固《汉书·地理志下》,北京:中华书局1962年版,第1654页。
② 同①。
③ 唐·杜佑《通典·食货二·屯田》,杭州:浙江古籍出版社1988年版,第19页。

的支撑,甚至可以说,北朝不能动摇东晋政权的根基,与杜预开杨口水道建立江汉防线息息相关。从这样的角度看,杜预兴修杨口水道,是一项富有战略眼光的举措。

杨水的水文形态十分丰富,杜预建杨口水道或借用杨水、沔水等水道,或以沔水及沿途河流湖泊为补给水源,从而与长江、沔水及相应区域的河流湖泊构成了错综复杂的关系。具体地讲,有六个方面值得注意。

其一,沔水又称"汉水"[1],发源于嶓冢山。历史上的嶓冢山有两个,虽然不在同一地点,但均与汉水有关系。具体地讲,在陕西汉中宁强域内的嶓冢山是汉水的东源;在甘肃天水域内的嶓冢山是汉水的西源。沔水即汉水是长江最大的支流,接纳杨水后又汇入长江。从水文形势看,杜预建杨口水道分别与汉水东流和西流发生联系。

其二,漳水是杨水的重要源头,发源于荆山(在湖北的西北),在临沮(在今湖北当阳)的东面。如班固记载道:"《禹贡》南条荆山在东北,漳水所出,东至江陵入阳水,阳水入沔,行六百里。"[2]漳水(为区别于北方的漳水,又称南漳水)东行时,都经过哪些地区?据郦道元记载:"漳水出临沮县东荆山,东南过蓼亭,又东过章乡南。荆山在景山东百余里,新城沶乡县界。虽群峰竞举,而荆山独秀。漳水东南流,又屈西南,径编县南,县旧城之东北百四十里也。西南高阳城,移治许茂故城,城南临漳水。又南历临沮县之章乡南。昔关羽保麦城,诈降而遁,潘璋斩之于此。漳水又南径当阳县,又南径麦城东,王仲宣登其东南隅,临漳水而赋之曰:夹清漳之通浦,倚曲沮之长洲是也。"[3]漳水自临沮下行经编县(在今湖北荆门)、麦城(在今湖北当阳两河)、当阳(在今湖北宜昌当阳)等地。麦城、当阳相互依托成犄角之势,是荆州的战略支撑点,一向有良好的水上交通条件。胡渭释《水经注》"又东南与阳口合"时论述道:"按阳水即杨水。《汉志》:漳水东至江陵,入阳水,阳水入沔,是为阳口,古之漳澨也。"[4]漳水与长江别流夏水合流后东行,经郦道元《水经注》记载的区域多次入沔。

其三,漳水又称"沧浪水""夏水"。漳水与长江别流夏水合流后,一般以"杨水""阳水"等相称,一般不再以"漳水""沧浪水"等相称,不过,"夏水"的旧称得到保留,并且有"杨夏水"之称。在这中间,漳水与汉水及长江别流夏水构成了错综复杂的关系。具体地讲,一是漳水与汉水东行时有共同的河道,甚至两者多有交错。一般认为,荆山是漳水的发源地,汉水东流经荆山时与漳水合流,漳水被视为汉水东流的一部分。二是以"沧浪水""夏水"等称漳水有悠久的历史。郦道元论述道:"郑玄注《尚书》,沧浪之水,言今谓之夏水,来同,故世

---

[1] 按:史有"汉水径其东,亦曰沔水"(清·张廷玉等《明史·地理志五》,北京:中华书局1974年版,第1077页)之说。

[2] 汉·班固《汉书·地理志上》,北京:中华书局1962年版,第1566页。

[3] 北魏·郦道元《水经注·漳水》,《水经注疏》下册(杨守敬、熊会贞疏,段熙仲点校,陈桥驿复校),南京:江苏古籍出版社1989年版,第2701页。

[4] 清·胡渭《禹贡锥指》(邹逸麟整理),上海:上海古籍出版社2006年版,第550页。

变名焉。刘澄之著《永初山川记》云:夏水,古文以为沧浪,渔父所歌也。"①根据这一情况,"沧浪水"一名早在《尚书·禹贡》时代已经出现。据郑玄注,又可知时至东汉,漳水即沧浪水已有"夏水"之称。

其四,长江别流夏水是杨水的重要来源。不过,古人认为,夏水受江,是长江的别流,别流可代表主流,因此,在忽略漳水与长江别流夏水合流这一情况的过程中,提出了漳水"入阳水"之说。进而言之,漳水和长江别流夏水合流前和合流后,均有"夏水"这一称谓。二是沔水与杨水合流后入江,继续保留"夏水"这一称谓。具体地讲,在古人的意识中,杨水入沔后的水道即沔水入江的水道,同时是长江别流夏水入沔并再度入江的水道。由于有将长江别流夏水视为江流的认识,这样一来,杨水入沔后的河段即沔水入江的河段遂出现了以"夏水"相称的情况。三是杨水曲折迂回有不同的入沔河口,夏水受江入江有不同的河口,在这中间,由于同一河流有不同的名称,不同的河流有相同的名称并交替使用,这样一来,虽然是不同的河口,但名称相同。

其五,杨水东行入沔,沿途有不同的河流汇入,这些河流汇入后,增加了杨水的流量和扩大了流域范围。除了有灵溪、柞溪、巾水、柘水补给杨水外,还有其他的河流为杨水提供补给水源。不同的河流汇入后,增加了杨水受容的总量,为其通航创造了必要的条件。

其六,江汉地区湖泊密布,这些湖泊与杨水运道构成了错综复杂的关系,并且具有调节其航线水位的功能。具体地讲,杨水的水位不断地增高及不利于漕运时,这些湖泊可接纳杨水,并降低其水位,以保证漕运时的安全;杨水航线水位下降时,这些湖泊可以自动地补给杨水航线的水位。后世行政区划多有沿革,如果以汉县为基本依据的话,与云梦泽相关联的区域主要有华容、云杜等,在这中间,监利等县是晋代以后析汉县建立的新县。汉县华容、云杜等是杨水、长江别流夏水经过的重要区域。云梦泽、赤湖、船官湖、女观湖等是杨水不可或缺的"水柜",具体地讲,汛期来临时,杨水及长江别流夏水暴涨,云梦泽等可接纳其排泄的洪水;枯水季节来临即杨水及长江别流夏水等水位下降或枯竭时,云梦泽等可为其提供必要的补给水源。杜佑记载道:"今之荆州(理于江陵县),春秋以来,楚国之都,谓之郢都,西通巫巴,东接云梦,亦一都会也。"②杨水及长江别流夏水除了在汉县华容、云杜等地与云梦泽形成排泄和补水关系外,又在江陵以东的地区与云梦泽相会,这一特殊的水文奠定了以江陵为中心的水运枢纽的基础。进而言之,以云梦泽为代表的江汉地区的湖泊在调节杨水、沔水等河流水位的过程中,提升了杨水的水运能力,为相应的区域发展水运提供了良好的外部条件。

---

① 北魏·郦道元《水经注·夏水》,《水经注疏》下册(杨守敬、熊会贞疏,段熙仲点校,陈桥驿复校),南京:江苏古籍出版社1989年版,第2710-2711页。
② 唐·杜佑《通典·州郡十三·江陵郡》,杭州:浙江古籍出版社1988年版,第971页。

第五章　两晋时期的漕运

陈敏掌漕运与贺循修镜湖

自江淮调运粮食西入洛阳,始自赵王司马伦篡位之时。史称:"陈敏字令通,庐江人也。少有干能,以郡廉吏补尚书仓部令史。及赵王篡逆,三王起义兵,久屯不散,京师仓廪空虚,敏建议曰:'南方米谷皆积数十年,时将欲腐败,而不漕运以济中州,非所以救患周急也。'朝廷从之,以敏为合肥度支,迁广陵度支。"①针对"京师仓廪空虚",时任仓部令史的陈敏提出以江淮米谷远济洛阳的漕运方案。

合肥(在今安徽合肥)、广陵(在今江苏扬州)等地是陈敏征收漕粮的重点区域。陈敏掌漕运主要沿两条航线进行:一是以合肥为漕粮集结地,自不同的淮河水道入汴渠,将淮北漕粮运至洛阳;二是以广陵为漕运接应点,经邗沟入汴渠,将淮南及长江以南的漕粮运至洛阳。两条航线的长度虽然不同,但目标一致,主要是将江淮及三吴以远的粮食运送至洛阳,表达了"漕运以济中州"的诉求。元康九年(299)八月,赵王伦废晋惠帝,很快出现了"三王起兵讨赵王伦,伦悉遣中军兵相距累月"的局面,在这一前提下,陈敏提出了"漕运以济中州"的建议,出现了"朝廷从之,以敏为合肥度支,迁广陵度支"的情况。此时朝政大权集中在赵王伦的手中,陈敏出任合肥度支及迁广陵度支,主要接受赵王伦的命令,管理漕运也主要是为赵王伦服务。永康二年(301),赵王伦篡位,"三王兴师诛之",因政局变化太快,陈敏押运的漕粮入京后主要是为"三王"所用。

陈敏出任广陵度支后,利用了邗沟改造后的运道。郦道元记载道:"至永和中,患湖道多风。陈敏因穿樊梁湖北口,下注津湖径渡,渡十二里,方达北口,直至夹邪。兴宁中,复以津湖多风,又自湖之南口,沿东岸二十里,穿渠入北口,自后行者不复由湖。故蒋济《三州论》曰:淮湖纡远,水陆异路,山阳不通,陈敏穿沟,更凿马濑,百里渡湖者也。自广陵出山阳白马湖,径山阳城西,即射阳县之故城也。"②

在陈敏任合肥度支及迁广陵度支以前,魏晋时期虽有负责漕运的官职,但无兵权,陈敏任度支后,掌管了一支负责漕运事务的"运兵"部队。史称:"十一月辛巳,星昼陨,声如雷。师王攻方垒,不利。方决千金堨,水碓皆涸。乃发王公奴婢手舂给兵廪,一品已下不从征者、男子十三以上皆从役。又发奴助兵,号为四部司马。公私穷蹙,米石万钱。诏命所至,一城而已。壬寅夜,赤气竟天,隐隐有声。丙辰,地震。癸亥,东海王越执长沙王乂,幽于金墉城,寻为张方所害。甲子,大赦。丙寅,扬州秀才周玘、前南平内史王矩、前吴兴内史顾秘起义军

---

① 唐·房玄龄等《晋书·陈敏传》,北京:中华书局1974年版,第2614页。
② 北魏·郦道元《水经注·淮水》,《水经注疏》下册(杨守敬、熊会贞疏,段熙仲点校,陈桥驿复校),南京:江苏古籍出版社1989年版,第2558—2559页。

以讨石冰。冰退,自临淮趣寿阳。征东将军刘准遣广陵度支陈敏击冰。"①永安元年(304)十一月,漕路难通,洛阳出现了"乃发王公奴婢手舂给兵廩""公私穷蹙,米石万钱"的局面,为保漕运及防止抢粮,广陵度支陈敏凭借掌管的"运兵"将粮食及时地运到了洛阳。稍后,陈敏又主动接受征东将军刘准的指挥,迎击进犯寿春的石冰。

永兴元年(304)九月,陈敏反叛朝廷,割据扬州,称雄江东,如史有"九月,王浚杀幽州刺史和演,攻邺,邺溃,于是兖豫为天下兵冲。陈敏又乱扬土"②之说,又有"陈敏之乱,吴士多为其所逼"③之说。陈敏之乱,历时两年半,至晋怀帝永嘉元年(307)三月,平东将军周馥平定了陈敏之乱。在这两年半的时间里,陈敏虽然给扬州、江东等地带来巨大的灾难,但其兴修练湖则为后世重修江南运河并以练湖调节镇江航段的水位奠定了基础。

当中原陷入"八王之乱"时,吴越旧地因远离战火进入了和平发展期。晋怀帝(307—312)一朝,贺循兴修镜湖是在东汉马臻的基础进行的。杜佑记载道:"顺帝永和五年,马臻为会稽太守,始立镜湖,筑塘周回三百十里,灌田九千余顷,至今人获其利。"④汉顺帝永和五年(140),会稽太守马臻修筑湖塘(堤坝)蓄水,建造了镜湖这一农田灌溉工程。时至晋代,贺循通过疏浚继续维修堤坝,进一步提升了镜湖的蓄水能力。从表面上看,贺循的举措主要是改善当地的农业生产条件,但实际上,镜湖本身是山阴故水道的一部分,一直有调节山阴故水道水位的作用。从这样的角度看,疏浚镜湖及建造堤塘包含了恢复漕运的意图。

贺循兴修之举与恢复镜湖灌溉、排涝等功能相关,也与恢复山阴故水道有关。也就是说,贺循兴修镜湖并及两面:一是建造了农田灌溉工程;二是提升镜湖的漕运能力。

镜湖东连曹娥江,西接西小江(小江),沿山阴故水道自西小江东入曹娥江,中间必走镜湖航线,如顾祖禹论鉴湖时记载道:"城南三里,亦曰镜湖,一名长湖,又为南湖。旧湖南并山,北属州城漕渠,东距曹娥江,西距西小江,潮汐往来处也。"⑤所谓镜湖"北属州城漕渠",是说镜湖是山阴故水道必不可少的航段。从交通地理形势上看,镜湖狭长,东接曹娥江,西接小江,沿镜湖北侧的水面继续东行,经曹娥堰可入大海。史称:"曹娥斗门,在县东南七十二里,俗传曾宣靖公宰邑所置。曾南丰《鉴湖序》云:'湖有斗门六所,曹娥其一也。三江斗门,在县东北八里。'三江说不同,俗传浙江、浦阳江、曹娥江。皆汇于此,旧有堰,今废,为斗门。东南通镜湖,运河北达于海。"⑥所谓"旧有堰,今废,为斗门",是指宋代为了方便船只通

---

① 唐·房玄龄等《晋书·惠帝纪》,北京:中华书局1974年版,第101页。
② 唐·房玄龄等《晋书·天文志下》,北京:中华书局1974年版,第369页。
③ 唐·房玄龄等《晋书·华谭传》,北京:中华书局1974年版,第1453页。
④ 唐·杜佑《通典·食货二·田制下》,杭州:浙江古籍出版社1988年版,第17页。
⑤ 清·顾祖禹《读史方舆纪要·浙江四》(贺次君、施和金点校),北京:中华书局2005年版,第4211页。
⑥ 宋·施宿等《会稽志·斗门》,《四库全书》第486册,上海:上海古籍出版社1987年版,第85页。

行,拆除曹娥堰建造了斗门(有船闸功能的闸门)。这一记载虽然是说宋代以后的事,但从中可以看到,贺循疏浚镜湖在一定程度上改善了山阴故水道的漕运条件及环境。进而言之,在恢复镜湖灌溉、排涝等功能的过程中,贺循通过疏浚和维修堤坝提高了山阴故水道的漕运能力,进而为后世通过浙东运河建设海运与内河联运的交通线奠定了坚实的基础。

浙东运河以山阴故水道为基本运道,以会稽郡(在今浙江绍兴)镜湖为中间航段,向西经西小江通余暨(在今浙江萧山),越过钱塘江可抵达钱唐县(在今浙江杭州),向东经曹娥江通往鄮县(在今浙江宁波鄞州)可入大海。从这样的角度看,贺循疏浚镜湖不但提升了镜湖的蓄水能力,而且从水路加强了浙东与浙西之间的联系,加强了两浙与福建、广东等地的联系,为唐宋发展海外贸易奠定了坚实的基础。

第二节 东晋河渠建设与漕运

在权力纷争的过程中,晋王朝很快陷入"八王之乱"。在游牧民族的压迫下,司马睿逃往建业,在琅琊王氏家族王导、王敦兄弟的支持下,司马睿登基,揭开了东晋的历史。为摆脱北方游牧民族的威胁,东晋建都何处成了人们关心的大问题。针对在会稽、豫章等地建都的说法,王导力主建都建康(建业),以此为大本营稳定东南的政治局势,进而唤起抗击北方强敌的决心。客观地讲,以建康为都是有政治远见的作为。张敦颐论述道:"南朝建都之地,不过建康、京口、豫章、江陵、武昌数处,其强弱利害,前世论之详矣。吴孙策以会稽为根本,大帝嗣立,稍迁京口,其后又尝住公安,又尝都武昌,盖往来其间,因时制宜,不得不尔。及江南已定,遂还建业,保有荆、扬,而魏、蜀抗衡,其宏规远略。晋、宋而下不能易也。故孙皓舍建业而之武昌,吴因以衰,梁元帝舍建业而守江陵,梁遂以亡。李嗣主舍建业而还洪府,南唐遂不能以立。王导断然折会稽、豫章之论,而以建业为根本,自晋而下三百年之基业,导之力也。"[1]从分析形势及利害关系入手,张敦颐强调了东晋及南朝建都建康的必然性。与北朝相比,东晋兴修河渠的范围较广,涉及长江、淮河和黄河等流域,分别由开挖江陵漕河、治理邗沟、开挖桓公沟、"堰吕梁水"[2]等构成。这些河渠与谯梁水道、汴渠、黄河航道、杨口水道等互通,在东晋北伐及运兵运粮等事务中发挥了重要的作用。

京口与建康漕运形势

南朝兴修河渠(运河)的历史,可以晋元帝司马睿建武元年(317)为起点。

---

[1] 宋·张敦颐《六朝事迹编类·六朝建都》(张忱石点校),北京:中华书局2012年版,第24页。
[2] 唐·房玄龄等《晋书·谢玄传》,北京:中华书局1974年版,第2083页。

建武元年三月，司马睿"封王子宣城公裒为琅邪王"①。司马睿渡江后，司马裒奉命镇守广陵（在今江苏扬州）。王象之《舆地纪胜》释"丁卯港"引顾野王《舆地志》云："晋元帝子裒镇广陵，运粮出京口，为水涸，奏请立埭丁卯。制可，因以为名"②。为阻止北兵南下，东晋重点建设了淮河防线。淮河防线以广陵、淮阴（在今江苏淮阴）、泗口、盱眙等为战略支撑点，以京口（在今江苏镇江京口）为后勤补给基础。在这中间，针对丹徒水道干浅不利于渡江、运粮、运兵等情况，司马裒提出了在京口建造堰埭（拦河坝），补给航道水位及防止泄水的建议。这一建议提出后，得到了司马睿的支持。司马裒镇守广陵时，为了把吴越旧地的粮食及时运往广陵及淮河防线，在京口兴建了防止航道泄水的丁卯埭，并疏浚了自京口入江的水道。

建造丁卯埭发生在京口成为渡江北上的咽喉以后。三国时期，京口成为战略要地，与吴王夫差开吴古故水道、秦始皇开凿丹徒水道、孙吴孙权开破冈渎等有直接的关系。

三国时，孙吴一度以丹徒为治所。京口成为丹徒水道的入江口以后，改变了原有的漕运秩序，不必再从吴古故水道至渔浦入江。丹徒水道开通后，隶属丹徒的京口成为重点经营的对象。特别是陈勋开破冈渎以后，京口除了是连接长江上游武昌等地的漕运通道外，同时又有调运三吴粮草渡江北上支援广陵的功能。在这中间，孙吴虽定都建业，但京口的战略地位不但没有下降，反而得到提升，这样一来，重点经营丹徒及京口是必然的。

东晋的政治形势与孙吴的形势大体相当，司马裒兴建丁卯埭，重点是加固淮河和长江防线。京口建城（这一军事要塞建在今江苏镇江北固山东南岗阜一带）发生在晋元帝大兴（318—321）初。晋室南渡后，京口成为长江防务的重镇，与此同时，以丹徒为治所的毗陵郡（晋陵郡）成为建康的门户。这一事件发生在晋成帝咸和元年（326）。俞希鲁释"鉴遂城京口"一语时有"晋郗鉴尝修"③之说，在旧城的基础上，郗鉴因山修建了新的城防工事。京口城居高临下，以晋陵、吴郡等地为后援，成为渡江北上的前进基地。郗鉴加固京口城这一军事要塞，为晋陵及京口"内控江湖，北拒淮泗"奠定了坚实的基础。具体地讲，京口作为重要的江防要塞，牵动着南北分治时的神经。如京口要塞可以有效地阻止北兵南下，若北兵入丹徒水道深入到吴越的腹地，进而会动摇东晋的根基。更重要的是，京口是建业的门户，如丹徒水道与破冈渎相接，经此可直抵建康。

丹徒成为漕运的咽喉以后，政区建设一直是晋王朝关注的焦点。丹徒成为江防重镇始于西晋，具体地讲，太康二年（281），晋武帝建毗陵郡，建郡之初，以丹徒为治所。后毗陵县（晋陵县）成为司马毗的食邑后，毗陵郡（晋陵郡）的治所主要在丹徒和京口之间移动。如晋元帝大兴初年，晋陵郡及丹徒县治所均移往丹徒水道的入江口京口。此后，郗鉴镇守晋陵郡

---

① 唐·房玄龄等《晋书·元帝纪》，北京：中华书局1974年版，第145页。
② 宋·王象之《舆地纪胜·镇江府·景物下》，北京：中华书局1992年版，第413页。
③ 元·俞希鲁《至顺镇江志·地理》（杨积庆等校点），南京：江苏古籍出版社1999年版，第9页。

时,为确保晋陵郡的安全将郡治及丹徒县治从京口迁回丹徒。义熙九年(413),为建立稳固的长江防线和提高防守质量,晋安帝将晋陵郡治迁至毗陵县。从反复迁治的过程中不难发现,在南北分治的军事形势不断变化的前提下,东晋为加强长江防务及为淮河防线提供必要的支援,迁治丹徒、京口及晋陵已成为常态。

建都建康以后,东晋设立了都西石头津和都东方山津两个商税征收的关卡。都西石头津设在石头城下,石头城简称"石头"。与破冈渎漕运通道相对,建康有一条经秦淮河经石头城向北入江的航线。破冈渎建成后,长江虽然不再是漕运主航线,但依旧是建康的门户,是不可或缺的商贸通道。建康城在秦淮河南岸,石头津在石头城的秦淮河上。在秦淮河北岸设置有不同功能的商贸市场,并在"大市备置官司",主要是出于建康安全方面的考虑。

都东方山津设在方山埭,"东路"指深入三吴腹地的破冈渎航线。史称:"又都西有石头津,东有方山津,各置津主一人,贼曹一人,直水五人,以检察禁物及亡叛者。获炭鱼薪之类出津者,并十分税一以入官。其东路无禁货,故方山津检察甚简。淮水北有大市百余,小市十余所。大市备置官司,税敛既重,时甚苦之。"① 由于"东路无禁货""检察甚简",再加上商税征收较轻,因此,破冈渎成为建康漕运及商贸往来的重要通道。进而言之,在石头津秦淮河北岸设置交易市场时,因"备置官司",出现了"税敛既重,时甚苦之"的局面,这样一来,从事商贸活动的大都走方山埭(破冈渎)。

综上所述,自秦开丹徒水道及孙吴开破冈渎以后,丹徒开始成为从水上联系江淮地区及黄河流域的重镇。从这样的角度看,司马衷建造丁卯埭与丹徒成为南北漕运的咽喉要地密切相关,晋室南渡后,丹徒不但是长江防线的重镇,同时也是淮河防线的战略支撑点,其漕运地位日益彰显。

王敦兴修江陵漕河

晋元帝建武元年,荆州刺史王敦(字处仲)在江陵开漕河。在王敦开江陵漕河以前,杜预兴修了杨口水道,建设了以襄阳为中心的漕运秩序。襄阳是阻止北军南下的重镇,在这中间,守卫襄阳需要江陵的支援,然而,杨口水道虽通江陵,但水道曲折迂回,直接影响到运兵、运粮。为此,王敦开漕河,旨在通过改造水道缩短航程,改善从江陵到襄阳的漕运条件。

北方沦陷后,江陵在支撑襄阳及长江防务中负有重要的使命。傅泽洪论述道:"《湖广通志》云:府城东南二十里有黄滩,上当江流二百余里之冲,一决则江陵、潜江、监利,民为鱼鳖,诚要害也。东十五里有镇流砥,突出大江数十丈,捍激,江声如迅雷,盖江势东下镇砥,于此则水势推迟,而黄滩之冲少杀,沙市之地可保。按《杜预传》:预都督荆州,旧水道唯沔汉达江

---

① 唐·魏徵等《隋书·食货志》,北京:中华书局 1973 年版,第 689 页。

陵,千数百里无通路,预乃开扬口,起夏水达巴陵。"①按照这一说法,江陵漕河一是改造了江陵至襄阳的航线;二是捍卫了江堤,改善了民生。王应麟在"干道江陵二堤"条中记载道:"七年十月十七日,湖北漕臣李焘请修江陵、潜江县里社、虎渡二堤。诏明年修筑。八年六月十六日,荆南守臣叶衡请筑襄阳沿江大堤。"②以此为参照,当知王敦兴修江陵漕河时有兴修堤岸之举。

王敦镇荆州开凿漕河,进一步加强了漕河与长江、杨口水道之间的联系。江陵及杨口等成为东晋与反叛势力争夺的对象,与王敦"凿漕河"强化江陵水上交通枢纽的地位有着密切的关系。

追溯历史,自秦国灭楚后,江陵的政治地位已一落千丈。不过,从汉章帝起,人们已充分地认识到江陵的重要性。稍后,在不同政权并立的背景下,江陵成为各方势力反复争夺的对象。晋王室南渡后,因江陵位于长江和汉水的咽喉地带,扼守着长江的门户,又因自江陵沿漕河及杨口水道北上可进入襄阳及黄河流域,这样一来,江陵的战略地位在王敦兴修漕河的过程中得到了进一步彰显。

王敦开凿江陵漕河,加强江陵水陆交通枢纽建设,是非常有战略眼光的举措。

其一,南北对峙的局面形成后,双方主要在淮河、江汉等地展开攻防。这一时期,如果北朝将军事斗争的锋芒直指江汉的话,那么,先占领襄阳,继而南下占领江陵则意味着撕开长江防线。反过来讲,如果加强襄阳防卫,通过江陵运兵运粮则可以稳定江汉防线,进而为经南阳进入黄河流域(进行北伐)提供强有力的支援。襄阳既是阻止北方游牧民族政权南下进入长江流域的重镇,同时又是东晋北伐自长江流域进入黄河流域的缓冲地常。史有晋孝武帝太元四年(379)"苻坚攻没襄阳,执朱序"③之说,一旦襄阳失守必定会危及江陵。如果江陵也失守的话,意味着北军沿长江顺流而下,会直接威胁到东晋国都建康的安全。从政治安全的角度看,襄阳是东晋抵御北方游牧民族南下进入江汉平原时的第一道防线,江陵是扼守长江流域的门户,同时也是阻止北军南下的第二道防线。在这样的前提下,加强江陵地区的河渠建设,可以通过及时地运兵、运粮等有效地提升江汉一带的防务水平,同时可稳固江陵防线。

其二,在江陵开凿漕河,改造杨口水道及实现与杨口水道、长江等航线的互通,可依托江陵,以长江流域为战略纵深,为北伐提供便利的条件,实现自江陵沿水路北上,经襄阳、南阳等进入淮河流域及黄河流域的战略目标,进而在保障后勤的基础上突破北朝建立的重点防

---

① 清·傅泽洪《行水金鉴·运河水》卷一五四,《四库全书》第581册,上海:上海古籍出版社1987年版。
② 宋·王应麟《玉海·地理·陂塘堰湖堤埭》,南京:江苏古籍出版社1990年版。
③ 唐·房玄龄等《晋书·天文志中》,北京:中华书局1974年版,第341页。

守区。

其三,开挖江陵漕河有利于重点经营江汉及长江流域,有利于稳定东晋动荡不安的政治局势。晋室南渡后,江汉及相应的长江流域成为东晋重要的统治区域。由于巴蜀、湘沅等地潜伏着不服从中央的地方势力,随时有反叛的可能,为此,需要选择适合的地点驻扎一支有威慑力的军事力量。

其四,江汉平原是东晋赋税的重要来源,江陵西接巴蜀,南接湘沅,是控制江汉地区及长流流域的重镇,在此驻扎重兵可有效地控制江汉及长江流域。进而言之,开凿漕河,完善以江陵为中心的水上交通运输体系,旨在控制江汉地区及以江陵控制巴蜀、湘沅等地。因此,继王敦开漕河以后,东晋政权内部的反叛势力多次围绕江陵展开争夺。正是在这样的前提下,建设与破坏并存,江陵成为各种政治势力觊觎的对象。如宋文帝元嘉(424—453)中,"通路白湖,下注杨水,以广运漕"①,这一举措从一个侧面证明了江陵战略地位的重要性。反过来讲,因其战略地位重要,江陵成为重点设防区域。如元嘉三十年(453),臧质"自阳口进江陵见义宣"②,密谋讨伐刘劭。阳口(杨口)扼守着江陵漕运咽喉,与江陵互为犄角,两地同时驻扎两支不同隶属关系的精锐之师,宣示了江陵战略地位的重要性。从这样的角度看,如果没有王敦开漕河加强漕运,江陵及长江防务将会削弱,进而会危及东晋及南朝的政治安全。

三次整修邗沟

如果说江陵漕河是东晋在长江流域兴建的标志性工程,那么,在淮河流域及江淮之间整修邗沟则有巩固江淮防线的意图。渡江重建政权以后,东晋在恢复北方旧地及反兼并战争的过程中,分别构建了淮河和江汉两道重要的防线。在这中间,为快速运兵、运粮及构筑稳固的淮河防线,东晋三次重修了邗沟旧道。

邗沟整修主要是在晋穆帝永和五年(349)或永和六年(350)、晋哀帝兴宁二年(364)、晋孝武帝太元十年(385)三个时段。三个时段虽然有不同的整治对象和建设目标,但如果将这三个时段合到一起,则不难发现这是一个相互关联的有连续性的工程。在这中间,通过恢复和提升邗沟的漕运功能,为东晋巩固淮河防线进而北伐奠定了基础。可以说,如果没有重点修复邗沟之举,东晋要想在淮河一线发动北伐之役,或在淮河防线与北朝对峙,将是一句空话。

邗沟整修的第一时段发生在晋穆帝永和五年或六年。

---

① 北魏·郦道元《水经注·沔水中》,《水经注疏》下册(杨守敬、熊会贞疏,段熙仲点校,陈桥驿复校),南京:江苏古籍出版社1989年版,第2407页。

② 梁·沈约《宋书·臧质传》,北京:中华书局1974年版,第1914页。

郦道元记载道："自永和中，江都水断，其水上承欧阳，引江入埭，六十里至广陵城，楚、汉之间为东阳郡。高祖六年为荆国，十一年为吴城，即吴王濞所筑也。景帝四年，更名江都。武帝元狩三年，更曰广陵。王莽更名郡曰江平，县曰定安。城东水上有梁，谓之洛桥。中渎水自广陵北出武广湖东、陆阳湖西。二湖东西相直五里，水出其间，下注樊梁湖。旧道东北出，至博芝、射阳二湖。西北出夹邪，乃至山阳矣。至永和中，患湖道多风。陈敏因穿樊梁湖北口，下注津湖径渡，渡十二里，方达北口，直至夹邪。"①长江水道南移后，涌入广陵周边的江潮明显减少，乃至于江潮无法达到广陵。为恢复漕运，陈敏开挖了六十里的新航线。新航线自舆县（在今江苏仪征）境内引江潮，通往广陵，为了防止航道泄水，陈敏建造了引江潮济运欧阳埭。后人叙述这一航线时除了继续以"邗沟"相称外，又称之为"淮南漕渠"，如沈括有"淮南漕渠，筑埭以蓄水"②之说；时至清代，又称"仪征运河"，如刘文淇注"晋穆帝永和中，江都水断。其水上承欧阳埭，引江入埭，六十里至广陵城"语有"即今仪征运河"③之说。欧阳埭是建在新开运道上的拦水坝，目的是蓄积江潮，补给航道水位，欧阳埭建成后，成为漕运咽喉。在白沙镇东北建埭的前因是：邗沟的主要补给水源来自淮河，宝应、高邮等地的地势低洼，一旦遇到淮河流量下降，将无法向江都方向提供补给水源，这样一来，需要自江都引江潮补给航道的水位。然而，"江都水断"后，自江都引江潮已不再可能，为恢复漕运需要开辟新航线，选择新的地点引江潮入运。

经此，陈敏建成了邗沟至仪真入江的六十里航线和"引江入埭"工程（欧阳埭）。陈敏开挖新道时，有可能利用了旧有的邗沟水道，并在此基础上兴建了欧阳埭。除了开新道六十里及建欧阳埭以外，陈敏改造邗沟中段的"湖道"也是永和中取得的重要成果。邗沟是一条以"湖道"为主的航线，湖面风急浪大，给航行带来巨大的风险。如自樊梁湖"东北出，至博芝、射阳二湖"，船只行经这一区域时需横渡湖面。然而，湖面开阔，风浪极大，船只经此时常面临着翻覆的危险。更重要的是，船只行经"湖道"时主要采用靠湖堤一侧行驶的航线，受自然条件的支配，"湖道"呈现出曲折迂回的状况。

针对这些情况，陈敏自樊梁湖北口开挖水道，建造自樊梁湖直通津湖（界首湖，在今江苏高邮北、宝应南，因界于两县之间，故名）的航线，如刘文淇有"津湖即界首湖，过津湖即入高邮境"④之说。这条航线开辟后，改善了船只通行时的安全环境，缩短了航程，提高了经济效益，同时形成了自广陵至山阳的复式航线。进而言之，在开挖六十里入江水道的同时，陈敏

---

① 北魏·郦道元《水经注·淮水》，《水经注疏》下册（杨守敬、熊会贞疏，段熙仲点校，陈桥驿复校），南京：江苏古籍出版社1989年版，第2556—2558页。
② 宋·沈括《梦溪笔谈·官政二》，胡道静《梦溪笔谈校证》，上海：上海古籍出版社1987年版，第432页。
③ 清·刘文淇《道光·重修仪征县志·河渠志》（万仕国整理），扬州：广陵书社2013年版，第187页。
④ 清·刘文淇《扬州水道记》（赵昌智、赵阳点校），扬州：广陵书社2011年版，第5页。

重点改造了原有的"湖道",建成了"穿樊梁湖北口,下注津湖径渡"的航线。在陈敏兴修改造"湖道"工程以前,自广陵沿邗沟北上至山阳主要由"湖道"构成。具体地讲,沿"湖道"自南向北,中经樊梁湖、武广湖、陆阳湖(三湖在今江苏高邮域内),随后自博芝湖、射阳湖至山阳,再由山阳至淮阴末口(旧址在今江苏淮阴码头镇域内)入淮河。为避开"湖风",陈敏自樊梁湖北口开渠十二里直入津湖,绕开樊梁湖、武广湖、陆阳湖,建立了至山阳的新航线。

第二时段发生在晋哀帝兴宁二年。

陈登改造邗沟航线,主要是自津湖至射阳马濑(白马湖,在今江苏淮安南)之间的航线。具体的改线工程是:一是自津湖南口沿东岸开新渠二十里;二是自新渠入樊梁湖(樊良湖,在高邮西北)北口;三是自樊梁湖北口入山阳马濑。郦道元所说的"山阳"是以后世地名相称,指射阳县(治所在今江苏淮安),如史有"汉射阳县地,属临淮郡。晋置山阳郡,改为山阳县"①之说,胡渭有"山阳本汉射阳县,属临淮郡。晋义熙中,改曰山阳县,射阳湖在县东南八十里,县西有山阳渎,即古邗沟"②之说。

三湖(津湖、樊梁湖、白马湖)均为淮河下泄过程中形成的湖泊,本身有水道相通,但曲折迂回。改造"湖道"及开辟新航线以后,既缩短了航程,又避开了湖风。刘文淇注"淮湖纡远"语云:"邗沟水自樊良湖不能直达射阳,先东北至博支,又由博支西北至射阳,其道纡曲太甚,所谓'淮湖纡远'也。"③检索史料,建安二年(197),陈登任广陵太守,建安五年(200),广陵移治射阳,如史有"广陵太守陈登治射阳"④之说。因移治,陈登有条件整治邗沟从津湖到白马湖的运道。陈登改造"湖道"的工程核心是:自津湖南口开新渠二十里,随后入樊梁湖北口,建立与白马湖相互连接的航线。兴宁二年兴修的邗沟改道工程,实际上是陈登"穿沟"以后的续建工程。可以说,两大工程遥相呼应,与此前的永和中兴修的改道工程相辅相成,进一步降低了"湖道"风险。

第三时段发生在晋孝武帝太元十年。

在王道之的排挤下,谢安出镇广陵步丘后,先筑军事要塞新城,后筑召伯埭。召伯埭是一蓄水工程,与"江都水断"(水文变化)后建欧阳埭有直接的关系。欧阳埭引江潮济运后,邗沟(合渎渠)自召伯埭至江都航段的补给水源主要上承欧阳埭,这一情况一直延续到宋代。如宋真宗一朝,发运使贾宗建议疏浚淮南漕渠(邗沟),废除运道上的诸堰,此举遭到王臻的反对。王臻因反对贾宗浚淮南漕渠的做法受到了处分,但此时召伯埭并没有拆除。继贾宗以后,王乙再次提出拆除堰埭的主张。这里所说的"废二埭"是指拆除召伯埭和瓜州埭。此

---

① 后晋·刘昫等《旧唐书·地理志三》,北京:中华书局1975年版,第1573页。
② 清·胡渭《禹贡锥指》(邹逸麟整理),上海:上海古籍出版社2006年版,第192—193页。
③ 清·刘文淇《扬州水道记》(赵昌智、赵阳点校),扬州:广陵书社2011年版,第5页。
④ 宋·司马光《资治通鉴·汉纪五十五》(邬国义校点),上海:上海古籍出版社1997年版,第557页。

时,钟离瑾奉命规划自召伯埭至瓜州的漕路,经过勘察,钟离瑾采取了在召伯埭一旁建闸的措施,保留了这一古迹。进而言之,拆除和保留堰埭的争论,从一个侧面反映了建埭蓄水及维持航道水位是历史的产物,伴随着更先进的复式船闸技术的出现和兴起,拆除堰埭已是必然。

尽管如此,召伯埭起到的历史作用不容轻视。具体地讲,谢安建召伯埭并及两面:一是建造拦河坝,通过蓄水维持了航道水位;二是为了防止航道泄水,修筑了河堤。这两者结合在一起,提升了这一航段的漕运能力。如果以召伯埭为节点,当知召伯埭南二十里有秦梁埭,召伯埭北十五里有三枚埭,继续向北十五里有镜梁埭,四埭合在一起,涉及的航程有五十里。建造拦河坝的目的是维持水位,防止航道泄水及出现干浅不利于航行的情况。然而,邗沟这一航段的水位落差有限,故不可能在五十里的区间密集地建造四座拦河坝。

那么,堰埭除了指拦河坝以外,又指什么?一般认为,堰埭除了指拦河坝以外,又指河堤。对此,前人有充分的认识。潘游龙记载道:"唐李吉甫为淮南节度使,始于湖之东西,亘南北筑平津堰,以防水患。"①从"亘南北筑平津堰"中当知,这里所说的"筑平津堰"指修筑河堤。所谓"以防水患",是指平津堰有加固河堤及束水的功能。如顾炎武论述道:"运河堤自黄浦至界首,长八十里,即唐李吉甫新筑平津堰也。"②史称:"运河堤在宝应自黄浦至界首,得八十里,即唐李吉甫新筑平津堰是也。"③又称:"唐淮南节度使李吉甫虑漕渠庳下不能居水,乃筑堤名曰平津堰,即官河堤。"④根据这些论述,可进一步证明"虑漕渠庳下不能居水",指加固河堤防止航道泄水。如果以李吉甫建平津堰为参照坐标,当知谢安筑召伯埭亦有兴修河堤之举。进而言之,尽管不太清楚秦梁埭、三枚埭、镜梁埭建于何时,但三埭与召伯埭相连,应指兴修河堤。由此及彼,谢安建召伯埭,亦有兴修河堤之举。

此外,在建召伯埭及兴修河堤的过程中,谢安又兴修了艾陵湖的湖堤,如王应麟有"谢安堰艾陵湖"⑤之说。兴修艾陵湖湖堤是建召伯埭的补充工程,此举除了有补给航道水位的功能外,还有两个方面的功能值得关注:一是艾陵湖本身有"北通绿洋湖,西接官河"的航道,通过修筑艾陵湖堤,建成了一条绕过召伯埭,自艾陵湖进入"湖道"的复式航线,这条复式航线可以在主航道干浅时发挥作用;二是修筑艾陵湖湖堤,进一步增强了艾陵湖的蓄水能力,为农田灌溉、排洪防涝等提供了基本保障。如宋理宗一朝,安庆知府黄幹在《代抚州守上奏》中

---

① 明·潘游龙《康济谱·工曹·水利》,《四库焚毁书丛刊·史部》第7册,北京:北京出版社2000年版,第716—717页。
② 清·顾炎武《天下郡国利病书》,《四部丛刊·史部》第12册,上海:上海书店1985年版,第30页。
③ 清·徐翴、乔莱《康熙宝应县志·河渠》,康熙二十九年(1690)本。
④ 清·杨宜仑、夏之蓉《乾隆高邮州志·堤工》,乾隆四十八年(1783)原修本,嘉庆十八年(1813)增修本。
⑤ 宋·王应麟《通鉴地理通释·三国形势考下》(傅林祥点校),北京:中华书局2013年版,第357页。

写道:"陂塘之利,所以灌注田亩。汉世良吏往往以开渠灌田立名后世,如召伯埭、甘棠湖之类,民到于今称之。"①追溯历史,最初的邗沟以曲折迂回的"湖道"为主,后世水文发生变化后,需要根据新情况重修运道。在这中间,谢安建召伯埭及改造运道主要是由"江都水断"引起的,自建欧阳埭及邗沟改道至仪真入江以后,邗沟水文发生了巨大的变化,为解决航道泄水过快及干浅等问题,谢安通过兴建召伯埭、修筑河堤、修筑湖堤及建蓄水工程,提升了邗沟的通航能力。

祖逖北伐与漕运考述

晋愍帝出降后,北方领土虽然沦陷,但没有完全丧失,如刘琨、刘翰等继续坚守北方,与"乱华"的游牧民族展开斗争。抓住这一有利时机,祖逖揭开了北伐的序幕,如史有建武元年五月"祖逖攻谯"②之说。

祖逖北伐是在缺少军械、人马和粮草等的背景下进行的。史称:"逖以社稷倾覆,常怀振复之志。……时帝方拓定江南,未遑北伐,逖进说曰:'晋室之乱,非上无道而下怨叛也。由藩王争权,自相诛灭,遂使戎狄乘隙,毒流中原。今遗黎既被残酷,人有奋击之志。大王诚能发威命将,使若逖等为之统主,则郡国豪杰必因风向赴,沈溺之士欣于来苏,庶几国耻可雪,愿大王图之。'帝乃以逖为奋威将军、豫州刺史,给千人廪,布三千匹,不给铠仗,使自招募。仍将本流徙部曲百余家渡江,中流击楫而誓曰:'祖逖不能清中原而复济者,有如大江!'辞色壮烈,众皆慨叹。屯于淮阴,起冶铸兵器,得二千余人而后进。"③据此可知,祖逖北伐沿邗沟北上当不成问题。

祖逖北伐是沿水道从淮河流域进入黄河流域的,率先攻取的战略要地是谯郡(治所在今安徽亳州谯城区)。如果溯江而上至江陵经襄阳等地进入黄河流域,先且不论长江航行风险太大,更重要的是,绕道而行不利于率先夺取谯郡。祖逖北伐时缺少粮草、军械、人马等,此时的江淮没有完全失陷,可为祖逖北伐提供必要的粮草、军械、人马等。三是祖逖十分熟悉江淮之间的水路。史称:"及京师大乱,逖率亲党数百家避地淮泗,以所乘车马载同行老疾,躬自徒步,药物衣粮与众共之,又多权略,是以少长咸宗之,推逖为行主。达泗口,元帝逆用为徐州刺史,寻征军谘祭酒,居丹徒之京口。"④在率亲党及族人南下的过程中,祖逖先是率亲党"避地淮泗",后又"达泗口",随后渡江至京口。因熟悉江淮水道,故进军路线自京口渡江入邗沟是必然的选择。

---

① 明·杨士奇《历代名臣奏议·荒政》,《四库全书》第440册,上海:上海古籍出版社1987年版,第126页。
② 梁·沈约《宋书·五行志二》,北京:中华书局1974年版,第907页。
③ 唐·房玄龄等《晋书·祖逖传》,北京:中华书局1974年版,第1694—1695页。
④ 同③,第1694页。

泗口指泗水与淮河交汇的河口,泗水与淮河交汇时有不同的河口。祖逖沿水路南下,经过的泗口在淮阴域内,主要是由当时的水路交通形势决定的。

沿淮泗水道继续北上,可至谯郡。这条水道在祖逖北伐中发挥了重要作用。

谯郡是祖逖率先夺取的战略要地。谯郡扼守谯梁水道,占领谯郡可实现自谯梁水道深入到黄河流域的战略目标。三国时期,曹操改沛国为谯郡,政区属豫州刺史部。在祖逖出征前,"帝乃以逖为奋威将军、豫州刺史"①,至谯后,祖逖通过清除流人武装使谯郡重新纳入东晋的版图。初战告捷后,"帝嘉逖勋,使运粮给之",然而,"道远不至"。郦道元记载道:"泗水又东南得睢水口。泗水又径宿预城之西,又径其城南,故下邳之宿留县也,王莽更名之曰康义矣。晋元皇之为安东也,督运军储,而为邸阁也。"②晋元帝"使运粮给之"主要是到安东(在今江苏涟水)取粮。在自行解决粮草不济等问题的过程中,祖逖又进据太丘(在今河南永城太丘镇),试图自太丘经汴水进入黄河流域。

占领太丘是祖逖北伐的重要步骤。祖逖与石季龙展开激战,迫使石季龙收兵还襄国(旧治在今河北邢台王快镇百泉村一带)。

在破解困局的过程中,祖逖采取了四个方面的措施:一是在相持中,有意表现出一副粮草充足的模样,以此动摇敌方的军心;二是命韩潜等追击于汴水,断其粮草补给线;三是迅速进驻汴水沿线的重镇,如在命令韩潜屯戍封丘(在今河南新乡封丘)的同时,又率大军进驻雍丘(旧治在今河南杞县);四是有效地压缩石勒在河南的战略空间后,祖逖又调解割据势力赵固、上官巳、李矩、郭默等之间的矛盾,使其服从节制。杜佑记载道:"十六国后赵石勒将石季龙大掠荆河州而去,留将姚豹守城,住西台。勒将以驴千头运粮以馈姚豹,晋将祖逖遣韩潜、冯铁等追击于汴水,尽获之。姚豹宵遁。"③经此,祖逖成功地收复了黄河以南的失地。

在祖逖北伐及经营黄河以南的过程中,雍丘是战略支撑点。如王应麟论述"晋重镇"时指出:"《通典》:'元帝命祖逖镇雍丘,以合肥、淮阴、寿阳、泗口、角城为重镇。'"④时隔不久,形势发生变化,晋元帝任命戴若思为征西将军,祖逖以为戴若思虽有才望,但无远见卓识,又以为自己殚精竭虑地收复的河南,却得不到朝廷的信任,心中十分不快。与此同时,又听说王敦飞扬跋扈,乃至于朝廷上下矛盾尖锐,因担心发生内乱,北伐难成,遂忧愤成疾。尽管如此,祖逖依旧抱病经营虎牢关。虎牢关北临黄河,西接成皋,扼汴水和黄河。祖逖修缮城池,旨在为北渡黄河收复河北做准备。

后人高度评价了祖逖镇守雍丘的意义。章如愚论述道:"初,元帝命祖逖镇雍丘。逖死,

---

① 唐·房玄龄等《晋书·祖逖传》,北京:中华书局1974年版,第1695页。
② 北魏·郦道元《水经注·泗水》,《水经注疏》中册(杨守敬、熊会贞疏,段熙仲点校,陈桥驿复校),南京:江苏古籍出版社1989年版,第2155页。
③ 唐·杜佑《通典·兵十三·绝粮道及辎重》,杭州:浙江古籍出版社1988年版,第847页。
④ 宋·王应麟《通鉴地理通释·晋重镇》(傅林祥点校),北京:中华书局2013年版,第363页。

北境渐蹙,于是荆、豫、青、兖四州,又徐州之半陷刘曜、石勒,以合肥、淮阴、寿阳、泗口、角城为重镇。"①雍丘失陷是荆、豫、青、兖四州失陷及徐州一半失陷的重要原因,经此,东晋的防线不得不后撤到合肥、淮阴、寿阳、泗口、角城一线。章如愚论述道:"自江南至于河镇守之地,大抵无江,北则守江南,京口、石头、牛渚、姑孰、浔阳、夏口,江南之镇守也。进而有江北,则广陵、濡须、皖城、邾池、安陆为镇守也。又进而全有淮南,则淮阴、钟离、合肥、寿春、义阳为镇守矣。又进而有淮北,则下邳、彭城、泗口、角城、谯城、垂瓠、白狗堆为镇守矣。又进而全有河南,则东阳、历城、碻磝、滑台、雍丘、荥阳、虎牢、洛阳为镇守矣。自江南而至于河,其镇守可考者如此。"②祖逖北伐失败后,东晋的生存空间被进一步压缩。

桓温北伐与河渠建设

继殷浩以后,桓温再度北伐,前后共进行三次。在这中间,漕运(运兵运粮)在北伐中发挥了巨大的作用。

追溯桓温北伐的历史,可以上溯到永和五年。得到后赵石季龙(石虎)死去的消息后,桓温上疏要求北伐,很遗憾,受到殷浩的阻挠。然而,握有军权的桓温不甘心,遂自行征用"八州士众资调",率众自江陵出发"行达武昌",摆出一副不达目的绝不罢休的样子。时任抚军司马昱(后来的简文帝)"与温书明社稷大计",桓温才罢手,但桓温与殷浩之间的矛盾因此加深。

弹劾殷浩后,朝廷大权尽归桓温。史称:"时殷浩至洛阳修复园陵,经涉数年,屡战屡败,器械都尽。温复进督司州,因朝野之怨,乃奏废浩,自此内外大权一归温矣。"③在此背景下,桓温决定北伐。史称:"穆帝永和八年正月乙巳,雨,木冰。是年殷浩北伐,明年军败,十年废黜。又曰,荀羡、殷浩北伐,桓温入关之象也。"④据此可知,此次北伐发生在永和十年(354)。

在永和十年的北伐中,桓温采取的战略是直取关中,试图动摇前秦苻健的统治根基,进而在经营关中的过程中形成居高临下之势,然后再谋取关东。史称:"温遂统步骑四万发江陵,水军自襄阳入均口。至南乡,步自淅川以征关中,命梁州刺史司马勋出子午道。"⑤永和十年二月,桓温自江陵发水陆两路大军。水军自襄阳入均口,至南乡(治所在今河南淅川西南丹江水库内);步军自淅川(在今河南南阳淅川)奔武关(在今陕西商洛丹凤东武关河北

---

① 宋·章如愚《群书考索·地理门·州郡类》,《四库全书》第936册,上海:上海古籍出版社1987年版,第804页。
② 宋·章如愚《群书考索·地理门·要害类》,《四库全书》第936册,上海:上海古籍出版社1987年版,第827—828页。
③ 唐·房玄龄等《晋书·桓温传》,北京:中华书局1974年版,第2571页。
④ 唐·房玄龄等《晋书·五行志上》,北京:中华书局1974年版,第801页。
⑤ 同④。

岸),又令司马勋出子午道(汉中至长安的驿道)。

在令司马勋出子午道的同时,桓温又出奇兵进攻上洛(郡治在今陕西商洛商州区)。史称:"别军攻上洛,获苻健荆州刺史郭敬,进击青泥,破之。健又遣子生、弟雄众数万屯峣柳、愁思堆以距温,遂大战,生亲自陷阵,杀温将应庭、刘泓,死伤千数。温军力战,生众乃散。雄又与将军桓冲战白鹿原,又为冲所破。雄遂驰袭司马勋,勋退次女娲堡。温进至霸上,健以五千人深沟自固,居人皆安堵复业,持牛酒迎温于路者十八九,耆老感泣曰:'不图今日复见官军!'初,温恃麦熟,取以为军资。而健芟苗清野,军粮不属,收三千余口而还。帝使侍中黄门劳温于襄阳。"①正当收复关中取得关键性的胜利时,却因缺少粮草功亏一篑。

桓温此次北伐有两条进军线路:一是舟师自襄阳到谷城取道均口,随后经南乡进入汉中,自汉中沿子午道进入关中;一是步军自淅川直扑武关,从武关进入关中。两路大军相互策应,形成包抄关中之势。

桓温第二次北伐发生在永和十二年(356)。此次北伐发生在桓温"欲修园陵,移都洛阳"②的背景下。

北伐的目标发生变化后,桓温进行了新的部署。《晋书·桓温传》云:"温遣督护高武据鲁阳,辅国将军戴施屯河上,勒舟师以逼许洛,以谯梁水道既通,请徐豫兵乘淮泗入河。"③此次北伐总结了征伐关中时的经验教训,试图在加强漕运的过程中防止因粮草不济被迫撤兵的事件再度发生。在这中间,桓温采取了四个方面的措施:一是令督护高武占据鲁阳(治所在今河南鲁山尧山),建立自襄阳、南阳北上的前进基地;二是令辅国将军戴施驻屯河上,加强黄河及汴渠运道的防守;三是令驻扎在徐豫的军队沿谯梁水道进入黄河流域;四是自江陵起程,亲率舟师进军许昌、洛阳。

在重点经营"河上"(很可能是指敖仓及荥口石门)的过程中,桓温又"以谯梁水道既通,请徐豫兵乘淮泗入河"。谯梁水道是一条古老的交通线,这条从梁郡(治所睢阳,在今河南商丘)到谯郡的航线:一是自淮河经涡水、颍水等可进入黄河运道;一是自淮河入邗沟可进入长江运道。从历史上看,谯梁水道在军事斗争及稳定政治局面方面直接负有特殊的使命。如建安十四年(209)七月,曹操"自涡入淮,出肥水,军合肥"④,在合肥与孙权展开激战。又如黄初六年(225)八月,曹丕率舟师"自谯循涡入淮"⑤,远征孙吴。再如西晋"八王之乱"时,晋王朝利用这一航线"漕运以济中州"⑥。从这样的角度看,桓温利用谯梁水道,加强运兵、

---

① 唐·房玄龄等《晋书·桓温传》,北京:中华书局1974年版,第2571页。
② 同①。
③ 同①,第2572页。
④ 晋·陈寿《三国志·魏书·武帝纪》(裴松之注),北京:中华书局1959年版,第32页。
⑤ 晋·陈寿《三国志·魏书·文帝纪》(裴松之注),北京:中华书局1959年版,第85页。
⑥ 唐·房玄龄等《晋书·陈敏传》,北京:中华书局1974年版,第2614页。

运粮,充分利用淮北、淮南两地的资源,为收复中原及洛阳提供了强有力的后勤保障。

耐人寻味的是,桓温自江陵北伐,竟然途经金城。金城是三国孙吴修筑的军事要塞,在丹阳郡江乘县域内,是长江下游重要的渡口,距吴都建业只有三十五里。桓温北伐时绕道金城,应与招兵买马相关。

根据这一情况,似表明此次北伐的线路是:桓温率舟师顺江而下经金城,至扬州进入邗沟,随后"过淮泗,践北境"。不过,史又有"温遣督护高武据鲁阳"之说。综合这些情况,桓温此次北伐有两路大军:一是出偏师自江陵经襄阳直取鲁阳,为进取许昌做准备;一是亲率舟师沿淮泗北征,同时又"请徐豫兵乘淮泗入河"。也就是说,此次北伐以舟师为主,是自淮泗进入黄河流域的。

客观地讲,因加强漕运建成强有力的后勤补给线,此次北伐较为顺利,在进取洛阳的过程中击溃了姚襄的主力,并收复了大片领土。然而,自晋室南渡至永和十二年再度北伐,已过去四十年,人心早已思变。桓温北伐取得战果后,班师回朝,很快出现了"温还军之后,司、豫、青、兖复陷于贼"①的局面。其实,出现这样的结果是必然的。对于老百姓而言,只要能过上好日子,谁统治都一个样。史称:"晋征西大将军桓温自江陵伐襄,战于伊水北,为温所败,率麾下数千骑奔于北山。其夜,百姓弃妻子随襄者五千余人,屯据阳乡,赴者又四千余户。襄前后败丧数矣,众知襄所在,辄扶老携幼奔驰而赴之。时或传襄创重不济,温军所得士女莫不北望挥涕。其得物情如此。先是,弘农杨亮归襄,襄待以客礼。后奔桓温,温问襄于亮,亮曰:'神明器宇,孙策之俦,而雄武过之。'其见重如是。"②桓温虽然战胜姚襄,但洛阳人民依旧愿意跟随姚襄。

晋废帝司马奕太和四年(369)四月,桓温揭开了第三次北伐的序幕。

北方形势变化后,有前燕、前秦、前凉等政权并存,其中,前燕与东晋接壤,对东晋的威胁最大。史称:"太和四年,又上疏悉众北伐。平北将军郗愔以疾解职,又以温领平北将军、徐兖二州刺史,率弟南中郎冲、西中郎袁真步骑五万北伐。百官皆于南州祖道,都邑尽倾。"③桓温领平北将军、徐兖二州刺史及获取南州的粮草及军需物资后是从淮南重镇盱眙或山阳一线出征的。

起初,桓温打算沿水路运兵、运粮,自汴水西入黄河。然而,此时正是枯水季节,汴渠得不到黄河水资源的补给,航道出现了干浅的情况,如史有"太和中,温将伐慕容氏于临漳,超谏以道远,汴水又浅,运道不通。温不从,遂引军自济入河"④等语可证。为此,桓温

---

① 唐·房玄龄等《晋书·桓温传》,北京:中华书局1974年版,第2572页。
② 唐·房玄龄等《晋书·姚襄传》,北京:中华书局1974年版,第2963—2964页。
③ 同①,第2576页。
④ 唐·房玄龄等《晋书·郗超传》,北京:中华书局1974年版,第1803页。

采取了进军湖陆(在今山东鱼台东南)、金乡(在今山东金乡)等地的战略。在湖陆打败燕军及俘获慕容忠以后,桓温进军金乡,为自金乡入汴水和黄河与前燕决战做必要的准备。在这中间,针对金乡航道干浅等情况,桓温开桓公沟,打通自金乡至巨野(在今山东巨野)入黄河的航线。

开通桓公沟以后,桓温率大军自济水入河直扑黄河北岸的枋头(在今河南淇县东)。与此同时,将占领汴渠入河口石门(在今河南荥阳境内)的重任交给了袁真。此前,袁真取得了攻占谯梁二郡及打通谯梁水道的胜利,但在石门遇到了燕将慕容德的殊死抵抗。由于漕运受阻,后勤补给不济,桓温被迫撤退,致使第三次北伐功败垂成。

在这次北伐中,桓温初战取得胜利与漕运相关,同样,失败亦与运兵、运粮通道被掐断相关。进而言之,此次征伐前燕遭受惨败,与桓温贪功冒进、没有一条稳定的漕运通道及后勤补给的航线有直接的关系。在筹划第三次北伐的过程中,有两个问题需要关注:一是如果桓温能虚心地听从郗超的忠告,等待适合漕运的季节来临和积极地寻找战机,完全可以避免急于求成的风险;二是开桓公沟以后,桓温如果能冷静地面对现实并接受郗超的建议,将经营的重点放到河北重镇邺城(在今河北临漳西南)方面,进而"顿兵河、济,控引漕运,俟资储充备,至来夏乃进兵"①的话,那么,北伐也可能取得成功。遗憾的是,桓温刚愎自用,错失了良机。

桓公沟长达三百多里,是桓温第三次北伐的产物。开通这条航线对于改善黄河中下游地区的水上交通有着特殊的意义。

其一,桓公沟开挖后,建立了济水与黄河相通的新航线。郦道元记载道:"桓温以太和四年,率众北入,掘渠通济。"②所谓"通济",指开挖与济水相接并进入黄河的航线。桓公沟又称"桓水""桓河""桓公渎"。如李吉甫论述道:"桓水,在县西八十里。晋桓温进军,北次金乡,凿巨野三百里以通舟运,自清水入河。以是桓所凿,故曰桓水,亦曰桓河。"③"县西",指中都县(治所在今山东汶上)西。桓公沟引济水北注,打通了自汴渠直入黄河以北的水上交通线,进而扩大了漕运的范围。

其二,桓公沟开通后,建立了自济水入菏水的新航线。顾祖禹论述道:"旧志:沟在济宁州西四十里萌山下。晋太和中桓温伐燕,遣冠军将军毛虎生凿巨野通济,水道出此,南入鱼台县界。"④桓公沟北自巨野连接济水,南至鱼台(在今山东鱼台)域内可入菏水。菏水是春

---

① 宋·司马光《资治通鉴·晋纪二十四》(邬国义校点),上海:上海古籍出版社1997年版,第910页。
② 北魏·郦道元《水经注·济水二》,《水经注疏》上册(杨守敬、熊会贞疏,段熙仲点校,陈桥驿复校),南京:江苏古籍出版社1989年版,第722页。
③ 唐·李吉甫《元和郡县图志·河南道六》(贺次君点校),北京:中华书局1983年版,第263页。
④ 清·顾祖禹《读史方舆纪要·山东四》(贺次君、施和金点校),北京:中华书局2005年版,第1547页。

秋时吴王夫差兴修的河渠,这条河渠沟通了泗水和济水之间的联系。桓公沟北自巨野泽(湖泊,在今山东巨野附近)与济水相接,南至方与县(在今山东鱼台西)与菏水相接。桓公沟与济水、菏水及黄河相通后,扩大了水运范围。在这中间,由于鄄城、兖州等地农业经济发达,桓公沟为就地取粮支援北伐提供了后勤支援。

其三,巨野是桓公沟入泗入淮及连接济水、黄河等的航段节点。自江淮北上可入淮河和泗水,沿泗水至巨野可入济水航线,自济水可入黄河,沿黄河航线可远及洛阳以西的关中。这条通道建立后,为宋代开五丈河、元代开会通河等奠定了坚实的基础。

遗憾的是,时隔四十九年,桓公沟终因缺少疏浚失去漕运能力。义熙十二年(416),刘裕征伐后秦姚泓,令朱超疏浚桓公沟,并以此为漕运通道(后勤补给线)进军中原。史称:"泰常元年,司马德宗将刘裕伐姚泓,舟师自淮泗入清,欲溯河西上,假道于国。"[1]经过疏浚,再次打通了桓公沟这一漕运通道。宋文帝刘义隆元嘉七年(430),到彦之率水军攻魏曾取道桓公沟,如史有"三月戊子,遣右将军到彦之北伐,水军入河"[2]之说。这些都在一定程度上传达了桓公沟这一漕运通道的重要性。

谢玄守江淮与北伐及漕运

谢玄走上历史的舞台发生在"于时苻坚强盛,边境数被侵寇,朝廷求文武良将可以镇御北方者,安乃以玄应举"[3]的背景下。诚如王应麟在《晋宋齐梁陈形势考》中所说:"东南地非偏也,兵非弱也。有人焉,进取而有余;无人焉,自保而不足"[4]这一论述,完全可以移来说明谢玄临危受命时的情况。

谢玄领广陵相监江北诸军事以后,发生了苻坚派兵围襄阳的事件。是时,驻守淮河防线的谢玄在加强防守的同时,派出何谦游击淮泗,以此来牵制苻坚围攻襄阳的兵力。襄阳失陷后,淮河防线告急,重镇盱眙失陷后,谢玄率军自广陵(治所在今江苏淮安)出征,挽救了败局。

遗憾的是,战争的天平很快倒向前秦,为结束南北分治的局面,苻坚率军南下,东晋的形势万分危急。在谢玄的指挥下,东晋取得了淝水之战(383)的胜利。经此,北方的各种政治势力纷纷叛离前秦苻坚,东晋形势开始好转。

次年即晋孝武帝司马曜太元九年(384),在谢安的举荐下,谢玄率东晋大军揭开了北伐的序幕。谢玄北伐时,谯梁二郡属东晋,兖州属前秦,根据这一形势,谢玄采取了先取兖州的

---

[1] 北齐·魏收《魏书·崔浩传》,北京:中华书局1974年版,第809页。
[2] 梁·沈约《宋书·文帝纪》,北京:中华书局1974年版,第78页。
[3] 唐·房玄龄等《晋书·谢玄传》,北京:中华书局1974年版,第2080页。
[4] 宋·王应麟《通鉴地理通释·晋宋齐梁陈形势考》(傅林祥点校),北京:中华书局2013年版,第363页。

战略。史称:"既而安奏苻坚丧败,宜乘其衅会,以玄为前锋都督,率冠军将军桓石虔径造涡颍,经略旧都。玄复率众次于彭城,遣参军刘袭攻坚兖州刺史张崇于鄄城,走之,使刘牢之守鄄城。"①所谓"径造涡、颍",是指谢玄率军自淮河入谯梁水道后,经涡水、颍水入汴渠及黄河流域。谢玄之所以选择谯梁水道为挺进中原的路线,是因为这一水道基本上没有遭受破坏,有良好的漕运条件,同时又因为这条水道一头联系江淮及邗沟、一头联系汴渠及黄河航道,经此北伐,可提高运兵、运粮的效率。在这中间,谢玄率大军进驻彭城(在今江苏徐州),随后虚晃一枪,将军事斗争的锋芒指向兖州。以"刘牢之守鄄城"为标志,谢玄在加强漕运的过程中取得了平定兖州的胜利。

平定兖州后,为解决运兵、运粮中的难题,谢玄采纳了督护闻人奭的建议。史称:"兖州既平,玄患水道险涩,粮运艰难,用督护闻人奭谋,堰吕梁水,树栅,立七埭为派,拥二岸之流,以利运漕,自此公私利便。"②谢玄"堰吕梁水",旨在建立一条自江淮入汴渠的漕运通道。如李昉引《晋中兴书》曰:"兖州既平,谢玄患水道险涩,粮运艰难,壅吕梁水,立七埭以利运漕。"③所谓"堰吕梁水",是指在吕县(在今江苏徐州铜山伊庄吕梁)建堰坝蓄积丁溪水(吕梁水),通过补给泗水改变彭城一带"粮运艰难"的现状。所谓"树栅",是指用打桩的方式压缩河道宽度。所谓"立七埭为派,拥二岸之流,以利运漕",是指建堰积蓄吕梁水,将其合为一道,与此同时,将两岸其他河流的水资源截入七埭,抬高河道水位。起初,泗水是一条季节性通航的河流,通过蓄积吕梁水并在"冬春浅涩"时补入,可以冲刷河床中的积沙,为泗水常年通航创造必要的条件。吕梁水是泗水的支流,在吕县注入泗水。谢玄兴建吕梁七埭后,打通了自彭城一带入泗水入汴渠,再入黄河的航线。

吕梁七埭是谢玄建立泗水航线的重要工程。开通自彭城沿泗水北上至兖州的航线对于谢玄经营兖州有着特殊的意义。这条航线开辟后,扩大了为军事斗争服务的漕运范围。通过夺取兖州,谢玄建立了后勤补给中继站,初步解除了挺进中原时的后顾之忧。

建立吕梁七埭除了重点引吕梁水入泗外,汶水亦是重要的补给水源。在引汶入泗的过程中,谢玄以巨野沟为节点建立了泗水新航道与菏水、济水、桓公沟等之间的互通关系。自彭城入泗水可入巨野沟,巨野沟是巨野泽的一部分,自巨野沟北上可进入菏水、济水、桓公沟等。在这中间,泗水新航线将兖州等地串联在一起,为北伐调集不同区域的物资及漕运开辟了新途径。这条新航线开通后,重新建立了与济水(清水)、菏水、桓公沟、汴渠、黄河等互通的航线,同时与谯梁水道、汴渠、黄河串联在一起,为北伐提供了不同的漕运通道。

占领青州后,谢玄将军事斗争的矛头指向冀州(黄河以北的广大区域)。在这中间,谢玄

---

① 唐·房玄龄等《晋书·谢玄传》,北京:中华书局1974年版,第2082—2083页。
② 同①,第2083页。
③ 宋·李昉等《太平御览·地部三十八·堰埭》,北京:中华书局1960年版,第344页。

派兵重点把守黄河运道上的碻磝(在今山东茌平西南)、滑台(在今河南滑县)等战略要地,同时攻占黎阳(在今河南浚县)等漕运重镇。经此,取得了"三魏皆降"的战果。收复河北及平定三魏后,谢玄上疏朝廷,提出加强河北防务的主张。史称:"玄上疏以方平河北,幽冀宜须总督,司州县远,应统豫州。以勋封康乐县公。玄请以先封东兴侯赐兄子玩,诏听之,更封玩豫宁伯。复遣宁远将军吞演伐申凯于魏郡,破之。玄欲令豫州刺史朱序镇梁国,玄住彭城,北固河上,西援洛阳,内藩朝廷。朝议以征役既久,宜置戍而还,使玄还镇淮阴,序镇寿阳。会翟辽据黎阳反,执滕恬之,又泰山太守张愿举郡叛,河北骚动,玄自以处分失所,上疏送节,尽求解所职。诏慰劳,令且还镇淮阴,以朱序代镇彭城。"①在这中间,谢玄提出了"豫州刺史朱序镇梁国,玄住彭城,北固河上,西援洛阳"的主张,可惜,"朝议以征役既久,宜置戍而还"为由,放弃了这一正确的主张,反而"使玄还镇淮阴,序镇寿阳",放弃了河北,导致河北再度骚动,致使一度大好的形势再度丧失。

客观地讲,谢玄北伐成功与加强运兵、运粮,寻求多元化的漕运途径,改变单一地依靠谯梁水道进行漕运的局面息息相关。如谢玄"堰吕梁水"以后,打通了自谯梁水道入泗水,自泗水入涡水、颍水等,再入汴渠及黄河的通道;同时也打通了自泗水入汴渠及黄河,或自泗水入桓公沟入济水再入黄河的通道。可以说,多条航线并存,为其重点经营河北及中原提供了便利的漕运通道。

从大的方面讲,谢玄北伐的进军路线与桓温第二次和第三次北伐大体相同。如桓温第二次北伐采取了先收复淮北,以淮北为补给基地,自谯梁水道挺进中原的战略战术及进军路线。又如第三次北伐时,桓温以兖州、淮北为前进基地,建立了自谯梁水道入汴渠再入黄河的航线,建立了桓公沟与菏水、济水、泗水、汴渠和黄河互通的航线。同时建立两条后勤补给线,旨在通过提升漕运能力为逐鹿中原服务。谢玄北伐时,政治形势发生了很大的变化。此时,淮北在东晋的掌控之下,兖州在前秦的掌控之下,根据这一形势,谢玄以淮北为前进基地,进驻彭城后,先把军事斗争的锋芒指向兖州一带。从表面上看,谢玄北伐的经营策略与桓温多有不同,其实,本质是一致的,均采用了先经营淮北和兖州、后经营中原的战略。具体地讲,如果谢玄沿谯梁水道贸然进入汴渠再入黄河的话,由于兖州等地被前秦掌控,很容易出现腹部受敌的被动局面。为此,谢玄采取了先经营兖州,在解除后顾之忧的基础上再经营中原的战略。在这中间,谢玄"堰吕梁水"为经营兖州、青州等地及收复河北奠定了坚实的基础。

需要补充的是,东晋北伐除桓温第一次北伐自江陵进取关中外,祖逖、殷浩、桓温、谢玄北伐主要是从水路及沿谯梁水道进行的。在这中间,虽有桓温开桓公沟和谢玄建泗水新航

---

① 唐·房玄龄等《晋书·谢玄传》,北京:中华书局1974年版,第2083页。

线之举,但汴渠始终是北伐不可或缺的漕运通道。

自谢玄建吕梁七埭后,泗水航线在东晋经营齐鲁时发挥了重要作用。晋安帝义熙五年(409)四月,南燕慕容超犯境,刘裕奉命讨伐。在讨伐的过程中,刘裕经邗沟入淮至下邳(今江苏邳州),随后,在南燕都城广固(在今山东青州西北)展开决战,取得了消灭南燕的胜利。在这中间,刘裕利用了谢玄兴修的泗水航线。当时的情况是,广固没有现成的漕运通道,转运来自江淮的粮草须经泗水新航线。

从历时的角度看,桓温、谢玄等为北伐开挖的桓公沟、泗水新航线是北方河渠建设的重要收获。桓公沟通济并将航线延长到寿张(治所在今山东梁山寿张集)域内,为元代开山东运河会通河创造了必要的条件。谢玄兴修的泗水新航线,成为元明两代开京杭大运河山东航段的重要基础。从这样的角度看,桓公沟、泗水新航线在历史的进程不仅没有被淹没,而且在新形势下获得了新生。

谢玄开辟的泗水新航线既是东晋北伐时不可或缺的漕运通道,同时也是南朝在淮河、黄河交汇处攻防时必须重点关心的航线。如果以宋文帝刘义隆元嘉二十七年(450)为节点,此前,南朝与北朝的攻防线集中在黄河流域,此后,转移到淮河与黄河交汇处。进而言之,元嘉二十七年北伐失败后,南北双方的攻防线开始转移到淮河和黄河交汇处。以此为节点,一是结束了南朝在黄河流域开挖或整修河渠的历史;二是谢玄开挖的泗水新航线成为南北对峙时重点攻防的对象。

事实上,当南北对峙的攻防线转移到黄淮交汇处时,泗水新航线连接济水、菏水、桓公沟、汴渠、黄河等,以徐州、吕梁为代表的航段节点势必会成为战争双方争夺的对象。如陈宣帝太建九年(577),北周灭齐后将军事斗争的锋芒指向徐、兖二州。为了改变不利的局面,陈宣帝决定以攻代守,令吴明彻北伐。吴明彻占据吕梁后与周军在徐州一带展开争夺一事表明,泗水新航线涉及漕运及运兵、运粮的大事。在军力不济的情况下,吴明彻大败是必然的。然而,如果泗水新航线不被切断的话,很可能出现另外的局面。这一事件透露的信息是,伴随着南北对峙的攻防线向淮河与黄河交汇处转移,谢玄开辟的泗水航线已成为战争双方争夺的对象,因漕运吕梁、徐州等地的战略地位也日益彰显。

第六章 南北朝时期的漕运

以刘裕建宋为标志,历史进入到南北朝时期。

南北朝时期,军事斗争是政治斗争的最高形式,政权建设以军事斗争为先导,形成了不同的特点。具体地讲,北魏在东进及南下的过程中,采取了改农田为牧场的措施,试图在保证军需的过程中迅速地兑现军事斗争的成果,入主中原后,在汉化的过程中充分认识到农耕的重要性,为此,魏孝文帝于太和九年(485)颁布"均田令",从法律的层面承认农耕存在的合理性,进而在统治区域内兴修河渠,在征伐宋、齐、梁、陈的过程中从水路运兵、运粮。这一时期,与北朝相对应的南朝政权有宋、齐、梁、陈,为瓦解北军南下的攻势,南朝各政权积极地兴修河渠,为发展农业和水上交通等采取了一系列的措施。

这一时期的河渠建设显示出四个特点:一是河渠建设分别在游牧民族和农耕民族两大统治区域内进行;二是河渠建设表现出为军事斗争服务的特征,形成了建设与破坏共存的态势;三是在发展水上交通的过程中,一些水陆交通枢纽的形成促进了不同区域之间的经济交流及商贸往来,为某些区域及城市成为商品集散地创造了必要的条件;四是河渠建设促进了政权建设,水上交通的兴起改变了城市布局,带动了沿岸地区的城市建设和发展。进而言之,透过河渠建设,可以进一步了解社会经济发展、不同区域间的经济交流、城市建设等方面的运动轨迹和动态。

南北分治应以晋室南下渡江为起点,在游牧民族的打击下,晋室仓皇南下,揭开南北朝对峙的序幕。南北朝对峙是中国社会最混乱的时期,在长达二百七十多年的时间里,南北政权不断地更迭,致使军事斗争成为政治斗争的最高形式。在这中间,不同的政权出于为现实政治服务的需要虽多有兴修河渠之举,但建设与破坏同步,相关地区的河渠建设在相对停滞的状态中艰难地进行。进而言之,南北朝时期,河渠建设的速度明显地放缓,出现这样的情况固然与南北分治不可能在更大的范围内进行河渠建设相关,而且与战争直接阻止经济建设的步伐等也相关,但河渠建设速度放缓后,对恢复北方自然生态的作用是显而易见的,甚至可以说,如果没有自然生态的恢复,隋王朝要想引水入运和兴修贯穿南北的通济渠、永济渠等是不可能的。从这样的角度看,北魏在黄河流域兴建千里牧场,虽然破坏了农耕民族建立的生产秩序,但对于恢复黄河流域的自然生态是有益的。

第一节 北魏漕运与河渠建设

游牧民族是马背上的民族。在征伐及入主中原的过程中,北魏采取了毁农田建牧场的措施,这一政策推行后:一方面扩大了游牧民族生存和活动的空间;另一方面为建立以鲜卑拓跋人为主体的军事贵族统治集团提供了强有力的支撑。然而,伴随着北魏政权不断拓展的历史,当从事农业生产的农耕民族不得不接受北魏统治时,势必要冲击到游牧民族建立的生产秩序,甚至会引起结构上的变化。在这一过程中,农耕民族与游牧民族在生活方式和生产方式上的碰撞在潜移默化中引起北魏统治集团内部的变化。

牧马与恢复黄河生态

毁农田建牧场是北魏攫取战争资源的重要手段。北魏是游牧民族建立的政权,在征伐的过程中,需要大量的战马用于保持军事斗争的优势,同时也需要牧场来保证日常生活的需要。客观地讲,在农耕民族的生活区域建牧场,自然是破坏了农耕民族赖以生存的家园,给农耕民族带来了难以承受的苦难。不曾料想的是,这一举措虽然残酷地破坏了农耕文明造就的以一家一户为基本单位、以耕与织为核心的自给自足的生产方式,甚至摧毁了农耕民族赖以存在的家园,但黄河中下游地区的植被却因此得到了某种程度的恢复。黄河流域的植被部分得到恢复后,黄河流域水土流失得到了一定程度上的控制,在这样的前提下,黄河溃溢和改道迁徙的事件明显地减少,黄河下行时河道进入了相对稳定的时期。客观地讲,这一情况的存在是发人深省的,给后世提出了如何合理利用黄河水资源的大问题。

追溯历史,北魏毁农田建牧场,发生在魏太武帝拓跋焘取河西及关中之时,此后,这一政策在更大的范围得到推广。《魏书·食货志六》云:"世祖之平统万,定秦陇,以河西水草善,乃以为牧地。畜产滋息,马至二百余万匹,橐驼将半之,牛羊则无数。高祖即位之后,复以河阳为牧场,恒置戎马十万匹,以拟京师军警之备。每岁自河西徙牧于并州,以渐南转,欲其习水土而无死伤也,而河西之牧弥滋矣。"[①]这一记载有四个要点:一是始光四年(427),魏太武帝拓跋焘占领夏国都城统万城(在今陕西靖边东北)及平定秦陇(在今陕西和甘肃)以后,在河西建牧场;二是河西建牧场后,"畜产滋息",出现了"马至二百余万匹,橐驼将半之,牛羊则无数"的局面,为北魏征伐提供了充足的生活资料和军备物资;三是魏孝文帝即位后,将河

---

① 北齐·魏收《魏书·食货志六》,北京:中华书局1974年版,第2857页。

西牧场拓展到河阳(在今河南孟县西),"以拟京师军警之备";四是为防止战马因水土不服而死亡的情况发生,采取了每年自河西转牧并州(治所在山西太原)并逐步向南放牧的措施。

稍后,以《魏书·食货志六》为依据,杜佑记载道:"太武帝平统万赫连昌,定陇右秃发、沮渠等,河西水草善,乃以为牧地,六畜滋息,马三百余万匹,驼驼将半之,牛则无数。孝文帝迁洛阳之后,复以河阳为牧场,恒置戎马十万匹,以拟京师军警之备。每岁自河西徙牧于并州,渐南,欲其习水土而无死伤也,而河西之牧滋甚。"①这一叙述可补充《魏书·食货志六》中的缺失:一是魏太武帝攻破统万城及平定赫连昌以后,又消灭了盘踞在陇右的南凉秃发和北凉沮渠等政权;二是魏孝文帝在河阳建立牧场,发生在迁都洛阳以后。魏孝文帝迁都洛阳完成于太和十八年(494),以此为节点,孝文帝颁布了一系列的汉化政策。

如果以《魏书·食货志六》和杜佑的记载为依据,结合其他史料,还有五个方面值得关注。

其一,从魏太武帝到魏孝文帝,中经魏文成帝拓跋濬、魏献文帝拓跋弘等数朝,如果以魏孝文帝太和十八年为下限的话,起码说,北魏改农田为牧场的行为在近七十年的时间里得到了全面的落实。魏太武帝和魏孝文帝是北魏两个有作为的皇帝,受生活方式、思维惯性的制约和支配,以游牧为主体的生活方式、生产方式等在国家政治中占有不可动摇的地位。

其二,军马是游牧民族进行军事扩张的重要武器,北魏十分重视军马,甚至将放牧军马视为立国之本。太延二年(436),魏太武帝拓跋焘在云中(治所在今内蒙古托克托东北)建野马苑,旨在通过驯化野马为南下服务。除了在云中驯服野马外,魏孝文帝又在并州等地放牧军马。

其三,重点奖励献马者和牧马者。延和三年(434),在亟须军马的关口,秃鹿傀献军马二千匹,因而受到太武帝的奖励。因善于养马,宇文福受到了孝文帝的表彰和信任,担任要职后,继续领太仆、典牧令。事实上,军马除了可以为发动大规模的战争提供必要的资源外,更重要的是,军马在预警及防止外敌入侵方面有着不可替代的作用。可以说,军马是北魏政权建设的一部分。平定朔方、陇右等地后,太武帝干脆把河西建成牧场。此后,孝文帝又以河阳为军马放养基地,从而出现了"马之盛无如后魏"的局面。特别是在官吏考核时,最大的奖励是"赐乘黄马一匹"(奖励品质优良罕见的黄色骏马)。

其四,北魏放养军马,采取官养和民养相互配合的机制。王应麟论述道:"古者牧养之马,有养之官,有藏之于民。官民通牧者,周也。牧于民而用于官者,汉也。牧于官而给于民者,唐也。"②游牧民族的生活习性虽然不同于农耕民族,但均认识到马匹在冷兵器战争中的重要性。从"以河西水草善,乃以为牧地。畜产滋息"等语看,北魏牧马与农耕民族没有两

---

① 唐·杜佑《通典·职官七·太仆卿》,杭州:浙江古籍出版社1988年版第150页。
② 宋·王应麟《玉海·兵制·马政一》,南京:江苏古籍出版社1990年版。

样,均采取了"藏之于民"的方法。此外,从"云中置野马苑"及在河阳设马场"以拟京师军警之备"等情况看,优质军马主要采用官养之法。遗憾的是,伴随着北魏走向衰败,长期建立起来的牧马制度遂走向衰败。从表面上看,牧马制度遭受破坏是因群寇盗掠造成的,其实,是因北魏自身衰败造成的。具体地讲,魏孝明帝正光(520—525)以后,北魏已陷入动荡之中。

其五,经过长时间的努力,时至魏孝文帝迁都洛阳时,黄河两岸已建成千里牧场,如史有"福规石济以西、河内以东,拒黄河南北千里为牧地"①之说。由此提出的问题是,在扩大疆域及南进的过程中,因军马在实施快速推进的战略中有着特殊的作用,这样一来,在经营四方的过程中势必要以陆路进攻为主。然而,伴随着领土不断地扩大,当黄河流域的农业资源成为国用的主要资源时,当汉化成为北魏不得不考虑的问题时,当南下征伐南朝不得不依靠水路时,兴修河渠及发展漕运势必要被提上议事日程。

北魏将农田改为牧场主要是出于生活习性和传统方面的考虑。如为了解决北马水土不服等难题,北魏采取了"自河西徙牧于并州,渐南"的措施。其实,在南进的过程中不仅仅是北马水土不服,长期生活在干旱或半干旱地带的鲜卑人本身也存在着无法适应中原气候的大问题。由于适应不了河洛一带的暑热天气,太子拓跋恂乘孝文帝南行之际,竟然杀掉阻挠者,私自逃往代地(在今山西朔州一带)。这一事件表明,当游牧民族的统治区域扩大到农耕民族居住的中心区域时,生活习惯及气候等势必会引起两种生活方式的外部冲突。在这中间,一方面,以游牧民族为统治力量的政权,要想适应新的环境需要有一个过程;另一方面,要想彻底地改变农耕民族的生活习性及生产习惯自然是困难的。

毁农田建牧场实际上是一柄双刃剑,利害各半。有利的一面是,毁农田建牧场,适应了游牧民族的生活及生产需要,为北魏扩张政治版图奠定了坚实的基础。不利的一面是,当农耕民族的生活区域纳入北魏的版图后,因破坏了其既有生活和生产方式,遂给北魏的政治统治带来了诸多不稳定的因素。

刁雍兴修河渠与发展农业及漕运

游牧文明与农耕文明碰撞的必然结果是:一方面游牧民族需要把农田改造为牧场,来满足其生活需要;另一方面又不得不给守望在故土的农耕民族保留部分的生活和生产空间,以缓和日益尖锐的民族矛盾。可以说,北魏进取中原是一个毁灭与建设并存的过程。在这中间,占据统治地位的游牧民族虽然不愿意发自内心地关心农耕民族的生活,但出于统治方面的需要又不得不默认农耕文明存在的合理性。

黄河中下游地区为北魏掌控后,在破坏水利工程设施的同时,又不得不接受农耕文明的

---

① 北齐·魏收《魏书·宇文福传》,北京:中华书局1974年版,第1000页。

第六章　南北朝时期的漕运

成果。可以说,北魏统一北方的过程既是游牧民族占领统治制高点的过程,也是游牧文明与农耕文明两种生活方式冲突和融合的过程。在这中间,当农耕文明造就的生产方式在北魏统治区域得到进一步的肯定时,势必要在统治者的内部发出兴修河渠、发展漕运的声音。

北魏的河渠建设是在改变生活方式及汉化的进程中进行的。针对镇守边关中的困难,薄骨律镇将刁雍提出了兴修河渠及发展漕运的主张。具体地讲,魏太武帝太平真君五年(444),刁雍提出了开挖河渠、发展农业的主张。由于这一主张有稳定社会秩序等积极的建设作用,因而受到了魏太武帝拓跋焘的重视。如拓跋焘在回复刁雍的诏书中写道:"卿忧国爱民,知欲更引河水,劝课大田。宜便兴立,以克就为功,何必限其日数也。有可以便国利民者,动静以闻。"①此举开启了北魏在边地开渠灌溉农田的先河。从魏太武帝答复刁雍的诏令中可知,北魏已认识到开渠灌溉农田及发展农业的重要性,因"可以便国利民",为此,魏太武帝授权刁雍"动静以闻"。这一事件表明,为巩固政权及有效地控制疆土,游牧民族已改变原有的生活方式,承认农耕文明的合理性。

太平真君七年(446),刁雍再次上疏朝廷,提出在太平真君五年开挖河渠的基础上重修河渠、拓宽运道和发展漕运的主张。是时,高平、安定、统万及薄骨律北方四镇由刁雍节制,其中,薄骨律镇是四镇的核心。薄骨律镇是北魏设置的军镇,镇治在今宁夏灵武西南的古黄河沙洲上。刁雍发展漕运的主张受到魏太武帝拓跋焘的充分肯定和支持。出现这样的情况是必然的,因为游牧民族占据农耕民族的栖息地以后,开始改变本身的生活、生产方式,逐渐认识到发展漕运的重要性。

刁雍开挖河渠进行漕运和扩大种植面积发展农业,主要是为守卫河西边镇(宁夏河套地区)服务的。统万城濒临黄河,与朔水等相通,有自然天成的水运条件。刁雍任薄骨律镇将一职时,节制回乐(在今陕西富平),回乐位于关中平原和陕北高原交界处,这一地理位置决定了回乐在保证边镇薄骨律城后勤补给方面的重要地位。具体地讲,回乐濒临黄河,有艾山旧渠等可供灌溉农田时使用,如果加以利用的话,完全可将其改造为可以通航的河渠。在这样的背景下,刁雍在旧渠的基础上整修河渠,建立了从回乐到薄骨律城的漕运通道。这条河渠开挖后,从水上加强了河西与关中地区的联系。刁雍是深得北魏君主信任的名将,同时也是进入北魏统治高层的汉人代表,某种意义上讲,开渠发展农业及漕运虽说是刁雍个人的主张,但更多地表达了北魏统治集团内部汉臣发出的声音。这一事件传达的重要信息是:在扩张及征伐的过程中,北魏统治集团内部的构成开始发生某些变化。北魏统治者在不同的程度上表示了支持河渠建设和发展漕运的立场,甚至可以说,北魏重新审视和肯定河渠的综合功能,在一定程度上修正着对农业文明的看法。

---

① 北齐·魏收《魏书·刁雍传》,北京:中华书局1974年版,第868页。

刁雍开渠,一是利用了艾山旧渠,二是开挖的河渠在回乐东与黄河相连。从地理形势上看,回乐位于关中平原与陕北黄土高原交界的地带,且黄河流经这一地区,开挖与黄河相接的河渠有利于发展漕运。

艾山旧渠是关中重要的灌溉渠,有久远的历史,如胡渭将回乐境内的河渠统称为"汉渠"。从传世文献记载的情况看,汉代兴修河渠及建设水利工程应发生在汉武帝一朝以后。其中,汉武帝亲赴瓠子口治理黄河是西汉兴修水利工程的重要节点,经此,出现了"自是之后,用事者争言水利"①的局面。进而言之,兴修艾山旧渠的时间似乎可以上溯到汉武帝一朝。当时的情况是,汉武帝为发展河西地区的农业,开挖了具有灌溉功能的河渠。

孝文帝南征与漕运

在入主中原的过程中,北魏遇到了以什么样的生活方式及生产方式进行统治的问题。在不断地向汉民族主要生活居住区推进的过程中,北魏既需要推行汉化政策,让鲜卑人与汉族人融合;与此同时,又需要保留鲜卑人的生活习惯及生产方式。在这中间,从刁雍在边镇开渠发展农业及进行漕运,到魏孝文帝下诏关注六镇及黄河中下游地区的农田水利建设,北魏走过了一个从轻视农业到给农业以一定的发展空间的历程。具体地讲,如果以刁雍开渠兴修水利及发展漕运为起点,那么,到了魏孝文帝一朝,鲜卑拓跋部与汉民族则正式走向融合。

北魏基本完成统一北方的大业后,魏孝文帝清楚地意识到仅仅依靠马背上的民族统治农耕民族是欠缺的。进而言之,农耕民族(汉民族)在统治区域内占主导性地位时,如果不关心这一族群的利益,那么,统治将不会稳定。为改变这一局面,魏孝文帝决心依靠汉族大臣进行政治改革,推行俸禄制、均田制、三长制等。然而,这些政策的推行遭到鲜卑贵族的强烈反对,为了摆脱鲜卑贵族的制衡,魏孝文帝做出了迁都洛阳的决定,决心到汉文化发达的中心地区推行汉化政策。在这中间,魏孝文帝一方面延续毁农田为牧场的旧法,另一方面又兴修农田水利设施,从而最大程度地改变了鲜卑拓跋部原有的生产及生活方式。如史有太和十二年(488)五月,魏孝文帝"诏六镇、云中、河西及关内六郡,各修水田,通渠溉灌"②,此举在恢复六镇、云中、河西及关中农业生产的同时,实现了将农业纳入国家赋税征收范围的目标。

迁都是一个极为复杂的过程。为防止节外生枝,魏孝文帝决定以举兵声讨南齐为借口,率领鲜卑贵族离开经营已久的国都平城(在今山西大同)南下。史称:"高祖初谋南迁,恐众心恋旧,乃示为大举,因以胁定群情,外名南伐,其实迁也。旧人怀土,多所不愿,内惮南征,

---

① 汉·司马迁《史记·河渠书》,北京:中华书局1982年版,第1414页。
② 北齐·魏收《魏书·高祖纪下》,北京:中华书局1974年版,第164页。

无敢言者,于是定都洛阳。"①从表面上看,这一做法旨在迫使远离故土的鲜卑贵族接受迁都洛阳的事实,但同时也包含了强制鲜卑人改变生活习惯及生产方式的意图。

按照魏孝文帝的想法,举族南征的目的是实现移都洛阳这一战略目标。然而,在举族南下途经邺城(在今河北临漳)时,崔光等提出了定都邺城的主张。崔光等大臣劝谏的前提是魏孝文帝"经邺,登铜雀台"。这里隐藏的潜台词是:一是邺城是曹魏旧都,有理想的建都条件;二是邺城"漕运四通",有四通八达的航运条件;三是邺城有良好的农业生产条件,自战国西门豹兴修水利起,邺城已成为重要的农业产区;四是邺城虽无险可守,但自古有建都"在德不在险"之说,试图以此来坚定魏孝文帝建都邺城的决心。然而,魏孝文帝早有移都洛阳的打算,为此,遂以后赵石虎、前燕慕容亡于此,又以其地周边有不吉利的地点为由,提出反对意见。

此次南征的过程实际上是迁都的过程,但对于迁都到什么地方大家有不同的看法。邺城是重要的迁都之地,但这一方案遭到魏孝文帝的否决。他假借神的旨意来否决以邺城为都的主张,表达迁都洛阳符合神的旨意的政治诉求。尽管魏孝文帝没有采纳崔光等定都邺城的建议,但可以看到的是,此时在北魏统治集团的上层已出现以农业立国和发展漕运的声音,而且这一声音越来越大,并且成为主导性的意见。这样一来,遂为魏孝文帝迁都洛阳及进行政治改革铺平了道路。太和十七年(493)九月庚午,魏孝文帝已从邺城到达洛阳,故史有"庚午,幸洛阳,周巡故宫基趾"②之说。

如果说行经邺城时崔光发展漕运的主张还没有受到魏孝文帝的重视,那么,北魏迁都洛阳后,关心漕运已成为北魏君臣的共识。如韩显宗在上疏中写道:"端广衢路,通利沟渠,使寺署有别,四民异居,永垂百世不刊之范,则天下幸甚矣。"③韩显宗上疏的时间发生在太和十八年,即魏孝文帝移都洛阳的当年。韩显宗上疏后,魏孝文帝"颇纳之"④。也就是说,魏孝文帝充分认识到韩显宗建议的合理性,并多有采纳。

韩显宗的意见虽然受到魏孝文帝的重视,但游牧民族擅长马战,因此战马在战争中依旧占据主导地位。此时正是宇文福在黄河两岸建千里牧场,初步解决北马南迁水土不服及大批死亡的关键时刻。为保证北马适应中原地区及黄河南北两岸的水土,北魏采取了"以渐南转"的办法。凡是河西地区的马,每年移牧到并州,再逐渐向南转移。宇文福之所以受到魏孝文帝的特别嘉奖,主要的原因是"善于将养"。进而言之,北马南养是北魏统治者非常重视的问题,经过不断地探索,宇文福终于成功地解决了北马在黄河两岸放养容易死亡的难题。

---

① 北齐·魏收《魏书·李冲传》,北京:中华书局1974年版,第1183页。
② 北齐·魏收《魏书·高祖纪下》,北京:中华书局1974年版,第173页。
③ 北齐·魏收《魏书·韩显宗传》,北京:中华书局1974年版,第1339页。
④ 同③。

在这样的背景下,要想魏孝文帝完全接受韩显宗的意见自然有难度。

不过,伴随着北魏在南进的过程中控制兖、豫等地的进程,把南北对峙的攻防线成功地推进到淮泗一线,形势开始发生变化。如太和十九年(495),魏孝文帝巡幸徐州后为了表示支持漕运,决定乘船经泗水入黄河,从黄河入洛水还都洛阳。出于安全方面的考虑,成淹以"黄河浚急,虑有倾危"为由,坚决反对魏孝文帝泛舟黄河还都洛阳的举动。史称:"高祖幸徐州,敕淹与闾龙驹等主舟楫,将泛泗入河,溯流还洛。军次碻磝,淹以黄河浚急,虑有倾危,乃上疏陈谏。高祖敕淹曰:'朕以恒代无运漕之路,故京邑民贫。今移都伊洛,欲通运四方,而黄河急浚,人皆难涉。我因有此行,必须乘流,所以开百姓之心。知卿至诚,而今者不得相纳。'敕赐骅骝马一匹、衣冠一袭。除羽林监,领主客令,加威远将军。"①魏孝文帝打算"泛泗入河,溯流还洛"的目的是要"开百姓之心",即迎合统治区域内农耕民族发展农业、兴修河渠的心理,后因"黄河浚急"打消了从水路回洛阳的念头,甚至还打消了建立以洛阳为中心的"通运四方"的水上交通的想法。这一事件的发生虽十分偶然,但从深层看,主要是游牧民族占据中原后没有真正地认识到发展漕运在稳定国家政治方面的重要作用。尽管如此,从"朕以恒代无运漕之路,故京邑民贫"等语中不难发现,此时孝文帝已认识到漕运的政治意义和经济价值。

重修千金堨及九龙渠

北魏孝文帝重修千金堨及九龙渠共有两次:第一次发生在太和五年(481),第二次发生在太和七年(483)。

先看一看北魏太和五年重修千金堨及九龙渠的情况。千金堨在保证漕运、发展洛阳农业及维护洛阳的经济繁荣等方面有着不可替代的作用。郦道元记载道:"朝廷太和中修复故堨。按千金堨石人西胁下文云:若沟渠久,疏深引水者,当于河南城北石碛西,更开渠北出,使首狐丘,故沟东下,因故易就,碛坚便时,事业已讫,然后见之。加边方多事,人力苦少,又渠堨新成,未患于水,是以不敢预修通之,若于后当复兴功者,宜就西碛。故书之于石,以遗后贤矣。虽石碛沦败,故迹可凭,准之于文,北引渠东合旧渎。旧渎又东,晋惠帝造石梁于水上。按桥西门之南颊文称:晋元康二年十一月二十日,改治石巷水门,除竖枋,更为函枋,立作覆枋屋,前后辟级续石障,使南北入岸,筑治漱处,破石以为杀矣。到三年三月十五日毕讫,并纪列门广长深浅于左右,巷东西长七尺,南北龙尾广十二丈,巷渎口高三丈,谓之皋门

---

① 北齐·魏收《魏书·成淹传》,北京:中华书局1974年版,第1754页。

桥。潘岳《西征赋》曰：秣马皋门，即此处也。"①郦道元是北魏人，早年曾随魏孝文帝北巡，如有"余以太和中从高祖北巡"②语可作证明。九龙渠又称"九曲渎"，据此可证，太和五年北魏孝文帝有重修九龙渠之举。

从"晋元康二年十一月二十日"等语可知，北魏"太和中修复故堨"是以晋惠帝元康二年(292)兴修九龙渠为基础的。重修千金堨及九龙渠以后，提高了洛阳的农田灌溉水平，恢复了洛阳的水上交通秩序。王应麟记载道："朝廷太和中(元魏)修复故堨，晋造石渠于水上。"③经过历代不断地修缮，由阳渠及五龙渠扩展而来的九龙渠，除了可通过洛水进入黄河航线外，还可沿着新开的河渠避开黄河从洛阳到许昌。在这中间，从洛阳到许昌的河渠开挖后，在保证漕运和农田灌溉等前提下，建立了一条通往东南的复式航线。这条复式航线在加强洛阳与黄河、淮河漕运的同时，为隋代建立洛阳这一水陆交通枢纽奠定了坚实的基础。

再来看看北魏太和七年重修九龙渠的情况。这一时期的重要成果是在修复千金堨的基础上，将九龙渠的改建工程重点放在开挖"湖沟"方面。所谓开挖"湖沟"，是指将洛阳城西的涧水（"死谷"之水）引入运道，建造从谷水入瀍水的漕运通道。这一通道建成后，改变了原有的引水、蓄水和补水等结构。后世叙述兴修五龙渠的历史时，一度出现了将曹魏"太和"(227—233)与北魏"太和"(477—499)混为一谈的情况。

其实，曹魏太和五年(231)陈协"堰谷水"与北魏太和七年"造沟以通水，东西十里，决湖以注瀍水"是两个不同的兴修工程。顾祖禹论述道："涧水，在府西。源出渑池县之白石山，东流经新安县东而合谷水。谷水出渑池县南山中谷阳谷，东北流经新安县南，又东而与涧水会，自是遂兼谷水之称，又东历故洛阳城广莫门北，又东南出上东门外石桥下而会于洛水，此魏、晋以后之谷水也。周时涧水本在王城西入洛，故《洛诰》云：'涧水东，瀍水西。'周灵王时谷、洛斗，毁王宫，亦在王城西，自此涧水更名谷水。《水经注》：'河南城西北谷水之右有石碛，碛南出为死谷，北出为湖沟。魏太和七年暴水流高三丈，此地下，停流以成湖渚，造沟以通水，东西十里，决湖以注瀍水。'然则谷水入瀍而经城北，自元魏时始也。"④从周灵王"壅谷水"起，洛阳城西的"死谷"已成为湖泊，不再有下行水道。为了改变这一局面，利用洛阳城西的水资源，将"死谷"之水引入运道成为北魏重修九龙渠的重要举措。

洛阳城西的"死谷"之水主要来自涧水，周室东迁后，涧水始有"谷水"之称。孔颖达注

---

① 北魏·郦道元《水经注·谷水》，《水经注疏》中册（杨守敬、熊会贞疏，段熙仲点校，陈桥驿复校），南京：江苏古籍出版社1989年版，第1382—1383页。
② 北魏·郦道元《水经注·漾水》，《水经注疏》中册（杨守敬、熊会贞疏，段熙仲点校，陈桥驿复校），南京：江苏古籍出版社1989年版，第1683页。
③ 宋·王应麟《玉海·地理·河渠》，南京：江苏古籍出版社1990年版，第426—427页。
④ 清·顾祖禹《读史方舆纪要·河南三》（贺次君、施和金点校），北京：中华书局2005年版，第2230—2231页。

《尚书·禹贡》"伊、洛、瀍、涧,既入于河"等语云:"《地理志》云:伊水出弘农卢氏县冢熊耳山,东北入洛。洛水出弘农上洛县冢领山,东北至巩县入河。瀍水出河南谷城县潜亭北,东南入洛。涧水出弘农新安县,东南入洛。《志》与《传》异者,熊耳山在陆浑县西,冢领山在上洛县境之内,沔池在新安县西、谷城潜亭北,此即是河南境内之北山也。《志》详而《传》略,所据小异耳。伊、瀍、涧三水入洛,合流而入河,言其不复为害也。"①胡渭论述道:"涧、谷二源至新安东而合流,自下得通称,古谓之涧,周室东迁,谓之谷,而涧之名遂晦。"②涧水和谷水至新安(在今河南新安)东合流后,可称"涧水"或"谷水"。从地理方位上看,涧水、瀍水合流在洛阳王城的北面。北魏太和七年开"湖沟",引"死谷"之水入瀍,洛阳水文发生了新的变化。如郦道元注《水经》洛水"又东北过河南县南"时记载道:"《地记》曰:洛水东北过五零陪尾北,与涧瀍合。是二水东入千金渠,故渎存焉。"③在开"湖沟"以前,涧水与瀍水相合是在洛阳的北面。兴修周阳渠以后,洛阳城西面的涧水(谷水)成为"死谷"。北魏太和七年开"湖沟"入瀍水改变了九龙渠在洛阳城西的运道。

北魏漕运及中转仓

起初,北魏征调赋税入京或转运军用物资至前线,交通工具以牛车为主。之所以出现这样的情况,与他们长期以来形成的生活传统相关。进而言之,能否及时地改变游牧民族的生活传统一直是北魏无法解开的心结。具体地讲,出于对传统的坚守,北魏统治者不愿轻易地走一条自我放弃的道路。可以说,这种复杂而矛盾的心态,在薛钦提出造船发展漕运的主张引起朝廷热烈讨论的情况中得到了充分的体现。

薛钦在给朝廷的上疏中写道:"计京西水次汾华二州、恒农、河北、河东、正平、平阳五郡年常绵绢及货麻皆折公物,雇车牛送京。道险人弊,费公损私。略计华州一车,官酬绢八匹三丈九尺,别有私民雇价布六十匹;河东一车,官酬绢五匹二丈,别有私民雇价布五十匹。自余州郡,虽未练多少,推之远近,应不减此。今求车取雇绢三匹,市材造船,不劳采斫。计船一艘,举十三车,车取三匹,合有三十九匹,雇作手并匠及船上杂具食直,足以成船。计一船剩绢七十八匹,布七百八十匹。又租车一乘,官格四十斛成载;私民雇价,远者五斗布一匹,近者一石布一匹。准其私费,一车布远者八十匹,近者四十匹。造船一艘,计举七百石,准其雇价,应有一千四百匹。今取布三百匹,造船一艘并船上覆治杂事,计一船有剩布一千一百匹。又其造船之处,皆须锯材人功,并削船茹,依功多少,即给当州郡门兵,不假更召。汾州

---

① 清·阮元《十三经注疏·尚书正义》,北京:中华书局1980年版,第149页。
② 清·胡渭《禹贡锥指》(邹逸麟整理),上海:上海古籍出版社2006年版,第248页。
③ 北魏·郦道元《水经注·洛水》,《水经注疏》中册(杨守敬、熊会贞疏,段熙仲点校,陈桥驿复校),南京:江苏古籍出版社1989年版,第1312—1313页。

有租调之处,去汾不过百里,华州去河不满六十,并令计程依旧酬价,车送船所。船之所运,唯达雷陂。其陆路从雷陂至仓库,调一车雇绢一匹,租一车布五匹,则于公私为便。"①薛钦根据水运和陆运时的不同情况,强调了造船、发展水上交通可以将经济效益最大化的前景。具体地讲,在周密计算的基础上,薛钦认为牛车运输"官酬"耗费太大,漕运可以大大地节约费用,形成"公私为便"的局面。

薛钦的上疏像投下的重磅炸弹,引起北魏统治集团的热烈讨论。如尚书度支郎中朱元旭认为:"效立于公,济民为本;政列于朝,润国是先。故大禹疏决,以通四载之宜;有汉穿引,受纳百川之用。厥绩显于当时,嘉声播于图史。今校薛钦之说,虽迹验未彰,而指况甚善。所云以船代车,是其策之长者。若以门兵造舟,便为阙彼防御,无容全依。宜令取雇车之物,市材执作,及仓库所须,悉以营办。"②朱元旭充分肯定了薛钦的观点,认为"以船代车"是长远之计,同时提出了修改方案(具体的造船方法和解运方法)。尚书崔休以汉晋漕运为例,强调了漕运的好处,提出了"东路诸州皆先通水运"的建议,主张采用循序渐进的方法,在有水运条件的州郡"悉用舟楫"(先行推广)。北魏本身是游牧民族,在不断南下将农耕民族居住地纳入版图的过程中,逐步形成了游牧与农耕融合的局面,在这样的背景下,讨论"以船代车"是必然的。

在这场争论中,薛钦的意见得到了充分的肯定,没有人继续反对。如果说此时还有什么不同的意见,那就是在薛钦的基础上提出具体的实施方案。薛钦的主张得到了魏孝文帝的支持,然而,"诏从之,而未能尽行也"③。出现这种现象是必然的,主要有三方面原因:一是积极肯定薛钦主张的均为汉臣,北魏的政治体制是军政合一,各地的军政大权基本上控制在鲜卑贵族的手中,鲜卑贵族没有强烈的发展漕运的诉求,因此执行起来势必会遇到层层的阻力;二是魏孝文帝本人也没有立即推行漕运的坚决意志,一直处于摇摆不定的状态,这样一来,发展漕运的主张得不到全面地贯彻和执行是必然的;三是北魏一直没有河渠建设的具体规划,只是让各地自行进行,由于缺少必要的保障措施和行政命令,行动起来必然不会那么顺利。

追究北魏统治者在漕运方面的暧昧态度,关键与游牧民族长期形成的生活方式相关。推行汉化之策后,形势虽发生了变化,但鲜卑贵族的生活习性没有改变,在这样的背景下,北魏最高统治者魏孝文帝遂有了既希望发展农业和漕运,同时又不敢轻言兴修河渠和发展漕运的复杂心态。客观地讲,"未能尽行"又是件好事,自汉武帝大兴开挖河渠及灌溉农田之举后,无限制地取水黄河或取水黄河支流是黄河成为"病河"的直接原因。据不完全统计,西汉时期黄河决口共十一次,其中大部分发生在汉武帝兴修河渠之后。之所以出现这样的现

---

① 北齐·魏收《魏书·食货志》,北京:中华书局1974年版,第2858—2859页。
② 同①,第2859页。
③ 同①,第2860页。

象,主要是因为取水黄河开渠后,黄河的流速大大地放缓,乃至于泥沙淤积导致河床抬高。如汉武帝元光三年(前132),黄河在瓠子决口后,直到汉武帝元封二年(前109)才堵上决口。游牧民族南下东进后,将黄河中下游地区的农田改为牧场,为这一区域的植被恢复创造了良好的条件。这一时期,因很少开挖河渠或开挖河渠量小,为黄河保持一定的水能冲刷河床中的泥沙创造了必要的条件。在长达二百多年的时间里,黄河安流不再泛滥,甚至一直维持到唐末,这与不开挖或不再大量地从黄河取水及黄河生态的恢复有直接的关系。如果不是朱温为对付沙陀骑兵三次决河、以水代兵的话,那么,黄河安流的情况可能会更加持久。从这样的角度看,北魏不开挖河渠或持审慎的态度少开挖河渠未必是坏事。反过来讲,黄河正是有了这样的恢复期,才使隋王朝统一中国后大规模地进行河渠建设成为可能。

伴随着成为占据黄河中下游地区的主导力量的历史,北魏开始认识到农业及屯田在"积为边备"的作用和漕运在巩固政权和军事斗争中的地位。具体地讲,为了提高运兵、运粮的效率,北魏在黄河沿线建造了一批漕运中转仓。史称:"自徐扬内附之后,仍世经略江淮,于是转运中州,以实边镇,百姓疲于道路。乃令番戍之兵,营起屯田,又收内郡兵资与民和籴,积为边备。有司又请于水运之次,随便置仓,乃于小平、石门、白马津、漳涯、黑水、济州、陈郡、大梁凡八所,各立邸阁,每军国有须,应机漕引。自此费役微省。"①"徐扬内附",是指东晋退守淮河一线后,徐州(治所在今江苏徐州)、扬州(治所在今安徽寿县)被并入北魏的版图。在"经略江淮"的过程中,北魏采取了加强中州转运"以实边镇"的措施。如为解决征战中的运粮难题,北魏采取了屯田、收取兵资、和籴等措施,与此同时,又在黄河沿岸建造了小平、石门、白马津、漳涯、黑水、济州、陈郡、大梁八座水次仓(邸阁),以供中转。

当然,北魏的河渠建设虽说集中在孝文帝一朝,并不是说北魏其他时期没有作为。如魏孝明帝元诩孝昌元年(525),为了打败裴邃,崔孝芬有"从弘农堰渠山道南入"之举。通过兴修河渠,迅速地运兵、运粮,为夺取战争的胜利奠定了基础。又如魏孝明帝时,裴延俊在渔阳燕郡(郡治雍奴,在今天津武清)任上兴修河渠,提高了当地的农业生产水平。

除了北魏有开挖河渠发展农业和漕运的举措外,北朝的其他政权基本上不太关心河渠建设。当然,并不是说完全没有。具体地讲,东魏在邺城兴修了万金渠,如史有"天平中,决漳水为万金渠,今世号天平渠"②之说。从整体上看,北朝各政权建设河渠的规模不大,甚至基本上处于停滞状态。史称:"坚南伐司马昌明,戎卒六十万,骑二十七万,前后千里,旗鼓相望。坚至项城,凉州兵始达咸阳,蜀汉之军,顺流而下,幽冀之众,至于彭城,东西万里,水陆

---

① 北齐·魏收《魏书·食货志》,北京:中华书局1974年版,第2858页。
② 北齐·魏收《魏书·地形志上》,北京:中华书局1974年版,第2456页。

齐进,运漕万艘,自河入石门,达于汝颍。"①苻坚征伐东晋,虽有"水陆齐进,运漕万艘"之举,但主要是利用旧有的漕运通道,故可忽略不论。

第二节 南朝漕运与南北之争

南朝兴修河渠的历史可以上溯到三国孙吴时期。如赤乌八年(245),孙权为避开长江风险,兴修破冈渎开辟了从建业(建康,在今江苏南京)到吴郡、会稽郡的新航线。在这一基础上,东晋及宋、齐、梁、陈加强运道建设,极大地提升了建康一带的漕运能力,同时加强了建康与吴越旧地的政治、经济等方面的联系。

刘宋与建康漕运

东晋以降,宋、齐、梁、陈围绕着建康兴修了与之相关的漕运通道。

刘宋一朝,疏浚了建康以东的秦淮河。史称:"是冬,浚淮,起湖熟废田千余顷。"②"是冬",指宋文帝刘义隆元嘉二十二年(445)的冬天。"浚淮"指疏浚湖熟(在今江苏南京江宁湖熟镇)一带的秦淮河。湖熟地近方山埭,是破冈渎入建康的关键性航段,通过疏浚,提高了这一航段的漕运能力。所谓"起湖熟废田千余顷",是指浚疏湖熟一带的秦淮河以后原先被淹没的农田获得了重新耕种的机会。故许嵩又有"是冬,浚淮,起湖熟田千余顷"③之说。湖熟一带农田增加后,在安置流民中发挥了重要作用。通过安置流民,湖熟一带成为建康周边的重要粮仓。

此后,宋文帝兴修了玄武湖北堤。北堤是鸡鸣埭的原型,鸡鸣埭初称"湖北埭",在玄武湖北。追溯历史,宋文帝"筑北堤",实际上是晋元帝司马睿"筑长堤"的延续。许嵩记载道:"是岁,创北湖,筑长堤,以壅北山之水,东自覆舟山西,西至宣武城六里余。"④大兴三年(320),晋元帝扩大了北湖(玄武湖)的水面。通过"筑长堤",整修了北湖湖堤及与秦淮河相关的河堤,如有"东自覆舟山西,西至宣武城六里余"之说。"北山"是钟山(紫金山)的别称。"壅北山之水"是指建造堰埭,控制北山青溪诸水注入北湖的流量。北堤和长堤的地理方位一致,可以说,宋文帝"筑北堤"是晋元帝"筑长堤"的后续工程,两者之间有着某种内在的联系。

北湖在六朝皇宫的北面(皇宫的背后),又称"后湖",后改称"玄武湖""真武湖"。筑长

---

① 北齐·魏收《魏书·苻坚传》,北京:中华书局1974年版,第2077页。
② 唐·李延寿《南史·宋本纪中》,北京:中华书局1975年版,第49页。
③ 唐·许嵩《建康实录》(张忱石点校),北京:中华书局1986年版,第442页。
④ 同③,第135页。

堤发生在晋元帝扩大北湖规模之时,元嘉二十三年(446),在长堤的基础上,宋文帝修筑了北堤,并大兴土木扩建了皇家苑囿,此后,齐武帝进一步扩建苑囿,并在此检阅水军和游赏。经过多次修筑,北湖与北山(钟山)已成为著名的游览区。

刘宋建造北堤除了与游赏相关外,还因扩大北湖可为建康运渎、东渠、潮沟等提供了充足的补给水源。如许嵩记载道:"冬十一月,诏凿东渠,名青溪,通城北堑潮沟。"①赤乌四年(241)十一月,孙权下令兴修东渠(青溪),该渠位于城北,且通过潮沟引北湖(后湖)之水补给运渎、东渠等,如顾祖禹叙述潮沟时有"吴赤乌中所凿。引江潮抵青溪接秦淮水,西通运渎,北连后湖"②之说。自孙吴开运渎、东渠、潮沟以后,潮沟始有引玄武湖补给东渠、运渎及城濠的功能。在北湖的北侧筑埭,既可控制补入东渠、运渎等的流量,又可保证位于南面的建康的安全。

大明八年(464)正月,宋孝武帝刘骏下诏曰:"东境去岁不稔,宜广商货。远近贩鬻米粟者,可停道中杂税。其以仗自防,悉勿禁。"③"东境"指建康以东的周边区域,有入破冈渎联系三吴的商贸通道。自宋孝武帝下诏后,这一商贸制度为后世所遵守。因路商税征收低于"淮水北"(自建康入江通往三吴的水路),方山埭势必要成为商贸繁华的重地。方山埭既是破冈渎通往三吴的起点,同时又是征收商税的关卡,因而成为各种政治势力问鼎建康时争夺的战略要地。方山埭是建康的门户,一旦动摇,将直接威胁到建康。

齐、梁、陈与建康漕运

齐明帝一朝,沈瑀重修了湖熟境内的方山埭和赤山塘。史称:"湖熟县方山埭高峻,冬月,公私行侣以为艰难,明帝使瑀行治之。瑀乃开四洪,断行客就作,三日立办……明帝复使瑀筑赤山塘,所费减材官所量数十万,帝益善之。"④这一记载透露了两个信息:一是方山埭是出入建康的水陆码头,是交通要道;二是赤山塘(赤山湖)既是破冈渎的补给水源,同时又有灌溉农田的作用。

兴修方山埭以后,沈瑀整修了赤山塘。如周应合记载道:"石迈《古迹编》曰:赤山湖,在上元、句容两县之间,溉田二十四埠,南去百步,有盘石,以为水疏闭之节。《南史·沈瑀传》:明帝复使筑赤山塘,所费减材官所量数十万,即此湖塘也。唐麟德中,令杨延嘉因梁故堤置,后废。"⑤沈瑀重修赤山塘,完全可以视为刘宋"浚淮,起湖熟废田千余顷"的后续工程。所谓

---

① 唐·许嵩《建康实录》(张忱石点校),北京:中华书局1986年版,第49页。
② 清·顾祖禹《读史方舆纪要·南直二》(贺次君、施和金点校),北京:中华书局2005年版,第958页。
③ 梁·沈约《宋书·孝武帝纪》,北京:中华书局1974年版,第134页。
④ 唐·姚思廉《梁书·沈瑀传》,北京:中华书局1973年版,第768页。
⑤ 宋·周应合《景定建康志·山川志二》,《四库全书》第489册,上海:上海古籍出版社1987年版,第75页。

"赤山湖,在上元、句容两县之间",是指从湖熟到赤山塘一带。这一区域既是南朝的屯田区和流民安置区,同时也是建康的粮仓,兴修赤山塘这一水利工程在稳定政治局势方面有着特殊的作用,不仅直接关系到破冈渎的漕路安全,同时关系到建康的安全。

入梁以后,漕路兴修的重点转向了建康一带的秦淮河。史称:"庚寅,新作缘淮塘,北岸起石头迄东冶,南岸起后渚篱门迄三桥。"①天监九年(445),梁武帝兴修缘淮塘,加固了秦淮河贯穿建康的河堤。其中,北堤以石头城为起点,以东冶为终点;南堤以后渚篱门为起点,以三桥为终点。

在加固秦淮河堤的同时,梁王朝又沿秦淮河兴修了行马道。秦淮河沿岸的行马道建成后,可迅速地调兵,从而加固了建康城防。秦淮河沿岸的马道又称"马栅"。马栅与秦淮河相互配合,丰富了建康的城防体系,与此同时,秦淮河与青溪(清溪)、运渎等相通,构成了建康完整的漕运体系。

继天监九年兴修缘淮塘以后,梁王朝又在破冈渎的基础上兴修了上容渎。当时,每到冬春枯水季节,破冈渠水位下降、航道干浅。为恢复漕运,梁太子萧纲在运道的南面开凿上容渎,继续采取"顶上分流"(自高处引水)和沿途建埭之策,改造了破冈渎旧有的运道。在梁太子萧纲开上容渎以前,破冈渎一直是建康不可或缺的漕运通道。为了提高破冈渎的运力,萧纲兴修上容道的重点工程主要集中在破冈渎的最高点句容域内,在此基础上向东西两个方向分水。此外,破冈渎又称"句容中道",这一情况表明,兴修新的漕运通道并不是完全废弃旧道,只是部分地改造了句容域内的破冈渎航线。在改造旧道的过程中,萧纲建造了二十一座上埭和下埭,在这些堰埭中,利用了原有的旧埭。新运道开辟后,句容中道的部分航线日趋衰落。

时至陈霸先建立陈王朝时,上容渎出现了埋塞的情况,亟须重修,或许是因为耗资巨大,陈霸先采取了恢复破冈渎运道的方案。周应合综合前代文献记载道:"长溪埭,在城南五十里,阔二丈。堰秣陵浦水,通秦淮破岗埭。按《建康实录》:'吴大帝赤乌八年,使校尉陈勋作屯田,发兵三万凿句容中道,至云阳,以通吴会船舰,号破岗渎。"②长溪埭属下七埭,无论梁修上容渎,还是陈重修破冈渎,都是将长溪埭作为利用对象,这一情况表明,梁修上容渎不是彻底地废弃破冈渎旧道,只是对部分运道进行了改造。

建都建康需要加强漕运通道建设,南朝重点兴修及改造破冈渎虽是为了避开长江风险,但更重要的是为了重建从三吴到建康的漕运秩序,防止淮河防线失守后漕运通道被掐断。三吴漕运秩序的改变与建设丹徒水道和破冈渎有着特殊的关系。在这中间,运渎、东渠、潮沟等与

---

① 唐·姚思廉《梁书·武帝纪中》,北京:中华书局1973年版,第49页。
② 宋·周应合《景定建康志·疆域志二》,《四库全书》第489册,上海:上海古籍出版社1987年版,第41页。

破冈渎实现互通后,避开了长江风险,全面提升了建康与外界联系的水上交通运输能力。

江淮攻防与漕运

苻坚建元十九年(383),苻坚远征东晋,双方在淮南寿阳淝水爆发了大战。为保障八十七万大军的日常开支,苻坚采取了加强漕运的措施,进而形成了"水陆齐进,运漕万艘"的局面。与此同时,谢玄率八万北府兵屯守淮南,同样需要建立一条从淮南深入到江南腹地的粮草补给线。此役苻坚虽然失败了,甚至引起北方的分裂,不过分化后的北方政权继续处于攻势。换言之,此后东晋政权后继者宋、齐、梁、陈虽有北伐之举,但基本上处于守势。

从南北纷争的大势上看,北方游牧民族一直处于强势,乃至于战争的天平一再地向他们倾斜。在完全占领黄河中下游地区以后,游牧民族又占领了淮北,随后淮南成为南北双方的重要攻防线。史有"寿阳、盱眙、淮阴,淮南之本原也"[1]之说,为保长江以南的安全,南朝在淮河下游的南岸以寿阳、盱眙、淮阴为支撑点构筑了江淮防线。进而言之,中原衣冠南渡后,游牧民族不断地向东向南推进,淮南成为双方反复争夺的战略要地。

太和十九年,魏孝文帝南征失败后,回撤时打算在淮南建军事堡垒。按照魏孝文帝的构想,如果能在淮南建立军事堡垒的话,那么日后南征时将会有效地节约资源,可以在富庶的淮南就地征集粮草等。然而,这一意见遭到了反对。如高闾的反对理由有三个。一是早年魏太武帝曾率大军南下,"以回山倒海之威,步骑数十万,南临瓜步;诸郡尽降,而盱眙小城,攻之不克",只因没有攻克盱眙,不得不放弃整个淮南。二是"寿阳、盱眙、淮阴,淮南之本原",三地互为犄角,如果不能完全攻克的话,即便是在此地建造军事堡垒,受诸多因素的制约,也将无法守住。进而言之,如果不顾一切一定要"置戍淮南"的话,势必会出现"少置兵则不足以自固,多置兵则粮运难通"的局面。三是粮草补给线拉长以后,还会出现"大军既还,士心孤怯;夏水盛涨,救援甚难"的困境。高闾反对"置戍淮南"的核心理由是:在无法全面掌控淮南的大前提下,将会导致漕运不利及后勤补给线拉长的后果。

魏孝文帝的本意是,通过"置戍"为今后的南征提供支持,其中,包括就地征用粮草等军用物资。然而,当淮南重镇均在南朝的控制之下,仅靠"置戍"根本无法在淮南站稳脚跟。因此,高闾的意见得到尚书令陆睿的全力支持。此时,魏内政面临极大的困难,再加上南征时遇到的困难,可谓是矛盾空前尖锐,在这种情形下如果不及时撤兵,由此带来的后果将不堪设想。此番南征失败最重要的原因与后勤补给线太长及粮草供应不足相关,在此基础上,出现了"介胄之士,外攻寇仇,羸弱之夫,内勤土木,运给之费,日损千金"[2]的局面。进而言之,漕运成功是直接关系到南征成功的大事。在陆睿的支持下,高闾的意见得到了充分的落实,

---

[1] 宋·司马光《资治通鉴·齐纪六》(邬国义校点),上海:上海古籍出版社1997年版,第1269页。
[2] 同[1]。

如有"魏主纳其言"①之说。

齐明帝建武四年(497),即魏孝文帝太和二十一年(497),南北双方战事再起。这场战争有不同的导火线和不同的爆发地点,其中重要的战场在淮南。改朝换代后,南北战争继续进行。梁武帝萧衍天监十五年(516),即魏孝明帝熙平元年(516),梁武帝萧衍遣康绚于浮山堰淮淹扬、徐两地,与此同时,北魏宝夤南下征梁,在这中间,双方在浮山围绕着堰淮与反堰淮展开了激烈的斗争。所谓"宝夤于堰上流,更凿新渠,引注淮泽,水乃小减。乃遣轻车将军刘智文、虎威将军刘延宗率壮士千余,夜渡淮,烧其竹木营聚,破贼三垒"②是指北魏先是凿新渠减少水势;随后,"衍将垣孟孙、张僧副等水军三千,渡淮,北攻统军吕叵。宝夤遣府司马元达、统军魏续年等赴击,破之"③;之后,北魏在淮南一线与梁展开大战。从南北朝直到宋代,自北向南的水上交通线必走盱眙。

为了有效地探索沿淮南下的路径,北军试图开辟自泗水经下相入淮的路径。如魏孝明帝正光中,魏齐王镇徐州,立大堨,遏水西流。开辟自下相入淮的新航线后,南北双方除了在寿阳、盱眙等地发生大战外,隔淮河与淮阴相望的角城也成了重要的战场。对于南朝而言,夺取角城对于保淮南重镇淮阴有特殊的意义。进而言之,保住淮阴等于保住淮南;保住淮南可保长江。反过来说,如果北朝攻下淮阴,意味着寿阳、盱眙等便不攻自破,与此同时,还可获取涟口一带的海盐资源充当军用。

自开辟自泗水入淮的航线后,角城成为绕开寿阳、盱眙等军事重镇,南北双方反复争夺之地。齐高帝建元二年(480),角城戍主降魏,为声援角城戍主,魏除了派徐州刺史亲自迎接外,又派数路大军出朐城、出海西、出连口(涟口)等进行策应。在这样的背景下,齐与魏争夺角城的战争再度爆发。

几经争夺,角城再度为齐掌控。齐武帝永明六年(488),角城再度燃起了战火。此次齐军占了上风。齐军争夺角城的原因有二:一是夺取角城,可减轻守淮阴的压力;二是守住角城,可威慑涟口,为夺取涟口(产盐之地)做必要的准备。

北军南下,除了有自淮河入江的进军线路外,还有自南阳入襄阳、自襄阳入汉入江的水上交通线。当时,从中原到东南的道路主要有两条:一是走淮南,二是走襄阳。走襄阳的线路是这样的:先至南阳,随后从南阳到襄阳,再从襄阳入汉入江,然后顺流而下抵建康。不过,南北之争时的主战场是在淮南,故这里略去不论。

---

① 宋·司马光《资治通鉴·齐纪六》(邬国义校点),上海:上海古籍出版社1997年版,第1269页。
② 北齐·魏收《魏书·萧宝夤传》,北京:中华书局1974年版,第1316页。
③ 唐·李吉甫《元和郡县图志·河南道五》(贺次君点校),北京:中华书局1983年版,第231页。

第七章 隋代的漕运

从隋代起,河渠建设及漕运进入了一个新阶段。

以东晋建都建康(在今江苏南京)为起点,到隋文帝建立隋王朝,前后经历了约 270 年的分治时期。如果略去西晋时期短暂统一的时间不计,从三国鼎立算起,前后经历了约 360 年的分治历史。隋文帝取代北周后,亟须稳定政治形势,这一时期,定都长安(在今陕西西安)既与因袭旧都及镇压旧朝势力相关,又与稳定北方这一农业经济发达区的政治局势相关。具体地讲,关中是四塞之地,有攻守兼备的地理优势,建都长安可以控制关中、关东及黄河中下游发达的农业经济区。如张良赞成刘敬的意见,劝说刘邦定都长安时说:"夫关中左殽函,右陇蜀,沃野千里,南有巴蜀之饶,北有胡苑之利,阻三面而守,独以一面东制诸侯。诸侯安定,河渭漕挽天下,西给京师;诸侯有变,顺流而下,足以委输。此所谓金城千里,天府之国也,刘敬说是也。"①问题是,隋统一北方后,一度繁荣的黄河中下游农业生产区已陷入萧条的境地,这样一来,国家的政治稳定和粮食安全等需要江淮的支持已成为必然。这一时期,江淮一带基本上没有发生大的战争,农业经济相对稳定,出现了超越黄河中下游地区的势头,其后发优势在隋王朝建立后逐步地显现出来。

为了应对变化莫测的政治局势,尽快地完成南北统一大业,隋文帝从加强漕运入手,采取了四个方面的措施:一是在关中兴修具有灌溉和漕运等功能的广通渠,在发展关中农业的同时,恢复关中的漕运秩序;二是探索粮食西入关中及长安的多元化途径,重点整治三门峡及洛阳以东的漕运通道,在黄河沿岸建造水次仓(漕运中转仓),以加强黄河漕运;三是重点兴修汴口,打通汴渠面向江淮的航线;四是重修江淮之间的邗沟,采取就地取粮之策,为南下征陈服务。这些涉及漕运的工程分别建成后,在稳定关中及长安的同时,为完成南北统一大业奠定了基础。这里透露的信息是,隋文帝以兴修河渠及恢复漕运为先导,表明国家赋税征收的重点区域开始发生变化,开始出现了从黄河中下游地区向江淮转移的情况。尽管这一变化是细微的,但它却是在从量变到质变的过程中逐步积累和显现出来的,同时也是在兴修

---

① 汉·司马迁《史记·留侯世家》,北京:中华书局 1982 年版,第 2044 页。

河渠及将漕运补给线延长到江淮的过程中实现的。又如汉武帝兴修关中漕渠的意义重大,它在改变关中漕运秩序的同时,为隋文帝在关中兴修广通渠奠定了坚实的基础。

隋炀帝即位后,为改变关中漕运不济的局面,将建设东都洛阳提到议事日程上。从形势上看,营造东都是隋炀帝政权建设的重要举措:一是洛阳居天下之中,在此建设东都,可与西京长安形成掎角之势,以备不时之需;二是关中地域狭小,农业产出有限,且有三门峡为黄河漕运即"河漕"的瓶颈,在洛阳建东都可缩短漕运里程,避开黄河天险;三是经过历代的建设,洛阳已有良好的水陆交通条件,只要略加改造便可以成为理想中的水陆交通枢纽;四是洛阳在关东这一广大的区域内有着特殊的战略地位,重点经营洛阳,可以有效地控制黄河中下游地区及黄河以北的河北诸郡,同时可实现经营江淮和长江流域及岭南地区的战略目标。根据这些情况,为完善以洛阳为中心的水陆交通体系,隋炀帝重点兴修了贯穿南北的通济渠(包括邗沟)、永济渠、江南河等水上交通主干线,又沿通济渠、永济渠堤岸兴修了有陆运功能的"御道"。客观地讲,隋炀帝建立以洛阳为中心的水陆交通枢纽在维护南北统一方面有着不可低估的作用。如在兴修通济渠、永济渠、江南河等河渠的过程中,通过加强漕运进一步密切了不同政区之间的联系,促进了沿岸地区社会经济的发展,为南北文化交流及融合奠定了坚实的基础。

粮食安全是政权稳定的基本要素。在加强粮仓建设的过程中,古代建立了一套严密的仓廪制度和转输制度。仓廪制度主要由储存种类、出纳规则、储存规模、管理体制和监督机制等构成。转输制度主要由运输形式、运输规则、组织管理、损耗许可范围等构成。两种制度结合在一起,表达了维护国家政权稳定、社会秩序安定和促进社会经济发展的诉求。具体地讲,仓储及转输除了可满足赈灾救民、应对外部侵略等需求外,还有稳定物价、促进商品流通、带动不同区域共同发展等功能。

水次仓是漕运管理制度建设的重要方面,同时也是漕运与仓廪建设结合的产物。水次仓即漕仓建设初建于战国后期,中经汉代,时至三国始有"邸阁"之称,此后,北魏北建中转,继续以"邸阁"相称才得到确立。起初,三国孙吴和北魏只是根据军事斗争的需要,在重要的航段节点建造便于转运的邸阁仓,即隋代所说的"水次仓",但缺少整体规划。隋王朝建立后,隋文帝有计划在黄河沿线选点建水次仓,建成了分级转运和远及江淮的漕运大通道。客观地讲,隋代水次仓虽然承袭了三国孙吴和北魏的成果,但两者有着本质上的区别。如三国孙吴和北魏建造的邸阁仓主要为临时性的军事行动服务,伴随着军事行动的结束,原先建造的水次仓大都处于休眠状态。隋王朝建造水次仓旨在通过稳定漕运秩序,为大一统帝国的政治服务。隋王朝建立以前,北方战火不断,特别是游牧民族掌控黄河中下游地区后,将农田改为牧场,破坏了原有的农业生产秩序和漕运秩序,隋王朝建立后,政治中心和经济中心已处于分离状态,为维护政治中心长安及京畿地区的稳定、积极地应对自然灾害、防止外敌入侵、稳定南北统一的政治局面等,需要从国家战略的角度重修及恢复淤塞已久的漕运通道并建设水次仓。

与河渠建设相配套的工程是水次仓建设。在兴修河渠、规划漕运航线的过程中,隋文帝贯彻了水次仓为国家政治服务的战略思想,完成了水次仓沿黄河漕运通道建设的布局。进而言之,经过有目的地建设,隋代水次仓除了有漕运中转功能外,同时具有了国家战略储备仓的功能。从这样的角度看,如果没有隋文帝的规划和努力,隋炀帝要想建成以洛阳为中心水陆交通枢纽是不可能的,要想强化水次仓的功能及扩大其规模也是不可能的。进而言之,隋炀帝建立洛阳这一水陆交通枢纽是前所未有的壮举,这一壮举加强了黄河流域与河北、东南及江淮之间的联系,强化了后世发展漕运的意识,通过建水次仓及兴修河渠,给沿岸地区及城市经济的发展注入了生生不息的活力。

建造水次仓及加强漕运是隋代政权建设中的重要举措。水次仓大都建在河口(河流与河流的交汇口或河渠与河流的交汇口)或航段节点上,出现这样的情况是必然的。一是河口往往是漕运难度最大的区间,因为不同的河渠有不同的水文,在河口建水次仓,采取分级接运之策可以避开不必要的风险。二是河口或重要的航段节点往往是通向不同的区域水陆交通枢纽,有向周边地区辐射的能力,在此建水次仓可凭借交通上的便利向不同区域调粮。如水次仓除了按规定岁额向京畿地区输粮外,还有向不同区域调粮的功能。又如某些区域因自然灾害、战争等因素严重缺粮时,可以将相关水次仓的粮食就近调往这些区域。三是河口或航段节点大都建有漕运码头或是船只停泊区,船只在此停泊,可靠岸休息,利用休息时间获得给养,同时还可以趁停靠之际避开因船只上行或下行时造成的拥堵及中转中的困难。

第一节 隋文帝时期的漕运及河渠建设

隋文帝发展漕运主要取得了三个方面的成果。

其一,以兴修关中广通渠为起点,将河渠建设扩展到关东、江淮等区域,明确地表达了加强漕运的诉求。具体地讲,一是隋文帝在汉代漕渠的基础上兴修了关中富民渠和广通渠,两渠建成后改善了关中的漕运及农业生产条件,提升了关中地区的漕运能力。二是隋文帝在关中以外的区域兴修河渠,重建了黄河中下游地区与江淮之间的水上交通,把漕运延长到江淮以外的区域。如关东河渠建设集中在河东、河北、河南三个区域,在改善黄河漕运条件的过程中,旨在为关中及长安的粮食安全服务;又如通过数次重修江淮之间的邗沟,恢复了黄河中下游地区与江淮之间的漕运。三是在兴修河渠的过程中,隋文帝将关中河渠建设与关东、江淮河渠等同步进行,表明隋文帝已萌生了将关中河渠与河东、河北、河南、江淮等地的河渠建设视为一体的基本构想。开皇七年(587)既是隋文帝多次重修邗沟的时间下限,同时也是整治汴口及石门渠的时间。如果说汴口是黄河入汴、远接淮泗的水利工程,那么邗沟则是黄河远通江淮的关键性工程。将这些行动联系在一起,则不难发现隋文帝建立自黄河流域远通江淮的意图。进而言之,通过兴修河渠旨在建立南北漕运大通道,实现以关中控制关东及全国的战略构想,进而为社会稳定、经济发展提供了强有力的支撑。

其二,重点建设十三州水次仓,明确地表达了加强黄河漕运,实施分级接运及以关东漕运保证关中粮食安全的诉求。隋文帝建造的水次仓大都集中在与黄河相通的河渠及河口地带,通过有计划、分步骤、分区段地建造水次仓和兴修河渠,维护了隋王朝的政治稳定和社会稳定,如史有"转运通利,关内赖之。诸州水旱凶饥之处,亦便开仓赈给"①之说,水次仓及不同区域的粮仓建成或扩大规模后,为战略储备、赈灾救荒及应对突发事件提供了强有力的保障。如十三州水次仓大都集中在黄河中下游地区,这一区域是隋王朝统治的核心区域,针对这一区域的自然灾害适时地开仓赈灾,可以在化解灾荒的同时安定民生,进而稳定有可能引发的动荡不安的局势。

其三,隋文帝在不同的区域兴修河渠,为隋炀帝建立以洛阳为中心的运河交通体系奠定了坚实的基础。如隋文帝在汉代石门堰的基础上兴修汴口及相关航道,在邗沟旧道的基础上开辟新航道等,为隋炀帝开挖了洛阳以东联系江淮的通济渠奠定了坚实的基础;又如隋文帝利用旧运道加强河东、河北漕运,在一定程度上维护了黄河以北的漕运通道,为隋炀帝兴修永济渠提供了必要的条件;等等。在这中间,隋炀帝能够在很短的时间内完成通济渠、永渠济、江南河等宏大的水利工程的建设,建立以洛阳为中心的水上交通枢纽,是以隋文帝取得的河渠建设及漕运成果为前提的。进而言之,在隋炀帝以前,隋文帝利用前代的成果,在不同区域兴修的河渠已基本上具备了联系南北的漕运能力。经过建设,这些漕运通道恢复及重新投入使用后,为隋炀帝建立以洛阳为中心的水上交通枢纽提供了必要的条件。从这个角度看,隋代水上交通建设的蓝图实际上是由隋文帝提出的,站在历史的高度,隋文帝兴修河渠及加强漕运揭开了隋炀帝从事河渠建设的序幕。

隋前关中漕运及形势

关中粮食短缺的情况在北周之前就已经出现。究其原因,南北分治后,在多种因素的作用下,关中人口进入快速增长期。与此同时,关中地域狭小,耕地有限,人口增长导致粮食及物资方面的需求增加。史称:"时百姓承平日久,虽数遭水旱,而户口岁增。诸州调物,每岁河南自潼关,河北自蒲坂,达于京师,相属于路,昼夜不绝者数月。"②为了应对关中日益严重

---

① 唐·魏徵等《隋书·食货志》,北京:中华书局1973年版,第684页。
② 同①,第681—682页。

的粮食危机,隋文帝在北周的基础上增加调粮额度,采取了加强河南和河北漕运的措施。

北周的河南漕运主要由黄河、汴渠和关中渭水等航线构成。河南漕运关中的航线是先将河南各地的粮食通过不同的航道如汴渠等运至黄河沿线,然后沿黄河西经三门峡、陕州(在今河南陕县西南)等地运入潼关(在今陕西潼关),经此入渭水抵运长安。

河南一向有狭义和广义之分。狭义上的河南,是指秦代的三川郡即汉代的河南郡(在今河南洛阳)。汉高祖二年(前205),刘邦改秦三川郡为河南郡,河南郡与关中相邻,是拱卫关中的战略要地。广义上的河南,是指西自函谷关(在今河南灵宝北),东至大海,南濒淮河,北临黄河的广大区域。追溯历史,广义上的河南概念出现在隋唐。如开皇二年(582),隋文帝"置河南道行台省"[1],扩大了汉代河南郡的范围。贞观元年(627),唐太宗为加强行政管理建河南道,如史有"始于山河形便,分为十道"[2]之说。建河南道以后扩大了"河南"的范围。经此,广义上的河南包括了河南、山东全境,以及江苏、安徽的北部等。

陕州是河南黄河漕运的重要节点,具体的地理位置在三门峡的西面、潼关的东面。在关中及长安粮食严重短缺及需要依赖关东的前提下,陕州一直是维护北周粮食安全的战略支撑点。北周重点经营陕州的原因有二:一是陕州是黄河漕运关中的必经之地,京畿地区的粮食安全是涉及政权稳定的大事,如果丢失陕州的话,粮食补给线将被切断;二是北周取代西魏建都长安后,因黄河以北有取代东魏的北齐政权,为了防止北齐攻取陕州,北周采取了屯兵陕州的策略。隋王朝取代北周后,因北齐不复存在,遂取消行政建制,陕州属河南郡。

北周开辟的河北漕运主要由黄河、汾水、河北诸渠和关中渭水航线等构成。汾水是黄河的第二大支流,《山海经》有"西流注于河"和"西南注河"两种说法。不过,两种说法并不矛盾,这是由于叙述视点不同造成的。其中,汾水"西南注河",主要是从宏观的角度叙述的。汾水发源于汾阳管涔山,管涔山在黄河的东北方,汾水入河口在河东,以此为视点,自然是"西南注河"。汾水"西流注于河",主要是从微观的角度叙述的。汾水经曲沃(在今山西曲沃)后,受山形制约继续向西横流。

汾水是一条古老的航线,自河东经汾水可深入到河北的腹地。在北周开辟绕道河东的河北航线之前,自关东漕运关中主要走黄河航线。然而,走黄河必经三门峡,为避开三门峡风险,北周开辟了绕道河东的河北航线。这条航线开辟后,进一步确认了河东在河北漕运中的地位。如河东与关中一水之隔,自汾水渡黄河入渭水后便可进入关中,与此同时,又可沿汾水等航线深入到河北腹地。时至清代,秦汉时期位于皮氏(在今山西河津西)、汾阴(在今山西运城西南)一带的汾水入河口已经消失,在水文、气候等诸多因素的影响下,贯穿山西南北的汾水形成了河津(在今山西河津)、荥河(在今山西万荣)等新的入河口。清代的汾水入

---

[1] 唐·魏徵等《隋书·地理志中》,北京:中华书局1973年版,第834页。
[2] 后晋·刘昫等《旧唐书·地理志一》,北京:中华书局1975年版,第1384页。

第七章　隋代的漕运

河口虽然与秦汉时期的汾水入河口多有差异,但汾水始终是河东与黄河航线相连的重要通道。在这中间,汾水作为联系河北与黄河互补的复式航线,或可利用入黄河口如淇口等入汾水进入河东,或利用河北河渠自沁水等入黄河,或可自河北由不同的航线入黄河再进入河东,随后自河东渡河进入关中。

夏、商、周三代所说的九州虽有不同的名称,但冀州始终在九州之列。狭义上的河北有两指:一是指陕州以东的黄河北岸,这一区域与狭义上的河南即汉代河南郡形成对应关系;二是指秦灭魏时建立的河东郡,其中包括汉代析秦河东郡建立的河内郡,这一区域明显小于三代的冀州。

北周时期的河北漕运以河东为节点。所谓"河北自蒲坂,达于京师",是说北周的河北漕运以汾水为航线,自蒲坂(在今山西永济)东渡黄河入关中。北周的河北漕运主要有两条航线:一是自河北沿曹操兴修的白沟南下经淇口入黄河,随后自黄河入汾水抵蒲坂;二是自曹操兴修的河北河渠入滹沱河,随后自滹沱河入汾水,至蒲坂渡黄河进入关中。后来,在加强河北漕运的过程中隋文帝采用了这两条航线,如隋文帝河北漕运是在建卫州黎阳仓的基础上进行的。开皇三年(583),隋文帝建黎阳仓,旨在"漕河北之粟以输京师"[①]。黎阳仓建在卫州,是接应河北漕粮南下的中转仓。史称:"后魏置黎阳郡,后置黎州。开皇初州郡并废。十六年又置黎州,大业初罢。有仓。有关官。有大伾山、枉人山。"[②]隋代卫州系因袭后魏黎阳郡建制而来,黎阳县(汉县,在今河南浚县东北)的西南有旧仓城,其仓城是隋文帝建黎阳仓的基础。

北周及隋初的河北漕运线路大体相同,综合前代文献,河东成为面向关东的漕运节点主要是由四个方面的原因决定的。

其一,河东有汾水航线,早在春秋时期,河东已是从秦国到晋国的航线节点。这条漕运通道西起渭水航线,串联起关中及长安,自渭口东渡黄河后可抵达河东,随后经汾水远通冀州及河北各地,从而在降低运输成本的过程中拉近了从秦都雍城(在今陕西凤翔雍城一带)到晋都绛城(在今山西曲沃侯马一带)的距离。汾水与不同区域的河渠相通,可串联起黄河以北的广大区域。这条航线虽曲折迂回,但运输成本低于陆运和水陆联运。以河东为节点,可扩大漕运范围,并转运来自黄河航线的漕粮即来自河北和河南的漕粮。从这样的角度看,开辟河东航线是北周稳定关中及长安政治秩序的有力措施,有着划时代的意义。

其二,广义上的河北即黄河以北地区,有东汉末年即建安时期曹操兴修白沟等河渠,这些河渠横亘北方或与漳水、潞水、淇水、沁水、济水、滹沱河等相通,或与汾水相连,以水上交通的形式将河东、河北等不同的区域串联起来。具体地讲,一是汾水、漳水、潞水等是流经冀

[①] 清·顾祖禹《读史方舆纪要·北直七》(贺次君、施和金点校),北京:中华书局2005年版,第716页。
[②] 唐·魏徵等《隋书·地理志中》,北京:中华书局1973年版,第848页。

州及河北各地的重要河流,如《周礼·夏官司马·职方》有"河内曰冀州,其山镇曰霍山,其泽薮曰杨纡,其川漳,其浸汾、潞"①等语。二是河东除了有汾水通航外,又有淇水、沁水等有漕运能力的运河。具体地讲,曹操兴修白沟时以淇水为补给水源,在连接不同河渠的过程中,改变了河北各地的交通状况,进而扩大了漕运范围。淇水水势浩大,有漕运能力,如《诗·卫风·氓》有"淇水汤汤"可证。三是河东境内有沁水,沁水既是黄河的支流,同时又是连接黄河以北的不可或缺的航线。《山海经·北山经》云:"又北二百里,曰谒戾之山,其上多松柏,有金玉。沁水出焉,南流注于河。其东有林焉,名曰丹林。丹林之水出焉,南流注于河。婴侯之水出焉,北流注于氾水。"沁水在南下注入黄河的同时,又可自怀(汉县野王,在今河南沁阳)入汾水,进而沿汾水航线抵达河东。四是沁水与济水(沛水)相通,沿济水可入黄河。在黄河改道截断济水之前,济水既是南下入河的重要航道,同时也是进入河东的重要航道。

其三,经过汉王朝的开发,河东已成为关中不可或缺的粮食生产基地和漕运中转地。史称:"时大司农中丞耿寿昌以善为算能商功利,得幸于上,五凤中奏言:'故事,岁漕关东谷四百万斛以给京师,用卒六万人。宜籴三辅、弘农、河东、上党、太原郡谷足供京师,可以省关东漕卒过半。'"②经过有意识和有计划地建设,河东成为建都关中长安时就近取粮的基地。除此之外,河东又有汾水等与上党郡(秦郡,在今山西长治)、太原郡(秦郡,在今山西太原)等地相通,为以河东为航段节点运粮西入关中提供了极大的方便。

其四,以河东为航段节点,可以避开风险,改变黄河漕运受阻于三门峡的局面。汉代在秦河东郡的基础上建河东郡和河内郡以后,野王(在今河南沁阳)成为河内郡的重镇,沁水经此与黄河相通。由于黄河即河南漕运不畅,北周在采用春秋古法和汉代旧法的基础上加强了河东漕运。反过来说,如果黄河航线畅通的话,完全没有必要开辟以河东为节点的河北航线。

建立河南、河北漕运机制后,北周虽然暂时摆脱了"时天下户口岁增,京辅及三河,地少而人众,衣食不给"③的困境,然而,没有从根本上解除关中及长安日益严重的粮食及物资危机。一是受水文、气候等条件的制约,以黄河为主航线的漕运始终处于艰难的状态。如受航道水位变化的影响,黄河漕运时断时续,枯水季节来临时,河道淤沙给黄河漕运带来极大的困难;又如黄河漕运西入关中时须经三门峡,④三门峡水流湍急、暗礁密布,容易船毁人亡,给黄河漕运设置了难以逾越的障碍。二是自河北调粮绕道河东虽可避开三门峡,但同样受到水文变化等方面的制约。如季节不同,汾水等航道有不同的水位,水位的高低直接影响到漕运。三是自河北到河东的航线蜿蜒曲折,在延长水运时间的同时增加了运输成本。如自

---

① 清·阮元《十三经注疏·周礼注疏》,北京:中华书局1980年版,第863页。
② 汉·班固《汉书·食货志上》,北京:中华书局1962年版,第1141页。
③ 唐·魏徵等《隋书·食货志》,北京:中华书局1973年版,第682页。
④ 史有"又东过陕县厎柱山,山在河中,水分流包山而过,湍急多覆溺舟船"之说(宋·郑樵《通志·地理志一》,杭州:浙江古籍出版社1988年版,第544页)。

河北走水路到河东,或南下经淇口入黄河,再自黄河入沁水、汾水等北上至河东;或沿建安时期曹操在河北开凿的河渠,入汾水、沁水等至河东。这些航线受自然地理条件的限制,沿途曲折多弯,增加了航程和运输时间。从这个角度看,北周开辟的河南和河北航线实际上是两条运输成本高昂的路线,有待于改善。

隋文帝兴修关中河渠

隋王朝取代北周后,建立了自关东西入关中的漕运通道。在此前两百多年的南北分治过程中,游牧民族入主中原将黄河中下游沿岸改成了牧场,破坏了业已建立的水上交通运输体系。再加上开皇三年建水次仓实行分级接运以后,也没能从根本上改变"重关四塞,水陆艰难"的局面,为此,隋文帝于开皇四年(584)颁布了兴修河渠的诏书。

如果说开皇元年(581)兴修富民渠拉开了隋王朝兴修河渠的序幕,那么,开皇四年隋文帝颁布诏书则明确地发出了在全国范围兴修河渠的动员令。在这中间,兴修河渠与恢复漕运相辅相成,体现了隋文帝以粮食安全稳定关中、以关中及长安控制全国的意图,落实了隋文帝结束南北分治及建设大一统王朝的战略构想。从另一个层面看,兴修富民渠和建水次仓以后,虽然在一定程度上克服了关中漕运时的困难,然而,要想彻底地解除关中及长安日益严重的粮食危机,就必须建立一条从关东到关中的畅达的漕运通道。为了实现这一高远的目标,隋文帝明确地表达了重点发展漕运的诉求,决心将河渠建设的范围从关中扩展到关东及河东、河北、河南、江淮等地。进而言之,兴修不同区域的河渠,实际上是建水次仓和实行分级接运的延续,两者相辅相成,是互为依托的配套工程。经过有计划的施工和重点建设,隋文帝终于建立了一条"可使官及私家,方舟巨舫,晨昏漕运,沿溯不停,旬日之功,堪省亿万"的水上交通线。客观地讲,这条水上交通线建成后,从政治、经济、文化等方面加强了关中与关东的联系。

关中河渠建设始于隋王朝取代北周之时,可分开皇元年兴修富民渠和开皇四年兴修广通渠等两个时段。

开皇元年隋文帝令郭衍兴修关中富民渠是隋王朝兴修关中河渠的起点。关中原本是"天府之国"①,由于人口剧增,自身的粮产已无法满足关中日益增长的需求。在关中粮产满足不了京畿地区的需求时,唯一的途径是从关东调粮。然而,从关中到关东的路途十分遥

---

① 史称:"刘敬说高帝曰:'都关中。'上疑之。左右大臣皆山东人,多劝上都洛阳:'洛阳东有成皋,西有殽黾,倍河,向伊洛,其固亦足恃。'留侯曰:'洛阳虽有此固,其中小,不过数百里,田地薄,四面受敌,此非用武之国也。夫关中左殽函,右陇蜀,沃野千里,南有巴蜀之饶,北有胡苑之利,阻三面而守,独以一面东制诸侯。诸侯安定,河渭漕挽天下,西给京师;诸侯有变,顺流而下,足以委输。此所谓金城千里,天府之国也,刘敬说是也。'于是高帝即日驾,西都关中。"(汉·司马迁《史记·留侯世家》,北京:中华书局1982年版,第2043—2044页)。

远,再加上一些航段的通航能力有限,因此,只有在分段兴修的基础上,才能恢复关中与关东相接的漕运通道。与其他航段相比,此时自河东至关中的航线尚有漕运能力,根据这一情况,恢复荒废已久的关中漕运已成为迫在眉睫的大事。

秦汉以降,关中水运以渭水为漕运通道,如史有"河渭漕挽天下,西给京师"①之说。在隋王朝兴修富民渠以前,渭水是关中水运的主要航道。然而,受水文、地理等条件制约,时至隋代,渭水因水位下降及泥沙堵塞航道,已出现断航的情况,乃至于发生了"以渭水多沙,流乍深乍浅,漕运者苦之"②的现象。对此,黄盛璋先生精辟地论述道:"渭河自西汉以来就存在着问题,主要是水量少与泥沙多,其次则洪水期与枯水量悬殊很大,这两个现象到了六世纪末年已经表现相当显著,十一世纪中叶渭河一般就不通舟楫,仅能行驶木筏,和现在差不了多少。"③退一步讲,即便是隋初的渭水有可供漕运的水位,但河道曲折迂回,也是一条十分不经济的航线。针对这些情况,郭衍奉隋文帝之命兴修了富民渠。兴修富民渠时,郭衍主要采取了以渭水为补给水源、以汉代漕渠为基本运道的方案,通过这一举措试图改善关中的漕运条件。

富民渠建成后,初步改变了关中的漕运条件。如渭水曲折多弯,通过裁弯取直,富民渠将原有的航程缩短为四百里。遗憾的是,富民渠毕竟是仓促上马的工程,虽然提高了关中的漕运能力,但终因以黄土为地质构造的河岸不断地坍塌、泥沙积淀堵塞航道等,仅过去一年便陷入瘫痪,彻底地失去了通航的能力。究其原因,主要是因为富民渠的补给水源大部分来自渭水及其支流。枯水季节来临时,渭水及其支流的流量严重不足,给引水入运带来困难;丰水季节来临时,渭水及其支流携带大量的泥沙冲入航道,亦给富民渠带来灾难性的后果。渭水在秦岭北坡的下方,并接纳自秦岭北坡注入渭水的支流,富民渠建在秦岭和渭水主河道之间,引渭入运的补给水源主要来自渭水及其支流,此外,渭水行经的区域是黄土高原,当渭水携带的泥沙和自秦岭冲刷下来的泥沙汇合在一起冲入运道时,富民渠终因泥沙淤积航道、航道干浅及缺少航行时的最低水位,出现了无法水运的情况。

开皇二年,苏孝慈奉命重修富民渠。从表面上看,苏孝慈重修的重点集中在改造淤沙严重的航道即渭水与黄河相接航道的方面,似乎与全面重修富民渠没有关系。其实,这一工程是富民渠的重大改造工程。渭水与黄河交汇的河口作为自关东西入关中的漕运咽喉,同时也是富民渠接纳黄河漕运自渭水入渠的咽喉。与其他区域相比,位于黄土高原的河口地带最容易出现泥沙淤积、河岸坍塌等情况,进而影响到漕运,这样一来,河口地带势必要成为需要重点整治的区域。史有"以渭水多沙,流乍深乍浅,漕运者苦之,于是决渭水为渠以属河,

---

① 汉·司马迁《史记·留侯世家》,北京:中华书局1982年版,第2044页。
② 唐·魏徵等《隋书·苏孝慈传》,北京:中华书局1973年版,第1259页。
③ 黄盛璋《历史地理论集·历史上的渭河水运》,北京:人民出版社1982年版,第169页。

令孝慈督其役"①之说,以此与郭衍"凿渠引渭水,经大兴城北,东至于潼关"②等语对读的话,则不难发现,苏孝慈"督其役"的渭水改造工程实际上是富民渠的改建工程。所谓"决渭水为渠以属河",是说苏孝慈改造富民渠的工程主要集中在渭水入河的河口一带。这一事实表明,富民渠只是隋文帝为应对关中漕运不畅采取的应急性措施,因仓促上马,收到的成效有限。

尽管如此,富民渠的存在依旧有三个方面的意义:一是富民渠以渭水为补给水源,在利用渭水航道的基础上建成了一条联系关中各地、经渭口入黄河的航线,改善了关中的漕运现状,通过缩短航程提升了漕船自渭口进入关中及长安等地的速度;二是富民渠是有综合功能的河渠,在加强漕运的同时,提高了排洪防涝等方面的能力,提高了关中的农田灌溉水平,建成了一批旱涝保收的高产田,减轻了漕运压力;三是富民渠为开皇四年在关中兴修广通渠奠定了坚实的基础,为缓解关中漕运不畅带来的粮食危机做出了重要的贡献。如果没有富民渠这一基础的话,那么,要想在短时间内建成广通渠将十分困难。当然,富民渠的作用又是有限的。即便是富民渠全面地改善了关中的漕运条件,也只是解决了关中漕运时遇到的问题,不可能彻底地解决关东漕运受制于黄河漕运的局面。

开皇四年,宇文恺奉命兴修广通渠,这个工程对改变关中的漕运环境有着特殊的作用。起初,关中漕运一直受制于渭水,在此之前,虽然兴修了富民渠,但没有从根本上消除关中漕运的障碍。进而言之,即使是河东及关东各地的漕粮运入关中,因关中没有畅达的漕运条件,也势必会影响到长安的粮食安全。根据这一情况,需要在利用黄河、渭水河道及在富民渠的基础上,重建已有的关中漕运体系。史称:"于是命宇文恺率水工凿渠,引渭水,自大兴城东至潼关,三百余里,名曰广通渠。"③在兴修广通渠的过程中,宇文恺采取了开挖新航道、改造旧航道即富民渠等措施。继兴修富民渠以后兴修广通渠的行为表明,隋文帝兴修富民渠没能达到改善关中漕运条件的预期目标,为此,隋文帝不得不下令兴修广通渠,试图通过扩大补给水源、改造航道、改造航线,以及从不同的地点引灞水、浐水入运等行为,重新建立关中的漕运秩序。

从兴修富民渠到广通渠,虽然只有四年的时间,但隋文帝对河渠的认识已发生重大的变化。具体地讲,兴修富民渠之时正是隋王朝初立之时,在百废待举的节骨眼上兴修富民渠,虽有提高关中漕运能力、恢复关中农业生产等意图,但实际情况是,富民渠是一项仓促上马的工程,因缺少必要的规划没能达到预期的效果,特别是投入使用后淤沙严重,导致航道淤塞,很快处于废弃的状态。那么,怎样才能稳定关中及长安的政治和经

---

① 唐·魏徵等《隋书·苏孝慈传》,北京:中华书局1973年版,第1259页。
② 唐·魏徵等《隋书·郭衍传》,北京:中华书局1973年版,第1469页。
③ 唐·魏徵等《隋书·食货志》,北京:中华书局1973年版,第684页。

济秩序呢？为了重新打通关中联系关东的漕运通道，隋文帝做出了兴修广通渠的决定。这一举措虽说与隋定都长安需要关东漕运的支持有着密切的关系，但更重要的是，隋文帝试图以此为契机建立将关中和关东连成一片的漕运系统，达到以关中控制关东进而控制全国的战略目标。

广通渠建成后，进一步地表达了隋文帝"转运通利"的诉求。客观地讲，这一诉求与开挖富民渠时兼顾关中的水上交通及灌溉农田等想法已有了本质的区别。广通渠兴修的意义在于，以此为起点把发展关中漕运、加强与关东的经济联系放到了重要的位置上，在疏通关中漕运通道的基础上，将兴修河渠的范围拓展到关东，以缓解日益扩大的国用需求。从这样的角度看，从提高关中及长安的漕运能力入手，在整修旧航道和开辟新航线的基础上兴修了广通渠，实际上是隋王朝加强河渠建设的具体措施，是隋王朝以快捷的水上交通形式强化大一统构想的措施。

灞水、浐水等与渭水都是广通渠不可或缺的补给水源。灞水、浐水等补入广通渠的影响有两方面：一是拓展了广通渠的水源结构，通过增加流量，有效地解决了航道干浅、水位下降、航道淤沙等不利于水运的大问题；二是建立了一条新航线。这条航线以大兴城东的灞桥（在今陕西西安灞桥）为新起点，向南经大兴城南，随后沿终南山东行，沿途有灞水、浐水等补给航道水位，途经万年、临潼、新丰、渭南、华县、华阴等地，到达渭水汇入黄河的河口，进而经潼关与黄河主航道相连。

灞水、浐水等成为广通渠的新水源，还可以从隋文帝营造长安新王城大兴城及开龙首渠等行为中得到进一步证明。隋夺取天下后，为改变长安老城破旧的形象，开始以老城东南方向的龙首原为中心营造大兴城。在营造的过程中，高颎等开挖了龙首渠（渡水渠）等河渠。龙首渠在隋代王城大兴城的东南，以浐水为北流，这一方位与广通渠引浐水入运的方位大体一致。可以说，龙首渠所在的大兴城东南这一区域有浐水、灞水等，而广通渠"自大兴城东至潼关"，据此，广通渠与龙首渠、富民渠等串联在一起，增强了大兴城的水上交通运输能力。

汴渠漕运与洛阳漕转

汴渠是一条沿黄河深入到河南腹地的航线，这一航线在荥阳（在今河南荥阳）境内自黄河开汴口，远通淮河流域。然而，黄河水文变化无常，且迁徙不定，大量的泥沙淤积汴口，给汴渠漕运带来困难。这样一来，当河南成为隋王朝征收漕粮的重点区域时，重点兴修汴口及与汴口相关的航道遂成为当务之急。

汴渠的基础是鸿沟，自开鸿沟以后，黄河以南逐步形成了以鸿沟为主航线，远通淮河流域的漕运机制。史有"荥阳下引河东南为鸿沟,以通宋、郑、陈、蔡、曹、卫,与济、汝、淮、泗会"①之说,春秋时期,鸿沟建立了自黄河联系淮河水系的水上交通。时至东汉,黄河改道后多次毁坏鸿沟,为此,王景、王吴等人用筑堤的方法将浚仪渠(汴渠)从黄河水道中分离出来。浚仪渠兴修以后,改善了自黄河远通江淮的漕运条件。

继王景、王吴等兴修汴渠以后,曹操兴修睢阳渠,西晋及南北朝分治时期又多次重修汴渠的不同航段,重新打通了面向淮河流域的航线。可以说,这些举动都为隋文帝在前人的基础上重修汴口及汴渠提供了必要的条件。

汴口是汴渠与黄河交汇的河口。汴口工程是汴渠入黄河进行漕运的关键性工程。汴渠一头连接黄河,一头远接淮泗,汴口的畅通直接关系到汴渠与黄河、淮泗相通,以及确保关中及长安粮食安全的大问题。继隋文帝令梁睿修汴口以后,隋炀帝兴修通济渠时又重修了汴口。唐玄宗开元二年(714),在隋代的基础上李杰再次重修汴口。从隋唐两代反复兴修汴口的记载中可以得出结论:隋文帝令梁睿修汴口,目的是恢复汴渠的漕运功能,加强黄河与淮河流域之间政治、经济等的联系。进而言之,梁睿重修汴口及石门渠以后,打通了从汴渠进入黄河的运道,重建了黄河以南与黄河相通的漕运通道。如果没有梁睿重修汴口及相关航段之举的话,那么,隋炀帝将很难在很短的时间内完成疏浚通济渠航道的工程,唐代亦很难在很短的时间内重开汴口。

隋文帝采取漕转之策,发生在黄河漕运不通、河东及河北漕运受限的前提下。隋代漕转主要有小平(在今河南孟津县西北)和洛阳两个接运点。自小平漕转,是指关东漕运以黄河为主航线,从水路运粮至小平,随后绕过三门峡砥柱山运粮至陕州,再从陕州入黄河入渭水入长安;自洛阳漕转,是指自洛阳改走山路绕过三门峡运粮抵陕州,随后沿黄河入渭水再入关中及长安。在这中间,两条漕转线路的交会点是陕州,漕转至陕州后沿黄河西行经虢州、华州至潼关入渭水,然后自渭水入富民渠或广通渠运粮至长安等地。

漕转是涉及隋王朝国家安全的大事,为确保关中及长安的粮食安全,隋文帝建立自小平漕转这一接应点以后,又鼓励老百姓参与漕转,建立一条自洛阳漕转的新线。洛阳是隋文帝开辟的又一条西入关中的漕转线路,这条漕转线路开辟后,自洛阳出发走山路绕过三门峡砥柱山,可将粮食运至陕州常平仓。所谓"又遣仓部侍郎韦瓒,向蒲、陕以东,募人能于洛阳运米四十石,经砥柱之险,达于常平者,免其征戍"②,目的是发动民间力量开辟一条与自小平漕转的互补新线,以此来提升关中及长安粮食安全的系数。建立自洛阳漕转的新线发生在开辟河东漕运以后,这条漕转新线与河东漕运形成呼应之势,在一定程度上保证了输粮入关中的额度。

---

① 汉·司马迁《史记·河渠书》,北京:中华书局1982年版,第1407页。
② 唐·魏徵等《隋书·食货志》,北京:中华书局1973年版,第683页。

发动民间力量建立洛阳这一漕转接应点,是由洛阳在关东的交通位置和经济地理地位决定的。西周以降,经过长时期的水陆交通建设,洛阳已成为关东四通八达的商贸重镇。如史有"洛阳东贾齐、鲁,南贾梁、楚"①之说,又有"洛居天下之中,行者四面而至,苟不惑其涂路,则千里虽远,行无不至"②之说,"河洛之地,世称朝市。上则于天,阴阳所会;下纪于地,职贡路均。圣人以万物阜安,乃建王国"③之说。又如北魏以洛阳为都时,曾在建春门外谷水一侧的明悬尼寺东建立了以常满仓为主的租场,这一租场以汴渠、黄河等为航线,负责接受来自淮河流域的租米和赋税,如史有"寺东有中朝时常满仓(高祖令为租场),天下贡赋所聚蓄也"④之说。经过长时间的建设,洛阳已成为重要的粮仓,为调集河南以外地区的租米和赋税提供了方便。进而言之,凭借交通和区域地理位置上的优势,洛阳具备了建立漕转接应点的必要条件。

从水上交通形势上看,洛阳既有阳渠这一对外联络的水上通道,同时又近接黄河、汴渠等航线。以洛阳为水上交通枢纽可深入到黄河以北、黄河以南等区域。洛阳作为河南重镇,因有兴修河渠的成果如继承了汉魏以来河渠建设的成果,因此形成了面向江淮的漕运的能力。具体地讲,在隋文帝建造的十三州水次仓中,有七个州的水次仓建在河南,其余各州的水次仓大部分建在黄河沿线,个别的建在淮河流域,这些都为建立洛阳这一漕转接应点提供了必要的条件。此外,洛阳的腹地河南是重要的产粮区,如地处淮河流域的汝州等与洛阳相邻,除了可就近运粮到洛阳外,又可沿汝水、泗水、颍水等深入到淮河流域。如果泥继续以小平为漕转接应点的话,则会增加汝州等地的漕转费用。

洛阳取代小平成为官方确认的漕转中心,当发生在隋炀帝大规模地兴修河渠、建立以洛阳为中心的水运机制以后。隋炀帝建设洛阳这一交通枢纽,以水上交通的形式加强了洛阳与黄河、通济渠及淮河流域的联系。史称:"凡都已东租纳含嘉仓,自含嘉转运以实京太仓。自洛至陕为陆运,自陕至京为水运,置使,以监充之。"⑤唐王朝设置相应的职官,将隋代洛阳民运漕转接应点改造为官运漕运接应点,从侧面说明了唐代建立自洛阳漕转的机制主要沿袭了隋文帝的做法。进而言之,洛阳由民间漕转接应点成为官方确认的漕转接应点,虽与隋炀帝建设洛阳这一水陆交通枢纽有密切的关系,与唐代以洛阳为东都有密切的关系,但以洛阳为漕转接应点则发生在隋文帝一朝。

建立小平和洛阳两个漕转接应点在一定程度上缓解了关中及长安的粮食危机。这样虽

---

① 汉·司马迁《史记·货殖列传》,北京:中华书局1982年版,第3265—3279页。
② 元·马端临《文献通考·经籍考三十七》,杭州:浙江古籍出版社1988年版,第1726页。
③ 唐·令狐德棻《周书·宣帝纪》,北京:中华书局1971年版,第117页。
④ 北魏·杨衒之《洛阳伽蓝记·城东》,杨勇校笺《洛阳伽蓝记校笺》,北京:中华书局2006年版,第70页。
⑤ 后晋·刘昫等《旧唐书·职官志二》,北京:中华书局1975年版,第1828页。

增加了运输成本,但因避开了三门峡砥柱山天险,从而提高了运粮西入关中的安全系数。客观地讲,建立小平和洛阳两个漕转接应点的原因有三点:一是与黄河漕运不济受阻三门峡等因素相关;二是与河东漕运能力有限以及河北漕运绕道河东受到诸多限制相关;三是黄河漕运不畅,隋文帝被迫择地建水次仓并采用分级接运相关。小平和洛阳作为隋文帝开辟的两个漕转接应点,在与黄河及其航线相通的河渠相互配合中,在与水次仓搬转及分级接运等措施的相辅相成中,在兴修关中及关东河渠的活动中,为保证关中及长安的粮食安全做出了巨大的贡献。

需要补充的是,建立小平和洛阳两个漕转接应点是不得已而为之的策略,是因为无法解决关中及长安粮荒时被迫采取的措施。在陆运成本远远地高于水运的背景下,以小平为漕转接应点,将漕运改为水陆联运虽然可以成功地避开三门峡砥柱山天险,但要付出高昂的代价。此外,自洛阳抵陕州的陆运里程虽然缩短了自小平抵陕州的里程,然而,通过崎岖不平的山路进行转输同样充满了艰辛,甚至可以说,其艰难程度绝对不低于沿崤函古栈道走三门峡砥柱山时遇到的困难。基于这个缘故,隋文帝开辟洛阳这一漕转线路时,不可能放心地把关中及长安的粮食安全完全寄托在发动民间力量的方面。从这样的角度看,建小平和洛阳漕转接应点,实际上是由漕运受制于三门峡砥柱山等引起的,是隋文帝开辟河东航线、建造水次仓、兴修河渠等进行漕运的补充措施。这些措施虽然可以缓解关中及长安日益严重的粮食危机,但不能解除所有的危机,乃至于关中一旦发生大面积的自然灾害,隋文帝只能用古法即异地"就食"的方法来消除关中粮食危机。

江淮漕运与重修邗沟

重修和改造邗沟旧道是隋文帝经营江淮及长江以南的重要举措。具体地讲,邗沟一直是自黄河流域远通江淮的航线,具有很高的战略价值,为了恢复其漕运能力,隋文帝在历代兴修邗沟的基础上重修及改造了这一航线。

自春秋吴国开挖邗沟以后,历代统治者不遗余力地重修邗沟,目的是确保这一联系南北的交通主干线能够畅通无阻。春秋后期,吴王夫差在充分利用淮河下游水道的基础上,兴修了一头联系长江一头联系淮河的邗沟。秦汉大一统帝国建立以后,这条航线成为自黄河流域进入淮河流域、长江流域最繁忙的航线。之所以邗沟会成为最为繁忙的航线,是因为这一航线有着其他航线无法比拟的便利和快捷。所以,为了加强黄河流域与长江流域之间的联系,历朝历代均十分重视邗沟的维修事务。在这中间,或疏浚航道,或筑堰蓄水保持航道水位,或航线改道等,历代统治者为维护邗沟做出了积极的贡献。

隋文帝三次对邗沟进行重修及改造。第一次重修及改造邗沟发生在开皇四年。史称:"开皇初,议伐陈,以寿有思理,奉使于淮浦监修船舰,以强济见称。四年,参督漕渠之役,授尚书主爵侍郎。"①以"漕渠"称谓邗沟,旨在强调它的漕运功能②;以"漕渠之役"称谓这一重修及改造工程,旨在强调其工程规模浩大。在重修及改造邗沟航线的过程中,元寿主要采取了两个措施。一是在疏浚旧道的基础上,对曲折迂回的航线采取了裁弯取直的措施。为防止航道干浅和泄水,吴王夫差修邗沟时,有意保留了曲折迂回的水道。当然,也可能与快速投入使用、没有作长远的规划相关。值得注意的是,"水道屈曲"虽然可以减缓水流下泄的速度,维持航道水位,但这一做法却增加了航程,降低了航运效率。根据这一情况,元寿采取了裁弯取直、疏浚航道等措施。这一事实表明,元寿改造邗沟时,主要是利用沿线河流湖泊自然形成的水道,以疏导为主,以开挖为辅。如利用淮河下行时形成的河流和湖泊水道,利用由广陵潮回灌广陵后形成的河流和湖泊,规划和建设"就其境内之地引江水以通湖"③水道。二是在历代建造堰埭即拦河坝的基础上,采取加固沿途堰埭等一系列的措施。

具体地讲,从"张纯堰洛水以通漕"④起,为防止因高程(航道底部的海拔高度)不同引起的航道快速泄水,历代重修者在其沿线水位落差大的航段节点建造了一系列的堰埭。追溯建造堰埭的历史,可以从吴王夫差开邗沟说起,为了消除邗沟航线的水位落差,吴王夫差采取了多种措施,其中的一项重要措施是利用水道的自然弯曲来降低水流下泄的速度。时至后世,人们发现仅仅依靠水道的自然弯曲,无法从根本上解决因高程不同引起的水流下泄过速的问题,与此同时,又因航线曲折效率低下,根据这一情况,主要采取了建造堰埭及加固河堤等措施。建造堰埭以后,通过拦水控制水流速度有效地保持了航道水位,从而解决了因水流下泄过快导致航道干浅等一系列问题。时至隋代,元寿发现了邗沟利用自然水道多弯的弊病,认为既然已有堰埭控制区间水位,那么,完全可以采取裁弯取直的措施对原有的航道进行改造。经过改造,极大地提高了邗沟漕运的效率。

第二次重修及改造邗沟发生在开皇七年。此次重修工程是以扬州为起点,以淮阴为终点。因邗沟至淮阴末口入淮,故又可知此次重修的范围为邗沟全线。

起初,邗沟入淮的河口是淮阴末口,经过整修以及改建后入淮口移到了宝应(在今江苏宝应)的北面。如王应麟考证道:"《左传》:'吴城邗沟,通江、淮。'注云:'于邗江筑城穿沟,东北通射阳湖,西北至末口入淮,通粮道也,今广陵韩江是。'(隋开邗沟,自山阳至扬子入江,

---

① 唐·魏徵等《隋书·元寿传》,北京:中华书局1973年版,第1497页。
② 所谓"漕渠",除了特指汉武帝在关中开挖的漕渠外,又指所有的由人工开凿的以运粮为主的河渠。如顾祖禹考证道:"漕河,在城西二里。自江口至城南水门凡九里,又南经丹阳县至吕城堰百二十四里。相传秦凿京岘东南以泄王气,即漕渠之始。"(清·顾祖禹《读史方舆纪要·南直七》(贺次君、施和金点校),北京:中华书局2005年版,第1255页)根据这一情况,凡有漕运功能的河渠均有"漕渠"之称。
③ 清·阎若璩《尚书古文疏证》(黄怀信、吕翊欣校点),上海:上海古籍出版社2010年版,第449页。
④ 北魏·郦道元《水经注·谷水》,《水经注疏》中册(杨守敬、熊会贞疏,段熙仲点校,陈桥驿复校),南京:江苏古籍出版社1989年版,第1403页。

渠广四十步,自楚州宝应县北流入淮。)"①王应麟称"自楚州宝应县北流入淮"虽然是在叙述隋炀帝重开邗沟以后的情况,但因其是在隋文帝改造邗沟的基础上进行的,因此,可以此为依据,当知隋文帝重修运道后,邗沟的入淮河口已经改变地点。

经此,邗沟入淮有了与淮阴末口相对应的新的河口——射阳末口即山阳末口。起初,邗沟的航线是这样的,自邗城经高邮、宝应等抵射阳湖西北,沿自射阳湖西北开挖的水道抵淮阴末口。隋文帝"开山阳渎"后,邗沟入淮口改到了射阳。

隋文帝重修邗沟时,为什么要改造原有的航线采取自山阳末口即射阳末口入淮之策呢?其实,道理很简单,政区调整及变化后,山阳在江淮漕运中的地位提升,为此,需要在改造旧航线的基础上建立新的航段节点。淮阴成为山阳的属地后,山阳成为邗沟入淮的第一重镇,与北面的宿豫县(在今江苏宿豫)接壤。在这一过程中,如果不能及时地改造航线及加强山阳的地位,将会导致放弃江淮漕运咽喉的后果。进而言之,淮阴成为山阳的属地后,需要在改造航线的基础上提升山阳的漕运地位。

第三次重修及改造邗沟发生在仁寿四年(604)。李吉甫引《纪胜扬州》记载道:"茱萸湾,在县东北九里。隋仁寿四年开,以通漕运。其侧有茱萸村,因以为名。"②茱萸湾在扬州东北,在此疏浚航道及建漕运码头,目的是进一步提升扬州航段的漕运能力。从某种意义上讲,兴修茱萸湾可视为"于扬州开山阳渎"的延续。隋文帝去世的时间是仁寿四年七月,隋炀帝即位后的当年沿用了这一年号,这样一来,仁寿四年兴修茱萸湾之举有可能延续到隋炀帝一朝。

改造及重修邗沟有着非同一般的意义。从开皇四年到仁寿四年,隋文帝三次重修及改造邗沟意义重大。一是提升了邗沟运兵运粮的能力,通过就地取粮即利用当地的资源,加快了灭陈的步伐。如从"议伐陈""奉使于淮浦监修船舰,以强济见称"等语中不难发现,重修邗沟传达了隋王朝南下征陈及实现南北统一的信息。如李吉甫引《纪胜楚州》记载道:"故仓城,东南接州城。隋开皇初将伐陈,因旧城储畜军粮,有逾百万,迄于大业末,常有积谷,隋乱荒废。"③经过建设,楚州淮阴郡成为江淮之间的重要仓城,这一仓城在伐陈的过程中发挥了重要作用。二是密切了关中、关东与江淮的联系,传达了隋文帝以关中控制江淮以远区域的意志。史称:"况长淮分天下之中,北达河、泗,南通大江,西接汝、蔡,东近沧溟,乃江淮之

---

① 宋·王应麟《困学纪闻》(栾保群、田松青、吕宗力校点),上海:上海古籍出版社2008年版,第1802页。
② 唐·李吉甫《元和郡县图志·淮南道》(贺次君点校),北京:中华书局1983年版,第1073页。
③ 同②,第1075页。

要津,漕渠之喉吻。"①邗沟是江淮漕运的咽喉,与贯穿黄淮地区的汴渠相通,航线重开后加强了关东、关中与江淮的联系。三是改造邗沟及提高运力与建水次仓、分级接运、兴修关东河渠等相互为用,在稳定关中及长安的政治、经济形势的同时,实现稳定全国的政治秩序和发展经济的构想。

如果说第一次重修及改造邗沟与隋王朝准备南下征陈相关的话,那么,第二次和第三次重修邗沟则与实施国家战略储备,应对自然灾害有着直接的关系。碰巧的是,开皇五年(585)长孙平提出加强战略储备后,关中连年大旱,与此同时,关东的重要农业产区青、兖等十五州亦接连发生水灾。在主要产粮区受灾的情况下,隋文帝一方面利用广通仓、北周旧仓等放粮赈灾,以稳定关中的政治局势;另一方面则"买牛驴六千余头,分给尤贫者,令往关东就食"。这些措施虽在一定程度上缓解了关中的粮食危机,但关中和关东重要的农产区同时发生灾害,则在一定程度上摧毁了隋文帝业已建立的漕运及漕转体系。进而言之,在关东因自然灾害严重缺粮的前提下,要想解除关中及关东主要粮食产区日益加重的粮食危机,从江淮调粮已成为刻不容缓的大事。起初,华州广通仓储存的粮食主要来自河东、河南、河北等地,在这些区域纷纷受灾的前提下,关中及关东的粮食需求只能转向江淮。在这中间,重修邗沟除了与伐陈相关外,更重要的是,自北方先进的农业技术传到南方后,江淮地区的农业生产水平已逐步赶上,甚至是超过黄河流域的农业生产水平。进而言之,因邗沟是联系淮河流域和长江流域唯一的水上通道,为提升漕运能力,隋文帝再次下令重修邗沟是必然的。

重修及改造邗沟不仅仅解除了关中、关东严重缺粮的危机,更重要的是,这一举措通过恢复水运能力,起到了自北向南控制江淮的作用。重修及改造邗沟可加快南北政治、经济交流和融合的程度,有效地消除因南北分治造成的隔膜和文化上的断裂。从这样的角度看,隋炀帝在全国范围内兴修河渠,实际上是隋文帝兴修河渠的延续。

第二节 隋炀帝时期的漕运及河渠建设

为了解除漕转不利可能引发的政治危机,大业元年(605)三月,隋炀帝着手营造东都洛阳,表达了政治中心东移的诉求②。营造东都主要由洛阳新城、宫苑和水陆交通枢纽三大工程构成,三大工程同时开工,在一定的程度上反映了东都建设是在兴修河渠及加强漕运的过

---

① 明·席书、朱家相《漕船志·建置》(荀德麟等点校),北京:方志出版社2006年版,第33页。
② 司马光叙述这一事件时,有大业五年"春,正月,丙子,改东京为东都"(宋·司马光《资治通鉴·隋纪五》[邹国义校点],上海:上海古籍出版社1997年版,第1639页)之说。

第七章 隋代的漕运

程中完成的。

兴修河渠及加强漕运是在洛阳水陆交通枢纽建设的过程中完成的,洛阳交通枢纽建设主要有五大工程。一是大业元年三月兴修包括邗沟在内的通济渠,兴修这一工程的原因是,营造洛阳新城及宫苑的巨木主要来自长江沿线,因此需要打通联系东南及岭南的漕运通道;二是在兴修通济渠的同时兴建洛阳漕运码头,漕运码头投入使用后,在为新城、宫苑建设提供服务的同时,加强了洛阳在漕转中的地位;三是大业四年(608)一月兴修永济渠,建立了自洛阳渡河北上远及涿郡及辽东的漕运通道,这条漕运大通道建成后加强了中央与黄河以北的联系;四是兴修沿通济渠、永济渠等堤岸展开的"御道",建设与水路平行的陆路,加强了中央对地方的控制;五是大业六年(610)冬重建江南河,提升了三吴地区(指吴郡、吴兴郡和会稽郡,包括江苏长江以南、浙江和上海全境)的漕运能力。五大工程相继完工后,在改善交通面貌的同时,突出了东都洛阳的水陆交通枢纽的地位。通济渠、永济渠、江南河与关中广通渠等互通后,建成了以洛阳为水陆交通枢纽的西入关中,东至江淮及长江沿岸,北抵涿郡,南至余杭的航线。这条交通大动脉在沟通钱塘江以北、黄河以北各水系的过程中,改变了相关区域的水文、地理等。如广通渠、通济渠、永济渠及江南河等互通后,把西京长安、东都洛阳、荥阳(郑州)、浚仪(汴州)、梁郡(宋州)、彭城(徐州)、淮阴郡(楚州)、江都(扬州)、吴郡(苏州)、余杭(杭州)、魏郡(相州)、汲郡(卫州)、河内(怀州)、河东(蒲州)、赵郡(赵州)、涿郡(幽州)等重镇连接起来,加强了这些政区之间的政治、经济、文化联系;又如永济渠在与黄河交汇的同时,将属于不同水系的河流截入运渠,改变了相关区域的水文、地理等;再如新的水陆交通枢纽及区域性交通枢纽建成后,在改变政区交通的同时,为区域政治中心向航线沿岸迁移提供了必要的条件。

在洛阳三大工程建设中,水陆交通枢纽建设的时间最长。如同样是以大业元年三月为起点,到大业二年(606)一月,洛阳新城、宫苑建设已顺利完工。如果以大业六年冬建成江南河为洛阳水陆交通枢纽建成的下限,那么,洛阳水陆交通枢纽工程建设竣工的时间差不多滞后了近五年的时间。隋炀帝即位后,兴修了通济渠(包括邗沟)、永济渠、江南河等。兴修三渠的共同特点是,在旧渠的基础上拓宽和加深航道,使之具有了"通龙舟"的能力。如李焘有永济渠"广深与汴等"[1]即永济渠的宽度和深度与通济渠大体相当之说。又有永济渠"其衡广,亦以龙舟为则"[2],江南河"广十余丈,使可通龙舟"[3]。按:秦汉以后,一步为五尺。所谓"水阔四十步",是指通济渠的宽度达二百尺。又如李吉甫有永济渠"阔一百七十尺,深二丈

---

[1] 宋·李焘《续资治通鉴长编·真宗大中祥符五年》,北京:中华书局2004年版,第1753页。
[2] 宋·程大昌《禹贡后论·汴》,《四库全书》第56册,上海:上海古籍出版社1987年版,第116页。
[3] 宋·司马光《资治通鉴·隋纪五》(邹国义校点),上海:上海古籍出版社1997年版,第1642页。

四尺"①之说,航道疏浚后,永济渠的宽度和深度与通济渠(汴渠)的大体相当。三渠互通后,出现了"上自江都御龙舟入通济渠,遂幸于涿郡"②的情况。进而言之,在建设洛阳这一水陆交通枢纽的过程中,隋炀帝通过利用旧渠最大限度地减少了投资成本,建成了通济渠、永济渠、江南河等贯穿南北的三大河渠。三大河渠充分地利用旧渠的水资源,实现了拓宽和加深航道的目标。此外,洛阳水陆交通枢纽工程建设还包括兴建漕运码头、水次仓建设等内容。

东都三大工程建设与漕运

东都洛阳是隋王朝举国家之力建设的大工程,在建造的过程中充分地展示了依托漕运的特点。东都三大工程指新城建设、宫苑建设及通济渠建设,这三大工程规模宏大。与新城、宫苑建设相比,参与洛阳水陆交通枢纽建设包括兴修河渠、漕运码头建设的人数最多,史有"发河南诸郡男女百余万,开通济渠,自西苑引谷、洛水达于河,自板渚引河通于淮"③之说。

通济渠成为优先建设的项目,这与新城、宫苑建设的建筑材料需要漕运及长江以远区域的支持相关。如乾元殿的梁柱需要到数千里之外的豫章(在今江西南昌)砍伐,需要走水路运往东都洛阳,在这中间,既需要通过自然水道,又需要利用新修的通济渠,这样一来,为漕转服务的河渠建设遂担负起东都宫苑建设的重任。

乾元殿只是隋东都显仁宫中的一座宫殿,由此不难得出东都宫苑建设规模十分宏大的结论,同时可以看到东都宫苑建设需要东南的支持。建造显仁宫及苑囿以后,隋炀帝又建造了规模宏大的西苑。西苑建筑别具一格,除了有"台观宫殿,罗络山上,向背如神"雄伟之势外,又有"缘渠作十六院,门皆临渠"江南水乡的雅韵。在建造西苑的过程中,主要采取了引谷水、洛水入苑的措施,在突出西苑建设以水为特点的同时,重点解决了建筑材料需要东南及长江流域支持的难题。如史家叙述通济渠的起点时有"引谷、洛水,自苑西入,而东注于洛"④之说,西苑成为通济渠的起点,从一个侧面揭示了西苑建设与漕运的关系。如果没有这一漕运通道,要想建成周二百里的西苑是不可能的。西苑规模宏大,远远地超过长安的宫苑。将通济渠的起点设在西苑,说明了宫苑建设与河渠建设密不可分。

除了宫苑建设需要依托漕运外,更重要的是,在东都新城建设的过程中,强调了加强漕运的理念。如徐松诠释"当皇城端门之南,渡天津桥,至定鼎门,南北大街曰定鼎街"等语时考证道:"亦曰天门街,又曰天津街,或曰天街。《河南志》引韦述《记》曰:自端门至定鼎门七

---

① 唐·李吉甫《元和郡县图志·河北道一》(贺次君点校),北京:中华书局1983年版,第466页。
② 唐·魏徵等《隋书·炀帝纪上》,北京:中华书局1973年版,第75页。
③ 同②,第63页。
④ 唐·魏徵等《隋书·食货志》,北京:中华书局1973年版,第686页。

里一百三十七步,隋时种樱桃、石榴、榆、柳,中为御道,通泉流渠,今杂植槐、柳等树两行。"[1]天津街的一侧是天津桥,天津桥是架在洛水之上的浮桥,连结新城南北两大城区及街区。在建设的过程中,规划者有意关照漕运,将洛水贯穿于两大城区之间。史有"河北诸郡送工艺户陪东都,三千余家。于建阳门东道北置十二坊,北临洛水,给艺户居住"[2]之说,这里的"河北诸郡",是指黄河以北的州郡。有一技之长的匠人落户东都后,依洛水而居,在提升东都工匠技艺水平的同时,形成了沿建阳门东道展开的制造和销售手工业产品市场。建阳门是洛阳重要的漕运码头,十二坊北临洛水,在这里安置河北各州郡的匠人及建手工业市场,目的是方便商品流通和集散。

此外,为了充实东都的人口和提升其经济地位,在迁徙河北诸郡工匠的同时,隋炀帝又采取了两个措施:一是将周边的人口迁至东都的外城;二是将各地的富商大贾迁至东都新城,如史有"徙豫州郭下居人以实之。……徙天下富商大贾数万家于东京"[3]之说,又有"徙洛州郭内人及天下诸州富商大贾数万家,以实之"[4]之说。豫州和洛州是指同一政区。"天下诸州富商大贾数万家"迁入东都后,与工匠即艺户结合在一块,促进了产销市场的形成。与此同时,产销市场壮大发展后,利用河渠及水陆交通枢纽建设的成果,将各类手工业制品源源不断地输出,造就了东都的商贸繁华。从这样的角度看,洛水贯穿东都,是发展漕运及建设其水陆交通枢纽的有机组成部分。

东都三大工程具有同时开工的特点,新城、宫苑建设需要以漕运为支撑,这样一来,通济渠在新城、宫苑建设中负有特殊的使命。可以说,如果没有通济渠及时地运送建筑材料及物资的话,那么,东都及街区、宫苑建设要想在十个月内完成将是一句空话。如果考虑到永济渠、江南河兴修的时间较晚,与洛阳新城、宫苑建设不在同一层面上,当知在东都建设的过程中,通济渠是优先建设的工程,同时也是投入人力、物力和财力最大的工程。为完成东都三大工程,隋炀帝几乎征用了全国所有的男丁。

洛阳漕运码头

东都的漕运码头主要分布在西苑、洛水沿岸,其中,汉魏洛阳故城的东门是最大的漕运码头。西苑在东都新城的西面,是通济渠的起点。西苑虽然建有码头,但那只是皇家的御用码头,出于安全方面的考虑,不可能在西苑建造全面开放的漕运码头。此外,东都由新城和汉魏洛阳故城即老城两个部分构成,新城在老城的西面,西苑又在新城的西面,如果以西苑

---

[1] 清·徐松撰,张穆校补《唐两京城坊考·外郭城》,北京:中华书局1985年版,第147页。
[2] 唐·杜宝《大业杂记》,辛德勇《大业杂记辑校》,西安:三秦出版社2006年版,第27页。
[3] 唐·魏徵等《隋书·炀帝纪上》,北京:中华书局1973年版,第63页。
[4] 同[3]。

为漕运码头,势必要增加航程,不利于漕转,故只能沿用洛阳原有的漕运码头来重点解决自关东漕运关中时的难题。

洛阳一向是兵家必争之地,时至隋代,汉魏洛阳故城多遭破坏。面对这一形势,宇文恺规划建设方案时,采取了在河南县内另造新城的方案。胡渭论述道:"(隋东都城即今河南府治,前直伊阙之口,后依邙山之塞。自周敬王、汉光武、魏文帝、晋武帝、后魏孝文帝皆都故洛城,至是西移十八里置都城焉。)而通济之渠复起,(《隋书》:炀帝大业元年,开通济渠,自西苑引谷、洛水,达于河;自板渚引河通于淮。)"①从"至是西移十八里置都城焉"等语中可知,东都新城建在汉魏洛阳故城以西十八里的地方。

水陆交通枢纽建设是东都建设的重要内容,为了突出其漕运功能,宇文恺进行城市规划时采取了将洛水贯穿城中的方案。洛水贯穿新城,为利用隋代以前的河渠行运提供了便利。东都新城虽在河南县,但新城在向洛水沿岸扩张时已与汉魏故都洛阳连成一片。因东都新城有南北两大城区,这两大城区与汉魏洛阳故城相连,从而形成了新旧三大城区。由于汉魏故城本身依洛水而建,又由于洛水贯穿东都新城,再加上隋代以前洛水已是洛阳重要的漕运通道,这样一来,东都的漕运码头集中在洛水沿岸乃是历史的必然,同时也为利用新城和旧城之间的洛水进行漕运铺平了道路。

隋建东都以前,洛阳漕运主要由环绕洛阳的阳渠和洛水航线构成。阳渠是洛阳入洛水再入黄河的唯一航线。从东周到隋前,阳渠多有毁坏,但阳渠至洛阳东门入洛、至洛口入黄河的漕运通道始终不变。洛阳水文变化始于周灵王之时。周灵王以后,历两汉、魏晋、北魏及隋,洛阳一带的黄河水文前后发生过五次变化,可以说,每一次黄河的水文变化都牵动着洛阳及洛水的水文变化。进而言之,黄河的水文变化在一定程度上改变了洛阳的水文环境,成为重建洛阳漕运秩序的重要原因。在黄河水文变化的带动下,洛阳一带的水文发生了变化,因此需要根据不同时期的特点重修河渠,重建漕运秩序。然而,洛阳周边的水文虽然发生变化,但阳渠自洛阳东门入洛水,随后"经偃师、巩县之间,而注于洛口"②的漕运通道基本上没有大的变化。由于阳渠是隋代以前洛阳面向江淮的唯一航线,又由于隋炀帝建设东都时将洛水贯穿城中,这样一来,兴修通济渠及洛阳漕运码头时,一方面充分地利用了阳渠入洛入河的漕运通道,一方面有计划地利用了汉魏洛阳故城东门的漕运码头。

为恢复东都漕运,隋炀帝兴修通济渠时改造了阳渠航线。以水文变化为依据,宇文恺修复了汉魏洛阳故城的阳渠航线。在这中间,通过修复汉魏故城阳渠原有的漕运通道,在利用建春门漕运设施及码头的基础上,形成了经阳渠、洛水入黄河,再入汴渠,面向江淮的航线。由于"河南、洛阳于是合而为一",汉魏故城的阳渠沿线遂成为重要的漕运码头。

---

① 清·胡渭《禹贡锥指》(邹逸麟整理),上海:上海古籍出版社2006年版,第249页。
② 同①。

第七章 隋代的漕运

阳渠是洛阳北入黄河唯一的漕运通道。如储光羲在《洛阳东门送别》诗中写道:"东城别故人,腊月迟芳辰。不惜孤舟去,其如两地春。"①如诗题所示,储光羲是在洛阳东门送别友人的。诗中的"东城"指汉魏洛阳故城,因隋东都新城在西,故称。又如李绅在《重入洛阳东门》诗中写道:"商颜重命伊川叟,时事知非入洛人。连野碧流通御苑,满阶(一作街)秋草过天津。"②结合诗题,李绅是走水路入洛阳东门的。"御苑"指隋炀帝建造的东都西苑,李绅自东门向西张望,看到"连野碧流通御苑"的情景,与此同时,又看到御苑的秋草远接洛水上架设的天津桥。从储光羲、李绅共同强调"洛阳东门"的话语中当知,汉魏洛阳故城的东门是隋东都重要的漕运码头。进而言之,隋代东都漕运沿用了汉魏旧渠阳渠,并且继续沿用汉魏洛阳故城东门的漕运码头。

建春门是隋东都对外联络的漕运码头,凡是走水路入东都,建春门是唯一的自洛水入阳渠的通道。追溯历史,建春门一带成为漕运码头可上溯到东汉。建春门早在东汉时期已是阳渠面向江淮的漕运码头。此后,魏晋、北魏建都洛阳沿用了这一漕运码头。史有咸宁二年(276)九月"起太仓于城东"③之说,晋武帝将太仓即中央粮库建在城东,是因阳渠环绕洛阳,故城东有漕运之利。

北魏建都洛阳,袭用了西晋在阳渠沿线建造的太仓。西晋建造的太仓由不同的粮库组成,其中,常满仓是重要的粮仓。早在东汉,建春门已是阳渠入河远通江淮的交通枢纽及漕运码头,并具有接纳来自江淮的租米和赋税的能力。北魏袭用晋太仓及漕运码头以后,以建设租场即接纳各地的租米及赋税为标志,在建春门一带扩建了有不同功能的漕运码头及租场等。

从汉魏到北魏,建春门一直是洛阳面向江淮的漕运码头。时至隋兴修通济渠,这一航线继续承担着江淮及东南漕运的重任。在这中间,隋王朝利用汉魏故城建春门一带的设施兴修了上东街、建春街。上东街、建春街与东市相邻,东市是隋东都重要的商品集散地,因此,隋王朝建造东市及兴修通济渠时,沿用了阳渠在建春门一带的漕运码头。隋兴修通济渠时,充分利用了东汉阳渠,利用了自阳渠沿洛水东行经偃师、自巩县经洛口入黄河的航线。这条航线重建后,建春门成为自通济渠或自永济渠入洛阳的必经之地,与此同时,建春门作为漕运码头的地位得到再度确认。

除了建春门之外,城南津阳门等也是隋东都联系江淮及东南的不可或缺的漕运码头。通济渠重开后,恢复了阳渠的漕运能力,为从汉魏故城东门建春门等到南门津阳门等建立漕运码头铺平了道路。因阳渠串联起东门建春门和南门津阳门等,这样一来,东都的漕运码头

---

① 唐·储光羲《洛阳东门送别》,中华书局《全唐诗》,北京:中华书局1960年版,第1410页。
② 唐·李绅《重入洛阳东门》,中华书局《全唐诗》,北京:中华书局1960年版,第5488页。
③ 唐·房玄龄等《晋书·武帝纪》,北京:中华书局1974年版,第66页。

虽以建春门为主,与洛水航线相关的汉魏洛阳故城阳渠沿岸亦有集散漕运货物的功能。

第三节 通济渠与东南漕运

与其他河渠相比,建设通济渠即重修汴渠有着特殊的意义。一是通济渠联系东南,在黄河中下游地区农业经济处于衰败的背景下,江淮农业经济的迅速崛起,提升了通济渠的战略价值;二是通济渠跨越黄河、淮河两大水系,打通了进入长江水系的航线,这条漕运大通道开通后,可以借长江航线控制沿岸地区,控制巴蜀之地及长江腹地,甚至可以控制岭南等地区;三是自通济渠过长江可进入江南河,将三吴地区纳入漕运范围,为后世依靠东南漕运奠定了基础;四是淮河是通济渠不可或缺的航段,安史之乱后,刘晏改革漕政,实施以盐利保漕运之策,全面地提升了淮盐的历史地位,与此同时,淮盐以优良的品质,为后世榷盐及重点征榷淮盐创造了必要的条件。

隋炀帝与漕运通道的建设

大业元年三月,隋炀帝兴修通济渠揭开了东都洛阳水陆交通枢纽建设的序幕。杜佑记载道:"炀帝大业元年,发河南诸郡男女百余万,开通济渠,自西苑引谷、洛水达于河,又引河通于淮海,自是天下利于转输。"①在河渠建设的过程中,隋王朝采取了自东都西苑开渠的方案。在东都皇家园林西苑开渠目的主要是为了方便引谷水、洛水入运,经此,通济渠形成了以西苑为起点,经黄河入淮,再经邗沟(山阳渎)入长江,远接江南河及长江沿岸的航线,进而形成面向江淮及深入到长江腹地的漕运能力。

隋炀帝把兴修通济渠放到河渠建设的优先位置上,主要出于两个原因。一是东都及宫苑建设的大型建材等主要来自江南及长江以远的区域,为此,需要打通江淮航线寻求吴越及长江腹地,甚至是五岭以北的支援。五岭是长江水系和珠江水系的分水岭,指湘、桂之间的越城岭、都庞岭、萌渚岭、赣南的骑田岭,以及赣、粤之间的大庾岭。在这中间,邗沟是连接江淮之间的交通要道,是自黄河流域入淮入江的重要节点,承担着东都建设及运输长江以南建材的重任。这样一来,兴修以洛阳为起点通往长江流域的航线时,势必要把改造江淮航线即重修邗沟纳入兴修通济渠的范围。二是隋承北周之绪,建都长安。定都长安后,关中及长安粮食严重短缺,需要农业经济发达地区江淮的支持。史有"京辅及三河,地少而人众,衣食不给"②之说,在农业经济中心向江淮转移的紧要关口,再加上漕运关中受到三门峡的阻碍等

---

① 唐·杜佑《通典·食货十》,杭州:浙江古籍出版社1988年版,第56页。
② 唐·魏徵等《隋书·食货志》,北京:中华书局1973年版,第682页。

客观原因,建立以洛阳为中心的漕转秩序已刻不容缓。在这中间,隋炀帝启动建造东都的计划,利用旧有的河渠兴修通济渠,揭开了洛阳水陆交通枢纽建设的序幕,表达了以东都控制关东、江淮、长江以远地区,支持关中及长安的政治诉求。

邗沟是通济渠通江达海的重要组成部分,在隋文帝改造邗沟的基础上,隋炀帝重修了邗沟。司马光《资治通鉴·隋纪四》叙述大业元年三月开通济渠的情况时记载道:"辛亥,命尚书右丞皇甫议发河南、淮北诸郡民,前后百余万,开通济渠。自西苑引谷、洛水达于河,复自板渚引河历荥泽入汴,又自大梁之东引汴水入泗,达于淮。又发淮南民十余万开邗沟,自山阳至杨子入江。"①根据司马光的记载,可以得出三个结论:一是兴修通济渠及邗沟是同时进行的,其时间同在大业元年三月;二是隋炀帝兴修河渠时是把邗沟视为通济渠的一部分而建的;三是元代有"隋炀帝大业三年,……又发淮南兵夫十余万开邗沟"②之说,这一记载明显有误,应以司马光的记载为准。

在隋炀帝重修邗沟以前,隋文帝曾三次改造邗沟航道。由此提出的问题是:既然隋文帝一朝已改善了江淮之间的水运条件,为什么时隔不久,隋炀帝还要重修和整治邗沟呢?从文献记载的角度看,这里面主要有三个方面的原因。

其一,隋炀帝整治邗沟的重点主要集中在拓宽航道方面。隋文帝重修邗沟时虽然改善了邗沟的通航条件,但航道狭窄,漕运能力受到限制,不利于通航。如史有隋炀帝开邗沟"自山阳至扬子入江。渠广四十步"③之说,在隋文帝的基础上,隋炀帝将三百余里的邗沟航道拓宽为"渠广四十步",从而消解了漕运中的瓶颈。

其二,隋炀帝一朝,淮河和长江的水文继续发生变化,为了保证漕运,需要根据新的水文情况重修邗沟。阎若璩论述道:"吴之劳民力不亦甚哉!然观《明一统志》邗沟旧水道屈曲,逮隋大业初始开广之,则仍有不尽用其力之意。《左氏》特下一'沟'字,吴草庐不得其解,谓江、淮之间掘一横沟,两端筑堤,壅水于中以行舟耳。二水实未通流,亦如上朱子非流水也之说,岂其然?"④所谓"二水实未通流",是指吴王夫差兴修邗沟时,淮河下行至邗城的水道与江潮形成的水道互不相通。因"二水实未通流",故漕运能力受到一定程度的限制。此后,历代重修虽提高了邗沟的通航能力,但江淮水文复杂,漕运能力受到限制。在隋王朝依赖江淮的程度不断加深的背景下,提升自江淮及长江以远联系关东、关中的漕运能力,是隋炀帝兴修通济渠时必须面对的大问题。这一时期,淮河和长江发生新的水文变化,为此,隋炀帝再次改造邗沟。进而言之,邗沟是联系江淮的快捷通道,特别是兴建东都及宫苑时亟须江淮以

---

① 宋·司马光《资治通鉴·隋纪四》(邬国义校点),上海:上海古籍出版社1997年版,第1632页。
② 元·脱脱等《宋史·河渠志三》,北京:中华书局1985年版,第2319页。
③ 同①。
④ 清·阎若璩《尚书古文疏证》(黄怀信、吕翊欣校点),上海:上海古籍出版社2010年版,第450页。

远区域的支援,这样一来,根据水文变化及时地重修邗沟已不可避免。

其三,隋文帝重修改造邗沟后,虽改善了邗沟的通航条件,但始终无法解决邗沟入淮河口水位落差太大的问题。为提高邗沟运力,隋炀帝在拓宽航道的基础上采取了疏浚及恢复淮阴末口漕运的做法。《宋史·河渠志三》载:"又发淮南兵夫十余万开邗沟,自山阳淮至于扬子江三百余里,水面阔四十步,而后行幸焉。自后天下利于转输。"①所谓"山阳淮",是指邗沟自淮入江有山阳和淮阴两个航段节点。如果以邗沟初始航线论之,山阳是以邗城为起点至淮阴末口入淮航线的节点,因此,没有必要专门强调山阳。如果邗沟新航线即山阳渎论之,因自山阳末口入淮,自淮阴末口入淮的航线不再使用,那么,也没有必要专门强调淮阴这一航段节点。很显然,隋炀帝在隋文帝的基础上重修邗沟后,邗沟即山阳渎入淮除了使用山阳末口之外,自淮阴末口入淮的航线继续使用。隋炀帝重修邗沟后,恢复使用淮阴末口这一航线主要有三个原因。

一是自邗沟开启江淮漕运后,淮阴末口一直有着不可替代的作用。东晋谢灵运叙述道:"发津潭而迥迈,逗白马以憩舻。贯射阳而望邗沟,济通淮而落角城。城坡陁兮淮惊波,平原远兮路交过。"②角城故城在清河县西南,"清河县"是淮阴县在南宋时的新称,淮阴末口是入邗沟的河口。高闾在《论淮南不宜留戍表》中叙述道:"寿阳、盱眙、淮阴,淮南之源本也。三镇不克其一,而留兵守郡,不可自全明矣。既逼敌之大镇,隔深淮之险,少置兵不足以自固,多留众粮运难可充。又欲修渠通漕,路必由于泗口;溯淮而上,须经角城。淮阴大镇,舟船素畜,敌因先积之资,以拒始行之路。若元戎旋旆,兵士挫怯,夏雨水长,救援实难。忠勇虽奋,事不可济。淮阴东接山阳,南通江表,兼近江都、海西之资,西有盱眙、寿阳之镇。"③由于"淮阴东接山阳,南通江表,兼近江都、海西之资",是不可忽视的战略要地,因此,隋炀帝重修邗沟后需要继续利用这一航段节点进行漕运。

二是隋文帝改造邗沟后,自山阳末口上行入淮或下行入邗沟时必经山阳湾。山阳湾水位落差大,船只容易翻覆。史称:"初,楚州北山阳湾尤迅急,多有沈溺之患。雍熙中,转运使刘蟠议开沙河,以避淮水之险,未克而受代。乔维岳继之,开河自楚州至淮阴,凡六十里,舟行便之。"④由于"山阳湾尤迅急,多有沈溺之患",乔维岳不得不采取"开河自楚州至淮阴"的措施,并继续使用淮阴末口。这里尽管是说宋代的情况,但因宋代的淮河水文与隋唐时的水文大体一致,因此,可以移来说明隋代自山阳末口的漕运情况。

三是恢复使用淮阴末口入淮及入邗沟,起码在唐玄宗开元年间(713—741)已经发生。

---

① 元·脱脱等《宋史·河渠志三》,北京:中华书局1985年版,第2319页。
② 晋·谢灵运《撰征赋》,顾绍柏校注《谢灵运集校注》,郑州:中州古籍出版社1987年版,第255页。
③ 北齐·魏收《魏书·高闾传》,北京:中华书局1974年版,第1207页。
④ 元·脱脱等《宋史·河渠志六》,北京:中华书局1985年版,第2379页。

宋太宗赵炅询问广济渠(通济渠在唐代的新称)的来历时,参知政事张洎答道:"开元末,河南采访使、汴州刺史齐浣,以江、淮漕运经淮水波涛有沉损,遂浚广济渠下流,自泗州虹县至楚州淮阴县北八十里合于淮,逾时毕功。既而水流迅急,行旅艰险,寻乃废停,却由旧河。"①由于自山阳渎入淮没有从根本上解决"水流迅急,行旅艰险"等问题,故汴州刺史齐浣采用了"寻乃废停,却由旧河"的漕运方案。这里虽然是说唐代邗沟漕运的情况,但从一个侧面道出了隋文帝开邗沟新航线即山阳渎以后的实际情况。隋炀帝拓宽邗沟航道并使用山阳末口这一新航线后,淮阴末口航线继续存在,依旧是邗沟漕运时不可或缺的航线。出现这样的情况,主要是由山阳、淮阴在邗沟即山阳渎漕运中的地位决定的。为保证漕运,隋炀帝需要在利用山阳末口的基础上,发掘淮阴末口利用的价值。经此,隋代江淮漕运形成或自山阳末口入淮,或自淮阴末口入淮的复线。

为进一步提升河渠在国家战略中的作用,隋炀帝采取了"河畔筑御道,树以柳"②的措施。所谓"河畔筑御道",是指沿河堤建一条与水路平行的陆路交通线。所谓"树以柳",是指为防止河堤坍塌破坏道路和航线,采取了种柳固堤固路的措施。这条河堤大道沿通济渠分布在江淮及黄河以北沿线,有效地加强了沿线地区政治、经济等方面的联系。在这中间,"每两驿置一宫为停顿之所"③,既为南下北上的官员提供了必要的休息停顿场所,同时还具有收集情报的功能,可以将不同区域的民情及时地上报中央,以便采取必要的措施。

沿河堤筑路即兴修"御道",是隋炀帝加强交通建设的一大发明。兴修"御道"应始自大业元年重修邗沟之时,此后,延展到通济渠的全线。如袁枢记载道:"又发淮南民十余万开邗沟,自山阳至杨子入江。渠广四十步,渠旁皆筑御道,树以柳,自长安至江都置离宫四十余所。"④重修邗沟时,隋炀帝采取了"渠旁皆筑御道"的措施。结合"两岸为大道,种榆柳,自东郡至江都二千余里,树荫相交"等语,当知"御道"在邗沟沿线兴修后,又延展到通济渠的沿线,从而形成了自洛阳至扬州水陆平行的交通体系。自通济渠沿线兴修"御道"后,"御道"建设又延展到永济渠。通过沿河堤筑路,隋炀帝提升了河渠建设的质量,改善了隋代水陆交通的面貌。

需要补充的是,御道建设除了指与河渠平行及相伴而行的陆路外,还包括联系不同方向的国道。具体地讲,为加强东都洛阳与西京长安的联系,隋炀帝采取了"废二崤道,开蒌册道"⑤的措施;为加强西北与东北之间的交通联系,采取了"发榆林北境,至于其牙,又东达于

---

① 元·脱脱等《宋史·河渠志三》,北京:中华书局1985年版,第2319—2320页。
② 唐·魏徵等《隋书·食货志》,北京:中华书局1973年版,第686页。
③ 清·傅泽洪《行水金鉴·运河水》,《四库全书》第581册,上海:上海古籍出版社1987年版,第439页。
④ 宋·袁枢《通鉴纪事本末·炀帝亡隋》,北京:中华书局1964年版,第2340页。
⑤ 宋·司马光《资治通鉴·隋纪四》(邬国义校点),上海:上海古籍出版社1997年版,第1632页。

蓟,长三千里,广百步,举国就役而开御道"①的措施;为加强河北与山西之间的交通联系,采取了"发河北十余郡丁男凿太行山,达于并州,以通驰道"②等措施。在这里,开凿的国道虽然有"菼册道""驰道"等不同的名称,但从"举国就役而开御道"一语中当知,这些国道可统称为"御道"。这些国道或作为洛阳水陆交通枢纽建设的一部分,或作为国道在不同区域的延伸,最大限度地改善了隋王朝现有的水陆交通状况,加强了不同区域间的经济等联系,进而在更大的范围建立了漕转体系。如杜佑记载道:"五年,于西域之地,置西海、鄯善、且末等郡……谪天下罪人,配为戍卒,大开屯田,发四方诸郡运粮以给之。"③在加强水陆交通建设的同时,隋炀帝一朝又采取屯田之策,从而缓解了漕运压力。

大业六年的冬天,隋炀帝兴修了江南河。江南河是三吴地区的重要河渠,一直是三吴地区不可或缺的交通干线。南北分治时期,经过开发,三吴已成为农业经济最发达的地区。隋统一南北后,三吴的经济地位进一步上升,在这一背景下,隋炀帝萌生了巡视江南及会稽山(在今浙江绍兴境内)的念头。史称:"敕穿江南河,自京口至余杭,八百余里,广十余丈,使可通龙舟,并置驿宫、草顿,欲东巡会稽。"④大业六年的冬天,隋炀帝对江南河原有航道进行了改造,重修了自京口(在今江苏镇江)至余杭(在今浙江杭州)的长八百多里江南河。通过疏浚和拓宽航道,江南河形成了"广十余丈"的航道,提升了三吴地区的漕运能力。在这中间,史家不提沿江南河兴修"御道"一事表明三吴地区水网密布,只能发展水上交通,无法建立与之配套的陆路交通,如史有"水行山处,以船为车,以楫为马"⑤之说。

江南河的基础包括四个部分:一是吴古故水道,二是越国伐吴时在吴国境内开挖的航道,三是秦丹徒水道等,四是南朝时期开挖兴修的水道。客观地讲,能在很短的时间内完成江南河的重修工程,是因为三吴地区一直有良好的航运条件:一是春秋时期吴国境内开挖的以阖闾大城为中心的运河,这些运河从历史的角度构建了江南河的骨架;二是秦始皇南巡兴修丹徒水道时,将吴运河的入江口从渔浦(在今江苏江阴利港)移到了京口,为隋炀帝进一步确认以京口为入江河口的江南水运机制奠定了基础;三是两汉、三国及南北朝时期,前人多次重修三吴地区的河渠。江南河重修工程为隋炀帝利用历代兴修江南河的成果提供了便利条件,经过重新疏浚和改造,隋炀帝建成了自京口经丹徒、丹阳、武进、常州、无锡、苏州、吴县、吴江等地绕至太湖东,随后自浙江嘉兴、湖州抵余杭,渡钱塘江后向东至余姚等地的水上通道。

通济渠及邗沟一头联系黄河,一头联系江淮,密切了黄河与江淮及长江沿线的联系;江

---

① 唐·魏徵等《隋书·长孙晟传》,北京:中华书局1973年版,第1336页。
② 唐·魏徵等《隋书·炀帝纪上》,北京:中华书局1973年版,第68页。
③ 唐·杜佑《通典·食货十》,杭州:浙江古籍出版社1988年版,第56页。
④ 宋·司马光《资治通鉴·隋纪五》(邹国义校点),上海:上海古籍出版社1997年版,第1642页。
⑤ 汉·赵晔《吴越春秋·勾践伐吴外传》(苗麓校点),南京:江苏古籍出版社1999年版,第176页。

南河一头联系长江,一头联系钱塘江,除了加强长江与钱塘江流域的联系外,还建立了从海上连接华南的交通;永济渠一头联系黄河,一头联系以清河为主的水系,为海河水系的诞生奠定了基础。程大昌评论隋炀帝开河渠之功时论述道:"然则炀帝之兴大役,自长城五关之外,由幽燕以至浙江。自有天地以来,四渎之水不能南北相灌者,炀皆创意成之,其虐用人力如此,至于一经开凿而不可遂废,其功亦大。"①程大昌在论述隋炀帝开河渠之功时主要涉及两点:一是注意到隋文帝在河渠建设方面的贡献;二是站在历史的高度,论述了隋炀帝兴修通济渠、邗沟、永济渠和江南河的历史之功。

从地理方位上看,通济渠(包括江淮之间的邗沟)与江南河有更加紧密的联系。具体地讲,伴随着江淮成为新兴农业经济体,江淮漕运的畅通直接关系到隋王朝政治的稳定和经济的发展。在这中间,永济渠似乎独立于这一漕运体系之外。其实不然,结束南北分治后,河北地区与永济渠的灌溉、排洪防涝、改良土壤等功能交织在一起,一跃成为隋王朝黄河以北的重要经济体。这一经济体与江淮经济体相辅相成,遥相呼应,共同承担了征辽东时调集粮食及战略物资的使命。在这中间,一方面沿河渠兴修"御道"即建设陆路交通,另一方面又在跨越不同水系的过程中建构了与陆路相辅相成的水上大交通。如自永济渠南下入河入通济渠,可自通济渠渡江入江南河,这一贯穿东西南北的大交通形成后,促进了不同区域在经济、文化等方面的交流。

通济渠的起点及其航段

魏徵《隋书·炀帝纪》有大业元年三月"发河南诸郡男女百余万,开通济渠,自西苑引谷、洛水达于河,自板渚引河通于淮"②之说,这一记载将通济渠分成两个航段:一是以洛阳为起点的航段,二是以板渚为起点的航段。

以洛阳为起点的洛阳航段,是指"自西苑引谷、洛水达于河"的航段。这一航段以洛阳西苑为起点,引谷水、洛水补入运道,提高水位后,沿阳渠至洛口(黄河与洛水交汇处,在今河南巩义东北)入黄河,随后沿黄河东行至板渚。所谓"西苑",是指东都西面的皇家园林。"板渚"是"板城渚口"的略称,是黄河在板城一带的渡口及漕运码头。史有"隋汴受河在板城渚口,而板渚之"③之说,"隋汴"指通济渠,这一叙述表明汴渠及鸿沟是通济渠的基础。板城渚口,在板城北(在今河南荥阳汜水),既是自洛阳经洛水入黄河航线的节点,又是自黄河进入黄河以北和以南区域的漕运码头。在兴修通济渠洛阳段时,隋炀帝采取了利用阳渠"修导"

---

① 宋·程大昌《禹贡后论·汴》,《四库全书》第56册,上海:上海古籍出版社1987年版,第115—116页。
② 唐·魏徵等《隋书·炀帝纪上》,北京:中华书局1973年版,第63页。
③ 宋·程大昌《禹贡论·禹贡山川地理图·隋汴首末》,《四库全书》第56册,上海:上海古籍出版社1987年版,第165页。

的方案。

以板渚为起点的板渚航段,是指"自板渚引河通于淮"的航段。通济渠的这一航段以板渚为起点,引河入运远通淮河。司马光记载道:"命尚书右丞皇甫议发河南、淮北诸郡民,前后百余万,开通济渠。自西苑引谷、洛水达于河,复自板渚引河历荥泽入汴,又自大梁之东引汴水入泗,达于淮。"①司马光强调了"自板渚引河历荥泽入汴"和"自大梁之东引汴水入泗,达于淮"等环节,可谓"自板渚引河通于淮"的补充。渠是通济渠的基础,在兴修的过程中,隋炀帝对汴渠航线进行了改造,形成了自皇家园林西苑开渠引谷水、洛水,经阳渠、洛水北入黄河,随后自黄河板渚沿汴渠航道入淮河的航线。

以司马光的叙述为逻辑起点,所谓"复自板渚引河历荥泽入汴",是指通济渠板渚段以板渚为起点,中经荥泽,自荥泽入汴口再进入汴渠。所谓"入汴",是指通济渠自板渚引黄河入荥泽后,经荥泽入汴渠旧道。所谓"又自大梁之东引汴水入泗,达于淮",是指沿汴渠东行至大梁(在今河南开封),随后东行入泗入淮。按照这一说法,隋炀帝兴修通济渠时,利用了荥泽和汴渠。

以司马光的叙述为补充,大梁应是通济渠入淮的第三个航段起点。然而,将狭义通济渠划分为三个航段也多有不合理的地方。具体地讲,狭义通济渠以大梁为节点,向东入淮的航程约一千二百里,这一航程是大梁以西洛阳段和板渚段总和的三倍。尽管如此,魏徵等提出通济渠"自西苑引谷、洛水达于河,自板渚引河通于淮"的观点后,却得到了后世普遍的认可,如李延寿《北史·隋本纪》有"发河南诸郡男女七百万开通济渠,自西苑引谷、洛水达于河,自板渚引河通于淮"②之说,据此可知,魏徵等记载通济渠入淮的航线时,没有关注到通济渠入淮有哪些航段节点的情况。

在历史的表述中,除了《隋书·炀帝纪》有"自西苑引谷、洛水达于河,自板渚引河通于淮"之说外,《隋书·食货志》又有"开渠,引谷、洛水,自苑西入,而东注于洛。又自板渚引河,达于淮海"③之说。所谓"自苑西入",是指在西苑西开渠引谷水、洛水入运。随后自板渚引河"达于淮海"。如果以通济渠"又自板渚引河,达于淮海"为据,通济渠自大梁向东,航程约一千八百里,这一航程是大梁以西洛阳段和板渚段总和的四倍半。耐人寻味的是,无论通济渠的终点是"通于淮"还是"达于淮海",两种说法均出自《隋书》。出现这样的情况,可能与其纪、志出自不同人的手笔相关,不同的作者对通济渠有不同的认识。然而,不管通济渠的终点在何处,两说的共同认识是:板渚是通济渠东行时重要的航段节点。

如果以起始地命名的话,通济渠可分为洛阳段和板渚段。然而,狭义通济渠约一千六百

---

① 宋·司马光《资治通鉴·隋纪四》(邬国义校点),上海:上海古籍出版社1997年版,第1632页。
② 唐·李延寿《北史·隋本纪下》,北京:中华书局1974年版,第443页。
③ 唐·魏徵等《隋书·食货志》,北京:中华书局1973年版,第686页。

里,板渚以西的航线约二百里,板渚以东的航线约一千四百里。其中,板渚以东的航程是板渚以西的七倍。广义通济渠约二千二百多里,板渚以东的航程是板渚以西的十倍。从这样的角度看,这一划分方式明显欠妥,故不能以板渚为节点将通济渠分为东西两个航段,应该有更加科学合理的划分方式。由此提出的问题是:大梁以东的航段应如何划分,都有哪些航段节点?为此,有必要结合通济渠兴修前后的情况,重新审视通济渠与鸿沟、汴渠的关系,审视通济渠水文特点、航段节点及航线等问题。

隋前大梁以东的汴渠航线有梁郡和彭城(在今江苏徐州)等航段节点,郦道元有彭城"襟汳带泗,东北为二水之会也"①语可证。隋开通济渠以后,大梁以东至梁郡(在今河南商丘睢阳区)主要沿用秦、汉、魏、晋时期的旧道及汴渠。自梁郡东南开新航线后,采取了不再以彭城为航段节点的入泗方案。隋开通济渠改建了梁郡以东的航线,在这中间,通济渠自大梁东至梁郡的航线与汴渠航线完全相同,其中,自开封(大梁)东行经陈留(在今河南开封陈留镇)、杞县、睢州(在今河南睢县)、考城(在今河南民权林七西南)、宁陵、梁郡是通济渠和汴渠的共线。随后,以梁郡为起点开辟了至宿州的新航线。

新航线开辟后,原有的汴渠即自梁郡东北经虞城、夏邑、砀山、萧县、徐州入泗的航线废弃不用,形成了自梁郡东南沿途经夏邑、永城、宿州、灵璧、虹县(在今安徽泗县)、泗州入淮的航线。

通济渠自梁郡以东绕过徐州开辟新航道,主要是因汴渠徐州段有吕梁之险,不利漕运造成的。在这中间,取道夏邑、永城、宿州等地,主要与这一区域有不同的水道入泗有着内在的联系。隋前漕运自梁郡东行,既有沿获水(汴水下流)经谯郡(在今河南商丘梁园区)的入泗水道,又有历代兴修的河渠行经其中。《水经》有"汳水出阴沟于浚仪县北。……东至梁郡蒙县为获水,余波南入睢阳城中。……获水出汳水于梁郡蒙县北"②等语,"汳水"是鸿沟的下流,鸿沟是汴渠的基础。睢阳(在今河南商丘睢阳区)域内有曹魏兴修的淮阳渠、广漕渠、百尺渠等,淮阳渠等与淮河支流颍水、涡水、泗水、汝水等相通,这些情况的存在为废弃汴渠至徐州入泗的航线提供了充分的条件。

梁郡以东,宿州是通济渠绕过徐州的另一个航段节点。宿州成为政区与埇桥(在今安徽宿州淮海路小隅口)成为通济渠"引汴水入于泗"的要冲息息相关。如唐代宗大历年间(766—779),藩镇李正己谋反,"将断江、淮路,令兵守埇桥、涡口。江、淮进奏舡千余只,泊涡下不敢过"③。安史之乱后,唐王朝命悬一线,东南漕运成为唐王朝赖以喘息的生命线。

---

① 北魏·郦道元《水经注·阴沟水、汳水、获水》,《水经注疏》中册(杨守敬、熊会贞疏,段熙仲点校,陈桥驿复校),南京:江苏古籍出版社1989年版,第1992页。
② 同①,第1957—1975页。
③ 后晋·刘昫等《旧唐书·张万福传》,北京:中华书局1975年版,第4076页。

由于埇桥位于南北漕运的要冲,为此,唐宪宗于元和四年(809)调整政区设宿州,以增强控制漕运通道的力度。

徐城汴口是广义通济渠入淮的又一节点,这一节点以入淮为起点,沿途经淮河、洪泽湖至淮阴末口或山阳末口。如顾祖禹有淮河"由泗城而东三十里,龟山峙焉。淮流至此,乃盘折而北。又二十余里而洪泽、阜陵、泥墩、万家诸湖环汇于淮之东岸"①之说,"州城"指泗州治所临淮,自泗州入淮后,沿淮河下行经龟山、洪泽湖等至淮阴末口或山阳末口。在明万历六年(1578)潘季驯筑高家堰束水攻沙以前,洪泽湖一直是淮河下行水道。时至宋代,淮阴旧地设清河县。胡渭论述道:"清河在淮安府西少北五十里。淮水去县五里。洪泽湖在县南六十里。洪泽镇西长八十里,接盱眙县界。"②撇开政区变化不论,当知淮河航段是通济渠的重要组成部分。这一航段以徐城汴口为起点,以淮阴末口或山阳末口为终点。进而言之,后世因水文变化,淮河入邗沟的航线多有改建,主要是把从淮阴末口入邗沟的地点改到楚州山阳(在今江苏淮安)域内的山阳末口。在这中间,自徐城汴口(泗水入淮的河口,在今江苏盱眙淮河镇)入淮至淮阴末口或山阳末口的航段及邗沟航段已纳入通济渠的范围。

通济渠"自江都宫入于海"的航段主要沿用了邗沟航线。这一航段以淮阴末口或山阳末口为起点,以江都宫一带的扬子桥为终点。从大的方面讲,隋文帝改造邗沟后,形成了淮河至山阳末口入邗沟的航线。此后,隋炀帝又在隋文帝的基础上拓宽了航道。至此,自淮河入邗沟分别有自淮阴末口入邗沟和自山阳末口入邗沟的复线。

以李吉甫的论述为基础,结合不同时期留存的文献,完全可以将广义的通济渠划分为洛阳段、板渚段、大梁段、梁郡段、宿州段、淮河段、邗沟段七个航段。平心而论,这一划分应比《隋书》中的划分方式更为合理。

在这中间,广义通济渠的七个航段虽有不同的长度,但各航段有相对一致的水文。洛阳段航线主要由阳渠、洛水、黄河航线构成,这一航段的补给水源主要来自黄河水系,如洛水、谷水、涧水等;板渚段以汴渠为基本航线,汴渠自黄河开渠后,主要以黄河为补给水源,同时又以黄河截济以后汇聚成的荥泽为补给水源;大梁段以汴渠为基本航线,以黄河为主要补给水源,同时兼及淮河水系梁郡段即绕过徐州的航段,主要以历代开辟的航线为基础,其航道的主要补给水源涉及黄河和淮河两大水系;梁郡境内的淮河水系与黄河水系构成错综复杂的关系,淮河水系如泗水等也为通济渠梁郡航段提供了丰富的补给水源;宿州段主要以淮河支流泗水、沂水、濉水等淮河支流为补给水源或运道;淮河段主要是利用淮河水道建立的航线;邗沟段主要利用了淮河及淮河水系历史形成的水道,主要以淮河水系为补给水源。从这

---

① 清·顾祖禹《读史方舆纪要·川渎异同四》(贺次君、施和金点校),北京:中华书局2005年版,第5434页。
② 清·胡渭《禹贡锥指》(邹逸麟整理),上海:上海古籍出版社2006年版,第618页。

样的角度看,广义上的通济渠实际上是由七个水文航段构成的,这一航线开通后,从水上加强了黄河流域与淮河流域的联系,恢复了自洛阳远通淮河,至江都宫入江及深入到长江沿岸的航线。

古今地名多有变化,如果以今天的地名论之,广义的通济渠以洛阳西苑为起点,经阳渠至偃师入洛水,经洛口入黄河,随后沿黄河入荥口,经荥泽沿汴渠东行,沿途经河南开封、杞县、睢县、宁陵、商丘等地,随后自河南商丘、夏邑、永城等,行经安徽宿州、灵璧、泗县等地,至江苏泗洪、盱眙入淮河,然后沿淮河东行经洪泽湖入末口,经邗沟至扬州入江。其中,通济渠自盱眙入淮入邗沟的航线是这样的:从盱眙淮河镇入淮后,沿淮河航道顺流入洪泽湖,从洪泽湖沿淮水下游航道至淮阴末口或山阳末口入邗沟再入江。

不过,宋代开龟山运河后,通济渠自淮入邗沟的河口再度发生变化。如宋神宗赵顼元丰六年(1083),为避开淮河风险,有意利用淮河下泄时形成的水道,在龟山(在今江苏洪泽老子山镇龟山村)临淮的背面开龟山运河,从而建成了从龟山到山阳(在今江苏淮安)的漕运通道,这一运道建成后,成功地避开了自淮河下行经洪泽湖航线时可能遇到的风浪,保证了航运安全。按:此时的洪泽湖是淮河下行水道的一部分,这一航段水面宽阔,风高浪急,船只行驶其中十分容易发生翻覆的危险,从而增加了漕运的难度。龟山运河建设从宋神宗熙宁四年(1071)开始,到元丰六年正式投入使用,前后经历了两个阶段。在龟山运河建成以前,通济渠入淮后必经洪泽湖才能进入邗沟。开龟山运河即沿淮河左岸"凿左胁为复河,取淮为源"[1]以后,建成了避开自洪泽湖至淮阴末口或山阳末口入邗沟的航段,形成了自淮入邗沟的新河口。遗憾的是,宋室南渡后,淮河以北为金所占据,从而使这条贯穿南北的漕运通道失去了存在的价值。进而言之,这条漕运通道丧失作用发生在宋室南渡以后,故胡渭有"南渡后寝废"之说,正因为如此,龟山运河逐步地淡出了人们的视野。

通济渠的终点及淮河航线

《隋书》中叙述通济渠终点时提出了两个说法。一是《隋书·炀帝纪上》有通济渠"通于淮"[2]之说,明确地说通济渠的终点在入淮的河口;二是《隋书·食货志》有"开渠,引谷、洛水,自苑西入,而东注于洛。又自板渚引河,达于淮海"[3]之说,又说通济渠的终点是在淮海。由此提出的问题是:"通于淮"与"达于淮海"之间能画等号吗?

所谓"通于淮",是指通济渠至徐城汴口入淮,徐城汴口是通济渠的终点。隋建成通济渠

---

[1] 清·胡渭《禹贡锥指》(邹逸麟整理),上海:上海古籍出版社2006年版,第618页。
[2] 史有大业元年三月"开通济渠,自西苑引谷、洛水达于河,自板渚引河通于淮"之说(唐·魏徵等《隋书·炀帝纪上》,北京:中华书局1973年版,第63页)。
[3] 唐·魏徵等《隋书·食货志》,北京:中华书局1973年版,第686页。

以后,徐城汴口的战略地位进一步提升,故唐王朝析徐城旧地建临淮,试图加强对徐城汴口的控制。进而言之,徐城汴口一头连接汴渠及通济渠,一头连接淮河及邗沟,既是自黄河流域进入淮河流域和远及长江沿岸的漕运节点,同时也是控制南北的战略要地。

从春秋开鸿沟到隋兴修通济渠以前,经过历代的兴修,自黄河入淮或自淮河入黄河形成了五条重要的航线。如宋代王应麟在《通鉴地理通释》一书中引本朝陈敏语指出:"长淮二千余里,河道通北方者五:淮、汴、涡、颍、蔡是也。"①五条水道中,鸿沟及汴渠(包括通济渠)入淮是最重要的航线。

所谓"达于淮海",是指通济渠至江都(在今江苏扬州瓜洲一带)入江并经长江航线东入大海。"淮海"是扬州的代名词。

无论是在兴修通济渠以前,还是兴修通济渠以后,邗沟一直是沟通江淮及联系长江流域的唯一的漕运通道,一向有独立存在的价值。或许正因为如此,史家于隋末唐初提出通济渠"通于淮"的说法,成为人们认识通济渠长度的重要看法。同时"达于淮海"这一说法也是隋末唐初的重要观点,其中,将邗沟视为通济渠一部分的看法在《隋书》《北史》等文献中多有表达。通济渠"通于淮"即以东都西苑为起点,又以徐城汴口为终点,全长约一千六百里;与此同时,通济渠"达于淮海"即以西苑为起点,又以扬子渡口为终点,全长二千二百多里。在这中间,因"通于淮"的通济渠没有将邗沟及淮河航段计算在内,故比"达于淮海"的通济渠少六百多里。

根据这一情况,完全可以将"通于淮"的通济渠称之为"狭义通济渠","达于淮海"的通济渠则可称之为"广义通济渠"。狭义通济渠以东都西苑为起点,在充分利用汉魏阳渠运道的基础上,引谷水、洛水补充航道水位及以洛水为基本航道,随后经偃师(在今河南偃师)等地抵洛口(在今河南巩义东北)入黄河,随后自黄河航线行经板渚即板城渚口入汴渠,然后再沿汴渠旧道至徐城汴口入淮河。洛口既是汉代阳渠入黄河的河口,也是通济渠开通后入黄河的河口。阳渠本指环绕汉魏洛阳故城的河渠,从周王朝经营洛邑开阳渠,阳渠已兼有漕运和城防功能。阳渠有狭义和广义之分:狭义上的阳渠,是指环绕汉魏洛阳故城的河渠;广义上的阳渠,是指自洛阳绕城段进入洛水至洛口入河的航段。具体地讲,通济渠自洛口入河前的航线是指广义阳渠的航线,自板渚入汴后的航线主要沿用东汉王景、王吴兴修的汴渠。从这样的角度看,广义的通济渠包括三个航线:一是包括狭义通济渠;二是包括入淮后沿淮河入洪泽湖,至淮阴末口入邗沟旧道或自射阳末口入邗沟的航线;三是沿邗沟至扬子渡口入江的航线。

---

① 宋·王应麟《通鉴地理通释·淮阴》(傅林祥点校),北京:中华书局2013年版,第365页。

第七章 隋代的漕运

历荥泽入汴及彭城漕运

隋开通济渠时,为什么会形成"历荥泽入汴"的航段呢?为了充分地说明这一问题,有必要从荥泽的水文情况说起。

起初,荥泽是济水下行时的水道。黄河改道截断济水后,济水留在黄河南岸即荥阳域内的旧水道,遂成为鸿沟的利用对象。史有荥阳"有狼汤渠,首受沛,东南至陈入颍"①之说,此处的"狼汤渠"即鸿沟,"沛"即济水,所谓"首受沛",是指黄河改道后,留在黄河南岸的济水河道成为开鸿沟时利用的航线。

汉武帝元光三年(前132),黄河在瓠子口(在今河南濮阳西南)决堤。此次决堤引起黄河水文的变化,进而成为汉成帝建始四年(前29)和王莽始建国三年(11)两次黄河改道的前因,两次黄河改道的直接后果是鸿沟被黄河吞没。为了消弭水患,王景、王吴筑堤兴修汴渠及浚仪渠,有意识地将鸿沟旧道从黄河中分离出来,从而建成了自板渚引河途经荥泽的汴渠航线。②黄河改道截断济水后,位于黄河以南的济水潴积成的湖泊即荥泽。黄镇成记载道:"鸿沟,一名官度水,一名蒗荡渠,今谓之汴河。大禹塞荥泽,开之以引河水,东南通淮、泗。"③荥泽成为湖泊是因济水下行时被黄河截断,在这一前提下,呈东西走向的荥泽成为鸿沟"东南通淮、泗"利用的对象。

荥泽狭长,呈东西走向,是鸿沟自黄河下行时利用的重要水道。鸿沟建成后,受自然气候变化、水文变化、黄河改道、滥用黄河水资源等因素的影响,航道一再淤塞不通。但由于鸿沟是自黄河流域进入江淮的漕运通道,有着特殊的战略意义,为此,出现了屡废屡建的情况。

从后世的情况看,恢复鸿沟漕运的最大工程当推汴渠。永平十二年(69)四月,汉平帝"遣将作谒者王吴修汴渠,自荥阳至于千乘海口"④之说,王吴兴修了"自荥阳至于千乘海口"的航线,其中包括河济相斗后向低凹处汇聚的湖泊荥泽。王吴等恢复鸿沟漕运的历史背景是"河、汴决坏""汴渠东侵,日月弥广"。在这样的条件下,如果任黄河肆虐,不仅仅威胁黄河流域的民生,还会阻断漕运。王吴等为恢复鸿沟漕运,主要采取了两种兴修方案:一是以荥泽为入黄河的航段,自靠近黄河的一侧开河口引水,以防止黄河强劲的水势危及汴渠航道的安全;二是用筑堤的方法将鸿沟旧道从黄河中分离出来,重点兴修了从荥阳荥口即板城渚口到浚仪(在今河南开封)一带的航线。刘裕北伐后,汴渠再度淤塞,为此,隋炀帝兴修通济渠改善了自黄河入汴入淮的漕运条件。

---

① 汉·班固《汉书·地理志上》,北京:中华书局1962年版,第1555页。
② 清·胡渭《禹贡锥指》(邹逸麟整理),上海:上海古籍出版社2006版,第588—589页。
③ 元·黄镇成《尚书通考》,《四库全书》第62册,上海:上海古籍出版社1987年版,第175页。
④ 刘宋·范晔《后汉书·明帝纪》,北京:中华书局1965年版,第114页。

鸿沟是汴渠的基础,这一情况决定了后世修复其航线时需要以荥泽为起点。以大禹开鸿沟为逻辑起点,前人较为一致的观点是:汉平帝时,在鸿沟及荥泽的基础上兴修了汴渠;汉顺帝时,改造了汴口以东的河堤;汉灵帝时,重点兴修了黄河入汴的河口即石门工程;隋文帝时,梁睿在石门的基础上重修了古堰。

　　荥泽在荥阳的东面,它既是汴渠与黄河相接的河口,又是汴渠不可或缺的航段。具体地讲,这一航段自黄河经荥口入荥泽后至汴口,随后自汴口东行抵达大梁。荥泽与黄河相接的河口有"荥口"之称,因在板城渚口,又有"板渚"或"板渚口"之称。与此同时,荥泽与汴渠相连的另一端则有"汴口"之称。胡渭指出:"荥泽西北距荥口二十余里,其间必有水道相通,而志家不详。余按《水经注》:黄水自京县东北流,入荥泽,下为船塘,俗谓郏城陂,东西四十里,南北二十里。《穆天子传》曰'浮于荥水,乃奏广乐'是也,北流注于济水。此皆昔人导泽为川之路,泽水从此北出而为荥渎,故谓之荥口。"①荥泽东西长几十里,是鸿沟及汴渠利用的天然水道。

　　汴渠容易受到损坏的航段主要集中在自板渚开渠引黄河入荥泽,经大梁入泗之前的航段上。根据黄河的水文特点,兴修通济渠的重点工程集中在四个方面:一是兴修自板渚引黄河入荥泽的河口(荥口);二是兴修东西长约四十里的荥泽航段;三是兴修自荥泽入汴的河口(汴口),四是兴修大梁以东汴渠入泗航段。如胡三省注《资治通鉴·隋纪四》"复自板渚引河历荥泽入汴"语时交代道:"板渚在虎牢之东。《水经》:河水东合汜水,又东过板城,北有津谓之板城渚口。又东过荥阳县,蒗荡渠出焉,是渠南出为汴水,汉之荥阳石门即其地也。《隋志》:荥阳郡荥泽县,开皇四年置,曰广武,仁寿元年改焉。"②在兴修的四大工程中,有三大工程涉及荥泽,这样一来,隋炀帝兴修通济渠时,势必要将修复荥泽一带的航线视为重点工程。出现这样的情况,是因为黄河截断济水后,荥泽的水文变化直接影响到黄河改道及迁徙,再加上荥泽一带的地质以容易坍塌的黄土构成,黄河泥沙及沿岸坍塌直接影响汴渠的畅通,这样一来,要想恢复汴渠远及江淮的漕运能力,需要重点修复荥口、荥泽、汴口等。史有"诏尚书左丞相皇甫谊发河南男女百万开汴水,起荥泽入淮千余里,乃为通济渠"③之说,从动员一百多万的人力投入修复汴渠航线的表述中,当知疏浚及重建航道十分艰辛,绝非是一蹴而就的简单工程。

　　沿鸿沟即汴渠东行入泗,彭城是不可或缺的航段节点。从水文形势看,鸿沟入泗必经吕县域内的吕梁(在今江苏徐州铜山伊庄吕梁)。王应麟记载道:"盖泗水至吕县,积石为梁,故号吕梁。"④吕梁地理形势险要,可谓是位于汴渠以泗水为主要航线的要冲。隋代以前,经

---

① 清·胡渭《禹贡锥指》(邹逸麟整理),上海:上海古籍出版社2006年版,第595页。
② 宋·司马光《资治通鉴·隋纪四》(胡三省音注),北京:中华书局1956年版,第5618页。
③ 元·脱脱等《宋史·河渠志三》,北京:中华书局1985年版,第2319页。
④ 宋·王应麟《通鉴地理通释·吕梁》(傅林祥点校),北京:中华书局2013年版,第384页。

过历代的兴修和不断地改线,汴渠自大梁东行入泗入淮时,可分为东西两条航线。程大昌论述道:"临淮之汴即今泗州,隋、梁、唐及本朝因之者是也。彭城之汴即大渠东派,正名为汳,而分流为获,暨至彭城之北,而东向以入于泗者也。鸿沟西派,先东派有之。"①在先秦时期开通鸿沟入泗航线即鸿沟东线以前,鸿沟西线已经存在。鸿沟东线成为联系江淮的重要航线,这决定了汴渠至彭城必取道吕梁。

南北分治时,政治斗争以军事斗争为表征,吕梁成为不同政权争夺的战略要地。晋废帝太和四年(369),桓温北伐,彭城一带的水路不通,故采取了"乃凿巨野三百余里以通舟运,自清水入河"②的措施;晋孝武帝司马曜太元九年(384),谢玄北伐,重点改造了吕梁一带的运道,如史有"玄患水道险涩,粮运艰难,用督护闻人奭谋,堰吕梁水,树栅,立七埭为派,拥二岸之流,以利运漕,自此公私利便"③之说;晋安帝义熙十三年(417),刘裕北伐"自洛入河,开汴渠以归"④,再度把兴修汴渠提到议事日程上,其中包括修复吕梁一带的运道。桓温、谢玄、刘裕北伐时,疏浚汴渠虽说是因为航道淤塞,但更重要的原因是与彭城航段有吕梁之险成为漕运的瓶颈相关。东晋以降,汴渠受损严重,且泥沙直接淤塞航道,为恢复汴渠漕运,彭城及吕梁成为反复修复的对象。李吉甫记载道:"吕梁,在县东南五十七里。盖泗水至吕县,积石为梁,故号吕梁。陈将吴明彻以舟师破下邳,进屯吕梁,堰泗水为灌徐州。周将军乌丸轨、达奚长孺率兵救援,轨取车轮数百,连锁贯之,横断水路,然后募壮士夜决堰。至明,陈人始觉,溃乱争归,至连锁之处,生擒明彻。"⑤在修复与破坏同时并存的前提下,为摆脱"吕梁甚隘且险,至春冬浅涩"⑥的困境,隋修通济渠时采取了绕过彭城建立新航线的方案。进而言之,在沿用和改造旧航线时,隋炀帝通过改线及拓宽航道,采取绕过彭城及吕梁的措施,提高了相关航段的漕运能力。

兴修通济渠梁郡段采取绕行彭城及吕梁方案,是以大梁以东有汴渠复线和自然水道为客观条件的。一是大梁南有鸿沟南道沙水(蔡河)通汝水等入淮的水道;二是从大梁到梁郡(治所睢阳,在今河南商丘睢阳区)、谯郡(治所谯县,在今安徽亳州),有涡水、颍水等入淮的水道;三是梁郡睢阳有泗水入淮的水道。三道水道的同时存在为开辟绕过彭城及吕梁的航线奠定了坚实的基础。李吉甫叙述浚仪即大梁水文形势时指出:"琵琶沟水,西自中牟县界流入通济渠。隋炀帝欲幸江都,自大梁城西南凿渠,引汴水,即蒗宕渠也。"⑦大梁域内有鸿

---

① 宋·程大昌《禹贡论上·菏》,《四库全书》第56册,上海:上海古籍出版社1987年版,第74页。
② 唐·房玄龄等《晋书·桓温传》,北京:中华书局1974年版,第2576页。
③ 唐·房玄龄等《晋书·谢玄传》,北京:中华书局1974年版,第2083页。
④ 梁·沈约《宋书·武帝纪中》,北京:中华书局1974年版,第44页。
⑤ 唐·李吉甫《元和郡县图志·河南道五》(贺次君点校),北京:中华书局1983年版,第225—226页。
⑥ 宋·程大昌《禹贡后论·汴》,《四库全书》第56册,上海:上海古籍出版社1987年版,第114页。
⑦ 唐·李吉甫《元和郡县图志·河南道三》(贺次君点校),北京:中华书局1983年版,第177页。

沟南流沙水,在其西南凿渠"引汴水"实为引沙水。此外,自大梁南下入沙水后,可经不同的航线入涡水、颍水、泗水,随后经不同的水道入淮。

谯梁水道是一条自梁郡到谯郡的航线,同时也是隋前自黄河流域入淮河流域,中经大梁的重要航线。从这样的角度看,自大梁东行入泗入淮时是有不同的漕运通道的。这一复式航线的存在,为通济渠建立一条绕过彭城及吕梁的入淮航线提供了必备的条件。

唐代以后,因水文变化,通济渠出现了重修和改道等情况。在这中间,通济渠虽然开辟了自梁郡东南绕过彭城的新航线,但彭城内的汴渠航线并没有被废弃。这条航线开通后使用了七百多年,其中,北宋"东南之漕"一直使用这条航线,如胡渭有"宋初河道与唐、五代略同"①之说。时至元泰定年间(1324—1328),恢复使用汴渠经彭城的航线,通济渠绕过彭城的航线才退出历史舞台。

除此之外,通济渠开通后,汴渠经彭城入泗的航线一直在使用,甚至可以说,在唐德宗贞元(785—805)以前已恢复使用。之所以这样,与彭城一带的运道利用菏水有着密切的关系。郑樵记载道:"济水,从荥阳县北,又东过敖山北,又东合荥渎,荥渎今无水。又东,索水入焉。又东过阳武县北,又东过封丘县,又东过酸枣县之乌巢泽北,又东过乘氏县南,分为菏水。"②在开通济渠以前,吴王夫差兴修的菏水是南下入淮的重要航线。菏水以济水、泗水为主要补给水源及运道,沟通了湖陆(在今山东鱼台东谷亭)和金乡(在今山东金乡)之间的联系,汴渠至彭城入泗,彭城与湖陆、金乡毗邻,湖陆、金乡域内的湖泊为彭城一带的运道提供了丰富的水资源。或许正因为如此,通济渠开辟绕过彭城的新航线以后,原有的航线依旧有使用的价值。

隋王朝建成自梁郡至宿州的新航线后,彭城的战略地位及交通地位虽然下降,但因有漕运旧道,再加上有护卫埇桥漕运的能力,故依旧是控制淮北及东南的重镇。如乐史引《十道志》记载道:"自南北朝,彭城为要害之地,隋凿御河已来,南控埇桥,以扼梁、泗,历古名镇,莫重于斯。"③通济渠开辟自梁郡至埇桥的新航线以后,彭城在东南漕运中的地位并没有削弱。

在兴修通济渠板渚航段、大梁航段、梁郡航段等过程中,隋炀帝或以泗水为主要的补给水源,或借用泗水航道,在此基础上,梁郡航段即绕过彭城的航段有可能利用了菏水。郑樵叙述泗水与菏水的水文情况时记载道:"其源出泗水县,西南流,有洙水入焉。又西南至方与县,菏水入焉。其水出乘氏,班固亦谓之泗水。方与,今单州鱼台。又云,有漷水至高平湖陆,入泗水。又南至彭城,名曰沛水,有雎水入焉。又西南至下邳,沂水入焉。又南至楚州山

---

① 清·胡渭《禹贡锥指》(邹逸麟整理),上海:上海古籍出版社2006年版,第502页。
② 宋·郑樵《通志·地理略》,杭州:浙江古籍出版社1988年版,第543页。
③ 宋·乐史《太平寰宇记·河南道十五》第1册(王文楚等校点),北京:中华书局2007年版,第295页。

阳入淮,此水今人谓之清河。或云:泗水出郓州梁山泊睢水。杜云:'首受汴水。'班云:'首受蒗荡水。'疑蒗荡即汴也。自浚仪县东经陈留、梁、谯、沛、彭城县,入泗水。浚仪,近改为祥符。班云:行千三百六十里。"①起初,汴渠经彭城入泗水,隋建通济渠绕过彭城南下的航线后,必经彭城地界。由此,可以得出三个结论:一是汴渠经彭城的航线并没有废弃;二是汴渠和通济渠经过彭城地界时有河道沟通;三是菏水包括利用泗水建立的航道。这样一来,遂为通济渠兴修梁郡至宿州的航线,以及利用以泗水为表征的菏水及其水资源提供了可能。

关于这一点,前人有充分的认识。程大昌论述道:"及隋人凿汴,发郑而贯梁、宋,以直达于淮,于是,彭城入泗故道遂废,皆其可考者也。然而,《水经》叙汳乃渠,水过渠以后,支派之一尔。东汉以来,则统大概诸水,悉以名之,其称谓之大至能该奄。古济则以《水经》所载,未究本,始臣于是求之班固,而知汳之得名,比它诸水最后也。《地理志》:河南、陈留两郡浪荡渠之派有三,发荥阳而入颍者正渠也,于地为河南。于三渠为最西,故因以为渠首也。陈留之水,其号鲁渠而入于涡,又号睢。而入于取虑者,则渠之派也,此其入颍、入涡、入取虑,与《水经》所取三派皆同。若夫《水经》指以为汳者,在固之书未之立派也。然则汳之名,安能以该诸水乎?特有不可晓者。永平之诏,既用汴该济,则固不应不知有汴矣。其《地理志》独无汴派,亦无汴名,岂非固前汉舆图所载乎?非东汉语矣。然是渠也,源起荥阳,而固预于荥泽上流,谓其受沛,亦见其失,而臣于是又知济派不明久矣。不待至永平之诏、桑钦之书乃始差误也。……战国及汉,知此时凡名鸿沟者,率西派也。盖彭城之汳,直郡之北而东向,以入于泗。楚汉定约,鸿沟之西当属汉,而羽都彭城则在沟之西,不应约言。若指颍、沙言之,则东西得位矣。史迁所记,荥阳漕渠通宋、郑、陈、蔡、曹、卫,与济、汝、淮、泗会于楚,所指当亦此派。盖古以江陵为南楚,陈为东楚,彭城为西楚,若该漕渠所通诸水而中楚境,以言之淮,淮其为交会之地乎?蔡之通淮也,以汝;宋、郑、陈之通淮也,以涡、颍;曹、卫之通淮也,以济、泗。若主入淮之颍,而会四方漕路,则于楚为中,若主彭城之汴则偏矣。由是言之,此二者皆指西派,明也。然而,未有隋人之汴,则西派为正流。及隋汴既成,则东派盛。而官渡之水,不能与之比大矣。"②从"及隋人凿汴,发郑而贯梁、宋,以直达于淮,于是,彭城入泗故道遂废"等语中可得知三个信息点:一是隋开通济渠利用了春秋鸿沟及东汉汴渠;二是开通济渠时,对"彭城入泗故道"多有利用和改造;三是"盖彭城之汳,直郡之北而东向,以入于泗"句说明泗水是汴渠的一部分。在此基础上,隋炀帝开通济渠利用了鸿沟、汴渠及泗水通淮的航线。

综上所述,在利用鸿沟及汴渠开通济渠时,隋炀帝对隋前的水道及航线多有取舍。在兴修通济渠的过程中隋炀帝充分利用了前人的成果,主要表现在五个方面。

其一,利用了隋前及隋文帝兴修河渠的成果。史有"汉明帝时,乐浪人王景、谒者王吴始

---

① 宋·郑樵《通志·地理略》,杭州:浙江古籍出版社1988年版,第542页。
② 宋·程大昌《禹贡后论·汴》,《四库全书》第56册,上海:上海古籍出版社1987年版,第112—113页。

作浚仪渠,盖循河沟故渎也。渠成流注浚仪,故以浚仪县为名。灵帝建宁四年,于敖城西北垒石为门,以遏渠口,故世谓之石门。……东晋太和中,桓温北伐前燕,将通之,不果。义熙十三年,刘裕西征姚秦,复浚此渠,始有湍流奔注,而岸善溃塞,裕更疏凿而漕运焉。隋炀帝大业三年,诏尚书左丞相皇甫谊发河南男女百万开汴水,起荥泽入淮千余里,乃为通济渠"①之说。

其二,隋炀帝重修汴河(通济渠)重建浚仪以东的航道时,利用了建安时期及魏晋时期的成果。如建安七年(202)曹操兴修睢阳渠,魏文帝黄初(220—226)中邓艾重修石门渠,正始二年(241)至四年(243),邓艾兴修广漕渠、淮阳渠、百尺渠。这些河渠或沿用了东汉汴渠即浚仪渠的旧航道,或在先秦鸿沟旧道的基础兴修了新航线,或开辟了自浚仪(在今河南开封)以东与淮北、淮南相接的新航道。客观地讲,这些航线的建设,除了在淮北、淮南地区构成丰富的水上交通网络外,还为隋炀帝兴修通济渠奠定了坚实的基础。

其三,隋炀帝兴修通济渠时,针对水文变化及旧有的运道情况做出了新的选择。如针对汴河东段偏北及入泗水后必经徐州洪、吕梁洪等情况,开辟了从永城入泗,绕过徐州洪、吕梁洪"悬水三十仞,流沫九十里"②的新航线,明显地缩短了原有航线的航程。

其四,通济渠开启自黄河进入江淮的航线,串联起经济发达、人口密集的地区,加强了黄河与淮河,以及长江流域之间的政治、经济、文化等方面的联系。通济渠建成后,向东经泗水进入淮河,越过淮河后经邗沟入长江,既可从水上与吴越相通,又可远接长江流域,进而与湘江流域串联在一起,沿湘江水系从陆路或水路与华南地区的交州、广州及闽中相连。通济渠以洛阳为漕转中心,经阳渠入洛水,自洛水入黄河,再入汴渠抵大梁,抵大梁后可自梁郡等经宿州、泗州等地入淮,随后自淮河经末口入邗沟远通长江。经此,通济渠为政治中心建在黄河流域,经济上寻求淮河流域及长江流域的支持铺平了道路。除此之外,沿通济渠沿岸开"御道",陆路与水路遥相呼应,在建设沿线水陆交通枢纽的过程中,提升了水陆联运或漕转的能力。

其五,通济渠与永济渠以黄河航线为中间航线实现互通后,将黄河以南和黄河以北连成一片,形成了"若渭、洛、汾、济、漳、淇、淮、汉,皆亘达方域,通济舳舻"③的水上大交通。与此同时,因通济渠又与江南河相通,由此形成了跨越浙江(钱塘江)从海上联系闽中、岭南等地的交通线。这一水上大交通除了将黄河两岸纳入漕运的范围外,同时又将不同的水系纳入了漕运的范围,同时促进了海河水系的形成。可以说,这一航线开通后与永济渠等航线在一

---

① 元·脱脱等《宋史·河渠志三》,北京:中华书局1985年版,第2318—2319页。
② 北魏·郦道元《水经注·泗水》,《水经注疏》中册(杨守敬、熊会贞疏,段熙仲点校,陈桥驿复校),南京:江苏古籍出版社1989年版,第2148页。
③ 后晋·刘昫等《旧唐书·职官志二》,北京:中华书局1975年版,第1841页。

起将各大水系串连起来,在自然水道和人工运道相互作用的过程中,加强了不同区域间的联系,从而促进了相关区域社会经济的发展。

总之,隋朝建设通济渠有着非同一般的意义。通济渠、永济渠和江南河等互通后,在与"御道"相互呼应的过程中,通过建设不同区域的水陆交通枢纽,改变了原有的交通布局,为河渠沿线城市的兴起铺平了道路,为新的区域政治中心的建设提供了必要的条件。

第四节 永济渠与河北漕运

大业四年,隋炀帝征发河北各郡的军民兴修永济渠,将河渠建设的主战场转移到了黄河以北。严耕望先生研究永济渠的交通价值时论述道:"按永济渠在唐代交通运输上之价值诚不若通济渠之显著。然此渠不但为联系东都洛阳与东北重镇幽州之直接渠道,且由沧、德航海至平州(今卢龙治)与辽东,或亦可由独流口(今天津西静海西北独流镇)东北循曹操所开泉州渠及新河故渎通漕平州。故隋氏用兵辽东,以黎阳(今浚县东)为漕运中心;唐代前期,为备突厥、契丹,军粮馈运亦藉此渠。……故安史之乱起,清河(今县)尚丰积有备边之军资,称为天下之北库也。是则此渠对于当时东北交通实具有不可轻忽之重大作用。"①在建设永济渠的过程中,隋炀帝实现了三个目标:一是通过利用隋前河渠及自然水道,改善了自东都洛阳"北通涿郡"的漕运条件,建成了一条自东都直抵幽、燕的战略大通道;二是实现了与通济渠等河渠的互通,建立了一条贯穿东西南北的漕运通道,为远征辽东奠定了基础;三是在加强水运的同时兴修"御道",水运和陆运结合,加强了政治统治核心区域与幽、燕及不同区域的政治、经济等方面的联系。与通济渠、江南河相比,永济渠兴修的难度最大。具体地讲,永济渠建在黄河以北,一是永济渠经过的区域是黄河泛滥及改道的高频区,受到黄河水文的支配和左右,黄河改道往往会引起相关区域的水文变化,从而增加了兴修永济渠的难度;二是永济渠自南向北,截断了自西向东且有不同入海口的河流,由于将这些河流统一到独流口经小直沽入海,在破坏原有水系的同时,加大了兴修永济渠的工程量。

永济渠与漕运概述

兴修通济渠及疏浚邗沟以后,隋炀帝于大业四年决定在黄河支流沁水开凿一条南下入黄河、北上入涿郡的航线。史称:"四年春正月乙巳,诏发河北诸郡男女百余万开永济渠,引沁水南达于河,北通涿郡。"②所谓"河北诸郡",泛指黄河以北各郡州,主要指怀州、魏州、相

---

① 严耕望《唐代交通图考·隋唐永济渠》第五卷,上海:上海古籍出版社2007年版,第1589页。
② 唐·魏徵等《隋书·炀帝纪上》,北京:中华书局1973年版,第70页。

州、博州、卫州、贝州、澶州等,如史有"自隋季丧乱,群盗初附,权置州郡,倍于开皇、大业之间,贞观元年,悉令并省。始于山河形便,分为十道"①之说。惩隋之败,唐王朝加强政区监察,将天下分为包括河北道在内的十道。然而,隋唐两代的政区变化不大,故完全可以唐代监察区论之。所谓"引沁水南达于河",是指开辟引沁水南下入河的运道。所谓"北通涿郡",是指沿永济渠引沁入运,沿这条新航线北上可以抵达涿郡。

永济渠是一条联系黄河以北的漕运通道,对隋王朝来说,开通这条航线有着特殊的战略意义。开通永济渠以后,在裴矩的建议下,隋炀帝将征辽东即讨伐高丽一事提上了议事日程上。杜佑记载道:"七年冬,大会涿郡。分江淮南兵配骁卫大将军来护儿,别以舟师济沧海,舳舻数百里,并载军粮,期与大兵会于平壤。"②隋炀帝以涿郡为集结地,发动了征伐高丽的战争,试图恢复南北朝分治以后失去的辽东。在这中间,通济渠和永济渠在漕运中发挥了重要的作用,如将河北黎阳仓、洛阳洛口诸仓的粮食运往涿郡。此外,通济渠和永济渠在保证运兵运粮的同时,还将沿线的人力、物力和财力纳入了保证后勤补给的范围。从这样的角度看,如果通济渠和永济渠不能实现互通的话,那么,将无法在很短的时间内调集河北、江淮的粮食等物资支援征讨高丽的战役。

隋炀帝征讨高丽共进行了三次,如果以大业七年(611)二月筹集粮草军备等将其集结到涿郡算起,到大业十年(614)四月第三次征伐高丽,这场延续三年之久的战争可谓是耗尽了隋王朝的国力。在这中间,如果说东都建设暴露出隋炀帝的穷奢极侈,那么,三次讨伐高丽则说明了隋炀帝的穷兵黩武,把隋王朝拖向了死亡的深渊。袁枢忠实地记录了大业七年第一次讨伐高丽的情况,从"舳舻相次千余里,载兵甲及攻取之具,往还在道,常数十万人,填咽于道,昼夜不绝,死者相枕,臭秽盈路"③等叙述中不难发现,此次征伐采取了水陆并进的措施,充分地利用了兴修的永济渠和通济渠等,而隋炀帝无节制地滥用国力已到了令人发指的地步。遗憾的是,第一次讨伐终因指挥失误及战术不当归于失败,为此,隋炀帝不得不再次举全国之力,接连进行第二次和第三次讨伐战争。魏徵评论道:"负其富强之资,思逞无厌之欲,狭殷、周之制度,尚秦、汉之规摹。恃才矜己,傲狠明德,内怀险躁,外示凝简,盛冠服以饰其奸,除谏官以掩其过。淫荒无度,法令滋章,教绝四维,刑参五虐,锄诛骨肉,屠剿忠良,受赏者莫见其功,为戮者不知其罪。骄怒之兵屡动,土木之功不息,频出朔方,三驾辽左,旌旗万里,征税百端,猾吏侵渔,人不堪命。乃急令暴条以扰之,严刑峻法以临之,甲兵威武以董之,自是海内骚然,无聊生矣。"④为了追求"穷极壮丽",隋炀帝没有节制地耗费国力,如建造

---

① 后晋·刘昫等《旧唐书·地理志一》,北京:中华书局1975年版,第1384页。
② 唐·杜佑《通典·食货十》,杭州:浙江古籍出版社1988年版,第56页。
③ 宋·袁枢《通鉴纪事本末·隋讨高丽》,北京:中华书局1964年版,第2331页。
④ 唐·魏徵等《隋书·炀帝纪下》,北京:中华书局1973年版,第95—96页。

东都及宫苑、修河渠、筑国道、经营西域、讨伐高丽等,激起民愤,导致身死江都。

从另一个层面看,虽然三次征伐高丽把隋王朝拖入了死亡的深渊,但通济渠、永济渠在维护南北统一中的作用可见一斑,甚至是泽及后世。如唐王朝有效地控制江淮、黄河中下游南北地区,维护政治稳定、社会经济发展,与通济渠和永济渠漕运的支持密不可分。

自通济渠沿线兴修"御道"后,"御道"建设又延展到永济渠。袁枢记载道:"七年春二月己未,上升钓台,临扬子津,大宴百僚。乙亥,帝自江都行幸涿郡,御龙舟,渡河入永济渠,仍敕选部、门下、内史、御史四司之官于(前)船[前]选补,其受选者三千余人,或徒步随船三千余里,不得处分,冻馁疲顿,因而致死者什一二。壬午,下诏讨高丽。"①在叙述"渡河入永济渠"时,省略了"上自江都御龙舟入通济渠"这一环节。当隋炀帝"御龙舟入通济渠"奔涿郡时,出现了"或徒步随船三千余里"的情况。从这一叙述中当知,永济渠沿线建有与之平行的河堤大道。通过沿河堤筑路,隋炀帝提升了河渠建设的质量,改善了隋代水陆交通的面貌。此外,"自长安至江都置离宫四十余所",沿河堤筑路有可能涉及隋文帝在关中兴修的广通渠。

需要补充的是,御道建设除了指与河渠平行及相伴而行的陆路外,还包括联系不同方向的国道。具体地讲,为加强东都洛阳与西京长安的联系,隋炀帝采取了"废二崤道,开菱册道"②的措施;为加强西北与东北之间的交通联系,采取了"发榆林北境,至于其牙,又东达于蓟,长三千里,广百步,举国就役而开御道"③的措施;为加强河北与山西之间的交通联系,采取了"发河北十余郡丁男凿太行山,达于并州,以通驰道"④等措施。在这里,开凿的国道虽然有"菱册道""驰道"等不同的名称,但从"举国就役而开御道"一语中当知,这些国道可统称为"御道"。这些国道或作为洛阳水陆交通枢纽建设的一部分,或作为国道在不同区域的延伸,最大限度地改善了隋王朝现有的水陆交通状况,加强了不同区域间的经济等联系,进而在更大的范围建立了漕转体系。如杜佑记载道:"五年,于西域之地,置西海、鄯善、且末等郡,(逐吐谷浑得其地,并在今酒泉、张掖、晋昌郡之北。今悉为北狄之地。鄯音善。且,子余反。)谪天下罪人,配为戍卒,大开屯田,发四方诸郡运粮以给之。"⑤在加强水陆交通建设的同时,隋炀帝一朝又采取屯田之策,从而缓解了漕运压力。

永济渠的起点与终点及河北航段

永济渠的起点在什么地方?魏徵、李延寿等有永济渠"引沁水南达于河"之说,杜宝有永济渠引沁"合渠水至于涿郡二千余里"⑥之说,程大昌有"于河之北又有永济渠之役,导沁水

---

① 宋·袁枢《通鉴纪事本末·炀帝亡隋》,北京:中华书局1964年版,第2347页。
② 宋·司马光《资治通鉴·隋纪四》(邬国义校点),上海:上海古籍出版社1997年版,第1632页。
③ 唐·魏徵等《隋书·长孙晟传》,北京:中华书局1973年版,第1336页。
④ 唐·魏徵等《隋书·炀帝纪上》,北京:中华书局1973年版,第68页。
⑤ 唐·杜佑《通典·食货十》,杭州:浙江古籍出版社1988年版,第56页。
⑥ 辛德勇《大业杂记辑校》,西安:三秦出版社2006年版,第26页。

东北合渠,以达涿郡二千余里"①之说,颜师古亦有"今沁水至怀州武陟县界入河"②之说,综合诸说,永济渠的起点自然是在武陟域内的沁口。进而言之,隋炀帝开永济渠时取之现成,以沁口为联系黄河漕运的河口,在此基础上沿沁水枝津开渠,引沁水"合渠水"即利用黄河以北旧有的河渠开辟航线。

不过,魏徵、李延寿等又有永济渠以洛口(在今河南巩义东北)为起点的说法。《隋书·阎毗传》云:"将兴辽东之役,自洛口开渠,达于涿郡,以通运漕。毗督其役。明年,兼领右翊卫长史,营建临朔宫。及征辽东,以本官领武贲郎将,典宿卫。"③按照这一说法,永济渠是由阎毗负责督造的。此外,李延寿的《北史·阎毗传》亦有与《隋书·阎毗传》相同的记载④。这一情况表明,"自洛口开渠"不可能是"自沁口开渠"即"引沁水,南达于河"的笔误。洛口在黄河南岸,是汉代阳渠及隋代通济渠以洛阳为起点,以洛水为基本运道的北上入河的河口。沁口在黄河北岸,是沁水南下入河的河口,也是永济渠渡河北上入沁,中经武陟小原村、红荆口入白沟的河口。从地理方位上看,洛口与沁口在黄河南北两岸遥相呼应。根据这一情况,"自洛口开渠"应与疏浚黄河及在黄河北岸引沁开渠没有任何关系。玩味语意,这一表述很可能与自洛口到东都洛阳之间的航道出现淤塞,为恢复漕运,需要重点疏浚存在着某种内在的联系。或者说,从洛口到洛阳的航段是通济渠和永济渠的共同使用的航线,为了进一步提高这一共线的漕运能力,需要对原有的航线进行必要的改造。从这样的角度看,永济渠的起点应以东都洛阳为起点,其中,自东都洛阳到洛口之间的航段是永济渠和通济渠的共线,两渠有共同的起点。此外,因"自洛口开渠,达于涿郡,以通运漕",永济渠这条贯穿南北的航线开通后,极大地方便了运兵运粮,为征辽东提供了方便,同时也带动了沿岸社会经济的发展。

这样说,可能更符合永济渠和通济渠建设的实际情况。隋炀帝营造东都后,洛阳成为隋王朝的第二个政治中心。继兴修通济渠以后,因洛阳漕转中心建设的需要,特别是经营河北涿郡及辽东等北部及东北部地区的需要,兴修永济渠便顺理成章地提上了议事日程。具体地讲,在洛口开渠与漕运码头选址及建设,与建立永济渠和通济渠有着某种内在的联系,同时也与重点经营东都洛阳有内在的联系。如洛阳是隋王朝刻意建造的漕转中心,通过洛阳

---

① 宋·程大昌《禹贡后论·汴》,《四库全书》第56册,上海:上海古籍出版社1987年版,第116页。
② 汉·班固《汉书·地理志上》,北京:中华书局1962年版,第1554页。
③ 唐·魏徵等《隋书·阎毗传》,北京:中华书局1973年版,第1595页。
④ 史称:"将兴辽东之役,自洛口开渠,达于涿郡,以通运漕。毗督其役。明年,兼领右翊卫长史,营建临朔宫。及征辽东,以本官领武贲郎将,典宿卫。"(唐·魏徵等《隋书·阎毗传》,北京:中华书局1973年版,第1595页)又称:"将兴辽东之役,自洛口开渠达涿郡以通漕,毗督其役。明年,兼领右翊卫长史,营建临朔宫。及征辽东,以本官领武贲郎将,典宿卫。"(唐·李延寿《北史·阎毗传》,北京:中华书局1974年版,第2185页)。

既可经营统治中心区域河北、河南,同时可控制江淮,远及长江流域。进而言之,通济渠经营的目标是黄河以南、江淮及长江以南等区域,永济渠经营的目标是黄河以北、涿郡及辽东等区域。要想全面地控制这些区域,需要在更大的范围内建立一条联系东西南北不同方向的战略大通道,需要重点建立通济渠与永济渠的互通关系。在这中间,以黄河为连接线,建立永济渠与通济渠互通的关系便成为当务之急。

从另一个层面看,永济渠与通济渠隔黄河相望,如果加强洛口建设,以洛口为中转站既可加强东都洛阳漕转中心的地位,又可或渡河北上或顺流东下,从水上加强河北、河南及江淮之间的联系。至于前人论述永济渠时,只提黄河以北的航线,不提黄河以南的航线,很可能与兴修通济渠在先,即自洛阳入河的航线已经开通有关,因此,不需要专门或再次提出之间有着某种内在的联系。其实,从"自洛口开渠"的情况看,永济渠有黄河南岸的兴修工程,因此,计算永济渠的长度同样应以东都洛阳为起点。在这中间,自东都西苑经洛口入河的航线实际上是永济渠和通济渠的共用航线。进而言之,两渠以黄河或沿线的漕运码头为互通的连接点,渡河北上经沁口进入永济渠,可"北通涿郡";沿黄河南岸入汴进入通济渠,可"达于淮海",与长江航线相接。

永济渠的终点在什么地方?魏徵《隋书》、李延寿《北史》叙述永济渠时分别有"北通涿郡"的记载。按理说,史家言之凿凿,涿郡治所是永济渠的终点当不成问题。然而,历史上的涿郡治所多有变化,这样一来,永济渠"北通涿郡",究竟是以汉代涿郡治所涿县(在今河北涿州)为终点,还是以蓟县(在今天津蓟州区)为终点?

其一,在行政区划沿革的过程中,涿郡出现了以涿县或蓟县为治所的情况。大业四年,隋炀帝开永济渠,因蓟县是"古之燕国都"①,故永济渠"北通涿郡"的终点应在燕国国都蓟城。从这样的角度看,永济渠的终点应该在隋炀帝改州为郡后的涿郡治所蓟县。

其二,从政区沿革及析分的过程看,前人论述永济渠"北通涿郡"时之所以会产生以涿县为终点的错误认识,主要是由三个方面的原因造成的:一是在政区不断地细化及分合的历史进程中,涿县作为涿郡即范阳郡治所的时间最长,或许正因为如此,后世遂出现了在涿郡即范阳郡和涿县之间划等号的情况;二是隋文帝改三级为二级政区后,涿县和蓟县同时隶属幽州,且两县相去不远,史有"涿县、良乡与广阳国蓟县,今在幽州"②之说可证,这样一来,遂出现了误以为涿县是永济渠终点的情况;三是隋王朝速亡,人们论述永济渠经过的区域时,大都以唐代的建制叙述隋代的政区。这样一来,因同一个地方有不同的名称,十分容易造成混淆和误解,特别是入唐以后,涿县一度升格为涿州,此后又改称"范阳县",除此之外,隋炀帝一朝调整政区时改州为郡之举,再加上范阳郡是涿郡的别称等,在政区不断变化的过程中,

---

① 后晋·刘昫等《旧唐书·地理志二》,北京:中华书局1975年版,第1516页。
② 后晋·刘昫等《旧唐书·天文志下》,北京:中华书局1975年版,第1316页。

遂出现了以涿县为隋代涿郡治所的情况,进而出现了错将涿郡即范阳郡治所涿县视为永济渠终点的情况。

其三,永济渠"北通涿郡"的地点是指蓟县,还可以从隋炀帝乘龙舟抵蓟县的事件中得到证明。大业七年二月,隋炀帝突发奇想,乘龙舟自江都起程抵达蓟县。当时的行程是这样的:隋炀帝沿通济渠入淮渡黄河后,沿永济渠抵达蓟县,到达蓟县后下榻临朔宫,随后乘车到蓟县南桑干河筑社稷坛祭祀。

其四,如果以武陟入河口沁口为起点,永济渠"北通涿郡"共有两千多里的航程。如果再加上从东都洛阳到武陟沁口的两百多里的航程,永济渠起码有两千两百多里的航程。有趣的是,如果以汉代涿郡治所涿县为终点进行计算的话,那么,从洛阳到涿县的距离仅有一千八百里。汉代涿郡的治所是涿县,即便是考虑到水路曲折迂回等因素,从武陟沁口到涿县航程亦不可能达到两千里。进而言之,汉县涿县不可能是永济渠的终点。然而,如果以隋代涿郡治所蓟县进行计算的话,那么,从洛阳到蓟县的路程则有两千二百多里。如果考虑到水路曲折迂回,那么,以武陟沁口为永济渠的起点,至涿郡蓟县则有两千余里。从这样的角度看,永济渠"北通涿郡"不可能以汉代涿县为终点,只能以蓟县为终点。

如果以起点论之,永济渠黄河以北的航线主要有沁口、汲县(在今河南卫辉)、馆陶(在今河北馆陶)、独流口(在今天津静海独流镇)四个航段。皮日休有"隋之疏淇汴、凿太行"[1]之说,司马光有"诏发河北诸军百余万众穿永济渠,引沁水南达于河,北通涿郡。丁男不供,始役妇人"[2]之说,从"疏淇汴,凿太行"以及"始役妇人"等情况看,兴修永济渠的难度明显地超过了兴修通济渠(包括邗沟)和江南河的难度。

永济渠沁口航段以沁口为起点,经武陟小原村东北、红荆口(在今河南获嘉荆嘴)至汲县入白沟(卫河)。在兴修永济渠以前,沁水在武陟小原村东北分流,主流南下至沁口入河;支流至红荆口。隋修永济渠时,利用沁水入河前的河道,建成了自黄河运道入沁口,经武陟小原村、红荆口至汲县入白沟的航线,结束了隋代以前河北漕运利用白沟自枋头(在今河南淇县东)入河的历史。在这中间,自武陟小原村开渠建立至汲县入白沟的航线后,缩短了自洛阳经黄河入枋头北上的航程,避开在黄河上航行的风险,可以直接从洛口渡河入沁口,从而提升了洛阳在"北通涿郡"中的战略地位。遗憾的是,终因沁水泥沙太大,时至唐代,自武陟小原村至红荆口的引沁航段已严重淤塞,因此,不得不把永济渠在黄河北岸的起点移到汲县。宋元以后,因政治中心东移汴梁和北上大都,永济渠自武陟沁口到红荆口的航段开始淡出人们的视野,尽管如此,这一航段仍是永济渠重要的航线。

永济渠汲县航段以汲县为起点,以馆陶为终点。建安九年(204),曹操兴修白沟,建成了

---

[1] 唐·皮日休《汴河铭》,唐·皮日休《皮子文薮》,北京:中华书局1959年版,第44页。
[2] 宋·司马光《资治通鉴·隋纪五》(邹国义校点),上海:上海古籍出版社1997年版,第1638页。

自卫县(在今河南淇县西南)南下入河,北入魏郡(在今河北临漳西南)的航线。在隋统一南北以前,白沟一直是黄河以北除了黄河以外的又一条漕运通道。这一航线在与泉州渠、平虏渠等相互连接的过程中,可以远通涿郡及辽东等地,隋炀帝建永济渠时,充分利用了曹操兴修的白沟等纵横于河北各地的河渠。白沟作为永济渠的基础,其补给水源自然是永济渠的补给水源。永济渠汲县航段以汲县为起点入白沟,沿途经获嘉(在今河南获嘉)、内黄、魏县(在今河北魏县)、馆陶等区域及航段节点。

永济渠馆陶航段以馆陶为起点,随后在河北、山东之间穿行北上,以独流口为终点。在兴修永济渠以前,自馆陶北上主要有黄河、屯氏河、清河三条水道,这三条水道均有漕运功能。如邹逸麟先生论述道:"魏晋南北朝时期自孟津以下至海口,全线可以通航。……南北朝隋唐时期从洛阳至济州四渎口的一段黄河是南北水运交通的必然航道。"① 与其他的航线相比,黄河自孟津(在今河南孟津)经馆陶北上的航线历史悠久,甚至可以追溯到汉魏以前。永济渠开通后,以安全可靠的通航条件和强大的运输能力取代了黄河漕运,进而在南北交通中扮演重要的角色。

前人较为重要的观点是,永济渠馆陶航段有自馆陶入屯氏河和清河的两条漕运大通道。从自馆陶北上的地点看,屯氏河和清河大体平行,沿途经过的政区大体相同,由此构成了自馆陶至独流口的复式航线。

浮阳(在今河北沧县东关)是永济渠馆陶段至独流口之前的重要节点。史称:"汉渤海郡浮阳,今为清池县,属沧州。"② 因浮阳在浮水北岸,故名。自汉以后,浮阳始终是永济渠沿线的重镇。在开永济渠之前,浮水、漳水、滹沱水等在浮阳合流并汇入清河。起初,浮水行经浮阳时有"混并清、漳二渎"的水道,浮阳是入漳水的重要节点;后来浮水旧道为黄河旧道所吞并,故有"河之旧道,浮水故迹"之说;再后来,黄河改道,浮水旧道成为清河水道。在水文变迁的过程中,汉武帝时期的浮水有"径汉武帝望海台,又东注于海"的水道;时至东汉,浮水又有与滹沱河分支交汇的合口。汉代,滹沱水至文安(在今河北廊坊文安)入海。此后,水文发生变化,入海口亦发生变化。

合口是永济渠北上的重要航程节点,在浮阳西面的合口镇内。永济渠经此折向东北后,与独流水(易水)交汇,在此基础上形成了独流口这一河口。这一河口作为重要的中转码头,既有继续北上的水道,同时又有东流入海的水道,这两条水道的同时存在,极大地方便了漕运。

截断漳水、滹沱水等以后,永济渠自浮阳合口北上,途经乾宁即青县这一航程节点。乐

---

① 邹逸麟《椿庐史地论稿·东汉以后黄河下游出现长期安流局面问题的再认识》,天津:天津古籍出版社2005年版,第46页。

② 后晋·刘昫等《旧唐书·天文志下》,北京:中华书局1975年版,第1316页。

史叙述乾宁军县及水文时指出:"旧名永安县,与军同置在城下,太平兴国七年六月改为乾宁县。御河,在城南一十步。每日潮水两至,其河从沧州南界流入本军界,东北一百九十里入潮河,合流向东七十里,于独流口入海。此水西通淤口、雄、霸等州水路。"①永济渠自沧州北上经乾宁县即青县,沿乾宁县东北行一是有独流口东行入海的通道,二是有西通淤口(淤河口)及沿途经雄州(在今河北保定雄县)、霸州(在今河北廊坊永清)等地的航线。

以合口为参照坐标,独流口在合口的东北,劈地口在独流口的东面即青县东北。自劈地口向东是三叉口。劈地口在什么地方?顾祖禹叙述道:"在县东北。宋元丰四年,河决澶州入御河,李立之言:'臣自决口相视,河流至乾宁军分入东、西两塘,次入界河,于劈地口入海。'其地盖在小直沽东。"②所谓"在县东北",是指在静海县的东北。三叉口在什么地方?胡渭论述道:"劈地口在县东北,又东为三叉口,盖即天津卫东北之三岔河。《志》云:漳、卫水西南自静海县来,经卫北,其流浊。潞水西北自武清县来,经卫北,其流清,至卫东北而合流,又东南出小直沽入于海。天津亦宋清州地也。"③隋代合口距独流口及入海口劈地口不远,只是到了清代,海岸线不断地东移,出现了合口、独流口及劈地口远离新入海口的情况。合口镇位于漳水汇入永济渠的河口,这一情况一直延续到宋代黄河自商胡决堤北流以前。进而言之,黄河的商胡北流侵入永济渠后,致使这一区域的永济渠淹没在黄河水道之中,乃至于到了金、元时代,人们对这一区域的水文变化已无法说得清楚,故产生了一些错误的认识。然而,不管怎么说,合口镇内的合口是永济渠馆陶航段至独流口的重要航程节点。这一节点通过截流改变了滹沱水、漳水等的流向,致使永济渠馆陶航段承担起诸水经独流口入海的使命,为海河水系的形成及重新建构奠定了基础。

永济渠独流口航段以独流口为起点,北上涿郡有东西两条航线:西线是永济渠利用沽河和桑干水等水道开辟的航线,东线是在平虏渠、泉州渠、新河等基础上兴修的航线。此外,永济渠有自独流口东行经劈地口等地入海的航线,这一航线与海运相互连接,可延伸到长江以南的腹地。

西线是永济渠独流口航段的主航线,同时也是隋王朝着力打造的漕运通道。永济渠自独流口北入涿郡时,主要采取了利用沽河、桑干河等自然水道的措施。因利用自然水道,故不是直接北上,而是先入呈东西流向的白河,随后经白河入南北流向的桑干河,在这中间,沿途经淤口关、永清、安次等地。在征伐辽东的过程中,这条漕运通道为运输漕粮及集结军队到涿郡发挥了重要的作用。

从水文形势看,永济渠独流口航段自独流口北上与沽河(白河)相合后,重点改造了沽

---

① 宋·乐史《太平寰宇记·河北道十七》(王文楚等校点),北京:中华书局2007年版,第1380页。
② 清·顾祖禹《读史方舆纪要·北直四》(贺次君、施和金点校),北京:中华书局2005年版,第566页。
③ 清·胡渭《禹贡锥指》(邹逸麟整理),上海:上海古籍出版社2006年版,第510页。

河、桑干河水道,建成了自西北上涿郡的航线即西线。沽河自西北向东南下行时与清河相合,延续了自永济渠馆陶航线经清河继续北上的航线。在这中间,永济渠沿沽河修渠北上截断诸水,改变了诸水原有的入海通道,经此,诸水自北南下汇入永济渠经独流口东流入海。在这中间,沽河是永济渠跨越黄河水系及北上涿郡时率先借用的水道。

元代兴修北运河航段时,利用了永济渠独流口航段的沽河即白河运道。经此,元代建海运体系形成了"海运出直沽入白河以抵京师"①的运道。这一运道开通后,自海上转内河先经沽河即白河再入桑干河,建立了北入大都(在今北京)的漕运通道。

再谈谈东线,东线是永济渠独流口航段的另一条航线。这条航线主要沿用了曹操兴修的平虏渠、泉州渠和新河,是隋唐两代征辽东时的漕运大通道。这一通道除了有利用内河漕运的能力外,又有接纳海运的能力。

建安十一年(206),为北征乌桓,曹操采纳董昭的建议兴修了平虏渠和泉州渠。史称:"后袁尚依乌丸蹋顿,太祖将征之。患军粮难致,凿平虏、泉州二渠入海通运,昭所建也。"②又称:"辽西单于蹋顿尤强,为绍所厚,故尚兄弟归之,数入塞为害。公将征之,凿渠,自呼沲入泒水,名平虏渠;又从泃河口凿入潞河,名泉州渠,以通海。"③所谓"自呼沲入泒水",是指开凿平虏渠时将呼沲水(滹沱河)与泒水连接起来;所谓"从泃河口凿入潞河",是指开泉州渠时将泃河与潞河连接起来。平虏渠接滹沱河,泉州渠接潞河,两渠相互连通,构成了与海运相连的航线。

以后世地名论之,泉州渠行经唐县武清。具体地讲,武清东南四十里有汉代泉州县旧治泉州城(在今天津武清西南城上村),汉县泉州的南面有泉州渠遗址。为征伐袭扰边地的乌桓蹋顿,曹操兴修了有运送军粮及战略物资功能的平虏渠和泉州渠。顾祖禹记载道:"建安十一年,曹操将击乌桓,筑平虏渠、泉州渠以通运。《操纪》云:'凿渠自呼沲入泒水名平虏渠,又从泃河口凿入潞河名泉州渠,以通海。'"④泉州和雍奴都是汉县,时至北魏,省泉州入雍奴。因泉州渠是在汉县泉州开渠,故称。泉州渠与平虏渠在泉州县境内相通,其渠口又是滹沱河和鲍丘河交汇的河口,因两河交汇后有入海通道,故成为经营辽西和辽东的战略要地。隋兴修永济渠后,汉县泉州即唐县武清成为永济渠独流口航段东西两条航线分合点,主要是因其境内有泉州渠和平虏渠相通的渠口。

潞河包括鲍丘水和泃河等,泃河是永济渠独流口航段东线重点利用的对象。丘水(今潮河)自塞外南下,沿途经渔阳(在今天津蓟州区)、潞县(在今北京通州东故城村)、雍奴(在今

---

① 清·于敏中《日下旧闻考·京畿》,北京:北京古籍出版社1981年版,第1813页。
② 晋·陈寿《三国志·魏书》,北京:中华书局1959年版,第439页。
③ 同②,第28页。
④ 清·顾祖禹《读史方舆纪要·北直二》(贺次君、施和金点校),北京:中华书局2005年版,第460页。

天津武清泗村店旧县村)等地东行入海。潞河发源于密云(在今北京密云),如杜佑有"潞水出今密云郡密云县也"①语。因鲍丘水入潞河"通得潞河之称",故鲍丘水经雍奴故城(在今天津武清后巷大宫城)的水道可称"潞河"。又因潞河经雍奴县北"又东与泃河合",故与泃河交汇后的下行水道亦可称"潞河"。在这中间,鲍丘水旧分笥沟水东出,合泃河以后,又接纳梁河、巨梁河等汇聚成雍奴泽。因鲍丘水入潞河"通得潞河之称",故又可以将雍奴泽视为潞河汇聚鲍丘水等河流后形成的湖泊。

继隋以后,唐代再次改造泉州渠和新河,这一行为表明,永济渠独流口航段东线在经营幽州及辽东方面的作用日益彰显。史称:"神龙三年,沧州刺史姜师度于蓟州之北,涨水为沟,以备奚、契丹之寇。又约旧渠,傍海穿漕,号为平虏渠,以避海难运粮。"②神龙三年(707),沧州刺史姜师度为"以备奚、契丹之寇",一方面在蓟州北引水开渠建防御工事,另一方面又在与海岸线大体平行区域修整河渠,通过"傍海穿漕"开辟了"以避海难运粮"的漕运通道。从姜师度利用"旧渠"兴修新渠的范围看,新渠即平虏渠涉及泉州渠和新河。新渠完工后,与海上通道遥相呼应,两者相互为用,进一步提高了这一区域的漕运能力。姜师度兴修新渠上距隋修永济渠约一百年,在长达一百年的时间里,不但运道破损严重,而且政治形势发生变化。为恢复漕运需要重修和改造原有的航道,由此上溯隋利用这一航线征辽东,当知泉州渠和新河是自永济渠独流口航段不可或缺的航线。

临清航线及清河漕运

临清及屯氏河漕运是永济渠馆陶航段不可或缺的一部分,因前人对这一漕运通道多有忽略,为此,有必要专门提出。

自馆陶沿永济渠清河航线北上,有一条经清阳即清平进入临清的航线。顾祖禹叙述清平沿革时指出:"府北七十里。北至临清州五十里。汉清阳县地,属清河郡。隋开皇六年改置贝丘县,属贝州。十六年改曰清平县。大业末废。"③隋文帝一朝,清阳县两度改称,移治贝丘(在今山东临清戴湾水城屯村)以后,又改称"清平"。由于清平"北至临清州五十里",不在永济渠沿线,隋炀帝大业末年撤销建制,与此同时,临清成为重点经营的对象。

永济渠开通后,临清成为从馆陶到清河县的航程节点。临清受到重视,与它独特的地理交通位置有着密切的关系。隋炀帝开永济渠后,临清成为战略要地。在这中间,唐代为避唐高祖李渊名讳,改清渊县为清泉县,与此同时,因临清成为漕运重镇,清泉县被并入临清。

---

① 唐·杜佑《通典·州郡八》,杭州:浙江古籍出版社1988年版,第945页。
② 后晋·刘昫等《旧唐书·食货志下》,北京:中华书局1975年版,第2113页。
③ 清·顾祖禹《读史方舆纪要·山东五》(贺次君、施和金点校),北京:中华书局2005年版,第1599页。

第七章 隋代的漕运

　　临清成为漕运重镇应发生在西晋以前,甚至可以说,早在建安时期曹操兴修白沟等河渠时,已成为兵家必争之地。晋怀帝永嘉元年(307)八月,苟晞奉命出征大败汲桑,为此,汲桑退守清渊即临清,如史有"苟晞击汲桑于东武阳,大破之。桑退保清渊"①之说。在这里,汲桑之所以要退保清渊,是因为清渊水陆交通发达,有南下进取中原及控制周边的地理优势。具体地讲,清渊有黄河、清河等水上通道,又有陆路交通,可为运兵运粮提供方便,进而言之,从汲桑"退保清渊"以及隋文帝"复置临清县"等一系列的事件中,完全可以读出早在开通永济渠之前临清已是交通干线的信息。在这样的前提下,永济渠经临清的航线开通后,进一步提升了临清的交通枢纽地位。

　　临清成为永济渠重要的航程节点,既是在历代河渠建设的过程中实现的,同时也与临清有良好的水运条件即丰富的水资源有着密切的关系。具体地讲,汶河至临清汇入清河后,清河水势增大,提高了漕运能力。顾祖禹论述道:"自北直大名府流经馆陶县界,又东流至此合于汶河。亦谓之清河。应劭曰:'清河在清渊县西北。'是也。自隋以后谓之永济渠。大业十二年遣杨义臣讨群贼张金称于平恩。义臣引兵直抵临清之西,据永济渠为营,寻自馆陶潜济,袭击金称,破斩之。唐光化二年幽州刘仁恭攻魏州,败还汴,魏兵追至临清,拥其众入永济渠,杀溺不可胜计。"②在隋开永济渠之前,清河经馆陶后向东至临清有汶河汇入。所谓"合于汶河,亦谓之清河",是说在临清境内清河与汶河相会。由于永济渠自馆陶北上借清河水道行运,故汶河汇入清河后,继续以"清河"相称。进而言之,所谓"自隋以后,谓之永济渠",是说永济渠经临清时出现了汶河汇入清河的航线,由于这条航线以清河为航线,故又可以"永济渠"相称。除此以外,永济渠开通后,进一步提升了临清的战略地位。如隋大业十二年(616)和唐昭宗光化二年(899)爆发的两场战争表明,经过建设,临清成为漕运的咽喉要道,以此为支撑点自北向南可进取馆陶、魏州等重镇,并获取南下逐鹿中原的机会。

　　除了汶河与清河在临清境内交汇外,同时又有北漳水、黄河等在临清境内分别与清河交汇。如在隋炀帝开永济渠以前,北漳水是曹操兴修白沟、长明沟、利漕渠、泉州渠等利用的补给水源或借用的航线。谢肇淛论北漳水与卫河的关系时指出:"漳水,源出山西。一出长子县,曰浊漳;一出乐平县,曰清漳,俱东经河南临漳县,分流至馆陶县与卫水合,北流入漕。"③北漳水有两个源头即浊漳和清漳,在其东流的过程中,浊漳和清漳二水同经临漳(在今河北邯郸临漳),随后浊漳和清漳二水继续分流,至馆陶汇入卫水即永济渠,进而成为永济渠的补

---

① 宋·司马光《资治通鉴·晋纪八》(邬国义校点),上海:上海古籍出版社1997年版,第760页。
② 清·顾祖禹《读史方舆纪要·山东五》(贺次君、施和金点校),北京:中华书局2005年版,第1603页。
③ 明·谢肇淛《北河纪余》卷三,《四库全书》第576册,上海:上海古籍出版社1987年版,第763页。

给水源。永济渠有"卫河"或"卫水"之称,一是因为永济渠自黄河以北开渠北上,行经的重要航段在春秋时期卫国的境内;二是引水济运时,永济渠截断的河流主要是流经卫地的河流。正因为如此,永济渠遂有"卫水"之称。

北漳水是黄河以北的重要河流,如顾祖禹引唐代《十道志》有"河北大川曰漳水"①之说。起初,北漳水是黄河的支流,如《山海经·北山经》有"漳水出焉,东流注于河"之说。以北漳水等为代表的黄河以北的河流截入永济渠后,改变了原有的流向。特别是汇入永济渠以后,经独流口汇入大海后成为海河水系的一部分。在这中间,永济渠自沁口折向东北,沿途截断自西向东流的相关河流后,最大限度地改变了河流原有的自然流向(或入黄河,或入大海的流向)。这些河流在不同的地点截入永济渠后,永济渠又行经不同的区域,自沧州即清池至独流口东行入海。从截入不同河流的情况看,兴修永济渠以后,人为地改变了河流原有的流向,为海河水系的形成注入了人为的力量。所谓"至馆陶县与卫水合,北流入漕",是指北漳水至馆陶入卫河即永济渠,随后沿永济渠继续北上入漕河即京杭大运河的南运河。这一记载表明,到了明代,馆陶一带的永济渠虽然继续有漕运能力,但由于相关政区已经不在京杭大运河即主要的漕运通道上,故其政治地位一落千丈,所受到的重视程度也已远远不如隋唐两代。

从另一个层面看,元、明两代建立以京杭大运河为干线的漕运通道后,其中,鲁运河和南运河航段利用了永济渠的部分航线。这一时期,因政治中心北上,漕运方向及依靠的区域发生了变化,故改造了这一漕运通道。薛凤祚论述道:"天津至临清,漕卫交会,资运河及彰卫之水。"②所谓"天津至临清,漕卫交会",是指从天津到临清的鲁运河和南运河航段,利用了经过这一区域的卫河即永济渠,由此形成了新的漕运通道,进而与原有的永济渠即卫河航线交汇。在这一过程中,一方面改造永济渠航线是为了适应新形势下漕运方向变化后的需要,另一方面因永济渠原有的航线与相关区域的河渠交织在一起可深入到河北腹地,依旧有存在的价值,故没有完全废弃的必要。进而言之,开辟从天津到临清的鲁运河和南运河航线时虽然利用了永济渠,但由于新的漕运通道偏东,故采取了裁弯取直的措施,对永济渠旧道进行了改造或取舍。正因为如此,京杭大运河相关的航段与永济渠遂在不同的地点多点交汇,由此形成了"资运河及彰卫之水"之势。

改造后的永济渠部分航道虽然成为京杭大运河的一部分,但永济渠原有的深入到河北腹地的航线依旧有着漕运功能,通过改造旧航线和兴修新航线,在一定程度上扩大了漕运的范围。在隋开永济渠以前,有黄河、北漳水、清河、汶水等分别经过临清,因这些东西流向的河流大部分有漕运能力,临清因扼守水陆交通的要冲迅速地崛起,遂为其依托漕运、发展商

---

① 清·顾祖禹《读史方舆纪要·北直一》(贺次君、施和金点校),北京:中华书局2005年版,第423页。
② 清·薛凤祚《两河清汇·运河》,《四库全书》第579册,上海:上海古籍出版社1987年版,第359页。

贸等创造了必要的条件。进而言之，在兴修永济渠以前，凭借陆路交通优势，临清已经成为各地政治势力争夺的要地。

自临清沿永济渠北上可入清河县，清河县既是永济渠的航段节点，同时又是清河郡的治所，以清河县为原点可辐射清河郡的腹地。因清河郡及大部分属县成为永济渠的航程节点，故清河县的交通枢纽地位得到了进一步的彰显。

一般来说，政区变化是政区不断细分的过程。政区细化及析分为两个或两个以上的平级政区，往往以政区的人口增长、经济地位上升为先导，与此同时，人口增长及经济地位的上升又与政区交通地位的上升有着某种内在的联系。进而言之，政区析分与合并虽说与人口增减、经济总量的升降等联系在一起，但同时也与水陆交通建设改变政区的交通地位有着密不可分的联系。在这一过程中，清河郡的废立及沿革虽说与开通永济渠没有直接的关系，但永济渠开通后造就了清河郡的繁荣却是不争的事实。具体地讲，这条黄金水道开通后，一方面需要在清河郡及属县加强漕运管理，以便为国家的政治、军事、经济、农业生产等活动服务，另一方面以水上交通为依托造就清河郡商贸上的繁荣及经济总量的增加，也为唐代进一步地析分清河郡以及及时地进行政区调整埋下了伏线。从这样的角度看，无论是隋王朝在这一地区析置新县，还是唐王朝调整其政区隶属关系，都在一定程度上反映了永济渠开通后给清河郡政区带来了变化。

清河县是清河郡治所，又在永济渠沿线，自然是重点经营的对象。李吉甫叙述清河县政区沿革时记载道："本汉信成县地，属清河郡。后汉省信成县置清河县，至隋不改。皇朝因之。……永济渠，东南去县十里。"[①]清河县受到隋唐两代统治者的重视，与其建立与永济渠之间的联系及漕运地位不断地提升有着密切的关系。在这中间，除了清河县成为永济渠重要的航段节点外，隶属清河郡的武城、鄃县、历亭、漳南等县也在永济渠漕运中扮演着重要的角色。在开通永济渠以前，清河郡因有清河贯穿，沿线的属县已位于交通要道上，永济渠开通后，因利用清河郡境内的清河等为航线，进一步提升了清河郡属县的地位。从这样的角度看，隋炀帝重置清河郡与这一区域有着良好的漕运条件相关，或者说与曹操兴修的白沟及河北诸渠依旧有一定的漕运能力相关，甚至可以说，重置清河郡是为开通永济渠做前期的必要准备。

清河县即汉县武城有着悠久的历史。汉县武城和隋县武城均在永济渠沿线，再加上历史上有不同的武城，故有必要做一澄清。

春秋以降，各诸侯国为了加强武备，分别建立了属于自己的可以储存军械的城邑，在地名沿革的过程中，这些城邑无有"武城"之称。具体地讲，战国以前已有分属晋国、鲁国、秦国

---

① 唐·李吉甫《元和郡县图志·河北道一》（贺次君点校），北京：中华书局1983年版，第463—464页。

和赵国等诸侯国的四个武城。从隶属关系上看,晋国的武城隶属华州华阴郡,与隋代清河郡的武城即清河县没有关系。汉王朝大一统国家建立后,为了防止不同武城引起混淆的事件发生,采取了在"武城"前面加地理方位的措施。定襄武城即赵国武城为北武城,清河武城即赵国武城为东武城,兖州武城即鲁国武城为南武城。

从历时的角度看,赵国有定襄和清河等两个武城。起初,清河武城即东武城是赵国为存放军械建造的城邑,战国后期,因齐公子孟尝君有功于赵国,为表彰孟尝君的功劳,清河武城成为孟尝君的封邑,入汉以后,成为县级建制,为了以示与其他武城之间的区别,故改称"东武城"。几经沿革,东武城又省称为"武城",后成为隋县清河县的别称。从地理方位上看,因孟尝君封邑武城在大一统国家的东面,故汉代在此建县时,以"东武城"名之。后来,因政区改名等一系列的因素,北魏又去"东"改称"武城"。此后,又因政区变化等原因,北周移武城治所到信成县内,并以其为清河郡治。隋取代北周后,因武城即东武城成为清河郡治所,故改称"清河县"。稍后,另置新武城县。如史家叙述隋县武城沿革时记载道:"旧曰东武城。开皇初改武城为清河县,于此置武城。"[1]因新武城县在东武城(清河县)的东边,故也有"东武城"之称。

从水文的角度看,清河郡及属县有不同的河流,这些河流与永济渠或相通,或提供补给水源,或有水运能力,进而形成了不同方向的航线,构成了错综复杂的关系。

其一,清河郡及属县或同时或分别有清河、黄河、黄河北流屯氏河(包括屯氏别河、张甲河)、漳水、沙河等大河从域内经过,如隋县武城"有永济渠河、沙河"[2],永济渠在清河县西北,其境内除了有清河外,同时又有"引清漳水入此"[3]的水道。"隋分枣强、清平二县地"置漳南县以后,漳南县亦与漳水及永济渠发生联系。根据记载可以得出两个结论:一是清河郡及属县内的永济渠有利用清河、屯氏河水道兴修的航线;二是清河郡及属县内的黄河、漳水有水运能力,且在此基础上形成了联系不同方向及政区的水运机制。

其二,清河郡的基本漕运形势是:以永济渠为主要航线,形成南下和北上之势;以黄河、漳水等为次要航线,向东西两侧拓展漕运的空间。可以说,这一特殊的水运形势及结构有效地提升了清河郡及属县的战略地位。从隋唐两代围绕武城、漳南等展开的战争看,这些地点成为兵家争夺之地,与占据交通要冲联系在一起,如朱滔"拔武城以通德、棣二州,使给军食""窦建德起兵漳南,既而刘黑闼复举兵于此"等,都说明了某一区域战略地位的提升与漕运及水陆交通所具有的优势存在着某种内在的必然的联系。

其三,清河郡及属县错落在一起,域内不同的河流在相关的区域交汇,进而在清河郡的

---

[1] 唐·魏徵等《隋书·地理志中》,北京:中华书局1973年版,第847页。
[2] 宋·王存《元丰九域志·河北路》(王文楚、魏嵩山点校),北京:中华书局1984年版,第73页。
[3] 清·顾祖禹《读史方舆纪要·北直六》(贺次君、施和金点校),北京:中华书局2005年版,第691页。

属县之间构成了蜿蜒曲折的航线,甚至不同的复式航线。在漕运的过程中,因可选择不同的航线到达同一地点,又因其存在着上水、下水、载重、放空等原因,故分别成为永济渠重要的航程节点。如船只行运时选择不同的地点停靠,主要受日航程距离的支配。其中,日航程的行驶距离主要受顺水、逆水、载重、放空、顺风、逆风、水文变化、是否方便补给等一系列的因素制约。

自清河郡北上,永济渠进入平原郡、信都郡、渤海郡三郡。胡渭以清代地名叙述时指出,永济渠经枣强、故城、恩县、德州、吴桥、景州、东光、南皮、交河、沧州、青县、静海、天津等地后至独流口,随后有继续北上涿郡的航线和东行入海的水道。胡渭的这一观点问世后,受到岑仲勉、严耕望等先生的高度重视。略有不同的是,岑仲勉先生认为永济渠自浮阳(沧州)经章武(在今河北沧州东北)等地,形成继续北上与滹沱河交汇的河口以及东入大海的航线。严耕望先生则认为,永济渠自浮阳至泉州县(在今天津武清东南四十里)形成与滹沱河交汇的河口,由此形成继续北上经独流口至涿郡和东入大海的航线。客观地讲,三者虽然有一些细微的差异,但从文献上看,这些差异主要是由强调不同的侧重点即古今地名异同造成的。

开凿永济渠的意义

永济渠以东都洛阳为起点,以涿郡为终点,沿线可分为洛阳段、沁口段、汲县段、馆陶段、独流口段五个航段。五个航段连接在一起,改变了黄河以北的交通秩序,扩大了漕运范围。可以说,开通永济渠对后世有着特殊的意义。具体地讲,有八个方面值得注意。

其一,永济渠是一条具有战略意义的漕运通道,这条漕运通道以东都洛阳为起点,行经与通济渠自洛口入河的共线,渡黄河经沁口北上,加强了洛阳与黄河以北的联系,为维护南北统一做出了重要的贡献。如永济渠以白沟为基础,沿途纳入淇水、漳水等河流,同时又以清河、屯氏河、沽河、桑干河等为借用运道,将航线延长到涿郡一带,改善了自黄河北到辽东等地的漕运条件,带动了沿线社会经济的发展;又如永济渠有远征辽东及经营相关区域的功能,有稳定辽东以远政治局势的功能。史称:"大业七年,征辽东,炀帝遣诸将,于蓟城南桑干河上,筑社稷二坛,设方墠,行宜社礼。"[①]桑干河属永济渠航线的一部分,自南北政权对峙以来,蓟城已成为农耕文明生活区与游牧文明生活区的杂居地,在蓟城南桑干河上建社稷坛"行宜社礼",对宣示农耕文明的成果有着特殊的意义。在这中间,隋炀帝"至涿郡之临朔宫"[②],固然与经营涿郡及征辽东相关,但同时表达了他想以涿郡为北方重镇稳定周边政治秩序的决心。

其二,永济渠有控制黄河以北广大区域的功能。隋王朝以永济渠为交通主干线,注重沿

[①] 唐·魏徵等《隋书·礼仪志三》,北京:中华书局1973年版,第160页。
[②] 唐·魏徵等《隋书·炀帝纪上》,北京:中华书局1973年版,第76页。

线的政区建设及加强航道管理,有效地控制了黄河以北的区域。史称:"帝征辽东,命玄感于黎阳督运。"①黎阳位于永济渠与黄河交汇的节点上,在此地建造仓城和督运粮草虽说与征辽东有直接的关系,但更重要的是,黎阳仓城建设表达了隋王朝以此为据点控制四方的意图。隋末战争围绕着永济渠沿线展开,从一个侧面透露了占据漕运要道、夺取仓城是壮大自身实力的信息。隋末,黎阳、临清等成为各方势力反复争夺的战略要地,与永济渠开通后沿岸城市及仓城成为兵家必争之地有着不可分割的关系。反过来说,在政治稳定时期,这些仓城则在赈灾救荒中负有特殊的使命。

其三,永济渠与通济渠以黄河为连接线,加强了黄河以北与江淮的经济联系,建成了一条远及钱塘江、长江、淮河、黄河等水系,跨越海河水系的漕运大通道。如以黄河漕运为纽带,永济渠和通济渠互通后,实现了隋炀帝以东都为水上交通枢纽贯穿四方交通的构想。在建立贯穿南北航线的同时,将钱塘江以北的水系及黄河以北的水系纳入了漕运的范围,以永济渠与通济渠为贯穿东西和南北之间的航线,密切了黄河以北与江淮之间的联系。如河北和江淮是隋王朝倚重的两大农业经济区,两渠互通后,加强了河北和江淮农业经济区的联系。遗憾的是,隋王朝短命,没能充分地享用永济渠带来的政治利益和经济利益。此外,永济渠在与通济渠相通的过程中,又与长江及长江以南的江南河相通,从而通过漕运有效地控制了黄河流域以外不同的区域。大业七年二月,隋炀帝自江都起程收复辽东及征伐高丽,在这中间,永济渠承担起运兵运粮的重任,并在征伐高丽的战争中发挥了重要的作用,与寻求江淮及长江流域的支持密不可分。

其四,永济渠与黄河及黄河以北的各条河流交汇,形成四通八达的航线,极大地改变了原有的水上交通秩序,进一步密切了沿岸地区及城市之间在政治、军事、经济、商贸及文化等方面的联系。永济渠在白沟的基础上兴修入清河与屯氏河的航线后,带动了沿线社会经济的发展。如隋王朝在永济渠沿线调整政区建制、提升其政区层级等做法表达了隋朝统治者加强漕运节点城市建设的意图。又如以馆陶为治所建毛州、调整清河郡政区等,在一定程度上反映了永济渠促进相关区域社会经济发展的情况。进而言之,永济渠航线开通后,直接影响唐宋两代在永济渠沿岸建县或建更高层级行政区划。当然也应该看到,北宋割让燕云十六州以后,利用霸州及永清一带的水资源建立国防线,标志着霸州及永清以北的永济渠航线处于荒废状态。在这一过程中,宋仁宗、宋神宗时,黄河数次决口和改道对水上交通有一定的破坏,但永济渠始终在联系河北地区重要航线,以及政治、经济、商贸等方面发挥着重要的作用。

其五,永济渠在维护西京长安的安全方面负有特殊的使命。在开通永济渠以前,隋炀帝

---

① 唐·魏徵等《隋书·杨玄感传》,北京:中华书局1973年版,第1616页。

为征伐西域,建蒫册道加强了西京长安与东都洛阳之间的联系,如史有"废二崤道,开蒫册道"①之说。二崤道指崤函古道,因受黄河三门峡的制约,这条古道成为关中及长安联系关东及洛阳的唯一的交通要道。大业元年,隋炀帝开凿蒫册道,避开了山路崎岖险峻的崤函古道,建成了一条自关中经三门峡向东南沿青龙涧河、雁翎关河、永昌河谷地,转经洛水谷地至洛阳的道路。从表面上看,蒫册道建设在前,永济渠建设在后,两者之间似乎没有太大的联系。然而,永济渠建成后,河北的漕粮通过永济渠及蒫册道漕转,起到了拱卫关中及长安的作用,同时也加强了长安与洛阳之间的联系,加强了长安与河北广大政区间的联系,可以说,永济渠在维护南北统一方面有着特殊的作用。

其六,永济渠兼有漕运、治河、引水灌溉、排涝防洪等多种功能,河渠建成后促进了沿岸地区农业经济的发展。从汉武帝元光三年到隋唐两代,经过治理,黄河不再发生大的灾害已有一千多年的历史。唐兴三百年,黄河没有大面积地泛滥,与隋开永济渠通过引水入运等方式遏制了黄河泛滥有密切的关系。如永济渠自沁口开渠引沁水,随后利用黄河故渎修运道等,均有效地制止了黄河的泛滥,在一定程度上起到了疏导黄河的作用。开永济渠引沁入运后,改善了相关区域的农业生产条件。

其七,永济渠对元、明、清三代定都北京,兴修京杭大运河具有重要的意义。如永济渠馆陶航段和独流口航段开通后,为元、明、清三代政治中心北移,利用永济渠、通济渠旧道兴修京杭大运河提供了必要的条件,进而快速地实现了漕运通道的整体东移。此外,永济渠自武清沿白河即沽河北上时,有至小直沽和大直沽入海的通道。这一入海通道形成后,为加强"海漕"经营幽蓟及辽东创造了必要的条件。如元、明、清三代,东南漕运除了可沿内河即京杭大运河入京外,还可自海上入京,这样一来,永济渠的入海口小直沽和大直沽遂成了拱卫政治中心的门户。

其八,开凿永济渠是一柄双刃剑,既有维护南北统一、带动沿线地区社会经济发展、促进南北文化交流等方面的作用,同时也破坏了原有的自然水系,给后世带来不尽的灾难。如在兴修永济渠以前,滹沱河等有不同的入海水道,构成了丰富的水系,这些水系成为冀州即河北一带农业发展的支柱。开永济渠以后,这些河流均到独流口入永济渠,乃至于各水系消失在永济渠之中。进而言之,永济渠截断这些河流后,滹沱河等独自入海的水系不再存在。

以独流口(浊流口)为分界线,如果将北方河流分为南北两大区域,那么,永济渠截断滹沱河等水系只是破坏了独流口以南的水系。事实上,独流口以北的各个水系也遭到了严重的破坏。具体地讲,永济渠馆陶航段和独流口航段截断了沿途东西流向的河流,迫使这些河流入渠后至丁字沽及小直沽入海。由此带来的后果有二:一是改变了各河流原有的入海水

---

① 宋·司马光《资治通鉴·隋纪四》(邬国义校点),上海:上海古籍出版社1997年版,第1632页。

道,致使不同的水系并入海河水系;二是截断诸水后,在改变各河流入海方向的同时,致使调节各河流水位的湖泊及湿地逐步消失。湖泊及湿地消失后,改变了相关区域的自然地理环境,给当地百姓带来了难以诉说的灾难。如湖泊及湿地本身有调节气候的功能,消失以后,经过长期的积累,导致整个华北地区成为半干旱地区,甚至一直影响到今日。

第五节　隋代河漕与水次仓分布

在加强漕运的过程中,隋代统治者重点建设了由国家控制的大型水次仓,由于这些水次仓主要沿黄河两岸建设,故有"河漕"之称。"河漕"的提法表明,黄河是隋代是自关东入关中及长安时不可或缺的漕运通道。关中是四塞之地,交通一向不便,连绵不断的崇山峻岭阻隔了从关中到关东的陆路交通,在这样的前提下,最为快捷的运输方式是走黄河航线。进而言之,"河漕"的最大优势是,可最大限度地解决陆路运粮成本消耗太大等问题。如唐代裴耀卿在上疏中写道:"从都至陕,河路艰险,既用陆运,无由广致。若能兼河漕,变陆为水,则所支有余,动盈万计。"①唐代遇到的困难同样也是隋代难以克服的问题,因"河路艰险"须经三门峡,漕船经三门峡时常会发生船毁人亡的事件,在无法从根本上消除这一天险的过程中,隋文帝采取了在黄河两岸建水次仓的办法,试图根据黄河水文来决定起运和入仓的时间,尽可能地减少黄河漕运时的风险,以求最大限度地应对关中及长安日益增长的粮食需求及战略储备的需求。隋王朝每年运往关中及长安的粮食有多少?因文献缺载,似乎很难说得清楚。不过,以汉武帝"河漕度四百万石,及官自籴乃足"②为参考,再考虑到隋文帝加强河渠建设、沿黄河建水次仓、重点发展漕运等,当知隋代"河漕"的总量不会低于这一水平。如果再考虑到卫州黎阳仓、陕州常平仓等水次仓常年的储粮超过千万石的情况,那么,隋代"河漕"的总量应远远地超过汉代的水平。

河漕与十三州水次仓

隋代漕运上承北周,北周一朝遇到的关中粮食短缺、漕运不利等问题,同时也是隋王朝建都长安以后面临的大问题。为解除长安及关中日益严重的粮食危机,隋文帝提出了为隋王朝做长远打算的措施,这些措施主要包括了兴修河渠、建水次仓和开辟漕转(水陆联运)等。

建造水次仓是隋文帝加强漕运的重要举措。史称:"开皇三年,朝廷以京师仓廪尚虚,议为水旱之备,于是诏于蒲、陕、虢、熊、伊、洛、郑、怀、邵、卫、汴、许、汝等水次十三州,置募运米

---

① 后晋·刘昫《旧唐书·食货志下》,北京:中华书局1975年版,第2115页。
② 汉·司马迁《史记·平准书》,北京:中华书局1982年版,第1436页。

丁。又于卫州置黎阳仓,洛州置河阳仓,陕州置常平仓,华州置广通仓,转相灌注。漕关东及汾、晋之粟,以给京师。"①"水次"指"水运之次","次"本指中途驻足休息,此指船只中途靠岸停泊。顾名思义,水次仓指建造在航线两岸的可供中转的粮食储存仓。"转相灌注",是指根据各地交通情况,将粮食集中到方便漕运的水次仓,随后走水路分级接运(分航段转运)储存在水次仓中。

在建造水次仓的过程中,隋文帝采取分步骤和分区域进行的措施。一是建造了蒲州(在今山西永济蒲州老城东南)等州的水次仓。二是在黄河两岸重点建造了卫州(在今河南淇县)、洛州(在今河南洛阳)、陕州(在今河南陕县)和华州(在今陕西华县)四大水次仓。

在廷议的基础上,隋文帝着力推行建造水次仓及分级接运等政策,在一定程度上改变了隋初漕运不畅的现状。一是水次仓与分级接运的结合,突破了通航时间受水文、航道水位等限制的局面。如根据不同区域不同航段的通航情况,既可选择适当的时间起运和入仓,又可根据需要在某航段通航时再度起运和入仓。二是通过分级接运及不断地入仓和出仓,可将远离关中的粮食运至靠近关中的水次仓。三是不同航段有不同的水位,可在甲航段畅行的船只未必能在乙航段上畅通无阻,通过选择其他航线,可以绕过受阻的航段,利用沿线的水次仓继续运粮。四是以不同区域的水次仓为节点,可选择不同的漕运通道接近关中。如当某一航段因水文等变化无法继续通航时,可选择其他的航线并利用相应区域的水次仓进行转运。与此同时,也可以接近漕运终点的水次仓为新的起运点,将水运转为陆运或水陆联运,以应对突发事件。五是不同的航段有不同的水文,负责漕运的船工不可能熟悉所有的航段水文,通过分级接运可使船工在熟悉水文情况的航段航行,防止不测事件发生,减少运粮时的中途损失。如汝州(在今河南汝州)内有淮河的支流汝水,自汝水运粮入黄河路途遥远,如果船工只熟悉汝水水文、不熟悉黄河水文的话,有可能会因黄河航段的一些突发情况出现船毁人亡的事故。分级接运实行后,以水次仓为节点,船工只要在熟悉水文的航段航行,完全可以从容地应对各种复杂的水文情况。六是分级接运与水次仓,除了有为政治中心服务的功能外,还有战略储备、赈灾救荒等功能。通过利用这些水次仓,可根据需要向不同的区域转运粮食及战略物资。

分级接运除了受水文、航道水位等制约外,还受日航程的制约。所谓日航程,是指船只行驶一天的航程,有上水和下水之分。章如愚记载道:"水行之程,舟之重者,溯河日三十里,江四十里,余水四十五里;空舟溯河四十里,江五十里,余水六十里;沿流之舟即轻重同制,河日一百五十里,江一百里,余水七十里。"②章如愚虽然说的是唐代的漕运规则,但唐袭隋制,

---

① 唐·魏徵等《隋书·食货志》,北京:中华书局1973年版,第683页。
② 宋·章如愚《群书考索后集·财赋门》,《四库全书》第937册,上海:上海古籍出版社1987年版,第782页。

可将其作为隋代漕运时日航程的重要参考。作为漕运的基本单元,日航程往往是船只靠岸休息和船工补给生活所需的重要节点。与此同时,一些与区域政治、经济中心相关的日航程节点又是分级接运和水次仓建造的重点区域。具体地讲,河北漕运是隋代漕运的重要组成部分,自河北至河东及进入关中路途遥远,日航程节点是建造水次仓的地点和实行分级接运时必须考虑的因素。如在汾水、沁水、黄河及不同河渠互通的前提下,河北漕运虽说是以蒲州、汾州(在今山西汾阳)、晋州(在今山西临汾)等水次仓为节点,但同时又是以日航程为节点进行分段接运的。又如河南漕运涉及黄河和淮河两大水系,两大水系在不同的季节有着不同的水文和通航能力,要想提高效率,只有在关注日航程的基础上,才能有效地发挥河南各州郡水次仓的作用。进而言之,重要的日航程节点作为分级接运的节点,是建造水次仓的重要区域。隋文帝在关中、河东、河北、河南等地建造水次仓和实施分级转运之策的过程中,需要利用自然形成的日航程节点缩短航程,以确保政治中心区域的粮食安全。

从隋代到明代,漕运法则虽多有变化,但大体上遵循了隋代确立的分级接运传统,并以此为善法。分级接运的优点是,可根据不同水系的水位变化情况或起运或入仓,在尽可能地接近漕运终点的过程中,破解航线不畅导致漕运受阻的难题。

从地理分布地点看,隋文帝建水次仓主要有五个特点和作用。

其一,十三州水次仓分布在黄河沿岸,涉及十三个州郡。其中,卫州属河北,蒲州、邵州(在今山西垣曲古城南)属河东,华州、虢州(在今河南灵宝)、陕州属关中,熊州(在今河南宜阳韩城)、伊州即汝州(在今河南汝州)、洛州、郑州(在今河南荥阳汜水)、怀州(在今河南沁阳)、汴州(在今河南开封)、许州(在今河南许昌魏都)属河南。十三州水次仓除个别之外,大部分建在黄河沿岸或黄河与其支流交汇的河口上。这一情况表明,黄河虽有三门峡等航段妨碍漕运,但依旧是关中与关东联系的快捷通道。在水运成本低于陆运和漕转(水陆联运)的前提下,黄河漕运有着不可替代的作用。

其二,河南是建造水次仓的重点区域。与河东等自然地理区域相比,河南区域广袤,腹地有七个州郡与黄河航线相通,在这一区域建造水次仓可以最大限度地提高漕运效率。一是河南紧靠关中,选择适当的地点建水次仓,可以缩短漕运时间;二是河南的七个州郡处于黄河和淮河流域之间,水资源丰富,有着其他地区无法比拟的农业生产条件,特别是经过历朝历代不断地开发,域内的河渠与河流互通,在与黄河航线相交的过程中形成了复式航线,为根据水文变化等选择适当的航线进行漕运提供了便利;三是河南的主要产粮区在三门峡以东,受季节、气候、地理等自然条件的制约,七个州郡的航道有不同的水文、水位和通航条件等,为摆脱不利因素的制约,需要采取分级接运的措施。与此同时,为提高分级接运的效率,需要在河南不同的州郡建水次仓。

其三,十三州水次仓大都建在与州郡治所相关的航段节点上。十三个州郡分布在黄河中下游流域的航段节点上,与相应区域的河渠形成了互通的关系。这种互通关系一方面为其成为水陆交通枢纽奠定了基础,另一方面伴随着行政区划不断细化的进程,这些航段节点有可能率先成为州郡治所,即区域行政中心和经济中心。在这中间,水次仓凭借区位优势和水陆交通上的优势,形成了以区域中心城市为漕运节点的布局。这些中心城市既有向其腹地辐射的能力,为调集纵深地区的粮食及赋税提供方便,同时为在这些区域建造可供中转的水次仓提供了必要的条件。客观地讲,黄河中下游地区的农田水利建设是在河渠建设的过程中得到完善的,一些与航段节点相关的区域特别是在历史中形成的水陆交通枢纽,往往既是重要的农业产区,同时又是城市建设的重点区域。因这些区域是重要的粮食生产基地,凭借其水运能力势必要成为水次仓重点建设的区域。从这样的角度看,航段节点既是在河渠建设的历史中形成的,同时又是在城市及水次仓建设的过程中得到加强的。

其四,《隋书·食货志》叙述隋文帝下诏建设水次仓时,重点强调了建造卫、洛、陕、华四州水次仓的情况。卫州等四州水次仓大都集中在黄河沿线及与黄河交汇的河口,由此可以得出的结论是:建水次仓涉及的区域虽有十三州,但卫州的黎阳仓、洛州的河阳仓、陕州的常平仓和华州的广通仓是重点建设的对象。史有"隋于卫州置黎阳仓,洛州置河阳仓,陕州置常平仓,华州置广运仓"①之说,卫州水次仓建在淇口、洛州水次仓建在洛口、华州水次仓建在渭口等,这些水次仓为实行分级接运奠定了坚实的基础。如以洛州河阳仓为接运点,在接纳黄河漕粮的同时,走陆路避开三门峡后可再入黄河航线;以陕州常平仓为接运点,沿黄河可进入渭水;以华州广通仓为接运点,可自渭水经富民渠等进入关中。在分级接运的过程中,这些超大型的水次仓既有确保关中及长安粮食安全的功能,同时又有战略储备、赈灾救荒、维护隋王朝政治稳定等功能。

其五,隋文帝建造水次仓时,充分利用了前代的旧仓。隋代郑州(在今河南荥阳汜水)水次仓的基础是秦汉时期的敖仓,敖仓位于鸿沟与黄河的交汇口,有良好的水运条件。卫州黎阳仓亦是在旧仓的基础上建造的。隋文帝充分利用黄河及河渠沿线的旧仓建水次仓,极大地方便了漕运。汾州水次仓的基础是汉代的羊肠仓,汉代引汾水屯田取得重要成果后,为方便搬转,就地建造了粮仓羊肠仓。

隋王朝在充分利用分布各地的旧仓的过程中,重点利用的是历朝历代建造的常平仓。建造常平仓的历史,可以上溯到汉宣帝时期。由于常平仓有救灾救荒及稳定社会秩序的功能,因此,受到后世统治者的高度重视,成为政权建设中不可或缺的内容。进而言之,在政权更迭以后,行政区划及水陆交通没有发生大变化的前提下,常平仓基本上得到保留和利用。除此之外,因黄河中下游地区一直是农业经济发达地区,也是统治者重点经营的区域,这样

---

① 后晋·刘昫《旧唐书·职官志三》,北京:中华书局1975年版,第1890页。

一来,这一区划遂成为常平仓建设的重点区域。进而言之,由于黄河中下游地区有发达的农田灌溉体系和水运体系,这些都为隋文帝利用已有的常平仓建造水次仓提供了必要的先决条件。与此同时,加强这一区域的水次仓建设,通过建立新的漕运机制及转输秩序,以沿途水次仓为接运点,可以改变依靠黄河进行漕运的单一格局。在这中间,有意识选择不同的漕运路径,通过采用水陆联运和绕道河东等措施实现了漕运多元化的目标,在一定程度上解除了因漕运不畅带来的危机。

需要补充的是,秦汉时期的郡县制在后世行政区划沿革的过程中,出现了改郡为州和改州为郡的历史。时至隋代,先后出现隋文帝改郡为州和隋炀帝改州为郡的情况。隋文帝改郡为州的目的是加强郡守的行政权,提高行政效率。此后,隋炀帝改州为郡,另设司隶刺史的目的是加强对郡守的监察,将权力集中到中央。从这样的角度看,隋文帝改郡为州与隋炀帝改州为郡有着不同的意图,两者之间有着很大的区别。不过,撇开州郡长官拥有的行政权大小不论,仅就管辖的政区而言,隋文帝时的州和隋炀帝时的郡是一致的。之所以提出这一问题,目的是叙述的方便,强调隋代的州名与郡名的一致性,以免引起不必要的混乱。

洛阳水次仓与漕转

隋炀帝重点经营东都洛阳以后,通过兴修河渠及建立洛阳这一漕转中心,漕运形势发生了一定的变化。具体地讲,为了适应东都洛阳建设的需求,隋炀帝重点兴建了兴洛仓、回洛仓、含嘉仓等,这些大型粮仓集中在洛阳,提升了东都洛阳的战略地位,乃至于形成了洛阳动、天下动的局面。

洛阳一带是水次仓重点建设的区域。继隋文帝在十三州建水次仓及重点建设黎阳仓、河阳仓、常平仓、广通仓等以后,隋炀帝又在东都洛阳一带兴建了兴洛仓、回洛仓、含嘉仓等水次仓。从形势上看,隋王朝的重要粮仓之所以多集中在洛阳附近,和当时的漕运路线有着密切的关系。这一做法从一个侧面反映了洛阳是隋代政治中心在关东的屏障,同时也是隋王朝重点经营的关东重镇,也可以说是第二个政治中心。如果说隋文帝兴建水次仓与兴修河渠的关系还不够紧密的话,那么,隋炀帝举全国之力兴修河渠并建立以洛阳为中心的水上交通体系则充分地说明了水次仓与河渠沿岸城市建立了紧密的关系,甚至可以说沿岸城市在漕运的带动下得到了迅速发展。具体地讲,兴洛仓、回洛仓、含嘉仓等与洛阳新城建设几乎同步进行,表明新城在规划之初已考虑到城市与漕运的关系。在这一过程中,洛阳新城建设因兴修河渠及水次仓建设改变了原有的布局,成为典型的依河渠而建的城市。这一时期,

第七章 隋代的漕运

以洛阳为漕运中心,除了采纳北魏"于诸州缘河津济,皆官仓贮积,以拟漕运"①之策外,更重要的是从水上加强了与江淮地区的联系,在一定程度上加强了中原与江淮地区及城市之间的经济联系。

大业二年,隋炀帝建兴洛仓和回洛仓。兴洛仓在洛水东岸的巩县(在今河南巩县东北),史有巩县"有兴洛仓"②可证,因兴洛仓位于洛水入黄河的河口,又称"洛口仓"。司马光记载道:"冬,十月,诏改修律令。置洛口仓于巩东南原上,筑仓城,周回二十余里,穿三千窖,窖容八千石以还,置监官并镇兵千人。十二月,置回洛仓于洛阳北七里,仓城周回十里,穿三百窖。"③袁枢亦有相同的记载④,兴洛仓于大业二年十月建成,两个月后回洛仓建成。兴洛仓是大仓,据"穿三千窖,窖容八千石以还",兴洛仓的设计仓储能力应为二千四百万石。回洛仓建在洛阳北洛水沿岸,虽然只有兴洛仓的十分之一,但因靠近洛阳,具有直接为洛阳服务的功能。从这样的角度看,兴洛仓与回洛仓都具有为东都洛阳提供支援的功能。

兴洛仓建在洛水与黄河交汇的河口洛口,如陈子昂有"太原蓄巨万之仓,洛口积天下之粟"⑤之说。按照这一说法,兴洛仓的规模应与太原仓大体相当。隋炀帝在洛口建兴洛仓主要有四个原因:一是在将"河漕"扩大到河渠漕运的过程中,采取分级接运的策略,需要在更大的范围建造有漕运中转功能的水次仓,如史有"巩县置洛口仓,从黄河不入漕洛,即于仓内安置"⑥之说;二是河南、河北是关东重地,是隋王朝的根基,在此建仓凭借漕运可关照河南、河北两地,为其提供必要的支援;三是水次仓建设除了要保障关中及长安的粮食安全外,还有战略储备、赈灾救荒等功能,需要在方便调粮的区域选点建仓,以应对四方;四是隋炀帝营造东都洛阳将经营涿郡及辽东视为头等目标,在洛口建水次仓方便调运粮食及战略物资。具体地讲,自兴洛仓起程沿洛水可入东都洛阳,同时又可接纳自江淮等地运来的漕粮经沁口入永济渠,为经营涿郡及辽东服务。史有大业七年七月"发江、淮以南民夫及船运黎阳及洛口诸仓米至涿郡,舳舻相次千余里"⑦之说,兴洛仓及建在洛阳一带的水次仓与黎阳仓一道承担起了在征伐辽东过程中保障粮草供给的重任。

因背靠洛阳,面向河北和河南,又远及江淮,兴洛仓成为隋王朝重点经营的水次仓,其战略地位十分重要。如司马光记载道:"密开洛口仓散米,无防守典当者,又无文券,取之者随

---

① 唐·魏徵等《隋书·食货志》,北京:中华书局1973年版,第675页。
② 唐·魏徵等《隋书·地理志中》,北京:中华书局1973年版,第834页。
③ 宋·司马光《资治通鉴·隋纪四》(邬国义校点),上海:上海古籍出版社1997年版,第1634页。
④ 袁枢记载道:"冬十月,置洛口仓于巩东南原上,筑仓城,周回二十余里,穿三千窖,窖容八千石以还,置监官并镇兵千人。十二月,置回洛仓于洛阳北七里,仓城周回十里,穿三百窖。"(宋·袁枢《通鉴纪事本末·炀帝亡隋》,北京:中华书局1964年版,第2342页)。
⑤ 后晋·刘昫等《旧唐书·陈子昂传》,北京:中华书局1975年版,第5021页。
⑥ 后晋·刘昫等《旧唐书·食货志下》,北京:中华书局1975年版,第2114页。
⑦ 宋·司马光《资治通鉴·隋纪五》(邬国义校点),上海:上海古籍出版社1997年版,第1643页。

意多少；或离仓之后，力不能致，委弃衢路，自仓城至郭门，米厚数寸，为车马所辗践。群盗来就食者并家属近百万口，无瓮盎，织荆筐淘米，洛水两岸十里之间，望之皆如白沙。"① 从"织荆筐淘米，洛水两岸十里之间，望之皆如白沙"等记载中当知，兴洛仓储量之丰富，在周济灾民、号召反隋方面有着特殊的作用。事实上，隋末，一些有识之士已充分地认识到兴洛仓的重要。如针对社会矛盾空前尖锐，政局动荡不安等情况，虞世南力劝隋炀帝趁早派重兵把守兴洛仓，以备不测。史称："帝幸江都，次巩县，世基以盗贼日盛，请发兵屯洛口仓，以备不虞。"②

由于兴洛仓等水次仓是战略要地，为此，李密与隋军围绕着洛阳周边的水次仓爆发了一场又一场大战。从李密攻占回洛仓到王世充设重兵把守含嘉仓及仓城，以兴洛仓为代表的水次仓已成为不同的政治力量反复较量的战场。李密的势力不断壮大与其迅速攻占兴洛仓、回洛仓等水次仓有直接的关系。当时，人心思变，李密袭取兴洛仓等水次仓以后，采取放粮赈灾等措施，受到了饥民的欢迎，与此同时，也吸引了灾民加入到反隋起义的行列。

除了兴洛仓是隋末各种政治势力争夺或经营的对象外，规模较小的回洛仓也是各方政治势力争夺的对象。如李世民攻王世充，采取令"王君廓自洛口断贼粮道。又遣黄君汉夜从孝水河中下舟师袭回洛城"③的策略。"自洛口断贼粮道"是指占据洛口，切断王世充自兴洛仓取粮的可能性，"回洛城"是指回洛仓仓城，袭取回洛仓仓城的目的也是切断其粮道。这些均说明了洛阳一带的水次仓在争夺天下中的作用，同时也说明了以兴洛仓为代表的水次仓的重要性。

在这中间，以兴洛仓为代表的洛阳周边的水次仓成为隋末各方政治势力或军事集团反复争夺的对象，主要是由四个方面的原因造成的：一是沿黄河及河渠建设的水次仓既有良好的水上交通，同时又有便捷的陆路交通，有灵活机动地调动军队的条件；二是水次仓可以为军队提供丰富的粮源及后勤保障；三是在自然灾害频仍的背景下，占据粮仓赈灾放粮可号召饥民，争取民心；四是隋代的水次仓均建有仓城，本身就是军事要塞。

含嘉仓建于何时？文献虽然没有明确的记载，但含嘉仓是东都洛阳建设的配套工程，依据大业元年隋炀帝"敕有司于洛阳故王城东营建东京"④等情况，基本上可以确定含嘉仓建造于大业元年。耐人寻味的是，史家叙述隋水次仓时多提到黄河沿岸及洛阳周边的黎阳仓、河阳仓、常平仓、广通仓、兴洛仓、回洛仓等，很少有人提到含嘉仓。其实，含嘉仓规模巨大，后人不提隋代含嘉仓的情况，只提唐代含嘉仓的情况，很可能与唐代继续使用此仓，隋代含

---

① 宋·司马光《资治通鉴·唐纪二》（邬国义校点），上海：上海古籍出版社1997年版，第1686—1687页。
② 唐·魏徵等《隋书·虞世南传》，北京：中华书局1973年版，第1573页。
③ 后晋·刘昫等《旧唐书·太宗纪上》，北京：中华书局1975年版，第26页。
④ 唐·杜宝《大业杂记》，辛德勇《大业杂记辑校》，西安：三秦出版社2006年版，第2页。

嘉仓的记载被淹没在唐代含嘉仓的叙述中有某种内在的联系。从形势上看，含嘉仓除了有保障东都洛阳的粮食需求外，还有中转长安的功能。

其一，含嘉仓建在东都洛阳的含嘉门外，并构筑了有防御功能的仓城。含嘉仓储粮丰富，既可保障洛阳的粮食需求，又因其仓城本身有防御功能，并与洛阳城互为犄角，因此，含嘉仓及仓城有拱卫洛阳和加强洛阳城防的作用。

其二，含嘉仓是隋王朝在东都洛阳刻意经营的水次仓，仓储虽以租米为主，但同时也储食盐、布帛等。

其三，含嘉仓与回洛仓一道，共同负责接运来自江淮的漕粮及物资。河阴仓是唐代建在鸿沟（通济渠）入黄河处的河口仓，在裴耀卿的主持下，唐代漕运改革隋制，在加强沿河诸仓分级接运的过程中，重点建设了河阴仓。唐代分级接运的程序是：一是江淮漕粮沿鸿沟即通济渠至汴口入河阴仓；二是等到适合黄河水运的季节，将漕粮运入含嘉仓；三是由熟悉黄河水文的船夫将漕粮运至太原仓即陕州常平仓；四是自太原仓启程沿黄河入渭"以实关中"。后来因"缘北运险涩"①，唐代恢复了陆运即自洛阳从陆路运粮到陕州太原仓的制度。然而，不管唐代采取什么样的措施进行漕运改革，含嘉仓负责接运江淮漕粮及物资的职能不变。

其四，含嘉仓是隋代向关中及长安输粮的重要保证仓。从唐代恢复隋代制度即自洛阳陆运陕州太原仓等情况看，含嘉仓应像兴洛仓那样负有接运江淮漕粮的功能。从仓储规模上看，靠近洛阳的回洛仓只有"穿三百窖"的规模，如以"窖容八千石"计算，其仓储只有二百四十万石的容量。很显然，回洛仓的储量无法保证关中及长安的粮食供给及战略储备等方面的需求，为此，还需要有其他的水次仓与回洛仓一道负责漕转的重任。由于洛阳是漕转中心，有四通八达的水运条件，又由于洛阳只有含嘉仓和回洛仓，因此，含嘉仓承担着隋代向关中及长安输粮的重任。

隋代水次仓与北魏邸阁及漕运

隋代水次仓建设在古代仓廪建设方面有着特殊的意义。隋文帝加强"河漕"，将调运不同区域粮食及物资的水次仓有序地分布在黄河沿岸，表达了重点经营河南、河北等区域的意图。在隋文帝建水次仓发展"河漕"的基础上，隋炀帝营造东都洛阳并建立以洛阳为中心的漕转机制，通过建造以洛阳为中心的水次仓，突出了河渠在漕运中的作用。在这中间，通过河渠将漕运的触觉深入到江淮以远的区域，不但加快了商品流通的速度，为不同区域间的政治、经济、文化等交流注入了生生不息的活力，而且为后世依托粮仓建立新的行政区划及城市提供了必要的条件。

---

① 唐·杜佑《通典·食货十》，杭州：浙江古籍出版社1988年版，第57页。

追溯历史,隋代水次仓及漕转机制建设发生在隋文帝时期,在建设的过程中,借鉴了北魏建"邸阁"及加强漕运的经验,也吸收了隋代以前的仓廪建设经验,如在建设水次仓的过程中,有意识地扩大仓储范围,将赈灾、平易粮价及物价等功能纳入仓廪建设的过程中,进而形成了自己的特点。

其一,北魏在水运节点"立邸阁"及"应机漕引"的措施对隋代水次仓建设产生了重要的影响。史称:"自徐扬内附之后,仍世经略江淮,于是转运中州,以实边镇,百姓疲于道路。乃令番戍之兵,营起屯田,又收内郡兵资与民和籴,积为边备。有司又请于水运之次,随便置仓,乃于小平、石门、白马津、漳涯、黑水、济州、陈郡、大梁凡八所,各立邸阁,每军国有须,应机漕引。"①所谓"徐扬",指以徐州(在今江苏徐州)、扬州(在今安徽寿春)为中心区域的淮北。所谓"邸阁",是邸阁仓的省称,本指储存粮食等物资的官仓,此指在漕运码头建造有中转功能的水次仓。北魏孝文帝取淮北之地后,为加强防务采取了屯田之策,与此同时,为了应对经营江淮方面的需求,在黄河及淮河沿岸建造了八座储存粮食的水次仓。

其二,在关注北魏"各立邸阁,每军国有须,应机漕引"成功经验的过程中,隋文帝强化制度,建立了以水次仓为节点的分级接运漕运制度。如王应麟在《玉海》"隋漕运"条中记载道:"开皇三年以仓廪尚虚,议为水旱之备。诏于蒲陕等十三州置募运米丁,卫州置黎阳仓,陕州置常平仓,华州置广通仓,转相灌注,漕关东、汾、晋之粟,以给京师。元魏经略江淮,转运中州,以实边镇。有司请于水运之次随便置仓,立邸阁,凡八所,应机漕引费役征省。"②王应麟别有深意地将隋文帝建水次仓与北魏"立邸阁"放在一起,目的是强调两者之间的承袭关系。如北魏采取"水运之次,随便置仓"的措施对隋文帝建造水次仓时突出"为水旱之备"的思想有着直接的启示作用。又如北魏漕运建邸阁兼顾到"经略江淮,转运中州,以实边镇"等方面,这一思想为隋文帝贯彻"转相灌注,漕关东、汾、晋之粟,以给京师"的意图提供了重要的依据;再如孝文帝太和七年(483),刁雍造船重点发展漕运取得了"轻于车运十倍"的成果,这一成果对隋提高运输效率、降低运输成本,建水次仓以保证京师的粮食安全有重要的借鉴作用。

其三,北魏邸阁仓建设除了有经营江淮的作用外,又有稳定政治、经济秩序等方面的作用。隋文帝在黄河沿岸的各州建水次仓,一是承袭北魏"各立邸阁"的做法,二是根据需要形成了自己的漕运特点,三是在继承北魏漕运制度的过程中,隋文帝又根据黄河水文,采取了分级接运的措施。如北魏迁都洛阳,重点防范的对象是南朝,故"每军国有须,应机漕引"主要是通过调集河南、河北等地的粮食,从水路运往江淮前线。隋定都长安后,建水次仓虽然同样有稳定政治、经济秩序的作用,但漕运方向发生了变化,把保证关中及长安的粮食安全放到了首位。

---

① 北齐·魏收《魏书·食货志》,北京:中华书局1974年版,第2858页。
② 宋·王应麟《玉海·食货》,南京:江苏古籍出版社1987年版,第3342页。

第七章　隋代的漕运

其四,在改革北魏"各立邸阁,每军国有须,应机漕引"制度的过程中,隋文帝设置了管理机构常平监,如史有开皇三年"京师置常平监"①之说。常平仓主要负责平易粮价、物价及调拨物资等事务,常平监的职能主要集中在赈灾救荒等方面,并负责管理常平仓等事务。因常平仓有通过赈灾救荒、平易粮价、物价等作用,可稳定国家的政治秩序和经济秩序等,因而受到了历代统治者的重视。

其五,在吸收北魏建邸阁仓经验的基础上,隋文帝制定了在航段节点或河口建造水次仓的制度,以方便漕运。如黎阳仓建在永济渠与淇水及黄河交汇的河口,广通仓(永丰仓)建在广通渠与渭水及黄河交汇的河口,太原仓(常平仓)建在自黄河进入渭水之前的航段节点上。稍后,隋炀帝在营造东都时在东都周边兴建水次仓,有意识地将兴洛仓、回洛仓、含嘉仓、河阳仓等建在通济渠与洛水及黄河的交汇的河口,进一步提升了水次仓在漕转的作用。史称:"及隋亦在京师,缘河皆有旧仓,所以国用常赡。"②沿河建水次仓是隋王朝既定的国策,水次仓沿黄河两岸展开在方便水运的同时,将漕转的范围拓展到两岸的纵深区域。进而言之,选择这些地区建水次仓主要是因为政治中心长安建在关中,其中,黄河及其支流成为漕运关中的基本航线,受区位及地理形势、河流水位等方面的限制和支配,需要在河口地区或航段节点建水次仓。

其六,隋文帝吸收了东魏扩大仓储的经验,隋代水次仓虽以储粮为主,同时又有储藏布帛、食盐等功能。隋文帝建水次仓以后亦拓展仓储范围,具体地讲,"为水旱之备"虽以粮食为主,但包括布帛、食盐等有稳定社会作用的物资。隋代司农寺下设太仓令,太仓令下设盐仓督二人。李林甫等记载道:"隋太仓署令二人,米廪督二人,谷仓督四人,盐仓督二人。"③隋代的太仓令除了管米仓、谷仓外,还管盐仓等。盐是国家禁榷物资,设盐仓向不同地区调拨并专营,不但有效地增加了国家财政,而且带动了周边地区社会经济的发展。进而言之,水次仓除了有加强粮食储备、赈灾、保证军需等功能外,还有促进商贸和加强流通及促进社会稳定等功能。

其七,隋代的水次仓既是漕运中转仓,同时又是规模巨大的战略储备仓,除了常年承担关中及长安的粮食供应外,还具有调拨、支持战争、赈灾、平易粮价及物价等功能。客观地讲,沿黄河两岸建水次仓是隋文帝富有战略眼光的决策,这一战略决策受到后世的高度重视。隋文帝沿黄河建造水次仓以后,因"避其险,取其夷"在保证京师粮食等物资需求的同时,可根据需要将粮食调往不同的区域,为隋代统治者重点经营核心统治区域河南、河北奠定了基础。唐、宋两代以水次仓为战略支撑点,有意识地扩展漕运空间,进一步完善了自身

---

① 唐·魏徵等《隋书·食货志》,北京:中华书局1973年版,第681页。
② 后晋·刘昫等《旧唐书·食货志下》,北京:中华书局1975年版,第2115页。
③ 唐·李林甫等《唐六典·司农寺》(陈仲夫点校),北京:中华书局1992年版,第526页。

的漕运制度建设。

其八,为加强水次仓防卫,隋王朝建造了仓城和由仓兵守卫水次仓的制度。然而,建仓城实际上是利弊参半的举措,原因有二:一方面建造仓城可以有效地守卫水次仓,防止事变;另一方面因仓城集中在河口地区即交通要道上,一旦天下大乱,仓城势必要成为各方政治势力首先夺取的战略要地。如黎阳仓是隋王朝最大的水次仓,永济仓是关中地区的最大粮仓,占领前者可动摇关东,占领后者将动摇关中。为此,围绕这两座粮仓仓城隋军与反隋力量展开了激烈的争夺。

起初,隋文帝建造水次仓及加强"河漕"的本意是:在保证关中及长安粮食安全的基础上"为水旱之备",通过赈灾救荒等手段维护政治稳定和社会秩序。然而,这一初衷到隋末发生了变化。董进泉论述道:"隋末仓储,一方面是引起隋末农民大起义的经济根源,另一方面,也成了覆灭隋王朝的各种政治势力崛起的重大物质因素。各种反隋力量,如薛举、刘武周、罗艺、李子和等,都曾经把攻占仓储作为起义之初的直接目标,用以发动群众,集结力量。……当时存在着的极端尖锐的粮食问题,比任何历史人物都更加有力地左右着局势的发展。谁能够在粮食问题上多少满足农民的迫切需要,谁就能取得相对的成功。"①隋炀帝即位后,将无休止地追求个人享受放在首位,他既没有节制地增加仓储,又在水灾严重、人心浮动的情况下不能采取开仓放粮赈灾的措施,这样一来,当老百姓因天灾无以自立时势必要铤而走险。事实上,各种反隋力量将军事斗争的目标集中到攻取水次仓方面,在开仓放粮的过程中号召民众加入反隋的行列,可充分地证明水次仓在反隋战争中有着不可替代的作用。甚至可以说,这些水次仓为反隋力量所利用,成为隋王朝覆灭的重要原因。

需要补充的是,隋代水次仓建设与东晋及南朝没有关系。江南有良好的航运条件,可从水上运粮抵目的地,因此东晋及南朝只重视仓廪建设。史称:"其仓,京都有龙首仓,即石头津仓也,台城内仓,南塘仓,常平仓,东、西太仓,东宫仓,所贮总不过五十余万。在外有豫章仓、钓矶仓、钱塘仓,并是大贮备之处。自余诸州郡台传,亦各有仓。"②东晋仓储规模不大,可能与南方潮湿而不适合大规模贮藏相关。此外,江南水网密布,通过水路可及时地调运不同地区的粮食,因此仓廪分布广泛。

---

① 董进泉《隋末仓储与李密瓦岗军》,《复旦学报》(社会科学版)1982年第6期,第52—53页。
② 唐·魏徵等《隋书·食货志》,北京:中华书局1973年版,第674—675页。

第八章　唐代的漕运

李渊建唐以后,继续以长安为都。天下初定,每年自关东运往关中的漕粮仅有二十万石左右。因国用有限,关中的农业经济虽出现了衰势,但只要从相邻的区域调粮就完全可以满足关中及长安的粮食需求。不过,这一情况到了唐高宗(650—683)一朝以后开始发生变化,黄河中下游农业生产区的租赋及粮食已满足不了日益扩大的国用需求,这样一来,唯一的方案只能是加大江淮漕运的力度。

黄河中下游地区的农业经济出现衰败,是由于战争长期集中在这一区域。从隋末开始,黄河中下游地区成为各方政治势力争夺的主战场,严重地破坏了这一区域的农业生产秩序,与此同时,江淮地区因受战争的影响较小,其农业经济发展水平出现了赶上,甚至超过黄河中下游地区的势头。可以说,两者间的相互消长,是在隋唐两代再度结束南北分治的局面后逐步显示出来的,同时也是在唐高宗以后,赋税重点征收地区由黄河流域转向江淮地区的过程中显示出来的。进而言之,经过南北分治及隋末战争,黄河中下游地区的农业经济遭受了极大的破坏,在恢复的过程中,淮河流域的农业经济率先崛起,再加上长江流域整体经济水平的提升,为赋税及粮食征收的重点区域从黄河中下游地区转向江淮及东南地区提供了强有力的依据。在这一过程中,租赋征收的主要地点向江淮转移诉说的道理是:当江淮经济发展水平赶上及超过黄河中下游地区并取得优势时,唐王朝的租赋需求势必要发生转移。南北分治结束后,关中及中原情结为隋唐两代的政治中心继续建在黄河中下游地区铺平了道路,与此同时,因黄河中下游地区经过战乱及过度开发等已不堪重负,国家的政治稳定和粮食安全等需要江淮的支持已成为历史的必然。在这中间,租赋的征收从倚重黄河中下游地区到倚重江淮,这一变化是在从量变到部分质变再到质变的过程中逐步积累和显现出来的,同时也是在漕运补给线延长到江淮及深入到长江流域腹地的过程中实现的。

安史之乱爆发后,唐王朝由盛而衰,其苦心经营的黄河中下游农业经济区再度受到重创,这样一来,依赖江淮的程度进一步加深。

唐代漕运与隋代有共同的特点,在加强关东漕运的过程中以洛阳为漕转中心。从表面上看,唐代在河渠建设方面似乎没有大的建树,其实,这一认识多有偏颇。唐代在继承隋代兴修河渠成果的基础上亦有自己的建树,主要取得了以下七个方面的成果:一是改善了关中漕运的条件,在隋文帝广通渠的基础上重修了关中河渠;二是重点整治以三门峡为代表的黄河运道,兴修了沿三门峡陆运的山道(三门峡山道是黄河漕运的补充形式,开这条山路目的是绕过三门峡,继续以黄河为漕运通道,将漕粮运入关中);三是疏浚洛阳以东的汴河(通济渠)航道,并整修自汴入淮的运道;四是整治江淮之间的邗沟;五是改造和修整黄河以北的永济渠运道;六是探索和开辟新的航运通道,开挖新运道建立长江流域与黄河流域的直接联系;七是将斗门技术运用于航道建设。这七个方面大体上反映了唐代河渠建设的轨迹,为保证漕运提供了必要的先决条件。

在政治中心需要江淮租赋全面支持的背景下,漕运势必要成为唐王朝关注的大事。在改革隋制的过程中,唐王朝从中央到地方均建立了新的漕运管理制度。这些制度建立后,为后世加强漕运管理及制度建设提供了宝贵的经验。唐代漕运管理制度建设前后经历了四个时期。

第一时期发生在唐初,主要是因袭隋代旧制,没有明确地提出适用于全国范围的漕运管理制度,这一时期属于建立漕运管理制度的探索期。为了减少损失,重点整治黄河漕运的瓶颈三门峡,并沿袭隋制加强黄河漕运及实行洛阳漕转的制度。然而,整治三门峡没能收到预期的效果,此外,在实行自洛阳漕转制度的过程中,李杰等加强过程管理,明确分段运输及接转虽然取得了一定的成效,但陆转接转的能力有限,故没能从根本上扭转漕转不利的局面。

第二时期发生在唐玄宗开元年间(713—741),裴耀卿奉命主持漕运后,建立了一套行之有效的漕运制度,这一时期是唐代漕运管理制度的建立期。在裴耀卿主持漕运事务以前,唐代漕运主要采取直运及民运的方式,从江淮起运到西入长安,因航程长达三千里,运期往往需要长达一年左右的时间,这样一来,严重地耽误了农事,同时因运输能力有限,沿途损耗太大,无法应对关中及长安日益增长的粮食需求,乃至于直接影响社会的稳定。根据这一情况,裴耀卿提出了漕运改革的方案并建立制度:一是针对不同的河渠及航段有不同的水文及漕运受季节限制等情况,或分段运输就地仓储,或等候适合漕运的季节来临时再度起运;二是针对船工不可能熟悉所有航段水文的特点,提出了江不入河、河不入洛、河不入渭的接运方案;三是沿袭隋代水次仓(漕运中转仓)分级接运之策,根据漕运的新特点在沿线的航段节点增设水次仓,建设河口仓,以便及时仓储和分运;四是针对具体航段的水文情况提出航道改造方案,以便进一步加强各航段之间的衔接;五是规定不同航段转输漕粮入水次仓的地点,同时扩大仓储范围,除储粮以外,可储盐、丝帛等物资。这五个方面的改革措施在一起相互作用,最大限度地保证了漕运。

第三个时期发生在安史之乱以后,这一时期是唐代漕运及制度的变化期。安史之乱爆发后,彻底打破了裴耀卿建立的漕运秩序。为应对租赋严重匮乏带来的政权危机,第五琦采取了榷盐即推行食盐专营专卖政策,扩大了赋税征收的范围,在一定程度上解决了国用不足的难题。然而,在租赋高度依赖江淮及东南的背景下,通济渠破坏严重,无法解除漕运过程中的危机。在这一节骨眼上,刘晏临危受命,将恢复汴渠及黄河漕运提上了议事日程上。为解除漕运危机,刘晏在充分肯定裴耀卿漕运成果的过程中,有重点地兴修河渠,恢复了中断已久的江淮漕运。与此同时,刘晏采取综合治理的办法,加强制度建设,提出了以盐利保漕运的方案,通过改革,在应对中央政府财政危机的同时,基本上解除了藩镇割据、吐蕃及回纥入侵等造成的政治危机,进而为唐代漕运及制度建设做出了杰出的贡献。具体地讲,刘晏针对新形势提出了六项漕运改革方案:一是肯定了裴耀卿改革漕政时的成果;二是采取以盐利保漕运措施,如以盐税补贴漕运中的费用,建造坚固的船只实行官运;三是强化漕运过程管理,用编纲(船队)的方法配置一定数额的船工、篙工,由官军押运;四是以"养民"为先,通过赈灾救荒等方式稳定社会秩序及恢复户籍人口,通过恢复户籍人口以保证租赋收入,为漕粮征收提供基本的保障;五是扩大仓储范围,保证国用需求,如利用各地的常平仓在平易粮价的过程中适时地征收粮食,从源头上保证漕运方面的需要;六是利用掌转运方面的权力,在货物集散和流转的过程中有效地增加中央财政。进而言之,漕运改革有效地缓解了唐王朝日趋严重的危机。

第四个时期发生在杨炎推行两税法即实行赋税制度改革时期,这一时期属于漕运管理制度的破坏期。刘晏以后,杨炎推行两税法,将度支即财赋调配权收归中央,这一举措在一定程度上破坏了刘晏建立的漕运管理制度。在这一过程中,建设与破坏并存,作用力和反作用力同时存在,刘晏建立的漕运制度在困难中基本上得到执行。具体地讲,一是刘晏的门人继续贯彻刘晏的理财思想,将漕运放到优先的地位上;二是围绕着撤销转运使和度支归中央展开了争执;三是裴耀卿、刘晏等确立的漕运制度遭受破坏后,李巽等担负起理财及转运等事务,在艰难中继续贯彻刘晏确立的漕运主张;四是藩镇割据致使汴河漕运中断,采取什么样的措施恢复汴河漕运,再度成为人们关注的焦点。进而言之,中唐以后,吐蕃、回纥等入侵关中扩大了漕运的国用需求,与此同时,中央与藩镇割据之间的矛盾冲突等又给漕运提出了新的要求。

唐代河渠建设的最大发明是将斗门技术运用于航道建设之中。起初,斗门是为灌溉农田而建造的控制蓄水和放水的闸门,在河渠建设中,唐王朝将斗门建在航道上,使斗门具有了调节航道水位的功能,初步解决了因水位落差航道泄水不利航行的大问题。在这中间,从简单地利用斗门控制流量进行农田灌溉,到利用斗门调节航道水位,再到在水位落差大的航段建造斗门控制水位落差,在一定程度上改善了漕运受自然条件及水文等影响的状况。

唐王朝以斗门控制河渠航段的水位落差,为后世发明具有现代意义的船闸做出了巨大的贡献。现代意义上的船闸由上闸(前闸)和下闸(后闸)两个部分构成,通常建在水位落差大的航段。船只通过时采用开启上闸蓄水和下闸放水的方式,解决了因水位落差大不利于航行的难题。唐王朝将斗门技术用于航道建设,通过破除堰埭(在水位落差大的航段建造的拦河坝)提高了河渠的漕运能力。从这样的角度看,唐代将斗门技术运用于航道建设,通过解决航道泄水等问题,提升了唐代河渠建设的水平,对后世漕运、航道管理及船闸技术的运用都产生了深远的影响。

唐代水次仓基本上因袭了隋代的水次仓。不过,有三点值得注意:一是唐代吸取隋末战争的教训,有意缩小水次仓的规模,防止社会动荡时为反叛势力提供充足的粮草;二是重点建设河阴仓,加强汴河(通济渠)漕运中转的能力;三是重点建设洛阳含嘉仓,加强漕转为关中服务。

从另一个层面看,水次仓建在河口及航段节点,为相关区域率先成为区域政治中心提供了可能。在河渠即运河形成贯穿四方的漕运能力以前,粮仓及战略储备仓主要建在远离漕运通道的区域及城市;贯穿四方的漕运大通道建成后,水次仓开始由漕运中转仓嬗变为战略储备仓,凸显了其存在的意义。具体地讲,一是河渠即运河与自然水道互通后,串联起不同的地区,带动了相关区域的经济发展,加快了商品流通的速度;二是水次仓建在河口或重要的航段节点,形成了向周边地区的辐射能力,与此同时,为沿岸城市的兴起和优先发展及快速崛起提供了动力;三是在政治中心和经济中心分离程度加深的过程中,在运输成本低廉的水运形式不断地得到确认的过程中,无论是漕运制度建设还是水次仓建设,都是提高漕运效率的基本保证,这样一来,漕运制度建设势必会得到加强,与此同时,仓廪建设势必要出现向漕运通道沿岸转移的势头。

第一节 关中河渠建设与黄河漕运

李渊代隋建立唐王朝以后,继续定都关中长安。史称:"高祖、太宗之时,用物有节而易赡,水陆漕运,岁不过二十万石,故漕事简。自高宗已后,岁益增多,而功利繁兴,民亦罹其弊矣。"①天下初定,"用物有节而易赡",从唐高祖李渊(618—626)时期到唐太宗李世民(627—649)一朝,每年运往关中的漕粮不超过二十万石,并主要取自黄河中下游地区。这一时期,黄河中下游地区的农业经济虽然因隋末战争出现了衰败的态势,但基本上可应对关中增长的需求及粮食安全,故不需要用漕运的方式寻求江淮以远地区的支援。唐初漕运关中主要采取了三个方面的措施:一是在广通渠的基础上建设有漕运、灌溉等综合功能的关中河

---

① 宋·欧阳修、宋祁《新唐书·食货志三》,北京:中华书局1975年版,第1365页。

渠,在提高关中农业生产水平的过程中,加强关东漕运;二是加强关中漕运码头及水次仓建设,为战略储备及赈灾救荒服务;三是重点加强"河漕"即黄河漕运,兴修三门峡漕转工程。三者结合在一起,旨在保障粮食安全的基础上,保证关中及长安的政治安全。不过,这一情况到了唐高宗以后开始发生变化。如关中及中原地区频繁地发生自然灾害,突厥、吐蕃等不断地入侵须加强西北防御,国家权力机构不断地扩大,社仓及义仓制度遭受破坏等,都加深了依赖江淮漕运的程度,甚至出现了唐王朝文武百官到洛阳"就食"的局面。

唐初洛阳漕转与江淮漕运

唐高宗即位后,唐王朝出现了漕运"岁益增多"的形势,其中,漕运岁额不断增加主要是由五个方面的原因造成的。

其一,关中狭小,在自身人口增长和外来人口增长的背景下,加大了粮食需求量。在这中间,一旦关中发生自然灾害,将会扩大粮食需要的缺口。为应对自然灾害,需要从东南及江淮调粮增加战略储备,以便荒年时赈灾救民。其二,中央官僚机构无休止地扩大,增加了"奉禀之费"及粮食等方面的需求。其三,唐高宗即位后,突厥、吐蕃等一再入侵,为加强西北防御,军队大量地涌入关中及长安,增加了唐王朝调运漕粮及军用物资的额度。其四,唐高宗以后,黄河中下游地区的自然灾害频仍,迫使自江淮取粮漕运关中及救荒河南、河北等地成为常态。其五,社仓及义仓制度遭受严重的破坏,加剧了依赖漕运的程度。唐代社仓及义仓建设与隋代社仓及义仓建设有直接的关系。起初,为应对自然灾害,唐王朝在各地建立了有赈灾功能的社仓。后来因中央机构无休止地扩大,又因自然灾害、西北用兵、征辽东等,无节制地挪用社仓中的储粮,在破坏社仓制度的同时,进一步加剧了关中依赖江淮漕运的程度。

针对这一情况,贞观二年(628),尚书左丞戴胄提出重建社仓"贮之州县,以备凶年"的主张,这一主张得到了唐太宗的支持,随后"议立条制",经此,社仓及义仓赈灾救荒的功能在一定程度上得到了恢复。唐高宗以后,因不断地挪作他用即"假义仓以给他费",乃至于出现了"至神龙中略尽"的情况,甚至出现了唐中宗神龙(705—707)以后,"天下义仓费用向尽"的严重局面,终于导致义仓制度被彻底地破坏。关中社仓及义仓已无粮可储,失去赈灾救荒的功能,加重了江淮漕运的负担。

因社仓及义仓在稳定社会秩序等方面有特殊的功能,为了应对有可能发生的荒年,以便及时地赈灾救荒,唐玄宗下诏决定恢复义仓。"变造"是一种临时性征收赋税的行为,初兴于东晋,凡遇军国大事,以临时征收赋税的方式来满足需求。唐高宗以后,从义仓征收赋税即挪作他用已成为常态,为此,唐玄宗匡正救敝,决心恢复原有的义仓制度。社仓及义仓制度是唐代仓廪建设的补充形式,通过互助自救可以起到稳定社会秩序的作用,一旦破坏将会动摇政治统治的根基。从这样的角度看,唐玄宗重申"义仓本备饥年赈给"的功能,反对"变造",从侧面反映了唐高宗以后社仓及义仓制度遭受破坏是漕运岁额增加的重要原因。

唐高宗以后,在漕运不济及粮食安全受到严重威胁的形势下,唐代君主率文武百官到洛阳利用来自江淮的漕粮"就食"已成为常态。据《旧唐书·高宗纪》《则天皇后纪》等记载,唐高宗在位期间,有一半的时间滞留在洛阳;武则天临朝称制,在位二十年,其中有十八年住在洛阳。唐高宗和武则天长期滞留洛阳,主要的原因之一便是洛阳有漕运江淮漕粮之便。

事实上,关中粮食短缺及漕转不济等给唐王朝经营关中造成了极大的压力。为了稳定国家政治,唐代君主一方面不得不率领文武百官到洛阳"就食";另一方面又不愿轻易地离开关中当"逐粮天子"。唐代君主不愿当"逐粮天子"固然是为了脸面,但更重要的是面对突厥、吐蕃等入侵,他们放弃经营关中及长安则意味着动摇唐王朝的根基。

为了解决这些难题,唐高宗及武则天等主要采取了三个方面的应急措施。一是采用隋代以前的漕转之策,将漕运范围扩大到河东一带,以汾水为航线,从晋州(在今山西运城新绛东南)、绛州(在今山西临汾)等地取粮,渡河入渭至关中及长安。二是在洛阳兴建新的漕运码头,扩大停泊区,提高漕运码头接纳漕船的能力,加快江淮漕运入港和出港的速度,如史有武则天大足元年(701)六月"于东都立德坊南穿新潭,安置诸州租船。"①之说。通过兴建新的漕运码头,实行分流,洛阳立德坊码头有了可以同时停泊数百艘漕船的能力,史有唐玄宗开元十四年(726)"秋七月癸丑夜,瀍水暴涨入漕,漂没诸州租船数百艘,溺者甚众"②之说可证。瀍水暴涨冲入洛阳的漕运码头,漂没数百艘漕船的事件表明,扩建后的漕运码头可同时停泊数百艘漕船,其规模之大可窥一斑。三是在隋仓的基础上重点建设洛阳含嘉仓,通过恢复旧仓功能或扩大仓容,为江淮漕运提供必要的保证。

从另一个层面看,唐王朝建都长安后需要来自东南及江淮的漕粮及物资的支援已是铁定的事实,然而,黄河漕运始终受制于三门峡,在无法顺利通行的前提下只能采取自洛阳漕转的方式。史称:"初,江淮漕租米至东都输含嘉仓,以车或驮陆运至陕。而水行来远,多风波覆溺之患,其失尝十七八,故其率一斛得八斗为成劳。而陆运至陕,才三百里,率两斛计佣钱千。民送租者,皆有水陆之直,而河有三门底柱之险。"③由于自黄河漕运处于"失尝十七八"的状态,这样一来,唐王朝不得不继续执行漕转之策。然而,自洛阳转陆运经山路至陕州(在今河南陕县),虽然只有三百里的路程,但"率两斛计佣钱千",即运送一斛粮食的佣钱为五百文,漕转付出的代价远远地超出想象。

唐王朝自洛阳漕转,实施自水运转陆运的方案有着迫不得已的苦衷。假定黄河漕运没

---

① 后晋·刘昫等《旧唐书·食货志下》,北京:中华书局1975年版,第2113页。
② 后晋·刘昫等《旧唐书·玄宗纪上》,北京:中华书局1975年版,第190页。
③ 宋·欧阳修、宋祁《新唐书·食货志三》,北京:中华书局1975年版,第1365页。

有受阻三门峡的话,那么,完全可以免除因漕转带来的辗转之苦,进而可以最大限度地节省运输成本和时间。在三百里陆路递运的过程中,除了要调用六千四百部车辆参与运输外,还需要分成八个接运点进行转运,再加上因山路崎岖,需要历时两个月的时间才能绕过三门峡天险。如果黄河漕运畅通无阻的话,如果以一船载六百石为基数,有二百艘漕船参与漕运,那么,总量一百万石的粮食在十天之内便可通过三门峡,顺利地运到陕郡,进而由陕郡经黄河运道入渭水进入关中及长安。可以说,黄河漕运是一条十分经济的航线。如邹逸麟先生论述道:"《新唐书·食货志》载:'江淮漕租米至东都含嘉仓,以车或驮陆运至陕而水行。'但陆运费用浩大,如开元初河南尹李杰为陆运使,从含嘉仓至太原仓置八递场,每场间隔四十里,每递用车八百乘,八十万石至一百万石的租米,需时二月方能运毕。可见维持这一段陆运在时间上、物力上需要付出很大的耗费,是漕运中最困难的一段。"①漕运的优势是显而易见的,这样一来,恢复三门峡漕运势必要成为唐王朝关注的大问题。

关中河渠建设与漕运

关中河渠建设是唐代漕运的重要组成部分,在关中建设河渠主要有三个目标:一是提高关中漕运的能力,降低运输成本;二是建设有漕运和灌溉等综合能力的河渠,可以扩大关中农田灌溉的面积,提高产量,减少对关东的依赖;三是重点建设关中西部的河渠,可增强运兵运粮的能力,加强西北防御。

一般认为,唐代兴修关中河渠是从升原渠开始的,其实有更早的历史,可上溯到唐高祖武德六年(623),如史有"武德六年,宁民令颜昶引南山水入京城"②之说。

唐高祖武德六年,颜昶"引南山水入京城"可视为唐王朝兴修关中河渠及发展漕运的起点。为了充分论述这一问题,有必要从分析"引南山水入京城"以前相关区域的地理水文形势入手,来探讨引水入长安与发展漕运之间的内在联系。

其一,"宁民令颜昶引南山水入京城",与解决长安的生活用水或灌溉农田无关。这样说的原因是,长安水资源丰富,素有"八水绕长安"之说。如司马相如《上林赋》中有"终始霸浐,出入泾渭;酆镐潦潏,纡余委蛇,经营乎其内。荡荡兮八川分流,相背而异态。……(《关中记》曰:'泾、渭、灞、浐、酆、鄗、潦、潏,凡八川。')"③上林苑在汉长安城郊外,灞、浐等八条河流流经此地。除此之外,灞、浐等又与漆、沮、沂、雍、洛水等相通,进一步丰富了长安的水源结构。这些情况表明,如果仅仅是引水入京提供生活用水或灌溉农田,用不着舍近求远跑到宁民县去引水。

---

① 邹逸麟《从含嘉仓的发掘谈隋唐时期的漕运和粮仓》,《文物》1974年第2期。
② 宋·欧阳修、宋祁《新唐书·地理志一》,北京:中华书局1975年版,第963页。
③ 汉·司马相如《上林赋》,梁·萧统《文选》上册,上海:商务印书馆1936年版,第159—160页。

其二,"引南山水入京城",是指自宁民县终南山开渠引水至长安。终南山是灞、浐二水的发源地,将终南山省称为"南山",起码发生在汉代以前。如扬雄《长杨赋》有"命右扶风发民入南山"语,李善注:"南山,终南山也。"① 所谓颜昶"引南山水入京城",是指引灞水和浐水入长安。

其三,在颜昶开渠引水至长安以前,灞水与浐水已有通往长安的水道,两水在白鹿原(在今陕西西安灞桥)交汇。郦道元记载道:"《地理志》曰:浐水出南陵县之蓝田谷,西北流与一水合,水出西南莽谷,东北流,注浐水。浐水又北历蓝田川,北流注于灞水。《地理志》曰:浐水北至灞陵,入灞水。"②

其四,浐水本身有经万年县东的河道,这一河道向北,流四十里后入渭水。因万年治所在隋唐长安城即大兴城永乐坊,故浐水经万年东实指经隋唐长安城东。

其五,灞、浐二水流程虽短,但沿途接纳诸水后有丰富的水资源,况且二水多次相合汇入渭水,从而为颜昶开渠引水建立入渭河的航线提供了必要的条件。史家引录《长安志》语云:"浐水,在县东,北流四十里入渭。又库谷水北流二十五里,合采谷水下流入荆谷水,号浐水。又下流二十五里合灞水,又北流二里入渭。又采谷水自蓝田县西北流三十里入县界,又二十里合库谷水为浐水,又北流四十里入灞水。又石门谷水自蓝田县北流十里入县界合采谷水,又北流十五里合库谷水,为浐水。又荆谷水,一名荆溪,自蓝田流至康村入县界,西流二十里出谷至平川,合库谷、采谷、石门水为荆谷水,一名浐水。"③灞、浐二水入长安时多有分合,构成了错综复杂的水文形势。更重要的是,二水北流时分别接纳诸水,形成了浩大的水势。灞、浐二水虽然不是关中的大川,但有引水济运的基本条件。

其六,汉武帝一朝兴修漕渠时,疏通了自渭水与灞、浐相接的河道,从那时起,与之相关的河道已具备通航的条件。史称:"灞水,在咸宁县东,源出蓝田县谷中,经县东南流至咸宁县界,又北入渭水。《史记·封禅书》:灞、浐、长水、沣、涝、泾、渭,皆非大川,以近咸阳,皆得比山川祠。《汉书·地理志》:南陵县,霸水出蓝田谷,北入渭。古曰兹水,秦穆更名,以章霸功,视子孙。《水经注》:灞水出蓝田县东,又左合浐水,历白鹿原东,又北长水注之,又北会两川,又北故渠左出焉。又北径王莽九庙南,又北径枳道,又北左纳漕渠,又北径秦虎圈东,又北入于渭水。《隋书·高祖纪》:开皇五年,改霸水为滋水。《元和志》:灞水,在万年县东二十里。又蓝田县,灞水东南自商州上洛县界流入,又西北合浐水入渭。《长安志》:霸水,亦名蓝田谷水,即秦岭水之下流也。《图经》曰:源出蓝田东秦岭倒回谷,西北流九十里,出县界,

---

① 汉·扬雄《长杨赋》,梁·萧统《文选》上册,上海:商务印书馆1936年版,第179页。
② 北魏·郦道元《水经注·浐水》,《水经注疏》中册(杨守敬、熊会贞疏,段熙仲点校,陈桥驿复校),南京:江苏古籍出版社1989年版,第1449—1450页。
③ 清·刘于义、沈青崖等《陕西通志·山川二》,《四库全书》第551册,上海:上海古籍出版社1987年版,第473页。

入万年县界骞村,岸阔六十尺。《蓝田县志》:在县东南二十里,近日,居民开种山地,沙石壅积,水发冲入河中,水日散漫,阔于旧,盖数十倍。"[1]这里所说的"故渠"应指历代在白鹿原一带兴修的河渠,而在此兴修的河渠,主要是指隋唐两代利用汉代漕渠兴修的广通渠及兴成渠。"漕渠"是指汉武帝兴修的河渠,因隋广通渠及唐兴成渠亦有"漕渠",故可将其视为汉唐在此兴修河渠的统称。进而言之,从汉武帝修漕渠到隋文帝兴修广通渠,灞、浐二水在关中漕运中始终扮演着引水济运的角色。

其七,时至唐代,灞水和浐水旧有河道遭受了严重的破坏。李吉甫记载道:"霸水,故滋水也,即秦岭水之下流,东南自商州上洛县界流入,又西北合浐水入渭。"[2]因水文发生变化,此时的灞水有了绕行上洛(在今陕西商洛商州)的水道。隋修广通渠时采取堰浐水之策,改变了灞、浐二水的水道。这样一来,要想引水济运,则需要重新修整其水道。

综上所述,"引南山水入京城",实为引水济运及恢复关中漕运之举。这一时期,灞水和浐水的河道已发生很大的变异。客观地讲,其河道变化除了与自身水文变化相关外,还与汉代兴修漕渠及隋文帝兴修广通渠等改变其水道有着密切的关系。

除此之外,灞水和浐水河道发生变化还与长安一带的地质变化有着密切的关系。长安位于秦岭和渭水之间的断裂带上,伴随着地壳运动,秦岭沿断裂带不断地上升,渭水在水力的作用下沿断裂带不断地沉降,这样一来,两者相对高度发生变化后,在一定程度上毁坏了灞、浐二水入渭的河道。在这一过程中,灞水和浐水凭借丰富的水资源,不断地把沿途台地的泥沙带入渭水,不但加快了渭水泥沙淤积的速度,而且在毁坏自身水道的过程中给广通渠漕运带来了巨大的困难。史有"渭川水力,大小无常,流浅沙深,即成阻阂"[3]之说,渭水泥沙不断地淤积航道,给恢复广通渠漕运提出了清除航道淤沙的要求。蓝田在终南山脚下,地势高于长安,在此开渠束水即引灞、浐二水入渭及入广通渠,可以通过增加水能收到束水攻沙的效果。从这样的角度看,颜昶开渠"引南山水入京城"实际上是发展关中漕运的重要举措,故可以将其视为唐代兴修关中河渠的起点。

继颜昶兴修引水工程以后,唐代的关中河渠建设进入了全面展开期,并取得了三个标志性的成果:兴修五节堰和升原渠等,打通了从关中西部到长安的漕运通道;兴修兴成渠和敷水渠等,打通了从长安到关中东部与黄河相接的航线;重点建设长安一带的漕运码头,为及时地储存来自江南、江淮、河东粮食及物资提供了安全保证。可以说,三者一起作用,改善了关中西部的漕运条件和农业生产条件,为稳定唐王朝的政治秩序和经济秩序提供了强有力

---

[1] 清·和珅等《钦定大清一统志·西安府》,《四库全书》第 478 册,上海:上海古籍出版社 1987 年版,第 25 页。
[2] 唐·李吉甫《元和郡县图志·关内道一》(贺次君点校),北京:中华书局 1983 年版,第 16 页。
[3] 唐·魏徵等《隋书·食货志》,北京:中华书局 1973 年版,第 683 页。

的支持。

唐高祖武德八年(625),姜行本在陇州开五节堰引水入运,建成了与汉魏成国渠相连的运道,初步改善了关中西部的漕运条件。史称:"武德八年十二月,水部郎中姜行本请于陇州开五节堰,引水通运,许之。"① 所谓"开五节堰",是指自陇州(在今甘肃陇县)建造五座堤坝即拦河坝蓄积汧水(今称千河)。为什么开五节堰以后可以"引水通运"呢?从水文的角度看,主要是通过建堰遏水,通过建五座堤坝,将汧水从低处引往高处,在此基础上形成通运的条件。

从另一个层面看,"引水通运"自然是指自陇州开渠引陇川水即汧水至陈仓(在今陕西宝鸡陈仓)。然而,如果仅仅是开通陇州至陈仓的运道,那么,将失去"引陇川水通漕"的意义。如郦道元有"渭水又东会成国故渠。渠,魏尚书左仆射卫臻征蜀所开也。号成国渠,引以浇田。其渎上承汧水于陈仓东。东径郿及武功、槐里县北"②之说,在姜行本开五节堰将运道延长到陇州以前,曹魏成国渠一直是关中西部重要的航线。从这样的角度看,姜行本开五节堰的目的是引汧水至陈仓东与曹魏成国渠相接,将关中西部的运道从陈仓东延长到陇州一带,进而建立从陇州经陈仓东入长安的漕运通道。

继姜行本开五节堰以后,唐王朝又在曹魏成国渠的基础上重点兴修了长安以西的升原渠。杜佑记载道:"大唐咸亨三年,于岐州陈仓县东南开渠,引渭水入升原渠,通船栿至京故城。"③"京故城"是指汉惠帝兴建的长安城,"县东南"是指陈仓东南。结合以上的论述,"引渭水入升原渠"除了包括引渭水外,同时还包括引汧水,如前人有升原渠"东流入咸阳,其原出汧水"④之说。综合杜佑和李吉甫等人的记载,主要有三个要点:一是升原渠兴修于唐高宗咸亨三年(672);二是升原渠的渠首在陈仓东南,以渭水和汧水为主要的补给水源;三是升原渠是关中西部的漕运大通道,这条航线既可以行船又可放木筏即木排。由于可放木筏,当知这条漕运通道的水位落差较大。

升原渠是一条具有漕运、灌溉农田、改造土壤、防洪排涝等综合功能的河渠。宋敏求叙述升原渠经关中腹地兴平县(在今陕西兴平)时记载道:"升原渠,在县南一十五里。西自武功县流入县界,凡六十里,溉田七十余顷。"⑤其实,升原渠灌溉的农田远不止兴平域内的七十余顷农田,灌溉面积还包括升原渠沿途经过的关中地区。如升原渠自陈仓东行,沿途经过扶风县(在今陕西宝鸡扶风县)、郿县(在今陕西眉县)、长安县(在今陕西西安长安区)等地,

---

① 后晋·刘昫等《旧唐书·食货志下》,北京:中华书局1975年版,第2113页。
② 北魏·郦道元《水经注·渭水下》,《水经注疏》中册(杨守敬、熊会贞疏,段熙仲点校,陈桥驿复校),南京:江苏古籍出版社1989年版,第1618—1619页。
③ 唐·杜佑《通典·食货十》,杭州:浙江古籍出版社1988年版,第56页。
④ 宋·宋敏求《长安志·县四》,《四库全书》第587册,上海:上海古籍出版社1987年版,第175页。
⑤ 同④。

这些区域均属于升原渠的灌溉范围。更重要的是,升原渠在建设的过程中利用了汉魏成国渠旧道,成国渠本身就是一条有灌溉、漕运等综合能力的河渠。史家引《古渠图》叙述道:"升原渠,在县西北。自兴平县流入县界,合成国渠入渭。"① 升原渠与成国渠相通后,既扩大了相关区域的农田灌溉面积,起到改造土壤、排涝防洪等作用,同时也改善了关中西部的水运条件,提升了关中漕运的整体水平。

按照杜佑、李吉甫的说法,升原渠渠首在陈仓东南。以此为认识的逻辑起点,势必要把陈仓西北方向的陇州撇在外面。其实,五节堰和升原渠两个相互关联的工程,完全可以把姜行本在陇州兴修五节堰"引陇川水通漕"视为兴修升原渠的初始阶段。问题是,唐代兴修升原渠是如何引水入运的?现根据史料做一些必要的补充。

其一,姜行本开五节堰时,似乎已有了利用曹魏成国渠进行水运及东入长安的构想,否则将无法解释"引水通运"之说。具体地讲,五节堰开辟自陇州至陈仓的汧水运道,打通了与曹魏成国渠相接的航线。事实上,研究者也是把五节堰视为升原渠一部分的。宋敏求指出:"升原渠,在县南一十五里。西自武功县流入县界,凡六十里,溉田七十余顷。东流入咸阳,其原出汧水,自凤翔虢县城西北原流至武亭,合流数里,西南至六门堰东成国渠,合流西南出县界,以其升原而流,故名之。"② "县南"指陈仓县南。这里所说的"六门堰"虽与五节堰无关,但同样具有筑坝蓄水及抬高水位的功能,同样有"升原而流"的能力,故可以把姜行本开五节堰视为兴修升原渠的前期工程。

其二,如果没有姜行本开五节堰之举,那么,仅仅在陈仓一带利用曹魏成国渠兴修升原渠,将无法实现"垂拱初运岐、陇木入京城"这一目标。从这样的角度看,只有将升原渠的航线延长到陇州,才有可能将岐山、陇州一带砍伐的木材运往长安。根据这一情况,升原渠虽然是在曹魏成国渠的基础上兴修的,但其起点已延长到了陇州。具体地讲,升原渠的起点延长到陇州后,因曹魏成国渠在陈仓交汇后继续东行,中经郿县,随后又沿汉代成国渠旧道经武功、槐里等地向东经咸阳东入长安。在这中间,郿县既是汉代成国渠的起点,同时也是升原渠重要的航段节点。进而言之,升原渠建成后,加强了长安与关中西部战略要地陈仓、陇州等之间的联系,特别是将运道的起点延长到陇州以后,改变了关中水运只有东部航线的局面,改变了关中漕运以黄河联系河东、以渭水联系关东的布局。

其三,曹魏成国渠的基础是汉代成国渠。班固记载道:"郿,成国渠首受渭,东北至上林入蒙笼渠。"③ 经过曹魏卫臻的改造,汉代成国渠已具备行运的条件。汉代成国渠的渠首在

---

① 清·刘于义、沈青崖等《陕西通志·水利二》,《四库全书》第553册,上海:上海古籍出版社1987年版,第264页。
② 宋·宋敏求《长安志·县四》,《四库全书》第587册,上海:上海古籍出版社1987年版,第175页。
③ 汉·班固《汉书·地理志上》,北京:中华书局1962年版,第1547页。

郿县,以渭水为主要补给水源,沿途接纳诸水。在汉渠的基础上,卫臻征蜀时将成国渠渠首延长到陈仓东,建成了一条西起陈仓东、西至上林苑入蒙笼渠的运道。然而,后世只强调其灌溉功能,致使曹魏成国渠和唐代升原渠的水运能力受到不应有的忽视。

其四,从水源结构上看,汧水是升原渠和曹魏成国渠的重要补给水源。史有升原渠"引汧水至咸阳"之说,这一情况充分说明了历史上的汧水曾有丰富的水资源,是渭水的重要支流。此外,曹魏成国渠亦自陈仓引汧水至咸阳,如史有"青龙元年,开成国渠自陈仓至槐里"①之说。槐里,汉县,治所在陕西兴平东南。由于升原渠和曹魏成国渠有共同的水源和共同的渠道,因此,唐代兴修升原渠时把改造成国渠放到了首要的位置上。进而言之,汉魏时期的成国渠与唐代的升原渠有共同的水源、行经线路及终点。

其五,升原渠沿线水资源丰富。姜行本建五节堰引汧水入运时,同时又引入弦蒲薮、汭水、泾水等济运,从而丰富了升原渠的水源结构,如史有陈仓"北有蒲谷乡弦中谷,雍州弦蒲薮。汧水出西北,入渭。芮水出西北,东入泾"②之说。弦蒲薮是汧水在汧县(汧源县)蒲谷乡弦中谷汇聚成的湖泊,这一湖泊有调节汧水水位等方面的功能,如姜行本开五节堰"引水通运"实际上是将近在咫尺的弦蒲薮引入运道。明、清两代,弦蒲薮依旧是陇州重要的湖泊,这一湖泊在补充和调节汧水、渭水水位中有着不可替代的作用。

其六,升原渠与白渠相通,白渠有补给升原渠的功能。白渠的主要补给水源是泾水,同时沮水、浊水、漆水等也是其补给水源。继姜行本自陇州开渠引汧水入运后,唐代为恢复成国渠的灌溉等能力,对成国渠进行了多次改造和重修,当不同的水源汇聚到升原渠时,遂提高了升原渠的行运能力。经过唐太宗贞观(627—649)中、唐高宗永徽四年(653)、武则天圣历二年(699)、久视元年(700)等时期的重修,曹魏成国渠恢复了漕运、灌溉等功能,又经过改造,成国渠在与升原渠相合的过程中,引韦川、莫谷、香谷、武安等水补给渠道,使其同时具有了水运、灌溉、排洪防涝等功能。此外,唐懿宗咸通十一年(870)有重修之举,从这样的角度看,升原渠一直是唐王朝关中西部重要的航线。

需要提出的疑问是,既然曹魏成国渠和唐代升原渠的起点同样是在陈仓,为什么会有不同的取水口?郦道元认为曹魏成国渠的取水口是在陈仓的东面,如史有"其渎上承汧水于陈仓东"③之说。既然唐代升原渠利用了曹魏成国渠旧道,那么,直接用旧有的取水口岂不是方便,何必要舍近求远呢?出现这样的情况,主要是河道水文发生变化造成的。如辛德勇先生论述道:"这个渠首的位置,比魏晋时期在陈仓东面的渠口向上游移动了许多。渠口向上

---

① 唐·房玄龄等《晋书·食货志》,北京:中华书局1974年版,第785页。
② 汉·班固《汉书·地理志上》,北京:中华书局1962年版,第1547页。
③ 北魏·郦道元《水经注·渭水下》,《水经注疏》中册(杨守敬、熊会贞疏,段熙仲点校,陈桥驿复校),南京:江苏古籍出版社1989年版,第1619页。

游移动,很可能于(与)汧水河床的下切有关。"①这一论述合理地解释了曹魏成国渠与唐代升原渠取水口不一的原因。

综上所述,兴修升原渠对改善关中西部的水运条件有着重大的意义,主要表现在三个方面:一是唐高祖武德八年开五节堰以后,姜行本将成国渠的起点从陈仓东南延长到汧源县,在此基础上建成了一条同时具有水运、灌溉、排洪防涝、改良土壤等综合功能的水道;二是唐高宗咸亨三年,在姜行本的基础上兴修升原渠,通过加强水运重点解决了长安建设、日常生活等方面的木材需求;三是升原渠通渭水,在与渭水及隋广通渠等相接的过程中,形成了贯穿关中西部和东部的航线。具体地讲,升原渠与韦坚开挖的兴成渠相接后,这条航线经渭口入黄河,形成了一条联系关东的航线,进而从水路将关中的西部与东部串连起来,在一定程度上满足了唐王朝经营关中的战略需求。史有唐德宗贞元十六年(800)十一月,"以东渭桥纳给使徐班,兼白渠、漕渠及升原、城国等渠堰使。"②之说,升原渠与兴成渠串联后,极大地改善了关中的漕运条件,为唐王朝加强西北防备提供了一条快捷的运输通道。

兴成渠与广运潭

从政治形势上看,仅仅兴修面向关中西部及运兵运粮的升原渠是远远不够的,要想从根本上解决关中日益增长的粮食及物资需求,必须重点建设面向关东的河渠。章如愚论汉唐时期的漕运特点时指出:"汉初漕运,高后、文、景时,中都所用者省,岁计不过数十万石而足,是时,漕运之法亦未讲。到得武帝,官多徒役众,在关中之粟四百万犹不足给之,所以郑当时开漕渠、六辅渠之类。盖缘当时用粟之多,漕法不得不讲。然当汉之漕在武帝时,诸侯王尚未尽输天下之粟,至武、宣以后,诸侯王削弱,方尽输天下之粟,汉之东南漕运,至此始详。当高帝之初,天子之州郡与诸侯封疆相间杂,诸侯各据其利,粟不及于天子。是时,所谓淮南东道皆天子奉地,如贾生说是汉初如此。至汉武帝时,亦大概有名而无实,其发运粟入关,当时尚未论江淮。到得唐时,方论江淮,何故?汉会稽之地去中国封疆辽远,开垦者多,粟不入京都,以京都之粟尚不自全,何况诸侯自封殖?且如吴王濞作乱,枚乘之说,言京都之仓不如吴之富,以此知当时诸侯殖利自丰,不是运江淮之粟。到唐时,全倚办江淮之粟。"③在唐王朝依赖关东及江淮漕运已成基本定局的背景下,加强关中东部的漕运通道建设已成当务之急。

起初,隋文帝兴修广通渠改善了关中东部的漕运条件,问题是,广通渠以渭水为基本航线。然而,渭水泥沙不断地淤塞航道,很快给其漕运带来了困难。那么,为什么唐高宗以前

---

① 辛德勇《隋唐时期陕西航运之地理研究》,《陕西师范大学学报》(哲学社会科学版)2008年,第6期,第79页。
② 宋·王溥《唐会要·疏凿利人》,北京:中华书局1955年版,第1621页。
③ 宋·章如愚《群书考索后集·财赋门》,《四库全书》第937册,上海:上海古籍出版社1987年版,第779—780页。

关中漕运与航运不畅之间的矛盾不大呢？究其原因，主要是有三个方面的因素：一是泥沙淤积需要一个过程，隋文帝开广通渠时清理了航道中的泥沙，在一定程度上延缓了泥沙淤塞航道的时间；二是隋炀帝登基后主要在东都洛阳处理朝政，故渭水淤塞广通渠及航道干浅等基本上可以忽略不问，故没有采取及时清沙的措施；三是唐建都长安以后，每年自关东运往关中及长安的粮食不超过二十万石，因这一时期疏浚航道与漕运之间的矛盾不大，故不需要立即把疏浚广通渠及恢复关中漕运的事宜提到议事日程上来。然而，这一情况到了唐高宗时发生了重大的变化，如史有"自高宗已后，岁益增多"①之说，因长安人口剧增及西北防务等方面的粮食和物资需求越来越大，这样一来，整顿关中的漕运秩序及疏浚广通渠遂成为刻不容缓的大事。

唐王朝重点整治关中东部的漕运通道，即恢复关中与关东的漕运通道是从开挖敷水渠开始的。如史家叙述华阴与敷水渠的关系时指出："西二十四里有敷水渠，开元二年，姜师度凿，以泄水害，五年，刺史樊忱复凿之，使通渭漕。"②开元二年（714），为了改善渭水及广通渠的漕运条件，姜师度在华阴（在今陕西华阴）西二十四里处开挖了渭水泄洪渠即敷水渠。通过建设泄水渠及调节渭水流量，初步改善了渭水的通航条件。开元五年（717），华州刺史樊忱拓宽敷水渠水道，使之具有了航运能力。从地点上看，敷水渠是广通渠在华阴境内的复线，这一复线建成后通过泄水提升了华阴一带的漕运能力，改善了自关东漕运关中的条件。

开挖及改造敷水渠表明，关中漕运需要重点改造的是关中东部至长安的航道。然而，仅仅改造广通渠与黄河相接的渭口是无法从根本上恢复关中漕运的，还需要全面清除堵塞广通渠的淤沙，并对其进行改造。史称："天宝元年三月，擢为陕郡太守、水陆转运使。自西汉及隋，有运渠自关门西抵长安，以通山东租赋。奏请于咸阳拥渭水作兴成堰，截灞、浐水傍渭东注，至关西永丰仓下与渭合。于长安东九里长乐坡下、浐水之上架苑墙，东面有望春楼，楼下穿广运潭以通舟楫，二年而成。"③唐玄宗天宝元年（742），韦坚将改造广通渠即兴修兴成渠提到议事日程。从史述的内容看，修建兴成渠主要有三大工程：一是在咸阳修建兴成堰；二是全面改造广通渠，包括重点改造广通渠华阴航段；三是在长安兴建漕运码头广运潭。

兴成渠建设之所以需要长达三年才能完工，主要有三方面的原因：一是要建兴成堰，兴成堰建设包括开渠引水及筑堤蓄水等系列工程；二是要重点建设漕运码头广运潭，广运潭建设包括开渠引浐水及漕船停泊区等工程；三是广通渠"自大兴城东至潼关，三百余里"④，需要全面清沙和改建运道等。鉴于这些原因，兴成渠建设需要一定的时间。在这中间，以韦坚

---

① 宋·欧阳修、宋祁《新唐书·食货志三》，北京：中华书局1975年版，第1365页。
② 宋·欧阳修、宋祁《新唐书·地理志一》，北京：中华书局1975年版，第964页。
③ 后晋·刘昫等《旧唐书·韦坚传》，北京：中华书局1975年版，第3222页。
④ 唐·魏徵等《隋书·食货志》，北京：中华书局1973年版，第684页。

天宝元年三月建兴成堰为起点,以疏浚广通渠和建成广运潭为终点,建设兴成渠的时间一直从天宝元年延续到天宝三年(744)。

兴成堰是兴成渠建设的首要工程。韦坚的兴修方案是:在咸阳筑坝拦截灞水和浐水,将所蓄之水从渭水东面注入广通渠。因筑堰蓄水时采取了加固航道的措施,故广通渠咸阳航段有"兴成堰"之称,同时疏浚后的广通渠亦有"兴成渠"之称。

与汉漕渠及隋广通渠相比,兴成堰引灞、浐二水济运的地点发生了变化。以《册府元龟·邦计部·河渠二》所录文献为基本依据,①辛德勇先生论述道:"汉代和隋代的漕渠,都是在灞、浐二水合流处以下绝灞而过,可是,兴成渠却是在灞水和浐水两条河流的交汇处以上横截二水。"②兴成渠截水的具体地点在咸阳以西十八里处,如史有"咸阳令韩辽请开兴成渠。旧漕在咸阳县西十八里"③之说,王钦若有"咸阳县令韩辽请开兴城堰旧漕,漕在县西十八里"④之说可证。

由此提出的问题是,韦坚因汉漕渠及隋广通渠疏浚运道,为什么要建兴成堰并改变取水口呢?其中,有四个方面原因值得注意。一是在唐玄宗登基之前,泥沙大量地淤积航道给广通渠漕运带来了巨大的困难。关中的地势是西高东低。渭水自西向东至潼关(在今陕西潼关)汇入黄河,要想恢复关中漕运需要清理航道中的淤沙,需要用增大流量等办法补给运道及冲刷泥沙。二是在汉漕渠基础上兴修的广通渠主要建立了渭水航线,渭水穿行在关中的黄土高原之间,且东西落差大,河道多沙,泥沙十分容易沉积在河道之中,进而堵塞运道威胁到漕运。如广通渠在灞、浐二水合流以后的地点截水,无法从根本上清除渭水从上游地区带来的泥沙。这样一来,当枯水季节来临时,渭水的流速进一步放缓,泥沙势必要大量地淤积河道,致使航道干浅而无法行运。为改变这一局面,需要选择新的地点束水冲沙。三是在咸阳西堰水,是因为咸阳西背靠咸阳原(台地,西起武功漆水,东至泾、渭交汇处),地势高于长安,在此建堰蓄水可增加水能,调节入运的流量,利用水位落差形成冲沙之势。四是灞、浐二水发源于终南山,那里一向有良好的植被,故灞、浐二水含沙量远低于渭水,在咸阳西截取二水及束水,可利用水位落差加大冲沙的力度。

改造广通渠是兴成渠建设的关键工程,如欧阳修等史述时有"自苑西引渭水,因古渠会灞、浐,经广运潭至县入渭"⑤之说。透过这一叙述,当知兴成渠兴修的范围已超出隋广通渠兴修的范围。具体地讲,一是"自苑西引渭水,因古渠会灞、浐",指建设兴成渠时将其航线延

---

① 宋·王钦若等《册府元龟·邦计部》,北京:中华书局1960年版,第5947—5958页。
② 辛德勇《隋唐时期陕西航运之地理研究》,《陕西师范大学学报》(哲学社会科学版)2008年,第6期,第78页。
③ 后晋·刘昫等《旧唐书·李石传》,北京:中华书局1975年版,第4485页。
④ 宋·王钦若等《册府元龟·邦计部》,北京:中华书局1960年版,第5971页。
⑤ 宋·欧阳修、宋祁《新唐书·地理志一》,北京:中华书局1975年版,第964页。

长到长安皇家林苑以西的咸阳;二是透过"古渠"一词,可知兴成渠是在汉代漕渠及隋广渠通的基础上兴修的;三是"经广运潭至县入渭",透露了兴成渠以长安皇家宫苑广运潭为节点,至华阴入渭的信息。兴成渠全线贯通后,取得了"天宝中,每岁水陆运米二百五十万石入关"①的成果。

其实,在改造广通渠的过程中,兴成渠又是以汉漕渠为基础的。汉代漕渠有"自昆明池东傍南山东至河"②的运道,广通渠及兴成渠行经的区域与之大体相同。关于这一点,前人有充分的认识,如史有"坚治汉、隋运渠"③之说可证。从这样的角度看,针对汉漕渠及隋广通渠航道不断发生淤塞、决堤等情况,韦坚兴修兴成渠时通过开渠引水、筑堰等措施对其进行了改造,重新打通了关中漕运的通道。

开广运潭是修建兴成渠的收官工程。兴成渠开通后虽然解决了关中漕运中的难题,但还需要解决漕粮上岸入仓的问题,唐玄宗下令韦坚建造与之相关的漕运码头。杜佑记载道:"天宝三年,左常侍兼陕州刺史韦坚开漕河,自苑西引渭水,因古渠至华阴入渭,引永丰仓及三门仓米以给京师,名曰广运潭。以坚为天下转运使(灞、浐二水会于漕渠,每忧大雨,辄皆填淤。大历之后,渐不通舟)。天宝中,每岁水陆运米二百五十万石入关。"④

广运潭是开通兴成渠的标志性成果。广运潭建成后,或许是为了讨唐玄宗的欢心,又或许是为了表功,韦坚举行了隆重的庆典活动:一是让停泊在码头的船只张贴它所属郡册的标签;二是把来自各郡的宝货即富有地方特色的手工业制品和土特产放到船头上展出;三是举办盛大的歌舞表演。唐玄宗参加庆典后大加赞赏,并给漕运码头取了个"广运潭"的名字。顾名思义,"广运潭"表达了漕通四方之义。

欧阳修根据史料记载描述了当时庆典时歌舞表演的盛况。史称:"又于长乐坡濒苑墙凿潭于望春楼下,以聚漕舟。坚因使诸舟各揭其郡名,陈其土地所产宝货诸奇物于栿上。先时民间唱俚歌曰'得体纥那邪'。其后得宝符于桃林,于是陕县尉崔成甫更《得体歌》为《得宝弘农野》。坚命舟人为吴、楚服,大笠、广袖、芒屩以歌之。成甫又广之为歌辞十阕,自衣缺后绿衣、锦半臂、红抹额,立第一船为号头以唱,集两县妇女百余人,鲜服靓妆,鸣鼓吹笛以和之。众艘以次辏楼下,天子望见大悦,赐其潭名曰广运潭。是岁,漕山东粟四百万石。自裴耀卿言漕事,进用者常兼转运之职,而韦坚为最。"⑤韦坚是如何安排这一盛会的?来自各州郡的船只都摆放了哪些具有地方特色的宝货?欧阳修没有详细地描述。幸好,《旧唐书·韦

---

① 唐·杜佑《通典·食货十》,杭州:浙江古籍出版社1988年版,第57页。
② 清·和珅等《钦定大清一统志·西安府》,《四库全书》第478册,上海:上海古籍出版社1987年版,第31页。
③ 宋·欧阳修、宋祁《新唐书·食货志三》,北京:中华书局1975年版,第1367页。
④ 唐·杜佑《通典·食货十》,杭州:浙江古籍出版社1988年版,第57页。
⑤ 同③。

坚传》有细致的记载:"坚预于东京、汴、宋取小斛底船三二百只置于潭侧,其船皆署牌表之。若广陵郡船,即于枱背上堆积广陵所出锦、镜、铜器、海味;丹阳郡船,即京口绫衫段;晋陵郡船,即折造官端绫绣,会稽郡船,即铜器、罗、吴绫、绛纱;南海郡船,即玳瑁、真珠、象牙、沉香;豫章郡船,即名瓷、酒器、茶釜、茶铛、茶碗;宣城郡船,即空青石、纸笔、黄连;始安郡船,即蕉葛、蚺蛇胆、翡翠。船中皆有米,吴郡即三破糯米、方丈绫。凡数十郡。驾船人皆大笠子、宽袖衫、芒屦,如吴、楚之制。"①在广运潭漕运码头停泊的船只来自各地,有的甚至超出长江流域,远及南海等地。标明起始地的漕船,涉及广陵郡、丹阳郡、晋陵郡、会稽郡、南海郡、豫章郡、宣城郡、始安郡、吴郡等地,在漕船上展示的手工业制品有锦、镜、铜器、绫缎、瓷器、酒器、茶具、笔墨纸张、玉器等。客观地讲,将来自全国各地的手工业制品等堆放于停泊在广运潭码头的船只上,虽有精心策划的色彩,未必能反映当时漕运的真实情况,甚至包含了许多虚假的成分,不过,这一事件的本身说明了韦坚重修关中漕运通道后,再度打开关中与关东及江淮地区的水上交通。从这样的角度看,长安通漕是件值得大书特书的事情,这条航道除了具有漕运功能外,还促进了不同区域的商贸往来,如南海郡的象牙就是通过海外贸易获取的。从南海郡献象牙一事当知,关中与其他不同区域的河渠串连在一起,成功地扩大了漕运的范围,同时也加快了商品流通的速度,为长安再度成为国际贸易中心城市奠定了坚实的基础。

灞桥即轵道亭是长安的门户,同时也是自关东西入长安的必经之地。程大昌指出:"唐都城外郭东面三门,在最北者为通化门。德宗尝御此门亲迎御书章敬寺额。裴度赴蔡州,宪宗送度于此。李晟自东渭桥移壁光泰门,以薄都城(光泰门在通化门北小城之东门)。门东七里,有长乐坡,下临浐水,本名浐阪,隋文帝恶其名音与反同,故改阪为坡。自其北可望汉长乐宫,故名长乐坡也。"②长乐坡即灞桥是水陆交通要道,长乐坡码头与东渭桥码头相通,有良好的陆路交通条件,是长安及关中与关东联系的水陆交通枢纽。

可与广运潭相媲美的长安漕运码头是东渭桥。与广运潭相比,东渭桥漕运码头的交通地位更为重要。李林甫等记载道:"凡天下造舟之梁四(河三,洛一。河则蒲津;大阳;盟津,一名河阳,洛则孝义也),石柱之梁四(洛三,灞一。洛则天津、永济、中桥,灞则灞桥也),木柱之梁三(皆渭川也。便桥、中渭桥、东渭桥,此举京都之冲要也),巨梁十有一,皆国工修之。其余皆所管州县随时营葺。"③所谓"巨梁十有一,皆国工修之",是指十一座超大型的桥梁是由第一流的桥梁专家设计和第一流的工匠建造的。其中,建造的木柱桥有三座,并全部架设

---

① 后晋·刘昫等《旧唐书·韦坚传》,北京:中华书局1975年版,第3222—3223页。
② 宋·程大昌《雍录·通化门》(黄永年点校),北京:中华书局2002年版,第156页。
③ 唐·李林甫等《唐六典·尚书工部》(陈仲夫点校),北京:中华书局1992年版,第226页。

在渭水之上。1967年,当地居民挖土取沙时发现了《东渭桥记》残碑,①从残缺的碑文中可以清楚地得知东渭桥建于唐玄宗开元九年(721)。1981年9月至1982年10月,陕西文物管理委员会与高陵文化馆在全面调查的基础上对遗址进行了有计划的钻探和发掘,进而查明了东渭桥遗址分布在陕西高陵县耿针白家嘴村的范围和基本情况。唐德宗贞元年间(785—805),李观在《东渭桥铭》一文中写道"惟渭之广,洪流浩渺。惟桥之永,赤龙夭矫。车者如户,舟者如徽。石成五色,天可补阙。木从绳直,地可梁绝。天地之险,舟梁之说。"②因渭水浩瀚,故李观有"惟渭之广,洪流浩渺"之说。又因东渭桥变天堑为通途,渭水是关中漕运的主航线,故李观用"车者如户,舟者如徽"等语形容东渭桥繁忙的景象。可以说,这一叙述真实地反映了东渭桥在长安水陆交通中的重要地位。

几乎是在韦坚兴修兴成渠及三大工程的同时,京兆尹韩朝宗建设了一条通往长安的新运渠,史有唐玄宗天宝元年"京兆尹韩朝宗又分渭水入自金光门,置潭于西市之两衔,以贮材木"③之说,先撇开利用城外运道的情况不论,当知此渠的重点是兴修长安城内的运道和建造专门供装卸和贮藏木材的漕运码头。金光门是长安西城门的中门,西市是长安商贸活动及商品交易的场所。史家叙述言之凿凿,很显然,在长安成为国际商贸大都市及各项需求日趋扩大的背景下,粮食需求固然是重要方面,日常生活用柴也成了必须解决的大问题。为应对这一局面,韩朝宗开渠至金光门,在长安商贸集散地西市一带掘潭建造贮存木材的专用码头,其中应与木材交易相关。

问题是,运往长安的木材取自何处?《新唐书·地理志一》"长安"条记载道:"南五十里太和谷有太和宫,武德八年置,贞观十年废,二十一年复置,曰翠微宫,笼山为苑,元和中以为翠微寺。有子午关。天宝二年,尹韩朝宗引渭水入金光门,置潭于西市,以贮材木。大历元年,尹黎干自南山开漕渠抵景风、延喜门,入苑以漕炭薪。"④这一记载提供了四个方面的信息:一是将韩朝宗开渠与黎干开渠放在一起,表明两者之间多有联系;二是史有"干度开漕渠,兴南山谷口,尾入于苑,以便运载"⑤之说,据此,韩朝宗开渠也应在南山即终南山谷口一带;三是黎干"自南山开漕渠"是为了"以漕炭薪",由此反观韩朝宗"置潭于西市,以贮材木"的行为,应该说,韩朝宗开渠与黎干开渠目的一致;四是翠微宫曾是皇家园林,周边有丰富的木材,因取材的主要目的为了解决长安所需的"炭薪",基本不涉及建筑用材。由于要求不高,故可就近到终南山翠微宫一带伐取木材。然而,一个问题解决了,另一个问题却接踵而

---

① 按:残碑内容及介绍可参见董国柱《陕西高陵县耿镇出土唐〈东渭桥记〉残碑》(《考古与文物》1984年,第4期),该文附有《东渭桥记》残碑拓片碑影图版。
② 唐·李观《东渭桥铭》,清·董诰《全唐文》卷五三五,北京:中华书局1983年版,第5431页。
③ 后晋·刘昫等《旧唐书·玄宗纪下》,北京:中华书局1975年版,第216页。
④ 宋·欧阳修、宋祁《新唐书·地理志一》,北京:中华书局1975年版,第962页。
⑤ 宋·欧阳修、宋祁《新唐书·黎干传》,北京:中华书局1975年版,第4721页。

至：无节制地砍伐，使长安一带自然生态遭到严重破坏，甚至可以说，唐代以后，长安一带水土流失不断地加剧与就近砍伐有着直接的关系。

韩朝宗建成了西入长安的运道，并在长安城建造了贮存木材的专用码头，唐代宗永泰二年即大历元年（766），黎干继承了韩朝宗开渠的成果，将运道从城西延长到长安城东荐福寺一带，建成了从城西到城东的新航线。

黎干重修运道，与韩朝宗原先兴修的漕渠经过二十多年的使用再度不通有着密切的关系。史称："俄迁京兆尹，颇以治称。京师苦樵薪乏，干度开漕渠，兴南山谷口，尾入于苑，以便运载。帝为御安福门观之。干密具䑠船作倡优水嬉，冀以媚帝。久之，渠不就。"①这一通往长安城东荐福寺、国子监等地的新航线很快失去了通航能力。

河渠整治是长期的事。韦坚堰灞、浐二水虽暂时解决了渠道淤沙及航道干浅等问题，但淤沙始终是困扰关中漕运的大问题。唐代宗大历（766—779）以后，因泥沙淤积导致航道干浅，兴成渠再次失去了通航能力。唐文宗开成元年（836），咸阳令韩辽向朝廷提出了整修兴成渠的建议。韩辽上疏后，时任宰相李固言认为立即整修航道将有误农时，主张先缓一缓。然而，兴成渠淤塞后，被迫改用牛车运粮，这一举动已严重地影响到关中地区的农业生产。为缓解由此带来的危机，唐文宗支持了韩辽的想法，令其立即着手整修兴成渠。兴成渠整修后，同时兼有航运、灌溉、改良土壤等功能，从而提高了关中农业生产的水平。

唐代在长安城新修的河渠除了漕渠外，还在隋代的基础上整修了龙首渠、永安渠、清明渠等。尽管龙首渠等没有航运能力，但有灌溉农田和美化长安等作用。程大昌指出："唐以渠导水入城者三：一曰龙首渠，自城东南导浐至长乐坡，酾为二渠，其一北流入苑，其一经通化门、兴庆宫自皇城入太极宫。二曰永安渠，导交水自大安坊西街入城，北流入苑注渭。三曰清明渠，导水自大安坊东街入城，由皇城入太极宫，及至大明宫则在龙首山上，水不可导矣。大明宫之东有东苑，即在龙首山尽处。地既低下，故东苑中有龙首池，言其资龙首渠水以实池也。"②这一叙述大体上道出了三渠在长安经过的情况。

三门峡与黄河漕运

三门峡漕运具体始于何时已不太清楚，起码可以上溯到秦汉。史念海先生论述道："黄河中游的三门峡为古代东西漕粮转输必经的要道。从秦始皇统一六国时起，这条运道即已发挥了作用。……西汉初年，张良劝刘邦建都关中，就曾经说过：'河、渭漕挽天下，西给京师'，正道出了那时的情况。"③这一时期黄河漕运虽然艰难，但水文条件好于隋、唐两代。西

---

① 宋·欧阳修、宋祁《新唐书·黎干传》，北京：中华书局1975年版，第4721页。
② 宋·程大昌《雍录·唐都城导水》，北京：中华书局2002年版，第118页。
③ 史念海《三门峡与古代漕运》，《人文杂志》1960年第4期，第35—36页。

汉以后,为维护三门峡漕运,历朝在不同时期开凿了有拉纤功能的栈道。据20世纪50年代人们的考察,"在栈道侧壁上或山岩间,遗存有东汉以来的摩崖题刻107段"[1],据20世纪90年代的考察,"题记中有不少年号,如建武、贞观、总章、太和、绍圣、元熙、崇祯、道光、宣统等,朝代为东汉、唐、宋、明、清"[2]。这些题刻忠实地记录了东汉建武十一年(35)以后历代兴修三门峡栈道及整治河道的情况。

隋炀帝大业七年(611)十月"砥柱山崩,偃河逆流数十里"[3]。砥柱山崩裂后,大量的石头堰塞河道,由此产生的逆流进一步增加了三门峡漕运的难度,在此基础上出现了"唐代初年,三门峡的栈道大约已被毁坏,不通舟船"[4]的情况。为此,唐代初年的统治者为整治三门峡采取了多种措施。在考古调查的过程中,先后在山西垣曲县五福涧村栈道岩壁上发现多处石刻及题记,这些石刻及题记从不同的侧面透露了唐初整治三门峡的信息。譬如,贞观十六年(642)二月,应有在三门峡一带开渠泄水减缓黄河主航道水流过速等举措。除此之外,该处又有同名落款的题刻:"大唐贞观十六年四月三日,岐州郿县令侯懿、河北县尉古成师、前三门府折冲都尉侯宗等,奉敕造船两艘,各六百石,试上三门,记之耳。"[5]因石刻记载简略,侯懿等查修栈道时是如何"导河"的已不太清楚,但从仅有的题刻内容看,当时造船试航应该是在开渠导流、重修栈道的基础上进行的。

自侯懿等人造船试航以后,为了恢复黄河漕运,唐王朝采取了多种整治三门峡航段的措施。唐高宗显庆元年(656),褚朗在人门岛一侧开辟山路,试图绕过三门峡天险。然而,不久出现了"水涨引舟,竟不能进"[6]的情况。稍后,杨务廉又沿三门峡开凿栈道。虽然这些做法没有从根本上消除三门峡漕运时的障碍,但却为以后修复三门峡运道奠定了基础。邹逸麟先生论述道:"唐贞观十六年曾以两艘载重六百石的船只试上三门;其后,显庆元年、总章三年和垂拱四年几次开三门河道,修凿栈道,企图走三门水路,但结果都未成功。所以,这时期洛阳至陕州一段漕运,仍以陆运为主。"[7]继贞观十六年"导河"及造船试运以后,显庆元年、总章三年(670)、垂拱四年(688)数次"开三门河道"及修筑栈道,目的是恢复黄河漕运,以缩短绕道洛阳陆运至陕州的里程。然而,这些努力或因工程量太大,无法取得成功;或因水流湍急"绳多绝,挽夫辄坠死"[8],付出高昂的代价。进而言之,及时地打通三门峡便成了唐代

---

[1] 中国科学院考古研究所《三门峡漕运遗迹》,北京:科学出版社1959年版,第41页。
[2] 朱亮、史家珍、张庆捷《再现古代黄河漕运的场景——小浪底水库东汉漕运建筑基址及古黄河栈道》,李文儒主编《中国十年百大考古新发现》下册,北京:文物出版社2002年版,第533页。
[3] 唐·魏徵等《隋书·炀帝纪上》,北京:中华书局1973年版,第76页。
[4] 同[1],第44页。
[5] 张庆捷、赵瑞民《黄河古栈道的新发现与初步研究》,《文物》1998年第8期,第36页。
[6] 宋·王溥《唐会要·漕运》,北京:中华书局1955年版,第1595页。
[7] 邹逸麟《从含嘉仓的发掘谈隋唐时期的漕运和粮仓》,《文物》1974年第2期,第62页。
[8] 宋·欧阳修、宋祁《新唐书·食货志三》,北京:中华书局1975年版,第1365页。

统治者必须解决的大问题。遗憾的是,唐初几次开三门河道,修凿栈道,企图走三门水路,但结果都未成功。这样一来,漕运关中必须做出新的选择。几经选择和比较,唐代采取了隋代自洛阳漕转的方案,漕船在进入三门峡之前从黄河经洛水到洛阳,从洛阳改陆运,沿殽函古道翻越大山绕过三门峡进入陕州,从陕州进入黄河航道入渭,沿渭水航道及广通渠漕运长安。

唐代自关东西入关中有漕运和陆运等两种形式:漕运主要指黄河漕运,这条航线经三门峡西入关中,因其在陆运的北面,一向有"北运"之称,如史有"自江淮而溯鸿沟,悉纳河阴仓。自河阴送纳含嘉仓,又送纳太原仓,谓之北运"[1]之说;陆运指漕船避开黄河三门峡天险后,自洛阳转陆运至陕州,然而自太原仓入渭进入关中。

陆运有"南路陆运"之称。南路陆运有两种指向:一是因黄河三门峡运道在北,自洛阳至陕州的陆运在南,故称"南运"或"陆运";二是指陆运关中时走殽函古道的南路。历史上的殽函古道有南路和北路之分,隋唐两代自洛阳漕转,主要走殽函古道的南路,不再走曹操开辟的北路。史念海先生论述道:"殽函山谷中的道路有南北两条,东汉末年以前,人们一直走的是南道。曹操西征汉中时,才另外开了一条北道。所以要另外开辟一条北道,自然是因为南道恶险,不便于往来。可是到南北朝末年,人们却舍弃北道而又改行南道,这说明了北道也不是平易舒适的。"[2]南路陆运主要沿用了汉魏以前开辟的殽函古道,其中,唐中宗景龙三年(709),"关中饥,米斗百钱。运山东、江、淮谷输京师,牛死什八九"[3],就是走这条山路。史念海先生论述道:"隋初,由关东运来的漕粮,就是在小平(在今河南孟津县西北)开始陆运,通过殽函山路运到陕郡(今河南三门峡市西),再转从水运,循河西上。由隋朝起直到唐朝初年,殽函山路倒成为一条主要的运道。东方运来的漕舟,在小平以东的洛口就转入洛水,运到洛阳,然后再陆运到陕州(即陕郡)。在洛阳,隋时置有河阳仓,唐时置有含嘉仓,都是为了存储和运输漕粮的方便。这样是绕过了三门峡的险阻,免于复舟的危险,但是车辆运输仍然有很大的耗费,而且大量使用牛力,影响了附近地区的农业生产,也算不得上策。人们就设想:既然这段黄河的险阻,主要是三门峡这一段,而这一段的路程究竟不算很长,是不是可以回避开这一段水道而尽量利用黄河的力量?"[4]在很长一段时间里,南路陆运一直是唐代漕粮西入关中重要的补给线。然而,南路的运输成本太高。裴耀卿叙述道:"今天下输丁约有四百万人,每丁支出钱百文,五十文充营窖等用,贮纳司农及河南府、陕州以充其费。租米则各随远近,任自出脚送纳东都。从都至陕,河路艰险,既用陆脚,无由广致。"[5]唐人对

---

[1] 后晋·刘昫等《旧唐书·食货志下》,北京:中华书局1975年版,第2115页。
[2] 史念海《三门峡与古代漕运》,《人文杂志》1960年第4期,第35页。
[3] 宋·司马光《资治通鉴·唐纪二十五》(邬国义校点),上海:上海古籍出版社1997年版,第1927页。
[4] 同[2],第35—36页。
[5] 后晋·刘昫等《旧唐书·裴耀卿传》,北京:中华书局1975年版,第3081页。

南运耗费极大及转运艰难多有体察,这样一来,恢复黄河漕运及治理三门峡,在裴耀卿的主持下遂正式启动。

三门峡形势十分险要,经过历代持续不断地开凿及受黄河水文变化等影响,唐代三门峡的地形地貌已不同于前代。赵冬曦描述道:"砥柱山之六峰者,皆生河之中流,盖夏后之所开凿。其最北有两柱,相对距崖而立,即所谓三门也。次于其南,有孤峰揭起。峰顶平阔,夏禹之庙在焉。西有孤石数丈,圆如削成。复次其南有三峰,东曰金门,中曰三堆,西曰天柱。湍水从黄老祠前东流,湍激蹙于虾石,折流而南,漱于三门,包于庙山,乃分为四流。淙于三峰之下,抵于曲限,会流东注。加以两崖夹水,壁立千仞,盘纡激射,天下罕比。时以内兄牛氏,壮而游焉。相顾赋之,以纪奇迹。"①从赵冬曦描述的情况看,经过历朝历代的开凿,唐代的三门峡地形地貌已经发生了巨大的变化。或者说,与隋大业七年十月"底柱山崩,偃河逆流数十里"②以前的情况有了很大的不同。

所谓"砥柱山之六峰者",是指砥柱山由六座山峰组成,分为南北两组,北面的一组从西向东一字排开,分别是鬼门岛、神门岛与人门半岛。南面的一组从西向东一字排开,分别是砥柱石或砥柱山、张公石、梳妆台(参见《三门峡漕运遗迹》"三门峡形势图")。所谓"其最北有两柱,相对距崖而立,即所谓三门",是说北面的山峰鬼门岛、神门岛与人门半岛相距,形成三座洞开的石门。卫斯先生解释道:"三门即三门峡。三门峡在我国古代的地理图志上称三门山或砥柱山。它地处豫西峡谷。黄河过潼关,东流113公里,即到此地。三门峡谷,两岸夹水,壁立千仞,怪石嶙峋,地势险要,河心有两座石岛把河水分成三股,分别称'人门'、'鬼门'、'神门',故曰'三门峡'。砥柱正对三门,河水夺门而出,直冲砥柱,然后分流包柱而过,故曰'中流砥柱'。这就是古今中外著称天下的三门天险。"③从这样的角度看,三门峡实际上是由南北两座"三门"构成的黄河河段。

自唐太宗、唐高宗、武则天兴修整治三门峡的工程以后,唐王朝为恢复黄河漕运即北运,对三门峡进行了四次有计划地治理:第一次发生在开元二十一年(733),在裴耀卿的主持下采取了在三门峡两侧建水次仓实现分级接运、开凿三门峡山路及绕行三门峡的措施;第二次发生在开元二十九年(741),李齐物一方面开凿新门石渠,试图恢复三门峡漕运,另一方面又在裴耀卿开凿三门峡山路的基础上,进一步整治运道;第三次发生在唐代宗广德二年(764),在裴耀卿漕政改革的基础上,刘晏建造坚固的漕船和招募熟悉三门峡水文的船夫以加强黄河漕运;第四次发生在唐德宗贞元元年(785),李泌开凿三门峡上路,采取分上下路的方式加强陆运。相比较而言,以李齐物开新门、修三门峡山路、整治栈道的工程量最大,现叙述如下。

---

① 唐·赵冬曦《三门赋》,清·董诰《全唐文》卷二九六,北京:中华书局1983年版,第3002页。
② 唐·魏徵等《隋书·炀帝纪上》,北京:中华书局1973年版,第76页。
③ 卫斯《卫斯考古论文集·唐代的三门漕运》,太原:山西古籍出版社1998年版,第196页。

第八章 唐代的漕运

唐玄宗开元二十九年,在裴耀卿力主黄河漕运即北运的基础上,陕郡太守李齐物开始着手整治黄河三门峡。之所以这样做,是因为自从开元二十一年恢复北运后,没过几年,又发生了三门峡漕运不畅的情况,被迫停止北运的事实表明,在黄河漕运受制于三门峡的前提下,唐王朝不得不采取多种方法进一步探索运粮西入关中的路径。史称:"旧制,东都含嘉仓积江淮之米,载以大舆而西,至于陕三百里,率两斛计佣钱千。此耀卿所省之数也。明年,耀卿拜侍中,而萧炅代焉。二十五年,运米一百万石。二十九年,陕郡太守李齐物,凿三门山以通运,辟三门巅,逾岩险之地,俾负索引舰,升于安流,自齐物始也。"①因北运能节约大量的费用,又因"罢北运"无法解除日趋严重的漕运危机,这样一来,在探索黄河漕运可行性及肯定裴耀卿北运成果的基础上,李齐物提出了整治三门峡的方案。

李齐物恢复黄河北运及整治三门峡,主要有三大工程:一是"凿三门山以通运",开凿三门山石渠,以提高通过三门峡的漕运能力;二是"辟三门巅,逾岩险之地",在三门山上开凿十八里山路,采用水陆联运的方式,以求避开漕船通过三门峡时可能遇到的风险;三是在前人的基础上重修栈道,改善"俾负索引舰,升于安流"的条件。从表面上看,三大工程各自独立,似乎没有什么内在的联系,其实不然,三大工程不但有相互补充的作用,而且也表明打通三门峡航线需要采取不同的措施。进而言之,整治三门峡是唐王朝恢复黄河漕运的大事,针对砥柱山崩裂制约黄河漕运等情况,李齐物在充分接受前人成果的基础上采用了开运渠、重修山路和栈道的方案。应该说,在没有炸药和现代工程设备的条件下,李齐物遇到了难以想象的困难。

"凿三门山以通运",是指在三门山人门半岛东侧开凿南北走向的石渠,建立通行的运道,如史有"陕郡太守李齐物先凿三门,辛未,渠成放流"②之说。石渠的长度虽然只有两百八十多米,但开凿难度超出了想象,故工程一直延续到第二年即天宝元年,如史有"天宝元年,太守李齐物开三门以利漕运"③之说。

李齐物在人门东开凿新门石渠,采取了"烧石沃醯而凿之"④之法。"烧石沃醯"主要由架木烧石、泼醋裂石、清除裂石三个环节构成。此前,开凿山岩主要采取架木烧石、泼水裂石及清理岩石的做法。为加快开凿山岩的速度,李齐物采用了烧石泼醋裂石之法。邵友诚、俞伟超在考古报告中论述道:"李齐物开凿新门用了'烧石沃醯(即醋)'的方法,杨务廉凿栈道也应用了'烧石岩'的方法。烧石泼水的方法,战国时期已经应用,东汉时期已很普遍;烧石泼醋的方法,则在唐代亦已被普遍应用。"⑤烧石泼醋虽然提高了开凿山岩的效率,但工程进

---

① 后晋·刘昫等《旧唐书·食货志下》,北京:中华书局1975年版,第2116页。
② 后晋·刘昫等《旧唐书·玄宗纪下》,北京:中华书局1975年版,第214—215页。
③ 宋·欧阳修、宋祁《新唐书·地理志二》,北京:中华书局1975年版,第985页。
④ 宋·欧阳修、宋祁《新唐书·食货志三》,北京:中华书局1975年版,第1367页。
⑤ 中国科学院考古研究所《三门峡漕运遗迹》,北京:科学出版社1959年版,第69页。

度依旧十分缓慢。

新门石渠开凿后,降低了漕船通过三门峡时的风险,与此同时,沿河拉纤也节约了南运即实行漕转联运的成本。郑綮记载道:"天宝中,上以三河道险束,漕运艰难,乃旁北山凿石为月河,以避湍急,名曰天宝河。岁省运夫五十万,久无覆溺淹滞之患,天下称之。"①月河又称"越河",本指在主河道或堰埭(河堤)一侧开挖的具有分流减弱水势功能的弧形河道,此指在黄河主航线一侧开凿的新门石渠。新门开通后,初步改善了黄河漕运的条件,进而出现了"久无覆溺淹滞之患"的局面,在一定程度上化解了唐王朝国用渐广及漕运关中时难以为继的危机。

那么,三门峡新门石渠建成后,每年经新门漕运关中的数额究竟有多大?同时又节省了多少运力呢?邵友诚、俞伟超先生论述道:"根据《新唐书·食货志》的记载,由于韦坚开通了长安至潼关的漕渠,漕运额在天宝三载达到最高峰,每年四百万石。当时运送这些租粟的途程,在陕州一段只有三门水运和南路陆运两路。而南路陆运的数量,在开元初每年为八十万石,以后逐渐增加,至天宝七载岁运二百五十万石是最高的数额,那么在天宝三载时,还不到此额。所以这一年在新门中通过的漕粮,应在一百五十万石以上。水运的数量,差不多相当过去水陆运输的总量。"②恢复黄河漕运即实行北运后,一年之中,从新门通过的漕粮超过一百五十万石,这一数字远远地超出了南运的总量,如南运即从洛阳至陕州陆路转输的年运量为八十万石至一百万石。经此,"岁省运夫五十万",从而节省了大量的人力、物力和财力。不过,恢复北运后,南运并没有停止,这一情况表明黄河漕运继续受到三门峡的制约,漕运通过三门峡依旧艰难。更重要的是,南北两条漕转路线同时进行,在一定程度上传达了唐王朝确保漕路畅通的意图。

稍后,李齐物入朝,由韦坚负责黄河漕运等事务。韦坚接任陕郡太守并兼任水陆运使后,为改善关中漕运条件,在汉代漕渠及隋代广通渠的基础上重修了关中河渠及建造了长安漕运码头广运潭等。经此,黄河漕运与关中河渠串联在一起,加快了漕粮运抵关中的速度,同时也提高了长安漕运码头接纳漕船的能力。然而,新门石渠虽消除了黄河漕运的障碍,但因缺少源头及过程管理,故漕米中掺杂了大量的杂物,这一时期的漕运管理亟须改进和加强。

客观地讲,李齐物开凿新门运道没能收到恢复北运的预期效果。杜佑记载道:"二十九年,陕州刺史李齐物避三门河路急峻,于其北凿石渠通运船,为漫流,河泥旋填淤塞,不可漕而止。"③因泥沙不断地冲入新门,且无法清理,从而加快了新门运道淤塞的速度。与此同

---

① 唐·郑綮《开天传信记》,北京:中华书局1985年版,第3页。
② 中国科学院考古研究所《三门峡漕运遗迹》,北京:科学出版社1959年版,第69页。
③ 唐·杜佑《通典·食货十》,杭州:浙江古籍出版社1988年版,第57页。

时,开凿人门山路及栈道时,因无法清除残留在山路或栈道中的碎石,这些碎石不断地滚入航道也增加了通行新门的难度,增加了拉纤时的风险。特别是三门峡南北之间有一定的水位落差,碎石滚入运道或堵塞航道形成暗礁,或产生旋涡及回流,这些都直接影响船只的通行。由于无法彻底地解决泥沙淤积新门运道和碎石堵塞航道等问题,这样一来,新门运道通航的时间很短,很快就被河泥淤塞而不能通漕舟。新门漕运受阻,减少了漕运西入关中漕粮的总量,在此基础上,发生了"天子疑之,遣宦者按视,齐物厚赂使者,还言便"①的事件。为了逃避责任,李齐物采用了行贿的方法隐瞒了真实的情况。

其实,李齐物整治三门峡运道及开新门失败是必然的。以当时的科学技术水平,要想做到"先浚阌流,而后析底柱"②是根本不可能的。尽管如此,李齐物为整治三门峡所做出的努力还是值得称道的。具体地讲,恢复黄河漕运以后,自三门峡漕运的数额虽然有一半的损耗,但这一损耗明显低于南运即走陆路自洛阳转陕州太原仓的损耗。除此之外,在裴耀卿开山路的基础上,李齐物兴修了十八里的三门峡山路。客观地讲,十八里山路虽然艰难,但要比自洛阳走殽函古道实施南运要快捷,这样一来,三门峡漕运依旧是唐王朝主要的漕运通道。

天宝十四年(755)安史之乱爆发,唐玄宗率文武百官逃离长安幸蜀,经此,北运和南运全面停止。唐代宗宝应二年(763)平定安史之乱后,唐王朝进入藩镇割据时期。当时的政治形势十分严峻,一是黄河中下游及淮河流域因藩镇割据连年战争,亟须恢复农业经济;二是西北不宁,兵粮需求增大。由于"籴于关中"无法保证需求,只能加强自关东至关中的漕运。

遗憾的是,在藩镇割据严重破坏黄河中下游及淮河流域的农业生产秩序的前提下,漕粮重要的起运地——淮河流域已无力承担原有的漕运数额。这样一来,唯一的解救方案只能是拉长江淮漕运补给线,将其延长到长江流域的腹地,如刘晏有"关辅汲汲,只缘兵粮。漕引潇、湘、洞庭,万里几日,沧波挂席,西指长安"③之说。为改善漕运不利的局面,"晏乃自桉行,浮淮、泗,达于汴,入于河。右循底柱、硖石,观三门遗迹;至河阴、巩、洛,见宇文恺梁公堰,厮河为通济渠,视李杰新堤,尽得其病利"④。通过调查研究,刘晏在改革漕政的基础上提出了恢复黄河漕运即北运的主张。为了消除黄河漕运中的三门峡障碍,刘晏采取了打造坚固的船只、招募熟悉黄河水文的船夫"上三门"等措施,经此,黄河漕运即北运再度恢复。

刘晏以后,在国用需求剧增和漕转不济的背景下,唐王朝采取了北运与南运同步进行的措施。在这中间,北运是西入关中的主要运道,南运是辅道,可以补充北运中的不足。在加

---

① 宋·欧阳修、宋祁《新唐书·食货志三》,北京:中华书局1975年版,第1367页。
② 清·胡渭《禹贡锥指》(邹逸麟整理),上海:上海古籍出版社2006年版,第447页。
③ 后晋·刘昫等《旧唐书·刘晏传》,北京:中华书局1975年版,第3512页。
④ 宋·欧阳修、宋祁《新唐书·刘晏传》,北京:中华书局1975年版,第4794页。

强北运的过程中,唐王朝采取了派官员沿河监察"盗水"和加强黄河漕运管理两大措施。一是在黄河水文易变的季节即春夏两季派员沿河监察,防止盗取河水灌溉农田及影响漕运的事件发生。具体地讲,汴水的主要补给水源来自黄河,过度地取水除了会导致通济渠(汴水)航道干浅外,也将导致黄河水位下降而影响黄河漕运。二是雇用熟悉黄河水文的平陆人用插标杆指示航行的办法,引导漕船通过三门峡砥柱山天险。采取这些措施后,黄河漕运受阻三门峡的情况得到了部分的改善。尽管如此,三门峡依旧是黄河漕运的瓶颈,如"岁漕经底柱,覆者几半"造成的损失是巨大的。然而,这一损失又明显地小于南运,这样一来,北运便只有在欲罢不能的时候继续进行。

从另一个层面看,如果能规避三门峡风险,北运自然有南运无法比拟的优势。为了消除北运中的瓶颈,李泌着手开凿三门峡山路。史称:"贞元元年,拜陕虢观察使。泌始凿山开车道至三门,以便饷漕。"①唐德宗贞元元年,为改善北运现有的条件,李泌兴修了"凿山开车道至三门"的运道。按:这里所说的"三门"指三门仓。开凿三门峡山路包括两大工程;一是整修裴耀卿开凿的十八里山路;二是开辟专供空车回程的上路,规定下路运粮,上路回转空车,从而解决了运道拥挤的难题。

史称:"陕虢观察使李泌益凿集津仓山西径为运道,属于三门仓,治上路以回空车,费钱五万缗。下路减半;又为入渭船,方五板,输东渭桥太仓米至凡百三十万石,遂罢南路陆运。"②上路以集津仓为起点,以盐仓为终点,经此,改善了三门峡陆运的条件。李泌在三门峡东的集津仓兴修至盐仓的上路后,实施分道行驶,避免了道路拥挤等意外情况的发生,有效地提高了运输效率。与此同时,李泌又建造适合在关中渭水及河渠航行的漕船"方五板",进一步打通了自黄河三门峡漕转的通道,形成了当年"输东渭桥太仓米至凡百三十万石"的大好形势,出现了"遂罢南路陆运"的局面。

起初,裴耀卿在黄河沿岸建造仓廪时,集津仓和盐仓即三门仓虽然都是漕运中转仓,但又有不同的功能。其中,盐仓除了负责漕粮中转外,还有接纳河东池盐的功能。李泌开辟三门峡上路以后,三门峡西侧的盐仓开始成为黄河航线上重要的中转仓。

黄河漕运受阻三门峡,始终是封建专制国家建都长安及经营西北时无法回避的矛盾。为了破解这一漕运难题,从汉代起,人们为消除三门峡障碍采取了多种措施。遗憾的是,受自然及水文条件等方面的限制,始终收效甚微,乃至于无法突破这一天险。从表面上看,黄河三门峡漕运与建都关中存在某种内在的联系,其实不然,即便是宋代建都大梁(在今河南开封),不再需要通过黄河漕运保证京师粮食安全的背景下,经营西北防务依旧需要黄河漕运的参与。这样一来,历代统治者一方面需要不遗余力地采取多种措施以加强黄河漕运及

---

① 宋·欧阳修、宋祁《新唐书·李泌传》,北京:中华书局1975年版,第4635页。
② 宋·欧阳修、宋祁《新唐书·食货志三》,北京:中华书局1975年版,第1370页。

转输,另一方面又因无法逾越三门峡这一天险而束手无策。在这中间,打通黄河三门峡漕运通道始终与封建专制国家的政治稳定和社会发展联系在一起。

第二节　通济渠、永济渠与漕运

唐王朝自关东漕运关中及长安的航线是由不同区域的河渠构成的,其中,承担关中漕运事务的河渠主要是广通渠;承担黄河以北漕运事务的河渠主要是永济渠;承担黄河以南漕运事务的河渠主要是通济渠;承担江淮漕运事务的河渠主要是通济渠(广义上的通济渠包括邗沟);承担吴越漕运事务的河渠主要是江南河。在这中间,黄河串联起通济渠和永济渠,将漕运空间拓展到黄河流域的腹地;长江串联起通济渠和江南河,将漕运空间拓展到长江流域的腹地。由于通济渠和永济渠横跨不同水系,拓展了漕运空间,因此,在维护专制王朝政治稳定、南北统一、经济繁荣中有着不可替代的地位。在这样的前提下,如何保证运道畅通遂成为唐王朝不断地兴修两渠的重要原因。

通济渠改线与漕运

江淮地区的农业经济赶上,甚至超过黄河中下游地区以后,连通黄河流域和江淮地区的通济渠即汴河在国家政治、经济中的地位进一步彰显。唐代诗人李敬方在《汴河直进船》一诗中写道:"汴水通淮利最多,生人为害亦相和。东南四十三州地,取尽脂膏是此河。"①这首诗虽然旨在揭示专制王朝对百姓的无情掠夺,但从侧面揭示了汴河及江淮漕运在维护唐王朝统治中的重要作用。

漕运是中国古代政治稳定、社会安定和经济发展的重要支柱,唐代自然不能例外。通济渠即汴河长达二千二百多里,主要由洛阳段、板渚段、大梁段、梁郡段、宿州段、淮河段、邗沟段共七个航段构成。在这中间,汴河以邗沟扬子渡口为终点,漕船经此渡江与江南河相接,是唐王朝以黄河联系淮河、长江农业经济区的交通大动脉。这条交通大动脉通过汴河将黄河、淮河、长江流域串联在一起,完成了唐王朝以黄河流域控制和经营长江腹地及岭南等地的战略构想。汴河串联起不同的农业生产区,既是维护唐王朝政治统治的生命线,同时也是稳定社会发展及赈灾救荒的快速通道,具有促进不同区域经济发展及商贸往来的功能。

汴河是联系江淮及长江以远的关键性航段,这条运道畅通与否是直接关系江淮及长江以远航线是否畅通的大事。从地理方位上看,整修汴河主要是在江淮和黄河入汴口两大区

---

① 唐·李敬方《汴河直进船》,中华书局《全唐诗》,北京:中华书局1960年版,第5776页。

域进行的。具体地讲,整修汴河重点从三个方面着手:一是围绕着淮河流域兴修了新漕渠、直河、伊娄河、广济新渠等;二是重点兴修了汴口梁公堰等;三是邗沟是江淮之间唯一的漕运通道,它需要重点改造。根据这一情况,现分述如下。

从时间上看,唐代整修汴河是以兴修江淮之间的新漕渠为起点的。史称:"武德四年以县置涟州,并置金城县。贞观元年州废,省金城,以涟水来属。总章元年隶楚州,咸亨五年复故。有新漕渠,南通淮,垂拱四年开,以通海、沂、密等州。"①

贞观元年(627)以后,涟水的政治地位似有所下降。不过,因涟水盛产海盐,再加上农业经济呈现出欣欣向荣的景象,故继续受到唐王朝的重视,可以说,新漕渠就是在这样的背景下兴修的。新漕渠建成后实现了两个目标:一是扩大了江淮漕运的范围,二是为淮盐输出奠定了基础。如自新漕渠可入邗沟或淮河,可北上进入黄河流域;又如自新漕渠可入沂水,远通沂州(在今山东临沂)、密州(在今山东诸城)等地,从而加强了江淮与齐鲁之地的联系;涟水濒临大海,一向是淮盐的重要产区。垂拱四年,武则天开新漕渠,建设自淮河入海以及联系周边的运道,为淮盐输出创造了必要的条件。

除了新漕渠以外,唐代还重修了从涟水到海州再到东海(在今江苏连云港东海)一带的漕渠及运盐河。唐代宗宝应年间(762—763),东海令李知远在梁代浮山堰的基础上兴修了漕运通道。之所以要兴修"上通淮楚,公私漕运之路"②,主要有两个原因。一是唐代以前,主要是利用自然水道输出淮盐,其输出能力有限。安史之乱后,为加强东南漕运及以盐利补漕运之用,需要建立与东南重镇楚州淮阴郡相连的运盐河。二是海州生产的海盐主要经涟水运出,涟水承担着中转海州及郁州海盐的重任,重点兴修涟水至海州一带的运盐河,可以将运盐河与东南漕运通道连接在一起,将淮盐运往北方。

新漕渠建成后,与邗沟及淮河相通,扩大了漕运范围,在此基础上提高了汴河邗沟段的运力。唐德宗贞元四年(788)以前,淮盐每斗不及二百,大约是池盐价格的一半,因淮盐有着巨大的商业利益,新漕渠开通后与邗沟相连,凭借水运成本低廉等方面的优势,淮盐纳入流通范围带动了沿岸地区的经济发展。特别是刘晏实行盐铁专营政策及以淮盐税收保漕运之策以后,有效地增加了中央财政收入。不过,贞元四年以后,出现了"江淮豪贾射利,或时倍之,官收不能过半,民始怨矣"的局面。尽管如此,兴修新漕渠扩大邗沟及江淮漕运的范围,可谓是武则天一朝加强江淮漕运的重要举措。具体地讲,新漕渠自涟水入淮经邗沟末口可北上进入黄河流域,南下入江可联系吴越及长江腹地,向东可以联系海州,从海州入海可联系密州等地并进入胶东半岛,与此同时,沿新漕渠经涟水入沂水,可深入到齐鲁腹地沂州等地。这条河渠建成后,改善了淮河下游的漕运条件。

---

① 宋·欧阳修、宋祁《新唐书·地理志二》,北京:中华书局1975年版,第991页。
② 唐·姚思廉《梁书·羊侃传》,北京:中华书局1973年版,第562页。

继开新漕渠以后，唐睿宗太极元年（712），魏景清在盱眙一侧开直河，改造了自汴河入淮再入邗沟的航道。盱眙隔淮河与临淮县徐城汴口相望，起初，汴河自徐城汴口入淮，入淮后下行至淮阴末口入邗沟。直河开挖后，自盱眙引淮经黄土冈东行可直入邗沟。直河开渠引淮的地点是在盱眙的城北，根据这一情况，黄土冈亦在盱眙城北。直河经黄土冈东行至台子山以后进入邗沟，通过裁弯取直缩短了自淮经淮阴末口入邗沟的航线。从形势上看，盱眙在徐城汴口的对岸，位于淮河与汴河的交汇口，一向是水上交通的重镇，重点改造其运道，对于保证江淮漕运有着非同一般的意义。

魏景清开直河以后，李杰重修了梁公堰。堰既指拦河坝又指堤坝，李杰重修梁公堰，主要包括重修河口和重建沿河堤坝两大工程。梁公堰位于汴河与黄河相接的河口，又称"汴口堰"。然而，李杰重修梁公堰以后，并没有从根本上解决汴口漕运不畅带来的问题。针对黄河水道摇摆不定、泥沙淤积河口等情况，刘宗器提出了新的建设方案：一是堵塞汴河自汜水（在今河南荥阳西北汜水）进入黄河的河口，在水流相对稳定的汴河下流荥泽破梁公堰，兴建导入汴河的新渠；二是为防止泄水及流量不足难以行运，在取水口设置斗门，通过斗门控制流量以提高漕船安全通过的能力。遗憾的是，这条新航道投入使用后，很快因泥沙淤塞严重而失去通航能力。

从其后唐人反复重修的情况看，梁公堰的畅通直接关系到江淮漕运的大事，然而，黄河水道摇摆不定及水文变化给梁公堰即汴口治理增加难度。继李杰、刘宗器、范安及等人重修梁公堰以后，针对长江水文变化后的新形势，唐玄宗开元二十五年（737），润州刺史齐浣改造了江南河和邗沟的入江口，与此同时，又开挖伊娄河、兴建伊娄埭，改造了邗沟入江水道。开元年间（713—741），在自然力的作用下，长江水道不断地南移，因水道南移，江南河和邗沟的入江口亦发生了淤塞及位移等情况，主要表现在三个方面：一是长江北岸的江心洲瓜洲已与长江北岸相连，扬子渡口已远离江口，其相关运道严重淤塞；二是漕船自吴越腹地渡江北上，已无法从江南河进入原来的入江口；三是长江水道南移后，从邗沟扬子渡口过江入江南河已变成一条斜线，即从邗沟过江须在江面上航行一段时间后才能到达京口（在今江苏镇江）入江南河。根据这些情况，为了减少漕船过江时可能出现的风险、缩短通过长江的航程，开元二十五年，润州刺史齐浣重点整治和改造了江南河和邗沟的入江口，并根据长江水文变化开挖了伊娄河和建造了伊娄埭。进而言之，齐浣的建设工程主要有三个：一是将江南河的入江口改到京口塘下，以适应长江水文变化；二是在长江北岸开伊娄河，建造连接邗沟入江的新航线；三是建造了伊娄埭。伊娄河与邗沟连接，主要的补给水源来自淮河，其高程超过江面。以今天的水文进行测算，邗沟及伊娄河与长江水面应有五米以上的落差。为防止航道泄水，齐浣在伊娄河的入江口建造了伊娄埭。

兴修伊娄河及建造伊娄埭可谓是一举三得：一是拉直了长江航线，减少了约四十里的江程;二是去除"船绕瓜步"这一障碍后,节省了时间,减少了过江费用,在此基础上出现了"自是免漂损之灾,岁减脚钱数十万"的大好局面;三是建造伊娄埭后设卡增加了国家的税收。在伊娄河开挖以前,船只过江时"多为风涛之所漂损",伊娄河开挖后船只经此不但避开了风险,而且大大地降低了成本和费用。从表面上看,经伊娄埭要增加税收,由于经此埭可以减少重船自南过江风险,并可减少过江的航程直达扬子县(在今江苏扬州南扬子桥附近),因此来往船只均乐意经伊娄埭缴税,并由伊娄河入邗沟。

唐玄宗开元二十七年(739),齐浣任两道采访史后,立即沿广济渠下游开挖了自虹县(在今安徽泗县)南至淮阴(在今江苏淮阴)的广济新渠。广济新渠由两个连续性的工程构成:一是自虹县南开渠三十余里,随后入清河;二是入清河航线后运百余里,另开一条新渠,这条新渠至淮阴县北入淮及自淮阴末口入邗沟。从意图上讲,新渠建立一条绕开自临淮(在今江苏盱眙淮河镇)徐城汴口入淮的航线,是为了避开淮河之险。遗憾的是,广济新渠建成后没能改变"水流迅急"的形势,故很快便被废弃不用,只能沿用从徐城汴口入淮的旧道。齐浣开广济新渠虽然失败了,但这一整治及开渠工程表明,保证汴河畅通及提高相关航段的漕运效率始终是唐王朝追求的目标。

整治汴河除了要重点整治邗沟段入江口以外,汴河的入淮口也是重点整治的对象。齐浣开伊娄河及整治邗沟入江口后转任河南采访使及汴州刺史等职,因职务上的便利,为其开辟广济新渠提供了客观的条件。由于广济新渠与邗沟相接,因此,可以把广济新渠视为齐浣开伊娄河及整治邗沟之后的连续性工程。在这中间,齐浣兴修广济新渠与开伊娄河等,实际上是分段治理分布在淮河两岸的邗沟和汴河。其兴修工程虽然成败掺半,但在一定程度上改善了江淮之间的漕运环境,甚至从一个侧面透露了唐王朝的国用需求主要取自江淮,故需要采取一系列的措施为江淮漕运服务。

通济渠邗沟段改造与漕运

安史之乱是唐王朝由盛到衰的转折点。经此,出现了"属东都、河南并陷贼,漕运路绝"[1]的局面。漕运受阻后,唐代宗于广德二年开辟新航线,试图绕过藩镇占领的汴河航段实施转运。广德二年虽然是汴河漕运中断的开始,但汴河漕运并没有完全停止,相反,还在艰难的条件下继续进行。

当时,汴河"漕运路绝"主要发生在河南一带,根据这一情况,唐王朝采取了加强漕运管理和重修相关区域运道的措施。然而,一个问题解决了,另一个问题又出现了,藩镇与中央对抗、藩镇与藩镇之间相互攻伐,致使汴河漕运处于时断时续的状态。具体地讲,水运有陆

---

[1] 后晋·刘昫等《旧唐书·韦伦传》,北京:中华书局1975年版,第3781页。

运无法比拟的优势,即便是汴河漕运不能全线贯通,但只要部分通运,依旧可以无限接近漕运目的地关中及长安,这样一来,改造汴河航线及恢复江淮漕运依旧是唐王朝关心的事情。为此,唐王朝采取了改善汴河邗沟段漕运环境和恢复蔡河漕运等措施。

改造汴河邗沟段的漕运环境,主要是围绕着扬州、高邮等地进行的,明确地表达了提升邗沟漕运能力的诉求。史称:"初,扬州疏太子港、陈登塘,凡三十四陂,以益漕河,辄复堙塞。淮南节度使杜亚乃浚渠蜀冈,疏句城湖、爱敬陂,起堤贯城,以通大舟。河益庳,水下走淮,夏则舟不得前。节度使李吉甫筑平津堰,以泄有余,防不足,漕流遂通。"①从史述内容看,这一时期的邗沟改造工程可分为三个时段,分别采取了建设水利设施、疏浚和改造运道、兴修蓄水及灌溉工程等措施。

第一时段主要是围绕扬州进行的。具体地讲,一是疏浚太子港等港湾,扩大了漕船停靠码头的能力;二是疏浚陈登塘和三十四陂塘,扩大了陂塘的蓄水功能,以此调节航道水位,以便通行。两大水利建设工程完工后,在补给航道水位的同时,为灌溉农田等提供了极大的方便。

第二时段发生在唐德宗贞元四年。杜亚在前人的基础上疏浚了蜀冈运道及句城湖、爱敬陂(陈登塘的别称)等陂塘,建造了邗沟穿越扬州城的河堤。如李吉甫《元和郡县图志》引《纪胜扬州》云:"爱敬陂,在县西五十里。魏陈登为太守,开陂,民号爱敬陂,亦号陈登塘。"②《新唐书·食货志三》叙述时前面先称"陈登塘",后又改称"爱敬陂",很容易引起混乱,故澄清之。所谓"起堤贯城,以通大舟",是说采取加固河堤等措施时,重点改造了邗沟从扬州城穿过的航道。更重要的是,在改造的过程中,杜亚重点建造了控制航道水位及流量的爱敬陂水门。

第三时段发生在李吉甫出任淮南节度使之时。李吉甫任淮南节度使以后,筑平津堰改造了高邮(在今江苏高邮)一带的邗沟运道。高邮地处邗沟中段,兴修这一航段的河堤含有全面整治邗沟之意。全面整治邗沟后,促进了邗沟沿线社会经济的发展。

唐王朝恢复蔡河漕运是由藩镇割据阻断汴河造成的。隋兴修通济渠以后,建立了绕过徐州至徐城汴口入淮的航线。顾祖禹考证汴河自河阴以东沿途经过的城市及航线时指出:"今考汴河故道,自河阴县东北十里广武涧中,东南流过阳武、中牟县界,至开封府城南,东流过陈留杞县北,又东过睢州北、考城县南、宁陵县北,而东经归德府城南。自隋以前,自归德府界东北流,达虞城、夏邑县北而入南直徐州界,过砀山县北,萧县南,至徐州北合于泗。自隋以后,则由归德府境东南流,达夏邑、永城县南而入凤阳府宿州界,东南流经灵璧县及虹县

---

① 宋·欧阳修、宋祁《新唐书·食货志三》,北京:中华书局1975年版,第1370页。
② 唐·李吉甫《元和郡县图志·淮南道》,北京:中华书局1983年版,第1072页。

南,至泗州两城间而合于淮。"①顾祖禹以隋代兴修河渠为时间节点,叙述了隋代以前即东汉汴渠和隋代通济渠的变化。唐王朝取代隋以后,江淮漕运继续沿用这一运道。

不幸的是,藩镇占据黄河中下游及淮河流域部分区域以后,掐断了汴河自大梁段、梁郡段至宿州段之间的运道。这一时期,相关区域成为唐王朝平叛的战场,再加上藩镇在此争夺势力范围相互攻伐,从而使汴河漕运时断时续。

藩镇割据阻断汴河,直接影响到唐王朝从江淮及长江以远的区域调粮调物。唐德宗建中二年(781),藩镇田悦、李纳等相互勾结对抗唐朝廷,占据涡口(涡水入淮处,在今安徽怀远东北老元塘),直接威胁汴河运道的安全。为改善汴河漕运现状,江淮水陆转运使杜佑提出恢复秦汉旧道,"出浚仪十里入琵琶沟,绝蔡河,至陈州而合"②,改造汴河漕运的方案,试图兴修一条自琵琶沟入蔡水至陈州(在今河南周口淮阳)与汴河相合的运道。然而,因"会李纳将李洧以徐州归命,淮路通而止",尽管如此,这一有价值的提议成为后来恢复汴河漕运、开通蔡水航线的重要依据。

唐德宗建中三年(782),占据汴州等地的藩镇李希烈再度掐断汴河。因汴河漕运时刻处于藩镇的威胁之下,江淮漕运被迫改走蔡水及与颍水相通的鸿沟南线。与此同时,为防止藩镇李纳等再度阻断汴河漕运,唐王朝采取了加强甬桥(在今安徽宿州北二十里)管理的措施。贞元四年,在宰相李泌的建议下,由服从中央的张建封出任徐泗节度使,通过镇守徐州有效地控制了汴河咽喉甬桥,恢复了汴河漕运。

然而,汴河是由不同航段构成的,仅仅控制以徐州为中心的甬桥等,并不能完全恢复漕运。淮西节度使吴元济割据蔡州(在今河南汝南),再次阻断汴河。这一情况直到唐宪宗元和九年(814),李愬雪夜袭蔡州生擒吴元济以后,汴河漕运才基本上得到恢复。因汴河绕行徐州一带的航段依旧不通,故此时说的恢复汴河漕运,主要是指恢复自淮河入颍水再入蔡水的航线。从表面上看,汴河漕运畅通与否与中央是否有能力控制藩镇相关,实际上汴河漕运已成为唐王朝的生命线,在维护其政治稳定等方面有着不可替代的作用。

安史之乱后,唐王朝陷入空前的政治危机。一方面如何绕过藩镇占领的区域恢复汴河漕运有许多新的难题,另一方面关中粮食需求量空前增大不仅与藩镇割据及平藩战争等相关,更主要的原因是吐蕃入侵。吐蕃不断地入侵关中已直接动摇了唐王朝的统治根基,及时地增加关中防卫已是当务之急。

为应对吐蕃入侵,唐王朝从各地调集了十七万人马入关。当关中一下子增加了十七万人马,无疑是加大了粮食及物资紧缺的程度。史称:"贞元初,关辅宿兵,米斗千钱,太仓供天

---

① 清·顾祖禹《读史方舆纪要·河南一》(贺次君、施和金点校),北京:中华书局2005年版,第2110页。

② 宋·欧阳修、宋祁《新唐书·食货志三》,北京:中华书局1975年版,第1369页。

子六宫之膳不及十日,禁中不能酿酒,以飞龙驼负永丰仓米给禁军,陆运牛死殆尽。德宗以给事中崔造敢言,为能立事,用为相。造以江、吴素嫉钱谷诸使颛利罔上,乃奏诸道观察使、刺史选官部送两税至京师,废诸道水陆转运使及度支巡院、江淮转运使,以度支、盐铁归尚书省,宰相分判六尚书事。以户部侍郎元琇判诸道盐铁、榷酒,侍郎吉中孚判度支诸道两税。增江淮之运,浙江东、西岁运米七十五万石,复以两税易米百万石,江西、湖南、鄂岳、福建、岭南米亦百二十万石,诏浙江东、西节度使韩滉,淮南节度使杜亚运至东、西渭桥仓。"①唐德宗贞元初,因"关辅宿兵"需要大量的"兵食",关中陷入了空前的粮荒,甚至出现了"米斗千钱"等情况,乃至于粮价已是丰年的二百至三百倍。在这样的背景下,不但关中百姓无法维持正常的生计,就连天子、太子的口粮也出现了"不及十日"的状况。在万般无奈的情况下,唐德宗被迫采取了六个方面的措施:一是以飞龙厩良驹驮运粮食给禁军;二是加强陆运;三是在赋税改革即实行"两税"的基础上加强漕运;四是"增江淮之运",扩大调粮的范围,将漕运补给线从江淮、两浙延长到江西、湖南、鄂岳、福建、岭南等地;五是"以两税易米百万石",以解燃眉之急;六是令两浙节度使韩滉、淮南节度使杜亚武装押运粮食赴京。如听到韩滉运米三万斛至陕州的消息后,唐德宗长舒了一口气,对太子说:"米已至陕,吾父子得生矣!"②随即与太子一道坊市取酒相庆。在这中间,漕运除了因藩镇叛乱受阻外,还受到黄河三门峡的制约,在万般无奈的情况下,只能加强陆运,然而,陆运又出现了"牛死殆尽"的状况。从这样的角度看,在关中处于吐蕃威胁之下,"关辅宿兵"所需的粮食已成为唐王朝的沉重负担。更重要的是,除了粮食,唐王朝还需要调运大量的物资和赋税西入关中,这样一来,恢复汴河漕运及增加中央财政收入遂成为唐王朝必须关注的大事。

永济渠改造工程与漕运

贞观十八年(644),为解除高丽造成的威胁,唐太宗决定远征辽东。为进行战前部署,唐太宗采取了四个方面的措施:一是令阎立德到洪、饶、江三州督造运送军粮的船只;二是令营州都督张俭等率兵驻守,幽、营二州的兵马及契丹、奚、靺鞨等部率先进军辽东,以探虚实;三是任命韦挺负责河北诸州的粮草转运事务;四是令萧锐筹办海运事务。

萧锐筹办海运事务,发生在韦挺于河北各地征军粮以后。韦挺受命筹集河北各地的军粮以后,萧锐提出海运方案,目的是改变单一地依靠永济渠进行漕运的局面。在萧锐的建议下,唐太宗下令开辟了以登州治所黄县(在今山东蓬莱)为中转地的海运。这条海上航线开辟后,在一定程度上减轻了永济渠的漕运压力。不过,海运虽缩短了从海上运粮到辽东的距离,但将河南各地的粮食转运到黄县则需要水陆联运,因此付出的代价是巨大的。这样一

---

① 宋·欧阳修、宋祁《新唐书·食货志三》,北京:中华书局1975年版,第1369—1370页。
② 宋·司马光《资治通鉴·唐纪四十八》(邬国义校点),上海:上海古籍出版社1997年版,第2153页。

来,海运只能是一条辅线,输往辽东前线的粮草及战略物资只能以永济渠为主运道。

为了及时地把粮草及战略物资运往辽东前线,馈运使韦挺以永济渠为通道在幽州(在今北京西南广安门一带)筹建了漕运中转站。针对北方天寒地冻不利漕运的情况,韦挺采取了在卢思台临时储粮及军用物资的措施,然而,这一延误战机的行为引起了唐太宗的不满,为此,韦挺受到了撤职查办的处分。《旧唐书》和《新唐书》记载韦挺漕运不力受到贬谪的情况时虽有不同的侧重点,但从中可以看到卢思台是漕运幽州及支援辽东的航段节点。

韦挺转运粮草入幽州时利用了曹操兴修的泉州渠。从幽州经桑干河向北沿泉州渠可入宝坻(今属天津),从宝坻南经鲍丘水(今潮白新河)可转入曹操开挖的新河航道,向东经宁河北至丰南入滦河可进入辽东。客观地讲,这条水上大通道是以曹操开挖的河渠及永济渠为基础的。永济渠在远征辽东运送粮草及战略物资中扮演着重要的角色,幽州是辽东战役的后勤保障基地,也是范阳节度使治所及边防重镇。不过,并不是所有的军粮及物资等都需要经幽州调拨。为了征辽东及加强其防务,唐王朝重点经营了永济渠独流口航段的东线,主要表现在两个方面:从水文及航线上看,一是永济渠独流口航段东线有良好的基础,主要利用了曹操兴修的平虏渠、泉州渠和新河;二是这一航线在沿海北上的过程中又与海上运输线相接,成为唐王朝经营辽东的战略大通道。这条自海上运粮及军用物资到辽东的基本航线一般有两种情况:或取粮及物资于吴越入长江,随后从长江口崇明岛(今属上海、江苏)出发,沿海岸线北上自渤海湾入永济渠独流口航段东线;或取粮及物资于齐鲁,从登州(在今山东蓬莱)出发,沿海北上自渤海湾进入永济渠独流口航段东线。此外,这条海上通道与永济渠相接,可以自永济渠独流口航段西线抵达幽州,为幽州提供后勤保障。进而言之,无论是从崇明岛还是从登州运粮及物资北上,都必须经过渤海湾。从渤海湾入永济渠独流口以后,或自西线抵幽州,或自东线抵辽东,总之,唐代利用永济渠独流口航段东线和西线建立的海上交通线减轻了永济渠独流口以南航段的漕运压力。

经过隋唐两代的精心建设,永济渠成为贯穿华北地区重要的交通干线。唐玄宗天宝十三年(754),安禄山害怕谋反的行迹败露,慌忙逃出长安及关中后,从淇门(在今河南淇县内)乘船逃回了幽州。淇门是永济渠重要的航段节点,安禄山在淇门弃陆路改走水路,当知沿永济渠北上入幽州是一条陆路交通无法比拟的快捷通道。

唐代整修永济渠主要是围绕沧州和魏州两个航段节点进行的,包括筑堤改造旧道、开挖新渠和疏浚与永济渠相关的水道三个方面。其中,新渠与旧渠连接在一起,或扩大了永济渠的漕运范围,或提升了永济渠通航的条件,进而为唐王朝经营黄河以北及辽东以远的区域奠定了坚实的基础。

唐高宗永徽元年(650),沧州刺史薛大鼎在沧州开新河,拉开了唐王朝整修永济渠的序幕。新河的基础是无棣沟,通过开辟自无棣沟入海的航线,薛大鼎改善了沧州一带永济渠的水运条件。无棣沟原本是永济渠运道的一部分,沧州治所清池(在今河北沧县)是永济渠重要的航段节点。薛大鼎疏导无棣沟的本质是分泄永济渠水势,建立自新河入海的航线。与此同时,薛大鼎又在沧州境内疏导了长芦、漳、衡三河,采取了加固永济渠及相关河堤的措施。永徽二年(651)和永徽三年(652),薛大鼎兴修了永济渠河堤、李彪淀东堤及徒骇河西堤。薛大鼎兴修永济渠河堤的目的自然是保证行运安全,加固李彪淀东堤及徒骇河西堤也是保证永济渠运道的安全的重要措施。继薛大鼎在沧州一带实施开新河、加固永济渠及相关河堤等相关措施以后,唐高宗于显庆元年在沧州清池一带开渠,如史有"西四十里有衡漳堤二,显庆元年筑"①之说。

唐中宗神龙三年(707),姜师度在沧州治所清池兴修平虏渠。平虏渠与海上航线遥相呼应,提高了这一区域的漕运能力,为唐王朝加强北方防务提供了强有力的后勤支持。姜师度兴修平虏渠主要有三个特点:一是兴修时利用了曹操北征乌桓时开挖的平虏渠和泉州渠等河渠,通过改造旧渠建立了一条沿海行运及与海运相接的航线;二是姜师度兴修的平虏渠是一条集漕运、灌溉、排洪防涝及军事防御为一体的河渠;三是利用了薛大鼎开新河和"疏长芦、漳、衡三渠"时的成果。春秋战国时期,兴修河渠的目的是发展漕运,降低运兵运粮时的成本;汉代以后的河渠建设,同时有漕运、灌溉、排洪防涝等综合功能。姜师度兴修平虏渠时除了注意到河渠建设的综合功能外,还有意识增加了以河渠建立防线的功能,如为了应对奚、契丹骑兵南下和快速奔袭等特点,姜师度将"以备奚、契丹之寇"与兴建平虏渠结合到一块,从而为唐王朝抵御入侵及设立防线争取了必要的时间。从大的方面讲,此举开启了北宋在这一区域建设以水代兵的国防线的先河。北宋为防止辽国骑兵南下,精心设计和建设了一条"自边吴淀至泥姑海口,绵亘七州军,屈曲九百里,深不可以舟行,浅不可以徒涉"②国防线,通过设置障碍阻挡辽国骑兵南下。应该说,北宋建设的这条国防线与姜师度兴修平虏渠有某种内在的联系。

继姜师度以后,唐玄宗开元十年(722)、开元十六年(728)围绕沧州又有开渠、筑堤等举措,如史有沧州清池"西北六十里有衡漳东堤,开元十年筑。……西南五十七里有无棣河,东南十五里有阳通河,皆开元十六年开。南十五里有浮河堤、阳通河堤,又南三十里有永济北堤,亦是年筑"③之说。开元十年筑衡漳东堤实际上是改造永济渠运道之举,如史有"古毛河自临津经县入清池,开元十年开。有唐昌军,贞元二十一年置"④之说。所谓"自临津经县入清池",是指毛河(屯氏河)自黄河津渡经南皮至清池的航线。经过这一改造,永济渠自南皮

---

① 宋·欧阳修、宋祁《新唐书·地理志三》,北京:中华书局1975年版,第1011页。
② 元·脱脱等《宋史·河渠志五》,北京:中华书局1985年版,第2359页。
③ 同①。
④ 宋·王应麟《玉海·地理》,南京:江苏古籍出版社1987年版,第1018页。

至清池航段开辟了屯氏河这一行运的复线。此外,开元十六年开无棣河,实际上是薛大鼎以无棣河为基础开新河工程的延续。

唐宣宗大中十二年(858),黄河泛滥引起水文变化,杜中立自沧州开渠疏导积水,重建了自屯氏河入永济渠的航线。史称:"大中十二年,大水泛徐、兖、青、郓,而沧地积卑,中立自按行,引御水入之毛河,东注海,州无水灾。"①徐、兖、青、郓等地发生水灾,大水向地势低凹的沧州汇积,毁坏了沧州一带的运道。根据新的水文形势,杜中立"引御水入之毛河,东注海",建成了引御水(永济渠)入毛河的航线。因杜中立开渠发生在沧州,又有"东注海"的特点,因此,这条航线应与薛大鼎开新河、姜师度兴修平虏渠有一定的关系。

永济渠重点修复航段

继薛大鼎、姜师度等以后,永济渠整修工程的主战场转移到魏州(在今河北大名东北王莽城一带)等地。魏州成为永济渠整治工程的主战场,是由其特殊的地理及交通位置决定的。东魏孝静帝天平二年(535),分馆陶置贵乡,以赵城为治所,如史有东魏孝静帝"天平二年分馆陶置,治赵城"②之说。后来,"以赵城卑湿,东南移三十里,就孔思集寺为贵乡县"③,为贵乡成为唐代魏州治所奠定了基础。武德四年(621),唐高祖虽有"割冠氏、馆陶置毛州"之举,但以馆陶为治所的毛州亦属魏州。

魏州移治贵乡后虽避开了水患,但不在永济渠沿线,故交通不便。根据这一情况,魏州刺史李智云开渠将永济渠延长到贵乡。史称:"贞观二年,复以济南公世都子灵龟嗣,历魏州刺史,为政威严,盗贼不发;凿永济渠,通新市,百姓利之。"④通过延长运道引永济渠入贵乡新市(新开设的商贸市场),李智云开创了魏州商品经济繁荣的新局面。可以说,永济渠在担负唐代漕运使命的同时,还促进了华北与江淮之间的商贸往来,带动了沿线地区的社会经济发展。

唐玄宗开元二十五年,在唐太宗贞观二十一年(647)朱潭开长丰渠的基础上,卢晖开渠建立了永济渠自东城(在今河间东北)、平舒(在今河北大城)引滹沱东入淇通漕的航线,如史家叙述河间县(在今河北河间市)沿革时有"武德五年置武垣县,贞观元年省入焉。西北百里有长丰渠,二十一年,刺史朱潭开。又西南五里有长丰渠,开元二十五年,刺史卢晖自东城、平舒引滹沱东入淇通漕,溉田五百余顷"⑤之说,通过此举,卢晖建立了自滹沱河入永济渠的航线。

---

① 宋·欧阳修、宋祁《新唐书·杜中立传》,北京:中华书局1975年版,第5206页。
② 北齐·魏收《魏书·地形志上》,北京:中华书局1974年版,第2456页。
③ 后晋·刘昫等《旧唐书·地理志二》,北京:中华书局1975年版,第1493页。
④ 宋·欧阳修、宋祁《新唐书·高祖诸子传》,北京:中华书局1975年版,第3548页。
⑤ 宋·欧阳修、宋祁《新唐书·地理志三》,北京:中华书局1975年版,第1020页。

此后,卢晖又在贵乡开西渠,将永济渠引到贵乡城西,形成远接江淮的航线。史称:"开元二十八年,刺史卢晖徙永济渠,自石灰窠引流至城西,注魏桥,以通江、淮之货。"①这一事件发生在开元二十八年(740)九月,如史有"九月,魏州刺史卢晖开通济渠,自石灰窠引流至州城而西,却注魏桥"②之说。所谓"开通济渠",是指卢晖在贵乡开渠,重新使用废弃的永济渠屯氏河航线;这里所说的"济渠",是永济渠的省称。在卢晖开西渠以前,永济渠自西"由魏县流来即入贵乡县境,然后东流或东北流入元城县境"③,经此,自石灰窠引永济渠至贵乡城西,经魏桥远通江淮等地。

起初,永济渠自馆陶开渠北上,有清河和屯氏河等两条航线。杜佑交代贵乡水文时,有"汉元城县地。有屯氏河。大河故渎,俗曰王莽河"④之说。卢晖"徙永济渠"即"刺史卢晖移通济渠,自石灰窠引流至州城西,都注魏桥,夹州制楼百余间,以贮江淮之货"⑤以后,贵乡城内的屯氏河成为永济渠重要的漕运通道。屯氏河原本是白沟的一部分,永济渠自馆陶开渠北上利用了白沟,因屯氏河"广深与大河等"⑥,是一条天然的运道,卢晖"移通济渠"即开西渠时利用了这条航线。从这样的角度看,卢晖开西渠改造永济渠,只是通过改造永济渠运道强化了屯氏河在漕运中的功能,并没有取代自馆陶入清河的航线。卢晖开西渠以前,永济渠屯氏河航线已逐步退出历史舞台,经此,又重新恢复其漕运功能。由于西渠提升了魏州商品流通的速度,经过李智云、卢晖等人的倡导,魏州很快成为"户十五万一千五百九十六,口百一十万九千八百七十三"⑦的重镇。

唐德宗建中三年,魏州境内的永济渠因战争两度改线。具体地讲,先是马燧征伐藩镇田悦,田悦据魏州引御河即永济渠抵挡官军,如史有"魏州先引御河入城南流,燧令塞其领口,河流绝"⑧之说。经此,永济渠漕运处于瘫痪的状态;后是藩镇朱滔堰永济渠断绝马燧归路,如史有"滔等堰永济渠入王莽故河,绝官军粮道及归路"⑨之说。经此,永济渠运道遭受极大的破坏,形成入黄河故道王莽河的局面,乃至于一直到平藩以后,永济渠运道才得以完整的恢复。

在经营永济渠的过程中,永济渠的日航程及航段节点一直是唐王朝重点关注的区域。这些区域及城市因位于水陆交通要道或航运节点上,其战略地位远远地超出其他区域,进而

---

① 宋·欧阳修、宋祁《新唐书·地理志三》,北京:中华书局1975年版,第1011页。
② 后晋·刘昫等《旧唐书·玄宗纪下》,北京:中华书局1975年版,第212页。
③ 严耕望《唐代交通图考·隋唐永济渠》第五卷,上海:上海古籍出版社2007年版,第1614页。
④ 唐·杜佑《通典·州郡十》,杭州:浙江古籍出版社1988年版,第956页。
⑤ 同④。
⑥ 宋·乐史《太平寰宇记·河北道三》第3册(王文楚等校点),北京:中华书局2007年版,第1107页。
⑦ 宋·欧阳修、宋祁《新唐书·地理志三》,北京:中华书局1975年版,第1011页。
⑧ 后晋·刘昫等《旧唐书·马燧传》,北京:中华书局1975年版,第3694页。
⑨ 宋·司马光《资治通鉴·唐纪四十三》(邬国义校点),上海:上海古籍出版社1997年版,第2114页。

升格为上一层级的行政区划,或调整区划建立新的政区。史称:"贞观元年,废景州,以平舒属瀛州,南皮、鲁城、长芦三县属沧州。"①贞观元年(627),唐太宗诏令撤销景州,并划拨南皮等三县隶属沧州。在这一过程中,撤销景州建制,提升沧州建制,与沧州是永济渠航段节点有密切的关系。经过不断地建设,清池成为永济渠重要的航段节点城市。

永济渠开通后,一些航段节点上的集散地或乡镇得到了迅速地扩张,成为县级建制。史称:"七年春正月癸未朔。戊子,于魏州顿邱县置澶州。以顿邱县之观城店置观城县,以张之清丰店置清丰县,并割魏州之临黄县,并隶澶州。以贝州临清县之张桥店置永济县。"②相关政区的调整或升格,是在建立与永济渠的关系中进行的。大历七年(772),唐代宗将顿丘升格为州级建制,置澶州;又将属顿丘县的观城店、清丰店等划分出来升格为县级建制,属临清的张桥店等升格为永济县,是因为这些城市或乡镇处在永济渠航段的节点上,有向周边地区辐射的能力,因此成为县级以上的政区,如史有永济县"唐县。有永济渠"③之说,这些均在一定程度上反映了永济渠在唐代经营幽州及辽东过程中的战略作用。贞元十五年(799),唐德宗在满城县建永清军治所,提升了满城县的政治地位。史称:"壬申,于易州满城县置永清军。癸酉,令江淮岁运米二百万石。"④新行政区划建立后,为经营华北开辟了新的路径。从满城县接纳江淮二百万石漕米的情况看,当知满城县成为永清军治所与漕运有密切的关系。在这中间,永济渠沿线城市经济地位的确认势必会提升沿线城市在行政区划中的政治地位。

需要补充的是,自馆陶沿永济渠北上至临清必经张桥,张桥是馆陶和临清之间的航段节点。永济渠馆陶航段开辟后,张桥开始由普通的贸易集市一跃成为繁华之地。

值得关注的是,唐代宗大历七年,魏博节度使田承嗣奏请析分临清,以张桥为治所建立永济县。因张桥西临永济渠,故称"永济县"。张桥由集市提升为县,与它成为日航程有着密切的关系。章如愚记载道:"唐制:凡陆行之程,马日七十里,步及驴五十里,车三十里;水行之程,舟之重者,溯河日三十里,江四十里,余水四十五里;空舟溯河四十里,江五十里,余水六十里,沿流之舟即轻重同制,河日一百五十里,江一百里,余水七十里。"⑤以"水行之程,舟之重者,溯河日三十里,江四十里,余水四十五里"为参照,当知张桥升格为县级建制,原因有二:一是张桥有联系四方的水运能力,二是张桥是永济渠重要的日航程节点。宋神宗熙宁五年(1072),北宋疆域发生变化,北部边境向南收缩,张桥即永济县的交通地位下降,故省入临清。王应麟综合前人诸说时论述道:"《国史志》:'大名府永济县有永济渠。'(今省为镇,入

---

① 后晋·刘昫等《旧唐书·地理志二》,北京:中华书局1975年版,第1507页。
② 后晋·刘昫等《旧唐书·代宗纪》,北京:中华书局1975年版,第299页。
③ 元·马端临《文献通考·舆地考三》,杭州:浙江古籍出版社1988年版,第2488页。
④ 后晋·刘昫等《旧唐书·德宗纪下》,北京:中华书局1975年版,第390页。
⑤ 宋·章如愚《群书考索后集·财赋门》,《四库全书》第937册,上海:上海古籍出版社1987年版,第782页。

临清县)。"①马端临论永济县时指出:"唐县。有永济渠。熙宁五年,省隶临清。"②张桥位于馆陶和临清之间,从唐宋政区变迁中当知,永济县的兴衰与永济渠漕运的兴衰息息相关。

综上所述,唐代数次改造永济渠航线后,自馆陶北上的屯氏河航线得到全面的宣示。在这中间,一方面永济渠为后世根据新的水文情况选择不同的航线进行漕运提供了重要的依据,另一方面也给后世研究馆陶以北的永济渠航线带来了不同的说法。

漕运在国家政治中占有特殊的地位,为改变关中依赖关东漕运的结构,唐王朝有意识地进行了一些尝试,如贞观二十二年(649)七月,唐太宗曾有"开斜谷道水路运米以至京师"③之举。遗憾的是,唐太宗遇到的困难与汉代开褒斜道时遇到的困难大体相同,故没有打通自汉中至关中的航线。

唐中宗复辟后,崔湜提议开挖从丹江至商州(在今陕西商洛)的河渠,试图建设一条从关中经陕南入汉江,进而联系长江的漕运通道。石门是褒斜道的门户,秦汉以后曾多次修整这一运道,崔湜此举可视为是唐太宗开褒斜道之举的延续。崔湜开挖这一运道的目的是寻求多元化漕运关中的途径。商州境内的秦岭是黄河和长江两大水系的分水岭,崔湜基本设想是通过开凿古道褒斜道石门一带的航道,打通自长江入汉江、自汉江入石门的漕运通道。在这中间,重点引汉江支流丹江入运,建立抵达商州的漕运通道,随后,从商州改走陆路过秦岭,再从秦岭北坡蓝田沿灞水进入长安。然而,从开凿运道到废弃,石门航线投入使用的时间前后不到四年。出现这样的情况主要是因为石门道沿秦岭而建,褒、斜二水在秦岭中水流湍急,这样一来,凿通秦岭这一黄河水系和长江水系的分水岭自然是十分困难。又因秦岭陆运像三门峡陆路一样困难,因此,崔湜虽有沟通两大水系建立新的漕运通道的设想,终因与现实不符,以失败而告终。

尽管如此,在关中粮食及物资需求必须依靠外援的背景下,打通褒斜道,从汉中及巴蜀调粮等依旧是人们的梦想,如史有"大中中,历平卢、兴元节度使。初,郑涯开新路,水坏其栈,敖更治斜谷道,行者告便"④之说。唐宣宗大中(847—859)中,在郑涯开新路的基础上封敖修整褒斜栈道,恢复了这条陆运通道。由于褒斜道转输遇到的困难不亚于自洛至陕南漕运时的困难,无法满足关中及长安的粮食及物资需求,故其只能作为唐王朝依靠东南漕运的补充形式而存在。

除了尝试通过开运河建立与长江航线的漕运通道外,唐代还对长江支线嘉陵江航道进行了疏浚。唐宪宗元和年间(806—820),剑南东川节度使严砺曾疏通嘉陵江航道,打通了从

---

① 宋·王应麟《困学纪闻·永济渠》(栾保群,田松青,吕宗力校点),上海:上海古籍出版社2008年版,第1803页。
② 元·马端临《文献通考·舆地考三》,杭州:浙江古籍出版社1988年版,第2488页。
③ 宋·王钦若等《册府元龟·邦计部》,北京:中华书局1960年版,第5966页。
④ 宋·欧阳修、宋祁《新唐书·封敖传》,北京:中华书局1975年版,第5287页。

长举(在今陕西略阳西北一百二十里)到成州(在今甘肃成县内)一带的漕运通道。

其实,在严砺疏通嘉陵江航道以前,唐王朝为保长江漕运曾多次疏通嘉陵江。伴随着唐王朝政治视野扩大的进程,经营区域在以关中为中心向外拓展时,如何在更大的区域建立有效的统治已提到议事日程上,特别是安史之乱后,伴随着西北用兵、平藩等需要,漕运补给线不得不拉长到长江流域。在这样的背景下,不但需要恢复汴河漕运、黄河漕运,而且需要把江淮以远的长江漕运纳入漕运的范围之中。在这中间,长江漕运及与巴蜀等地相关的漕运势必要成为唐王朝统治者关注的对象。

第三节 李杰、裴耀卿的漕运改革及水次仓建设

唐高宗以后,岁运关中及长安的漕粮总额逐年提高。究其原因,除了与前面所说的关中人口增加,官僚机构及"奉禀之费"无节制地扩大,西北"兵食"增加,自江淮取粮漕运关中救荒河南、河北等地成为常态,社仓制度遭受严重的破坏等相关外,还与唐玄宗一朝府兵制遭受彻底的破坏密切相关。

府兵制是中国古代的兵役制度,源于西魏,兴盛于唐代。这一制度的基本特点是寓兵于农。士兵平时从事农业生产,农闲时集中训练,战争来临时自备武器和马匹到军府报到并从征。然而,不断地增加戍守时间彻底地破坏了这一制度。时至唐玄宗一朝(712—756),已出现军粮及军需物资均须朝廷负担的局面。

章如愚引吕祖望论断,分析唐代漕运形势时指出:"唐太宗以前,府兵之制未坏,有征行,便出兵;兵不征行,各自归散于田野,未尽仰给大农。所以唐高祖太宗运粟于关中不过十万,后来明皇府兵之法渐坏,兵渐多,所以漕粟自此多。且唐睿、明皇以后,府兵之法已坏,是故用粟乃多。向前府兵之法未坏,所用粟不多。唐漕运时,李杰、裴耀卿之徒未甚讲论。到二子讲论,自是府兵之法既坏,用粟既多,不得不讲论。且如汉漕,系郑当时之议,都不曾见于高、惠、文、景之世。唐之李杰、裴耀卿之议,都不曾见于高祖、太宗之世,但只见于中、睿、明皇之时。正缘汉武帝官多役众,唐中、睿已后,府兵之法坏。兵聚既多,所以漕运不得不详。大抵这两事常相为消长,兵与漕运常相关。所谓宗庙、社飨之类,十分不费一分,所费广者全在用兵。所谓漕运,全视兵多少。"[①]这一论述主要有三个要点:一是指出府兵制遭受破坏是唐王朝加强关东漕运的根本原因;二是指出府兵制遭到破坏,始自唐中宗复辟之时即神龙元年(705),彻底被破坏发生在唐玄宗即位之时即先天元年(712);三是指出唐代漕运改革之

---

① 宋·章如愚《群书考索后集·财赋门》,《四库全书》第937册,上海:上海古籍出版社1987年版,第780页。

法始自李杰、裴耀卿。应该说,这一论述大体上道出了唐玄宗一朝加强漕运的实情。

李杰与洛阳漕转

李杰是如何改革漕运的？宋代吕祖望称李杰、裴耀卿之徒"讲论漕运"应有所本。然而,史籍缺载,后人叙述唐代漕运改革时大都从裴耀卿起说,其实,李杰对裴耀卿改革漕运有直接的启示。这样一来,在关注唐代漕运改革时,不能不提到李杰。丘濬论述道:"自古漕运,所从之道有三:曰陆、曰河、曰海。"①丘濬将陆运和海运之道归入水运即漕运的序列,是因为海运本身是漕运的一部分,如史有"海漕"之说。更重要的是,任何漕运都无法离开转输,即需要陆运的参与。从这样的角度看,漕运的过程实际上是水陆联运的过程。

一般认为,李杰重修梁公堰始于开元二年。《旧唐书·食货志下》云:"开元二年,河南尹李杰奏,汴州东有梁公堰,年久堰破,江淮漕运不通。发汴、郑丁夫以浚之。省功速就,公私深以为利。"②《旧唐书》本传云:"李杰,本名务光,相州滏阳人。后魏并州刺史宝之后也,其先自陇西徙焉。杰少以孝友著称,举明经,累迁天官员外郎,明敏有吏才,甚得当时之誉。神龙初,累迁卫尉少卿,为河东道巡察黜陟使,奏课为诸使之最。开元初,为河南尹。杰既勤于听理,每有诉列,虽衢路当食,无废处断。由是官无留事,人吏爱之。先是,河、汴之间有梁公堰,年久堰破,江、淮漕运不通。杰奏调发汴、郑丁夫以浚之,省功速就,公私深以为利,刊石水滨,以纪其绩。"③根据这些记载,《旧唐书》本传所说的"开元初,为河南尹",应指李杰于开元二年任河南尹。然而,李杰任河南尹有更早的历史,如史家有"景龙末,召为左御史大夫。会平诸韦,治其党,衣冠多坐,构详比重轻,皆得其情。时李杰为河南尹,与构皆一时选"④之说。

李杰"奏调发汴、郑丁夫以浚之",是唐代恢复汴河漕运的重要举措。在重修梁公堰的过程中,李杰"因故渠浚之"时有筑新堤之举,故刘晏有"到河阴、巩、洛,见宇文恺置梁公堰,分黄河水入通济渠;大夫李杰新堤故事,饰像河庙"⑤之说。李杰因筑堤恢复梁公堰有功,受到表彰,故唐玄宗任命李杰担任水陆运使一职,全权负责府兵制破坏以后的漕转事务。

李杰任水陆运使后,在加强漕运方面采取了哪些措施已不太清楚,但通过改革陆运解决了殽函古道运输的难题。杜佑记载道:"旧于河南路运至陕郡太原仓,又运至永丰仓及京太仓。开元初,河南尹李杰始为陆运使,从含嘉仓至太原仓,置八递场,相去每长四十里。每岁

---

① 明·丘濬《大学衍义补·漕挽之宜下》(林冠群、周济夫校点),北京:京华出版社1999年版,第309页。
② 后晋·刘昫等《旧唐书·食货志下》,北京:中华书局1975年版,第2114页。
③ 后晋·刘昫等《旧唐书·李杰传》,北京:中华书局1975年版,第3111页。
④ 宋·欧阳修、宋祁《新唐书·毕构传》,北京:中华书局1975年版,第4460页。
⑤ 后晋·刘昫等《旧唐书·刘晏传》,北京:中华书局1975年版,第3512页。

冬初起,运八十万石,后至一百万石。每递用车八百乘,分为前后,交两月而毕。其后渐加,至天宝七年,运二百五十万石。每递用车千八百乘,自九月至正月毕。天宝九年(750)九月,河南尹裴迥以递重恐伤牛,于是以递场为交场,两递简择近水处为宿场,分官押之,兼防其盗窃。"①为突出其功绩,杜佑特意强调了李杰任陆运使这一前提。为解决陆运时遇到的困难,李杰采取了四大措施:一是在洛阳含嘉仓至陕州太原仓之间的崤函古道上建造了八个递场(接运场),规定每递之间的距离为四十里;二是在分段接运的基础上,将陆运分为前后两组;三是规定起止时间,从入冬十月起运到到十一月底结束,全部陆运在两个月内完成;四是规定每递用车用牛的数量。在这中间,入冬起运的目的是利用农闲,不影响农业生产;分段接运的目的是减轻长途运输中的劳累,提高效率。实行此策后改善了陆运不济的局面,实现了年运"八十万石,后至一百万石"的目标。天宝七年(748),又通过增加车辆和延长时间等,达到了岁运"满二百五十万石"的水平。天宝九年(750)九月,河南尹裴迥为改变递重"伤牛"等情况,又在两递场之间的近水处建立供民运休息的"宿场",并派官员监督和防止盗窃,以确保这一运道畅通。

此外,李杰改革陆运时将车队分为前后两组,实为"纲运"之始。郑樵记载道:"旧于河南路运至陕郡太原仓,又运至永丰仓及京师大仓。开元初,河南尹李杰始为陆运使,从含嘉仓至太原仓,置八递场,相去每场四十里。每岁冬初起运八十万石,后至一百万石。每递用车八百乘,分为前后交,两月而毕。其后渐加,至天宝七载,满二百五十万石,每递用车千八百乘,自九月至正月毕。天宝九载九月,河南尹裴迥以递重恐伤牛,于是又以递场为交场,两递简押近水处为宿场。天宝十载九月,相州刺史李南金又上表曰:'臣以旧籍,天下水陆估价车乘有纲运,各令官兵提巡,共五十万。'大率大历之后,以水陆运使兼防押,四十万石,各押入关。"②此处所说的"纲运"是指运送粮食时将若干车辆编为一组,由官兵负责押运。一般认为,唐代纲运始自刘晏,如苏轼有"臣闻唐代宗时,刘晏为江淮转运使,始于扬州造转运船,每船载一千石,十船为一纲,扬州差军将押赴河阴"③之说,但刘晏编船纲是讲水运,与陆运无关。天宝十年(751)九月,李南金上表称"天下水陆估价车乘有纲运",因此前不见"纲运"之说,再加上李南金所说的"纲运"与李杰陆运有直接的关系,故可知唐代"纲运"制度的形成应与李杰改革陆运"分为前后"以及天宝九年裴迥"分官押之,兼防其盗窃"有直接的关系。

---

① 唐·杜佑《通典·食货十》,杭州:浙江古籍出版社1988年版,第57页。
② 宋·郑樵《通志·食货略》,杭州:浙江古籍出版社1988年版,第748页。
③ 宋·苏轼《论纲梢欠折利害状》,曾枣庄、舒大刚主编《三苏全书·苏轼文集》第12册,北京:语文出版社2001年版,第162页。

裴耀卿改革漕运

李杰以后,裴耀卿改革漕运取得了显著的成果。裴耀卿总揽漕运事务,带有临危受命的特点。问题是,裴耀卿什么时候负责漕运事务的？前人有不同的看法,杜佑认为发生在唐玄宗开元二十一年,李吉甫认为发生在开元十八年(730)。归纳杜佑《通典》、李吉甫《元和郡县图志》、刘昫等《旧唐书》、欧阳修等《新唐书》、司马光《资治通鉴》等记载,可以得出的结论是:开元十八年,裴耀卿提出改革漕运的建议,但没有引起唐玄宗的重视。开元二十一年秋,裴耀卿再度提出改革漕运的主张,因漕运危机已直接影响到唐王朝的安定,故进入到实施阶段。

从表面上看,开元二十一年秋天,关中水灾及唐玄宗被迫东幸洛阳是裴耀卿受命总揽漕运事务的直接原因。其实不然,更为准确的原因是:府兵制遭受破坏后,漕运的畅达已成为最大的"利害之事"。具体地讲,长安是唐王朝的政治中心,关中及长安的稳定直接关系到唐王朝的稳定。为了消除日益严重的边患,关中需要驻扎大量的军队,然而,关中的粮食一向不能自足,且自然灾害频仍,为应对这一危机,只能通过君主率百官"就食"洛阳的方法来缓解"兵食"增长带来的压力。

唐玄宗"将幸东都"时召见裴耀卿,是希望裴耀卿能从根本上解决困扰唐王朝政治稳定的难题。裴耀卿在上疏中写道:"臣闻前代圣王,亦时有忧害,更施惠泽,活国济人,由是苍生仰德,史册书美。伏以陛下仁圣至深,忧勤庶政,小有饥乏,降情哀矜,躬亲支计,救其危急。上玄降鉴,当更延福祚,是因有小灾而增辉圣德也。今既大驾东巡,百司扈从,太仓及三辅先所积贮,且随见在发重臣分道赈给,计可支一二年。从东都更广漕运,以实关辅。待稍充实,车驾西还,即事无不济。臣以国家帝业,本在京师,万国朝宗,百代不易之所。但为秦中地狭,收粟不多,倘遇水旱,便即匮乏。往者贞观、永徽之际,禄廪数少,每年转运不过一二十万石,所用便足,以此车驾久得安居。今国用渐广,漕运数倍于前,支犹不给。陛下数幸东都,以就贮积,为国大计,不惮勤劳,只为忧人而行,岂是故欲来往。若能更广陕运,支粟入京,仓廪常有三二年粮,即无忧水旱。"① 裴耀卿认为,如不能保证关中及长安的粮食需求,将会动摇唐王朝统治的根基。根据这一情况,裴耀卿提出了四个方面的应对方案:一是"大驾东巡,百司扈从"后,委派重臣"分道赈给",以稳定关中日趋复杂的局势;二是采取措施"从东都更广漕运,以实关辅",以应对"今国用渐广,漕运数倍于前,支犹不给"的局面;三是针对唐玄宗率百官"数幸东都"有可能长期滞留洛阳的情况,提出"待稍充实,车驾西还,即事无不济"主张,表达了"臣以国家帝业,本在京师,万国朝宗,百代不易之所"的看法;四是开辟新的漕

---

① 后晋·刘昫等《旧唐书·裴耀卿传》,北京:中华书局1975年版,第3080—3081页。

运通道,"更广陕运,支粟入京",增加长安仓储。在关中粮食危机空前加重的前提下,及时地加强漕运已成为稳固关中及长安的头等大事。显而易见,稳定关中可以稳定西北边防,可以稳定长安和经营关东。进而言之,裴耀卿的改革漕运措施实际上是以稳固关中继而稳固国家之根本的方案,是有深邃的战略眼光的。

  从开元二十一年秋主持漕运事务开始,裴耀卿的漕运改革主要采取了七项措施:一是采取分级接运、变长运为短运之策;二是加强黄河漕运,尽量缩短陆运里程,最大限度地实施变陆运为水运之策;三是加大黄河水次仓建设的密度,提高黄河漕运的能力;四是惩隋之败,缩小水次仓建设的规模;五是重点建设河口仓,拓展漕运路径;六是建设可供接运漕米及其他货物的输场,将输场建设与水次仓建设结合到一起,拓展漕运范围;七是将江淮义仓中的储米纳入漕运范围,通过置换义仓储米等,在利民的同时扩大取粮范围,尽可能地缩短运程并根据不同航段的水文变化适时起运。七项措施实施后,极大地改善了唐代漕转的现状,现分述如下。

  变长运为短运及采取分级接运之策是裴耀卿改革漕运的重要举措。在裴耀卿改革漕运以前,唐代面向江淮的漕运主要采用长运和自洛阳漕转之策。李林甫叙述唐初漕转制度时指出:"凡都之东租纳于都之含嘉仓,自含嘉仓转运以实京之太仓。自洛至陕运于陆,自陕至京运于水,量其递运节制,置使以监统之。"①裴耀卿改革漕运后,采取了江不入河、河不入洛、河不入渭的短运之策,如史有"又取晓习河水者,递送纳于太原仓"②之说,又如裴耀卿先后提出"巩县置洛口仓,从黄河不入漕洛,即于仓内安置。爰及河阳仓、柏崖仓、太原仓、永丰仓、渭南仓,节级取便,例皆如此。水通则随近运转,不通即且纳在仓"③和"且江南租船,候水始进,吴人不便漕挽,由是所在停留,日月既淹,遂生窃盗。臣望于河口置一仓,纳江东租米,便放船归。从河口即分入河、洛,官自雇船载运。……水通即运,水细便止"④之说。

  在变长运为短运的过程中,裴耀卿主要取得了五个方面的成果:一是解决了船夫长期滞留在外增加的负担;二是加强过程管理,避免了不必要的耗损和由此产生的偷盗行为等;三是由熟悉水文的船夫负责相关航段的漕运,如由熟悉黄河水文的船夫负责黄河及三门峡漕运,由熟悉长江、淮河水文的船夫负责相关航段的漕运,由熟悉渭河水文的船夫负责渭漕运等,从而避免了不必要的损失;四是就近入仓和适时起运,节省了候水待运的时间,提高了效率,如史有"水通则随近运转,不通则且纳在仓,不滞远船,不忧欠耗,比于旷年长运,利便一倍有余"⑤之说;五是采取"从河口即分入河、洛,官自雇船载运"之策,减轻了船夫及官府

---

① 唐·李林甫等《唐六典·尚书户部》(陈仲夫点校),北京:中华书局1992年版,第84页。
② 唐·杜佑《通典·食货十》,杭州:浙江古籍出版社1988年版,第57页。
③ 后晋·刘昫等《旧唐书·食货志下》,北京:中华书局1975年版,第2114—2115页。
④ 同③,第2115页。
⑤ 同③。

的负担。在变长运为短运以前,江南租船的目的地是洛阳含嘉仓。改长运为短运以后,租船至汴口卸米回程,随后由官府雇用熟悉黄河及洛水航线的船夫负责自汴口入河、自黄河入洛航段之间的运粮。从表面上看,由官府"更用河舟运至含嘉仓及太原仓",明显地增加了财政支出,其实不然,"官自雇船载运"的费用主要来自江南租船提早归程后节省下来的"脚钱"。通过收取江南租船民运时本应支付的费用,在不增加国家财政支出的同时解决了官府参与漕运时产生的费用。

在采取分级接运、变长运为短运之策的同时,裴耀卿采取了变陆运为水运的措施。自关东漕运至关中最便捷的通道是自黄河入渭,但受三门峡的制约,唐故初漕转主要采取自洛阳转陆运之策。问题是,走殽函古道陆运虽然可以避开三门峡风险并保证一定的转运岁额,但陆运成本远远地高于水运,再加上山路崎岖,同样要付出巨大的代价,为此,裴耀卿提出了变陆运为水运的主张,试图通过加强黄河漕运、缩短陆运里程等降低漕转成本。

为"广漕路,变陆为水",裴耀卿将开辟三门峡山路放到恢复黄河漕运的主要方面。开辟山路后,以三门峡东集津仓和三门峡西盐仓、柏崖仓为黄河漕运的接运点,出现了"自太原仓溯河,更无停留,所省巨万"①的局面。为实施"广漕路,变陆为水"之策的,裴耀卿加大了黄河沿岸水次仓建设的密度。经过建设,形成了"至二十二年八月,置河阴县及河阴仓、河西柏崖仓、三门东集津仓、三门西盐仓。开三门山十八里,以避湍险。自江淮而溯鸿沟,悉纳河阴仓。自河阴送纳含嘉仓,又送纳太原仓,谓之北运。自太原仓浮于渭,以实关中"②的局面。黄河水次仓串联在一起形成接运之势后,可根据水文变化或起运或仓储,提高了漕船通过黄河的能力。在这中间,裴耀卿充分利用了唐前及唐代水次仓建设的成果,进而形成了因循唐前旧仓和改造唐仓的特点。在裴耀卿改革漕运以前,唐代虽然吸取了隋代漕运的长处,但没有严格地规定入仓地点。裴耀卿总揽漕运事务后,规定了漕船行运范围、仓储地点及分级接运的起止地,实践了开元十八年提出的构想。这些水次仓有"节级取便"的功能,在一定程度上改善了黄河漕运。

隋唐两代的水次仓建设大都是沿黄河两岸展开的,这一情况表明:黄河是漕运关中的关键性航段。在深入考察隋唐两代水次仓建设的过程中,裴耀卿认为漕运不畅主要是由黄河行运受阻及三门峡天险造成的。据此,裴耀卿把重点改造黄河沿岸旧有的水次仓放到了重要的位置上,具体地讲,根据漕运形势及需要,选择性地改造隋唐两代原有的水次仓,实施"节级贮纳"及"节级转运"之策,以最大限度地消除黄河漕运中的障碍。

从另一个层面看,黄河水次仓建设虽然是漕运改革的重点区域,但唐代漕运的主要起运地是江淮,因京口(在今江苏镇江)是江南漕运及辐射长江流域的航段节点,需要在此建仓实

---

① 后晋·刘昫等《旧唐书·食货志下》,北京:中华书局1975年版,第2115页。
② 同①。

施中转。京口是长江流域漕运中转的重地,这一区域虽然不像黄河那样是漕运的瓶颈,但一样需要重点经营。在这中间,裴耀卿采取的方法是将沿线旧仓纳入使用的范围。具体地讲,江淮及江淮以远的漕船根据沿线的水文情况或仓储或起运,经汴渠至汴口入河阴仓,随后根据黄河水文适时起运,或自河阴仓入含嘉仓,或经黄河至三门峡以东入集津仓,或自三门峡以西入盐仓、柏崖仓、太原仓等,随后自太原仓起运,沿黄河至渭口入永丰仓、渭南仓等,再自永丰仓、渭南仓等起运入渭至长安。通过利用沿途旧仓进行接运,进而形成了"江南之运积扬州,汴河之运积河阴,河船之运积渭口,渭船之运入太仓"①的局面,如丘浚评价道:"臣按:耀卿此奏,玄宗不省。在当时虽未行,然其所谓沿河置仓,水通则舟行,水浅则寓于仓以待,此法亦良便。"②这些水次仓分布在不同的航段节点,在一定程度上消除了黄河漕运的障碍。进而言之,此策为裴耀卿改革漕运的重要支柱,经过长时间的实践和确证,成为唐代管理漕运的制度和法则,并为后世所遵循。

除了重点建设黄河水次仓、利用江淮及江淮以远的古仓加强漕运外,裴耀卿建造水次仓时,遵循了唐代缩小水次仓规模的既定国策。唐初,马周向唐太宗李世民提出了缩小仓储的建议。马周认为,国家兴亡应以百姓安居乐业为前提,如果不能保证百姓安居乐业,即便是扩大仓储也无济于事,其结果是只会出现王世充、李密据仓反隋的局面,进而动摇国家的根基。为此,马周主张贮积不可强敛,以保证民生。遗憾的是,马周缩小仓储的主张虽然有战略眼光,但因忙于统一战争没能立即被采纳,只有等到唐王朝统治进入稳定期以后才能实施。

黄河与汴、洛、渭交汇处既是中转接运点,也是水文变化较大直接影响漕运的河口。根据这些特点,为适时起运,裴耀卿通过改造河阴仓、渭南仓、龙门仓等旧仓,专门建立了汴不入河、河不入洛、河不入渭、河不入汾的漕运机制。河阴仓是裴耀卿改革漕运时重点建设的河口仓,将在后面专门论述,这里略去不论。

在渭口建造水次仓,发生在唐高宗一朝。唐高宗咸亨三年,王师顺建造了自河入渭的河口仓。王溥记载道:"皇朝自武德、永徽以后,姜行本、薛大鼎、褚朗皆以漕运上言,然未能通济。其后,监察御史王师顺,运晋、绛之粟,于河、渭之间,增置渭桥仓。自师顺始也。"③渭桥仓位于黄河与渭水交汇的河口,该仓沿黄河漕运时可分别接纳河东、河南及江淮以远的漕粮。开元二年,唐玄宗在汾水入河处建造了龙门仓。龙门仓建在河中府龙门县(在今山西河津)黄河与汾水交汇处,凭借汾水可进入河东及深入晋州、绛州等地。进而言之,渭桥仓、龙

---

① 宋·欧阳修、宋祁《新唐书·食货志三》,北京:中华书局1975年版,第1368页。
② 明·丘浚《大学衍义补·漕挽之宜上》(林冠群、周济夫校点),北京:京华出版社1999年版,第304页。
③ 宋·王溥《唐会要·转运盐铁总叙》,北京:中华书局1955年版,第1587页。

门仓等有转运河东及腹地漕粮至关中的功能,这些河口仓投入使用后拓展了漕运的路径。

渭桥仓是唐代第一大仓,其仓储高达六百六十一万六千八百四十石。漕船西入关中后,在渭南入仓主要有三个方面的原因:一是渭南是关中的门户,扼守关中及长安水陆交通的咽喉;二是渭桥仓地近长安,是江淮漕运的终点仓,主要负责接运河阴仓、太原仓等水次仓的漕粮,自渭南入仓可方便调运;三是渭桥仓建在渭口,在接纳河阴仓、太原仓漕粮的同时,又有接纳河东漕粮的能力。为此,渭桥仓成为戍守关中及长安的战略要地。唐肃宗至德二年(757),郭子仪等在西渭桥仓一带重点构筑了阻止叛军进攻关中及长安的防线,如史有"子仪与王思礼军合于西渭桥,进屯潏西。安守忠、李归仁军于京城西清渠"①之说。朱泚叛乱时,汝、郑应援使刘德信率部屯守东渭桥,是因为东渭桥仓成为战略要地,如史有唐德宗建中四年(783)十月,刘德信"以东渭桥有转输积粟,癸亥,进屯东渭桥"②之说。

在建设河口仓,拓展漕运路径的同时,裴耀卿依水次仓建设了可供接运租米等重货的输场。输场本指有临时储存和验收功能的货场,各地的租米及折算的货物运入输场后,由专门的官吏负责验收,随后转运入京。唐代输场主要负责接纳来自不同区域的租税、赋税及相关的替代物,并有明确的范围和验收管理制度。

输场一般建在水陆交通的要道,其目的方便验收和管理。史称:"凡天下赋调,先于输场简其合尺度斤两者,卿及御史监阅,然后纳于库藏,皆题以州县年月,所以别粗良,辨新旧。"③在裴耀卿改革漕运以前,江淮以远的赋税如租米、绢、绵、布、麻等重货经过验收后,主要沿汴渠运至洛阳,随后自洛阳卸船或入仓,或走陆路中转。因为是从江淮起程直接运送到洛阳,因此,不需要在荥阳汴口设置有验收功能的输场。然而,裴耀卿改长运为分节接运后,因自汴口放还江淮以远的租船,这样一来,势必要在汴口建立货场。

输场本身有验收和转输租米等重货的功能,通过加强水次仓输场建设,裴耀卿扩大了漕运的范围。三门仓又称"盐仓",该仓在接运江淮等地租米的过程中又有接纳解县(治所在今山西运城盐湖解州)池盐等功能。三门仓以"盐仓"相称,表明水次仓除了有仓储及中转租米的功能外,还兼有储盐的功能。在这中间,三门仓无论是接收租米还是接纳池盐都需要有验收环节的参与,这样一来,需要率先建设有验收功能的输场。输场作为水次仓建设的配套措施,将租米等重货纳入接运和验收范围,开拓了水次仓建设的空间,加强了关中与关东各地的经济联系。

将江淮义仓中的储米纳入漕运范围,通过置换义仓储米等,在利民的同时扩大取粮范围,尽可能地缩短运程并根据不同航段的水文变化适时起运。在裴耀卿改革漕运以前,每三

---

① 宋·司马光《资治通鉴·唐纪三十五》(邬国义校点),上海:上海古籍出版社1997年版,第2030页。
② 宋·司马光《资治通鉴·唐纪四十四》(邬国义校点),上海:上海古籍出版社1997年版,第2125页。
③ 后晋·刘昫等《旧唐书·职官志三》,北京:中华书局1975年版,第1890页。

年一次置换及调运义仓储米已是唐王朝的制度。开元四年(716)五月二十一日,唐玄宗下诏:"诸州县义仓,本备饥年赈给。近年已来,每三年一度,以百姓义仓糙米,远赴京纳,仍勒百姓私出脚钱。自今已后,更不得义仓变造。"①"变造"本指东晋发明的赋税制度,凡遇军国大事费用不足时,往往以"变造"的方式临时征税。时至后世,"变造"又指商人用钱及轻货从百姓手中购买米、绢、布、绵、麻等重货,通过转买及倒运等从中谋利,与此同时,百姓则用向官府交钱的方式替代部分赋税。

入唐以后,为弥补漕运过程中的缺口,唐王朝采取了每隔三年调运一次义仓储米、允许商人从义仓中购米并自行运往京城或指定地点等做法。这一做法虽然在一定程度上缓解了漕运危机,但由此产生了两方面的弊端:一方面官府"仍勒百姓私出脚钱"增加了百姓的负担,另一方面官府出钱从商人手中购米亦增加了财政支出。裴耀卿长期在地方为官,深谙其中的弊端,为了减少财政支出和有利于百姓,他提出了"今若且置武牢、洛口等仓,江南船至河口,即却还本州,更得其船充运。并取所减脚钱,更运江淮变造义仓,每年剩得一二百万石。即望数年之外,仓廪转加。其江淮义仓,下湿不堪久贮,若无船可运,三两年色变,即给贷费散,公私无益"②的改革方案,具体包括四个方面:一是实施短运提早放还江南租船后,可利用租船应付的"减脚钱"支付后续漕转时的费用;二是用节省下来的"减脚钱"购买江淮义仓中的储粮,可扩大取粮范围,进而取得了"每年剩得一二百万石"的成果;三是江淮地势低凹,义仓"下湿不堪久贮",官府从义仓中购买陈米,可及时更新义仓食粮,改变义仓中的储米"若无船可运,三两年色变"等情况的发生;四是官府直接从江淮义仓购米,可消除商人买入和卖出等这一中间环节,减轻百姓和官府负担。具体地讲,官府直接从义仓中购买粮食等重货,再由百姓在粮价走低时补入新米,可在及时置换的过程中维护义仓赈灾救荒的作用。这一政策实行后,形成了有利于漕运和百姓的局面。

综上所述,裴耀卿改革漕运是在"升平日久,国用渐广,每年陕洛漕运,数倍于前,支犹不给"③的背景下进行的,经此,彻底地扭转了漕运不畅的局面,进而取得了十分显著的成果。

不过,裴耀卿取得的漕运成果是无法长期维持的。之所以这样说,一是裴耀卿采取"节级贮纳"及"节级转运"之策以后,加重了百姓负担,付出了巨大的代价。如史有"是时,民久不罹兵革,物力丰富,朝廷用度亦广,不计道里之费,而民之输送所出水陆之直,增以'函脚'、'营窖'之名,民间传言用斗钱运斗米,其糜耗如此"④之说,这里所说的"函脚",是指从百姓的头上额外征收运粮的费用即脚力钱,"营窖"是指国家建造水次仓即储米的仓窖时从百姓

---

① 后晋·刘昫等《旧唐书·食货志下》,北京:中华书局1975年版,第2124页。
② 同①,第2115页。
③ 唐·杜佑《通典·食货十》,杭州:浙江古籍出版社1988年版,第57页。
④ 宋·欧阳修、宋祁《新唐书·食货志三》,北京:中华书局1975年版,第1366—1367页。

头上额外征收的费用。裴耀卿总揽漕运事务时,采取了"今天下输丁约有四百万人,每丁支出钱百文,五十文充营窖等用,贮纳司农及河南府、陕州以充其费。租米则各随远近,任自出脚送纳东都"①之策,这一政策实行后虽然在一定程度上改变了原有的漕运不畅的局面,但同时又是以伤农为前提的。二是黄河漕运受阻于三门峡,异常地艰难,采取分级接运即"节级贮纳"和"节级转运"无法解决漕运过程中遇到的所有困难,所以,仅仅过去三年,即到开元二十五年,唐王朝便不得不采取罢黄河漕运即北运的措施,恢复自洛阳走殽函古道陆运至太原仓的漕转线路。

河阴仓与含嘉仓

水次仓是唐代仓廪建设的一部分,唐代仓廪由正仓、太仓、军仓、常平仓、水次仓、义仓(社仓)等构成,其中,正仓、太仓、军仓、常平仓、水次仓属官仓,义仓属民仓。正仓指各级行政区域建造的以储存田租为主,兼及赋税等的仓廪;太仓指由中央直接管辖的以储存粮食为主,兼及赋税的仓廪;军仓指储存以军粮为主,兼及军械和军用物资的仓廪;常平仓指建在不同区域的以储存粮食为主,兼及其他的仓廪;水次仓是指建在河口或航段节点的以储存租米为主,兼及其他的仓廪;义仓是指国家出面组织的由百姓建造的粮仓。一般来说,唐代仓廪负有供给官禄、兵饷、平准、赈灾救荒、借贷等职能。其中:正仓、太仓负责供应各级官员的俸禄及战略储备;军仓保证军队及战争时的需要;常平仓负有调节不同区域的粮价、赈灾救荒及平易粮价等职能,如粮价低时以高于市场的价格购入,粮价高时以低于市场的价格购入,通过平易粮价进而调节物价;水次仓有中转及临时储备和调拨粮食等功能;义仓负有百姓自救、赈灾、借贷和救济等功能。

这些仓廪共同承担了维护政治稳定和社会安定的职能。与其他仓廪建设相比,水次仓建设有着特殊的地位。具体地讲,在漕运成为头等大事的前提下,因水次仓建在河口或航段节点上,又因这些区域是重要的水陆交通枢纽或集散地,一向有着向关中及长安太仓输血的功能。此外,水次仓凭借交通优势可向四方及时地调运粮食等,进而应对战争和赈灾救荒等民生事件。进而言之,水次仓与正仓、太仓、军仓、常平仓、义仓等建立了密切的联系,甚至承担起赈灾救荒等职能。可以说,如果没有水次仓及时储存和转运等功能的话,一旦发生战争或灾荒,势必会破坏业已建立的政治秩序,进而引起社会动荡。

从分析漕运形势入手,裴耀卿认识到江淮漕运的畅达是关系到唐王朝政治稳定的大事,为此,他提出了自荥阳汴口放还江淮租船等应对方案。问题是,放还江淮租船以后,如果不能及时地解决租米及重货等堆积荥阳汴口等问题,同样会造成无法估量的损失。根据这些

---

① 后晋·刘昫等《旧唐书·裴耀卿传》,北京:中华书局1975年版,第3081页。

情况,裴耀卿提出了汴口设立河阴仓及加强河阴输场建设的构想,希望通过这些举措来解决仓储和转运之间的矛盾。

河阴仓既是水次仓又是河口中转仓,有仓储江淮租米和适时分发租米等重货入河入洛的功能。如果去除河阴仓调拨和中转功能的话,那么,适时起运及分储沿线水次仓将是一句空话。河阴仓建在汴口,为唐王朝经营江淮及江南漕运提供了便利,同时有发运和中转向关中及长安输血的功能,以及拱卫和经营洛阳的作用。

建立黄河与江淮之间的水上交通始自先秦,如从先秦兴修鸿沟即莨荡渠到东汉王景、王吴在鸿沟的基础上修复汴渠,再到隋炀帝在汴渠的基础上兴修通济渠,建立或恢复从黄河到江淮的航线始终是人们不懈的追求。在这中间,因河口水文复杂容易遭受破坏,汴口遂成为重点修复的对象。如从王景、王吴"筑堤起自荥阳东"到汉顺帝"积石为堰"、灵帝"增修石门以遏渠口",再到隋开皇七年(587)梁睿重修汉堰等,修复汴口始终是兴修汴渠的重点工程。修复汴口除了与开通从黄河到江淮的航线相关外,还与在荥阳汴口建敖仓有密切的联系。鸿沟开通后,因荥阳是黄河通江淮的河口,秦人在荥阳敖山建敖仓及守卫敖仓的仓城,此后,历代均重视经营敖仓,如隋代有因敖仓建虎牢仓等举措。汴口是黄河远通江淮的交通要道,同时又是仓储重地,历代均重视汴口的战略作用,如楚汉战争时刘邦据敖仓与项羽在此相持,又如隋末唐初不同的政治军事集团围绕虎牢仓展开攻防和争夺。正因为如此,裴耀卿利用虎牢仓设河阴仓及输场既与其独特的战略地理位置密切相关,也是形势需要。通过加强河口仓河阴仓建设,可以改变江淮漕运受阻汴口的局面,进而解决租赋西输过程中遇到的难题。李吉甫有"自江、淮来者悉纳河阴仓,自河阴候水调浮漕送含嘉仓"①之说,河阴仓既有接纳江淮租米及重货的能力,同时又是入河入洛的漕运节点。漕运的过程又是商贸往来的过程,经河阴仓及输场中转,形成了"其交、广、荆、益、扬、越等州,运漕商旅,往来不绝"的局面,这些都从不同的侧面显示了设河阴仓及输场的重要性。

河阴仓建在汴口,汴口是汴渠入河的河口,因仓建县除了与河阴仓担负着江淮租米中转重任外,还与加强汴渠漕运息息相关。由此及彼,开元二十三年(735),唐玄宗将泗州治所从宿预县移到临淮县,亦与临淮位于汴渠入淮处的地理位置息息相关。可以说,新政区的建立或提升其行政层级是在加强漕运及管理的过程中实现的,是在隋代兴修河渠及建立以洛阳为中心的漕转机制的过程中实现的。在这中间,如果没有隋文帝改造汴口及邗沟之举,没有隋炀帝兴修通济渠之举,那么,唐代漕运及裴耀卿改革漕运将是一句空话。皮日休论通济渠即汴渠之利害时写道:"在隋则害,在唐则利。"②通济渠开通后,为唐王朝控制江淮及江淮以远的区域提供了便利的交通条件,同时也为新的区域中心的诞生创造了必要的条件,进而在

---

① 唐·李吉甫《元和郡县图志·河南道一》(贺次君点校),北京:中华书局1983年版,第137页。
② 唐·皮日休《汴河铭》,清·董诰《全唐文》卷七九七,北京:中华书局1983年版,第8363页。

唐代行政区划建设方面有着非同一般的意义,同时也为明清两代因漕运迁移政区治所提出了新的思考。

河阴仓的基础是武牢仓,武牢仓有悠久的建造历史,可以上溯到秦王朝以前的敖仓。

敖仓建在荥阳西北三皇山上。隋文帝开皇十八年(598),成皋县更名为汜水县并迁治汜水(在今河南荥阳西北汜水镇)。在政区沿革的过程中,敖仓虽然由隶属荥阳到隶属成皋再到隶汜水,但地理方位始终不变。裴耀卿开元二十一年上疏时有"今用度浸广,运数倍且不支,故数东幸,以就敖粟"①等语,时至唐代,敖仓依旧在正常使用。

唐代河阴仓有多大的规模?虽然找不到明确的记载,但有线索可寻。史称:"旧制,每岁运江淮米五十万斛,至河阴留十万,四十万送渭仓。"②所谓"旧制",是指裴耀卿设河阴仓以后形成的漕运中转制度。其中,河阴仓每年储入的租米为十万斛(石),自河阴码头中转不直接入河阴仓的有四十万斛。在这中间,如果每年入仓的租米不能及时调运的话,那么,河阴仓的储粮将出现进一步扩大的势态。

洛阳含嘉仓是唐王朝重点经营的水次仓。以开元二十一年秋裴耀卿改革漕运为节点,此前,唐代实行长运,江淮漕船所运租米主要储存于含嘉仓,经陆路运往陕州太原仓,如史有"东都含嘉仓积江淮之米,载以大舆而西"③之说;此后,变长运为短运,采取"自江淮西北溯鸿沟,悉纳河阴仓。自河阴候水涨涸,漕送含嘉仓"④之策。因此,唐代漕运需要利用洛阳这一漕转中心,建设具有战略意义的含嘉仓。

从时间上看,唐代含嘉仓建设可以分为两个阶段。

含嘉仓建设的第一阶段主要发生在唐高宗及武则天时期。唐初,漕转主要是因隋旧制,自含嘉仓转陆运至陕州太原仓。唐高宗以后,依赖江淮漕运的程度加深,在黄河漕运不通及漕运岁额逐年增加的前提下,恢复含嘉仓的漕转功能乃是当务之急。在扩建含嘉仓的过程中,武则天于大足元年又建造了供含嘉仓漕转及仓储服务的专用码头,通过分流解决了商船与租船争用码头的难题,同时解决了江淮租船长期滞留占用航道和无法及时返程等难题,如史有"天下之舟船所集,常万余艘,填满河路,商旅贸易,车马填塞"⑤之说。建造专用码头后改变了航道拥挤的状况,加快了商品流通,为洛阳商贸繁荣创造了必要的条件。

唐代含嘉仓建设的第二阶段发生在唐玄宗时期。唐王朝采取"凡都之东租纳于都之含

---

① 宋·欧阳修、宋祁《新唐书·裴耀卿传》,北京:中华书局1975年版,第4453页。
② 后晋·刘昫等《旧唐书·食货志下》,北京:中华书局1975年版,第2120页。
③ 同②,第2116页。
④ 唐·杜佑《通典·食货十》,杭州:浙江古籍出版社1988年版,第57页。
⑤ 元·佚名《元河南志》(清·徐松辑),《丛书集成续编》第54册,上海:上海书店1994年版,第90页。

嘉仓"①之策时,需要提高含嘉仓的仓储能力。开元中,唐玄宗依仓城扩建了含嘉仓。隋末唐初,具有防卫功能的含嘉仓城遭受了严重的破坏,在含嘉仓成为唐王朝最大的漕运中转仓时,需要在旧仓城的基础上建设相关的守卫设施。尽管这一记载只见于清人,不过,1971年发掘含嘉仓遗址及确定其范围时,含嘉仓城亦在其中。从这样的角度看,清人的说法应有所本,有一定的可信度。在这中间,考古发掘时虽然没有发现唐玄宗建含嘉仓的铭砖,但含嘉仓占地面积为四十二万平方米,初步发现的仓窖有二百五十九座。② 由于清理范围较小,故唐玄宗在旧仓城的基础上扩建含嘉仓的证据有待于考古发掘。尽管如此,从唐代重视含嘉仓及裴耀卿建河阴仓等记载中,似乎可以找到唐玄宗扩建含嘉仓的间接证据。

其一,唐玄宗一朝因形势需要,提升了含嘉仓在漕转中的地位。含嘉仓是唐王朝不可或缺的漕运中转仓,唐初设仓部郎中,仓部郎中的重要职能是调含嘉仓的储米西入长安,如史有"凡都已东租纳含嘉仓,自含嘉转运以实京太仓。自洛至陕为陆运,自陕至京为水运"③之说。唐玄宗即位后曾令李杰、裴耀卿等负责漕运事务,在这中间,无论是李杰自洛阳走山路漕转入京,还是裴耀卿"广漕运,以实关辅"④,含嘉仓始终是不可或缺的漕运中转仓。具体地讲,从唐玄宗即位到天宝七年,历时三十多年,自含嘉仓转运的租米始终处于不断增加的势态。唐袭隋制,建立以含嘉仓为中心的漕转机制,是因为洛阳是唐王朝的第二个政治中心,经营洛阳可以最大限度地稳定唐王朝的统治。更重要的是,经过隋代的建设,通济渠打通了洛阳面向江淮的航线,这样一来,为保证江淮漕运,需要重点建设含嘉仓。

其二,裴耀卿改革漕运变长运为短运后,重点建设了河阴仓。当时每年运至河阴的江淮租米为四十万斛,其中,十万斛储入河阴仓,三十万斛运入含嘉仓。河阴仓是裴耀卿变长运为短处的节点,属于重点经营的河口仓。从逻辑关系上看,既然需要建设河阴仓,那么,含嘉仓也应在建设和改造的范围。此外,储入河阴仓的租米呈逐年增加的势态,由此及彼,储入含嘉仓的租米也应处于逐年增加的势态,在这样的前提下,含嘉仓应该是唐玄宗一朝重点建设的对象。

其三,含嘉仓成为唐王朝最大的漕运中转仓,发生在唐玄宗一朝。裴耀卿改革漕运后,虽采用了自黄河接运之策,但含嘉仓始终是不可或缺的漕运中转仓。在这中间,含嘉仓一直处于不断扩容的势态。从这样的角度看,唐玄宗加强漕运时应有扩建含嘉仓之举。

其四,裴耀卿改革漕运及恢复黄河漕运即北运时,不但没有停止南运,相反,含嘉仓在漕转中的地位得到进一步的提升。如果裴耀卿打算停止南运的话,那么,扩大河阴仓直接从汴口起运岂不是更加方便?实际情况是,裴耀卿变长运为短运以后,含嘉仓的仓储是河阴仓的

---

① 唐·李林甫等《唐六典·尚书户部》(陈仲夫点校),北京:中华书局1992年版,第84页。
② 河南省博物馆、洛阳市博物馆《洛阳隋唐含嘉仓的发掘》,《文物》1972年第3期;邹逸麟《从含嘉仓的发掘谈隋唐时期的漕运和粮仓》,《文物》1974年第2期。
③ 后晋·刘昫等《旧唐书·职官志二》,北京:中华书局1975年版,第1828页。
④ 宋·欧阳修、宋祁《新唐书·裴耀卿传》,北京:中华书局1975年版,第4453页。

三倍,这一情况表明,自洛阳走殽函古道漕转依旧是不可或缺的线路。进而言之,将江淮及江淮以远的租米分储含嘉仓后,虽然增加了航程和费用,但租米入含嘉仓以后可选择不同的路径西入长安。具体地讲,既可自洛阳起运入洛入河经三门峡入渭,又可自洛阳陆运至太原仓入河入渭。在这中间,自河阴仓起运入含嘉仓主要有三个原因:一是自含嘉仓适时起运,可走黄河过三门峡,经柏崖仓、太原仓入河至渭口入渭南仓即渭桥仓;一是自含嘉仓起程,沿走殽函古道至太原仓入河至渭口入渭南仓,如史有"初,江淮漕租米至东都输含嘉仓,以车或驮陆运至陕"①之说;三是加强含嘉仓建设可以洛阳控制关东,通过接纳江淮及江南漕米为漕转关中提供必要的保障。安史之乱后,唐玄宗一朝精心建立的漕运制度虽因藩镇割据等多种因素遭受极大的破坏,但含嘉仓的漕转作用始终没有受到削弱。唐德宗贞元十四年(798)有"出东都含嘉仓粟七万石,开场粜以惠河南饥民"②之说,又有"其年九月,以岁饥,出太仓粟三十万出粜。其年十二月,以河南府谷贵人流,令以含嘉仓七万石出粜"③之说,无论是出长安太仓租米还是出含嘉仓租米赈灾救荒,都需要经含嘉仓进行漕转。

第四节　刘晏理财与榷盐及漕运

　　安史之乱爆发后,唐王朝亟需动员一切人力、物力和财力投入平叛战争之中。这一时期,第五琦主持盐政,通过重点征收盐税,弥补了国用大幅度增加后的缺口。然而,盐法初定,存在着诸多弊端,很快政策中的疏漏开始显现出来。

　　在这一紧要关头,刘晏受命理财,由此揭开了唐王朝的盐政改革历史。此后,在细化盐法的基础上,刘晏提出了以盐税保江淮及东南漕运的主张,与此同时,推行以养民为先的政策,尽可能地恢复安史之乱以前的农业经济秩序。经过长时间的努力,刘晏大幅度地增加了中央财政收入,极大地满足了国用方面的需求。具体地讲,安史之乱后,藩镇割据与反叛势力及吐蕃、回纥入侵等原因交织在一起,直接威胁到唐王朝的安全。在中央财政支出空前增加和租赋空前减少的前提下,如果没有刘晏贯彻以养民为先的思想,积极地进行盐政、漕运及经济制度改革等,那么,唐王朝灭亡的步伐将会加快。刘晏罢相后,杨炎推行"两税法",引起了唐代赋税制度方面的变化,同时也破坏了刘晏理财时既定的思想路线。在这一过程中,李巽等继续贯彻刘晏理财时的思想主张,在一定的程度上抵消了"两税法"带来的负面效应,此可视为是刘晏理财成果的延续。

---

① 宋·欧阳修、宋祁《新唐书·食货志三》,北京:中华书局1975年版,第1365页。
② 后晋·刘昫等《旧唐书·德宗纪》,北京:中华书局1975年版,第389页。
③ 宋·王溥《唐会要·仓及常平仓》下册,北京:中华书局1955年版,第1615页。

刘晏理财与盐政改革

改革盐政是刘晏理财的核心内容,刘晏改革盐政的思想是在平定安史之乱的过程中形成的,同时又是在执掌漕运事务中得到完善的,前后可分为四个阶段。

第一阶段,刘晏理财及改革盐政思想的形成期。刘晏理财及改革盐政思想的形成可上溯到唐肃宗末年即宝应元年(762),如《旧唐书·肃宗纪》有"以河南尹刘晏为户部侍郎,勾当度支、铸钱、盐铁等使"①之说。刘晏任户部侍郎后,在掌管全国财赋统计与调配的同时,以转运为工作重点,开始认识到盐利在国用中的重要地位。此时,任职时间虽只有数月,但刘晏有机会认识到第五琦盐政中的弊端,从而为日后理财及改革盐政奠定了基础。与此同时,通过从事转运事务,刘晏对漕运中的问题多有发现,逐步形成了率先恢复汴渠及黄河漕运的思想。

第二阶段,刘晏改革盐政的初始期。唐代宗广德二年,刘晏接替第五琦负责盐政及转运等事务。刘晏上任后以改革盐政为突破口,仅用不到一年的时间就将盐税收入提高了十倍。史称:"广德二年正月,复以第五琦专判度支铸钱盐铁事。而晏以检校户部尚书为河南及江淮已来转运使,及与河南副元帅计会开决汴河。"②盐税增加后,为刘晏以盐利充当疏浚汴河的费用,以盐利为"漕佣"奠定了基础,进而解决了江淮及东南漕运中的经费困难,为江淮及东南租赋顺利地进入黄河中下游地区创造了必然的条件。

第三阶段,刘晏重点改革东南盐政期。在理财的过程中,刘晏以改革东南盐政为突破口,肩负起恢复租赋征收的重任。永泰二年,唐代宗变更中央财赋管理机构,设二使分掌全国的赋税、铸钱、常平、转运、盐铁等事务。在黄河中下游地区农业经济凋敝及唐王朝租赋等移向江淮及东南的前提下,由刘晏负责东都、河南、淮南、江东西、湖南、荆南、山南东道等地的理财事务,可谓是一人支撑起了唐王朝财政收入的半壁江山。时至唐代宗大历五年(770),刘晏除了继续承担原有的事职外,又参与到关内、河东、剑南、山南租庸等事务中。在这中间,刘晏虽然先后与第五琦、韩滉等分掌全国租赋及钱盐等事务,但其权重明显地超过第五琦、韩滉,为其重点征榷淮盐和浙盐奠定了基础,同时也为恢复租赋制度创造了必要的条件。

第四阶段,为刘晏理财恢复赋税制度即租庸调制度和改革盐政的丰收期。从大历十四年(779)开始到唐德宗建中元年(780)刘晏蒙冤被迫自尽以前,他已执掌全国财赋,如史有"至十四年,天下财赋,皆以晏掌之"③之说。在理财及推行以盐税保国用的国策时,刘晏深

---

① 后晋·刘昫等《旧唐书·肃宗纪》,北京:中华书局1975年版,第259页。
② 后晋·刘昫等《旧唐书·食货志下》,北京:中华书局1975年版,第2117页。
③ 同②。

刻地认识到盐税征收只能增加钱币收入,不能从根本上解决唐王朝在粮食、物资等方面的需求,一旦发生粮贵钱贱的局面,同样会造成国用方面的危机。在这中间,如果不能及时地恢复原有的赋税制度及农业生产秩序,只是一味地扩大调运江淮及东南租赋北上的规模,势必会出现竭泽而渔的局面。针对这些情况,刘晏利用榷盐这一经济杠杆,以恢复农业生产为根本,采取赈灾救荒等手段在一定程度上挽救了赋税制度破坏后的危机。

从大的方面讲,刘晏理财及改革盐政虽由四个阶段构成,但共同的特点是:针对租庸调制度遭受破坏及中央财政极度困难等情况,他充分利用掌握的盐铁、转运、租庸、常平、铸钱等权力,以改革盐政为先导,以盐利为经济杠杆,在恢复农业生产秩序同时,扭转了唐王朝国用不足的颓势。

在改革盐政的过程中,刘晏采取了重点征榷淮盐和浙盐的措施。重点征榷淮盐和浙盐主要是由两个方面的原因造成的:一是江淮及东南有丰富的海盐资源,如史有"吴、越、扬、楚盐廪至数千,积盐二万余石"①之说,当榷盐成为唐王朝增加财赋收入的唯一途径时,淮盐和浙盐势必要成为征榷的对象;二是安史之乱后,形成了"赋之所出,江淮居多"②的局面。漕运补给线拉长到江淮及东南以后,为唐王朝征榷淮盐和浙盐,以盐利保漕运等创造了必要的条件。在漕运补给线拉长到江淮等地以前,淮盐和浙盐基本上无法行销到黄河中下游地区,如黄河中下游地区有池盐和崖盐,当地人可以就近购买价格较低的盐。此外,江淮及东南远离唐王朝统治的核心区域即黄河中下游地区,如果从江淮运盐至中原销售成本太高,所以淮盐和浙盐一直不在重点征榷的范围之内。漕运补给线拉长到江淮及东南以后,形势发生了变化,因有漕运上的便利,遂为重点征榷淮盐和浙盐创造了必要的条件。

重点征榷淮盐和浙盐,发生在国用大幅增加和赋税收入日趋减少的背景下,同时发生在刘晏主持盐政及漕运的背景下,如史有"以刘晏颛领东都、河南、淮西、江南东西转运、租庸、铸钱、盐铁,转输至上都,度支所领诸道租庸观察使,凡漕事亦皆决于晏"③之说,又有"以通州刺史刘晏为户部侍郎、京兆尹、度支盐铁转运使。盐铁兼漕运,自晏始也"④之说。刘晏总揽转运、租庸、铸钱、盐铁等事务以后,揭开了重点征榷淮盐和浙盐及以东南盐利保漕运的历史。

在革除盐政弊端的过程中,刘晏立足于现实,着眼于长远,将改革重点放在了重点征榷淮盐和浙盐的方面,其中,有八个方面值得注意。

其一,注重源头管理,有意识地精简盐务机构。史称:"自兵起,流庸未复,税赋不足供

---

① 宋·欧阳修、宋祁《新唐书·食货志四》,北京:中华书局1975年版,第1378页。
② 后晋·刘昫等《旧唐书·第五琦传》,北京:中华书局1975年版,第3517页。
③ 宋·欧阳修、宋祁《新唐书·食货志三》,北京:中华书局1975年版,第1368页。
④ 后晋·刘昫等《旧唐书·食货志下》,北京:中华书局1975年版,第2117页。

费,盐铁使刘晏以为因民所急而税之,则国足用。于是上盐法轻重之宜,以盐吏多则州县扰,出盐乡因旧监置吏,亭户粜商人,纵其所之。"①针对"流庸未复,税赋不足供费"等情况,刘晏认为"因民所急而税之,则国足用"。为了更好地贯彻这一思想,刘晏采取了精简机构的措施,通过精简机构,旨在明确盐官(监管盐业生产的官吏)职责,提高盐税征收的效率。如只在盐乡设盐官,撤除州县盐官,规定盐官只有监督亭户即盐户(从事盐业生产的民户)生产的权力,不得妨碍盐户与商人交易等,都是加强盐政源头管理的重要举措。

其二,调整专卖制度,由国家掌握盐业批发和征税等关键性的环节,进而在官收的基础上改官运为商运,改官营为商销。史有"自淮北列置巡院,搜择能吏以主之,广牢盆以来商贾。凡所制置,皆自晏始"②之说,"牢盆"本指生产食盐的工具,又引申为盐政或盐业。通过吸引商人到产盐区购盐,调动了商人经销淮盐的积极性。进而言之,刘晏出任转运使、盐铁使以后,在充分肯定民产、官收的基础上,有意识地将官运和官销分别改为商运和商销,通过改革,在调动商人积极性的同时,将官府从烦琐的运销事务中解放出来。

其三,照顾商人的利益,禁止州县设关卡征收盐税和商船过境费。史有"然诸道加榷盐钱,商人舟所过有税。晏奏罢州县率税,禁堰埭邀以利者"③之说。通过废除诸道设置的关卡,在降低商运、商销成本的过程中提高了商人从事盐业销售的积极性,进而落实了民产、官收、商运和商销的政策。

其四,照顾百姓的利益,由官府设常平盐仓平易盐价,进而以盐价平易粮价及物价。史有"江、岭去盐远者,有常平盐,每商人不至,则减价以粜民,官收厚利而人不知贵"④之说。司马光亦记载道:"其江岭间去盐乡远者,转官盐于彼贮之。或商绝盐贵,则减价鬻之,谓之常平盐,官获其利而民不乏盐。"⑤设常平盐仓的初衷是平易盐价,针对岭南等产盐区偏远,商人不愿前往经销等情况,由官府直接用低于商销的价格售盐,进而取得"官收厚利而人不知贵""官获其利而民不乏盐"的效果。又如一旦发生某地食盐供应不足时,可以及时地从常平盐仓调盐。如史有"京师盐暴贵,诏取三万斛以赡关中,自扬州四旬至都,人以为神"⑥之说,通过稳定盐价来稳定长安的粮价及物价。

其五,关心盐业生产,派懂得盐业生产的官吏对亭户进行技术指导。史称:"晏又以盐生霖潦则卤薄,暵旱则土溜坟,乃随时为令,遣吏晓导,倍于劝农。"⑦针对"盐生霖潦则卤薄,暵

---

① 宋·欧阳修、宋祁《新唐书·食货志四》,北京:中华书局1975年版,第1378页。
② 后晋·刘昫等《旧唐书·食货志下》,北京:中华书局1975年版,第2117页。
③ 同①。
④ 同①。
⑤ 宋·司马光《资治通鉴·唐纪四十二》(邹国义校点),上海:上海古籍出版社1997年版,第2102页。
⑥ 宋·欧阳修、宋祁《新唐书·刘晏传》,北京:中华书局1975年版,第4796页。
⑦ 同①。

旱则土溜坟"等情况,采取"遣吏晓导"即提供技术提高了亭户的盐业生产能力。

其六,加强榷盐时的过程管理,重点管理淮盐和浙盐的主要生产区。具体地讲,一是重点管理涟水、湖州、越州、杭州四大盐场;二是监管淮盐和浙盐生产,如在主要产盐区嘉兴、海陵、盐城、新亭、临平、兰亭、永嘉、大昌、侯官、富都等地设十监;三是在淮北设十三巡院,由巡院负责缉私,重点监管淮盐和浙盐等行销事务。在海陵、盐城等地设盐监表明,淮盐是重点管理对象。在扬州、陈许、汴州、白沙、淮西、甬桥、宋州、泗州等地建巡院即缉查私盐的关卡则表明,禁止盐吏、亭户及商人相勾结,行淮盐和浙盐走私之事。通过这些举措,取得了"岁得钱百余万缗,以当百余州之赋"①的成绩,从而为重点征榷淮盐和浙盐奠定了基础。

其七,划分食盐区,将淮北、河南东部等划为淮盐行盐区即食盐区,实行分片管理和营销。司马光记载道:"晏专用榷盐法充军国之用。时自许、汝、郑、邓之西,皆食河东池盐,度支主之;汴、滑、唐、蔡之东,皆食海盐,晏主之。"②划分食盐区及明确管理范围后,有效地堵塞了越境行盐即商销中的漏洞。

其八,刘晏将征榷淮盐和浙盐税收与漕运结合起来,采取以盐利保漕运的措施,重点解决江淮及东南漕运过程中的各项支出。史有"李灵耀反,河南节帅或不奉法,擅征赋,州县益削。晏常以羡补乏,人不加调,而所入自如"③之说,其中所谓"羡补",是指用富余的钱财来弥补拖欠的赋税。丘浚有"然当时运夫,皆是官雇,而所用佣钱,皆以盐利"④,这里所说的"所用佣钱,皆以盐利",是指以淮盐和浙盐税收保江淮及东南漕运。进而言之,在改革盐政及扩大其用途的过程中,刘晏有效地解除了日趋严重的漕运危机,为稳定关中及长安局势提供了强有力的支撑。

榷盐是涉及漕运安全的大事,通过盐政改革,刘晏取得了辉煌的成果。史称:"又至德初,为国用不足,令第五琦于诸道榷盐以助军用,及晏代其任,法益精密,官无遗利。初,岁入钱六十万贯,季年所入逾十倍,而人无厌苦。大历末,通计一岁征赋所入总一千二百万贯,而盐利且过半。"⑤史又称:"晏之始至也,盐利岁才四十万缗,至大历末,六百余万缗。天下之赋,盐利居半,宫闱服御、军饷、百官禄俸皆仰给焉。"⑥刘晏主持改革盐政后,盐税岁额由六十万贯增加到六百多万贯,主要是在重点征榷淮盐和浙盐的过程中取得的。可以说,如果没有刘晏的盐政改革及重点征榷淮盐和浙盐,唐王朝的政治危机不但不会化解,而且还会进一

---

① 宋·欧阳修、宋祁《新唐书·食货志四》,北京:中华书局1975年版,第1378页。
② 宋·司马光《资治通鉴·唐纪四十二》(邬国义校点),上海:上海古籍出版社1997年版,第2102页。
③ 宋·欧阳修、宋祁《新唐书·刘晏传》,北京:中华书局1975年版,第4796页。
④ 明·丘浚《大学衍义补·漕挽之宜上》(林冠群、周济夫校点),北京:京华出版社1999年版,第304页。
⑤ 后晋·刘昫等《旧唐书·刘晏传》,北京:中华书局1975年版,第3514页。
⑥ 同①。

步地加剧。

当时,东南四州的海盐产量究竟有多少?李吉甫论述道:"盐监,煮盐六十万石,而楚州盐城,浙西嘉兴、盐平两监所出次焉,计每岁天下盐利,当租赋三分之一。"[①]刘晏设十监加强东南盐政管理,如以一监产出六十万石计算,东南四州十监年产的海盐当在六百万石左右。在此基础上征收的东南盐税,相当于唐王朝当年租赋的三分之一。当然,这是就安史之乱后唐王朝实际征收的租赋而言。

与浙盐相比,淮盐税收占有更大的份额。出现这样的情况,主要是由五个方面的原因造成的。一是江淮及东南有涟水、湖州、越州、杭州四大盐场,如史有"有涟水、湖州、越州、杭州四场"[②]之说,四大盐场以楚州涟水盐场为首,这一叙述表明涟水盐场的盐业生产超过湖州、越州、杭州等盐场的生产规模。二是江淮是漕运要区,唐代淮南道即江淮的农业经济发展水平远远地超过东南。因江淮是安史之乱后唐王朝租赋征收的重点区域,在以盐利保江淮漕运的过程中,淮盐在"漕佣"中的地位势必要高于浙盐。三是唐代在扬州设盐铁转运使,这一行为传达的信息是,淮盐是重点征榷的对象。扬州有通江达海的区位优势,在商贸往来中占据着特殊的地位,在此建立征榷机构,有利于建立淮盐面向长江流域和淮河以北的行盐区。四是刘晏总理盐政和漕运事务以后,以恢复汴渠及黄河漕运为先导,疏浚了连通江淮的汴河,解决了淮盐行销淮河以北及黄河中下游地区的难题。与此同时,淮盐产地有四通八达的运盐河,运盐河与汴河连接在一起,大大地降低了运输成本,远比调运浙盐北上合算。五是刘晏恢复汴渠及黄河漕运以征收江淮租赋为前提,安史之乱破坏了原有的租庸调制度,在这一前提下,中央财政收入减少与国用需求增大之间的矛盾迫使刘晏在寻找新财源的过程中改革盐政,提出了加强征榷江淮及东南盐税的对策。在这中间,因恢复租赋与扩大财源及解决国用需求交织在一起,又因江淮漕运与恢复汴渠及黄河漕运同等重要,这样一来,重点征榷淮盐已成必然之举。

江淮之间的运盐河是唐代水上交通的一部分,与漕运紧密地联系在一起。在外输的过程中,凭借便利的水上交通,淮盐销售形成了以扬州为代表的淮南集散中心和以楚州涟水为代表的淮北集散中心。

刘晏管理漕运与修复汴渠

当漕运补给线拉长到江淮及东南时,如何修复破坏已久的汴渠,打通自黄河至江淮及东南的漕运通道,便成了唐王朝必须关心的大问题。然而,修复汴渠需要耗费大量的钱财,唐王朝财政捉襟见肘,这样一来,如何恢复汴渠及江淮漕运,便成了刘晏思考的大问题。

[①] 唐·李吉甫《元和郡县图志·淮南道》,北京:中华书局1983年版,第1074页。
[②] 宋·欧阳修、宋祁《新唐书·食货志四》,北京:中华书局1975年版,第1378页。

刘晏认识到恢复汴渠漕运的重要性，发生在平定安史之乱的紧要关头。当时，刘晏奉命出任户部侍郎，负责度支（掌管财赋统计与调配）、转运、盐铁、铸钱等事务。史称："其后大盗起，而天下匮矣。肃宗末年，史朝义兵分出宋州，淮运于是阻绝，租庸盐铁溯汉江而上。河南尹刘晏为户部侍郎，兼句当度支、转运、盐铁、铸钱使，江淮粟帛，繇襄、汉越商于以输京师。"①"肃宗末年"，指唐肃宗宝应元年。公元762年四月，唐玄宗去世，唐肃宗改年号为"宝应"。不久，唐肃宗去世，同年四月二十日唐代宗继位，并沿用这一年号。

所谓"由襄、汉越商于以输京师"，是指战争在河南一带展开后，汴渠漕运中断，运送江淮租米赋税的漕船只能绕行入江，沿长江西行，中经汉水至襄阳（在今湖北襄阳），随后自襄阳起程中经商州（在今陕西商洛），取道洋川（在今陕西汉中洋县）等地，最后再翻越秦岭将粮饷运往关中。史有"官兵守潼关，财用急，必待江、淮转饷乃足，饷道由汉、沔，则襄阳乃今天下喉襟，一日不守，则大事去矣"②之说，可见襄阳成为新的漕转中心，完全是由当时的军事形势决定的。

以襄阳为漕转中心，除了与襄阳依托长江航线，有联系淮河、汉水流域的漕运条件相关外，还与襄阳与南阳（在今河南南阳）相邻有一定的关系，如自南阳走水路可进入梁郡（唐高祖武德四年改称宋州，在今河南商丘睢阳），唐军与叛军在中原地区激战时，需要自襄阳至梁郡的漕转线路提供后勤支援。

因汴渠中断，刘晏深刻地体会到，"由襄、汉越商"漕转付出的成本实在是太高，如史有"自丧乱以来，汴水堙废，漕运者自江、汉抵梁、洋，迂险劳费"③之说。宝应元年是平定安史之乱的前夜，当黄河流域的河南、河北成为唐军与叛军激战的主战场时，唐王朝不得不采取至江淮筹集粮饷的政策。之所以这样做，是因为江淮远离战火，整体的农业经济发展水平已赶上甚至超过了黄河中下游地区的农业经济，如时有"赋之所出，江淮居多"④之说。然而，此时叛军史朝义分兵指向战略要地宋州（在今河南商丘睢阳），乃至于掐断了江淮漕运这一补给线。在这一节骨眼上，刘晏接手转运等事务只能继续采用入江，绕道汉水的办法转运租米赋税至关中及长安。

安史之乱结束后，因春荒及漕运不济，关中发生了前所未有的粮荒，如史有"时新承兵戈之后，中外艰食，京师米价斗至一千，官厨无兼时之积，禁军乏食，畿县百姓乃按穗以供之"⑤之说，又有"自兵兴已来，凶荒相属，京师米斛万钱，官厨无兼时之食。百姓在畿甸者，拔谷按

---

① 宋·欧阳修、宋祁《新唐书·食货志三》，北京：中华书局1975年版，第1368页。
② 宋·欧阳修、宋祁《新唐书·萧颖士传》，北京：中华书局1975年版，第5769页。
③ 宋·司马光《资治通鉴·唐纪三十九》（邬国义校点），上海：上海古籍出版社1997年版，第2068页。
④ 后晋·刘昫等《旧唐书·第五琦传》，北京：中华书局1975年版，第3517页。
⑤ 后晋·刘昫等《旧唐书·刘晏传》，北京：中华书局1975年版，第3511—3512页。

穗,以供禁军"①之说。结合"时大兵后,京师米斗千钱,禁膳不兼时,甸农揉穗以输"②等语看,所谓"官厨无兼时之积"或"官厨无兼时之食",是指优先保证供给的宫廷大内已经没有储蓄的粮食。"揉穗",是指麦子尚未成熟时取青穗搓揉为食,因青黄不接百姓只得用取青穗搓揉的办法为宫廷和禁军提供食粮。在这一紧要的关头,唐代宗决定重新任用善于理财和熟悉漕运事务的刘晏。《旧唐书·刘晏传》有"晏受命后,以转运为己任,凡所经历,必究利病之由"③之说,《新唐书·刘晏传》又有"代宗立,复为京兆尹、户部侍郎,领度支、盐铁、转运、铸钱、租庸使"④之说,将两则文献记载结合起来看,当知此时的刘晏虽身兼数职,但工作重点仍是漕运即转运,同时表明恢复汴渠漕运乃当务之急。

刘晏的《遗元载书》是一篇声情并茂的书信、散文,在叙述及表达方面很有特点。

在书信的第一部分,刘晏开宗明义、直入主题,强调恢复汴渠及黄河漕运的迫切性和重要性。其书信云:"浮于淮、泗,达于汴,入于河,西循底柱、硖石、少华,楚帆越客,直抵建章、长乐,此安社稷之奇策也。晏宾于东朝,犹有官谤,相公终始故旧,不信流言,贾谊复召宣室,弘羊重兴功利,敢不悉力以答所知。驱马陕郊,见三门渠津遗迹。到河阴、巩、洛,见宇文恺置梁公堰,分黄河水入通济渠;大夫李杰新堤故事,饰像河庙,凛然如生。涉荥郊、浚泽,遥瞻淮甸,步步探讨,知昔人用心,则潭、衡、桂阳必多积谷,关辅汲汲,只缘兵粮。漕引潇、湘、洞庭,万里几日,沧波挂席,西指长安。三秦之人,待此而饱;六军之众,待此而强。天子无侧席之忧,都人见泛舟之役;四方旅拒者可以破胆,三河流离者于兹请命。相公匡戴明主,为富人侯,此今之切务,不可失也。使仆湔洗瑕秽,率罄愚懦,当凭经义,请护河堤,冥勤在官,不辞水死。"⑤这一部分主要是从宏观的角度肯定通济渠即汴渠开通的重要性。其内容可分为四个方面。一是从国家安全的战略高度亮出观点,指出自汴渠入黄河至长安的运道是一条"安社稷之奇策"的漕运通道。言外之意,"安社稷"的首要目标是恢复汴渠及黄河漕运。二是以恳切的言辞表达了寻求宰相元载支持的想法。在"晏宾于东朝,犹有官谤,相公终始故旧,不信流言"等语中,通过回顾往事和拉近距离,刘晏希望元载能一如既往地继续支持他的工作;又如刘晏以"贾谊复召宣室,弘羊重兴功利"等典故,通过叙述贾谊、桑弘羊遭人诽谤致使功败垂成的故事,暗示自己可能面临的窘境,委婉地表达迫切需要元载支持的原因。三是叙述在考察汴渠等运道受损的过程中,深刻地体会到隋文帝兴修梁公堰、隋炀帝开通济渠及李杰筑新堤的良苦用心,随后以"知昔人用心"领起下文,强调只有汴渠畅通才有可能以快捷的方式深入到长江流域,取潭、衡、桂阳等郡的"积谷",才能"漕引潇、湘、洞庭"解决"关辅汲

---

① 后晋·刘昫等《旧唐书·食货志下》,北京:中华书局1975年版,第2118页。
② 宋·欧阳修、宋祁《新唐书·刘晏传》,北京:中华书局1975年版,第4794页。
③ 后晋·刘昫等《旧唐书·刘晏传》,北京:中华书局1975年版,第3512页。
④ 同②。
⑤ 同③。

汲,只缘兵粮"的眼前困难,才有可能进一步地破解"三秦之人,待此而饱;六军之众,待此而强。天子无侧席之忧,都人见泛舟之役;四方旅拒者可以破胆"等难题。四是进一步表达寻求支持的意愿,并以"请护河堤,冥勤在官,不辞水死"等语,表示将竭尽全力恢复汴渠及黄河漕运的决心。

书信的第二部分重点叙述恢复汴渠及黄河漕运的利与病,是整个书信的核心部分。在行文上,刘晏采取先说利、后说病的叙述方法,以此呼应第一部分书信。客观地讲,做这样的叙述安排是有用心的,目的是为元载在朝中反驳不同意见提供强有力的证据,故带有处处为对方着想及"递话"的特点。

欧阳修《新唐书》记载刘晏书信时写道:"大抵运之利与害各有四:京师三辅,苦税人之重,淮、湖粟至,可减徭赋半,为一利;东都凋破,百户无一存,若漕路流通,则聚落邑廛渐可还定,为二利;诸将有不廷,戎虏有侵盗,闻我贡输错入,军食丰衍,可以震耀夷夏,为三利;若舟车既通,百货杂集,航海梯峤,可追贞观、永徽之盛,为四利。起宜阳、熊耳、虎牢、成皋五百里,见户才千余,居无尺椽,爨无盛烟,兽游鬼哭,而使转车挽漕,功且难就,为一病;河、汴自寇难以来,不复穿治,崩岸灭木,所在廞淤,涉泗千里,如冈水行舟,为二病;东垣、底柱、渑池、北河之间六百里,戍逻久绝,夺攘奸宄,夹河为薮,为三病;淮阴去蒲坂,亘三千里,屯壁相望,中军皆鼎司元侯,每言衣无纩,食半菽,挽漕所至,辄留以馈军,非单车使者折简书所能制,为四病。"① 欧阳修记载较刘晏《遗元载书》更为简要和集中,明显地经过了删改。

在这一部分,刘晏从现实的角度详细地叙述开通汴渠及恢复黄河漕运的四利和四病。其四利为:一是恢复汴渠及黄河漕运可以最大限度地减轻京师地区的徭役和赋税,稳定关中人心浮动、日趋复杂的政治局势;二是恢复汴渠漕运,可以成功地吸引流民回归故土,恢复安史之乱破坏后的东都洛阳一带的农业经济和社会秩序;三是通过漕运可解除关中"军食"匮乏的现状,积极地应对吐蕃等入侵带来的政权危机;四是恢复汴渠及黄河漕运可恢复商贸,在商品流通中促进不同地区的经济发展。其四病为:一是安史之乱后从洛阳到武牢即河阴五百里之间,户籍人口流失,因人烟稀少给"兴此劳人之运"带来困难;二是汴渠运道遭受破坏后已无水行舟,给恢复漕运带来难度;三是经过战争的破坏,原先建立的戍卒管理及守卫运道制度已不复存在,六百里北河即黄河运道很容易受到盗寇的抢劫;四是从淮阴(在今江苏淮阴)到蒲坂(在今山西运城永济)之间有长达近三千里的水路,沿途须经诸多藩镇,因其缺粮缺物资,故时常会发生截留事件。在《遗元载书》的第二部分中,刘晏采取先说利、后说病的叙述方式是有深意的,如四利涉及的范围均为军国大事,与之相比,四病所述则不足为道了,只要采取积极的措施和加强漕运管理,四病所涉及的问题完全可以迎刃而解。

---

① 宋·欧阳修、宋祁《新唐书·刘晏传》,北京:中华书局 1975 年版,第 4794—4795 页。

刘晏在书信的第三部分向元载明确地表达了恢复汴渠及黄河漕运的决心。刘晏进一步写道:"晏累年已来,事缺名毁,圣慈含育,特赐生全。月余家居,遽即临遣,恩荣感切,思殒百身。见一水不通,愿荷锸而先往;见一粒不运,愿负米而先趋。焦心苦形,期报明主,丹诚未克,漕引多虞。屏营中流,掩泣献状。"①刘晏以恳切的言辞再次向元载表示,着手恢复汴渠及黄河漕运的决心,其中,"见一水不通,愿荷锸而先往;见一粒不运,愿负米而先趋"等语可谓是落地有声。

刘晏全面分析了恢复汴渠及黄河漕运的必要性,宰相元载接到书信后,"即尽以漕事委晏"②,于是,刘晏立即放开手脚,全身心地投入修复汴渠及黄河运道之中。汴渠修复及黄河运道恢复后,因及时地将租米等运抵关中及长安,解除了关中及长安日益加重的粮食及物价危机,因此,刘晏受到唐代宗的表彰,并将其誉为鄭侯萧何。

唐代宗广德二年,刘晏出任河南、江淮转运使后,为打通自江淮进行黄河流域的漕运通道,立即将修复汴渠等提上了议事日程。史有"广德二年正月,复以第五琦专判度支铸钱盐铁事。而晏以检校户部尚书为河南及江淮已来转运使,及与河南副元帅计会开决汴河"③之说,为修复汴渠,刘晏曾"驱马陕郊,见三门渠津遗迹。到河阴、巩、洛,见宇文恺置梁公堰,分黄河水入通济渠;大夫李杰新堤故事,饰像河庙,凛然如生。涉荥郊、浚泽,遥瞻淮甸,步步探讨"④。经过勘察,刘晏将汴渠列为重点整修的对象。进而言之,如果漕路不通,即便是江淮有现成的租赋可运,甚至是有盐税可征,但也无法解除关中日益加重的粮食及财政危机。

重点恢复汴渠及黄河漕运,主要是由汴渠独特的交通位置和经济地理地位决定的,同时又是由黄河是西入关中的快捷通道决定的。史称:"及代宗出陕州,关中空窘,于是盛转输以给用。广德二年,废句当度支使,以刘晏颛领东都、河南、淮西、江南东西转运、租庸、铸钱、盐铁,转输至上都,度支所领诸道租庸观察使,凡漕事亦皆决于晏。晏即盐利顾佣分吏督之,随江、汴、河、渭所宜。故时转运船繇润州陆运至扬子,斗米费钱十九,晏命囊米而载以舟,减钱十五;繇扬州距河阴,斗米费钱百二十,晏为歇艎支江船二千艘,每船受千斛,十船为纲,每纲三百人,篙工五十,自扬州遣将部送至河阴,上三门,号'上门填阙船',米斗减钱九十。调巴、蜀、襄、汉麻枲竹筱为绹挽舟,以朽索腐材代薪,物无弃者。未十年,人人习河险。江船不入汴,汴船不入河,河船不入渭;江南之运积扬州,汴河之运积河阴,河船之运积渭口,渭船之运入太仓。岁转粟百一十万石,无升斗溺者。轻货自扬子至汴州,每驮费钱二千二百,减九百,岁省十余万缗。又分官吏主丹杨湖,禁引溉,自是河漕不涸。"⑤

---

① 后晋·刘昫等《旧唐书·刘晏传》,北京:中华书局1975年版,第3513—3514页。
② 宋·欧阳修、宋祁《新唐书·刘晏传》,北京:中华书局1975年版,第4795页。
③ 后晋·刘昫等《旧唐书·食货志下》,北京:中华书局1975年版,第2117页。
④ 同①,第3512页。
⑤ 宋·欧阳修、宋祁《新唐书·食货志三》,北京:中华书局1975年版,第1368页。

第八章　唐代的漕运

综合以上三则记载，刘晏恢复汴渠漕运既是在唐代宗充分授权的情况下进行的，又是在"西蕃入寇，国用空竭"的形势下进行的。早在宝应元年五月即平定安史之乱的节骨眼上，江淮的"盐铁租赋"及"总东南贡赋"已成为挽救唐王朝政治危机的关键。安史之乱平定后，关中粮荒及西北战事吃紧，需要在强化东南及江淮贡赋征收的基础上，打通从江淮到关中的漕运通道。很显然，在刘晏总揽东南转运、租庸、铸钱、盐铁等事务以前，"总东南贡赋"及负责漕运事务的官员是不得力的。为了迅速地破解这一难题，唐代宗决定重新任用刘晏，为此，刘晏有了"凡漕事亦皆决于晏"的权力，经此，唐王朝出现了有史以来范围最广的漕运。在重点治理汴渠及恢复黄河漕运的过程中，刘晏利用榷盐这一经济杠杆破解了漕运中的难题，其中主要的措施集中在六个方面。

其一，加强漕运管理，改革旧制。具体地讲，一是实行雇佣制度，以盐利雇用船夫，船夫可根据水情决定回程的地点。二是改雇用民船运粮为由官船转输，通过去除中间环节，提高转输效率。三是规定各航段及陆运路段的佣金，鼓励船夫"囊米"参与漕转，以减少运输费用。四是将租庸、铸钱、盐铁等纳入漕运范围，并规定轻货的运输线路，防止与运送租米的漕船争道。

其二，充分利用身兼盐铁使的权力，刘晏以盐税为造船经费，在保证充足经费的前提下建造船体坚固、规格统一，且能运载一千石粮食的船只。与此同时，在扬子县（在今江苏扬州扬子镇）设官办造船场并引入竞争机制，有意将造船任务分发给十个造船场，由不同的官员"况自营办"，以保证造船质量。

其三，实行纲船制度，以十船为一纲（十船为一个船队），派官军随纲船督运，配制定额的船夫和篙夫，如史有"每船受千斛，十船为纲，每纲三百人，篙工五十"之说，在险要航段如三门峡等由船队的全体船夫及篙工并牵一船渡过难关。

其四，派员巡察各地的水文，防止在耕种季节来临时私自引水灌溉造成航道干浅等事件的发生。如有"又分官吏主丹杨湖，禁引溉"之说，又有"自是河漕不涸"之说，故"禁引溉"的范围包括江南河、汴渠、黄河等不同的航段。客观地讲，这一政策实行后，在一定程度上侵害了农民的利益。

其五，重视河口仓的作用，严格执行分级接运之策。裴耀卿有"于河口置一仓，纳江东租米，便放船归。从河口即分入河、洛，官自雇船载运。……水通即运，水细便止"①之法，刘晏将其发展为"江船不入汴，汴船不入河，河船不入渭；江南之运积扬州，汴河之运积河阴，河船之运积渭口，渭船之运入太仓"的制度。通过实行分航段接运之策，扭转了漕运不利的局面。

其六，加强黄河漕运。在刘晏掌漕运事务以前，自江淮西入关中及长安，主要有两条漕

---

① 后晋·刘昫等《旧唐书·食货志下》，北京：中华书局 1975 年版，第 2115 页。

运通道：一是自汴渠入黄河，经三门峡入渭水入关中及长安；二是自洛阳转陆运，沿山路至陕州入黄河，再入渭水进入关中及长安。为加快漕运，刘晏采取了裴耀卿实施黄河漕运之法，在这中间，为解除漕船过三门峡时面临的风险，刘晏采取了多种措施，如建造了船体坚固的"上门填阙船"，又如"调巴、蜀、襄、汉麻枲竹篠为絚挽舟"，为牵引船只过三门峡等航段提供安全保障等。经过改革及加强管理，在保证行船安全和减少运费和损耗的基础上，刘晏取得了"岁转粟百一十万石，无升斗溺者"重大成果。司马光评价刘晏取得的漕运成就时论述道："自是每岁运米数十万石以给关中，唐世称漕运之能者，推晏为首，后来者皆遵其法度云。"①其实，刘晏恢复漕运实际上是一个综合工程，是在统筹盐税、租赋、铸钱等的基础上实现的。

总之，刘晏管理漕运取得成功是在以盐利为"漕佣"的过程中实现的，同时也是在肯定裴耀卿漕运成果的基础上进行的。通过制定严格的制度和严密的管理办法，解决了唐王朝漕运过程中的难题。可以说，刘晏建立新的漕运制度，为后世的漕运制度建设提供了基本的依据和法则。

刘晏恢复漕运以恢复赋税制度为先

安史之乱后，社会经济亟待恢复，与此同时，藩镇尾大不掉，截留所占州县的租赋，吐蕃、回纥入侵关中及长安等，均扩大了中央财政减少和国用支出增加之间的矛盾。史有"李灵耀反，河南节帅或不奉法，擅征赋"②之说，又有"州县多为藩镇所据，贡赋不入，朝廷府库耗竭"③之说，在国用增加及黄河中下游地区的租赋日趋减少的前提下，唐王朝不得不把租赋征收的重点转向由中央掌控的江淮及东南。马端临论述道："且唐肃宗、代宗之后，如河北诸镇，皆强租赋不领于度支。当时有如吐蕃、回纥之乱，所用犹多。镇武、天德之间，岁遣两河诸镇，所以全倚办江淮之粟。"④客观地讲，马端临强调安史之乱后江淮租赋在国用中的地位是十分中肯的。问题是，江淮产出有限，无节制地征收，势必要导致江淮农业经济秩序的崩溃。这样一来，如何在维持江淮租赋征收数额的同时，恢复不同区域的农业生产秩序、扩大租赋征收的范围，便成了刘晏理财时必须思考的大问题。

刘晏理财时，正是唐王朝户籍人口锐减的时期。司马光叙述道："初，安、史之乱，数年间，天下户口什亡八九，州县多为藩镇所据，贡赋不入，朝廷府库耗竭，中国多故，戎狄每岁犯边，所在宿重兵，仰给县官，所费不赀，皆倚办于晏。"⑤户籍人口逃亡后，直接动摇了租庸调制度的基础，这一时期，刘晏理财深刻地认识到恢复租庸调制度的重要性，即只有及时地恢

---

① 宋·司马光《资治通鉴·唐纪三十九》（邬国义校点），上海：上海古籍出版社1997年版，第2068页。
② 宋·欧阳修、宋祁《新唐书·刘晏传》，北京：中华书局1975年版，第4796页。
③ 宋·司马光《资治通鉴·唐纪四十二》（邬国义校点），上海：上海古籍出版社1997年版，第2101页。
④ 元·马端临《文献通考·国用考三》，杭州：浙江古籍出版社1988年版，第248页。
⑤ 同③。

复租庸调制度,才能保证江淮及东南漕运。进而言之,如果租米、赋税征收范围不能扩大,一味地增加江淮及东南租赋征收,必然会出现竭泽而渔的局面,致使漕运成为一句空话。根据这一情况,刘晏在重点征榷盐税及加强漕运的过程中,采取了一系列的恢复租庸调制度的措施。

为了充分地认识刘晏理财及恢复租庸调制度的意义和作用,有必要追溯一下唐王朝赋税制度的制定及破坏的情况。

唐代建立的赋税制度是以租庸调为基础的,同时又是以平均田亩即均田制为保障的。史称:"唐之始时,授人以口分、世业田,而取之以租、庸、调之法,其用之也有节。"①租庸调制度的核心是:在平均田亩的基础上明确地规定丁男二十岁以上授田百亩。其中:八十亩为口分田,人死后口分田须归还国家;二十亩为永业田,可以永久保留。租,指田租,每丁每年须向国家纳粟二石。庸,指劳役,丁男每年须服劳役二十天,如国家无事,可以物代役,规定每丁按照一天交纳绢三尺或布三尺七寸五分的标准,交足二十天的数额。户,指户调,每户须交纳绢二丈、绵三两或布二丈五、麻三斤。这一赋税制度作为既定国策,保证了唐王朝的国用需求。

一般认为,唐代租庸调制度遭到破坏发生在唐玄宗天宝十四年即安史之乱爆发之时。如唐德宗贞元年间,宰相陆贽上疏论述道:"国家赋役之法,曰租、曰调、曰庸。其取法远,其敛财均,其域人固。有田则有租,有家则有调,有身则有庸,天下法制均一,虽转徙莫容其奸,故人无摇心。天宝之季,海内波荡,版图隳于避地,赋法坏于奉军。"②陆贽一笔并及两面,充分地肯定了租庸调制在稳定国家政治、经济秩序方面的作用,同时关注到安史之乱及战争对这一赋税制度的破坏作用。司马光论述道:"唐初,赋敛之法曰租、庸、调,有田则有租,有身则有庸,有户则有调。玄宗之末,版籍浸坏,多非其实。"③如将陆贽的"版图隳于避地"与司马光有"版籍浸坏"对读,当知天宝十四年爆发安史之乱后,户籍人口大量地减少,加快了租庸调制度破坏的速度,扩大了国用不断增加和赋税不断减少之间的矛盾。

唐玄宗即位时,户籍人口逃亡已成为唐王朝头疼的大事,如史有"时天下户口逃亡,免役多伪滥,朝廷深以为患。融乃陈便宜,奏请检察伪滥,搜括逃户"④之说。杜佑记载道:"八年,天下户口逃亡,色役伪滥,朝廷深以为患。九年正月,监察御史宇文融陈便宜,奏检察伪滥兼逃户及籍外剩田。于是令融充使推句,获伪勋及诸色役甚众,特加朝散大夫,再迁兵部员外兼侍御史。融遂奏置劝农判官,长安尉裴宽等二十九人,并摄御史分往天下。所在检责

---

① 宋·欧阳修、宋祁《新唐书·食货志一》,北京:中华书局1975年版,第1341页。
② 宋·欧阳修、宋祁《新唐书·食货志二》,北京:中华书局1975年版,第1354页。
③ 宋·司马光《资治通鉴·唐纪四十二》(邬国义校点),上海:上海古籍出版社1997年版,第2099页。
④ 后晋·刘昫等《旧唐书·宇文融传》,北京:中华书局1975年版,第3217页。

田畴,招携户口。其新附客户,则免其六年赋调,但轻税入官。阳翟县尉皇甫憬、左拾遗杨相如并上疏,盛陈烦扰不便。宽等皆当时才彦,使还,得户八十余万,田亦称是。"①针对"天下户口逃亡",宇文融"奏请检察伪滥兼逃户及籍外赢田",派遣御史"检责田畴,招携户口",采取"其新附客户,则免其六年赋调,但轻税入官"等安民措施。经过整顿及采取强有力的措施,户籍人口在唐玄宗即位以后至安史之乱爆发以前得到了一定程度的增长,国家赋税收入开始增加。

安史之乱爆发后,一度恢复的户籍人口又再度逃亡。司马光记载道:"及至德兵起,所在赋敛,迫趣取办,无复常准。赋敛之司增数而莫相统摄,各随意征科,自立色目,新故相仍,不知纪极。民富者丁多,率为官、为僧以免课役,而贫者丁多,无所伏匿,故上户优而下户劳。吏因缘蚕食,民旬输月送,不胜困弊,率皆逃徙为浮户,其土著百无四五。"②

户籍人口减少必然会动摇租庸调制度的根基,可以说,唐王朝长期建立起来的赋税制度在顷刻之间遭受了灭顶之灾。

此外,一味地扩大军事力量和增加官员数量也增加了国用,对业已建立的租庸调制度多有破坏。史称:"盖其畜兵以府卫之制,故兵虽多而无所损;设官有常员之数,故官不滥而易禄。虽不及三代之盛时,然亦可以为经常之法也。及其弊也,兵冗官滥,为之大蠹。"③和平时期,"兵冗官滥"带来的危害似乎有限,但军兴以后,国用增加与赋税制度遭受破坏两方面原因交织在一起,增加了唐王朝的财政负担。更重要的是,藩镇割据与反叛势力等原因,在加快户籍人口逃亡的同时,致使中央赋税收入日趋减少。

在这一节骨眼上,唐代宗令刘晏掌转运、租庸、盐铁、铸钱、常平等事务即担负起理财的重任,其可谓是临危受命。史称:"代宗立,复为京兆尹、户部侍郎,领度支、盐铁、转运、铸钱、租庸使。晏以户部让颜真卿,改国子祭酒。又以京兆让严武,即拜吏部尚书、同中书门下平章事,使如故。坐与程元振善,罢为太子宾客。俄进御史大夫,领东都、河南、江淮转运、租庸、盐铁、常平使。"④在很短的时间内,刘晏经历了从委以重任到坐罪免职,再到委以重任的变化。这一跌宕起伏的任职变化表明唐代宗已充分认识到,只有刘晏才能在国家危难之际担负起理财和转运的大任。

在恢复租庸调税制度的过程中,刘晏主要采取了七个方面的措施。

其一,立足于长远,以"养民"为先,积极地恢复户籍人口。刘晏初任度支使、转运使等职时,户籍人口逃亡十分严重。通过采取措施,刘晏将户籍人口提高到三百多万,在稳定农业

---

① 唐·杜佑《通典·食货七》,杭州:浙江古籍出版社1988年版,第41页。
② 宋·司马光《资治通鉴·唐纪四十二》(邬国义校点),上海:上海古籍出版社1997年版,第2099页。
③ 宋·欧阳修、宋祁《新唐书·食货志一》,北京:中华书局1975年版,第1341—1342页。
④ 宋·欧阳修、宋祁《新唐书·刘晏传》,北京:中华书局1975年版,第4794页。

经济秩序的过程中增加了租赋收入。司马光记载道:"晏又以为户口滋多,则赋税自广,故其理财常以养民为先。……晏始为转运使,时天下见户不过二百万,其季年乃三百余万;在晏所统则增,非晏所统则不增也。其初财赋岁入不过四百万缗,季年乃千余万缗。"①刘晏的观点是:恢复租赋应以恢复户籍人口为先,恢复户籍人口应以及时地了解各地的丰歉情况为先。户籍人口大幅度地恢复有效地增加了唐王朝以租庸调为核心的赋税收入,从源头上解决了漕运租米、赋税时严重匮乏的状况。

其二,在裁员精简机构的同时,将一批有能力的士人充实到租庸征收的各级岗位上。史称:"初,晏分置诸道租庸使,慎简台阁士专之。时经费不充,停天下摄官,独租庸得补署,积数百人,皆新进锐敏,尽当时之选,趣督倚办,故能成功。虽权贵干请,欲假职仕者,晏厚以禀入奉之,然未尝使亲事,是以人人劝职。尝言:'士有爵禄,则名重于利;吏无荣进,则利重于名。'故检劾出纳,一委士人,吏惟奉行文书而已。所任者,虽数千里外,奉教令如目前,频伸谐戏不敢隐。惟晏能行之,它人不能也。代宗尝命考所部官吏善恶,刺史有罪者,五品以上辄系劾,六品以下杖然后奏。"②在加强队伍建设的过程中,刘晏建立了一支精干、清廉、办事效率高的租庸征收管理队伍。在重用士人的同时,刘晏巧妙地应对权贵,排除了干扰,以保证在任何时候都有租米及赋税可征可运。

其三,设置知院官,及时地了解各地情况,采取丰年以高于市场的价格购粮,荒年以低价售粮的措施,有效地阻止了丰年粮贱、荒年粮贵等伤农事件的发生,并在此基础上增加了仓储。司马光记载道:"晏有精力,多机智,变通有无,曲尽其妙。常以厚直募善走者,置递相望,觇报四方物价,虽远方,不数日皆达使司,食货轻重之权,悉制在掌握,国家获利而天下无甚贵甚贱之忧。常以为:'办集众务,在于得人,故必择通敏、精悍、廉勤之士而用之;至于句检簿书、出纳钱谷,事虽至细,必委之士类;吏惟书符牒,不得轻出一言。'常言:'士陷赃贿,则沦弃于时,名重于利,故士多清修;吏虽洁廉,终无显荣,利重于名,故吏多贪污。'然惟晏能行之,它人效者终莫能逮。其属官虽居数千里外,奉教令如在目前,起居语言,无敢欺绐。当时权贵,或以亲故属之者,晏亦应之,使俸给多少,迁次缓速,皆如其志,然无得亲职事。其场院要剧之官,必尽一时之选。故晏没之后,掌财赋有声者,多晏之故吏也。……晏为人勤力,事无闲剧,必于一日中决之,不使留宿,后来言财利者皆莫能及之。"③在全盘掌握各地物价即"食货轻重之权,悉制在掌握"的过程中,刘晏利用经济杠杆调配物资,出现了"国家获利而天下无甚贵甚贱之忧"的局面。因租米征收有一定的额度,满足不了漕运的需要,故需要官府出资采取"和籴"的手段,在丰年时以低价购粮。然而,如果由主持相关事务的官员先向上

---

① 宋·司马光《资治通鉴·唐纪四十二》(邬国义校点),上海:上海古籍出版社1997年版,第2102页。
② 宋·欧阳修、宋祁《新唐书·刘晏传》,北京:中华书局1975年版,第4795页。
③ 同①,第2101—2102页。

级机关禀报粮价,等批复后再购买的话,粮价则有可能已经上涨,将不利于官府购粮。根据这一情况,刘晏通过统计数十年粮价,并将粮食收购的数额及价格分为五等,由官员以此为参照,不待禀报可自行收购。这样一来,可以较小的代价完成漕粮收购任务。

其四,利用常平即平易粮价等权力,实行蠲免和贷款之策。与此同时,派专人了解各地的粮价和物价,在及时汇总的基础上干预市场,防止伤农事件的发生。如刘晏受诬时,其下属鸣冤道:"起广德二年,尽建中元年,黜陟使实天下户,收三百余万。王者爱人,不在赐与,当使之耕耘织纴,常岁平敛之,荒年蠲救之,大率岁增十之一。而晏尤能时其缓急而先后之。每州县荒歉有端,则计官所赢,先令曰:'蠲某物,贷某户。'民未及困,而奏报已行矣。议者或讥晏不直赈救,而多贱出以济民者,则又不然。善治病者,不使至危殆;善救灾者,勿使至赈给。故赈给少则不足活人,活人多则阙国用,国用阙则复重敛矣;又赈给近侥幸,吏下为奸,强得之多,弱得之少,虽刀锯在前不可禁。以为二害。灾沴之乡,所乏粮耳,它产尚在,贱以出之,易其杂货,因人之力,转于丰处,或官自用,则国计不耍;多出菽粟,恣之粜运,散入村间,下户力农,不能诣市,转相沾逮,自免阻饥,不待令驱。以为二胜。晏又以常平法,丰则贵取,饥则贱与,率诸州米尝储三百万斛。岂所谓有功于国者邪!"①实行蠲免和贷款之策以后,安定了农业生产,户籍人口不再逃亡,与此同时,户籍人口增加则为租赋增加提供了保障,如"诸州米尝储三百万斛",实际上是在赈灾救荒及户籍人口增加的背景下实现的。

其五,根据物流特点,将全国各地不同的产品运往有集散能力的区域,实行以货易货。各地风土不同,有不同的产出,如果将这些物资统统地纳入赋税征收及转运范围的话,其运输费用将远远地超过其自身价值。针对这些情况,刘晏根据物流特点,将其统一运往有集散能力的地区,在以货易货的交易中谋取利益。史称:"刘晏盐法既成,商人纳绢以代盐利者,每缗加钱二百,以备将士春服。"②商人盈利,主要是在货物及商品流转中实现的。刘晏以绢替代铜币即商人以绢替代盐税时采取每缗加钱二百的做法,既解决了将士的春服,又增加了国家的财政收入,同时也照顾到商人的利益。沈括评价道:"刘晏掌南计,数百里外物价高下,即日知之。"③在及时掌握各地物价的过程中,在货物流转中平易了物价,既照顾到百姓的利益,又保证了国家的财政收入。进而言之,刘晏抓住物流的特点,在转运集散的过程中为唐王朝积累了大量的财富,如刘晏采取灵活的租庸征收政策,允许以他物替代租赋,不但缓解了百姓缴纳赋税的压力,而且扩大了转运范围,应对了不同的国用需求。

其六,将铸钱与转运结合到一起,通过易货铸钱增加铜币,在一定程度上缓解了唐王朝

---

① 宋·欧阳修、宋祁《新唐书·刘晏传》,北京:中华书局 1975 年版,第 4798 页。
② 宋·欧阳修、宋祁《新唐书·食货志四》,北京:中华书局 1975 年版,第 1379 页。
③ 宋·沈括《梦溪笔谈·官政一》,胡道静《梦溪笔谈校证》,上海:上海古籍出版社 1987 年版,第 410 页。

日趋严重的钱荒。唐王朝发生钱荒由来已久,起初,第五琦铸乾元重宝钱以一当十用,不久,又铸重轮乾元钱以一当五十用,企图以行政手段通过不等值的铜币投放市场的办法来解除铜币不足带来的危机。然而,币轻货重,两种铜币投放市场后,引起谷价飞扬、盗铸严重等事件的持续发生。这一时期,铜币兑换机制混乱,不同重量的铜币同值使用,为犯法者提供了赢利的空间。具体地讲,乾元重宝钱和重轮乾元钱的面额均低于铜的自身价格,因有漏洞可钻,民间常将这两种铜币销毁熔铸成铜器出售并牟利。此外,铜币自然损耗、民间送终以铜币陪葬、对外贸易时铜币流向海外等都给流通时缺少铜币带来了无法结算的尴尬。为此,刘晏利用任转运使、盐铁使和铸钱使等权力,令江、岭等州缴纳租米等赋税时,可以"重粗贱弱之货"替代,如史有"诸道盐铁转运使刘晏以江、岭诸州,任土所出,皆重粗贱弱之货,输京师不足以供道路之直。于是积之江淮,易铜铅薪炭,广铸钱,岁得十余万缗,输京师及荆、扬二州,自是钱日增矣。"①之说。这些"重粗贱弱之货"运往江淮后,用以货易货的方式换成铜铅、薪炭等,随后就地铸钱再输往京师、荆、扬二州。通过这一手段,刘晏在一定程度上解除了唐王朝因钱荒带来的危机。

  其七,刘晏理财采取灵活机变的做法,以谋取盐利和加强漕运为先导,充分利用掌管转运、租庸、盐铁、常平、铸钱等权力,在综合治理中稳定了唐王朝的赋税征收。史称:"晏始以官船漕,而吏主驿事,罢无名之敛,正盐官法,以裨用度。"②如盐税征收除了可支付"漕佣"外,还可以通过盐价平易粮价及物价等,以此为经济杠杆,在一定程度上纾解了百姓因租赋过重带来的困扰。当然,盐不是万能的,只是增加盐税,没有租庸调为基本保障,依旧无法挽救日益扩大的国用危机。

  总之,刘晏理财以盐政改革为先导,积极地恢复遭受破坏的租庸调制度,在稳定农业生产秩序的基础上,把握流通这一环节,增加了中央财政。史称:"当大历时,事贵因循,军国之用,皆仰于晏,未尝检辖。"③又称"大历时政因循,军国皆仰晏,未尝检质。"④综合这两则记载,主要有三层含义,一是刘晏理财创立的制度,在大历年间得到了全面地推行;二是刘晏理财增加了唐王朝的财政收入,这些财赋后来成为军用需求的基本来源;三是刘晏理财得到了唐王朝统治者的充分信任和授权。"检辖"意为拘束,"未尝检辖"是指朝廷没有设置障碍检查刘晏理财时的过程管理;"检质"指查问,"未尝检质"是指朝廷没有专门查问刘晏的理财情况,可谓是唐王朝为挽救自身危机,充分地放权给刘晏。史称:"大历八年,以关内丰穰,减漕十万石,度支和籴以优农。晏自天宝末掌出纳,监岁运,知左右藏,主财谷

---

① 宋·欧阳修、宋祁《新唐书·食货志四》,北京:中华书局1975年版,第1388页。
② 宋·欧阳修、宋祁《新唐书·刘晏传》,北京:中华书局1975年版,第4798页。
③ 后晋·刘昫等《旧唐书·刘晏传》,北京:中华书局1975年版,第3515页。
④ 同②,第4796页。

三十余年矣。"①大历八年(773),关中丰收刘晏减漕运岁额十万石,与此同时,刘晏"和籴"时又采取"优农"即高价购粮的策略以稳定民心及社会秩序。在这中间,刘晏"主财谷三十余年"有力地改变了国用不足的局面。

后人评价刘晏理财取得的成就时多有不同的看法。史称:"晏治天下,无甚贵甚贱之物,泛言治国者,其可及乎!举真卿才,忠也,减王缙罪,正也,忠正之道,复出于人,呜呼!本秀于林,风必摧之,常衮见忌于前,杨炎致冤于后,可为长叹息矣!时讥有口者以利咉之,苟不塞谗口,何以持重权?即无以展其才,济其国矣。是其术也,又何讥焉。"②刘晏理财是利用在盐税这一经济杠杆及加强盐税征收的过程中实现的,对此,丘浚多有微辞。丘浚指出:"天生一世之物,以供一世之用。人用一世之物,必成一世之事。物各异用,而用之各有所宜。汉以大司农掌天下之钱谷,以给百官禄俸,军国馈饷。而山泽之利,则掌之少府,而以私奉养焉。唐至中叶兵起,流庸未复,税赋不足,凡天下所谓军饷禄俸,皆仰给于盐。天下之赋,盐居其半。呜呼,天地生物,止于此数。人力有限,而用度无穷。自非剥削灶户,折阅商贾,何以得盐利如此之多哉?当是之时,所征于民,税赋不知何在,而专仰给于一盐如此。若以为兵起民贫,然农民皆贫而灶户独富乎?刘晏虽曰善于理财,然知利国之为利,而不知利民之为大利;知专于取利而可以得利,而不知薄于取利而可以大得利也。"③当"天下之赋,盐居其半"时,事件的本身就是一大悲剧。按照丘浚的说法,刘晏获取盐利主要是通过三个途径:一是剥削灶户即盐户;二是官府利用权力倒腾食盐是在将负担转移给商贾的过程中实现的;三是盐利是在将盐税转嫁到百姓身上的过程中实现的。应该说,这一批评是尖锐的。不过,在别无良策之时,以盐利增加国用和稳定经济形势只能是刘晏的最佳选择。从某种意义上讲,安史之乱后,加强江淮及东南漕运及重点征榷淮盐以保国用实际上是迫不得已的举措。

刘晏罢相以后的漕运

唐德宗建中元年正月,杨炎推行两税法。两税法是指以租庸调制为基础,在夏、秋两季完成以田赋为主的赋税征收。这一赋税制度实行后,基本上否定了刘晏建立的理财秩序,甚至可以说,刘晏建立的理财及漕运等秩序遭到破坏与杨炎推行两税法有直接的关系。史称:"大抵有唐之御天下也,有两税焉,有盐铁焉,有漕运焉,有仓廪焉,有杂税焉。"④史家认为,两税法与盐铁、漕运、仓廪、杂税等制度结合在一起,是唐王朝不可或缺的"御天下"之术,这一评价可谓高矣。

---

① 宋·欧阳修、宋祁《新唐书·食货志三》,北京:中华书局1975年版,第1368—1369页。
② 后晋·刘昫等《旧唐书·刘第班王李传》,北京:中华书局1975年版,第3523页。
③ 明·丘浚《大学衍义补·山泽之利上》(林冠群、周济夫校点),北京:京华出版社1999年版,第264页。
④ 后晋·刘昫等《旧唐书·食货志上》,北京:中华书局1975年版,第2088页。

第八章　唐代的漕运

从另一个层面看,两税法是以改革田赋为起点的,如果没有刘晏"起广德二年,尽建中元年,黜陟使实天下户,收三百余万"①这一基础的话,那么,杨炎的赋税改革将是一句空话。然而,在杨炎推行两税法之际,便已受到责难。如时任宰相的陆贽论述道:"赋役旧法,行之百年,人以为便。兵兴,供亿不常,诛求隳制,此时弊,非法弊也。时有弊而未理,法无弊而已更。两税新制,竭耗编氓,日日滋甚。"②后世史家进一步论述道:"自天宝以来,大盗屡起,方镇数叛,兵革之兴,累世不息,而用度之数,不能节矣。加以骄君昏主,奸吏邪臣,取济一时,屡更其制,而经常之法,荡然尽矣。由是财利之说兴,聚敛之臣进。盖口分、世业之田坏而为兼并,租、庸、调之法坏而为两税。至于盐铁、转运、屯田、和籴、铸钱、括苗、榷利、借商、进奉、献助,无所不为矣。盖愈烦而愈弊,以至于亡焉。"③尽管如此,两税法毕竟是一种新的理财之法。

这一政策实行后,动摇了刘晏以盐政为先及以盐利保漕运的根基。史称:"包佶为汴东水陆运、两税、盐铁使,许以漆器、玳瑁、绫绮代盐价,虽不可用者亦高估而售之,广虚数以罔上。亭户冒法,私鬻不绝,巡捕之卒,遍于州县。盐估益贵,商人乘时射利,远乡贫民困高估,至有淡食者。巡吏既多,官冗伤财,当时病之。其后军费日增,盐价浸贵,有以谷数斗易盐一升。私鬻犯法,未尝少息。"④包佶领水陆运使等职务发生在建中三年,此时距刘晏离开理财岗位只有三年。此时,包佶以漆器、玳瑁、绫绮等代盐价,当知刘晏建立的盐政制度已遭受了严重的破坏。追溯其原因,应与杨炎进行税制改革推行两税法有直接的关系。具体地讲,两税法关注的重点是征收田赋,因重视田赋征收而疏于盐政管理,故出现了"亭户冒法,私鬻不绝,……盐估益贵,商人乘时射利,……巡吏既多,官冗伤财"等情况。在这中间,"军费日增"与盐税减少交织在一起,进一步扩大了收入降低与支出增加之间的矛盾。史称:"四年,度支侍郎赵赞议常平事,竹木茶漆尽税之。茶之有税,肇于此矣。"⑤建中四年,为开辟财源,唐王朝被迫将竹木茶漆等纳入征税的范围。这一事件表明,盐税是国家财政收入的大头,不容有丝毫的闪失,一旦破坏将无法应对"军费日增"的需求,为弥补其不足,只能用扩大征税范围的方式即搜刮民财的方式进行补救。

杨炎采取重内轻外之策,改变了刘晏建立的转运及漕运制度。史称:"及杨炎为相,以旧恶罢晏,转运使复归度支,凡江淮漕米,以库部郎中崔河图主之。"⑥此前,刘晏掌盐铁、转运、租赋等事务于一身,有相机处置的权力,通过统筹各种财赋为转运及漕运铺平了道路。杨炎

---

① 宋·欧阳修、宋祁《新唐书·刘晏传》,北京:中华书局1975年版,第4798页。
② 宋·欧阳修、宋祁《新唐书·食货志二》,北京:中华书局1975年版,第1354页。
③ 宋·欧阳修、宋祁《新唐书·食货志一》,北京:中华书局1975年版,第1342页。
④ 宋·欧阳修、宋祁《新唐书·食货志四》,北京:中华书局1975年版,第1379页。
⑤ 后晋·刘昫等《旧唐书·食货志下》,北京:中华书局1975年版,第2118页。
⑥ 宋·欧阳修、宋祁《新唐书·食货志三》,北京:中华书局1975年版,第1369页。

将转运使归度支节制后,转运使不再兼任盐铁使、租庸使等职,由于政出多头,增加了管理环节,降低了漕运效率,进而破坏了业已建立的盐铁制度和漕运制度。平心而论,杨炎为相,有意识地改变刘晏理财时建立的制度,实行以田赋征收为先的政策,将转运使归度支节制等,引起的后果十分严重。如这一时期,围绕着理财是以田赋为先还是以盐政为先,所发生的争执与杨炎刻意改变刘晏旧法有着直接的关系,尽管这两种意见的出发点都是为唐王朝的统治做长久打算,然而,当这一争论一直延续到唐王朝的后期,给唐王朝带来的伤害则是无法估量的。

在实行两税法的过程中,盐政遭受破坏的情况愈演愈烈,从而使转运及漕运陷入了空前的困境。史称:"五年十二月,度支转运盐铁奏:'比年自扬子运米,皆分配缘路观察使差长纲发遣。运路既远,实谓劳人。今请当使诸院,自差纲节级般运,以救边食。'从之。"①从表面上看,唐德宗贞元五年(789)改汴河长运为短运是由"劳人"引起的,其实,最根本的原因是因无法取盐利保漕运造成的。史称:"九年,张滂奏立税茶法。自后裴延龄专判度支,与盐铁益殊途而理矣。"②贞元九年(793),唐王朝扩大征收杂税的范围以弥补国用不足,与盐政遭受破坏有直接的关系。

此外,刘晏办漕运,以盐利支付建造官船和雇用民夫时的费用等,在一定程度上减轻了朝廷和百姓的负担。盐政破坏后,因没有盐利为造船及雇佣民夫提供资金,故出现了捉襟见肘的情况,为此,唐政府不得不采取其他的手段筹措资金。史有"至咸通末,院官杜侍御又以一千石船,分造五百石船两舸,用木廉薄。又执事人吴尧卿为扬子县官,变盐铁之制,令商人纳榷,随所送物料,皆计折纳,勘廉每船板、钉、灰、油、炭多少而给之。物复剩长。军将十家,即时委弊"③之说。"咸通末",指唐懿宗咸通十五年(874)。"委"同"萎","委弊"指民生凋敝。起初,刘晏取盐税建造坚固的船只,经此,"变盐铁之制,令商人纳榷",同时又将造船费用直接摊派到百姓头上,终于导致"军将十家,即时委弊"的情况发生。由于无情地掠夺商人和百姓,造船质量大受影响,给漕运造成了灾难。

或许是因为这样的原因,杨炎理财推行两税法及转运使归度支节制后,两种理财及转运思路一直在悄无声息中交锋。其一,刘晏的门生故吏为其鸣冤,通过为刘晏平反在一定程度上抵制了杨炎的做法。史有"故晏没后二十年,韩洄、元琇、裴腆、包佶、卢征、李衡相继分掌财赋,出晏门下。属吏在千里外,奉教如目前。四方水旱,及军府纤芥,莫不先知焉"④之说,当知韩洄等沿用刘晏的理财之法长达二十多年。韩洄根据形势变化调整铸钱地点,初步扭

---

① 后晋·刘昫等《旧唐书·食货志下》,北京:中华书局1975年版,第2119页。
② 同①。
③ 宋·王谠《唐语林·政事上》,《唐语林校证》(周勋初校证),北京:中华书局1987年版,第61页。
④ 同①,第2118页。

转了铸钱亏损的局面。除了韩洄等贯彻刘晏理财之策外,班宏、张滂、李巽等也忠实地执行了刘晏的思想路线,并采取了以取盐利为先、以盐利保漕运的做法,如史有"丰财忠良,晏道为长。琦、宏、滂、巽,咸以利彰"①之说。其二,杨炎获罪流放并赐死以后,转运使归度支节制的做法得到改变。如吐蕃、回纥入侵关中,在军国之用亟须江淮漕运支持的紧要关口,因转运使需要等待度支的指令才有权起运江淮租赋,又因无权以盐利保漕运,势必会加剧唐王朝的政治危机。问题是,转运使归度支节制的制度及盐铁与转运分隶的制度又不能立即废止。这一情况一直到建中二年十月,杨炎获罪流放并被赐死以后才出现了转机。史称:"三年,以包佶为左庶子、汴东水陆运盐铁租庸使,崔纵为右庶子、汴西水陆运盐铁租庸使。"②"三年"指唐德宗建中三年,"左庶子"是太子的侍从官。唐代职官制度规定,太子官署设左右春坊,以左右庶子分掌相关事务,左右庶子虽是太子的属官,但其官阶相当于宰相侍中、中书令。刘晏的门生包佶以左庶子衔领水陆运使、盐铁使、租庸使,具有了相机处变及调动各种资源保漕运的权力。包佶以左庶子领诸使是唐王朝在新形势下采取的应对措施,经此,刘晏制定的漕运之法一度得到了恢复。

除了元琇之外,齐抗亦忠实地执行了刘晏制定的漕运路线。史称:"宰相萧复为江淮宣慰使,以抗为判官。德宗还京,大盗之后,天下旱蝗,国用尽竭。盐铁转运使元琇以抗有才用,奏授仓部郎中,条理江淮盐务。贞元初,为水陆运副使,督江淮漕运以给京师。"③刘晏罢官以后,因其政策遭受破坏,再加上自然灾害,出现了"国用尽竭"的局面。为挽救其危机,刘晏的门人元琇继任盐铁转运使并举荐齐抗"条理江淮盐务"。在任上,齐抗与元琇一道在榷盐中加强漕运,从而解除了唐王朝面临的危机,进而言之,东南盐政是在重点征收淮盐税利的过程中实现的,刘晏改革东南盐政的重点是在淮扬区域。

贞元二年(786)正月,崔造为相,转运及漕运再度发生变化。史称:"德宗以给事中崔造敢言,为能立事,用为相。造以江、吴素嫉钱谷诸使颛利罔上,乃奏诸道观察使、刺史选官部送两税至京师,废诸道水陆转运使及度支巡院、江淮转运使,以度支、盐铁归尚书省,宰相分判六尚书事。以户部侍郎元琇判诸道盐铁、榷酒,侍郎吉中孚判度支诸道两税。"④崔造以"颛利罔上"为由,对领诸使加强转运的做法进行了清算。具体地讲,一是改变转运方式,由各道观察使、州刺史选官负责押运两税钱物运输西入关中及长安;二是罢黜在诸道设立的水陆运使及度支使、巡院、江淮转运使,权力收归尚书省;三是度支、盐铁等事务归尚书省,由六人负责不同的事务,如元琇领诸道盐铁、榷酒事务,吉中孚领诸道两税。经此,以尚书省遥控

---

① 后晋·刘昫等《旧唐书·刘第班王李传》,北京:中华书局1975年版,第3523页。
② 后晋·刘昫等《旧唐书·食货志下》,北京:中华书局1975年版,第2118页。
③ 后晋·刘昫等《旧唐书·齐抗传》,北京:中华书局1975年版,第3756页。
④ 宋·欧阳修、宋祁《新唐书·食货志三》,北京:中华书局1975年版,第1369页。

千里之外的转运、租庸、盐铁等事务,彻底地否定了刘晏建立的理财之法及以盐利保漕运的做法。在这中间,一方面扩大了宰相的权力,加强了中央对具体事务的控制;另一方面因分头管理,也给理财及转运设置了更多的障碍。在这中间,实施什么样的转运及漕运之策再度成为人们关注的焦点。

浙江东、西节度使韩滉领转运使后,他明确地提出了恢复刘晏漕运制度的主张。此时,韩滉提出恢复旧制的主张与韩滉早年曾与刘晏分掌转运盐铁等事务有某种内在的联系。史称:"永泰二年,晏为东道转运常平铸钱盐铁使,琦为关内、河东、剑南三川转运常平铸钱盐铁使。大历五年,诏停关内、河东、三川转运常平盐铁使。自此晏与户部侍郎韩滉分领关内、河东、山、剑租庸青苗使。"①第五琦去世后,从唐代宗大历五年起,韩滉与刘晏分掌两大区域的理财及转运等事务。在分掌过程中,韩滉深刻地体会到以转运使兼诸使办漕运的好处。为此,韩滉提出不受尚书省节制的意见。在这场争执中,韩滉占据了上风,经此,刘晏领诸使加强转运的政策得到了恢复。

贞元三年(787)二月,韩滉去世,如史有"滉贞元三年二月,以疾薨,遂寝其事"②之说,经此,杨炎、崔造等罢转运使归度支的政策继续得到执行。然而,在藩镇的破坏下,两税及田赋征收受到了极大的干扰。贞元三年,针对同中央争夺以盐税为主的税收等情况,为缓解藩镇及地方与中央的矛盾,宰相李泌被迫采取了宽松的征收两税及征榷制度,同时令元友直专门负责河南、江、淮两税钱帛征收事务。这一事件表明,两税法实行后,刘晏理财及以盐利保漕运为先的政策遭受破坏,引起了一系列的连锁反应。

遗憾的是,国用告急并没有促使唐德宗醒悟,相反,为追求个人的物质享受,还不惜与国用争夺利益。史有贞元四年二月"元友直运淮南钱帛二十万至长安,李泌悉输之大盈库。然上犹数有宣索,仍敕诸道勿令宰知。泌闻之,惆怅而不敢言"③之说,"大盈库"指专供皇家使用的财物储存仓库,创立于唐玄宗一朝。"宣索"指唐德宗下诏向有司索取钱财。在淮南钱帛二十万已入大盈库的前提下,唐德宗依旧嫌其不足,还有意瞒过宰相李泌,下诏向有司索取。在这中间,李泌虽清楚此事,但不敢公开阻止。可以说,刘晏理财制度及漕运之法遭受破坏已远非一人的责任,而是众人共同破坏的结果。

韩滉及李泌去世后,度支、盐铁、转运等大权转移到窦参的手中,如史有"滉殁,宰相窦参代之"④等说。窦参大权独揽后,在任人唯亲的路线上越走越远,给胥吏贪腐找到了空隙,再度引起党争和内耗,给理财及转运等造成了不可弥补的损失。窦参是在李泌的两次推荐下

---

① 后晋·刘昫等《旧唐书·食货志下》,北京:中华书局1975年版,第2117页。
② 后晋·刘昫等《旧唐书·韩滉传》,北京:中华书局1975年版,第3603页。
③ 宋·司马光《资治通鉴·唐纪四十九》(邬国义校点),上海:上海古籍出版社1997年版,第2165页。
④ 同①,第2118页。

任宰相一职的,起初,唐德宗准备重新任用班宏,但李泌认为班宏做事迟疑不决,故推荐窦参为相。与此同时,为了牵制窦参,李泌又推荐董晋为相。但没想到的事情发生了,窦参"以度支事为辞,实专大政,多引亲党置要地"①。其亲党把持理财大权后贪污成风,因此引起班宏和张滂之间的恶斗,致使一度得到恢复的刘晏理财以取盐利保漕运为先的政策再次遭受严重的破坏。

从杨炎为相到窦参为相,刘晏理财以领诸使保财赋收入保漕运的思想路线受到严重的破坏。如两税征收归度支以后,以内治外因分头管理财赋转运等事务,由此形成了互相牵制及内耗的局面。不过,"遵大历故事,如刘晏、韩滉所分"后,张滂和班宏分领相关区域的两税财赋及转运等事务,使得刘晏确立的理财及转运之策再度得到执行。同时也表明,转运及漕运效率降低后,需要恢复刘晏制定的理财制度。

窦参罢相后,王绍、李巽等负责理财及转运等事务,并取得了突出的成就,如史有"绍之谨密干事,巽之嶶察精辨,亦足可称"②之说。王绍崭露头角,始于辅佐包佶之时。包佶是刘晏的故吏,王绍是包佶的副手。建中四年,王绍奉包佶奏表押轻货赴京,时逢泾原兵变。泾原镇士卒哗变攻陷长安后,唐德宗被迫逃往奉天(在今陕西乾县),王绍在漕运通道受阻及迂回转运路程倍增的情况下,将价值五十万的轻货送往奉天,受到唐德宗的重视。

此后,王绍任仓部员外郎,因恪尽职守受到唐德宗的重用。这一时期,王绍理财虽无宰相之名但有宰相之实。史称:"贞元中,为仓部员外郎。时属兵革旱蝗之后,令户部收阙官俸,兼税茶及诸色无名之钱,以为水旱之备。绍自拜仓部,便准诏主判,及迁户部、兵部郎中,皆独司其务。擢拜户部侍郎,寻判度支。后二年,迁户部尚书。德宗临驭岁久,机务不由台司,自窦参、陆贽已后,宰臣备位而已。德宗以绍谨密,恩遇特异,凡主重务八年,政之大小,多所访决。绍未尝泄漏,亦不矜衒。顺宗即位,王叔文始夺其权,拜兵部尚书,寻除检校吏部尚书、东都留守。元和初,迁检校尚书右仆射、徐州刺史、武宁军节度,复以濠、泗二州隶焉。时承张愔之后,兵骄难治,绍修辑军政,人甚安之。六年,征拜兵部尚书,兼判户部事。九年卒,年七十二,赠左仆射,谥曰敬。"③王绍主政八年,忠实地执行了刘晏理财时制定的制度,故《旧唐书》为其立传时,将其与刘晏、第五琦、李巽等合传。

继王绍以后,李巽理财取得了显著的成绩,扭转了唐王朝财赋收入的颓势。史称:"高祖发迹太原,因晋阳宫留守库物,以供军用。既平京城,先封府库,赏赐给用,皆有节制,征敛赋役,务在宽简,未及逾年,遂成帝业。其后掌财赋者,世有人焉。开元已前,事归尚书省,开元已后,权移他官。由是有转运使、租庸使、盐铁使、度支盐铁转运使、常平铸钱盐铁使、租庸青

---

① 宋·司马光《资治通鉴·唐纪四十九》(邬国义校点),上海:上海古籍出版社1997年版,第2167页。
② 后晋·刘昫等《旧唐书·刘第班王李传》,北京:中华书局1975年版,第3523页。
③ 后晋·刘昫等《旧唐书·王绍传》,北京:中华书局1975年版,第3521页。

苗使、水陆运盐铁租庸使、两税使,随事立名,沿革不一。设官分职,选贤任能,得其人则有益于国家,非其才则贻患于黎庶,此又不可不知也。如裴耀卿、刘晏、李巽数君子,便时利物,富国安民,足为世法者也。"①史家叙述理财及转运成果时,仅举裴耀卿、刘晏、李巽三人,并以"君子"相称,可见其取得的成绩之大。

李巽理财及兼任度支盐铁转运诸使是杜佑举荐的。司马光记载道:"杜佑请解财赋之职,仍举兵部侍郎、度支使、盐铁转运副使李巽自代。丁未,加佑司徒,罢其盐铁转运使,以巽为度支、盐铁转运使。自刘晏之后,居财赋之职者,莫能继之。巽掌使一年,征课所入,类晏之多,明年过之,又一年加一百八十万缗。"②杜佑举贤后,李巽出任度支、盐铁、转运诸使。其后,李巽担任盐铁转运使以后,重点保盐铁之和转运,很快取得成效,一年后升迁任兵部尚书。刘昫《旧唐书》有"时兵部尚书李巽兼盐铁使"③之说,欧阳修《新唐书》亦有"时李巽以兵部尚书领盐铁"④之说,李巽以兵部尚书兼任盐铁使一事表明,要想保证盐税征收和铜币铸造需要借助于军事力量的干预。

史称:"时李锜在浙西,厚赂贵幸,请用韩滉故事领盐铁,又求宣、歙。问吉甫,对曰:'昔韦皋蓄财多,故刘辟因以构乱。李锜不臣有萌,若益以盐铁之饶、采石之险,是趣其反也。'帝寤,乃以李巽为盐铁使。"⑤因两税法征收的田赋解除不了国用危机,这样一来,刘晏以盐铁为先的理财思路再度得到确认。这一时期,在藩镇及州县不断破坏盐铁制度及漕运受阻的前提下,户部已无法正常承担起盐税征收和铸钱的责任,为此,需要军事力量的介入。

李巽以兵部尚书领盐铁使表明,经此,唐王朝出现了以兵部参与理财的新情况。

在任上,李巽理财主要采取了四项措施。

其一,将王播、程异等人充实到盐铁转运的岗位上,发挥他们的才能,经此,王播成为李巽的副手。程异上任后重点负责扬州、淮南及江淮一带田赋的筹集和调运,后来在平藩战争中立下了汗马功劳。在平定淮西吴元济之乱时,盐铁使的主要职责是筹集粮饷,程异上任后革除旧弊,与王播一道保障了军用需求。在平淮西吴元济之乱和征讨王承宗的战争中,程异为筹集粮饷和转运做出了巨大的贡献。史称:"方讨蔡,异使江表调财用,因行谕诸帅府,以羡赢贡。故异所至不剥下,不加敛,经用以饶。遂兼御史大夫为盐铁使。元和十三年,以工

---

① 后晋·刘昫等《旧唐书·食货志上》,北京:中华书局 1975 年版,第 2085—2086 页。
② 宋·司马光《资治通鉴·唐纪五十三》(邬国义校点),上海:上海古籍出版社 1997 年版,第 2200 页。
③ 后晋·刘昫等《旧唐书·裴耀卿传》,北京:中华书局 1975 年版,第 3084 页。
④ 宋·欧阳修、宋祁《新唐书·裴耀卿传》,北京:中华书局 1975 年版,第 4455 页。
⑤ 宋·欧阳修、宋祁《新唐书·李吉甫传》,北京:中华书局 1975 年版,第 4738 页。

部侍郎同中书门下平章事,犹领盐铁。"① 在理财及转运中,程异尽心尽力,很快受到唐王朝的重用。耐人寻味的是,无论是程异任御史大夫,还是任宰相一职,始终兼任盐铁使一职。这里透露的信息有二:一是李巽理财执行了刘晏以盐铁为先的政策,程异负责其事务后,继续推行这一政策;二是盐铁在国用中有着特殊的地位,需要重臣亲自负责。

其二,加强管理,改变盐政混乱的局面。史称:"方是时,锜盛贡献以固宠,朝廷大臣,皆饵以厚货,盐铁之利,积于私室,而国用耗屈,榷盐法大坏,多为虚估,率千钱不满百三十而已。兵部侍郎李巽为使,以盐利皆归度支,物无虚估,天下榷盐税茶,其赢六百六十五万缗。初岁之利,如刘晏之季年,其后则三倍晏时矣。两池盐利,岁收百五十余万缗。四方豪商猾贾,杂处解县,主以郎官,其佐贰皆御史。盐民田园籍于县,而令不得以县民治之。"②在李巽任盐铁使以前,出现了"盐铁之利,积于私室,而国用耗屈,榷盐法大坏,多为虚估"的局面,李巽上任后,采取了"主以郎官,其佐贰皆御史"的措施,通过加强管理和监察,从源头上堵塞了漏洞,与此同时,不允许地方"以县民治之",向盐户征收田赋,从而保护了盐户的利益,调动了盐户生产的积极性。

其三,铸造铜币,增加货币的投放量,与此同时,采取行政手段以增加国用。安史之乱后,唐王朝出现了前所未有的钱荒,后来虽有所缓和,但从唐德宗一朝(780—805)起又再度爆发钱荒并延续到唐宪宗一朝(806—820)。因铜币的价值高于流通货币本身,民间或收藏或做他用,严重地破坏了业已建立的经济秩序,增加了社会的不安定因素。唐宪宗虽有禁用铜器即毁钱造铜器等举措,但无法从根本上扭转铜币流通量日趋减少的局面。为解除其危机,李巽采取了三大措施:一是加大开采铜矿的力度,通过择地铸钱,增加铜币的供应量;二是采取强制性措施令商贾拿出储存的铜币购物,以此增加市场流通中的铜币;三是以铜币为本位,加强其在货币流通中的地位,以律法的形式禁止采银,禁止铅锡钱流通。通过采取措施,李巽在一定程度上扭转了市场铜币供应不足的局面。李巽的做法得到了唐宪宗的肯定,进而以立法的形式诏令天下。

其四,在盐铁转运的过程中,革除"钱谷之弊"并疏浚运渠。程异上任后,为解除漕运危机,从源头上革除了田赋征收中的弊端。史称:"李巽为诸道转运、盐铁使,以堰埭归盐铁使,罢其增置者。自刘晏后,江淮米至渭桥浸减矣,至巽乃复如晏之多。"③堰埭管理权归盐铁使以后,减少了关卡,提高了盐铁及租赋的转运速度。

此外,王播疏浚了扬州一带的官河。史有"唐时漕运,大率三节。江淮是一节,河南是一

---

① 后晋·刘昫等《旧唐书·王播传》,北京:中华书局1975年版,第5142—5143页。
② 宋·欧阳修、宋祁《新唐书·食货志四》,北京:中华书局1975年版,第1379页。
③ 宋·欧阳修、宋祁《新唐书·食货志三》,北京:中华书局1975年版,第1370页。

节,陕西到长安是一节"①之说,江南租赋自京口(在今江苏镇江)渡江入古邗沟,须经扬州,因此扬州运道畅通与否是直接关系到江淮及河南、关中漕运成功与否的大事。史称:"时扬州城内官河水浅,遇旱即滞漕船,乃奏自城南闾门西七里港开河向东,屈曲取禅智寺桥通旧官河,开凿稍深,舟航易济,所开长一十九里,其工役料度,不破省钱,当使方圆自备,而漕运不阻。后政赖之。"②为改善漕运条件,时任淮南节度使的王播疏浚了扬州一带的官河即漕运通道。

第五节 漕运过程管理与江淮盐运

隋代以前,黄河两岸的河南、河北是主要的农业生产区,漕运主要沿黄河两岸进行。这样一来,治理黄河自然是头等大事。唐代漕运以安史之乱为转折点,经历了从依靠黄河中下游地区提供大部分漕粮,到江淮、江南提供大部分漕粮的变化。因为这样的缘故,在重修航道的基础上,唐代特别关注漕运机构建设及过程管理。此外,又重视屯田等在"省漕"中的特殊作用。需要一提的是,自汉代吴王刘濞开运盐河以后,唐代在江淮建设运盐河,既为刘晏以淮盐为"漕佣"奠定了基础,同时也扩大了经营淮盐的范围。具体地讲,淮盐营销是在建立行盐区(划分不同食盐的销售区)的过程中实现的,同时也是在裴耀卿改革漕运的背景下实现的。

唐代漕运制度建设

从大的方面讲,唐代漕运制度建设,经历了从继承隋制到建立自身制度的变化。如隋设都水监,掌舟楫、河渠二署,唐遵守了这一制度。史称:"都水监改为使者,增为正五品,丞为从七品。统舟楫、河渠二署。舟楫署每津置尉一人。五年,又改使者为监,四品,加置少监,为五品。后又改监、少监为令,从三品,少令,从四品。"③又称:"都水台,使者及丞各二人,参军三十人,河堤谒者六十人,录事二人。领掌船局、都水尉二人,又领诸津。上津每尉一人,丞二人。中津每尉、丞各一人。下津每典作一人,津长四人。"④可以说,唐代都水监的职能与隋代的基本一致。

其中,舟楫、河渠二署与漕运的关系最大,具体地讲,前者主要负责监漕,后者涉及兴修

---

① 元·马端临《文献通考·国用考三》,杭州:浙江古籍出版社1988年版,第248页。
② 后晋·刘昫等《旧唐书·王播传》,北京:中华书局1975年版,第4277页。
③ 唐·魏徵等《隋书·百官志下》,北京:中华书局1973年版,第799页。
④ 同③,第775页。

运河事务。这里说一说河渠署的情况，史称："令一人，正八品下；丞一人，正九品上。掌河渠、陂池、堤堰、鱼醢之事。凡沟渠开塞，渔捕时禁，皆颛之。飨宗庙，则供鱼鲅；祀昊天上帝，有司摄事，则供腥鱼。日供尚食及给中书、门下，岁供诸司及东宫之冬藏。渭河三百里内渔钓者，五坊捕治之。供祠祀，则自便桥至东渭桥禁民渔。三元日，非供祠不采鱼（唐有河堤使者。贞观初改曰河堤谒者。有府三人，史六人，典事三人，每渠及斗门有长一人，掌固三人，鱼师十二人。初，有监漕十人，从九品上，大历后省。兴成、五门、六门、龙首、泾堰、滋堤，凡六堰，皆有丞一人，从九品下。府一人，史二人，典事二人，掌固二人。贞观六年皆废）。河堤谒者六人，正八品下。掌完堤堰、利沟渎、渔捕之事。泾、渭、白渠，以京兆少尹一人督视。"①撇开其他事务不论，从"凡沟渠开塞""有监漕十人"等语中当知，河渠署在漕运中扮演重要的角色。

起初，唐代漕运的日常管理机构是隶属工部的仓部。唐代在工部侍郎下设水部侍郎、员外郎各一人，掌管漕运。史称："唐百官工部尚书以下，则有水部郎中、员外郎各一人，掌津泽渠梁运漕碾硙之事，外则又有河堤谒者六人、诸令各一人。迨开元初，李杰为水陆运使，而'使'之名始建。十一年，裴耀卿以黄门侍郎同中书门下平章事充江淮都转运使，而以崔希逸、萧炅为副使，而'副'之名亦始此。天宝，则以韦坚充勾当转运使，第五琦充诸色转运使，刘晏则以户部侍郎充诸道转运使。厥后韩滉、杜悰、崔昭纬，皆以宰相充，而诸道巡院皆统焉。自裴耀卿言漕事，进用者常兼转运之职，惟韦坚为最。"②为了提高漕运效率，专门解决漕运过程中的诸多问题，唐玄宗李隆基采纳裴耀卿的建议，设转运都使专门负责漕运，并以裴耀卿为黄门侍郎、同中书门下平章事，充江淮、河南转运都使，又以郑州刺史崔希逸、河南少尹萧炅为副。唐代同中书门下平章事一职为宰相，裴耀卿实领转运都使一职，又以同中书门下平章事为加衔，可见唐王朝重视漕运的程度。实行转运制度后，在三年的时间里，"运七百万石，省陆运之佣四十万贯"③，从而保证了京城的粮食供应。由此亦可见漕运及运河在专制社会政治、经济中的特殊意义和作用。

安史之乱以后，唐代建转运使制度，由转运使负责漕运。如第五琦、刘晏等以朝廷重臣的身份任转运使，在这中间，刘晏以转运使的身份总揽盐铁等事务，并以盐利补漕运，开创了集漕运与盐铁事务于一身的先河。王溥论述道："是时，朝议以寇盗未戢，关东漕运，宜有倚办，遂以通州刺史刘晏为户部侍郎、京兆尹、度支盐铁转运使。盐铁兼漕运，自晏始也。"④此后，又有"韩滉、杜悰、杜让能、崔昭纬皆以宰相充使"，可见唐代负责漕运的官员官阶越来

---

① 宋·欧阳修、宋祁《新唐书·百官志三》，北京：中华书局1975年版，第1277页。
② 明·杨宏，谢纯《漕运通志·漕职表》（荀德麟，何振华点校），北京：方志出版社2006年版，第56页。
③ 后晋·刘昫等《旧唐书·食货志下》，北京：中华书局1975年版，第2116页。
④ 宋·王溥《唐会要·转运盐铁总叙》，北京：中华书局1955年版，第1588页。

越高。

过程管理与省漕

补给线不断地拉长,运输费用不断地增加,这样一来,如何加强过程管理,拓宽漕运路径等便成了当务之急。

唐代漕运及陆运有明确的日行程规定。如王溥记载道:"旧制,凡陆行之马程,日七十里,步及驴五十里,车三十里。水行之程,舟之重者,溯河日三十里,江四十里,余水四十五里。空舟溯河四十里,江五十里,余水六十里。沿流之舟,即轻重同制。河日一百五十里,江一百里,余水七十里。其如底柱之类,不拘此限。若遇风水浅不得行者,即于随近官司中牒检印记,听折半。"①这一记载道出了唐代漕运及陆运的基本情况。

由于漕粮西入长安需要走黄河,受黄河水文的影响,有利于黄河漕运的时间是,上半年的三月、四月、五月和下半年的八月、九月、十月。也就是说,一年之中只有半年的时间可以漕运,其他时间均受到不同程度的限制。如六月和七月是雨季,容易暴发山洪,逆水行舟十分困难。又如十一月、十二月、一月、二月是黄河枯水期,又是结冰季节,故只能停止漕运。这只是就大的方面而言,但实际情况是,唐代漕运时采取了更为积极的做法,如有"每运置仓,即搬下贮纳,水通即运,水细便止"②之说。进而言之,在漕运的过程中,主要采取了与水次仓相配合的做法,并根据水文情况做出及时起运的规定。

需要补充的是,漕运密切了水次仓与沿线城市及航运节点的关系,为发展商贸奠定了基础。唐德宗建中元年九月以后,赵赞在"诸道津要都会之所,皆置吏,阅商人财货"③,是唐代商税制度变化的重要环节。经此,建立了专门征收商税的税场。史称:"开成二年十二月,武宁军节度使薛元赏奏:'泗口税场,应是经过衣冠商客金银、羊马、斛斗、见钱、茶盐、绫绢等,一物已上并税。今商量,其杂税并请停绝。'诏许之。"④

针对漕运过程损耗等情况,唐王朝采取了积极的补救措施。如果一定要追究其起点的话,则应该从李杰任水陆转运使说起。王溥记载道:"开元二年,河南尹李杰为水运使,大兴漕事。"⑤唐玄宗开元九年五月二十五日,根据李杰的奏章,对漕运过程中的损耗做了明确的规定。此后,唐德宗一朝对漕米沿途损耗比做出严格规定。王播建议,凡运漕米损失十分之一者,处于死刑。皇甫镈又建议,凡运一万斛损失三百斛者,令其赔偿;一千斛损失七百斛者,一律流放塞下;偷盗十斛者流放,偷盗三十斛者处死。

---

① 宋·王溥《唐会要·漕运》,北京:中华书局1955年版,第1595页。
② 同①,第1597页。
③ 宋·王溥《唐会要·杂税》,北京:中华书局1955年版,第1545页。
④ 后晋·刘昫等《旧唐书·食货志下》,北京:中华书局1975年版,第2129页。
⑤ 宋·王溥《唐会要·转运盐铁总叙》,北京:中华书局1955年版,第1587页。

尽管在漕运过程管理中采取了极端的手段,但依旧无法阻止日趋严重的偷盗行为。史称:"太和后,岁漕江、淮米四十万斛,至渭河仓者才十三,舟楫偾败,吏乘为奸,冒没百端,刘晏之法尽废。休分遣官询按其弊,乃命在所令长兼董漕,褒能者,谪怠者。由江抵渭,旧岁率雇缗二十八万,休悉归诸吏,敕巡院不得辄侵牟。著新法十条,又立税茶十二法,人以为便。居三年,粟至渭仓者百二十万斛,无留壅。"①唐文宗太和(827—835)以后,偷盗漕米者越来越多,乃至于起运四十万斛江、淮漕米,送入关中渭河仓时才剩下十二万斛。户部侍郎裴休任盐铁转运使以后,有意加强过程管理,经过三年的努力,基本上扭转了"吏乘为奸,冒没百端"的局面。

安史之乱后唐王朝由盛转衰,其国用主要依靠浙西等八道。浙西等八道"通以二户养一兵"②,其赋税之重让人难以承受。到唐穆宗长庆(821—824)稍有好转,出现了"率三户以奉一兵"的局面③。也就是说,东南八道的赋税漕米只能用来勉强维持国用,如想要解除日趋严重的边患,则需要寻找新的路径来调集钱粮。

唐王朝财政出现危机,与安史之乱后藩镇割据,失去控制户籍及人口的能力等有直接的关系。藩镇割据的局面形成后,藩镇可以随意地在其控制的区域自行征税并截留。为了平定藩镇之乱,唐王朝的军费急剧增加。此外,由唐王朝直接控制的各州郡亦不平静,如一些地方长官随意征税,导致杂税林立,乃至于出现了赋税制度混乱的局面。根据这一情况,唐德宗大历十四年五月,杨炎提出实行"两税法"的建议,主张分夏秋两季征收。建中元年正月一日,唐德宗正式下诏公布实行。到该年十二月唐王朝收入达三千余万贯。两税法以财产多少为计税的依据,拓宽了征收范围。

遗憾的是,两税法虽有改革赋税征收之功,但也破坏了刘晏建立的且行之有效的漕运制度,乃至于受到了不同程度的抵制,推行不到三十年便宣告破产。史称:"唐之始时,授人以口分、世业田,而取之以租、庸、调之法,其用之也有节。盖其畜兵以府卫之制,故兵虽多而无所损;设官有常员之数,故官不滥而易禄。虽不及三代之盛时,然亦可以为经常之法也。及其弊也,兵冗官滥,为之大蠹。自天宝以来,大盗屡起,方镇数叛,兵革之兴,累世不息,而用度之数,不能节矣。加以骄君昏主,奸吏邪臣,取济一时,屡更其制,而经常之法,荡然尽矣。由是财利之说兴,聚敛之臣进。盖口分、世业之田坏而为兼并,租、庸、调之法坏而为两税。至于盐铁、转运、屯田、和籴、铸钱、括苗、榷利、借商、进奉、献助,无所不为矣。盖愈烦而愈弊,以至于亡焉。"④这一记载道出了当时的实际情况。

---

① 宋·欧阳修、宋祁《新唐书·裴休传》,北京:中华书局1975年版,第5371—5372页。
② 宋·欧阳修、宋祁《新唐书·食货志二》,北京:中华书局1975年版,第1362页。
③ 同②。
④ 宋·欧阳修、宋祁《新唐书·食货志一》,北京:中华书局1975年版,第1341—1342页。

在国用严重不足的前提下,唐王朝又面临边郡不稳等复杂的局面,为此,只得采取"和籴"和屯田等"省漕"的措施。史称:"元和中,振武军饥,宰相李绛请开营田,可省度支漕运及绝和籴欺隐。宪宗称善,乃以韩重华为振武、京西营田、和籴、水运使,起代北,垦田三百顷,出赃罪吏九百余人,给以耒耜、耕牛,假种粮,使偿所负粟,二岁大熟。因募人为十五屯,每屯百三十人,人耕百亩,就高为堡,东起振武,西逾云州,极于中受降城,凡六百余里,列栅二十,垦田三千八百余顷,岁收粟二十万石,省度支钱二千余万缗。重华入朝,奏请益开田五千顷,法用人七千,可以尽给五城。会李绛已罢,后宰相持其议而止。宪宗末,天下营田皆雇民或借庸以耕,又以瘠地易上地,民间苦之。穆宗即位,诏还所易地,而耕以官兵。耕官地者,给三之一以终身。灵武、邠宁,土广肥而民不知耕。大和末,王起奏立营田。后党项大扰河西,邠宁节度使毕诚亦募士开营田,岁收三十万斛,省度支钱数百万缗。"①所谓"和籴",是指官府向百姓购买手中多余的粮食。通过采用和籴及屯田等措施,唐王朝节约了大量的开支。通过和籴及屯田为"省漕"创造了必要的条件。

从历时的角度看,"和籴"是减少漕运数额的重要举措,始于唐太宗一朝。

安史之乱后,用"和籴"的方法征收民间的粮食已成为常态。唐王朝的粮食需求量远超隋王朝,为缓解关中及长安粮食紧张的局面,从唐高宗一朝起,通常采取"岁若不登,天子尝移跸就食于东都"的措施。"和籴",本指官府以公平交易的方式向百姓购买多余的存粮,但实际情况是,官府征粮大都采取强制性的方式,故不能继续执行下去。"和籴"虽然在一定程度上减少了依赖关东漕运的程度,但不能从根本上解除业已形成的粮食危机,乃至于一旦"东南馈饷稍不至",便会出现"上下皇皇,立有菜色之忧"的情况。进而言之,无论是唐高宗以后唐代君主采取什么样的措施,只能部分减轻漕运压力,依靠江淮及东南漕运的局势无法从根本上得到扭转。

然而,在中央财政收入日趋减少的背景下,"和籴"虽然带有饮鸩止渴的意味,甚至根本无法化解唐王朝日益深重的政治危机和漕运危机,但在别无良策的背景下只能勉强为之。正因为如此,进行财政改革和增加中央的财政收入和保漕运的历史责任,便落到了刘晏的头上。进而言之,积极地进行财政改革及增加中央财政收入、恢复汴河漕运已直接关系到唐王朝统治的稳定。

屯田是另一种重要的"省漕"方式。唐代屯田有悠久的历史,主要有军屯和民屯两种形式。杜佑记载道:"大唐开元二十五年令:诸屯隶司农寺者,每三十顷以下、二十顷以上为一屯。隶州镇诸军者,每五十顷为一屯。应置者,皆从尚书省处分。其旧屯重置者,一依承前封疆为定。新置者,并取荒闲无籍广占之地。其屯虽料五十顷,易田之处各依乡原量事加

---

① 宋·欧阳修、宋祁《新唐书·食货志三》,北京:中华书局1975年版,第1373页。

数。其屯官取勋官五品以上及武散官并前资边州县府镇戍八品以上文武官内,简堪者充。据所收斛斗等级为功优。诸屯田应用牛之处,山原川泽,土有硬软,至于耕垦用力不同。土软处每一顷五十亩配牛一头,强硬处一顷二十亩配牛一头。即当屯之内有硬有软,亦准此法。其稻田每八十亩配牛一头。诸营田若五十顷外更有地剩配丁牛者,所收斛斗皆准顷亩折除。其大麦、荞麦、干萝卜等,准粟计折斛斗,以定等级①。

由于部分屯田垦区在边郡,在加强边防的过程中,就地解决军粮,为"省漕"提供了强有力的支持。然而,屯田虽可以"省漕",但不能取代漕运。马端临记载道:"咸通元年,南蛮陷交趾,征诸道兵赴岭南。诏湖南水运自湘江入澪渠,并江西水运,以馈行营诸军。……乃以磻石为盐铁巡官往扬子县专督海运,于是军不阙供。"②唐懿宗咸通元年(860),"南蛮陷交趾",采用海运之法后,解除了平叛大军"军屯广州乏食"的困境。

邗沟与江淮运盐河及漕运

从开皇四年(584)到仁寿四年(604),隋文帝三次改造邗沟,其历史意义有三个方面。其一,提升了江淮一带的运兵运粮的能力,通过筹集淮南粮草加快了灭陈的步伐,如史有"议伐陈,以寿有思理,奉使于淮浦监修船舰"③等语。重修邗沟传达了隋文帝南下征陈及实现南北统一的信息。如李吉甫引《纪胜楚州》记载道:"故仓城,东南接州城。隋开皇初将伐陈,因旧城储畜军粮,有逾百万,迄于大业末,常有积谷,隋乱荒废。"④经过建设,楚州淮阴郡成为江淮间的重要仓城,这一仓城在伐陈的过程中发挥了重要作用。其二,密切了关中、关东与江淮的联系,传达了隋文帝以关中控制江淮及江淮以远的意志。史称:"况长淮分天下之中,北达河、泗,南通大江,西接汝、蔡,东近沧溟,乃江淮之要津,漕渠之喉吻。"⑤邗沟是江淮漕运的咽喉,与贯穿黄淮地区的汴渠相通,航线重开后加强了关东、关中与江淮的联系。其三,改造邗沟及提高运力与建水次仓、分级接运、兴修关东河渠等相互作用,在稳定关中及长安的政治、经济形势的同时,实现了稳定全国的政治秩序和发展经济的构想。

此后,隋炀帝为加强洛阳与江淮之间的联系再次改造邗沟。司马光记载道:"辛亥,命尚书右丞皇甫议发河南、淮北诸郡民,前后百余万,开通济渠。自西苑引谷、洛水达于河,复自板渚引河历荥泽入汴,又自大梁之东引汴水入泗,达于淮。又发淮南民十余万开邗沟,自山

---

① 唐·杜佑《通典·食货二》,杭州:浙江古籍出版社1988年版,第19页。
② 元·马端临《文献通考·国用考三》,杭州:浙江古籍出版社1988年版,第243页。
③ 唐·魏徵等《隋书·元寿传》,北京:中华书局1973年版,第1497页。
④ 唐·李吉甫《元和郡县图志·淮南道》(贺次君点校),北京:中华书局1983年版,第1075页。
⑤ 明·席书、朱家相增修《漕船志·建置》(荀德麟、张英聘点校),北京:方志出版社2006年版,第33页。

阳至杨子入江。渠广四十步,渠旁皆筑御道,树以柳。"①经此,长三百余里的邗沟航道遂拓宽为"渠广四十步",从而消解了江淮漕运中的瓶颈。隋文帝和隋炀帝改造邗沟像吴王夫差那样,主要利用了淮河下游形成的湖泊和自然水道。

改造邗沟和兴修通济渠体现了隋王朝重点经营江淮的主张。开通通济渠主要有两大意义:一是密切了黄河流域与江淮之间政治、经济等方面的联系,如史有"商旅往还,船乘不绝"②之说;二是为隋炀帝游览扬州提供了极大的方便。此后,在隋代的基础上,唐代对邗沟再度进行整修。盛唐以后,从江淮之地漕运至长安的粮食,岁额高达四百万石,每年经汴河南来北往的漕船多达六七千艘,在国用需求不得不转向和依靠江淮及江南时,通济渠即汴河已成为唐王朝政治稳定和经济发展的生命线。

为加强东南漕运以解燃眉之急,针对泄水严重、航道干浅等情况,唐王朝再度提出改造邗沟的建议。唐玄宗开元十八年,裴耀卿叙述江淮漕运形势时有"每州所送租及庸调等,本州正二月上道,至扬州入斗门,即逢水浅,已有阻碍,须留一月已上"③之说,邗沟不畅已严重影响东南漕运。根据这一情况,唐王朝采取了一系列的措施试图提高邗沟的漕运能力。开元二十五年,润州刺史齐浣于瓜洲开伊娄河二十五里。伊娄河又称"新河",开伊娄河,是因为唐代扬州一带的航道多有变化,与六朝以来扬州一带的江岸不断地南徙有着密切的关系。六朝时,邗沟的南运口在扬子桥(在今江苏扬州扬子桥)一带,长江水文变化后,扬子桥一带的运道淤塞,由京口(在今江苏镇江京口)渡江至此需绕行,多走六十里的水路。从水文变化入手,齐浣兴修了新运道伊娄河。中唐以后,杜亚、李吉甫等又多次改造扬州一带的邗沟运道,这样一来,在伊娄河出现航道淤塞时,扬子桥再度成为东南漕运的重要渡口。

为改善江淮通运的条件,唐代统治者提出了开凿直河的构想。所谓直河,是指自盱眙利用淮河下泄水道及湖泊,开挖一条至扬州的航线。起初,自邗沟末口至盱眙,主要是以长达一百多里的淮河为航线,由于淮河水阔浪大,舟船行驶其中容易遇到翻覆的危险。为改变这一不利的局面,唐睿宗太极元年(712)将开直河提到议事日程上,如史有"使魏景清引淮水至黄土冈,以通扬州"④之说。开挖直河的关键性工程是开通圣人山(在今盱眙与洪泽区蒋坝之间)和黄土岗(在今三河闸)等两处高地,打通这两处高地后,以淮河为补给水源并引入新渠,随后入衡阳河(在今江苏宝应西),进而与邗沟相接。由于难度太大,工程最终失败。据郭黎安研究,圣人山南的古河(枯河、禹王河)当是唐代开凿直河的遗迹⑤。此后,宋代又在唐人的基础上再次开凿,终因"地阻山回绕,役大难就。事下都水,调工数百万,卒以不可

---

① 宋·司马光《资治通鉴·隋纪四》(邬国义校点),上海:上海古籍出版社1997年版,第1632页。
② 后晋·刘昫等《旧唐书·李勣传》,北京:中华书局1975年版,第2483页。
③ 后晋·刘昫等《旧唐书·食货志下》,北京:中华书局1975年版,第2114页。
④ 宋·欧阳修、宋祁《新唐书·地理志二》,北京:中华书局1975年版,第991页。
⑤ 郭黎安《里运河变迁的历史过程》,《历史地理》第5辑,上海:上海人民出版社1987年版。

成,罢之"①。从水文形势上看,唐代开挖的直河当为今江苏洪泽境内三河闸以下的淮河入江水道。

唐代对通济渠即汴河的治理可谓不遗余力,其中,与淮扬区域有关的运河是广济新渠。如白居易有"淮水东南阔,无风渡亦难"②之说,淮河下游河道十分宽阔,风疾浪大。为了避开长淮之险,采访使齐澣于唐玄宗开元二十七年开挖广济新渠,试图通过改变汴河下游的航线来解除漕船覆溺之患。史称:"淮、汴水路路,自虹县至临淮一百五十里,水流迅急,旧用牛曳竹索上下,流急难制。澣乃奏自虹县下开河三十余里,入于清河,百余里出清水,又开河至淮阴县北岸入淮,免淮流湍险之害。久之,新河水复迅急,又多僵石,漕运难涩,行旅弊之。澣因高力士中助,连为两道采访使。遂兴开漕之利。"③所谓"自虹县至临淮一百五十里",是指从虹县(在今安徽泗县)到临淮(在今江苏盱眙淮河镇)一百五十里的水路。因这一水路"流急难制",齐澣开挖了广济新渠。在开挖的过程中,广济新渠主要利用了自然水道。自枯河头向东北开河三十余里,衔接白洋河,出白洋河口入泗水,经百余里出泗水,又开河十八里至淮阴北岸入淮。很遗憾,广新渠开挖后终因水位落差大而难以行运,很快被废弃,只得继续走汴河旧道。

江淮运盐河的开挖始于汉代,江淮的腹地是淮南和淮北盐场。为加强淮盐输出,历代统治者在淮(淮阴)扬(扬州)之间开挖了通往盐场的运盐河,这些运盐河与运河及自然水道一起,改善了江淮之间的交通条件,促进了区域经济的发展。追溯江淮运盐河兴修的历史,可以上溯到汉代刘濞煮海的时期,通过开挖运盐河,刘濞最大限度地谋取了盐利,为吴国的崛起奠定了坚实的基础。

在兴修运盐河的过程中,刘濞打通了自广陵(在今江苏扬州)经邗沟到产盐区海陵(在今江苏泰州)的航线。史称:"江、淮漕运尚矣。春秋时,吴穿邗沟,东北通射阳湖,西北至末口。汉吴王濞开邗沟,通运海陵。"④因这条运盐河是邗沟的延长线,故有"邗沟"之称。又因自广陵往海陵及如皋磻溪(在今江苏南通如皋境内)等地的运盐河,以茱萸湾(在今江苏扬州邗江区万头乡)为起点,故又有"茱萸沟"之称。茱萸沟开通后,为淮盐输出创造了必要的条件。具体地讲,吴王夫差兴修邗沟后,改善了淮扬与外界联系的水上交通条件,如扬州一头连接长江,以长江为运道可联系长江流域的广大地区并通向大海,扬州的另一头通过邗沟连接淮河,以邗沟和淮河为运道,向北可联系淮河流域及中原。进而言之,茱萸沟开挖的意义不仅仅是建立了与邗沟的互通关系,更重要的是改善了淮扬区域的水上交通条件,为淮盐

---

① 元·脱脱等《宋史·孙长卿传》,北京:中华书局1985年版,第10642页。
② 唐·白居易《渡淮》,《白居易集》第二册(顾学颉校点),北京:中华书局1979年版,第530页。
③ 后晋·刘昫等《旧唐书·齐澣传》,北京:中华书局1975年版,第5038页。
④ 元·脱脱等《宋史·河渠志六》,北京:中华书局1985年版,第2388—2389页。

的输出创造了良好的交通环境,由此揭开了兴修运盐河的历史。

淮浦是汉县,有得天独厚的海盐生产条件和水上交通条件。在海岸线向东推移以前,淮浦位于淮河入海口,以淮河为航线可入邗沟进入长江流域,同时又可北上进入黄河流域。从汉代到隋唐,淮河的入海口基本上稳定在淮浦。淮浦以东有著名产盐区东海(在今江苏连云港东海)和郁州(在今江苏连云港花果山一带)等。

入唐以后,淮浦的地位一度有所提升。史称:"武德四年,置涟州,仍分置金城县。贞观元年,废涟州,并省金城县,以县属泗州。"①唐高祖武德四年,在隋代改淮浦为"涟水"的基础上建涟州。唐太宗贞观元年,涟水虽降格改县并隶属泗州,但从这一过程中当知,淮浦即涟水因生产海盐受到统治者的重视。这一时期,淮浦作为淮盐生产的重镇,除了要输出自身生产的海盐外,还承担着郁州和海州(在今江苏连云港海州)所产海盐的外运任务,如史有"负海州岁免租为盐二万斛以输司农"②之说。

淮浦成为淮盐输出的交通枢纽,既与有淮河及支流为天然运道紧密地联系在一起,又与海州及郁州成为海盐的重要产区息息相关。南北分治时,矗立在海中的郁州是北方流民的避难所。泰始六年(470),宋明帝侨立青州,郁州始有行政建制,流民避难于海上为郁州海盐生产创造了必要的条件。从交通形势上看,淮浦地偏一隅,在南北交通中的地位自然不如淮阴,其之所以十分繁忙,应与集散郁州、海州及淮浦等地的海盐有着密切的关系。郁州成为海州的辖县后,其海盐可借淮河及支流形成的水道,经淮浦中转北上或南下。具体地讲,自淮浦顺淮河而下经海州出海可抵郁州,沿游水北上可入沭水;自海州溯淮而上经淮浦可经淮阴进入泗水和汴河,并远接黄河流域;自淮浦经淮阴入邗沟南下可达长江流域。这一自然水道的存在为淮浦成为淮盐外运时的交通枢纽奠定了基础。

然而,仅仅有自然形成的水路是远远不够的,要想扩大淮盐的外运能力,还需要开挖与漕运通道相连的运盐河。垂拱四年,武则天在淮浦即涟水开挖了新漕渠。史家叙述涟水政区及交通时写道:"有新漕渠,南通淮,垂拱四年开,以通海、沂、密等州。"③新漕渠开通后扩大了涟水和海州食盐输出的范围,沿新漕渠可入邗沟或淮河,或入沂水通沂州(在今山东临沂)、密州(在今山东诸城)等地。

除了新漕渠,唐代还兴修了从淮浦至海州及东海的运盐河。王谠记载道:"海州南有沟水,上通淮楚,公私漕运之路也。宝应中,堰破水涸,鱼商绝行。州差东海令李知远主役修复,堰将成辄坏,如此者数四,劳费颇多,知远甚以为忧。或说:梁代筑浮山堰,频有坏决,乃

---

① 后晋·刘昫等《旧唐书·地理志一》,北京:中华书局1975年,第1445页。
② 宋·欧阳修、宋祁《新唐书·食货志四》,北京:中华书局1975年版,第1377页。
③ 宋·欧阳修、宋祁《新唐书·地理志二》,北京:中华书局1975年版,第991页。

以铁数千万片填积其下,堰乃成。知远闻之,即依其言,而堰果立。"①唐代宗宝应年间,东海令李知远在前人的基础上兴修了运道。之所以要兴修"上通淮楚,公私漕运之路",主要有两个方面的原因:一是唐代以前,主要是利用自然水道输出淮盐,其输出能力有限,尤其是安史之乱后,刘晏为加强东南漕运及以盐利补漕运之用,需要建立与东南重镇楚州淮阴郡相连的运盐河;二是海州生产的海盐主要经涟水运出,涟水承担着中转海州及郁州海盐的重任,重点兴修涟水至海州的运盐河,可以将运盐河与东南漕运通道连接在一起,将淮盐运往北方。

唐代兴修与盐场相通的运盐河,进一步完善了江淮之间的交通运输体系,为扩大淮盐的输出能力和江淮粮食外运奠定了坚实的基础。因历史久远文献漫漶不清,现以后世文献作一些补充。史称:"时范仲淹安抚江、淮,亦以疏通盐利为言,即诏知制诰丁度等与三司使、江淮制置使同议。皆谓听通商恐私贩肆行,侵蠹县官,请敕制置司益漕船运至诸路,使皆有二三年之蓄;复天禧元年制,听商人入钱粟京师及淮、浙、江南、荆湖州军易盐;在通、楚、泰、海、真、扬、涟水、高邮贸易者毋得出城,余州听诣县镇,毋至乡村;其入钱京师者增盐予之,并敕转运司经画本钱以偿亭户。诏皆施行。"②宋仁宗明道二年(1033),范仲淹认为只有疏通自运盐河入运河的航线,才能恢复宋真宗天禧元年(1017)的旧制即"听商人入钱粟京师及淮、浙、江南、荆湖州军易盐"的制度。在这中间,从"其入钱京师者增盐予之,并敕转运司经画本钱以偿亭户"等中不难发现,实现淮盐税收是由转运司"经画"的,这里明确地表达了将盐运纳入漕运序列的意图,同时也表明,只有实现运盐河与运河之间的互通才有可能解决淮盐输出受阻等问题。

关于这一点,元代有更为直接的表述,如元代所说的"扬州运河"又称"盐河",这条运河以扬州为起点,北至三汊口(三汊口闸,在今江苏徐州境内)与会通河相接。史称:"扬州运河,亦名盐河,北至三汊口,达于会通河。至元二十七年,江淮行省奏加疏浚。"③元代所说的扬州运河与唐宋时期的扬州运河有明显的不同:唐宋时期的扬州运河是指从扬州广陵郡到楚州淮阴郡的运河,其起点和终点与邗沟大体相同,主要是在邗沟旧道的基础上兴修的运河;元代的扬州运河已自扬州延长到徐州。如果以延祐元年(1314)为整治扬州运河起点的话,那么,延祐四年(1317)十一月和延祐五年(1318)二月解决"运河浅涩无源"等问题,则标志着扬州运河进入全程治理的新阶段。在这中间,动员运盐的船户及生产食盐的灶户"开修四百八十二里"运盐河一事表明,运盐河已纳入扬州运河兴修的范围。进而言之,江淮即两淮盐运与漕运相辅相成,同样涉及政治稳定和社会稳定的大问题。

考察江淮运盐河的建设,主要有三个特点。一是在充分利用淮河下游及支流形成的湖

---

① 宋·王谠《唐语林·补遗》,《唐语林校证》(周勋初校证),北京:中华书局1987年版,第494页。
② 元·脱脱等《宋史·食货志下四》,北京:中华书局1985年版,第4440页。
③ 柯劭忞《新元史·河渠志二》,上海:上海古籍出版社1989年版,第274页。

泊和自然水道的基础上,兴修了贯穿产盐区及盐场的运盐河。如山阳、宝应、高邮、阜宁之间有淮河下泄时形成的白马湖、宝应湖、高邮湖、射阳湖等,涟水、海州域内有淮河下泄时的水道和支流,由于这些湖泊本身就有与淮河下游各条支流相连的水道,只要稍加修整便可供运盐等使用。进而言之,历代兴修山阳、宝应、高邮、阜宁、盐城、兴化、涟水、海州等之间的运盐河,主要利用了淮河下泄时形成的湖泊或河流。二是利用了江潮在长江以北形成的湖泊和自然水道。如长江自靖江入通州及泰州时一分为二,在此基础上形成了"一东径丁堰,又分流,至岔河,为盐场诸水。又南流,径白蒲镇入通州"①的水道。这一水道串联了分布在江淮之间的各大盐场。三是各盐场之间的运盐河与运河一起构成了江淮四通八达的水上交通运输体系,为淮盐输出即南下和北上创造了良好的环境。

---

① 赵尔巽等《清史稿·地理志五》,北京:中华书局1977年版,第1991页。

第九章 两宋时期的漕运

兴修运河和加强漕运是宋王朝政权建设中重要的一环,在与游牧民族政权对峙的紧要关口,宋王朝表现出依靠漕运保障粮食安全及战略物资转运来维护政治统治的特点。在这一过程中,如何建立以大梁(在今河南开封)为中心的水上交通枢纽,确保战略大后方与军事斗争前线之间的联系,即从大梁到黄河流域,从黄河流域到淮河流域,再到长江流域之间的漕运,是宋王朝维护其政治统治的必修功课。在宋室南渡以前,黄河中下游地区是宋王朝与游牧民族政权反复较量的主战场。一方面,北宋需要以大梁为政治中心在行使管辖权的区域发展漕运;另一方面,政治中心的多元化形成了不同的漕运方向,给运河留下了为战争服务的印记。

从表面上看,宋代运河主要沿袭了历代运河建设的成果。其实,宋代在运河建设方面也有自己的成果:如继唐代建斗门以后,宋代的船闸技术得到了快速的提升并广泛运用于运河航道建设;又如科学技术水平得到提升后,宋代出现了破堰建闸的新局面。宋代运河建设是中国古代运河建设的一个转折点,在政治中心从黄河流域迁徙到长江流域的过程中,运河建设已初步展示出颠覆原有水上交通体系的端倪。可以说,正是有了这样的过程,才为元、明、清三代建设新漕运通道即京杭大运河提供了支撑。

宋代漕运通道的建设与破坏受到政治因素的影响:如北宋时期,出于政治稳定等方面的需要必须建立以大梁为中心的漕运机制;又如宋室南渡后需要加强修缮江南运河,建立以临安(在今浙江杭州)为中心的漕运机制;再如南宋在发展海外贸易及加强与华南地区联系的过程中,需要重点建设浙东运河。宋代漕运通道的建设受到经济因素的影响,经济中心转移到江淮地区后,需要重点修缮江淮之间的运河如汴河等,以加强漕运。宋代漕运通道的建设受到自然因素的影响。北宋时期,黄河进入河道迁徙和泛滥的高频期,以黄河为补给水源的运河不断地受到黄河的威胁,为此需要重点修缮相关的航道。宋代漕运通道的建设还受到人为因素的影响:如为了抵御金兵,宋代采取引黄河入运河以阻止金兵南下的策略;又如宋王朝在向江南退守的过程中,为防止金人沿运河运兵,采取了一系列的毁堰毁闸措施。为改变依靠江淮漕运的格局,需要探讨漕运多元化的途径,以改变单纯依靠汴河漕运的历史。在这样的背景下,运河建设陷入了破坏和兴建同时并举的困境。

北宋漕运超过唐代,大量的物资通过汴渠运至京城。宋初,"京师岁费有限,漕事尚简"。开宝五年(972),运江、淮米不过数十万石。到了太平兴国六年(981),"汴河岁运江、淮米三百万石,菽一百万石",运输量急剧增多。至道(995—997)初年,"汴河运米五百八十万石",大中祥符(1008—1016)初年,汴河运米猛增至"七百万石",远远超过了唐代汴渠的漕运量,同时创造了宋代漕运的最高纪录,可见汴渠漕运的繁忙程度。

一般来说,宋代运河治理大体可分为北宋和南宋两个时段,以宋高宗赵构渡江建立南宋政权为节点。此前,北宋主要围绕大梁治理运河,在关心东南漕运的过程中,建立以大梁为中心的漕运机制;此后,南宋主要在建立淮河防线的过程中,或整修通往淮扬的运道,或围绕杭州治理江南运河即浙西运河和浙东运河。进而言之,宋代政治中心东移和经济中心移往江南给运河建设及漕运带来了新的诉求。

宋代的水次仓又称转般仓,之所以改变称谓,主要与宋代漕运采取分级接运之策有着直接的关系。所谓分级接运,是指将航道分成若干个航段,在此基础上规定各航段的运输时间,令船只将不同地区的租籴和财赋运送到指定的中转仓即转般仓,随后根据各航段通航的情况,决定再次发运的时间。宋代漕运采取分级接运有多方面的原因,其中最大的原因是,政治中心建在黄河流域,面向东南的汴河航道冬季干浅而不能通航或通航能力下降。为了改变漕运不利的局面,宋代在漕运通道沿岸建造了一批有储存租籴和财赋的转般仓。客观地讲,宋代转般仓与隋唐两代的水次仓有一脉相承的关系,两者的建造理念相同,都有从水路押解租籴和财赋等入京以保障京师供给和战略储备、中转调拨、赈灾救荒等功能。

宋代转般仓建设虽承袭了隋唐水次仓的建造理念,但有不同的建造区域。隋唐两代的政治中心建在长安,漕运主要为关中的粮食安全服务,这样一来,水次仓建造的地点势必集中在关东的主要农业经济区河东、河南、河北一带。宋代的政治中心建在大梁,大梁的粮食安全主要依靠东南六路,因此,转般仓大都建在大梁以东的东南六路。钱文子指出:"皇都汴都,四方所辐凑,水陆俱便,过于汉家。在于今日,蜀汉之粟,顺流而下,以供荆襄之军食。江淮闽浙之舟,水运而上,无复难致之险。"[①]漕运方向发生根本性的变化后,与漕运相关的转般仓建设亦发生了重大的变化,即根据新的政治布局和军事及经济形势思考转般仓的建设区域。宋王朝建立时,大梁以西和以北的部分地区分别先后被游牧民族政权辽、夏、金等占领,不再属于宋王朝。此外,与辽、夏、金等占领区相接的区域因处于军事对抗的前沿,也不再是宋王朝租籴和财赋的主要征收地,这样一来,这些区域的转般仓建设势必要走向衰落。与此同时,东南六路成为宋王朝租籴和财赋所倚重的对象后,在加强漕运的过程中,相关区

[①] 宋·钱文子《汉唐制度》,明·解缙辑《永乐大典·九震》第7册,北京:中华书局1986年版,第6959页。

域势必成为转般仓重点建设的对象。为了把东南的租籴和财赋等及时地运往大梁及京畿地区,以满足中央及京畿地区的日常生活供给和抵御北方游牧民族入侵的战略需求,北宋把兴修运河和加强漕运提高到了国家战略的高度。进而言之,在经济中心由黄河流域向江淮流域转移的过程中,漕运线路上的变化势必要改变转般仓建设的方向和地点。在这中间,运河拉近了政治中心与经济发达地区即东南六路的距离,漕运范围的扩大给转般仓建设及仓储对象提出了新的要求。

漕运是宋代政治秩序稳定的生命线,漕运制度建设是宋代政治制度建设的重要内容,具体包括六个方面:一是在中央及地方建立发运司和转运司,负责统管、征收和转运来自不同地区的租籴和财赋等;二是加强过程管理,在健全和完善管理机构的过程中,尽可能地填补漕运过程中出现的漏洞,如重点监管漕运过程中的各个环节及严格转般仓出纳制度等;三是扩大发运司和转运司的职权,通过提高其政治待遇,确立发运司和转运司的权威性;四是采取分级接运,明确规定各航段岁运的次数;五是采取分纲运输的管理制度,即通常将发运的货物分成不同的纲目即种类由船队或车队运输,此指编成船队运送租籴和财赋等入京;六是在官运的同时,鼓励商运和民运,将运河打造成商贸往来的大通道,在鼓励商贸的过程中为商品流通注入活力。

漕运制度建设是漕运畅通的根本原因。在隋唐制度建设的基础上,宋代制定了严格的漕运制度,为后世漕运管理提供了基本范式。宋代的漕运制度建设主要取法于唐代,唐代建立的漕运管理制度为宋代加强漕运管理及制度建设提供了宝贵的经验。宋代漕运通道的建设与破坏并存,具体表现在两个方面:一方面,兴修新航道和疏浚旧航道、派员进行常态化巡堤、运用新技术建造具有船闸性质的斗门及破堰建闸、兴建转般仓等改善了漕运环境,提高了漕运质量;另一方面,漕运的过程又是贪腐、侵盗等不断滋生的过程,在政治腐败日趋严重的背景下,宋代的漕运制度受到了严重的破坏。在这一过程中,加强管理与消解管理作为一对矛盾体在此消彼长中构成了宋代漕运及其相关制度建设的独特景观。

第一节　宋初运河及漕运

"运河"一词出现在宋代。《新唐书·五行志三》:"开成二年夏,旱,扬州运河竭。"[①]按照这一记载,似表明唐文宗李昂开成二年(837)已出现"运河"之称。然而,《新唐书》的作者是欧阳修等,《新唐书》完成的时间是宋仁宗嘉祐五年(1060)。以此为时间节点,将河渠改

---

① 宋·欧阳修、宋祁《新唐书·五行志三》,北京:中华书局1975年版,第947页。

称为"运河"应出现在宋代。"运河"作为河渠的代名词,主要强调了两个方面的内容:一是"运河"是有漕运能力的河渠的总称,强调了漕运功能;二是出现"运河"这一称谓以后,河渠的旧称仍在继续使用,新开的有漕运能力的运河也有不同的名称。在五代十国行将结束的前夜,赵匡胤发动陈桥驿兵变取代后周(北周)建立了宋王朝。此后,在统一与反统一的战争中,宋王朝虽在征伐北汉、南唐、后蜀、南汉等的战争中取得胜利并迫使吴越臣服,但始终没能恢复盛唐时的版图。在契丹等北方政权的压迫下,宋王朝很快由进攻转入防守,为了保障国都大梁(在今河南开封)的安全,宋王朝在大梁周边地区驻扎了近百万大军。这样一来,东南六路的漕运便成了解决"兵食"的重要途径。

宋初政治形势与运河整修

宋王朝建立后,周边的政治形势十分严峻。效忠于后周的李筠、李重进等有反宋之心。与此同时,山西中部和北部在北汉政权的控制之下,燕云十六州在契丹的控制下,长江中下游的大部分地区在南唐的控制之下,三吴及福建在吴越国的控制之下,巴蜀在后蜀的控制之下,岭南在南汉的控制之下,等等。这些割据势力及政权从不同方向形成了挤压宋王朝的态势。

在与各政权及政治军事集团的冲突中,宋王朝面对的最大的威胁是北汉和契丹。北汉近在咫尺,在赵匡胤取代后周之前就已多次联合契丹侵犯后周。显德七年(960)春,赵匡胤奉周恭帝柴宗训之命征讨北汉。史称:"七年春,北汉结契丹入寇,命出师御之。"[①]面对北汉和契丹的联合入侵,赵匡胤在陈桥驿黄袍加身返回大梁,逼迫周恭帝柴宗训交出政权。这一戏剧性的结果预示着宋王朝从建立之日起就必须把防御北汉与契丹入侵放在政权建设的首位。事实上,由于控制区内发生反叛事件,赵匡胤黄袍加身后面对北汉和契丹的凌厉攻势并未立即把军事斗争的锋芒指向北汉和契丹。建隆元年(960)三月,北汉举兵侵袭河西;四月,契丹入侵棣州(在今山东惠民);正当赵匡胤打算采取应对北汉和契丹的入侵时,效忠于后周的昭义节度使李筠于同年四月又勾结北汉反宋。面对一波未平一波又起的复杂形势,赵匡胤采取了攘外先安内的策略,即一方面向北防御北汉、契丹的进攻,另一方面派重兵围剿李筠。在赵匡胤的指挥下,历时两个月平息了李筠叛乱。

平息李筠之乱后,赵匡胤本可以调集兵马解除北汉造成的威胁,然而,淮南节度使李重进于建隆元年九月树起了反宋的大旗。李重进是周太祖郭威的外甥,起兵反宋是必然的。这一时期,宋王朝的统治区域狭小,为军事斗争服务的粮草及战略物资主要取自河南、齐鲁、淮北等地。淮南与淮北相连,淮南的安定与否是直接关系到宋王朝前沿阵地及经营东南的

[①] 元·脱脱等《宋史·太祖纪一》,北京:中华书局1985年版,第3页。

大事。进而言之,淮南是天下最富庶的地区之一,有效地行使其行政管辖权既可以为保卫大梁及防御北汉、契丹进攻提供后勤支援,同时又可为发动渡江战役及统一东南提供坚实的战略支撑。在这样的背景下,赵匡胤把平定李重进放到了首要的位置上。通过亲征,赵匡胤取得了征伐李重进的胜利。

平定李重进后,赵匡胤采取了先攻北汉,后取东南,最后在河北地区与契丹辽军抗衡的战略。建隆二年(961)正月,赵匡胤正式拉开了征讨北汉的序幕。征伐北汉是赵匡胤巩固政权的重要举措,经此一役,赵匡胤夺取了战场上的主动权,初步改善了宋王朝处于北汉威胁的处境。然而,要想进一步增强国力,彻底消除北汉对西北地区的骚扰,需要有更广阔的战略空间和后勤支持,为此,宋代统治者把军事斗争的锋芒指向了南唐、后蜀和南汉等政权。经过数年的努力,宋王朝先后剪除了这些割据势力,并以强大的军事力量为后盾迫使吴越国末代君主钱俶纳土称臣。

从宋初的形势看,向北防守、优先经营东南是唯一正确的选择。隋唐以后,经济中心移往江淮已是不争的事实,对宋王朝来说,要想在建隆二年正月征讨北汉的基础上彻底地消灭北汉的残余势力和抵御契丹的入侵,只有通过经营东南才能增强国力,进而扭转军事斗争中处于不利的局面。在宋太祖赵匡胤和宋太宗赵炅的努力下,宋王朝终于夺取了东南战场上的胜利并建立了以江淮为中心的战略大后方。以此为转折点,宋王朝迅速取得了消灭北汉的战果。遗憾的是,占据军事斗争优势的北宋因实行"守内虚外"的战略决策,很快陷入了被动防守的困境。正当宋王朝与契丹苦苦地相持时,西夏和金乘机崛起,继续压缩宋王朝的战略空间。在这一过程中,宋王朝除了要防御辽、西夏、金等的侵扰外,还要应对复杂的国内问题。很显然,要化解这一系列的危机需要用军事手段应对,与此同时,还需要节约运输成本为军事行动提供后勤支援。

那么,怎样才能最大限度地节约运输成本呢?为此,宋太祖赵匡胤采取了兴修运河的措施,试图借用这些漕运通道把不同地区的军事战略物资迅速地调往亟须支援的前线。明人叙述宋代漕运状况时指出:"宋漕运之法,分为四路:江南、淮南、浙东西、荆湖南北六路之粟,自淮入汴;陕西之粟自三门、白波转黄河入汴;陈蔡之粟,自闵河、蔡河入汴;京东之粟,自五丈河历陈、济及郓,皆至京师。"①在四条漕运航线中,除了陕西到大梁的部分航线需走黄河外,其余三条航线的主体部分均为运河。针对这一现状,赵匡胤决定通过疏浚及兴修运河重建漕运秩序,具体包括四个方面:一是整治蔡河(惠民河)、五丈河(广济河)、汴河和兴修金水河,建立以大梁为中心的漕运转输机制;二是为防御北方入侵,加大了御河建设的力度,以便把粮草等物资及时地运往河北前线和巩固边防;三是重点整治江淮运河(邗沟)和江南运

---

① 明・席书、朱家相《漕船志・船纪》(荀德麟、张英聘点校),北京:方志出版社2006年版,第50页。

河,在"皆藉东南漕运"①的背景下,保证其航道畅通对展开漕运有特殊的意义;四是探索漕运新途径,试图开辟从大梁到江汉的新航线,改变单纯地依靠汴河进行漕运的格局。在军事斗争高于一切的前提下,运河建设被放在政权建设的首要位置上是必然的。进而言之,在进一步确认政治中心东移的过程中,宋王朝为应对北方政权的入侵和有效地保卫京师,需要建设一条畅达的漕运通道。

宋太祖赵匡胤一朝疏浚及开挖了蔡河、五丈河、汴河、金水河等,这一行为明确地表达了漕运通道建设是政权建设的重要组成部分。在修缮运河的过程中,赵匡胤根据各运河经过不同地区的情况采取了不同的治理措施:建隆元年四月疏浚蔡河时,通过建斗门控制水位及防止泄水,提升了蔡河从大梁到通许镇(在今河南开封)段的通航能力,进而将距大梁约九十里的通许镇建成了漕粮仓储的重镇;建隆元年十一月,治理蔡河、五丈河,通过整治从大梁到新郑、尉氏、扶沟的航道,提升了从大梁到齐鲁地区的漕运能力;建隆二年,征发京畿地区的丁民整治蔡河入颍水的航道,改善了从蔡河经颍水进入汴河的航运条件;建隆二年春,开挖金水河,为五丈河等提供了补给水源,也为大梁提供了优质饮用水,并改善了城市的生态环境;建隆二年春,重点治理汴河,加强了大梁与江淮地区的水上联系;建隆三年(962)十月,沿汴河"植榆柳",加固了汴河沿岸的堤防。在重点建设大梁这一水上交通枢纽的过程中,宋王朝逐步建立了近接齐鲁、远接江淮,以黄河为干线连接河北、洛阳等地的漕运大通道。

当军事斗争成为政权建设的首要任务时,疏浚运河及河道,从水上将粮草等战略物资运往前线就成为不可或缺的环节。在这一过程中,赵匡胤敏锐地发现了漕运在转运军事战略物资中发挥的特殊作用。为平定李筠叛乱,赵匡胤下令疏浚了蔡河。史称:"太祖建隆元年四月,命中使浚蔡河,设斗门节水,自京距通许镇。"②蔡河在平定李筠叛乱及保证粮草供给方面发挥了重要作用。平定李重进以后,赵匡胤令陈承昭疏浚蔡河,这一举措旨在为讨伐北汉做必要的战前准备。

淮南政治局势是否稳定关系到宋王朝是否能完成统一东南,以及北上与北汉、契丹争锋的大业。赵匡胤下令再次疏浚蔡河的意图就是利用其调集沿线州县的粮草及战略物资。蔡河南入颍水,与淮泗相通。五丈河深入到齐鲁地区的腹地,与济水相通,从济水经菏水可入泗水。疏浚蔡河、五丈河是宋王朝政权建设及满足其军事需求的重要环节。在军事斗争高于一切的背景下,由左领军卫上将军陈承昭率部疏浚蔡河和五丈河,虽说与陈承昭精通水利相关,但同时也说明了疏浚运河及保证漕运与率兵征讨具有同样的价值,两者缺一不可。蔡河、五丈河贯穿河南、齐鲁,连接两淮,宋王朝初创时的重点统治区域为河南、齐鲁、淮北等地,这些地区作为宋初赋税的主要征收区,承担着调集和转运军事战略物资的责任,这样一

---

① 元·脱脱等《宋史·河渠志四》,北京:中华书局1985年版,第4240页。
② 同①,第2336页。

来,加大这一地区的运河建设力度是必然的。平定淮南以后,宋王朝乘势统一了东南。这一时期,伴随着军事斗争的主战场转向黄河以北的地区,江淮地区成为宋代赋税的主要征收区,在与北方政权对峙的过程中,北宋需要从江淮地区调集粮食及必需的战略物资。在这样的背景下,整治汴河、江淮运河、江南运河等遂成为必然之举。

定都大梁与东南漕运

大梁无险可守,为加强防卫,宋代统治者采取了在京畿地区驻扎重兵的措施。当百万大军驻守大梁周围时,如何解决"兵食"即通过漕运调集粮食及军需物资便成了当务之急。

漕运须以运道畅通为前提,疏导通往大梁的运河需要以治河为先导。治河是宋代保证漕运的基本前提,往往是河通漕路通,河乱漕运受阻,为此,君臣时常在一起讨论治河事宜。疏通河道有两大作用:一是可以解决黄河善淤善徙的问题;二是可以有效地防止黄河泥沙冲入汴河等运河之中,可保漕运。

追溯历史,大梁的水上交通地位早在先秦时已经形成。具体地讲,凭借四通八达的水上交通,大梁的战略位置受到后世的重视。如秦末群雄竞起,在中原展开了激烈的争夺。针对这一形势,郦食其劝说刘邦迅速占领陈留(在今河南开封)这一要地。他指出:"夫陈留,天下之冲,四通五达之郊也,今其城又多积粟。"[1]秦统一六国后,大梁一度被降格为县级建制,改称陈留。所谓"今其城又多积粟",是指大梁有良好的交通条件和仓储条件。这一局面的形成,与鸿沟开通及魏国建设以大梁为中心的水上交通,以及在鸿沟沿岸建水次仓有直接的关系。

元狩元年(前122),汉武帝将陈留由县级建制升格为郡级建制。史称:"陈留郡,武帝元狩元年置。"[2]自秦王朝将大梁降格为县级建制后,时至汉代,凭借交通及地理上的优势,在行政区划调整的过程中,大梁再度成为区域政治中心即郡级建制。此后,在农业经济中心东移即向江淮转移的进程中,大梁凭借水上交通确认了不可替代的战略位置。在这中间,唐王朝以大梁为汴州治所,同时又将汴宋节度使治所设置在大梁,从侧面说明大梁是黄河流域联系江淮的重镇。唐代汴宋节度使的辖区包括汴州、宋州、亳州、颍州四州,汴州濒临黄河,宋州、亳州、颍州属淮河流域。唐代以后,政治中心东移,大梁一跃成为北宋的国都。在这中间,其政治地位一再地上升,是因为大梁在战国以后虽因战火等原因衰落,但其仍有着不可替代的交通优势。具体地讲,大梁一头联系黄河流域,一头联系淮河流域,是重要的漕运节点及水上交通枢纽,加强这一区域的水次仓建设有利于稳定政治和促进社会发展。

在高度依赖东南六路的背景下,东南六路每年运输六百万石以上的粮食入京,沿途转般

---

[1] 汉·司马迁《史记·郦生陆贾列传》,北京:中华书局1982年版,第2693页。
[2] 汉·班固《汉书·地理志上》,北京:中华书局1962年版,第1558页。

仓藏有数年储蓄,如史有"常有六百万石以供京师,而诸仓常有数年之积"①之说。宋代漕运主要来自江淮,其中,岁运额度高达六百万石,与其实行守内虚外的政策相关。

北宋漕运形成以东南六路为主的结构,与江淮社会经济的迅速发展有密切的关系。南北朝分治结束后,农业的经济中心已逐步显示出从黄河中下游地区向淮河流域推进,再向长江中下游地区推进的势头。在长江流域农业经济区崛起之前,淮河流域是继黄河中下游地区之后率先崛起的农业经济区。在经济中心移往江淮地区的过程中,淮河流域即淮北和淮南地区是不可或缺的环节。进而言之,在农业经济中心东移的过程中,东南六路特别是淮南路已成为宋王朝租籴和财赋的重点征收区。这里仅以租籴为例,宋太宗至道元年(995),"帝以汴河岁运江、淮米五七百万斛,以济京师"②,可见江南路和淮南路是租籴的重点征收区域。开庆元年(1259)已是宋王朝的晚期,宋理宗为应对突发事件,大规模地从东南六路购米。从数量上看,东南五路的购米量均在五十万石以下,然而,在淮南路的淮安、高邮、涟水和庐州四地的购米总量却高达一百万石。此外,"淮、浙发运司二百万石",是指从淮南路和两浙路分别征收一百万石的租籴。从这些数字中当知,淮南路是重要的稻米产区,其生产能力与两浙路大体上持平。东南六路是宋王朝漕运的生命线,在全面倚重东南六路的过程中,淮南路在东南六路中占有特殊的份额。

为了"省漕"和加强军备及边防,苏颂提出屯戍结合的营田之策。苏颂论述道:"臣今月初九日入侍经筵,进读《三朝宝训》,至咸平六年,契丹南牧,真宗皇帝尝命辅臣条陈御辽之策。因谓宰相李沆等曰:'今已屯大兵,辽未有隙,聚兵广费,民力何以充给? 自来建议营田河道,多为帅臣所沮。'臣伏蒙圣问屯兵漕河孰长? 臣寻上对,以为屯兵漕河二事相须,阙一不可。盖天下无事,兵虽不用,而边防武备在乎戍守,则屯兵不可阙也。既有戍守必资粮饷,积储粮饷须由运漕,运漕小阻,其费百倍,是漕河不可阙也。方契丹连岁绎骚,边城谨备。真宗以露师累岁,思长久控扼之术,故语及营田设阻,储粮赡军之议。盖为息民止戈之渐,而帅臣不能远谋,但矜甲马雄盛,反以设险为示弱,故李沆又陈功之难成。盖人人互执所见,参验而行,实为至便,欲望圣断决行。是后,虽与契丹讲和,然而运河营田终亦不废,至今沿边以为大利。又国家禁旅大兵多驻沿河州县,皆取运漕之便也。臣故曰:'屯兵漕河二事相须,阙一不可。'"③客观地讲,这一观点是有见地的。"屯兵漕河"既可以扼守交通要道,保证漕粮的安全,同时又可以借助漕河的水资源进行营田,以解决戍守时军粮等不足的问题。

---

① 元·马端临《文献通考·国用考三》,杭州:浙江古籍出版社1988年版,第246页。
② 元·脱脱等《宋史·河渠志三》,北京:中华书局1985年版,第2318页。
③ 宋·苏颂《苏魏公文集·奏议》卷二十(王同策、管成学、颜中其等点校),北京:中华书局1988年版,第266—268页。

第二节　北宋漕运的基本构成

自蔡河可入涡水、颍水，沿涡水、颍水可入淮河，曹丕征淮南时"循蔡、颍，浮淮如寿春"①。宋代蔡河又称"惠民河"，惠民河包括蔡河和闵河（闵水），顾祖禹有"闵水，亦蔡河之异名"②之说。北宋漕运，蔡河占有重要的席地。起初，鸿沟是蔡河和汴河的统称。鸿沟自浚仪分流后，形成蔡河和汴河等两条远通江淮的航线。蔡河和汴河串联起不同的区域，远接江淮及长江流域。

加强漕运通道建设是宋代政权建设不可或缺的内容。宋初，与蔡河同等重要的运河是五丈河。五丈河因河宽五丈而得名。史称："广济河导菏水，自开封历陈留、曹、济、郓，其广五丈，亦名五丈河。"③五丈河又称"广济河"，如李焘记宋太祖开宝六年（973）三月事迹时有"五丈河为广济河"④之说。

宋代御河的变迁与黄河迁徙有密切的关系，宋代御河（卫河）航道主要有四个来源：一是古清水（北济水、清河）故道；二是黄河的支流淇水；三是曹操利用古清水旧道和淇水兴修的白沟；四是隋炀帝以白沟为基础兴修的永济渠。

汴河成为北宋最重要的漕运通道，是由政治形势及经济形势所决定的。具体地讲，一是黄河流域的部分地区先后为辽、夏、金等游牧民族控制后，为防止入侵需要从战略大后方江淮地区调集粮饷；二是北宋"惩唐季五代藩镇之祸，蓄兵京师"，需要解决由此带来的"兵食"问题；三是北方大片国土沦陷士民流落大梁，形成了"今带甲数十万，战骑称是，萃于京师，仍以亡国之士民集于辇下，比汉、唐京邑民庶，十倍其人矣"⑤的形势，为保证京师粮食和物资供应，需要重点修缮汴河等通往江淮的航道；四是北宋赋税主要取自东南，特别是颁布宽松的商贸政策后，汴河除了有运输租米赋税等入京的功能外，同时又是一条重要的商品流通大通道。史称："太祖起兵间，有天下，惩唐季五代藩镇之祸，蓄兵京师，以成强干弱支之势，故于兵食为重。建隆以来，首浚三河，令自今诸州岁受税租及榷货利、上供物帛，悉官给舟车，输送京师，毋役民妨农。开宝五年，率汴、蔡两河公私船，运江、淮米数十万石以给兵食。是时京师岁费有限，漕事尚简。至太平兴国（976—984）初，两浙既献地，岁运米四百万石。

---

① 宋·司马光《资治通鉴·魏纪二》（邬国义校点），上海：上海古籍出版社1997年版，第614页。
② 清·顾祖禹《读史方舆纪要·河南一》第4册（贺次君、施和金点校），北京：中华书局2005年版，第2115页。
③ 宋·李焘《续资治通鉴长编·仁宗天圣六年》，北京：中华书局2004年版，第2487页。
④ 宋·李焘《续资治通鉴长编·太祖开宝六年》，北京：中华书局2004年版，第298页。
⑤ 宋·李焘《续资治通鉴长编·太宗至道元年》，北京：中华书局2004年版，第820页。

所在雇民挽舟,吏并缘为奸,运舟或附载钱帛、杂物输京师,又回纲转输外州,主藏吏给纳邀滞,于是擅贸易官物者有之。八年,乃择干强之臣,在京分掌水陆路发运事。凡一纲计其舟车役人之直,给付主纲吏雇募,舟车到发、财货出纳,并关报而催督之,自是调发邀滞之弊遂革。"[1]因汴河担负起漕运和商贸的双重使命,受到北宋统治者的高度重视是必然的。当然,汴河漕运出现了种种弊端,如"所在雇民挽舟,吏并缘为奸"、"附载钱帛、杂物输京师"、政府官员擅自经商等直接影响了漕运和国家的财政收入。尽管如此,保证这一漕运大通道的畅通始终是北宋统治者关心的大问题。

蔡河与漕运

蔡河(蔡水)古称"沙河",又称"潩水"。齐召南叙述沙河水文时论述道:"沙河即古潩水,俗曰沙水,源出鲁山县西境之尧山(即伊阳南界山,曰没大岭)。东流合西南来之波水,又东南经县城南,又东有达老河西北来注之(鲁山在县东北,河自山西麓东南流入沙),东经宝丰县南境,有小水自东北来注之(水自县东南之香山西南流入)。又东南经叶县北,有昆水注之(县北有昆阳关)。又东南流有辉河,西自叶县城南来东流注之,又东经舞阳县东北境,汝水西北自襄城来会,又东南流至郾城县南,曰大潩水,其上流即故汝水也。俗总称为沙河。"[2]这一论述清晰地勾勒了沙河水文及历史变迁,是我们认识沙河的重要资料。

颍水是淮河的重要支流,与沙河相通,故有人把颍水视为沙河,故颍水又有"沙颍水"之称。齐召南叙述道:"颍水源出登封县北中岳嵩山西南之少室山,南流经城西,有二水自西南来会(一出玉寨山,一出其南)。折东南流山中经密县南境,又东南经禹州城北,又东南分为二派,一东北流,经新郑县南界折而东南,经长葛县西南,又南经许州城东北,又东南至临颍县东境。其南一支东南流,曰石梁河。经襄城县东北界,又东南经许州城西南,又东南经临颍县北境,东南流与分支复合,凡二百三十里也。又东南有渚河自西南来会(渚河出汝州东北境,山在登封东南,禹州西北,水东南流山中经州南,又东南经襄城县北境,又东南经临颍县西南,又东南入颍水)。又东流数十里,折而南流于商水县西北,会西来之汝水,俗曰渚河口。又东稍北至周家口,有荥阳东南诸水合为一河,自北来会(中岳西三度四分极三十四度七分)。"[3]东汉时期,颍水沿岸得到开发。因土地富饶,物产丰富,豪强地主及世家大族在这里建设了庄园。以今之地理言之,颍水发祥于河南登封的阳乾山,流向东南时经河南禹州、襄城、许昌、临颍、郾城、西华、周口、商水、项城(在今河南沈丘县)、沈丘等地,入安徽后经界

---

[1] 元·脱脱等《宋史·食货志上三》,北京:中华书局1985年版,第4250页。
[2] 清·齐召南《水道提纲·入淮巨川》,《四库全书》第583册,上海:上海古籍出版社1987年版,第81—82页。
[3] 同[2],第82页。

首、太和、阜阳、颖上等地,在正阳关(在今安徽寿县正阳关镇)注入淮河。

蔡河入淮除了有涡水航线外,还有颖水航线。如黄初五年(224)八月,曹丕远征淮南时曾"循蔡、颖,浮淮如寿春"①。蔡河是一条与颖水和涡水相通的航线。顾祖禹指出:"蔡河首受汴,自祥符县东南,通许县西,尉氏、扶沟县之东境,太康县之西境,至鹿邑县南而合于颖河,谓之蔡河口。"②又指出:"蔡水,在城东南。自汴河分流为蔡水,亦曰沙水。沙,孔氏读为蔡。下流至归德府鹿邑县合于颖水。宋开宝中赐名惠民河,为漕运四河之一。"③蔡河与涡水相通后,继续南下和颖水在鹿邑县的南境相合。

颖水是从中原入淮的古老航道。《左传·襄公十年》有晋师"与楚师夹颖而军"、郑人"宵涉颖,与楚人盟"④之说,鲁襄公十年(前563),从淮河入颖水是楚军北上救郑的重要航线。然而,这一航线在建安七年(202)出现了航运能力下降或堵塞等问题,为此,曹操有兴修睢阳渠之举。历史上的蔡河虽几经兴废,但始终有它独自存在的价值。这条航线除了有航运功能外,还有灌溉农田、排洪防涝、发展农业等功能,特别是在三国鼎立及南北分治的背景下,这条航道有着不可替代的作用。正始四年(243),邓艾率部在淮南及淮北屯田及开挖河渠发展漕运时,进一步确认了蔡河及颖水航道从水上联系黄淮地区的地位。晋太元八年(383),苻坚举兵征伐东晋时就利用了这条航道。

隋统一全国后,重点修缮面向东南的漕运通道是朝廷的头等大事。此时,江淮经济迅速地崛起,为兴修中原连接江淮的运河通道铺平了道路。荥阳以东即黄河与淮河及支流相连的运河起码有两条航线。

在兴修鸿沟时,隋炀帝面临着两个选择:是在蔡河的基础上兴修,还是在汴河的基础上兴修。从实际情况看,隋炀帝选择了汴河航线。史称:"荥阳下引河东南为鸿沟,以通宋、郑、陈、蔡、曹、卫,与济、汝、淮、泗会。"⑤从大的方面讲,蔡河和汴河都是鸿沟航道的一部分,都有联系江淮的能力,不过,两条运河自浚仪以下有不同的航线。具体地讲,汴河自浚仪流向东南的航线是联系淮泗、长江流域的捷径。相比之下,蔡虽有联系江淮的能力,但航道曲折迂回,同时还会增加在淮河上航行的时间,给漕运带来风险,造成不必要的损失。

在这样的背景下,利用汴河航道兴修鸿沟联系江淮是最为理想的选择。更重要的是,隋代兴修鸿沟的目的是加强与江淮地区和黄河流域的联系,以汴河为远通江淮的主航道可以减少航运里程,实现经济利益的最大化。正因为如此,隋代兴修鸿沟时采取了以汴河为基本

---

① 宋·司马光《资治通鉴·魏纪二》(邬国义校点),上海:上海古籍出版社1997年版,第614页。
② 清·顾祖禹《读史方舆纪要·河南一》(贺次君、施和金点校),北京:中华书局2005年版,第2113页。
③ 同②,第2146页。
④ 清·阮元《十三经注疏·春秋左传正义》,北京:中华书局1980年版,第1948页。
⑤ 汉·司马迁《史记·河渠书》,北京:中华书局1982年版,第1407页。

航道、远通江淮的方案。

从前秦苻坚至项城、苻融率领大军到颍口的情况看,晋太元八年(383),蔡河是中原地区通往淮北的重要航线。这一情况从侧面说明淮北地区是重要的农业产区。不过,又过了二百年,在隋王朝取代北周的时候,淮北地区因战乱,农业经济已走向衰败。正因为如此,隋代兴修汴河时完全可以撇开淮北,重修直接与江淮相连的汴河航道。在这样的背景下,蔡河航线为汴河所取代,开始走向衰败。唐德宗建中二年(781)以后,因藩镇割据掐断了唐王朝的漕运通道汴河,因此,唐代统治者不得不试图恢复蔡河航道。

从大的方面讲,隋唐两代,汴河是联系江淮的交通大动脉。这条水上交通大动脉建成后,虽然决定了蔡河不再是联系江淮主干线的命运,但在淮河流域的经济发展水平普遍超过中原地区的背景下,蔡河依旧有着其自身存在的价值,甚至在某些特定的时期,蔡河在缓解汴河漕运压力及促进商品流通等方面依旧有着不可替代的作用。唐代李钦明在给朝廷的上疏中写道:"臣伏以百姓转食馈运,舟车之利,苦乐相悬。臣窃见蔡水尝有漕运,多是括借舟船,破溺者弃在水边,不许修葺,又不给付。以臣愚见,乞容陈、许、蔡三州人户制造舟船,不用括取,以备差雇。水路可至合流镇及陈州蔡水,未及水匮十数里,水小岸狭,或时干浅。臣伏请开决汴水,取定力禅院西一半并港穿大城,向南至斗门,可费三五千工。自水匮蔡水,路才五六里。水势便于开决,陈蔡漕运,必倍常年,私下往来,更丰财货。此之利便,实益转输。"①李钦明提出疏浚蔡河的主张主要是在重新认识蔡河在商贸中的地位后提出的。客观地讲,这一认识从侧面道出了蔡河在唐代交通中的特殊作用。

五丈河与漕运

宋代疏浚五丈河始于建隆二年二月,李焘记载其事迹时指出:"壬申,命给事中范阳刘载往定陶督曹、单丁夫三万,浚五丈渠,自都城北历曹、济及郓,以通东方之漕。"②此处"五丈渠"即"五丈河"。建隆二年二月,给事中刘载奉命修缮五丈河。刘载选择在定陶(在今山东定陶)指挥曹、单两县的三万丁夫修缮五丈河表明定陶是五丈河治理的关键航段。

五丈河是宋代不可或缺的漕运通道,负有调集曹州、济州等齐鲁之地及沿线地区粮食和赋税方面的使命。经过宋代的治理,五丈河形成与汴河相通、与济水相连的航道,沿这一航道向北可深入齐鲁腹地,从定陶南下经徐州进入泗水航线,进而与汴河相连。

宋代五丈河以大梁为起点北上,沿途经曹州、济州、郓州等地后,与梁山泊(在今山东梁山境内)相连。在这中间,梁山泊不但是五丈河重要的补给水源,同时也是联系青州(在今山

---

① 唐·李钦明《请许陈许蔡三州制造舟船奏》,清·董诰等《全唐文》,北京:中华书局1983年版,第8971页。

② 宋·李焘《续资治通鉴长编·太祖建隆二年》,北京:中华书局2004年版,第39页。

东平原境内)等地的航段节点。具体地讲,从五丈河远及青州必须以梁山泊济运。宋仁宗天圣六年(1028),在阎贻庆的治理下,五丈河形成了经济州合蔡镇(在今山东郓城西南)与梁山泊相连,与黄河交汇远及青州的航道。

在治理的过程中,除了梁山泊、济水、黄河等有补给五丈河的功能外,宋代在兴修漕运通道时还将京水、索水等引入五丈河,形成了以新水源及时补给不同航段的局面。五丈河自大梁新城的城南水门永顺门入大梁,从城北水门咸通门(善利门)出大梁。李焘《续资治通鉴长编·神宗熙宁十年》云:"五丈河下流水门曰善利,而上流水门旧无名,赐名曰永顺。"①据此,城南水门原无名,熙宁十年(1077),宋神宗赐名"永顺"。

大梁城内四河通漕,与五丈河发生密切关系的是金水河。金水河横贯大梁东西,与汴河形成交叉关系。程大昌指出:"本朝都汴。城内有大水二,其一自北趋南,直贯都城者,汴渠也。其一自西而东,横亘都城者,京水也(名金河水)。太祖欲通京水使东下,以达五丈河。而中间有所谓汴渠者焉,实与京水交午,而京水高于汴渠,若决京注汴,则必随汴南流不能东出。故遂于金水会汴之地,架空设槽,横跨汴面,其制如桥,而金水河之水乃自西横绝,以东注乎五丈河也,本朝名惠民河者是也。予意《水经》之谓飞渠者,如架汴桥渠而遂名之为飞也。飞者,底不附土而沿空以行,如禽之不以足履而以翼飞也。盖未央殿址据山为高,而明渠之欲入城也,必有洼下之地,中断不接,故架空为渠,使得超洼下而注沧池也。飞渠之制恐必尔也。"②京水的水位明显地高于汴河,如果简单地引京水入汴渠再入大梁的话,很容易发生京水顺势随汴渠南流、无法进入大梁并补给五丈河的情况。根据这一水文特点,宋人采取了在空中架渠进入大梁并东注五丈河的方案。

架飞渠引京水入大梁,虽然解决了京水随汴渠南流的问题,但另一个问题随之发生。因飞渠即透水槽的高度有限,客观上妨碍了汴渠漕运,针对这一情况,宋人采取了在飞渠两端开渠引导汴渠漕船进入大梁,绕过飞渠后再度入汴河的漕运方案。具体地讲,在飞渠的南北两端开渠引汴渠漕船先入大梁,沿城内水道航行,绕过飞渠后,相关的漕船再进入汴河。史有"金水河透水槽阻碍上下汴舟,令臣相度措置。已行按视,可以自汴河北岸超字坊开河一道,取水入内,径至咸丰门合金水河,将金水河自板桥石头门东修斗门开河一道,引水至金明池西北三家店湾,还入汴河"③之说。针对飞渠跨越汴河时影响汴河漕运的情况,宋代采取了自汴河北岸超字坊开河入大梁,利用城中的旧河绕过飞渠出城入汴的方案:一是汴河自咸丰门合金水河;二是从板桥石头门修斗门开河引金水河至金明池西北,给大梁注入清洁的饮用水源。客观地讲,这一工程建成后,通过绕道通行的方式有效地解决了金水河妨碍汴河漕

---

① 宋·李焘《续资治通鉴长编·神宗熙宁十年》,北京:中华书局2004年版,第6963页。
② 宋·程大昌《雍录·飞渠》(黄永年点校),北京:中华书局2002年版,第194页。
③ 宋·李焘《续资治通鉴长编·神宗元丰五年》,北京:中华书局2004年版,第7804页。

运的大问题。史有"广济河以京、索河为源转漕京东岁计,今欲依旧即于宣泽门外置槽架作,通流入咸丰门里,由旧河道复广济河源,应接漕运"①之说。咸丰门既是汴河的水门,同时也是金水河与汴河相通的水门。经过修缮及相互连通,金水河成为五丈河重要的补给水源,故有"以咸丰门为五丈河上水门"之说。

史称:"广济河导菏水,自开封历陈留、曹、济、郓,其广五丈,岁漕上供米六十二万石。"②五丈河经过的地区基本上不生产大米,从叙述各地漕运皆称"供米"的情况看,当知大米是宋代漕运的结算单位。具体地讲,齐鲁及五丈河沿线地区是以生产小麦及谷类为主的粮食产区,基本上不生产大米,物以稀为贵,这样一来,相应地区的大米价格势必要高于其他粮食种类的价格。

五丈河在宋王朝防御辽、金等的入侵中发挥了重要的作用,如宋初,京东十七州的租籴及财税是经五丈河押解到京城大梁的,因此,保持这一运道的畅通是宋王朝关心的大事。不过,平定江淮后,江淮地区成为主要的赋税征收区域,所以,汴河在漕运中的作用越来越大;五丈河沿线位于宋王朝抗击辽、金的前线,出于就地取材供给军用等原因,五丈河的漕运功能逐步减弱。此外,北宋中期以后,因黄河泛滥,河道不断地南移,再加上黄河泥沙不断地灌入并淤积航道,五丈河的漕运能力急剧下降,甚至一度停止了漕运。尽管如此,五丈河在宋初的军事斗争及政权建设中的作用仍是不可忽视的。如宋太祖开宝六年(973)二月"曹州饥,漕太仓米二万石振之"③,曹州发生饥荒,宋王朝能迅速地调集"太仓米"即中央粮仓储存的大米赈灾,是因为五丈河在宋初时有良好的漕运能力。五丈河成为重要的漕运通道后,疏浚和治理工作一直延续到北宋后期。

御河与漕运

御河是宋王朝向北防御契丹入侵、转运粮草及军备物资的漕运大通道。史有"岁漕百万石"④到河北之说,从侧面说明了这条漕运通道的重要性。其实,除了每年调集一百万石的军粮到河北边地外,御河还承担了转运其他战略物资的任务,同时在商品流通中也扮演着重要的角色。

为减轻御河的漕运负担及有效地应对边防的需要,宋代统治者采取了一系列的措施。一是强化御河建设,在以御河为主航线的同时进行凡"抵于辽境者,皆疏导之"的建设。通过持续不断地疏浚御河旧道和开挖新道,御河与河北境内的河流互通改善了已有的漕运状况。

---

① 宋·李焘《续资治通鉴长编·哲宗元祐元年》,北京:中华书局2004年版,第9088页。
② 元·脱脱等《宋史·河渠志四》,北京:中华书局1985年版,第2338页。
③ 元·脱脱等《宋史·太祖纪三》,北京:中华书局1985年版,第39页。
④ 宋·李焘《续资治通鉴长编·神宗熙宁八年》,北京:中华书局2004年版,第6489页。

二是在从事河渠建设时,注意发掘河渠在漕运、灌溉等方面的综合能力。如采用屯田之策,通过屯田"用实军廪,且为备御",改变依赖御河漕运的格局;又如王沿从历史上河北地区引漳水灌溉农田的状况入手,提出了以漳水改造盐碱地发展当地农业的主张。三是提出了兴修河渠时将发展漕运和利用河渠延缓契丹骑兵进攻结合起来的主张。客观地讲,这一方案为在河北地区兴修河渠、发展漕运提出了新的理念。四是建立以御河为主体的漕运通道,通过开挖新运道将各个战略要地联系起来并形成呼应之势,为灵活机动地调动兵力和转运军事战略物资提供了方便。从宋真宗咸平四年(1001)到六年(1003),宋代统治者在建立以御河为漕运主干线的过程中,不断地开挖联系静戎军(在今河北徐水)、雄州(在今河北保定雄县)、顺安军(在今河北高阳东)、威房军(在今保定徐水西北)等地的漕运通道,在河北地区构建了一条为军事斗争服务的漕运大通道。从另一个层面看,宋代御河疏浚及建设的范围主要集中在"抵于辽境"的以南地区,这一情况表明宋代御河建设的范围和里程已在隋唐永济渠的基础上大大地缩短了。尽管如此,经过长时间的建设,御河经大梁与汴河(通济渠)相连,已形成了江淮漕粮经汴河入黄河,从黄河入淇口,再入御河的大通道。

宋仁宗皇祐元年(1049)二月,"河北黄、御二河决,并注于乾宁军"①,御河改道从乾宁军(在今河北青县南)东入渤海。这一事件标志着宋代的御河修整工程从此发生了新的变化。追溯御河溃决与黄河一再地溃决有直接的联系,具体地讲,与宋仁宗庆历八年(1048)"河决澶州商胡埽"②有直接的关系。商胡埽在澶州(在今河南濮阳)境内,是御河和黄河交汇的区域。黄河在澶州不断地溃决,挟带大量的泥沙淤塞御河,直接破坏了业已建立的漕运秩序,影响了宋王朝转运粮草及军备物资入边的事务。如果从宋太祖建隆三年(962)"河决澶州"事件算起的话,那么,经宋真宗、宋仁宗、宋神宗数朝再到宋哲宗元符元年(1098)"澶州河溢"③,一百三十六年的时间里,黄河在澶州一带决口或漫溢几乎成了家常便饭。一般来说,凡纳入《宋史·五行志》的水灾均属特大型的水患。也就是说,从宋太祖开宝五年(972)到宋神宗元丰四年(1081),仅在澶州发生的后果严重的水灾就有十四次之多,如果再把《宋史·河渠志》等记载的小的水灾合到一起计算,在此期间,黄河在澶州一带决口或漫溢的事件几乎连年发生,起码说有数十次以上。然而,御河是宋代转运粮草及军备物资不可或缺的漕运通道,宋代统治者将重点治理澶州一带的御河航段提到议事日程上,一些官员因治理御河有功常常得到升迁。如宋太宗淳化(990—994)初年,孔守正"塞澶州决河,就命知州军"④。澶州既是宋王朝为前方将士提供后勤的补给站,同时也是大梁北面的重要屏障。从澶州到

---

① 元·脱脱等《宋史·五行志一上》,北京:中华书局1985年版,第1326页。
② 同①。
③ 元·脱脱等《宋史·哲宗纪二》,北京:中华书局1985年版,第351页。
④ 元·脱脱等《宋史·孔守正传》,北京:中华书局1985年版,第9371页。

大梁一马平川,几乎无险可守。黄河不断地在澶州决口直接影响到宋王朝的防务及政权稳定,所以,宋王朝在都水监负责管理河渠事务的基础上又"置局于澶州,号曰外监"①,进一步加强了对御河的管理。

还需要补充的是,御河是指永济渠在宋王朝版图的部分,在宋、辽边境一带的永济渠因不再使用,向四周流淌,成了众水淤积的塘泺。根据这一情况,宋王朝利用塘泺建立了一条水上防线,有效地阻止了辽人的进攻,众多典籍均有专门的章节记载塘泺的情况,这是历史文献中仅有的现象。塘泺是北宋建造的独特的国防工程,这一工程主要是由河流、湖泊、沟渠、沼泽等构成的水网,建成后在一定程度上将宋、辽的边境线固定在以霸州为核心的地区。范镇指出:"今塘水东西三百余里,多于先朝也。岁予金缯五十万,礼聘又十余万,亦多于先朝也。以多于先朝之塘水,多于先朝之金缯,以备契丹而与之和也,宜省兵以息民,而益多兵以困民者,臣所以深惑也。契丹自知顾塘水之限,贪金缯之利而不敢动者,五十年于今矣。"②从防御骑兵的角度看,产生了一定的效果。

御河是大梁漕运中心建设的重要组成部分。经过长时期的建设,逐步形成了从御河经黄河到大梁,从大梁入汴河进而远接江淮之势。如大中祥符元年(1008),宋真宗赵恒为封禅泰山下达了诏令。史称:"始诏今年十月有事于泰山。遣官告天地、宗庙、社稷、太一宫及在京祠庙、岳渎,命翰林、太常礼院详定仪注,知枢密院王钦若、参知政事赵安仁为封禅经度制置使并判兖州,三司使丁谓计度粮草,引进使曹利用、宣政使李神福修行宫道路,皇城使刘承珪等计度发运。诏禁缘路采捕及车骑蹂践田稼,以行宫侧官舍、佛寺为百官宿顿之所,调兖、郓兵充山下丁役。行宫除前后殿外,并张幕为屋,覆以油帊。仍增自京至泰山驿马,令三司沿汴、蔡、御河入广济河运仪仗什物赴兖州,发上供木,由黄河浮筏至郓州,给置顿费用,省辇送之役。"③从"令三司沿汴、蔡、御河入广济河运仪仗什物赴兖州"等语中当知,各地进奉的"仪仗什物"是沿汴河、蔡河、御河经广济河运往泰山的。在这中间,大梁是联系不同地区的中转地。

汴河与漕运

东南漕运需要长江的参与,建康(在今江苏南京)既是重要的中转地,同时也是转般仓重点建设之地。南宋转运副史赵彦端《仓记》云:"惟帝之别都,天下劲兵良马在焉。岁之经入,无虑数十万斛,漕江而下者,舳舻数千里。方其流衍杢集,虽佛庐宾传为之充仞,而阜栈

---

① 元·脱脱等《宋史·职官志五》,北京:中华书局1985年版,第3921页。
② 宋·范镇《上仁宗论益兵困民》,《四库全书》第432册,上海:上海古籍出版社1987年版,第505页。
③ 元·脱脱等《宋史·礼志七》,北京:中华书局1985年版,第2527—2528页。

之供有至于露积者。"①这一说法明确地道出了长江在东南漕运中的地位和作用,但因此处重点关注的对象是汴河漕运,故长江漕运略去不论。

汴河是北宋王朝得以延续的生命线。顾祖禹论述道:"宋时东南之漕,大都由汴以达于畿邑,故汴河之经理为详;南迁以后,故都离黍,江、淮漕运自是不资于汴,于是汴河日就湮废。金人虽尝都汴,而周章匆遽,亦欲经理漕渠自泗通汴(宋嘉定十五年,金元光元年也,议引汴通漕,不果),卒未遑也。明初议建北京于大梁,规画漕渠,以浚汴为先务。洪武六年浚开封漕河,即汴河也。既而中格。自是河流横决,陵谷倒置,汴水之流,不绝如线,自中牟以东,断续几不可问矣。"②北宋兴修汴河上承北周。如顾祖禹又记载道:"周显德二年方谋伐唐,命武宁帅武行德发民夫因故堤疏导之,东至泗上。五年浚汴口,导河流达于淮,江、淮舟楫始通。"③在这里,顾祖禹既道出了北宋漕运依靠汴河的实情,同时也道出了北宋疏浚汴河上承北周的事实。

大梁漕运有四条运河,其中汴河漕运最急。史称:"河南自昔转输处也,尧、舜、禹都冀州。《禹贡》载浮于洛,达于河,其时之贡道即运道也。殷周以来,诸侯封建各食其土,故漕运之制未详。汉兴,乃始事漕挽,历代因之,大抵因建都所在而为之,经营其利弊,乃可得而究。云:汉都关中,引渭穿渠至河以漕。东汉、晋都洛阳,修汴渠,或凿陕南山决河,东注洛,以行漕。隋沿河置仓,唐亦置河口输场,分运入河、洛。时则自江达淮,自淮达汴,自汴达河,而洛而渭,而专以河为急。宋都大梁,为四河以通漕,而汴河运米至七百万石。凡军器上供皆由汴,于时东南则由淮入汴,西北诸路则由洛入河达汴,而专以汴为急。"④建都大梁,无险可守,这样一来,唯一的办法只能是在京畿地区驻扎重兵。然而,当百万大军驻守京畿一带时,兵食便成了必须率先解决的大问题。

当东南六路成为宋王朝财赋的重要征收地时,汴河漕运便成了维护大梁安全的重要支柱。张方平论述道:"臣闻用兵之术多方误之,伏以东南粮运在于汴渠。比来重惜民力,久不开浚,每岁霜寒,水落沉沙填淤,遂至渠底高于堤下民屋。至于黄河奔流湍泻,亦全藉堤防之固,所谓筑垣行水,今黄汴是也。自戎人即叙通,其行商憧憧往来,布于都市,其所通结素无禁限。唐宪宗初讨淮西,而奸臣王承宗、李师道辈潜遣刺客,暴害大臣,断陵庙之戟,焚刍廪之聚,此亦虑外之事也。今黄河横腹心之内,汴渠为输委之本,若奸人窥伺,潜有决凿,污潴我良田,损垫我邑屋,阻绝我运路,则是肘腋之下。更生一役,其汴渠黄河堤障益望,择勤干

---

① 宋·周应合《景定建康志·城阙志》,《四库全书》第489册,上海:上海古籍出版社1987年版,第179页。
② 清·顾祖禹《读史方舆纪要·河南一》(贺次君、施和金点校),北京:中华书局2005年版,第2110页。
③ 同②,第2104页。
④ 清·田文镜、王士俊、孙灏等《河南通志·漕运》,《四库全书》第536册,上海:上海古籍出版社1987年版,第1页。

吏密为分地巡逻,以讥察奸人。《书》曰:惟事,事乃其有备,有备无患。其此之谓也。"①这样一来,维修汴河势必要成为宋王朝关注的大事。史称:"淳化二年六月,汴水决浚仪县。帝乘步辇出乾元门,宰相、枢密迎谒。帝曰:'东京养甲兵数十万,居人百万家,天下转漕,仰给在此一渠水,朕安得不顾。'车驾入泥淖中,行百余步,从臣震恐。殿前都指挥使戴兴叩头恳请回驭,遂捧辇出泥淖中。诏兴督步卒数千塞之。日未旰,水势遂定。帝始就次,太官进膳。亲王近臣皆泥泞沾衣。……是月,汴又决于宋城县,发近县丁夫二千人塞之。"②汴河在浚仪（隶属开封府,大梁郊县）决口后,宋太祖赵匡胤立即奔赴现场。从"天下转漕,仰给在此一渠水,朕安得不顾"的话语中当知,汴河是宋代重要的漕运通道。

在黄河改道和泛滥的影响下,汴河决溢或航道淤塞已成家常便饭。针对这一情况,宋代统治者将修缮汴河视为常抓不懈的工作。具体地讲,宋太祖乾德二年（964）二月"浚汴河"③；宋太宗太平兴国初年郭延浚"督治汴河"④,太平兴国三年（978）春"辛丑,浚广济、惠民及蔡三河,治黄河堤。乙巳,浚汴口"⑤。从这一系列的行为中可知,修缮工作的常态化充分说明了汴河在国家政治和社会安定方面具有特殊的地位。从大的方面讲,宋代汴河决口、漫溢及航道淤塞等不断地发生与黄河改道进入高频期有直接的关系。汴河的主要补给水源来自黄河,由于黄河有丰水期和枯水期,因此每年的春冬旱季需要根据不同季节的水势调节汴河航道的水位。除此之外,汴河受黄河水位的制约,每年通漕的时间只有二百多天,如史有"汴口岁开闭,修堤防,通漕才二百余日"⑥之说。更重要的是,在"大河向背不常,故河口岁易"的背景下,黄河改道、决口及汴河入黄口发生变化等情况除了威胁汴河航道的安全外,还成了汴河决口、漫溢及航道淤塞等的决定性因素。

汴河沟通了黄河与淮河流域之间的联系,为京畿地区的粮食及物资供应提供了安全保障措施。明世宗朱厚熜嘉靖六年（1527）,左都御史胡世宁叙述汴河与蔡河、五丈河互通的情况时指出:"河自汴以来,南分二道:一出汴城西荥泽,经中牟、陈、颍,至寿州入淮;一出汴城东祥符,经陈留、亳州,至怀远入淮。其东南一道自归德、宿州,经虹县、睢宁,至宿迁出。其东分五道:一自长垣、曹、郓至阳谷出;一自曹州双河口至鱼台塌场口出;一自仪封、归德至徐州小浮桥;一自沛县南飞云桥出;一自徐、沛之中境山、北溜沟出。六道皆入漕河,而南会

---

① 宋·张方平《乐全集·论事》,《四库全书》第1104册,上海：上海古籍出版社1987年版,第176—177页。
② 元·脱脱等《宋史·河渠志三》,北京：中华书局1985年版,第2317—2318页。
③ 元·脱脱等《宋史·太祖纪一》,北京：中华书局1985年版,第17页。
④ 元·脱脱等《宋史·郭延浚传》,北京：中华书局1985年版,第9297页。
⑤ 元·脱脱等《宋史·太宗纪一》,北京：中华书局1985年版,第57页。
⑥ 元·脱脱等《宋史·河渠志四》,北京：中华书局1985年版,第2327页。

于淮。"①在这里,胡世宁将蔡河、五丈河皆视为汴河,虽有不妥,但他道出了汴河在宋代漕运中所承担的重要作用。

汴河是北宋漕运的生命线,畅通与否直接关系到北宋的政治安全。为了加快汴河治理的步伐,宋仁宗嘉祐年间(1056—1063),张方平在前人的基础上提出了重点治理汴河的方案。他在《论汴河》一文中指出:"臣窃惟今之京师,古所谓陈留,天下四冲八达之地者也,非如函秦天府,百二之固,洛宅九州之中,表里山河,形胜足恃。自唐末朱温受封于梁国而建都,至于石晋割幽蓟之地以入契丹,遂与强敌共平原之利。故五代争夺,其患由乎畿甸无藩篱之限,本根无所庇也。祖宗受命,规模毕讲,不还周、汉之旧,而梁氏是因,岂乐而处之?势有所不获已者,大体利漕运而赡师旅,依重师而为国也。则是今日之势,国依兵而立,兵以食为命,食以漕运为本,漕运以河渠为主。国初浚河渠三道,通京城漕运。自后定立上供年额,汴河斛斗六百万石,广济河六十二万石,惠民河六十万石。广济河所运,止给太康、咸平、尉氏等县军粮而已。惟汴河所运,一色粳米,相兼小麦,此乃太仓畜积之实。今仰食于官廪者,不惟三军,至于京师士庶以亿万计,大半待饱于军稍之余,故国家于漕事至急至重。京,大也;师,众也。大众所聚,故谓之京师。有食,则京师可立;汴河废,则大众不可聚。汴河之于京师,乃是建国之本,非可与区区沟洫水利同言也。近岁已罢广济河,而惠民河斛斗不入太仓,大众之命惟汴河是赖。今陈说利害,以汴河为议者多矣,臣恐议者不已,屡作改更,必致汴河日失其旧,国家大计殊非小事。愿陛下特回圣鉴,深赐省察,留神远虑,以固基本。"②张方平上疏的基本出发点是确保漕运,即通过治理运河以保证汴河等运河航道的畅通,他的主张受到了朝廷的重视。

由于文献缺载,张方平上奏的十四策已无法看到全貌。幸运的是,宋哲宗元祐七年(1092),任扬州知府的苏轼记录了张方平十四策中的一策。他写道:"臣窃见嘉祐中,张方平为三司使,上论京师军储云:'今之京师,古所谓陈留,四通八达之地,非如雍、洛有山河之险足恃也。特恃重兵以立国耳。兵恃食,食恃漕运,漕运一亏,朝廷无所措手足。'因画十四策,内一项云,粮纲到京,每岁少欠不下六七万石,皆以折会偿填,发运司不复抱认,非祖宗之旧制也。"③面向江淮及东南的汴河在漕运中的特殊地位受到宋王朝的高度重视。马正林先生亦指出:"唐宋汴河是维系唐宋王朝繁荣的支柱。唐代中叶,转运到长安的漕粮,一般每年保持在四百万石左右,北宋时仅汴河就猛增至六七百万石的数字。唐宋两代通过汴河转运的漕粮到底有多少,难于用数字表达,每年航行在汴河上的船只成千上万,一般有六七千只

---

① 清·张廷玉等《明史·河渠志一》,北京:中华书局1974年版,第2030页。
② 宋·李焘等《续资治通鉴长编·神宗熙宁八年》,北京:中华书局2004年版,第6592页。
③ 宋·李焘等《续资治通鉴长编·哲宗元祐七年》,北京:中华书局1992年版,第11326页。

之多。从唐代中叶起,汴河就是维持唐王朝存在的生命线,是真正的交通大动脉和生命线。"①汴河漕运直接关系到北宋政权的稳固。

第三节 治理江淮、江南运河

宋代十分重视邗沟的整治,整治邗沟的目的是加强江淮漕运。傅泽洪论述道:"江淮漕运尚矣,春秋时吴穿邗沟,汉吴王濞开邗沟通道海陵,隋开邗沟,自山阳至扬子入江(此宋徽宗宣和三年诏)。扬州沿于江海,达于淮、泗。《东坡书传》云:吴王夫差阙沟通水,而江始有入淮之道,禹时则无之。愚按:吴之通水有二焉。《左氏传·哀公九年》:吴城邗,沟通江、淮,此自江入淮之道也。……《汉志》:江都县有渠水,首受江,北至射阳入湖是也,又名中渎水。《水经注》:中渎水首受江于江都县,县城临江。昔吴将伐齐,北霸中国,自广陵城东南筑邗城,城下掘深沟,谓之韩江,亦曰邗溟沟,自广陵出山阳白马湖,径山阳城西。又东,谓之山阳浦,又东入淮,谓之山阳口是也。山阳本汉射阳县,属临淮郡。晋义熙中改曰山阳。"②在"国家根本,仰给东南"③的背景下,如何提高江淮运河的通航能力成为宋代统治者关注的大事。邗沟指从扬州到淮阴之间的运河,宋代以后,又有"扬州运河""楚州运河""扬楚运河""江淮运河"等称谓,这一区域的水文十分复杂。如胡渭论述道:"吴幼清云:江北淮南,地高于水,虽曰沟通江、淮,二水之间,掘一横沟,两端筑堤,壅水在沟中,若欲行舟,须自江中拽舟上沟,行沟既尽,又拽舟下淮。江、淮二水,实未尝通流也。渭按:后世堰闸之法,可以随时启闭,舟至则开,舟过则闭。今运河诸闸皆然,不闻有拽舟之事,邗沟当亦如此。且左氏明言沟通江、淮,何以云未尝通流邪。"④这一从扬州到淮阴的运河一头联系长江,一头联系淮河,越过淮河后与汴河相连。

狭义上的江南运河是指浙江(钱塘江)以西的运河。这一区域包括今浙江省的杭嘉湖地区和江苏南部的苏州、无锡、常州和镇江。由于这一区域在浙江以西、长江以南,又由于春秋时期是吴国活动的中心区域,因此这条运河又有"浙西运河""江南河""吴运河"等不同的称谓。史称:"浙西运河,自临安府北郭务至镇江江口闸,六百四十一里。"⑤浙西运河是一个与浙东运河相对应的概念,浙东运河主要指钱塘江以东的运河。广义上的江南运河既包括浙

---

① 马正林《论唐宋汴河》,《陕西师范大学学报》(哲学社会科学版)1986年第3期,第81页。
② 清·傅泽洪《行水金鉴·运河水》,《四库全书》第581册,上海:上海古籍出版社1987年版,第431页。
③ 元·脱脱等《宋史·范祖禹传》,北京:中华书局1985年版,第10796页。
④ 清·胡渭《禹贡锥指》(邹逸麟整理),上海:上海古籍出版社2006年版,第195页。
⑤ 元·脱脱等《宋史·河渠志七》,北京:中华书局1985年版,第2405页。

东运河等,同时也是吴越即江浙地区各条运河的总称。

江淮运河淮阴段整治

宋代治理邗沟可分为北宋和南宋两个时段。淮阴是邗沟的入淮口,同时也是经淮河与汴河相连的关键航段。

宋代十分重视汴河与邗沟的接点建设。汴河与邗沟相接的中间航段是淮河和洪泽湖,这一航道有两大特点:一头与汴河相接,一头与邗沟相接,是运河不可或缺的航段;水面宽阔,风大浪急,航行时存在极大的风险。如苏轼在《发洪泽,中途遇大风,复还》一诗中写道:"风浪忽如此,吾行欲安归。挂帆却西迈,此计未为非。洪泽三十里,安流去如飞。"①由诗可知,因遇大风,苏轼被迫返回出发地。淮河入邗沟前的航段有巨大的水位落差,容易发生船毁人亡的事件,为了躲避风险,刘蟠提出了开挖沙河航道的方案。之后,乔维岳在刘蟠方案的基础上开挖了沙河即从楚州(今江苏淮安)到淮阴的运河,开辟的新航道成功地避开了淮河山阳湾风险,提高了航行时的安全系数。

在沙河开通之前,从淮河到楚州治所山阳(在今江苏淮安)的航行线路为:从淮河经山阳湾到末口再入邗沟。末口在淮阴故城(在今江苏淮安淮阴码头镇)一带。杜预注《左传·哀公九年》"秋,吴城邗,沟通江淮"语有邗沟入淮处在末口的说法:"于邗江筑城穿沟,东北通射阳湖,西北至末口入淮,通粮道也。"②郦道元指出:"淮水右岸,即淮阴也。城西二里有公路浦,昔袁术向九江,将东奔袁谭,路出斯浦,因以为名焉。又东径淮阴县故城北。北临淮水,汉高帝六年,封韩信为侯国。王莽之嘉信也。昔韩信去下乡而钓于此处也。城东有两冢:西者,即漂母冢也,周回数百步,高十余丈。昔漂母食信于淮阴,信王下邳,盖投金增陵以报母矣。东一陵即信母冢也。县有中渎水,首受江于广陵郡之江都县。县城临江,应劭《地理风俗记》曰:县为一都之会,故曰江都也。县有江水祠,俗谓之伍相庙也。子胥但配食耳,岁三祭,与五岳同。旧江水道也。昔吴将伐齐,北霸中国,自广陵城东南筑邗城,城下掘深沟,谓之韩江,亦曰邗溆沟,自江东北遹射阳湖。《地理志》所谓渠水也,西北至末口入淮。"③邗沟又称"中渎水",结合淮阴县"有中渎水"等情况,邗沟入淮处末口在淮阴故城北。

因淮河到末口须走山阳湾,为了避开这一风险极大的航道,乔维岳在刘蟠开沙河的基础上,开挖了从末口到淮阴磨盘口的航道,其目的就是避开水流湍急的淮河山阳湾。史称:"淮河西流三十里曰山阳湾,水势湍悍,运舟多罹覆溺。维岳规度开故沙河,自末口至淮阴磨盘

---

① 宋·苏轼《发洪泽中途遇大风复还》,曾枣庄、舒大刚《三苏全书·苏轼诗集》第6册,北京:语文出版社2001年版,第522页。
② 清·阮元《十三经注疏·春秋左传正义》,北京:中华书局1980年版,第2165页。
③ 北魏·郦道元《水经注·淮水》,《水经注疏》下册(杨守敬、熊会贞疏,段熙仲点校,陈桥驿复校),南京:江苏古籍出版社1989年版,第2553—2555页。

口,凡四十里。"①在兴修这一航道的过程中,乔维岳又采取破堰建斗门等措施,改造了这一航段,提高了通航速度。史称:"又建安北至淮澨,总五堰,运舟所至,十经上下,其重载者皆卸粮而过,舟时坏失粮,纲卒缘此为奸,潜有侵盗。维岳始命创二斗门于西河第三堰,二门相距逾五十步,覆以厦屋,设县门积水,俟潮平乃泄之。建横桥岸上,筑土累石,以牢其址。自是弊尽革,而运舟往来无滞矣。"②乔维岳破堰建斗门是宋代治理运河的重要创举,所谓"俟潮平乃泄之",是说在不同的时间开关堰坝不同方位的斗门,等潮水灌入斗门内的航道即平衡航道水位后再放船只通行。破堰建斗门的技术运用于航道建成之后,改变了船只过堰时必须先卸船再装船的历史,展开"运舟往来无滞"的新局面。

河口是不同运河航段的咽喉,是航道建设的重要区段。为了提高邗沟淮阴航段的漕运能力,在乔维岳开沙河以后,宋代统治者又先后开挖了洪泽渠、龟山运河等新航道。

宋仁宗赵祯庆历年间(1041—1048),马仲甫提议开挖从淮阴到洪泽(在今江苏洪泽)的航道。史称:"自淮阴径泗上,浮长淮,风波覆舟,岁罹其患。仲甫建议凿洪泽渠六十里,漕者便之。"③洪泽渠开挖后,通过缩短在淮泗主河道上航行的里程,成功地避开了在淮河上航行时可能遇到的风险。又如从汴河入淮河再入邗沟末口时必经洪泽湖,然而,洪泽湖湖面宽阔,航行风险很大,为提高航行安全系数,宋神宗赵顼元丰六年(1083)又开挖了龟山运河。史称:"六年正月戊辰,开龟山运河,二月乙未告成,长五十七里,阔十五丈,深一丈五尺。"④龟山运河是由江淮发运副使蒋之奇、都水监丞陈祐甫负责开挖的。

龟山运河是改造江淮运河的重要工程,运河建成后,改善了由淮河进入江淮运河的航运条件。胡渭叙述龟山运河开挖始末的情况时写道:"县西南一里有上龟山。县东北三十里有下龟山,为龟山镇。其下有运河,一名新河。宋初发运使许元自淮阴开新河,属之洪泽,避长淮之险,凡四十九里。久而湮涩。熙宁四年,发运副使皮公弼修泗州洪泽河六十里,以避漕运涉淮风涛之患。元丰六年,发运使罗拯复欲自洪泽而上,凿龟山里河,以达于淮。会发运使蒋之奇入对,建言,上有清汴,下有洪泽,中间风波之险,不过百里。宜自龟山蛇浦下属洪泽,凿左肋为复河,取淮为源,不置闸堰,可免风涛覆溺之虞。议者以为便,遂成之,亘五十七里有奇,广十五丈,深丈有五尺。南渡后浸废。"⑤龟山运河开挖后,形成了"漕运往来,免风涛百年沉溺之患"⑥的局面,成功地化解了在淮河及洪泽湖上航行时可能遇到的风险。进而言之,沙河、洪泽渠、龟山运河开挖后,既避开了在淮河上航行时可能遇到的风险,同时也缩

---

① 元·脱脱等《宋史·乔维岳传》,北京:中华书局1985年版,第10118页。
② 同①。
③ 元·脱脱等《宋史·马仲甫传》,北京:中华书局1985年版,第10647页。
④ 元·脱脱等《宋史·河渠志六》,北京:中华书局1985年版,第2381页。
⑤ 清·胡渭《禹贡锥指》(邹逸麟整理),上海:上海古籍出版社2006年版,第618页。
⑥ 元·脱脱等《宋史·食货志上三》,北京:中华书局1985年版,第4255页。

短了航程。

江淮运河扬州段整治

江淮运河扬州段是宋代重点治理的航段。从兴修及疏浚的区段看,主要集中在陈登塘、邗沟绕扬州城段、扬州到真州的航段、邗沟与长江相连的入江口瓜洲四个区段进行。

陈登塘初名"爱敬陂",建安时期由广陵太守陈登兴修。起初,陈登塘是为运河提供补给水源,兼有灌溉功能的陂塘。李吉甫指出:"爱敬陂,在县西五十里。魏陈登为太守,开陂,民号爱敬陂,亦号陈登塘。"①唐代,陈登塘除了有蓄水、灌溉农田、补给航道水位等作用外,还是邗沟扬州段的组成部分。马端临指出:"自刘晏后,江淮米至渭桥浸减矣,至巽乃复如晏之多。初,扬州疏太子港、陈登塘,凡三十四陂,以益漕河,辄复堙塞。淮南节度使杜亚乃浚渠蜀冈,疏句城湖、爱敬陂,起堤贯城,以通大舟。"②在唐代的基础上进行疏浚和改造后,宋代陈登塘重新具有了航运、灌溉、补给航道水位等综合性的功能。史称:"大中祥符间,江、淮制置发运置司真州,岁藉此塘灌注长河,流通漕运。其塘周回百里,东、西、北三面,倚山为岸,其南带东,则系前人筑垒成堤,以受启闭。废坏岁久,见有古来基址,可以修筑,为旱干溉田之备。凡诸场盐纲、粮食漕运、使命往还,舟舰皆仰之以通济,其利甚博。"③陈登塘畅通与否关系到江淮运河是否畅通,也关系到江淮漕运、农业生产、交通、商贸等事宜。为了加强这一航段的管理和进一步明确责任,宋孝宗淳熙九年(1182),淮南漕官钱冲之提出:"乞于扬子县尉阶衔内带'兼主管陈公塘'六字,或有损坏,随时补筑,庶几久远,责有所归"④的建议,旨在加强漕运通道重要航段的管理。

邗沟的主要补给水源来自淮河,其中包括沿线地区的河流与湖泊。与黄河相比,淮河的泥沙虽然不是十分严重,但同样会淤积航道。与此同时,邗沟堤岸在水流的冲击下不断地坍塌给航道带来干浅等问题。这样一来,邗沟航道需要经常性地疏浚和治理是必然的。如天禧四年(1020),宋真宗"开扬州运河"⑤;熙宁七年(1074),宋神宗"诏真、扬、楚州运河依两浙运河择尤浅涩处先开淘"⑥,宣和二年(1120)四月,宋徽宋在诏书中写道:"江、淮漕运尚矣。春秋时,吴穿邗沟,东北通射阳湖,西北至末口。汉吴王濞开邗沟,通运海陵。隋开邗沟,自山阳至扬子入江。雍熙中,转运使刘蟠以山阳湾迅急,始开沙河以避险阻。天禧中,发运使贾宗始开扬州古河,缭城南接运渠,毁三堰以均水势。今运河岁浅涩,当询访故道,及今河形势与陂塘潴水之

---

① 唐·李吉甫《元和郡县图志·淮南道》,北京:中华书局1983年版,第1072页。
② 元·马端临《文献通考·国用考三》,杭州:浙江古籍出版社1988年版,第242页。
③ 元·脱脱等《宋史·河渠志七》,北京:中华书局1985年版,第2394页。
④ 同③,第2394—2395页。
⑤ 元·脱脱等《宋史·真宗纪三》,北京:中华书局1985年版,第167—168页。
⑥ 宋·李焘《续资治通鉴长编·神宗熙宁七年》,北京:中华书局2004年版,第6207页。

地,讲究措置悠久之利,以济不通。可令发运使陈亨伯、内侍谭积条具措置以闻。"①这些均说明了疏浚邗沟扬州段航道是长期的事,需要根据航道出现的新情况及时地进行治理。

与前代相比,宋代整修邗沟扬州航段时,发生了重大的变化。客观地讲,这一变化是以破堰改造航道为标志的。如宋真宗天禧二年(1018),贾宗提出了破龙舟堰、新兴堰、茱萸堰三堰即改造邗沟扬州段的方案。史称:"二年,江、淮发运使贾宗言:'诸路岁漕,自真、扬入淮、汴,历堰者五,粮载烦于剥卸,民力罢于牵挽,官私船舰,由此速坏。今议开扬州古河,缭城南接运渠,毁龙舟、新兴、茱萸三堰,凿近堰漕路,以均水势。岁省官费十数万,功利甚厚。'诏屯田郎中梁楚、阁门祗候李居中按视,以为当然。明年,役既成,而水注新河,与三堰平,漕船无阻,公私大便。"②贾宗的建议受到朝廷的重视,很快进入实施阶段。为什么利用扬州运河旧道"缭城南接运渠"后便可以拆除三堰,改变"粮载烦于剥卸,民力罢于牵挽,官私船舰,由此速坏"的局面呢? 其实,毁堰是和建造斗门即船闸是联系在一起的。经过长时间的探索,斗门已在扬州地区得到广泛运用。如在唐玄宗开元十八年(730)以前,扬州斗门已建成并投入使用。斗门建成后,为提高扬州航段水位、平衡堰埭之间的水位落差奠定了基础。

扬州斗门是唐代建在邗沟南端的船闸,这一船闸建成后抬高了邗沟扬州段水位,为破除距扬州斗门不远的龙舟堰、新兴堰、茱萸堰创造了必要的条件。进而言之,斗门有控制和调节航道水位的功能,为破除堰埭提高通航速度奠定了基础。具体地讲,邗沟航道的基本地理形势是南低北高,当然,不同的航段地势多有起伏。不过,基本形势是,以北端入淮口末口的水位最高,南端入江口瓜洲的水位最低。在建斗门之前主要是通过建造堰埭控制航道水位并防止航段泄水,建造堰埭虽解决了因航道泄水无法通航的难题,但船只通过堰埭时需要卸船和装船或拉纤,从而放慢了船只过堰时的速度。斗门技术走向成熟并广泛地运用到航道建设后,为有选择地在一些航段率先破堰建斗门即消除该航段水位落差,提高通航速度提供了必要的条件。从表面上看,破堰建斗门完全否定了原有的堰埭功能,其实不然,起初,破堰不是将原有的堰埭彻底拆除,只是在原有的堰埭上开口建斗门。如宋太宗雍熙年间(984—987),乔维岳在楚州航段"创二斗门于西河第三堰",是一个典型的利用原有的堰埭建造潮闸的范例。在邗沟上建斗门是从建楚州和扬州斗门开始的。楚州和扬州斗门在邗沟的南北两端,两座斗门通过抬高和控制水位不但提高了相应航段的通航能力,而且为有选择地拆除相近或相邻航段的堰埭创造了条件。在历史的进程中,破堰建斗门是逐步展开的。起初,邗沟斗门建设是先从入淮段和入江段入手的。具体的做法是:先利用原有的堰埭开建斗门,通过提高某一航段的水位,部分地提高与之相关航段的通航能力。在这中间,楚州和扬州斗门与沿途原有的堰埭相互配合,起到了平衡与之相近或相邻航段水位的作用。随着这一技术

---

① 元·脱脱等《宋史·河渠志六》,北京:中华书局1985年版,第2388—2389页。
② 同①,第2380页。

走向成熟,遂为在邗沟上破堰铺平了道路,这一经验很快得到推广,并广泛地运用于运河航道建设。进而言之,宋代在邗沟航线上破堰是以扬州、楚州建造斗门为前提的。

在邗沟航线破堰建斗门即建造船闸的历史是由乔维岳揭开的。乔维岳开沙河建造了"二门相距逾五十步,覆以厦屋,设县门积水,俟潮平乃泄之"的斗门。在发明船闸的初期,建造船闸主要是在充分利用原有堰埭的基础上通过破堰建斗门实现的。此时的船闸没有专门的注水箱,需要待潮水进入闸区及填平闸区的水位落差后才能开闸放船,所以,这一类型的船闸又称"潮闸"。潮闸是指"建在运河与天然河流相交段,具备引潮与借潮行运功能的工程设施"①的船闸,潮闸由上下两个斗门即两个闸门构成,沈括又将这一类型的船闸称为"复闸"。宋代潮闸即复闸又有"堰闸""澳闸"等称谓。扬州斗门实际上是一座有双斗门的潮闸,负责受潮的斗门有"上闸"或"外闸"之称,另一方向的斗门有"下闸"或"内闸"之称。胡宿描述真州船闸的情况时记载道:"扼其别浦,建为外闸,……即其北偏,别为内闸。凿河开奥,制水立防。"②这一记载大体上道出了宋代建造的船闸以潮闸为主的实情。

潮闸是宋代船闸的主要形式。宋代在水位落差大的航段建潮闸并利用潮闸调节航道水位的方法一直延续到南宋后期。史称:"十四年,扬州守臣熊飞言:'扬州运河,惟藉瓜洲、真州两闸潴积。今河水走泄,缘瓜洲上、中二闸久不修治,独潮闸一坐,转运、提盐及本州共行修整,然迫近江潮,水势冲激,易致损坏;真州二闸,亦复损漏。令有司葺理上、下二闸,以防走泄。'从之。"③"十四年",指宋孝宗淳熙十四年(1187)。扬州是建造船闸最为集中的地区,除了有真州闸外,仅瓜洲一处就建有上闸、中闸和潮闸三座船闸。这一系列的情况表明,扬州虽然在长江的边上,但这一区域内的水源主要来源于淮河水系,同时,运河的补给水源亦来自淮河。特殊的地理形势决定了扬州区域的水流方向是由北向南,运河的水流方向亦不例外,这样一来,北高南低的地理形势及水位落差大的形势决定了扬州必然要成为船闸重点建设的区域。为了加强管理,宋代设置了专门的船闸管理机构并派专人负责管理。如宋徽宗崇宁元年(1102)十二月,"置提举淮、浙澳闸司官一员,掌杭州至扬州瓜洲澳闸,凡常、润、杭、秀、扬州新旧等闸,通治之。"④这些情况均表明,建造船闸是宋代提高通航能力的有效的技术手段。

江南运河治理与破堰建闸

宋代十分重视两浙运河的治理工作。如果从宋太宗淳化(990—994)初年兴修京口闸算起的话,之后又有宋仁宗天圣元年(1023)"浚两浙运河"⑤、宋宁宗嘉泰二年(1202)"浚浙西

---

① 卢嘉锡、周魁一《中国科学技术史·水利卷》,北京:科学出版社2002年版,第372页。
② 宋·胡宿《真州水闸记》,《丛书集成初编·文恭集》,上海:商务印书馆1935年版,第420页。
③ 元·脱脱等《宋史·河渠志七》,北京:中华书局1985年版,第2395页。
④ 元·脱脱等《宋史·河渠志六》,北京:中华书局1985年版,第2384页。
⑤ 宋·李焘《续资治通鉴长编·仁宗天圣元年》,北京:中华书局2004年版,第2339页。

运河"①等,从侧面说明兴修江南运河是贯穿两宋始终的大事。江南运河的基础是吴王阖闾、夫差等利用吴越即江浙地区旧水道开挖的运河。如果从伍子胥开堰渎形成东通太湖、西入长江的航道算起的话,那么,江南运河的历史可上溯到周敬王十四年(前506)。此后,经过历代持续不断地兴修,江南运河成为江浙地区对外联络的主要交通形式。

修建潮闸是宋代兴修江南运河的重要组成部分。据文献记载,江南运河最早兴建的船闸是京口闸。京口闸初建于唐代,此后兴废不断。如宋太宗淳化初年在旧闸即京口堰原址上重建了京口闸。俞希鲁指出:"京口闸,在城西北京口港口,距江一里许,莫究其所始。唐撤闸置堰。开元中,徙漕路由此。宋淳化初,废堰。绍圣、元符间,仍为闸。嘉定中更葺,宝祐中重建。"②联系上下文看,"绍圣、元符间,仍为闸"是指继淳化初年重建京口闸后,宋哲宗绍圣年间(1094—1098)、元符年间(1098—1100)又两次修缮京口闸。此后,宋宁宗嘉定年间(1208—1224)再次修葺,宋理宗宝祐年间(1253—1258)进行了大规模的重建。从时间上看,兴修京口闸几乎贯穿两宋的始终。宋代花费如此大的精力修缮京口闸,与其独特的地理位置相关,即京口闸不但是江南运河入江北上的锁钥,而且是两宋进行海外贸易时必经的航线。

余杭闸也是江南运河上重要的船闸。如李焘记宋仁宗天圣四年(1026)的事迹时写道:"浙江抱余杭,据岸为二闸,互启闭,纳温台、衢婺船,而潮坏北闸,久不治,两路船为之稽壅。辛酉,侍御史方慎言始奏复之。"③从叙述内容看,余杭闸早在天圣四年以前就已建成并正式投入使用。从地点上看,所谓"浙江抱余杭",是指这座船闸建在余杭(在今浙江杭州)运河与浙江(钱塘江)交汇的河口地区。从"据岸为二闸,互启闭"和"潮坏北闸,久不治"等语中当知,余杭闸是一座潮闸,其中,接受江潮的闸门为北闸,与江南运河及杭州运河相连的闸门当为南闸。这一呈南北向的潮闸与东西向的钱塘江形成夹角,其建造时间的上限应发生在钱镠兴修捍海石塘(堤坝)以后。

破堰建闸是宋代兴修江南运河时的重要举措,大规模地破堰建闸发生在宋哲宗元祐四年(1089)以后。如果从宋初破堰建斗门算起的话,时至宋哲宗时代,船闸技术已日臻成熟,在这样的条件下,破堰建闸进一步提高航运能力已是当务之急。史称:"哲宗元祐四年,知润州林希奏复吕城堰,置上下闸,以时启闭。其后,京口、瓜洲、奔牛皆置闸。是岁,知杭州苏轼浚茅山、盐桥二河,分受江潮及西湖水,造堰闸,以时启闭。……十二月,京东转运司言:'清河与江、浙、淮南诸路相通,因徐州吕梁、百步两洪湍浅险恶,多坏舟楫,由是水手、牛驴、纤户、盘剥人等,邀阻百端,商贾不行。朝廷已委齐州通判滕希靖、知常州晋陵县赵竦度地势穿

---

① 元·脱脱等《宋史·宁宗纪二》,北京:中华书局1985年版,第732页。
② 元·俞希鲁《至顺镇江志·地理》(杨积庆等校点),南京:江苏古籍出版社1999年版,第50—51页。
③ 宋·李焘《续资治通鉴长编·仁宗天圣四年》,北京:中华书局1992年版,第2401页。

凿。今若开修月河石堤,上下置闸,以时开闭,通放舟船,实为长利。乞遣使监督兴修。'从之。"①"复",此指拆除。所谓"复吕城堰,置上下闸",是指通过拆除吕城堰(在今江苏丹阳吕城),建造了有上下闸的潮闸。建造吕城闸以后,宋代统治者又在京口(在今江苏镇江)、瓜洲(在今江苏扬州瓜州)、奔牛(在今江苏常州奔牛)等航段掀起了建造潮闸的高潮,从而开创了"开修月河石堤,上下置闸,以时开闭"的新局面。

需要补充的是,"京口、瓜洲、奔牛皆置闸"并不是说在这些地区建造的船闸均在元祐四年以后。在此之前,这些地区已在不同的时间段建造了潮闸。由于这些地区是运河的重要航段,再加上水利工程是长期的事,需要不断地对原有的船闸进行维修,或为提高这些航段的通航能力需要重修船闸或兴建新的船闸。在运河开挖的初始阶段,为解决航段干浅无法航行等问题,通常采取的办法是在水位落差较大的航段筑堰修坝,通过筑堰修坝来防止航道泄水。堰坝修筑以后,虽然有效地解决了航段泄水带来的航道干浅等问题,但因堰坝拦腰截断航道带来了因拉纤、搬转等降低通航能力的诸多问题。这些问题在制约运河航运的同时,造成了人力、物力和财力的极大浪费。进而言之,建堰虽可以防止航道泄水,但船只行经此地时或需拉纤过堰,或需卸船另行装船,乃至船只经过其地时,要有很长的等候时间。宋代将船闸技术普遍运用于航道建设即采取分上水和下水船闸的技术以后,通过破除堰坝改善了航运条件,从而开创了"公私便之"的新局面。

元祐四年以后,苏轼和曾孝蕴为在江南运河上兴建船闸做出了重要贡献。苏轼在杭州疏浚茅山河、盐桥河时建造的堰闸是当时的重要收获。史称:"轼见茅山一河专受江潮,盐桥一河专受湖水,遂浚二河以通漕。复造堰闸,以为湖水畜泄之限,江潮不复入市。"②苏轼根据杭州城内运河的情况,在茅山运河和盐桥运河上建造了两座潮闸,其各有用途:茅山闸专门接纳钱塘江潮,形成船只经钱塘江入海或进入浙东运河之势;盐桥闸负责调节西湖水位,根据情况或受江潮为西湖蓄水或泄水。两闸调节航道水位,改善了杭州运河与外界联系的水上交通。

除了苏轼,曾孝蕴亦在破堰建闸中起到了关键性的作用。俞希鲁引《宋四朝史·曾孝蕴本传》云:"绍圣中,孝蕴管干发运司粜籴事,建言扬之瓜洲、润之京口、常之奔牛,宜易堰为闸,以便漕运商贾。"③史称:"孝蕴字处善。绍圣中,管干发运司粜籴事,建言扬之瓜洲,润之京口,常之奔牛,易堰为闸,以便漕运、商贾。既成,公私便之。"④

破堰建闸是工作量巨大的水利工程。李焘记载道:"江淮发运司、两浙转运司言,今来润

---

① 元·脱脱等《宋史·河渠志六》,北京:中华书局1985年版,第2382—2383页。
② 元·脱脱等《宋史·苏轼传》,北京:中华书局1985年版,第10812—10813页。
③ 元·俞希鲁《至顺镇江志·地理》(杨积庆等校点),南京:江苏古籍出版社1999年版,第51页。
④ 元·脱脱等《宋史·曾孝蕴传》,北京:中华书局1985年版,第10235页。

州京口、常州奔牛澳闸兴造毕,见依提举兴修澳闸两浙转运判官曾孝蕴相度,立定法则,日限启闭,通放纲船,委是经久可行。从之。"①"润州京口、常州奔牛澳闸兴造毕"的时间发生在宋哲宗元符二年(1099)闰九月。需要补充的是,这里不再提瓜洲船闸,很可能与瓜洲闸在此之前已建成并投入使用相关。瓜洲位于是江淮运河即邗沟与长江的交汇口,京口位于江南运河与长江的交汇口,奔牛是江南运河的重要节点。古人在瓜洲、京口、奔牛等地建堰,是为防止三地航道因水位落差大而泄水。

宋代在江南运河上建造的船闸虽然以潮闸为主,但在实际的运用中多有革新和创造,甚至在不断探索的过程中逐步提高了船闸建造的质量,以及在一定程度有了现代船闸建造的结构。现代船闸有注水箱的建造结构,主要由闸室、闸首、闸门、引航道、注水箱等相关设备及设施组成,现代船闸由建在航道两端的闸门控制闸室航道的灌水、泄水及升降水位等。在这一过程中,进入闸室的船只需等候水位落差上下平衡后才能出闸。具体地讲,船只上行时进入闸室前先开另一端的闸门进水,随后再开靠近船只一端的闸门泄水,等到闸室中的水位与下游水位平齐后,再让船只进入闸室。随后关闭下游的闸门,向闸室灌水,等到闸室中的水位与上游水位平齐后再开启上行闸门,让船只驶出闸室。船只下行时亦用相同的原理,只是方向相反。

潮闸的闸区十分广大,实际上有一定长度和宽度的以航道为特征的港区,这一闸区与现代船闸的闸室有很大的区别。此外,当时的潮闸已初步采用了"灌注闸身"即注水箱的技术,可以说,这一技术是船闸建造史上的一大发明。宋徽宗崇宁元年(1102)十二月,史有"置提举淮、浙澳闸司官一员,掌杭州至扬州瓜洲澳闸,凡常、润、杭、秀、扬州新旧等闸"②之说,将船闸纳入管理的范围是宋代加强运河航道管理的重要举措。

在破堰建闸的过程中,宋代还根据不同地区的不同情况采取了建闸与堰埭相互为用的措施。史称:"淳熙九年,又命守臣赵善悉发一万工,修治海盐县常丰闸及八十一堰坝,务令高牢,以固护水势,遇旱可以潴积。十年,以浙西提举司言,命秀州发卒浚治华亭乡鱼祈塘,使接松江太湖之水;遇旱,即开西闸堰放水入泖湖,为一县之利。"③宋孝宗赵昚淳熙九年(1182)至淳熙十年(1183)做了两项破堰建闸的工作:一是在加固常丰闸的同时,整修了与常丰闸相关的堰坝;二是疏浚了与航道相连的陂塘。闸与堰坝合为一体在防止航道泄水的同时,又通过蓄水为干旱时放水灌溉农田提供了帮助。从这样的角度看,宋代破堰建闸是有所选择的,没有采取一边倒的措施。正是因为这样,一些在运河支道上的堰埭继续存在,并在航运、灌溉、防洪排涝、蓄水中发挥着不可替代的作用。

---

① 宋·李焘《续资治通鉴长编·哲宗元符二年》,北京:中华书局2004年版,第12285页。
② 元·脱脱等《宋史·河渠志六》,北京:中华书局年版,第2384页。
③ 元·脱脱等《宋史·河渠志七》,北京:中华书局1985年版,第2415页。

第九章 两宋时期的漕运

在治理浙西运河的过程中,宋代除了通过采取破堰建闸的技术提高通航能力外,还有针对性地采取了一系列的治理方案。一是有意识地加固河堤,根据不同区域的水文情况开挖新的航道。宋哲宗赵煦元祐(1086—1094)初年,两浙转运副使毛渐"开无锡莲蓉河,武进庙堂港,常熟疏泾、梅里入大江;又开昆山七耳、茜泾、下张诸浦,东北道吴江,开大盈、顾汇、柘湖,下金山小官浦以入海。自是水不为患"①。在开挖航道的过程中,将航道建设与消除水患结合到一起,进一步提高了浙西运河通江达海的航运能力。二是注重航道管理制度建设。熙宁元年(1068)十月,宋神宗采纳了胡淮之的建议,并下诏曰:"杭之长安、秀之杉青、常之望亭三堰,监护使臣并以'管干河塘'系衔,常同所属令佐,巡视修固,以时启闭。"②在加强堰埭管理的基础上,进一步明确和强化了地方长官在管理运河即河渠设施中的责任。三是针对不同航段的具体情况采取有针对性的治理方案,分段整治了苏州、湖州、秀州、镇江、常州等关键航段,提高了漕运通航的质量。如元符三年(1100)二月,宋哲宗下诏:"苏、湖、秀州,凡开治运河、港浦、沟渎,修垒堤岸,开置斗门、水堰等,许役开江兵卒。"③宣和五年(1123)三月,整修了吕城(在今江苏丹阳东)到镇江的运河;同年四月又整修了常润运河(常州到镇江的运河)。四是重点疏通和整治运河的入海航道。如宋徽宗崇宁二年(1103)有疏浚吴淞江至大通浦(今属上海)入海之举。史称:"崇宁二年初,通直郎陈仲方别议浚吴松江,自大通浦入海,……朝廷下两浙监司详议,监司以为可行。"④又如宋徽宗大观三年(1109),有"开淘吴松江,复置十二闸"⑤之举。吴淞江是淞江运河的重要组成部分,通过疏浚及建吴淞江船闸,提高了运河通江达海的能力,同时使运河具有了防洪排涝等方面的功能。五是根据不同航段的具体情况采取相应的措施。宋徽宗大观四年(1110),针对镇江段形势高仰、水浅易涸等情况,提出"赖湖以济"⑥的方案,即实施以练湖为水源补充镇江段运河的方案。六是改造旧运道,开挖航线更为合理的新运河。宋徽宗宣和六年(1124)九月,利用江东古河旧道,开挖了自芜湖经宣溪、溧水至镇江的航道。这些运河兴修后,极大地方便了漕运。从加强制度管理到动员各方力量参与,宋代统治者通过采取重点治理、易堰为闸等措施,使浙西运河的漕运及商贸往来能力得到了全方位的提升。

浙西运河是江浙联系黄淮及北方各地的大通道,在各种因素的制约下,航道治理是一项长期的任务和常态化的工作,需要根据出现的新情况进行有针对性的治理。史称:"运河之浚,自北关至秀州杉青,各有堰闸,自可潴水。惟沿河上塘有小堰数处,积久低陷,无以防遏

---

① 元·脱脱等《宋史·毛渐传》,北京:中华书局1985年版,第11040页。
② 元·脱脱等《宋史·河渠志六》,北京:中华书局1985年版,第2380页。
③ 同②,第2384页。
④ 同②,第2384页。
⑤ 同②,第2385页。
⑥ 同②,第2386页。

水势,当以时加修治。兼沿河下岸泾港极多,其水入长水塘、海盐塘、华亭塘,由六里堰下,私港散漫,悉入江湖,以私港深、运河浅也。若修固运河下岸一带泾港,自无走泄。又自秀州杉青至平江府盘门,在太湖之际,与湖水相连;而平江阊门至常州,有枫桥、许墅、乌角溪、新安溪、将军堰,亦各通太湖。如遇西风,湖水由港而入,皆不必浚。惟无锡五泻闸损坏累年,常是开堰,彻底放舟;更江阴军河港势低,水易走泄。若从旧修筑,不独潴水可以通舟,而无锡、晋陵间所有阳湖,亦当积水,而四傍田亩,皆无旱暵之患。独自常州至丹阳县,地势高仰,虽有奔牛、吕城二闸,别无湖港潴水;自丹阳至镇江,地形尤高,虽有练湖,缘湖水日浅,不能济远,雨晴未几,便觉干涸。运河浅狭,莫此为甚,所当先浚。"①淳熙七年(1180),宋孝宗强调了及时疏浚航道的必要性。淳熙十一年(1184)的冬天,负责浙西运河事务的官员又根据这些航段的具体情况提出了新的治理方案。宋孝宗隆兴二年(1164),刘唐稽在调查研究的基础上提出在申港、利港的下游开河冲沙的建议。此后,乾道二年(1166)姜诜等人又提出造蔡泾闸以泄水势的建议,通过这一系列的改造和建设,提高了江南运河常州航段的航运能力。从这些事件中当知,治理浙西运河是长期的事,是常抓不懈的工作,需要根据出现的新情况采取相应的治理措施。

宋代在江南地区开挖运河始于宋太祖议征江南之时,为了顺利地转运军用物资,完成征伐南唐大业,李符提出了在历阳(在今安徽和县)开挖横江渠(横江河)转运粮草及军用物资的建议。在这一过程中,宋太祖下诏书动员了和州(在今安徽和县)三县数万壮丁参与兴建工作。史称:"开宝间,议征江南。诏用京西转运使李符之策,发和州丁夫及乡兵凡数万人,凿横江渠于历阳,令符督其役。渠成,以通漕运,而军用无阙。"②横江渠建成后,极大地方便了沿江调运粮草和军用物资。

浙东运河与鉴湖

浙东运河东西长二百余里,西入钱塘江,中跨浦阳江、曹娥江、余姚江等三江,东入甬江。在历史的变迁中,浙东运河逐步形成以杭州湾萧山西兴镇为起点,中经萧山、绍兴、上虞、余姚等地,至宁波入海的交通大通道。

隋唐以前,国家的政治中心主要建在黄河流域。在这中间,经济中心虽向江淮转移,但纳入国家视野的运河大通道只到钱塘江以西的余杭(在今浙江杭州)。进而言之,这一时期,浙江以东地区的运河虽早已建成,但没有被纳入国家大交通建设的范围。宋王朝建立后,形势发生了根本性的变化,江南经济的高速发展和海外贸易的异军突起为浙东运河被纳入国家大交通体系开辟了道路。宋代将浙东运河纳入国家大交通管理范围始于宋太宗太平兴国

---

① 元·脱脱等《宋史·河渠志七》,北京:中华书局1985年版,第2405—2406页。
② 元·脱脱等《宋史·河渠志六》,北京:中华书局1985年版,第2379页。

三年(978)。太平兴国三年三月,吴越王钱俶到大梁朝拜,迫不得已献吴越国归宋。仅时隔两月,宋太宗立即任命了一批官员到浙东赴职。从官员的职权看,转运两浙钱粮是宋代统治者关心的头等大事。宋代转运使除了负责转运相关地区的钱粮外,还负责辖区内的运河治理工作。如宋太祖开宝年间(968—976),京西转运使李符主持开挖了横江渠;宋太宗雍熙在位期间,转运使刘蟠有议开沙河之举。史称:"庚午,诏免两浙东北路转运使王德裔,仍削两任,追先所赐白金千两,坐简慢不亲事,部内不治也。"①太平兴国六年(981)八月,王德裔以"坐简慢不亲事,部内不治"的罪名被撤职查办,其中罪名当与他没有管理和治理运河有直接的关系。

与北宋相比,南宋治理浙东运河的力度明显地加强。出现这样的情况,主要与政治中心迁往临安(在今浙江杭州)有密切的关系。据文献记载,从宋高宗南渡到南宋结束,治理浙东运河始终是南宋统治者关心的大问题。这里仅以宋孝宗一朝治理浙东运河为例,其间大的疏浚或治理活动有隆兴元年(1163)、乾道三年(1167)和淳熙九年三次。南宋重视浙东运河的程度超过北宋,主要是由其交通地位的提升决定的,具体包括三个方面的原因:一是浙东运河沿岸是南宋赋税的重要来源,就近调入京城需要以浙东运河为航道;二是浙东运河是从临安到明州(在今浙江宁波)的通道,明州是重要的通商港口,从事海外贸易需要浙东运河的参与;三是浙东运河是从海上联系东南沿海及华南地区的通道,调集相关地区的赋税,以及实现这些地区的商品流通亦需要以浙东运河为通道。

浙东运河从西到东有三个重要的航段节点:一是西与钱塘江相接的萧山,二是区域政治中心山阴(在今浙江绍兴),三是与曹娥江相连的上虞。因特殊的地理和水文条件,三个航段节点一直是浙东运河重点治理的区域。

重点建设萧山航段是由萧山的地理位置决定的。前人在叙述萧山的地理交通形势时写道:"西南有虎爪山,东南有龛山,俱下临浙江。龛山傍有小山曰鳖子山,浙江自县西东北流,出其中,东接大海,亦曰海门。东南有峡山,钱清江经其中,复北折而东,入山阴县界。城西有运河,东接钱清江。又有湘湖。西南有渔浦巡检司。又西有西兴,亦曰西陵,往钱塘者由此渡江。"②萧山是浙东运河与浙西运河相连的节点,沿浙东运河向西经萧山西兴到钱塘江(浙江)即杭州湾的南岸,从萧山西兴出发,沿水路向东经萧山跨过钱清江后可抵达山阴。严格地讲,萧山是浙东联系浙西唯一的水上通道。在海外贸易兴起的年代,重点加强浙东运河萧山段的建设是必然的。

南宋以后,因交通地位提升,浙东运河萧山段成为重点治理的区域。宋孝宗时期,绍兴知府汪纲主持了萧山境内的运河和入钱塘江船闸的修缮工作。史称:"萧山有古运河,西通

---

① 宋·李焘《续资治通鉴长编·太宗太平兴国六年》,北京:中华书局2004年版,第494页。
② 清·张廷玉等《明史·地理志五》,北京:中华书局1974年版,第1107页。

钱塘,东达台、明,沙涨三十余里,舟行则胶。乃开浚八千余丈,复创闸江口,使泥淤弗得入,河水不得泄,于涂则尽甃以达城闉。十里创一庐,名曰'施水',主以道流。于是舟车水陆,不问昼夜暑寒,意行利涉,欢欣忘勤。"①汪纲治理浙东运河萧山段主要做了两方面的工作:一是疏浚航道,二是重修船闸。"复创闸江口",是指在萧山西兴重建与钱塘江相接的船闸。萧山西兴闸是在西兴埭即西陵埭的基础上兴建的。西兴是浙东运河与浙西运河相连的重点节点,从西兴跨钱塘江后,沿运河行十八里可入临安(在今浙江杭州),因此西兴船闸及航段畅通与否直接关系到浙东运河的兴废。自西兴埭改建潮闸后,江沙淤塞航道的情况越来越严重。为了改变不利航行的情况,宋孝宗乾道三年(1167),疏浚了这一航段,主要做了三方面的工作,一是疏浚了从西兴到钱塘江的运道,二是疏浚了两闸之间的闸区航道,三是建立了一套严密的航道管理制度。西兴闸有上下闸门,有十三里的闸区航道。因船只入闸前,须等候江潮入闸,待闸区水位平衡后才能行船入江,当含有大量泥沙的江潮灌入闸区后,闸区很容易出现江沙淤积航道的情况,这就需要及时地疏浚闸区航道。

山阴是浙东运河治理的又一个重点。顾祖禹叙述浙东运河与山阴的关系时指出:"运河,在城西。自西兴渡历萧山县而东,接钱清江,长五十里;又东径府城,长五十五里;复自城西东南出,又东而入上虞县接曹娥江,长一百里;自府城而南至蒿坝,长八十里,则为嵊县之运河矣。盖运河纵广俱二百里。宋绍兴初以余杭县言运道浅涩,诏自都泗堰至曹娥塔桥发卒修浚,此即宋时漕渠故址也。今道出府西北十里谓之官渎。其余大抵仍旧道云。"②山阴除了是浙东运河的重要航段外,同时还是经曹娥江南通嵊县(在今嵊州市)的运河节点。从大的方面讲,山阴水文情况复杂,境内横亘三江,再加上山阴是浙东重镇和交通要道,因此成为重点建设区域是必然的。顾祖禹叙述浙东运河经过的区域时,先从中间航段山阴说起,然后再分别叙述两头的情况,客观地讲,这一叙述是有深意的,它在一定程度上表明山阴在浙东运河中占有特殊的地位。

交通建设的基本原则是在行政区划的基础上分层级进行的。一般来说,交通建设首先要在政治中心、区域政治中心优先建设的原则下进行。由于山阴长期是浙东的政治中心和经济中心,因此,浙东地区围绕着山阴进行交通建设是必然的。从地理形势上看,浙东是河流、湖泊密集的地区,长期以来逐步形成了"以船为车,以楫为马"③的交通布局。根据这样的地理条件,加强山阴地区的交通建设势必要加强运河建设。以山阴为运河的重点建设区域除了与山阴长期以来是区域政治中心相关外,还与其独特的地理形势有关。浙东运河西入钱塘江,东入甬江,中间经浦阳江、曹娥江、余姚江,而三江皆在山阴境内。与其他地区相

---

① 元·脱脱等《宋史·汪纲传》,北京:中华书局1985年版,第12308页。
② 清·顾祖禹《读史方舆纪要·浙江四》(贺次君、施和金点校),北京:中华书局2005年版,第4213页。
③ 汉·赵晔《吴越春秋·勾践伐吴外传》(苗麓校点),南京:江苏古籍出版社1999年版,第176页。

比,山阴的水文条件最为复杂,再加上三江经过的地区有不同的海拔,当三江及湖泊补给浙东运河形成不同流向时,复杂的水文和地理条件决定了兴修浙东运河时必须以山阴为重点。

浙东运河的原型是春秋时越国兴修的山阴故水道。历史上的镜湖(今称鉴湖)曾是南北宽五里、东西长一百多里的"狭湖"。这一狭湖西连钱清江(浦阳江、小江)、东接曹娥江,是浙东运河不可或缺的航段。鉴湖虽然"在府城南三里",但东西长一百三十里、南北宽五里的水面是山阴故水道及浙东运河必不可少的航段。从山阴沿水路出发,无论是向东,还是向西都必须以鉴湖为基本航道。古代兴修运河的基本原则是充分地利用原有的河流湖泊,曹娥江是浙东运河山阴段东向航线的必经之地,钱清江是浙东运河山阴段西向航线的必经之地,两江之间是呈东西走向的鉴湖。顾炎武叙述鉴湖航道的情况时指出:"且又往时运道,一在湖中,一在江海上。在湖中者,东自曹娥循湖塘,经城南至西兴;在江海上者,宋都钱塘时,凡闽广(漕运)入钱塘者,必经绍兴北海上,凡塘下泊处,辄成大市。今皆废矣。"①"湖塘"指鉴湖航道。沿山阴故水道在东入曹娥江,西入钱清江时,必须以鉴湖为基本航道。

鉴湖是浙东运河山阴段重点修缮的航段。自汉顺帝永建四年(129)建新会稽郡以后,汉顺帝永和五年(140),会稽太守马臻进行了筑堤整治鉴湖的活动。后人记载道:"鉴湖之广,周回三百五十八里,环山三十六源。自汉永和五年,会稽太守马臻始筑塘,溉田九千余顷,至宋初八百年间,民受其利。"②前人评价马臻兴修鉴湖的历史功绩时,主要是肯定这一水利工程在发展农业方面的作用。其实,这一工程除了有溉田及防洪排涝的作用外,更重要的是,还具有疏浚航道、调节浙东运河水位的作用。进而言之,鉴湖本身是山阴故水道的一部分,通过兴修堤坝和创建斗门来蓄水和泄水,有效地控制或调节了鉴湖的水位,从而为航运提供了安全保障。

马臻"筑塘"后,鉴湖堤坝遂有了"官塘""山阴官塘"等称。史称:"官塘跨山、会二县,在山阴者又谓之南塘,西自广陵斗门,东抵曹娥亘一百六十里,即故镜湖塘也。东汉永和五年太守马臻所筑,以蓄水。水高于田,田高于海,各丈余。旱则泄湖之水溉田,潦则泄田之水入海,沿塘置斗门,堰闸以时启闭,有十一堰五闸。然今堰闸或通或塞,或为桥,往往为居民填占。"③马臻建堤坝后将鉴湖一分为二,南塘(南湖)在山阴县境内,东塘(东湖)在会稽县境内。所谓"官塘跨山、会二县",是说鉴湖堤坝横跨山阴县和会稽县。经过改造后的鉴湖航道以南塘为主航道,沿这条航道从山阴县出发经鉴湖广陵斗门向东可抵达曹娥江。

官塘又称"运道塘"。《新唐书·地理志》云:"北五里有新河,西北十里有运道塘,皆元

---

① 清·顾炎武《天下郡国利病书》,《续修四库全书·史部》第597册,上海:上海古籍出版社2002年版,第56页。
② 元·脱脱等《宋史·河渠志七》,北京:中华书局1985年版,第2406页。
③ 明·萧良干、张元忭等《万历绍兴府志·水利志二》,《四库全书存目丛书·史部》第200册,济南:齐鲁书社1997年版,第645页。

和十年观察使孟简开。"①从"运道塘"中可知,唐宪宗元和十年(815)孟简兴修新航道时,一是沿用了鉴湖旧航道,二是采用修筑堤坝的方式把鉴湖航道约束在一定的区域内。从这样的角度看,孟简开运道塘没有改变以鉴湖为航道的历史。

晋怀帝年间(307—313),会稽内史贺循主持兴修了浙东运河及山阴航段。史称:"运河自西兴抵曹娥横亘二百余里,历三县。萧山河至钱清,长五十里;东入山阴径府城至小江桥,长五十五里。又东入会稽,长一百里。其纵南自蒿坝北抵海塘,亦几二百里。旧经云:晋司徒贺循临郡,凿此以溉田,虽旱不涸,至今民饱其利。"②"历三县"是指浙东运河途经萧山、山阴、上虞三县;"萧山河"是指从萧山到钱清的萧山运河;"纵南"是指以府城南面的鉴湖南塘(南湖)为航道。"蒿坝",指建在距山阴四十里处蒿山附的堰坝,是"绍兴、台州二府往来必经之地"③。从绍兴经蒿坝到台州的航线主要以曹娥江为航线,因此前人论述浙东运河时,基本上对其忽略不计。"凿此以溉田"中的"凿此"是指贺循疏浚鉴湖及恢复蓄水溉田的功能。从航线上看,浙东运河航线自西兴向东经萧山河到钱清,向东五十里进入山阴,随后经府城行五十五里到小江桥即从府城东行经会稽县约一百里,中经曹娥江后再向东入甬江。西兴在山阴以西萧山境内的钱阳江边,曹娥江在山阴以东。从西兴起航中经山阴、会稽二县抵达曹娥江之前,必须以"东西百三十里"的鉴湖为航道。西兴运河从府城出发向西经鉴湖、柯桥、钱清、萧山到固陵入钱塘江,抵钱塘江北岸后进入杭州。历史上的固陵又有"西陵""西兴"等称谓,因此这一航段遂有了"西兴运河"之称。后世叙述这一航线时有"运河自西兴渡引浙江水,径望湖桥,湘湖汇西南诸山水贯之,又东南入山阴"④之说,大体上道出了西兴运河东入山阴的情况。贺循还利用山阴故水道兴修了向东抵曹娥江,远及上虞、余姚抵明州(在今浙江宁波)的航道,这一航段自山阴东行沿途经曹娥江、余姚江,从甬江入海。从汉永和五年(140)到宋初,历时八百年,鉴湖保证了当地农业用水方面的需要,在这中间,贺循重修鉴湖是其中不可或缺的环节。

宋代十分重视鉴湖的修缮工作。如宋孝宗隆兴元年(1163),绍兴府守吴芾提出了"鉴湖自江衍所立碑石之外,今为民田者,又一百六十五顷,湖尽埋废。今欲发四百九十万工,于农隙接续开凿。又移壮城百人,以备撩洒浚治,差强干使臣一人,以'巡辖鉴湖堤岸'为名"⑤的建议。这一退田恢复鉴湖的方案对调节运河水位有着重要的意义。关于这点,从隆兴二

---

① 宋·欧阳修、宋祁《新唐书·地理志五》,北京:中华书局1975年版,第1061页。
② 明·萧良干、张元忭等《万历绍兴府志·山川志四》,《四库全书存目丛书·史部》第200册,济南:齐鲁书社1997年版,第469—470页。
③ 明·萧良干、张元忭等《万历绍兴府志·水利志二》,《四库全书存目丛书·史部》第200册,济南:齐鲁书社1997年版,第649页。
④ 赵尔巽等《清史稿·地理志十二》,北京:中华书局1977年版,第2138页。
⑤ 元·脱脱等《宋史·河渠志七》,北京:中华书局1985年版,第2407页。

年吴芾给朝廷的上疏中可以找到明确的答案。史称:"二年,芾又言:'修鉴湖,全藉斗门、堰闸蓄水,都泗堰闸尤为要害。凡遇纲运及监司使命舟船经过,堰兵避免车拽,必欲开闸通放,以致启闭无时,失泄湖水。'其后芾为刑部侍郎,复奏:'自开鉴湖,溉废田二百七十顷,复湖之旧。又修治斗门、堰闸十三所。夏秋以来,时雨虽多,亦无泛溢之患,民田九千余顷,悉获倍收,其为利较然可见。乞将江衍原立禁牌,别定界至,则堤岸自然牢固,永无盗决之虞。'"① 从"全藉斗门、堰闸蓄水,都泗堰闸尤为要害"中当知,鉴湖上的航行安全与蓄水、放水即调节水位有莫大的关系。进而言之,鉴湖是保证浙东运河航行安全的关键工程。此外,"斗门"又有灌溉农田和防止水涝的功能。浙东运河自山阴向东至萧山,中途有唐代孟简兴修的新河。史称:"运河在府西一里,属山阴县。自会稽东流县界五十余里入萧山县。旧经云:晋司徒贺循临郡,凿此以溉田。新河,在府城西北二里。唐元和十年,观察使孟简所浚。"② 新河在山阴西北二里,是浙东运河的重要组成部分。

第四节 转般仓与东南六路漕运

转般仓属漕运中转仓。为提高漕运效率,宋代在漕路的重要节点上建造了有储存租粜和财赋功能的中转仓。从本质上讲,宋代转般仓与隋唐水次仓有一脉相承的关系,两者的建造理念相同,都有从水路押解租粜和财赋等入京及保障京师供给和战略储备、中转调拨、赈灾救荒等功能。隋唐水次仓和宋代转般仓虽有共同的建造理念,但建造区域多有不同,具体表现在两方面:隋唐两代的政治中心在长安(在今陕西西安),农业经济发达地区集中在黄河中下游地区,因此水次仓大部分建在黄河沿岸;宋代的政治中心在大梁(在今河南开封),农业经济的中心移往东南,因此转般仓主要建在大梁以东的江淮及东南六路。

转般仓主要为分级接运而设。不过,宋代转般仓明显地扩大了中转范围,有更为严密的管理制度:一是明确规定了不同转般仓的岁运次数;二是强调仓储范围以粮仓为主,盐仓为辅,兼及其他的范围;三是强调了转般仓进出管理等。因其制度严密,其管理制度为后世所遵循。转般仓是漕运时分级接运的产物。分级接运,是指将航道分成若干个航段,船只将不同地区的租粜和财赋运送到指定的中转仓即转般仓,随后根据各航段通航的情况,决定再次发运的时间。

---

① 元·脱脱等《宋史·河渠志七》,北京:中华书局1985年版,第2407页。
② 宋·施宿等《会稽志·水》,《四库全书》第486册,上海:上海古籍出版社1987年版,第192—193页。

转般仓建设与管理

转般仓是宋代漕运不可或缺的环节,遵循了"堤起仓廪,以便漕运"①的原则。马端临指出:"宋东京之制:受四方之运者,谓之'船般仓',……凡漕运所会,则有转般仓。"②"船般仓"与"转般仓"同义,同是漕运中转仓。由于上供的租税和财赋主要是用船只运送入仓或进京的,故又称"船般仓"。"转",陆运;"般"通"搬",搬运。又由于仓储时需要搬运并有陆运参与,故又称"转般仓"和"转搬仓"。进而言之,转般仓主要建在河口、航段节点、堰埭、船闸、水陆交通枢纽等地区。

在发运司成立以前,转般仓主要集中在京城,由中央派员管理。李焘记宋太宗太平兴国二年(977)事迹时写道:"自江南平,岁漕米数百万石给京师,增广仓舍,命常参官掌其出纳,内侍副之。上犹恐吏概量不平,遣皇城卒变服觇逻,于是廉得永丰仓持量者张遇等凡八辈受赇为奸,庚辰,悉斩之。监仓右监门卫将军范从简等四人免官,同监内侍决杖。"③这里透露的信息有三点:一是京城转般仓由朝廷派常参官(日常参朝的官吏)和内侍(宦官)共掌,在此基础上,形成相互监督的机制;二是平定江南后即从宋太宗太平兴国二年起,漕运方向转向东南,因"岁漕米数百万石给京师",增加或扩大了京师转般仓的规模;三是为加强京城转般仓管理,防止朝官和宦官勾结,采用了暗中查访的方法来阻止官员舞弊行为及惩办不法官员。宋太宗端拱元年(988),徐休复提出"七人共掌"转般仓的建议。他提出以一百万石为一界,每界由"七人共掌"的建议。这一建议为进一步督查转般仓出纳、堵塞管理漏洞奠定了基础。

发运司成立后,转般仓隶属发运司。此后,隶属关系多有变化。转般仓的隶属关系发生大的变革有两大节点:一是以宋哲宗元祐年间(1086—1094)为节点,二是以宋室南渡为节点。转般仓的隶属关系变化主要表现在六个方面:一是元丰(1078—1085)以后,转般仓改由司农寺管辖;二是宋高宗建炎三年(1129),罢司农寺,将转般仓事务归属仓部;三是宋高宗绍兴四年(1134),恢复司农寺;四是宋室南渡后,宋高宗另建丰储仓,分担转般仓的职能;五是宋孝宗乾道三年,以监仓官、监门官、排岸司官等监理入仓和出仓过程;六是宋孝宗淳熙年间(1174—1189),改由右司提领丰储仓。在这中间,转般仓的隶属关系虽出现了某些细微的变更,但监管力度在不断地加强。

以宋室南渡为标志,漕运方向发生了根本性的变化,与此同时,转般仓建设也发生了新的变化。在金兵凌厉的攻势下,宋王朝不得不逃往东南。因溃败,宋王朝迁徙不定,又因大

---

① 元·脱脱等《宋史·杨日严传》,北京:中华书局1985年版,第9991页。
② 元·马端临《文献通考·国用考三》,杭州:浙江古籍出版社1988年版,第244页。
③ 宋·李焘《续资治通鉴长编·太宗太平兴国二年》,北京:中华书局2004年版,第408页。

梁一带成为宋、金反复争夺的地区,以及出于维护政权和兵食等方面的需要,漕运开始面向江浙、大梁等方向。史称:"绍兴元年十一月戊戌诏:以会稽漕运不继,移跸临安。二年正月丙午,车驾自绍兴府幸临安府。"①除去南渡时迁徙不定的时间,漕运方向发生根本性的变化发生在宋王朝以杭州为"行在"或"行在所"以后。漕运方向发生变化后,与之相应的转般仓即仓廪建设势必要发生大的变化,从而在一定程度上消解了北宋建立的漕运制度。

大梁有四条漕运通道转运来自各地的租籴和财赋:一是从大梁到江淮再到长江,以汴河联系江淮的航线;二是从陕西自三门峡到大梁,以黄河为主的航线;三是从大梁到陈、蔡等地,以惠民河为主的航线;四是从大梁到京东,以广济河为主的航线。四条漕运通道担负起转输天下租籴和财赋的重任,与其他三条航线相比,通往东南六路的航线最为重要,如史有宋代政治稳定和社会经济发展及商贸往来"皆借东南漕运"②之说。从大的方面讲,东南六路是宋代租籴和财赋等的重要征收地区,其中,江淮运河是入汴到大梁的关键航段,因其航道与长江、淮河、黄河三大水系相连,构造最为复杂,故徐松只提东南六路在江淮运河沿岸真州(在今江苏仪征)、扬州(在今江苏扬州)、楚州(在今江苏淮安)、泗州(在今江苏盱眙)建转般仓的情况,没有提其他三条漕运航线建转般仓的情况;又因四条漕运通道也是上供京师租籴和财赋重任的漕运航线,转般仓建设除了要遵循"堤起仓廪,以便漕运"的原则外,大梁及京畿地区、东南六路也是转般仓重点建设的区域。

大梁及京畿地区的转般仓

宋代转般仓主要由三类构成:一类负责储存租籴,其中,"接受江淮地区漕粮的仓共十所,接受京西漕粮的仓有二所,接受京南漕粮的仓有一所,接受京东漕粮的仓有两所"③;第二类负责储存从京畿地区征收的租税,此类仓库又称"税仓";第三类负责储存商人"入中"之物即运往大梁的货物,此类仓库又有储茶和空仓时储粮等功能,又称"折中仓"或"中仓"。三类转般仓中储粮的共十五座,储租税和"入中"货物的共十座。一般来说,转般仓是粮仓、税仓和折中仓的统称,由于税仓和折中仓有专门的储存对象,数量虽少于粮仓,但因与钱财挂钩,故在叙述转般仓的功能时,又将其单列,分开表述。马端临指出:"宋诸仓,京城有船般仓、税仓、中仓。总二十五名监官,每界二人,以京朝官及三班使臣充。元丰后,二十五仓属司农。"④宋代转般仓实行监官制,在"受四方之运"的前提下,三类转般仓有不同的分工。

大梁及京畿地区既是漕运的终点,同时也是漕运中转的起点。在经济中心向东南转移

---

① 宋·潜说友《咸淳临安志·行在所录》,《四库全书》第490册,上海:上海古籍出版社1987年版,第10页。
② 元·脱脱等《宋史·河渠志四》,北京:中华书局1985年版,第2333页。
③ 陈峰《漕运与古代社会》(中国社会史文库),西安:陕西人民教育出版社2000年版,第49页。
④ 元·马端临《文献通考·职官考十》,杭州:浙江古籍出版社1988年版,第508页。

的过程中,宋王朝的赋税大部分来自东南,然而,赵匡胤代周并定都大梁后,其边患主要集中在北方,这一特殊的政治和经济布局,形成了运送东南六路租籴和财赋时,需要以大梁为终点和中转站的结构。在这中间,转运粮食及战略物资到抵御契丹等入侵的前线即重点布防的河北等地时,汴河担负起东南漕运的重任。史称:"汴河,自隋大业初,疏通济渠,引黄河通淮,至唐,改名广济。宋都大梁,以孟州河阴县南为汴首受黄河之口,属于淮、泗。每岁自春及冬,常于河口均调水势,止深六尺,以通行重载为准。岁漕江、淮、湖、浙米数百万,及至东南之产,百物众宝,不可胜计。又下西山之薪炭,以输京师之粟,以振河北之急,内外仰给焉。故于诸水,莫此为重。"①汴河在保卫京师和为军事斗争的前线提供物资供应方面有着不可替代的作用。

汴河常年转运东南六路租籴和财赋的岁额为六百万石。孟元老记载道:"汴河,自西京洛口分水入京城,东去至泗州,入淮,运东南之粮,凡东南方物,自此入京城。"②大梁汴河两岸是转般仓密集的区域,汴河在担负转运江淮漕粮重任的同时,还促进了江淮与中原地区的商贸往来。大梁虽说是漕运终点,但由于担负了调拨军粮的任务,因此又是漕运的起点。在这样的前提下,加强大梁及京畿地区的转般仓建设是必然的。史称:"宋都大梁,有四河以通漕运:曰汴河,曰黄河,曰惠民河,曰广济河,而汴河所漕为多。"③尽管"四河"在漕运的过程中同等重要,然而面向东南漕运的汴河始终是最繁忙的航线。与其他三河相比,汴河漕运的岁额最大。进而言之,汴河之所以为"建国之本",是因为其重要性远远超过其他的漕运航线。

东南六路转般仓

东南六路是指淮南路、江南东路、江南西路、两浙路、荆湖南路、荆湖北路,是宋代租籴和财赋的重要征收地。

淮南路的辖区为安徽长江以北、江苏长江以北、淮河以南的地区。为了加强其行政管理和漕运管理,淮南路多次出现一分为二和合二为一的情况。如宋神宗熙宁五年(1072),淮南路分为淮南西路和淮南东路两路,史有"淮南路,旧为一路,熙宁五年,分为东西两路。"④之说。宋哲宗元祐元年(1086),"淮南西路、淮南东路并为淮南路,其后仍分为两路。"⑤淮南路虽多次出现分立的情况,但大部分时间为一路,因此,人们习惯上把淮南西路和淮南东路统称为"淮南路"。宋室南渡前,淮南路下辖一府十七州四军。南渡后,淮南路的行政辖区虽略

---

① 元·脱脱等《宋史·河渠志三》,北京:中华书局1985年版,第2316—2317页。
② 宋·孟元老《东京梦华录·河道》,北京:中国商业出版社1982年版,第7—8页。
③ 元·脱脱等《宋史·食货志上三》,北京:中华书局1985年版,第4250页。
④ 元·脱脱等《宋史·地理志四》,北京:中华书局1985年版,第2178页。
⑤ 元·脱脱等《宋史·地理志一》,北京:中华书局1985年版,第2107页。

有缩小,但变化不大。不过,此时的淮南路已成为宋金对峙的前线。

两浙路的辖区为江苏的南部和浙江的全境。江南运河贯穿两浙路的全域,江南运河跨越长江后,经江淮运河入汴,远接大梁。同时,两浙路的余杭(在今浙江杭州)和四明(在今浙江宁波)是重要的海外贸易口岸。

江南路初为江南东路和江南西路,宋高宗建炎四年(1130),两路合并为一路。江南路的主要辖区为今江苏南京、安徽南部和江西全部。宋室南渡以前,江南路下辖一府十三州六军;南渡后重新划分行政区域,江南路下辖地区为三府十三州六军。与北宋和南宋时期相比,江南东路的行政区划在名称上虽然多有变化,但下辖地区基本不变。江南路物产丰富,自晋室南渡开发江南后,经过长达六百多年的发展已成为宋代不可或缺的租籴及财赋的征收地。江南路以长江为漕运通道,经江淮运河入汴将租籴和财赋等运往大梁。

荆湖北路的行政辖区为湖北,荆湖南路的行政辖区为湖南,历史上的荆湖北路有"荆湖西路"之称,荆湖南路有"荆湖东路"之称。荆湖北路和荆湖南路经长江入江淮运河,再入汴,远接大梁。

东南六路通往大梁的水上交通线主要由江南运河、长江航道、江淮运河(邗沟)和汴河四个航段构成。四个航段有不同的日航程节点,由此形成的水陆交通枢纽往往是选择建造转般仓的地点。与江南运河、长江、汴河航段相比,江淮运河的航程虽然最短,然而却是转般仓集中建造的区域。由此提出的问题是:为什么会在航段最短的区域集中建造真州、扬州、楚州、泗州等大型的转般仓呢?为此,需要做进一步的探讨。

其一,江淮运河位于东南漕运的中段,沿线是建造转般仓较集中的区域。长江航线以荆湖北、荆湖南路到江淮运河的航程最远,如果从鄂州(荆湖北路的治所,在今湖北武昌)起运,到江淮运河与长江交汇河口约一千六百里;如果从潭州(荆湖南路的治所,在今湖南长沙)起运,到江淮运河约一千八百里。江淮运河的航程最短,"自扬州江都县至楚州淮阴县三百六十里"①。宋代汴河的原型是隋代的通济渠,汴河长约一千里。史称:"隋炀帝大业三年,诏尚书左丞相皇甫谊发河南男女百万开汴水,起荥泽入淮千余里,乃为通济渠。"②从表面上看,四个航段有不同的航程,但采取分级接运并以江淮运河的沿岸城市来调整运程的话,那么,经调整后各航段的航程在距离上大致相等。具体地讲,从两浙路最南端的临安(在今浙江杭州)起运,到江淮运河的入汴口泗州约一千里;从江南西路的治所洪州(在今江西南昌)起运,到江淮运河的入江口,全程约一千里;从江南东路的治所江宁(在今江苏南京)起运,全程约二百里,但如果从腹地算起,并经江淮运河到泗州入仓的话,亦有近千里的航程。从潭州和鄂州到江淮运河入江口的航程虽然远超过一千里,但在长江上顺流而下的速度超

---

① 元·脱脱等《宋史·河渠志七》,北京:中华书局1985年版,第2395页。
② 元·脱脱等《宋史·河渠志三》,北京:中华书局1985年版,第2319页。

过在江南运河、江淮运河上航行的速度,即长江日航程的里程超过江南运河和江淮运河日航程的里程,因此绝对的航行时间与在江南运河和江淮运河上航行的时间大致相等。进而言之,长江运程的绝对时间并不比在江南运河和江淮运河航运的时间长。采取分级接运及调整原有航段的运程后,江淮运河成为大梁通过汴河联系东南六路的航程中段,因在江淮运河转运可以最大限度地提高漕运效率,这样一来,其沿线势必要成为集中建造转般仓的区域。

其二,四大航段中,以黄河为主要补给水源的汴河通航能力最差。每年冬季,黄河进入枯水期后,汴河都会出现航道干浅而无法通航的情况。根据这一情况,需要寻找离汴河最近的转运点建造转般仓,以便枯水季节结束时能及时地发运东南六路的租粜和财赋等入京。徐松根据宋代档案记载论述道:"东南诸路斛斗自江、湖起纲,至于淮甸,以及真、扬、楚、泗建置转般仓七所,聚蓄粮储,复自楚、泗置汴纲般运上京。"①由于江淮运河越过淮河后与汴河相接,又由于江淮运河的水量较为充沛,通航时间基本上不受季节的限制,再加上长江航段和江南运河航段的通航时间基本上不受季节的限制,如果要选择距汴河航段最近的航运节点,那么,只能是在江淮运河沿线。进而言之,要缩短从东南到大梁的航程,及时地通过通航能力差的汴河航段,在江淮运河沿岸特别是泗州等地建转般仓是必然的选择。在江淮运河沿线集中建造供中转使用的转般仓,既可最大限度地缩短航程、提高漕运效率,又可为京师及"兵食"的需求提供必要的保障,进而让长期在外奔波的漕卒和船工得到轮番休息的机会。

其三,江淮运河的水文构造极为复杂。黄河夺淮之前,江淮运河的一端是长江,另一端是淮河。黄河夺淮后,江淮运河除了与长江、淮河发生联系外,又与黄河发生联系。具体地讲,江淮运河的走势是北高南低,从淮河口到长江口之间有大约三十米的水位落差,楚州、泗州在淮河的沿岸,绝对水位比扬州、真州高出约三十米。扬州、真州地区虽在长江边上,但主要接受淮河的辐射。江淮运河的主要补给水源是淮河,因水位落差大,受到自然因素的制约,再加上航道管理存在诸多的问题,所以,位于江淮运河南端并与长江相接的真州和扬州段时,常会出现航道泄水及影响通航等问题。江淮运河航道浅涩,从长江取水补给航道时,采取了"以车畎水运河""去江十丈筑软坝,引江潮入河,然后倍用人工车畎,以助运水"等措施,从侧面道出了扬州、真州等地高出长江的事实,同时也道出了在长江沿岸的扬州、真州等地属淮河流域的事实。古人对这一问题有清醒的认识,如唐代淮南节度使的治所设在扬州,下辖淮南及江北各州。楚州、泗州的绝对水位虽高于扬州、真州,但沿途河流湖泊密布,这些河流湖泊作为江淮运河的补给水源分散在各地,因这些河流湖泊所处的地理位置不同,地势高低不同,从而形成了不同的水流方向和区间性的水位落差。进而言之,船只在向同一方向行驶时,因同时存在顺流和逆流等水流方向,这样一来,势必要增加航行时的难度。更重要

---

① 清·徐松《宋会要辑稿·食货四三》第6册,北京:中华书局1957年版,第5579页。

的是,宋神宗熙宁十年(1077)黄河改道分成两支后,一支沿泗水河道南下夺淮,使原先复杂的水文变得更加复杂。黄河侵入江淮运河后,不但给运河航道治理带来了困难,同时也给航运增添了新的变数。具体地讲,宋徽宗宣和年间(1119—1125)已出现"自江至淮数百里,河高江、淮数丈"①的情况,大大地增加了江淮运河航行的难度。进而言之,黄河泥沙淤积江淮运河楚州一带的航段后,航道不断地抬高,直接影响到了江淮运河的通航能力。这一时期,由于江淮运河同时接受长江、淮河和黄河三大水系的控制,船只航行这一航段时的难度明显地增大。真州、扬州位于江淮运河与长江的交汇口上,楚州位于江淮运河与黄河的交汇口上,泗州位于淮河与汴河的交汇口上,船只过河口时,需要通过堰埭或船闸,这一复杂的水文形势使江淮运河成为漕运时最困难的航道。进而言之,受诸多因素的制约,江淮运河沿线的河口地区及沿线相关城市势必要成为航段节点,这些航段节点经过建设后,为从江南运河或长江经汴河再入大梁的船只提供停泊、沿途转运、补充给养和休整等提供了极大的方便。进而言之,为提高漕运效率需要在江淮运河沿岸及相关的河口地区建造转般仓。

其四,江淮运河是由河流湖泊构成的航线,同时与长江、淮河、黄河发生联系,受自然地理条件的限制,航道曲折迂回,有不同的走向,与此同时,同一航向的航程中往往同时存在着顺流和逆流。客观地讲,江淮运河的水文情况要比长江、江南运河更为复杂。为了安全起见,有效地控制河口和航道水位落差,需要根据复杂的水文及水位落差情况在不同的地点建造堰埭。建造堰埭的利弊明显:一方面,提高了船只航行时的安全系数,解决了水位落差及航道泄水等问题;另一方面,船只通过堰埭时因停靠等待、拉纤、卸船和装船等需要耗费大量的时间。为防止船只在某一堰埭长时间地滞留,影响漕运,需要在堰埭及与堰埭相联系的沿岸城市建造转般仓。史称:"往年,南自真州江岸,北至楚州淮堤,以堰潴水,不通重船,般剥劳费。遂于堰旁置转般仓,受逐州所输,更用运河船载之入汴,以达京师。"②在堰埭地区及相关城市建转般仓是为了方便转运租籴及财赋,提高漕运效率。此外,淮南是控引江淮的战略要地,在江淮运河沿线及堰埭建造转般仓可以进行战略储备及方便赈灾。江淮运河沿岸是从黄河流域进入长江流域的战略通道,在此建转般仓可以同时兼顾南北两大区域。

其五,为了提高漕运效率,江淮运河真州、扬州、楚州和泗州等转般仓在接纳和转运东南六路租籴和财赋的过程中有着不同的分工。如史有"江、湖有米,可籴于真,两浙有米,可籴于扬,宿、亳有麦,可籴于泗"③之说。杨允恭主持淮南漕运时,明确地规定"江、浙所运,止于淮、泗,由淮、泗输京师",即以淮、泗为起点,经汴河运往大梁。真州转般仓主要负责接纳和转运江南东路、江南西路、荆湖南路和荆湖北路等路的租籴和财赋,扬州转般仓主要负责接

---

① 元·脱脱等《宋史·向子諲传》,北京:中华书局1985年版,第11639页。
② 元·脱脱等《宋史·食货志上三》,北京:中华书局1985年版,第4258页。
③ 同②,第4259页。

纳和转运两浙路的租籴和财赋等,楚州转般仓负责接纳和转运江南东路、江南西路和两浙路的租籴和财赋等,泗州转般仓负责接纳和转运淮南路宿州、亳州等地的租籴和财赋等。当然,江淮运河各转般仓在接纳和转运东南六路租籴和财赋时既有明确的分工,同时又有一定的交叉。造成这一现象的原因是多方面的:一是需要根据各转般仓已有的仓储情况作必要的调整,令漕船临时改变装卸的地点;二是江淮运河沿线在真、扬、楚、泗等四州共建有七仓,虽在同一地点装卸或起运,但可能是不同的转般仓。六路租籴和财赋等分入不同的转般仓,是为了通过分级接运来提高漕运效率。如果不采取这一方案的话,将会妨碍漕运。如江南、两浙、荆湖等路的租籴和财赋全部在长江与江淮运河的交汇口,扬州或真州入仓中转的话,势必会给河口地区的航道带来拥堵。宋王朝将转般仓建在江淮运河沿线的真、扬、楚、泗等四州,由其负责接纳不同区域的租籴及财赋主要有两个目的:一是为了通过分流解决船只航行中遇到的拥堵问题;二是以这些航段节点作为水陆交通枢纽向该地区的腹地延伸,可以最大限度地方便征收不同地区的租籴及财赋。与其他航段相比,江淮运河在漕运中转方面有着不可比拟的优势。进而言之,位于从东南到大梁中间航段的江淮运河负有接纳和转运东南六路租籴和财赋的使命,经过长期的建设,沿岸建成了七座大型的转般仓。

其六,在经济中心由黄河中下游地区向东南转移的过程中,淮南路是率先崛起的经济区域。这一区域不但物产丰富,而且水上交通发达,一直是宋代租籴和财赋的主要征收地。更重要的是,淮南路不但是宋王朝不可或缺的粮仓,同时又盛产有茶、盐、丝等物产,再加上船只航行时需要选择适合的地点进行补给和休整等,而淮南各地有为船只中途补给和休整等提供帮助的能力。

其七,刘晏主持漕政即中唐以后,江淮运河沿线成为转般仓重点建设的区域,这些转般仓为宋代转般仓建设奠定了坚实的基础。追溯江淮运河沿线转般仓建设的历史,可上溯到隋代甚至隋代以前。在征伐陈朝的过程中,隋王朝在楚州旧城的基础上建造了仓城,以此为士兵供粮及军用物资的基地,将其建设成储蓄量超过百万石的粮仓,这一中转仓虽因隋末战争而荒废,但因楚州战略位置独特,且位于与淮河相接的河口地带,后来成为唐代建造转般仓的重点地点。从大的方面讲,唐代转般仓主要沿用了隋代旧仓。因漕运目的地是关中及长安,东南远离关中,因此租籴和财赋等的主要来源集中在关东各地。又因隋代以长安为政治中心,漕运以河南地区为中转站,因此大部分的转般仓集中在关中和河南境内的黄河沿岸。安史之乱后,因藩镇占据黄河中下游地区,唐王朝不得不把租籴和财赋的重点征收地区转向江淮及长江以南。由于此前隋代很少在江淮运河沿线建转般仓,因此,唐代采用分级接运之策后,需要在江淮运河沿线城市或河口地区建造新的转般仓。自江淮成为唐代漕运的重点区域后,在此基础上形成了江淮、河南和陕西到长安(关中)三大航段。由于河南和关中地区建有大量的转般仓,作为漕运重要航段的江淮运河自然应建有供中转或转运的转般仓。

刘晏改革漕政后,江淮运河沿线分别有淮南仓、扬州仓、楚州仓和海陵仓等。从文献上看,这些转般仓或为唐代新建,或在原有州仓及常平仓的基础上重修。宋代在江淮运河沿岸建造转般仓沿袭了唐代的传统。

其八,宋代采用载盐以归的漕运政策,通过让利于民的政策稳定了漕运秩序。淮南路是东南漕运的咽喉,腹地有丰富的盐业资源,在江淮运河建转般仓可以为安定漕运秩序提供强有力的支持。

综上所述,在江淮运河重点建设转般仓,是由淮南路特定的地理位置、社会经济发展水平及特色经济等决定的。江淮运河贯穿于淮南,东南六路的粮食等运往大梁必经江淮运河,在这样的背景下,在江淮运河沿线重点建设转般仓是必然的选择。大梁以东的粮仓建设主要有三大作用:一是突出粮仓所在城市的政治地位,彰显沿岸运河城市的经济地位及战略地位,真州升格为州级建制,与漕运及转般仓建设有直接的关系;二是真州、扬州、楚州、泗州成为转搬仓建设的重点区域,是因为四州转般仓负责转运江南东路、江南西路、淮南路、两浙路、荆湖北路、荆湖南路征收的租籴和财赋等;三是漕运的过程又是商品流通的过程,采取载盐以归的政策后,转般仓向周边地区辐射,促进了淮南地区社会经济的发展。在这一过程中,江淮运河沿岸建有转搬仓的城市得到优先发展的机会。与此同时,集中在江淮运河沿线的城市因占据商品流通上的优势,必然会出现经济繁荣的局面,其商品经济活跃的程度必然要超过那些与漕运关系不大的城市。可以说,经济重心向江淮的转移,为江淮运河沿线城市的崛起创造了必要的条件。

第五节 漕运制度建设与代发、直运

宋代加强漕运制度建设的主要措施:一是建立发运司和转运司,负责统管、征收和转运来自不同区域的漕粮和财赋等;二是扩大发运司和转运司的职权,在提高其政治待遇的同时,确认其权威性;三是加强过程管理,在健全管理机构的过程中,尽可能地堵塞漕运过程中的漏洞;四是采取分纲运输的管理制度,将发运的货物分成不同的纲目即种类由船队或车队运输,此指编成船队运送漕粮及财赋等入京;五是在官运的同时,鼓励商运和民运,从而为商品流通注入活力。进而言之,宋代漕运经历了四个阶段:一是继承中唐以后的漕运制度,建转般仓实行分级接运;二是由转般仓推行"代发"制度;三是采用纲运即按转运内容分类编船队运输;四是改分级接运为直运(长运),在此基础上,形成分级接运和直运交叉进行的局面。在这四个阶段中既有革新漕运以后出现的新气象,又有漕运制度破坏后的无奈,大体上反映了两宋时期漕运的实际情况。

发运使与发运司

漕运是宋代巩固政权和稳定社会秩序的生命线。追溯历史,发运使一职初设于唐玄宗先天二年(713),史称:"李杰本名务光,……先天中,进陕州刺史、水陆发运使。置使自杰始。"①陕州(在今三门峡陕州)既是通往关中的门户,又是转输粮食及赋税西入关中的交通枢纽。由地方官员陕州刺史李杰任水陆发运使,是为了加强对陕州漕运事务的领导,进一步保证关中及长安在粮食和赋税等方面的需求。李杰以后,发运使一职基本上不设。据此,唐代发运使属临时的加衔。马端临考证道:"唐先天二年,李杰(始名务先)始为水陆发运使,盖使名之起。开元二十一年,裴耀卿以侍中充江南、淮南转运使,而崔希逸、萧旻为副,盖副使始此。天宝以韦坚充句当转运使,第五琦充诸色转运使,刘晏充诸路转运使。其后韩滉、杜悰、杜让能、崔昭纬皆以宰相充使,而诸道分置巡院,皆统于此。五代罢巡院,始置转运使。"②马端临记载发运使的事迹时,将其列在"转运使"条目之下,表明了发运使等同转运使。开元二十一年(733),裴耀卿任转运使后,似有以转运使取代发运使的迹象。

自建立发运司以后,发运使又有"擘画发运使"和"制置发运使"等称。宋代将"擘画发运使"改称"制置发运使",表明了漕运及征收租籴和财赋与筹划边防军备等同等重要。宋代发运使有"制置发运使"之称,始自杨允恭。宋太宗太平兴国年间(976—984),杨允恭"以功转洛苑副使,江、淮、两浙都大发运、擘画茶盐捕贼事"。"都"有统领之意,"大"强调重视,"都大发运"指负责统领相关地区的水陆转运、征收租籴和财赋等事务。宋太宗至道元年(995),将"擘画发运使"改称"制置发运使",旨在通过职衔上的改变进一步提升发运使的政治地位。

发运司还有疏浚航道和开挖新运河的职能,如史有"胡师文昨为发运使,创开泗州直河,及筑签堤阻遏汴水"③之说,又有"方春旱,发运使调民浚漕渠以通盐舸"④之说。针对航道曲折迂回及堵塞等情况,发运司提出了开挖新河和疏浚航道的建议。但也应该看到,除了发运使负有疏浚航道和开挖新运河等职能外,转运使、都水监及地方官员等亦有开挖新航道和疏浚旧航道的职能。从其职能交叉的情况看,确保航道畅通是宋代东南漕运各级官员必须全力以赴的大事。史称:"提点益州路刑狱,历开封盐铁判官、江东淮南河北转运使、江浙荆淮发运使。岁漕米至八百万,或疑其多,长卿曰:'吾非欲事羡赢,以备饥岁尔。'议者谓楚水多风波,请开盱眙河,自淮趣高邮,长卿言:'地阻山回绕,役大难就。'事下都水,调工数百万,

---

① 宋·欧阳修、宋祁《新唐书·李杰传》,北京:中华书局1975年版,第4461页。
② 元·马端临《文献通考·职官考十五》,杭州:浙江古籍出版社1988年版,第556页。
③ 元·脱脱等《宋史·河渠志四》,北京:中华书局1985年版,第2334页。
④ 元·脱脱等《宋史·孙洙传》,北京:中华书局1985年版,第10423页。

卒以不可成,罢之。时又将弛茶禁而收其征,召长卿议,长卿曰:'本祖宗榷茶,盖将备二边之籴,且不出都内钱,公私以为便。今之所行,不足助边籴什一,国用耗矣。'"①孙长卿任转运使、发运使时,有人提出了开挖盱眙运河的建议。孙长卿认为这一做法不妥,于是由都水监负责开盱眙运河,在耗费大量的财力、物力和人力后终以失败而告终。这一事件表明,疏浚及开挖新航道可由不同的部门负责进行。史称:"时发运司建议浚淮南漕渠,废诸堰,臻言:'扬州召伯堰,实谢安为之,人思其功,以比召伯,不可废也。浚渠亦无所益。'召为三司度支判官,而发运司卒浚渠以通漕,臻坐前异议,降监察御史、知睦州。"②这一事例进一步证实了疏浚及治理航道可以由不同的职官负责。宋太宗淳化二年(991),"属澶州河决,流入御河,涨溢浸府城,昌言籍府兵负土增堤,数不及千,乃索禁卒佐役,皆偃蹇不进。"③地方官员亦参与到治理运河航道的行列之中。尽管有不同职务的官员参与疏浚治理和开新航道,但发运使始终负有疏浚及开挖新河这一主要职能。

在不断扩大执掌的过程中,发运使拥有了掌管冶炼银、铜、铅、锡,铸钱,市舶司(专掌海外贸易的机构)等的权力。李焘记宋神宗熙宁八年(1075)事迹时写道:"中书言:'江、淮等路发运使副并兼制置茶、盐、矾、酒税,提举逐路巡检兵甲贼盗,都大提举江、浙、荆湖、福建、广南路银铜铅锡坑冶、市舶、铸钱等事,职务至众,无徭办集。请以江、淮、荆、浙等路制置盐矾,兼发运使副结衔,余事毋得管句。'从之。"④起码说,在熙宁八年以前,发运使已有了执掌冶炼银、铜、铅、锡,铸钱,市舶司等的权力。

除了掌管与发运及漕运相关的事务外,发运使在"专举刺官吏之事"的过程中,又拥有谏言、举贤、监察等权力,并可干预和介入相关发运地区的狱讼即案件审理等事务。如张锡任江淮发运使期间,"召兼侍御史知杂事、判大理寺、权知谏院"⑤,从"兼"字中可知,发运使有监察、审案、谏言等职能。如徐松引《神宗正史·职官志》记载道:"制置发运司、计度转运司,并使、副或判官二人;提点刑狱司,提点官一人;提举司,提举官一人。各分路列职,掌按察官吏之事。"⑥从"掌按察官吏之事"等语中当知,发运使也有监察地方官员和举贤的职能。

在"专举刺官吏之事"时,发运使还有"自辟其属"的人事权。史称:"熙宁初,辅臣陈升之、王安石领制置三司条例,建言:'发运使实总六路之出入,宜假以钱货,继其用之不给,使周知六路之有无而移用之。凡上供之物,皆得徙贵就贱,用近易远,令预知在京仓库之数所当办者,得以便宜蓄买以待上令,稍收轻重敛散之权归于公上,则国用可足,民财不匮矣。'从

---

① 元·脱脱等《宋史·孙长卿传》,北京:中华书局1985年版,第10642页。
② 元·脱脱等《宋史·王臻传》,北京:中华书局1985年版,第10009页。
③ 元·脱脱等《宋史·赵昌言传》,北京:中华书局1985年版,第9196页。
④ 宋·李焘《续资治通鉴长编·神宗熙宁八年》,北京:中华书局2004年版,第6548页。
⑤ 元·脱脱等《宋史·张锡传》,北京:中华书局1985年版,第9826页。
⑥ 清·徐松《宋会要辑稿·职官四二》第4册,北京:中华书局1957年版,第3237页。

之。既又诏六路转运使弗协力者宜改择,且许发运使薛向自辟其属。又令举真、楚、泗守臣及兼提举九路坑冶、市舶之事。元祐中,诏发运使兼制置茶事。"①熙宁(1068—1077)初年,允许发运使薛向"自辟其属",开启了发运使自行任命属官的先河。这样做的目的是改变对漕运不利的局面,通过增加"自辟其属"的权力加强过程管理,进而强化领导责任制。从表面上看,宋哲宗元祐(1086—1098)中"诏发运使兼制置茶事",是指赋予发运司征收茶税和专卖的权力,其实不然,早在宋太宗至道元年(995),发运使已兼制置茶盐使一职,领茶盐等事务。那么,《宋史》的编纂者为什么还要这样说呢？道理很简单,此前,发运使的职能经过调整后,已不再掌榷茶事务,故需重新强调。

发运司建立时,其官职略低于转运使。其时,发运使的官职与转运副使大体相当。宋真宗咸平元年(998),卞衮"为淮南转运副使、同荆湖发运事"②;咸平三年(1000),刘师道"改淮南转运副使兼淮南、江、浙、荆湖发运使"③,这些情况均从侧面道出了发运使官职低于转运使的事实。然而,尽管发运使的官职比转运使低,但发运使肩负着发运租籴和财赋等重任,朝廷给予其穿戴与转运使同样官服的政治礼遇。史称:"太宗太平兴国二年,诏朝官出知节镇及转运使、副,衣绯、绿者并借紫。知防御、团练、刺史州,衣绿者借绯,衣绯者借紫;其为通判、知军监,止借绯。其后,江淮发运使同转运,提点刑狱同知刺史州。"④从时间节点上看,发运使享有穿着转运使官服的待遇应发生在太平兴国二年(977)以后。

发运使的政治待遇得到提升主要有三方面的原因:一是与太平兴国二年以后,形成"江淮发运使同转运"的制度有直接的关系;二是与正式建立发运司官署有直接的关系;三是与重视发运司,以重臣兼任发运使有直接的关系。发运司建立后,明确了发运使的官职,这一时期,发运使的官职略低于转运使。然而,宋代统治者认为,发运司在漕运中有着不可替代的地位,因此发运使的官职虽略低于转运使,但在官服穿着方面可享受转运使的待遇。此后,又由于发运使与转运使在漕运及征收租籴和财赋中有同等重要的地位,遂为发运使享有与转运使相同的待遇和官职奠定了基础。宋太宗至道元年,王嗣宗"徙知耀州,又知同州,加比部郎中、淮南转运使、江浙荆湖发运使"⑤;又如宋真宗咸平年间(998—1003),命同荆湖发运使的卞衮"入判三司开拆司,再为淮南转运使兼发运使"⑥。从其任职情况看,因身兼二职时,转运使在前、发运使在后,可以视为转运使兼任发运使。进而言之,在这一时期,发运使的官职是低于转运使的。然而,到了薛奎由"改尚书户部员外郎、淮南转运副使,迁江、淮制

---

① 元·脱脱等《宋史·职官志七》,北京:中华书局1985年版,第3963页。
② 元·脱脱等《宋史·卞衮传》,北京:中华书局1985年版,第9434页。
③ 元·脱脱等《宋史·刘师道传》,北京:中华书局1985年版,第10065页。
④ 元·脱脱等《宋史·舆服志五》,北京:中华书局1985年版,第3561页。
⑤ 元·脱脱等《宋史·王嗣宗传》,北京:中华书局1985年版,第9648页。
⑥ 同②,第9434—9435页。

置发运使"①时,这一情况发生了变化。具体地讲,"迁"表明提升,薛奎由淮南转运副使"迁江、淮制置发运使"一事表明,在不断扩大职事的过程中,发运使已成为与转运使平级的官员。薛奎是淳化三年(992)的进士,宋真宗天禧二年(1018)二月,迁江、淮制置发运使。根据这一时间线索当知,发运使官职与转运使相同完全可以天禧二年为时间下限,起码说,天禧二年以后,发运使的官职已完全与转运使的相同,他们是平级官员。

在高度重视漕运的前提下,发运使的权力呈现出扩大的势态。权力扩大后,虽有利于调动各种资源加强漕运,但也会因缺少必要的约束和监督而给一些行为不轨的官员留下舞弊的机会。史称:"后发运使权益重,六路上供米团纲发船,不复委本路,独专其任。文移坌并,事目繁夥,不能检察。操舟者赇诸吏,得诣富饶郡市贱贸贵,以趋京师。自是江、汴之舟,混转无辨,挽舟卒有终身不还其家、老死河路者。籍多空名,漕事大弊。"②为此,宋代统治者采取了分权的措施。史称:"朝官充都大提举河渠司,勾当及提举宫观,并催遣辇运、催纳,诸州监物务等,自十五千至七千,凡三等。(任四路,给铁钱七十千。)京官充催促辇运、催装斛斗纲船,并诸州监物务等,自七千至五千,凡二等。(任四路,给铁钱五十千。)都大提举修护黄河堤埽岸,诸处巡检,并监北京大内军器库,并蔡河拨发催纲等,并以两省供奉官以下至内品充,自十千至三千,凡七等。"③发运司原本有监管漕运即"催遣辇运、催纳,诸州监物务"等职能,经调整后,这一职掌划归都大提举河渠司掌管,由此形成了制约和监督发运使的机制。

发运司与转运司

转运司的最高长官是都转运使,转运使"掌经度一路财赋,而察其登耗有无,以足上供及郡县之费;岁行所部,检察储积,稽考帐籍,凡吏蠹民瘼,悉条以上达,及专举刺官吏之事。……中兴后,置官掌一路财赋之入,按岁额钱物斛斗之多寡,而察其稽违,督其欠负,以供于上;间诣所部,则财用之丰欠,民情之休戚,官吏之勤惰,皆访问而奏陈之;有军旅之事,则供馈钱粮,或令本官随军移运,或别置随军转运使一员,或诸路事体当合一,则置都转运使以总之"④。

宋代职官制度规定:"其外官制置、发运、转运使副使,不限官品,著位并在提点刑狱之上。"⑤"提点刑狱"是提点刑狱司的省称,"提点"有掌管之意,提点刑狱司是路一级(相当于省级)的司法机构,掌辖区府、州、军的刑狱等事务,并与转运司、发运司、提举常平司等共同负责一方的监察。虽然提点刑狱使的官职与发运使、转运使相当,但宋代典宪明确规定,转

---

① 元·脱脱等《宋史·薛奎传》,北京:中华书局1985年版,第9630页。
② 元·脱脱等《宋史·食货志上三》,北京:中华书局1985年版,第4252页。
③ 元·脱脱等《宋史·职官志十二》,北京:中华书局1985年版,第4133—4134页。
④ 元·脱脱等《宋史·职官志七》,北京:中华书局1985年版,第3964—3965页。
⑤ 元·脱脱等《宋史·职官志八》,北京:中华书局1985年版,第4001页。

运使、发运使著位时排在提点刑狱使的前面,同时又"不限官品"将转运副使也排在提点刑狱使的前面。李焘记宋太宗至道元年事迹时写道:"八月乙亥朔,荆湖转运使何士宗上言:'望自今执政大臣出领外郡,应合申转运使公事,只署通判以下姓名。'上谓宰相曰:'大臣品位虽崇,若出临外藩,即转运使所部,要系州府,不系品位,此朝廷典宪,不可轻改也,宜仍旧贯。'"①转运使的官职虽不高,但因"要系州府",故有很高的政治地位。

宋代十分重视转运使和发运使及其属官的任用,规定任职期满后,在同等的条件下可以"优迁"即优先提拔,如熙宁二年(1069),宋神宗"诏转运使用本资序人即充,资序下一等为权,二等为权发遣"②。所谓"用本资序人",是指选择或提拔转运使时,转运司的属官及有相应资历的官员将是优先提拔的对象。"资序下一等"是指没有两任资历的官员,因有才干且业绩显著者可充当代理。"权"是"权知"的省称,指代理。"权发遣"指资历浅但有才干的官员可以破格提拔使用,并代理相关职务。"发遣"指出任。如宋孝宗淳熙三年(1176),中书舍人程大昌称:"旧制,选人改秩后两任关升通判,通判两任关升知州,知州两任即理提刑资序。除授之际,则又有别以知县资序隔两等而作州者,谓之'权发遣',以通判资序隔一等而作州者,谓之'权知',上而提刑、转运亦然。隔等而授,是择材能也;结衔有差,是参用资格也。"③凡担任过转运副使、运判资历的官员,选官时可优先担任转运使或代理转运使。

在选拔官员的过程中,宋代形成了一套独特的制度。史称:"凡正言、监察以上,皆特恩或被举方除。其任馆阁、三司、王府职事,开封府判官、推官,江淮发运、诸路转运使、提点刑狱,皆得优迁,或以勤效特奖者亦如之。"④这里将"江淮发运、诸路转运使"等列入优先提拔的范围,是因为江淮及东南六路发运司和转运司掌握着国家财赋的重要来源,在国家政治中有着举足轻重的地位。熙宁五年(1072)八月,宋神宗诏曰:"内外待制以上及诸路转运使副判官、提点刑狱各举才行堪升擢官一员,中书审察,随材试用。"⑤熙宁十年(1077)八月又诏曰:"内外待制以上及台谏官,发运转运使、提点刑狱、转运判官,各举文臣才行堪升擢官一员,令中书审察,随才试用。毋得举馆职及两府、若己之亲。"⑥八年中,宋神宗三次下诏强调任命及提拔转运使、发运使等事宜,不难发现转运使和发运使及其属官在提拔使用方面是有优先权的。

从建立之日起,宋王朝一直处于内忧外患之中。在与不同政权对峙及攻防的过程中,及时地把各地的租赋和财赋运往京城及战事吃紧的地区,需要转运司和发运司为其提供必要

---

① 宋·李焘《续资治通鉴长编·太宗至道元年》,北京:中华书局2004年版,第818页。
② 元·马端临《文献通考·职官考十五》,杭州:浙江古籍出版社1988年版,第557页。
③ 元·脱脱等《宋史·选举志四》,北京:中华书局1985年版,第3716页。
④ 同③,第3701页。
⑤ 宋·李焘《续资治通鉴长编·神宗熙宁五年》,北京:中华书局2004年版,第5771页。
⑥ 宋·李焘《续资治通鉴长编·神宗熙宁十年》,北京:中华书局2004年版,第6957页。

的保障。因为这些原因,提高转运使和发运使的政治待遇并扩大其职权范围,有序地加强转运司队伍建设和调动其工作积极性是宋代统治者必须考虑的大问题。史称:"太宗太平兴国二年,诏朝官出知节镇及转运使、副,衣绯、绿者并借紫。"①"出知节镇",是指派遣节度使镇守具有战略意义及富庶的府州。时有"亲王、枢密使、留守、节度使兼侍中、中书令、同平章事者,皆谓之使相"②之说,节度使属封疆大吏,任职时又加宰相衔。从这样的角度看,节度使的官职远远地高于转运使和转运副使,然而,转运使和转运副使在着官服方面可享受与节度使相同的待遇,在一定程度上提升了转运使的政治地位。

起初,转运事务由发运使负责,后来,职官制度发生变化,由转运使全权负责。赵匡胤建宋之初,转运使属临时性的职事。出现了或以"句当某路水陆计度转运事"衔选官临时,负责调拨和运输军事战略物资等事务,或以官高者兼领"某路计度转运使"统筹某路转运事务的情况。具体地讲,乾德年间(963—968),初设诸道转运使,由转运使负责调配和转运不同地区的租籴和财赋等;开宝六年(973)增设转运判官,通过为转运使设副手来加强管理转运事务。太平兴国初年,除了官高者兼职时可称"转运使"外,"句当某路水陆计度转运事"的官员亦可称"转运使",其中,负责两路以上转运事务的官员均以"都转运使"相称。与此同时,又设转运副使和判官两职协助转运使。起初,领转运使一衔的官员大都与大军征伐相关。宋真宗时,出任转运使的官员或为武官,或由都部署兼任,或临时设"随军转运使,事毕即停"。后来,转运使权力扩大,成为外官中十分荣耀的职务。开宝九年(976)十一月,宋太宗"诏诸道转运使察州县官吏能否"③以后,宋仁宗庆历三年(1043),给转运使加"按察使"衔。在这中间,转运使除了掌财赋外,又有了举荐、考察、监察地方官员等方面的权力。其实,转运使的权力远超出这些范围。史称:"神宗更制,始诏:'川峡、福建、广南、之官罢任,迎送劳苦,其令转运司立格就注,免其赴选。'于是七路自常选知州而下,转运司置员阙籍,具书应代时日,下所部郡众示之。凡见任距受代半年及已终更者,许用本资序指射。"④所谓"立格",是指制定标准。宋神宗变法时,通过制定标准,由转运使选择官员临时补缺,从而增加了转运使的权力。

前人叙述宋代转运使职掌和历史沿革时,发表了许多意见,基本上勾勒了转运使职掌变迁的过程。

扩大转运使的权力及职掌范围始于太平兴国二年,自宋太宗诏令转运使"直属京师"后,逐步形成了"边防、盗贼、刑讼、金谷、按廉之任,皆委于转运使"的转输机制。不过,这一机制

---

① 元·脱脱等《宋史·舆服志五》,北京:中华书局1985年版,第3561页。
② 元·脱脱等《宋史·职官志一》,北京:中华书局1985年版,第3774页。
③ 元·脱脱等《宋史·太宗纪一》,北京:中华书局1985年版,第54页。
④ 元·脱脱等《宋史·选举志五》,北京:中华书局1985年版,第3722页。

时至宋真宗一朝开始,发生了重大变化。由于"转运使权可谓重矣""疑其权太重,复置朝臣于诸路为承受公事"。景德年间(1004—1007),又专门"建提点刑狱一司,实分转运使之权,又以武臣带阁职者副之"。然而,削权后,虽有效地制约了转运使的权力,但同时也妨碍了其行使正常职能。因为这样,宋仁宗庆历(1041—1048)中,"患漕司权轻,令带按察使",试图通过加衔来扩大转运使的权力。然而,增强和削弱权力本身就是一对矛盾体,如何控制适度,保证政令畅通及担负起相关的职责,本身就是无法从根本上解决的难题。因为这样的原因,从此增加转运使权力与制约转运使权力的两种举动便反复交替出现。在这一过程中,既可看到宋王朝解决转运及漕政问题的迫切性,同时又可见为防止其权力膨胀不得不加以制约的复杂心态。然而,不管怎么说,转运司建设是宋代漕运中的重要问题,无论是扩权还是削权,加强征收、堵塞漕政管理中的漏洞,以及加强中央对地方的监督和控制的总目标是不变的。

发运使和转运使的职掌虽有分工,但多有交叉,甚至相同。发运使"掌经度山泽财货之源,……及专举刺官吏之事"①,转运使"掌经度一路财赋,……凡吏蠹民瘼,悉条以上达,及专举刺官吏之事"②。如在"掌经度"方面,两者多有重合,正因如此,出现了某一官员或由转运使转发运使,或由发运使转任转运使,或同时兼任的情况。如杨日严"使契丹还,为两浙转运副使。未行,会青、徐饥,改京东转运使。因请江、淮、陕西转粟五十万,以赈贫民;又开清河八十里抵暖水河,并堤起仓廪,以便漕运。加直史馆,徙益州转运使,又徙江、淮制置发运使"③,又如魏瓘"徙梓州路转运使,还知蔡州、潭州,为京西转运使,江、淮制置发运使"④,李昭述"徙淮南转运使兼发运使"⑤,从杨日严、魏瓘、李昭述等任职的情况看,由于发运使和转运使的职事有相同的一面,均熟悉漕运事务,故可以互调,或同时兼任。此后,又出现了将发运司和转运司合并为一司的情况。不过,发运使和转运使同掌监察地方、举荐官员等职事则是有意为之。具体地讲,发运使和转运使同为中央派出的外官,从不同的途径监督和考察地方官员,可从不同的途径强化监管的力度。

由于转运使与发运使在职掌方面时有交叉,在官制改革或变更的过程中一度出现了罢撤不定的情况。宋仁宗庆历六年(1046)一度罢了转运使,到了宋仁宗嘉祐(1056—1063)中期又再度恢复。宋室南渡,国家政治及漕运形势发生重大变化,转运范围缩小,遂不再设立转运副使和运判。这一时期,因军事斗争成为压倒一切的大事,为及时地调集粮食及军用物资,出现了以"节镇"即节度使兼转运使的情况。当时,是否以节度使兼任转运使,朝廷有不

---

① 元·脱脱等《宋史·职官志七》,北京:中华书局1985年版,第3963页。
② 同①,第3964页。
③ 元·脱脱等《宋史·杨日严传》,北京:中华书局1985年版,第9990—9991页。
④ 元·脱脱等《宋史·魏瓘传》,北京:中华书局1985年版,第10035页。
⑤ 元·脱脱等《宋史·李昭述传》,北京:中华书局1985年版,第9143页。

同的意见,经过一番辩论,节度使兼任转运使成为定局。吕祖谦指出:"今军兴之际,调度日繁,理不可缓,而诸路转运使推择非才,任用不一,又非庆历比也。然臣区区之愚,窃谓太宗用李干之言,罢藩镇支属而委任转运使。真宗朝士大夫论列,言其不便者多矣。仁宗景祐三年十一月,诏怀远军本隶宜州,自今奏事无得专达,是亦复支郡之意也。"①针对新的政治形势,吕祖谦委婉地表达了以藩镇兼任转运使的意图。不过,"中兴,诸州升改节镇凡十有二"②,节度使兼任转运使及调集粮食及财赋主要集中在相关的辖区。节度使兼任转运使主要是为了方便调度,只是部分转运司的隶属关系暂时发生了变化,转运司依旧存在。

宋代建转运司和发运司是为了加强理财。从大的方面讲,三司是宋王朝总理国家财政的最高机构,其地位仅次于中书省、枢密院。三司有"计省"之称,其最高长官三司使又称"计相"。那么,在划分职权范围时,转运使和发运使与三司使有什么样的关系呢?在职官制度演变的过程中,户部与转运使、发运使形成了一定的关系。宋高宗绍兴四年(1134)冬天,户部尚书章谊的一番话大体上道出了户部、转运司和发运司三者间的分工和联系,以及在东南六路设发运司和转运司的情况。史称:"是冬,帝亲征,王师大捷于淮阴,谊扈从。还临安,迁户部尚书,谊言:'祖宗设官理财,内则户部,外则诸路转运使、副,东南委输最盛,则又置发运,以督诸路供输之入,皆有移用补助之法,户部仰以不乏者也。今川、广、荆湖土贡岁输,不入王府者累年矣,皆发运使失职之罪也。顷因定都汴京,故发运使置真、泗,今驻吴会,则发运当在荆湖南、北之间。望讨论发运置司之地,选能臣以充其任。'又言:'户部左右曹之设,诸路运司则左曹之属也,提举则右曹之属也。若复发运司,于诸路各置转运使副二员,以一员检察常平,以应右曹之选,则户部财用无陷失矣。'"③章谊的话,虽然是就南渡后的情况而言,但充分肯定了东南六路发运司及转运司在两宋时期财税征收方面所起的重要作用。

分级接运与代发制度

分级接运发生在唐玄宗一朝,因漕运不畅,裴耀卿提出了分级接运的改革方案。裴耀卿以前,唐代漕运主要采取长运的方案。长运是指从起运地装船到漕运到目的地卸船。由于某些地区从起点运到终点的距离遥远,以致出现航行时间长、效率低下等情况。

唐代长运(直运)时,主要有四个无法解决的难题:一是不同航段的水位受自然力的控制,季节性变化很大,如果枯水季节来临时,某些航段因航道干浅无法行船,为此,参与漕运的船只需要停泊在相应的区域等候通航;二是船工不可能熟悉所有水系或运河航段的水文情况,如果江南船工因不熟悉黄河航道的水文情况,从江南运河跨越长江进入江淮运河、淮

---

① 元·马端临《文献通考·职官考十五》,杭州:浙江古籍出版社1988年版,第558页。
② 元·脱脱等《宋史·职官志六》,北京:中华书局1985年版,第3947页。
③ 元·脱脱等《宋史·章谊传》,北京:中华书局1985年版,第11688页。

河等航道,再进入汴河、黄河航道后,船只会出现翻覆的危险;三是不同的航段有不同的航运能力,如果统一标准采取长运的话,将会降低航运效率;四是在刘晏任转运使及编纲漕运之前,唐代漕运以民船运输为主,如果从远在东南的征收地运粮或财物到长安或到指定的水次仓卸船的话,船只往返运输的时间往往会超过半年,甚至长达一年,这样一来,势必会耽误农时,造成农业生产方面的损失。根据这些情况,裴耀卿进行了改革,试图通过分级接运改变漕运不畅的局面。在裴耀卿的基础上,刘晏进一步提出了"江船不入汴,汴船不入河,河船不入渭;江南之运积扬州,汴河之运积河阴,河船之运积渭口,渭船之运入太仓"①的漕运制度,通过编纲押送极大地扭转了漕运不利的局面。

在充分肯定分级接运成果的基础上,宋代建立了"代发"制度。所谓"代发",是指因受各种条件的限制不能按时、按定额发运漕粮等物时,可从沿岸的转般仓支取一定额度的租籴和财赋等提前发运,提前发运带来的亏空则由滞后到达的租籴和财赋等补充。在这一过程中,实行"代发"的前提是,转般仓要有超出核定的仓储和增加仓储的本钱。为了获取超出核定仓储的部分和增加仓储的本钱,宋代采取了"额斛"即将租籴和财赋等折银入仓的政策。遇到荒年无法按时上缴租籴时,可以根据往年的粮价标准取其上限折钱或折银入仓。丰年时,用折银以中价购粮入仓、粮价低廉时以折银大量购粮。用适时买进的方法来维持粮价并保护农民的利益,进而避免"伤农"事件的发生。

采取"额斛"的政策后,宋代出现了"诸仓常有余蓄""民以为便""本钱岁增,兵食有余"的局面。从历时的角度看,全面推行"额斛"之策发生在宋神宗熙宁年间(1068—1077)。宋神宗改革漕政后,通过折银的方法使转般仓有了增加仓储的本钱,为确保岁运六百万石提供了强有力的支持。在这中间,"额斛"与"代发"制度结合在一起,为稳定社会秩序和漕运秩序提供了强有力的支持。在不断加强制度建设的过程中,通过规定转般仓在指定的区域收购价格低廉的粮食,或令其运至指定的地点入仓,或在荒年时将增储的粮食以平价售给百姓,从而使转般仓有了"寓平籴"的功能。在这中间,"额斛""寓平籴"结合在一起,既增加了转般仓的储量,又在买进和卖出的过程中兼顾了国家和百姓的利益。进而言之,粮价是调节物价的重要指标,在保证漕运岁额及增储的过程中,通过平易粮价阻止了丰年时粮贱伤农事件的发生。与此同时,通过平易粮价为平易物价创造了良好的外部环境,起到了促进商品流通及调剂市场的作用。

转般仓以储粮为主,还有储盐、储茶及储存上供货物如绢丝、绸缎等功能,这些功能与"额斛"一起加强了不同地区的商贸往来。宋代肯定了唐代刘晏分级接运和载盐以归的漕运政策,采取让盐利于民的政策,为宋代漕运实行分级接运铺平了道路。史有"三路转运使,淮

---

① 宋·欧阳修、宋祁《新唐书·食货志三》,北京:中华书局1975年版,第1368页。

南、江浙、荆湖制置茶盐等税都大发运使"①之说,又有"以江、淮发运使梁扬祖提领东南茶盐事"②之说,发运使拥有专营盐、茶的权力及转般仓有储盐、储茶的功能后,为漕船空回时载盐以归创造了必要的条件。马端临指出:"在祖宗时,陆路之粟至真州入转般仓,自真方入船,即下贮发运司,入汴方至京师,诸州回船,却自真州请盐散于诸州,诸州虽有费,亦有盐以偿之,此是宋朝良法。"③漕船空回时"请盐散于诸州",既有效地提高了船工和士卒等参与漕运的积极性,同时在一定程度上促进了不同地区的商品流通。进而言之,宋代漕运主要依靠对象是东南六路,其中,淮南路既是漕运及分级接运的重要区域,同时又是淮盐的重要产地。实行盐、茶等专卖制度后,漕船空回时载盐以归及让商人参与到这一进程中,从而开创了宋代漕运的新局面。

转般仓主要负责接纳和转运租籴和财赋等,"额斛"时,除了可以租籴折银外,还可以财赋等折银。宋太宗太平兴国二年,江西路出现"蚕桑数少,而金价颇低"的情况,如果按照当时市价折绢征收的话,会出现"绢估少而伤民,金估多而伤官"的局面。在价格杠杆的作用下,因蚕桑产量不足,势必要引起其价格上扬,织绢的成本亦会随之升高。与此同时,金价走低。在蚕桑价格走高和金价走低的前提下,两者之间出现了巨大的差价。如果按照往年的定价折银征收的话,将会出现压低绢价及高估绢价的情况。为了有效地避免"伤农"和"伤官"等事件的发生,江西转运使提出调整价格的折征方案,即通过提高绢价和降低金价的做法使两者的价格趋于平衡。进而言之,由于粮食可以"额斛"即按往年的粮价标准取其上限折钱或折银入仓,同样,财赋等可以折银征收。因此,在折银征收的过程中,根据当年的情况进行适度的调整,通过折银等手段使转般仓在接纳租籴和财赋等仓储的过程中有了买入和卖出的功能。这一功能的存在推动了不同地区的商贸往来,带动了运河沿岸及纵深地区和城市商品经济的发展。

在分级接运的过程中,转般仓与粮料院有相互为用的特点。马端临论述宋代各类仓廪的情况时指出:"受商人入中者,谓之折中仓,有里、外河二名,又有茶库仓,或空则兼受船般斛斗。草场则汴河南北各三所,骐骥、左右天厩坊、天驷监各一所,以受京畿租赋及和市所入。诸州皆有正仓、草场,受租税、和籴、和市刍粟,并掾曹主之。其多积之处,亦别遣官专掌。凡漕运所会,则有转般仓。"④折中仓又称"中仓",当腾空专储茶叶时,又称"茶库仓"。"草场"又称"草料场",是专门储存及堆放军马或其他牲口饲料的仓库,隶属粮料院。粮料院主要负责军需供应等事务,宋代实行守内虚外之策,因此运河沿岸的粮料院又同时兼"受

---

① 元·脱脱等《宋史·职官志十二》,北京:中华书局1985年版,第4132页。
② 元·脱脱等《宋史·高宗纪一》,北京:中华书局1985年版,第444页。
③ 元·马端临《文献通考·国用考三》,杭州:浙江古籍出版社1988年版,第248—249页。
④ 同③,第244页。

租税、和籴、和市乌粟"等。进而言之,粮料院在仓储方面与转般仓的功能多有重合之处。

从大的方面讲,东南六路凡是建有粮料院的地方大都是转般仓的所在区域。宋初沿袭了前朝制度,以三司大将军领都粮料使,后改制由隶属太府寺的文官出任。史称:"粮料院,掌以法式颁廪禄,凡文武百官、诸司、诸军奉料,以卷准给。"①如范仲淹曾经"徙监楚州粮料院"②,孙长卿曾任职楚州粮料院。粮料院隶属三司太府寺,主要负责调拨诸司、诸军需要的"奉料"。粮料院主要负责文武官员及军队的供给。宋太祖开宝六年(973),以文官任都粮料使,改变了以武官任职的惯例。此后,多次变更职掌和归属。宋太宗一朝粮料院隶属关系的变化最为频繁。

此外,宋神宗元丰(1078—1085)末年和宋室南渡是粮料院隶属关系变化的又两个时间节点。粮料院主要建在交通便利的地区,自东南六路,特别是江淮成为租籴和财赋主要的征收区域后,这一区域除了是转般仓重点建设区域外,同时又是粮料院的重点建设区域。范仲淹曾"徙监楚州粮料院",陈瓘"监扬州粮料院"③,又如张即之"历监平江府粮料院"④等。在这中间,以运河为通道,东南六路的转般仓和粮料院在仓储方面时有交叉,两者之间有着互补关系,并在商品流通中发挥着重要的作用。此外,宋代转般仓与粮料院大都建在河口及水陆交通枢纽等地带,其腹地是农业经济发达的地区。以运河为通道,转般仓、粮料院与商品流通结合在一起,为运河沿岸重要的航段节点及城市成为商品集散地创造了条件。

宋仁宗年间(1023—1063),东南漕运不畅,直接影响到京师的粮食供应。为解燃眉之急,参知政事范仲淹推荐许元出任江淮、两浙、荆湖发运司判官。许元上任后,"悉发濒江州县藏粟"急救京师,与此同时,濒江州县亏空的粮食由稍后到达漕粮"以次相补",随后又"引千余艘转漕而西",很快形成了"京师足食"的局面。因漕运有功,许元升任发运副使及发运使,进而统筹东南六路的发运事务。十多年中,掌东南发运的许元一方面确保了六百万石的岁额,另一方面又常年保持一百万石的储粮,其贡献可谓大矣。客观地讲,转般仓能每年"常余百万以备非常"与许元积极地推行"额斛"之策有密切的关系。扩大转般仓的仓储额度后,为落实"代发"提供了强有力的保证,与此同时也促进了运河沿线及相应地区的转般仓建设,并通过调配资源等使转般仓的仓储和发运功能得到了大幅度的提升。

在许元任发运使期间,东南漕运已出现"粮纲法坏,遂令汴纲至冬出江"的情况。令汴河纲船(在汴河航段进行漕运的官方船队)于冬季进入江淮、江南及长江航段行驶,其目的是缓解东南六路运力不足的压力。宋代租籴和财赋倚重东南,以大梁为起点面向东南,纲运可分

---

① 元·脱脱等《宋史·职官志五》,北京:中华书局1985年版,第3908页。
② 元·脱脱等《宋史·范仲淹传》,北京:中华书局1985年版,第10267页。
③ 元·脱脱等《宋史·陈瓘传》,北京:中华书局1985年版,第10962页。
④ 元·脱脱等《宋史·文苑》,北京:中华书局1985年版,第13145页。

为汴河、江淮运河、江南运河和长江四个大的航段。与其他航段相比,以黄河为主要补给水源的汴河受季节因素的影响最大。进入冬季后,因黄河流量下降导致汴河干浅无法通航,汴河上的纲船因此处于闲置状态。为了缓解东南六路纲运时的压力,宋代统治者采取了调集汴河纲船进入江淮等航段的对策。问题是,汴河纲船进入江淮等航段虽然缓解了东南六路纲运紧张的状况,但也破坏了原有的纲运秩序。针对这一情况,许元提出通过增加船只来缓解江淮等航段压力的主张。许元的本意是借此来缓解汴河纲船"为他路转漕,兵不得息"的情况。遗憾的是,在粮纲已坏的前提下,许元的主张根本无法落实。许元离职后,由于增加船只加强运力的主张得不到具体的落实,故只能让汴河纲船继续"出江"及参与其他航段的纲运。

汴船出江是件令人揪心的事。自实行"代发"以来,宋代围绕着分级接运制定了一系列的漕运管理制度。然而,在"粮纲法坏"及侵吞漕粮事件时有发生的前提下,在船只大量损坏之际,要想继续维持原有的分级接运似乎已十分困难。从某种意义上讲,"令汴纲至冬出江"是为了缓解东南运力不足的问题。但实际情况是,汴船出江后,势必要冲击原有的漕运制度,因为既然汴船可以出江,那么,江船也可以入汴,进而抵达京师。出于多方面的考虑,许元提出了增加纲运船只,反对汴船出江的主张。

暂且撇开破坏已有的漕运制度不论,就汴船出江而言,它是值得肯定的。具体原因有三点:一是汴船出江可以调配闲置资源,改变漕运不利的局面;二是汴船出江可加快商品流通的速度,国家从商贸中获取税收之利,反过来讲,"汴纲既不至江外,江外船不得至京师,失商贩之利";三是可以解决汴纲船工和押解船只士卒的生计,维护船工和士卒的利益,解决"汴纲工卒讫冬坐食,恒苦不足,皆盗毁船材,易钱自给,船愈坏而漕额愈不及"等问题。在这中间,许元反对汴船出江的本意是让汴河上的船工和士卒得到休息,然而,"论者初欲漕卒得归息,而近岁汴纲多佣丁夫,每船卒不过一二人,至冬当留守船,实无得归息者"。因此,宋代统治者明知汴船出江势必要冲击原有的漕运制度,企图通过增加船只数量来维护原有的漕运制度,但又对汴船入江采取了赞同的态度。

宋仁宗以后,汴船出江已成为大趋势。此后,虽围绕着坚持既定的漕运制度出现过多次反复,但汴船出江已成为不争的事实。宋英宗治平二年(1065),汴船出江,不但维持了原有纲运的岁额,而且还部分地改变了分级接运的历史。"汴纲至冬出江"后,因时间上放宽某些航段航行的限制,所以,受利益驱动,各路的漕船的数量大幅度增加,一度甚至高达二千五百四十艘。因原有的漕运制度遭受破坏,"上下共为侵盗"的现象也越来越严重。

针对这一情况,宋神宗熙宁二年(1069),薛向"募客舟与官舟分运",在此基础上形成"互相检察"之势。薛向任江、浙、荆、淮等路的发运使时,通过加强监管力度有效地革除了漕运过程中有可能出现的弊端。通过引入竞争机制,薛向在一定程度上杜绝了漕运过程中的侵贪行为。薛向之所以能招募客船和商船参与漕运,与汴船出江有直接的关系。假定汴船不能出江,那么,客船和商船参与漕运将是一句空话。

分级接运制度遭受彻底的破坏发生在宋徽宗崇宁年间(1102—1106)。其中,胡师文动用转般仓"籴本"掏空仓储直接破坏了"代发"制度,从而使原有的漕运制度遭遇重大危机。此外,朱勔等筹办花石纲时,搜刮江南钱财、强占漕船及漕运通道,导致漕运制度危机进一步加剧。

胡师文恣意动用"籴本"开启了破坏转般仓"增籴"的恶劣风气。具体地讲,胡师文用"籴本数百万缗充贡"得到提拔开启了不良之风。既然胡师文可以通过破坏制度的手段谋取高官厚禄,那么,出现"来者效尤,时有进献"则成为一种必然,所以不到几年的工夫便耗尽了"籴本",从而使转般仓如同虚设。客观地讲,转般仓"籴本"是实行分级接运及"代发"制度的根本保证,遗憾的是,在蔡京、胡师文等恣意的破坏下,宋代苦心经营的漕运制度接近崩溃的边缘。由于没有本钱"增籴",必然要使转般仓丧失"寓平籴"等功能;由于无粮无物可储,势必要摧毁"代发";由于无粮无物"代发",势必要影响转运并造成漕运危机;由于漕运危机,势必要动摇巩固现有政权的统治基础。

朱勔领办花石纲发生在崇宁四年(1105)十一月。陈邦瞻记载道:"四年十一月,以朱勔领苏、杭应奉局及花石纲于苏州。"①朱勔受到蔡京的重用,似乎纯属偶然。为了投宋徽宗"垂意花石"所好,蔡京勾结朱冲、朱勔父子肆无忌惮地掠夺江南财富,直接或间接地破坏了现存的漕运管理制度和秩序,具体表现在四个方面:一是各级官员趁机侵贪,肆无忌惮地强行拘占漕船,明目张胆地侵占国家财物,乃至发生买一根竹子要花费五十缗的荒唐事件;二是打着筹办花石纲的幌子任意地"指取内帑",出现了"每取以数十百万计"的情况;三是不断地扩大"贡物"范围,恣意掠夺江南士绅和百姓的财产;四是严重地破坏了已有漕运秩序。

破坏漕运制度的具体执行者虽然是胡师文、朱勔等,但罪魁祸首却是蔡京。如果再进一步追究的话,政治腐败才是漕运制度遭受践踏的根本原因。具体地讲,宋徽宗恣意扩大供个人享受的机构,无休止地占用转般仓"籴本",给既定的漕运制度带来了毁灭性的灾难。为了满足个人的私欲,宋徽宗巧立名目增设供个人享受的机构,不问朝政,开启了"奸吏旁缘,牟取无艺"的贪腐之风。与此同时,"吏员冗溢",甚至出现"三省、密院吏员猥杂,有官至中大夫,一身而兼十余俸者""一纸至万缗者"。仅此还不算,宋徽宗为营造宫室,大兴花石纲,疯狂地搜刮民财。原有的漕运秩序,在宋徽宗追求享受的背景下陷入了前所未有的困境和危机之中。

客观地讲,坚守分级接运这一漕运制度和严格管理漕运过程本身就是件困难的事,更何况又有蔡京等人恣意地破坏和践踏漕运制度呢!史有"朝廷方督纲饷,运渠壅涩,遣使决吕

---

① 明·陈邦瞻《宋史纪事本末·花石纲之役》,中华书局编辑部《历代纪事本末》,北京:中华书局1997年版,第1399页。

城、陈公两塘达于渠。漕路甫通,而朱勔花石纲塞道,官舟不得行"①之说。经过陈遘的治理,虽出现了"漕路甫通"的局面,但大兴花石纲给漕运制造出了新的困难。从某种意义上讲,北宋速亡于金兵的铁骑之下,与疏于漕运管理、漕运通道断绝、无法及时地转输东南租籴和财赋等存在着某种内在的联系。可以说,在漕运制度遭受严重破坏的背景下,其管理中的一件小事往往会成为阻碍漕运的大事。从表面上看,"汴河上流为盗所决者数处"与疏于管理相关,但根本的原因是政治腐败。进而言之,在民族矛盾和阶级矛盾空前尖锐的背景下,宋代统治者依旧醉生梦死、不思进取,由此造成漕运危机是必然的。

漕运与直运制度

与分级接运相对应的漕运方式是直运(长运)。在漕运的过程中,宋王朝积极探索了不同的漕运方式。宋神宗熙宁六年(1073)十一月,范子奇在调查研究的基础上,提出了"以外江纲运直入汴至京"的建议。这一建议后来得到宰相王安石的首肯和实行。不过,直运有诸多的缺陷,如果汴河水量充沛的话自然没有问题。问题是,冬季的汴河因缺水时常不具备通航的条件。更重要的是,当分级接运已制度化,并形成一套完整的运作机制时,以及在事实上已证明分级接运有直运不可比拟的优越性时,直运因自身的缺陷很快寿终正寝了。尽管如此,却为曾孝广提出直运的主张提供了依据。

宋徽宗崇宁年间,原有的分级接运制度受到了极大的破坏。为了改变漕运不力的局面及应对吏治腐败给分级接运带来的冲击和破坏,时任户部尚书的曾孝广提出改分级接运为直运的建议,试图从根本上解决漕运不畅及转运过程中官员侵占租籴和财赋等问题。曾孝广改直运的理由是:宋仁宗天圣(1023—1031)中,江淮运河在真州、楚州等地破堰造闸提高了航运速度,已经出现"自是东南金帛、茶布之类直至京师"②的局面。

曾孝广改分级接运为直运实为迫不得已的举动。假定蔡京唆使胡师文等动用转般仓"籴本"、破坏"代发"没有发生的话,何至于改分级接运为直运呢?直运是曾孝广为应对漕运危机提出的改革措施,是无可奈何的选择。因蔡京时任宰相,曾孝广不敢把矛头指向破坏"代发"制度的罪魁祸首蔡京和胡师文等,只好以破堰建闸以保航道畅通为说辞,委婉地提出改分级接运为直运的建议,希望通过这一举措尽可能地解决漕运不畅的难题。从另一个层面看,曾孝广的理由是不充分的。具体地讲,真州、楚州等地破堰建闸虽提高了船只通过江淮航段的速度,为直运提供了可能,但汴河冬季缺水,在直运受到季节限制的前提下,转般仓在中转中的作用是无法取代的。进而言之,改分级接运为直运的根本原因与江淮航段破堰建闸没有内在的联系。

---

① 元·脱脱等《宋史·陈遘传》,北京:中华书局1985年版,第13181页。
② 元·脱脱等《宋史·食货志上三》,北京:中华书局1985年版,第4258页。

吕祖谦等把破坏分级接运改为直运说成是蔡京所为,主要基于四个方面的考虑:一是蔡京是宰相,废分级接运为直运必经他的同意;二是改直运的前提是破坏"代发"制度,"代发"制度遭受破坏与胡师文动用"籴本"有直接的关系,在这中间,胡师文动用"籴本",与蔡京的纵容和唆使有直接的关系;三是与蔡京令朱勔筹办花石纲相关,朱勔任意拘占漕船和阻塞航道,阻碍了分级接运的正常秩序;四是分级接运遭受毁灭性的打击,是由蔡京"废改盐法"和推行新钞法而起。史称:"凡盐之入,置仓以受之,通、楚州各一,泰州三,以受三州盐。又置转般仓二,一于真州,以受通、泰、楚五仓盐;一于涟水军,以受海州涟水盐。江南、荆湖岁漕米至淮南,受盐以归。东南盐利,视天下为最厚。"① 分级接运时,宋代漕运主要采取让盐利于民的政策,纲船卸粮物入转般仓后,船只空回时载盐以归,押纲的士卒和船工可通过获取盐利弥补常年在外的损失并获取微薄的经济利益。崇宁元年(1102),蔡京议改盐法并于崇宁二年(1103)收回盐利后,破坏了让盐利于民的政策,从根本上动摇了分级接运制度。吕祖谦指出:"运法未坏,诸州船只到真州,请盐回。其次入汴入京师。后来发运岁造船,谓之发运官船,与诸州载米发运,申明汴船不出江。诸州又自造船,虽有此约束,诸州船终不应副。因此漕法渐坏,惟发纲发运未罢。"② 从这样的角度看,破坏分级接运的始作俑者自然是蔡京。

崇宁二年,在蔡京议改盐法的基础上推行新盐法。新盐法与新钞法一起,干扰和破坏了正常的漕运秩序。新盐法的推行有三方面的不利影响:一是阻碍了漕运,如"且许舟行越次取疾,官纲等舟辄拦阻者坐之",直接影响到漕运;二是新盐法与纲运士卒和船工争盐利,挫伤了押纲士卒和船工的积极性;三是新盐法与新钞法交织在一起伤害了盐商的利益,如史有"尽更盐钞法,凡旧钞皆弗用,富商巨贾尝赍持数十万缗,一旦化为流丐,甚者至赴水及缢死"③ 之说。从这样的角度看,直运实际上是为继续维持漕运秩序,做出的迫不得已的选择,因此说蔡京"废改盐法,置直达江"又是有道理的。

自转般仓丧失"额斛"及"寓平籴"等功能后,无从"代发",转般仓已形同虚设,从而失去了中转及接运的功能。直运是分级接运遭受严重破坏后的产物,同时也是宋代维持漕运的最后一道防线。为了保证直运,制定了严格的律法制度,如有"张动《直达纲运法》并《看详》一百三十一册"④ 之说。在此基础上,宋王朝采取了更为严厉的管理措施,甚至提出"船有损坏,所至修整,不得逾时"等苛刻的要求。在这中间,由于"沿流乡保悉致骚扰,公私横费百出",又由于"盐法已坏,回舟无所得"等,因此出现了"舟人逃散"不愿从事漕运的局面。在

---

① 元·脱脱等《宋史·食货志下四》,北京:中华书局1985年版,第4438页。
② 宋·吕祖谦《历代制度详说》,《四库全书》第923册,上海:上海古籍出版社1987年版,第937页。
③ 元·脱脱等《宋史·蔡京传》,北京:中华书局1985年版,第13723页。
④ 元·脱脱等《宋史·艺文志三》,北京:中华书局1985年版,第5142页。

万般无奈下,只得恢复分级接运。然而,由于转般仓无粮无物"代发",宋徽宗政和二年(1112)再次改分级接运为直运。史称:"政和二年,复行直达纲,毁拆转般诸仓。"①从这一反复过程中当知,分级接运和业已形成的转般仓制度一经破坏,想再恢复十分困难,可以说,北宋后期的漕运遇到了前所未有的困难。

针对政和二年再次改分级接运为直运的情况,谭稹、向子諲等人提出了不同的意见,力主恢复转般仓及分级接运。他们从国家战略的高度提出反对直运的意见。归纳他们的意见有五点值得注意:一是从国家战略储备的高度充分肯定江淮运河沿线各州转般仓的功能,指出转般仓具有"以备中都缓急"的功能;二是从历史的角度充分肯定了分级接运的优点,指出分级接运可以有效地解决船只航行时航道拥挤、效率低下等问题;三是从现实的角度指出"河道日益浅涩",需要等待丰水季节来临后才能通航,在这样的条件下,需要转般仓参与到分级接运的进程中,否则将会出现"遂致中都粮储不继"的局面;四是指出江淮运河沿线的转般仓有平籴、赈灾及战略储备等功能,可在丰年时增加储备;五是采取"寓平籴"之策后,可以解决"岁额不足之忧,因可以宽民力"时遇到的问题。

谭稹、向子諲的意见受到重视,宣和五年(1123),宋徽宗做出了加强转般仓建设的决定。为了从根本上解决"本钱既竭,不能增籴"时的困难,宋徽宗特意从财政中拿出三百万贯为转般仓"增籴"提供本钱。宣和六年(1124),在落实和增加"籴本"时,重新确认了分级接运的漕运即纲运体系。明人论述宋代漕政发生的危机时指出:"初,于各州置仓行转般法,岁漕粟七百万石,一变直达。久涉岁月,奸弊互生,而委积发运,名浮于实,漕政日坏。至是用元议,增舟输米,充岁计如故事。既而诸路纲亦不集,汴纲既不得至江,江船亦不至京师,船愈坏而漕愈减耗矣。"②因无法解决政治腐败这一根本性的大问题,即便是恢复分级接运或继续采用直运,也摆脱不了漕政日衰的困境。

需要补充的是,分级接运得到重新确认后,直运没有完全被废止。史称:"靖康元年,令东南六路上供额斛,除淮南、两浙依旧直达外,江、湖四路并措置转般。"③靖康元年(1126),宋钦宗建立的漕运制度是东南六路的淮南路、两浙路实行直运,其余的东南四路继续采用分级接运。淮南路、两浙路改为直运与船闸技术得到广泛的运用有密切的关系,与其他航段相比,江南运河和江淮运河是破堰建闸较为集中的地区。这一时期,技术进步既为在江南运河、江淮运河沿线破堰建闸及提高航运能力铺平了道路,同时也为东南六路的金、帛、茶、布等物资或商品实行直运开辟了道路。进而言之,将航程较短的淮南路、两浙路漕运改为直运

---

① 元·脱脱等《宋史·食货志上三》,北京:中华书局1985年版,第4258页。
② 明·席书、朱家相《漕船志·船纪》(荀德麟、张英聘点校),北京:方志出版社2006年版,第50—51页。
③ 同①,第4259页。

可以进一步提高漕运效率,这样一来,在重新确认分级接运的前提下,江南运河和江淮运河等航段依旧有直运的功能。

漕运制度改革与纲运

宋代转运上供租籴和财赋主要实行纲运。纲运,是指将若干船只、车辆编成船队或车队,由朝廷派员分门别类地押送上供租籴和财赋等入京。由于东南六路拥有发达的水上交通,是宋王朝租籴和财赋的重要征收地区,因此狭义上的纲运是指面向东南的漕运。

宋代纲运名目繁多,有不同的分类:按照上供的租籴和财赋种类划分,有粮纲、米纲、布纲、绢纲、钱纲、马纲和盐纲等;按货物种类及价值划分,有粗色纲(指犀象、紫矿、乳香、檀香、药物等)与细色纲(指龙脑、珍珠等)。分类编纲后,粗色纲和细色纲有不同的计量单位。宋徽宗大观(1107—1110)以后,原属粗色纲的象犀、紫矿等纳入细色纲的范围。与此同时,一纲的计量单位亦发生变化。在名目繁多的分类中,粮纲占有重要的地位。根据各航段的通航情况,粮纲船队往往由不同数量的船只和不同运载量构成。在这中间,先后出现了十船一纲、十二船一纲、二十船一纲,二十五船一纲、三十船一纲等情况,如史有"凡舟十二艘为一纲"①"凡舟二十艘为一纲"②"一纲三十只船"③等说,又有"每五百料船二十五只为一纲,四百料船三十只为一纲"④等说法。"一料"等于二石,"料"是重量单位。此外,特殊纲运主要按用途命名,如生辰纲、花石纲等。

分纲目和分类转输上供租籴、财赋及额度是在长期摸索的过程中形成的,规定岁额有不同的时间节点。经过长时间的探索,宋代在确立纲运制度的过程中规定了纲类和各自上供的岁额:宋真宗景德四年(1007),规定了米纲岁额;宋真宗大中祥符元年(1008),规定了银纲岁额;宋真宗天禧四年,规定了钱纲岁额;规定绢绵纲岁额的时间虽然不详,但在宋真宗咸平三年(1000)以前已有明确的岁额。

宋代编纲运输经验来自唐代。唐代宗时,刘晏针对藩镇割据阻碍漕运、盗贼打劫漕船等,编十船为一纲,每纲由三百名官兵负责押运和监管,五十名篙工负责运输,每船运载千石,如史有"每船受千斛,十船为纲,每纲三百人,篙工五十"⑤之说。一斛等于一石,此处的"纲"是"纲船"的简称,是指运送租籴和财赋等的船队。刘晏任转运使后,通过改革漕政及规定漕船的装载数额,开创了武装押运的先河。宋代继承这一成果,漕运时编纲运输并派士

---

① 宋·李焘《续资治通鉴长编·真宗咸平六年》,北京:中华书局2004年版,第1188页。
② 清·毕沅《续资治通鉴·宋纪二十三》,北京:中华书局1957年版,第533页。
③ 宋·苏轼《论纲梢欠折利害状》,《三苏全书·苏轼文集》第12册,北京:语文出版社2001年版,第164页。
④ 清·徐松《宋会要辑稿·食货四二》第6册,北京:中华书局1957年版,第5567页。
⑤ 宋·欧阳修、宋祁《新唐书·食货志三》,北京:中华书局1975年版,第1368页。

卒随船押送。

唐代每艘漕船受粮千石,宋代每艘漕船受粮为二百五十石、三百石、三百五十石、四百石、五百石、七百石和八百石不等。以宋真宗天禧二年为时间节点,此前,一纲的总运量低于唐代;此后,一纲的总运量超过了唐代。

纲运是宋代漕运的基本形式,由发运司、转运司、提举司、河渠司、都水监司及排岸司等共同负责或监管。根据各航段的情况,由隶属不同机构的职官共同负责漕运管理。如三门、白波发运司置催督、装纲二人;河阴至陕州、自京至汴口置催纲各一人;广济河置都大催纲一人,提辖官二人;汴河至泗州航段置催纲三人;蔡河置拨发一人;江南、两浙、荆湖各路以三班为拨发,各州又置监装卸斛斗官一人或二人。史有宋神宗熙宁三年(1070)八月"诏蔡河拨发堤岸、斗门公事等,并隶都大制置发运司"①之说,经调整归属,发运司有了催纲、拨发等职能。

在明确职责的过程中,催纲官、拨发官及各州监装卸的斛斗官等主要"以京朝官三班充"充任。所谓"京朝官三班"是指京官、朝官和三班。京官本指在京城任职的官员,宋代特指官阶较低且不能上朝谒见君主的京官;朝官本指朝廷命官,宋代特指一品以下的常参官即经常上朝谒见君主的官员;三班是宋代的职官,初指供奉官、左右殿直,后指东西供奉、左右侍禁及承旨借职。催纲官、拨发官等"以京朝官三班充",当知宋代十分重视漕运过程管理。

在发运的过程中,相关事务除了由发运司掌管外,又有河渠司、都水监司、排岸司等负责"催遣辇运""催发""水运纲船输纳顾直"等事务。为了强化监管力度,河渠司、都水监司、排岸司除了以朝官领衔外,其属员亦由京官和三班充任。在这中间,通过委派与催纲、拨发等职能部门平级或对等的官员,旨在树立监管纲运的权威性。通过互相牵制和监督,可以防止舞弊现象的发生。

与其他各个环节相比,纲运过程管理的难度最大。在这一过程中,宋代统治者采取了一系列的措施。具体地讲,主要采取了以下五个方面的措施。

其一,明确纲运过程管理的职责。一是规定纲运程限即纲船通过不同航段的时间。这一制度植入纲运过程管理后,将纲运过程管理与官员考评联系在一起,旨在提高参与纲运官员的责任心。进而言之,如果纲船不能按时到达指定的地点,将被记录在案,成为处罚相关官员的重要依据。二是实行抄报制度。登记纲船下卸日期和回纲时纲船的使用情况,以及登记押送官员、船工、兵士等的姓名和人数。宋高宗建炎元年(1127)九月十二日,在同知枢密院张悫的建议下做出详细记录纲运人员信息的新规定,即凡违规者一律处罚。三是建立相风旗测速制度,用相风旗监视船只航行的速度和了解船只正常航行情况。用相风旗测速

---

① 宋·李焘《续资治通鉴长编·神宗熙宁三年》,北京:中华书局2004年版,第5224页。

可以清楚地了解到船只航行时的速度和运载量等,可以有效地监督船只附载私货的情况。宋代纲运制度规定,纲船可以附载一定数额的私货,受利益的驱动,船工或负责纲运的兵士希望能搭载更多的货物。然而,附载货物过多的话,船只的航行速度将会放慢,从而影响到纲运效率。由于用相风旗测速可以清楚地了解到各个船只的运载量,可以严格控制船只附载货物的额度,因此成为宋代监督纲运时的有效手段。四是根据不同的纲类明确押解人员,规定中转地,由发运司根据纲类搭配发运,并确定支付纲运路费的地点和建立相应的监管和处罚制度。起初,钱纲由"应选募官管押上京",宋哲宗元符元年,改由押纲使臣等管押,并由发运司负责"选纲装发"等事务。五是发运时实行点检封印制度,凡封印不全者一律予以处罚。自熙宁四年(1071)实行"置锁仗于梁上封锁,遍用省印"后,这一制度在宋哲宗元符二年得到了重申。

其二,有针对性地改革或调整纲运。宋初纲运数字小,押解队伍庞大、人浮于事,侵盗现象十分严重。大中祥符九年(1016)四月,宋真宗采纳发运使李溥的建议并三纲为一纲,通过裁员以及设立监管机构,在一定程度上遏制了侵盗行为。大中祥符九年以前,一纲运三千五百多石,平均每船运二百五十石至三百五十石。改革纲运后,以三十船为一纲并增加运量,形成每船载五百五十石至六百石的结构。在合并纲船和提高单位船只运量的过程中,每纲虽然增设了监主二人,并形成内奉职大将三人共同押解的职数,但因合三纲为一纲后,押运人员已大幅度下降。进而言之,精简机构后,节约了纲运时的开支及损耗,提高了效率。

其三,明确规定各航段的发运时间和岁运次数。起初,发运没有固定的时间,主要根据各航段的水文、航道在不同季节的通航能力以及农时等临时决定发运时间。后来又通过测算运程、日航程距离等对发运时间进行了调整,规定纲船在不同航段一年的往返次数。如宋太祖时,从楚州、泗州到大梁的一运时间为八十天,全年三运。因一运时间较长,故出现了大梁仓储空虚的情况。根据这一情况,陈从信建议缩短运期,将岁运三次改为四次。开宝(968—976)初,宋太祖采纳陈从信的建议后,每运减少二十天,一年增加一运,从此成为永制。除了规定汴河一年四运外,对不同航段的发运及岁运均作出规定。如宋神宗熙宁十年(1077),在三司的建议下,调整了东南六路各航段的发运时间。又如根据不同航段的通航情况,对发运时间作出调整。又如宣和二年,宋徽宗在诏书中写道:"六路米麦纲运依法募官,先募未到部小使臣及非泛补授校尉以上未许参部人并进纳人管押;淮南以五运,两浙及江东二千里内以四运,江东二千里外及江西三运,湖南、北二运,各欠不及五厘,依格推赏外,仍许在外指射合入差遣一次。召募土人并罢。"①针对各自的航程,对东南六路岁运次数作出了新的规定。这一规定虽说出自宋徽宗诏书,但作为制度有更为久远的历史。追溯其源,很可

---

① 元·脱脱等《宋史·食货志上三》,北京:中华书局1985年版,第4255页。

能发生在宋初确定汴河岁运四次的时间段上。

其四,健全发运、催纲等制度,规定各航段纲船往返的线路和时间,并由排岸司及堰闸官负责沿途检查和监督,对违反规定者予以严厉的处罚。宋高宗建炎二年(1128)正月十八日,实行随纲座船制度,并明确规定座船运载官物和私物的比例。

其五,加强转般仓支付及缴纳粮纲的过程管理。一是处罚仓吏的"侵克"行为。在认真听取各方意见的基础上,宋神宗针对"侵克"提出解决的办法,并严厉处罚"因仓事取受粮纲及请人钱物"等官吏。二是凡不能按时按定额缴纳粮纲者,轻者由负责转般仓事务的上级机关如司农寺等处罚,重者则移交大理寺处罚。通过建立及不断地修订处罚制度,及时地堵塞了纲运过程中可能存在的漏洞。

宋初,对纲运兵梢(随船押送的士兵和船工)采取了较为宽松的政策。具体地讲,允许或默许纲船"附载"货物或"私附商贩",与此同时,不许税务官随意登船检税。这一让利政策实行后,提高了兵梢的积极性,在加快纲运的同时,为商品流通注入了活力。通过让利于兵梢,使其"自给",从而避免了"尽盗官米为奸"的情况,起到了安定纲运秩序的作用。允许船工搭载一定数量的货物既补贴了兵梢日常生活的支出,同时又促进了商品流通。然而,附载货物有经济利益,船工非常乐意多载私货,如何将其控制在一定的限额内,宋代建立了告发制度,并在此基础上进行过多次修订。宋徽宗宣和三年(1121)六月,采取了废除禁止"附载私物"之策。

在采取高压政策的同时,还对参与纲运的兵梢等进行了必要的照顾。一是允许兵梢即押送或运送人员从漕粮中支付日常生活用粮,运抵终点后从俸粮中扣除事先支付的口粮。除了允许兵梢从漕粮中支付日常生活用粮外,又允许"私附商贩",不许税收人员登船抽检商税等,通过让利确保正常的纲运秩序。二是除了命令沿岸州县支付纲运兵士的"口食料钱"外,又额外支付酱菜钱、行运钱等。这些举措在一定程度上起到安抚参与纲运兵梢的作用。

纲运的过程是不断出现问题和解决问题的过程,为扭转不力的局面,宋代颁布了一系列的政策。然而,受诸多因素的制约,纲运管理始终存在着无法解决的痼疾。具体地讲,一些早已解决的问题过了一段时间又会再度出现。纲运过程中不断重复出现的问题永远是宋代统治者必须面对的难题。为了从根本上解决这些问题,除了重申旧有的制度外,后又采取了有针对性的、更严厉的处罚措施,通过加强支付管理和纲运过程管理,试图杜绝纲运各个环节中可能发生的舞弊现象。

税场与纲运管理

默许兵梢"附载"和"私附商贩"等是宋代既定的纲运政策,这一政策执行了一百多年后,到宋神宗元丰二年(1079)建导洛通汴司时,发生了根本性的变化。宋神宗一朝,汴河的主要补给水源黄河枯竭,直接危及汴河航运。针对这一情况,宋代统治者做出引洛水补给汴河的决定。元丰二年三月,宋神宗建导洛通汴司,由宋用臣总理引洛通汴事务,并负责督建引洛水入汴工程和管理导洛通汴及汴河堤防。导洛通汴工程完工后,导洛通汴司向朝廷建议在汴河沿线的河口地带建税场,并负责抽取纲船"私附商贩"的商税。

李焘记载道:"都大提举导洛通汴司言:'汴河纲船久例附载商货入京,致重船留阻,兼私载物重四百斤以上,已抵重刑。今洛水入汴,不至湍猛,欲自今商货至泗州,官置场堆垛,不许诸纲附载,本司置船运至京,令输船脚钱。'从之。诏:'自泗州至京,民间载谷船,官悉籍记,自今毋得增置。收力胜钱视旧增三之一。导洛司船增至千五百艘。'"①建税场及"不许诸纲附载"是一柄双刃剑:一方面增加了财政税收,另一方面因"随船检税之滞"给纲运带来阻滞并妨碍了商品流通。后虽撤销了导洛通汴司,但"随船检税"的制度却长期地保留下来,从而使宋代纲运以此为转折点发生了新的变化。进而言之,自建税场抽检纲船商税起,纲船因需停下接受检查,原本畅通的纲运开始变得不畅。此前,宋代统治者采取让利于民的政策,通过免征兵梢夹带货物的商税,营造有利于纲运的氛围。此后,加强征"附载"商税人为地延长了纲船航行的时间,更重要的是,兵梢因无法从中得利及满足日常生活需要,自觉维护纲运的积极性大大降低,成为纲运废弛的直接原因。

自导洛通汴司在汴河沿线的河口地带建税场并抽取纲船"私附商贩"的商税后,这一政策在全国范围内得到推广。设立税场征收商税是由宋王朝的政治危机引起的。面对日益严重的内忧外患,宋王朝迫切地需要增加中央的财政收入。然而,当宋王朝用度不断增加及国家机器运转不灵时,势必要采取与民争利的政策。当这种政策是在吏治腐败的情况下出台,必然导致恶性循环。纲运产生的弊端主要是由吏治腐败引起的,针对这些弊病,苏轼进行了五个方面的归纳并提出解决方案。平心而论,漕运过程中的弊端远超出苏轼归纳的五个方面,甚至可以说,这些弊端贯穿于宋代漕运的始终,只是不同时期程度不同而已。

漕运是最难管理和最容易滋生腐败的过程。为完善漕运制度及应对不断出现的新问题,宋代统治者采取了一系列的措施。

其一,从制度层面入手,建立奖惩制度。凡是在漕运的过程中盗用官物及违法者予以严厉的处罚,与此同时,对告发者予以奖励。宋太宗雍熙四年(987)合并水陆发运司后,凡从事纲运的兵梢盗用官物,或在官米中掺假者,或故意毁坏船只致沉者等均处以"弃市"这一极刑;凡漫不经心造成纲运损失者视情节轻重予以定罪或处罚,凡检举告发者则予以厚赏。与此同时,又根据新发生的问题不断地提出修正措施。

其二,采取精简机构和变更隶属关系等措施,以提高纲运效率。宋神宗元丰五年(1082)

---

① 宋·李焘《续资治通鉴长编·神宗元丰二年》,北京:中华书局2004年版,第7307页。

二月十一日,通过撤销广济河辇运司及京北排岸司,对原有的漕运机构进行了裁并,并在改变隶属关系的过程中对原有的机构进行了调整。起初,漕运费用由度支郎中支付,后由排岸司支付。宋代冗官现象十分严重,裁并不必要的机构提高了漕运效率。在这中间,通过建立由发运司负责发运、催纲官监督漕运过程、度支郎中及排岸官支付费用等制度,提高了漕运效率,尽可能地堵塞了漕运过程中的漏洞。

其三,加强转般仓监管力度。一是在派员监督的基础上,增派官员重点监督验收这一环节。宋仁宗天圣七年(1029)以后,陈琰建议在点检斗面使与仓官共同验粮入仓时,增设选官监视,以杜绝纲吏和仓官进行勾结的事件发生。这一制度实行后,成为验收入仓的重要环节。二是转般仓负有仓储过程管理的职责。租籴和财赋等入仓后,转般仓负有仓储管理职能,如灭鼠、防火、防盗、防潮、晒粮等事务。

其四,颁布一系列的优惠政策,鼓励老百姓参与陆运和漕运。通过为老百姓提供牛车、船只等,以及提高效率引入竞争机制,在一定程度上探索了漕运多元化的途径,对消除纲运中的弊端有着补充作用。

其五,对商人利用官船或民船搭载货物进行了严格的限制。为防止商人过度搭载影响纲运,采取了在航段节点或河口建堆垛场即货场,改由官船转运等措施。在不同地区置办堆垛场,由官府专门派船将商人的货物运往相关的专用码头,既缓解了航道堵塞现象的发生,同时也有效地增加了中央财政收入。

其六,纲运是宋代漕运的重要特点,在实行纲运制度的过程中,鼓励商人参与,并有意识地推行商业化的运作方式。宋代纲运有明确的定额和制度,起初,每艘官船的运量从二百五十石到三百五十石不等,破堰建闸提高航运能力后增加到了七百石。宋仁宗天圣年间,真州闸建成并投入使用,提高了相应航段的航运能力。私船(民船)的运载量超出一千六百石,甚至是官船运载量的一倍以上,这与私船没有随载附载的货物有密切的关系。因为这样的原因,宋代统治者有意识以私船为参照坐标,从而形成了责罚官船的机制,可以说,这一措施实行后,大大地提高了官船通过这一航段的运载量。宋高宗绍兴五年(1135),允许民船和商船参与漕运,改变了单一的官运结构。官船、民船及商船分运制度建立后,形成了互相监督的机制。在一定程度上革除了漕运过程中的弊端。那么,为什么民运比官运的效率高呢?道理很简单,官运人浮于事,费用远超出民运及商运的价格。更重要的是,民运及商运更讲究成本核算,往往会自觉地减少或放弃"附载"之物。

在鼓励商人参与漕运的过程中,采取让盐利给商人,颁布鼓励商人输粮入边和入京纳金银钱帛的政策,以求进一步革除漕运中的弊端和降低漕运费用。

天禧元年(1017),以"始募人入缗钱粟帛京师及淮、浙、江南、荆湖州军易盐"为标志,商人参与到漕运之中。时至乾兴元年(1022),出现"入钱货京师总为缗钱一百十四万"的局面。然而,有其利必有其弊。很快出现了"会通、泰瞿盐岁损,所在贮积无几,因罢入粟帛,第令入钱"的情况。"久之,积盐复多",宋仁宗明道二年(1033),"复天禧元年制,听商人入钱粟京师及淮、浙、江南、荆湖州军易盐"。宋仁宗景祐二年(1035),再次进行调整政策,只允许商人"入钱京师者增盐予之"。在这中间,一再地调整商人输粮入边、纳金银钱帛入京和让盐利给商人等政策,表明商人参与漕运在一定程度上与宋代的商贸政策形成冲突,需要不断地调适这一矛盾。然而,让盐利给商人,在盐铁专卖的年代势必要损害国家正常的财政收入。正因为如此,明道二年,再度让盐利给商人即形成"听商人入钱粟京师及淮、浙、江南、荆湖州军易盐"的局面后,景祐二年,又不得不部分停止原有的决定。

让盐利给商人、令商人参与漕运及"缘边折中粮草,在京入纳金银钱帛"的构想并不是孙冕发明的,这一制度早在唐代刘晏改革漕政时已经推行。追溯历史,宋代推行这一制度始于宋太宗雍熙年间(984—987),定型于宋太宗端拱二年(989)。丘浚记载道:"宋雍熙以后,以用兵乏馈饷,令商人输刍粟塞下。增其直,令江淮荆湖给以颗末盐。端拱二年,置折中仓,听商人输粟京师,优其直,给江淮盐。"①这一制度创立后,与允许粮船和盐船空回时互运、允许商人以钱购盐等,提高了商人参与漕运的积极性,同时也为江淮运河成为转般仓重点建设区域铺平了道路。丘浚进一步指出:"此后世召商中盐之始。盖以折中粮草,以赡边兵。中纳金银,以实官库。无起倩丁夫之扰,无冒涉水陆之虞。官得用而民不告劳,商得利而民不淡食。是诚实边足用之良法也。"②客观地讲,这一事件对后世产生了深远的影响,成为明代"中盐法"的重要来源。

漕运的过程也是商贸往来的过程。史称:"高宗建炎元年诏,贩货上京者免税。明年又诏,贩粮草入京抑税者罪之;凡残破州县免竹木、砖瓦税,北来归正人及两淮复业者亦免路税。"③在"贩货上京者免税"等政策的鼓励下,运河作为商品流通的黄金水道呈现出一派商贸繁荣的景象。在这一过程中,贩货入京者或搭乘商船、民船,或搭乘漕船运送货物,特别是漕船放空时,可以将不同地区的商品或货物运送入京,或将京城的商品或货物运往各地,这些都在客观上为商品流通及运河沿岸城市的繁荣起到促进作用。运河是一条商品流通的大通道,为加快商品流通,宋代采取了一系列的政策。运河为当地社会经济的发展注入了活力,同时也为运河成为商贸大通道奠定了坚实的基础,进而为运河城市及运河城市群的兴起埋下了伏线,如堰埭成为商品集散地后,为新的人口居住区的形成奠定了基础,这些人口居住地一旦形成,势必要带动城镇的诞生和发展。

---

① 明·丘浚《大学衍义补·山泽之利上》(林冠群、周济夫校点),北京:京华出版社1999年版,第264页。
② 同①。
③ 元·脱脱等《宋史·食货志下八》,北京:中华书局1985年版,第4546页。

第六节　江南运河与杭州水上交通

追溯杭州运河兴修的历史,首先要从百尺渎说起。袁康指出:"百尺渎,奏江,吴以达粮。"①《诗·大雅·绵》:"予曰有奔奏。"奏者,走也,与奔同义。江者,钱塘江也。联系上下文看,百尺渎运粮发生在吴王阖庐在位期间。这一事实从一个侧面表明,春秋时期即吴王阖庐伐越之前,经杭州域内通往浙东的运河百尺渎已经建成。杭州城有四条运河,四河变迁在一定的程度上反映着杭州运河变迁的历史。杭州既是江南河(浙西运河)的起点,同时又是浙东运河的终点。这一特殊的地理区位,决定了杭州在海外贸易中势必要占有重要的地位。杭州海外贸易是在建市舶司的过程中发展起来的,宋代市舶司始建于宋太祖赵匡胤开宝四年(971),如史有"四年,置市舶司于广州,后又于杭、明州置司"②之说。

与杭州相关的最早的运河

从历时的角度看,百尺渎是通往杭州的最早运河。吴越交恶始于勾践之父允常在位(前510—前496)之时。史称:"允常之时,与吴王阖庐(间)战而相怨伐。"③《左传·昭公三十二年》:"夏,吴伐越,始用师于越也。"④此后,吴国与越国、楚国的战争不断。

百尺渎为"吴以达粮"做出了重要的贡献。以此调运军粮,在减少不必要损耗的前提下,为吴国夺取战争的胜利奠定了基础。在这一过程中,因钱唐县(唐代改称钱塘县)在钱塘江(又称浙江)边上,扼守从浙西到浙东的咽喉,势必要成为吴国进入越国的水上交通中转站。如秦始皇东巡时,"过丹阳,至钱唐。临浙江,水波恶,乃西百二十里从狭中渡"⑤。因秦始皇到浙东登会稽山祭祀大禹,必经波涛汹涌的钱塘江,这样一来,在钱唐县栖息遂成为必然的选择。进而言之,因钱唐地处浙西到浙东的节点上,要想从姑苏跨过钱塘江进入越国的腹地山阴(在今浙江绍兴),钱唐县是一个绕不过去的战略要地。

由吴国进入百尺渎,必经长水。长水是春秋时的古县,秦始皇统一六国后改称由拳,三国吴大帝孙权黄龙三年(231)改称禾兴,孙权赤乌五年(242),为避吴太子名讳,又改称嘉

---

① 汉·袁康《越绝书·越绝外传·记吴地传》,《四库全书》第463册,上海:上海古籍出版社1987年版,第80页。
② 元·脱脱等《宋史·食货志下八》,北京:中华书局1985年版,第4558页。
③ 汉·司马迁《史记·越王句(勾)践世家》,北京:中华书局1982年版,第1739页。
④ 清·阮元《十三经注疏·春秋左传正义》,北京:中华书局1980年版,第2127页。
⑤ 汉·司马迁《史记·秦始皇本纪》,北京:中华书局1982年版,第260页。

兴。史称："嘉兴县，本春秋时长水县，秦为由拳县，汉因之。"①又称："嘉兴县，本号长水县，在郡南一百四十三里。周敬王十年置，在谷口湖。秦始皇二十六年重移，改由拳县。黄龙三年，嘉禾野生，改禾兴县。吴赤乌五年，避吴王太子名，改嘉兴县。"②起初，因长水县南有山陵，故阻隔了长水与钱唐之间的水上交通。

公元前201年，秦始皇"过丹阳，至钱唐。……上会稽，祭大禹"③时，开凿了长水通往钱唐的运河。汉袁康云："秦始皇造通陵南，可通陵道到由拳塞，同起马塘，湛以为陂，治陵水道致钱唐，越地，通浙江。"④"造通陵南"，是指开凿长水县南面的山陵即由拳塞。"通陵道"是指开挖通过由拳塞的运河。打通由拳塞以后，沿这一水上航线可直接到达钱唐。随后，从钱唐入浙江可进入浙东地区，故有"治陵水道到钱唐，越地，通浙江"之说。

由拳塞是一军事要塞，在秦始皇改长水县为由拳县之前，由拳塞称"柴辟"，又称"辟塞"。袁康指出："柴辟亭到语儿就李，吴侵以为战地。"⑤郦道元亦指出："浙江又东径柴辟南，旧吴楚之战地矣⑥。备候于此，故谓之辟塞，是以《越绝》称吴故从由拳、辟塞渡会稽，溱山阴是也。"⑦春秋后期，由拳塞是吴越两国争夺的战略要地，吴国夺取此要塞后，成为其进攻越国的前沿阵地。为了打通从长水到钱唐的水路，秦始皇"造通陵南"开挖了由拳运河。这一事实证明了在秦始皇开挖由拳运河之前，从吴地到钱唐一带没有水路相通。其原因是，长水南有地势凸起的军事要塞由拳辟塞。

秦始皇开挖由拳运河后，形势发生了变化。从此，有了从姑苏经长水到钱唐，再到山阴的运河交通网。梁刘昭注补晋司马彪《后汉书志》"由拳"注引晋干宝《搜神记》："秦始皇东巡，望气者云'五百年后，江东有天子气。'始皇至，令囚徒十万人掘污其地，表以恶名，故改之曰由拳县。"⑧秦始皇开挖由拳运河的本意是为了破坏当地的风水，却改变了从姑苏到钱唐再到山阴等浙东地区的交通状况。由拳运河开通后，在加强太湖平原与杭嘉湖平原联系的同时，也提升了杭州的政治、经济地位。

其一，由拳运河从水上加强了吴越两地的联系，为浙东运河与浙西运河的连接提供了先决条件，起到了完善浙江运河体系的作用。

---

① 唐·李吉甫《元和郡县图志·江南道一》（贺次君点校），北京：中华书局1983年版，第601页。
② 唐·陆广微《吴地记》（曹林娣校注），南京：江苏古籍出版社1999年版，第47页。
③ 汉·司马迁《史记·秦始皇本纪》，北京：中华书局1982年版，第260页。
④ 汉·袁康《越绝书·越绝外传》，《四库全书》第463册，上海：上海古籍出版社1987年版，第84页。
⑤ 同④，第80页。
⑥ 按："旧吴楚之战地"当为"吴越之战地"。汉班固指出："由拳，柴辟，故就李乡，吴、越战地。"（《汉书·地理志上》，北京：中华书局1962年版，第1591页）
⑦ 北魏·郦道元《水经注·浙江水》，《水经注疏》下册（杨守敬、熊会贞疏，段熙仲点校，陈桥驿复校），南京：江苏古籍出版社1989年版，第3324页。
⑧ 刘宋·范晔《后汉书·郡国志四》，北京：中华书局1965年版，第3490页。

其二，从水上建立了杭嘉湖平原与太湖平原的大交通。由拳运河开挖前，因无法从水路到达嘉兴，因此杭州与外界的水上联系主要集中在浙东；由拳运河开通后，杭州经嘉兴可进入太湖平原及江南各地。杭州地处杭嘉湖平原与浙东联系的节点上，杭嘉湖平原与太湖平原之间的经济交往需要以浙东为腹地，在这一过程中，为杭州以浙东为腹地完成商品流通即商品及货物输出或输入提供了便捷的条件。

其三，由拳运河与吴古故水道相连，沿着这一航道越过江淮进入泗水后，可直接进入黄河流域。一般认为，吴古故水道是春秋时吴国为北上争霸开挖的运河，其开通的时间应在吴王夫差开挖邗沟以前或同时。① 由拳运河开通后，从杭州出发越过杭嘉湖平原进入太湖平原后，经姑苏可直接进入吴古故水道。吴古故水道与姑苏城平门即北门相连。从平门出发，经泰伯渎（相传吴国泰伯开凿的运河）进入无锡历地、梅亭，入杨湖（阳湖，在今江苏无锡、常州之间），经渔浦（利浦，在今江苏无锡江阴西）入江，入江后进入邗沟可直达广陵（在今江苏扬州）。史称："吴古故水道，出平门，上郭池，入渎，出巢湖，上历地，过梅亭，入杨湖，出渔浦，入大江，奏广陵。"②《左传·哀公九年》云："秋，吴城邗，沟通江淮。"从广陵出发，过高邮、宝应、淮阴入淮河，跨越淮河后入泗水，随后可进入黄河下游流域。从这样的角度看，杭州的水上交通建设在秦始皇时代已初见规模。与陆路相比，水上运输的成本低廉。由拳运河开通后，加快了杭嘉湖平原与太湖平原经济一体化的进程，为杭州的进一步发展奠定了基础。

宋代杭州城四河变迁

宋代的杭州城里有茅山河（又称茆山河，茅山运河）、盐桥河（又称盐桥运河）、市河、清湖河（西河）四河，城外主要有龙山河、外沙河、艮山河、菜市河、下塘河、下湖河、子塘河、余杭塘河、奉口河、前沙河、后沙河、蔡官人塘河、施何村河、赤岸河、方兴河等河流，这些河流与西湖等湖泊一道，或为城外运河、大运河、新开运河等提供了充足的补给水源，或成为运河的一部分，极大地丰富了杭州的水上交通体系。在历史变迁的过程中，茅山河和盐桥河先后失去交通运输能力，经过苏轼的疏浚，茅山河和盐桥河恢复了航运能力。

在依托运河的过程中，茅山河、盐桥河、市河、清湖河四河沿岸成为著名的商业街区，并有不同的功能。其中，在运河即大河沿岸集中了一批官办的批发机构，如吴自牧在《梦粱录·大河桥道》记载道，大河沿岸有榷货务、合同场、杂卖场、油蜡局、粮仓、御酒库等。田汝

---

① 魏嵩山，王文楚《江南运河的形成及其演变过程》，《中华文史论丛》总第十辑，上海：上海古籍出版社1979年版，1979年第2辑，第306页。
② 汉·袁康《越绝书·越绝外传》，《四库全书》第463册，上海：上海古籍出版社1987年版，第79页。

成记载道:"通江桥,本名庆元桥,其东,宋有都茶场、杂买务、榷货务、雄武营。北为太医局。又东为保安门。"①从南宋到明代,杭州街区的功能虽有变化,但大体上一致。与大河沿岸集中官办商业机构相比,市河无疑是最繁华的商业街区。

在茅山河废弃之前,杭州四河之中,重点治理的对象是茅山河、盐桥河。后来茅山河失去水运功能,但因清湖河的水源来自西湖,基本上没有受到钱塘江潮的影响。再后来盐桥河、市河遂成为重点治理的对象。治理盐桥河和市河的重点是淘汰由钱塘江潮带入两河的泥沙。

杭州与浙西浙东运河

杭州段的运河建设经历了浙东运河与浙西运河两个阶段。隋炀帝开江南运河以前,杭州段的运河建设主要集中在浙江以东;隋炀帝开江南运河以后,杭州段运河建设主要集中在浙江以西。杭州一带湖泊河流交错纵横,为突破发展陆路交通方面的限制,运河建设成为杭州历史上重点发展的交通项目。此外,杭州地处浙东运河和浙西运河的交汇点上,这一地理位置也决定了杭州的社会经济发展需要在完善运河交通体系的前提下加以实现。

浙东运河是指从钱塘江至甬江之间的运河,很有可能在越王勾践伐吴之前已经开通。史称:"无余初封大越,都秦余望南,千有余岁而至句(勾)践,句(勾)践徙治山北,引属东海,内、外越别封削焉。句(勾)践伐吴,霸关东,徙琅琊起观台,台周七里,以望东海。死士八千人,戈船三百艘。……句(勾)践喟然叹曰:'夫越性脆而愚,水行而山处,以船为车,以楫为马,往若飘风,去则难从,锐兵任死,越之常性也,夫子异则不可。'"②从"以船为车,以楫为马"的叙述中可知,浙东运河应在吴越之战前已正式开通,这一运河很可能是与钱塘江相通的山阴故水道。

山阴故水道从会稽(在今浙江绍兴)出发可进入钱塘江。袁康指出:"山阴故水道,出东郭,从郡阳春亭。去县五十里。"③东郭,是指山阴外城的东门。阳春亭,在山阴东门外不远的地方。沿山阴故水道向东可进入曹娥江,向西越过钱塘江可与百尺渎相通。早在吴越之争时,经百尺渎入山阴故水道可到达会稽。据此可以断定,山阴故水道与百尺渎的开挖时间大体相当,并已互通。反过来讲,如果百尺渎与山阴故水道没有互通的话,那么,吴国征伐越国时,是无法通过水路把粮食及其他的战略物资运送到越王勾践受困的会稽山一带的。进而言之,百尺渎与山阴故水道之间的联结既密切了杭州与浙东的联系,同时也以杭州为中转站加强了浙东与浙西的联系。

---

① 明·田汝成《西湖游览志·衢巷河桥》(尹晓宁点校),上海:上海古籍出版社2017年版,第126页。
② 汉·袁康《越绝书·越绝外传》,《四库全书》第463册,上海:上海古籍出版社1987年版,第104页。
③ 同②,第108页。

杭州段运河是江南运河的重要组成部分。隋代以前,杭州段运河的整修主要集中在浙东运河堰埭建设方面。从自然地理的角度看,杭嘉湖平原的海拔高度大体一致,其间,湖泊河流密布,水源充分,因此航道很少出现干浅或淤塞现象,故不需要进行大规模的整治和修缮。与之相比,以杭州、明州(在今浙江宁波)为两端的浙东运河,其地形要复杂得多。具体地讲,浙东运河所经地区的最高点是绍兴,次高点是杭州,最低点是宁波。从杭州向东进入浙东运河各航段,需要跨过钱塘江、钱清江、曹娥江等河流。在这中间,浙东运河的各个航段均需要沿途的河流及湖泊补充水源,水位高的航段即使有丰富的水源补充航道,但因容易泄水,往往也会出现因航道干浅而无法通航的情况。

为了彻底地解决浙东运河因泄水带来的断航,不但需要针对航段的现状补充水源,而且还需要在有明显的水位落差的航段修建堰埭。今人论述浙东运河不同航段的海拔高度时指出:"浙东运河及京杭大运河南段(江南运河浙江段)所经为杭州湾两岸堆积平原,属长江中下游平原的一部分。其中南岸宁绍平原,海拔由西向东逐渐降低,绍兴一带水网平原海拔为5米,余姚一带为2.5米,宁波一带大多在2米以上。杭州湾北岸杭嘉湖平原平均海拔3米左右。其中钱塘江和杭州湾沿岸,桐乡周围,尤其是临平以南,高达5~6米;海盐和平湖沿海,高度多在3米以上;嘉兴和嘉善北部,德清和湖州四周,海拔多在2米上下。"①与其他各航段相比,运河杭州段的地理构造尤为复杂。如钱塘江北岸与南岸之间的海拔落差有二三米,为维护航道水位,在杭州段运河修筑堰埭,防止航段泄水便成了当务之急。

以拓宽江南运河为断限,隋代,杭州段运河的重点整治航段逐步转向了浙西。史称:"敕穿江南河,自京口至余杭,八百余里,广十余丈,使可通龙舟,并置驿宫、草顿,欲东巡会稽。"②此语似表明江南运河为隋炀帝所开,其实不然,早在秦始皇东巡会稽之时,从太湖平原到嘉兴再到杭州的浙西运河已经贯通。浙西运河有广义和狭义之分:广义的浙西运河是指从镇江到杭州的江南运河;狭义的浙西运河是指在浙江境内的杭州以北的运河,是一条与浙东运河相对应的运河。

江南运河的基础是春秋时的吴国运河及隋以前历代开挖或兴修的运河,从这样的角度看,隋代的江南运河是在前人的基础上拓宽而来的运河。江南运河的航道拓宽后,增强了杭州与外界的联系,提高了商贸往来的能力,为杭州的发展提供了新的机遇:一是在航海业发达之前,杭州对外联系的主要方向是浙西;二是绍兴、宁波等浙东地区是杭州的腹地,这些地区在与外界交往时需要沿浙东运河西行,经杭州中转后才能对外发生联系;三是唐代以前,绍兴以东的浙东地区开发程度较低,再加上海上贸易受到限制,浙东地区对外的经贸活动必

---

① 王国平《杭州运河历史研究》,杭州:杭州出版社2006年版,第3页。
② 宋·司马光《资治通鉴·隋纪五》(邬国义校点),上海:上海古籍出版社1997年版,第1642页。

须向西发展;四是南宋以后,明州成为对外通商的港口城市,在对外贸易中,需要以杭嘉湖平原、太湖平原及更远的地区为腹地。

堰埭建设是修整杭州段运河的重要方面。如隋代以前,修建在杭州段运河的堰埭主要有章埭、郭凤埭、柳浦埭等。顾祖禹记载柳浦道:"六朝时谓之柳浦埭。刘宋泰始二年遣吴喜击孔觊等于会稽,喜自柳浦渡,取西陵,击斩庾业。"①此外,杭州又有清河堰、里沙河堰等。如吴自牧记载道:"清河堰在余杭门外税务东。里沙河堰在余杭门外仁和桥东。"②

从萧山到绍兴段运河的堰埭有西陵埭、回踵埭、奉公埭、都赐埭等,从绍兴东到明州的堰埭有曹娥埭、浦阳北津埭、浦阳南津埭等。堰埭既可以是运河航道上的拦河坝,也可以是陂塘的堤坝。明人叙述分布在绍兴府各县的堰时写道:"各邑堰甚多,不可胜载,大率用以蓄水。"③这里所说的堰是指陂塘的堤坝,因此以蓄水为主,与宋代以前的堰埭不同。宋代以前的堰埭除了具有蓄水的功能外,还有调节航道水位的功能。

综上所述,杭州社会经济进入发展的快车道与隋炀帝拓宽江南运河有密切的关系。甚至可以说,自江南运河拓宽后,加快了商品流通的速度,从而给杭州社会经济的发展插上了翅膀。

第七节 南宋漕运与杭州粮仓建设

宋代漕运以宋室南渡为分界线,可分为两个阶段:南渡之前,是把江淮地区的粮食运往政治中心汴梁(在今河南开封)一带;南渡之后,主要是把东南六路的粮食运往新的政治中心杭州。建炎三年,宋高宗赵构驻跸杭州,诏令改杭州为"临安府"。

漕运方向上的变化

北宋,两浙(浙西与浙东)是漕运依赖的重点地区。开宝五年(972),宋太祖赵匡胤从江淮调运京城汴梁的大米仅有数十万石,但到了太平兴国初年,宋太宗赵炅从两浙调往大梁的大米已高达四百万石。从数十万石到四百万石,其时间长度不超过七年。根据这两个数字及征粮区域当知,北宋依赖两浙的程度超过了此前的任何一个朝代。

从汴梁到杭州以远,运河要跨过黄河、淮河、长江、钱塘江等水系。在这中间,要保证航

---

① 清·顾祖禹《读史方舆纪要·浙江二》,北京:中华书局2005年版,第4132页。
② 宋·吴自牧《梦粱录·堰闸渡》,上海:商务印书馆1939年版,第97页。
③ 明·萧良干、张元忭等《万历绍兴府志·水利志二》,《四库全书存目丛书·史部》第200册,济南:齐鲁书社1997年版,第654页。

道的畅通需要解决因海拔高度不同而造成的落差。在发明船闸技术之前,古人采取的办法是在落差大的航段修筑堰埭,保持各航段的水位,以此来避免航道干浅而无法航行的事件发生。与此同时,采用的另一个方法是在靠近缺水的地方即方便转运的地方建中转仓,等到丰水季节到来时,再将贮存在中转仓的粮食搬上船,通过原先枯竭、现已得到水源补充的航段将其运送到目的地。

中转仓虽可以提高漕粮运输的效率,解决不同航段遇到的航道干浅等问题,但因增加搬转次数往往会造成无谓的耗费。为了减少漕运途中的损耗,尽量地少建中转仓遂成了最佳的选择。从史料上看,唐宋两代的中转仓大都建在江北即从扬州到淮南之间的运河段。出现这样的情况并不奇怪,主要是因为江南运河有充足的水源补充航道,地势平缓,水位落差小,其通航能力超过了江北。一般来说,漕粮中转仓大都建在堰埭附近或河口(运河与河流交汇的地方)地区。北宋延续唐代旧制,中转仓集中建在长江以北和淮河以南的航段。其中,真州(在今江苏仪征)、扬州(在今江苏扬州)、楚州(在今江苏淮安)、泗州(在今江苏盱眙)是漕运中转过程中的四大仓。史称:"江南、淮南、两浙、荆湖路租籴,于真、扬、楚、泗州置仓受纳,分调舟船溯流入汴,以达京师,置发运使领之。"①这一时期,杭州虽承担转运浙东漕粮的重任,但因浙东运河水源充分、通航能力强,因此杭州不属于中转仓建设的范围。反过来讲,正是因为宋室南渡建行都于临安后,杭州才成为漕运仓廪建设的重点地区。也正是在这样的背景下,长江以北、淮河以南的漕运中转仓才开始走向衰败。与此同时,因淮河以北的运河处于废弃状态,沿岸的城市也开始走向萧条。

北宋漕运的目的地是汴梁,但宋高宗赵构南渡以后,漕运终端随行跸之地改变而改变。建炎三年,高宗行跸建康(在今江苏南京);绍兴元年(1131),高宗行跸会稽(在今浙江绍兴),因此,漕运目的地分别指向了建康和会稽。史称:"绍兴元年十一月戊戌诏:以会稽漕运不继,移跸临安。二年正月丙午,车驾自绍兴府幸临安府。"②由于会稽"漕运不继"即沿江南运河跨越钱塘江增加了漕运的难度,因此,于绍兴二年(1132)移跸临安。

驻跸临安后,漕运方向发生了变化,形成了以杭州为目的地的结构。关于这一时期的漕运航线,南宋诗人陆游的《入蜀记》有充分的记载:"自京口抵钱塘,梁宋以前不通漕。至隋炀帝始凿渠八百里,皆阔十丈。夹冈如连山,盖当时所积之土。朝廷所以能驻跸钱塘,以有此渠耳。汴与此渠皆假手隋氏,而为吾宋之利,岂亦有数邪!"③当时,陆游赋闲山阴(在今浙江绍兴)老家,接到任四川夔州通判的诏令后,乘船沿江南运河进入长江前往四川。行走在

---

① 元·脱脱等《宋史·食货志上三》,北京:中华书局1985年版,第4251页。
② 宋·潜说友《咸淳临安志·行在所录》,《四库全书》第490册,上海:上海古籍出版社1987年版,第10页。
③ 宋·陆游《渭南文集·入蜀记第一》,《陆放翁全集》上册,北京:中国书店1986年版,第267—268页。

江南运河之上,凭一路所见,陆游记下了个人的感慨。山阴与杭州虽有钱塘江相隔,但有浙东运河相连。长期生活在山阴和杭州两地的陆游目睹了江南运河在促进杭州经济发展过程中起到的重要作用,因此又感慨道:"自天子驻跸临安,牧贡戎赞,四方之赋输,与邮置往来,军旅征戍,商贾贸迁者,途出于此,居天下十七,其所系岂不愈重哉?"①从陆游的认识中当知两点:一是南宋驻跸临安后,政治中心随之南迁,临安成为漕运的终点;二是杭州的繁荣与江南运河有莫大的关系。史称:"国家驻跸钱塘,纲运粮饷,仰给诸道,所系不轻。水运之程,自大江而下至镇江则入闸,经行运河,如履平地,川、广巨舰,直抵都城,盖甚便也。"②从"自大江而下至镇江则入闸,经行运河"数语中可见,南宋时期的漕运因淮河以北的国土沦丧,漕粮征收的重点地区已转向长江流域,在这一过程中,江南运河在国家的政治、军事、经济中占有举足轻重的地位。

南宋因淮河以北的土地基本上沦丧,因此漕粮征收主要依靠长江中上游地区。庞大的官僚机构与军队进驻临安后,江南运河不得不担负起从江南地区及长江中上游地区调集粮食及物资的重任,以满足人们日常生活的需要。与此同时,临安市民的生活亦仰仗江南运河这一黄金水道。可以说,政治中心迁徙后,直接导致了漕运方向的变化。在这一过程中,当不同阶层的人士大量地涌入临安时,疏浚运河航道、调集粮食进入临安及进行仓储已成为统治者必须面对的大问题。进而言之,漕运方向发生变化后,提高江南运河,特别是杭州段运河的通航能力,加快临安的粮仓建设已成为刻不容缓的大事。

临安的漕仓建设

南宋驻跸临安后,杭州的粮仓建设被提上了议事日程。这一时期,旧有的粮仓与新建粮仓共同承担了临安的仓储责任。宋高宗驻跸临安之前,杭州有镇城仓、州都仓、常平仓、糯米仓、仁和仓、义仓等粮仓;宋高宗驻跸临安之后,新建或在旧仓的基础上兴建的粮仓有省仓上界、省仓中界、省仓下界、丰储仓、丰储西仓、端平仓、淳祐仓、平籴仓、咸淳仓等。

以高宗驻跸临安划分粮仓建设的时间段,杭州粮仓在分布地理位置上有不同的特点。

杭州新粮仓建设发生在绍兴(1131—1162)初年。据《宋史·高宗纪二》,建炎三年宋高宗驻跸杭州。此后,高宗移跸建康(在今江苏南京)、会稽(在今浙江绍兴)等地,最后将行都定在杭州,可谓是反复斟酌的结果。杭州成为行都后,南朝统治者重点建设了省仓上界、省仓中界、省仓下界、丰储仓、丰储西仓、端平仓、淳祐仓、平籴仓、咸淳仓等粮仓。此外,又扩建了州都仓、常平仓等粮仓。从时间上看,省仓上界、中界和下界创建的时间最早。三仓是省仓上界、中界和下界的统称。三仓以"行在"冠之,与宋高宗赵构以临安为行都有直接的关

---

① 宋·陆游《渭南文集·常州奔牛闸记》,《陆放翁全集》上册,北京:中国书店1986年版,第119页。
② 元·脱脱等《宋史·河渠志七》,北京:中华书局1985年版,第2406页。

系。上界接受杭州以南的浙东米,故称南仓;中界在国家最高行政机构的北面,故称北省仓,又称北仓;下界在杭州城的东面,故称东仓。

丰储西仓、端平仓、平籴仓、淳祐仓、咸淳仓等大都建南宋中后期。具体地讲,宋孝宗赵昚淳熙七年,建丰储西仓;宋理宗赵昀端平元年(1234),建端平仓;宋理宗淳祐三年(1243),建平籴仓和重建常平仓;宋理宗淳祐九年(1249),又建淳祐仓;宋度宗赵禥咸淳四年(1268),建咸淳仓。① 这些粮仓大部分建于南宋王朝的中后期,与政治格局发生重大变化有密切的关系。成吉思汗率领的蒙古人崛起后,先灭西夏,后随将军事斗争锋芒指向金国。为了尽早地灭金,蒙古人与南宋结成同盟。公元1234年,在蒙古与南宋军队的夹击下,金朝灭亡。金朝灭亡后,蒙古人成为南宋最大的威胁。为防止蒙古人即元军南下,杭州及周边地区已成为南宋重点设防的地区。在这个过程中,因南宋长期处于北方政权的威胁之下,需要在杭州四周驻守大量的军队。这样一来,为保证军粮供给和杭州的安全,加强粮仓建设已是必然之举。

杭州成为行都后,北宋以前的常平仓、州都仓等得到了进一步修缮和扩建。如宋真宗赵恒景德三年(1006),建常平仓。州都仓旧名西版仓,又称都仓。五代十国时期,由闽国王审知创建。两宋时期,州都仓得到了进一步地扩建。宋神宗赵顼熙宁二年,在王审知西版仓的基础上扩建了子城仓。宋哲宗赵煦元祐四年(1089),又在子城仓的基础上扩建州都仓。宋高宗赵构建炎元年,重修州都仓;宋高宗绍兴四年,为方便漕运及出纳,重点修建了州都仓的石甃两廊。这一粮仓修建后,成为宋室南渡后最重要的粮仓。值得注意的是,梁克家叙述州都仓的概况时有"常平仓旧在仓内"②一语,据此,北宋常平仓的基础是西版仓(州都仓)。北宋年间,常平仓得到多次的修缮。后来,西版仓易名为州都仓后成为著名的漕仓,与此同时,常平仓迁出另建。

临安的漕仓分布

粮仓密布在杭州一带,构筑了南宋粮食安全的保障系统。纵观南宋杭州粮仓的建设过程及仓储管理,不难发现有以下五个特点。

其一,不同的粮仓接受来自不同地区的粮食,有不同的供给对象。如省仓三界专收浙东大米,是供给皇室及百官等三类人员的粮仓;丰储仓、丰储西仓等专储官田收获的粮食,是备荒赈灾的粮仓;淳祐仓专储官田粮食,是供给军队的粮仓;端平仓专储漕粮,是负有调拨之职

---

① 宋·潜说友《咸淳临安志·行在所录》,《四库全书》第490册,上海:上海古籍出版社1987年版,第104—105页。
② 宋·梁克家《淳熙三山志·都仓》,《四库全书》第484册,上海:上海古籍出版社1987年版,第179页。

的漕仓;平籴仓、常平仓、州都仓等储备当地的粮食,是负有平易粮价及赈灾等功能的粮仓。省仓三界中的南仓接受上等的优质米,主要负责供应皇家宗室和朝廷文武百官等;北仓接受次一等的大米,主要供应京城守备人员等;东仓大米最次,主要供应驻扎在杭州周边的士兵等。

其二,各粮仓虽有不同的职能,但又不是绝对,时常会出现功能交叉的现象。仅以丰储仓为例,宋理宗赵昀宝庆元年(1225),"出丰储仓米八万石赈临安贫民"①;宝庆三年(1227),"甲辰,以雪寒籴贵,出丰储仓米七万石以纾民"②;宋理宗淳祐七年(1247),"出丰储仓米三十万石以平籴价"③;宋度宗赵禥咸淳六年(1270),"诏台州发义仓米四千石并发丰储仓米三万石,振遭水家"④;宋理宗宝祐元年(1253),"温、台、处三郡大水,诏发丰储仓米并各州义廪振之"⑤。义廪是义仓的别称。史称:"太祖承五季之乱,海内多事,义仓浸废。乾德初,诏诸州于各县置义仓,岁输二税,石别收一斗。"⑥乾德(963—967)是宋太祖赵匡胤的年号。杭州各县的义仓与丰储仓一道承担了赈灾的功能。

其三,粮仓的规模巨大,构成了庞大的仓储系统。省仓三界各储米一百五十万石,咸淳仓储米六百万石。除了平籴仓不知有多大的规模外,丰储仓、淳祐仓与咸淳仓的规模大体相当。其中,丰储西仓与端平仓合在一起超过了咸淳仓的规模。如果说杭州仓廒储粮的规格统一的话,那么,从咸淳仓"仓廒一百眼,岁贮公田米六百余万石"一语可以推断,杭州仓廒每眼可贮藏六万石粮食。从丰储仓"廒百眼",淳祐仓"廒一百眼"、丰储西仓"廒五十九眼"、端平仓"廒五十六眼"、咸淳仓"仓廒一百眼"等仓储情况看,可知丰储仓、淳祐仓、咸淳仓等三仓是杭州最大的粮仓。不过,淳祐仓、咸淳仓的规模虽然与丰储仓相当,但因建造时间晚,故在粮食保障方面没有丰储仓的作用大。

其四,粮仓粮食的输出和输入有严格的管理制度。宋代建立了一套完整的粮食安全的仓廪制度,除了严格区别各个仓廪的功能外,还有严密的管理机构和一套完整的管理制度。除了有专门的官员负责管理粮仓外,还设立了监官制度即监察制度。宋神宗赵顼元丰(1078—1085)以后,粮仓划归司农管辖。凡粮仓受纳、支用均采取每月一报的管理制度。在这一过程中,即使是封桩的粮食也不能例外。所谓封桩,是指将粮仓按规定支付后,剩余的粮食必须封存起来,以备急用。采取月报的方法后,进一步严格了粮食输入和输出的管理制度,有效地堵塞了管理中的漏洞。南宋在北宋仓廪制度的基础上进一步加强了制度管理。

---

① 清·毕沅《续资治通鉴·宋纪一百六十三》,北京:中华书局1957年版,第4434页。
② 清·毕沅《续资治通鉴·宋纪一百六十四》,北京:中华书局1957年版,第4467页。
③ 清·毕沅《续资治通鉴·宋纪一百七十二》,北京:中华书局1957年版,第4688页。
④ 元·脱脱等《宋史·度宗纪》,北京:中华书局1985年版,第905页。
⑤ 元·脱脱等《宋史·理宗纪三》,北京:中华书局1985年版,第848页。
⑥ 元·脱脱等《宋史·食货志上四》,北京:中华书局1985年版,第4275页。

具体地讲,实行监官、监门官制度,建立专门的核查制度和官员考核制度。在实行监官制度的基础上,配置监门官,以强化粮食入仓和出仓的管理工作。所谓"别置赤历",是指管辖粮仓的上级机关备有另外一本记载粮仓出入情况的账本,根据这一账本可方便随时核查粮仓的入库和出库情况。为防止粮仓监官与管理粮仓的官员相互勾结、徇私舞弊,除了对粮仓监官采取两年一任的轮岗制度外,还制定了专门针对监官、监门官任满离任时的考核制度。在这一过程中,监官、监门官任满离职时除了要有上级机关出具的"批书"外,还要有粮仓管理官员出具的"批书"。粮仓出具"批书"主要是从考察该监官在粮仓工作期间"有无欠折"的情况入手,来"定其功过",进而为其调任或升迁提供参考。此外,粮食出仓有一套严格的管理制度。如从丰储仓调粮时,通常的惯例是,秋收后必须补进新粮,以保持粮仓恒定的储蓄。丰储仓虽有平易粮价的功能,但并不是说出仓的粮食就可以直接进入粮食市场,在出仓的过程中,需要将其先划拨到平籴仓,然后才能从平籴仓进入粮食市场。这一举措虽然增加了流通时的环节,但表明调粮是件极为慎重的事,必须层层把关。综上所述,南宋在北宋的基础上建立了一套更为严密的粮仓管理制度。

其五,大部分的粮仓集中在杭州北门(余杭门)和东门(东青门)一带。从周淙《乾道临安志》、潜说友《咸淳临安志》、吴自牧《梦粱录》等记载中当知,建在北门一带的粮仓有省仓上界、省仓中界、省仓下界、丰储西仓、端平仓、淳祐仓等,建在东门(东青门)内外的有丰储仓、咸淳仓、平籴仓等。其中,省仓中界与丰储仓有过仓址互换的经历。

杭州粮仓集中在北门和东门一带是必然的。其一,漕运方向改变后,依托运河进行漕运的原则没有变。杭州水门集中在杭州城的北面和东面,漕粮输入杭州,需要在水陆交通方便的地方建仓。其二,输往杭州的漕粮,大部分来自浙西以远的江南各地。本着就近入仓和方便运输的原则,把粮仓建在北门是最佳的选择。杭州北门共有三座,其中两座是水门。天宗门是天宗水门的省称。北门一带的运河不但直通江淮,而且还与城里的运河相连,因此成为杭州与江淮联系的重要通道,同时也是江南漕粮入杭的最近点。其三,长期以来,南宋一直面临着北方政权的威胁。正因为如此,加强杭州粮仓建设乃成为当务之急。然而,如果粮仓全部建在北门,万一北门失守,带来的后果将不堪设想。因此,需要选择新的地点建立粮仓。从地理位置上看,杭州的南面是皇宫,西面没有密集的水上交通网络,受条件的限制,粮仓只能选择在东门一带,即不可能在城南和城西建仓。

此外,东门有四通八达的运河网络,与北面的水门相通。东门运河与北门运河相连既沟通了杭州城里的各条运河,同时也为漕粮的输入和输出提供了极大的方便,进而起到了完善杭州粮仓布局的作用。

第八节　杭州与市舶司及海外贸易

市舶司是国家掌控商船出入境情况,对其进行管理及征收进出口商税的机构。它的基本职能是发展海外贸易,从职能上看,市舶司与近代海关多有相似之处。凭借特殊的区位,杭州成为宋代率先建市舶司的区域。后来,杭州市舶司虽然经历了裁并,但在促进杭州社会经济发展方面却做出了重要的贡献。宋代之所以在杭州建市舶司,与杭州有四通八达的运河即快捷的交通密切相关。

杭州市舶司的变迁

市舶司初创于唐代。史有"时右威卫中郎将周庆立为安南市舶使"[1]之说,又有"开元二年十二月,岭南市舶司、右威卫中郎将周庆立、波斯僧及烈等,广造奇器异巧以进"[2]之说。据此,市舶司应在唐玄宗开元二年(714)以前建立,其机构设在广州。

唐代设市舶司的目的是监管海外贸易,从中获取更多的财赋。如司马光记载道:"有胡人上言海南多珠翠奇宝,可往营致,因言市舶之利。又欲往师子国求灵药及善医之妪,置之宫掖。上命监察御史杨范臣与胡人偕往求之,范臣从容奏曰:'陛下前年焚珠玉、锦绣,示不复用。今所求者何以异于所焚者乎!彼市舶与商贾争利,殆非王者之体。胡药之性,中国多不能知,况于胡姬,岂宜置之宫掖!夫御史,天子耳目之官,必有军国大事,臣虽触冒炎瘴,死不敢辞。此特胡人眩惑求媚,无益圣德,窃恐非陛下之意,愿熟思之。'上遽自引咎,慰谕而罢之。"[3]此事发生在开元四年(716)。杨范臣所说的"彼市舶与商贾争利,殆非王者之体"的含义是,朝廷不应设置市舶司与商人争利。撇开这点不论,当知唐代市舶司建立的时间很可能发生在唐玄宗一朝以前。

宋代市舶司始建于宋太祖赵匡胤开宝四年(971)。史称:"四年,置市舶司于广州,后又于杭、明州置司。"[4]在淳化三年"移杭州市舶司于明州定海县"之前,杭州市舶司是两浙地区建立的唯一的市舶司。这种情况表明,在明州市舶司即淳化三年明州建市舶司之前,设在两浙地区的市舶司只有杭州市舶司一个,因此,两浙市舶司的初指只能是杭州市舶司的别称。当然,这一情况后来发生了变化,即两浙市舶司有更大的包容范围。

---

[1] 后晋·刘昫等《旧唐书·玄宗纪上》,北京:中华书局1975年版,第174页。
[2] 宋·王溥《唐会要·御史台下》第二册,北京:中华书局1955年版,第1078页。
[3] 宋·司马光《资治通鉴·唐纪二十七》(邬国义校点),上海:上海古籍出版社1997年版,第1949页。
[4] 元·脱脱等《宋史·食货志下八》,北京:中华书局1985年版,第4558页。

以行政区划的名称替代设在其治所的市舶司,从侧面反映了该市舶司管理海外贸易的范围。具体地讲,以"两浙市舶司"称谓杭州市舶司,与两浙成为新的行政区划有密切的关系。从历时的角度看,两浙成为行政区划,始于中唐。至道三年(997),两浙路成为宋代正式的行政区划。此后,两浙路虽多次析为浙东和浙西两路,但大多数的时间是合在一起的。在这中间,杭州作为两浙路的治所,对两浙地区行使行政管理权。在这样的背景下,以"两浙市舶司"称呼杭州市舶司只是为了强调杭州市舶司管辖的范围。

明州及两浙其他地区的市舶司建立以后,两浙市舶司的所指发生了变化。此时,两浙市舶司除了继续指杭州市舶司外,同时还是两浙地区各个市舶司的统称,其中包括在杭州、明州、秀州、温州、江阴等地建立的市舶司。两浙地区先后建立了五个市舶司,其中,秀州市舶司建立的情况最为复杂。如宋代档案记载道:"宣和元年八月四日,又奏:'政和三年七月二十四日圣旨,于秀州华亭县兴置市舶务,抽解博买,专置监官一员。后来因青龙江浦堙塞,少有蕃商舶船前来,续承朝旨罢去正官,令本县官兼监。今因开修青龙江浦通快,蕃商舶船辐凑住泊,虽是知县兼监,其华亭县系繁难去处,欲去依旧置监官一员管干,乞从本司奏辟。'从之。"①政和三年(1113),秀州市舶司于华亭(在今上海松江)正式建立。

秀州市舶司初建于华亭县,后来青龙江航道淤塞,市舶司移往秀州的通惠镇(在今上海青浦北白鹤镇)。宋高宗建炎四年十月十四日的档案中记载道:"提举两浙路市舶刘无极言:'近准户部符,仰从长相度,将秀州华亭县市舶务移就通惠镇,具经久可行事状,保明申请施行。今相度,欲且存华亭县市舶务,却乞令通惠镇税务监官招邀舶船到岸,即依市舶法就本州岛抽解,每月于市舶务轮差专秤一名前去主管。候将来见得通惠镇商贾免般剥之劳,往来通快,物货兴盛,即将华亭市舶务移就本镇置立。'诏依。"②此后,秀州市舶司的治所又从通惠镇移往秀州的澉浦镇(在今浙江海宁)。

南宋统治者刻意经营秀州市舶司,与秀州位于杭州湾,是杭州的门户有密切的关系。秀州临江濒海,有港口区位上的优势和发达的水上交通,且与山阴、杭州等相连,在这样的背景下,将两浙市舶司移往秀州成为理想的选择。南宋为应付日益增长的财政支出,需要发展海外贸易。建炎(1127—1130)末年,宋高宗赵构为避金兵暂驻山阴(在今浙江绍兴),因此,杭州成为南宋临时都城山阴的门户,出于安全上的考虑需要把市舶司移往杭州以外的地方。

将市舶司从杭州移往秀州华亭,既是出于国家安全的考虑,同时又因有运河等航道相连,可以用最快的速度将海外贸易获取的财富上缴中央。从这样的角度看,将市舶司从杭州迁往秀州乃形势使然。南宋定都杭州后,秀州市舶司不再回迁,而是从华亭迁往青龙,再迁往澉浦,也与临安(杭州)是南宋的国都有直接的关系。在这中间,两浙市舶司治所虽先后设

---

① 清·徐松《宋会要辑稿·职官四四》第四册,北京:中华书局1957年版,第3369页。
② 同①,第3370页。

在华亭、青龙、澉浦,但因三镇位于杭州湾的北部,距临安不远,再加上有运河相连,因此秀州市舶司实际上是临安商贸的前沿阵地。史称:"淳熙元年七月十二日,户部侍郎蔡洗①言:'乞委干办诸军审计司赵汝谊往临安府明、秀、温州市舶务,将抽解博买、合起上供并积年合变卖物货根括见数,解赴行在所属送纳,趁时出卖。'从之。既而汝谊申,若尽数起发,切恐无本博易,乞为量留。诏存留五分。"②"行在所"是指临安(在今浙江杭州)。所谓"解赴行在所属送纳,趁时出卖",是指以临安为销售海外货物的市场。

秀州市舶司在两浙各市舶司中有较高的地位。如从提举市舶司周奕之请,绍兴十八年(1148)闰八月十七日,宋高宗诏书曰:"明、秀州华亭市舶务监官除正官外,其添差官内许从市舶司每务移差官一员前去温州、江阴军市舶务,专充监官,主管抽买舶货,收支钱物,仍与理为本任。"③秀州市舶司的地位高于温州、江阴市舶司,与两浙市舶司将治所迁往秀州有密切的关系。进而言之,两浙市舶司对设在两浙的其他市舶司有一定的行政管理权。

按照建立时间的先后顺序,宋代依次建立了广州、杭州、明州、泉州(在今福建泉州)、密州板桥(在今山东胶县)、秀州华亭、温州(在今浙江温州)、江阴(在今江苏江阴)等市舶司。

从历时的角度看,广州市舶司是宋代建立最早的市舶司,江阴市舶司建立的时间最迟。开宝四年,宋太祖在广州设置广州市舶司;开宝四年(971)以后、雍熙三年(986)以前,设杭州市舶司;淳化三年,宋太宗设明州市舶司;元祐二年(1087),宋哲宗设泉州市舶司;元祐三年,设密州板桥市舶司;政和三年(1113),宋徽宗设秀州华亭市舶司;宣和元年(1119),宋徽宗设秀州青龙市舶司;绍兴三年(1133)以前,温州市舶司已经建立;绍兴十五年(1145),宋高宗设江阴市舶务。除了市舶司在海外贸易中扮演重要角色外,一些濒海临江的城市也在海外商贸中占有重要的地位。如长江以北、淮河以南的通州(在今江苏南通)、扬州、楚州(在今江苏淮安)、海州(在今江苏连云港)等是重要的通商港口,长江以南的越州(在今浙江绍兴)、台州、福州、漳州(在今福建漳州)、潮州(在今潮州潮安)、雷州(在今广东海康)、琼州(在今海南海口)等也是外商经常落脚的通商口岸。

除广州市舶司之外,其他市舶司大都经历了撤销和重建的历史,这一情况的存在直接影响到杭州市舶司的兴废。杭州市舶司第一次撤销的时间发生在淳化三年。淳化四年(993),再次建立。此后,杭州、明州市舶司又再次撤销。清徐松指出:"淳化中,徙置于明州定海县,命监察御史张肃主之。明年,肃上言非便,复于杭州置司。咸平中,又命杭、明州各置司,听

---

① 注:蔡洗应为蔡洸,系形误。《宋会要辑稿》记其人事迹多作"洸",《宋史》卷三九〇有《蔡洸传》。
② 清·徐松《宋会要辑稿·职官四四》第四册,北京:中华书局1957年版,第3378页。
③ 同②,第3376页。

蕃客从便。"①杭州、明州市舶司撤销后,又于咸平年间(998—1003)重建。

宋神宗熙宁九年(1076),杭州市舶司并入广州市舶司。史称:"熙宁五年,诏发运使薛向曰:'东南之利,舶商居其一。比言者请置司泉州,其创法讲求之。'七年,令舶船遇风至诸州界,亟报所隶,送近地舶司榷赋分买;泉、福濒海舟船未经赋买者,仍赴司验勘。时广州市舶亏岁课二十万缗,或以为市易司扰之,故海商不至,令提举司究诘以闻。既而市易务吕邈入舶司阑取蕃商物,诏提举司劾之。九年,集贤殿修撰程师孟请罢杭、明州市舶,诸舶皆隶广州一司。令师孟与三司详议之。是年,杭、明、广三司市舶,收钱、粮、银、香、药等五十四万一百七十三缗、匹、斤、两、段、条、个、颗、脐、只、粒。"②从"请罢杭、明州市舶,诸舶皆隶广州一司"中当知,熙宁九年,杭州市舶司不是真正意义上的撤销,只是归口由广州市舶司管辖。

宋徽宗崇宁元年(1102),重建杭州市舶司;宋徽宗大观二年(1108),石公弼上书精简机构,市舶司因此隶属转运司;宋高宗建炎元年,撤销两浙、福建市舶,其中包括杭州市舶司;建炎二年,重建杭州市舶司;乾道二年(1166),再次撤销杭州市舶司;德祐元年(1275),重建杭州市舶司。杭州市舶司虽经多次撤销,但随撤随立,其存在时间贯穿于两宋的始终。出现这样的情况,与宋代统治者不断地调整海外贸易政策有直接的关系。

杭州海外贸易与运河

南宋驻跸临安(杭州),是以在吴越旧地建立的两浙路为核心区的。除去新开运河,自杭州西行即到浙西有隋炀帝兴修的江南河,自杭州东行即跨过钱塘江至明州有浙东运河,两条运河贯穿东西,是杭州对外联络的主要交通形式。

时人陆游指出"予谓:方朝廷在故都时,实仰东南财赋。而吴中又为东南根柢,语曰:苏常熟,天下足。故此闸尤为国用所仰。迟速丰耗,天下休戚在焉。自天子驻跸临安,牧贡戎贽,四方之赋输,与邮置往来,军旅征戍,商贾贸迁者,途出于此居天下十七,其所系岂不愈重哉!"③陆游称"方朝廷在故都时,实仰东南财赋",是没有问题的。当时,财赋主要取自东南六路,其中,江淮生产的淮盐、稻米和吴中苏州、常州生产的稻米及经济作物等是大宗。常州奔牛闸具有调节江南河水位的功能,可谓是江南河的咽喉。陆游又指出:"朝廷所以能驻跸钱塘,以有此渠耳。"④所谓"驻跸钱塘",是指宋王室渡江后,以钱塘即杭州为都。所谓"以有此渠耳",是指江南河在南宋漕运中承担着重要的使命。

江南河在杭州的西面,浙东运河在杭州的东面,伴随着杭州及明州在海外贸易地位的提

---

① 清·徐松《宋会要辑稿·职官四四》第四册,北京:中华书局1957年版,第3364页。
② 元·脱脱等《宋史·食货志下八》,北京:中华书局1985年版,第4560页。
③ 宋·陆游《渭南文集·常州奔牛闸记》,《陆放翁全集》上册,北京:中国书店1986年版,第119页。
④ 宋·陆游《渭南文集·入蜀记第一》,《陆放翁全集》上册,北京:中国书店1986年版,第267页。

升,浙东运河的地位也得到了快速地提升。宋理宗宝祐三年(1255),兴修了杭州以东的钱塘江堤,此时浙东运河沿岸已是重要的产粮区,承担着服务临安即钱塘的重任。

宋代的海外贸易呈逐年增长的势态,仅从贸易品种增加的情况中可见一斑。如宋初,海外进口商品不足五十种,到南宋已增至三百多种①。宋代,设市舶司发生在宋太祖开宝四年。继在广州设市舶司以后,宋太祖又在杭州和明州建市舶司。时至宋太宗一朝又在京城设榷署进一步管理海外贸易,防止私下交易。

史称:"淳化中,明州初置市舶司,与蕃商贸易,命知颛往经制之。"②在明州(在今浙江宁波)设市舶司,是因为明州有便利的水上交通。具体地讲,海外商品自明州登岸,沿浙东运河可至杭州,自杭州入江南运河,随后至京口(在今江苏镇江)渡江,经扬州入江淮运河,随后至盱眙,从盱眙渡淮到泗州入汴河,再经汴河可入大梁。所谓"与蕃商贸易,命知颛往经制之",是指时任供奉官的石知颛奉命到明州经制明州市舶司,如史有"太宗即位,改供奉官"③之说。朝廷突然派供奉官石知颛经制明州市舶司,旨在将海外贸易得来的奇珍异宝送往大梁,供皇家使用。在这一过程中,石知颛在不经意间开辟了一条与海外贸易相连接的内河航线。

这条内河航线是指自明州入浙东运河的航线,早在石知颛经制明州市舶司以前已经存在,并且与隋炀帝兴修的江南河相连,具有跨越长江、远通黄河流域的能力。然而,这一航线在石知颛经制明州市舶司以前受到轻视,其原因是,那时浙东与黄河流域及中原之间的经济联系较少。东南漕运虽包括两浙路,但从两浙路征收的漕粮主要来自杭州以西的地区。两浙路之所以将漕粮征收放在杭州以西的区域,是因为浙东到大梁的距离被明显地拉长,且浙东运河的堰埭太多,增加了漕粮外运的难度。石知颛开辟这条内河航线以后,形势发生了新的变化,其中,最显著的变化是密切了浙东与黄河流域及大梁之间的交通联系。在此之前,浙东运河虽然与江南运河相通,可以进入长江流域,甚至远及江淮运河、淮河、汴河、黄河等航线,但对外进行的商品交易主要集中在两浙路这一区域内。自石知颛开辟这条从东南沿海到大梁最快捷的运河交通线后,通过市舶司密切了浙东与大梁的经济联系,也密切了海外贸易与运河的关系。

或许是因为石知颛以京官的身份管理市舶司,又建立了一条内河交通线,稍后,掌漕运及与漕运相关事务的发运使和转运使也开始兼任市舶使。发运使和转运使参与市舶司工作以后,其职能明显扩大。反过来说,由发运司和转运司等执掌海上贸易事务,从一个侧面说明了海外货物进口后需要运输成本低廉的运河参与。

在进行海外贸易的过程中,杭州市舶司几经裁撤和恢复。杭州和明州市舶司归广州市

---

① 详细论述参见葛金芳《中国经济通史·第五卷》,长沙:湖南人民出版社2002年版,第547—548页。
② 元·脱脱等《宋史·石知颛传》,北京:中华书局1985年版,第13625页。
③ 同②。

舶司以后,继续进行海外贸易,甚至还有不断加强的趋势。杭州市舶司降格为市舶务以后,杭州依旧是重要的海外贸易场所。熙宁六年,宋神宗两次将内藏库银借给杭州市舶务为本钱,当知杭州依旧是重要的海外交易市场。宋神宗熙宁九年,在程师孟的建议下杭州和明州市舶司撤销了。不过,程师孟所说的"请罢杭、明州市舶",是指缩小杭州和明州市舶司的规模,不是真正意义上的裁撤。

两浙市舶司有三方面的特点:一是"两浙路惟临安府、明州、秀州、温州、江阴军五处有市舶",明确地说两浙市舶司有不同的交易地点;二是两浙转运使"奉旨提督两浙市舶事务"一事表明,负责漕运的官员在市舶事务中扮演着重要的角色;三是不同地点的市舶司有不同的接待对象,如明州市舶司主要接待来自高丽、日本的商人。

北方大片国土沦陷后,南宋疆域压缩到淮河南岸至大散关一线,户籍人口数基本上维持在五六千万。杭州的海外贸易进入了新的阶段。这一时期,杭州依托明州,在海外贸易中脱颖而出,为社会经济的繁荣注入了生生不息的活力。临安是国都,再加上其在海外贸易中获得了巨大的财富,为促进临安即杭州社会经济的发展,宋孝宗于淳熙六年(1179)采取了免除临安税收的措施,如史有"蠲临安征税百千万缗"[①]之说。

---

① 清·毕沅《续资治通鉴·宋纪一百四十七》,北京:中华书局1999年版,第3927页。

第十章 元代的漕运

从两汉到北宋,大一统国家的政治中心主要建在黄河流域。在这期间,各王朝的政治中心虽建在不同的地点,但使用的漕运线路大体相同。元代迁都大都(在今北京)后,因漕运目的地远离黄河流域,航线也随之发生了重大的变化。

元代兴修运河主要有三个目的:一是兴修以通惠河为代表的京畿地区的运河,从水上打通大都与外界的联系;二是在山东兴修会通河,拉直运河北上大都的航线;三是疏浚或改建不同地区的运河航道,如御河、扬州运河、江南运河等。三个区域的运河形成连接之势后,为南北运河东移,即京杭大运河(大运河)全线开通奠定了基础。

经济发达的江南地区并入元王朝的版图后,政治中心和经济发达地区之间的距离变得更远了。在没有一条现成的为新政治中心服务的漕运通道的背景下,采取什么样的线路转输江南钱粮北上成为元王朝必须面对的大问题。为此,元代统治者进行了三个方面的探索:一是利用原有的漕运通道绕道黄河北上,实行水陆转运;二是为了降低转输成本,尝试海运,为此,先后建立了三条海运航线;三是在山东开挖济州漕渠、济州河和会通河等,试图兴建一条或与海上航线相接的漕运通道,或与江淮及大都直接相连的漕运通道。从形势上看,元代尝试海运和开山东域内的运河实际上是迫不得已的选择。假定原有的漕运通道能直接为新政治中心大都服务,不存在因转输江南钱粮的过程中需要绕道河南等地而付出高昂代价的情况,那么,元王朝是不会把运河建设及尝试海运提上议事日程的。客观地讲,开挖一条直通大都的新运河,进而实现南北运河整体东移需要一定的时间,是不可能在短期内实现的。为此,元代把尝试海运提上了议事日程。与水陆联合转输相比,海运虽然可以降低转输成本,但有自身无法克服的缺陷,具体表现在三个方面:一是海上风浪大,近海航行时船只容易搁浅或触礁翻覆;二是在航海技术有限的前提下,起运时需要根据季风、洋流、潮汐等变化来确定具体的时间;三是京城大都远离海口,从入海口经直沽(在今天津)转运没有一条现成的航线。这样一来,要想降低转输成本,建设从通州到大都的漕运通道及山东域内的运河成为当务之急。

自伯颜确立海运秩序后,元代在发展海运的同时加大了运河建设的力度,采取了三个方案。一是由郭守敬重修通惠河,通过开通从通州到大都的漕运通道,保证从直沽到大都航线的畅通,进而形成内河漕运与海漕相接之势。二是加大裁弯取直工程建设的力度,重点兴建山东域内的运河,如济州漕渠、济州河、会通河等,进而建成南接江淮、北入御河与大都相通的漕运大通道。与其他区域的运河相比,会通河的建设难度最大。具体地讲,会通河经过的区域地貌复杂,以台地任城(在今山东济宁)为中点,向南北两翼展开,各有三十米以上的落差。客观地讲,要想在这一区域开挖运河,不但需要从高处的台地引水补给航道,还需要建造堰闸向南北两端分水并控制流量。经过艰苦的努力,会通河终于建成了,从此实现了南北运河整体东移的战略目标。马之贞等为兴修山东域内的运河做出了杰出的贡献。三是在建立为大都服务的水上交通运输体系时,需要根据各地航道、堤岸及水利设施损坏的情况进行有针对性的修缮和管理,以提高关键航段御河、扬州运河、江南运河等的通航能力。三个兴修方案实施后,以元世祖至元三十年(1293)通惠河再度开通为标志,一条一头与江南运河相连、一头与大都相通的漕运通道(京杭大运河)已基本建成。

京杭大运河实际上是由不同时期开挖的运河构成的。史称:"运河自京师历直沽、山东,下达扬子江口,南北二千余里,又自京口抵杭州,首尾八百余里,通谓之运河。"元代开会通河以后,初步实现了南北运河的东移。由于这条航线以杭州为起点,以北京为终点,因此有"京杭大运河"之称。

京杭大运河开通后,不仅促进了南北地区的商贸往来,而且带动了沿岸地区及城市社会经济的发展,并形成了向腹地及周边地区辐射的能力。遗憾的是,正当京杭大运河即将展示出巨大的能量时,元末风云骤起,元王朝在朱元璋的打击下被迫退往漠北。明初,朱元璋将政治中心建在金陵(在今江苏南京),京杭大运河的重要性开始减弱,乃至于某些航段出现了严重的淤塞。明成祖朱棣定都北京后,这条处于湮废状态的运河经兴修后再度开通。清朝继续定都北京,在加强漕运管理及航道建设的过程中,京杭大运河的重要性进一步彰显。追溯这一段历史,大运河的开通实际上是在元代积极地从事运河建设的背景下实现的。

政治中心北移与漕运路线的改变,既标志着中原运河的废弃,也预示着京杭大运河沿岸的城市即将获得优先发展的机会。当贯穿南北的大运河在商品流通中扮演重要的角色时,这一地区成为最有经济活力的地区,也就预示了大运河沿岸城市优先发展的可能性。

漕运管理机构设置及建设、航道、堰闸、漕仓(漕运中转仓)等是运河建设的重要组成部分。继漕运管理机构建设以后,元王朝又在航道、堰闸、漕仓等建设及管理方面采取了一系列的措施,通过调整隶属关系及加强管理提高了效率。漕仓是转输过程中不可或缺的环节,在充分继承唐宋水次仓建设成果的过程中,元代漕仓建设形成了新的特点。具体地讲,元代漕仓除了有前代水次仓沿漕运通道建造的特点外,又因水陆转运的需要建造了旱站仓廪,因海运建造了海运中转仓。三者结合,极大地丰富了元代漕仓的形态,这些漕仓建成后在内河漕运、水陆联运和海漕中发挥了重要的作用。

第一节　开凿通惠河

元王朝夺取江南,标志着南宋彻底并入元王朝的版图。由此带来的后果是进一步拉大了政治中心和经济发达地区之间的距离。在没有一条现成的为新政治中心服务的漕运通道的背景下,采取什么样的运输方式将江淮之盐和江南钱粮运入大都,便成了元王朝必须面对的大问题。郭守敬兴修的通惠河从水路加强了大都与江淮和江南的经济联系。进而言之,在元王朝经济上需要江淮产的淮盐和江南产的稻米、丝绸等时,如何及时降低运输成本便成为元朝政府必须面对的问题。根据这些情况,郭守敬主要采取了三个方面的措施:一是吸收同时代的水上交通建设成果,二是利用金代运河建设的成果,三是关注金代以前的运河建设成果。通过这一系列的举措,郭守敬开创了大都水上交通运输的新历史。

郭守敬开通惠河凝聚同时代人的成果

两次兴修通惠河的方案虽出自郭守敬之手,并且是在他的主持下进行的,但也集中了同时代人的智慧,并充分利用了同时代人的成果。

其一,在郭守敬重修通惠河之前,已有人在初修通惠河方案的基础上提出引卢沟河入运的改造方案,并具体地付诸实施。针对"陆挽官粮,岁若干万,民不胜其悴"等情况,主张发展漕运的官员分别提出了开滦河航线和卢沟河航线的方案。先撇开滦河"自永平挽舟逾岭而上"这一航线不论,将卢沟河引入"自麻峪可至寻麻林"的兴修方案已付诸实施。客观地讲,这一方案拓展了郭守敬至元二年(1265)兴修方案设想的空间,同时也是至元三年(1266)十二月郭守敬"凿金口,导卢沟水以漕西山木石"观点的进一步实践。尽管这一方案在实施的过程中失败了,但却为郭守敬重修通惠河时采取正确的方案提供了依据。通过实地勘察,郭守敬找到了开卢沟河方案失败的原因,并纠正了原有的错误认识,从而形成了"别陈水利十有一事"的正确主张。如果没有同时代人开卢沟河入运的举措,那么,郭守敬重修通惠河时将很难利用这一成果。此外,至元二十九年(1292)八月元世祖"用郭守敬言,浚通州至大都漕河十有四,役军匠二万人"。① "浚"既有疏浚之义,又有开挖之义。所谓"浚通州至大都漕河十有四",是说采纳郭守敬的意见,在原有的基础上疏浚或新开了从通州到大都的五分之二的航道。这一事件表明,重修时利用了原五分之三的航道,这一航道应包括至元三年初修

---

① 明·宋濂等《元史·世祖纪十四》,北京:中华书局1976年版,第365页。

通惠河时的成果和至元二十八年(1291)开卢沟河的成果。

其二,在吸纳各种意见的过程中,郭守敬又根据遇到的新问题及时调整了施工方案。在重修通惠河的过程中,郭守敬接受马速忽等人的建议,兴修了已损坏的航段及"跨河跳槽"等附属设施。此外,郭守敬重修通惠河时接受京畿都漕运司的建议,采取了四项措施:一是兴修引水入运的节水闸;二是根据大都的地理形势采取了从上游引水的方案;三是针对"河道浅涩"等情况,"就大河西南,斜开小河二里许,引榆河合流至深沟坝下,以通漕舟";四是开挖直通粮仓的有利于小料船航行的新航道。严格地讲,这些工程都是预案中没有的,但郭守敬通过吸纳不同意见及调整方案,免除了"站车挽运艰缓"之苦。

其三,郭守敬重修通惠河时,利用了都水监高源兴修京畿地区运河的成果。史称:"二十八年,迁都水监。开通惠河,由文明门东七十里,与会通河接,置闸七、桥十二,人蒙其利。"① 至元二十八年高源任都水监,高源任职在郭守敬之前,据此,高源主持兴修"由文明门东七十里,与会通河接"的航道当发生在郭守敬重修通惠河之前。所谓"由文明门东七十里",是指以文明门(在今北京崇文门附近)东为起点向东延伸兴修七十里的航道。史有"通州至大都五十里"②之说,以此计算,当知高源兴修的航道以大都文明门东为起点,向东延长到通州的东面。"与会通河接",是指航线在通州的东面与广义的会通河相接。这一航线虽然只打通了通州以东与会通河互通的航线,但从"人蒙其利"中当知,高源兴修的航道不但包括了郭守敬初修通惠河的航道,而且还延伸到通州以东。进而言之,郭守敬重修通惠河时利用高源兴修的航道是没有问题的。

其四,郭守敬重修通惠河时利用了坝河。"坝河,亦名阜通七坝"③。柯劭忞指出:"通惠河,一名阜通河,又名坝河,上源出于白浮、瓮山诸泉。"④重修通惠河时,郭守敬有"别引北山白浮泉水,西折而南,经瓮山泊自西水门入城,环汇于积水潭,复东折而南,出南水门,合入旧运粮河"⑤之举,史有"白浮瓮山,即通惠河上源之所出也。白浮泉水在昌平县界,西折而南,经瓮山泊,自西水门入都城焉"⑥之说,综合这些情况,当知坝河后来成为通惠河航道的一部分。史有"至元十六年,开坝河"⑦之说,又有至元二十八年十二月"浚运粮坝河,筑堤防"⑧之说,坝河兴修的时间发生在重修通惠河之前。进而言之,通惠河即坝河航段水位落差大,

---

① 明·宋濂等《元史·高源传》,北京:中华书局1976年版,第4002页。
② 明·宋濂等《元史·河渠志一》,北京:中华书局1976年版,第1589页。
③ 同②,第1590页。
④ 柯劭忞《新元史·河渠志二》,上海:上海古籍出版社1989年版,第271页。
⑤ 元·齐履谦《太史郭公》,元·苏天爵《元朝名臣事略》(姚景安点校),北京:中华书局1996年版,第192页。
⑥ 同②,第1593—1594页。
⑦ 明·宋濂等《元史·王思成传》,北京:中华书局1976年版,第4211页。
⑧ 明·宋濂等《元史·世祖纪十三》,北京:中华书局1976年版,第354页。

需要通过建造拦水坝或节水闸来控制和调节水位,并防止航道泄水。坝河是从通州到大都的重要航段。距通州最近的拦水坝是位于深沟村的深沟坝,深沟坝距白河东岸的吴家庄只有两里,郭守敬重修通惠河时,在吴家庄龙王庙前引白河入运兴修了新的航道。至元三十年九月,京畿都漕运司提出重点建设和改造深沟坝一带的航道及相关的水利设施。之所以采取这样的措施,与深沟坝建有乐岁、广储等五座保证大都供给的粮仓有密切的关系。此外,坝河深沟坝等或为通惠河闸坝建造提供了丰富的经验,或成为通惠河坝闸的一部分。重修通惠河以后,郭守敬打算以大都东面的坝河为节点,开辟一条环绕大都的航线。具体地讲,这条环型航线在澄清闸的东面引水向北与坝河相接,然后在丽正门的西面建闸控制航道水位,进而形成环绕大都之势。

其五,郭守敬重修通惠河是在中书右丞相完泽的领导下进行的。特别是元仁宗延祐年间(1314—1320),郭守敬在完泽的主持下对原有的闸桥采取了"易木以石,次第而械之"的措施,改善了通惠河的通航条件。

通惠河除了利用金代运河的成果外,更重要的是它利用了金代以前运河建设的成果。从历史的角度看,建安时期(196—220)曹操北征乌桓时兴修的平虏渠、泉州渠等,隋代兴修的永济渠等都是金代兴修燕京周边地区运河的重要基础。

大业四年(608)一月,隋炀帝"诏发河北诸郡男女百余万开永济渠,引沁水南达于河,北通涿郡"①。这一工程兴建后加强了黄河流域与辽东的联系。永济渠由南段、中段、北段三个航段构成。南段工程主要利用了白沟(白渠),建安九年(204),曹操为完成统一北方的大业兴修了转运粮食及军事物资的白沟。兴修白沟时,曹操采取了在卫县(在今河南浚县西南)截取淇水的方案,在引淇水入运的过程中开通了白沟。这条南北走向的航道开通后,形成了沿白沟南下可进入黄河,随后以黄河漕运为节点,形成串联中原和远及江淮之势,沿白沟北上可进入魏郡(在今河北临漳西南)。为扫平北方群雄取得军事上的优势,曹操采取了重点发展魏郡的方略,进而将其建成曹魏政权的政治中心。南北分治结束后,隋炀帝兴修永济渠南段时充分利用了白沟旧道,白沟因此成为永济渠南段的重要航道。这条航道后成为唐宋时期的水上交通线,后来又成为金代漕运从燕京南下经华北腹地进入黄河流域的重要航线。

在开凿平虏渠、泉州渠时,曹操充分利用了原有的河道及水源,建成了一条远接幽州的航线。由于平虏渠和泉州渠经过的地区与金代兴修从通州到燕京及从通州到直沽的航线多有重合,因此可以得出的结论是:金代兴修的从燕京到通州,再南下接直沽及御河的运河是在平虏渠、泉州渠的基础上兴修的。史称:"五年,上至霸州,以故漕河浅涩,敕尚书省发山

---

① 唐·魏徵等《隋书·炀帝纪上》,北京:中华书局1973年版,第70页。

东、河北、河东、中都、北京军夫六千,改凿之。"①"五年"指金章宗泰和五年(1205)。此时金章宗利用"故漕河"兴修了新运河。追溯"故漕河"的历史,应与平虏渠、泉州渠及永济渠等有直接的关系。

综上所述,隋代兴修永济渠时利用了曹操兴修的白沟、平虏渠、泉州渠等旧道,这一航线开通后成为唐宋两代发展北方的漕运通道。金代兴修从通州到燕京及从通州到直沽的运河主要是在平虏渠、泉州渠及永济渠部分航道的基础上进行的。从这样的角度看,郭守敬兴修通惠河不仅仅与韩玉及金运河相关,还与曹操兴修北方运河及隋代永济渠相关。

追溯金代兴修运河的历史,可以从黄河改道说起。宋神宗熙宁十年(1077),黄河改道后分为两支。其中一支沿泗水河道南下侵入淮河,影响到汴河漕运。金灭北宋后,军事斗争的攻防线推移到淮河沿线。这一时期,金人占据有利的地形,多次引黄入淮,采用以水代兵之策对付南宋。在这一过程中,受自然力的作用以及人为的破坏,汴河等因黄河泥沙大量淤积航道,乃至于通航能力大大下降。金定都燕京后,重点发展山东、河北,逐步形成了转输钱粮依靠山东、河北的局面。因御河、惠民河等航道贯穿山东、河北、河南等地,与黄河中下游地区相连,形成了以黄河航道为主航道的漕运结构。出于漕运方面的考虑,金代将航道治理集中到御河和惠民河方面,与此同时,又重点修缮了燕京即京畿地区的运河。

史有韩玉"泰和中,建言开通州潞水漕渠,船运至都"②之说,按照这样的说法,金章宗泰和年间(1201—1208),韩玉兴修了从通州到燕京的运河,这一运河建成后为郭守敬兴修通惠河奠定了坚实的基础。"泰和中"指泰和四年(1204),史有"泰和四年,……议开通州漕河,诏庆寿按视。漕河成"③之说可证。金章宗泰和四年,乌古论庆寿奉诏监管兴修通州漕河等事务。

遗憾的是,郭守敬利用金运河旧道第一次兴修通惠河,即开挖从大都到通州的运河时,没能达到预期的目标。出现这样的情况,主要是因为在历史的变迁中大都的水文已发生重大的变化,继续沿用旧的补水方案,解决不了现实中遇到的水源不足等问题。主要是当时的主要补给水源来自卢沟河,但卢沟河的流量变小后无法满足通惠河航行的需求。更重要的是,卢沟河是季节性河流,汛期来临时,水流湍急不利于航行;枯水季节时水量又严重不足,造成泥沙淤积,进而使通惠河航道干浅无法通行。

郭守敬重修通惠河通州航段时,除了以玉泉、卢沟河等为补给水源外,同时又以潞水(漳水、浊漳水)等为补给水源。李吉甫指出:"漳水,一名潞水,在县北。阚骃曰:'潞水在县北,为冀州浸,即漳水也。'按:王猛与慕容评相御于潞川,评鬻水与军人绢匹水二石,则此无他大

---

① 元·脱脱等《金史·河渠志》,北京:中华书局1975年版,第684页。
② 元·脱脱等《金史·韩玉传》,北京:中华书局1975年版,第2429页。
③ 元·脱脱等《金史·乌古论庆寿传》,北京:中华书局1975年版,第2237—2238页。

川可以为浸,所有唯漳水耳,故土俗尚谓浊漳为潞水也。"①"潞水在县北",是指潞水在潞城县即通州的北面。胡渭注释《尚书·禹贡》"覃怀厎绩,至于衡漳"一语时引阚骃语云:"有潞水,为冀州浸,即漳水也。故世人亦谓浊漳为潞水。今潞城县西有潞县故城。"②金代以前,潞县是通州的旧称,唐高祖武德二年(619),潞县一度升格为州。时隔不久,唐太宗贞观元年(627),又废潞州恢复潞县。在金代兴修从潞县到燕京的航道以前,从潞县到直沽及直沽以南的运河有良好的通航能力,潞县特殊的地理位置受到金代统治者的重视,于是"取漕运通济之义"改潞县为通州,并在通州建设了保证燕京供给的丰备仓、通济仓、太仓等。

郭守敬兴建通惠河水闸时"往往得旧时砖石故址"。这些砖石既可能是韩玉开运河时留下的遗物,也有可能是此前开运河时留下的遗物。具体地讲,金世宗大定二十七年(1187),曾有人提出"孟家山金口闸下视都城,……不然则更立重闸"③的建议,这一建议后来得到金世宗的支持并付诸实施。史称:"然自通州而上,地峻而水不留,其势易浅,舟胶不行,故常从事陆挽,人颇艰之。世宗之世,言者请开卢沟金口以通漕运,役众数年,竟无成功,……其后亦以闸河或通或塞,而但以车挽矣。"④所谓"亦以闸河",是指为确保运河通航在沿线建造调节水位或补给水源的节水闸。由于这些事件均发生在韩玉开运河以前,因此赵翼所说的"旧时砖石故址"或是韩玉兴修运河时留下的水闸旧址,或是韩玉以前人们兴修运河时留下的旧物。从这样的角度看,郭守敬兴修通惠河时不仅仅利用了韩玉的成果,而且还利用了韩玉以前金代运河的成果。

韩玉以前,金代曾多次兴修从通州到燕京的运河。针对从通州到燕京的运河时断时通等情况,大定五年(1165)以后,金代又于大定十年(1170)、大定十一年(1171)、大定二十五年(1185)、大定二十七年、大定二十九年(1189)等时间,多次兴修了这一运河及其相关的附属设施。这一时期的重修工程主要采取了三个方面的措施,一是"决卢沟以通京师漕运",即将卢沟河水引入航道以保证航道畅通;二是大定二十七年采取"更立重闸"的方案,通过节制流量确保燕京安全;三是加强运河附属设施建设,如大定二十八年(1188)五月金世宗"诏卢沟河使旅往来之津要,令建石桥"。尽管这些工程大部分没有达到预期的效果,但开金口导卢沟河至京城北入城壕,随后东行从通州北入潞水的兴修方案,以及沿线建闸节水及调节水位的成果,为郭守敬两次兴修通惠河打下了必要的基础。

金代兴修从通州到燕京的运河后一度出现了漕运畅通的局面。史称:"金都于燕,东去潞水五十里,故为闸以节高良河、白莲潭诸水,以通山东、河北之粟。凡诸路濒河之城,则置

---

① 唐·李吉甫《元和郡县图志·河东道四》(贺次君点校),北京:中华书局1983年版,第419—420页。
② 清·胡渭《禹贡锥指》(邹逸麟整理),上海:上海古籍出版社2006年版,第38页。
③ 元·脱脱等《金史·河渠志》,北京:中华书局1975年版,第687页。
④ 同③,第682页。

仓以贮傍郡之税,若恩州之临清、历亭,景州之将陵、东光,清州之兴济、会川,献州及深州之武强,是六州诸县皆置仓之地也。其通漕之水,旧黄河行滑州、大名、恩州、景州、沧州、会州之境,漳水东北为御河,则通苏门、获嘉、新乡、卫州、浚州、黎阳、卫县、彰德、磁州、洺州之馈,衡水则经深州会于滹沱,以来献州、清州之饷,皆合于信安海壖。溯流而至通州,由通州入闸,十余日而后至于京师。其它若霸州之巨马河,雄州之沙河,山东之北清河,皆其灌输之路也。然自通州而上,地峻而水不留,其势易浅,舟胶不行,故常从事陆挽,人颇艰之。"①"高良河"是"高梁河"的异写,是潞水的上源。"白莲潭"又称"积水潭"。"海壖",本指海边空地,此指河边。以"海壖"相称,是因为这一地区曾是滨海地区,海岸线东移后这一地势低洼的地区成为河流汇集的地方。从地理形势上看,信安海壖应指信安县(在今河北霸州东北信安镇)东面的河网地带。在历史的变迁中,信安曾经是宋代的边防重镇。信安一带河网密布,与静海、宝坻、武清等御河经过的区域相邻。

信安海壖是金代漕运的交通枢纽及重要的航段节点,其地理位置应该在杨村及直沽三岔河口(三汊河口)的西南,即在距离直沽三岔河口不远的地方。于敏中叙述清代从北京到直沽的运河航线时写道:"朱彝尊引《潞水客谈》所载口外诸水,自卢沟而下至信安者,即永定河下游也。今已北徙。其州北良、涿九川会于胡良河,经北乐店至信安者,久淤,今则自新城而下会于白沟河。其州南之水自河间而下至苑家口者,即滹沱故道也,亦久淤。今则自真定南至深州衡水,北折而径献县入子牙河达直沽。惟宣府紫荆、白沟及易、安、苑、肃各河之水自雄县而下汇于茅儿湾入苑家口者,故道不改。"②与金代相比,明清两代这一地区的水文及航道已发生巨大的变化,如"经北乐店至信安者,久淤",说明这一航道早已淤塞。针对这一情况,清代开挖了"自新城而下会于白沟河"的航道。尽管如此,从"自卢沟而下至信安者"等语中当知,在元代以后直沽成为水陆转运的交通枢纽之前,信安曾是金代北入燕京的水陆转运的交通枢纽。具体地讲,金代定都燕京后,刻意发展北方各地,在这中间,恩州、景州、清州、献州、深州等六州成为御河沿线重要的航段节点城市,这些分布在河北、山东的运河城市在漕运及商贸往来等方面担负起重要的中转任务。从燕京出发,经通州南下可抵达信安海壖,经此沿御河继续南下可进入献州、清州等地区并与黄河相接,或经漳水可进入河南苏门、获嘉等地。进而言之,这条运河以信安海壖为水陆交通枢纽,北上可抵达通州与燕京相连,南下与御河相接,经河北、山东等地进入黄河航道可深入到河南等地,并远接江淮。

金王朝一直希望能彻底地开通从通州到燕京的航线。受自然条件的制约,这一航线经过的区域呈现出北高南低和西高东低的形势,在这样的条件下,要想在这一区域开挖运河并保证航道畅通难度极大。更重要的是,这一区域水量充沛的河流大部分在低处,位于高处的

---

① 元·脱脱等《金史·河渠志》,北京:中华书局1975年版,第682页。
② 清·于敏中《日下旧闻考·京畿·霸州二》,北京:北京古籍出版社1981年版,第1971页。

河流虽大都可找到补给水源,但水量不足且容易受到季节性变化的影响。具体地讲,平时补给水源贫乏,洪水来临时又流量过大,直接破坏航道。客观地讲,这些情况的存在给金在这一区域兴修运河带来极大的困难。然而,开通这一区域的运河对于改善燕京的水上交通环境及保证京畿地区的粮食及物资供应,稳定政治秩序有着重要意义。为此,金王朝统治者采取了屡废屡建的措施,并根据遇到的新情况不断地调整兴修方案。如大定五年运河再度开通后,时至大定二十一年(1181)因水源不足等问题再次出现断航。如史有大定二十一年金世宗"以八月京城储积不广,诏沿河恩献等六州粟百万余石运至通州,辇入京师"①。据此当知,大定二十一年从通州到燕京的运河再次出现了不通的情况。为了恢复航运,大定二十一年以后金又投入大量的财力、物力和人力进行整治,并在此基础上兴建了一系列的水利工程。经过不间断的建设,在金章宗承安五年(1200)从通州到燕京的运河再次通航。史称:"承安五年,边河仓州县,可令折纳菽二十万石,漕以入京,验品级养马于俸内带支,仍漕麦十万石,各支本色。乃命都水监丞田栎相视运粮河道。"②"漕以入京"一语明确地道出从通州到燕京再度通航的事实。如果以承安五年为时间节点,这一时间仅比韩玉修从通州到燕京的运河早四年。综合这些情况,可以说在韩玉以前,金曾多次兴修从通州到燕京的运河。这些事实充分地表明,金在韩玉兴修运河以前已初步建成了从信安海壖或直沽经通州抵达大都的运河。

重修通惠河前后的漕运形势

在重修通惠河前,为了改变从直沽经通州到大都只有一条漕运通道的局面,元代进行了多方面的尝试,开辟了不同的航道,遗憾的是,这些新航道后来均以失败而告终。

其一,利用滦河开辟"自永平挽舟逾岭而上,可至上都"的航道。客观地讲,这一航道的开辟始于郭守敬重修通惠河以前即至元二十八年,尽管这一工程后来失败了,但元代统治者一直没有放弃开辟这一航线的念头。之所以出现这样的情况,主要是因为滦河是京畿地区的重要河流,直通大海。如果有可能开辟这一航线,将可以开拓新的海漕航线,避免只能依靠直沽进行海漕的局面。如史家交代滦河经过的区域及地理交通形势时记载道:"滦河,源出金莲川中,由松亭北,经迁安东、平州西,濒滦州入海也。王曾《北行录》云:'自偏枪岭四十里,过乌滦河,东有滦州,因河为名。'"③滦州(在今河北滦州)属京东地区,濒临大海,如果拓宽加深滦河航道或利用滦河水源开新航道,完全可以建成一条经海口入滦河向西直入大都的新航线。这条航线与海漕相接,可以改变以直沽为海漕接运点的水上交通结构。开辟

---

① 元·脱脱等《金史·河渠志》,北京:中华书局1975年版,第683页。
② 同①,第684页。
③ 明·宋濂等《元史·河渠志一》,北京:中华书局1976年版,第1601—1602页。

滦河航线的意图是,通过开辟经滦州入海的新航线,形成河漕与海漕相接之势,进而探索海漕和内河漕运的新途径。滦河发源于河北巴彦古尔图山的北麓,流向内蒙古后再回转到河北。回转后的滦河沿燕山山脉迂回穿行,进入内蒙古后再折回承德(在今河北承德),并在承德域内接纳兴州河、伊逊河、武烈河、鹦鹉河(热河)、柳河、瀑河等河流,随后经长城喜峰口向东蜿蜒,在下游地区接纳青龙河等,并在乐亭(在今河北乐亭)、昌黎(在今河北昌黎)形成分流之势并注入渤海。客观地讲,如果这一航线开通的话,不但可以开辟与海漕相连的新航线,同时还可能将航线延伸到承德等地。

其二,为了进一步探索北入大都的新航线,在脱脱的主持下,于至正二年(1342)兴修了一条沿御河航线北上经通州高丽庄,再到大都的运河新航线。顾祖禹指出:"至正二年,议者又欲于通州高丽庄开新河百十余里,而放西山金口河及引浑河之水东流合御河达通州接引海运,至大都城输纳。脱脱从之,役夫万余人,开河置闸。许有壬言:'浑河之水,湍悍易决,足以为害,淤浅易塞,不可行舟,况西山水势高峻,金时在城北,入郊野虽有冲决,为害亦轻;今在都城西南,若霖潦涨溢,加以水性湍急,宗社所在,岂容侥幸。设或成功一时,亦不能保其永无冲决之患。'不听。河成,果水急泥雍不可行舟,复罢之。"①从通州到大都约五十里,该航线长达一百多里,由于这一航线从大都的高处引水入运,可以彻底解决通惠河水位不足等问题,因此受到脱脱的重视。客观地讲,孛罗帖木儿等探索经御河到通州再到大都的新航线是积极的,但同时又是盲目的。所谓积极,是指如果这条航线开通,完全可以改变这一航段通航能力差及航运不畅的局面。所谓盲目,是指孛罗帖木儿等对大都的地理形势及水文等不甚了解,只是凭主观愿望去办事。具体地讲,他们根本没有意识到浑河泥沙严重,大量的泥沙带入航道后容易出现淤积等问题,如史有浑河"名曰小黄河,以流浊故也"②之说。针对这一系列的情况,许有壬等提出了反对意见。遗憾的是,中书右丞相脱脱固执己见,一意孤行,最终该工程因与现实不符宣告失败。尽管如此,仍可看到元代为改善大都航运状况进行了多方面的尝试。

在开辟新航线的前后,元代始终把整修河西务(在今天津武清)航段列为重点工程。史称:"仁宗延祐元年十二月遣官浚扬州、淮安等处运河。二年正月,发卒浚漷州漕河。三年十一月,复浚扬州运河。英宗至治三年十二月,泰定帝已即位,浚镇江路漕河。文宗天历二年四月,浚漷州漕运河;八月,发诸卫军浚通惠河。"③以延祐元年(1314)为起点,以天历二年(1329)为终点,在这十五年中,元代疏浚了不同地区的运河,其中两次疏浚的航段只有运河

---

① 清·顾祖禹《读史方舆纪要·北直二》第 1 册(贺次君、施和金点校),北京:中华书局 2005 年版,第 447 页。
② 明·宋濂等《元史·河渠志一》,北京:中华书局 1976 年版,第 1593 页。
③ 清·张廷玉等《钦定续文献通考·国用考·漕运》,《四库全书》第 627 册,上海:上海古籍出版社 1987 年版,第 43 页。

扬州航段和漷州航段,从中可见漷州航段即河西务航段的重要性。河西务既是通往通州和大都的锁钥,又是直沽北接通州和南接御河的漕运节点。这一航段的畅通直接关系到国家的政治、经济稳定的大事。河西务是重要的中转站,一方面肩负着将直沽海漕转输到大都的责任,另一方面又承担着从内河转输山东、河北等地粮食北上的责任。因此,元代十分重视河西务航段的整治。在此基础上,元成宗大德二年(1298)五月重点整修了从杨村(在今天津北大关桥一带)到河西务一带的运河堤岸,其中包括寺泃口以北到蔡村、清口、孙家务、辛庄、河西务等地点,由于这些航段皆在漷州(治所河西务)域内,因此这些地点完全可用"河西务航段"统称。此次工程浩大,原定一个月完成的工程历时四个月才全线竣工,其中,重点兴修的工程点有三十五处。在兴修的过程中,通过采取"历视坏堤,督巡河夫修理"等措施提高了航运能力。

  特别需要指出的是,在兴修河西务航段时,为了防止毁堤事件再度发生,元代统治者采取了"就用元料苇草,修补卑薄,创筑月堤"的措施。月堤是为防止毁堤建造的加固性堤坝或堤防,因外形像半月,故有此称。一般来说,月堤主要建在容易发生险情即容易毁堤的堤段,通过建造复式堤坝来加固航段。从航段可能发生险情的情况看,建造月堤通常采取三种方案:一是在河堤的外面建造加固性的堤坝,以复式堤坝防止水位抬高后因漫溢或毁堤等灾难性的事件发生;二是在堤内建造复式堤坝,通过内堤减缓水流对河堤的冲击,防止毁堤事件的发生;三是在堤内建堤开月河,通过月河分水或利用月河的闸门调节水位,提高航运的安全系数。史称:"今若开修月河石堤,上下置闸,以时开闭,通放舟船,实为长利。"①所谓"月河",是指为了减弱水势,在主航道一侧开凿偃月形的河道,以减弱冲击堤坝的水能。所谓"月河内创建滚水石堰",是指在月河航道的一侧建造能减弱水势、加固堤防的石堰(石坝)。这里所说的"滚水石堰"实际上是指月堤,月堤平时浮出水面,水位抬高时,虽然可以漫过月堤达到堤岸的边沿,但石堰的缓冲的功能可以大大地减缓水能对堤岸的冲击。减水堰有土堰和石堰之分,在建造石堰之前,减水堰主要是土堰。此外,在月河建闸亦是月堤的补充形式,月闸平时关闭,航道水位抬高后可开闸泄水以分水势。

第二节 海漕航线及岁额

  元代发展海运的原因主要有两个:一是在没有直通大都航线的背景下,转输江南粮食北上须绕道河南,运输成本非常高;二是耗费大量人力、物力和财力开挖的运河却因自身的缺

---

① 元·脱脱等《宋史·河渠志二》,北京:中华书局1985年版,第2383页。

陷无法达到理想的转输效果。进而言之，这一时期元代统治者虽有心发展漕运，但始终无法找到一条快捷的转输通道。这种情况下，他们开始寻求从海上运送漕粮至大都的路径。

三条海漕航线

与水运、水陆联运、陆运相比，海运在节约成本方面有着先天的优势。具体地讲，海运可节约疏浚和管理航道时付出的高昂费用。反过来说，要想开辟一条长达万里的海运航线绝不是一件简单容易的事，特别是在航海技术有限的前提下更是困难重重。如为解决沿海航行时遇到的诸多问题，元代通过修正第一条航线又开辟了两条新航线。

至元十九年（1282）十二月，元代开通了第一条航线。史称："初，海运之道，自平江刘家港入海，经扬州路通州海门县黄连沙头、万里长滩开洋，沿山岙而行，抵淮安路盐城县，历西海州、海宁府东海县、密州、胶州界，放灵山洋投东北，路多浅沙，行月余始抵成山。计其水程，自上海至杨村马头，凡一万三千三百五十里。"①这条航线以平江刘家港（在今江苏苏州太仓浏河口）为起点，经长江航段航行后入海。所谓"沿山岙而行"，是指沿海岸线航行北上进入渤海湾，随后再从渤海湾驶入内河到直沽杨村码头。具体地讲，漕船从刘家港起航后，是从长江航线经崇明岛北口进入东海的。崇明岛是长江携带下来的泥沙在长江口堆积起来的岛屿，长江至此分成南北两个入海口，岛屿南面的入海口称为"南口"，岛屿北面的入海口称为"北口"，其中，北口是主航道。运粮船经海门县黄连沙头从北口入海，沿海岸北上经万里长滩到盐城（在今江苏盐城），经海州（在今江苏连云港）、东海（在今江苏东海）、密州（在今山东诸城）、胶州（在今山东胶州）、成山（在今山东荣成）等地进入渤海湾，再由渤海湾抵达杨村码头。随后再从杨村码头起运，采用水陆联运的方法将江南粮食运往大都。这条航线开通后运行了九年，到至元二十八年停止使用。

至元二十九年，元代开通了第二条航线。针对沿海岸线航行容易搁浅等问题，熟悉航海事务的朱清等人充分吸收第一条航线的优点，开辟了第二条海运航线。史称："至元二十九年，朱清等言其路险恶，复开生道。自刘家港开洋，至撑脚沙转沙嘴，至三沙、洋子江，过匾担沙、大洪，又过万里长滩，放大洋至青水洋，又经黑水洋至成山，过刘岛，至芝罘、沙门二岛，放莱州大洋，抵界河口，其道差为径直。"②比较第一条航线和第二条航线的异同，可知在过万里长滩以前，两条航线完全相同，出现差异是在进入青水洋以后。青水洋的大体范围为江苏北部的黄海海域。过青水洋后进入黑水洋，黑水洋是指山东胶东半岛成山角（在今山东荣成）南面的海域。由于这一海域的深度超过离岸较近的青水洋，海水一片深蓝，故称"黑水洋"。从黑水洋绕过胶东半岛成山角以西的刘岛（在今山东威海刘公岛）后，途经之罘岛（今

---

① 明·宋濂等《元史·食货志一》，北京：中华书局 1976 年版，第 2365—2366 页。
② 同①，第 2366 页。

称芝罘,在今山东烟台北)、沙门岛(在今山东蓬莱西北)等,继续西行进入莱州大洋(在今山东莱州湾),然后向北航行三天可抵界河口(三岔河口,在今天津东北狮子林桥附近)即直沽杨村码头。这条航线虽然不再沿海岸线航行,避免了近海遇暗沙或暗礁搁浅等情况的发生,甚至经过裁弯取直缩短了部分航程,但依旧不是一条理想的航线。

至元三十年,元代开通了第三条航线。在充分吸收前两条航线优点的基础上,殷明略开辟了第三条航线。史称:"明年,千户殷明略又开新道,从刘家港入海,至崇明州三沙放洋,向东行,入黑水大洋,取成山转西至刘家岛,又至登州沙门岛,于莱州大洋入界河。当舟行风信有时,自浙西至京师,不过旬日而已,视前二道为最便云。"①很显然,千户殷明略比朱清等人更熟悉海航事务。"明年"指至元三十年。经过重新规划,新开辟的航线进一步避免了沿海岸线航行的弊端,在充分利用太平洋西海岸常年具有的黑潮暖流进行航运的过程中,海漕船队由南向北航行,整个航程的时间由四五十天缩短为十多天。

第三条航线开通后,缩短了航程,使用尖底可在深海航行的大船,提高了运输量。

在不断调整海运航线的过程中,通过缩短海运时间,进一步提高了海漕转输的效率。比较三条航线之间的异同,有以下四个特点值得注意:一是开辟三条海运航线的目标是一致的,都是为了转输江南粮食北入大都,故三条航线的起点和终点完全一致;二是第二条航线和第三条航线是在第一条航线的基础上开辟的,除了有共同的长江航线外,在某些海域还有共同的补给点和躲避风浪的港湾,这一情况表明开辟新航线时都充分地利用了原有的资源,减少了不必要的浪费;三是在开辟后两条航线的过程中,开辟者有意识地选择离海岸线较远的航线,成功地避免了因沿海岸线航行导致的搁浅或触礁等事件;四是为什么开辟了第二条航线,还要开辟第三条航线呢? 究其原因,第二条航线虽然可以缩短航程,但因在近海,容易受到暗礁、潮汐、洋流等因素的制约,因此依旧不是一条理想的航线。与第二条航线相比,第三条航线更为合理,不但避开了容易搁浅的区域,拉直了航线,以沿途岛屿为跳板还加快了海航的速度,更重要的是,在深海航行时利用黑潮暖流,可以大大地缩短海运时间。进而言之,第三条航线开通后扭转了海运不力的局面,成为海漕时的基本航线。因第三条航线比前两条航线更为合理,方便航运,乃至于至今仍在使用。

需要补充的是,在伯颜实行海运之前,金为改变单纯依靠漕运的局面曾开辟过一条海运航线。不过,这一航线主要是从北向南进行海运。金建立这一航线的目的是,根据需要取辽东路(在今吉林农安县)和北京路(在今内蒙古巴林左旗)的粮食南下救荒。辽东路包括今朝鲜半岛的东北部,北京路包括今北京的部分地区,这一航线与元代开辟的第一条海漕航线大体相同,只是方向不同。反过来讲,这条从北向南的航线实际上是可以逆行的,因此,金开

---

① 明·宋濂等《元史·食货志一》,北京:中华书局1976年版,第2365—2366页。

辟的海运航线对元代尝试海运建构的航线是有一定启示的。

海漕的特点

海运有不同于河运的特点，一般来说，受自然条件的限制，在运河及内河上行驶的船只较小，吃水不深，抗击风浪的能力较差，因此无法适应在海上航运的要求。所以，在发展海运的过程中出于抗击风浪等多方面的原因，需要建造适合在海上航行的大型船只。罗璧等奉伯颜之命建造了能适应海航需要的平底船。

平底船又称"遮洋浅船"。宋应星记载道："凡海舟，元朝与国初运米者曰遮洋浅船，次者曰钻风船（即海鳅）。所经道里，止万里长滩、黑水洋、沙门岛等处，皆无大险。"①随后又描述道："凡遮洋运船制，视漕船长一丈六尺，阔二尺五寸，器具皆同，唯舵杆必用铁力木，舱灰用鱼油和桐油，不知何义。凡外国海舶制度大同小异，闽、广（闽由海澄开洋，广由香山岙）洋船截竹两破排栅，树于两傍以抵浪。"②新海船的建造为发展近海航运提供了必要的条件。严格地讲，这些平底船的运载量虽然大于在内河行驶的船只，但与元代后期建造的海船即尖底船有着本质的区别。从某种意义上讲，平底船虽代表了当时造船业发展的最高水平，但受技术能力的限制自身仍存在着难以克服的缺陷，所以，平底船虽然能在近海航行，但基本没有远海航行的能力。

至元二十年（1283）三月海漕试航成功后，元代设立了专门负责海漕事务的机构，在不断增加岁运总额的过程中，逐步形成了常态化的海漕机制。史称："二十四年，始立行泉府司，专掌海运，增置万户府二，总为四府。是年遂罢东平河运粮。二十五年，内外分置漕运司二。其在外者于河西务置司，领接运海道粮事。二十八年，又用朱清、张瑄之请，并四府为都漕运万户府二，止令清、瑄二人掌之。其属有千户、百户等官，分为各翼，以督岁运。"③在这里仅以至元年间（1264—1294）岁运额度为例，大体上可以厘清元代海漕的运动轨迹及海漕岁运在元初政治方面的重要地位。史称："至元二十年，四万六千五十石，至者四万二千一百七十二石。二十一年，二十九万五百石，至者二十七万五千六百一十石。二十二年，一十万石，至者九万七百七十一石。二十三年，五十七万八千五百二十石，至者四十三万三千九百五石。二十四年，三十万石，至者二十九万七千五百四十六石。二十五年，四十万石，至者三十九万七千六百五十五石。二十六年，九十三万五千石，至者九十一万九千九百四十三石。二十七年，一百五十九万五千石，至者一百五十一万三千八百五十六石。二十八年，一百五十二万七千二百五十石，至者一百二十八万一千六百一十五石。二十九年，一百四十万七千四百

---

① 明·宋应星《天工开物·舟车》，扬州：江苏广陵古籍刻印社1997年版，第269页。
② 同③，第269—270页。
③ 明·宋濂等《元史·食货志一》，北京：中华书局1976年版，第2365页。

石,至者一百三十六万一千五百一十三石。三十年,九十万八千石,至者八十八万七千五百九十一石。三十一年,五十一万四千五百三十三石,至者五十万三千五百三十四石。"[①]至元二十七年(1290)岁运额度超过一百五十石,达到高峰值。此后,岁运额度呈现出下降趋势。客观地讲,这一运动曲线虽然无法全面地反映元代倚重海漕的概貌,但从元武宗一朝(1308—1311)确定岁运一百五十万石左右的海漕额度中可知,海漕是元代运粮北上的基本国策。此外,至元三十年和至元三十一年(1294)海漕岁运额度之所以出现大幅度下降的情况,主要与会通河、通惠河开通相关,会通河、通惠河开通后改变了单纯依靠海漕的局面,因调集江南及江淮钱粮北上可经运河北上,即经扬州运河(江淮运河)再经山东、河北等地到直沽,然后再继续北上。

海漕岁额

起初,元代海漕岁运的额度没有定制,常常处于变化不定的状态。史称:"元至元十九年命上海总管罗壁、朱清、张瑄等造平底海船六十艘,运粮四万六千石从海道至京师。……二十二年诏罢胶莱所凿新河,以军万人载江淮米泛海,由利津达于京师。又勅漕江淮米壹百万石泛海,贮于高丽之合浦。二十三年以昭勇大将军张瑄、明威将军朱清并为海道运粮万户府。二十九年中书省言:今岁海运粮至京师者壹百伍拾万石,至辽阳拾叁万石,比往年并无折耗。三十一年以所储充足,止海运叁十万石。元贞元年减海运脚价钞壹贯,计每石陆贯伍百文,著为令。大德五年畿内饥,诏增明年海运为百二十万石。十一年中书省奏:每岁海运漕粮壹百四十五万石,今年江浙岁俭不能如数,请仍旧例,湖广、江西各输伍十万石,并由海道达京师。至大三年以朱清子虎、张瑄子文龙往治海漕,是岁江浙漕三百万石。皇庆元年增江浙海运漕粮二十万石。"[②]岁运额度的变化往往是根据需求方面的变化做出的临时性调整。

确定海漕岁运额度始于元武宗一朝,在国用渐广的背景下,经过测算确定了岁运一百五十万石左右的额度。史称:"中书省奏:'常岁海漕粮百四十五万石,今江浙岁俭,不能如数,请仍旧例,湖广、江西各输五十万石,并由海道达京师。'从之。"[③]元武宗一朝确定岁运一百五十万石的额度,是为后世立法。史有元武宗至大三年(1310)"江浙漕三百万石"之说,这说明海漕岁运额度随国用渐广早已形同虚设,从元武宗一朝以后,呈现出逐年上升的势态。时至元文宗天历(1328—1330)、至顺(1330—1332)年间,海漕岁运额度已超过三百万石并常态化。纵观元代海漕岁运额度的历史,以元文宗天历二年的岁运额度最高。岁运额度不

---

① 明·宋濂等《元史·食货志一》,北京:中华书局1976年版,第2366—2367页。
② 清·岳浚、杜诏等《山东通志·海疆志》,《四库全书》第540册,上海:上海古籍出版社1987年版,第385页。
③ 明·宋濂等《元史·武宗纪一》,北京:中华书局1976年版,第489页。

第十章　元代的漕运

断地提高,充分说明了海漕已成为维护元王朝统治的生命线。史有至正十九年(1359)"中原乱,江南海漕不复通,京师屡苦饥"①之说,从一个侧面证明了海漕在稳定元王朝政治秩序和经济秩序方面的重要性。

当然,海漕岁运额度又不是绝对的,往往会根据当年出现的意外情况做一些临时性的调整。如至顺二年(1331)十月江浙路平江(在今江苏苏州)、湖州(在今浙江湖州)等地发生水灾,为了应对这一突发事件,中书省提出了减少平江、湖州等地岁运额度的建议。史称:"中书省臣言:'江浙平江、湖州等路水伤稼,明年海漕米二百六十万石,恐不足,若令运百九十万,而命河南发三十万,江西发十万为宜。又,遣官赍钞十万锭、盐引三万五千道,于通、漷、陵、沧四州,优价和籴米三十万石。又,以钞二万五千锭、盐引万五千道,于通、漷二州,和籴粟豆十五万石;以钞三十万锭,往辽阳懿、锦二州,和籴粟豆十万石。'并从之。"②所谓"恐不足"是指平江、湖州等地发生水灾后,元文宗采纳中书省的建议减少了这些地区的岁运额度。与此同时,为了弥补岁运缺额和增加仓储,一是采取了增收河南、江西等地岁运额度的措施;二是调拨银两和盐引(购盐的凭证)在通、漷、陵、沧等四州求购粮食,以增加京师一带的粮食储备。

史称:"至大四年,遣官至江浙议海运事。时江东宁国、池、饶、建康等处运粮,率令海船从扬子江逆流而上。江水湍急,又多石矶,走沙涨浅,粮船俱坏,岁岁有之。又湖广、江西之粮运至真州泊入海船,船大底小,亦非江中所宜。于是以嘉兴、松江秋粮,并江淮、江浙财赋府岁办粮充运。海漕之利,盖至是博矣。"③至大四年(1311)将起运点扩大到宁国、池州、饶州、建康等地说明了两方面问题:一方面表明江漕已成为海漕的重要组成部分,征收江南粮食的范围在沿长江航道向长江流域的腹地延伸;另一方面表明元代统治者在有意识地探索以海船代替江船的途径。然而,长江航线毕竟不同于海运航线,为此出现了"粮船俱坏,岁岁有之"等不堪重负的情况。为了改变这一局面,元代统治者采取了"以嘉兴、松江秋粮,并江淮、江浙财赋府岁办粮充运"的措施。

此外,为了解决海船匮乏、运力不足等问题,元代统治者又采取了官运与民运并举的措施。史称:"江浙省臣言:'曩者朱清、张瑄海漕米岁四五十万至百十万。时船多粮少,顾直均平。比岁赋敛横出,漕户困乏,逃亡者有之。今岁运三百万,漕舟不足,遣人于浙东、福建等处和顾,百姓骚动。本省左丞沙不丁,言其弟合八失及马合谋但的、漵浦杨家等皆有舟,且深知漕事,乞以为海道运粮都漕万户府官,各以己力输运官粮,万户、千户并如军官例承袭,宽恤漕户,增给顾直,庶有成效。'尚书省以闻,请以马合谋但的为遥授右丞、海外诸蕃宣慰使、

---

① 明·宋濂等《元史·察罕帖木儿传》,北京:中华书局1976年版,第3387页。
② 明·宋濂等《元史·文宗纪四》,北京:中华书局1976年版,第792页。
③ 明·宋濂等《元史·食货志一》,北京:中华书局1976年版,第2365页。

都元帅、领海道运粮都漕运万户府事,设千户所十,每所设达鲁花赤一、千户三、副千户二、百户四,制可。"①元代统治者采纳沙不丁的建议,让拥有海船且熟悉航海事务的私人参与海漕,并根据其实力授予不同的官职,这个举措在一定程度上改变了海漕的结构。与此同时,通过"宽恤漕户,增给顾直"等举措提高了海漕效率。

海运虽有降低运输成本的先天优势,但在海上容易遇到大的风浪,再加上暗礁、暗浪等因素,风险明显高于内河。针对这一情况,元代多次调整航海线路。史称:"海运,始于元至元中。伯颜用朱清、张瑄运粮输京师,仅四万余石。其后日增,至三百万余石。初,海道万三千余里,最险恶,既而开生道,稍径直。后殷明略又开新道,尤便。然皆出大洋,风利,自浙西抵京不过旬日,而漂失甚多。"②开辟新的航海线路后,海运效率明显提高了,出现了"其所得盖多"的局面。诚如前人指出的那样:"且漕船大者四五百石,海船大者可数千石。漕运一年每三石而致一,海运一月不两石而致一,其便利较然也,所忧者风涛之叵测耳。"③海漕虽然降低了运输成本,但"风涛之叵测"始终是无法解决的大问题。严格地讲,这一计算既忽略了"风涛不测,粮船漂溺者无岁无之"等突发事件,同时也忽略了海漕时须经停直沽,从直沽再转内河漕运等因素。海船到直沽后,或改用小船走水路或用车转陆路才能继续北上大都。如果把这些转输费用计算在内的话,海漕虽有单位运量大的优势,但因无法直接入京,且需要多次水陆中转,运输成本同样惊人。从某种意义上讲,海漕实际上是迫不得已的选择,假定当时有一条现成的直通大都的内河漕运通道,元代统治者断然不会冒风险选择海运,原因是:海运受海洋流向、季风、气候等制约,发运的时间受到限制,海航时遇到风险的概率明显高于内河漕运;海航时容易发生触礁而导致船毁人亡事件;大都远离海港,海运须在渤海湾直沽上岸改走水路和陆路等,这一系列的原因均增加了海运成本。元代统治者虽意识到海运的安全系数远低于内河漕运,但因受自然地理条件等因素的影响无法在短期内开挖工程量浩大的运河,故只能继续维持海运。

在发展海运的过程中,元朝历代统治者均表现出了对漕运及运河建设的重视。陈邦瞻指出:"朝廷未知其利,仍通旧运,立京畿、江淮都漕运司二,各置分司,以督纲运。"④陈邦瞻考订《元史》时,在《元史·食货志一》"朝廷未知其利"的后面加上了"仍通旧运"四字。这主要是说在不知海漕好处的前提下,元代继续重视内河漕运。因重视内河漕运,元朝于至元十九年十二月建立了京畿和江淮两个都漕运司。这一事件表明,游牧民族在接受农耕文明

---

① 明·宋濂等《元史·武宗纪二》,北京:中华书局1976年版,第528—529页。
② 清·张廷玉等《明史·河渠志四》,北京:中华书局1974年版,第2113—2114页。
③ 明·郑若曾《郑开阳杂著·海运图说》,《四库全书》第584册,上海:上海古籍出版社1987年版,第631页。
④ 明·陈邦瞻《元史纪事本末·运漕河渠海运》,中华书局编辑部《历代纪事本末》,北京:中华书局1997年版,第2075页。

成果的过程中,对漕运的重要性有了深刻的认识。海漕秩序常态化以后,元代采取措施继续维修运河旧道和开挖新运河,这些行为在一定程度上证明了内河漕运的地位是海漕无法替代的。当然,伴随着海运常态化的进程,一度曾出现"罢江淮漕运司,并于海船万户府,由海道漕运"①的情况。这一事件发生在元世祖至元二十八年一月,在这一时间节点撤销江淮漕运司是因为通惠河没有开通。从另一个层面看,撤销江淮漕运司又是暂时的,伴随着京杭大运河的全线开通,江淮漕运司很快被恢复。从这样的角度看,无论是在尝试海运之前还是在海运成功以后,元代一直十分重视运河交通线的建设,否则将不会有重修通惠河和兴修山东域内运河等举措。

第三节 开挖会通河

会通河是实现运河东移的关键工程,其建设主要由三个时段构成:第一时段从至元二十四年(1287)三月开始,其结束的具体时间不详;第二时段从至元二十六年(1289)一月开始,到同年六月结束;第三时段从至元二十六年七月开始,以建成堽城石堰为结点,标志着会通河全线开通。客观地讲,元代开会通河的主要原因是:实行内河漕运,以降低海漕风险。史称:"元都于燕,至元初复加修浚,江淮漕运溯黄河而上抵中滦城,陆转至淇门,仍以舟载由卫河达京跋涉维艰,公私交瘁,改就海运,又有风涛之险,于是两议开河,而会通河之道启矣"②这里涉及两个前提:一是元初利用旧运河水道,采用水陆联运的方式运粮北上,代价高昂,官家和百姓均受到困扰;二是迫不得已采取海运,又有风浪之险。在这样的背景下,元代统治者决定开凿会通河以避开海上风险。

初开会通河

兴修会通河的第一时段是从至元二十四年三月开始的,何时结束不太清楚。由于文献没有详细地记载此事,因此没能引起后人的充分重视。尽管如此,还是有迹可循的。史有至元二十四年三月"命都水监开汶、泗水以达京师"③之说,《续资治通鉴·元纪六·至元二十四年》亦以"三月……丙辰,命都水监开汶、泗水以达京师"④等语继续强调了此事。遗憾的是,此次兴修多被后人忽视。为此,需要专门提出讨论。

---

① 明·宋濂等《元史·世祖纪十三》,北京:中华书局1976年版,第343页。
② 清·岳浚、杜诏等《山东通志·漕运·卫河》,《四库全书》第540册,上海:上海古籍出版社1987年版,第307页。
③ 明·宋濂等《元史·世祖纪十一》,北京:中华书局1976年版,第297页。
④ 清·毕沅《续资治通鉴·元纪六·至元二十四年》,北京:中华书局1957年版,第5124—5125页。

从"开汶、泗水以达京师"一语中当知,这一工程主要是在济州漕渠和济州河的基础上开挖从东阿到临清的运河。当时的水上交通状况是这样的:以东阿为航段节点向南,有济州河与济州漕渠相通,远接江淮航线;以临清为航段节点可进入御河,沿御河北上可通直沽并连接通州。在这中间,唯独从东阿到临清这一区间没有水上交通。为了打通这一航线,都水监采取了引汶水补给会通河的方案。贡奎在《济州》一诗中写道:"兖泗支流鲁山麓,会济分河向南北。"①鲁山位于山东中部,是山东第四座高山,同时又是淄水、汶水、弥水和沂水的发祥地。据此可知,"兖泗支流"除了指流经兖州(在今山东兖州)的泗水之外,还包括引入会通河的汶水、沂水等。联系上下文看,"会济分河向南北",是指将泗水、汶水、沂水等引入会通河以后,与济水汇合,在济州分水补给向南北两端延展的会通河航道。换言之,如果没有"开汶、泗水以达京师"的成果,那么,要想在至元二十六年六月开通会通河是不可能的。

兴修会通河的第二时段从至元二十六年一月开始,到同年六月结束。至元二十六年兴修会通河是在周密计划和充分准备的基础上进行的。一是会通河沿线的地形复杂、水位落差大、补给水源严重不足,因此,需要在寻找水源的基础上实现从高处补水,并重点解决航道泄水等问题。针对这些情况,韩仲晖等提出了"开河置闸"方案,即通过建在高处的节水闸分配水资源,通过注水来解决航道泄水及干浅等棘手的问题。二是为了把韩仲晖等人的构想落到实处,精通水利事务的都漕运副使马之贞等奉命担负起"按视地势,商度工用"的重任,论证兴修会通河的可行性。三是在细致勘察和周密计算的基础上,马之贞等人绘制了施工图上报朝廷,他们的主张在朝堂上引发了不同的意见和争论。僧格"渠成乃万世之利,请以今冬备粮费,来春浚之"的意见坚定了元世祖开会通河的决心,与此同时,元世祖诏令忙速儿(猛苏尔)、张孔孙和李处巽等官员负责具体的兴修事务。从这一系列的准备工作中当知,至元二十六年一月是元代兴修会通河的重要时段。经过这一时段的兴修,元代打通了"起东昌路须城县安山之西南,由寿张西北至东昌,又西北至于临清,以逾于御河"②的航道。会通河以须城县(在今山东东平)安山为起点,经寿张(在今山东寿张)、东昌(在今山东聊城)等地抵临清,从临清入御河(永济渠、卫河)。由于会通河的起点在安山,故有"安山渠"之称。史称:"开安山渠,引汶水以通运道。"③安山渠的起点实际上是济州漕渠的终点,此外,从安山到东阿的航线与济州河航线多有重合。可以说,在开挖会通河的过程中利用了原济州漕渠和济州河的航道,在此基础上与济水、漳水相汇,并利用泗水故道北入御河(卫河)。楚惟善指出:"会通河导汶、泗,北绝济合漳,南复泗水故道,入于河。"④刘德智进一步指出:"至元

---

① 元·贡奎《云林集·济州》,《四库全书》第1205册,上海:上海古籍出版社1987年版,第636页。
② 明·宋濂等《元史·河渠志一》,北京:中华书局1976年版,第1608页。
③ 清·毕沅《续资治通鉴·元纪七·至元二十六年》,北京:中华书局1957年版,第5149页。
④ 元·楚惟善《会通河黄洞新闸记略》,李修生《全元文》第31册,南京:凤凰出版社2004年版,第145页。

中,穿会通河,引泗、汶会漳,以达于幽,由是天下利于转输。"①这条航线开通后形成南接江淮,北连御河抵直沽之势,为实现南北运河整体东移提供了必要的先决条件。

第二时段兴修会通河的重点工程是"开河"和"置闸"。所谓"开河",是指在开挖新航道的基础上引水入运,以抬高水位确保通航。所谓"置闸",是指在水位落差大的航段逐级建造节水闸和船闸,调节航道的水位。会通河虽然只有二百五十余里,但所在区域地形复杂,需要通过建闸调节航道中的水位。具体地讲,位于中央地带的任城(在今山东济宁)是一块台地,位于这一台地南北两侧的沽头(在今江苏沛县)和临清等区域地势低凹,如果以台地济州为中点,航道在向两端延展时分别形成三十米或三十多米的落差。如何在地质构造不等质的区域兴修运河并确保相同的水源输入运道,是建设会通河时不得不考虑的大问题。针对会通河经过区域的特殊地形,建设者采取了在台地任城一带引水入运,向南北两端航道分水的施工方案。经过六个月的艰苦施工,在"诏出楮币一百五十万缗、米四百石、盐五万斤,以为佣直,备器用,征旁郡丁夫三万"的基础上,终于建成了"闸三十有一,度高低,分远迩,以节蓄泄"②宏伟的水利交通工程。至元二十六年,会通河初通并被赐名"惠通河"。初开会通河的目的不完全是发展内河漕运,还与改善海运条件即缩短海运航程有内在的关联。

重开会通河

至元二十六年六月会通河全线开通,没想到的是,同年七月暴发的特大水灾毁坏了业已建成的部分航道,因此只能开启修复航道毁坏后的补救工程。

至元二十六年七月的抢修工程属于临时性的应急工程,因工期短,这一时间段建造的堰闸普遍存在质量不高的缺陷,这种情况的存在为后人重新修建会通河沿途堰闸留下了极大的空间。针对运道不畅及管理不力等情况,至元二十七年马之贞在给朝廷的奏折中提出了一系列具体的应对措施和解决方案。

重修会通河始于至元二十六年七月,以至元二十七年建成堽城石堰为结点。自至元二十六年七月发生水灾后,如何提高堰闸的建造质量及加强管理成为当务之急。针对这一情况,熟悉会通河建造情况的马之贞提出了新的整治方案。至元二十五年(1288)二月,济州漕运司已改为都漕运司,并将管辖范围延伸到了江淮地区。济州漕运司升格为都漕运司以后,成为辖区最大的漕运机构。针对运道多建土堰,导致"去岁流水冲坏堽城汶河土堰、兖州泗河土堰"③及"涨水冲破梁山一带堤堰,走泄水势"④等情况,在改建会通河堰闸的过程中,马

---

① 元·刘德智《修建金口闸碑记略》,李修生主编《全元文》第28册,南京:凤凰出版社2004年版,第565页。
② 明·宋濂等《元史·河渠志一》,北京:中华书局1976年版,第1608页。
③ 同②,第1616页。
④ 同②,第1616页。

之贞提出了由江淮漕运司负责改造工程和委派专人管理堰闸的主张。在充分调查研究的基础上，马之贞又提出了重点兴建当初开济州河时没能建造的石闸和石堰。由江淮漕运司负责改土堰为石堰及建造石闸的目的是通过明确职责，防止工程质量不过关。

兴修会通河石闸和石堰的历史可上溯到至元二十一年（1284）重修济州河之时，当时马之贞提出了"拟修石闸八、石堰二"建议。然而，这一原属济州河的工程一直到至元二十七年四月会通河开通后，仍然"有石闸一、石堰一、堽城石堰一"没有建成。严格地讲，开河引水补给航道固然重要，但建造控制流量及分水闸堰则更为重要。否则，会通河将面临航道因干浅而无法通航的困境。为此，马之贞根据会通河经过地区的地理构造提出了在关键航段建造和加固闸堰的新方案。这一新方案主要包括三个方面的内容：一是改土堰为石堰；二是建造石闸调节航道水位，如在兖州一带建闸约束泗水和洸水等，在堽城建闸分汶水补给航道等；三是在滕州（在今山东滕州）一带建新堰，并强化漕运管理。从马之贞的叙述中不难发现，继至元十三年（1276）、十八年（1281）、二十年兴修济州漕渠及济州河以后，至元二十一年、二十七年又两次兴修沿线的闸堰。需要补充的是，在兴修会通河堰闸的过程中，除了马之贞外，都水监丞张仁仲亦做出了巨大的贡献。至治元年（1321）在都水监丞张仁仲的主持下，重修了济州会源闸。

建造及改造会通河堰闸主要是在济州、兖州等航段进行的。济州闸是会通河在济州一带水闸的总称，其中，会源闸是重要的调节航道水位即控制流量的分水工程。由于会通河经过的区域水位落差大，航道容易泄水，因此需要选择合适的地点建造堰闸来调节航道水位。由于会源闸所处的位置是"会通河上源之喉衿"，因此在这里建闸可以达到"以分其流"的保证通航的目标。进而言之，通过闸门控制向南北两个方向分水的流量及调节航道的水位，会源闸提升了会通河通航的能力。

兖州堰闸的核心工程是金口闸和堽城石堰等，这些工程建成后，在调节会通河水位方面发挥了重要作用。金口闸有引泗水、沂水等入运的功能。金口闸初称金口堰，又称金口坝，经过改造成为会通河引水入运的一部分。金口堰兴建的历史追可溯至隋文帝开皇年间（581—600）。金口闸由南闸和北闸构成，两闸通过分水为船只通行这一航段创造了条件。隋开皇年间，兖州刺史薛胄为发展农业兴建了灌溉农田的金口堰。经过改造，元代兴建会通河时将金口堰改建为引水入运的水闸。

金口闸具有调节航道水位的功能：航道干浅时，通过金口闸可向航道注水；航道涨水时，可通过"三洞"向外泄水。进而言之，通过控制水位，金口闸为船只通过会通河提供了安全保障。继元代以后，明宪宗成化七年（1471）采取"固之以铁"的办法进一步加固了金口闸。假定以元延祐四年为上限，以明成化七年为下限，当知这一工程历时一百五十四年依旧完好无损，可谓是水利史上的奇迹。

堽城石堰由不同的堰坝组成,是兖州闸堰的重要组成部分,同时也是调节会通河水位及引水入运的重要工程。万安在《堽城坝记》一文中记载道:"元至元末,以江南贡赋未达于都,始从郭都水议,自济宁逾安山至临清开渠数百里,引水入御河,直抵通州。时既即兖东堰金口,障泗水西南由济河至济宁,以济漕渠;复即兖北堰堽城,障汶水俾南由洸河至济宁,合泗水以济漕渠。又于汶下流堰戴村,障水俾西南流汇为南旺湖,分济漕渠:一注临清,一注济宁。终元之世,公私漕贩往来南北无阻者,障二水济之故也。"①所谓"障汶水俾南由洸河至济宁",是指采用筑坝抬高水位的方式强行把汶水引入洸水河道。在这中间,洸水又在济宁一带"合泗水以济漕渠",即以洸水河道为载体引泗水注入会通河航道。从这样的角度看,堽城石堰实际上是引洸水、汶水、泗水等入运的不可或缺的水利工程,如果没有这一工程,将很难实现"障水俾西南流汇为南旺湖,分济漕渠"的目标。起初,堽城石堰只是座土堰,后因时常堤毁,在马之贞的建议下动工改造为石堰。堽城石堰建成后,在约束汶水入洸水河道、汇集泗水等调节会通河水位方面发挥了重要的作用,为调水和分水入会通河提供了更为安全的保障。进而言之,如果说金口闸有"障泗水西南由济河至济宁,以济漕渠"即约束泗水由济河至济宁补给水位的功能,那么,堽城石堰则可调节会通河水位,进而提升其通航的能力。

重开会通河以后,方便了内河漕运。元仁宗延祐元年(1314),会通河道窄、水浅等问题采取了一系列的措施,一些问题并在一定程度上得到缓解,但另一个问题接踵而至。出于经济利益方面的考虑,人们往往驾驶大船自会通河入闸,这一行为导致河面交通堵塞。为此,会通河管理者在关键区位金沟闸和沽头闸之间建了隘闸,又在临清建造了隘闸,不许大船入闸。然而上有政策,下有对策。人们为了不减少运输量,又开始造长八九十尺的长船。迫不得已,朝廷又在隘闸前立有丈量船只长度的标尺,以控制入闸船只的长度。

开通会通河的意义

会通河有狭义和广义之分,狭义的会通河指从安民山到临清与御河相通的运河,史有"自东昌须城县至临清为会通河"②之说。这里所说的"自东昌须城县",是指以须城县的安民山为起点。因会通河在山东域内,故又有"山东运河"之称。史家认为:"山东运河,南自江南邳州界黄林庄起,北至直隶吴桥县界桑园镇止,共长一千一百四十三里一百二十一步六尺五寸。"③此可备一说。

广义的会通河除了包括狭义会通河航段外,还包括济州漕渠航段及延长到徐州一带的

---

① 明·万安《堽城坝记》,明·杨宏、谢纯《漕运通志·漕文略》(荀德麟、何振华点校),北京:方志出版社2006年版,第260—261页。
② 柯劭忞《新元史·河渠志二》,上海:上海古籍出版社1989年版,第257页。
③ 清·岳濬、杜诏等《山东通志·漕运·会通河》,《四库全书》第540册,上海:上海古籍出版社1987年版,第313页。

航段。元代赵元进有"前至元二十六年,开会通河道,南至自徐,中由于济,北抵临清"①之说,已明确地把济州漕渠、济州河和狭义的会通河统称为"会通河"。如元英宗至治三年(1323)四月十日,都水分监的奏折中有"会通河沛县东金沟"②等语,进一步证明了会通河早在开挖之初即开济州河时,已将运道延长到沛县、徐州等地。沛县东金沟一带的航道原本属于济州河航道,据此可进一步证明,元人所说的会通河已包括济州漕渠、济州河等。济州漕渠长约一百五十里,狭义的会通河长约二百五十里,两者相加,长约四百里。这一数字恰好是广义会通河的长度。不过,清代又有将从安民山到临清再到天津的运河统称为"会通河"的情况。周嘉猷注释于钦《齐乘·山川下》时写道:"二十六年又自安民山开河至临清,分汶水属之漳、御,以达天津,通谓之会通河。"③会通河是一历史名词,不同时期有不同的指向。此外,会通河经过的区域地理构造复杂,因此航道维修需要常态化。如大德十一年(1307)二月元代整治了从济州到徐州的航道,同年五月竣工后为"江南行省起运诸物,皆由会通河以达于都"④奠定了坚实的基础。

　　会通河开通后与至元三十年秋竣工的通惠河相接,初步实现了通过裁弯取直将南北运河整体东移的意图,这一战略目标实现后加强了江浙、江淮等经济发达地区与政治中心在经济和文化等方面的联系。史有"开会通河于临清,以通南北之货"⑤之说,大体上道出了开会通河的意义。会通河是京杭大运河开通的关键航段,会通河与通惠河开通后,彻底改变了原有的水上交通秩序。具体地讲,会通河向北以临清为节点与御河相接,经御河可抵直沽,从直沽可抵达通州;向南以济州为节点入泗水故道近接扬州运河,经扬州运河跨江远与江南运河相通。经过长时间的修缮和开挖,以开通会通河和通惠河为标志,元代建成了北起大都,南下直抵杭州,中跨海河、黄河、淮河、长江和钱塘江五大水系的水上大通道,即京杭大运河。如果以大都为大运河航线的终点,从北向南,州府级的运河城市分别有通州、潞州、沧州、德州、济州、徐州、淮安、扬州、镇江、常州、苏州、松江、嘉兴、湖州、杭州等,县级城市则有武清、聊城、临清、邳州、宿迁、清河、宝应、高邮、丹阳、无锡、昆山、华亭、嘉定、上海等。

　　从历时的角度看,这些城市的兴盛与运河有直接的关系。因处在水陆交通枢纽的位置上,这些城市在商贸往来的过程中率先成为富有活力的城市及区域经济中心,进而成为区域政治中心。具体地讲,济州漕渠及会通河开通后带动了周边地区社会经济的发展,由于任城有济州原州治无法比拟的交通优势,且任城在成为商品及货物集散中心的过程中,出现了经

---

① 元·赵元进《重浚会通河记》,李修生主编《全元文》第 56 册,南京:凤凰出版社 2004 年版,第 116 页。
② 明·宋濂等《元史·河渠志一》,北京:中华书局 1976 年版,第 1611 页。
③ 元·于钦《齐乘·大清河》,刘敦愿等校释《齐乘校释》,北京:中华书局 2012 年版,第 171 页。
④ 同②。
⑤ 同②,第 1588 页。

济繁荣的景象,因此,任城很快成为济州迁治的首选之地。元代贡奎在《济州》一诗中描述道:"旧济知何处,新城久作州。危桥通去驿,高堰裹行舟。市杂荆吴客,河分兖泗流。人烟多似簇,聒耳厌喧啾。"①自任城成为济州新州治以后,旧州治逐渐淡出人们的视线。马可·波罗描述任城的繁荣景象时写道:"这是一个雄伟壮丽的大城市。商品与制造品十分丰盛。所有的居民都是佛教徒,都是大汗的百姓。使用大汗的纸币。有一条深水大河流过城南,居民将河分成两个支流(运河),一支向东流,另一支向西。大河上千帆竞发,舟楫如织,数目之多,简直令人难以置信。这条河正好供两个省区的航运便利。只要观察河上的船舶穿梭似的往返不断,运载着最有价值的商品的船只的数量和吨位,确实就会使人惊讶不已。"②任城之所以出现"人烟多似簇,聒耳厌喧啾"繁华的景象,与会通河开通有着密切的关系。

在历史的进程中,一些不起眼的运河城镇能在很短的时间内成为区域政治中心和经济中心,主要是因为以下两点:一是凭借特有的交通优势,这些城镇率先成为商品集散地,而商品集散地在商品流通中扮演重要的角色,促进该地经济繁荣;二是当运河成为商品流通的载体时,这些城镇在向周边地区辐射的过程中带动了周边地区的经济发展,确立起自身在政治、经济、文化等方面的优势,进而支撑起当时的经济大厦。从这样的角度看,大运河开通的意义十分重大,通过建立新的水上交通秩序不仅缩短了南北间的距离,而且加强了南北间的政治联系,也促进了南北间的文化交流。此外,元代分段整治运河也给沿岸城市的异军突起带来了生机。如通惠河修好后,通州凭借交通上的优势迅速崛起,成为北京南面的门户。与此同时,会通河亦为沿岸商品集散地的形成及打造新的运河城市提供了动力,进而带动了沿岸城市的商业发展,促进了南北经济与文化等之间的交流。与此同时,江南各类物资源不断地输往大都,形成了李谦所说的"江淮、湖广、四川、海外诸番土贡粮运,商旅贸迁,毕达京师"③的局面。

开通京杭大运河为继续发展漕运及水上交通带来了极大的便利,但因会通河是整个京杭大运河的瓶颈,因此元代开通会通河以后,漕运依旧以海漕为主,相比之下,内河漕运所占的份额较小。丘浚指出:"然当时河道初开,岸狭水浅,不能负重。每岁之运,不过数十万石。非若海运之多也。是故终元之世,海运不罢。"④受诸多因素的制约,会通河开通后出现了"岸狭水浅,不能负重"的局面。"终元之世,海运不罢"固然与会通河通航能力有限相关,但

---

① 元·贡奎《云林集·济州》,《四库全书》第1205册,上海:上海古籍出版社1987年版,第643页。
② [意]马可·波罗《马可波罗游记》(陈开俊等译),福州:福建科学技术出版社1981年版,第162页。
③ 元·苏天爵辑《元朝名臣事略·丞相淮安忠武王》(姚景安点校),北京:中华书局1996年版,第20页。
④ 明·丘浚《大学衍义补·漕挽之宜下》(林冠群、周济夫校点),北京:京华出版社1999年版,第314页。

更重要的是,海运有内河漕运无法比拟的优势。尽管如此,开通会通河依旧有特殊的意义。如河漕与海漕并举为运粮北上提供了不同的路径,不同的航线提高了运粮时的安全系数。更重要的是,南北运河整体东移建立了新的水上交通秩序,有力地促进了沿岸地区的商贸往来和社会经济发展,加强了政治中心与经济发达地区间的联系。遗憾的是,这一航线终因元王朝命短,为明清两代"享用"。会通河是在缺少水源的区域及水位落差极大的台地开挖的,其开挖难度远远地超出了元代以前开挖的运河的难度及元代在其他地区兴修运河的难度。会通河实为开通京杭大运河的关键性工程,可以说,元人兴修运河既为明清两代定都北京建立了新的交通秩序,也为大运河沿岸城市的兴起奠定了基础。

第四节　整治御河、扬州运河和江南运河

水上交通建设是元代政权建设的重要组成部分。在兴修通惠河和会通河前后,为了发展水上交通,元代统治者疏浚或改建了不同区域的运河。这些运河如江南运河、扬州运河等与通惠河、会通河及天然河流一起构成了元代的水上交通体系。从大的方面讲,除了少数新开运河之外,元代运河建设主要由疏浚或改建工程构成,其中包括御河、扬州运河和江南运河及相关区域的水利设施及航道堰闸等。

元代重点治理御河、扬州运河和江南运河是必然的。一是御河、扬州运河和江南运河是运河旧道的主干,整治此三条运河实际上是在维护原有的运河运输体系。二是三条运河经过的区域既是元王朝农业经济最为发达的地区,同时也是赋税征收的重点地区。当三个经济发达的区域叠加在一起构成政权稳定的基本要素时,重建三个区域的水上交通可通过降低转输成本为政治中心——大都服务。三是御河、扬州运河和江南运河原本有良好的水上交通和互通关系,后因战争等因素出现了部分航道丧失通航能力的情况,如果加以维修和整治,可以恢复其航运能力。进而言之,重建御河、扬州运河和江南运河之间的互通关系,可以加强三个区域间的经济联系,更大范围地带动其他地区的经济发展,进而为南北运河航线整体东移创造条件,为商品流通开辟新途径。

整治御河

御河一头联系大都的门户通州,一头联系河北、山东等地,在开通从通州到大都的航线以前,沿御河北上可从临清到直沽再到通州。元代御河以魏县(在今河北魏县)为起点,经元城(在今河北大名)泉源乡于村渡再经包家渡可抵达馆陶(在今河北馆陶)三口。具体地讲,以馆陶为节点沿御河北上,中经交河(在今河北泊头)、清池(在今河北沧县)等地;再以清池

为节点,经清池南下可到南皮(在今河北南皮)等地,经清池北上到清州(在今河北沧州青县)等地。由于馆陶与临清隔河相望,经此又可从山东临清、德州等地沿御河北上,经河北景县、交河、清池、青县等地进入武清抵达直沽及通州。山东和河北是元王朝赋税的重要征收地,保证这一区域的漕运对于元王朝的统治及京畿供给有着特殊的意义,因此,元代根据航道的实际情况对御河航段进行了疏浚和改造。

其一,重点疏浚和改造与御河相接的直沽航段。直沽既是内河漕运的节点,又是与海漕相接的中转节点。这两种情况的同时存在,表明这一航段的畅通涉及确保大都及京畿地区供给的大事,因此,元代十分重视直沽及相关航段的治理。一是采用裁弯取直的方法改造直沽航段。如史有至元十三年七月"以杨村至浮鸡泊漕渠洄远,改从孙家务。……八月己巳,穿武清蒙村漕渠"①之说,杨村、浮鸡泊、孙家务等均在直沽航段的范围内,通过开挖新航道及改造旧航道提高了这一航段的漕运能力。二是直沽是重要的水运码头,肩负着稳定大都及京畿地区经济秩序的责任,针对这一情况,采取了疏浚航道和加强航道日常管理及发现险情及时修缮等办法。三是针对泥沙淤积河口及入海口等险情,重点疏浚了小直沽汊河口(在今天津东北狮子林桥附近)一带的航道。至治元年四月疏浚"淤泥壅积七十余处"以后,提高了小直沽汊河口的通航能力,增强了内河与海口相接航段的漕运能力。疏浚直沽汊河口工程实际上是从至治元年三月开始的,此时疏浚的对象是小直沽和白河。至治元年四月疏浚重点转向小直沽汊河口以后,通过改善入海口,为同年五月"海漕粮至直沽"②创造了必要的条件。从这样的角度看,疏浚或改建直沽航段还与发展海漕有直接的关系。进而言之,疏浚和改造直沽航段有保证内河漕运和实现内河漕运和海漕联运的作用,可谓是一举多得。

其二,修缮从清州到景州(在今河北景县)的航段。从清州南下到景州,是御河在河北域内的重要航段,这一航段沿清州北上,近接武清、直沽等地,中经通州远接大都。因年久失修及缺少管理等,出现了航道淤塞或"掘堤作井"毁堤事件等,为此,元世祖至元三十年、元顺帝至元三年(1337)有针对性地整治了这一航段。元世祖至元三十年整治这一航段是在重开通惠河的背景下进行的,此前,南接徐州、北接临清的会通河已开通,沿会通河经御河北上到直沽等地可进入通惠河,沿通惠河经通州可北上直抵大都。继这次"修筑浚涤"航道后,元顺帝至元年间(1335—1340)又再度"率众修治",为了提高效率和明确责任,提出了"以滨河州县佐贰之官兼河防事"的方案,在地方长官的参与下,在疏浚航道的基础上,通过分航段治理,并采取"拔去桩橛,仍禁园圃之家毋穿堤作井,栽树取土"等措施,进一步打通了或从海上经直沽北上的水上通道,或经直沽远及江淮的水上大交通。客观地讲,这一修缮行为对于恢复漕运有积极的意义。

---

① 明·宋濂等《元史·世祖纪六》,北京:中华书局1976年版,第184页。
② 明·宋濂等《元史·英宗纪一》,北京:中华书局1976年版,第612页。

其三,加固堤防,整修临清一带的御河。临清一带水文复杂,既有御河,又有黄河和大清河等,因三者间有互通的关系,洪水暴发时一旦出现合流或乱流,很容易毁坏原有的堤防。至治元年,水灾破坏河堤,后于泰定元年(1324)二月采取了加固堤防的措施。泰定四年(1327)八月河溢毁堤后,致和元年(1328)六月再次整修这一航段。

整治扬州运河

扬州运河在不同历史时期有不同的称谓和长度。隋代沿用旧称邗沟,如史有隋炀帝"发淮南兵夫十余万开邗沟,自山阳淮至于扬子江三百余里"①之说。据此,隋代邗沟长三百余里,其入淮口改到了山阳(在今江苏淮安)境内。唐代将邗沟改称"扬州运河",如《新唐书·五行志三》云:"开成二年夏,旱,扬州运河竭。"②此时的扬州运河长度及航线与隋代大体相同。宋代的扬州运河除了包括唐代扬州运河的全程外,又把扬州、真州、泰州等地之间的运河支线及运盐河计算在内。如史有宋真宗天禧四年(1020)"开扬州运河"③之说。宋代扬州运河的长度在七百里到八百里之间。

元代的扬州运河长二千三百五十一里。史称"扬州运河,亦名盐河,北至三汊口,达于会甬河。"元代的扬州运河由两个部分构成:一是"顾倩丁夫,开修一千八百六十九里"的主航线,这一航线以扬州为起点,经楚州(在今江苏淮安)进入淮河,跨越淮河后北上至三汊口与会通河相接,其中包括隋唐两宋时期的扬州运河和隋唐通济河及宋代汴河的部分航段;二是通往盐场的支航线,即"仓场盐司不妨办课,协济有司,开修四百八十二里"的支航线,这一航线包括从高邮到兴化再到盐城的运盐河、扬泰之间的运河支线及运盐河等。

元代扬州运河的长度是南北运河东移后最长的。元代为什么一反传统观念将会通河以南的运河,跨越淮河两岸,远及长江岸边的运河统称为"扬州运河"呢?应该说是由以下四个因素决定的。一是宋代已将淮扬之间的运河和支线及运盐河统称为"扬州运河",元代沿用了旧说,稍有不同的是,元代把这一航线延长到与会通河相接的三汊口。二是扬州是元代重点发展的区域中心城市。至元二十三年(1286),在忙兀台的建议下江浙行省的治所一度移往扬州,进一步彰显了扬州的区域政治中心的地位。三是扬州是江南运河跨江北上再跨越淮河的节点城市,京杭大运河开通后,加快了商品流通的速度,扬州凭借交通上的优势进一步提升了经济地位。四是唐宋以后全国的制盐中心已转移到淮扬地区,即以扬州、楚州为中心的淮南和淮北盐场,扬州成为征收盐税的重地。元王朝继承了这一成果,继续以扬州为淮盐的集散中心。需要补充的是,明代的扬州运河比元代的扬州运河缩短了五百多里的航程。

---

① 元·脱脱等《宋史·河渠志三》,北京:中华书局1985年版,第2319页。
② 宋·欧阳修、宋祁《新唐书·五行志三》,北京:中华书局1975年版,第947页。
③ 元·脱脱等《宋史·真宗纪三》,北京:中华书局1985年版,第167—168页。

在起点和终点不变的情况下,明代的扬州运河缩短了五百多里的航程是因为明代重修时采取了裁弯取直及改建航道等措施。

元代的扬州运河为什么有"盐河"之称？究其原因,主要有以下四个方面。

其一,盐税是国家财政收入的重要来源,元代自然也不例外。自汉代刘濞煮海为盐以来,唐宋以降,淮盐遂在国家的财政收入中占有了重要的一席。扬州运河长二千三百五十一里,其中有四百八十二里的支线即运盐河直接通往盐产地,其余的一千八百六十九里亦是淮盐北运或入江的水上通道。扬州运河的畅通关系到盐路的畅通,在沟通南北的过程中,扬州运河在促进不同区域商贸往来的过程中占有重要的地位,其中淮盐贸易是不可或缺的方面。因此,出现了将扬州运河称为"盐河"的情况。

其二,扬州位于淮南,淮南是制盐中心。由于扬州运河是淮盐外运的基本航线,再加上运盐河和扬州运河主航道多有交叉,因此将其称为"盐河"自在情理之中。

其三,广义会通河向南延长到徐州一带,这一航线与元代命名的"扬州运河"在航线方面多有交叉,甚至出现某些航段既属于会通河又属于扬州运河的情况。扬州运河是重要的运盐通道,再加上部分航段早有"盐河"这一称谓,在个别揭示一般或以局部代表整体时,扬州运河有了"盐河"之称。

其四,扬州运河与会通河相接,兴修会通河时利用了济州漕渠和济州河航道,兴修济州漕渠和济州河时又利用了大清河(济水故道)及支流小清河(马颊河)航道,因大清河及小清河有运盐的功能,故有"大盐河"和"小盐河"之称。扬州运河的北端是三汊口,在三汊口与会通河相接,沿会通河经"三汊口闸入盐河"①,这里所说的"盐河",是指会通河与大清河及小清河相接的航段。济州漕渠和济州河兴修后,大清河及小清河成为济州漕渠和济州河的重要航段。进而言之,会通河开通后,大清河及小清河已成为会通河的一部分。大清河及支流小清河的运盐量远低于扬州运河,却仍被称为"大盐河"和"小盐河",因而扬州运河有"盐河"之称也是必然的。此外,扬州到会通河实际上是一条运盐的商贸大通道,因盐是商贸活动中的主要商品,以"盐河"称扬州运河,能揭示出其在商贸活动中的主要特点。

元代治理扬州运河时采取了分段治理和重点疏浚的措施。如在多次疏浚的基础上,元仁宗延祐元年又"遣官浚扬州、淮安等处漕河"②。这里所说的"扬州"是指扬州周围的运河,如史有"运河在扬州之北,宋时尝设军疏涤,世祖取宋之后,河渐壅塞"③之说。重点兴修扬州段和淮安段运河后,元泰定帝泰定元年,又重点疏浚了真州(在今江苏仪征)境内的扬州运

---

① 明·宋濂等《元史·河渠志一》,北京：中华书局1976年版,第1611—1612页。
② 清·赵弘恩、黄之隽等《江南通志·河渠志·运河一》,《四库全书》第508册,上海：上海古籍出版社1987年版,第685页。
③ 明·宋濂等《元史·河渠志二》,北京：中华书局1976年版,第1632页。

河珠金沙河航段。这些情况的存在一方面说明疏浚扬州运河是长期的事,不可能一蹴而就,另一方面说明南北运河东移后,因扬州运河是转运淮盐的重要通道,在促进南北经济、文化交流等方面有不可替代的作用,因此成为元代最有价值的漕运通道。进而言之,扬州运河既是联系政治中心大都与经济发达地区的中间环节,同时又是发展海外贸易的重要航线。具体地讲,扬州运河在与长江和淮河相接的过程中,形成了两条发展海外贸易的大通道。此外,扬州运河跨越长江后,与江南运河相接,形成远及华南各地的海上大通道。这样一来,保证这一航线的畅通是元代统治者必须面对的大问题。

在治理扬州运河的过程中,元代采取了从局部入手再到全程治理的方案。具体地讲,从至元二十一年起,治理扬州运河的重点工程是治理从扬州到楚州之间及两淮之间的航道及航段;从延祐四年(1317)十一月"复浚扬州运河"[①]起,治理工程转向疏浚长达一千八百六十九里的扬州运河的主航道。在这一过程中,因出现"盐课甚重"和"近岁课额增多,而船灶户日益贫苦"等情况,两淮运司提出了"开修四百八十二里"支线运盐河的建议。淮盐在国家财政收入中具有重要地位,两淮运司的建议提出后引起中书省的高度重视,随即移文河南省,会商疏浚包括运盐河在内的扬州运河方案。经过一番周密的准备和策划,延祐五年(1318)二月,将治理扬州运河的重点工程从疏浚主航道延展到了治理支线运盐河方面。这里透露的信息是,当元王朝越来越依靠盐业来增加税收(即盐税成为国家财政收入的重要支柱)时,保证扬州运河及支线运盐河的畅通已成为必须面对和解决的大事。或许正是因为这样的原因,两淮运司提出在疏浚扬州运河主航道的基础上开挖和疏浚支线运河及运盐河的建议时,才会受到元代统治者的高度重视。进而言之,扬州运河及支线运盐河的畅通涉及元王朝政治稳定和社会经济发展等方面大事,因此,中书省才会筹集大量的资金并动用"盐课"(即盐税)把疏浚扬州运河及支线运盐河提到议事日程,且专门派遣官员与都水监、河南行省、淮东宣慰司等共同协商如何治理扬州运河的事宜,并在此基础上全面地分段整治扬州运河。在这一过程中,疏浚扬州运河支线运盐河与照顾船户和灶户(以设灶煎盐为生的人家)的利益以保证运盐航道的畅通有着直接的关系。

整治江南运河

江南运河又称"浙西运河"。浙西运河是与"浙东运河"相对的概念,这一概念是因钱塘江在杭州湾入海时呈南北向决定的,在钱塘江以西的运河称"浙西运河",以东的则称"浙东运河"。史称:"浙西运河,自临安府北郭务至镇江江口闸,六百四十一里。"[②]从宋代到元代,江南运河虽几经修缮,但航道基本上没有发生大的变化。

[①] 明·宋濂等《元史·仁宗纪三》,北京:中华书局1976年版,第581页。
[②] 元·脱脱等《宋史·河渠志七》,北京:中华书局1985年版,第2405页。

镇江运河是江南运河的重要航段,位于江南运河与长江交汇处,重点治理这一航段可加强江南运河与长江流域的联系,加强与扬州运河的联系,进而以此为干线在贯穿南北的过程中形成漕运及四通八达的商贸大通道。从镇江运河沿江南运河经杭州进入浙东运河,可将南北运河的交通线延长到明州(在今浙江宁波)以远的海上,加强与福建等地的联系。从镇江运河入江可深入长江沿岸地区及城市,在更大的范围内形成经济交流和商品流通之势,并带动沿江经济带及腹地的发展。

疏浚镇江运河是全线整治江南运河的一部分,主要表现在两个方面:一是在疏浚镇江运河的过程中,元代统治者调集了平江(在今江苏苏州)、镇江、常州、江阴等地的民工;二是有计划地对昆山、嘉定、常熟、吴江、长洲、吴县等重要的江南运河航段进行了疏浚。结合这些情况,全线治理江南运河是从疏浚镇江运河拉开序幕的。

在治理镇江运河的过程中,元代又对江南运河及支线松江运河、松江运河进行了大规模的治理。淞江运河是江南运河的支航线,是在充分利用旧水道及拓宽和改造吴淞江的过程中建成的。吴淞江位于太湖的下游,中经淀山湖再入东海。从这样的角度看,吴淞江实际上是太湖的泄水道。宋代十分重视吴淞江的疏浚,曾派专人进行日常管理。入元后,因没有人从事日常管理及疏浚,再加上势豪凭借权势不断地侵湖为田,终于导致"湮塞不通"。吴淞江是兼有水上交通、灌溉、排洪防涝的综合性水道,当松江府成为元代重要的丝绸和棉布生产基地后,疏浚吴淞江即松江运河并发挥其效益已是当务之急。

松江府隶属嘉兴路,下辖华亭、上海二县,在其内穿行的淞江运河是江南运河直接入海的航线,这一航线的存在对于建立新的海上通道,发展淞江府的海外贸易及从海上建立与杭州、明州等地的商贸联系有着不可替代的作用。在至治三年的基础上,泰定元年十二月再次治理松江运河。经过治理,疏浚松江运河工程时至泰定二年(1325)一月完工,以此为标志,进一步提高了松江运河的通航能力。

此外,元朝还专门治理了杭州城外的龙山运河(龙山河),因为龙山运河是杭州与外界联系的重要航道。重修龙山运河不仅打通了杭州与钱塘江及浙东运河的航线,而且打通了从杭州沿江南运河抵达镇江的航线。史有至元二十一年"设市舶都转运司于杭、泉二州,官自具船、给本,选人入蕃,贸易诸货"[①]之说。杭州是元代重要的海外贸易港口城市,由于杭州的海外贸易主要是通过跨越钱塘江经浙东运河实现的,故龙山运河重开及航道改建后,进一步确立了杭州在海上贸易方面的中转地位。

---

① 明·宋濂等《元史·百官志一》,北京:中华书局1976年版,第2130—2131页。

第五节　漕运管理与改革

元代漕运管理是在建立漕运司的过程中进行的，漕运司的前身是军储所，后来改为漕运所，又改为漕运司，再改为都漕运司，都漕运司分为内外都漕运司。需要说明的是，元代漕运制度建设主要取法于金，如漕运制度及运河航道和堰闸管理等均有因袭金代的痕迹。

元代何时建立漕运管理机构

元代的漕运机构何时建立？主要有两种说法。一是建于元世祖中统二年（1261）。《元史·百官志一》云："世祖中统二年，初立军储所，寻改漕运所。至元五年，改漕运司，秩五品。十二年，改都漕运司，秩五品。十九年，改京畿都漕运使司，秩正三品。二十四年，内外分立两运司，而京畿都漕运司之额如旧。"①这一记载明确地提出了漕运机构源于元世祖军储所的观点，从"寻改"一语中可辨，中统二年的军储所应是元代建立漕运机构的最早时间。二是认为建于元太宗窝阔台（1229—1241）一朝。史称："太宗朝立军储所于新卫，以收山东、河北丁粮，后惟计直取银帛，军行则以资之。帝请于宪宗，设官筑五仓于河上，始令民入粟。"②"设官筑五仓于河上，始令民入粟"，是说征集的粮食是从水路运入河边粮仓的。这一叙述透露了此时可能发生漕运行为的信息，因此似可将元代漕运机构设置的时间上溯到元太宗一朝的军储所。

比较两种说法，可能元世祖中统二年建漕运机构的说法更为准确。具体地讲，一是《元史·百官志一》明确地说漕运所即漕运机构是在军储所的基础上建立的；二是元太宗建立的军储所只是储存粮草及军事战略物资的仓库，没有说军储所有漕运的职能。如"以收山东、河北丁粮，后惟计直取银帛，军行则以资之"，与漕运没有必然的联系；三是"设官筑五仓于河上，始令民入粟"似传达了军储所有可能从事漕运的意向，但此举主要是为了方便百姓输粮入仓。进而言之，元太宗建立的军储所不能算是严格意义上的漕运机构，相比之下，元世祖"寻改漕运所"的军储所倒应该是元代最早的漕运机构。

至元五年（1268）是元代漕运机构设置的重要转折点，改"所"为"司"进一步表达了元王朝发展漕运的诉求。这一时期，元世祖重点发展漕运主要是运送军粮等军用物资，为出入江汉、纵横江南服务。

元代都漕运司的变化主要有五个特点。一是将军事斗争的矛头指向南宋后，需要利用

---

① 明·宋濂等《元史·百官志一》，北京：中华书局1976年版，第2130—2131页。
② 明·宋濂等《元史·世祖纪一》，北京：中华书局1976年版，第58页。

黄河、江淮流域的水上交通线提高转运粮草及军事物资的效率，需要在加强管理的基础上建立不同区域的都漕运司。二是元代不断地调整漕运机构，提升了漕运官员在朝廷中的政治地位、扩大了都漕运司的权力，如至元十九年改都漕运司为京畿都漕运使司，并将其官职由五品升为正三品，这标志着都漕运司的地位和权力得到全面的提升。三是分立内外都漕运司，强化了漕运过程管理。如在京畿都漕运使司的基础上，新建江淮都漕运司、济州都漕运司、河西务都漕运司等，与此同时，在重要的航段节点设置漕运分司，如建济州、临清分司等，又如增加都漕运司属官，等等，都为加强漕运管理铺平了道路。史称："延祐六年，增同知、副使、运判各一员。其后定置官员已上正官各二员，首领官四员。吏属：令史二十一人，译史二人，回回令史一人，通事一人，知印二人，奏差一十六人，典吏二人。"①延祐六年（1319）设同知、副使以后，增加的吏属有数十人。四是在扩大漕运官署机构及都漕运司权力的基础上，扩大了属官的职掌和权力。如自"增京畿漕运司同知、副使各一员，给分司印"②以后，同知、副使除了协助都漕运司工作外，还有了领衔职掌分司的权力。五是将都漕运司的权力扩大到海漕的范围。史称："漕运司。至元二年五月，京畿都漕运司添设提调官、运副、运判各一员。至正九年，添设海道巡防官，给降正七品印信，掌统领军人水手，防护粮船。巡防官二员，相副官二员。"③这里所说的"至元二年"指元顺帝至元二年（1336），与元世祖至元二年（1265）无关。至正九年（1349）以前，负责统领士兵和水手并为粮船护航的海道巡防官隶属专掌海运的万户府，经此，京畿都漕运司涉足海运事务。

内外都漕运司考述

客观地说，《元史·百官志一》的记载大体上反映了元代漕运机构变化的历史，但因语焉不详容易引起误解，如"二十四年，内外分立两运司，而京畿都漕运司之额如旧"语，很容易让人得出错误的结论。具体地讲，至元二十四年将京畿都漕运使司一分为二后，似表明元代经此建立了"内外"两个漕运司。《元史·食货志一》将"内外分立两运司"即建立河西务都漕运使司的时间定在至元二十五年。其实，这里所说的"内外"是指狭义上"内外"两运司，是指在狭义上的京畿地区建京畿都漕运使司，在广义上的京畿地区建河西务都漕运使司。如《元史·百官志一》云："都漕运使司，秩正三品，掌御河上下至直沽、河西务、李二寺、通州等处攒运粮斛。至元二十四年，自京畿运司分立都漕运司，于河西务置总司，分司临清。"④相对于狭义的京畿地区"内"这一地理方位而言，广义的京畿地区河西务应属于"外"。进而言

---

① 明·宋濂等《元史·百官志一》，北京：中华书局1976年版，第2131页。
② 明·宋濂等《元史·仁宗纪三》，北京：中华书局1976年版，第592页。
③ 明·宋濂等《元史·百官志八》，北京：中华书局1976年版，第2337页。
④ 同①，第2132页。

之,所谓"自京畿运司分立都漕运司,于河西务置总司",是说以狭义京畿地区为"内",辖区范围指从通州到大都的航段;以广义京畿地区为"外",辖区范围以河西务为中心,远及山东临清。史又有"二十五年,内外分置漕运司二。其在外者于河西务置司,领接运海道粮事"①之说,柯劭忞肯定了这一说法。

其实,广义上的"内外"都漕运司有更早的历史。《元史·世祖纪九》有至元十九年十月"由大都至中滦,中滦至瓜州,设南北两漕运司"②等记载,这里所说的"南北两漕运司"是南都漕运司和北都漕运司的省称,这一提法与后来的广义上的"内外"漕运司有一定的对应关系和内在的联系。具体地讲,北都漕运司主要负责从大都到中滦(在今河南封丘西南、黄河北岸)一带的漕运事务,职权范围除了涵盖京畿都漕运司职权范围外,还将漕运事务管理范围向南延伸到黄河流域中滦一带;南都漕运司主要负责从瓜洲(在今江苏扬州瓜洲)到中滦的漕运事务,职权范围涵盖了中滦以东以南的黄河流域和江淮等地区。南都漕运司实际上是与北都漕运司相对的漕运机构。从某种意义上讲,至元十九年十月建立的"南北两漕运司"实际上已开"内外分立两运司"的先河。

其实,元代在京畿以外地区建立的都漕运司不止一个,除了有江淮都漕运司之外,还根据漕运管理的需要,在关键性的航段分别建立了济州都漕运司、河西务都漕运司等。《元史·世祖纪九》有"济州新开河成,立都漕运司"③之说,因济州河建成的时间为至元二十年八月,故济州都漕运司成立时间也应为至元二十年八月。在这中间,如果说至元十九年十月分立南北漕运司及同年十二月分立京畿都漕运司和江淮都漕运司,标志着广义的"内外"都漕运司已建立,那么,建立济州都漕运司则表明内外都漕运司已一分为三,出现了京畿都漕运司、江淮都漕运司和济州都漕运司并立的局面。需要补充的是,济州都漕运司初建时是隶属京畿都漕运司的分司,否则,将无法理解至元二十五年二月"改济州漕运司为都漕运司,并领济之南北漕,京畿都漕运司惟治京畿"④的说法。进而言之,自从东阿旱站到临清的转输线路开辟后,济州漕运中转站的重要性日益彰显,因此,元代统治者调整漕运机构,专设济州都漕运分司,至元二十五年又将其由分司升级为与京畿都漕运司、江淮都漕运司同等重要的漕运司。在这中间,又从江淮都漕运司所辖的范围划分出部分区域交由济州都漕运司负责具体的漕运事务,即由济州都漕运司负责南到淮泗、北到京畿以外地区的漕运事务。史有"至元二十四年,自京畿运司分立都漕运司,于河西务置总司,分司临清"⑤之说,所谓"于河西务置总司",是指至元二十四年在河西务建都漕运司。史有至治元年一月"增置漷州都漕

---

① 明·宋濂等《元史·食货志二》,北京:中华书局1976年版,第2402页。
② 明·宋濂等《元史·世祖纪九》,北京:中华书局1976年版,第247页。
③ 同②,第256页。
④ 明·宋濂等《元史·世祖纪十二》,北京:中华书局1976年版,第308页。
⑤ 明·宋濂等《元史·百官志一》,北京:中华书局1976年版,第2132页。

运司同知、运判各一员"①之说,元代,潞州的治所为河西务,据此当知,所谓"潞州都漕运司"应该是河西务都漕运司的别称。"增置"是指增加河西务都漕运司的属官,以彰显河西务都漕运司的重要性。经此,内外都漕运司已一分为四。进而言之,京畿以外地区的都漕运司在元世祖至元年间共建了三个,即掌江淮漕运的江淮都漕运司、掌御河漕运的河西务都漕运司和掌济州南北漕运的济州都漕运司。

从建制上看,内都漕运司和外都漕运司没有隶属关系,两司均直属中央。如果拿京畿都漕运使司及属员的官职与京畿以外地区都漕运使司及属员的官职相比,当知京畿都漕运司和江淮、济州、河西务都漕运司等漕运机构为平级单位。提升内外漕运司属员的官职,在一定程度上体现了元代统治者十分重视漕运的政治意图。京畿都漕运司负责掌管京畿地区的漕运事务,主要的下属机构有"在京诸仓"和新运粮提举司等。其中,仓官负责出纳漕运入京的粮食,新运粮提举司负责"站车攒运",即用车辆短途转运等事务。在历史的沿革中,新运粮提举司先后隶属于兵部和户部,但主要归京畿都漕运司管辖。建在京畿以外地区的都漕运司管理区内的漕运事务,下属机构有漕运分司、粮仓等。京畿都漕运司与河西务都漕运司下设的机构大体相同,但从实际出发又有变化,如京畿都漕运司下设新运粮提举司,设在外地的都漕运司下设分司等。

制度建设与改革

制度建设与改革是元代漕运制度建设的重要组成部分,在吸收前代成果的过程中,元代漕运制度建设及航道和堰闸管理主要取法于金,两者间的联系主要体现在三个方面。

其一,元代全面地继承了金的漕运管理制度和职官制度。首先,元代继承了金分立内外漕运司及巡视制度。如金王朝除了在中央建立漕运司外,又在地方以及重要航段建立了加强过程管理的漕运司。除此之外,为了监督漕运司的工作和加强漕运过程的管理工作,又由户部派勾当官"巡督",即督察漕运事务,以便及时发现和解决漕运过程中可能存在的问题。元代实行漕运后,建立内外都漕运使司继承了金的制度,逐步形成了"巡视河道,自通州至真、扬,会集都水分监及濒河州县官民"②的局面。元代统治者的看法是,"询考利病,不出两端,一曰壅决,二曰经行。卑职参详,自古立国,引漕皆有成式。……后人笃守成规,苟能举其废坠而已,实万世无穷之利也"③在这中间,"巡视河道"制度与金建立的"命户部勾当官往来巡督"有某种内在的联系,在充分借鉴金漕运机构建设成果的基础上,元王朝逐步健全了自身的漕运管理制度。其次,金和元的漕运司有大致相同的管辖范围,从中可见内在的关联

---

① 明·宋濂等《元史·英宗纪一》,北京:中华书局1976年版,第609页。
② 明·宋濂等《元史·河渠志一》,北京:中华书局1976年版,第1613页。
③ 同②。

性。如金时漕运司"掌河仓漕运之事",元代都漕运司亦掌管这一事务。金时漕运司长官称提举,提举的副手为同提举,同提举下设勾当官,史有金漕运司"掌河仓漕运之事。同提举一员,正六品。勾当官,从八品,掌催督起运纲船"①之说。尽管漕运司职官的称谓多有变化,但两者的职能大体上相同,从中可见金的漕运司建设对元代漕运司建设的影响,甚至可以从中找出嬗变的轨迹。金随纲押运的官员称"勾当官",元代称"押纲官",勾当官为从八品,押纲官为正八品,元代提升押官纲的官职,体现了元代进一步重视漕运的意图。再次,是金实行纲运,由漕运司属员勾当官负责不同区域的纲运。纲运包括水运和陆运,因此金的漕运司实际上是在负责不同区域的转运事务。元代继承了金的纲运传统,在将全国划为三十个区域的过程中,由漕运司属官押纲官统领转运事务。史称:"每编船三十只为一纲。船九百余只,运粮三百余万石,船户八千余户,纲官以常选正八品为之。"②元代调整漕运司的职能后,押纲官担负起全国各地的转运事务。最后,金实行"春运以冰消行,暑雨毕"的漕运制度。这一制度为元代所接受和继承,元成宗大德六年(1302)三月有"岁漕米百万,全藉船坝夫力。自冰开发运至河冻时止,计二百四十日"③语,这一记载透露了元代漕运在行运时间方面与金一致的信息。

其二,元代继承了金由地方长官兼管河务即航道治理的制度。史有金世宗大定二十七年二月"命南京沿河四府十六州长贰官皆提举河防事,四十四县令佐皆管勾河防事。……每岁命工部官一员,沿河检视"④之说。"管勾"有掌管及管理之义,初为临时官职。如欧阳修写道:"自瑗管勾太学以来,诸生服其德行,遵守规矩。"⑤时至金,"管勾"成为正式官职,元代继承了这一职官制度,并普遍用于运河航道管理方面。"提控"亦有掌管、管理之义,属加衔。在大定二十七年的基础上,泰和五年(1205),金章宗将沿河州官的衔内加"提控漕河事"、县官带"管勾漕河事"完全制度化。金的这一制度得到了元代的认同,如徐泰亨曾"除迁海道都漕运万户府提控案牍"⑥,又如史有元顺帝至正三年(1343)"部议以滨河州县佐贰之官兼河防事,于各地分巡视,如有阙破,即率众修治"⑦之说。在金的基础上,元代形成了派专人管理和维修航道及水利设施的制度。

其三,金时漕运实行"挽漕脚直",即付劳务费(佣金)的制度,元代漕运继承了这一制

---

① 元·脱脱等《金史·百官志三》,北京:中华书局 1975 年版,第 1322 页。
② 明·宋濂等《元史·百官志一》,北京:中华书局 1976 年版,第 2134 页。
③ 明·宋濂等《元史·河渠志一》,北京:中华书局 1976 年版,第 1590 页。
④ 清·李有棠《金史纪事本末·河决之患》,北京:中华书局 1980 年版,第 570 页。
⑤ 宋·欧阳修《举留胡瑗管勾太学状》,《欧阳修全集》(李逸安点校),北京:中华书局 2001 年版,第 1670 页。
⑥ 元·黄溍《青阳县尹徐君墓志铭》,《黄溍全集》(王颋点校),天津:天津古籍出版社 2008 年版,第 494 页。
⑦ 同③,第 1600 页。

度,并多有改革和发展。金时"脚直"规定细密,这一制度规定不同种类有不同的佣金,不同里程有不同的佣金,不同季节有不同的佣金,租赁官船时根据时间的长短收取不同的佣金。元代漕运继承了金的佣金制度,与此同时,在刘秉忠的建议下,实行了"从近仓以输为便"①的改革措施。史称:"中统二年,远仓之粮,命止于沿河近仓输纳,每石带收脚钱中统钞三钱,或民户赴河仓输纳者,每石折输轻赍中统钞七钱。……随路近仓输粟,远仓每粟一石,折纳轻赍钞二两。富户输远仓,下户输近仓,郡县各差正官一员部之,每石带纳鼠耗三升,分例四升。凡粮到仓,以时收受,出给朱钱。"②金元之间的漕运佣金制度继承主要集中在四个方面:一是鼓励老百姓参与漕运事务,如金实行"挽漕脚直",元代"以福建、浙东船户至平江载粮者,道远费广,通增为至元钞一两六钱"等,都是鼓励老百姓参与漕运的具体措施;二是采用租赁的方式,征集官船或民间的船只参与漕运。金的"诸民户射赁官船漕运者",元代的"每石带收脚钱"等均透露了租赁官船或民船参与漕运的信息;三是根据情况变化如路程远近等调整佣金,形成激励机制;四是根据漕运稻谷的自身价格调整佣金,以减少漕运过程的损耗。元代在继承金佣金制度的同时,也对该制度进行了必要的改革:元代采用纸币制度,以中统钞、至元钞等付佣金;民户就近输粮入仓时采取代收佣金的制度;改革佣金的名称,将金时的"脚直"改为"脚钱""脚价钞"等称谓。与金相比,元代漕运佣金收取较为简化。

客观地讲,元代的漕运制度及航道和堰闸管理等虽然继承了金及金以前的成果,但有自己的创举,并根据发生的新情况及时调整政策,这在一定程度上反映了元代对漕运的重视。史称:"是岁,诏汰冗官,均俸禄,赐致仕官及高年帛。漕运使贾鲁建言便益二十余事,从其八事:其一曰京畿和籴,二曰优恤漕司旧领漕户,三曰接连委官,四曰通州总治豫定委官,五曰船户困于坝夫、海粮坏于坝户,六曰疏浚运河,七曰临清运粮万户府当隶漕司,八曰宜以宣忠船户付本司节制。"③"是岁",指至正九年(1349)。尽管漕运使贾鲁"便益二十余事"的全部内容因文献缺载已不可知,但从元顺帝"从其八事"的内容看,皆与漕运相关。这一事实充分说明了漕运是元代统治者关心的大事。其实,自京杭大运河开通后重视漕运已成为元王朝的既定国策。如天历三年(1330),举行祭祀太庙大典时,元文宗下令停止一切建筑活动,同时颁布了"惟城郭、河渠、桥道、仓库勿禁"④的诏令。除了城郭,其余的建设活动皆与运河建设及漕运相关。

---

① 明·宋濂等《元史·刘秉忠传》,北京:中华书局1976年版,第3689页。
② 明·宋濂等《元史·食货志一》,北京:中华书局1976年版,第2358页。
③ 明·宋濂等《元史·顺帝纪五》,北京:中华书局1976年版,第887—888页。
④ 明·宋濂等《元史·文宗纪五》,北京:中华书局1976年版,第799页。

第六节　漕仓建设与管理

漕运中转仓建设是元代漕运管理不可或缺的方面。在充分继承唐宋水次仓即中转仓建设成果的过程中,元代漕仓建设形成了新的特点。先抛开水陆联运时建造的旱仓及海漕时建的漕仓不论,元代漕仓主要有沿用前代旧仓即沿漕运通道建造的特点。

漕仓的基本构成

漕仓建设是元代漕运的重要组成部分,主要有沿用旧仓和建造新仓两个特点。

从时间上看,元代沿用旧仓和建新仓主要由四个时段构成:一是灭金以后,形成了在御河及黄河沿线沿用旧仓和建造新仓的特点;二是灭宋以后,因转输江南粮食北上须绕道中滦旱站,由此形成了在江南运河、扬州运河、淮河、黄河及御河航线沿用旧仓和建造新仓的特点;三是至元二十年开通海漕后,为适应海漕的需求,形成了在相应地区沿用旧仓和建新仓的特点;四是在会通河和通惠河开通的前后,围绕南北运河整体东移形成了在相应地区沿用旧仓和建新仓的特点。

河北、山东、河南等地是元王朝从蒙古高原南下率先攻占的区域。灭金以后,这一广袤的区域成为元王朝继续南下的战略支撑点。为了稳定政治中心大都的社会秩序和建立征伐南宋的粮草及物资供应基地,元世祖在沿用这些区域的金时漕运中转仓的过程中建立了新的漕仓。史有元世祖至元三年"濒御河立漕仓"①之说,"立漕仓"包括沿用御河沿岸旧仓和建新仓两个方面。金代定都燕京(在今北京)后,黄河以北的御河沿岸和黄河两岸成为重点发展的区域。为了保障京师供应及南下等需求,御河节点城市及濒临黄河的沿岸城市都成了金代建造漕运中转仓的重要地区。除了通州之外,恩州(在今山东平原县恩城镇)、景州(在今河北景县)、清州(在今河北青县)、献州(在今河北献县)、深州(在今河北深县南)等相关州县均在御河或黄河沿线。金在这一区域广建漕仓,为支援燕京和南下伐宋提供了保障,同时奠定了元代在这一区域继续建漕仓的基础。

恩州等五州以御河为航道,有发达的水上交通体系,金夺取这一区域后,完善了御河与黄河互通的水上交通。具体地讲,沿御河南下经黄河航线可深入到河北、山东、河南,进而经汴河远接江淮。元代继承了金重视真定的传统,通过调整行政区划升真定府为路,扩大了真定的辖区。与此同时,改善了真定路(在今河北石家庄正定)的交通条件,形成了"以邢入顺

---

① 明·宋濂等《元史·世祖纪三》,北京:中华书局1976年版,第112页。

德,洺入广平,相入彰德,卫入卫辉"的水上交通线。以真定路为航段节点,在御河和黄河航道互通的前提下,将航线从河北、山东等地延长到河南及黄河两岸的腹地,从而为元王朝在这些地区广建具有中转及储存功能的漕运仓奠定了坚实的基础。史称:"河仓一十有七,……馆陶仓,旧县仓,陵州仓,傅家池仓。……秦家渡仓,尖冢西仓,尖冢东仓,长芦仓,武强仓,夹马营仓,上口仓,唐宋仓,唐村仓,安陵仓,四柳树仓,淇门仓,伏恩仓。"[1]不过,贾鲁在给朝廷的上书中有"十八河仓,近岁沦没官粮百三十万斛,其弊由富民兼并"[2]之说,似表明元代沿河建立的漕运中转仓又有十八河仓之说。元代河仓主要分布在河北、山东、河南境内的黄河两岸,这些漕运中转仓或为旧仓或为新仓。史有金世宗大定二十一年"以八月京城储积不广,诏沿河恩献等六州粟百万余石运至通州,辇入京师"[3]之说,又有金章宗泰和元年(1201)"尚书省以景州漕运司所管六河仓"[4]之说,恩州、献州、景州、清州、深州等地在御河沿线。金在恩州等地建立的漕仓后来为元代所用。

所谓纲运,是指将若干船只、车辆编成船队或车队,由朝廷派员分门别类地押送上供租籴和财赋等入京。元代建立纲运制度时,在黄河沿岸的州县广建漕仓,客观地讲,这些漕仓主要是在金及金以前漕仓的基础上建设的。元代转输钱粮时以三十船为一纲,在荥阳等地建供水陆转运的三十座漕仓明确地表达了转输钱粮北上为政治中心大都服务和控制江淮的战略意图。

所谓"卫入卫辉",是指以卫州(在今河南卫辉)为起点,沿御河(卫河)可以深入到卫辉路的腹地。史称:"世祖至元九年七月,卫辉路新乡县广盈仓南河北岸决五十余步。八月,又崩一百八十三步,其势未已,去仓止三十步。于是委都水监丞马良弼与本路官同诣相视,差丁夫并力修完之。"[5]卫辉路(在今河南卫辉)设于元世祖中统二年,卫辉路领录事司、辉州、淇州,辖汲县、新乡、获嘉、胙城四县。这一区域是汉魏以来运河建设的重要区域,具体地讲,在汉魏时期的白沟和隋唐时期永济渠基础上建成的御河,是宋金时期在这一区域的重要运河。御河与黄河相连形成了贯穿河北、河南及山东的水上交通网络。元代利用这一运河通道,将御河及黄河沿岸建立的漕仓连在一起,在更大的范围内建立起转运粮食及军事战略物资的大通道。

京畿漕仓建设

京畿是元代漕仓建设的重点区域。这一时期,运往大都的漕粮主要沿用金王朝在通州

---

[1] 明·宋濂等《元史·百官志一》,北京:中华书局1976年版,第2133页。
[2] 明·宋濂等《元史·贾鲁传》,北京:中华书局1976年版,第4290页。
[3] 元·脱脱等《金史·河渠志》,北京:中华书局1975年版,第683页。
[4] 同[3],第684页。
[5] 明·宋濂等《元史·河渠志二》,北京:中华书局1976年版,第1619页。

建设的旧仓。略有不同的是，元代的漕运补给线的长度明显超过金，且储存范围也明显扩大，包括了江淮之盐和江南稻米。

京畿漕仓主要集中在两个航段：一是从通州到大都航段，共建有二十二座漕仓；二是从通州到河西务航段，共建有二十七座漕仓。史称："京师二十二仓，……万斯北仓（中统二年置），万斯南仓（至元二十四年置），千斯仓（中统二年置），永平仓（至元十六年置），永济仓（至元四年置），惟亿仓、既盈仓、大有仓（并系皇庆元年置），屡丰仓、积贮仓（并系皇庆元年增置）。……丰穰仓（皇庆元年置），广济仓（皇庆元年置），广衍仓（至元二十九年置），大积仓（至元二十八年置），既积仓、盈衍仓（至元二十六年置），相因仓（中统二年置），顺济仓（至元二十九年置）。……通济仓（中统二年置），广贮仓（至元四年置），丰润仓（至元十六年置），丰实仓。"①从史述情况看，京师二十二仓即从通州到大都航段建立的漕仓，这些均为元代新建仓，其中，最早建造的漕仓始于元世祖中统二年，最晚建造的漕仓是在元仁宗皇庆元年（1312），大部分建于元世祖至元年间。

从通州到河西务沿线共建有二十七座漕仓，其中，河西务十四仓，通州十三仓。文献没有记载这些漕仓建造的具体时间。那么，这些漕仓是何时建造的？金提举仓场司下辖"广盈仓、丰盈仓、永丰仓、广储仓、富国仓、广衍仓、三登仓、常盈仓、西一场、西二场、西三场、东一场、东二场、南一场、北一场、北二场。通济仓与在京仓，……丰备仓、丰赡仓、广济仓、潼关仓"②等仓，其中，入元后继续使用的同名漕仓有广盈仓、广储仓、广衍仓、广济仓、通济仓等。根据这一情况，似可推论这些漕仓是金建造的，应有更为悠久的历史，即元王朝入主中原后，沿用了金在这一区域建造的漕仓。此外，元代漕仓多有改名的情况，如果把这些情况也计算在内的话，那么，通州、河西务两地应有更多的漕仓来自金。

至元二十四年拆分京畿都漕运司分立"内外"漕司后，在以京畿都漕运司为"内"和以河西务都漕运司为"外"的基础上，原本由京畿都漕运司管辖的河西务仓改由河西务都漕运司管辖，在这一基础上，进一步形成了以河西务总领通州以东以南的漕仓运作机制。

河西务位于直沽与通州之间，距通州只有三十里。据《元史·百官志一》，河西务有十四座漕仓，这些漕仓初属京畿都漕运司，河西务建司后，由河西务都漕运司管辖。起初，河西务都漕运司是为转运海漕建立的漕运管理机构，会通河和通惠河相接后，河西务都漕运司的职能扩大，又担负起内河漕运事务。根据这一形势方面的变化，河西务都漕运司建立后又下辖临清分司，将漕仓管理范围延伸到山东，从而形成内河漕运与海漕统一管理的局面。河西务都漕运司管辖的漕仓共有七十五座，由河西务十四仓、通州十三仓、河仓十七仓、直沽广通仓及"荥阳等纲"三十仓构成。

---

① 明·宋濂等《元史·百官志一》，北京：中华书局1976年版，第2131—2133页。
② 元·脱脱等《金史·百官志二》，北京：中华书局1975年版，第1289页。

直沽广通仓是元王朝重点经营的漕仓。在元代发展海漕之前，直沽因是运河北入大都的航段节点，已成为重点经营的对象。史称："都漕运使司，秩正三品，掌御河上下至直沽、河西务、李二寺、通州等处攒运粮斛。至元二十四年，自京畿运司分立都漕运司，于河西务置总司，分司临清。……直沽广通仓，秩正七品，大使一员。"①从都漕运使司"掌御河上下至直沽、河西务、李二寺、通州等处攒运粮斛"等语中似乎可以推知，起初，直沽广通仓是一座接纳御河漕粮的粮仓。元代发展海漕以后，因直沽位于河口地区，有海河与渤海相通，又因直沽是御河漕运的节点，因此，直沽广通仓实际上是一座具有接纳内河漕运和海运功能的漕仓。直沽广通仓的初称是"直沽仓"，史有元世祖至元二十五年"督漕至直沽仓"②之说。朱彝尊引《元史·百官志》时有"直沽设广通仓"③之说，从这样的角度看，直沽广通仓实际上就是直沽仓。

直沽仓是一个庞大的漕仓群，史有至元十九年"初通海道漕运，抵直沽以达京城，立运粮万户三"④之说。在直沽"立运粮万户三"，是说在直沽仓分属三个运粮万户府，由此可以推测直沽仓是规模巨大的漕仓群。在分立河西务都漕运司之前，京仓共三十五座。如果再加上河西务十四仓，自直沽转运的三百五十万石粮食应分别储存在四十九座粮仓中。

至元二十五年，"增立直沽海运米仓"⑤。经过扩容，直沽仓增设了米仓。具体地讲，随着扩大海漕及加强运河漕运，直沽仓因具有同时接纳海漕和内河漕运的功能，其仓储规模在不断地扩大。直沽仓分布在三岔河口（三岔口、三汊口、丁字沽、小直沽等，在今天津武清东南）一带。

直沽是漕仓建设的重点区域，通惠河和会通河开通后，直沽成为海漕和内河漕运中转站及仓储建设的重镇。具体地讲，直沽仓储存的粮食及物资主要来自三个方面。一是储存及中转经海上运至直沽的江南粮食等。当岁运额度不断增加时，需要在直沽建造规模庞大的粮仓。二是储存及中转从黄河沿岸经御河运来的粮食等。山东、河北、河南等地一直是元代赋税及粮食的重点征收区域，加强这一区域的漕运可以弥补海漕岁运中的缺额，进而改变单一依靠海漕的局面。三是南北运河整体东移后，经扬州运河、会通河、御河等运河运来的粮食等须在直沽仓储存及中转。如果把这三个方面的仓储数量累加在一起，直沽仓储存的粮食应超过三百万石，这一漕仓群在保障京师供给及沿岸地区粮食安全方面有着不可替代的作用。

在加强漕仓管理的过程中，元代建立了一套严格的仓官考核和升迁制度。元成宗元贞

---

① 明·宋濂等《元史·百官志一》，北京：中华书局1976年版，第2132—2133页。
② 明·宋濂等《元史·罗璧传》，北京：中华书局1976年版，第3895页。
③ 清·于敏中《日下旧闻考·京畿·武清县》，北京：北京古籍出版社1981年版，第1858页。
④ 同②。
⑤ 明·宋濂等《元史·世祖纪十二》，北京：中华书局1976年版，第311页。

二年(1296)制定了仓官遴选范围及"升等""迁叙"等制度,提出根据仓官"收粮"的业绩来决定"品级除授"的政策。这一制度制定后,在一定程度上放宽了仓官"升等""迁叙"的条件。在此基础上,元成宗大德年间(1297—1307)五次修订仓官考核和升任条例,一个基本倾向是,在同等考核的前提下给予仓官优先升迁的机会。如同样是任满考核合格,其他系列的官员只能平调任用,仓官则可以获得"升一等"的机会。在大德年间政策的基础上,元武宗至大二年(1309)和四年(1311)又两次修订仓官"升等""迁叙"条例,将原有的缩短仓官任期的临时性措施固定为两年,从而形成了"上都两仓,二周岁为满,于应得资品上升一等,历过月日,今后比例通理"的局面。元仁宗皇庆元年、延祐四年这一政策由在个别地方执行进一步推广到江浙行省各路。进而言之,在不断修订考核和升迁制度的过程中,朝廷为仓官优先升迁创造了条件,同时也通过调动仓官的积极性,提高了漕仓的管理水平。

第十一章 明代的漕运

以开通会通河及通惠河为标志,元代实现了南北运河东移的目标。按理说,明王朝只要加强运河维修和管理便可获取漕运之利。然而,黄河溃溢频仍致使漕运中断,以至明初输粮北上被迫采取水陆联运和海运之策。输粮北上的目的是加强北方防务,防止退守漠北的元王朝残余势力反扑,防止李氏朝鲜侵扰辽东。由于陆运及水陆联运的成本高,海运风险大,明王朝发展漕运的呼声开始浮出水面。明成祖朱棣夺取皇位及迁都北京后,加强北方防务与稳定政治秩序成为首位要务,打通南北漕运通道也成为更加迫切的要求。

在明王朝二百七十六年的历史中,黄河决口和改道共四百五十六次,黄河溃溢及改道平均每七个月发生一次。可以说,每一次的黄河溃溢和改道都不同程度地影响到已有的漕运秩序。黄河溃溢及改道对运河及漕运的影响可分为两个时段:一是从明初到明中叶,黄河溃溢及改道造成的危害主要集中在会通河方面;二是以明世宗嘉靖年间(1522—1566)为标志,黄河溃溢的范围向江淮一带延伸。如黄河南下时初有六道,以嘉靖六年(1527)为下限仅存由沛县(在今江苏沛县)入泗一道,如嘉靖二十五年(1546)黄河全河入淮即倾一河之水沿泗水故道经清口(在今江苏淮阴码头)入淮,等等。这些情况的存在不但把黄河溃溢及改道的范围扩大到黄淮交汇处,而且在危害淮河的同时,将破坏力扩展到江淮运河沿线。

一般认为,南北运河(京杭大运河)的主航线长一千八百六十四公里,主要由七个航段构成。先撇开从北京到通州的通惠河(全长八十二公里)、从通州到天津的北运河(全长一百八十六公里)、从镇江到杭州的江南运河(全长三百三十公里)不论,在这中间,运河与黄河水系发生联系的航段有四个,长一千二百七十六公里,分别为从天津到山东临清的南运河(长四百公里),从临清到徐州或台儿庄的鲁运河(长五百公里),从徐州或台儿庄到淮安的中运河(长一百八十六公里),从淮安到扬州的里运河(长一百八十公里)。这些区域的黄河与运河紧密地包裹在一起,可以说,黄河的每一次溃溢及改道都直接或间接地危害到运河并影响漕运,特别是黄河全河入淮后,在"黄高淮壅"的背景下逐步形成了以徐州为中心和以清河为中心的溃溢区。两个溃溢区北自丰县、沛县、徐州、邳州、睢宁等地,南到宿迁、桃源、清河等地,直接威胁到相应区段运河航道的安全。在黄河泥沙不断壅堵下流和上流溃溢的过程中,漕运面临着黄河和淮河的双重威胁。黄河自丰县、沛县挟泥沙入淮河导致的后果造成黄河上流溃溢,下流及淮河无法下泄,黄河与淮河的壅水逆流而上引起更大范围的溃溢。黄河溃溢和淤塞运道引起淮河泛滥,使一向有着良好航运条件的江淮运河成为黄河泥沙侵袭的对象,使修整运河陷入治河与治淮缺一不可的困境。

会通河和江淮运河是南北漕运比较容易受损的航段,如果想恢复漕运,需要重点修整会通河及江淮运河。明代重开会通河是在元代的基础上进行的,从表面上看,修整会通河的工程难度不大,其实不然,黄河溃溢淤塞了相关区域的航道,致使这一区域的地理及水文形势发生了很大的变化。面对这一形势,修整会通河需要在济宁台地建引水入运的工程。会通河经济宁台地时向南形成了三十四米的落差,向北形成了三十米的落差。这样一来,在济宁台地建造引水工程,需要在济宁南旺建造水闸及船闸向南北两个方向的航道分水。永乐九年(1411)在宋礼、金纯等人的主持下,完成了修整会通河的工程。几乎是与此同时,在陈瑄的主持下修整了江淮运河及会通河从百步洪到吕梁洪的航段。在宋礼、陈瑄等人的努力下,明王朝建立起罢海运兴漕运的新秩序。

从历时的角度看,黄河溃溢及迁徙是在自然生态遭到严重破坏的背景下发生的,其中,过度地开发和攫取黄河水资源是黄河溃溢及改道的重要原因。追溯明代黄河溃溢及改道的历史,可上溯到宋代和元末,气候周期性变化及水灾等在影响黄河水文的同时,给明代运河及漕运带来了灾难性的后果。会通河成为黄河泥沙淤塞的重点区域与元末黄河在贾鲁河沿线溃溢有着直接的关系。元末开挖贾鲁河的初衷是开辟一条具有泄洪和漕运功能的新航线,试图通过疏导黄河迫使其回归故道,以解决引起的溃溢改道等问题。令人遗憾的是,贾鲁河建成后没能达到根治黄河的目的,泥沙继续向下流堆积,引起上流多点溃溢,给黄河两岸的民生带来极大的困扰,同时使明代南北漕运的大通道中断。如贾鲁河兴修后黄河不再北流,由此引发的溃溢使疏浚或修整会通河成为没完没了的工程。也就是说,南北漕运的关键航段是会通河,黄河溃溢并淤塞会通河破坏了会通河的补给水源,干扰了正常的漕运秩序。

明代后期,如何保漕运形成了两种意见:一种意见主张以治河为先,在治河的基础上保漕运,如潘季驯等认为治河应采取疏导、筑堤等措施,迫使黄河回归故道,以此达到黄河入运或济运的目标;另一种意见主张保漕运应将治河与修整运河分开,如翁大立等针对黄河不断侵袭会通河等情况,认为可开挖新航道实施避黄行运之策。在这中间,黄淮交汇引起黄淮泛滥给治理江淮运河出了新的难题,治河治淮与修整江淮运河交织在一起,给保漕运提出了新的挑战。

第十一章　明代的漕运

第一节　明初漕运与黄河阻运

洪武元年(1368),朱元璋建立了三条漕运通道。前两条主要与北伐即推翻元王朝相关,后一条与定都建康(在今江苏南京)、建立为建康服务的漕运体系相关。三条通道合在一起,反映了明初漕运的现状。

明初北伐及漕运形势

在推翻元王朝的过程中,明太祖朱元璋主要建立了三条漕运通道。

其一,为支援北伐,建立了运江南钱粮北上的漕运通道。徐达北伐,有以大都为目的地的北上和向宁夏等西北区域的西进两个战略目标。在这一过程中,徐达取江南钱粮建立了以汴梁(在今河南开封)为中心的漕运中转站。为打击元军,徐达以汴梁为中转站运粮到山西大同,为平定西北又疏浚了汴梁一带的漕河,从汴梁输粮到陕西、宁夏等地。这一时期,调集江南钱粮支援统一战争是漕运的基本特点。明太祖朱元璋洪武元年,徐达北伐"浚开封漕河饷陕西""引河入泗以济运"虽然可以视为明代漕运之始,但这一漕运通道只是临时性的通道,目的是为了解决眼前的事情,更重要的是主要利用黄河和泗水河道,因此不能算是严格意义上的开挖运河行为。

其二,元王朝残余势力退往大漠及李氏朝鲜侵扰辽东的局面形成后,为了加强北方防务,建立了以北平(在今北京)和辽东为终点的海运通道。史有"其后海运饷北平、辽东为定制"①之说,又有明成祖永乐元年(1403)"平江伯陈瑄、都督佥事宣信充总兵官,督海运,饷辽东、北京"②之说,这些举措表明,会通河淤塞后南北漕运航线不通,为加强北方防务亟须输粮北上,在迫不得已的情况下沿用了元代的海运之策。明成祖朱棣夺取皇位后迁都北京发生在永乐十九年(1421),因朱棣迁都前与朱元璋在位期间的情况大体相同,故可将其视为是加强北方防务的延续。这一时期的海漕主要有几个接运点:一是从直沽尹儿湾城(在今天津)上岸转入通惠河,为北平即北京提供亟须的战略物资;一是从盖州卫(在今辽宁营口盖县)梁房口关和金州卫(在今辽宁大连)旅顺口关上岸,为经营辽东提供必要的战略支援。如史有"又西北有梁房口关,海运之舟由此入辽河"③之说,又有"又旅顺口关在南,海运之舟

---

① 清·张廷玉等《明史·食货志三》,北京:中华书局1974年版,第1915页。
② 清·张廷玉等《明史·成祖纪二》,北京:中华书局1974年版,第79页。
③ 清·张廷玉等《明史·地理志二》,北京:中华书局1974年版,第953页。

由此登岸"①之说。

其三,朱元璋定都建康以后,建立了为建康服务的漕运通道。这一漕运通道主要由三条航线构成,一是长江航线,沿长江自西而东,将江西、湖广一带的粮食运往建康;二是江南运河航线,沿江南运河将浙西、吴中的粮食运往建康;三是从黄河入淮河再入邗沟(江淮运河)的航线,沿淮河入邗沟再入长江,将凤阳、泗州等地的粮食运往建康,或沿黄河先入淮河后入邗沟再入长江,将河南、山东的粮食运往建康。因此,明初重点修整了邗沟航线,或筑高邮湖堤,或以湖泊为运道裁弯取直开宝应直渠。

此外,为进一步改善以建康为终点的漕运条件,洪武二十六年(1393)兴修了胭脂河,三十一年(1398)又重点疏浚了江南运河常州至镇江段的奔牛和吕城之间的航道。胭脂河开通后,避开长江风险远接江南运河,重开了从建康经丹阳(在今江苏镇江)的运河。修缮江南运河的常州段和镇江段后,提升了从江浙到建康的航运能力。

黄河阻运

朱棣登基后,为稳定北方,采取了利用现有的航线加强漕运的措施。这一时期,会通河因受黄河水患不通,故只能利用现有的水路交通分别采取水陆联运、海运。

永乐元年,针对因黄河水患致会通河淤塞不通的现状,户部尚书郁新提出建三条北上漕运通道的意见。三条输粮北上的基本线路为:一是经淮河入黄河航道,从八柳树(在今河南新乡七里营八柳树)陆运,再沿卫河(御河)北上抵达北平的漕运通道;二是从江南起运,经长江入海到直沽的海漕通道,这条海漕通道经直沽到尹儿湾城转入内河后,再从卫河入白河至通州(在今北京通州);三是以临清(在今山东临清)为起点,经卫河北上的漕运通道。郁新建议开辟三条输粮北上通道的目的是为了解决黄河溃溢阻运引发的漕运危机,其中,建立绕道中原的水陆联运的线路是为了防止海运时船只翻覆,这一线路与海运有互补的作用。此外,开辟以临清为起点的漕运通道是因为临清以北的航线有良好的通航条件,与此同时,河南、山东是重要的漕粮征收地区,需要其提供必要的支援。

永乐四年(1406),陈瑄主持漕运后将水陆联运的接运点由八柳树改到阳武,并从卫辉(在今河南卫辉)入卫河。发生这一变化,应与永乐三年(1405)、四年黄河溃溢有内在的联系。河决阳武后,由于黄河改道,原来的陆运点八柳树已远离黄河水道,因此不得不将水陆接运点改到阳武。可以说,在重开会通河以前,这条水陆联运的交通线一直是输粮北上的重要通道。

客观地讲,黄河决口是永乐年间(1403—1424)漕运受阻的直接原因。明太祖洪武十四

---

① 清·张廷玉等《明史·地理志二》,北京:中华书局1974年版,第954页。

年(1381)八月"河决原武、祥符、中牟"①,"洪武二十四年,河决原武,东南至寿州入淮"②,黄河在原武(在今河南原阳)等地决口,已破坏了京杭大运河的航线。从这样的角度看,永乐以后,明代的漕运一直受到黄河水患的威胁。进而言之,恢复漕运的首要任务是治黄。

明初黄淮形势

明初,淮河以北的漕运通道基本上处于瘫痪的状态。从洪武元年到三十年(1397),黄河大溃决共发生十三次,由此带来了严重的后果。一是破坏了黄河水系,给黄河两岸带来空前的灾难。二是破坏了淮河水系,如洪武二十四年(1391)四月河决原武经开封北五里,折向东南抵陈州(在今河南淮阳),经"项城、太和、颍州、颍上,东至寿州正阳镇,全入于淮"③,为明代后期黄河乱淮埋下了隐患。在黄河溃溢和改道的过程中,先后出现了北流断绝,南流颍水、涡水下泄通道堵塞,黄河倾一河之水经泗水故道入淮的情况。在这一过程中,因下流壅堵上流溃溢,形成了以徐州为中心的黄河溃溢区。三是毁坏了从中原到江淮的运河航道,如汴河是连接黄河和淮河水系的航道,黄河决口和改道后,汴河基本丧失了漕运功能。进而言之,继明太祖洪武年间黄河决口和改道后,从明成祖永乐三年始,此后十七年中黄河出现了七次以上的大溃决及改道事件,这些情况的存在加剧了河患。

其实,明代洪武(1368—1398)、永乐年间黄河发生水患的次数远远地超过上述数字。蔡泰彬先生指出:"在1946年以前的三四千年中,黄河决口泛滥达一千五百九十三次,较大的改道有二十六次。改道最北的经海河,出大沽口,最南的经淮河,入长江,黄河水灾波及的广大地区,约为其下游的二十五万平方公里的冲积平原。仅在明代(1368—1644)的二百七十六年间,黄河决口和改道就达四百五十六次,平均每七个月一次,其中大改道七次。"④这一系列数字表明,明代的河患超过以往的任何一个朝代。黄河水患在破坏黄河水运的同时,也破坏了借黄济运的航道及以黄河和淮河为补给水源的运河航道。

黄河溃溢与改道及泥沙淤积航道给漕运造成了极大的困难。谷应泰指出:"隋、唐以前,河与淮分,自入海。宋中叶以后,河合于淮以趋海。然前代河决,不过坏民田庐,至明则妨漕矣,故视古尤急。"⑤河患加剧毁坏了漕运通道,谷应泰站在历史评判的立场上强调了明代治河的紧要性。在黄河北流中断、黄河南下入淮下流壅堵、上流不断溃溢的关口,这一时期采取的主要办法是导河分流、疏浚河道、加固堤防、引黄济运等。但这一方略没能根治日趋严重的河患,甚至在会通河重开后,黄河又在阳武、开封等多点溃溢,形成继续威胁漕运之势。

---

① 清·张廷玉等《明史·太祖纪二》,北京:中华书局1974年版,第36页。
② 清·张廷玉等《明史·河渠志二》,北京:中华书局1974年版,第2063页。
③ 清·张廷玉等《明史·河渠志一》,北京:中华书局1974年版,第2014页。
④ 蔡泰彬《晚明黄河水患与潘季驯之治河》,新北:台湾花木兰文化出版社2011年版,第9页。
⑤ 清·谷应泰《明史纪事本末·河决之患》,北京:中华书局1977年版,第501页。

明代黄河溃溢及改道南下入淮与北宋黄河溃决有直接的关系。宋神宗熙宁十年（1077）五月，黄河在澶州（在今河南濮阳）曹村一带溃决，初步形成了"澶渊北流断绝，河道南徙，东汇于梁山张泽泺，分为二派，一合南清河入于淮，一合北清河入于海"①的局面。继黄河改道分为南北两流后，黄河南徙东汇于梁山张泽泺（在今山东梁山），随后又分为南北两派，一派合南清河入淮，一派合北清河注入海。

历史上的黄河大迁徙及改道主要有五次，不仅破坏了自然水系及生态环境，也破坏了原有的水上交通秩序。在黄河五次大迁徙及改道的过程中，宋仁宗一朝的河决商胡（在今河南濮阳）对宋神宗一朝，以及金元明三代黄河溃溢及改道的影响最大。

入明以后，黄河形成了不同的溃决区，以洪武二十四年河决黑阳山的危害最大。此次河决，一是破坏了会通河的补给水源，黄河泥沙淤积张泽泺，使其失去"水柜"的功能，无水补给会通河航道；二是黄河不断地在张秋溃溢及改道，泥沙淤塞会通河使漕运被迫中断；三是黄河改道和向其他区域溃溢，致使会通河徐州洪、吕梁洪航段干浅，船只无法航行。百步洪、吕梁洪航段干浅与河决黑阳山有直接的关系。如果河决黑阳山的事件没有发生，那么，此后将不会发生"河改决而北"的情况。如果黄河没有北徙，亦不会发生百步洪、吕梁洪航段干浅的情况。可以说，洪武二十四年河决黑羊山对整个明代的河患及黄河改道的影响是巨大的。

第二节　明代治理贾鲁河

明洪武和永乐治河，实际上是在贾鲁治河的基础上进行的，黄河淤塞贾鲁河给明代造成的后果是严重的。明洪武元年黄河溃溢毁坏贾鲁河，进而毁坏会通河，此时距元末治理贾鲁河只过了十七年。

明初河患与贾鲁河

由于贾鲁河开通后没能根治河患，导致黄河溃溢频繁，给明代运河及漕运带来了巨大的灾难。一是黄河泥沙大量地淤积下流及贾鲁河，这是导致明代黄河溃溢及改道的直接原因。明代黄河溃溢的区域大部分仍是元代黄河的溃溢区，这表明，明代黄河溃溢实际上是元代黄河溃溢的延续。二是黄河淤沙经贾鲁河侵入会通河，导致航道淤塞无法航运。谷应泰引济宁同知潘叔正一语时记载道："会通河道四百五十余里，其淤塞者三之一。"②会通河是南北漕运的咽喉，航道淤塞，势必要中断已有的漕运。三是黄河北流断绝，倾一河之水南下入淮，

---

① 元·脱脱等《宋史·河渠志二》，北京：中华书局1985年版，第2284页。
② 清·谷应泰《明史纪事本末·河漕转运》，北京：中华书局1977年版，第376页。

第十一章 明代的漕运

在泥沙淤积河道不断抬高河床引发溃溢横流的过程中,势必要破坏黄淮之间的漕运秩序。黄河一河之水全数入淮后,将其堵塞会通河的灾难扩散到江淮运河,由此揭开了明代治理运河与治理黄河同步的历史。

那么,从黄陵冈到白茅再到黄固(黄堌)、哈只口的航线沿途都经过哪些地方?这条航线实际上是贾鲁河的一部分,如陈邦瞻叙述贾鲁河水道的情况时有"自黄陵冈南达白茅,放于黄固、哈只等口,又自黄陵西至杨清村,合于故道,凡二百八十里有奇"等语。兴修贾鲁河后恢复了从黄陵冈南到白茅段的黄河故道,起到为黄河分洪和安流的作用,在此基础上兴建了新的近接江淮的漕运通道。从积极的方面看,贾鲁河在充分利用黄河故道及鸿沟的基础上,形成了一条新的疏导黄河入淮的航线。这条航线在疏导黄河的同时与会通河相接,为会通河提供了部分补给水源。从消极的方面看,引黄入运无法从根本上解决泥沙壅积河床的危险,再加上这一区域的河道宽阔平缓致使水流放慢,这些都为黄河在这一区域溃溢留下了隐患。

在明代黄河淤塞贾鲁河及会通河的过程中,先后形成了黄陵冈、荆隆口(金龙口)、孙家渡、张秋(在今山东阳谷张秋)等溃溢区,这些溃溢区的形成是因张秋下流不畅引起的。黄河经荆隆口、黄陵冈时河面宽阔、水流放缓,淤沙抬高其河床,致使荆隆口、黄陵冈一带的堤防薄弱,一旦汛期来临或发生大水,下泄水道不畅则势必要在上流荆隆口、黄陵冈等地发生溃溢并向低处宣泄洪水。张秋在黄陵冈的下方,河决黄陵冈后洪水压向张秋,会引起黄河在张秋再度溃溢。此外,即便荆隆口、黄陵冈不发生河决事件,但洪水涌向河道相对狭窄的下流区域,同样也会发生河决张秋的事件。明孝宗弘治六年(1493)河决张秋后,采取"自黄陵冈浚贾鲁河,复浚孙家渡、四府营上流,以分水势"的做法,一是为防止黄河溃溢及恢复会通河需要从疏浚贾鲁河入手,二是需要重点治理黄河与会通河交汇的张秋。张秋是黄河与贾鲁河相连的地点,加强其航段管理对于防止黄河溃决及保证会通河漕运有着特殊的意义。

张秋是明代河决淤塞会通河的重要区域,追溯河决张秋的历史,与金章宗明昌五年(1194)河决阳武及黄河改道有直接的关系。河决阳武并改道后,黄河自寿张(在今山东阳谷寿张)下注梁山泺,随后分为南北两派。其中,北派侵占大清河(清河、济水)的北上河道后至利津(在今山东利津)入海,南派侵占大清河南下河道后至清河(在今江苏淮阴)入淮。寿张在阳谷的南面,张秋在阳谷的东南,两者相距不远,同为黄河经过的区域。黄河改道自寿张下注梁山泺(张泽泺),其线路与元末明初黄河经张秋下注梁山泺的线路相同,史有定陶"西有黄河故道。弘治前,河经此,至张秋之沙湾入会通河"①之说。会通河流经张秋,而张秋是会通河在鲁南的重要节点。不过,至张秋入会通河的漕运通道,至明武宗正德四年

---

① 清·张廷玉等《明史·地理志二》,北京:中华书局1974年版,第944页。

(1509)黄河溃溢侵入贾鲁河及会通河时宣告结束。经此,黄河形成从黄陵冈、荆隆口、孙家渡到张秋的溃溢区。黄陵冈在张秋的上游,正德四年黄河溃决毁坏黄陵冈埽坝,水势空前增大,势必要引发张秋溃溢;黄河溢入贾鲁河,势必要淤塞会通河进而中断漕运。

河决张秋与贾鲁河

明代后期,河决张秋除了可以上溯到金元以外,亦是在明初河决阳武的背景下发生的。永乐九年,黄河在阳武溃决后漫溢中牟、祥符、尉氏等地,不仅毁坏了黄河的堤岸,还给贾鲁河及会通河带来了巨大的灾难。承接黄河在阳武溃溢的余绪,永乐十四年(1416)黄河在开封一带溃溢,直接淤塞了贾鲁河和会通河。

永乐二十年(1422)疏浚黄河并使之回归故道,与其说是以治河为目的,倒不如说是在治理贾鲁河的基础上恢复会通河原有的漕运秩序。明世宗嘉靖二十四年(1545),黄河溃溢与永乐十四年发生的情况大体相似。自嘉靖二十四年黄河溃决原武后,黄河沿汴水故道经陈州(在今河南淮阳)、项城(在今河南项城)、太和(在今安徽太和)、颖州(在今安徽阜阳)、颖上(在今安徽颖上)等地入淮,同时又在曹州(在今山东菏泽)、郓城(在今山东郓城)、东平(在今山东东平)安山等地漫溢淤塞会通河,并破坏了会通河的补给水源。薛凤祚记载道:"二十六年春,黄河北徙,自东明、曹、濮下及济宁,民皆被害。"①黄河溃溢及改道引起的连锁反应是极大地破坏了会通河等漕运通道。从这样的角度看,自永乐年间黄河溃溢后,时至嘉靖二十六年(1547)黄河改道北徙造成以下后果。一是破坏了从中原到江淮地区的运河航道,阻断了沿淮河及相关运河入黄河的航线。二是淤塞了南北运河整体东移后的会通河济宁航段。济宁是一台地,是南北运河的"水脊",复杂的地理及水文构造使济宁成为会通河及京杭大运河的关键性航段。黄河"自东明、曹、濮下及济宁"以后,毁坏了会通河航道,中断了业已建立的漕运秩序,动摇了明代的政治安定和经济繁荣的根基。三是自"河从上源溃决,此河遂淤"②的局面形成后,黄河泥沙淤塞贾鲁河时刻威胁着会通河的安全。负责南旺分水闸事务的胡瓒支持刘东星疏浚贾鲁河,从一个侧面说明了会通河的畅通与贾鲁河的畅通息息相关,同时也表明黄河是会通河的重要水源。可以说,想恢复会通河及南北漕运,治理贾鲁河是必然的举措。

张秋治河实际上是治理贾鲁河的延续工程,黄陵冈等是贾鲁河与黄河的交汇点,黄河在黄陵冈等地溃溢在挟带泥沙冲向贾鲁河的同时,将泥沙带往下流区域张秋,引起黄河在张秋溃溢并淤塞会通河。张秋成为明代治河的重点区段,是因为张秋是会通河的重要航段节点。

---

① 清·薛凤祚《两河清汇·历代治河》,《四库全书》第579册,上海:上海古籍出版社1987年版,第440页。
② 同①。

明孝宗弘治(1488—1505)初年,采取了一系列的措施。弘治初,黄河"东下张秋镇,入漕河,与汶水合而北行"给相关区域带来的灾难是难以评估的。具体表现在两个方面:一是黄河沿贾鲁河侵入会通河后,与汶水合流北行毁坏了原有的漕运通道,进而形成了"乃汶水从张秋分流,会齐东南诸山泉沟泽,经长清济河会泺水,至利津入海"①的局面;二是弘治六年大雨引发黄河在张秋沙湾一带溃溢的同时,形成了"其东岸截流径趋夺汶以入于海,而漕河中竭,南北道阻",即黄河阻运的局面,所谓"漕河中竭",是指黄河在胁迫会通河北流的同时,其泥沙淤平了运道,致使会通河无水可存。

张秋成为黄河溃溢多发区以后,明王朝在此多次治河,其中,以弘治十年(1497)的规模最大。在以张秋为中心的治河活动中,明王朝把治理上流黄陵冈纳入了治河范围。黄陵冈是贾鲁河的重要航段,明代张秋治河虽然以恢复会通河漕运为根本,但为防止河患威胁漕运,需要将贾鲁河纳入治理的范围。所谓"运河之利,固国计所赖,而贡赋商旅皆必由之,所系甚大",是指保漕运涉及国家的安危,张秋位于南北漕运的咽喉地带,张秋治河及恢复会通河漕运已成为明王朝关心的头等大事。清代修缮会通河时继续重点疏浚贾鲁河,充分说明了贾鲁河对维护会通河漕运秩序的重要性。

第三节 明代重开会通河及漕运

明成祖朱棣夺取皇位建元"永乐"后,继续执行加强北方防务的漕运之策。这一时期,黄河在河南、山东等相对固定的区域反复溃决,淤塞了会通河及北入卫河(御河)的航道,因此,明王朝不得不放弃实行已久的以漕运为主的转输方略,被迫采用绕道中原水陆联运的方式和从海上输粮北上的方式。

宋礼重开会通河

重开会通河的主要原因是:海运风浪大,运粮船容易翻覆,不如内河安全。针对这一情况,恢复会通河便成了当务之急。

与水运相比,水陆联运的成本无疑是高昂的。在漕运不通的前提下为降低转输成本,明王朝逐步建立了以海运为主的转输方式。史称:"明初输饷辽东、北平,亦专用海运。"②海运虽有快捷和节省维修航道费用等优势,但容易受到季风、洋流、潮汐等自然因素的制约,其风

---

① 清·靳辅《治河奏绩书·川泽考》,《四库全书》第579册,上海:上海古籍出版社1987年版,第619页。
② 清·张廷玉等《明史·宋礼传》,北京:中华书局1974年版,第4203页。

险要大大地高于漕运及水陆联运。针对这一情况,户部尚书郁新提出建立三种转输互补的方案。史称:"永乐元年纳户部尚书郁新言,始用淮船受三百石以上者,道淮及沙河抵陈州颍岐口跌坡,别以巨舟入黄河抵八柳树,车运赴卫河输北平,与海运相参。时驾数临幸,百费仰给,不止饷边也。淮、海运道凡二,而临清仓储河南、山东粟,亦以输北平,合而计之为三运。惟海运用官军,其余则皆民运云。"①郁新的方案有三点值得注意:一是郁新已充分认识到海运风险大,试图以水陆联运的方式作必要的补充;二是临清以北有良好的航运条件,再加上河南、山东本身是重要的赋税征收地,为此,郁新主张利用原有的漕运通道,以临清为中转站转运河南、山东等地的粮食北上;三是主张海运由官军负责,水陆联运由老百姓承担,以此来提高转输效率。客观地讲,这一改革方案是有现实针对性的。

永乐九年重开会通河的主要目的是为了通过改变原有的转输方式,提高输粮北上的效率。在济宁州同知潘叔正的建议下,工部尚书宋礼会同侍郎金纯、都督周长等引汶、泗入运,大兴土木疏浚了会通河。

会通河始建于元代,至元二十六年(1289)六月开通,开通后元世祖"赐名曰会通河"②,并初步实现了以漕运为元代政治中心大都(在今北京)服务的目标。在明洪武二十四年河决原武以前,会通河是有通航能力的。不过,在会通河屡受黄河溃溢及改道的威胁下,航线多有变化。一般认为,潘叔正、宋礼、金纯等为明代重开会通河及打通南北漕运通道做出了重要的贡献。时任济宁州同知潘叔正熟悉会通河沿线的水文情况,提出了恢复会通河运道的建议。宋礼与金纯等是重开会通河的负责人,宋礼的功绩是在调查研究的基础上兴建了南旺(在今山东汶上南旺)分水枢纽及节水闸和船闸等。金纯的功绩是通过疏浚黄河及故道防止其泥沙淤积会通河航道。除了潘叔正、宋礼、金纯等为重修会通河做出重要的贡献外,陈瑄亦为开通会通河及打通南北漕运做出了重大的贡献。

会通河是南北运河东移的关键性工程。因为会通河水位落差大,需要建造系列水闸控制航道水位,还要建造与之配套的引水工程,并改造旧道开挖新河。客观地讲,兴建这一规模巨大的水利工程,明王朝付出了高昂的代价。

明代会通河主要由宋礼负责完成,其中南旺引水和分水工程是重开会通河的关键工程。重开会通河的重点工程是开通济宁航段,会通河从济宁台地南旺向南至徐州沽头有一百一十六尺的落差,从南旺向北至临清有九十尺的落差。在济宁台地建航道是开通会通河的必要前提。然而,要想打通这一航段首先需要解决三个棘手的大问题:一是引水入运,从高点济宁台地南旺补给航道水源;二是建造一批调节或控制航道水位的节水闸,防止航道泄水和水位过高;三是建造保持航道水位平衡的系列船闸,确保航运安全。宋礼重点建设了引水工

---

① 清·张廷玉等《明史·食货志三》,北京:中华书局 1974 年版,第 1916 页。
② 明·宋濂等《元史·河渠志一》,北京:中华书局 1976 年版,第 1608 页。

程及由节水闸和船闸构成的南旺分水枢纽。具体地讲,一是宋礼兴建堽城坝和戴村坝等遏汶水工程,引四百多眼泉水至南旺入节水闸,以解决会通河经过济宁台地时航道容易缺水及干浅等问题,建堽城坝时除了遏汶水,还引洸水入运。二是在疏浚航道的基础上向南北两个方向的航道分水济运。三是在水位落差大的航段建造系列船闸,通过保持闸区水位平衡为过往船只的航行提供安全保障。在宋礼的主持下,这一规模宏大的工程得以顺利完成。

重开会通河对明代有着十分特别的意义。此举加强了东南经济发达地区与北京及沿途各地的联系,为南北之间的经济交往和文化交流提供了必要的条件。重开会通河确立了重点发展内河漕运的目标,为沿岸的运河城市迅速崛起创造了条件,促进了农业内部的分工,为在更大范围实现农产品商业化创造了条件。后人论明代重开会通河的功绩时,将其与隋开通济渠、江南河、永济渠等相提并论。沿会通河自临清继续北上,可"北径桑园至东光、沧州、天津下直沽入海",自天津继续北上可至北京的门户——通州。与此同时,自通州入通惠河可直接进入北京。

治理黄河、贾鲁河与重开会通河

在宋礼兴建南旺引水和分水工程的过程中,金纯领衔疏浚了黄河及贾鲁河。疏浚黄河及贾鲁河是重开会通河工程的一部分,会通河经过的区域地理形势及水文条件复杂,分别与黄河、贾鲁河、泗水、济水、汶水等发生联系。

在重开会通河的过程中,除了要重点建设南旺引水和分水工程之外,还需要着手解决黄河泥沙淤积会通河及毁坏引水河道等一系列的棘手问题。元代开通会通河以后,黄河、贾鲁河、清河等与会通河形成了错综复杂的关系。明以后,黄河溃溢后的泥沙在上流淤塞贾鲁河,在下流淤塞会通河已常态化,在这样的背景下,重开会通河的必要条件是疏浚黄河及贾鲁河。为了防止黄河泥沙淤积会通河及其引水渠道,明代在堤防薄弱的航段加固了堤坝,兴修了泄洪通道,并用减水闸等水利工程控制黄河入运的流量。重开会通河一方面需要在台地的高点以汶水等补给水源,在低点开闸利用黄河补给水源,另一方面又需要在会通河南北两端的凹地加固堤防,以防止黄河溃决后淤沙灌入航道。鉴于这样的原因,为解决会通河航道干浅及淤沙等问题,金纯先是与徐亨、蒋廷瓒疏浚了鱼王口的黄河故道,此后,又疏浚其运道并建永通闸和广运闸。史有金纯与宋礼"同治会通河,又同徐亨、蒋廷瓒浚鱼王口黄河故道。……其后故道浸塞,至是纯疏治之。自开封北引水达郓城,入塌场,出谷亭北十里为永通、广运二闸"[①]之说。金纯等疏浚祥符(在今河南开封南)鱼王口的黄河故道时,又"自开封北引水达郓城,入塌场",这里包括疏浚贾鲁河故道。史称:"纯复浚贾鲁河故道,引黄水至塌

---

① 清·张廷玉等《明史·金纯传》,北京:中华书局1974年版,第4287—4288页。

场口会汶,经徐、吕入淮。运道以定。"①金纯引黄河水至塌场口会汶,在谷亭北建造永通闸和广运闸,调节了黄河入运的流量,这样既防止了泥沙涌入会通河,又为会通河提供了丰富的补给水源。

黄河经祥符鱼王口时河面宽缓,水流减慢,泥沙大量淤积河道。河床抬高后一是引起黄河上流溃溢及改道,一是引起下流曹州(在今山东菏泽)、塌场口(在今山东鱼台北)等处溃溢,下流在曹州等地溃溢后大水冲向郓城、嘉祥、巨野、济宁等区域,在危害民生的同时将大量的泥沙挟入会通河并淤塞航道。追溯历史可知,明代河决曹州等地与金世宗大定二十六年(1186)河决卫州(在今河南卫辉)及黄河改道有某种内在的联系。河决卫州后因黄河改道,荥阳以下二府八州二十五县均成为黄河沿岸。永乐八年(1410)秋,黄河在开封一带溃决,张信奉命视察并提出恢复祥符鱼王口旧道的疏浚方案;永乐九年,金纯等奉命治理黄河,其治理的范围从西面的祥符鱼王口开始,到东面的济宁西耐牢破及塌场口一带。在治理的过程中,金纯等从黄河的上流入手,先后在曹州、郓城、鱼台、嘉祥、巨野等地疏浚了黄河及贾鲁河。

黄陵冈等是黄河容易发生溃溢的区域,黄河挟持泥沙经黄陵冈冲入贾鲁河后,又经贾鲁河冲入会通河,泥沙在淤塞黄河水道的同时淤积贾鲁河,并威胁到会通河。史有鱼台"泗河在东,即运道也。北有菏水,一名五丈沟,东入泗。又东有谷亭镇,嘉靖九年,黄河决于此。又南有塌场口,洪武、永乐间,为运道所经"②之说,这里所说的"泗河"是指元世祖至元十三年(1276)利用泗水河道兴修的济州泗河(济州漕渠),泗河是会通河的一部分。"塌场者,济宁以西、耐牢坡以南直抵鱼台南阳道也"③,结合鱼台"又南有塌场口"一说,塌场口应在鱼台。塌场口是连接黄河与会通河的河口,黄河泥沙淤塞会通河后,必然要中断会通河漕运。史有嘉祥"南有塔山。东有会通河。北有故黄河,一名塔章河,即塌场口之上流也"④之说,又有"东有巨野泽,元末为黄河所决,遂涸。东南有会通河。西南有故黄河,弘治后堙"⑤之说,所谓"故黄河"同时又指贾鲁河,因黄河与贾鲁河有共线,又因贾鲁河与会通河相接,这样一来,黄河在嘉祥、巨野等地溃决或漫溢势必要将泥沙经贾鲁河带入会通河。除此之外,汶上和东阿亦是会通河的重要航段,也是会通河容易受到黄河威胁的航段。史有汶上"西南有蜀山,其下为蜀山湖。又西为南旺湖,其西北则马踏河,运道经其中而北出,即会通河也。又汶水在东北,旧时西流入大清河。永乐中,开会通河,堰汶水西南流,悉入南旺

---

① 清·张廷玉等《明史·河渠志三》,北京:中华书局1974年版,第2081页。
② 清·张廷玉等《明史·地理志二》,北京:中华书局1974年版,第942页。
③ 清·张廷玉等《明史·河渠志一》,北京:中华书局1974年版,第2013页。
④ 同②,第943页。
⑤ 同②,第943页。

湖"①之说,又有东阿"南有碻磝山。西有鱼山。会通河自西南而北经此,始与大清河分流。又西有马颊河,俗名小盐河,东流入大清河。又张秋镇在西南,弘治二年,河决于此。七年十二月塞,赐名安平镇"②之说。黄河溃决或漫溢给经过这些区域的会通河造成严重的危害,在重开这些区域的会通河时,从源头上治理黄河是必然之举。金纯治黄实际上从源头解决了会通河通航的大问题。会通河重开后,彻底打通了自北京到杭州的水上交通线。

第四节　陈瑄兴修运河与漕运

在兴修运河方面,陈瑄一是重点治理了黄河航段中的百步洪(徐州洪)、吕梁洪,二是整治了江淮运河。在整治江淮运河的过程中,陈瑄主要做了四件事:一是改造了江淮运河与淮河交会处的运道,兴修了长达六十里的清江浦;二是疏浚和改造了江淮运河至仪真入江和至瓜洲入江的两大航段;三是在泰州兴修了上通邵伯,下接长江,斜对常州孟渎河的白塔河;四是在淮安的东北兴修了南通长江,北入高邮的北新河等。

治理百步洪和吕梁洪

会通河与江淮运河相接的关键航段是黄河航段,危害处是徐州域内的百步洪和吕梁洪。宋礼的南旺引水和分水工程,金纯的疏浚黄河和贾鲁河工程虽然初步解决了会通河的通航问题,但百步洪和吕梁洪是江淮运河连接会通河的节点,同时又是南北运河整体东移后跨越黄河并与会通河相连的节点,如果这一航段的通航能力不能提升,将会直接影响漕运。百步洪与吕梁洪相连,地形险要,是黄河入运及连接会通河和江淮运河的关键航段。

百步洪又称"徐州洪",主要由中洪、外洪和里洪三条复线构成。吕梁洪、百步洪是漕运的咽喉之地,黄河乱淮后,二者成为黄河泄洪时的走廊。元代开通会通河以后,百步洪成为会通河与江淮运河相接的咽喉。百步洪与吕梁洪相连,从百步洪到吕梁洪是江淮运河入会通河的必经航线,因此,二洪的通航条件直接关系到会通河的开通。

吕梁洪由上洪和下洪构成,两洪相隔七里,河道经过的区域地势十分险要。永乐九年,宋礼、金纯等虽然开通了南北运河的关键航段会通河,但因百步洪到吕梁洪之间的航道受客观条件的制约,故京杭大运河一直处于不太通畅的状态。

除此之外,黄河改道后还在馆陶、临清等地与会通河相会及合流,由此形成会通河北入卫河(御河)的航道。临清是会通河与卫河相连的重要节点,如果黄河在临清一带溃决,既可

---

① 清·张廷玉等《明史·地理志二》,北京:中华书局1974年版,第943页。
② 同①。

南下淤塞会通河,又可在北上的过程中淤塞会通河北段及卫河。这一情况表明,黄河溃决时从南北两个方向毁坏会通河航道,进而毁坏了卫河航道。因此,治理会通河时,除了山东西南部、江苏北部为重点治理区域外,山东西部的临清亦是重点治理区域。这样一来,治理百步洪和吕梁洪便迫在眉睫。

改造江淮运河入淮段

陈瑄掌漕运事务后,重点改造了江淮运河入淮段,包括兴修清江浦、高邮至宝应之间的河堤,以及修筑管家湖等湖堤。在主持漕运期间,陈瑄整修了江淮运河及会通河等重要航段,通过在不同的航段设置漕仓、"置舍"等加强了航道管理,提高了漕运效率。开清江浦意义重大,史有"凿清江浦,通北京漕运"①之说可证。

开凿清江浦是陈瑄改造江淮运河入淮的重要举措。江淮运河的基础是邗沟,历史上曾有扬州运河、楚州运河、江北运河等称谓。明初,为改善江淮运河入淮不畅的问题,陈瑄把开挖清江浦提上了议事日程。他开清江浦新河道约六十里,为了进一步改善漕运现状及提高江淮运河入淮的能力,他又在管家湖筑堤数十里,还在入淮口分别修建了移风、清江、福兴、新庄四闸。

为规避淮河风险,在开清江浦的同时,陈瑄又筑高家堰、王简堤、张福堤和开新河。修筑高家堰及约束淮河东侵,有效地解决了淮河泛滥毁坏江淮运河等不利于漕运的问题;修筑王简堤、张福堤,可以控制淮河下泄的流量,以节水的方式引淮入运,补给和维持了运河航道的正常水位。从这样的角度看,高家堰、王简堤、张福堤及淮安永济等新河实际上是开清江浦的重要组成部分。

开清江浦并在淮口建移风、清江、福兴、新庄四闸,解决了"盘五坝过淮"及漕运不畅的大问题。淮安是重要的漕运节点,提高漕船通过淮安段的速度成为必须解决的大问题。由于淮安段运河水位落差大,为防止航道泄水,沿岸多建有堰坝,这些堰坝严重地影响了漕运。在开清江浦的同时,陈瑄又在前人的基础上兴修了江淮运河高邮至宝应之间的河堤。

在重开江淮运河的过程中,针对不利于漕运的情况,陈瑄不仅建造了移风、清江、福兴、新庄四闸。与此同时,为适应漕运的需要,陈瑄还在湖广、江西等地建造规格统一的漕船,试图解决因漕船规格不一影响航道会船安全的问题。

改造江淮运河入江段

在改造江淮运河入淮口航道时,陈瑄又疏浚了江淮运河仪真、瓜洲的入江航段。经过历

---

① 清·张廷玉等《明史·成祖纪三》,北京:中华书局1974年版,第95页。

代的建设,明代的江淮运河有自仪真入江和瓜州入江两条航线。这两条航线中的一条负责江漕,即湖广和江西等长江中游以远的漕运,另一条通过江南运河负责江浙地区的漕运。史称:"至扬子湾东,则分二道:一由仪真通江口,以漕上江湖广、江西;一由瓜洲通西江嘴,以漕下江两浙。"①明初,江淮运河航道破坏严重,除了入淮航段需要整修外,入江航段也需要修复。为此,陈瑄疏浚了仪真、瓜洲的入江水道,史有永乐十三年"并浚仪真、瓜洲河以通江湖"②之说。

江淮运河除了入淮、入江航段需要整治外,宝应湖、高邮湖等中间段的航线也需要加以整治。从历史的角度看,邗沟即江淮运河能迅速地建成,与吴王夫差利用沿途的湖泊为航线有着密切的关系。在开挖的过程中,邗沟利用了沿途的湖泊,故这一运河一向有"湖漕"之称。为了规避"湖漕"风险,陈瑄采取筑堤的办法,强行将湖面与运道分离。陈瑄修筑了高邮湖、宝应湖、氾光湖、白马湖等湖堤,通过修筑湖堤改变了以湖面为主航道的结构,实现了在堤内航道进行漕运的目标。在这中间,陈瑄又修建了湖水与运道相连的涵洞,并根据情况适时开启,以便及时地补充运道水位及灌溉农田等。

高邮湖、宝应湖、氾光湖、白马湖等位于江淮运河的中段,在筑堤分离湖面与漕运航线以前,船只经过这一航段时主要在湖面上行驶。黄河夺泗入淮后,淮水不断地向高邮湖、宝应湖、氾光湖、白马湖等汇聚,扩大了湖面。由于湖上风高浪急,加大了船只行经湖面时的风险。因此,筑堤分离湖面与漕运航线对于保江淮漕运有着十分重要的作用。

兴修白塔河和北新河

为了更好地将江淮运河与江南运河连接起来,提升漕运效率,陈瑄除了修复原有的漕运通道外,又于永乐和宣德年间(1426—1435)两次兴修白塔河和北新河等漕运辅线。

白塔河北通邵伯湖,南经瓜州与长江相接,隔江与常州孟渎、德胜河相望。白塔河除了有航运功能外,又有灌溉功能。从历史的角度看,白塔河是在旧道的基础上兴修的。陈瑄以白塔河旧道为基础,建新开、大桥、潘家、江口四闸,从此,江南漕船自常州德胜河、孟渎过江可入白塔河和北新河,再入江淮运河。正德元年(1506),洪钟针对江南运河入江后时常遭遇风浪,不利于航运的情况,提出了疏浚孟渎及江北白塔河,以及开挖新航道的主张。白塔河和北新河开通后,改善了从江南到江北的漕运条件。可以说,白塔河和北新河自泰州南接长江,与常州德胜河、孟渎隔江相望,成为江南运河与江淮运河相连的辅助航线。

江淮运河是南北漕运畅通的关键性航段,经过陈瑄的治理及改造,出现了"自是漕运直

---

① 清·张廷玉等《明史·河渠志三》,北京:中华书局1974年版,第2079页。
② 同①,第2081页。

达通州,而海陆运俱废"①的局面。大运河全线开通后,为建立经华北平原联系江淮及江南的水上大通道奠定了坚实的基础,同时也在漕运及商品流通中发挥了重要作用,进而为沿岸运河城市的兴起创造了必要条件。

明代兴修清江浦,开白塔河、北新河,筑高邮湖堤等,提高了江淮漕运的质量;疏浚徐州至济宁航段、改造吕梁洪、修筑沛县至济宁一带的湖堤等,改善了会通河的通航条件。这些都与陈瑄分不开,可以说,他为明代漕运秩序的建立做出了很大的贡献。

第五节 黄河乱淮及漕运

黄河夺淮后,给明代漕运提出了以治河为先的要求。治河的目的是保漕运,当时,从清口(在今江苏淮阴码头)到徐州的航段主要是"借黄行运",即用黄河水道进行漕运。谷应泰指出:"终明之世,河患时警,未尝一岁沮运者,浚塞之力也。九河故道,已不能修,漕河一线,势不能废。然则塞浚之功,与河终始,尚其借鉴于兹!"② 因漕运离不开黄河,明代加大了治河的力度。此时,虽然"河患时警",但通过"塞浚"即加固堤防和疏浚河道基本上保证了从清口(在今江苏淮阴码头)到徐州航段的漕运。

特别需要指出的是,黄河改道南流并夺泗入淮后,由此带来的变化主要集中在两个方面,一是改变了原黄河流域的自然环境、人文环境等;二是改变了淮河流域的面貌,其中以淮南即江淮的变化最大。具体地讲,西汉初已成为富饶的黑土地的淮南,在黄河的侵蚀下变成十分贫瘠的黄沙地。可以说,黄河侵淮带来的后果十分严重。

黄河从迁徙不定到北徙

明代黄河从迁徙不定到北徙,可以正德三年(1508)或四年为节点。史称:"世宗初,总河副都御史龚弘言:'黄河自正德初载,变迁不常,日渐北徙。大河之水合成一派,归入黄陵冈前乃折而南,出徐州以入运河。黄陵岁初筑三埽,先已决去其二,惧山、陕诸水横发,加以霖潦,决而趋张秋,复由故道入海。臣尝筑堤,起长垣,由黄陵冈抵山东杨家口,延袤二百余里。今拟距堤十里许再筑一堤,延袤高广如之。即河水溢旧堤,流至十里外,性缓势平,可无大决。'从之。自黄陵冈决,开封以南无河患,而河北徐、沛诸州县河徙不常。"③章潢记载道:

---

① 清·张廷玉等《明史·河渠志三》,北京:中华书局1974年版,第2082页。
② 清·谷应泰《明史纪事本末·河决之患》,北京:中华书局1977年版,第524页。
③ 清·张廷玉等《明史·河渠志二》,北京:中华书局1974年版,第2027页。

"正德四年河东决曹县杨家口,趋沛县之飞云桥入运,患之。"①黄河淤沙不断壅积颍水、涡水,因而下流淤塞、上流无法下泻,使黄河经黄陵冈后向南出徐州入泗水故道,在泥沙不断淤积下流的基础上形成了新的溃溢区。这一时期治河以"塞"为主,主要由龚弘、崔岩、李镗、刘恺、赵璜等人负责修筑长堤,通过加固和加高堤坝迫使黄河安流。

正德三年以前,黄河南下入淮主要借用了汴河水道。丘浚道:"汴水入河之故迹,自汉明帝时,王景修汴渠而河与汴分流,至晋安时,刘裕伐秦,彭城内史,刘遵考将水军出石门,自汴入河,隋炀帝自板渚引河历荥泽入汴,又自大梁之东,引汴水入泗,达于淮。盖汴河旧自荥阳县东经开封府城内,又东合蔡水,东注泗州入于淮。今蔡河湮没,不知所在,而汴河则自中牟县入于黄河。今归德、宿州、虹县、泗州一带,汴河故堤尚有存者,而河流久绝,所谓入泗达淮者,今无复有矣。"②这里所说的"引河历荥泽入汴,又自大梁之东引汴水入泗达于淮……又东合蔡水,东注泗州,入于淮"等,都是说黄河南下经汴河或蔡河(汴水的南流)入淮、泗的水道,早在宋代以前已经形成。

黄河沿汴河南下,形成了经颍水、涡水、泗水入淮的三条水道。在这一过程中,泥沙不断地淤堵下流颍水、涡水、泗水后,引发黄河上流多点溃溢,给淮河和相关区域的漕河带来了巨大的灾难,具体表现在五个方面:一是黄河泥沙经颍水、涡水、泗水冲入运河,破坏了相关区域的漕河,如淤塞了汴河自开封至徐州小浮桥的航段;二是黄河自沛县飞云桥、徐州溜沟等地溃溢,泥沙淤堵会通河使漕运陷入瘫痪;三是黄河泥沙涌入从夏邑至宿迁入淮的白河,淤塞了从小坝到宿迁之间的漕河;四是黄河溃溢后入贾鲁河,挟带的泥沙自贾鲁河大量地侵入会通河,淤塞了与之相接的会通河航道;五是黄河入淮的三条通道淤塞引起上流溃溢,给沛县、徐州等地带来严重的水患,中断了从徐州至宿迁的漕运。

从历史的角度看,从徐州到宿迁的航道原为泗水河道。鲁哀公十三年(前482),吴王夫差北上与晋定公会盟时开挖了菏水运河,这条商鲁之间的运河"分济水东流后流经外黄县故城南,再东流经定陶县南,又东经山阳郡成武县的楚丘亭北,又北经郜城北和成武县故城南,又东经平乐县故城南,又东经沛县故城南,东注于泗水"③。菏水运河自沛县"东注于泗水"以后又经徐州、宿迁到清河。这样看来,黄河泥沙淤塞徐州至宿迁的河道实际上淤塞了泗水入淮的水道,进一步加剧了黄河乱淮及破坏运河的程度。胡渭指出:"徐州在江南布政司西北一千里,河自州北东南流,至城东北合于泗水。泗水自沛县入州境,循城而东,一曰清河,又曰泉河,其后为运河,亦名闸河。元初黄河由涡入淮,至泰定元年由汴河决入清河,自是遂

---

① 明·章潢《图书编·漕河总叙》,《四库全书》第970册,上海:上海古籍出版社1987年版,第341—342页。
② 清·丘浚《大学衍义补·漕挽之宜下》(林冠群、周济夫校点),北京:京华出版社1999年版,第307页。
③ 史念海《河山集·春秋时代的交通道路》,北京:三联书店1963年版,第79页。

为大河之经流,旧从城东北小浮桥合运河。"①徐州成为黄河溃溢的重灾区,是因为在这一区域黄河与涡水、泗水及会通河等形成了特殊的关系。这一特殊关系表明,治河及疏浚入淮河道是重建漕运秩序及恢复漕运的根本。

嘉靖河患及黄河南下侵淮

起初,黄河南下入淮主要是沿汴河东流,至汴城(在今河南开封)南分为两道,如果再加上原有的东南一道,共有三道入淮:一道自颍水经寿州(在今安徽寿县)入淮;一道自涡水经怀远(在今安徽怀远)入淮;一道自归德(在今河南商丘)经宿州(在今安徽宿州)、虹县(在今安徽泗县)、睢宁(在今江苏睢宁)至宿迁(在今江苏宿迁)入淮。其中,自归德至宿迁入淮的水道在南下的过程中又分为五道,连同原来的一道共有六道。这六道支流从不同的方向挟带着大量的泥沙冲向会通河及与之相通的运河航道。面对这一乱象,胡世宁提出了具体的疏导方案,试图解决黄河溃溢分流后造成的漕运危机。

黄河改道南流,共有六道支流入运。六道支流挟带大量的泥沙淤塞航道,给恢复漕运带来了困难。为了应对这一错综复杂的局面,许多人发表了不同的看法。李承勋的基本看法是,治河应抓住主要矛盾重点疏导六道支流的下流,同时应加固丰县(在今江苏丰县)、沛县(在今江苏沛县)等地的堤防。尽管李承勋的治河方案与胡世宁的多有不同,但在昭阳湖(位于山东微山与江苏沛县的交界处)东开新运河的意见与胡世宁的多有一致,如史有"其论昭阳湖东引水为运道,与世宁同。乃下总督大臣会议"②之说。经权衡利弊,由此揭开了兴修运河新道的序幕。会通河的改造工程即开辟部分新运道和加固堤防的工程历时两年多才完成。客观地讲,在昭阳湖的东面开新航道的目的是避开经沛县、徐州入黄河的旧运道,以解决会通河丰县、沛县航段遭受黄河水患侵扰的问题。然而,旧问题解决了,新问题又出现了。因黄河缺少必要的泄洪道,丰县、沛县以北的鱼台(在今山东鱼台)又成了黄河溃溢的重要区域。

针对这一情况,嘉靖十一年(1532)戴时宗提出疏浚鱼台黄河段的方案,在此基础上,嘉靖十二年(1533)朱裳进一步提出了"束黄入运"的改建方案。戴时宗认为,黄河在鱼台溃溢后应该从上流入手,一是通过疏导"逼使河水分流";二是分黄河三道为四道,利用故道泄洪使黄河安流,进而解决河患淤塞运河带来的问题。由于这一方案有一定的可操作性,因此受到朱裳的重视。在此基础上,朱裳提出疏塞并举及加固运河堤岸的方案,主张在疏导黄河的过程中实现黄河和运河互通之势,通过引黄入运将黄河纳入漕运的范围。

黄河溃溢主要集中在冲积平原地区,明嘉靖以后,鱼台虽然成为黄河主要的溃溢区,但

---

① 清·胡渭《禹贡锥指》(邹逸麟整理),上海:上海古籍出版社2006年版,第518—519页。
② 清·张廷玉等《明史·河渠志一》,北京:中华书局1974年版,第2031页。

这并不意味着黄河不会在其他区域溃溢,也不意味着泥沙不会在黄河经过的其他区段淤积。嘉靖二十五年,黄河经颖水和涡水入淮的水道淤塞后,形成了"南流故道始尽塞"的局面。进而言之,明初,黄河有经颖水、涡水、泗水入淮的三条水道,洪武二十四年四月河决原武后情况发生变化。河决原武后,黄河经开封折向东南抵陈州,又经"项城、太和、颖州、颖上,东至寿州正阳镇,全人于淮"①,这一情况表明,嘉靖二十五年黄河"全河尽出徐、邳,夺泗入淮"是在其他的入淮水道淤塞的前提下发生的,同时也是由黄河下流淤塞、上流溃溢改道造成的。嘉靖十一年,黄河"一由孙家渡出寿州,一由涡河口出怀远,一由赵皮寨出桃源"的三条入淮水道即经颖水、涡水、泗水入淮的水道俱在,除此之外,黄河自身的"一由梁靖口出徐州小浮桥"的水道亦在,然而,在泥沙不断淤塞河道的过程中,黄河经颖水、涡水入淮水道及"出徐州小浮桥"的水道俱塞,由此造成黄河多点溃溢及乱流现象,并初显泗水河道成为黄河下泻唯一通道的端倪。

嘉靖十一年,黄河多点溃溢及乱流给治河安流出了大难题。嘉靖十二年,朱裳的疏导方案只是针对现状采取的临时性应急措施,无法根治日益严重的河患。事实上,嘉靖二十六年和三十一年(1552),黄河在曹县、徐州等地溃决淤塞会通河,已充分说明了只要下流有泥沙淤堵河道,黄河上流必然要发生溃溢。由于这一时期的溃溢点大都集中在与会通河相关的区域及以徐州为中心的区域,为此,修复会通河、疏浚从徐州到邳州等地的河道及加固相关区域的堤防成为重要的议题。嘉靖二十六年,黄河溃溢直接影响到淮河下游安东(在今江苏涟水)等地的安全。因淮河下游淤塞,导致"增筑高家堰长堤"等后果。

与嘉靖二十六年和三十一年的河患相比,嘉靖三十七年(1558)黄河溃溢造成了更大的灾难。黄河在曹县新集淤塞,形成十一条支流冲入运河,再次淤堵了漕运通道。黄河泥沙在曹县新集淤积后致使上流无法下泻,明代统治者为治黄采取了别开支河泄洪的方案。遗憾的是,这一举措没能有效地遏制黄河溃决。如黄河在单县段家口一带溃决分为大溜沟、小溜沟、秦沟、浊河、胭脂沟、飞云桥六支,在淤塞二百五十余里河道的同时,下泄洪水侵入会通河及百步洪等。此外,黄河的另一支经砀山郭贯楼分为龙沟、母河、梁楼沟、杨氏沟、胡店沟五支,这五支又经小浮桥汇入百步洪。当十一条支流再度合流且增大水势后,致使黄河下流河道忽东忽西、飘忽不定,给黄河在徐州一带溃决留下了后患。

会通河长约四百五十里,嘉靖四十四年河决沛县,被泥沙淤塞的航道有二百多里,致使会通河漕运陷入全面瘫痪的状态。当时的形势是,下流淤塞形成倒流,黄河继而在上流曹县棠林集溃溢并分为南北两支,其中,南支自沛县戚山杨家集入秦沟至徐州等区域,冲毁了相关区域的会通河航道;北支自丰县华山东北由三教堂出飞云桥后分为十三支,或横绝会通

---

① 清·张廷玉等《明史·河渠志一》,北京:中华书局1974年版,第2014页。

河,或逆流淤塞会通河。随后,黄河北支又与南支合流抵达徐州,挟带的泥沙淤堵下流。在这一过程中,黄河自沛县侵入昭阳湖,致使湖水大涨。与此同时,黄河与湖水汇合一处挟带大量的泥沙顺势而下,淹没了百步洪和吕梁洪之间的运道。

朱衡、潘季驯等治河

面对这一突如其来的变化,明王朝"命朱衡为工部尚书兼理河漕,又以潘季驯为金都御史总理河道。明年二月,复遣工科给事中何起鸣往勘河工"①。嘉靖四十五年(1566)二月,在朱衡的主持下开挖了从鱼台南阳到沛县留城(在今江苏沛县东南,与铜山交界)的新运河,同时又疏浚旧河五十余里并加固堤防。朱衡改建会通河航道的方案主要是在盛应期新河的基础上进行的,新河与会通河旧道相接后,部分地改变了会通河航线。从何起鸣通过实地勘察得出"旧河难复有五,而新河之难成者亦有三"的结论看,朱衡开新河的方案并不是理想方案,但修复会通河、恢复漕运已是当务之急,为此,尽管有不同意见,朱衡的方案仍得以顺利实施。

朱衡开新河虽然恢复了漕运,但黄河泥沙继续淤积航道等问题依然存在,为此,嘉靖四十五年的次年即隆庆元年(1567),朱衡将治理黄河的范围拓展到疏浚上流秦沟、加固重点区域的堤防、开挖新河、建造闸坝等方面。隆庆元年兴修的水利工程实际上是嘉靖四十五年开新河的后续工程,在这中间,通过拓宽拓深秦沟、加固和兴修这一航段的南堤、开挖新河及泄洪道、兴建系列水闸、建造堤坝等,有效地改善了这一航段的航运情况。客观地讲,这一举措虽然没能彻底地解决黄河溃决引起的漕运危机,但对于后世加强会通河建设及改善这一航段的航运条件是有积极意义的。

嘉靖年间的黄河溃溢是经年累月积累的结果。从大的方面讲,黄河大面积地溃溢及改道是在自然生态破坏、水土流失与气候变化等多种因素的共同作用下发生的,也使得明代治河由此陷入被动应付的状态。嘉靖二十六年,杨一魁在坚持"清口宜浚,黄河故道宜复,高堰不必修,石堤不必砌,减水闸坝不必用"②意见的基础上,把疏导黄河视为恢复漕运及治河的唯一方略。尽管这一方案得以实施,但也只是临时性的应对措施,无法解决日益严重的泥沙淤堵黄河下流,致使上流溃溢的大问题。可以说,新旧问题累积在一起,进一步加了黄河溃溢和淤堵运河的程度。

黄河溃溢高发区

在下流淤塞、上流溃溢的前提下,丰县、沛县、徐州、邳州、睢宁、宿迁等地成为河患的高

---

① 清·张廷玉等《明史·河渠志一》,北京:中华书局1974年版,第2038页。
② 清·张廷玉等《明史·河渠志二》,北京:中华书局1974年版,第2060页。

发区。沛县是会通河的重要航段,起初,沛县离黄河较远,黄河在曹县、单县不断溃溢的局面形成后,黄河挟泥沙南下自丰县改道东行顺势东侵沛县,随后又南下徐州。在行政区划沿革的过程中,曹县与菏泽形成了复杂的行政关系。明太祖洪武四年(1371)曹州降格为曹县,明英宗正统十年(1445)复置曹州(在今山东菏泽)。单县与曹县毗邻,史有曹州"东入单县界,至南直徐州,合泗入淮。又西有贾鲁河,嘉靖前犹为运道,后废"①之说,黄河改道南出曹县、单县二县直趋丰县、沛县,侵占了泗水河道。夏僎指出:"扬州贡篚入帝都之道,沿江海以入淮、泗,然后达河以至帝都,故言沿于江海达于淮、泗。然不言河者,以前徐州既言浮于淮、泗达于河,故此直言达于淮、泗,则达于河可知也。"②史浩亦指出:"扬州水道必松江入海,自海复入淮,溯流而入泗,遂至菏泽达于河。"③早在先秦时期,泗水已与黄河相通,所谓黄河改道"南出曹、单二县城下,直趋丰、沛",是指黄河沿泗水河道自曹县、单县奔丰县、沛县,因丰县、沛县有泗水与徐州相连,这一河道的存在为明后期黄河倾一河之水入泗水经徐州出邳州南下宿迁、清河入淮铺平了道路。

　　黄河的一再南徙使沛县一带的水文发生巨大的变化。正德四年以前,沛县距离黄河甚远,黄河漫溢虽波及沛县,但影响不大。正德四年后,黄河在不断迁徙和改道的过程中,沛县成为黄河经过的重要区域,如嘉靖年间河决曹县,南支自沛县入秦沟。嘉靖末、隆庆年间(1567—1572),朱衡、潘季驯等疏浚河道,虽然使"横流复定",即黄河回归故道,但时隔不久黄河再次溃溢沛县。正德四年以后,随着黄河改道,沛县成为黄河的新溃溢区,这种情况延续了近一个世纪,对沛县域内的会通河构成极大的威胁。明神宗万历三十三年(1605)疏浚河道虽使黄河回归故道,沛县河患大为减轻,但黄河多点溃溢给会通河造成的威胁依旧很大。

　　黄河倾一河之水沿泗水故道全数入淮,与从丰县、沛县到徐州、邳州、睢宁、宿迁的水道形成有密切的关系。河决曹县入丰县、沛县或在丰县、沛县溃溢分流,与黄陵冈、荆隆口、孙家渡等地的河床"宽漫"有内在的联系。黄河经黄陵冈、荆隆口、孙家渡时,因河床"宽漫"水流放缓。水流放缓后,因缺少必要的水能,容易出现泥沙淤积河床和抬高河床的情况。如果汛期来临或者雨量超常,那么,河水暴涨后必定会冲破堤防,进而挟带泥沙向地势低凹的地带溃溢并形成新的水道。在这一过程中,黄河凭借巨大的水能挟带泥沙冲向丰县、沛县等地,势必要给丰县、沛县及会通河造成极大的灾难,进而波及下流形成丰县、沛县、徐州、宿迁等溃溢区。史有万历四年(1576)"河决韦家楼,又决沛县缕水堤,丰、曹二县长堤,丰、沛、徐州、睢宁、金乡、鱼台、单、曹田庐漂溺无算,河流啮宿迁城"④之说,黄河在丰县、沛县、徐州、

---

① 清·张廷玉等《明史·地理志二》,北京:中华书局1974年版,第944页。
② 宋·夏僎《夏氏尚书详解》,《四库全书》第56册,上海:上海古籍出版社1987年版,第540页。
③ 宋·史浩《尚书讲义》,《四库全书》第56册,上海:上海古籍出版社1987年版,第212页。
④ 清·张廷玉等《明史·河渠志二》,北京:中华书局1974年版,第2048页。

睢宁、宿迁等地漫溢乱流,加大了治河的难度,进而造成"黄高淮壅"等后果。

嘉靖以后,黄河溃溢主要集中在丰县、沛县、徐州、邳州、睢宁、宿迁等地,这一溃溢区的形成是由黄河南下入淮,泥沙不断地淤积颍水、涡水所决定的。颍水、涡水淤塞后,黄河入淮仅存的通道是泗水故道。在泥沙淤积河道致使溃溢事件不断发生的过程中,黄河改道入泗入淮,为形成以徐州为中心的丰县、沛县、睢宁、邳州、宿迁等溃溢区埋下了伏笔。万历三年(1575)河决宿迁崔镇,因下流淤塞,引起上流河溢并形成逆灌邳州、徐州之势。针对这一情况,潘季驯采用疏浚和加固堤防的办法解决了河患。这一时期,黄河与运河交错在一起,上流淤沙、下流壅堵,进一步加剧了以徐州为中心的溃溢区的河患。由于河患直接影响到漕运,这样一来,选择适当的地点兴修避黄行运新航道的主张遂浮出了水面。

在总结从洪武元年到隆庆五年(1571)黄河入运、河决改道毁坏运河的历史时,章潢提出了治河以"干通"为先的理念。通过追溯明代黄河溃溢的历史,章潢认为治河的重点是"干通",只有"干通"才能"利运"。当然,章潢清楚地知道"干通而枝淤"虽然"利运",但"黄河合流"后引起的不良后果也是不可小觑的。权衡利弊取其轻,在汴水等运道成为黄河一部分及以黄济运的前提下,如果不把黄河水道纳入漕运范围则势必要开新运道。由此,章潢得出的结论是,漕运需要黄河的参与,不能用分流的方法使"干瘁",只有在"干荣"的基础上才能保证漕运畅通。

客观地讲,章潢的认识是有道理的,问题是,在黄河已成为"病河"的情况下,怎样才能做到"干通"并使黄河不再溃溢呢?从后面的情况看,这实际上是明王朝永远无法解决的难题。进而言之,疏浚河道、蓄水冲沙和加固堤防虽然可以降低河患发生的频率,但无法从根本上解决长期积累的"病河"问题。疏浚河道、蓄水冲沙和加固堤防等虽然可以取得眼前的成效,但无法根治河患,更无法解决由此引发的漕运危机。明毅宗崇祯二年(1629)和四年(1631),黄河多点溃决,毁坏会通河、江淮运河,从一个侧面说明了明后期治河已陷入无可救药的泥潭。崇祯年间(1628—1644),黄河淤塞会通河及江淮运河虽说是因治河不力造成的,但有着更为深层的原因。黄河南下入淮后,泥沙不断地淤积上流并堵塞下流是黄河多点溃决的根本原因。

从借黄行运到避黄行运

从隆庆元年到六年(1572),河患严重,河决丰县、沛县、徐州等地,在保漕运的前提下,形成了两种意见:一是治河为先,借黄行运;二是开辟新道,避黄行运。章潢记载道:"五年,乃自双沟而下北决,由房口、曹房口、青羊口南决关家口、曲头集口、马家浅口、阎张家、摆渡口、王家口、房家口、白浪浅诸口,凡十一口,支流既散,干流遂微,乃淤自匙头湾八十里,而河变又极矣。议者欲弃干河,而行舟于曲头集大枝间。冬初,水落则干已平沙,而枝复阻浅,损漕舟千有奇。则又议弃黄河运,而胶河、泇河、海运纷沓焉,莫可归一。都御史潘季驯乃役丁夫五万,开匙头湾,仅仅一沟,遂塞十一口并冲沟,沟大流导,而八十里之故道渐复。明年议大堤两岸,北堤起磨脐沟迄邳州之直河,南堤起离林铺迄宿迁之小河口。"①直河在黄河南下入泗、入淮时成为黄河水道。隆庆年间,以治河为先的意见虽然占据主导地位,但当治河收效甚微及河患严重破坏漕运时,"议弃黄河运"即开胶河、泇河避黄行运及恢复海运的声音开始出现。两种意见几经交锋,尽管治河为先的意见占上风,甚至出现隆庆六年朱衡、万恭"悉罢胶、泇之议,而一意事徐、邳"的局面,但开辟新航道避黄行运的声音开始引起人们的注意。

追溯开新航道避黄行运的历史,可以从翁大立"凿邵家岭,令水由地浜沟出境山以入漕河"说起。史称:"衡召入为工部尚书,都御史翁大立代,上言:'漕河资泉水,而地形东高西下,非湖潴之则涸,故漕河以东皆有柜;非湖泄之则溃,故漕河以西皆有壑。黄流逆奔,则以昭阳湖为散漫之区;山水东突,则以南阳湖为潴蓄之地。宜由回回墓开通以达鸿沟,令谷亭、湖陵之水皆入昭阳湖,即浚鸿沟废渠,引昭阳湖水沿渠东出留城。其湖地退滩者,又可得田数千顷。'大立又言:'薛河水湍悍,今尽注赤山湖,入微山湖以达吕孟湖,此尚书衡成绩也。惟吕孟之南为邵家岭,黄流填淤,地形高仰,秋水时至,禽纳者小,浸淫平野,夺民田之利。微山之西为马家桥,比草创一堤以开运道,土未及坚而时为积水所撼,以寻丈之址,二流夹攻,虑有倾圮。宜凿邵家岭,令水由地浜沟出境山以入漕河,则湖地可耕,河堤不溃。更于马家桥建减水闸,视旱涝为启闭,乃通漕长策也。'并从之。"②在深化和落实朱衡治河及修整运河方案时,翁大立从分析会通河与黄河的关系入手,提出了整治南阳湖、昭阳湖、微山湖等及改建部分运河航道的方案。尽管这一方案中提到的改建航道与后来开泇河不是同一航线,但因其蕴含了避黄行运的意图,故可以将其视为开泇河的前奏。

隆庆三年(1569)七月,黄河在沛县再次溃决,导致"河决沛县,茶城淤塞,粮艘二千余皆阻邳州",在别无良策之时,翁大立提出开泇河的建议。史称:"三年七月,河决沛县,茶城淤塞,粮艘二千余皆阻邳州。大立言:'臣按行徐州,循子房山,过梁山,至境山,入地浜沟,直趋马家桥,上下八十里间,可别开一河以漕。'即所谓泇河也。请集廷议,上即命行之。未几,黄落漕通,前议遂寝。"③这里所说的"请集廷议,上即命行之",是指开泇河方案提出后,皇上令众臣讨论其方案的可行性。正当开泇河的方案即将付诸实施时,却因"黄落漕通",工程暂时搁浅。

隆庆四年(1570)九月,黄河在邳州溃溢并淤塞从睢宁到宿迁一百八十里的航道,这时翁大立再次提出开泇河避黄行运的方案。谷应泰指出:"四年秋九月,河决邳州,自睢宁白浪浅

---

① 明·章潢《图书编·漕河总叙》,《四库全书》第970册,上海:上海古籍出版社1987年版,第343页。
② 清·张廷玉等《明史·河渠志三》,北京:中华书局1974年版,第2088—2089页。
③ 同②,第2089页。

至宿迁小河口,淤百八十里,溺死漕卒千人,失米二十余万石。总督河道侍郎翁大立言:'迩来黄河之患,不在河南、山东、丰、沛,而专在徐、邳,故欲先开泇河以远河势,开萧县河以杀河流者,正谓浮沙壅聚,河面增高,为异日虑耳! 今秋水涨至,横溢为灾,臣以为权宜之计在弃故道而就新冲,经久之策在开泇河以避洪水。'疏下部。"①翁大立避黄行运的方案受到重视,明穆宗责令工部会商此事。遗憾的是,隆庆四年九月,开泇河之议无疾而终。直至几个月后即隆庆五年四月发生了"河复决邳州王家口,自双沟而下,南北决口十余,损漕船运军千计,没粮四十万余石,而匙头湾以下八十里皆淤"②的事件,开泇河才再度成为人们关注的话题。然而,开泇河毕竟是大工程,尽管黄河溃决淤塞了会通河,但不等于说开泇河可以立即恢复漕运。出于慎重,给事中雒遵奉命"勘验",与此同时,朱衡又会同朝臣共同论证开泇河的可行性。经过"勘验""会勘"和"覆勘",朱衡等得出了与雒遵一致的结论:认为开泇河难度太大,且存在诸多无法解决的问题。恰好此时黄河水退,会通河恢复漕运,因此开泇河之议再次搁浅。

第六节 借黄行运及修筑河堤

弘治五年(1492)刘大夏筑太行堤,黄河北流断绝。以此为节点,徐州以东进入借黄行运的新阶段。借黄行运的要点是保证黄河安流,针对这一情况,自刘大夏修筑太行堤以后,一些水利专家,如潘季驯等人又修筑了截水堤、缕堤、遥堤、格堤等,这些河堤有效地约束了善徙善淤的黄河,为借黄行运奠定了坚实的基础。与此同时,为保证运道畅通无阻,潘季驯等人又专门整治了黄淮交汇的清口。

嘉靖中叶以后的徐淮漕运

嘉靖二十五年黄河倾全河之水入泗入淮,在保漕运的前提下治河成为维护运道畅通的首要工程。这一时期,泥沙不断地淤积和抬高河床,致使黄河成为"悬河"。以保漕运为先导,治河形成了开河疏导和加固堤坝等两个方案。

黄河"正河淤淀,淮口梗塞"给保漕运带来新的挑战,泥沙淤积河道造成的后果主要集中在三个方面。一是黄河倾全河之水沿泗水河道自徐州经邳州、睢宁、宿迁、桃源至清口(泗口),挟带泥沙涌入黄河水道,在泥沙淤积和抬高河床的过程中,致使黄河多点溃溢。二是黄淮交汇后,泥沙壅堵清口及下行入海水道。在黄河泥沙不断淤塞清口及淮河入海水道的过

---

① 清·谷应泰《明史纪事本末·河决之患》,北京:中华书局1977年版,第511—512页。
② 清·张廷玉等《明史·河渠志三》,北京:中华书局1974年版,第2090页。

程中,形成淮河与黄河合流的局面,进而向泗州(在今江苏盱眙)、宿迁两个方向倒流,扩大了河患和淮患的范围,致使高家堰、明祖陵、宿迁等地面临淮河和黄河的双重威胁。三是在"黄高淮壅"的前提下,泥沙淤塞了会通河、黄河运道等,扩大了溃溢的范围。在引发黄河上流和下流多点溃溢的同时,将水患区域扩展到江淮运河沿岸,使宝应、高邮等地成为新的溃溢区。进而言之,黄淮合流后因下流不畅,导致河患和淮患同时发生。这样一来,决定了保漕运需要在治河和治淮缺一不可的背景下进行。

在被动地堵塞决口的过程中,治河方略形成了"开河、护堤二说",即开新河分流和加固堤防两种意见。如蔡泰彬先生总结道:"晚明,黄河全流夺行泗河入淮河,由于黄河水含沙量高,致使黄河下游河道淤高成悬河。其形成原因,不同之治河议论,各有互异之解释,束水攻沙论者主张'上决下壅',分黄论、挑浚论等则认为'海口淤塞''筑堤束水'所促成。"①所谓"束水攻沙",主要指在加固堤防的基础上,用增加水能的办法冲刷河道中的淤沙以保证运道畅通;所谓"分黄论、挑浚论",主要指开河以分水势,防止黄河在不同的地点溃溢及妨碍漕运。两种意见长期争执不下,既与治河理念不同及水文变化相关,也与两种方案各有利弊有关。具体地讲,护堤即加固堤防虽然可以约束黄河,并实现束水攻沙的目标,然而,一旦黄河流量增大及出现下流壅堵的情况,势必会威胁堤防并使堤防薄弱的地段面临着河决和漫溢的危险,因此,在加固堤防的同时需要开河疏导。反过来说,开河疏导黄河虽然可以有效地减弱水势,解决溃溢带来的困扰,但枯水季节黄河流量变小后,如不及时地堵塞分导河道则会降低河道水位,致使航道干浅无法保证漕运。与此同时,水流放缓后泥沙淤积河床,如不加高堤防则会为其流量增大后黄河溃溢埋下隐患。

修筑河堤与保漕运

其实,在治河保漕运的过程中,开河与护堤缺一不可,两者相互补充。如万历七年(1579)潘季驯、江一麟等采取以护堤为主、开河疏导为辅的治河方案。史称:"筑高家堰堤六十余里,归仁集堤四十余里,柳浦湾堤东西七十余里,塞崔镇等决口百三十,筑徐、睢、邳、宿、桃、清两岸遥堤五万六千余丈,砀、丰大坝各一道,徐、沛、丰、砀缕堤百四十余里,建崔镇、徐升、季泰、三义减水石坝四座,迁通济闸于甘罗城南,淮、扬间堤坝无不修筑,费帑金五十六万有奇。……高堰初筑,清口方畅,流连数年,河道无大患。"②护堤即加固堤防,包括建缕堤和遥堤及堵塞决口,开河疏导包括建减水石坝和船闸等。客观地讲,这一方案虽然解决了眼前的黄河溃溢等问题,甚至出现了"河道无大患"的局面,但不等于可以解决所有的问题。从某种意义上讲,潘季驯、江一麟等人的治河方略不可能一劳永逸,更不可能成为永恒的治河

---

① 蔡泰彬《晚明黄河水患与潘季驯之治河》,新北:台湾花木兰文化出版社2011年版,第42页。
② 清·张廷玉等《明史·河渠志二》,北京:中华书局1974年版,第2053—2054页。

方略。

明末治河主要有开河与护堤两种方案,至于采用哪种方案,需要根据情况而定。如天启元年(1621)淮安府出现黄淮漫溢毁坏里运河(江淮运河)的新情况。针对这个突发事件,治河者采取了以开河为主的方案。史称:"天启元年,淮、黄涨溢,决里河王公祠,淮安知府宋统殷、山阳知县练国事力塞之。三年秋,外河复决数口,寻塞。是年冬,浚永济新河。自凌云翼开是河,未几而闭。总河都御史刘士忠尝开坝以济运,已复塞。而淮安正河三十年未浚。故议先挑新河,通运船回空,乃浚正河,自许家闸至惠济祠长千四百余丈,复建通济月河小闸,运船皆由正河,新河复闭。时王家集、磨儿庄湍溜日甚,漕储参政朱国盛谋改浚一河以为漕计,令同知宋士中自泇口迤东抵宿迁陈沟口,复溯骆马湖,上至马颊河,往回相度。乃议开马家洲,且疏马颊河口淤塞,上接泇流,下避刘口之险,又疏三汊河流沙十三里,开滔庄河百余丈,浚深小河二十里,开王能庄二十里,以通骆马湖口,筑塞张家等沟数十道,束水归漕。计河五十七里,名通济新河。五年四月,工成,运道从新河,无刘口、磨儿庄诸险之患。明年,总河侍郎李从心开陈沟地十里,以竟前工。"①如果将潘季驯及淮安府治河方案结合起来看,开河与护堤虽然是治河不可或缺的方案,但需要根据具体情况具体分析,还需根据水文变化对最终的治河方案做出必要的调整。除此之外,开河和护堤还有相辅相成的一面,两者并不对立。

筑堤安流是古代重要的治河之法。起初,修堤治河主要有截水堤和缕堤。截水堤是指修筑堤防,强迫黄河向规定的方向行走,或河决后堵塞决口。如吕原有"先令右布政使丰庆副使项璁于决口上流,督夫下桩卷埽,作截水堤二百四十余丈浃,旬堤就,决口绝流,而水趋故道"②之说。缕水堤是指依水性即水流方向建堤约束黄河安流。如万恭指出:"河堤之法有二,有截水之堤,有缕水之堤。截水者,遏黄河之性,而乱流阻之者也,治水者忌之。缕水者,因河之势而顺流束之者也,治水者便之。夫水之为性也,专则急,分则缓。而河之为势也,急则通,缓则淤。若能顺其势之所趋而堤以束之,河安得败!唯河欲南而截之使北,河欲合,而截之使分,以逆天地之气化,而反天地之血脉,河始多事也已。"③二法之中,缕水堤受到推崇是因为缕水堤有依水性及顺水流方向而建的特点,后来成为筑堤治河的良法。具体地讲,黄河泥沙重,有"急则通,缓则淤"的特点,建缕水堤可安流及束水刷沙。孙承泽总结道:"河堤之法有二,有截水堤,有缕水堤。水之为性也,专则急,分则缓,而河之为势,急则通,缓则阏。缕水之堤,因河势而束之也,治水者便之。截水之堤,遏河性而阻之也,治水者

---

① 清·张廷玉等《明史·河渠志三》,北京:中华书局1974年版,第2098—2099页。
② 明·吕原《扬州门新造石闸记》,明·李濂《汴京遗迹志·艺文二》,《四库全书》第587册,上海:上海古籍出版社1987年版,第696页。
③ 明·万恭《治水筌蹄·缕水堤与截水堤》,北京:水利电力出版社1985年版,第52—53页。

忌之。"①这一说法大体上道出了古人治河重视修筑缕水堤的原因。

从另一个层面看,截水堤是有存在价值的。具体地讲,截水堤一是可堵塞决口、防止河水溃溢;二是通过堵口可以缩小危及民生的范围;三是运用于水流舒缓的运河,可以提高漕运效率。如章潢在《浚浅缕堤》一文中指出:"筑堤亦有二法,有截水之堤,有缕水之堤。截水之堤,可间施于闸河,而不可施于黄河。盖黄河负悍湍之性,挟川潦之势,投之所向,何坚不瑕,乃欲以一堤当之,此鲧之所以方命,而宋人之所以耗财也。乃若缕水之堤,则河自宋以来由淮达海。我朝资之为运,故于两岸筑堤者,正不使其从旁溃溢,始得遂其润水入海之性。"②明代治河筑堤以修筑缕水堤为主,同时以截水堤为辅。筑截水堤主要是为了堵塞决口。此外,截水堤有自身存在的价值,如修复黄淮之患毁坏的运河时多修筑截水堤。进而言之,截水堤主要用于修复运河航道,缕水堤主要用于治河。

明孝宗弘治五年,刘大夏治河建遥堤,至此,筑堤治河发生了变化。遥堤是指在缕堤以外数里的地方建造新的堤防,防止缕堤毁坏后黄河溃溢危及两岸的民生。遥堤又称太行堤,为刘大夏治河时首创。潘季驯指出:"盖尝考弘治以前,张秋数塞数决,自先任都御史刘大夏将黄陵冈一带增筑太行堤一道,而张秋之患遂息。此其已试之明验也,今职等所筑之遥堤即太行堤之别名耳。"③太行堤是黄河安流的最后防线,在建造的过程中根据地形的需要或建两重或建三重。遥堤长达数百里,在泥沙淤积和抬高河床的前提下,遥堤与缕堤相辅相成,成为防止黄河溃溢的重要工程。

缕堤和遥堤虽然有约束黄河及借黄冲沙的作用,但在"黄高淮壅"的背景下不断地加高河堤,势必要使黄河成为地上悬河,从而给治河保漕运带来新的难题。针对这一情况,潘季驯提出了建造格堤的主张。他写道:"问者曰:缕不去,则两堤相夹中间积潦之水。或缕堤决入黄流,何由宣泄?驯曰:水归漕无难也,纵有积涝,秋冬之间,特开一缺放之,旋即填补亦易,易耳。若无格堤处所积水顺堤直下,仍归大河,犹不足虑矣。"④又指出:"一议格堤防御之法,格堤甚妙格即横也。盖缕堤既不可恃,万一决缕,而入横流,遇格而止,可免泛滥。水退本格,之水仍复归漕,淤溜地高最为便益,今于南岸房村单家口、双沟、马家浅辛安峰山等处,俱筑格堤一道,并羊山横堤共七道。倘岁岁增修,高厚可永无分流夺河之患矣。俟工力

---

① 清·孙承泽《春明梦余录·工部一·治漕》,《四库全书》第868册,上海:上海古籍出版社1987年版,第850页。
② 明·章潢《图书编·漕河总叙》,《四库全书》第970册,上海:上海古籍出版社1987年版,第336页。
③ 明·潘季驯《两河经略·遵奉明旨恭报续议工程以便查核疏》,《四库全书》第430册,上海:上海古籍出版社1987年版,第224页。
④ 明·潘季驯《河防一览·河议辨惑》,《四库全书》第576册,上海:上海古籍出版社1987年版,第172页。

有暇,再为增筑北岸,亦仿而行之,多多益善也。"①充分肯定了创建格堤的必要性。

从另一个层面看,单纯地依靠缕堤、遥堤安流是无法根除河患的。如潘季驯指出:"窃惟今之谈河患者,莫不曰:徐、邳河身垫高,水易溢也。崔镇诸口未塞,桃、清浅阻也。高堰黄浦,淮水横流,淮、扬之民久为鱼鳖也。淮、黄两河之水漫无归宿,海口沙垫也。此徐州迤南之患耳。"②其实,治淮成为保漕运的一部分是由黄河全河侵淮引起的。在黄河淤沙无法清除,且不断淤积淮河水道的前提下,加高和加固堤防的做法虽然可以使黄河安流,但却无法彻底解决"黄高淮壅"引起的诸多问题,而一味地筑堤只能导致恶性循环,不断地加深河患和淮患的程度。

刘大夏创建遥堤后,改变了单纯依靠缕堤"束水冲沙"的治河理念,出现了以缕堤和遥堤相互配合的治河方案。如潘季驯申明缕堤和遥堤"束水冲沙"的作用时写道:"盖由黄河惟恃缕堤,而缕堤逼近河滨,束水太急,每遇伏秋,辄被冲决,横溢肆溃一泻千里,莫之底极北岸,则决崔镇、季太等处,南岸则决龙窝周营等处,共百余口。而又从小河口、白洋河灌入,挟永堌诸湖之水越归仁集,直射泗州陵寝,以至正河流缓,泥沙停滞,河身垫高,淮水又因高家堰年久圮坏,溃决东奔,破黄浦,决入浅,而山阳、高、宝、兴、盐悉成沮洳,清口将为平陆。黄淮分流淤沙冈涤云梯关入海之路,坐此浅狭,而运道、民生俱病矣。自去秋兴工之后,诸决尽塞,水悉归漕,冲刷力专,日就深广。今遥堤告竣,自徐抵淮六百余里,两堤相望,基址既远,且皆真土胶泥夯杵,坚实绝无往岁杂沙虚松之弊。蜿蟺绵亘殆如长山夹峙,而河流于其中,即使异常泛涨,缕堤不支,而溢至遥堤。势力浅缓,容蓄宽舒,必复归漕,不能溃出。譬之重门待暴,则暴必难侵;增纩御寒,则寒必难入。兼以归仁一堤横截于宿、桃南岸要害之区,使黄水不得南决泗州。至于桃清北岸又有减水四坝,以节宣盈溢之水,不令伤堤,故在遥堤之内则运渠可无浅阻。在遥堤之外,则民田可免渰没,虽不能保河水之不溢,而能保其必不夺河,固不能保缕堤之无虞,而能保其至遥即止。盖尝考弘治以前,张秋数塞数决,自先任都御史刘大夏将黄陵冈一带增筑太行堤一道,而张秋之患遂息。此其已试之明验也,今职等所筑之遥堤即太行堤之别名耳。况系真正淤土较之太行,杂沙又有不侔者,故今岁伏初骤涨桃、清一带,水为遥堤所束。稍落即归正漕,沙随水刷,河身愈深,河岸愈峻。前岁桃、清之河胶不可楫,今深且不测,而两岸迥然高矣。上流如吕渠两崖俱露巉石,波流湍急渐复,旧洪徐、邳一带,年来篙探及底者,今测之皆深七八丈,两岸居民无复昔年荡析播迁之苦,此黄水复其

---

① 明·潘季驯《河防一览·河防险要》,《四库全书》第576册,上海:上海古籍出版社1987年版,第191—192页。
② 明·潘季驯《河防一览·黄河来流艰阻疏》,《四库全书》第576册,上海:上海古籍出版社1987年版,第288页。

故道之效也。"①在调查水文变化的基础上,潘季驯修筑缕堤和遥堤时有意识地贯彻了"束水冲沙"之策。试图通过"束水"达到"沙随水刷,河身愈深,河岸愈峻"的目的。在这中间,潘季驯主要采取了四个方面的措施:一是有意扩大缕堤和遥堤之间的距离,使缕堤为黄河安流的第一道防线,以形成束水冲沙之势;二是以基址远在缕堤之外的遥堤为护堤的根本及最后一道防线,防止黄河向其他地方漫溢,待洪水退却后继续拥有冲沙的水能;三是根据不同河段的具体情况加固堤防,选择适当的地点建造减水石坝和预留泄洪通道,防止洪水冲决其他区域的堤防,损害堤外的民田,并保证堤内的运道畅通无阻;四是加强过程管理,精心施工,提高工程质量,如采取"真土胶泥夯杵"的方法加固堤防,杜绝"往岁杂沙虚松之弊"。客观地讲,潘季驯治河以缕堤和遥堤冲沙的方案经实践证明是行之有效的。

此外,当治淮成为治河的首要任务时,潘季驯进一步提出了"藉淮以刷沙"。如潘季驯认为,治河应以治淮为先,治淮旨在借淮水冲刷黄河带来的淤积清口的泥沙,只有这样才能达到治河保漕运的目的。后人充分肯定了潘季驯的这一方案,如朱鹤龄归纳潘季驯的观点时总结道:"按古淮水从荆涂二山硖来,经今淮安府治西南,至安东县云梯关入海。泗、沂历徐、邳至清口,而与淮会,谓之清河。今黄河益徙而南,挟淮入海。泗水既分流济宁入漕渠,而沂水自合泇、武、沭、浚诸水至邳州入黄河,非复故道矣。夏允彝曰:河与淮合,盖河之利,而非淮之利也。河得全淮之水并力刷沙,是河利也。然河有时淤,则淮入海之道反为河塞。汝、颍、肥、濠之水,皆无所泄,故于淮非利也。今皆资之以漕,而闸禁不严(陈平江用水平法设五闸于清江口),致河淮并趋南注运渠,冲决不常,高家堰为两淮关键(堰当淮泗合流之冲,在淮安城西南四十里),淮、扬恃以为安。自河由桃、宿至清河夺淮入海之道,淮始穿高堰,溢高、宝、兴、盐之间,河无淮水之刷沙,积而淤,遂由崔镇四溃,必固守高堰。淮不南溢,则清口积沙借淮冲涤,又力浚云梯关口,涨沙则下流疏,而海口廓,或虞淮溢之侵泗,欲决堰泻淮。不知堰决,则淮尽趋于河入海。少而,淮弱矣。淮弱则黄蹑其后,而清口淤矣。清口一淤,高堰虽疏,必不能尽泄淮涨。故淮但可导之以入海,而必不可延之,使入江,高堰坚则全淮尽趋清口,而后黄、淮不为泗患矣。"②从深入调查研究入手,潘季驯分析了黄河经清口入淮后的水文形势。黄河夺泗后至清河与淮河共用同一水道入海,因黄强淮弱,淮河下泄的入海水道被黄河侵占,形成了泥沙淤堵清口及下行水道的局面,导致清口及清河成为治淮治河及修复运河的重点区域。

顾祖禹在总结治河经验时认为,除了修筑和加固缕堤、建遥堤及滚水石坝外,还应"用王景更相回注"之法,置斗门泄水和使之回注,在"不至旁溢"的基础上使下泄之水回归主河

---

① 明·潘季驯《两河经略·遵奉明旨恭报续议工程以便查核疏》,《四库全书》第430册,上海:上海古籍出版社1987年版,第223—224页。
② 清·朱鹤龄《尚书埤传·禹贡》,《四库全书》第66册,上海:上海古籍出版社1987年版,第802—803页。

道。他指出:"夫河行之道宜直不宜纡,入海之口宜近不宜远,河之两岸宜阔而归流宜深(归流,即俗语所谓落漕也),平水则宜置斗门,且多置之,用王景更相回注之意,使不至旁溢,河未必不可东也(后世遥堤之法即两岸宜阔之意矣,缕堤之法即归流宜深之意矣,滚水石坝及格堤之法亦即斗门回注之意矣,盖未有舍古法而可以集事者。夫得其大意,尚能随试辄效,使究其精微,而权其通变,悠悠黄河,岂终付之不可问乎),虽然大河东则会通河废,会通河不废则大河不可得而东矣。两者不并立。此终明之世大河所以屡决而东,终抑之使南也与?"①其实,顾祖禹的治河方法在本质上与潘季驯是一致的,略有不同的是,顾祖禹主张用东汉王景修汴渠时设斗门泄水回注的方法,重复使用泄洪之水,以达到黄河安流的目的。这一方法固然有一定的道理,但操作起来有难度,相比较而言,潘季驯的方法更为简单有效和实用。

清口及黄河运道治理

以清口为中心的黄淮溃溢区是在黄河入泗夺淮的背景下逐步形成的。这一溃溢区涉及的范围极广,北至桃源、宿迁、邳州、徐州等地,西南至洪泽湖高家堰、泗州、凤阳(在今安徽凤阳)等地,东南至宝应、高邮、兴化、盐城等地,东至安东(在今江苏涟水)等地。

黄河全河自徐州经邳州沿泗水南下,中经宿迁、桃源至清口入淮,进一步确认了借黄行运的漕运体系。在河患和淮患的共同作用下,黄淮溃溢区自徐州、邳州先是扩展到桃源、宿迁等地,随后又扩展到清河一带,进而危及江淮运河。黄河与淮河交汇后,顺势侵入江淮运河,这一独特的水文形势决定了明代保漕运需要把治河治淮放在首要的位置上。

黄河南下入泗与淮河和江淮运河形成了错综复杂的关系。从大的方面讲,河患与淮患叠加在一起,使漕运面临着治河、治淮、整修江淮运河等缺一不可的严峻形势。史称:"唐宋以前,淮之未与黄汇也,清澈千尺,口门迅驶,盈涸蓄泄,发舒自由。后,则藉清之力以刷黄,又欲聚清之势以保湖,又欲挫清之怒以巩运,左支右拙,为清淮也难矣。况黄沙壅垫,耸湖身于九仞,悬水建瓴,淮扬郡县,罗列井底,吁可畏哉!……弘治六年,刘大夏筑黄陵冈堤,河之北派流绝。是后,以一淮受全河之水,合二渎为一,东溃西决,治河者有补偏救弊之方,无一劳永逸之法矣。"②黄河全河自清口入淮后,给治河保漕运增添了新的内容,并增加了航道治理的难度。这样一来,恢复运道与治河、治淮、整修江淮运河等问题交织在一起,给保漕运带来了数不尽的话题。这一时期,最为典型的事件当推明穆宗隆庆三年七月和四年六月发生

---

① 清·顾祖禹《读史方舆纪要·川渎三》第 11 册(贺次君、施和金点校),北京:中华书局 2005 年版,第 5409 页。

② 清·卫哲治、叶长扬等《乾隆淮安府志·河防》(荀德麟等点校),北京:方志出版社 2008 年版,第 202—205 页。

的黄淮溃溢事件。

在黄河全河入淮的前提下,河患引发淮患,祸及清河(在今江苏淮阴)至淮安府(在今江苏淮安)一带,并向东南延伸,通过毁坏宝应湖堤等破坏江淮运河。由此引发的后果是,"筑堰以防河溢""筑堰以防淮涨""议海口筑塞及宝应月河"及开河泄洪水等成为保漕运必须面对的大问题。河溢淮涨,不仅破坏了江淮运河,还祸及高邮、兴化、盐城等地,黄河全河自大小清口入淮后,为清河成为黄淮溃溢区埋下了隐患。如万历四年黄河在韦家楼溃决后,还在沛县、丰县、曹县等地溃决,形成了以徐州为中心的河患溃溢区,其范围波及丰县、沛县、徐州、睢宁、金乡、鱼台、单县、曹县等地。与此同时,黄河与山东诸水即淮河支流汇合南下,经宿迁、桃源、清口等地入淮,形成了以清河为中心的黄淮溃溢区。黄河和淮河自大小清口交汇后,因泥沙壅堵下流引发倒流,将河患和淮患的范围扩展到高家堰、凤阳、泗州、宿迁等地,使相关的溃溢区面临着河患和淮患的双重威胁。从这样的角度看,隆庆四年的治河、治淮及兴修江淮运河虽然解决了眼前的问题,但没能根治河患和淮患。从某种意义上讲,隆庆四年以后,修筑高家堰即洪泽湖大堤、兴修江淮运河、加固堤防、兴修堰闸及调节江淮运河水位等,都是为了解决河患和淮患长期累积造成的问题。进而言之,黄河全河入淮后因无法彻底解决泥沙淤积下流等问题,所以治河、治淮、修复江淮运河成为历久弥新的话题。

以清河为中心的黄淮溃溢区的形成主要有三个时间节点。一是弘治五年后,黄河北流断绝,增加了黄河南流的水势,与此同时,泥沙不断地淤积河道,为黄河溃溢埋下了隐患。二是嘉靖初年黄河南下出现了各水道流量时大时小的情况,加重了泥沙淤积河道的程度,从而扩大了黄河溃溢的范围。具体地讲,以嘉靖六年(1527)为下限,黄河南下五条水道淤塞,仅存沛县一条水道,形成了以徐州为中心的黄淮溃溢区。史有黄河"六道皆入漕河,而南会于淮。今诸道皆塞,惟沛县一道仅存。合流则水势既大,河身亦狭不能容,故溢出为患"①之说,黄河东南六道由分流到合流,水势陡然大增后,将以徐州为中心的溃溢区延伸到宿迁以南的清河一带。三是嘉靖二十五年后出现了"南流故道始尽塞,或由秦沟入漕,或由浊河入漕。五十年来全河尽出徐、邳,夺泗入淮"②的局面,为出现以清河为中心的黄淮溃溢区埋下了隐患。此前,黄河行经东南有颍水、涡水分流,此时黄河虽然破坏了淮河水文,但很少危害宿迁以南的区域及江淮运河。此后,沛县以东以南的泗水河道完全为黄河侵吞,黄河自徐州入泗,经邳州、宿迁等地挟带泥沙下行,在河床不断抬高和泥沙不断淤积的情况下,使清河一带成为河患和淮患的重灾区。进而言之,以嘉靖二十五年淤塞颍水和涡水入淮水道为节点,黄河全河夺泗入淮一方面将溃溢区转移到徐州以南的泗水沿线,另一方面形成了以清河为中心的黄淮溃溢区。

---

① 清·张廷玉等《明史·河渠志一》,北京:中华书局1974年版,第2030页。
② 清·张廷玉等《明史·河渠志二》,北京:中华书局1974年版,第2064页。

清口的水文形势十分特殊,除了接纳黄河之水外,还接纳泗水、沂水等山东诸水。黄河侵泗水势增大,泥沙淤积下流,引起上流溃溢,扩大了治河的范围,从而使治淮成为保漕运的首要任务。黄河入泗夺淮后,使治河这一保漕运的重心转移到治淮方面,加大了保漕运的难度。进而言之,形势变化后,单纯地治河已无法实现保漕运的目标,因此,需要把治淮放到首要的位置上。

在治理清口的过程中,首先需要解决万历年间(1573—1620)由"门限沙"带来的黄淮下泄不畅等问题。所谓"门限沙"是"清口板沙若门限"①的省略语。门限指门槛,"清口板沙若门限",是说黄河泥沙淤积清口后,结成像门槛一样的大板块。这一板块在顺流和倒流的作用下越聚越多,形成了坚硬无比、在河床凸起的大板沙。大板沙形成后直接影响到黄淮下行,进而引发了黄淮倒流及溃溢泛滥。大板沙加重了清口壅沙的程度,在黄河和淮河下泄不畅的前提下倒流,给上流带来连年不断的灾难。黄淮倒流给高家堰、泗州、凤阳、宿迁等地带来灾难,使治黄、治淮与保陵成为头等大事。万历六年(1578),潘季驯提出的"藉淮以刷沙""筑高堰堤"等方案是以"淮水南决,则浊流停滞,清口亦堙"为前提的。在这中间,"藉淮以刷沙"的目的是为了解决门限沙淤积清口致使下流不畅的问题。从这样的角度看,治河以治淮为先,治淮以治门限沙为先是必然的。

起初,黄河自清河入淮有两个河口,主流经大清河入淮,次流经小清河入淮,故清口有了"大清口"和"小清口"之称。明嘉靖二年(1523)大清口淤塞,漕船至小清口入淮,此时,门限沙危及小清河漕运。顾祖禹记载道:"大河在清河县治南一里,淮河自西南来合焉。县当淮、黄交汇之冲,形势至重。志云:黄河经流即泗水旧道也(泗水亦名南清河,县因以名)。县西三十里有三汊河口,泗水至此分为大小二清河。大清河径县治东北入淮,俗讹为老黄河,今堙。其小清河在县治西,南入淮,即今之清口也。天下之喉吭,清口实司之矣。"②入明后,清口为"运道必经之所"。起初,大小清河皆可漕运,主航道在大清河一侧。嘉靖二年大清河淤塞,黄河南下经小清口入淮,从此,小清口有了"清口"之称。万历初是门限沙形成的时间,门限沙是在小清河航道上形成的,具体地点应在黄河入淮处的小清口。黄河夺泗入淮后,清口不再是泗水汇入淮河的河口,而成了黄河与淮河交汇的河口。

清口及清河成为重点治河和治淮区域,可分为明中叶以前和明代后期两个时段。第一个时段可上溯到陈瑄开清江浦前后。陈瑄开清江浦是运河建设史上的重要事件,这一举措为改海运为漕运奠定了坚实的基础。第二时段以万历年间清口门限沙形成为节点,从此出现治河以治淮为先的局面。这一时期,门限沙严重妨碍漕运,使漕船无法安全地跨越淮河、

---

① 明·潘季驯《河防一览·计开》,《四库全书》第 576 册,上海:上海古籍出版社 1987 年版,第 175 页。
② 清·顾祖禹《读史方舆纪要·川渎三》第 11 册(贺次君、施和金点校),北京:中华书局 2005 年版,第 5421—5422 页。

黄河。可以说,万历以后反复地治淮、治河、修复江淮运河及兴修一系列的水利工程,主要是因清口门限沙引起的。进而言之,黄淮合流后倒流,沿淮河水道向西南方向水逼高家堰、泗州、凤阳、明祖陵等,沿黄河即原泗水河道向北水逼桃源、宿迁等与门限沙的形成有直接的关系。史称:"泗州旧治在今州城东南百八十里。自明末清口久淤,旧黄河堤决,黄流夺淮,水倒灌入泗,州境时有水患。至清康熙十九年,城遂圮陷于湖。"①黄淮合流倒灌淮河上流,加重了淮河水患。不过,并不是所有的淮河水患都发生在黄河入淮以后。明代后期淮河水患除了与黄河入淮相关外,还与淮河自身的水文变化相关。史称:"八年,雨涝,淮薄泗城,且至祖陵墀中……十九年九月,淮水溢泗州,高于城壕,因塞水关以防内灌。于是,城中积水不泄,居民十九淹没,侵及祖陵。……连数岁,淮东决高良涧,西灌泗陵。……乃建武家墩经河闸,泄淮水由永济河达泾河,下射阳湖入海。又建高良涧及周桥减水石闸,以泄淮水,一由岔河入泾河,一由草子湖、宝应湖下子婴沟,俱下广洋湖入海。又挑高邮茆塘港,通邵伯湖,开金家湾,下芒稻河入江,以疏淮涨,而淮水以平。其后三闸渐塞。"②

从表面上看,万历八年(1580)和十九年(1591)水淹泗州是由淮河水涨及水文变化引起的,但其实出现这样的事件和淮河下流不畅也有很大关系。进而言之,黄河入淮后泥沙淤塞淮河入海通道,造成淮水下流不畅,在引发淮河水淹泗州的基础上,出现了"东决高良涧,西灌泗陵"及影响漕运等情况。从这样的角度看,明代后期以前,虽多次发生淮河水患,但受灾面积不大。黄河全河入淮后形势发生了变化,可以说,万历八年和十九年的淮患及水淹泗州与门限沙的形成有直接的关系。

骆马湖与漕运通道

骆马湖是黄河全河入淮后的产物。在"黄高淮壅"不断加高堤防的过程中,泗水支流失去了入泗的水道,经过长时间的积累,汇聚在宿迁西北的低洼处汇聚成湖泊。史称:"骆马湖,在宿迁县西北十里,本洼田也。明季漫溢成湖,长六十里,周一百五十余里,受山左诸山之水,由董家、陈窑二沟以入运河。"③又称:"骆马湖,本窑田也。因明季黄河漫溢,停积而成湖。"④这里所说的"洼田"与"窑田"相对应,均指地势低凹的地方。其中,"窑田"可能是指窑湾(在今江苏新沂)一带的低凹之地。所谓"受山左诸山之水",是指骆马湖的基本水源以沂水为主;所谓"停积而成湖",是说黄河漫溢后向低凹处汇聚形成了骆马湖;所谓"由董家、

---

① 赵尔巽等《清史稿·地理志六》,北京:中华书局1977年版,第2017页。
② 清·张廷玉等《明史·河渠志五》,北京:中华书局1974年版,第2121页。
③ 清·和珅等《钦定大清一统志·徐州府》,《四库全书》第475册,上海:上海古籍出版社1987年版,第403页。
④ 清·赵弘恩、黄之隽等《江南通志·河渠志·运河三》,《四库全书》第508册,上海:上海古籍出版社1987年版,第715页。

陈窑二沟以入运河",是说骆马湖与运河一道成为重要的漕运通道。

清人认为,骆马湖形成于"明季"。从另一个层面看,骆马湖实际上是在黄河南下入泗入淮的过程中逐步形成的,其中,有两个重要的节点。一是嘉靖六年黄河经东南入淮的五条水道相继淤塞后,仅存沿泗水河道自沛县经邳州至宿迁一道。这一时期,黄河汇同泗水、沂水等,经邳州、宿迁等地南下,沿途接纳不同的河流,水势空前壮大,致使宿迁成为黄河的新溃溢区。东南诸道并为一道后,黄河水势大增,与此同时,又在邳州、宿迁等地接纳其他河流,进一步增加了黄河流量,从而威胁邳州以南的黄河两岸的安全。二是嘉靖二十五年黄河自颍水、涡水入淮的水道淤塞后,形成了全河经邳州至宿迁入淮的局面。在这一过程中,黄河水势进一步增大与"黄高淮壅"的情况交织在一起,堵塞了泗水支流正常入泗的水道,从而为汇合诸水向宿迁低凹处漫溢铺平了道路。进而言之,骆马湖形成的时间应发生在黄河东南诸道淤塞及黄河全河入泗以后。

骆马湖在宿迁的西北,向北延伸到邳州的窑湾,窑湾与宿迁交界。从邳州到骆马湖北口窑湾全程有七十里,从窑湾到宿迁约四十里。在黄河航道多有堵塞的前提下,骆马湖因有宽阔的水面,为其成为新的漕运通道奠定了坚实的基础。薛凤祚记载道:"淮安府北岸宿清河务同知驻札宿迁县,除黄河外,顺济河上接邳州,界石窑湾起,下至骆马湖口,止长七十里。"①在黄河水道不断淤塞和漫溢的过程中,骆马湖逐步形成了"长六十里,周一百五十余里"的湖面。

黄河在宿迁不断地溃溢,再加上宿迁是诸水汇聚之处,这样就使得宿迁成为保漕运的关键性航段。薛凤祚记载道:"宿迁县骆马湖口,清黄交汇,运道咽喉。"②明代后期,下邳至宿迁的漕运通道先后出现了三条:第一条是借黄行运,自宿迁北上经下邳至徐州入会通河;第二条是借骆马湖行运,黄河运道淤塞后,骆马湖成为下邳至宿迁的新运道;第三条是自徐州至宿迁的运河航道,黄河及骆马湖运道溃淤后,开挖了自徐州至宿迁的新运河。三条漕运通道相辅相成,开创了明后期宿迁段漕运的新局面。如借黄行运及骆马湖航道溃淤后,明毅宗崇祯七年(1634)总督河道侍郎刘荣嗣开从徐州到宿迁的新河二百余里,试图避开骆马湖进行漕运。耗资巨大的新河建成后,骆马湖却因"溃决适平"恢复了漕运功能,刘荣嗣因此受到极为严厉的惩处。然而,骆马湖恢复漕运不久,又出现了"骆马湖复溃,舟行新河"的局面,这一情况表明,明代后期分别有骆马湖和新河两条漕运通道在使用。靳辅记载道:"骆马湖,在宿迁县西北十里,广七八里,袤三十余里。上受沂河之委,下出陈董二沟以入黄河。明季尝

---

① 清·薛凤祚《两河清汇·运河》,《四库全书》第579册,上海:上海古籍出版社1987年版,第361页。
② 同①,第357页。

由此湖行运以入伽,康熙十八年以前亦曾通漕,自开皂河,不行此湖。"①薛凤祚亦记载道:"骆马湖口,清黄交汇,运道咽喉。原由董口行运,计自康熙七年改由骆马湖,九年开挑新河外口,建筑草坝,相时启闭,以便运行。"②从"开挑新河外口,建筑草坝,相时启闭,以便运行"等语看,清圣祖康熙七年(1668)骆马湖再度成为漕运通道后,新河仍在继续使用。

明万历年间骆马湖形成后,在黄河运道多次遭受毁坏的前提下,骆马湖一度成为重要的漕运通道,清代文献详细地记录了骆马湖与漕运的关系。史称:"骆马湖,本窑田也。因明季黄河漫溢,停积而成湖。夏秋水发不碍行舟,至冬春水涸,其浅处不流束楚,且水面辽阔,纤缆无所施。每重运入口,即役兵夫数万于湖中捞浚,浮送北上,而所涝之渠不旋踵,而汩没于风浪之中,年年畚锸宿邑,骚然苦之。况黄河复故,雨潦各有所归,湖水必致日涸,且捞浚无所施,实漕运咽喉之大虞矣。"③又称:"本朝康熙七年董口淤,漕艘取道于湖。十八年黄河北决,湖渐淤,河臣靳辅于湖西皂河口,别开新河至张庄口行运,湖遂废。二十六年又于湖口开中河接新河,历宿、桃、安、清诸县,引湖水注之,以泄上源,诸湖涨水,且便行运。二十八年于湖口建竹络石坝,长五十五丈,以防异涨。雍正四年以湖水横冲运道,于运河北岸筑坝断流。乾隆十六年翠华南巡,有御制《骆马湖诗》。二十二年挑浚淤塞,二十七年又浚,三十年因筑拦湖堤一百五十五丈,丁家湖、雷家湖、张皮湖、巴头湖、诸葛湖、白湖、童沟湖皆在县西北百里之内。"④这些文献详细地叙述了清代为恢复漕运治理骆马湖及相关航段的情况,其实,清代以骆马湖或新河建立的漕运秩序,实为明末治理骆马湖及相关航段的延续。进而言之,自黄河行运的功能丧失后,南北漕运经宿迁段时,骆马湖与新河两条航线一直处于交替使用的状态。

---

① 清·靳辅《治河奏绩书·川泽考·骆马湖》,《四库全书》第579册,上海:上海古籍出版社1987年版,第627页。
② 清·薛凤祚《两河清汇·运河》,《四库全书》第579册,上海:上海古籍出版社1987年版,第373页。
③ 清·赵弘恩、黄之隽等《江南通志·河渠志·运河三》,《四库全书》第508册,上海:上海古籍出版社1987年版,第715页。
④ 清·和珅等《钦定大清一统志·徐州府》,《四库全书》第475册,上海:上海古籍出版社1987年版,第403—404页。

第十二章　清代的漕运

清代漕运上承明代，以长运为主，又有兑运、折征等形式。

在水次仓建设方成完全承袭明制，如京杭大运河沿线有德州、临清、徐州、淮安等大型水次仓，长江漕路上有江宁水次仓（在今江苏南京），淮南凤阳有两座供给运军口粮和驻防过往官兵粮饷的水次仓。此外，还有瓜洲、仪真、天津、通州等水次仓。这些水次仓相辅相成，在漕运中扮演了不可或缺的角色。

清代漕粮征收主要来自江苏、浙江、安徽、江西、湖北、湖南、河南、山东八省。漕粮征收以米为主，有少量麦、豆。八省之中，江苏等六省属长江流域，河南、山东属黄河流域。长江流域的农业生产以米为主，黄河流域的农业生产以麦、豆为主。从表面上看，在江苏等六省征收漕粮拉长了京师粮食安全及战略储备的补给线，然而稻米的保存期远高于麦、豆，这样一来，京师粮食安全及战略储备的补给线延长到长江流域自然在情理之中。漕粮运贮的终点是通州和北京，除去折耗、改折、蠲免等，每年运入通州和北京粮仓的漕粮约四百万石，主要为皇室、王公贵族、八旗兵丁日常之需服务，同时兼及赈灾及京师民用等。

在重修运河方面，明清两代大体相同。凡明代重点修缮的运河航段，同样也是清代重点修缮的区域。如明代重点关注江淮和江南，清代亦然。关注江淮，是为了加强征榷淮盐；关注江南，是为了获取丰厚的财赋。又如在潘季驯的基础上，靳辅继续治理黄河和淮河交汇处清口（在今江苏淮阴码头）。当然，清代也有自身的特点，如在改造清口以北至徐州黄河航线时，建造了"中运河"等，进而解决了"借黄行运"中的诸多问题。

在职官制度建设方面，清代漕运总督继续设在淮安府。时至康熙十六年（1677），总河治所从济宁迁至清江浦（在今江苏淮安清江浦区），经此，淮安府成了不是省会、胜似省会的大都市。

清代是古代中国漕运的最后阶段，漕运中止主要与四件大事相关：一是第一次鸦片战争的后期即1842年7月，英军攻占了位于大运河与长江交汇口的镇江，致使江南漕粮及财赋无法北上；二是从1853年起到1864年，太平天国接连重创大运河沿线的四大城市扬州、淮安、苏州和杭州，摧毁了原有的漕运秩序；三是咸丰五年（1855），黄河在河南兰阳铜瓦厢决口北徙,改由山东利津入海,一方面结束了七百余年的黄河夺淮历史,另一方面以"善淤、善决、善徙"闻名的黄河,不断地淤塞京杭大运河,乃至于山东段运河完全处于淤废的状态,进一步动摇了原有的漕运秩序;四是同治十一年(1872)轮船招商局在上海成立,始以海运的方式承运漕粮。由此产生的后果是,江南河道总督被裁撤,漕运总督成为闲职。进而言之,四件大事交织在一起,是光绪二十七年(1901)清政府宣告内河漕运结束的重要原因。

轮船、火车等现代交通工具传入中国后,对中国传统的水陆交通运输体系产生了巨大的冲击。这些现代交通工具既是历时两千多年漕运体系的终结者,同时又是运河经济强有力的破坏者。如因运河而兴的扬州、淮安、济宁、临清、德州等城市,因无法应对这场交通史上的变革,乃至于城市经济体系遇到严峻的挑战,并在丧失交通地位后迅速走向衰败。如《光绪淮安府志》云:"漕艘停运,江海通轮,舟车罕至,遂日即凋敝,而莫之或岬。"①淮安的政治、经济地位一落千丈,与漕运结束息息相关。同样的道理,扬州、济宁、临清、德州等运河城市走向衰败亦与交通地位发生变化相关。

第一节　清代运河与治河保运

清代继承了明代的成果,继续以京杭大运河为漕运通道。明代重点整治了自徐州至江淮的航段,其中,黄淮交汇的清口是重点整治对象,清代亦然。不过,运河航线整治是一个长期的且全方位的工程,每个时代都会增添新的内容。

清代运河航段名称

京杭大运河别称为"漕河",史有"漕河之别,曰白漕、卫漕、闸漕、河漕、湖漕、江漕、浙漕。因地为号,流俗所通称也"②之说。所谓"因地为号,流俗所通称也",是指京杭大运河经过不同的区域时有不同的航段、水文特点、地质构造和航道行运设施等。不过,这是叙述明代的情况,时至清代,又有所变化。史称:"明代有白漕、卫漕、闸漕、河漕、湖漕、江漕、浙漕之别。清自康熙中靳辅开中河,避黄流之险,粮艘经行黄河不过数里,即入中河,于是百八十里之河漕遂废。若白漕之藉资白河,卫漕之导引卫水,闸漕、湖漕之分受山东、江南诸湖水,与明代无异。嘉庆之季,河流屡决,运道被淤,因而借黄济运。道光初,试行海运。二十八年,复因节省帮费,续运一次。迨咸丰朝,黄河北徙,中原多故,运道中梗。终清之世,海运遂以

---

① 清·孙云锦、吴昆田、高延第《光绪淮安府志·疆域》(荀德麟等点校),北京:方志出版社2010年版,第49页。

② 清·张廷玉等《明史·河渠志三》,北京:中华书局1974年版,第2078页。

为常。"①在漕粮北上原则不变的前提下,明清漕运多有区分。

根据这些情况,人们用形象的语言对不同的航段进行了界定。史称:"闸漕者,即会通河。北至临清,与卫河会,南出茶城口,与黄河会,资汶、洸、泗水及山东泉源。……自南旺分水北至临清三百里,地降九十尺,为闸二十有一;南至镇口三百九十里,地降百十有六尺,为闸二十有七。其外又有积水、进水、减水、平水之闸五十有四。又为坝二十有一,所以防运河之泄,佐闸以为用者也。……河漕者,即黄河。上自茶城与会通河会,下至清口与淮河会。其道有三:中路曰浊河,北路曰银河,南路曰符离河。南近陵,北近运,惟中路去陵远,于运有济。而河流迁徙不常,上流苦溃,下流苦淤。运道自南而北,出清口,经桃、宿,溯二洪,入镇口,陡险五百余里。……湖漕者,由淮安抵扬州三百七十里,地卑积水,汇为泽国。山阳则有管家、射阳,宝应则有白马、氾光,高邮则有石臼、甓社、武安、邵伯诸湖。仰受上流之水,傍接诸山之源,巨浸连亘,由五塘以达于江。虑淮东侵,筑高家堰拒其上流,筑王简、张福二堤御其分泄。虑淮侵而漕败,开淮安永济、高邮康济、宝应弘济三月河以通舟。至扬子湾东,则分二道:一由仪真通江口,以漕上江湖广、江西;一由瓜洲通西江嘴,以漕下江两浙。本非河道,专取诸湖之水,故曰湖漕。"②京杭大运河长三千多里,横跨五大水系,按理运河及设施建设应以维修航道为主,然而自河患威胁漕运的局面形成后,航道及相关设施建设已让位于治河。

清代除了将漕河即京杭大运河以"漕"命名分为七段外,又有将京杭大运河分为五段的说法。如薛凤祚指出:"运河第一节,通惠河,自京师达通州。……运河第二节,起通州历天津卫至景州,入山东德州至临清州漕卫交汇。……漕河第三节,自山东东昌府临清州起,至江南淮安府宿迁县止。分四段,一段临清州漕河会卫河,一段济宁州漕河会泉河,一段江南邳州漕河会泇河,一段宿迁县漕河会黄河。……漕河第四节,自淮安府宿迁县起至镇江府止,清口漕河会黄淮,河入淮扬里河,至瓜仪过江。……运河第五节,起镇江府京口闸,通常州、苏州、松江及浙江运道。"③将"漕河"与"运河"交替使用,表明两个词汇在一定的场合下意义相同。薛凤祚又指出:"漕河卫河交汇之处,卫浊而盛漕清而弱,当伏秋卫河泛涨浸入漕河,恒致淤浅。故设三年大挑之法,后设板闸,如卫涨之时,即将板闸下板,如遇贡鲜船只,令砖闸与板闸更番启闭,乃严禁不许,通漕启放则卫流倒灌者少,大挑亦自省力。"④所谓"漕河卫河交汇之处",是指京杭大运河与卫河相交处,运河在此得到新的补给水源。

---

① 赵尔巽等《清史稿·河渠志二》,北京:中华书局1977年版,第3769—3770页。
② 清·张廷玉等《明史·河渠志三》,北京:中华书局1974年版,第2078—2079页。
③ 清·薛凤祚《两河清汇·运河》,《四库全书》第579册,上海:上海古籍出版社1987年版,第362—393页。
④ 同③,第368页。

第十二章　清代的漕运

治河与漕运的关系

黄河恢复南下入淮的故道后,由此揭开了清代治河的历史。顺治七年(1650)河决荆隆朱源寨,杨方兴采纳方大猷筑缕堤约束黄河的建议,试图通过借黄行运来恢复漕运。这一时期,治河既与安定民生相关,同时又与恢复漕运相关。遗憾的是,筑堤约束黄河的方案始终不见成效,以至于出现了"旋筑旋决"的情况。

针对黄河的水文形势,顺治九年(1651)许作梅等提出了"请勘九河故道,使河北流入海"的建议。许作梅等提出疏导黄河北流的建议,其目的是消除日益加剧的河患。可以说,这一建议的初衷是好的,但实际情况是,如果疏导黄河北流,那么南流势必减少,而黄河南下的流量减少将会造成黄河航道干浅。

杨方兴因看到这一做法将会妨碍漕运,所以明确地表达了反对的意见。杨方兴反对导黄北流的意见得到顺治帝的肯定和支持,是因为导黄河北流后,借黄行运的航道将陷入缺水及无法漕运的境地。黄河自汴梁(在今河南开封)一带向东溃溢,给以徐州为中心的黄河溃溢区和以清河为中心的黄淮溃溢区带来了空前的灾难。在汴梁黄河溃溢形成以前,以徐州为中心的黄河溃溢区主要集中在曹县、单县、丰县、沛县、徐州、睢宁、邳州等区域,并向南波及宿迁一带。以清河为中心的黄淮溃溢区主要在桃源、宿迁、泗州、凤阳、山阳、宝应、高邮、兴化等区域,波及的范围有三:一是黄河自清口向北倒流形成桃源、宿迁等溃溢区,继续向北与邳州相接;二是淮河自清口与黄河汇合,由于黄强淮弱、下流不畅形成倒流,危及高家堰,进而形成了泗州、凤阳等溃溢区;三是黄淮合流后向东南方向溃决侵入江淮运河,形成了山阳、宝应、高邮、兴化等溃溢区。其中,以徐州为中心的溃溢区与以清河为中心的黄淮溃溢区连接在一起,相互影响。具体地讲,如果黄河在徐州一带溃溢,将影响到以清河为中心的黄淮溃溢区;反过来说,以清河为中心的黄淮溃溢区一旦发生倒流,同样会影响邳州,进而影响徐州等地。在这中间,无论黄河自徐州一带南下入淮,还是黄淮在清口汇合后倒流,都会在不同程度上破坏黄河及运河航道。可以说,在汴梁这一新的黄河溃溢区形成以前,以徐州、清河为中心的溃溢区串联在一起,已经使运河及漕运通道处于黄河及淮河的双重威胁之下。

以汴梁为中心的黄河溃溢区形成后,黄河自汴梁或附近区域溃溢及乱流,进一步威胁黄河自徐州南下入淮运道的安全。具体地讲,即以汴梁为中心的黄河溃溢区与以徐州为中心的溃溢区相连后,又经过宿迁与以清河为中心的黄淮溃溢区相连。三大溃溢区连成一片不但扩大了黄河及黄淮溃溢区的范围,而且给治河治淮带来更大的难度,在危害民生的同时,致使漕运陷入瘫痪。黄河上流溃溢引起乱流,给漕运及借黄行运带来了前所未有的危机。在这一过程中,黄河"屡塞屡决"及治河乏力的情况出现后,河患与淮患同时发生,增加了整治运河的难度,使徐州、清河一带的治河治淮形势变得更为复杂。

清代"首重治河"与黄河在汴梁一带多点溃溢和乱流有直接的关系。从表面上看,这一方针似乎有改变明末治河方略即保漕运以治河为先、治河以治淮为先之嫌。其实不然,清代治河依旧以治淮为先,只是黄河在汴梁一带溃溢直接影响黄河航道的安全,因此治河成为保漕运的主要矛盾。换句话说,治淮是保证漕运的根本,"群萃于淮安、清口一隅,施工之勤,糜帑之巨",固然是在重复明末治河的故事,但也可以看出明末保漕运以治河为先、治河以治淮为先的理念在清代得到了进一步确认。

在二十九年的时间里,黄河自祥符(在今河南开封)溃溢,与以徐州为中心的黄河溃溢区和以清河为中心的黄淮溃溢区连成一片,引发灾难性的共振效应,不但给黄淮区域的民生及江淮区域带来难以估计的损失,还毁坏了会通河运道、黄河航道(即借黄行运的航道)、江淮运河航道。具体地讲,黄河自祥符东经中牟、阳武、杞县、通许、尉氏、扶沟等地,又经曹县、武陟、徐州、睢宁等地南下,经宿迁、桃源等地至清口。自清口黄河和淮河合流后向江淮流域宣泄,江都、高邮、宝应、泰州、兴化等地成为一片汪洋,江淮运河陷入全面瘫痪的状态。在这中间,前所未有的黄河大溃溢在淤塞黄淮入海口的同时,引发黄淮倒流,进一步加重了保漕运及治河治淮的困难。从这样的角度看,治河成为清代保漕运、安民生的首要任务是情势使之然。

清初,是河患暴发的高频期。在黄河不断溃溢和堵塞漕运通道的过程中,康熙十五年(1676)夏天大雨,黄河暴涨倒灌洪泽湖引发了更大的灾难。黄河倒灌经淮河水道入洪泽湖,在水流不断冲击堤坝的过程中致使高家堰三十四处决口。高家堰决堤后,一是黄河会同淮河涌向江淮运河高邮一带,致使高邮堤坝溃决,洪水顺势而下,直逼扬州;二是黄河向北倒流造成宿迁白洋河等堤坝溃决,与此同时,清河张家庄、王家营多处溃溢,并淤塞桃源新庄等地。在连年水灾,治河乏术的情况下,康熙十六年靳辅临危受命,担负起了治河的重任。

第二节 清代漕运及水次仓

清代漕运在运输方式、水次仓等方面继承了明代的成果。不过,在制度建设及改造航道等方面略有不同。

清代漕运形式

论清代漕运要从明代说起,明代漕运经历了面向建康即金陵和面向北京两个阶段,漕运方向上的变化与建都地点变化有直接的关系。史称:"历代以来,漕粟所都,给官府廪食,各视道里远近以为准。太祖都金陵,四方贡赋,由江以达京师,道近而易。自成祖迁燕,道里辽远,法凡三变。初支运,次兑运、支运相参,至支运悉变为长运而制定。"①明太祖时"四方贡赋,由江以达京师,道近而易",是指这一时期的赋税主要出自江淮及江南。明成祖迁都北上后,漕运补给线大大拉长,面对这一形势,内河漕运先后经历了支运、兑运、支运相参和长运等变化。

支运是明代漕运的重要形式。征调南粮北上时,先由民船按规定将粮食分别运入淮安、徐州、临清、德州等中转仓即水次仓,分成自淮安到徐州、自徐州到德州、自德州到通州等航段,由官军节节接运。每年北运四次,一共运粮三百多万石。支运是由民运和官运共同构成,前者指百姓将漕粮运到指定的中转仓,后者指官军自中转仓起粮运往规定的粮仓。后来,因"官军多所调遣",民运成为漕运的基本形式。

为解决支运中的诸多问题,宣德六年(1431),明宣宗改支运为兑运。所谓兑运,是指民船运送漕粮北上时,可在瓜洲或淮安中转仓即水次仓提前交付给卫所即官军,并付上"路费耗米"就可以即刻返航,然后由官军押解入京。卫所是明代的军事组织机构,隶属都指挥司,驻扎全国各地,负责所在地的一府或数府的卫戍工作。通常,一卫由五千六百名士兵构成,一所由一千二百名士兵构成。为了防止舞弊,朝廷专门议定了"加耗则例"等。这一政策推行后,有力地调动了各方的积极性。对于参与民运的百姓而言,兑运后可缩短航程,有利于及时返乡从事农业生产;对参与官运的士兵而言,可获得额外的收入,进而通过"附载他物"谋取更多的利益,故乐于从事。进而言之,这一政策实行后,形成了"军既加耗,又给轻赍银为洪闸盘拨之费,且得附载他物,皆乐从事,而民亦多以远运为艰。于是兑运者多,而支运者少矣"②的局面。

所谓支运相参,是指兑运出现以后,支运这一形式继续存在。

所谓长运,是指由官军负责全程漕运,此法创于明代。如针对"光武北征,命寇恂守河内,收四百万斛以给军,以辇车骊驾,转输不绝"一事,丘浚论述道:"自古输运皆以转为名,是以汉、唐宋之漕挽,皆是转相递送而未有长运者,而长运之法始见于本朝。"③有意思的是,长运法实行后,民船长运继续存在。史称:"漕粮之外,苏、松、常、嘉、湖五府,输运内府白熟粳糯米十七万四十余石,内折色八千余石,各府部糙粳米四万四千余石,内折色八千八百余石,令民运。谓之白粮船。自长运法行,粮皆军运,而白粮民运如故。"④所谓"白粮民运",主要指苏、松、常、嘉、湖五府输往内府的白熟粳糯米等。

清代漕运沿袭了明代的制度。主要采取长运、兑运、民运等法,长运由屯丁负责,屯丁到

---

① 清·张廷玉等《明史·食货志三》,北京:中华书局1974年版,第1915页。
② 同①,第1917页。
③ 明·丘浚《大学衍义补·漕挽之宜上》(林冠群、周济夫校点),北京:京华出版社1999年版,第302页。
④ 同①,第1923页。

瓜洲、淮安水次仓取粮后沿运河北上。瓜洲水次仓的漕粮主要来自江南及浙江,淮安水次仓的漕粮主要来自长江沿线。兑运有"正兑""改兑"等形式,正兑是"正兑米"的省称,是指将不同区域的大米运入京城粮仓。改兑是指改变兑运方式,民船运漕粮时可以提前交付官军,但须付一定的费用。

除了长运、兑运(正兑、改兑)、民运之外,又有"改征""折征"。清初漕运主要沿袭明代,故有"漕运初悉仍明旧,有正兑、改兑、改征、折征。此四者,漕运本折之大纲也。……其后颇有折改。"①之说。一般来说,改征指改征它物。折征指将漕粮折算成银两或钱钞等上缴,有"永折""灰石米折""减征""民折官办"四目。此外,不同政区有不同的折征定额和标准。如有"永折漕粮,山东、河南各七万石,石折银六钱、八钱不等;江苏十万六千四百九十二石有奇,石折银六钱不等;安徽七万五千九百六十一石有奇,石折银五钱至七钱不等;湖北三万二千五百二十石,湖南五千二百十有二石各有奇,石均折银七钱"②之说。

此外,清代漕运还需要关注三个方面的问题。

一是漕粮虽说是为皇家、王公贵族、八旗兵等服务,但同时又涉及"漕米抵兑"。漕米抵兑主要有三种形式,一是抵兑南米,南米是南方驻军粮饷的来源。抵兑的原因是,驻防地与供应地两者相隔太远,为方便供给往往就近调拨漕米给南军,与此同时,以南米充漕米,运至通州入仓。二是漕米可以抵兑南方官员、工匠的俸米。三是距离水次较远的州县,漕粮改征折色,同时由运输方便的州县将剩余漕耗补足起运③。

二是漕粮可以承担赈灾和平粜等责任和义务。如李文治、江太新两位先生指出:"京师人口聚集,各类人口如以百万计,所需食粮在 200 万石以上。如此巨额粮食需求,非京师附近农产所能供应,其中漕粮的调剂起着一定作用。至有'京师民食专资漕运'之谚,清朝统治者于此十分注意,经常举办平粜和赈济。平粜是把漕粮拿到市上廉价出售,平抑粮价。赈灾是用漕粮赈救贫民,或按户口配发,或设粥厂令贫民就食。"④平粜的本质是赈灾,漕粮赈灾的范围不仅仅局限于京师,其他区域亦可以漕粮赈灾。

三是漕船派兑水次,漕粮征收入仓后,须派船兑运。派兑水次主要有两种形式:一是各地的漕帮有固定的兑运地点;二是轮兑,即某一漕帮今年运甲地的漕粮,明年运乙地的漕粮。两者各有利弊,如果固定兑运地点的话,运丁和州县漕吏熟悉以后,往往会相互勾结,干一些有损于漕运的事情。轮兑虽然可以有效地防止运丁与漕吏勾结,但派运距离有时过远,往返不便,更重要的是,当漕帮所属卫所不归兑粮州县管辖,很难对其进行十分有效的约束和督

---

① 赵尔巽等《清史稿·食货志三》,北京:中华书局1977年版,第3566页。
② 同①。
③ 李文治、江太新《清代漕运》,北京:社会科学文献出版社2008年版,第58—60页。
④ 同③,第62页。

催①。这些都是漕运时必须关注的方面。

清代水次仓

清代水次仓主要延续明代,明代水次仓当建于永乐十一年(1413),主要由四个部分构成:一是建在天津及通州的左卫仓;二是北京的卫仓;三是徐州、淮安、德州等地的水次仓;四是洪武年间(1368—1398)建造的临清仓。在这些粮仓中,淮安、徐州、德州、临清、天津仓是五大水次仓。后来,"又移德州仓于临清之永清坝,设武清卫仓于河西务,设通州卫仓于张家湾",这使一些水次仓的位置发生一些变化。更重要的是,从"宣德中,增造临清仓,容三百万石。增置北京及通州仓"等语看,水次仓的规模在不断地扩大。

京城及通州水次仓是重点关照的对象,有总督大监及户部尚书或侍郎直接负责其管理,同时有御史负责巡仓,有员外郎负责调拨粮食,有主事负责监收,又有仓使、攒典等仓吏负责更为具体的事务。京城除了有御史负责巡仓外,又有户部官、锦衣千百户参与巡察,每个仓门均由两名致仕武官带十名军丁守卫。京城以外的水次仓除了有仓官负责专门的管理工作外,所在省的布政使、按察使、都指挥使司即都司亦负有监管之责。

如果把京杭大运河分为自北京到通州的通惠河段、从通州到天津的北运河航段、从天津到临清的南运河航段、从临清到徐州或台儿庄的鲁运河航段、从徐州或台儿庄到淮安的中运河航段、从淮安到扬州的里运河航段、从镇江到杭州的江南运河航段,不难发现淮安、徐州、德州、临清、天津五大水次仓均建在航段节点上。这些在航段节点上的水次仓除了可以"分储天下之粟,以待转运"外,还可以根据需要向不同方向调拨粮食及赈灾救荒等。

在五大水次仓中,淮安、徐州、天津仓尤其特别。具体讲,淮安水次仓在接纳江南漕粮的同时,又有储存淮盐等功能。淮安腹地是淮盐产区,盐税是明代财政的重要来源,淮盐税收占到明代全部盐税的一半。凭借发达的水上运输体系,从宋代起,淮盐已行销天下。明代统治者为鼓励商人输粮入边,采取了让盐利给商人的政策,如史有"商利而民亦利,国足而边亦足,称美善矣"②之说。在嘉靖三十年(1551)二月以前,淮盐税收岁额已达一百二十万缗。在这中间,淮安水次仓为征榷淮盐做出了重要贡献。

从淮安到通州,沿途建有淮安、徐州、临清、通州等漕运中转仓,这些中转仓除了负责漕运接动事务外,还有"导舟避浅"等功能。此外,京卫军储仓的仓储亦来自漕运中转仓。

徐州水次仓位于自中运河入会通河的节点上,自徐州北上需经历先入"湖漕"再入"闸漕"两个航段。所谓"湖漕",是指沿运河北上须入南四湖等湖道。所谓"闸漕",是指会通河

---

① 李文治、江太新《清代漕运》,北京:社会科学文献出版社2008年版,第122页。
② 明·李廷机《盐政考》,明·陈子龙《皇明经世文编》,《续修四库全书》第1662册,上海:上海古籍出版社2002年版,第199页。

以济宁南旺为高点,运道向南北两侧展开,其中,自南旺向南,运道高于镇头(在今江苏沛县)一百一十六尺;向北,运道高于临清九十尺。根据这一情况,宋礼等采纳白英的建议建造了一系列的水闸,有效地控制了航道水位。除此之外,徐州又是自隋唐运河东行的航段节点,可以说,特殊的地理位置势必要建设水次仓。唐宋以前,徐州已是南北之间的水陆重镇,元代政治中心北迁后,徐州依旧是南北之间的水陆重镇。进而言之,无论是政治中心建在黄河流域还是北上至燕地,徐州在漕运中的地位始终不变。

天津水次仓即左卫仓的历史,可以上溯到至元十六年(1279)。是年,元世祖因海漕方面的需要,在天津三岔河口兴建了"直沽广通仓",如史有"直沽广通仓,秩正七品,大使一员"[①]之说。时至明代,陈瑄督海运,在直沽建造了百万仓。从元代到明代,天津水次仓虽有从直沽广通仓到百万仓的变化,但建仓的初衷主要是接纳海漕。罢海运以后,天津水次仓接纳漕粮的范围明显扩大,除了有分级接运的漕粮外,又有自河南、山东、小滩等水次仓的漕粮。明代发展内河漕运以后,原天津仓因地处北运河航段和南运河航段的交接处,遂成为通州南面最重要的水次仓。

需要指出的是,实行兑运以后,临清、德州、河西务仓的规模开始缩小,与此同时,北京仓和通州仓的规模开始增大。此外,瓜洲仓和仪真仓也是值得关注的水次仓。瓜洲仓位于自扬州入长江的河口,史有"设厫于瓜洲水次,迁米贮之"[②]之说,又有"苏、松、浙江运舟由下港口及孟渎河溯大江以达瓜洲"[③]之说可证。瓜洲仓主要负责接运江南漕粮北上。仪真仓建在长江北岸的仪真(在今江苏仪征),主要负责接纳湖广、江西等地的漕粮。改支运为兑运以后,瓜洲仓和仪真仓的地位明显提高。

清代不仅继承了明代的水次仓,还继承了明代建立的水次仓制度。略有不同的是,清代京师各仓不但负责各省漕粮,而且是官俸的主要供给者。京、通两仓漕粮的十分之六为官俸,这与明代重点供给守卫京师的士卒已有很大的不同。

第三节 靳辅治河与漕运

京杭大运河是清王朝的政治安全和社会稳定的生命线。康熙三十一年(1692),清圣祖玄烨深有感触地说:"朕听政以来,以三藩及河务、漕运为三大事,夙夜廑念,曾书而悬之宫中

---

① 明·宋濂等《元史·百官志一》,北京:中华书局1976年版,第2133页。
② 清·张廷玉等《明史·周忱传》,北京:中华书局1974年版,第4213页。
③ 清·张廷玉等《明史·洪钟传》,北京:中华书局1974年版,第4958页。

柱上,至今尚存。倘河务不得其人,一时漕运有误,关系匪轻。"①除了平定三藩,河务即治河与漕运多有重合,有时甚至是同一件事。如赵尔巽引用这段话时改写道:"朕听政后,以三藩及河务、漕运为三大事,书宫中柱上。河务不得其人,必误漕运。"②赵尔巽将玄烨的这段话有意放在《清史稿·靳辅传》中,旨在表达靳辅是玄烨特意选择的治河专家。

靳辅治河述略

靳辅是清代著名的治水专家,顺治九年以官学生考授国史编修,改内阁中书,迁兵部员外郎,此后,仕途通达。康熙十年(1671)授安徽巡抚,因政绩显著,加兵部尚书衔。康熙十五年黄河水文发生了巨大的变化,进入溃溢的高频期。这一时期河患十分严重,一是黄河四处决口,自邳州经宿迁至清河的黄河运道面临干涸的危险;二是入海口淤塞,黄淮下泄不畅形成倒流,在毁坏高家堰的同时,向东溃决致使江淮运河断航。

康熙十六年三月,靳辅受命自安徽巡抚任上踏上了治河之途。靳辅记载道:"于康熙十六年三月初十日,准吏部咨令,臣将安徽巡抚勅印照例交与江南总督,臣阿席熙署理文到之日并令臣速赴新任与。"③这一记载可谓是当时情形的真实写照。

治河关系到民生和保运两个方面:关系到民生,是指黄河泛滥直接危害百姓的生命和财产的安全;关系到保运,是指黄河夺泗夺淮以后影响运河特别是江淮运河的安全,进而给漕运带来灾难。史称:"十六年,授河道总督。时河道久不治,归仁堤、王家营、邢家口、古沟、翟家坝等处先后溃溢,高家堰决三十余处,淮水全入运河,黄水逆上至清水潭,浸淫四出。砀山以东两岸决口数十处,下河七州县淹为大泽,清口涸为陆地。辅到官,周度形势,博采舆论,为八疏同日上之:首议疏下流,自清江浦至云梯关,于河身两旁离水三丈,各挑引河一道,俟黄、淮下注,新旧河合为一,即以所挑土筑两岸大堤,南始白洋河,北始清河县,并东至云梯关。云梯关至海口百里,近海二十里,潮大土湿,不能施工;余八十里亦宜量加疏浚,筑堤以束之,限二百日毕工,日用夫十二万三千有奇。次议治上流淤垫,洪泽湖下流自高家堰西至清口,为全淮会黄之所。当于小河两旁离水二十丈,各挑引河一道,分头冲洗。次议培修七里墩、武家墩、高家墩、高良涧至周桥闸临湖残缺堤岸,下筑坦坡,使水至平漫而上,顺缩而下,不至怒激崩冲。堤一尺、坦坡五尺,夯杵坚实,种草其上。次议塞黄、淮各处决口,例用埽,费巨且不耐久;求筑土御水之法,宜密下排桩,多加板缆,用蒲包裹土,麻绳缚而填之,费省而工固。次议闭通济闸坝,浚清口至清水潭运河二百三十里,以所挑之土倾东西两堤之

---

① 清·马齐等《清圣祖实录·康熙三十一年》卷一五四,北京:中华书局1985年版,第701页。
② 赵尔巽等《清史稿·靳辅传》,北京:中华书局1977年版,第10122页。
③ 清·靳辅《文襄奏疏·治河题稿·恭报到任疏》,《四库全书》第430册,上海:上海古籍出版社1987年版,第452页。

外,西堤筑为坦坡,东堤加培坚厚,次议规画经费,都计需银二百十四万八千有奇。……次议工竣后,设河兵守堤,里设兵六名至二名,都计五千八百六十名。疏入,下廷议,以方军兴,复举大工,役夫每日至十二万余,召募扰民,应先择要修筑。上命辅熟筹。"① 靳辅考察黄淮水文后,对清口及溃决三十多处的高家堰等进行了重点治理。

除《清史稿·靳辅传》记载了靳辅治河的事迹外,《清史稿·河渠志一》也记载了其事迹,因侧重点不同,现将其相关的记载引录如下。

十六年,如锡等覆陈河工坏溃情形,光裕解任勘问。以安徽巡抚靳辅为河督。辅言:"治河当审全局,必合河道、运道为一体,而后治可无弊。河道之变迁,总由议治河者多尽力于漕艘经行之处,其他决口,则以为无关运道而缓视之,以致河道日坏,运道因之日梗。河水裹沙而行,全赖各处清水并力助刷,始能奔趋归海。今河身所以日浅,皆由从前归仁堤等决口不即堵塞之所致。查自清江浦至海口,约长三百里,向日河面在清江浦石工之下,今则石工与地平矣。向日河身深二三四丈不等,今则深者不过八九尺,浅者仅二三尺矣。河淤运亦淤,今淮安城堞卑于河底矣。运淤,清江与烂泥浅尽淤,今洪泽湖底渐成平陆矣。河身既垫高若此,而黄流裹沙之水自西北来,昼夜不息,一至徐、邳、宿、桃,即缓弱散漫。臣目见河沙无日不积,河身无日不加高,若不大修治,不特洪泽湖渐成陆地,将南而运河,东而清江浦以下,淤沙日甚,行见三面壅遏,而河无去路,势必冲突内溃,河南、山东俱有沦胥沈溺之忧,彼时虽费千万金钱,亦难剋期补救。"因分列大修事宜八:曰取土筑堤,使河宽深;曰开清口及烂泥浅引河,使得引淮刷黄;曰加筑高家堰堤岸;曰周桥闸至翟家坝决口三十四,须次第堵塞;曰深挑清口至清水潭运道,增培东西两堤;曰淮扬田及商船货物,酌纳修河银;曰裁并河员以专责成;曰按里设兵,画堤分守。廷议以军务未竣,大修募夫多,宜暂停。疏再上,惟改运土用夫为车运,余悉如所请。于是各工并举。大挑清口、烂泥浅引河四,及清口至云梯关河道,创筑关外束水堤万八千余丈,塞于家冈、武家墩大决口十六,又筑兰阳、中牟、仪封、商丘月堤及虞城周家堤。②

本传以"河道久不治"为前提,重点强调了治理河患的难度。针对"清口涸为陆地",靳辅"周度形势,博采舆论,为八疏同日上之"。靳辅在奏疏中写道:"大抵治河之道,必当审其全局。将河道、运道为一体,彻首尾而合治之,而后可无弊也。盖运道之阻塞,率由于河道之变迁。而河道之变迁,总缘向来之议治河者多尽力于漕艘经行之地。若于其他决口,则以为无关运道,而缓视之,殊不知黄河之治否,攸系数省之安危,即或无关运道,亦断无听其冲决而不为修治之理。矧决口既多,则水势分而河流缓,流缓则沙停;沙停则底垫,以致河道日坏。而运道因之日梗,是以原委相关之处,断不容于岐视也。今若不察全局之情形事势,而

---

① 赵尔巽等《清史稿·靳辅传》,北京:中华书局1977年版,第2164页。
② 赵尔巽等《清史稿·河渠志一》,北京:中华书局1977年版,第3720—3721页。

因循故事，漫为施工，则堵东必西决，堵南必北决，徒费时日，徒糜钱粮，而终归无益，岂惟无益？将河患日深，而莫可救药矣。何也，黄河之水从来裹沙而行，水合则流急，而沙随水去。水分则流缓，而水漫沙停。沙随水去则河身日深，而百川皆有所归。沙停水漫则河底日高，而旁溢无所底止，故黄河之沙全赖各处清水并力助刷，始能奔趋归海而无滞也。查今日河患之所以日深者，皆因顺治十六年至康熙六七年间所冲之归仁堤、古沟、翟家坝、王家营、二铺口、邢家口等各处决口，不即堵塞之所致也。"①为了治河保运，靳辅先在清口开四条引河，又在清口至云梯关创筑束水堤等，又将治河拓展到河南境内，如筑兰阳、中牟、仪封、商丘月堤及虞城周家堤等。

康熙十七（1678）年，靳辅围绕着清口在王家营、张家庄兴修了两座减水坝，又在周桥筑堤坝二十五里加固了高家堰等；康熙十八（1679）年，将治河的主战场转移到砀山一带，建减水坝；康熙二十年（1681），在杨家庄堵住了溃决长达五年之久的黄河决口，为恢复清口漕运奠定了基础；康熙二十年，在江淮运河高邮段建八座滚水坝（减水坝），又在徐州长樊大坝建月堤，改善了徐州以南的运道。史称："明年，创建王家营、张家庄减水坝二，筑周桥翟坝堤二十五里，加培高家堰长堤，山、清、安三县黄河两岸及湖堰，大小决口尽塞。优诏褒美。十八年，建南岸砀山毛城铺、北岸大谷山减水石坝各一，以杀上流水势。二十年，塞杨家庄，盖决五年矣。是岁增建高邮南北滚水坝八，徐州长樊大坝外月堤千六百八十九丈。"②这一记载从一个侧面揭示了靳辅治河兼及运河的情况。

在治河保运中，靳辅兴修了江淮运河从高邮到宝应的堤岸。史称："二十四年，河道总督靳辅请于高邮、宝应诸州县筑堤，束黄河注海，按察使于成龙主浚海口，下廷臣议，用辅策。"③康熙二十四（1685）年，靳辅加固江淮运河从高邮到宝应的河堤，表明治理黄淮交汇的清口与恢复漕运存在着密切的关系。

康熙二十五年（1686），靳辅开中河，即后世所说的"中运河"。中河自张庄运口凿渠至骆马湖，随后沿黄河北堤的背河，经宿迁、桃源等地到清河仲家庄出黄河。史称："二十五年，辅以运道经黄河，风涛险恶，自骆马湖凿渠，历宿迁、桃源至清河仲家庄出口，名曰中河。粮船北上，出清口后，行黄河数里，即入中河，直达张庄运口，以避黄河百八十里之险。"④两年后中河竣工，史有"二十七年，河道总督靳辅奏中河工成"⑤之说。开中河是靳辅治河恢复漕运的重要环节。中河建成后，彻底改变了借黄行运的局面，实现了运河与黄河运道的分离。

---

① 清·靳辅《文襄奏疏·治河题稿·河道败坏已极疏》，《四库全书》第430册，上海：上海古籍出版社1987年版，第430—452页。
② 赵尔巽等《清史稿·河渠志一》，北京：中华书局1977年版，第3721页。
③ 赵尔巽等《清史稿·萨穆哈传》，北京：中华书局1977年版，第9986页。
④ 赵尔巽等《清史稿·河渠志二》，北京：中华书局1977年版，第3773—3774页。
⑤ 赵尔巽等《清史稿·张玉书传》，北京：中华书局1977年版，第9960页。

史家高度评价靳辅开中河的作为,有"清自康熙中靳辅开中河,避黄流之险,粮艘经行黄河不过数里,即入中河,于是百八十里之河漕遂废"①之说。

治理清口及黄淮

清口是黄淮交汇处的河口,也是疏通运道的关键区域。薛凤祚指出:"漕河四节,事宜防清口淤涩。清口乃黄淮交汇之处,运道必经之所,稍浅阻便非利涉,但欲其通利,须令全淮之水尽由此出,则力能敌黄,不为沙壅,偶遇黄水先发,淮水尚微,河沙淤上不免浅阻。然黄退淮行,深复如故,不为害也。往往高堰溃决,淮从东行,黄亦随之,而清口遂为平陆。今高堰筑矣,独虑清河对岸王家口等处淮水过盛,从此决出,则清河之力微矣,故于清河县南岸筑堤一千一百八十丈,今又接筑张福堤四百四十余丈,以防其决。工若缓关系甚大,已题奉明旨责差印官专力看守。更有一事犹宜稽察清口之上口堰,河南、凤、泗等处商贩船只最利由此直达,每为盗决,尤宜防之。"②这段话一是强调了疏浚清口的必要性;二是强调了改变黄强淮弱的重要性;三是充分肯定了高堰即高家堰存在的价值;四是继清河县南岸筑堤束水之后,接筑张福河堤。应该说,薛凤祚的观点对于我们认识靳辅治河及修复漕运通道有重要的参考意义。

靳辅接任河督一职后立即提出治河八策。从内容上看,多为针对河患采取的应急措施。不过,治河八策虽为应急之举,但凝聚了靳辅及同时代人的治河智慧,故史有"周度形势,博采舆论"之说。

围绕治河八策的内容,靳辅治河保运主要做了七个方面的工作。

其一,采取"取土筑堤,使河宽深"之策,在黄河多处溃决乱流的形势下,黄河因上流"归仁堤等决口不即堵塞",水流减弱已无力刷沙,根据这一情况,靳辅采取了挑河床之沙,以河床泥沙筑堤之策。诚如靳辅在《敬陈经理第一疏》中指出的那样:"窃臣看得今日治河之最宜先者,无过于挑清江浦以下河身之土,以筑两岸之堤。"③从解决主要矛盾入手,靳辅初步解决了黄河下流不畅的大问题。挑下游清江浦(在今江苏淮阴)至云梯关河身淤土,用"川字沟"法挖深河底;就河心取土筑两岸大堤(南岸自白洋河至云梯关三百三十里,北岸自清河县至云梯关二百里),用束水刷沙法治理下游,引导黄、淮入海。又疏浚自云梯关至海口百里河道,把浚、筑两事统一起来。通过"大挑清口、烂泥浅引河四,及清口至云梯关河道"等做法,成功地清理了清口一带的淤沙。

---

① 赵尔巽等《清史稿·河渠志二》,北京:中华书局1977年版,第3769页。
② 清·薛凤祚《两河清汇·运河》,《四库全书》第579册,上海:上海古籍出版社1987年版,第368页。
③ 清·靳辅《文襄奏疏·治河题稿》,《四库全书》第430册,上海:上海古籍出版社1987年版,第481页。

其二,采取潘季驯治河之法。靳辅到任不久,即同陈潢四处走访,考查调研黄、淮形势及冲决要害。根据实地调查研究,提出了"治河之道,必当审其全局,将河道运道为一体,彻首尾而合治之,而后可无弊也"的治河主张。他一天之内向康熙皇帝上了八疏,系统地提出了治理黄、淮、运的全面规划。为了解燃眉之急,首先在清口以东的河道内,采取"疏浚筑堤"并举的措施,把河道内所挖引河之土,用来修筑两岸大堤;又在清口开掘五道引河,疏通淮水入河的通道,然后将沿河小的口门一一堵合,再集中力量堵筑杨庄口门,从而使黄、淮并力入海,河道畅通,运道无阻。鉴于"上流河身宽,下流河身窄"的状况,靳辅沿用潘季驯修减水坝的办法,在江苏砀山以下至睢宁间狭窄河段,因地制宜地在两岸有计划地增建许多减水坝,供异常洪水时分洪之用。如遇黄、淮并涨之时,即开泄黄河北岸减水坝;若黄涨淮落则南北两岸减水坝并开,把南坝分出的黄河水,经沿程落淤澄清,均入洪泽湖,再从清口入于正河,以防黄河倒灌之虞。

其三,重视河堤的河防作用。史称:"河工故事,大堤谓之'遥堤',堤内复为堤逼水,谓之'缕堤',两堤间为横堤,谓之'格堤'。辅疏请就原估土方加筑缕堤,有余量增格堤,南自白洋河,北自清河,上至徐州,视此兴筑。"①靳辅论述道:"然臣又各处阅历细察情形,遥堤固属必需,而缕堤尤不可少。盖黄河流急则沙行,流缓则沙垫,而河身窄则流急,宽则流缓,今莫妙于筑缕堤以束水,而以遥堤并加筑格堤用防冲决,使守堤人等尽力防护缕堤,设或大水异涨即有漫冲亦至遥堤、格堤而止,自不至于夺河成缺,该守堤人等随即星将缕堤仍旧筑起为工亦易。臣请将原估筑遥堤之土六十方分筑遥、缕二堤,并量增格堤。"②在《经理河工第一疏内未尽事宜》中,他又论述道:"河南岸自白洋河以下,北岸自清河县以下,各至云梯关止,通筑遥、缕、格堤。遥堤高八尺,缕堤高六尺,格堤高五尺。南岸自白洋河以上,北岸自清河县以上,各至徐州止,俱筑缕、格二堤。其在骆马湖以下者,缕堤高六尺,格堤高五尺。在骆马湖以上者,缕、格堤俱高五尺,俱系面宽二丈,底宽六丈等,因此不过举其大略也。其间损益增减之处,原应临期斟酌。今臣屡历河干,反复详勘,有顶冲之地。旧遥堤贴近河身,不能又筑缕堤,应即以旧堤为缕堤,而于旧堤之外,另筑遥堤,以为重门之障。其费倍于缕堤者,有地势甚洼情形颇险不便,照原估高宽尺寸。必须多费土方者,有地势稍亢情形不险不必照原估高宽尺寸,可以节省土方者揔之危险之处。臣不敢苟且图省,惟有加意用工,以防意外之虑。然以所费繁多,又不得不于平坦无虞之处力求节省,以此补彼通融攒筑务期有济耳。……今臣立定规则,以上土五寸为一层,将第一层夯杵筑坚,然后再上第二层之土,一例加夯,逐层逐寸彻底夯杵,并用石碌打平,以期坚实永保久远。"③靳辅十分重视河堤如格堤、

---

① 赵尔巽等《清史稿·靳辅传》,北京:中华书局1977年版,第10116页。
② 清·靳辅《文襄奏疏·治河题稿·敬陈经理第一疏》,《四库全书》第430册,上海:上海古籍出版社1987年版,第482页。
③ 清·靳辅《治河奏绩书·奏议》,《四库全书》第579册,上海:上海古籍出版社1987年版,第692—693页。

缕堤、遥堤等在治河中的作用,客观地讲,以筑堤的方式防止溃决,是古代约束黄河乱流的基本方法。这一治河方略千百年来被大家所认可。如薛凤祚记载道:"南岸堤工,系睢宁地方内有水、玉二堡,于顺治十五年大溜南冲邳、睢二州县,筑月堤一道。康熙十年又筑遥堤一道,双沟弃缕守遥,固为得策,但恐涨水直至峰山,未免分流。今于邳州对河羊山、龟山、土山相接处创筑格堤,长四百八十丈,纵有顺堤之水遇格即返,仍归正漕,自无夺河之患。此堤虽系睢宁地方,然邳州不远专责该州掌印管河官时加督阅,培筑之工勿怠勿忽。"①略有不同的是,靳辅治河以河堤约束其流,除了有安澜之意外,还与借黄行运有关。

其四,从当下水文变化情况出发,靳辅提出了改运口之议。清口原本是自淮扬运河即江淮运河北上的出口,水文变化后可将运口改到杨家庄。他在《酌改运口疏》中写道:"淮扬运河由江达淮,绵长四百余里,其出口之处是为清口,离淮、黄交汇之所,不过二百余丈。黄流稍涨,即从清口灌进运河,以致运河之底逐渐垫高,岁须挑浅,劳民伤财,不可弹计。臣检阅明时旧制,亦因黄流屡垫运河,原有重运过淮之后,随即闭坝拦黄,除贡鲜船只仍应开放之外,直待回空南下,始行启坝等,因载在河志诸书可考。然臣思闭坝之说,不特不便于商民、关榷,而空重往来之时,仍不能禁黄流之不进,是苟且之策,而非不易之计也。自清口进河向东北行二里许,是为新庄闸即天妃闸,乃漕运咽喉。又东行一里许,是为文华寺即明季所挑新河之尽头也。臣再三筹酌,必须将清口永远闭断,从文华寺淤高之新河迤南挑七里,直至七里闸。以七里闸为运口,折而西南,又挑七八里至武家墩,再折而西北,又挑三里许达烂泥浅第一道引河之上流,通舟济运。复将烂泥浅第二道引河临湖去处,乘今冬水涸之时,再挑小支河数道,多引湖水使归。第二道引河下注清口,用以敌黄,凡北上之运艘与一应商民船只,不令由新庄闸并清口出入,而令由文华寺出七里闸,绕武家墩入烂泥浅第一道引河之上流,下达清口,转入黄河。如此则运口与淮、黄交汇之处相隔十有余里,且河身曲折而又另有敌黄之支流,则黄水虽当伏秋暴涨之际,亦不能更灌运河。运河既不为黄水所灌,则自无垫高之患。此后,不必年年挑浚即或年深月久两岸积土淋入河中,亦止须隔数年而量为小挑,其节省之民力钱粮,殆亦不可胜计矣。"②根据黄淮水文变化及时提出新的解决方案,是靳辅治河保运的重要举措。

其五,修筑考城、仪封一带的河堤,建睢宁龙虎山减水闸坝,平日闭闸束流,遇大涨则启闸分泄,分引黄水注洪泽湖。康熙二十四年秋,靳辅修筑了考城、仪封、封丘、荥泽等县河堤。

---

① 清·薛凤祚《两河清汇·黄河》,《四库全书》第579册,上海:上海古籍出版社1987年版,第418—419页。
② 清·靳辅《文襄奏疏·治河题稿》,《四库全书》第430册,上海:上海古籍出版社1987年版,第509—511页。

在治黄的过程中,靳辅又于康熙二十五年在清河县(在今江苏淮阴)开中河,使运道北上粮船只行黄河二十里就进入中河,避开黄河之险一百八十里,提高了运输效率,又大大减少了风浪造成的损失。由于靳辅的这些措施较为得宜,黄河安流了三十余年,漕运亦安全通畅。康熙二十七年(1688)春,靳辅被御史郭琇等参劾,以阻浚下河、屯田累民为由革职。康熙三十一年二月,复起督河,十一月病卒。

其六,靳辅开中河,改变了借黄行运的历史。史称:"辅以上念减水淹民,因议于宿迁、桃源、清河三县黄河北岸堤内开新河,谓之中河。于清河西仲家庄建闸,引拦马河减水坝所泄水入中河。漕船初出清口浮于河,至张庄运口,中河成,得自清口截流,径渡北岸,度仲家庄闸,免黄河一百八十里之险。"①前文多有论述,此处不再赘述。

其七,靳辅治河保运,主要是在陈潢的协助下进行的。史称:"潢佐治河,主顺河性而利导之,有所患必推其致患之由;工主覈实,料主豫备,而估计不当过省,省则速败,所费较所省尤大;慎固堤防,主潘季驯束水刷沙之说,尤以减水坝为要务;有溃决,先固两旁,不使日扩,乃修复故道,而疏引河以注之;河流今昔形势不同,无一劳永逸之策,在时时谨小慎微,而尤重在河员之久任。张霭生采潢所论,次为《治河述言》十二篇。高宗以霭生河图能得真源,命采其书入四库,与辅治河奏绩并列。"②陈潢认为,治河首先应该"顺河性而利导之";其次,治河备料要足,不可因估计不当省河工,那样表面上是节约了材料,但会埋下祸根;再次,治理清口及恢复漕运,应坚守潘季驯确立的束水刷沙的原则;最后,黄河迁徙路线变化很大,须因形势而变,不能一劳永逸。后来,张霭生采纳陈潢之论,撰成《治河述言》一书。陈潢的主张受到靳辅的高度重视,并成为靳辅治河方略的一部分。关于这点,可以从"琇疏劾辅治河无功,偏听幕客陈潢阻浚下河"③等语得到反证。陈潢是一布衣,史有"然康熙时,布衣陈潢佐靳辅治河,特赐金事道衔"④之说。

第四节 明清漕运总督与河道总督

明太祖朱元璋建立明王朝,以应天府(在今江苏南京)为都,凭借长江、江南运河等,漕运较为方便。当时,漕粮征收地主要有二:一是长江沿线的湖南、湖北、江西等地,这些区域的漕粮主要走长江入秦淮河至应天府;二是三吴(包括今江苏苏南、浙江),从三吴到应天府主

---

① 赵尔巽等《清史稿·靳辅传》,北京:中华书局1977年版,第10119页。
② 赵尔巽等《清史稿·陈潢传》,北京:中华书局1977年版,第10123页。
③ 赵尔巽等《清史稿·郭琇传》,北京:中华书局1977年版,第10003页。
④ 赵尔巽等《清史稿·选举志四》,北京:中华书局1977年版,第3192页。

要走江南运河及六朝开始兴修的漕运旧道。因为漕运不是朱元璋迫切需要关心的问题,故漕运使的官阶较低,如有"洪武元年置漕运使,正四品"①之说。明代漕运方向发生全面的改变是在陈瑄任漕运总兵官之时。起初,漕运总兵官由武将担任,驻节淮安。从王竑起,文官始任漕运总兵官,并继续驻节淮安。康熙十六年,总河自济宁移治清江浦(在今江苏淮安清江浦区),为淮安府成为漕运重镇揭开了新的一页。

从漕运总兵官到漕运总督

明成祖朱棣迁都北京后,漕运形势发生了变化。无论是实行海漕还是重开会通河实行内河漕运,都需要经淮安北运。淮安在淮河南岸,海漕时期,长江沿线荆湖、江西等地的漕粮主要是经仪真(在今江苏仪征)至淮安入淮河,再沿海北上。海漕由武官负责,如永乐元年(1403)三月,"平江伯陈瑄、都督佥事宣信充总兵官,督海运,饷辽东、北京,岁以为常"②。永乐二年(1404),又设副总兵官协助漕运总兵官负责海漕。当时,明成祖还没有迁都北京,但从强化海漕的行为中当知,加强北方边防、抵御退到漠北的元王朝残余势力是当务之急。罢海漕以后,漕运总兵官始专司内河漕运。明英宗天顺元年(1457),黄河溃决直接影响漕运,故漕运总兵官又兼管河务,如史有"总督漕运总兵官一人。永乐二年,设总兵、副总兵,统领官军海运。后海运罢,专督漕运。天顺元年又令兼理河道"③之说。

因以公、侯、伯及都督充当总兵官,明代总兵官的政治地位很高。明总兵官或有爵位,或为都督。陈瑄任漕运总兵官,与他支持朱棣称帝并受封"平江伯"相关。

在宋礼重开会通河以前,漕粮主要由武臣经海上运往北京或辽东,如有"明初,命武臣督海运"④之说,其间,漕运总兵官一直驻节淮安。明代设漕运总兵官,始于陈瑄以总兵的身份驻节淮安之时。起初,由漕运总兵官总揽漕运事务。明宣宗宣德五年(1430)以后,又有侍郎、都御史、少卿等负责督运,如史有"永乐间,设漕运总兵官,以平江伯陈瑄治漕。宣德中,又遣侍郎、都御史、少卿等官督运"⑤之说。

明代宗景泰二年(1451),是明代漕运职官制度发生重大变化的一年。是年,副都御史王竑接手漕运事务,漕运总兵官始有"总督"之称,从此揭开了文官治漕的历史。王竑又兼巡抚淮安、扬州、庐州、凤阳四府和徐州、和州、滁州三州,从而扩大了漕运总督的管辖范围。王竑以后,时至明宪宗成化八年(1472),漕运总督的权力一度缩小,如有"分设巡抚、总漕"之说。成化十六年(1480),漕运总督的权力又恢复到景泰二年的水平;明世宗嘉靖三十六年

---

① 清·张廷玉等《明史·职官志二》,北京:中华书局1974年版,第1773页。
② 清·张廷玉等《明史·成祖纪二》,北京:中华书局1974年版,第79—80页。
③ 清·张廷玉等《明史·职官志五》,北京:中华书局1974年版,第1871页。
④ 清·张廷玉等《明史·食货志三》,北京:中华书局1974年版,第1922页。
⑤ 同①,第1774页。

(1557),倭寇犯淮,添设提督军务巡抚凤阳都御史;嘉靖四十年(1561),漕运总督又兼提督军务,权力进一步扩大;明神宗万历七年(1579),漕运总督又兼理河道,其权重可谓达到了顶峰。当时,漕运总督兼理河道事务,是因黄河经颍水、涡水等六条水道侵淮,到拧成一股夺泗侵淮造成的。

王竑以副都御史的身份治漕,虽有"总督"之称,但"漕运总兵官"旧称依旧存在。景泰四年(1453)四月,王竑升任都御史,不再负责漕运,然此时负责漕运的徐恭依旧称"漕运总兵官",故可知王竑驻节淮安是以"漕运总兵官"的身份开府的。此外亦可知,黄河决口直接牵涉运河和盐河即运盐河的安全,可谓是治河与治理运河及盐河是捆绑在一起的。

王竑驻节淮安,与部属同理漕运,如史有"景泰二年始设漕运总督于淮安,与总兵、参将同理漕事"①之说。漕运总兵官即漕运总督领十二总即辖十二万漕军,漕军的规模与京操十二营军相当。宣德年间(1426—1435)规定,漕运总兵官及巡抚、侍郎每年八月赴京面议来年的漕运事宜;从万历十八年(1590)起,漕运总督不再于每年的八月赴京面议。

继王竑之后,王廷瞻治漕兼巡抚凤阳诸府,如史有"以右都御史出督漕运兼巡抚凤阳诸府"②之说。上任以后,王廷瞻发现陈瑄修筑的氾光湖堤工程年久失修,遂采纳李世达等人的建议,重修运道,恢复了淮河下游的盐场。王廷瞻开渠后,改善了淮盐及淮河下游的农业生产条件。

需要指出的是,漕运总督还有巡查运河和修理航线之责,凡容易损毁的河段、船闸等关键性区位,漕运总督须率部属保证每年按照既定的时间巡查。每年一月,漕督须亲自到扬州处理瓜洲等闸的运行事务。驻徐州、邳州的总兵则负责督促漕船过徐州洪即百步洪、吕梁洪和入船闸,同时参与漕政及管押赴京等事务。漕督的属官御史、郎中专门负责攒运,参政负责押运。此外,另有不同的管理人员负责漕运过程中的不同事务,明确规定各自的职责。

清代漕运总督

清代漕运继续驻节淮安,其原因与明代相同,淮安成为东南漕粮北上的中转总站,主要是因为有地理区位上的优势。

其一,像明代那样,清代漕运总督继续"掌佥选运弁、修造漕船、派拨全单、兑运开帮、过淮盘掣、催趱重运、查验回空、覈勘漂流、督催漕欠诸务"③等事务。这里有必要诠释一下下列的几个名词。"佥选运弁",是指签派领运漕粮的兵丁即屯丁;"修造漕船",指修理和制造漕船,船只修造地点主要有建在淮安的清江督造船厂等;"派拨全单",是指派发漕船起运的

---

① 清·张廷玉等《明史·食货志三》,北京:中华书局1974年版,第1922页。
② 清·张廷玉等《明史·王廷瞻传》,北京:中华书局1974年版,第5813页。
③ 赵尔巽等《清史稿·食货志三》,北京:中华书局1977年版,第3576页。

单据;"兑运开帮"指百姓提早将漕粮交付官军时须付相应的路费和耗米,随后再由官军集结粮船开行;"过淮盘掣"是说江西、湖南、湖北、江苏、安徽、浙江等地的漕粮须在淮安盘验,随后才能继续北上。盘验既是核准漕粮数额的过程,又是核定过淮日期的过程。明清两代,漕运有淮安和通州两大站,漕船及漕粮通过淮安及到通州的漕粮有严格的日期规定。"催趱重运",是指趱重催空即沿岸地方官员有督促催运之责;"查验回空",是指检查回空漕船的情况;"覈勘漂流",是指查勘中途漕粮损失;"督催漕欠",是指催促各地上缴亏欠的漕粮。以上这些事务虽有专人掌管,但均受漕运总督的节制。

其二,从康熙二十一年(1682)起,清代恢复了漕督每年入京述职的制度,故有"定粮艘过淮,总漕随运述职"①之说。因事职方面的缘故,漕运总督甚至可以干预涉及漕运事务的职官任用,如"其直隶、山东、河南、江西、江南、浙江、湖广七省文武官吏经理漕务者皆属焉"②之说。咸丰五年,黄河自河南兰阳铜瓦厢决口北徙,转由利津(在今山东东营利津)入海,至此漕运完全瘫痪。咸丰十年(1860),漕督"节制江北镇、道各官"③,主要与捻军犯淮相关,与漕运没有联系。

其三,漕运总督虽没有任用权,但政治地位与掌有行政权的总督、巡抚大体相同,并有举荐官员的权力。史称:"任官之事,文归吏部,武归兵部,而吏部职掌尤重。……在外官,惟督、抚廷推,九卿共之,吏部主之。布、按员缺,三品以上官会举。监、司则序迁。其防边兵备等,率由选择保举,付以敕书,边府及佐贰亦付敕。"④明代,外官升迁主要由督、抚推举,这里所说的"督"包括漕督。清代亦然,如史有"初制,督、抚升迁离任时,荐举人才一次。……先是漕、河荐举例停。十二年,漕督帅颜保请复旧例,每年得举劾属吏示劝惩。部议行。因疏荐粮道范周、迟日巽、知县吴兴祚。诏擢兴祚福建按察使"⑤之说。

其四,清代漕运有一套严格的管理制度,凡工作不力者将受到惩处。如有"淮北、淮南沿河镇道将领,遇漕船入境,各按汛地驱行,如催趱不力,听所在督抚纠弹。江南京口、瓜洲渡江相对处,令镇江道督率文武官吏催促,并令总兵官巡视河干,协催过江。总兵裁,改由副将管理"⑥之说。在沿袭明制的前提下,清代漕运管理有了自身的特点。

其五,明清两代,漕运总督与河道总督均下辖水师营。史称:"其漕、河水师营制,始于明代隆庆间。清代略更其制。以卫卒专司挽运漕粮,以营兵专任护漕,别设城守营守护城池。分漕院与巡抚为二,漕运总督标下,统辖左、右、中三营及城守四营,驻山阳境及漕运要地,分

---

① 赵尔巽等《清史稿·职官志三》,北京:中华书局1977年版,第3341页。
② 赵尔巽等《清史稿·食货志三》,北京:中华书局1977年版,第3576页。
③ 同①。
④ 清·张廷玉等《明史·选举志三》,北京:中华书局1974年版,第1715页。
⑤ 赵尔巽等《清史稿·选举志四》,北京:中华书局1977年版,第3183—3184页。
⑥ 同②,第3577页。

别置兵。淮郡旧为黄、淮二河交注之区,特建两大闸,设河兵及堡夫守之。河营遂与漕营并重,各有副将、参将、游击、守备等官。河营升迁之例,与军功等,专司填筑堤防之事,而缉捕之责不与焉。"①明穆宗隆庆(1567—1572)创立漕、河水师营以后,清代略更其制,由卫卒承担运送漕粮任务,由营兵沿途护送,又设城守营守护仓城。此外,清代有意将漕院、巡抚一分为二,漕运总督统辖左、右、中三营及城守四营,驻山阳境及漕运要地。

其六,像明代那样,清代亦有巡漕御史。巡漕御史的职责主要是监察漕运中的问题,并提出建议或解决方案。史称:"雍正三年,巡漕御史张坦麟条上北漕事宜:一,自通抵津,沿河旧汛弯远,请照旱汛五里之例,漕船到汛,催漕官弁坐视阻抵不行申报者,依催趱不力例参处;一,沿途疏浅约十三四处,坐粮厅难以兼顾,请交各汛弁率役疏通,应销钱粮,仍令坐粮厅管理。从之。巡漕御史伊喇齐疏劾河南粮道提催之弊,巡抚尹继善亦疏请革除各州县呈送监兑押运官役陋规。凡漕船回空到省,未开兑之前,责成本省巡抚及粮道,既开兑出境,则责成漕督及沿途文武官吏,抵津后,责成仓场侍郎、坐粮厅及天津总兵、通州副将,严行稽查。有违犯者,捕获惩治。"②在监督漕运、纠正流弊等方面,巡漕御史做出了重要的贡献。

其七,清代漕运职官制度与明代大体相同,主要由粮储道、监兑、押运、趱运等文武官员构成,如有"总理漕事者为漕运总督,分辖则有粮储道。监兑押运则有同知、通判。趱运则有沿河镇道将领等官"③之说。

粮储道是征收和调运漕粮的派出机构,长官是道员,是漕运总督催督漕粮的助手。粮储道"山东、江安、苏松、江西、浙江、湖北、湖南各一。河南以开归盐驿道兼理"④,江安粮储道指设在江宁府的粮储道,主要负责征收江宁府、安徽等地的漕粮;苏松粮储道指设在常熟的粮储道,主要负责征收苏州、松江等府的漕粮。除了江南省设两个粮储道即江安、苏松粮储道外,其他五省均只有一个粮储道,甚至河南的粮储道由盐驿道兼理。粮储道执掌一省的粮储事务,如有"粮道掌通省粮储,统辖有司军卫,遴委领运随帮各官,责令各府清军官会同运弁、佥选运军。兑竣,亲督到淮,不得委丞倅代押。如有军需紧要事件,须详明督抚、漕臣,方许委员代行其职务"⑤之说。除此之外,"粮道押运三次,亦准督抚咨仓场侍郎送部引见。其员弁绅董随同押运到通,并准择尤保奖,以昭激劝"⑥,为此,出现了"其后各省大吏往往藉漕运保举私人,朝廷亦无由究诘也"⑦的局面。

---

① 赵尔巽等《清史稿·兵志六》,北京:中华书局1977年版,第3999页。
② 赵尔巽等《清史稿·食货志三》,北京:中华书局1977年版,第3577—3578页。
③ 同②,第3576页。
④ 同②,第3576页。
⑤ 同②,第3576页。
⑥ 同②,第3577页。
⑦ 同②,第3577页。

监兑官主要由同知或通判一级的官员担任。监兑官负责"开兑"即漕船到水次仓提运漕粮等事务,如有"凡开兑,监兑官须坐守水次,将正耗行月搭运等米,逐船兑足,验明米色纯洁,面交押运官"①之说。"正耗"指漕粮有正米和耗米之分。正米指按田地科征的漕粮,各地累加起来共四百万石;耗米指为防止正米损耗而多交的部分,主要由随正米入仓和供运军沿途耗费两个部分构成。从表面上看,入京的漕粮只有四百万石,但加上耗米实际征收额远远地超过四百万石。

苏松、浙江、江安、江西、湖北、湖南的漕船入江淮运河虽可走瓜洲或仪真,但均要到淮安接受盘验。一般来说,漕船在州县兑粮或为当年的冬季或为第二年的春季,不同省份有不同的起运时间。具体地讲,各省的起运时间主要是根据航程远近、运河挑筑时间等决定。淮安是漕运总督所在地,自然是盘验总站,为此,监兑官需要亲自督运到淮,并接受漕运总督的盘验,如有"粮船开行,仍亲督到淮,听总漕盘验。粮数不足、米色不纯者,罪之。道、府、厅不揭报,照失察例议处。意存徇护,照徇庇例议处"②之说。"开兑"以后,凡失察者或道、府、厅故意隐瞒不报者,将会受到处罚。起初,监兑官是由推官担任的,职官制度发生变化及裁去推官后,改为同知或通判担任。不过,各地有不同的情况,在遵循这一总原则下又有具体的变化,如有"监兑,旧以推官任之。推官裁,改委同知、通判。山东以武定同知,东昌清军同知,济南、兖州、泰安、曹州四通判,济宁、临清两直隶州同;河南以归德、卫辉、怀庆三通判;江南以江宁、苏州督粮同知,松江董漕同知,凤阳同知,苏州、扬州、庐州、太平、池州、宁国、安庆、常州八管粮通判,太仓州临时添委丞倅一;浙江以湖州同知,杭州局粮通判,嘉兴通判;江西以南昌、吉安、临江三通判;淮北、湘南每年于通省同知、通判内详委三员,监兑"③之说。

押运官负责本粮道的押运事务,起初,苏松、浙江、江安、江西、湖北、湖南各粮道督押漕粮至淮安接受盘验后再回任所。后来,由管粮的通判专司督押,并约束运军,防止中途发生侵盗、掺和杂物等,如有"押运本粮道之职,但粮道在南董理运务,无暇兼顾。江、浙各粮道,止令督押到淮盘验,即回任所。总漕会同巡抚遴委管粮通判一,专司督押,约束运军,防范侵盗掺和等弊"④之说。后来,改由通判押运,且根据规模确定押运官名额,再后来,嫌通判官卑职微,又恢复了粮道押运制度。时隔不久再度恢复通判押运之制,如有"山东、河南通判各一,江南七,浙江三,江西二,湖北、湖南各一。后因通判官卑职微,复令粮道押运。其漕船回空,仍令通判管押。过淮必依定限,如有迟误,照重运违限例议处。江南、浙江、江西寻复通

---

① 赵尔巽等《清史稿·食货志三》,北京:中华书局1977年版,第3577页。
② 同①,第3577页。
③ 同①,第3576—3577页。
④ 同①,第3577页。

判押运之制"①之说。押运同知或通判运粮抵通州后,须出具粮米无亏印结。如果粮道押运三次至通州,须由仓场侍郎送户部引见,如有"押运同知、通判抵通后,出具粮米无亏印结,由仓场侍郎送部引见。粮道押运三次,亦准督抚咨仓场侍郎送部引见。其员弁绅董随同押运到通,并准择尤保奖,以昭激劝"②之说。没想到的是,因此出现了"其后各省大吏往往藉运保举私人,朝廷亦无由究诘也"③的局面。

趱运主要由沿河镇道将领等负责,因与明代一致,这里不再赘述。

明清河道总督

明代河道总督的全称是"总理河漕兼提督军务",专司治理黄河事务。河督亦参与漕路治理,主要是因为自江淮北上的徐州至清口航段须走黄河,因而河督与漕督的事职之间多有交叉。

明代治河是与重开会通河联系在一起的,永乐九年(1411),工部尚书的宋礼奉命重开会通河时,侍郎金纯承担了疏浚贾鲁河及会通河航道的主要工作。史有"永乐九年遣尚书治河,自后间遣侍郎、都御史"④之说,是指宋礼主持重修会通河的全面工作,金纯负责疏浚贾鲁河及会通河航道。疏浚贾鲁河的原因是,黄河形成黄陵冈、荆隆口(金龙口)、孙家渡、张秋(今山东阳谷张秋)等溃溢区后,淤塞了会通河三分之二的航道。在宋礼重点兴建南旺引水和分水工程时,金纯疏浚了黄河和贾鲁河及恢复了会通河航道。进而言之,自元代开会通河以后,黄河、贾鲁河、清河等与会通河形成了错综复杂的关系。入明以后,黄河溃溢后泥沙在上流淤塞贾鲁河,在下流淤塞会通已常态化,这样一来,重开会通河的必要条件是疏浚黄河及贾鲁河。

成化(1465—1487)以后,治河第一大员始有"总督河道"之称。如史有"成化后,始称总督河道。正德四年定设都御史。嘉靖二十年以都御史加工部职衔,提督河南、山东、直隶河道。隆庆四年加提督军务。万历五年改总理河漕兼提督军务"⑤之说,从明武宗正德四年(1509)起,河督领都御史衔;明世宗嘉靖二十年(1541),河督又以都御史加工部尚书衔提督河南、山东、直隶三地的河道;明穆宗隆庆四年(1570),河督又提督军务;明神宗万历五年(1577),因借黄行运,河督改称"总理河漕兼提督军务"。在事职变化中,河督的权力处于不断加大的状态,甚至达到了漕督的水平。

---

① 赵尔巽等《清史稿·食货志三》,北京:中华书局1977年版,第3577页。
② 同①,第3577页。
③ 同①,第3577页。
④ 清·张廷玉等《明史·职官志二》,北京:中华书局1974年版,第1775页。
⑤ 同④。

清代河道总督品秩与明代相同,为从一品,如有"河道、漕运总督视总督"①之说。乾隆十八年(1753)以后发生变化。如有"乾隆十八年,以漕运、河道总督无地方责,授衔视巡抚"②之说,巡抚品秩为从二品,品秩在总督之下。

与明代相比,清代河道总督驻所多有变化,如顺治元年(1644),河道总督驻节济宁(在今山东济宁);康熙十六年,移治清江浦(在今江苏淮安清江浦区)。不过,治河的关键区域与明代基本相同,以河南、山东、直隶为要区。清代特别重视黄河的治理,早在开国之初即顺治元年,已"置总河"即河道总督。治河保运是大事,清代治河主要分为三段,江南河道即徐州以南的河道设南河总督,山东、河南设北河总督,直隶河道由直隶总督兼管。由于治河与保漕运联系在一起,所以河道总督又掌治河渠、疏浚堤防等事务。总河治所迁至清江浦,是因为黄淮交会处的清口(在今江苏淮阴码头)成为治河保运的要区。此后,总河治所虽一度"还驻济宁",但很快又迁至清江浦。清世宗雍正二年(1724),设副总河,驻节武陟(在今河南焦作武陟),专理北河。治理北河的主要原因有两个:一是从上游治理黄河;二是防止黄河侵入漕路。雍正七年(1729),河道总督改称"总督江南河道",名称发生变化是为了更好地协调治河与漕运的关系,与此同时,继续节制山东、河南等地的河道事务。雍正八年(1730),增置直隶正、副总河,驻节天津。经此,形成北河、南河、东河三督。从乾隆二年(1737)撤副总河建制开始,河道总督权力开始缩小。具体地讲,乾隆十四年(1749)撤直隶河道总督;咸丰八年(1858),省南河河道总督。光绪二十四年(1898),又省东河河道总督。此后,东河总督虽一度复置,但很快又省,乃至于后来出现"河务无专官矣"的局面。

康熙十六年,河道总督衙门从济宁迁至清江浦,此时,漕运总督衙门与河道总督衙门相距仅二十余里。清代,全国行政区域划有十八个行省,有十个总督负责政区事务。漕运总督和河道总督虽然不管行政,但其权力绝不在行政总督之下。淮安同时有两个总督,增强了淮安府的政治地位。

第五节　明清运河经济与农产品商品化

明清两代,沿京杭大运河兴起的城市,像一颗颗珍珠镶嵌在大江南北。这一时期,大运河一方面承担起把江南钱粮及东南货物及商品运往北京和全国各地的重任,另一方面因大运河沿岸是重要的农产区和经济作物种植区,为大运河沿岸城市的崛起和经济繁荣提供了基本保证。可以说,沿着这一航道,商人奔走于各地,在一种自觉或不自觉的状态中促进了

---

① 赵尔巽等《清史稿·舆服志四》,北京:中华书局1977年版,第3096页。
② 赵尔巽等《清史稿·职官志三》,北京:中华书局1977年版,第3337页。

运河沿岸经济带的形成,加强了南北之间的政治、经济、文化等方面的交流。

商人在运河经济中的作用

运河经济带是在历史中形成的,大运河加强了南北地区的经济联系。当穿梭于大运河沿线及城市之间的商人把各种货物转运到全国各地时,凭借大运河在商品流通中的作用,商人找到了实现利益最大化的途径,所谓"四方之货,不产于燕,而毕集于燕"①,是说大运河在商品流通中有着其他交通形式不具备的优势。在这一航道上,商人为获得丰厚的商业利益奔走于南北之间,有选择地收购农产品及与手工业相关的生产资料或半成品,这直接影响了农业生产结构的变化。如果没有京杭大运河在商品流通中扮演重要的角色,明清两代的商品经济将不会呈现出繁荣的局面。

在运河经济的带动下,不同地区的物资交流在一定的范围内打破了原有的自然经济体系。所谓自然经济体系,是指中国几千年来形成的以一家一户为单位,以耕种与纺织为核心的自给自足的经济体系。当运河带来全国经济大循环时,不少地区参与这一进程中,或改变了原有的生产方式,或成为富有特色的经济区域。如运河北部即山东以北地区输出的货物主要有棉花、小麦、大豆及干鲜果品等农产品;运河南部即江苏以南地区输出的货物主要有棉布、丝绸、铁器、瓷器、纸张、竹木等手工业制品。在利益的驱动下,江南运河一带出现了打破传统"不务耕绩"的局面,如嘉兴王江泾镇"多织绸,收丝缟之利,居者可七千余家,不务耕绩"②,苏州的盛泽镇和黄溪镇更是"尽逐绫绸之利,有力者雇人织挽,贫者皆自织,而令其童稚挽花,女工不事纺绩日夕治丝"③。改变生产方式是在商品流通的背景下发生的,如果没有运河在经济大循环的作用,旧有的生产方式将很难发生变化。

农业生产结构上的变化,发生在家庭生产或小作坊生产向较大规模的手工业生产过渡的关口。手工业生产的规模扩大后,以纺织业为突破口引起供求关系上的变化,势必要引起种植结构的变化。这一时期,因供求关系失去平衡,出现了生产资料严重短缺的现象。在经济利益的驱动下,调整种植方向,扩大经济作物种植的面积或从事专门化的种植成为当时的风尚。具体地讲,江浙一带出现了专营种桑养蚕之业和种植木棉的经济形式,华北及黄河流域出现了专营传统农业及经济作物的经济形式,它们既为手工业生产准备了必要的生产资料,同时也为在更大的范围内实现商品流通积蓄了力量。不断扩大经济作物的种植面积和从事专门的粮食生产势必会破坏长期稳定的自然经济结构。自然经济在商品经济前的退却

---

① 明·张瀚《松窗梦语》(萧国亮点校),上海:上海古籍出版社1986年版,第455页。
② 明·李培、黄洪宪《万历秀水县志·舆地·市镇》,《中国地方志集成·浙江府县志辑》第31册,上海:上海书店1993年版,第561页。
③ 清·陈莫纕、丁元正等《乾隆吴江县志·风俗》,《中国地方志集成·江苏府县志辑》第20册,南京:江苏古籍出版社1991年版,第176页。

一方面促进了农业内部的分工,出现了粮食和经济作物种植分工的现象,另一方面社会分工的细化为手工业从个体生产向集约型生产铺平了道路。

然而,如果仅仅停留在扩大经济作物种植面积或从事专门化种植的层面,自然是无法促进生产分工的。在这一过程中,商人利用手中雄厚的资本积极投入收购市场,一方面使从事传统农业生产的农民得到了调整种植结构的利益,另一方面商人借助于大运河在流通中的便利条件,不仅将农产品的销售范围扩大,获得更大利益,还在销售地购进人们日常生活或从事再生产所必备的生产资料,随后将这些商品及货物销售,从而获取更大利益,实现了货币增值和经济利益的最大化。在这一过程中,因农民调整种植结构后可获取更大的经济利益,因此,必然会给原有的农业生产模式带来变化。进而言之,商人参与农产品的流通领域,在客观上起到了加快自然经济体系解体的作用,从而为农产品及经济作物的商品化生产开辟了广阔的道路。如明万历年间(1573—1620),浙江崇德县北的石门镇出现"地饶桑田,蚕丝成市,四方大贾岁以五月来贸丝,积金如丘山"[1]的景象。又如清乾隆年间(1736—1795),江苏松江、太仓、通州、海门等地种植水稻的农户为十之二三,种植棉花的为十之七八,因此,"每年口食全赖客商贩运"[2],故形成了江南粮食"大半取于江西、湖广之稻以足食者也,商贾从数千里传输"[3]的局面。又如山东以北的华北地区及中原地区形成了以粮食、干鲜果品和棉花为主的种植基地。山东区域的运河城市有台儿庄、济宁、滕州、谷亭、峄县、临清、德州等,这些地区生产的小麦、大豆等品质优良,如济宁大豆"颗粒圆小而精神"[4]。这些城镇以运河为航线,成为小麦、大豆等农产品输出的集散地。

改变农业生产方式是在商品流通的背景下发生的,农业生产的内部分工为商品流通创造了必要的条件。农业生产出现内部分工后,一方面加快了农产品商品化的进程,另一方面给手工业生产提供了更多、更丰富的生产资料。这一时期,农业生产的内部分工和专业化与手工业生产商业化结合在一起,为繁荣经济开辟了道路。在这一进程中,如果没有大运河这一在经济大循环中发挥重要作用的航线,将很难设想旧有的生产方式会发生怎样的变化;同样,如果没有商人在大流通中扮演中介的角色,要实现农产品的商品化也将是困难的。如明代拟话本《乔彦杰一妾破家》记载了浙江商人乔彦杰借助于运河往返南北进行贩运的故

---

[1] 明·王稚登《客越志》卷上,《丛书集成续编》第65册,上海:上海书店1996年版,第164页。
[2] 清·高晋《奏请海疆禾棉兼种疏》,清·琴川居士《皇清奏议》,《续修四库全书》第473册,上海:上海古籍出版社2002年版,第514页。
[3] 明·吴应箕《楼山堂集·江南平物价议》,《续修四库全书》第1388册,上海:上海古籍出版社2002年,第524页。
[4] 明·余象斗《三台万用正宗》卷二一《商旅·黄黑豆》,明万历余氏双峰刻本。

事①。乔彦杰从浙江海宁长安镇、崇德(属浙江)等运河沿线城镇收购丝绸后贩往开封等地,沿运河返回时又将北方的大枣、胡桃等杂货运到浙江销售。这一故事说明了商人奔走于南北各地,通过运河实现了经济利益最大化。商人千里运粮到江南销售,随后又将收购的江浙的丝绸销往外地,故有湖州"各直省客商云集贸贩"②之说,又有"秦晋燕周大贾,不远数千里而求罗、绮、缯币者,必走浙之东也"③之说。如浙江崇德县北的石门镇,早在万历年间就已出现了"地饶桑田,蚕丝成市,四方大贾岁以五月来贸丝,积金如丘山"④场景,在商品经济及流通的刺激下,江南的运河城市或城镇出现了繁荣的景象。

商人在流通领域的中介作用:一是推动了农村经济向特色化的方向发展,改变了传统的种植或生产方式;二是为与农业有直接关系的手工业提供了丰富的生产资料,推动了相关手工业行业的发展;三是以纺织业为龙头带动了其他手工业的发展,极大地满足了不同群体的消费需求。在这一过程中,商人将其经营的重点放到大运河流经的地区,是因为大运河是商品流通的重要通道,大运河在向其腹地延伸时形成了富有特色的农业经济区,农业经济区的形成推动了相关手工业的发展。商人以大运河为实现利益最大化的主战场,在繁荣市场的同时,为运河城市的优先发展注入了活力。这一时期,运河城市作为集散中心,不但为商人提供了中转站和终点站,而且为不同地区参与经济大循环创造了必要的条件。进而言之,商人在大运河航道上奔走,为不同地区的农产品及手工业产品在更大范围内流通起到了至关重要的作用。从另一个层面看,农业生产内部的分工是在漫长的历史进程中积累起来的。如凌濛初在叙述元顺帝至元年间(1335—1340)的民间爱情故事时,讲述了淮安刘氏仆人到湖州贩运丝绵的故事⑤,这个故事从一个侧面反映出湖州早在元末就已是全国著名的丝绵供应市场的情况。

棉织品与丝织品既是江南具有竞争力的商品,也是日常生活的必需品。自棉花传入中国并大量种植,以及纺织技术的发展,在消费市场的带动下,棉布很快形成了巨大的生产能力。例如,元代黄道婆通过改进纺织技术,提高了棉布生产的效率和质量。因棉花种植成本低于植桑,再加上销售价格低于丝绸,在利益的驱动下,松江地区成为棉花种植和棉纺织生产的基地。史称:"俗务纺织,他技不多,而精线绫、三梭布、漆纱、剪线毯,皆为天下第一。……百工众技与苏杭等。要之,松郡所出皆切于实用,如绫、布二物,衣被天下,虽苏杭不及

---

① 明·冯梦龙《警世通言·乔彦杰一妾破家》(魏同贤校点),南京:江苏古籍出版社1991年版,第500—514页。

② 清·茅应奎《东西林汇考·土产志》,《中国地方志集成·乡镇志专辑》第22册,上海:上海书店1992年版,第778页。

③ 明·张瀚《松窗梦语·商贾纪》(萧国亮点校),上海:上海古籍出版社1986年版,第75页。

④ 明·王稚登《客越志》卷上,《丛书集成续编》第65册,上海:上海书店1996年版,第164页。

⑤ 明·凌濛初《二刻拍案惊奇·李将军错认舅》(石昌渝校点),南京:江苏古籍出版社1990年版,第119—136页。

也。"①嘉定棉纺机的生产水平处于领先的地位,故时有"嘉定尽得其弹弓纺车、踏机掷投之法"②之说,乃至形成了"邑之民业,首藉棉布,纺织之勤,比户相属"③的局面。在激烈的市场竞争中,嘉定棉布逐步形成了"近自杭、歙、清、济,远至蓟、辽、山、陕"④的市场,进而是"俱走晋、秦、京边诸路"⑤的市场。与此同时,棉花的重要产区常熟生产的棉布亦形成了"捆载舟输行贾于齐鲁之境常什六"⑥的市场。明清两代,松江嘉定、苏州常熟生产的棉布销售到全国,几乎占据了大半个中国的棉布市场。

占据市场的份额既是在竞争中形成的,同时也是在流通中形成的。如果松江等地的棉布没有优良的品质和价格优势,要想占领市场是不可能的;同样,如果没有竞争上的优势,常熟棉布要想扩大生产规模并取得市场份额也是不可能的。然而,产品的质量和价格优势又是在流通中得到认可的。从这一意义上讲,流通是关键,只有在流通的基础上才有可能形成市场,才有可能把松江、苏州等地的棉布行销到全国各地。在这一过程中,商人在原料供应、收购成品或半成品和销售等各个环节中起到了不可替代的作用。如拟话本《警世通言·吕大郎还金完骨肉》讲述了江南常州府无锡县东门外的吕玉去太仓、嘉定等地收棉花、布匹,并将其贩卖到山西等地的故事⑦。沿大运河北上南下,商人在流通中实现了货币增值。明代有"贩缯者至自南京、苏州、临清"⑧之说,由此可知在贩运丝绸的过程中,商人除了到原产地直接购货外,还会到大运河沿岸的城市间接购货。

商品流通的过程就是经济利益最大化的过程。在现代交通工具出现以前,大运河是快捷和运输成本低廉的交通干线。运河城市作为运河沿线上的集散地,除了可以促进商品流通外,还有利用外来资源发展手工业的优势。这些城市在输出丰富的物产或商品的同时,还形成了外向辐射的各类手工业市场。当这些市场利用本地及外地资源进行再加工,创造出新的商品向周边地区及边远地区输出时,也为运河城市提供了强大的造血能力,进而确立了这些城市在商品流通中的地位。大运河为沿岸经济带的繁荣创造了必要的条件,运河城市

---

① 明·徐光启《农政全书·木棉》,《四库全书》第731册,上海:上海古籍出版社1987年版,第506页。
② 清·吴桓、王初桐《嘉庆嘉定县志》卷三《疆里考》,清嘉庆刻本。
③ 明·韩浚、张应武《万历嘉定县志·田赋·物产》,《四库全书存目丛书·史部》第208册,济南:齐鲁书社1996年版,第776页。
④ 清·韩浚、张应武《万历嘉定县志·食货志》,《四库全书存目丛书·史部》第208册,济南:齐鲁书社1997年版,第776页。
⑤ 清·叶梦珠《阅世编·食货志五》,北京:中华书局2007年版,第179页。
⑥ 明·冯汝弼等《嘉靖常熟县志·食货志》,《北京图书馆古籍珍本丛刊》第27册,北京:书目文献出版社1998年版,第1053页。
⑦ 明·冯梦龙《警世通言·吕大郎还金完骨肉》(魏同贤校点),南京:江苏古籍出版社1991年版,第53—64页。
⑧ 明·邝相、樊深《嘉靖河间府志·风俗》,《四库全书存目丛书》第192册,济南:齐鲁书社1996年版,第479页。

竞争力超过了非运河城市。因此,运河城市蕴含的商业能量受到商人的重视,与此同时,商人活跃在大运河沿线亦为运河经济带的形成和发展注入了活力。

运河城市工商化的进程

历史学家认为,中国的资本主义萌芽发生于明代中叶以后的东南沿海及江南城市。翦伯赞先生指出:"当时,工商业发展比较显著的城市,除去南北两京外,大致分布在江南、东南沿海和运河沿岸等三个地区,而其中以江南地区最为繁华。"①如果进一步细分,出现资本主义生产萌芽因素的城市只有东南沿海城市和运河沿岸城市,因为翦伯赞先生所说的江南城市实际上是指长江以南、江浙一带的运河城市。此外,其他的东南沿海城市虽不在大运河的沿岸,但与其有着千丝万缕的联系。如南京等沿江城市与大运河直接相通,是明清两代漕运的重要仓储之地;上海是松江运河的出海口,本身就是运河城市。因此,除华南等少数城市外,其他均可视为是运河城市的延伸。

明清两代,江浙经济在全国处于领先的水平。丘浚指出:"东南,财赋之渊薮也。自唐宋以来,国计咸仰于是。其在今日,尤为切要重地。韩愈谓赋出天下而江南居十九。以今观之,浙东西,又居江南十九。而苏、松、常、嘉、湖五郡,又居两浙十九也。"②叶梦珠亦指出:"吾乡赋税,甲于天下。苏州一府,赢于浙江全省;松属地方,抵苏十分之三,而赋额乃半于苏,则是江南之赋税,莫重于苏、松,而松为尤甚矣。"③江浙地区以运河城市为依托,出现了商品经济全面扩张的局面。一方面商人以大运河为商品流通的大通道完成了商业资本的原始积累,另一方面以纺织业为代表的手工业向城镇转移也基本上完成了资本的原始积累。商业资本和产业资本一起进入经济种植领域,促进了农业生产内部结构的调整。与此同时,拥有生产技能的农业人口转移到城市,由此出现了庞大的劳动力市场。进而言之,拥有人身自由的劳动力和完成原始积累后的资本结合在一起,为资本主义生产方式的产生提供了两个必要的因素。

与东南沿海地区相比,运河城市特别是江南运河城市具有资本主义生产方式萌芽的条件。具体地讲,苏州出现了"东城之民多习机业,机户名隶官籍。佣工之人,计日受值,各有常主。其无常主者,黎明立桥以待唤。缎工立花桥,纱工立广化桥。又有以车纺丝者曰车匠,立濂溪桥。什百为群,粥后始散"④的情况,又出现了"苏城机户,类多雇人工织。机户出

---

① 翦伯赞《中国通史》第三册,人民出版社1979年版,第203页。
② 明·丘浚《大学衍义补·经制之义》(林冠群、周济天校点),北京:京华出版社1999年版,第236页。
③ 清·叶梦珠《阅世编·赋税》,北京:中华书局2007年版,第153页。
④ 清·李光祚、顾诒禄等《乾隆长洲县志·风俗》,《中国地方志集成·江苏府县志辑》第13册,南京:江苏古籍出版社1991年版,第95页。

资经营,机匠计工受值"①的情况。在这一过程中,一些机户凭借独到的经营理念率先完成了资本的原始积累,成为"出资经营"的雇主;与此同时,另一些机户因种种原因社会地位下降,或成为"各有常主"的长工,或成为"黎明立桥以待唤"的短工。可以说,苏州已率先出现了新的生产关系的曙光。产业资本经过原始积累促进了自然经济体系的瓦解,加速了城乡小生产者的分化。这一时期,一部分小生产者通过创业实现了个人资本的积累,与此同时,完成了原始资本积累的小生产者开始通过雇佣劳动力向手工业工场生产者过渡。

在资本原始积累的道路上,西方国家充满了血腥,与之相比,中国的资本原始积累是在较为平和的状态下进行的。这与中国人信奉儒学,把诚信、仁义、勤奋等作为立商之本或经营理念有密切的关系。如明代张瀚记载浙江杭县张毅庵的发家事迹时写道:起初,张毅庵家中只有一张织机,因其纺织品的质量高于其他人家,因此出现了"每一下机,人争鬻之。计获利当五之一,积两旬复增一机,后增至二十余。商贾所货者常满户外,尚不能应,自是家业大饶。后四祖继业,各富至数万金"②的情况。张瀚叙述祖上的发迹史时写道:"大都东南之利莫大于罗、绮、绢、纻,而三吴为最。即余先世亦以机杼起,而今三吴之以机杼致富者尤众。"③这一描述在明代拟话本中亦有生动的描述,如冯梦龙在《施润泽滩阙遇友》的故事中叙述了施复靠勤俭、诚信起家的事迹。盛泽镇上的施复是个集种桑养蚕与丝织为一体的小户,家中只有一张织机,但施复凭借技术和管理织出了上好的丝绸,以至于购买者因其光彩润泽争先恐后地加价竞买。于是,"几年间,就增上三四张绸机,家中颇颇饶裕"④。此后,以诚信为本的施复不断地扩大生产规模,不到十年的功夫,"又买了左近一所大房居住,开起三四十张绸机"⑤,从而实现了家庭纺织作坊向纺织工坊的过渡,进而完成了产业资本的积累,实现了飞跃。

张毅庵、张瀚、施复发家的故事是江南丝织业的缩影,反映了产业资本的形成。小说家描述盛泽镇的景象时写道:"镇上居民稠广,土俗淳朴,俱以蚕桑为业,男女勤谨,络纬机杼之声通宵彻夜。那市上两岸绸丝牙行,约有千百余家,远近村坊织成绸匹,俱到此上市。四方商贾来收买的,蜂攒蚁集,挨挤不开,路途无伫足之隙,乃出产锦绣之乡,积聚绫罗之地。"⑥盛泽镇成为以丝织业为龙头的商品市场。我们从盛泽镇的发展中完全可以看到江南地区的

---

① 苏州历史博物馆等《明清苏州工商业碑刻集·长洲县永禁机匠叫歇碑》,南京:江苏人民出版社1981年版,第16页。
② 明·张瀚《松窗梦语·异闻纪》(萧国亮点校),上海:上海古籍出版社1986年版,第105页。
③ 明·张瀚《松窗梦语·商贾纪》(萧国亮点校),上海:上海古籍出版社1986年版,第76页。
④ 明·冯梦龙《醒世恒言·施润泽滩阙遇友》(魏同贤校点),南京:江苏古籍出版社1991年版,第356页。
⑤ 同④,第364页。
⑥ 同④,第352页。

城镇以大运河为依托,在商品流通中带动城镇发展的轨迹,可以从一个侧面把握运河城市手工业发展状况的脉搏。"大户张机为生,小户趁织为活。每晨起,小户几百人,嗷嗷相聚玄庙口,听大户呼织,日取分金为饔飧计。"①大户是指拥有一定资本并购买了大量织机的机主,小户是指具有纺织技能的自由劳动者。大户与小户之间的关系是一种松散的雇佣关系。这种雇佣关系是一种完全有人身自由的雇佣关系,与中国古代失去人身自由的奴仆关系有着本质上的不同。史称:"机户出资,机工出力,相依为命久矣。……浮食奇氏,朝不谋夕,得业则生,失业则死。"②在资本向少数人手中集中时,失去土地的"浮食奇氏"虽然有一技之长,但时常会有"朝不谋夕"的惨剧。与此同时,资本的拥有者为了获取更大的利益驱使机工日夜加班,从而出现了"有饶有财者率居工以织,每夜至二鼓"③的局面。

与产业资本相比,商业资本有着更悠久的历史。贸易是区别经济共同体的标志。经济共同体是由次一级的经济共同体构成的,受区域地理的限制,这些共同体需要在不同的层面进行物资、文化的交流,在交流中,商人扮演了重要的角色。可以说,没有商人的参与,商品流通将是一句空话。明代,大运河是商贸往来的主要通道,商人在控制流通领域时将目光投向农村和城市时出现了两个迹象。具体地讲,一是用商业资本控制农业生产;二是将商业资本及时地投向手工业生产领域,使其转化为产业资本。明中叶以后,商人利用在流通领域中的地位逐步控制了原料市场和成品及半成品市场,从而形成了小生产者绝对依赖商人的局面。如棉纺织业发达的松江出现了"里媪晨抱纱入市,易木棉以归,明旦复抱纱以出,无顷刻闲"④的局面。这固然是说商人与织妇之间建立了更为密切的供销关系,但更重要的是,通过这样的生产循环,商人攫取了控制原材料和收购成品的途径。通过控制市场的两端,商人以资本为后盾完全控制了产和销这两个在商品流通中的重要环节。

---

① 明·蒋以化《西台漫记》,《四库全书存目丛书》第 242 册,济南:齐鲁书社 1996 年版,第 114 页。
② 明·温体仁等《明神宗实录》,《钞本明实录》第 20 册,北京:线装书局 2005 年版,第 565 页。
③ 明·徐一夔《始丰稿》,《四库全书》第 1229 册,上海:上海古籍出版社 1987 年版,第 141 页。
④ 清·陈梦雷《松江府部汇考·松江府风俗考》,《古今图书集成·职方典》第 696 册,上海:中华书局 1934 年版,第 98 页。

代结束语　一座因漕运兴衰的城市

如果沿运河进行考察,则不难发现运河城市及沿线社会经济的发展水平明显高于非运河城市。可以说,运河城市是中国资本主义萌芽的发源地,其商品经济意识远远地高于非运河城市。

淮安的母体是淮阴,在吴王夫差开江淮运河邗沟以前,淮阴与北方的水上交通主要走扬州贡道,故有"沿于江、海,达于淮、泗"①之说。鲁哀公九年(前486),吴王夫差兴修了从扬州到淮阴的邗沟,故《左传·哀公九年》有"吴城邗,沟通江、淮"之说。

禹贡时代,地处海边的淮阴是块贫瘠的黑土地,《尚书·禹贡》有"厥土惟涂泥"②之说可证。大约经过2600年的开垦,这块贫瘠的黑土地已成为富庶的鱼米之乡。唐代,这块政区的名称是"楚州淮阴郡"。安史之乱(755—763)后,刘晏掌江淮漕运及盐铁等,淮阴郡成为江淮漕运不可或缺的起运地,这一时期自江淮运往长安的漕米总量超过两浙。更重要的是,从刘晏掌江淮漕运到南宋黄河夺淮,这300多年的时间里,淮阴郡迎来了农业经济发展的黄金期,与此同时,自江南运往京师长安的漕米亦需要经淮阴郡中转。可以说,在漕运及淮盐集散的刺激下,淮阴郡的商品经济得到迅速的发展。

宋代,淮安商品经济再上一个新台阶。凭借江淮运河,淮安迎来了自身的繁荣。日本学者池田静夫依据徐松《宋会要辑稿》统计道,宋神宗赵顼熙宁十年(1077),全国商税超过十万贯的城市有三个,杭州名列第一,年征商税十七万三千余贯;北宋首都大梁第二,年征商税十五万三千余贯;楚州第三,年征商税十一万三千余贯。很显然,淮安社会经济走到全国的前列,有更为悠久的历史。这一客观情况的存在,完全可以纠正今天的许多看法。

元代,淮安的繁华程度超过扬州。马可波罗写道:"淮安府是一座十分美丽而富饶的城市,位于东南和东方之间的方向。由于它的地理位置靠近黄河的河岸,所以过境的船舶舟楫,穿梭般地川流不息。淮安府是大批商品的集散地,通过大河将货物运销各地。这里盐产量极其丰富,不但能够供应本城市的消费,而且还行销远近的地方。大汗从这种盐税中,得

---

① 清·阮元《十三经注疏·尚书注疏》,北京:中华书局1980年版,第149页。
② 同①,第148页。

到巨额和税收。"①淮盐行销主要有扬州和淮安两个集散中心,面向"江浙、江西、河南、湖广所辖路分"②,遍及长江、淮河和黄河三大流域。如商人到扬州购盐,可向江浙、江西和湖广等地行销,如"客商买引,关给勘合,赴仓支盐,雇船脚力,每引远仓该钞十二三贯,近仓不下七八贯,运至扬州东关,俟候以次通放"③。又如商人自淮安购盐经运河北上,可行销淮北、河南等地。

明代重开会通河,淮安再度成为商品经济活跃的城市。这一时期,淮安商品经济走向繁荣主要与漕运、淮盐集散相关。黄仁宇先生指出:"1600 年左右,明代一位作者列了一份全国最大城市的清单,清单上所列城市排序如下:北京、南京、杭州、镇江、广东④、福州、苏州、松江、淮安、扬州、临清、济宁、仪真、芜湖和景德镇⑤。在 15 座省会城市中,有 5 座坐落在漕河地区,其他几座在不同程度上依赖于漕河,或者散发自己的生产品,或者输入消费品。"⑥在明人列举的全国最大的十八座城市中,淮安排列第九,其繁荣程度远远超过许多省会城市。

在盐商的带动下,清代淮安商品经济的整体水平得到了进一步的提升。凭借运河,淮安形成了巨大的生产市场和消费市场。具体地讲,新兴手工业的蓬勃发展改变了单一的农业生产结构,增强了淮安在商品供销即手工业品供销领域中的竞争能力。如淮安有棉纺织品、丝织品、油类、酒类、干鲜果品、竹木藤器、铜铁器、中药材、纸张、为造船业服务的等一系列的零售和批发市场。在销售或批发的商品中,既有从外地运入原材料在淮安加工制造的商品,也有直接从外地运入在淮安销售的商品。如淮安不生产竹藤,但购入原材料后,淮安具有了竹器和藤器等手工业产品的生产能力。这些市场形成后,淮安成为著名的手工业制品的产销地。

淮安世风变化与重商之风兴起息息相关。宋祖舜、方尚祖修纂《天启淮安府志》时引"旧志"记载道:"楚俗轻剽劲悍,挟节负气,重然诺,履信义,士崇学问,人尚廉耻,衣冠礼乐之美,甲于东南。然豪右崇华黜素,竞势逐利,以财力侈靡相雄长,细民弃本事末,虽文物之盛倍蓰于前,而浑厚之风亦少衰替。宣、正间,尚殷庶敦庞俭质,有从先进之风。嘉、隆以还,凋瘵日甚,俗渐浇漓。儇黠躁悍之为民害者,又从而鼓煽橐之,郡邑之间,寖以多故,词讼日

---

① [意]马可·波罗《马可波罗游记》(陈开俊等译),福州:福建科学技术出版社 1981 年版,第 166—167 页。
② 明·宋濂等《元史·食货志五》,北京:中华书局 1976 年版,第 2494 页。
③ 同②。
④ 按:"广东"应为"广州",可能是翻译或印刷错误。
⑤ 原注:滕井宏:《明代盐商之考察》,《史学杂志》,卷 54 期 6 页 72(1943)。
⑥ [美]黄仁宇《明代的漕运》,北京:新星出版社 2005 年版,第 185 页。

滋,公行繁紊,奢侈诪张,此倡彼和,月异日舛,纵恣颓敝,嚣凌极矣。"①明宣德(1426—1435)以前,淮安世风崇俭。嘉靖(1522—1566)以后,淮安世风出现了"豪右竞势逐利,以财力侈靡相雄长,细民争趋末利,虽文物盛于前,而淳厚之风少衰"②的变化,乃至于"始明季,迨乎国朝,纲盐集顿,商贩阗咽,关吏颐指,喧呼叱咤。春夏之交,粮艘牵挽,回空载重,百货山列。市宅竞雕画,被服穷纤绮。歌伶嬉优,靡宵沸旦。居民从而效之,甚有破资籑业以供一日之费"③。经此,淮安"士勤学问,民务农桑,有淳厚之风,礼让之俗"④发生颠覆性的转变。在重商之风的影响下,追求奢华成为淮安的一时风尚。黄钧宰记载道:"吾郡西北五里,曰河下,为淮北商人所萃,高堂曲榭,第宅连云,墙壁垒石为基,煮米屑磁为汁,以为子孙百世业也。城北水木清华,故多寺观,诸商筑石路数百丈,遍凿莲花。出则仆从如烟,骏马飞舆,互相矜尚。"⑤以盐商为代表的商人炫富行为表明,淮安奢华之风的兴起是在重商的过程中形成的。

在商品经济的刺激下,淮安的城市规模得到扩张。如当老城无法容纳常住人口时,又建造了新城,并在新老城之间修筑了夹城,从而形成了三城相连的势态。三城相连的格局形成后,运河沿岸出现了一批富有经济活力的卫星城镇。如从淮安城向西北延伸即沿大运河两岸展开,有河下、板闸、钵池、清江浦、王家营、西坝、韩城、杨庄、码头、清口等城镇。在这些城镇中,清江浦尤其值得关注,在陈瑄开运河新道之前,清江浦还是个人烟稀少的地方。陈瑄开河以后,清江浦开始走向繁华。史称:"运河由此出清口,上黄河,水陆孔途,商货丛集,夹岸人居二十余里,河之南有管仓户部、督造漕船工部、东西河船政二同知、营缮所、税课司,河北主簿各衙门驻扎,实重地云。"⑥又称:"凡货船悉由清江过坝,里之运河,外之黄、淮河,舳舻毕集,居民数万户,为水陆之孔道。"⑦明宪宗成化八年(1472),南京刑科给事中俞俊疏请"将淮安清江浦常盈仓增筑城堡,以防不测"⑧。这一举措昭示着清江浦在漕运中的地位开始受到全方位的重视。

---

① 明·宋祖舜、方尚祖《天启淮安府志·舆地志二》(荀德麟等点校),北京:方志出版社2009年版,第113—114页。
② 清·卫哲治、叶长扬等《乾隆淮安府志·河防》(荀德麟等点校),北京:方志出版社2008年版,第510页。
③ 王光伯、程景韩《淮安河下志》(荀德麟等点校),北京:方志出版社2006年版,第22页。
④ 清·卫哲治、叶长扬等《乾隆淮安府志·河防》(荀德麟等点校),北京:方志出版社2008年版,第510页。
⑤ 清·黄钧宰《金壶七墨·金壶浪墨·纲盐改票》,《笔记小说大观》第27册,扬州:江苏广陵古籍印社1984年版,第136页。
⑥ 清·顾炎武《天下郡国利病书·淮徐》,《四部丛刊》本,上海:上海书店1985年版,第10页。
⑦ 同⑥,第4—5页。
⑧ 明·刘吉等《明宪宗实录·成化八年三月甲子条》,《钞本明实录》第八册,北京:线装书局2005年版,第532页。

淮安社会经济迅速地走向繁荣,既是在漕运、淮盐集散的前提下形成的,同时又与其特殊的地理区位相关。史称:"淮盖江北大都会云。二城雄峙,辅车相依。跨淮南北,沃野千里。淮泗环带于西北,湖海设险于东南。左襟吴越,右引汝汴,水陆交通,舟车辐辏。昔之献策乘吴者,屯以足食;誓清中原者,屯以铸兵。所谓中国得之可制江表,江表得之足患中国者。况盐、安濒大海,则维扬之藩屏也;沭、赣枕沂水,则齐鲁之门户也;海州东望无际,乃秦皇立石处,高丽、百济、日本诸国,风帆可达。孤屿绝岛,环列后先,东西二城,足备守御。清口、桃源、宿迁、睢宁,皆近下邳,下邳近彭城,唐晋以来英雄必争之地。此淮之大概也。"①这一特殊的地理区位,既为淮安赢得了商品输入和输出及中转的优势,同时也造就了淮安巨大的生产市场和消费市场。

明初,淮安九县户籍人口有六十多万。明末,户籍人口增至九十多万,如有"洪武二十六年编户八万六百八十九,口六十三万二千五百四十一。弘治四年,户二万七千九百七十八,口二十三万七千五百二十七。万历六年,户一十万九千二百五,口九十万六千三十三"②之说可证。清代,淮安户籍人口得到进一步的增长,不过,与外来人口相比,依旧有限。如凭借漕运及盐运等方面的优势,淮安成为"舟车辐凑,四方豪商大鳞集麇至,侨户寄居者不下数十万"③的水陆都会。结合鄂喜"淮郡三城内外,烟火数十万家"④一语看,当知淮安府治山阳(在今江苏淮安市淮安区)一带的常住人口约百万。这里所说的"淮郡三城",指淮郡旧城、夹城和新城。

明清两代,淮安是一座十分特别的运河城市,外来人口远超过本地,其中入住淮安的主要有六大群体。

一是淮安驻有不同的中央派出机构,主要有漕运总督衙门、河道总督衙门、工部分司及清江督造船厂、户部分司及常盈仓、榷关、盐运分司及批验所等。这些驻淮机构改变了淮安的人口结构,如有"漕督居城,仓司屯卫,星罗棋布,俨然省会"⑤之说,以漕运总督衙门为代表的中央派出机构驻淮后,给淮安带来了如同省会城市般的繁华。与此同时,漕运与淮盐集散等结合在一起,提高了淮安在全国的政治、经济和文化地位。

二是淮安扼江淮要冲,是重点设防城市。乾隆年间(1736—1795),设在淮安城里的军衙

---

① 明·郭大纶、陈文烛《万历淮安府志·建置·形胜》,《天一阁明代方志选刊续编》第8册,上海:上海书店1990年版,第260—261页。
② 清·张廷玉等《明史·地理志一》,北京:中华书局1974年版,第915页。
③ 清·卫哲治、叶长扬等《乾隆淮安府志·盐法》(荀德麟等点校),北京:方志出版社2008年版,第470页。
④ 清·鄂喜《宽减米价》,明·马麟修,清·杜琳重修,李如枚续修《续纂淮关统志》(荀德麟等点校),北京:方志出版社2006年版,第21页。
⑤ 段朝端等《民国续纂山阳县志》,《中国地方志集成》第55册,南京:江苏古籍出版社1991年版,第313页。

主要有漕标中镇副总兵兼管中营署、中军都司署、左营游击署、左营守备署、右营游击署、右营守备署、城守营参将署、城守营守备署、淮安卫守备署、大河卫守备署等①。更重要的是，"漕运总督统辖各卫所外，复统辖旗、绿、漕标三营，兼辖淮安城守等营"②。将各个军衙的兵士合在一起当在万人以上，可以说，重兵驻守增加了淮安的外来人口。

三是淮安是漕运要区，有大量的为漕运及盐运服务的漕吏和杂役人员。如"凡湖广、江西、浙江、江南之粮艘，衔尾而至山阳，经漕督盘查，以次出运河。虽山东河南粮艘不经此地。亦皆遥禀戒约，故漕政通乎七省，而山阳实咽喉要地也"③。又如淮安位于黄河、淮河交会处，除了需要为漕运服务的人员外，还需要征调为整修河道服务的杂役人员等。更重要的是，淮安是漕粮盘验的重地。据统计，明代每年经过淮安的漕船共有5356艘，水手及随船人员有56130人。如果再加上漕船放空返回时滞留淮安的漕运人员，那么，每年在淮安停留的流动人口应超过十万。与此同时，一大批为漕运服务的杂役人员亦成为淮安的常住人口，如有"夏秋之交，粮艘衔尾入境，皆停泊于城西运河，以待盘验"④之说可证。漕吏、杂役等外来人员涌入淮安，大大地增加了其人口。

四是以盐商为代表的驻淮商人。京杭大运河是商品流通的重要航线，运河码头是商贸及外来人口活动的重要场所，如史有"自明改运道，径指城西，贾舶连檣，云集湖嘴，繁滋景象，傲落权舆。继以鹾商纷然投足，而后人文蔚起，甲第相望。志乘标扬冠冕，阛邑称鼎盛者，垂三百年"⑤之说，又有"明中叶，司农叶公奏改开中之法，盐策富商咸挟资而来，家于河下，河下乃称极盛"⑥之说。阮葵生论述道："吾淮缙绅之家，皆守礼法，无背理逆情之举，后因山右、新安贾人担策至淮，占籍牟利，末与士大夫之列，往往行其乡俗。"⑦所谓"山右、新安贾人"，是指晋陕盐商和徽州盐商先后入淮。所谓"往往行其乡俗"，是指晋陕盐商和徽商将家乡风俗及生活习惯带到淮安。盐商到淮安以后，因其有很好的经商环境，不但形成了行商入淮经商的局面，而且出现了行商入籍或借籍淮安的情况。清初，清江浦的居民只有三万多人，到了乾隆年间已"猛增至数十万"⑧，其中大部分人口是外来人口。运河交通与淮盐集散

---

① 清·卫哲治、叶长扬等《乾隆淮安府志·公署》（荀德麟等点校），北京：方志出版社2008年版，第386—387页。
② 赵尔巽等《清史稿·兵志二》，北京：中华书局1977年版，第3910页。
③ 清·孙云锦、吴昆田、高延第《光绪淮安府志》卷八《漕运》，光绪十年甲申刊本。
④ 段朝端等《民国续纂山阳县志》，《中国地方志集成》第55册，南京：江苏古籍出版社1991年版，第313页。
⑤ 王光伯、程景韩《淮安河下志》（荀德麟等点校），北京：方志出版社2006年版，第21—22页。
⑥ 王光伯、程景韩《淮安河下志》（荀德麟等点校），北京：方志出版社2006年版，第23页。
⑦ 清·阮葵生《茶余客话·生日祝嘏》（李保民校点），上海：上海古籍出版社2012年版，第560页。
⑧ 清·黄汝香等《光绪清河县志·民赋上·户口》，台北：文行出版社1981年版。

结合在一起,为淮安创造了"四方富商大贾鳞集麇至,侨户寄居不下数十万"①的经商和生活环境。

五是为水次仓、常盈仓服务的各类人员。常盈仓由驻清江浦的户部分司管辖,"明初,置户部一员监清江常盈仓,工部一员督理漕船,皆驻清江浦"②。永乐年间(1403—1424),陈瑄"作常盈仓四十区于淮上,及徐州、临清、通州皆置仓,便转输"③之说。常盈仓规模宏大,"在清江浦河南岸,敖八十座,共八百间"④,可以贮存一百五十万石的粮食。从其规模看,为常盈仓服务的管理人员及杂役当不在少数。即使是到了漕运衰败的晚清,每年依靠漕运在淮安讨生活的劳动力依旧超过五万。据不完全的统计,光绪年间(1875—1908),苏松道、浙江、江西、湖南、湖北通过淮安的漕船2659艘,其中,苏松道525艘、浙江1138艘、江西638艘、湖北180艘、湖南178艘;运丁26590名,其中,苏松道5250人、浙江11380人、江西6380人、湖北1800人、湖南1780人⑤。这些流动人口每年固定来淮,使淮安的流动人口常年维持在一定的规模。

六是为官办造船业服务的工匠等。永乐十三年(1415),陈瑄在清江浦(在今江苏淮安清江浦区)建清江督造船厂。清江督造船厂由驻清江浦的工部分司管辖,如有置"工部一员督理漕船"⑥之说。清江督造船厂促进了淮安造船业的蓬勃发展。杨宏、谢纯记载道:"至正统间,江南江北始限造船一万一千七百有奇,清江十九,卫河十一。后清江该造之数复析浙江、南直隶等卫,俾归自造,隶清江者,惟南京、镇江、江北直隶诸卫所而已。"⑦从明弘治三年(1490)到嘉靖二十三年(1544),清江督造船厂共造漕船27332艘。其中弘治八年造船最多,为678艘;弘治四年造船最少,为390艘⑧。庞大的漕船制造业为外来工匠成为淮安的常住人口奠定了基础。

清江督造船厂有四个分厂,共有五千多外籍工匠,同时又有为船厂采购船料的旗兵三千

---

① 清·卫哲治、叶长扬等《乾隆淮安府志·盐法》(荀德麟等点校),北京:方志出版社2008年版,第470页。
② 清·胡裕燕、吴昆田、鲁薑《光绪丙子清河县志》,《中国地方志集成》第55册,南京:江苏古籍出版社1991年版,第965页。
③ 清·张廷玉《明史·陈瑄传》,北京:中华书局1974年版,第4208页。
④ 明·杨宏、谢纯《漕运通志·漕仓表》(荀德麟、何振华点校),北京:方志出版社2006年版,第103页。
⑤ 光绪《漕运全书》卷二八至三〇,光绪十年甲申刊本。
⑥ 清·胡裕燕、吴昆田、鲁薑《光绪丙子清河县志》,《中国地方志集成》第55册,南京:江苏古籍出版社1991年版,第965页。
⑦ 明·杨宏、谢纯《漕运通志·漕船表》(荀德麟、何振华点校),北京:方志出版社2006年版,第94页。
⑧ 明·席书、朱家相《漕船志》(荀德麟、张英聘点校),北京:方志出版社2006年版,第58—60页。

多人①。以此为依据,保守地说,常住清江船厂的外籍人员应在一万人以上。所谓"第水陆之冲,四方辐辏,百工居肆,倍于土著"②,道出了淮安工匠以外籍为主的事实。黄仁宇先生指出:"淮安城拥有的熟练工匠由两部分组成,一部分是外来工人,占2/3;另一部分是本地人,占1/3。彼得·冯·霍姆于1664年(或者说在本文所探讨时期后的20年)率领荷兰使团经过淮安时③,旅行日志认为该城是中华帝国的第八大城市。"④这些外籍工匠或小手工业者落户淮安,标志着淮安已形成了庞大的劳动力市场。客观地讲,有劳动技能的劳动力市场的形成,一是改变了淮安手工业市场的结构,形成了新的专业市场和集散市场,促进了当地手工业的发展;二是提高了淮安在商品经济中的竞争力,扩大了淮安商品集散地的规模;三是提升了淮安手工业在全国占有的份额;四是促进了淮安社会经济的繁荣,增加新的消费群体。

明代榷关始建于宣德四年(1429),如史有"令南京至北京沿河漷县、临清、济宁、徐州、淮安、扬州、上新河客商辏集处,设立钞关"⑤之说。万历年间(1573—1620),明神宗朱翊钧精简机构,保留了崇文门、河西务、临清、淮安、扬州、浒墅、北新、九江八座榷关。除了九江榷关建在长江航线上以外,其他七所均建在京杭大运河沿线。淮安地处江淮要冲,特殊的地理位置为在此建立榷关提供了先决条件,淮安榷关治所设在山阳板闸镇(在今江苏淮安板闸)。七座榷关设在运河沿线,从一个侧面说明了京杭大运河是商品流通的重要途径,亦可知淮安是运河经济中不可或缺的一环。

与其他榷关相比,淮安榷关征收的商税最多。钱穆先生论述道:"万历六年,各地商税课钞数,南直各府、州(江苏安徽全境)全数达一千三四百万贯,殆占全国四分之一。而淮安一府独有二百余万贯。"⑥万历六年(1578),南直各地征收的商税占到全国的四分之一,其中来自淮安一府的商税有二百多万贯,在这中间,淮安榷关的贡献最大。乾隆年间,临清、淮安、扬州、浒墅等四座榷关,年均税收约五十万五千两白银,其中,淮安榷关税银最高的年份达到六十二万三千两。

淮安榷关的税收主要有五个来源:一是征收民运船税;二是征收商船过境的货物税;三是征收长运(将征收的粮食通过大运河直接运往京城)中超额夹带的货物税;四是征收由淮

---

① 明·席书、朱家相《漕船志》(荀德麟、张英聘点校),北京:方志出版社2006年版,第74—77页。
② 清·卫哲治、叶长扬等《乾隆淮安府志·风俗》(荀德麟等点校),北京:方志出版社2008年版,第515页。
③ 原注:安东尼·弗朗科斯·普雷沃斯特:《耶稣会士的历史性旅行》,卷5页257。
④ [美]黄仁宇《明代的漕运》,北京:新星出版社2005年版,第183页。
⑤ 明·马麟修,清·杜琳等重修,李如枚续修《续纂淮关统志》,北京:方志出版社2006年版,第45页。
⑥ 钱穆《国史大纲》,北京:商务印书馆1999年版,第722页。

安发往北方的淮盐税;五是征收与造船物资的相关船料税,征收船料费的目的上为清江督造船厂补充部分经费。

如果以商船输入或输出淮安的商品及货物为基准,假定商船的载重量与漕船每艘载五百石持平,假定商船在大运河上单向行驶的船只也像漕船那样为一万一千多艘的话,可知商船在大运河商品流通中扮演着更重要的角色。当这些商船途经淮安进行商品输入或输出等经济活动时,在一定的程度上增强了淮安商品集散地对外辐射的功能。

商税的多少是衡量一个地区商品经济发达的重要指标,过税即商品过境、入境、出境税的征收则是衡量一个地区商品流通多少的标志。当淮安榷关成为大运河航线最重要的税收机构时,这里诉说的重要事实是,一方面淮安经济走向繁荣是在建构大运河大交通的过程中实现的;另一方面由大运河带动下的商品流通也为淮安的社会经济发展注入了活力。淮安榷关征收税银超过其他榷关,表明淮安的商品流通总量高于其他的运河城市,这样就从一个侧面证明了淮安是一个商品经济极为发达的城市。

明清两代,大运河在商品流通中的地位日益彰显。商人借助于运河辗转各地,为出现"燕赵、秦晋、齐梁、江淮之货,日夜商贩而南;蛮海、闽广、豫章、南楚、瓯越、新安之货,日夜商贩而北"[1]商品流通的局面贡献了力量。在这一过程中,商船行驶在运河沿线,地处江淮之间的淮安凭借特殊的地理区位获得了优先发展的空间。

除过境或入境的商船及民船需在淮安缴纳税收外,还有大量的免税商品及货物在淮安出境或入境。在淮安出境、入境或过境的免税商品及货物主要由两个部分构成:一是漕船夹带的免税土宜(土特产)。明代,每年停靠淮安等待核验和通关的漕船有一万一千七百七十多艘。按制度规定,每条漕船可捎带一定数量或重量的免税土宜,如有"许令附载土宜,免征税钞。孝宗时限十石,神宗时至六十石"[2]之说。如果以每艘漕船可带十石免税的土特产计算的话,明孝宗朱祐樘弘治年间(1488—1505),每年经过淮安的土特产起码有十一万多石;明神宗朱翊钧万历年间,在淮安过境或入境的土特产在七十万石以上。

清代承袭明制,其中,经过或停靠在淮安的漕船与明代的大体相当。史称:"凡漕船载米,毋得过五百石。正耗米外,例带土宜六十石,雍正七年,加增四十,共为百石,永著为例。旋准各船头工舵工人带土宜三石,水手每船带土宜二十石。嘉庆四年,定每船多带土宜二十四石。"[3]雍正七年(1729),规定每艘漕船可捎带免税的土特产一百石。不久,再次放宽尺度,每只漕船头工、舵工二人各准带土宜三石,水手无论人数多寡共带土宜二十石,再加上原

---

[1] 明·李鼎《李长卿集》卷一九《借箸编·永利》,万历四十年豫章李氏家刻本。
[2] 清·张廷玉《明史·食货志三》,北京:中华书局1974年版,第1921页。
[3] 赵尔巽等《清史稿·食货志三》,北京:中华书局1977年版,第3584页。

有的定额,共计一百二十六石①。嘉庆四年(1799)又允许多带二十四石,加上原来的一百二十六石,共计一百五十石。如果以一万一千七百七十艘漕船为基数的话,可知每年经过淮安的免税土特产就有一百七十多万石。

这些只是漕船单向航行时捎带的不纳税的土特产及商品,不包括超额夹带的货物、已纳税的货物以及漕船放空返航时可能装载的货物及商品。更重要的是,所有这些不包括由商船直接承运的土特产及商品。"贸易土宜,利倍十一"②。沿大运河航线,各地的土特产的集散市场主要集中在京城、漕运中转地或沿岸城市。清雍正帝曾言:"若就粮艘之便,顺带货物至京贸易,以获利益,亦情理可行之事。"③淮安虽然只是大运河沿岸土特产经销的某一地点,但因其处在黄河和淮河及运河的交汇点上,同时又是漕运中转仓的重地及南北交通的重镇,因此势必要成为大运河沿岸最重要的商品集散地。进而言之,淮安成为漕船土宜及商品的重要行销地当不成问题。

更重要的是,漕船放空返航时装载的货物或商品需要在大运河沿岸集散。这些漕船沿大运河沿岸的城市停靠,在创造大运河沿岸城市繁荣的同时,也为淮安的经济繁荣注入了活力。具体地讲,淮安是漕船、商船及民船不可或缺的补给站。淮安不但有商品输入和输出及中转的优势,同时也是巨大的消费市场和生产市场。这样一来,淮安的繁荣程度超过大运河沿岸城市是必然的。淮安商品流通的总量有多少?因文献缺载,难找到确切的数字,但从征收的过往商税中可知,淮安的繁荣程度远远地超过其他的城市。可以说,输入和输出商品在一定程度上反映了淮安的经济面貌。进而言之,淮安的经贸往来主要由商船装载的商品、官船装载的货物、漕船捎带的土特产、漕船放空返回原地时装载的货物或商品等构成。

特别需要指出的是,在大运河上行驶的官船(公船、座船)携带商品及货物时享有免税权。官船除了负责大运河沿途的治安及保证漕运外,还有部分船只为入京述职或离京上任的官员及家眷提供服务。在实际的操作中,官船所装载的商品及货物享有免税权。因为官船享有免税的特权,民船或商船在大运河上行驶时,往往采用搭载官员及家眷的手段来获取商品及货物免税权。如冯梦龙《蔡瑞虹忍辱报仇》云:"且说蔡武,次日即教家人蔡勇,在淮关写了一只民座船,将衣饰细软,都打叠带去。"④又称:"原来大凡吴楚之地做官的,都在临清张家湾雇船,从水路而行,或径赴任所,或从家乡而转,但从其便。那一路都是下水,又快又稳,况带着家小,若没有勘合脚力,陆路一发不便了。每常有下路粮船,运粮到京,交纳过

---

① 清·杨锡绂《漕运则例纂·重运揽载》,《四库未收书辑刊》第23册,北京:北京出版社1997年版,第661页。
② 清·嵇璜、刘墉等《钦定清通典》卷十一《食货·漕运》,《清朝通典》,杭州:浙江古籍出版社1988年版,第2083页。
③ 中国第一历史档案馆等《清实录·清世宗实录》第八册,北京:中华书局1986年版,第71页。
④ 明·冯梦龙《醒世恒言·蔡瑞虹忍辱报仇》,南京:江苏古籍出版社1991年版,第795页。

后,那空船回去,就揽这行生意,假充座船,请得个官员做舱,那船头便去包揽他人货物,图个免税之利,这也是个旧规。"①又称:"原来坐船有个规矩,但是顺便回家,不论客货私货,都装载得满满的,却去揽一位官人乘坐,借其名号,免他一路税课,不要那官人的船钱,反出几十两银子送他,为孝顺之礼,谓之坐舱钱。"②运河沿岸城市成为商品经济繁荣的城市与大运河促进商品流通有密切的关系。尽管我们无法得知这一免税商品及货物的具体数字,但可以推知经淮安输入或输出的商品及货物是一个巨大的数字。

与其他运河城市一样,淮安的兴衰起落无不与运河及漕运紧密地联系在一起,运河及漕运的每一点变化,都会反映到淮安经济发展上来。客观地讲,运河通畅,则淮安繁荣;运河阻塞,则淮安衰败。现代海运兴起后,淮安丧失了漕粮转运的枢纽地位。具体地讲,咸丰二年(1852),先是苏松粮道所属数十州县漕粮改为海运,随后浙江漕粮亦改为海运。咸丰三年(1853),湖北、湖南、江西、安徽四省以征收银两代替漕米。至此,长江以南六省的漕运宣告结束,淮安外来人口急剧下降,数十万的消费者消失,市场严重萎缩,因运河而兴的淮安随之走向衰败,失去往日的光辉。

---

① 明·冯梦龙《醒世恒言·蔡瑞虹忍辱报仇》,南京:江苏古籍出版社1991年版,第811—812页。
② 明·冯梦龙《警世通言·苏知县罗衫再合》,南京:江苏古籍出版社1991年版,第135—136页。

主要参考文献

（按作者姓名的拼音首字母排序）

[1]白居易.白居易集[M].顾学颉,校点.北京:中华书局,1979.

[2]白寿彝.中国交通史[M].商务印书馆,1993.

[3]班固.汉书[M].北京:中华书局,1962.

[4]班固.两都赋[M]//萧统,文选.北京:商务印书馆,1959.

[5]毕沅.关中胜迹图志[M]//四库全书:第588册.上海:上海古籍出版社,1987.

[6]毕沅.续资治通鉴[M].标点续资治通鉴小组,校点.北京:中华书局,1957.

[7]蔡泰彬.晚明黄河水患与潘季驯之治河[M].新北:台湾花木兰文化出版社,2011.

[8]岑仲勉.黄河变迁史[M].北京:中华书局,2004.

[9]陈邦瞻.宋史纪事本末[M]//中国地方志集成·乡镇志专辑:第22册.上海:上海书店,1992.

[10]陈峰.漕运与古代社会[M].西安:陕西人民教育出版社,2000.

[11]陈梦家.汉简缀述[M].北京:中华书局,1980.

[12]陈梦雷,等.古今图书集成[M]//上海:中华书局,1934.

[13]陈桥驿.中国运河开发史[M].北京:中华书局,2008.

[14]陈寿.三国志[M].北京:中华书局,1959.

[15]陈荩纕,丁元正,修;倪师孟,沈彤,纂.乾隆吴江县志[M]//中国地方志集成:第20册.南京:江苏古籍出版社,1991.

[16]陈直.三辅黄图校证[M].西安:陕西人民出版社,1980.

[17]陈子昂.陈子昂集[M].徐鹏,点校.北京:中华书局,1960.

[18]程大昌.雍录[M].黄永年,点校.北京:中华书局,2002.

[19]程大昌.禹贡后论[M]//四库全书:第56册.上海:上海古籍出版社,1987.

[20]程颢,程颐.二程集[M].王孝鱼,点校.北京:中华书局,1981.

[21]单锷.吴中水利书[M]//四库全书:第578册.上海:上海古籍出版社,1987.

[22]丁福保.全汉三国晋南北朝诗[M].中华书局,1959.

[23]董诰.全唐文[M].北京:中华书局,1983.

[24]董国柱.陕西高陵县耿镇出土唐《东渭桥记》残碑[J].考古与文物,1984:4.

[25]董进泉.隋末仓储与李密瓦岗军[J].复旦学报(社会科学版),1982:6.

[26]杜佑.通典[M].杭州:浙江古籍出版社,1988.

[27]段朝端,等.民国续纂山阳县志[M]//中国地方志集成:第55册.南京:江苏古籍出版社,1991.

[28]范传贤,杨世钰,赵德馨.中国经济通史[M].长沙:湖南人民出版社,2002.

[29]范晔.后汉书[M].李贤等,注.北京:中华书局,1965.

[30]范镇.东斋记事[M].汝沛,点校.北京:中华书局,1980.

[31]方诗铭,王修龄.古本竹书纪年辑证[M].上海:上海古籍出版社,2005.

[32]房玄龄,等.晋书[M].北京:中华书局,1974.

[33]冯梦龙.古今小说[M].魏同贤,校点.南京:江苏古籍出版社,1991.

[34]冯梦龙.警世通言[M].魏同贤,校点.南京:江苏古籍出版社,1991.

[35]冯梦龙.醒世恒言[M].魏同贤,校点.南京:江苏古籍出版社,1991.

[36]冯汝弼,等.嘉靖常熟县志[M]//北京图书馆古籍珍本丛刊:第27册.北京:书目文献出版社,1998.

[37]傅寅.禹贡说断[M]//四库全书:第57册.上海:上海古籍出版社,1987.

[38]傅泽洪.行水金鉴[M]//四库全书:第581册.上海:上海古籍出版社,1987.

[39]高晋.奏请海疆禾棉兼种疏[M]//续修四库全书:第473册.上海:上海古籍出版社,2002.

[40]郜相,樊深.嘉靖河间府志[M]//四库全书存目丛书:第192册.济南:齐鲁书社,1996.

[41]葛金芳.中国经济通史[M].长沙:湖南人民出版社,2002.

[42]谷应泰.明史纪事本末[M].北京:中华书局,1977.

[43]顾颉刚.古史辨[M].上海:上海古籍出版社,1981.

[44]顾绍柏.谢灵运集校注[M].郑州:中州古籍出版社,1987.

[45]顾炎武.天下郡国利病书[M]//续修四库全书:第597册.上海:上海古籍出版社,2002.

[46]顾炎武.肇域志[M].上海:上海古籍出版社,2004.

[47]顾祖禹.读史方舆纪要[M].贺次君,施和金,点校.北京:中华书局,2005.

[48]郭黎安.里运河变迁的历史过程[M]//历史地理编辑委员会.历史地理:第5辑.上海:上海人民出版社,1987.

[49]郭庆藩.庄子集释[M].王孝鱼,点校.北京:中华书局,2004.

[50]韩浚,张应武.万历嘉定县志[M]//四库全书存目丛书:第208册.济南:齐鲁书社,1996.

[51] 何建章. 战国策注释[M]. 北京:中华书局,1990.

[52] 和珅,等. 钦定大清一统志[M]//四库全书:第474册. 上海:上海古籍出版社,1987.

[53] 河南省博物馆、洛阳市博物馆. 洛阳隋唐含嘉仓的发掘[J]. 文物,1972:3.

[54] 洪迈. 容斋随笔[M]. 上海:上海古籍出版社,197.

[55] 胡道静. 梦溪笔谈校证[M]. 上海:上海古籍出版社,1987.

[56] 胡广,等. 钞本明实录[M]. 北京:线装书局,2005.

[57] 胡渭. 禹贡锥指[M]. 邹逸麟,整理. 上海:上海古籍出版社,2006.

[58] 桓宽. 盐铁论[M]//王利器. 盐铁论校注. 北京:中华书局,1992.

[59] 黄怀信,张懋镕,田旭东. 逸周书汇校集注[M]. 上海:上海古籍出版社,2007.

[60] 黄钧宰. 金壶七墨[M]//笔记小说大观:第27册. 扬州:江苏广陵古籍印社,1984.

[61] 黄仁宇. 明代的漕运[M]. 张皓,张升,译. 北京:新星出版社,2005.

[62] 黄盛璋. 历史地理论集[M]. 北京:人民出版社,1982.

[63] 黄镇成. 尚书通考[M]//四库全书:第62册. 上海:上海古籍出版社,1987.

[64] 黄宗羲. 明儒学案[M]. 北京:中华书局,1985.

[65] 贾谊. 论积贮疏[M]//王洲明,徐超. 贾谊集校注. 北京:人民文学出版社,1996.

[66] 翦伯赞. 中国通史[M]. 北京:人民出版社,1979.

[67] 蒋以化. 西台漫记[M]//四库全书存目丛书:第242册. 济南:齐鲁书社,1996.

[68] 靳辅. 文襄奏疏[M]//四库全书:第430册. 上海:上海古籍出版社,1987.

[69] 靳辅. 治河奏绩书[M]//四库全书:第579册. 上海:上海古籍出版社,1987.

[70] 柯劭忞. 新元史[M]. 上海:上海古籍出版社,1989.

[71] 乐史. 太平寰宇记[M]. 王文楚等,点校. 北京:中华书局,2007.

[72] 李百药,等. 北齐书[M]. 北京:中华书局,1972.

[73] 李步嘉. 越绝书校释[M]. 北京:中华书局,2013.

[74] 李焘. 续资治通鉴长编[M]. 北京:中华书局,2004.

[75] 李东阳,等. 明会典[M]//四库全书:第617册. 上海:上海古籍出版社,1987.

[76] 李昉. 太平御览[M]. 北京:中华书局,1960.

[77] 李光祚,顾诒禄. 乾隆长洲县志[M]//中国地方志集成:第13册. 南京:江苏古籍出版社,1991.

[78] 李吉甫. 元和郡县图志[M]. 贺次君,点校. 北京:中华书局,1983.

[79] 李濂. 汴京遗迹志[M]//四库全书:第587册. 上海:上海古籍出版社,1987.

[80] 李林甫,等. 唐六典[M]. 陈仲夫,点校. 北京:中华书局,1992.

[81] 李培修,黄洪宪. 万历秀水县志[M]//中国地方志集成:第31册. 上海:上海书店,1993.

[82]李廷机.盐政考[M]//续修四库全书.:第1662册.上海:上海古籍出版社,2002.

[83]李文儒.中国十年百大考古新发现[M].北京:文物出版社,2002.

[84]李贤,等.明一统志[M]//四库全书:第472册.上海:上海古籍出版社,1987.

[85]李延寿.北史[M].北京:中华书局,1974.

[86]郦道元.水经注疏[M].杨守敬,熊会贞,疏.段熙仲,点校.陈桥驿,复校.南京:江苏古籍出版社,1989.

[87]梁克家.淳熙三山志[M]//四库全书:第484册.上海:上海古籍出版社,1987.

[88]令狐德棻,等.周书[M].北京:中华书局,1971.

[89]刘健,等,纂修.明孝宗实录[M]//钞本明实录:第11册.北京:线装书局,2005.

[90]刘文淇.扬州水道记[M].赵昌智,赵阳,点校.扬州:广陵书社,2011.

[91]刘昫,等.旧唐书[M].北京:中华书局,1975.

[92]刘晏.遗元载书[M]//全唐文.北京:中华书局,1983.

[93]刘于义,沈青崖,等.陕西通志[M]//四库全书:第553册.上海:上海古籍出版社,1987.

[94]陆广微.吴地记[M].曹林娣,校注.南京:江苏古籍出版社,1999.

[95]陆翔.邺中记[M]//四库全书:第463册.上海:上海古籍出版社,1987.

[96]陆游.陆放翁全集[M].北京:中国书店,1986.

[97]吕原.扬州门新造石闸记[M]//四库全书:第587册.上海:上海古籍出版社,1987.

[98]吕祖谦.历代制度详说[M]//四库全书:第923册.上海:上海古籍出版社,1987.

[99]马端临.文献通考[M].杭州:浙江古籍出版社,1988.

[100]马齐,等.清圣祖实录[M].北京:中华书局,1985.

[101]马正林.论唐宋汴河[J].陕西师范大学学报(哲学社会科学版),1986:3.

[102]毛晃.禹贡指南[M]//四库全书:第56册.上海:上海古籍出版社,1987.

[103]孟元老.东京梦华录[M].北京:中国商业出版社,1982.

[104]欧阳态.舆地记[M]//四库全书:第471册.上海:上海古籍出版社,1987.

[105]欧阳修,等.新唐书[M].北京:中华书局,1975.

[106]欧阳修.欧阳修全集[M].李逸安,点校.北京:中华书局,2001.

[107]潘季驯.河防一览[M]//四库全书:第576册.上海:上海古籍出版社,1987.

[108]潘季驯.两河经略[M]//四库全书:第430册.上海:上海古籍出版社,1987.

[109]潘游龙.康济谱[M]//四库焚毁书丛刊:第7册.北京:北京出版社,2000.

[110]彭大翼.山堂肆考[M]//四库全书:第975册.上海:上海古籍出版社,1987.

[111]皮日休.皮子文薮[M].北京:中华书局,1959.

[112]齐召南.水道提纲[M]//四库全书:第583册.上海:上海古籍出版社,1987.

[113] 钱文子.汉唐制度[M]//解缙,等.永乐大典:第7册.北京:中华书局,1986.

[114] 潜说友.咸淳临安志[M]//四库全书:第490册.上海:上海古籍出版社,1987.

[115] 秦建明,杨政,赵荣.陕西泾阳县秦郑国渠首拦河坝工程遗址调查[J].考古,2006:4.

[116] 秦中行.秦郑国渠渠首遗址调查记[J].文物,1974:7.

[117] 琴川居士.皇清奏议[M]//续修四库全书:第473册.上海:上海古籍出版社,2002.

[118] 丘浚.大学衍义补[M].林冠群,周济夫点校.北京:京华出版社,1999.

[119] 裘锡圭.中国出土古文献十讲[M].上海:复旦大学出版社,2004.

[120] [日]青山定雄.唐宋时代的交通与地志地图的研究[M].东京:吉川弘文馆,1972.

[121] 阮元.十三经注疏[M].北京:中华书局,1980.

[122] 沈约.宋书[M].北京:中华书局,1974.

[123] 施宿,等.会稽志[M]//四库全书:第486册.上海:上海古籍出版社,1987.

[124] 石一参.管子今诠[M].北京:中国书店,1988.

[125] 史浩.尚书讲义[M]//四库全书:第56册.上海:上海古籍出版社,1987.

[126] 史念海.河山集[M].北京:生活·读书·新知三联书店,1963.

[127] 史念海.三门峡与古代漕运[J].人文杂志,1960:4.

[128] 司马光.资治通鉴[M].胡三省,音注.北京:中华书局,1956.

[129] 司马迁.史记[M].北京:中华书局,1982.

[130] 司马相如.上林赋[M]//萧统.文选.北京:商务印书馆,1959.

[131] 宋濂,等.元史[M].北京:中华书局,1976.

[132] 宋敏求.长安志[M]//四库全书:第587册.上海:上海古籍出版社,1987.

[133] 宋正海,高建国,孙关龙,等.中国古代自然灾民动态分析[M].合肥:安徽教育出版社,2002.

[134] 苏颂.苏魏公文集[M].王同策,管成学,颜中其,等,点校.北京:中华书局,1988.

[135] 苏州历史博物馆.明清苏州工商业碑刻集[M].南京:江苏人民出版社,1981.

[136] 孙承泽.春明梦余录[M]//四库全书:第868册.上海:上海古籍出版社,1987.

[137] 谭其骧.黄河与运河的变迁[J].地理知识,1955:8.

[138] 田文镜,王士俊,孙灏,等.河南通志[M]//四库全书:第535册.上海:上海古籍出版社,1987.

[139] 脱脱,等.宋史[M].北京:中华书局,1985.

[140] 万恭.治水筌蹄[M].北京:水利电力出版社,1985.

[141] 王存.元丰九域志[M].王文楚,魏嵩山,点校.北京:中华书局,1984.

[142] 王谠.唐语林[M]//唐语林校证.周勋初,校证,北京:中华书局,1987.

[143] 王光伯.淮安河下志[M].程景韩,增订.荀德麟等,点校.北京:方志出版社,2006.

[144] 王国平.杭州运河历史研究[M].杭州:杭州出版社,2006.

[145] 王鸣盛.十七史商榷[M].黄曙辉,点校.上海:上海古籍出版社,2013.

[146] 王溥.唐会要[M].北京:中华书局,1955.

[147] 王溥.五代会要[M].上海:上海古籍出版社,2006.

[148] 王钦若,等.册府元龟[M].北京:中华书局,1960.

[149] 王象之.舆地纪胜[M].北京:中华书局,1992.

[150] 王应麟.困学纪闻[M].栾保群等,校点.上海:上海古籍出版社,2008.

[151] 王应麟.通鉴地理通释[M].傅林祥,点校.北京:中华书局,2013.

[152] 王应麟.玉海[M].南京:江苏古籍出版社,1990.

[153] 王稚登.客越志[M]//丛书集成续编:第65册.上海:上海书店,1996.

[154] 卫斯.卫斯考古论文集[M].太原:山西古籍出版社,1998.

[155] 卫哲治,等,修.叶长扬等,纂.乾隆淮安府志[M].荀德麟等,点校.北京:方志出版社,2008.

[156] 魏收.魏书[M].北京:中华书局,1974.

[157] 魏嵩山,王文楚.江南运河的形成及其演变过程[M]//中华文史论丛:总第十辑.上海:上海古籍出版社,1979.

[158] 魏徵,等.隋书[M].北京:中华书局,1973.

[159] 温体仁,等.明神宗实录[M]//钞本明实录:第20册.北京:线装书局,2005.

[160] 吴应箕.楼山堂集[M]//续修四库全书:第1388册.上海:上海古籍出版社,2002.

[161] 吴自牧.梦粱录[M].上海:商务印书馆,1939.

[162] 席书.漕船志[M].荀德麟,张英聘,点校.北京:方志出版社,2006.

[163] 夏力恕,等.湖广通志[M]//四库全书:第534册.迈柱等,监修.上海:上海古籍出版社,1987.

[164] 夏僎.夏氏尚书详解[M]//四库全书:第56册.上海:上海古籍出版社,1987.

[165] 萧良干,张元忭.等.万历绍兴府志[M]//四库全书存目丛书:第200册.济南:齐鲁书社,1997.

[166] 萧子显.南齐书[M].北京:中华书局,1972.

[167] 谢肇淛.北河纪余[M]//四库全书:第576册.上海:上海古籍出版社,1987.

[168] 辛德勇.大业杂记辑校[M].西安:三秦出版社,2006.

[169] 辛德勇.隋唐时期陕西航运之地理研究[J].陕西师范大学学报(哲学社会科学版),2008:6.

[170] 辛德勇. 西汉时期陕西航运之地理研究[M]//历史地理:第21辑. 上海:上海人民出版社,2006.

[171] 辛树帜. 禹贡制作年代的分析[J]. 西北农学院学报,1957:3.

[172] 徐光启. 农政全书[M]//四库全书:第731册. 上海:上海古籍出版社,1987.

[173] 徐松. 宋会要辑稿[M]. 北京:中华书局,1957.

[174] 徐松. 唐两京城坊考[M]. 张穆,校补. 北京:中华书局,1985.

[175] 徐松. 丛书集成续编[M]. 上海:上海书店,1994.

[176] 徐天麟. 西汉会要[M]. 上海:上海古籍出版社,2006.

[177] 徐文靖. 禹贡会笺[M]//四库全书:68册. 上海:上海古籍出版社,1987.

[178] 徐一夔. 始丰稿[M]//四库全书:第1229册. 上海:上海古籍出版社,1987.

[179] 徐元诰. 国语集解[M]. 王树民,沈长云,点校. 北京:中华书局,2006.

[180] 许嵩. 建康实录[M]. 张忱石,点校. 北京:中华书局,1986.

[181] 薛凤祚. 两河清汇[M]//四库全书:第579册. 上海:上海古籍出版社,1987.

[182] 严耕望. 唐代交通图考:第五卷[M]. 上海:上海古籍出版社,2007.

[183] 阎若璩. 尚书古文疏证[M]. 黄怀信,吕翊欣,校点. 上海:上海古籍出版社,2010.

[184] 杨宏,谢纯. 漕运通志[M]. 荀德麟,何振华,点校. 北京:方志出版社,2006.

[185] 杨剑虹. 从居延汉简看西汉在西北的屯田[J]. 西北史地,1984:2.

[186] 杨士奇. 历代名臣奏议[M]//四库全书:第440册. 上海:上海古籍出版社,1987.

[187] 杨勇. 洛阳伽蓝记校笺[M]. 北京:中华书局,2006.

[188] 姚思廉. 陈书[M]. 北京:中华书局,1972.

[189] 姚思廉. 梁书[M]. 北京:中华书局,1973.

[190] 叶梦珠. 阅世编[M]. 北京:中华书局,2007.

[191] 于敏中. 日下旧闻考[M]. 北京:北京古籍出版社,1981.

[192] 俞希鲁. 至顺镇江志[M]. 杨积庆等,校点. 南京:江苏古籍出版社,1999.

[193] 袁康. 越绝书[M]//四库全书:第463册. 上海:上海古籍出版社,1987.

[194] 袁枚. 袁枚全集[M]. 王英志,校点. 南京:江苏古籍出版社,1993.

[195] 袁枢. 通鉴纪事本末[M]. 北京:中华书局,1964.

[196] 岳浚,杜诏,等. 山东通志[M]//四库全书:第540册. 上海:上海古籍出版社,1987.

[197] 曾巩. 曾巩集[M]. 陈杏珍,晁继周,点校. 北京:中华书局,1984.

[198] 曾枣庄,舒大刚. 三苏全书[M]. 北京:语文出版社,2001.

[199] 张伯行. 居济一得[M]//四库全书:第579册. 上海:上海古籍出版社,1987.

[200] 张敦颐. 六朝事迹编类[M]. 张忱石,点校. 北京:中华书局,2012.

[201] 张方平.乐全集[M]//四库全书:第1104册.上海:上海古籍出版社,1987.

[202] 张瀚.松窗梦语[M].盛冬铃,点校.北京:中华书局,1985.

[203] 张可礼.三曹年谱[M].济南:齐鲁书社,1983.

[204] 张强.道德伦理的政治化与秦汉统治术[J].北京大学学报,2003:2.

[205] 张强.帝王思维与经学思维模式[J].南京师范大学文学院学报,2004:2.

[206] 张强.帝王思维与阴阳五行思维模式[J].晋阳学刊,2001:2.

[207] 张强.董仲舒的天人理论与君权神授[J].江西社会科学,2002:2.

[208] 张强.汉武帝与文治[J].江苏社会科学,1997:6.

[209] 张强.江苏运河文化遗存调查与研究[M].南京:江苏人民出版社,2016.

[210] 张强.论西汉前期的天人思想[J].河北师范大学学报,2001:2.

[211] 张强.司马迁的通变观与五德终始说[J].南京师范大学学报,2005:4.

[212] 张强.司马迁与《春秋》学之关系论[J].南京大学学报,2005:4.

[213] 张强.西汉帝王与帝王之学及经学之关系[J].淮阴师范学院学报,2001:2.

[214] 张强.阴阳五行说的历史与宇宙生成模式[J].湖北大学学报,2001:5.

[215] 张廷玉,等.明史[M].北京:中华书局,1974.

[216] 张学峰.六朝建康都城圈的东方——以破冈渎的探讨为中心[J].魏晋南北朝隋唐史资料,2015:2.

[217] 张玉书,陈廷敬,等.钦定佩文韵府[M]//四库全书:第1026册.上海:上海古籍出版社,1987.

[218] 张鷟.朝野佥载[M].赵守俨,点校.北京:中华书局,1979.

[219] 章潢.图书编[M]//四库全书:第970册.上海:上海古籍出版社,1987.

[220] 章如愚.群书考索[M]//四库全书:第936册.上海:上海古籍出版社,1987.

[221] 章如愚.群书考索后集[M]//四库全书:第937册.上海:上海古籍出版社,1987.

[222] 赵尔巽,等.清史稿[M].北京:中华书局,1977

[223] 赵弘恩,黄之隽,等.江南通志[M]//四库全书:第508册.上海:上海古籍出版社,1987.

[224] 赵荣,秦建明.秦郑国渠大坝的发现与渠首建筑特征[J].西北大学学报(自然科学版),1987:1.

[225] 赵晔.吴越春秋[M].苗麓,校点.南京:江苏古籍出版社,1999.

[226] 赵一清.水经注释[M]//四库全书:第575册.上海:上海古籍出版社,1987.

[227] 赵翼.廿二史札记[M].王树民.廿二史札记校证.北京:中华书局,1984.

[228] 郑綮.开天传信记[M].北京:中华书局,1985.

[229] 郑樵. 通志[M]. 杭州:浙江古籍出版社,1988.

[230] 郑若曾. 江南经略[M]//四库全书:第728册. 上海:上海古籍出版社,1987.

[231] 郑肇经. 中国水利史[M]. 上海:上海书店,1984.

[232] 中国科学院考古研究所. 三门峡漕运遗迹[M]. 北京:科学出版社,1959.

[233] 中华书局编辑部. 历代纪事本末[M]. 北京:中华书局,1997.

[234] 中华书局编辑部. 宋元方志丛刊[M]. 北京:中华书局,1990.

[235] 周淙. 乾道临安志[M]. 上海:商务印书馆,1937.

[236] 周魁一. 中国科学技术史[M]. 北京:科学出版社,2002.

[237] 周应合. 景定建康志[M]//四库全书:第489册. 上海:上海古籍出版社,1987.

[238] 朱鹤龄. 尚书埤传[M]//四库全书:第66册. 上海:上海古籍出版社,1987.

[239] 朱鹤龄. 禹贡长笺[M]//四库全书:第67册. 上海:上海古籍出版社,1987.

[240] 朱熹. 偶读漫记[M]. 朱杰人,严佐炎,刘永翔. 朱子全书:第24册. 上海:上海古籍出版社,2010.

[241] 朱熹. 四书章句集注[M]//朱杰人,严佐炎,刘永翔. 朱子全书:第6册. 上海:上海古籍出版社,2010.

[242] 朱熹. 资治通鉴纲目[M]//四库全书:第690册. 上海:上海古籍出版社,1987.

[243] 邹逸麟. 椿庐史地论稿[M]. 天津:天津古籍出版社,2005.

[244] 邹逸麟. 从含嘉仓的发掘谈隋唐时期的漕运和粮仓[J]. 文物,1974:2.

后 记

写完最后一行,一阵轻松油然而生。二十多年前,我从古代文学研究领域闯入了运河领域。研究运河首先要关注漕运,经过一番准备,开始撰写《中国漕运史》。时至今日,这本书已断断续续写了二十多年,是好是坏,无法断定,但敝帚自珍。

漕运主要是通过运河进行的,涉及政治、经济、军事等不同层面。如漕运在为京师的粮食安全服务的同时,又为征伐、战略储备、赈灾救荒、经济发展、不同区域间的文化交流等服务。这一情况,在大一统的政治中心建在北方时尤其明显,如西汉、隋、唐等建都长安(今陕西西安)及元、明、清三代建都北京(今北京)时,一方面决定了长安和北京是漕运的终极方向,另一方面也诉说了面向何方进行积极防御和战略进攻的原因。可以说,国家的强盛与衰败,在漕运过程中得到充分的展示。

我的运河及漕运研究,是在已故文史大家卞孝萱先生的鼓励下进行的。如果没有他老人家,我只会继续研究古代文学,是先生扶我上马又送了一程。现在先生已驾鹤西去,但吃水不忘掘井人,在这里致以深深的哀思。

要感谢世界图书出版西安有限公司的薛春民先生、赵亚强先生、冀彩霞女士、雷丹女士、孙蓉女士等,没有你们的关心和协助,我是很难完成的。

张 强
2024 年 2 月 18 日